Ulrich Ammon

Die deutsche Sprache in Deutschland, Österreich und der Schweiz

Ulrich Ammon

Die deutsche Sprache in Deutschland, Österreich und der Schweiz

Das Problem der nationalen Varietäten

Walter de Gruyter · Berlin · New York
1995

Die Deutsche Bibliothek – CIP-Einheitsaufnahme

Ammon, Ulrich:

Die deutsche Sprache in Deutschland, Österreich und der Schweiz :
das Problem der nationalen Varietäten / Ulrich Ammon. – Berlin ;
New York : de Gruyter, 1995
  ISBN 3-11-014753-X

Printed in Germany

Datenkonvertierung und Druck: Bosch-Druck, Landshut
Buchbinderische Verarbeitung: Lüderitz & Bauer-GmbH, Berlin
Einbandgestaltung: Rudolf Hübler

Vorwort

„Die eingehende Erforschung der nationalsprachlichen Eigentümlichkeiten des Deutschen in den deutschsprachigen Ländern bleibt ein soziolinguistisches Desiderat." (Löffler 1994: 67) Aus dieser Einschätzung des Forschungsstandes heraus ist die vorliegende Monographie entstanden. Sie soll vor allem nachdrücklich auf ein Thema aufmerksam machen, das in Deutschland bislang nur am Rande behandelt wurde. Etwas mehr Beachtung hat es in Österreich und der deutschsprachigen Schweiz gefunden, jedoch meist nur in Form des einseitigen Bezugs auf Deutschland und das deutsche oder auch das gemeine Deutsch. Die verhältnismäßig größte Aufmerksam hat das Thema von seiten einiger Germanisten in nicht-deutschsprachigen Ländern erfahren, vor allem in Rußland bzw. der früheren Sowjetunion, in Schweden und Australien. Sie hatten offenbar die dafür notwendige Distanz, die ihnen auch den Überblick über alle deutschsprachigen Nationen und Staaten erleichterte.

Wie man angesichts dieses Buches vermuten darf, finde ich es an der Zeit, sich mit der Plurinationalität (Plurizentrizität) des Deutschen wissenschaftlich gründlicher zu befassen als bisher. In früheren Jahren zog die Teilung Deutschlands mit ihren Hintergründen und Begleiterscheinungen die politisch und soziologisch interessierten Linguisten in ihren Bann. Nach dessen Vereinigung tritt die Vielfalt der deutschsprachigen Nationen deutlicher zutage, gerade auch in sprachlicher Hinsicht. Alle deutschsprachigen Nationen haben gewisse sprachliche Besonderheiten. Wie diese im einzelnen aussehen und welche Rolle sie für die Nationen und für ihre Beziehungen spielen, ist Gegenstand des vorliegenden Buches. Oftmals läßt sich an Hand sprachlicher Merkmale die nationale Zugehörigkeit einer Person erkennen. Vielfach sind solche Sprachmerkmale auch Auslöser markanter Einstellungen, Emotionen, stereotypischer Vorstellungen oder spezifischer Aktionen und Interaktionen. Dafür enthält dieses Buch zahlreiche Belege.

Die wissenschaftliche Untersuchung der nationalen Sprachbesonderheiten und -unterschiede kann zu besserem gegenseitigem Verständnis und zu mehr Rücksicht zwischen den deutschsprachigen Nationen beitragen. Dies ist gerade im politisch mehr und mehr zusammenwachsenden Europa wichtig, wenngleich die verschiedenen deutschsprachigen Nationen an diesem Integrationsprozeß unterschiedlich beteiligt sind. Politische Nähe garantiert noch nicht den verständnisvollen Umgang miteinander, wie ihn die politische Distanz umgekehrt nicht ausschließt. Die Rücksicht auf die sprachlichen Besonderheiten der anderen Nationen ist bis zu einem gewissen Grad Seismogramm des sonstigen Verhältnisses zu ihnen. Zu einem vertrauensbildenden Umgang mit anderen gehört, daß man ihre Besonderheiten respektiert und nicht die eigenen höher bewertet oder für allgemeingültig hält. In sprachlicher Hinsicht setzt dies unter anderem voraus, daß man diejenigen Sprachformen anderer Nationen als standardsprachlich („hochsprachlich") akzeptiert, die dort diesen Status haben. Dieser Gedanke liegt dem Begriff der Plurinationalität einer Sprache zugrunde. Der Begriff beinhaltet national unterschiedliche Standards (Standardvarietäten) einer Sprache, nicht etwa nur regionale oder dialektale Besonderheiten. Selbstverständlich schließt dieser Ansatz nicht aus, daß man gleichwohl, oder sogar erst recht, sprachliche und andere Dominanzen oder Asymmetrien zwischen den Nationen thematisiert und untersucht; sie werden nur nicht gleich durch die Ausgangsbegriffe induziert. Die Verteilung der deutschen Sprache auf verschiedene Nationen und die Existenz unterschiedlicher Standardvarietäten, ihre Plurinationalität also, eröffnet auch eine ganze Reihe interessanter wissenschaftlicher Fragestellungen, von denen hier nur die wichtigsten genannt seien:

– Sie trägt bei zur Klärung des Problems, unter welchen Bedingungen verschiedene Sprachsysteme zur gleichen oder zu verschiedenen Sprachen gehören. Warum sind österreichisches, deutsches und schweizerisches Deutsch Bestandteil der deutschen Sprache, das Letzeburgische in Luxemburg aber nicht?
– Sie bietet fruchtbare Ansatzpunkte zur Explikation des Begriffs ‚Nation‘, insbesondere zur Auseinandersetzung mit der verbreiteten Annahme, daß eine gemeinsame Sprache eine notwendige oder vielleicht sogar eine hinreichende Bedingung für eine Nation sei („Sprachnation“).
– Sie nötigt zur Präzisierung des Unterschieds zwischen sprachlichem Standard und Nonstandard. Nur diejenigen nationalen Sprachbesonderheiten, die standardsprachlich sind, bilden die jeweilige nationale Varietät, jedenfalls nach gängiger Festlegung des Begriffs, der das vorliegende Buch aus guten Gründen folgt. Die Beschreibung der nationalen Varietät setzt demnach eine Unterscheidung zwischen standardsprachlichen und nicht-standardsprachlichen Formen voraus, die auf jeden Einzelfall anwendbar ist.
– Sie stützt sich nicht nur auf die Begriffe und Methoden der Variationslinguistik, sondern erweitert diese auch durch Exploration einer ganz spezifischen Art sprachlicher Variation, nämlich der nationalen.
– Sie erweitert die linguistische Beschreibung der deutschen Sprache um die der nationalen Variation.
– Sie erschließt das bislang wenig bearbeitete Forschungsfeld der nationalen Schibboleths und der sprachlichen Nationalsymbole, was auch zur Präzisierung dieser Begriffe beiträgt.
– Sie bahnt den Weg zur empirischen Untersuchung gewisser, wenn auch sicher nicht aller Aspekte des vielbeschworenen, aber wenig untersuchten Zusammenhangs von Sprache und nationaler Identität.
– Sie ermöglicht ein besseres Verständnis des Zusammenhangs von Sprache und nationalen Stereotypen bzw. nationalen Einstellungen.
– Sie rückt bislang wenig beachtete Aspekte des Unterrichts von Deutsch als Muttersprache, vor allem aber als Fremdsprache ins Bewußtsein und schafft damit die Voraussetzung national besser reflektierter und ausgewogener Unterrichtsplanung.
– Sie erschließt durch den Vergleich mit anderen plurinationalen Sprachen sowohl Gemeinsamkeiten als auch die Spezifik des Deutschen, und zwar in soziologisch-politischer wie in linguistischer Hinsicht.
– Sie liefert einen wichtigen Baustein zu einer allgemeinen Theorie plurinationaler Sprachen.

All diese Probleme werden im vorliegenden Buch thematisiert und – hoffentlich – der Lösung ein Stückchen näher gebracht.

Bleibt hervorzuheben, daß mir dabei vielfache Hilfe zuteil wurde, für die ich hiermit herzlich danke. Die Deutsche Forschungsgemeinschaft hat die Entstehung des Buches durch Finanzierung von studentischen Hilfskräften und von Reisen gefördert. Die Hilfskräfte haben mich unterstützt bei der Auszähl-, Schreib-, Kopier- und Bibliotheksarbeit, bei der Dateneingabe in den Computer und der Anwendung des Statistikprogramms SPSS. Personen, die punktuelle Hilfe leisteten, sind im Text selber an Ort und Stelle genannt. Unterstützung bei unterschiedlichen Arbeiten leisteten Andreas Keil, André Wissenberg und Birte Kellermeier sowie Birgit Hellebrand, Andrea Jungk und Sema Torgay; Jürgen Kempken half bei der Anwendung von SPSS. Außerdem erhielt ich wichtige Informationen – in Gesprächen, durch Korrespondenz oder durch Zusendung von Materialien – von zahlreichen Kolleginnen und Kollegen oder sonstigen Fachleuten. Auch sie sind im Text dankend erwähnt, sofern die spezifische Zuordnung möglich war. Umfassendere Hilfestellungen gaben jedoch Otto Back, Ruth Maria Burri, Herbert Fussy, Walter Haas, Maria Hornung, Rudolf Muhr, Wolfgang Pollak, Herbert Tatzreiter, Hellmut Thomke, Erika und Iwar Werlen sowie Peter Wiesinger. Besonders dankbar bin ich außerdem Jakob Ebner, Kurt Meyer, Hermann Scheuringer und Robert Schläpfer. Sie waren auf meine Bitte hin bereit, eine Rohfassung des Textes zu lesen und haben viele wichtige Verbesserungsvorschläge gemacht. Selbstverständlich sind die dennoch verbliebenen Mängel von mir allein zu verantworten. Wolfgang Pollak konnte sein Angebot, den Text kritisch zu lesen, aus gesundheitlichen Gründen leider nicht mehr verwirklichen. Sein Tod im Januar 1995 ist ein schwerer Verlust für alle Freunde Österreichs und des österreichischen Deutsch. Nicht zuletzt verdienen auch zwei Sekretärinnen der Germanistik an der Gerhard-Mercator-Universität Duisburg, Helga Goebels und Waltraud Hausch, dankbare Erwähnung für maßgebliche Mitwirkung beim Schreiben des Textes. Schließlich gilt mein Dank dem Verlag Walter de Gruyter, insbesondere der zuständigen Ressortleiterin, Brigitte Schöning, für die bereitwillige und zügige Veröffentlichung.

Duisburg, im Mai 1995   Ulrich Ammon

Inhaltsverzeichnis

Vorwort V

Verzeichnis der Karten, Abbildungen und Tabellen XIII

Abkürzungen und Symbole XVI

A Theoretische und methodische Vorüberlegungen

1   Die deutsche Sprache und die deutschsprachigen Länder   1
1.1 Die deutsche Sprache: Varietäten und Nachbarsprachen   1
1.2 Deutsch als staatliche Amtssprache und die deutschsprachigen
     Staaten   11
1.3 Die Dialektregionen des Deutschen und ihre Aufteilung auf
     die Staaten   14

2   Zum Begriffsfeld ‚Sprachgemeinschaft‘ und ‚Nation‘   18
2.1 Abriß der Begriffsgeschichte und der begleitenden Realgeschichte . . .   18
2.2 Alternativer Vorschlag zur Terminologie und Begrifflichkeit   30

3   Geschichte der Erforschung der nationalen Varietäten und
     der Plurizentrizität der deutschen Sprache   35
3.1 Vorgeschichte der Forschung   35
3.2 Eigentliche Forschungsgeschichte   42
3.2.1 Entwicklung der Begriffe   42
3.2.2 Empirische Forschung   49

4   Präzisierung des Begriffsfeldes ‚nationale Varietät‘ und
     ‚Sprachzentrum‘   61
4.1 ‚Variante‘ und ‚Varietät‘, ‚nationale Variante/Varietät‘   61
4.2 Zum sozialen Kräftefeld einer Standardvarietät   73
4.3 Zum Problem der Abgrenzung des Standards vom Nonstandard   82
4.4 Zur Abgrenzung nationaler Varietäten voneinander: Eigennationale
     gegen fremdnationale Varianten   88
4.5 Definition von ‚nationalem Sprachzentrum‘, ‚plurinationaler
     Sprache‘ und verwandten Begriffen   95

5   Typologie und Beschreibungsmethode der nationalen Sprachvarianten   101

B   Österreich

1   Die Entwicklung zu einem nationalen Zentrum der deutschen
     Sprache   117

2   Der Sprachkodex des österreichischen Standarddeutsch   137

3   Die Austriazismen in linguistischer Sicht   142
3.1 Vorbemerkung zur Definition, Typologie und Darstellung   142
3.2 Schreibung (Orthographie)   148
3.3 Lautung (Orthophonie)   150
3.4 Wortschatz (Ortholexik)   154
3.5 Grammatik (Orthogrammatik)   174
3.6 Pragmatik (Orthopragmatik)   176
3.7 Hinweise zur Herkunft   178

4   Die „Sternchen-Wörter" im *Österreichischen Wörterbuch* und
     der österreichische Nationalvarietäts-Purismus   181

5   Zur Soziologie und Pragmatik von Standardvarietät und Dialekten
     in Österreich   197

6   Die Austriazismen zwischen Nationalsymbolik, Sprachdemokratie
     und Regionaldominanz   201

7   Österreichische Stereotypen von den Deutschen und Schweizern   214

C   Deutschsprachige Schweiz

1   Die Entwicklung zu einem nationalen Zentrum der deutschen
     Sprache   229

2   Der Sprachkodex des schweizerischen Standarddeutsch   246

3   Die Helvetismen in linguistischer Sicht   251
3.1 Vorbemerkung zur Definition, Typologie und Darstellung   251
3.2 Schreibung (Orthographie)   254
3.3 Lautung (Orthophonie)   255
3.4 Wortschatz (Ortholexik)   259
3.5 Grammatik (Orthogrammatik)   279
3.6 Pragmatik (Orthopragmatik)   280
3.7 Hinweise zur Herkunft   281

4   Zur Soziologie und Pragmatik von Standardvarietät und Dialekten
     in der deutschsprachigen Schweiz: „mediale Diglossie" und
     „Nationaldialekt"   283

5   Die Helvetismen: nachgeordnete Symbolschicht für Nation und
     Sprachdemokratie   301

6   Schweizerische Stereotypen von den Deutschen und Österreichern ..   308

D   Bundesrepublik Deutschland

1   Die Entwicklung zu einem nationalen Zentrum der deutschen
     Sprache   317

2   Der Sprachkodex des deutschen Standarddeutsch   326

3   Die Teutonismen in linguistischer Sicht   330
3.1 Vorbemerkung zur Definition, Typologie und Darstellung   330
3.2 Schreibung (Orthographie)   333
3.3 Lautung (Orthophonie)   334
3.4 Wortschatz (Ortholexik)   338
3.5 Grammatik (Orthogrammatik)   354
3.6 Pragmatik (Orthopragmatik)   355
3.7 Hinweise zur Herkunft   356

4   Der Anspruch des Sprachkodexes für Deutschland auf die ganze
     deutsche Sprache   358

5   Sozialschichtensymbolik und linguistische Vielfalt der Dialekte
     in Deutschland   368

6   Die ignorierten Teutonismen: Statt Nationalsymbolen oder Ausdruck
     von Sprachdemokratie nur nationale Schibboleths   375

7   Deutsche Stereotypen von den Österreichern und Schweizern   378

8   Zur Entstehung von Staatsvarietäten während der 40jährigen Teilung
     Deutschlands   385

E   Die nationalen Halbzentren der deutschen Sprache

1   Liechtenstein   391
2   Luxemburg   398
3   Südtirol   405
4   Ostbelgien   412
5   Zentrumsansätze ohne Amtssprachlichkeit   417

F Übergreifendes und Ausblicke

1 Zur Kenntnis nationaler Varianten in den jeweils anderen
   Sprachzentren 423

2 Zur Korrektur und Bewertung nationaler Varianten durch die Lehrer 436

3 Die nationalen Varianten im Fluktuationsbereich zwischen Standard
   und Nonstandard 448

4 Medien- und Verlagsbeziehungen zwischen den Sprachzentren
   und ihre Auswirkungen auf die Wahl nationaler Varianten 464

5 Die nationalen Varietäten im Spannungsfeld zwischen nationalen
   und demokratischen Bestrebungen 476

6 Die nationalen Varietäten im Muttersprach- und im Fremdsprach-
   unterricht 480

7 Überblick über verbreitete Asymmetrien zwischen den nationalen
   Sprachzentren 484

8 Nationale Varietäten als Mittelweg zwischen Sprachvereinheitlichung
   und Sprachspaltung 500

9 Region und Nation als varietätsprägende Kräfte 505

10 Forschungsdesiderate 512

Bibliographie 521

Sachregister 567

Verzeichnis der Karten, Abbildungen und Tabellen

Karte 1: Amtssprachregion des Deutschen 13
Karte 2: Die für die nationalen Varietäten des Deutschen wichtigsten
Dialektregionen 15

Abb. 1: Relevante Grade linguistischer Ähnlichkeit für die Zuordnung
von Varietäten zu Sprachen (Beispiel: deutsche Sprache) 5
Abb. 2: Idealisierende Annahme bei der Bildung von sprachlichen
Variablen (V1 bis V4) 63
Abb. 3: Idealisierende Annahmen bei der Bildung von sprachlichen
Variablen (V1 bis V4) und von sprachlichen Systemen
(S1 bis S3) 63
Abb. 4: Soziales Kräftefeld einer Standardvarietät 80
Abb. 5: Abgrenzungsrichtungen für eine nationale Varietät 89
Abb. 6: Begriffsfeld ‚Nation' – ‚plurizentrisch' 98
Abb. 7: Notwendige Vergleichsrichtungen bei drei Sprachzentren 101
Abb. 8: Variantentypen: austauschbar – nicht austauschbar 105
Abb. 9: Variantentypen: Teilregion – Gesamtregion 106
Abb. 10: Variantentypen: spezifisch – unspezifisch 107
Abb. 11: Sehr unspezifische Variantentypen 110
Abb. 12: Nicht mehr als nationale Varianten geltende Typen 111
Abb. 13: Begriffsschema ‚Sprachpurismus' 184
Abb. 14: Typischer Unterschied zwischen vorherrschender Verwendungs-
region und durch die Kodifizierung hergestellter Geltungsregion
nationaler Varianten in Österreich (Beispiel *Obers*) 212
Abb. 15: Richtungen der Stereotypenbildung 215
Abb. 16: Piefke-Bilder in österreichischen Zeitschriften (Titelblätter von
Wochenpresse 28, 1983 und *profil* 12, 1994) 223
Abb. 17: Typische Kadenzen (satzabschließende Tonhöhenverläufe) bei
Schweizern im Gegensatz zu Deutschen und Österreichern 258
Abb. 18: Varietätenspektren der Sozialschichten im Dialekt-Standard-
Kontinuum im Vergleich zur Diglossie 372
Abb. 19: Demokratisch konzipierte und national konzipierte Geltungs-
regionen von Standardvarianten, bezogen auf Verwendungs-
regionen und nationale Grenzen 479
Abb. 20: Vier Entwicklungsmöglichkeiten verwandter Sprachvarietäten
bei der Ausbildung von Nationen 503

Tab. 1: Staaten mit Deutsch als Amtssprache 12
Tab. 2: Terminologie für verschiedene Nations- und Staatstypen 34
Tab. 3: Bildung von Varietäten durch Auswahl von Varianten
aus Variablen 65

Tab. 4: Anzahl von Sternchen-Wörtern als Lemma oder als Bestandteil
der Lemmaerläuterung in verschiedenen Auflagen des *Österreichischen Wörterbuchs* 181

Tab. 5: Eigenschaften, die Österreicher den Deutschen und sich selbst
am häufigsten zuschreiben (nach *Österreichbewußtsein* 1990) . . 220

Tab. 6: Eigenschaften größter Differenz zwischen Deutschen und
Österreichern aus österreichischer Sicht (nach *Österreichbewußtsein* 1990) 220

Tab. 7: Die besonderen Talente der Deutschen aus österreichischer Sicht
(*Inside Austria* 1989: 43 f.) 221

Tab. 8: Bekundete Sympathie von Schweizer Rekruten gegenüber
verschiedenen Nationen (Prozentwerte) 309

Tab. 9: Teutonismen mit höherem Eindeutschungsgrad
in Lehnwörtern 357

Tab. 10: Teutonismen mit niedrigerem Eindeutschungsgrad
in Lehnwörtern 357

Tab. 11: Abstufungsvielfalt zwischen Dialekt und Standardvarietät
im Dialekt-Standard-Kontinuum (Schwäbisch) 370

Tab. 12: Die Nationen, die den Deutschen am sympathischsten sind
(Prozentwerte von Antworten) 378

Tab. 13: Die häufigsten Eigenschaften, die Deutsche Österreichern
zuschreiben (nach *Einstellungen zu Österreich* 1989) 381

Tab. 14: Die nationalen Varianten der drei Versionen des Befragungstextes 427

Tab. 15: Anzahl von Informanten verschiedener Zentren, für die
nationale Varianten aus verschiedenen Zentren vollzählig
verständlich waren (schriftliche Befragung) 428

Tab. 16: Anzahl nationaler Varianten, die für alle bzw. nur einen Teil
der Informanten aus verschiedenen Zentren verständlich waren
(schriftliche Befragung) 430

Tab. 17: Die für einen Teil der Informanten (Lehrer) unverständlichen
nationalen Varianten (schriftliche Befragung) (Prozentangabe) . . 433

Tab. 18: Die einem Teil der Informanten (deutsche Studierende)
unbekannten bzw. unverständlichen nationalen Varianten
(mündliche Befragung) (Prozentangaben) 433

Tab. 19: Soziale Verteilung der Lehrerstichproben zum Korrekturverhalten bei nationalen Varianten 438

Tab. 20: Korrekturhäufigkeit nationaler Varianten durch verschiedene
nationale Lehrergruppen (Prozentwerte) 439

Tab. 21: Korrekturhäufigkeit bezüglich eigen- und fremdnationaler
Varianten (in Prozent) 440

Tab. 22: Korrekturhäufigkeit der verschiedenen fremdnationalen
Varianten im Vergleich (in Prozent) 441

Tab. 23: Notendurchschnitte bei verschiedenen nationalen Lehrergruppen für Aufsätze mit verschiedenen nationalen Varianten . . 444

Tab. 24: Anzahl von Lehrern verschiedener nationaler Lehrergruppen,
die Aufsätze ohne nationale Varianten besser benoten 444

Tab. 25: Bewertung nationaler Varianten im Aufsatz als Vor- oder
Nachteil durch verschiedene nationale Lehrergruppen 445

Tab. 26: Lehrerunterstützung beim Vermeiden nationaler Varianten
          im Aufsatz   446
Tab. 27: Beispiele unterschiedlicher Standardmarkierungen im
          Österreichischen Wörterbuch (1990) und im Rechtschreib-
          Duden (1991)   450
Tab. 28: Bewertung „nordd.[eutscher]" Duden-Wörter durch
          Norddeutsche   454
Tab. 29: Im Schulaufsatz akzeptable „nordd.[eutsche]" Duden-Wörter . .   461
Tab. 30: Nicht-Gebräuchlichkeit „nordd.[eutscher]" Duden-Wörter . . .   463
Tab. 31: Verteilung der Verlagsorte von Veröffentlichungen öster-
          reichischer Autoren   469
Tab. 32: Verteilung der Verlagsorte von Veröffentlichungen Schweizer
          Autoren   469
Tab. 33: Unterschiede des Aussprache-Gebrauchsstandards zwischen
          Nord- und Süddeutschland (nach König 1989)   510

Abkürzungen und Symbole

*	Sternchenwort im *Österreichischen Wörterbuch* („binnendeutsch", vgl. Kap. B.4)
•	„binnendt." nach Bigler u.a. (1987)
a < b	b wird zu a (etymologisch) oder a ist (zahlenmäßig) kleiner als b
a ≤ b	a ist (zahlenmäßig) kleiner oder gleich b
a ∈ A	a ist Element der Menge A
A ⊇ B	A ist Obermenge von B
A ⊃ B	A ist echte Obermenge von B
A ⊆ B	A ist Teilmenge von B
A ⊂ B	A ist echte Teilmenge von B
A ∩ B	die Schnittmenge von A und B
A ∪ B	die Vereinigungsmenge von A und B
Akk.	Akkusativ
bayr.	in bayerischem Standarddeutsch
Dat.	Dativ
dt.	in deutschem Standarddeutsch (entsprechend norddt. usw.)
fem.	feminin (grammatisches Geschlecht)
Gen.	Genetiv
mask.	maskulin (grammatisches Geschlecht)
^{n}	„nordd.[eutsch]" nach einem der Dudenbände
neutr.	neutral (grammatisches Geschlecht)
österr.	in österreichischem Standarddeutsch
p	Wahrscheinlichkeitsgrad
Pl.	Plural
Sg.	Singular
^{s}	„südd.[eutsch]" nach einem der Dudenbände
schweiz.	in schweizerischem Standarddeutsch
ugs.	umgangssprachlich
vorarlb.	in vorarlbergischem Standarddeutsch

A Theoretische und methodische Vorüberlegungen

1 Die deutsche Sprache und die deutschsprachigen Länder

1.1 Die deutsche Sprache: Varietäten und Nachbarsprachen

Das vorliegende Buch befaßt sich mit der deutschen Sprache, insbesondere mit der deutschen Sprache in Deutschland, Österreich und der Schweiz, aber auch in Liechtenstein, Luxemburg, Südtirol, Ostbelgien und andernorts. Der Schwerpunkt der Betrachtung liegt auf dem jeweiligen Standarddeutsch. Ausgangspunkt der Beobachtungen ist dabei, daß das Standarddeutsch dieser verschiedenen Länder durchaus merkliche Unterschiede aufweist. Wäre dies nicht der Fall, so wäre das vorliegende Buch überflüssig. Wie aber kommen wir dazu, „die Sprache des Österreichers", wie sie (offenkundig in vorfeministischer Zeit) verschiedentlich genannt wurde (Hrauda 1948; Gstrein 1957–1972), als „deutsch", also als zur deutschen Sprache gehörig, einzustufen, oder auch die Sprechweise, die in besonders förmlichen Situationen im größeren, nördlichen Teil der Schweiz zu hören ist? Diese Frage stellt sich verstärkt angesichts der verschiedentlich verwendeten Bezeichnung „Österreichisch" (vgl. Wiesinger 1988 b: 9–11; kritisch dazu Pollak 1992: 59–67) oder angesichts des durchaus ernstgemeinten Vorschlags in den 30er Jahren dieses Jahrhunderts, eine eigenständige Sprache „Alemannisch" für die Schweiz zu entwickeln, die ausdrücklich von der deutschen Sprache getrennt sein sollte (Baer 1936). Es erscheint demnach nicht ganz überflüssig, sich zu verdeutlichen, welche Sprachsysteme zur deutschen Sprache gehören und welche nicht. Dazu müssen wir einige allgemeine Überlegungen anstellen über die Zugehörigkeit von Sprachsystemen zu Sprachen.

Zunächst ist in dieser Fragestellung vorausgesetzt, daß eine Sprache eine Menge von – wie ich es bislang ausgedrückt habe – Sprachsystemen umfaßt bzw. mit dieser Menge identisch ist. Gelegentlich spricht man von „Subsystemen", was jedoch problematisch ist, da dieser Terminus impliziert, daß eine Sprache insgesamt ein System sei. Sie ist das jedoch in der Regel allenfalls in einem ganz anderen Sinn als dem der strukturellen Linguistik; eher schon bildet jedes dieser „Subsysteme" ein System im linguistischen Sinn. In anderen Zusammenhängen spricht man statt von Subsystemen lieber von „Existenzformen" oder auch von „Varietäten" einer Sprache. Den letztgenannten Terminus bevorzuge ich im weiteren, weil er am besten zur Terminologie der linguistischen Variation paßt, die sich für später behandelte Fragen als methodische Grundlage gut eignet (vgl. Kap. A.4.1). Bei diesem Ansatz wird eine Sprache, sagen wir La (L = lingua), als Menge von Varietäten la, lb, ..., ln gesehen: La = {la, lb, ..., ln}. Beispiele solcher Varietäten sind dann Dialekte („dialektale Varietäten"), Standardvarietäten (oft auch mißverständlich „Standardsprachen" genannt) oder „Umgangsvarietäten" (ebenfalls meist „Umgangssprachen" genannt). Die konsistente Bezeichnung als „X-Varietäten" drückt aus, daß es sich eben nicht um ganze Sprachen, sondern nur um Bestandteile, Elemente ganzer Sprachen handelt. Von dieser Sicht der Dinge aus stellt sich dann die Frage, aufgrund welcher Kriterien entschieden werden kann, ob zwei beliebig herausgegriffene sprachliche

Varietäten la und lb zur selben Sprache La oder zu verschiedenen Sprachen La und Lb gehören.

Aus der Vielfalt der Lösungsvorschläge für dieses Problem lassen sich, wie mir scheint, die folgenden beiden Gruppen von Kriterien herauspräparieren:

(I)   *Überdachung*: eine der beiden Varietäten, sagen wir la, überdacht die andere, lb, bzw. überdacht sie nicht;

(II) Der Grad der *linguistischen* Ähnlichkeit oder – umgekehrt gesehen – der *linguistischen* Distanz zwischen beiden Varietäten. Dabei sind drei Grade linguistischer Ähnlichkeit relevant: *große, mittlere* und *kleine* (geringe) linguistische Ähnlichkeit bzw. – umgekehrt gesehen – kleine, mittlere und große linguistische Distanz (große Ähnlichkeit = kleine Distanz, kleine Ähnlichkeit = große Distanz).

Offenkundig bedürfen beide Gruppen von Kriterien der Erläuterung. Diese Erläuterung bleibt hier letztlich unscharf, weil die gültige und exakte Explikation beider Kriteriengruppen eine bislang ungelöste Forschungsaufgabe ist. Sie ist letztlich so schwierig, daß im vorliegenden Zusammenhang nicht nur eine Lösung ausgeschlossen ist, sondern sogar die detaillierte Formulierung der Lösungsschwierigkeiten unterbleiben muß. Die fehlende Präzisierung macht indes die beiden Kriteriengruppen bzw. die daraus entstehenden Einzelkriterien keineswegs sinnlos und auch nicht unbrauchbar. Es ist nur vorläufig unumgänglich, daß sie teilweise intuitiv gehandhabt werden, wie dies im übrigen mit in der Wissenschaft angewandten Kriterien auch ansonsten oft geschieht. Der Ansatz bei den beiden Kriteriengruppen verspricht auf längere Sicht durchaus eine zufriedenstellende Lösung des bisweilen für unlösbar erklärten Problems, wie Varietäten zu Sprachen zu gruppieren sind. Den Eindruck der Lösbarkeit vermittelt hoffentlich auch die nachfolgende Erläuterung und beispielhafte Anwendung der beiden Kriteriengruppen bzw. Einzelkriterien.

Die Überdachung einer Varietät durch eine andere ist eine grundsätzlich asymmetrische Relation: wenn Varietät la Varietät lb überdacht, dann ist es ausgeschlossen, daß lb auch la überdacht. Des weiteren besteht Überdachung grundsätzlich von seiten einer Standardvarietät gegenüber einer Nonstandardvarietät. Wenn also Varietät la Varietät lb überdacht, dann ist notwendigerweise la eine Standardvarietät und lb eine Nonstandardvarietät. Standardvarietäten können nicht überdacht werden, und Nonstandardvarietäten können nicht überdachen. Diese Auffassung herrscht auch in der einschlägigen Fachliteratur vor, wenngleich sie dort gewöhnlich nicht so deutlich formuliert wird. Beispiele sind die Ausführungen von Heinz Kloss (1987: 60) oder von J. K. Chambers und Peter Trudgill (1980: 10–14). Letztere sprechen allerdings anstelle von „Überdachung" von „Autonomie" (der überdachenden Varietät) und „Heteronomie" (der überdachten Varietät). „Autonomie" läßt sich dabei übersetzen mit *Überdachung* (mit der Einschränkung auf die aktive Bedeutung) und „Heteronomie" mit *Überdachtsein*.

Aufgrund der getroffenen Festlegung muß die nähere Erläuterung des Begriffs ‚Überdachung' vor allem zwei Fragen beantworten:

(i)   Was ist eine Standardvarietät bzw. eine Nonstandardvarietät, oder wie kann man erkennen, ob es sich bei einer wie auch immer identifizierten Varietät um eine Standard- oder um eine Nonstandardvarietät handelt?

(ii) Worin besteht diejenige spezifische Beziehung zwischen einer Standardvarietät und einer Nonstandardvarietät, die man *Überdachung* nennt, oder wie kann man erkennen, ob eine vorliegende Standardvarietät eine vorliegende Nonstandardvarietät überdacht?

Die Begriffe ‚Standardvarietät' und ‚Nonstandardvarietät' beschäftigen uns an anderer Stelle ausführlich (vgl. Kap. A.4.2 und A.4.3) und sollen deshalb an dieser Stelle nur kurz erläutert werden. Eine Standardvarietät im vollen Sinn des Wortes, also abgesehen von Grenzfällen und Übergangsformen, ist „kodifiziert". Dies bedeutet, daß ihre Formen in einem „Sprachkodex" niedergeschrieben sind, in Wörterbüchern, Grammatiken und dergleichen. Insbesondere ist bei einer Standardvarietät die Schreibweise (Orthographie) auf diese Weise schriftlich festgelegt. Die Angehörigen der betreffenden Sprachgemeinschaft schauen im Zweifelsfall in diesem Sprachkodex (Rechtschreibwörterbuch und dergleichen) nach, wie die Formen der Standardvarietät „richtig" lauten oder geschrieben werden. Außerdem ist eine Standardvarietät in aller Regel in ihrer Sprachgemeinschaft amtlich institutionalisiert. Sie wird insbesondere an Schulen unterrichtet oder in Behörden verwendet, wobei auch immer bis zu einem gewissen Grade darauf geachtet wird, daß sie korrekt gebraucht wird.

Auch Nonstandardvarietäten, zu denen insbesondere die Dialekte gehören, können in Wörterbüchern und dergleichen beschrieben sein. Diese Wörterbücher dienen jedoch so gut wie ausnahmslos nur wissenschaftlichen Zwecken und nicht zur Absicherung des richtigen Sprachgebrauchs. Außerdem ist die Verwendung von Nonstandardvarietäten nicht durch Schulen oder Behörden amtlich institutionalisiert. Man vergleiche in dieser Hinsicht zum Beispiel das Standarddeutsch Deutschlands, Österreichs oder der Schweiz mit den in eben diesen Staaten gesprochenen Dialekten wie Schwäbisch, Bairisch oder Alemannisch.

In der Annahme, daß der Unterschied zwischen Standard- und Nonstandardvarietäten damit für den vorliegenden Zweck klar genug ist, spezifiziere ich im weiteren innerhalb dieses Teilkapitels Varietäten unter Umständen gleich als SVa, SVb ... (Standardvarietäten) bzw. NSVa, NSVb ... (Nonstandardvarietäten), statt mich nur durch die schon eingeführten unspezifizierten Symbole (la, lb, ...) auf sie zu beziehen.

Nicht jede Standardvarietät überdacht jede Nonstandardvarietät. Vielmehr überdacht eine Standardvarietät SVa eine Nonstandardvarietät NSVb nur dann, wenn die Sprecher (Muttersprachler) von NSVb einigermaßen regelmäßig in Richtung auf SVa korrigiert werden. Bei einer fest eingespielten Überdachungsrelation empfinden die Sprecher von NSVb solche Korrekturen als normal und bemühen sich, ihnen nachzukommen; sie akzeptieren die Formen von SVa als die für sie korrekte Sprech- oder Schreibweise. Der vorrangige Ort solcher Korrekturen sind die Schulen; jedoch kommen sie auch andernorts mehr oder weniger regelmäßig vor, wie zum Beispiel in Behörden und Betrieben. Die öffentliche und auch amtliche Korrektur des Sprachverhaltens ist typisch für die Überdachungsrelation – private sprachliche Korrekturen gibt es auch ohne Überdachung innerhalb von Nonstandardvarietäten. Selbstverständlich werden die Sprecher einer Nonstandardvarietät, die von einer Standardvarietät SVa überdacht wird, nicht ständig in Richtung SVa korrigiert, auch nicht bei ihrem öffentlichen Sprachverhalten; es müssen in ihrer Lebenswelt nur überhaupt entsprechende Korrekturen des öffentlichen Sprachverhaltens stattfinden und normal sein, und zwar insbesondere in den Schulen, wenn die Rede von Überdachung durch die SVa berechtigt sein soll.

Man könnte im Grunde auch sagen, daß „die Sprecher" der Nonstandardvarietät (und nicht einfach nur die Nonstandardvarietät) von SVa überdacht werden. Die Überdachungsrelation ist nämlich ausgesprochen soziologisch. Sie bezieht sich sogar unmittelbar auf die Sprecher, und nur vermittelt über sie auf die von ihnen gesprochene Nonstandardvarietät. Daher ist es auch durchaus richtig, zu spezifizieren, daß eine Standardvarietät SVa eine Nonstandardvarietät NSVb nur insoweit überdacht, als die Sprecher von NSVb im Geltungsbereich SVa leben, der dadurch gekennzeichnet ist, daß Korrekturen in Richtung auf SVa berechtigt und gängig sind. Dieser Geltungsbereich ist in der Regel auch regional ziemlich klar abgegrenzt, zumeist durch politische Grenzen. Es ist demzufolge durchaus möglich, daß ein und dieselbe Nonstandardvarietät (linguistisch ein und dieselbe!) von verschiedenen Standardvarietäten SVa und SVb überdacht wird, insofern eben ein Teil ihrer Sprecher im Geltungsbereich gängiger Korrekturen in Richtung auf SVa und ein anderer Teil im Geltungsbereich gängiger Korrekturen in Richtung auf SVb lebt. Beispiele dafür sind sprachgebiets- oder auch manche staatsgebietsüberschreitende Dialekte, beispielsweise zu früheren Zeiten an der niederländisch-deutschen Grenze, wo lange Zeit beidseitig dieselben Dialekte gesprochen wurden, bis sie sich auseinander entwickelten infolge unterschiedlicher Entlehnungen aus den jeweils überdachenden Standardvarietäten. – Hiermit dürfte ausreichend klargestellt sein, was mit der Ausdrucksweise gemeint ist, daß eine Varietät (stets eine Standardvarietät) eine andere (stets eine Nonstandardvarietät) überdacht.

Die Frage nach der großen, mittleren oder kleinen (geringen) linguistischen Ähnlichkeit zwischen zwei Sprachvarietäten zerfällt in die folgenden beiden Teilfragen:

(i)   Wie mißt man den Grad linguistischer Ähnlichkeit zwischen zwei Sprachvarietäten?

(ii) Wie stellt man die im vorliegenden Zusammenhang relevanten Grade linguistischer Ähnlichkeit fest, also die Grenzen zwischen großer und mittlerer bzw. mittlerer und kleiner Ähnlichkeit?

Im Gegensatz zur ‚Überdachung' ist die ‚linguistische Ähnlichkeit' eine symmetrische Relation. Ist die Ähnlichkeit von la zu lb groß, dann auch die von lb zu la. Die Ähnlichkeitsgrade einer Sprachvarietät la mit anderen Sprachvarietäten kann man sich geometrisch vorstellen als Strecken auf einem von la ausgehenden Strahl, der die Ähnlichkeitsdimension repräsentiert. Auf diesem Strahl können auch die für unsere Überlegungen relevanten Ähnlichkeitsgrade abgetragen werden.

Dieses Vorgehen ist ganz allgemein (unabhängig von bestimmten Varietäten oder Sprachen) im oberen Teil von Abbildung 1 veranschaulicht, mit der Varietätenreihe la, ..., ln. Wenn ln die zu la unähnlichste Varietät repräsentieren soll, dann ist der letzte Abschnitt des Strahls (kleine Ähnlichkeit) enorm verkürzt dargestellt; d.h. er ist in Wirklichkeit sehr viel länger zu denken. Jedoch ist diese Frage hier nicht weiter von Interesse. Der untere Teil von Abbildung 1 liefert eine Illustration mit auf die deutsche Sprache bezogenen Beispielen. Die beispielhaft genannten Varietäten sind dabei nicht auf die abstrakte Varietätenreihe la, ..., ln bezogen – mit Ausnahme der Ausgangsvarietät. Anstelle von la, also dem Aus-

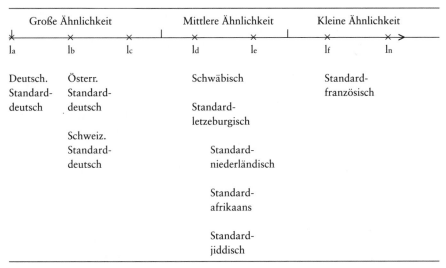

Abb. 1: Relevante Grade linguistischer Ähnlichkeit für die Zuordnung von Varietäten zu Sprachen (Beispiel: deutsche Sprache)

gangspunkt (Bezugsvarietät) der Messung, steht das deutsche Standarddeutsch (Standarddeutsch Deutschlands). Ebensogut hätte dafür eine der anderen Standardvarietäten der deutschen Sprache gewählt werden können. In der Spalte der mittleren Ähnlichkeit sind die drei zuunterst stehenden Varietäten etwas weiter eingerückt, um die vermutlich etwas geringere linguistische Ähnlichkeit mit der Bezugsvarietät der Messung auszudrücken.

Die Ähnlichkeit zwischen zwei Varietäten ist trivialerweise dann groß, wenn beide in hohem Maße linguistisch übereinstimmen, und dann klein, wenn beide linguistisch nur sehr geringe Übereinstimmungen aufweisen. Dabei kann man den Übereinstimmungsgrad linguistisch entweder durch einen Systemvergleich feststellen versuchen oder durch Textvergleiche. Im ersten Fall vergleicht man, inwieweit das Phonemsystem, gegebenenfalls auch das Schreibsystem, die Lexik, die Grammatik und eventuell auch die Pragmatik übereinstimmen bzw. divergieren. Im zweiten Fall vergleicht man sinngleiche, möglichst wörtlich übereinstimmende (aber natürlich grammatisch korrekte) Texte miteinander, um den Grad ihrer Ähnlichkeit zu ermitteln. Praktisch behilft man sich oft auch nicht-linguistisch durch Verstehenstests. Dabei wird überprüft, bis zu welchem Grad Sprecher von Varietät la Sätze oder Texte aus Varietät lb und Sprecher von lb Sätze oder Texte aus la verstehen können. Als Probanden kommen nur Personen in Betracht, die keine Vorkenntnisse von der jeweils anderen Varietät besitzen. Im Gegensatz zur linguistischen Ähnlichkeit ist übrigens die gegenseitige Verständlichkeit zwischen zwei Varietäten nicht unbedingt symmetrisch, was schon verrät, daß gegenseitige Verständlichkeit nicht einfach mit linguistischer Ähnlichkeit gleichgesetzt werden, sondern nur als näherungsweise brauchbarer Indikator für sie verstanden werden darf. Die entwickelten Methoden und Überlegungen zur Messung linguistischer Ähnlichkeit sind außerordentlich vielfältig und diffizil und können hier nicht dargestellt werden (vgl. Casad 1974; Ammon 1989; Beiträge in

Casad 1992). Wir müssen uns hier mit einem weitgehend intuitiven Verständnis begnügen (vgl. auch Kap. A.4.1). Die an dieser Stelle notgedrungen recht abstrakten Erläuterungen werden am Ende des vorliegenden Teilkapitels durch bereitgestellte Sprachbeispiele veranschaulicht, und zwar von den in Abbildung 1 genannten Varietäten (mit Ausnahme des Standardfranzösischen).

Anhand dieser Beispiele lassen sich auch die im vorliegenden Zusammenhang relevanten Grade linguistischer Ähnlichkeit grob wie folgt erläutern. Vergleicht man zwei Varietäten mit großer Ähnlichkeit, so stellt man fest, daß sinngleiche, möglichst wörtlich übersetzte Texte in zahlreichen Wörtern übereinstimmen; die Zahl der übereinstimmenden Wörter ist sogar größer als die Zahl der divergierenden Wörter. Bei mittlerer Ähnlichkeit zwischen zwei Varietäten ist in sinngleichen, möglichst wörtlich übersetzten Texten die Zahl der divergierenden Wörter zwar größer als die Zahl der übereinstimmenden Wörter; bei der Mehrzahl der paarweise verglichenen Wörter ist jedoch die Ähnlichkeit so groß, daß sie leicht als einander entsprechend erkannt werden können. Bei kleiner (geringer) Ähnlichkeit zwischen zwei Varietäten (Unähnlichkeit) können dagegen in solchen Vergleichstexten allenfalls bei einem kleineren Teil der Wörter Entsprechungen erkannt werden. Dieser sehr grobe Hinweis thematisiert weder den Vergleich auf anderen linguistischen Rängen als dem Wortschatz (Lautung, Schreibung, Grammatik, Pragmatik) noch den Systemvergleich. Möge er dennoch den begrenzten Zweck erfüllen, wenigstens eine ungefähre Vorstellung von den hier unterschiedenen Begriffen zu vermitteln.

Unter der Voraussetzung, daß hinreichend geklärt ist, einerseits unter welchen Bedingungen eine Varietät (Standardvarietät) die andere (Nonstandardvarietät) überdacht, und andererseits, unter welchen Bedingungen die linguistische Ähnlichkeit zwischen zwei Varietäten groß, mittel oder klein ist, lassen sich die folgenden Regeln formulieren, nach denen zwei Varietäten zur selben Sprache (La) bzw. zu verschiedenen Sprachen (La und Lb) gehören. Aufgrund der Überdachungsrelation ist dabei ein Unterschied zu machen, ob es sich um die Zuordnung von zwei Standardvarietäten oder einer Standard- und einer Nonstandardvarietät handelt.

Befassen wir uns zunächst mit der Frage, wie zwei Standardvarietäten einander sprachlich zuzuordnen sind.

(I) Zwei Standardvarietäten, SVa und SVb, gehören unter folgenden Bedingungen zur selben bzw. zu verschiedenen Sprachen:

(1) Wenn die linguistische Ähnlichkeit zwischen SVa und SVb groß ist, dann gehören beide zur selben Sprache.

(2) Wenn die linguistische Ähnlichkeit zwischen SVa und SVb mittel oder klein ist, dann gehören beide zu verschiedenen Sprachen.

Regel I(1) liefert die Begründung dafür, warum die verschiedenen Standardvarietäten (nationalen Varietäten) einer „plurizentrischen" Sprache zur selben Sprache gehören (vgl. zu diesem für das vorliegende Buch zentralen Begriff Kap. A.4.5). Im Falle der deutschen Sprache handelt es sich dabei vor allem um das Standarddeutsch Deutschlands, Österreichs und der Schweiz. Am Ende des vorliegenden Teilkapitels finden sich, wie schon gesagt, Beispieltexte dieser drei Standardvarietäten. Diese Texte illustrieren auch, was mit großer linguistischer Ähnlichkeit gemeint ist: Die drei Texte stimmen großenteils überein; sie divergieren nur in den unterstrichenen Formen.

Regel I(2) begründet, warum Standardvarietäten von „Nachbarsprachen"
zu anderen Sprachen gehören. Beispiele in bezug auf die deutsche Sprache sind
das Standardletzeburgische (vgl. – auch zum Terminus – Kap. E.2), das Standard-
niederländische, das Standardafrikaans und das Standardjiddische. Sie gehören
nicht zur deutschen Sprache, obwohl sie durchaus eine gewisse Ähnlichkeit mit
jeder der drei deutschen Standardvarietäten aufweisen. Diese Ähnlichkeit ist aber
nicht groß, sondern eben nur mittel. Wegen dieser immerhin mittleren Ähnlichkeit werden die betreffenden Sprachen – die Sprachen, zu denen diese Standardvarietäten gehören – bisweilen als „Nachbarsprachen" des Deutschen bezeichnet.
Die Textbeispiele am Ende des vorliegenden Teilkapitels ermöglichen den Vergleich dieser vier Standardvarietäten der Nachbarsprachen des Deutschen mit den
drei deutschen Standardvarietäten. Damit wird zugleich illustriert, was mit ‚mittlerer' Ähnlichkeit gemeint ist: Die überwiegende Mehrzahl der Wörter divergiert
zwischen den Texten, wenn man die betreffenden Varietäten mit den deutschen
Standardvarietäten vergleicht, aber bei der Mehrzahl der Wörter läßt sich doch
leicht erkennen, daß sie einander entsprechen.

Wenden wir uns nun der Frage zu, wie eine Standardvarietät und eine Nonstandardvarietät einander sprachlich zuzuordnen sind.

(II) Eine Standardvarietät SVa und eine Nonstandardvarietät NSVb gehören unter den folgenden Bedingungen zur selben bzw. zu verschiedenen
Sprachen:

(1) Wenn SVa die NSVb überdacht und zugleich die linguistische Ähnlichkeit
zwischen beiden mindestens mittel (mittel oder groß) ist, so gehören beide
zur selben Sprache.
Diese Bedingung besteht zwischen einer Standardvarietät und den von ihr
überdachten Dialekten und Umgangsvarietäten derselben Sprache. Die
linguistische Ähnlichkeit einer Standardvarietät mit den Dialekten derselben
Sprache ist häufig mittel, kann aber auch groß sein; die linguistische Ähnlichkeit mit den Umgangsvarietäten ist meistens groß. Als Beispiel eines
Dialekts der deutschen Sprache ist am Ende des vorliegenden Teilkapitels
eine Fassung des Vergleichstextes auf schwäbisch beigefügt. Vergleicht man
diesen Text mit dem Standarddeutsch Deutschlands, so erkennt man die
mittlere Ähnlichkeit. Die Unterschiede sind ähnlich groß wie zwischen dem
Standarddeutsch Deutschlands und dem Standardletzeburgischen. Dennoch
gehört der schwäbische Dialekt zur deutschen Sprache und das Standardletzeburgische nicht. Der entscheidende Unterschied zwischen beiden besteht
in der vorhandenen bzw. fehlenden Überdachung durch eine deutsche Standardvarietät (Regeln II(1) und I(2)). Aus demselben Grunde gehören auch
die alemannischen Dialekte der Schweiz (Schwyzertütsch) zur deutschen
Sprache, obwohl manche Schweizer Sprachpatrioten sie als eigenständige
Sprache bewertet wissen möchten (z. B. Baur 1983: 37–41; 1988) oder betonen, daß sie „dem Schriftdeutschen" nicht ähnlicher seien als „das Niederländische" („La distance linguistique [entre toutes les variétés du schwyzertütsch d'un côté et l'allemand de l'autre! U.A.] n'est pas moindre que celle
qui existe entre l'allemand et le néerlandais ou même entre l'italien et
l'espanol." Haas 1981: 41. Vgl. zu dem Begriff ‚Sprachpatriot' Kap. B.2:
gegen Ende). Der maßgebliche Unterschied besteht auch hier in der Überdachung durch eine Varietät der deutschen Sprache, in diesem Fall durch das

„Schweizerhochdeutsche". Die Zuordnung des Schweizerhochdeutschen zur deutschen Sprache ergibt sich aus Regel I(1).

(2) Wenn eine Standardvarietät SVa eine Nonstandardvarietät NSVb nicht überdacht, dann gehören beide zur selben Sprache, wenn die linguistische Ähnlichkeit zwischen ihnen mindestens mittel (mittel oder groß) ist und wenn außerdem NSVb nicht von einer anderen Standardvarietät ebenfalls mindestens mittlerer Ähnlichkeit überdacht wird. Im Falle einer Überdachung durch eine andere Standardvarietät mindestens mittlerer Ähnlichkeit gehört NSVb zur selben Sprache wie diese andere Standardvarietät.

(3) Wenn die linguistische Ähnlichkeit zwischen einer Standardvarietät SVa und einer Nonstandardvarietät NSVb klein ist (Unähnlichkeit), dann gehören SVa und NSVb zu verschiedenen Sprachen. Ob Überdachung vorliegt oder nicht, ist dabei irrelevant.

Die Regeln II(2) und II(3) führen schon über die Fragestellung der vorliegenden Untersuchung hinaus. Sie begründen beispielsweise die Zuordnung der Dialekte auf beiden Seiten der deutsch-niederländischen Grenze: Sie gehören jeweils zur selben Sprache wie die sie überdachende Standardvarietät, die jeweils mindestens mittlere Ähnlichkeit mit ihnen hat. Ferner erklären die Regeln II(2) und II(3), warum die alemannischen und rheinfränkischen Dialekte im Elsaß und in Lothringen zur deutschen und nicht zur französischen Sprache gehören, obwohl sie offenkundig eher vom Standardfranzösischen (genauer: vom Standardfranzösischen Frankreichs) als vom Standarddeutsch Deutschlands oder einer anderen Varietät der deutschen Sprache überdacht werden. Die betreffenden Dialekte werden zwar kaum vom Standarddeutsch Deutschlands oder einer anderen Standardvarietät der deutschen Sprache überdacht, aber es existiert auch keine andere überdachende Standardvarietät von mindestens mittlerer Ähnlichkeit (II(2)), bzw. die linguistische Ähnlichkeit zwischen diesen Dialekten und dem sie überdachenden Standardfranzösischen ist klein (II(3)).

Diese letzteren Fragen und andere, die sich im Zusammenhang mit der Zuordnung zweier Varietäten zur selben oder zu verschiedenen Sprachen stellen, sind im Rahmen der vorliegenden Untersuchung nicht von unmittelbarem Interesse. Sie sollen daher hier auch nicht weiter verfolgt werden. Es läßt sich leicht zeigen, daß die angeführten Regeln keineswegs in dem Sinne erschöpfend sind, daß sie die Zuordnung aller Paare von Sprachvarietäten zur selben oder zu verschiedenen Sprachen klarstellen. Sie sind vor allem unvollständig in bezug auf Paare von Nonstandardvarietäten, über deren Zuordnung zur selben oder zu verschiedenen Sprachen sie kaum etwas aussagen. Allerdings läßt sich erkennen, daß deren Zuordnung zur gleichen bzw. zu verschiedenen Sprachen abhängig ist von der Überdachung durch dieselbe oder durch verschiedene Standardvarietäten bzw. durch Standardvarietäten derselben oder verschiedener Sprachen. Bei Überdachung durch Standardvarietäten derselben Sprache (und jeweils mindestens mittlerer Ähnlichkeit mit diesen Standardvarietäten) gehören beide Nonstandardvarietäten zur selben Sprache; bei Überdachung durch Standardvarietäten verschiedener Sprachen gehören beide Nonstandardvarietäten zu verschiedenen Sprachen. Unsere Regeln sagen schließlich überhaupt nichts über die Zuordnung von Nonstandardvarietäten, die keine mittlere oder große Ähnlichkeit mit irgendeiner Standardvarietät haben, also gewissermaßen Dialekte ohne eigene Standardvarietäten. Solche Fälle liegen jedoch außerhalb der Fragestellung der vorliegenden Untersuchung. Der Hinweis auf sie soll nur dem möglichen Mißverständnis vorbeugen, die genannten Regeln versuchten, die Zuordung von Varietäten zu Sprachen erschöpfend zu erklären.

Nachfolgend werden nun einige der oben als Beispiele genannten Varietäten vorgestellt in Form eines sinngleichen Textes, der von Varietät zu Varietät jeweils möglichst wortgetreu übersetzt wurde, natürlich unter Wahrung sprachlicher Korrektheit (Grammatikalität).

Daß die wortgetreue Übersetzung nicht unproblematisch war, sei am Beispiel des Wortes *Bratkartoffeln* verdeutlicht. Als Entsprechung in der schweizerhochdeutschen Varietät schien sich das so typisch schweizerisch klingende Wort *Rösti* anzubieten (schweizerische Schreibung meist *Röschti*); jedoch sind Rösti etwas anderes als *Bratkartoffeln*. Für Österreich wählte ich *Geröstete* (möglich gewesen wäre auch *geröstete Erdäpfel*). Geröstete sollen jedoch nach Auskunft eines Experten ebenfalls etwas anders zubereitet werden als Bratkartoffeln. Vielleicht wäre *Braterdäpfel* richtiger gewesen, denn ich habe unter dieser Bezeichnung angebotene Bratkartoffeln in der Gegend von Linz selbst verspeist.

Auf die Beifügung verschiedener Übersetzungsvarianten wurde verzichtet; im Zweifelsfall wurde die dem deutschen Standarddeutsch unähnlichere Variante gewählt. Für die Herstellung der Texte bzw. deren Korrektur danke ich den folgenden Kolleginnen und Kollegen: Herbert Tatzreiter (Wien): Österreichisches Standarddeutsch, Walter Haas (Freiburg, Schweiz): Schweizer Standarddeutsch, Fernand Hoffmann (Luxemburg): Standardletzeburgisch, Sonja Vandermeeren (Duisburg): Standardniederländisch, Riana Roos (Duisburg): Standardafrikaans, und Jürgen Biehl (Duisburg): Standardjiddisch (Ostjiddisch).

Deutsches Standarddeutsch (Standarddeutsch Deutschlands)

Wäre ich Abstinenzler, dann wäre mir das nicht passiert. Nach dem Abendessen – Rinderbraten mit Bratkartoffeln und Rotkohl – trank ich noch ein Viertel [anderes Maß!] Weißwein. Dann schwang ich mich auf mein Fahrrad, um zu meiner Wohnung zu fahren, die in einem alten Fachwerkhaus innerhalb der Stadtmauer liegt. Mir wurde plötzlich so schwindelig, daß ich die Kontrolle verlor und zuerst einen Omnibus streifte und dann auf ein Auto auffuhr, das gerade an der Ampel wartete. Der Autofahrer stieg aufgeregt aus. Er war aber nur um sein Auto besorgt und kein bißchen um meine etwaige Verletzung. Er wollte mich gleich anzeigen, als er den Kratzer in seinem Kotflügel sah, und drohte mit Polizei und Rechtsanwalt. Ich wurde vor Aufregung ohnmächtig. Als ich wieder aufwachte, lag ich auf dicken Kissen. Über mir hörte ich ein Radio. Es war zuerst die Rede vom Zugverkehr und dann von einem betrunkenen Radfahrer, der einen Verkehrsunfall verursachte. Es war das erste Mal, daß im Rundfunk über mich berichtet wurde.

Österreichisches Standarddeutsch

Wäre ich Abstinenzler, dann wäre mir das nicht passiert. Nach dem Nachtmahl – Rindsbraten mit Gerösteten und Blaukraut – trank ich noch ein Viertel [anderes Maß!] Weißwein. Dann schwang ich mich auf mein Fahrrad, um zu meiner Wohnung zu fahren, die in einem alten Fachwerkhaus innerhalb der Stadtmauer liegt. Mir wurde plötzlich so schwindlig, daß ich die Kontrolle verlor und zuerst einen Bus streifte und dann auf ein Auto auffuhr, das gerade vor der Ampel wartete. Der Autofahrer stieg aufgeregt aus. Er war aber nur um sein Auto besorgt und kein bißchen um meine allfällige Verletzung. Er wollte mich gleich anzeigen, als er den Kratzer an seinem Kotflügel sah, und drohte mit Polizei und Anwalt. Ich wurde vor Aufregung ohnmächtig. Als ich wieder aufwachte, lag ich auf dicken <u>Pölstern</u>. Über mir hörte ich e<u>in</u> Radio. Es war zuerst die Rede vom Zug<u>s</u>verkehr und dann von einem betrunkenen <u>Rad</u>fahrer, der einen Verkehrsunfall verursachte. Es war das erste Mal, daß im <u>Rundfunk</u> über mich berichtet wurde.

Schweizer Standarddeutsch (Schweizerhochdeutsch)

Wäre ich Abstinen<u>t</u>, dann wäre mir das nicht passiert. Nach dem <u>Nachtessen</u> – Rind<u>s</u>braten mit <u>Bratkartoffeln</u> und <u>Rotkabis</u> – trank ich noch e<u>inen Dreier</u> [anderes Maß!] Wei<u>ss</u>wein. Dann schwang ich mich auf mein <u>Velo</u>, um zu meiner Wohnung zu fahren, die in einem alten <u>Riegel</u>haus inner<u>t</u> der Stadtmauer liegt. Mir wurde plötzlich so schwin<u>dlig</u>, da<u>ss</u> ich die Kontrolle verlor und zuerst einen <u>Autocar</u> streifte und dann <u>in</u> ein Auto <u>hineinfuhr</u>, das gerade <u>vor dem Licht</u><u>signal</u> wartete. Der Auto<u>mobilist</u> stieg aufgeregt aus. Er war aber nur um sein Auto besorgt und kein bi<u>ss</u>chen um meine <u>allfällige</u> Verletzung. Er wollte mich gleich <u>verzeigen</u>, als er den Kratzer <u>an</u> seinem Kotflügel sah, und drohte mit Polizei und <u>Advokat</u>. Ich wurde vor Aufregung ohnmächtig. Als ich wieder zu mir kam, lag ich auf dicken <u>Kissen</u>. Über mir hörte ich e<u>inen</u> Radio. Es war zuerst die Rede vom Zug<u>s</u>verkehr und dann von einem betrunkenen <u>Velo</u>fahrer, der einen Verkehrsunfall verursachte. Es war das erste Mal, da<u>ss</u> im <u>Radio</u> über mich berichtet wurde.

Schwäbisch

Wär i Abschdinenzler, no wär mr des ned bassierd. Noch m Obadessa – Rendsbroda mid Brägela on Blaugraud – hao e no a Virdalle Wai drongga. No ben uf mei Fahrrad khopfd, om zo meire Wohnung z fahra, wo em a alda Fachwerkhaus ennerhalb vo dr Stadmauer leid. Mir isch bletzlich ganz durmelich worra, daß e d Kondroll vrlaora hao on zaerscht an Omnibus gsdroefd hao on no uf a Audo nufgfahre be, wo grad an arra Ambl gwarded had. Dr Audofahrer isch ufgregd ausgsdiega. Er isch aber bloß om sei Audo bsorgd gwä on koa bißle om mei efentwelle Vrletzung. Er had me glei ozeiga wella, wia r den Gratzr en seim Kodfliegl gsea had, on had mr mit dr Bolizei on am Rechtsowald drohd. I be vor Ufreging omächtig worra. Wia e widder ufgwacht be, ben e uf digge Kissa gläga. Iber mir hao e an Radio ghaerd. Zaerscht had r vom Zugvrkehr gschwädzd on no vom a bsoffena Radfahrer, wo an Verkehrsofall vrursachd had. S war s aerscht Mol, daß em Rondfonk iber mi berichded worra isch.

Standardletzeburgisch

Wir ech Abstinenzler, da wir mër dat nët passéiert. No dem Owesiessen – Rëndsbrot, gebrode Grompëren a roude Kabes – hun ech nach e Véierel wäisse Wäi gedronk. Du hun ech mech op mäi Velo geschwong fir a méng Wunnéng ze furen, déi an engem ale Fachwiirkhaus bannent der Stadmauer läit. Et as mir op eemol esou schämmeleg gin, datt ech d'Kontroll verlur hun a fir d'éischt en Omnibus gesträift hun an du an ën Auto geknuppt sin, dee grad bei der Verkéiersluucht gewaart huet. De Schofför as opgeregt erausgeklomm. Heen huet sech awer nëmmen fir säin Auto Suerje gemaach a kee bësselchen fir méng eventuell Blessür. Hee wollt mer gläich e Prëtekoll maache loossen, wéi heen d'Schréips u séngem Schutzblech gesinn huet, an heen huet mer matt der Poliss a mam Affekot gedreet. Ech si vun elauter Oprejong schwaach gefall. Wéi ech ërëm erwächt sin, louch ech op dëcke Këssen. Iwer mir hun ech e Radio gehéiert. Et gong fir d'éischt d'Ried vum Zuchverkéier an du von engem volle Velosfurer, den e Verkéiersakzident verursaacht hat. Et war di éischte Kéier, datt am Radio iwwert mech beriicht gouf.

Standardniederländisch

Was ik geheelonthouder, dan zou mij dat niet overkomen zijn. Na het avondeten – rundsgebraad met gebakken aardappels en rode kool – dronk ik een vierde liter wijn. Dan sprong ik op mijn fiets, om naar mijn woning te rijden, die in een oud vakwerkhuis binnen de stadsmuren gelegen is. Ik werd ineens zo duizelig, dat ik de controle over het stuur verloor, eerst een omnibus raakte en dan op een auto inreed, die net aan de verkeerslichten wachtte. De autobestuurder steeg opgewonden uit. Hij was echter enkel bezorgd over zijn auto en niet in het minst over mijn eventuele verwonding. Hij wou mij meteen aangeven, toen hij de schram op zijn spatbord zag, en dreigde met de politie en een advocaat. Ik viel van opwinding in onmacht. Toen ik weer wakker werd, lag ik op dikke kussens. Boven mij hoorde ik een radio. Eerst sprak men over het treinverkehr en dan over een dronken fietser, die een verkeersongeval veroorzaakte. Het was de eerste keer, dat op de radio over mij bericht werd.

Standardafrikaans

As ek 'n geheelonthouer was, sou dit nie met my gebeur het nie. Na aandete – beesbraaivleis met gebakte aartappels en rooikool – het ek nog 'n kwartbottel witwyn gedrink. Toe het ek op my fiets gespring om na my woonstel, wat in 'n ou vakwerkhuis binne die stadsmuur gelee „ is, te ry. Ek het plotseling so duiselig geword dat ek beheer verloor het en eers teen 'n bus geskurr en toe teen 'n motor wat by die verkeerslig gewag het, vasgery het. Die bestuurder het ontsteld uitgeklim. Hy was egter net oor sy motor besorg en nie eens 'n bietjie oor my moontlike besering nie. Hy wou my dadelik aangee toe hy die krapmerk op sy stamper sien en het met die polisie en 'n prokureur gedreig. Ek het van ontsteltenis flou geword. Toe ek weer wakker word, het ek op dik kussings gelê. Bo my het ek 'n radio gehoor. Eers het hulle oor die treinverkeer gepraat en toe oor 'n dronk fietsryker wat 'n verkeersongeluk veroorsaak het. Dit was die eerste keer wat daar oor die radio oor my berig is.

Standardjiddisch (Ostjiddisch)

Volt ikh geven a ti-touteler, volt dos nisht hobn getrofn mit mir. Nochn vetshere – rinderbrotn mit gebrotene kartofl un roytkroyt – ob ikh getrunkn noch a fertl wayswayn. Noch dem hob ikh sikh geworfn af mayn velosiped, keday zu forn zu mayn woynung in a halb-gehiltsten hoyz, wos iz gelegn ineweynik fun der shtotmoyer. Plutsim iz mir geworn azoy shvindldik, az ikh hob farloyren dem control. Ersht hob ikh fartshepet an oytobus un noch dem bin ikh arayngeforn in an oyto, wos hot gewart far a trafik fayer. Der forer fun dem oyto hot sikh tsekokht. Er iz ober nor geven in sorg vegn sayn oyto un nisht a bisl vegn a vund, wos ikh kent gehat. Vi azoy er hot bamerkt dem krats in sayn schitsblekh, hot er teykev gevolt mikh farshiltn. Er hot gestrashet mit politsay un advocat. Far ufregung bin ikh gefaln in kishn. Wen ikh bin ufgewakht, bin ikh gelegn af groyse kishns. Ikh hob gehert a radio iber mir. Ersht hobn sey geredt vegn banfaker un noch dem vegn a shikern velosiped-forer, wos hot farshaft a trafik-umglikfal. Es iz geven dos ershte mol, az epes iz barikhtet gevorn vegn mir.

1.2 Deutsch als staatliche Amtssprache und die deutschsprachigen Staaten

Nachdem im vorausgehenden Kapitel 1.1 für unsere Zwecke hoffentlich hinreichend geklärt wurde, welche Varietäten zur deutschen Sprache gehören, wollen wir uns nun der für unser Thema ebenfalls wichtigen Frage zuwenden, wie die deutsche Sprache auf die Staaten der Welt verteilt ist. Dabei genügen zunächst einmal verhältnismäßig grobe Angaben, weil die für das Thema des vorliegenden Buches relevanten Aspekte dieser Frage in späteren Kapiteln ohnehin detaillierter behandelt werden.

Deutsch ist staatliche Amtssprache in insgesamt 7 Staaten (vgl. Ammon 1991: 58–80). Allerdings ist der Status des Deutschen in diesen Staaten zum Teil recht unterschiedlich. In manchen von ihnen ist Deutsch Amtssprache auf nationaler Ebene, wird also verwendet in den zentralen Staatsorganen (Parlament, Regierung, Verwaltung) und teilweise auch in den Außenkontakten des Staates. Dies ist natürlich in besonderem Maße der Fall, wenn Deutsch die einzige Amtssprache (solo-offiziell) auf nationaler Ebene ist. In manchen Staaten ist Deutsch jedoch nationale Amtssprache zusammen mit anderen Sprachen (ko-offiziell). Eine deutlichere Statuseinschränkung liegt dann vor, wenn Deutsch nicht auf nationaler, sondern nur auf regionaler Ebene staatliche Amtssprache ist. Tabelle 1 gibt einen Überblick über die Verhältnisse im einzelnen.

Tab. 1: Staaten mit Deutsch als Amtssprache

Nationale Amtssprache

Solo-offiziell	Ko-offiziell
Bundesrepublik Deutschland	Schweiz (Deutsch neben
Österreich	Französisch und Italienisch –
Liechtenstein	Rätoromanisch ist regionale Amtssprache)
	Luxemburg (Deutsch neben Französisch
	und Letzeburgisch)

Regionale Amtssprache

Deutschsprachige Gemeinschaft in Belgien (nur Deutsch – bei subsidiärer Verwendung von Französisch)

Autonome Provinz Bozen-Südtirol in Italien (Deutsch neben Italienisch und gebietsweise auch Ladinisch)

Karte 1 zeigt die Grenzen der in Tabelle 1 genannten Staaten oder Teile von Staaten sowie die durch sie gebildete Region. Man kann diese Gesamtregion die *Amtssprachregion* des Deutschen nennen. Im Falle der deutschen Sprache ist die Amtssprachregion zusammenhängend. Bei Sprachen wie Englisch, Französisch u.a. ist dies nicht der Fall; die Amtssprachregion dieser Sprachen erstreckt sich sogar auf verschiedene Kontinente. Zur Klarstellung sei hinzugefügt, daß Deutsch in der Schweiz zwar nationale Amtssprache ist, aber aufgrund des dort für die Amtssprachen generell geltenden „Regionalprinzips" als Amtssprache auf die in der Karte schraffierte deutschsprachige Region beschränkt bleibt.
Innerhalb der Amtssprachregion des Deutschen liegen auch die Zentren der deutschen Sprache, zumindest die eindeutigen Fälle. Auf sie konzentriert sich im wesentlichen das vorliegende Buch. Ein Zentrum einer Sprache in dem hier interessierenden Sinn ist eine Nation oder ein Staat mit einer spezifisch ausgeformten Standardvarietät dieser Sprache (vgl. zur Präzisierung des Begriffs Kap. A.4.5). Von Kapitel 1.1 her wissen wir schon, daß dies bei der deutschen Sprache insbesondere der Fall ist in Deutschland, Österreich und der deutschsprachigen Schweiz. Da Deutsch demnach über mehrere Sprachzentren verfügt, ist es eine *plurizentrische Sprache*. Ob auch die übrigen Staaten (Liechtenstein, Luxemburg)

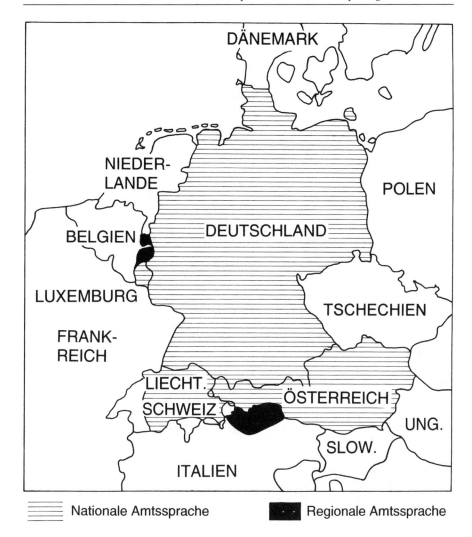

Karte 1: Amtssprachregion des Deutschen

oder Teile von Staaten (Südtirol in Italien, Deutschsprachige Gemeinschaft in Belgien), in denen Deutsch Amtssprache ist, jeweils über eine besondere Standard-varietät des Deutschen verfügen, ist nicht so leicht zu beantworten (vgl. Kap. E).

Die Amtssprachregion des Deutschen ist nicht identisch mit der Region, in der Deutsch als Muttersprache gesprochen wird (*Muttersprachregion* des Deut-schen). Einerseits gehört zu dieser Muttersprachregion nicht Luxemburg, für dessen Bevölkerung das Letzeburgische Muttersprache ist; andererseits erstreckt sich die Muttersprachregion des Deutschen über seine Amtssprachregion hinaus auf viele geographisch nicht zusammenhängende Gebiete, in denen deutschspra-chige Minderheiten leben, deren Muttersprache an Ort und Stelle keinen amtlichen Status hat. In einer Untersuchung, die am Institut für deutsche Sprache in Mannheim im Auftrag des Auswärtigen Amtes der Bundesrepublik Deutschland durchgeführt wurde, werden für die folgenden 25 Staaten deutschsprachige Minderheiten ohne Amtsstatus ihrer Sprache genannt, deren Zahlenstärke sich zwischen wenigen Tausend und mehr als 1,5 Mio. pro Staat bewegt:

Argentinien, Australien, Belize, Bolivien, Brasilien, Chile, Dänemark, Ecuador, Frankreich, Israel, Kanada, Kolumbien, Mexiko, Namibia, Paraguay, Peru, Polen, Rumänien, Sowjetunion (heute die verschiedenen Nachfolgestaaten), Südafrika, Tschechoslowakei (heute Tschechien und Slowakei), Ungarn, Uruguay, USA und Venezuela. – Ob vielleicht auch einzelne dieser Minderheiten ein Zentrum der deutschen Sprache bilden, wird in Kap. E.5 thematisiert.

Ein Terminus, dem man in der Geographie der deutschen Sprache ebenfalls häufig begegnet, ist der des *geschlossenen deutschen Sprachgebiets in Mitteleuropa.* Damit ist in der Regel nicht nur die in Karte 1 dargestellte Amtssprachregion gemeint, sondern zusätzlich sind diejenigen angrenzenden Regionen einbezogen, in denen deutschsprachige Minderheiten ohne Amtsstatus ihrer Sprache leben. Solche angrenzenden Minderheiten gibt es in den Staaten Dänemark, Polen, Tschechien, Slowakei, Ungarn und Frankreich, wobei nicht alle Wohngebiete deutschsprachiger Minderheiten in diesen Staaten unmittelbar an die deutsche Amtssprachregion angrenzen.

Ein letztes klärendes Wort scheint noch angebracht zu dem ebenfalls häufig gebrauchten Terminus *deutschsprachige Länder.* Er bezieht sich zumeist auf diejenigen vier Staaten, in denen die Muttersprachler des Deutschen die Bevölkerungsmehrheit bilden und in denen aufgrund dessen Deutsch auch staatliche Amtssprache auf nationaler Ebene ist: die Bundesrepublik Deutschland, Österreich, die Schweiz und Liechtenstein.

1.3 Die Dialektregionen des Deutschen und ihre Aufteilung auf die Staaten

Es geht hier nicht um eine detaillierte Darstellung der Geographie der deutschen Dialekte (vgl. dazu Wiesinger 1983 c), sondern nur um eine Skizze derjenigen großen Dialektregionen, die besonders deutlich mit der regionalen Gliederung auch des Standarddeutschen korrespondieren und sich in den nationalen Varietäten der deutschen Sprache niedergeschlagen haben. Diese Gliederung ist dargestellt in Karte 2.

Die große niederdeutsche Region ist primär dadurch definiert, daß in ihr die hochdeutsche Lautverschiebung unterblieben ist. Die wichtigsten Vorgänge sind dabei – in vereinfachter Darstellung – die folgenden. Im Niederdeutschen sind die voralthochdeutschen Plosive [p], [t], [k] voll erhalten, während sie in den Regionen südlich davon großenteils zu den Frikativen [f], [s] und [x/ç] oder zu den Affrikaten [pf], [ts] und [kx] (letzteres nur in der alemannischen und südbairischen Region) verschoben sind. Ob Frikative oder Affrikaten entstanden sind, ist abhängig von der Position im Wort: Frikative bildeten sich in der Position nach Vokal (Beispiele: *up/auf, wat/was, ik/ich*) und Affrikaten im Wortanlaut, bei voralthochdeutscher Doppelkonsonanz oder nach Konsonanten (Beispiele: *Pund / Pfund, Appel / Apfel, Karp / Karpfen, Taal / Zahl, sitten / sitzen, Holt / Holz;* – wobei vor allem die velare Konsonanz Sonderentwicklungen zeigt und die Ver-

Karte 2: Die für die nationalen Varietäten des Deutschen wichtigsten Dialektregionen

schiebung in manchen Konsonantenverbindungen gänzlich unterblieben ist (in Kombinationen mit s sowie in *ft* und *ht*).

In unserem Zusammenhang freilich sind diese am besten bekannten Auswirkungen der hochdeutschen Lautverschiebung, die noch weitere Lautveränderungen mit sich brachte, kaum von Bedeutung. Die daraus resultierenden Besonderheiten der niederdeutschen Region haben heutzutage nämlich rein dialektalen Charakter. Wichtig ist jedoch, daß es darüber hinaus auch eine Reihe von standarddeutschen Sprachformen gibt, die hauptsächlich in der niederdeutschen Region gelten. Sie bilden einen nicht unbeträchtlichen Teil der Charakteristika der nationalen Varietät Deutschlands. Es handelt sich zum einen um Aussprachebesonderheiten, insbesondere die stimmhafte Aussprache der Lenisplosive b, d, g vor Vokal oder stimmhaftem Konsonant (vgl. Siebs 1969: 106–114; König 1989,

Bd. 2: 293, 295). Zum andern handelt es sich um Wortschatzbesonderheiten. Als Beispiele seien nur genannt: die Varianten *Harke* ‚Rechen' (Eichhoff 1977: Karte 13), *Feudel* ‚Putzlappen' oder *fegen* statt mittel- und süddeutsch *kehren* (Eichhoff 1977: Karte 16). Bei genauerer Betrachtung der Besonderheiten des deutschen Standarddeutsch zeigt sich, daß ein Großteil von ihnen aus der niederdeutschen Region stammt (vgl. Kap. D.3 und F.3).

Das Mitteldeutsche (südlich des Niederdeutschen) ist lautgesetzlich dadurch gekennzeichnet, daß die hochdeutsche Lautverschiebung nur in einem Teil des Wortbestandes durchgeführt ist. Auch diese Region ist bedeutsam für die nationalen Varietäten des Deutschen. Einerseits bildet die mitteldeutsche Region teilweise eine Einheit mit der niederdeutschen. Ein Beispiel aus der Aussprache ist die Stimmhaftigkeit der Lenisfrikative vor Vokal, also die Aussprache als [z], [v], [ʒ], der südlich davon, also in der gesamten oberdeutschen Region, stimmlose Aussprache entspricht ([z̥], [v̥], [ʒ̊]. Letzteres wird vom Siebs (1969: 94 f.) als „gemäßigte Hochlautung" bewertet. Auch im Wortschatz geht die mitteldeutsche Region zum Teil mit der niederdeutschen zusammen. Beispiele sind die Wörter *Krumen* oder *Krümel* statt südlich davon *Brosamen* oder *Brösel* (Eichhoff 1978: Karte 58) oder *Frühstück* auch für das zweite Frühstück, das südlich davon *Vesper, Brotzeit* u. a. heißt.

In umgekehrter Richtung erstrecken sich manche Eigenheiten des österreichischen oder des schweizerischen Standarddeutsch nicht nur auch auf das Oberdeutsche, sondern sogar auf das Mitteldeutsche. Ein Beispiel ist die stimmlose Aussprache der Lenisplosive als b̥, d̥, g̥, die vom *Siebs* (1969: 106–114) ebenfalls als „gemäßigte Hochlautung" eingestuft wird.

Andererseits ist die mitteldeutsche Region bedeutsam als Gegensatz zur oberdeutschen, die ebenfalls eine Reihe von Gemeinsamkeiten sowohl mit dem österreichischen als auch dem schweizerischen Standarddeutsch aufweist. In der Tat ist mit der Markierung von standarddeutschen Formen als „süddeutsch", z. B. in den Duden-Bänden, zumeist die oberdeutsche Region als Geltungsbereich gemeint. Wiederum verbinden sowohl Aussprache- als auch Wortschatzeigenheiten die oberdeutsche Region mit Österreich und der deutschsprachigen Schweiz. So wird z. B. geschriebenes *ch* in Wörtern wie *China* als [k] gesprochen (Eichhoff 1978: Karte 112), was nach dem *Siebs* (1969: 101 f.) zwar nur in Österreich und in der Schweiz standardsprachlich ist, aber in Süddeutschland doch als faktischer Standard („Gebrauchsstandard" – vgl. Kap. A.4.3) fungiert. Als Beispiel aus dem Wortschatz, genauer aus der Pragmatik, sei der in der ganzen oberdeutschen Region – in der Schweiz freilich in geringerem Maße – gängige Gruß *Grüß Gott* genannt, dem in der mittel- und niederdeutschen Region *Guten Tag* entspricht (Eichhoff 1977: Karte 47).

Die bairische Dialektregion weist eine Reihe von Wortschatzbesonderheiten auf, die nicht nur in Österreich, sondern auch in Bayern als standardsprachlich gelten. Beispiele sind *Stadel* ‚landwirtschaftliches Gebäude zum Aufbewahren von Heu und Stroh' oder *schauen* ‚absichtlich den Blick richten auf' (Eichhoff 1977: Karten 33 und 8). Auch die Diminutivendung *-(e)l* erstreckt sich über die gesamte bairische Region und ist nicht auf Österreich beschränkt. Sie findet häufig ihren Niederschlag in Wörtern, die durchaus als standardsprachlich gelten, z. B. in *Scherzel* ‚(Brot)Kanten' oder *Brösel* ‚(Brot)Krume' (Eichhoff 1978: Karten 57 und 58). Wie oben aus Karte 2 ersichtlich, erstreckt sich der bairische Dialekt auf einen Großteil Österreichs sowie den Südosten Deutschlands (Südostteil des Landes Bayern) und berührt sogar noch die Schweiz (Berggemeinde Samnaun im östlichen Graubünden; vgl. Sonderegger 1985: 1888).

Die alemannische Dialektregion erstreckt sich auf alle drei größeren deutschsprachigen Staaten, nämlich fast auf die ganze deutschsprachige Schweiz (außer Samnaun), auf den Südwesten des Landes Bayern und den Süden Baden-Württembergs in Deutschland sowie auf das österreichische Bundesland Vorarlberg. Sie umfaßt auch Liechtenstein, reicht im südlichen Elsaß nach Frankreich hinein und färbt in einem Übergangsgebiet zum Bairischen auch auf die Sprechweise des westlichen Südtirol in Italien ab, die allerdings vorherrschend bairisch bleibt. Die alemannische Region bildet auf der Ebene des Standarddeutschen kaum eine Einheit. Zwar gibt es einzelne Aussprachebesonderheiten, wie etwa die Aussprache von *Traktor* mit dem Akzent auf der zweiten Silbe, jedoch ist ihre standardsprachliche Geltung außerhalb der Schweiz zweifelhaft; solche Aussprachebesonderheiten fungieren dort höchstens als Gebrauchsstandard. Dies gilt auch für die meisten staatsgrenzen-überschreitenden Wortschatzbesonderheiten wie z. B. *wischen* ‚fegen' (Eichhoff 1977: Karte 16) oder *lugen* ‚absichtlich den Blick richten auf' (Eichhoff 1977: Karte 8). Der größte Teil der alemannischen Wortschatzbesonderheiten bleibt in seiner standardsprachlichen Geltung auf die deutschsprachige Schweiz beschränkt, teilweise einschließlich Liechtensteins und des österreichischen Vorarlberg, und gilt insbesondere im Südwesten Deutschlands als Nonstandard.

2 Zum Begriffsfeld ‚Sprachgemeinschaft‘ und ‚Nation‘

2.1 Abriß der Begriffsgeschichte und der begleitenden Realgeschichte

In einem Buch über die „nationalen" Varietäten einer Sprache sind einige grundlegende Hinweise auf das Verhältnis von Sprache und Nation angebracht. Dabei müssen auch verwandte oder benachbarte Begriffe wie ‚Volk (Ethnie)‘ und ‚Staat‘ zur Sprache kommen. Zu diesem Begriffsfeld gibt es eine kaum überschaubare Fülle an Fachliteratur, die für die vorliegende Untersuchung nur höchst selektiv zur Kenntnis genommen werden konnte. Eine Ahnung von dieser Fülle vermittelt allein schon das Buch *Language and Nationalism* von Joshua A. Fishman (1972). Zur weiteren Orientierung sei verwiesen auf die Arbeiten von Dominian (1917), Deutsch (1942), Koppelmann (1956), Kloss (1960; 1968; 1969), Kuhn (1965), Anderson (1983), Coulmas (1985; 1988) und Barbour (1992). Es ist kaum überraschend, daß in der vielfältigen Literatur zum Teil einerseits die Begriffe unterschiedlich gefaßt und andererseits die Termini verschieden verwendet werden. Hinter unterschiedlichen Definitionen und Ausdrücken schimmern nicht selten auch verschiedenartige politische Interessen hindurch. Dieses Knäuel kann hier sicher nicht zur allgemeinen Zufriedenheit entwirrt werden. Eine der Schwierigkeiten eines solchen Entwirrungsversuchs besteht schon darin, daß die fraglichen Begriffe in ganz unterschiedliche wissenschaftliche Disziplinen hineinreichen, wie z.B. die Politikwissenschaft, das Staatsrecht oder die Soziolinguistik. Die folgenden Hinweise beschränken sich auf einige elementare Differenzierungen, die für unsere weiteren soziolinguistischen Überlegungen zweckdienlich erscheinen. Sie konzentrieren sich außerdem auf Hinweise, die im Kontext der deutschen Sprache und ihrer nationalen Varietäten eine besondere Rolle gespielt haben oder spielen.

Alle hier zur Diskussion stehenden Begriffe und Termini haben eine alte, bis in die Antike zurückreichende Geschichte. Beim Terminus *Ethnie* ist die griechische Herkunft aus *éthnos* (ἔϑνος) noch unmittelbar ersichtlich; lateinisch wurde vor allem *populus* in der hier interessierenden umfassenderen Bedeutung verwendet – im Gegensatz zu plebs im Sinne nur des ‚niedrigen Volkes‘. Der Ausdruck *Volk* ist dagegen germanischen Ursprungs (urgerm. *fulka). Auch bei *Nation* ist die lateinische Herkunft von *natio* unmittelbar zu erkennen; in annähernd gleichem Sinn wurde zu römischen Zeiten auch *gens* verwendet. *Staat* hat zwar ebenfalls seinen etymologischen Ursprung im Lateinischen (*status* ‚Zustand‘); seine heutige Bedeutung hat das Wort jedoch erst in neuerer Zeit erlangt. In Rom wurden in dieser Bedeutung *res publica* oder auch *civitas* gebraucht. Ihre modernen Inhalte und ihre theoretische Fundierung erhielten all diese Begriffe hauptsächlich seit dem 18. Jahrhundert. Eine besondere Rolle haben dabei die Französische Revolution sowie die Befreiungs- und Einigungsbestrebungen der deutsch- und italienischsprachigen Staaten gespielt, aber auch die Entwicklung von Nationen und Staaten mit speziellen Strukturen wie z.B. die Schweiz.

Wenden wir uns zunächst den Begriffen und dann erst den Termini zu.
Harald Haarmann (1993: 12 und passim) hat auf die weit in die Antike zurückreichende praktische Wirksamkeit des Begriffs ‚Nation‘ und seiner Verbindung
mit dem Begriff ‚Sprachgemeinschaft‘ hingewiesen. Theoretisch konzipiert wurde
der Begriff jedoch in der Neuzeit (vgl. zu Vorformen Werminghoff 1908; Nonn
1982). In der Französischen Revolution wurden die beiden Begriffe ‚Nation‘ und
‚Staat‘ in bis heute nachwirkender Weise zum Begriff ‚Nationalstaat‘ verbunden.
Der Grundgedanke war dabei, daß Staaten und Nationen in ihren Grenzen kongruieren sollten. Während die Grenzen der Staaten im großen und ganzen klar
genug waren, ließ die Abgrenzung der Nationen (solange sie nicht einfach mit
derjenigen der Staaten gleichgesetzt wurde) Spielraum für Interpretation. Nach
verbreiteter Sicht der Dinge wurden in der Französischen Revolution die Grenzen
des französischen Staates zur Zielgröße für die Ausdehnung der Nation gemacht.
In diesem Sinne läßt sich insbesondere die Sprachenpolitik in den Revolutions-
jahren verstehen (vgl. Brunot 1967, Bd. 9). Als wesentliches, wenngleich nicht
unbedingt einzig wesentliches Merkmal einer Nation wurde dabei die gemeinsame Sprache gesehen. Dementsprechend zielte die Sprachengesetzgebung während der Französischen Revolution darauf ab, dem ganzen französischen Staat,
der sprachlich recht buntscheckig war, ein einheitliches sprachliches Gewand in
Form des Standardfranzösischen zu verpassen. Dies läßt sich als Versuch auffas-
sen, die französische Nation, mit dem wesentlichen Merkmal einer einheitlichen
Sprache, auf den Umfang des viel größeren französischen Staates auszuweiten.
Das Ziel dieser Bemühungen, Nation und Staat umfangmäßig zur Deckung zu
bringen, ist der *Nationalstaat* (im Sinne eines verbreiteten Verständnisses).

Die Sprachenpolitik in der Französischen Revolution ist übrigens im wesentlichen demokratisch motiviert: Durch die einheitliche Sprache sollten alle Staatsbürger wenigstens sprachlich in die Lage versetzt werden, an den politischen Ent-
scheidungsprozessen aktiv teilzunehmen; zumindest sollten alle die geltenden Ge-
setze nachlesen können, die in der einheitlichen Sprache formuliert waren. Daneben
haben sicher auch Motive der Machterweiterung und der Sicherung des Staats-
gebietes eine Rolle gespielt, die nach der Revolution sogar dominant wurden.

Ein Nationalstaat im erläuterten Sinn ist letztlich nur verwirklicht in einem
einsprachigen (unilingualen) Staat. Mehr noch: in einem Staat, der alle Sprecher
einer bestimmten Sprache umfaßt und nur diese. Man kann einen solchen Staat
unilingual und *(zugleich) sprachumfassend* nennen. (Der Ausdruck *unilingual* ist
aus Gründen der terminologischen Konsistenz dem gängigeren Ausdruck *mono-
lingual* vorzuziehen, weil zur Bezeichnung des oppositionellen Begriffs auch ein
Latinismus dient, nämlich *multilingual*, nicht *polylingual*.)

Es war gewissermaßen ein historischer Zufall zur Zeit der französischen
Revolution, daß der französische Staat sich über ein größeres Gebiet erstreckte
als die französische Sprache und damit auch – wenn man Sprache als wesentliches Merkmal von Nation auffaßt – über ein größeres Gebiet als die französische Nation. In dieser Situation lag es nahe, schon aus machtpolitischen und
wirtschaftlichen Gründen, den Staatsgrenzen Priorität über die Sprach- bzw.
Nationalgrenzen zuzuschreiben und letztere auf erstere auszudehnen.

Die deutschsprachigen Staaten, ebenso die italienischsprachigen, befanden
sich dagegen in der umgekehrten Lage: Keiner von ihnen erstreckte sich auf das
ganze Sprachgebiet oder auch nur den größeren Teil davon. Die Bildung eines
Nationalstaates (im Sinne des verbreiteten Verständnisses) konnte daher hier nur

durch Aufhebung von Staatsgrenzen geschehen, sei es durch Vereinigung der betreffenden Staaten oder dadurch, daß die Grenzen eines dieser Staaten auf die Größe des gesamten Sprachgebiets ausgedehnt wurden. Es lag in diesem Falle auch nahe, nicht zuletzt wiederum aus machtpolitischen und wirtschaftlichen Gründen, die gemeinsame Sprache als wesentliches Merkmal der nationalen Zusammengehörigkeit aufzufassen. Die geradezu durch eine gemeinsame Sprache definierte Nation wird nicht selten *Sprachnation* genannt (vgl. zu Unterschieden des französischen und deutschen Nationsbegriffs Droz 1950). – Anstelle von *Nation* wurde im deutschen Sprachgebiet gegen Ende des 18. Jahrhunderts in ungefähr gleicher Bedeutung der Ausdruck *Volk* gängig. Als Motiv für seine Verbreitung dürften antifranzösische Ressentiments gegen das Fremdwort *Nation* (frz. *nation*) eine nicht unmaßgebliche Rolle gespielt haben. Analog zum Terminus *Sprachnation* spricht man dann auch vom *Sprachvolk*.

Die Idee des Sprachvolks oder der Sprachnation wurde zwar nicht unbedingt in Deutschland, genauer: im Gebiet des späteren Deutschland, erfunden, aber im weiteren dort besonders nachhaltig vertreten. Eine frühe Formulierung aus Frankreich, die gleichzeitig in charakteristischer Weise mit politischer Nutzanwendung verbunden ist, nennt Joshua A. Fishman (1972: 1. Hinweis auf diesen und mehrere der folgenden Belege auch bei Coulmas 1985: 41–58, hier 48). Der Gedanke der Sprachnation liegt den folgenden Worten zugrunde, mit denen der französische König Heinrich IV. (Regierungszeit 1589–1610) Gebietsansprüche begründet hat oder haben soll:

„Wenn man von Natur aus die französische Sprache spricht, so sollte man vernünftigerweise ein Untertan des französischen Königs sein. Ich stimme zu, daß die spanische Sprache dem Spanier und die deutsche dem Deutschen gehören. Aber die ganze Region der französischen Sprache muß mir gehören." (Übersetzung U. A.)

Zwar wird hier noch nicht der Terminus *Sprachnation* (oder *Sprachvolk*) gebraucht, aber auf den dementsprechenden Begriff wird deutlich angespielt. Es wird zunächst aufgrund der gemeinsamen Sprache eine besondere, man könnte sagen „nationale" Zusammengehörigkeit der Menschen unterstellt. Sodann wird gefordert, daß diese Zusammengehörigkeit auch politische Form erhält durch einen – im vorliegenden Fall vom Monarchen regierten – Staat. Das Ziel dieser Bestrebungen wäre dann der unilinguale und sprachumfassende Nationalstaat.

Auch die Einschränkung auf Personen, die „von Natur aus" die französische Sprache sprechen, ist bedeutsam. Personen, welche die betreffende Sprache nicht „von Natur aus", sondern – wie man im Gegensatz dazu sagen müßte – „künstlich" sprechen, gehören nicht zur gleichen Nation. Später werden statt dessen die Termini *Muttersprache* und *Fremdsprache* gebräuchlich (vgl. dazu Daube 1940; kritisch Ahlzweig 1994). Dabei wird die Muttersprache noch lange als naturgegeben betrachtet. Nach Johann G. Herder z.B. ([1767] 1877–1913, Bd. 2: 155) wird die Muttersprache „mit der Muttermilch eingesogen". Allerdings legt diese Metapher, wie andere ähnliche, doch eher den Gedanken nahe, daß die Muttersprache von der Mutter erlernt wird, als daß sie angeboren ist. In eine ähnliche Richtung weisen auch viele Anspielungen auf die Naturgegebenheit der Muttersprache bei anderen Denkern. Der Unterschied zwischen dem Erwerb durch Sozialisation und biologischer Gegebenheit wird erst in der zweiten Hälfte des 19. Jahrhunderts deutlicher gesehen, als sich die Sozialwissenschaften zu eigenständigen Disziplinen entwickeln. Freilich wird auch nach der Entdeckung dieses Unterschieds, teilweise bis tief ins 20. Jahrhundert hinein, die Vermitteltheit der Muttersprache durch Sozialisation nicht immer klar erkannt.

Der Gedanke des Sprachvolkes oder der Sprachnation wird seit Ende des 18. Jahrhunderts von zahlreichen führenden Köpfen im deutschen Sprachgebiet geäußert (vgl. Emmerich 1968: 51–59; Townson 1992: 76–119; auch Chambers 1946), wenn auch nicht ausführlich dargestellt. Außerdem mußten den sprachlichen Gemeinsamkeiten eines Volkes oder einer Nation, wie man glaubte, auch kulturelle Gemeinsamkeiten entsprechen, also der Sprachnation die Kulturnation. In der Tat wird der Terminus *Kulturnation* später in ähnlicher Bedeutung gebräuchlich (Meinecke [1907] 1969: 10; Kirchhoff 1905: 54: „kulturelle Nation"). Zwar wird auch immer wieder auf eine gemeinsame biologische Abstammung abgehoben; sie tritt jedoch erst viel später in den Vordergrund der Überlegungen, bis sie dann im Nationalsozialismus dominant wird (Rassenation) – mit den bekannten verheerenden Auswirkungen. Frühere Denker unterstreichen bei ausführlicherer Beschäftigung mit dem Thema eher, daß eine gemischte Abstammung der Einheit von Volk oder Nation keinen Abbruch tut. Als Beispiel dafür sei nur Alfred Kirchhoff (1905: 44 f.) genannt, der dem „Phantom der bluteinig geborenen Nation" die „Vereinigten Staaten Amerikas" gegenüberstellt und keinen Zweifel daran läßt, daß er „in dem großen Volk dieses Freistaates trotz seiner Polygenese und noch immer fortschreitenden heterogenen Mischung eine echte Nation" sieht.

Die weite Verbreitung des Gedankens vom Sprachvolk oder der Sprachnation unter deutschsprachigen Denkern seit Ende des 18. Jahrhunderts mögen einige Zitate von bekannten Dichtern, Philosophen und Sprachwissenschaftlern illustrieren. Johann G. Herder schätzt „die Sprache" als „die erste und größte aller Erfindungen", „als einen großen Umfang von sichtbar gewordenen Gedanken, als ein unermeßliches Land von Begriffen". Der hohe Stellenwert, den er der Sprache für die Menschheitsentwicklung zumißt, ist auch zu beachten beim Verständnis seiner zahlreichen Hinweise auf den Zusammenhang zwischen Sprache und Nation. Beispiel: „Jede Nation spricht (...), nachdem [= nach dem! U. A.] sie denkt, und denkt, nachdem sie spricht." Daher wurden „die drei Göttinnen der menschlichen Kenntnis, Wahrheit, Schönheit und Tugend [,] (...) so national, als es die Sprache war." (Herder [1767] 1877–1913, Bd. 2: 152) Die eigene Sprache ist demnach Grundlage der Besonderheiten einer Nation und damit – ohne daß Herder selber dies so streng ausdrückt – zumindest notwendige, vielleicht sogar auch hinreichende Bedingung ihrer Existenz. Im Sinne einer zumindest notwendigen Bedingung kann man jedenfalls die Äußerung verstehen: „Kein größerer Schaden kann einer Nation zugefügt werden, als wenn man ihr den Nationalcharakter, die Eigenheit ihres Geistes und ihrer Sprache raubt (...)" (Herder [1767] 1977–1913, Bd. 2: 146)

Johann G. Fichte ([1808] 1913: 198–200) schreibt in der zwölften seiner *Reden an die deutsche Nation,* die bekanntlich zur Zeit der napoleonischen Herrschaft über Preußen gehalten und verfaßt wurden: „Wir haben schon lange (...) hören müssen (...), daß, wenn auch unsere politische Selbständigkeit verloren sei, wir dennoch unsere Sprache behielten und unsere Literatur, und in diesen immer eine Nation blieben (...)". Fichte teilt diesen, seinen eigenen Worten nach offenbar verbreiteten Begriff von Nation. Interessant ist allerdings seine Warnung – die hier Erwähnung verdient, wenn dies auch zum Teil über unsere momentanen Überlegungen hinausführt – vor der Illusion, die eigene Sprache, und damit die

nationale Existenz, könne bei fehlender politischer Selbständigkeit ohne weiteres
bewahrt werden. „Wie es ohne Zweifel wahr ist, daß allenthalben, wo eine besondere Sprache angetroffen wird, auch eine besondere Nation vorhanden ist, die
das Recht hat, selbständig ihre Angelegenheiten zu besorgen und sich selbst zu
regieren; so kann man umgekehrt sagen, daß, wie ein Volk aufgehört hat, sich
selbst zu regieren, es eben auch schuldig sei, seine Sprache aufzugeben und mit
den Überwindern zusammenzufließen, damit Einheit, innerer Friede und gänzliche Vergessenheit der Verhältnisse, die nicht mehr sind, entstehe.“ Aus diesen
Worten spricht im Grunde die Sorge, die deutsche Nation könnte unter französischer Herrschaft auch ihre Sprache aufgeben und damit untergehen. Diese Sorge
ist angesichts der französischen Sprachenpolitik seit der Revolutionszeit nicht
ganz unbegründet. Zur Begründung weist Fichte unter anderem darauf hin, daß
„wir (...) schon jetzt unter unsern Augen [sehen], daß Schriften, durch deren
Inhalt man zu gefallen hofft, in ihr [der französischen Sprache! U. A.] erscheinen
(...)“ (Fichte [1908] 1919: 199)

Ernst M. Arndt ([1813] o. J.: 126 f.) hat dem Gedanken der Sprachnation
poetisch gehuldigt. Sein Ausdruck *Vaterland* bezieht sich im vorliegenden Kontext fehlender staatlicher Einheit auf seine Vorstellungen von der deutschen
‚Nation‘, die für ihn den Rahmen des ersehnten Nationalstaates bildet. Er läßt
dabei in seinem Gedicht *Des Deutschen Vaterland* insbesondere keinen Zweifel
daran, daß dieses „Vaterland“ alle Deutschsprachigen umfaßt. So zählt er Strophe
um Strophe die verschiedenen deutschsprachigen Staaten und Regionen auf: das
„Land der Schweizer“, „Tirol“, „Österreich“ usw. und beschließt jede Nennung
mit dem Aufruf: „[...] nein, nein, nein!/ Sein [des Deutschen! U. A.] Vaterland
muß größer sein.“ Die zusammenfassende Antwort liefert dann Strophe sechs, die
folgendermaßen lautet:

> „Was ist des Deutschen Vaterland?
> So nenne mir das große Land!
> So weit die deutsche Zunge klingt
> Und Gott im Himmel Lieder singt,
> Das soll es sein,
> Das, wackrer Deutscher, nenne dein.“

Der Gedanke stammt allerdings fast bis auf den Wortlaut von Fichte ([1808]
1919: 139), der schon schrieb: „So weit die deutsche Zunge reichte, konnte [trotz
der Aufteilung in viele verschiedene Staaten! U. A.] jeder sich (...) betrachten als
Bürger (...) des ganzen gemeinsamen Vaterlandes deutscher Nation.“

Arndts Gedicht, das uns heute reichlich holprig vorkommt – Zeile vier
provoziert z. B. das unsinnige Mißverständnis von „Gott“ als Subjekt anstatt als
Dativobjekt des Satzes –, hat offenbar seinerzeit die national gesonnenen Ge-
müter in Deutschland begeistert. Es wurde vertont und unter anderem 1848 bei
den Eröffnungsfeierlichkeiten des Parlaments der Frankfurter Paulskirche gesungen. Darüber berichtet der spätere Rechtschreibreformer Konrad Duden, der
Augenzeuge der Zeremonie war: „Unter unaufhaltsamem Jubel des Volkes wurde
die prachtvolle schwarzrotgoldne Fahne entrollt. Die Bürger wollten direkt zur
Stadt ziehen, stimmten aber nach einigem Zureden dem einstimmigen Wunsche
der Studenten bei, erst den alten Arndt abzuholen, mit Fahne und Musik (...)
Darauf sprach der Oberbürgermeister einige Worte, dann wurde Arndts ‚Deutsches Vaterland‘ gesungen (...)“ (Zit. nach Wurzel 1985: 15)

Übrigens umreißt der erste Vers des Deutschlandliedes (genauer: „Lied der Deutschen"), dessen Text Hoffmann von Fallersleben 1841 verfaßte, im Grunde ebenfalls die sprachumfassende Zielvorstellung: „von der Maas bis an die Memel, von der Etsch bis an den Belt (...)" Daß dieses Lied später zur Nationalhymne Deutschlands avancierte und der erste Vers bis 1945 deren fester Bestandteil blieb, wirft schon ein Licht voraus auf die Langlebigkeit dieser Idee. Zu ihr paßt übrigens auch die Verbindung von deutschem Autor (von Fallersleben) mit österreichischem Komponisten (Joseph Haydn), die sensiblen Anhängern anderer politischer Vorstellungen problematisch erscheinen muß.

Auch Jacob Grimms Werk ist durchdrungen von der Auffassung, daß Sprache und Volk unlösbar miteinander zusammenhängen. Grimm zieht den Ausdruck *Volk* dem Ausdruck *Nation* entschieden vor. Er verbindet damit zwar zutiefst romantische Vorstellungen von der uralten „Volksseele" (auch „Volksgeist"), die in der Art eines Organismus ein Eigenleben führe; in den im vorliegenden Zusammenhang wesentlichen Aspekten ist ein Volk für Grimm jedoch dasselbe wie für andere eine Nation.

Nebenbei sei darauf hingewiesen, daß man diese Synonymität auch noch in der modernen Literatur findet, wobei dann anstelle von *Volk* oft der Gräzismus *Ethnie* oder *ethnische Gruppe* verwendet wird (z. B. in Foster 1980). Nicht selten werden die beiden Termini *Volk* und *Nation* aber auch semantisch unterschieden: ‚Nation' ist dann zumeist das politisch bewußt gewordene Volk, das gewöhnlich einen eigenen Staat anstrebt (Kloss 1987: 102 f.) – was bei Erfolg dieser Bestrebungen zum Nationalstaat führt. In ähnlicher Bedeutung wie *Volk* oder *Ethnie* wird gelegentlich auch der Terminus *Nationalität* gebraucht. Nach marxistischer Terminologie ist eine „Nationalität" die historische Vorstufe einer „Nation". Zwar wird auch hier beim Übergang von der Nationalität zur Nation eine Verstärkung des politischen Zusammengehörigkeitswillens gesehen; der entscheidende Fortschritt besteht jedoch in der Vereinheitlichung der „Sprache", der Ausbildung einer Standardvarietät gegenüber den zuvor einander zwar ähnlichen, aber doch verschiedenen Schriftdialekten (vgl. Ising 1987; kritisch Reichmann 1978). All diese und weitere ähnliche Begriffsdifferenzierungen spielen jedoch im vorliegenden Zusammenhang keine zentrale Rolle. Außerdem dürfen in den hier zur Diskussion stehenden Texten Volk und Nation als in den wesentlichen Merkmalen synonym betrachtet werden. Die moderneren Termini *(Ethnie, Nationalität)* kommen in den älteren Texten praktisch nicht vor.

Der Gedanke der Untrennbarkeit von Volk (Nation) und Sprache läßt sich bei Jacob Grimm vielfach belegen. So soll sein *Deutsches Wörterbuch*, das er zusammen mit seinem Bruder Wilhelm in Angriff genommen hat, den „ruhm unserer sprache und unseres volks, welche beide eins sind," erhöhen. Weiterhin beschwört er im Vorwort zum Wörterbuch seine „landsleute", an ihrer „uralten sprache" festzuhalten, denn „eure volkskraft und dauer hängt in ihr." (Grimm 1854: LXVIII) Besonders deutlich drückt Grimm den Gedanken der Sprachnation verschiedentlich in seinen Kleinen Schriften aus, so z. B. folgendermaßen in der Abhandlung *Die Elsasser* ([1814] 1966: 400): „[E]s ist ja überhaupt gewisz und im zweifel nicht zu vergessen: was unsere sprache redet, ist unseres leibs und bluts und kann undeutsch heiszen, allein nicht undeutsch werden, so lange ihm dieser lebensatem aus und ein geht." Die biologistische Ausdruckweise muß hier wohl eher metaphorisch als wörtlich genommen werden. Auch in seiner *Geschichte der deutschen Sprache* finden sich ähnliche, wenngleich weniger eindeutige Formulierungen des Sprachvolk-Gedankens, z.B. wenn er einwendet, daß es keines Herrschers bedurfte, um ein Zusammengehörigkeitsgefühl der „deutschen Völker" zu schaffen: „[E]s wäre aller natur entgegen, dasz sie bis dahin gewartet haben sollten, um zu erkennen, wie sie durch gemeinsame sprache, sitte und kraft untereinander zusammenhingen (...)" (Grimm [1948] 1968: 550) Dieses letzte Zitat zeigt zugleich deutlich, daß es auch für Jacob Grimm nicht unbedingt nur die spezifische und gemeinsame Sprache ist, von der er annimmt, daß sie ein Volk zusammenhält; jedoch ist die Sprache für ihn sicher der fundamentalste Faktor. So oder ähnlich sehen es alle zitierten Denker oder Dichter und zahlreiche andere, z.B. auch – wenngleich anders nuanciert – Wilhelm von Humboldt ([1823] 1963a; [1830–35] 1963 b).

Wie in Arndts Gedicht „Des Deutschen Vaterland" dehnt sich die deutsche Sprachnation in all diesen Fällen aus auf das gesamte deutsche Sprachgebiet. Als politische Zielvorstellung zeichnet sich dann ab, daß alle Deutschsprachigen in einem einzigen Staat, dem deutschen Nationalstaat, verbunden sein sollten. Dieser Gedanke wird z.B. in Jacob Grimms *Geschichte der deutschen Sprache* [1848] (1868) mehrfach angedeutet, allerdings in sehr nebelhafter Form. Da die deutsche Sprache bei Grimms historisierender Betrachtung außerdem mit dem Germanischen insgesamt verschwimmt, erscheint dort als politische Zielvorstellung am fernen Horizont sogar die staatliche Vereinigung aller Länder mit germanischen Sprachen (Grimm [1848] 1868: Vorrede „An Gervinus"). Diese ausufernde Variante des Nationalstaatsgedankens bleibt freilich ein niemals wirklich ernst genommenes Phantasiegebilde. Dagegen wird der Nationalstaat aller Deutschsprachigen (im Sinne des gewöhnlichen Verständnisses der deutschen Sprache) eine durchaus ersthafte politische Leitidee. Ein Hinweis darauf ist das Singen von Arndts Lied bei Eröffnung des Reichstags von 1848 oder die Tatsache, daß Arndt und Grimm sowie zahlreiche ähnlich Denkende auch Abgeordnete dieses Reichstags sind.

In der Zeit des Reichstags von 1848/49, aber auch später noch, liegt diese Idee insbesondere der Auseinandersetzung um die Einbeziehung Österreichs in das zukünftige Deutschland zugrunde. Die damaligen Gegensätze kristallisieren sich in dem Begriffspaar der „kleindeutschen" und der „großdeutschen Lösung" der deutschen Vereinigungsfrage (vgl. Mann 1973: 225–228; Sturmhoefel 1904: 76–80). Die Verfechter der großdeutschen Lösung denken dabei außerdem an Schleswig-Holstein, das damals noch zu Dänemark gehört, an das Elsaß und Lothringen, an Luxemburg und teilweise wohl sogar auch an die deutschsprachige Schweiz. Daß sich die Gedanken und – wie an späterer Stelle dieses Kapitels auszuführen sein wird – zum Teil auch durchaus handfeste politische und militärische Aktivitäten auf diese Gebiete richten, ist großenteils motiviert durch nationalstaatliches Denken auf der Grundlage der Idee der Sprachnation. Dieses, wenn man so will, großdeutsche Denken lebt fort, wenngleich in unterschiedlichen Formen und in Kombination mit anderen Ideologien, mindestens bis zur Zeit des Nationalsozialismus, in einigen Köpfen sogar bis zur Gegenwart.

Der Gedanke der Sprachnation wurde auch amtlich wirksam. Ein besonders frühes und eindeutiges Beispiel findet sich in der Volkszählung Preußens schon vor Entstehung des Deutschen Reichs. Die verschiedenen Nationen des preußischen Staates werden aufgrund ihrer Sprache (Muttersprache) definiert. Der theoretische und organisatorische Kopf der amtlichen preußischen Statistik, Richard Böckh (1866: 304), begründet dieses Verfahren ausdrücklich mit dem Sprachnationsgedanken: „Die *Sprache* ist das unverkennbare Band, welches alle Glieder einer Nation zu einer geistigen Gemeinschaft verknüpft (...)" (Vgl. auch Haarmann 1993: 260 f.)

Die gewissermaßen Wilhelminische Version dieses Denkens findet ihren Ausdruck in Friedrich Meineckes [1907] (1969) Begriffsunterscheidung von „Kulturnation" und „Staatsnation" (vgl. dazu auch Dann 1993: 36–38). Der Begriff Kulturnation ist dem Begriff der Sprachnation (oder auch des Sprachvolkes) weitgehend analog, akzentuiert aber – schon von der Ausdrucksweise her – den Gedanken, daß eine Nation in diesem Sinne durch mehr zusammengehalten wird als nur die gemeinsame Sprache, nämlich durch eine gemeinsame Kultur: Sitten, Bräuche, Sachkultur, Kunst und eventuell Religion. Speziell die „deutsche Kulturnation" hat allerdings allem Anschein nach die gleiche geographische Ausdehnung wie die deutsche Sprachnation. Anders lassen sich diverse Hinweise Meineckes kaum deuten. So wirft er z.B. die Frage auf, die im betreffenden Kontext eindeutig als rein rhetorische zu verstehen ist: „Aber verlor der Elsässer (...) vor 1870 (...) die tiefen Spuren der deutschen Kulturnation, in der er wurzelte?" (Meinecke [1907] 1969: 12) Vor allem aber unterstreicht Meinecke wiederholt, daß in „der Schweiz (...) die Angehörigen verschiedener Kulturnationen leben", worin er ein besonders markantes Beispiel dafür sieht, daß „Bevölkerungen von Staaten, die ihr politisches Gemeingefühl zu kräftiger Eigenart ausprägen, (...) zugleich (...) – sie mögen es wollen und wissen oder nicht – auch Angehörige jener größeren umfassenderen Kulturnation bleiben." Gemeint ist unzweifelhaft die Gesamtheit aller Deutschsprachigen (Muttersprachler). Zwar spricht Meinecke der Schweiz den Status einer Nation keineswegs ab, den er als den einer „Staatsnation" charakterisiert. Daneben ist die Schweiz jedoch gleichzeitig auch mit Deutschland „national" verbunden, nämlich in Form der gemeinsamen „Kulturnation". Zu beachten ist dabei, daß diese Verbundenheit für Meinecke – wie die vorausgehenden Zitate belegen – unwillkürlich besteht und fast unauflöslich ist. Noch krasser unterscheidet der „Deutschschweizer" Blocher (1919: 454; vgl. zur Person auch Kap. C.1) zwischen willentlicher Zugehörigkeit der deutschsprachigen Schweizer zum schweizerischen Staat und unwillkürlicher Zugehörigkeit zum „deutschen Volk". Für letztere gibt es nach seiner Auffassung „nur eine Erklärung: *mit solcher Stärke spricht nur die Stimme der Natur.*" (Hervorhebung im Original) Blocher kommt damit, ausgehend von Sprach- und Kulturgemeinsamkeiten, zu einer naturhaften Nationsauffassung, die „Blut-" und Rassebegründungen nicht ganz unähnlich ist. Ob er Meineckes Gedanken kannte, die indirekt auch in diese Richtung weisen, geht nicht aus seiner Abhandlung hervor. – Übrigens ziehe ich, um mich deutlich von solchen Positionen abzusetzen, die Ausdrücke *deutschsprachige Schweizer* und *deutschsprachige Österreicher* den Ausdrücken *Deutschschweizer* und *Deutschösterreicher* vor, wenngleich letztere in der Schweiz und teilweise auch in Österreich gängig sind und keineswegs immer solche Positionen implizieren (vgl. auch Kap. A.2.2).

Meineckes terminologische Unterscheidung fügt sich außerdem, ob so intendiert oder nicht, in das zählebige Denkschema der Höherbewertung von Kultur (Kulturnation) als von Politik (Staatsnation). Damit kann sie leicht so verstanden werden, als bestehe die Verbindung der deutschsprachigen Schweizer mit Deutschland und den übrigen deutschsprachigen Staaten auf höherem Niveau oder sei im Grunde enger als mit den andersprachigen Teilen der Schweiz. Der „nationale" Charakter dieser Verbindung legt überdies die Möglichkeit, ja sogar

Wünschbarkeit, zukünftiger staatlicher Verbindung nahe. Meinecke selbst leistet diesem Gedanken Vorschub, wenn er verschiedentlich – wie schon Kirchhoff (1905: 52–58), von dem er seine terminologische Dichotomie vermutlich entlehnt hat – die „Kulturnation" als Vorstufe des staatlichen Zusammenschlusses in der Idealform des Nationalstaates kennzeichnet: „Damit [mit dem nationalen Streben! U. A.] kommt aber auch in die Nation als Kulturnation ein neuer Zug, eine größere Aktivität, eine bewußtere Arbeit an sich selbst. Sie stachelt auch solche Nationen an, die noch auf der Stufe der Kulturnation zurückgehalten wurden, und rührt zumal diejenigen Teile von Nationen auf, die von ihrer politisch gereinigten Hauptmasse abgetrennt sind und mit ihr nur in Kulturgemeinschaft stehen können. Das Ideal ist allenthalben: Ungebrochene nationale Lebensgemeinschaft in allen wesentlichen Zielen des Daseins." (Meinecke [1907] 1969: 17)

In den Jahren nach dem Ersten Weltkrieg wird in sprachwissenschaftlichen Kreisen (sprachwissenschaftlich im weiteren Sinn) der Gedanke des Sprachvolks oder der Sprachnation noch stärker betont als in den vorausgehenden Zeiten. Zwar bleiben ganze Buchtitel wie z. B. der folgende die Ausnahme: *Durch Sprachdeutschheit zur Deutschvolkheit* (Wegner 1926); Äußerungen ähnlichen Inhalts begegnet man jedoch häufig in der damaligen sprachwissenschaftlichen Literatur in Deutschland. Der Gedanke des Sprachvolks bleibt auch in der NS-Zeit lebendig, wenngleich er sich dann oft mit dem Gedanken des Rassevolks verbindet. Seine Lebendigkeit verrät beispielsweise die Selbstverständlichkeit, mit der ihn die Duden-Grammatik der 30er Jahre ausführt. Die Notwendigkeit „sorgsamer Pflege und treuer Hut" der deutschen Sprache mit Hilfe dieser Grammatik wird dort folgendermaßen begründet: „Es geht um das Bestehen der deutschen Sprache überhaupt. Wir führen auf der äußeren und der inneren Linie den Kampf um unsere Muttersprache, um unser Volkstum zugleich. Denn Sprache und Volk, Volkstum und Sprache sind nicht zu trennen." (Basler 1935: V) In groß angelegten Forschungs- und Publikationsprojekten, wie z. B. dem *Handwörterbuch des Grenz- und Auslandsdeutschtums* (Petersen u. a. 1933), werden die Deutschsprachigen außerhalb Deutschlands nicht nur erfaßt, sondern es soll ihnen damit zugleich sprachlich und national der Rücken gestärkt werden.

Ein besonders einschlägiges, wenngleich heute abschreckend chauvinistisch und in weiten Teilen verschroben anmutendes Buch ist Georg Schmidt-Rohrs *Die Sprache als Bildnerin der Völker* (1932). Es ist durchdrungen von dem schon im Titel ausgedrückten Gedanken, daß die Sprache, und zunächst einmal nur sie, ein Volk bildet bzw. die Zugehörigkeit eines Menschen zu einem Volk festlegt. Von vielen möglichen Belegen für diesen Zentralgedanken Schmidt-Rohrs sei nur seine Warnung an die Auswanderer zitiert: „Es gibt keine schlimmere Täuschung als die allein unter Deutschen mögliche, daß man ein Deutscher bleiben könnte, auch wenn man seine deutsche Sprache aufgibt." (Schmidt-Rohr 1932: 333)

Schmidt-Rohr unterscheidet übrigens deutlich zwischen einem „Volk" und einer „Nation". Während ein Volk allein durch eine gemeinsame Sprache konstituiert wird, ist eine Nation ein sich seiner Eigenart bewußtes Volk, das – so muß man vermuten, ohne daß Schmidt-Rohr es ausdrücklich sagt – auch die staatliche Zusammengehörigkeit anstrebt. In einem leidenschaftlichen Aufruf ermahnt Schmidt-Rohr die „Deutschen", also seiner Vorstellung nach alle Deutschsprachigen: „Volk soll Nation werden!" (Schmidt-Rohr 1932: 288)

Am Beispiel Schmidt-Rohrs wird auch deutlich, wie der Sprachvolk- und Sprachnation-Gedanke später mit dem nationalsozialistischen Rassevolk-Gedanken kombiniert wird. Während Schmidt-Rohr in der ersten Auflage (1932) den Rasse-Gedanken noch entschieden zurückweist (vgl. das Kapitel: „Rückweisung der Rassemystik", 289–303), führt er schon im Vorwort zur zweiten Auflage (1933) aus, daß er auch die Wirksamkeit anderer „Bildekräfte" für das „Volkstum", so auch die der Rasse, stets anerkannt habe. Diese Umorientierung in die Richtung der herrschenden Ideologie soll auch die Titeländerung in der Zweitauflage zum Ausdruck bringen: *Mutter Sprache. Vom Amt der Sprache bei der Volkwerdung.* Ein zusätzliches „Amt" der Rasse bei der Volkwerdung wird durch diese Formulierung nicht ausgeschlossen. Ein treffendes Beispiel der Sowohl-als-auch-Argumention, durch die der Sprachvolk-Gedanke mit dem Rassevolk-Gedanken kompatibel werden soll, liefert leider ausgerechnet Heinz Kloss (1934) in seiner Rezension der zweiten Auflage von Schmidt-Rohrs Buch, deren Öffnung zum Rassevolk-Gedanken hin, bei Wahrung des Sprachvolk-Gedankens, er ausdrücklich begrüßt. Mit diesem Hinweis sollen die bedeutsamen, ideologisch durchaus anders orientierten Beiträge von Kloss zur Soziolinguistik nicht diskreditiert werden. Die von ihm damals an den Tag gelegte politisch angepaßte Sicht der Dinge ist in der NS-Zeit unter Anhängern des Sprachvolk-Gedankens weit verbreitet (vgl. Simon 1979a). Sie nimmt – und dies ist in unserem Zusammenhang wichtig – dem Sprachvolk-Gedanken nichts von seinem expansiven Anspruch, der darauf hinausläuft, daß alle Deutschsprachigen zu einer „Nation" (im Sinne Schmidt-Rohrs) und womöglich zu einem Staat zusammenwachsen sollen. Nur „Fremdrassige", vor allem Juden, sollen nun – als Zugeständnis an die Nazi-Ideologie – aus dem angestrebten Gemeinwesen ausgeschlossen bleiben.

Nach dem Zweiten Weltkrieg wird vor allem in der BRD die Begriffsdichotomie Friedrich Meineckes verschiedentlich weiter vertreten, zum Teil auch in offiziellen oder offiziösen politischen Bekundungen. Ein Beispiel dafür bietet das Kapitel „Die Einheit der deutschen Nation" in den BRD-regierungsamtlichen *Materialien zum Bericht zur Lage der Nation* (1974: 16–19); allerdings soll damit in erster Linie nur die fortdauernde nationale Einheit der beiden deutschen Staaten, BRD und DDR, gegen andersartige Ansprüche aus der DDR (vgl. Axen 1973) verteidigt werden (vgl. dazu auch Erdmann 1985). Jedoch ist die Ausweitung des Begriffs der Kulturnation auch auf die übrigen deutschsprachigen Staaten bei dem zugrundeliegenden Begriffsschema nicht kategorisch ausgeschlossen. Noch in neuester Zeit wird Meineckes Begriffsdichotomie auch durchaus in diesem ursprünglichen weiteren Sinn verwendet, sogar gerade im Zusammenhang mit unserer Thematik der nationalen Varietäten der deutschen Sprache, wenn auch mit grundlegend anderen und keinesfalls imperialen politischen Absichten (z.B. von Polenz 1990: 7). Auch der Gedanke der deutschen Sprachnation oder des deutschen Sprachvolks im Sinne aller Deutschsprachigen (Muttersprachler) lebt verschiedentlich weiter bis in die Gegenwart (z.B. in Mirow 1990; vgl. auch Scheuringer 1992).

Die bisherigen Ausführungen haben sich auf der Ebene der Geistesgeschichte bewegt, wenn auch von dort gelegentliche kurze Ausblicke auf die Realgeschichte erfolgt sind. In diesen Ausblicken hat sich schon angedeutet, daß Geistes- und Realgeschichte miteinander zusammenhängen. Wie bezüglich unseres Themas beide Ebenen genau miteinander gekoppelt sind, kann hier nicht dargestellt werden; dies wäre das Thema einer gesonderten, umfangreichen Abhandlung (Anregungen dazu z.B. in Schieder 1992). Ich muß mich hier mit einer Vermutung begnügen, die einem Gemeinplatz nahekommt, nämlich daß ein Rückkoppelungseffekt

zwischen beiden Ebenen besteht. In der Tat paßt die realgeschichtliche Entwicklung zu der skizzierten geistesgeschichtlichen. Sofern die geistesgeschichtliche
Entwicklung der realgeschichtlichen zeitlich vorausgeht, darf sie als eine ihrer
Ursachen angenommen werden, sicherlich neben anderen Ursachen; sofern sie
zeitlich auf entsprechende Ereignisse folgt, mag sie durch diese bewirkt sein. Sie
kann dann insbesondere aus dem Bedürfnis oder zum Zweck der nachträglichen
Legitimation einer bestimmten Politik entstanden sein. Die folgenden, sehr verschiedenartigen realpolitischen Ereignisse lassen sich in Zusammenhang bringen
mit dem oben skizzierten Gedanken der Sprach- oder Kulturnation. In allen
Fällen geht es um die Vereinigung oder Annexion deutschsprachiger Gebiete in
Verbindung mit kriegerischen Auseinandersetzungen:

- 1864 wird Dänemark von Österreich und Preußen in kriegerischer Auseinandersetzung Schleswig-Holstein abgenommen und später Preußen bzw. Deutschland angegliedert.
- Das Elsaß und Lothringen werden von Deutschland – nach dem preußisch-
  deutschen Sieg über Frankreich – im Jahre 1871 annektiert, fallen allerdings
  nach dem Ersten Weltkrieg wieder an Frankreich zurück. Die sprachnationale
  Motivation dieser Annexion zeigt sich unter anderem daran, daß französischsprachige Gebietsteile nur soweit einbezogen werden, als es aus militärstrate-
  gischen Gründen (leichtere Grenzverteidigung) unbedingt notwendig erscheint.
  Die Annexion dieser Gebiete durch Deutschland wiederholt sich im Zweiten
  Weltkrieg.
- Die Reichsgründung im Jahre 1871 in Form des Zusammenschlusses deutschsprachiger bzw. überwiegend deutschsprachiger Staaten nach dem Krieg gegen
  Frankreich darf im gleichen Zusammenhang gesehen werden, wenn auch dieses Reich vom ersehnten Nationalstaat meilenweit entfernt ist, indem einerseits
  große Teile der Deutschsprachigen „draußen" bleiben und andererseits zahlreiche Anderssprachige, vor allem Polnischsprachige, einbezogen sind.
- Luxemburg wird von Deutschland im Ersten Weltkrieg besetzt und während
  des Zweiten Weltkrieges sogar annektiert (1940–1944). Im Jahre 1941 soll die
  Luxemburger Bevölkerung durch ein Referendum bestätigen, daß ihre Muttersprache Deutsch sei. Es ist gerade im Lichte des sprachnational unterfütterten
  Nationalstaatsgedankens offenkundig, daß ein positives Ergebnis des Referen-
  dums als Legitimationsgrundlage für den „Anschluß" des Landes an Deutschland dienen soll. Das Referendum scheitert jedoch am Boykott der Luxemburger Bevölkerung (vgl. Kap. E.2).
- Österreich wird 1938 „heim ins Reich" geholt und erfährt ausgerechnet die
  schlimmste Phase der deutschen Geschichte als Bestandteil Deutschlands.

Man wundert sich, daß die deutschsprachige Schweiz in all den Jahren
ungeschoren davonkommt. Selbstverständlich ist das nicht. Schon während des
Ersten Weltkriegs wird in Deutschland öffentlich beklagt, daß „der tüchtige
alemannische Stamm draußen in der Schweiz" nicht auch auf seiten der Deutschen
mitkämpft (vgl. Emmerich 1968: 131). Erst recht richten sich während der NS-
Zeit großdeutsche Begehrlichkeiten auf die deutschsprachige Schweiz. Ist doch
das außenpolitische Ziel der NSDAP laut Parteiprogramm von 1927 ausdrücklich der „Zusammenschluß aller Deutschen", womit alle Deutschsprachigen –
außer den „fremdrassigen" – gemeint sind (vgl. zu den Auswirkungen auf die
Schweiz Sonderegger 1985: 1921). In der für die Schweiz besonders prekären

Phase nach der Niederlage Frankreichs im Zweiten Weltkrieg hören die Schweizer über den Rundfunk den folgenden Vers der singenden Hitlerjugend: „Die Schweiz, das kleine Stachelschwein, das holen wir auf dem Rückweg heim!" (Dürrenmatt 1963: 688)

Auch innerhalb der Schweiz spielen sprachnationale Vorstellungen der engeren Verbundenheit mit den gleichsprachigen Nachbarstaaten immer wieder eine nicht unbeträchtliche Rolle. So führen z.b. während des Ersten Weltkriegs die offenen Sympathien der französischsprachigen Schweizer mit Frankreich und die verdeckteren und wohl auch gedämpfteren der deutschsprachigen Schweizer mit Deutschland zu nicht unbeträchtlichen Spannungen innerhalb des Landes (Pezold 1991: 17f.; vgl. auch die schon vor dem Krieg stattfindende Kontroverse zwischen Blocher und Oechsli 1910).

Fairerweise muß allerdings hinzugefügt werden, daß auch gegen Deutschland gerichtete Bestrebungen mit dem Sprachnation-Gedanken in Zusammenhang stehen. Als Beispiele seien nur manche Gebietsabtrennungen, z.B. an Polen, nach dem Ersten Weltkrieg genannt oder Verbote der Verwendung der deutschen Sprache für Deutschsprachige, bzw. solchen Verboten nahekommende Regelungen, z.B. in Südtirol zur Zeit Mussolinis oder im kommunistischen Polen nach dem Zweiten Weltkrieg.

Im Zusammenhang mit sprachnationalem Denken stehen auch Bemühungen in Deutschland, zum Teil auch in Österreich, um die Erhaltung oder Verbreitung der deutschen Sprache außerhalb des Landes. Sie beginnen schon im 19. Jahrhundert, z.B. durch die Einrichtung des Reichsschulfonds im Jahre 1878 zur Unterstützung der deutschsprachigen Schulen im Ausland, dem 1906 ein Schulreferat beim Reichsaußenministerium folgt, das diese Aufgabe wirkungsvoller erfüllen soll. Die Politik der Erhaltung und Verbreitung der deutschen Sprache im Ausland wird in der Zeit nach dem Ersten Weltkrieg intensiviert. Zumindest bezüglich der Grenzregionen darf als Motiv dafür, vielleicht neben anderen Motiven, die Hoffnung auf die zukünftige Wiedergewinnung deutschsprachig gebliebener Regionen und Bevölkerungsgruppen vermutet werden. Zur Effektivierung dieser Politik werden in den 20er Jahren, zum Teil auch schon zuvor oder kurz danach, eine Reihe von Institutionen gegründet, die allerdings neben der Spracherhaltung und -verbreitung noch andere Aufgaben wahrnehmen. Die vermutlich wichtigsten dieser Institutionen sind die folgenden:

- das Deutsche Auslandsinstitut in Stuttgart (gegründet 1917);
- die Deutsche Akademie in München (gegründet 1925), aus deren praktischer Abteilung im Jahre 1932 das Goethe-Institut hervorgeht;
- der Deutsche Akademische Austauschdienst (gegründet 1925) und
- die Alexander-von-Humboldt-Stiftung (gegründet ebenfalls 1925).

Auffällig ist auch, daß die Erhaltung der deutschen Sprache unter den „Auslandsdeutschen", um die sich die führenden Politiker zuvor verhältnismäßig wenig kümmerten, in der Zeit nach dem Ersten Weltkrieg in stärkerem Maße zu einem Anliegen auch der hohen Politik wird (vgl. z.B. Düwell 1976: 379–384). In der NS-Zeit wird die Politik der Verbreitung der deutschen Sprache fortgesetzt, während des Krieges sogar mit zum Teil äußerst rabiaten Methoden (vgl. zu einem breiteren Überblick Ammon 1991a: 524-562).

All diese Ereignisse stehen mehr oder weniger direkt im Zusammenhang mit der Idee der Sprach- oder Kulturnation im zuvor erläuterten Sinn – mit dem Ziel

ihrer Vereinigung in einem einzigen Staat, dem „Nationalstaat", wie er vielenorts
verstanden wird. Es sei hinzugefügt, daß diese Idee und Zielsetzung keinesfalls
auf Deutschland beschränkt war oder ist, sondern auch noch heute vielenorts in
der Welt kursiert, was jedoch über unseren thematischen Rahmen hinausführt.

2.2 Alternativer Vorschlag zur Terminologie und Begrifflichkeit

Mir scheint, daß das bisher erläuterte Begriffssystem und die zugehörige Terminologie grundsätzlich fragwürdig sind und einer Revision bedürfen (vgl. zu Alternativen auch Heckmann 1992: v.a. Kap. 9). Sie spiegeln bestimmte politische
Interessen, die nicht selten einseitig sind, bisweilen sogar kongenial mit imperialen Bestrebungen. Sie sind insbesondere nicht vereinbar mit den Interessen bestimmter Nationen oder Staaten, in unserem Zusammenhang – wie es scheint –
z.B. nicht mit denen Österreichs oder der Schweiz (vgl. zu Österreich z.B. ausdrücklich Kreissler 1984: 476f.).

Am deutlichsten zeigt sich die Problematik im Falle der Schweiz. Die
Schweiz ist geradezu das Gegenstück des unilingualen, sprachumfassenden Nationalstaates, der sich im Rahmen des bislang skizzierten Begriffssystems gewissermaßen als natürliche Zielgröße der geschichtlichen Entwicklung abzeichnet. Die
Schweiz findet gerade deshalb seit langem das lebhafte Interesse der Nations- und
Staatstheoretiker (vgl. z.B. Kirchhoff 1905: 31–39), wie aus ähnlichen Gründen
übrigens auch Belgien (Kirchhoff 1905: 39–41). Da sich die Schweiz aus vier
Sprachgruppen zusammensetzt (Deutsch-, Französisch-, Italienisch- und Rätoromanischsprachige), besteht sie nach sprachnationalem Denken aus vier verschiedenen Nationen (vgl. Meinecke [1907] 1969: 12). Demgegenüber versteht
sich jedoch die Schweiz selber – trotz unbestrittener und sogar sorgsam gepflegter
Viersprachigkeit – als nur eine einzige Nation (vgl. z.B. Boesch 1957b; 1966/67).
Nach Schweizer Verständnis bilden Sprachunterschiede eben keine nationalen
Unterschiede, noch bedeutet umgekehrt sprachliche Übereinstimmung notwen-
digerweise nationale Zusammengehörigkeit. Entsprechendes gilt für gewisse kul-
turelle Unterschiede bzw. Übereinstimmungen. Es erscheint angemessen, dieses
Selbstverständnis der Bürger der Schweiz zu respektieren. Schon lange wird von
Nationstheoretikern zugestanden, „daß das in Taten sich äußernde Gefühl des
Zusammengehörens die eigentliche Seele der Nation ausmacht (...)" (Kirchhoff
1905: 45) – ungeachtet sprachlicher oder kultureller Unterschiede. Wenn man die
Schweiz aber als eine (einzige und komplette) Nation anerkennt, so ist es nur
konsequent, sie auch als „Nationalstaat" (im wörtlichen Sinn dieses Ausdrucks)
zu bezeichnen, freilich als *multilingualen* Nationalstaat.

Wird die Schweiz dagegen als *Staatsnation* im Gegensatz zu einer *Kultur-*
oder *Sprachnation* charakterisiert, so wird – zumindest implizit – ihr Status
als eigenständige Nation eingeschränkt gesehen. Es wird unterstellt, daß ihr Teile
der Bande fehlen, die eine vollkommene Nation, einen „Nationalstaat" im herkömmlichen Verständnis, ausmachen würden. Eine solche Sicht der Dinge wird,
wie mir scheint, durch diese Terminologie nahegelegt, bei der es sich daher nicht
nur um eine belanglose Konvention handelt. Die Charakterisierung als „bloße"
Staatsnation suggeriert einerseits, einer solchen Nation mangele der sonstige
Zusammenhalt, außer demjenigen durch das gemeinsame Staatswesen. Diese
Charakterisierung kann auch leicht dahingehend mißverstanden werden, jeder

Staat bilde automatisch eine Staatsnation, wobei die konstitutive Besonderheit einer Nation im zuvor erläuterten Sinn außer acht bliebe, die auch im Begriff der ‚Sprach- oder Kulturnation' vernachlässigt ist, nämlich der politische Wille zur Zusammengehörigkeit. Andererseits suggerieren die Termini *Sprach-* oder *Kulturnation* eine tiefe, eben „nationale" Verbundenheit mit den Sprechern gleicher Sprache jenseits der Staatsgrenzen. Wegen der verbreiteten Höherbewertung „geistiger" Bande (Sprache und Kultur) im Vergleich zu „bloß" politischen Banden (Staat) erscheint diese Verbundenheit sogar grundsätzlich tiefergehend und beständiger als die Verbundenheit mit den anderssprachigen Mitgliedern der eigenen „Staatsnation".

Angesichts dieses problematischen möglichen Verständnisses halte ich es für unzweckmäßig, sprachliche oder auch kulturelle Gemeinsamkeiten beiderseits von Staatsgrenzen ohne weiteres als „nationale" (kultur- oder sprachnationale) zu bezeichnen. Dabei ist zu bedenken, daß sowohl die Geschichte des Begriffs Nation als auch die dazugehörige Realgeschichte den Gedanken nahelegen, daß „national" Zusammengehörendes im Grunde auch staatlich zusammengehört. Der Begründer der von Meinecke vertretenen Terminologie, Alfred Kirchhoff, unterscheidet bezeichnenderweise zwei „Phasen nationaler Ausbildung", für die sich „füglich die terminologische Trennung in kulturelle und Staatsnationen" anbietet (Kirchhoff 1905: 54). Auf die Phase der Kulturnation (oder auch Sprachnation) folgt also gewöhnlich die Phase der Staatsnation (hier eigentlich im herkömmlichen Sinn von ‚Nationalstaat'!), in der die Kulturnation Staatsform annimmt. Vor solchem Hintergrund kann diese Terminologie auf diejenigen Teile einer „Kulturnation", die mit den übrigen Teilen derselben „Kulturnation" nicht staatlich vereinigt sein möchten, geradezu bedrohlich wirken.

Die Unterscheidung von „Kulturnation" (oder „Sprachnation") und „Staatsnation" in dem Sinne, daß erstere (noch) über keinen eigenen Staat verfügt, während letztere dies (schon) tut (Kirchhoff 1905: 52–58), mag zwar manchen Situationen durchaus angemessen sein und dann keine unbillige Bedrohung darstellen. Für die Anwendung auf die heutigen deutschsprachigen Staaten eignet sie sich jedoch nicht. Als entscheidend für wirklich nationale Zusammengehörigkeit müssen wir im Zeitalter von Demokratie und Selbstbestimmung den Willen hierzu bei der Bevölkerungsmehrheit voraussetzen, der bezeichnenderweise bei Meinecke [1907] (1969: 12), der die *unwillkürliche* nationale Zusammengehörigkeit betont, gerade fehlt. Im Gegensatz zu Meinecke basiert nationale Zusammengehörigkeit schon bei Kirchhoff notwendigerweise auf dem Willen dazu. Eine gemeinsame Sprache und Kultur verbürgt für sich genommen ebensowenig die nationale Zusammengehörigkeit, wie dies ein gemeinsamer Staat tut. Aufgrund dessen ist es ebenso unangebracht, Bevölkerungsgruppen mit gemeinsamer Sprache oder Kultur grundsätzlich „Sprach-" oder „Kulturnationen" zu nennen, wie es unangemessen ist, Bevölkerungsgruppen mit einem gemeinsamen Staat grundsätzlich als „Staatsnationen" zu bezeichnen. Die sprachlichen oder auch kulturellen Gemeinsamkeiten einer Bevölkerung mit Gruppen, mit denen sie nicht national verbunden ist, können größer sein als die sprachlichen oder kulturellen Übereinstimmungen mit denjenigen Gruppen, mit denen zusammen sie eine Nation bildet. Ein Beispiel sind vermutlich die schon erwähnten Elsässer vor 1871, die national zu Frankreich neigten, aber mit den deutschsprachigen Staaten, vor allem den benachbarten, sprachlich und auch kulturell mehr Übereinstimmungen aufwiesen. Die Termini *Kulturnation* oder *Sprachnation,* und analog *Staats-*

nation, scheinen mir einigermaßen problemlos anwendbar allenfalls auf Gruppen, die kulturell oder sprachlich zusammenhängen bzw. einen eigenen Staat haben und sich *zugleich* national zusammengehörig fühlen. (Der Terminus *Kulturnation* hat jedoch noch den zusätzlichen Nachteil, daß er im Sinne des von Arroganz geprägten Gegenbegriffs zu *Primitivnation/Naturnation* oder dergleichen mißverstanden werden kann.)

In bezug auf die derzeitigen deutschsprachigen Staaten erscheint es mir besser, Termini wie *Kulturnation* (vgl. auch Dann 1993: 36–38; Heckmann 1992: v. a. Kap. 9), *Sprachnation* und auch *Staatsnation* ganz zu meiden. Stattdessen operiere ich lieber mit den Termini *Sprachgemeinschaft* (notfalls auch *Kulturgemeinschaft*), *Nation* und *Staat,* die ich trotz der zum Teil ebenfalls gegebenen ideologischen Befrachtung für weniger problematisch halte. Die folgende kurze Erläuterung der Bedeutungen dieser Termini dürfte ausreichen, um gravierende Mißverständnisse zu vermeiden.

Eine ‚Sprachgemeinschaft' umfaßt alle Individuen gleicher Muttersprache, genauer: die Muttersprachler aller Varietäten ein und derselben Sprache (vgl. Kap. A.1.1), also z. B. alle Deutschsprachigen. Den von Hermann Scheuringer (1992: 221) für den im wesentlichen gleichen Begriff vorgeschlagenen Terminus „(deutsche) Sprachbevölkerung" halte ich trotz geringerer ideologischer Belastung für weniger treffend, weil er die Gleichheit (Gemeinsamkeit) der Sprache nicht deutlich ausdrückt. Beim Terminus *Sprachgemeinschaft* zeigt sich, daß Termini in verschiedenen Kontexten unterschiedlich problematisch sein können. Bei der Untersuchung sozialer oder regionaler Sprachunterschiede innerhalb einer Sprachgemeinschaft ist der Terminus störend, da er die Gemeinsamkeit betont und keine Differenzierung durchblicken läßt. Bei der Abgrenzung nach außen hin, die die interne Zusammengehörigkeit impliziert, betont der Terminus dagegen treffend das Gemeinte. Er ist dabei insbesondere viel unproblematischer als der Terminus *Nation,* der mehr als die nur sprachliche Gemeinsamkeit nahelegt. Daß der Terminus *Sprachgemeinschaft* im vorliegenden Kontext verhältnismäßig unproblematisch ist, geht auch daraus hervor, daß er von Denkern, die Österreich, die Schweiz und Deutschland als verschiedene Nationen oder Völker verstehen, ohne Vorbehalte verwendet wird (vgl. z. B. Oechsli 1910: 674). Bei bestimmten Fragestellungen entstehen diverse Abgrenzungsprobleme zwischen verschiedenen Sprachgemeinschaften, die jedoch in unserem thematischen Zusammenhang keine nennenswerte Rolle spielen. Auf eine dementsprechende Schärfung des Begriffs ‚Sprachgemeinschaft' darf also hier verzichtet werden. Es sei nur darauf hingewiesen, daß auch die Zugehörigkeit von Individuen zu mehreren verschiedenen Sprachgemeinschaften möglich ist, nämlich wenn sie mehrere Muttersprachen haben; Sprachgemeinschaften sind also bezüglich der zugehörigen Personen nicht notwendigerweise disjunkt.

Viel schwieriger zu fassen ist der Begriff ‚Nation', dessen Erläuterung hier leider unbefriedigend bleibt, auf den wir aber trotzdem nicht verzichten können. Wichtig ist, daß Nationen weder einfach identisch sind mit Sprachgemeinschaften (oder Kulturgemeinschaften) noch mit Staatsbevölkerungen, denn es gibt sowohl Sprachgemeinschaften als auch Staatsbevölkerungen, die keine Nationen sind. Allerdings ist es grundsätzlich möglich, daß Nationen mit Sprachgemeinschaften oder Staatsbevölkerungen kongruieren. In die richtige Richtung weist die folgende Definition des Engländers Stanley Rundle in seinem klarsichtigen Buch *Language as a Social and Political Factor in Europe:* „Eine Nation umfaßt Personen, die eine gemeinsame Geschichte, eine gemeinsame Kultur, gemeinsame Traditionen und Bräuche haben oder zu haben glauben und die gewöhnlich – aber keineswegs immer – durch eine gemeinsame Sprache verbunden sind." (Rundle 1944: 45. Übersetzung U. A.) Sie ist aber meines Erachtens ergänzungsbedürftig. Hinzuzufügen ist, daß diejenigen großen Gruppen von Menschen Nationen bilden, die sich ein und derselben „Nation" (oder vielleicht auch ein und demselben „Volk") zugehörig fühlen. Dieser Zusatz, der die Einstellungen der involvierten Bevölkerung einbezieht, ist zwar formal nicht unproblematisch, da das Definiendum im Definiens wieder erscheint; er ist jedoch praktisch brauchbar und läßt sich bei Bedarf operationalisieren. Er ist überdies – trotz der Wiederkehr des definierten Ausdrucks im definierenden Teil der Aussage – nicht wirklich zirkulär; denn der Ausdruck bedeutet nicht beide Male dasselbe. Dies zeigt sich beim Versuch der Operationalisierung: Der wissenschaftliche Terminus (Definiendum) bekommt dann eine präzise statistische Bedeutung, z.B. im Sinne der Mehrheitsmeinung der fraglichen Bevölkerung, die der Alltagsausdruck dieser Bevölkerung (Bestandteil des Definiens) nicht, oder zumindest nicht durchgängig hat. Angewandt auf unseren Gegenstandsbereich läßt sich dann z.B. feststellen, daß Österreich – nach den Ergebnissen wiederholter Bevölkerungsbefragungen zu urteilen – in der Zeit nach dem Zweiten Weltkrieg zunehmend zu einer eigenständigen Nation geworden ist (vgl. Bruckmüller 1984: 12, 21–26). Der Begriff ‚Nation' läßt sich darüber hinaus dahingehend spezifizieren, daß die Individuen, die sich national zusammengehörig fühlen, in ihrer Mehrheit diese Zusammengehörigkeit durch einen gemeinsamen Staat zu festigen wünschen (Willensgemeinschaft).

Die Bedeutung des Terminus *Staat*, bzw. der damit zusammenhängenden Termini *Staatsbürger* oder *Staatsbevölkerung*, scheint mir demgegenüber klar genug und hier keiner besonderen Erläuterung bedürftig.

Folgendes sind die wichtigsten Vorteile dieser Terminologie: Der Terminus *Gemeinschaft* (*Sprach-* oder *Kulturgemeinschaft*) suggeriert nicht schon von der ursprünglichen Wortbedeutung her eine politische Verbindung, auch keine dementsprechende Zielsetzung, während dies der Ausdruck *Nation (Sprach-/Kulturnation)* tut. Die Verwendung des Terminus *Gemeinschaft* ist daher, zumindest bei unserem Thema, unproblematischer. Gemäß dieser Terminologie gehört die deutschsprachige Schweiz zwar zur gleichen Sprach*gemeinschaft* und in bestimmter Hinsicht wohl auch zur gleichen Kultur*gemeinschaft* wie Deutschland, aber nicht zur gleichen *Nation* – auch nicht zur gleichen *Sprach-* oder *Kulturnation*, weil ich auf diese Termini ganz verzichte. Die deutschsprachige Schweiz gehört vielmehr zur gleichen Nation wie die französisch-, die italienisch- und die rätoromanischsprachige Schweiz und zu keiner andern. Auch Österreich gehört nicht zur deutschen Nation, zumindest nicht in neuerer Zeit, sondern bildet eine eigene Nation (vgl. auch Kap. B.1). Jedoch gehörten nach dieser Terminologie und Begrifflichkeit BRD und DDR wohl stets zur gleichen Nation, denn die Bevölkerungen haben sich vermutlich stets (mehrheitlich) als national zusammengehörig gesehen; jedenfalls läßt ihr Votum für die Zugehörigkeit zum gleichen Staat im Jahre 1990 diese Annahme zu (vgl. auch Kap. D.8). – Die nur sprachliche, bestenfalls auch kulturelle, aber nicht nationale Zusammengehörigkeit kommt auch zum Ausdruck in den Termini *deutschsprachiger Schweizer* oder *deutschsprachiger Österreicher*, die ich daher den Ausdrücken *Deutschschweizer* bzw. *Deutschösterreicher* vorziehe.

Die wichtigsten hiermit gewonnenen Termini sind in Tabelle 2 im Überblick dargestellt. Die letzte Zeile enthält zwecks größerer Vollständigkeit des Begriffsschemas einen Zusatz, der für unsere Thematik keine unmittelbare Bedeutung hat.

Tab. 2: Terminologie für verschiedene Nations- und Staatstypen

Herkömmliche Terminologie	Vorgeschlagene Terminologie	Beispiele
Sprachnation (Kulturnation)	*Sprachgemeinschaft (Kulturgemeinschaft)*	Gesamtheit der Deutschsprachigen
Sprachnation (Kulturnation) [mehrere Staaten gleicher Sprache/Kultur, nicht unbedingt die ganze Sprachgemeinschaft]	*Nation ohne gemeinsamen Staat*	frühere BRD und frühere DDR zusammen
Nationalstaat	*Unilingualer Nationalstaat*	heutiges Deutschland (wenn man von nicht-deutschsprachigen Minderheiten absieht)
Staatsnation	*Multilingualer Nationalstaat*	Schweiz
Staatsnation	*Staat eines Nationsteils*	frühere BRD oder (frühere) DDR, jeweils für sich genommen
Staatsnation	*Multinationaler Staat*	(frühere) Sowjetunion

3 Geschichte der Erforschung der nationalen Varietäten und der Plurizentrizität der deutschen Sprache

3.1 Vorgeschichte der Forschung

Zur Forschungsvorgeschichte unserer Thematik zähle ich sämtliche Forschung, die zwar ein Licht auf die nationalen Varietäten bzw. die Plurizentrizität der deutschen Sprache wirft, aber weder mit den einschlägigen Termini oder Begriffen arbeitet noch sich zentral auf die betreffenden Gegenstände bezieht. Von dieser Vorgeschichte wird hier freilich nur ein kleiner Ausschnitt dargestellt. Sie erweist sich nämlich bei näherer Betrachtung als so weitläufig, daß ihre ausführliche Darstellung einer gesonderten Studie vorbehalten bleiben muß, falls überhaupt ein Bedürfnis danach besteht. Bei einer vergröbernden Sicht der Dinge lassen sich die folgenden beiden Arten von Vorarbeiten unterscheiden:

(1) Untersuchungen, die Aufschluß liefern über einzelne nationale Varietäten der deutschen Sprache;
(2) Überblicksuntersuchungen, die ein Licht werfen auf mehrere oder alle nationalen Varietäten bzw. auf die Plurizentrizität der deutschen Sprache insgesamt.

   Untersuchungen des Typs (1) gibt es in kaum überschaubarer Zahl. Sie hier nennen zu wollen, erscheint mir als hoffnungsloses Unterfangen. Stellvertretend für sie alle sei nur auf eine Abhandlung von Werner Besch (1972) hingewiesen. Sie stellt kritisch dar, welche der regional unterschiedlichen Handwerksbezeichnungen der BRD vom Bundestag in einer Entschließung als in Zukunft amtlich gültig festgelegt wurden, vor allem für den Verkehr mit den Institutionen der Europäischen Gemeinschaft. Damit liefert diese Abhandlung gewisse Aufschlüsse über die Herausbildung der nationalen Varietät der BRD, und späterhin Deutschlands. Dies ist jedoch nicht das eigentliche Thema der Abhandlung, die auch nicht mit der einschlägigen Terminologie und Begrifflichkeit der Sprachzentrumsforschung operiert.
   Auch von den Untersuchungen des Typs (2), die Aufschluß über mehrere oder alle nationale Varietäten des Deutschen liefern, ohne schon die einschlägigen Termini oder Begriffe zu verwenden, sollen hier nur einzelne herausragende Beispiele skizziert werden. Eines davon, das manche Aspekte der Thematik schon mit erstaunlicher Klarheit beleuchtet, ohne ganz zum Thema selbst vorzustoßen, ist Paul Kretschmers Untersuchung *Wortgeographie der hochdeutschen Umgangssprache* ([1918] 1969). Es ist bezeichnend, daß Kretschmer (1918: 1 f.) sein Buch mit einer erfundenen Episode einleitet, die als Beleg für die schon damals vorhandene Aufteilung der deutschen Sprache in verschiedene Zentren betrachtet werden darf. Allerdings haben sich sowohl die äußeren Lebensumstände als auch die sprachlichen Verhältnisse seitdem geändert; einzelne der von Kretschmer

angeführten Sprachunterschiede gelten jedoch bis auf den heutigen Tag (vgl. dazu Ebner 1988: 100 f.). Ähnliche, aber zeitgemäßere fiktive Episoden zur Plurizentrizität des Deutschen finden sich bei Haas (1982 b: 113), Ebner (1988: 101) und bei Wiesinger (1988 b: 27 f.).

Kretschmers Episode, die es verdient, hier wiedergegeben zu werden, illustriert die Unterschiede der „hochdeutschen Umgangssprache", der „Gemeinsprache der Gebildeten", in Berlin und Wien, den Hauptstädten der beiden größten deutschsprachigen Staaten:

„Ein Berliner tritt in Wien in einen Laden und verlangt eine *Reisemütze.* Der Verkäufer berichtigt ihn: *,Sie wünschen eine Reisekappe'* und legt ihm einige vor. Der Berliner bemerkt: *,Die bunten liebe ich nicht.'* Der Verkäufer übersetzt dies in sein Deutsch: *,Die färbigen gefallen ihnen nicht.'* Denn der Wiener *liebt* nur Personen, aber nicht Sachen. Der Berliner fragt schließlich: *,Wie teuer ist diese Mütze?'* und macht sich unbewußt wieder eines groben Berolinismus schuldig. Teuer bedeutet ja doch einen den normalen übersteigenden, übertrieben hohen Preis; *wie teuer ist dies?* heißt also: wie übermäßig hoch ist sein Preis? Der Wiener sagt nur: *Was kostet das?* Der Berliner sucht die Kasse und findet eine Aufschrift *Kassa.* Er verläßt den Laden, weil es früh ist, mit dem Gruß: *,Guten Morgen!'* und erregt die Verwunderung des Wieners, der diesen Gruß nur bei der Ankunft, aber nicht beim Abschied gebraucht. Der Wiener selbst erwidert den mit *Ich habe die Ehre! Guten Tag!* was wieder den Berliner in Erstaunen versetzt, denn den Gruß Guten Tag! kennt er umgekehrt nur bei der Ankunft, nicht beim Weggehen. – Der Berliner betritt ein Haus, indem er durch die *Haustür* am *Portier* vorbei in den *Flur* tritt, die *Treppe* hinauf in die erste *Etage* steigt, *klingelt,* in den *Korridor* gelassen wird, von wo man ihn bittet, *näher zu treten.* Der Wiener geht durch das *Haustor* in die *Einfahrt,* steigt am *Hausmeister* vorbei die *Stiege* hinauf in den ersten *Stock, läutet* und wird in das *Vorzimmer* gelassen, von wo ihn das Dienstmädchen *hineinspazieren* heißt."

Jakob Ebner (1988: 100 f.) diskutiert die Frage, deren Beantwortung sich bei näherer Betrachtung als gar nicht so einfach erweist, welche der von Kretschmer beobachteten Sprachunterschiede zwischen den beiden Städten noch heute bestehen. Sie soll uns hier nicht weiter beschäftigen, da sie Einzelheiten der nationalen Varietäten Deutschlands und Österreichs berührt, die in späteren Kapiteln (B.3 und D.3) behandelt werden. Wichtig ist, daß Kretschmers Studie sich mit unserer Thematik eng berührt, weil sie sich im Gegensatz zu sonstigen sprachgeographischen Untersuchungen nicht auf Dialekte, sondern auf das gesprochene „Hochdeutsch" bezieht. Damit ist cum grano salis dasselbe gemeint, was man heute gewöhnlich gesprochenes „Standarddeutsch" nennen würde. Dies wird deutlich in Kretschmers (1918: 18) Versuch, dieses „Hochdeutsch" vom Dialekt abzugrenzen:

„Schwerer ist die Frage zu beantworten, wie man den hochdeutschen Charakter eines Wortes vom mundartlichen unterscheidet. Entscheidend ist eigentlich, daß das Wort auch von den Gebildetsten in nicht familiärer Rede gebraucht wird, noch besser, wenn es der einzig übliche Ausdruck ist. Aus diesem Grunde muß man z. B. österr. *Marille* ,Aprikose', *Spagat* ,Bindfaden' oder westdeutsch *Theke* = Ladentisch als hd. anerkennen."

Kretschmers Hauptanliegen ist es, zu zeigen, daß dieses – wie wir heute sagen würden – Standarddeutsch, und zwar bei Kretschmer speziell das gesprochene Standarddeutsch, entgegen verbreiteter Meinung geographisch durchaus nicht einheitlich ist. Seine Studie hat genau den Zweck, die wichtigsten geographischen Divergenzen aufzuzeigen.

Kretschmers Ausführungen läßt sich übrigens – über seine engere Zielsetzung hinaus – entnehmen, daß die geographische Diversität nicht nur für das gesprochene, sondern auch für das geschriebene Deutsch gilt. Es ist nämlich anzunehmen, daß die von Kretschmer erwähnten „einzig üblichen Ausdrücke" einer Region nicht nur mündlich, sondern auch schriftlich verwendet werden. Außerdem hält Kretschmer (1918: 19) gerade die schriftliche Verwendung für ein aussagekräftiges Indiz der Zugehörigkeit einer Sprachform zum „Hochdeutschen": „Als Bestätigung für den hd. Charakter eines Wortes können schriftsprachliche Belege dienen: wenn ein Wort sogar schriftlich verwendet wird, ist es erst recht der hd. Umgangssprache zuzuerkennen." Ein Problem ist dabei nur, daß sich der fragliche Wortschatz „vielfach (...) auf Dinge des täglichen Lebens" bezieht, „die in der Literatur kaum erwähnt werden." Nur „in Zeitungen, besonders den Inseraten, öffentlichen Bekanntmachungen, Geschäftsaufschriften (...)" und in „sog. Heimatromanen" darf man auf reiche Ausbeute hoffen. Einfacher ist die schriftliche Erfassung allerdings beim „amtlichen Sprachgebrauch" und bei den „Vorschriften der Schule", die Kretschmer (1918: 20) als besonders „beweiskräftig" gelten für die Zugehörigkeit einer Sprachform zum „Hochdeutschen". Als Beispiele nennt er für Österreich die Wörter *Jänner* und *Samstag* (statt *Januar* und *Sonnabend*).

Bei aller Beweiskraft der schriftlichen Verwendung einer Sprachform für ihre Zugehörigkeit zum „Hochdeutschen" will Kretschmer doch nur das gesprochene Standarddeutsch einbeziehen. Formen, die nur geschrieben, aber mündlich gemieden werden, gehören nicht zur „Umgangssprache", auch nicht zur Umgangssprache der Gebildeten. Um diese Abgrenzung zu unterstreichen, nennt Kretschmer (1918: 17) Beispiele von schriftlich durchaus gängigen, aber mündlich ungebräuchlichen Wörtern. So seien z. B. in Österreich die Wörter *Gemischtwarenhandlung* und *Konditorei* als Ladenaufschriften, also schriftlich, durchaus üblich; mündlich werde aber an ihrer Stelle praktisch ausnahmslos *Greisler* oder *Zuckerbäcker* gesagt. Nur letztere, nicht erstere Wörter gehören demnach zu seinem Untersuchungsgegenstand, nämlich der „hochdeutschen Umgangssprache". Hier wird ein klarer Unterschied der Fragestellung gegenüber der modernen Sprachzentrumsforschung sichtbar, die in der Regel nicht schon deshalb Sprachformen als Untersuchungsgegenstand ausschließt, weil sie nur schriftlich gängig sind.

Dieser Unterschied wird noch deutlicher, wenn man Kretschmers (1918: 21–27, hier 26) Liste der von ihm ausdrücklich nicht berücksichtigten Wortschatzbereiche anschaut. Dort findet sich als letzte Gruppe die „Kanzleisprache, deren geographische Verschiedenheiten ganz durch die politischen Grenzen bedingt sind. Besonders die österreichische Kanzleisprache ist reich an Idiotismen, wie *Gefertigter, Endesgefertigter* (...) = Unterzeichneter, *Lehrkanzel* = Lehrstuhl, Professur (...), *meritorisch* = sachlich, *über Veranlassung* (*Antrag, Anregung* usw.) = auf Veranlassung, *im vorhinein* = im voraus, *abstrafen* = bestrafen, *einlangen* vermischt aus *eintreffen* und *anlangen*, *einbegleiten* = einleiten, *in Verstoss geraten* = verloren gehen, *Umgang nehmen* von etwas = etwas unterlassen, *das Auslangen finden* = auskommen, *zurücklegen* = niederlegen, *auflassen* = aufheben, auflösen, jemanden *klagen* = verklagen, *entfallen* = wegfallen, *Schematismus* = Verzeichnis, *Strasseneinräumer* = Chausseewärter (...) usw." Solche „der

Umgangssprache fremden" Ausdrücke interessieren Kretschmer nicht; sie sind jedoch sicher nicht a limine irrelevant für die Sprachzentrumsforschung, zumal ihr Geltungsbereich teilweise genau mit den Zentren der deutschen Sprache im hier zur Diskussion stehenden Sinn kongruiert.

Allerdings divergieren die von Kretschmer gefundenen Sprachregionen beträchtlich von den Zentren der deutschen Sprache im hier in erster Linie interessierenden Sinn. Dennoch erinnert seine vorgängige Gebietseinteilung stark an sie, denn diese folgt zunächst einmal den politischen Grenzen (Kretschmer 1918: 28–35). Er teilt das deutsche Sprachgebiet in einem ersten Schritt auf verschiedene Staaten auf, nämlich – in der Zeit vor dem Ersten Weltkrieg! – auf Deutschland, Österreich, die Schweiz, Rußland und Ungarn. Luxemburg bezieht er dagegen ausdrücklich nicht ein. Auch ansonsten hebt er Staaten oder Nationen als sprachprägende Faktoren vielfach in stärkerem Maße hervor als andere Regionen (Kretschmer 1918: z.B. 1–10 passim, 13–15, Bezug auf Österreich, Schweiz, Luxemburg). In diese Richtung zielt auch sein Hinweis auf die Bedeutsamkeit des amtlichen Sprachgebrauchs für die Zuordnung einer Sprachform zum Standarddeutschen, der auf die staatlichen Institutionen als sprachnormsetzende Instanzen und damit auf die Staaten oder auch Nationen als sprachregionbildende Faktoren verweist. Allerdings werden diese Gedanken von Kretschmer nicht vertieft. Auch für seine Datenerhebung geht Kretschmer von einer politischen Einteilung des deutschen Sprachgebiets seiner Zeit aus, nämlich von den deutschsprachigen Staaten, die er dann weiter segmentiert. Deutschland und Österreich unterteilt er in die einzelnen Länder („Einzelstaaten" bei Kretschmer 1918: 58), deren Zahl sich auf 27 bzw. 11 beläuft. Diese werden dann wiederum durch die größeren Städte, meist mehrere, als Untersuchungsorte vertreten. Die Schweiz, Rußland und Ungarn werden nicht konsequent weiter unterteilt. Statt dessen wird die Schweiz nur durch die Städte St. Gallen, Zürich und Bern repräsentiert, Rußland (vor 1917) nur durch St. Petersburg, Dorpat und Riga, und Ungarn nur durch Budapest.

Wenn auch Kretschmer den modernen Begriff der nationalen Sprachzentren noch nicht klar konzipiert, so kommt er ihm doch schon nahe. Dies belegen z.B. die folgenden Ausführungen, in denen er im Grunde die damaligen nationalen Zentren der deutschen Sprache identifiziert, ohne sie allerdings im weiteren Verlauf seiner Studie systematisch zu untersuchen. „Die Verteilung der deutsch Sprechenden auf vier Staatengebilde, das deutsche Reich, Österreich-Ungarn, Schweiz und Rußland, die Teilung des deutschen Reichs wieder in viele Einzelstaaten, deren jeder eine eigene Haupt- und Residenzstadt und damit einen eigenen gesellschaftlichen und politischen Mittelpunkt hat, lassen die völlige Einheitlichkeit der Umgangssprache nicht aufkommen. Die politischen Grenzen bilden in gewissem Umfange auch sprachliche Grenzen: die Amtssprachen der verschiedenen Behörden, die sprachlichen Vorschriften der Schulen stimmen nicht völlig überein, der die Provinz beeinflussende Sprachgebrauch der Hauptstadt ist überall ein anderer." (Kretschmer 1918: 58 f.) Kretschmer (1918: 28. Hervorhebung U. A.) nennt allerdings nicht die deutschsprachigen Staaten, sondern „die großen Städte" „*Zentren* der hochdeutschen Umgangssprache". Er bewegt sich damit in der Tradition sprachgeographischer Terminologie, wo die großen Städte schon zuvor als „Kultur-" oder auch „Sprachzentren" bezeichnet wurden. Von dort stammt übrigens letztlich auch – bei veränderter Bedeutung – der grundlegende Terminus (*Zentrum* einer Sprache) der modernen Sprachzentrumsforschung (vgl. Kloss

1978: 66). Man kann den alten Terminus und Begriff beibehalten, wenn man ihn mit dem Adjektiv *städtisch* spezifiziert; der neue, hier zur Diskussion stehende Begriff läßt sich durch das Attribut *national* davon absetzen (*städtische* gegenüber *nationalen* Zentren); allerdings entspricht der terminologischen Parallele nicht in gleichem Maße auch eine begriffliche Parallele (vgl. Kap. A.4.5: gegen Ende).

Es ist interessant, welche Bereiche der Sprache Kretschmer (1918: 21–27) ausdrücklich aus seiner Untersuchung ausschließt. Dabei werden einerseits methodische Schranken sichtbar, die er nicht überwinden zu können glaubt, andererseits wird dadurch sein Untersuchungsgegenstand genauer abgegrenzt. So zeigt sich vor allem, daß sein Begriff von „Umgangssprache" sich nicht nur auf die *gesprochene* Sprache beschränkt – als „hochdeutsche" Umgangssprache auf die gesprochene Sprache der Gebildeten –, sondern darüber hinaus sogar nur auf die gesprochene *Gemeinsprache* (im Gegensatz zur Fachsprache). Im einzelnen schließt er die folgenden Bereiche der Sprache aus seiner Untersuchung aus:

– Die „technischen Ausdrücke, die Termini der verschiedenen Stände und Berufe, der Handwerke und Gewerbe, der Künste und Wissenschaften".
– Die schon erwähnte staatliche Amtssprache („Kanzleisprache"). Beide Bereiche können „nicht als Bestandteile der Umgangssprache gelten". (Kretschmer1918: 25–27)

Aus methodischen Gründen, wegen der Unmöglichkeit des strengen Vergleichs, behandelt er keine sprachlichen Ausdrücke mit „fehlender Entsprechung" in den verschiedenen Regionen. Gemeint sind damit Ausdrücke mit Bedeutungen, die nicht in allen Untersuchungsgebieten genau so auftreten. Dazu gehören:

– Sachspezifika (z. B. regionale Bräuche), ferner „Fälle (...), wo anderwärts zwar die Sache nicht fehlt, wohl aber ein genau entsprechender Terminus."
– „Gefühlswörter", die ohnehin „größtenteils dem Slang" angehören. Als ein – etwas erstaunliches – Beispiel nennt Kretschmer: norddeutsch *knusperig*, süddeutsch und österreichisch *resch*.
– „Partikeln und Redewendungen". (Kretschmer 1918: 21–24)

Zwar hat die spätere Sprachzentrumsforschung sich keine entsprechenden Beschränkungen auferlegt. Jedoch lassen sich bei genauerer Betrachtung zumindest Teile von Kretschmers Ausgrenzungen gut begründen. Auch in der vorliegenden Untersuchung verzichte ich auf die Einbeziehung von Sachspezifika, von „Slang"-Ausdrücken – um in Kretschmers Terminologie zu sprechen – und zumindest einen Großteil der Fachsprachen (vgl. Kap. A.4.3).

Schließlich ist noch erwähnenswert, welche Sprachformen Kretschmer als Vergleichsgrundlage seiner Untersuchung auswählt. Es sind für ihn, den Wiener Neubürger (seit 1899) und gebürtigen Berliner, die in Berlin gängigen Formen der „hochdeutschen Umgangssprache", denn Berlin ist für ihn mehr als irgendeine andere Stadt der Mittelpunkt des gesamten deutschen Sprachgebiets. So könnte ihm zufolge auch „allein Berlin als die Hauptstadt des Deutschen Reiches und die größte deutsche Stadt (...) den Anspruch erheben, der allgemeinen deutschen Umgangssprache die Normen zu geben", wobei es solche allgemeinen Normen eben nicht gibt (Kretschmer 1918: 59). Daher ist Kretschmers (1918: 35) Wortgeographie auch „in einer Weise angelegt, daß der Berliner Ausdruck als Stichwort dient und seine Bedeutung durch Umschreibung erläutert wird; damit ist dann der Begriff festgestellt, dessen verschiedene Bezeichnungen geographisch durch das ganze deutsche Sprachgebiet verfolgt werden." Seine Stichwörter (Kretschmer 1918: 38–41) sind deshalb freilich nicht etwa durchgängig Berolinismen, also Berliner Spezifika, sondern haben zumeist ein weit größeres Verbreitungsgebiet, das aber Berlin stets einschließt.

Kretschmers Untersuchungsergebnisse verweisen schon in damaliger Zeit in vielen Fällen auf die Zentren der deutschen Sprache im hier gemeinten Sinn. So finden sich etwa Feststellungen mit Gebietseinteilungen der folgenden Art zahlreich in seinem Text. Stichwort „Café": „Der städtische Kaffeeausschank wird in ganz Deutschland mit dem französischen Wort *Café* Ntr. bezeichnet, das auch in der Schweiz üblich ist. Nur in Österreich hat sich der gute deutsche Ausdruck *Kaffeehaus* erhalten (...)" Stichwort „Buletten": „*Flaischlaiberl* ist die in Österreich außer Böhmen gangbarste Bezeichnung." (beides S. 159) Diese Beispiele sind typisch, insofern insbesondere Österreich durch Sprachbesonderheiten als eigenes Zentrum der deutschen Sprache hervortritt. Für Deutschland und die Schweiz gilt dies in weit geringerem Maße.

Für die Schweiz findet Kretschmer kaum Besonderheiten der „hochdeutschen Umgangssprache"; die schweizerischen Formen stimmen zumeist mit den auch in Süddeutschland, vor allem im Südwesten, gängigen überein. Für Deutschland wiederum ergibt sich nur selten ein sprachgeographisch einheitliches Bild, sondern meist die weitere Unterteilung, die bisweilen sogar recht differenziert ist. So finden sich in Deutschland, um bei dem zuletzt zitierten Beispiel zu bleiben, außer dem Ausdruck *Buletten* (Berlin) noch die Bezeichnungen *Frikadellen* (weite Gebiete im Osten und Westen), *Bratklops* (Danzig – Deutschland vor dem Ersten Weltkrieg!), *Karbonade* (einige östliche Gebiete), *Briselett* (Lengenberg im Vogtland), *Fleischklößchen* (Sachsen), *Bratklößchen* (Südharz), *Fleischbrotel* (Schlesien), *Fleischpolster* (Kempten), *Fleischpflanzl* (München) und *Fleischküchle* (Südwesten). Dies sind wohlgemerkt nach Kretschmer durchgängig „hochdeutsche" Varianten, neben denen er noch einzelne „mundartliche" nennt.

Damit wird deutlich, daß die nationalen Sprachzentren nicht mit der „hochdeutschen Umgangssprache" Kretschmers koinzidieren, sondern nur eine von mehreren Komponenten ihrer regionalen Differenzierung bilden. Bei der „hochdeutschen Umgangssprache" und den „nationalen Varietäten des Deutschen" handelt es sich um unterschiedliche Ausschnitte aus dem Gesamtkomplex der deutschen Sprache. Beide haben freilich – mengentheoretisch gesprochen – eine nichtleere Schnittmenge von nicht unbedeutender Mächtigkeit.

Kretschmer konnte noch keine kartographische Darstellung seiner Befunde vorlegen, was diese recht unübersichtlich macht. Eine solche Darstellung liefert dann viel später Jürgen Eichhoff (1977/78/93/in Vorbereitung), dessen „Umgangssprachen" mit Kretschmers Untersuchungsgegenstand verwandt sind und der auch ausdrücklich an Kretschmer anknüpft (Eichhoff 1977: 9). Dagegen haben die ebenfalls sprachgeographischen Werke *Deutscher Sprachatlas* (1927–1956) und *Deutscher Wortatlas* (1951–1973) einen gänzlich anderen Untersuchungsgegenstand, nämlich den ausgeprägten Dialekt. Auch Eichhoffs *Wortatlas der deutschen Umgangssprachen* (1977/78/93/in Vorbereitung) stimmt freilich im Untersuchungsgegenstand nicht mit Kretschmer überein, nicht einmal von der Intention her. Im Gegensatz zu Kretschmer zielt Eichhoff nämlich nicht auf das gesprochene Standarddeutsch (bei Kretschmer „Hochdeutsch"), sondern darauf, was man am betreffenden Erhebungsort „in der täglichen Rede normalerweise

verwendet." Diese „Umgangssprache", die nicht wie bei Kretschmer als „hochdeutsch" spezifiziert ist, kann in manchen Fällen sogar ausgesprochen dialektal
sein. Aufgrund von Vorkenntnissen der Sprachverhältnisse lautet die Erhebungs-
frage für die deutschsprachige Schweiz ausdrücklich dementsprechend: „Gefragt
wird nicht nach dem (mehr oder weniger ‚guten‘) Schriftdeutsch, das in der
Schweiz verwendet wird, sondern nach der Sprachform, die man *alltäglich mündlich untereinander* verwendet, also nach der Mundart." (Eichhoff 1977: 17)

Es liegt auf der Hand, daß mit dieser Fragestellung die nationalen Varietäten (im Sinne der Standardvarietäten) eher in noch geringerem Maße erfaßt werden als bei Kretschmer, zumal Eichhoff außerdem seinen Gegenstand – zumindest
implizit – ähnlich eingrenzt wie Kretschmer (keine technischen Termini, keine
Fachsprache im engeren Sinn). Eichhoff geht sogar noch einen Schritt weiter,
indem er nationale Varianten, die ihm als solche bekannt sind, ausdrücklich aus
seiner Untersuchung ausscheidet, auch wenn sie durchaus „umgangssprachlich"
sind: „Die Zahl der unterschiedlichen Bezeichnungen zwischen den politisch
selbständigen Teilen des deutschen Sprachgebiets ist natürlich weit größer, als sie
in unseren Karten zum Ausdruck kommt. Für den *Wortatlas der deutschen Umgangssprachen* sind Begriffe, von denen von vornherein bekannt war, daß die
Grenzen ihrer Bezeichnungen mit den Staatsgrenzen zusammenfallen, nicht ab-
gefragt worden. Daß man in der Schweiz für das Fahrrad *Velo* sagt, läßt sich in
einem Satz mitteilen und macht den Aufwand, der mit der Erarbeitung einer
Sprachkarte verbunden ist, entbehrlich." (Eichhoff 1977: 15)

Interessanterweise liefern die von Eichhoff vorgelegten Karten trotzdem
zahlreiche Hinweise auf nationale Varianten der deutschen Sprache, wenn man
sie genau daraufhin durchschaut. Es bedarf freilich jeweils der zusätzlichen Prüfung, z. B. in den vorliegenden Sprachkodizes (vgl. zu dem Begriff Kap. A.4.2), ob
es sich um Standardformen handelt oder nicht. So läßt sich Eichhoff etwa entnehmen, daß *Junge* (statt *Bub*) eine spezifische Variante Deutschlands, also ein
Teutonismus ist (Karte 1), ebenso *Backpfeife* (statt *Ohrfeige*, Karte 4) oder
Harke, dessen standardsprachlicher Status allerdings nicht ohne weiteres feststeht
(statt *Rechen*, Karte 13). Dagegen ist *Bedienerin* (statt *Putzfrau*, Karte 18) ein
Austriazismus, ebenso *Fleischhauer* (statt *Fleischer*, Karte 19) oder *Rauchfangkehrer* (statt *Schornsteinfeger*, Karte 22). Die Aussprache [trak'to:r] Traktor, mit
dem Akzent auf der zweiten statt auf der ersten Silbe, ist schließlich ein Helvetismus (Karte 12), ebenso die Wörter *wischen* (statt *fegen*, Karte 16) oder *Estrich*
(statt *Dachboden*, Karte 24). Dies sind nur Beispiele aus dem Anfangsteil der
Karten, denen man weitere hinzufügen könnte.

Auch indirekte Hinweise auf nationale Varianten stecken in den Karten, die
auf eine richtige Fährte führen können. Ein Beispiel ist das dialektale *Chémi* (statt
Schornstein, Karte 23) für die Schweiz, das zu dem standardschweizerischen
Wort *(das) Cheminée* hinführt. Trotz des andersartigen Gegenstandes ist also
Eichhoffs Kartenwerk für die Sprachzentrumsforschung des Deutschen durchaus
von Nutzen.

Vom sprachhistorischen Standpunkt aus mag man bedauern, daß Eichhoff
nicht konsequenter die Vergleichbarkeit mit Kretschmer angestrebt hat; seine
Zielsetzung war aber offenbar anders. Daß es Eichhoff nicht in erster Linie um
diesen Vergleich geht, zeigt schon die oberflächliche Gegenüberstellung beider
Werke. Eichhoffs Wortliste enthält – wenigstens in der ursprünglichen Konzeption, in den ersten beiden Bänden – nur 125 Einheiten, Kretschmers dagegen 298,

und nur 77 dieser Einheiten Eichhoffs sind mit denen Kretschmers vergleichbar. Der Vergleich wird zusätzlich dadurch erschwert, daß Eichhoffs andersartige Stichwörter, die sich nicht am Berliner Sprachgebrauch orientieren, nur in 23 Fällen mit denen Kretschmers im Wortlaut (wenigstens annähernd) übereinstimmen. Immerhin verweist Eichhoff (1977: 20-37; 1978: 11–35) bei jeder vergleichbaren Einheit auf die entsprechenden Seitenzahlen bei Kretschmer. Möglicherweise lohnt sich der sorgfältige Vergleich auch im Hinblick auf die Geschichte der nationalen Sprachzentren des Deutschen; er würde jedoch hier zu weit führen.

Vielleicht ist es angebracht, abschließend darauf hinzuweisen, daß es kein Versehen ist, wenn hier bis in die 70er Jahre hinein oder noch später, von der „Vorgeschichte" der Sprachzentrumsforschung des Deutschen die Rede ist. Unsere Definition zu Anfang des Kapitels schließt ja nicht aus, daß sich die Vorgeschichte der Sprachzentrumsforschung zeitlich mit ihrer eigentlichen Geschichte überlappt.

3.2   Eigentliche Forschungsgeschichte

3.2.1 Entwicklung der Begriffe

Die eigentliche Forschungsgeschichte der nationalen Varietäten oder der Plurizentrizität der deutschen Sprache entfaltet sich in den folgenden zwei Strängen, die erst allmählich zusammenwachsen:

(1) Die empirische Erforschung der nationalen Varietäten der deutschen Sprache, noch ohne Verwendung der spezifischen Begriffe.
(2) Die Entwicklung der spezifischen Begrifflichkeit mit den beiden zentralen Begriffspaaren ‚(nationales) Zentrum einer Sprache' und ‚nationale Variante/ Varietät einer Sprache' (vgl. dazu auch Kap. A.4).

Solange beide Stränge getrennt verlaufen, kann man bei Bedarf von der eigentlichen Forschungsgeschichte *im nur weiteren Sinn sprechen,* die bei der Verbindung beider Stränge zur eigentlichen Forschungsgeschichte im engeren Sinn wird.

Konzentrieren wir uns zunächst aus systematischen Gründen auf (2), die Entwicklung der spezifischen Begriffe, wenn diese auch zeitlich weit später einsetzt als die gewissermaßen begriffslose, aber schon durchaus gegenstandsspezifische Forschung im Sinne von (1). Es gibt verschiedene Vorstufen der Begriffsentwicklung im Zusammenhang mit der Erörterung des Phänomens, daß mehrere Standardvarietäten innerhalb ein und derselben Sprache existieren. Ein Beispiel ist die Darstellung der Beziehungen zwischen Bokmål und Nynorsk in Norwegen durch Einar Haugen (z. B. 1959), der die beiden Standardvarietäten derselben Sprache (Norwegisch) zuordnet und von zwei verschiedenen „stilistischen Normen" (stylistic norms) spricht (Haugen 1959: 15). Zwar wird in der späteren Entwicklung der Plurizentrizitäts-Begriffe auf Untersuchungen dieser Art verschiedentlich zurückgegriffen, jedoch sind die Untersuchungen selber von den Plurizentrizitäts-Begriffen, und erst recht von der dafür spezifischen Terminologie, noch weit entfernt.

Zu den Vorstufen der Begriffsentwicklung gehört auch die Unterscheidung von „Binnengebieten" und „Außengebieten" einer Sprache. Sie stammt vermutlich von Hugo Moser (z. B. 1959a: 517f. und passim), der die empirische Erforschung der Zentren der deutschen Sprache maßgeblich gefördert hat (vgl. auch

Moser 1959b; 1982; 1985). Die speziellere Bezeichnung „Binnendeutsch" tritt dabei nach dem Zweiten Weltkrieg an die Stelle der sachlich nicht mehr haltbaren früheren Bezeichnung „Reichsdeutsch". Die Dichotomie von „Binnen-" und „Außen-", die auch noch in neueren Untersuchungen der nationalen Varietäten häufig auftaucht, ist wegen ihrer immanenten Asymmetrie (innen versus außen) nicht vereinbar mit der spezifischen Terminologie der Sprachzentrumsforschung, die nicht schon in ihrer Terminologie die Ungleichheit der verschiedenen Zentren einer Sprache anlegen möchte, und wird von ihren Vertretern zumeist entschieden abgelehnt (z.B. Clyne 1984: 4f.). Im Gegensatz zur heute gängigen Kritik an der „Binnen"- und „Außen"-Terminologie bzw. deren vermutlichem Erfinder, Hugo Moser, wird von Kennern der Forschungsgeschichte gelegentlich hervorgehoben, daß die mit dieser Terminologie operierende Erforschung der Besonderheiten des österreichischen, schweizerischen und anderer Formen von Deutsch wesentlich zur wissenschaftlichen Anerkennung der Plurizentrizität des Deutschen beigetragen hat (brieflicher Hinweis von Ernst Pacolt vom 21.12.1993).

Die eigentliche Begriffsgeschichte hat, wie es scheint, zwei unterschiedliche Quellen, die auch verschiedenartige Komponenten zum heutigen Terminologie- und Begriffsbestand beisteuern:

(a) Die russische, marxistisch orientierte Sprachwissenschaft (Begriffsgruppe ‚nationale Variante/Varietät');
(b) Die nordamerikanische und deutsche Soziolinguistik (Begriffsgruppe ‚plurizentrische Sprache').

Diese Reihenfolge entspricht zwar durchaus der Chronologie bezüglich der aufgefundenen Quellen, jedoch beträgt die Zeitdifferenz zwischen den jeweiligen Erstbelegen, zumindest den deutlich ausgebildeten Ansätzen, weniger als ein Jahrzehnt.

Beginnen wir mit (a), also der russischen, marxistisch orientierten Sprachwissenschaft. Man wird bestimmt nicht behaupten wollen, daß ein marxistischer Blickwinkel den Gedanken verschiedener nationaler Varietäten einer Sprache ohne weiteres nahelegt. Das Grundschema der Sprachentwicklung ist von diesem Blickwinkel aus vielmehr zunächst einmal die ständig zunehmende Vereinheitlichung einer Sprache: Aus der regional differenzierten „Sprache der Nationalität" (oder „Nationalitätssprache") zu feudalistischen Zeiten entsteht im Kapitalismus die „Sprache der Nation" (oder „Nationalsprache"), in deren höchstentwickelter „Existenzform" (= Varietät), nämlich der „Literatursprache" (= Standardvarietät), die Sprache der Nation vereinheitlicht ist. Allerdings haben im Kapitalismus an dieser Literatursprache noch nicht alle Bevölkerungsschichten teil; vielmehr ermöglicht erst der Sozialismus, uneingeschränkt sogar erst der Kommunismus, die Teilhabe aller Bevölkerungsschichten an der Literatursprache und damit „die völlige Einheit der Nationalsprache" (vgl. z.B. Schirmunski 1962: 1–24, vor allem 24; Ising 1987; kritisch Reichmann 1978). Dies ist die in den sozialistischen Ländern lange Zeit vorherrschende Sicht der Sprachentwicklung, die vor allem auf Friedrich Engels, aber auch auf Wladimir Lenin und Josef Stalin basiert – wenn auch der hier beispielhaft als Vertreter genannte Victor Schirmunski wegen seines zu undistanzierten Interesses an der deutschen Sprache verschiedentlich in politische Schwierigkeiten gerät.

Schon Ende der 50er Jahre entwirft jedoch der Romanist Georg V. Stepanov (1960; ansatzweise 1957) die Idee einer besonderen „nationalen" Ausprägung der spanischen „Literatursprache" (= Standardvarietät) in Südamerika (vgl. auch Stepanov 1963; 1969; 1973; Domaschnew 1990), und sein Landsmann, der Anglist Alexander D. Schweitser (1963; vgl. auch 1971; 1986; Schweitser/ Nikolski 1986), befaßt sich bald danach auf ähnlicher begrifflicher Grundlage mit den Besonderheiten des amerikanischen gegenüber dem britischen Englisch. Noch frühere Ansätze in ähnlicher Richtung finden sich bei Smirnickij (1955: Einleitung) und sogar Arakin (1937).

Ob Elise Riesel, die derartige Gedanken dann bezüglich der deutschen Sprache entwickelt, mit Stepanov oder Schweitser in Kontakt stand oder womöglich von ihnen inspiriert war, muß hier offen bleiben. Freilich bietet ihre eigene Lebensgeschichte schon Anregungen genug für ihre spezifische Sicht der deutschen Sprache. Sie ist 1934 als Sozialdemokratin und Jüdin aus Wien nach Moskau geflohen, um den politischen Auseinandersetzungen und dem drohenden Nationalsozialismus in ihrem Land zu entrinnen. Es liegt nahe, daß sie aufgrund der folgenden geschichtlichen Entwicklung die nationale Unabhängigkeit Österreichs zu schätzen lernt und daß diese Sicht der Dinge auch ihre wissenschaftliche Tätigkeit als Germanistikprofessorin, zu der sie sich in ihrer Wahlheimat emporarbeitet, beeinflußt hat. Die Betonung der nationalen Eigenart Österreichs liegt sicher als Motiv zugrunde, wenn Riesel (1962) verschiedene „nationale Varianten der Literatursprache" unterscheidet (auf russisch, transliteriert: *nacional'nye varianty*). Schon 1953 weist sie in einem Aufsatz auf „nationale" Besonderheiten des österreichischen Deutsch hin (Riesel 1953; vgl. auch Domaschnew 1991a: 1344). Riesels Terminologie wird bald von sowjetischen Fachkollegen aufgegriffen, insbesondere von Anatoli I. Domaschnew (1967; 1969; vgl. zu weiteren Einzelheiten Fleischer 1984; Domaschnew 1978; 1988; 1991a; 1993).

Riesels Ansatz kongruiert übrigens nicht ohne weiteres, wie man argwöhnen könnte, mit dem damaligen politischen Interesse der Regierungen von Sowjetunion und DDR. Riesels „nationale Varianten" – eigentlich Varietäten! – beziehen sich nämlich gerade nicht auf BRD und DDR. Dabei fällt die Veröffentlichung ihrer Untersuchung in die Zeit des Mauerbaus in Berlin (1961), wo es nahegelegen hätte, die Divergenzen zwischen BRD und DDR auch in sprachlicher Hinsicht zu akzentuieren.

Im Rahmen einer umfassenderen Untersuchung führt Riesel (1964a: 6–24) dann ihren Ansatz in deutscher Sprache weiter aus, wobei sie drei „nationale Varianten (Ausprägungen) der deutschen Literatursprache" unterscheidet. Dabei macht sie den bedeutsamen begrifflichen Unterschied zwischen „nationaler Gemeinschaft" und „Staatsgemeinschaft". Obwohl die deutsche Sprache in vier Staaten aufgeteilt sei (BRD, DDR, Österreich und Schweiz – die anderen sind nicht genannt), umfasse sie nur drei nationale Gemeinschaften (BRD + DDR, Österreich und die deutschsprachige Schweiz). Von ihnen besitze jede eine eigene nationale „Variante" (= Varietät!) der deutschen Literatursprache. Das Standarddeutsch von BRD und DDR habe dagegen „im großen und ganzen ein einheitliches Gepräge (....)" (Riesel 1964a: 7) Erst später – angestoßen auf der politischen Ebene durch Positionen wie bei Axen (1973) und auf der sprachwissenschaftlichen Ebene durch Argumentationen wie bei Lerchner (1974) – werden in der Tradition des Rieselschen Ansatzes von anderen Sprachwissenschaftlern auch für BRD und DDR unterschiedliche „nationale Varianten der deutschen Literatursprache" postuliert (vgl. Kap. D.8).

Riesel vermeidet es vor allem, die Verteilung einer Sprache auf verschiedene Staaten einfach mit ihrer Gliederung in nationale Varietäten gleichzusetzen. Dabei bleibt letztlich unklar, wo sie die entscheidende Differenz sieht. Möglicherweise sind für sie, wie auch für uns im vorliegenden Buch (vgl. Kap. A.2.2), Staaten nicht identisch mit Nationen und kann demzufolge nur im Falle letzterer wirklich von „nationalen" Varietäten gesprochen werden; jedoch wird diese Frage bei Riesel nicht thematisiert. Eher noch deutet sie an, daß es auf die Größe der sprachlichen Divergenzen ankomme. So weist sie z.B. darauf hin, daß die Sprachunterschiede zwischen BRD und DDR, von denen sie durchaus eine ganze Reihe anspricht, es noch nicht rechtfertigen, von einer „west- und ostdeutschen Ausprägung der deutschen Sprache" zu sprechen (Riesel 1964: 11). Offenkundig werfen beide Fragen Abgrenzungsprobleme auf, die sich schon bei ganz oberflächlicher Betrachtung als außerordentlich schwierig erweisen und die auch im vorliegenden Buch nicht zufriedenstellend gelöst werden. Insbesondere die Frage der linguistischen Mindestdifferenz zwischen nationalen Varietäten wird von mir kaum erörtert, da sie mir wenig fruchtbar erscheint. Schon kleinste linguistische Unterschiede können – wie mir scheint – eine nationale Varietät bilden (vgl. Kap. A.4.1 und B.6). Jedoch vermißt man bei Riesel die bloße Thematisierung der Abgrenzungsprobleme. Mit diesem kritischen Hinweis soll indes Riesels substantieller Beitrag zur Terminologie- und Begriffsentwicklung, oder zumindest zu deren Verbreitung über die Sowjetunion hinaus, nicht geschmälert werden.

Riesel liefert zwar keinen ausdrücklichen Hinweis darauf, ob die deutsche Sprache ein Einzelfall sei oder auch noch andere Sprachen mit „nationalen Varianten (der Literatursprache)" existieren; doch legt ihre Begriffsbildung das letztere, allgemeinere Verständnis nahe. Außerdem unterscheidet sie noch nicht zwischen sprachlicher ‚Variante' (Einzeleinheit) und ‚Varietät' (System); jedoch bedeutet diese Differenzierung von ihrer Terminologie aus nur einen kleinen zusätzlichen Schritt. Markanter und tiefgreifender ist dagegen, daß sich bei Riesel auch keinerlei Hinweis auf die zweite Gruppe von Termini findet, die unsere Thematik erfassen. Das Fehlen dieser Termini ist geradezu ein Kriterium wissenschaftsgeschichtlicher Zuordnung.

Es handelt sich um die Termini, die um das Wort *Zentrum* herum gebildet sind. Ihre Einführung (im hier interessierenden Sinn) wird man in erster Linie dem US-amerikanischen Soziolinguisten William A. Stewart zuerkennen müssen. Fälschlicherweise wird sie jedoch oft Heinz Kloss zugeschrieben, andeutungsweise z.B. von Michael Clyne (1992a: 1) und ausdrücklich von John E. Joseph (1987: 170), der behauptet: „The concept of monocentric and polycentric standard languages originated, like so many other fundamental concepts (...), in the work of Heinz Kloss." Schaut man jedoch in Kloss' (1967) erster Erläuterung dieser Begriffe nach, so bezieht sich dieser auf, „what William A. Stewart has dubbed the polycentric standard language" (Kloss 1967: 31). Da Kloss, der ansonsten seine Quellen zitiert, in diesem Zusammenhang keinerlei Literaturhinweis auf Stewart liefert, und da Stewart – soweit mir ersichtlich – diese Terminologie erstmalig in einer im folgenden Jahr erschienenen Veröffentlichung verwendet (Stewart 1968: 534), ist anzunehmen, daß Kloss aus einem damals noch unveröffentlichten Manuskript oder aus mündlichen Ausführungen Stewarts geschöpft hat. In einer späteren Darstellung des Begriffs sagt Kloss (1976: 310) sogar ausdrücklich, daß den zur Diskussion stehenden Sprachtyp „William B.

Stewart – wohl als erster – eine *polycentric standard language* genannt hat."
Demnach darf man wohl davon ausgehen, daß die Zentrums-Terminologie,
zumindest deren Grundbestand, nicht von Kloss, sondern von Stewart stammt.
Allerdings gilt dies nur für den Zuschnitt dieser Terminologie auf die hier interessierende Fragestellung. In einem entfernt verwandten Sinn war der Terminus
sprachliches Zentrum in der Dialektologie seit langem geläufig, z. B. für eine
Stadt, von der sprachliche Neuerungen ausgehen (*städtisches Zentrum, Strahlungszentrum* und dergleichen; vgl. z. B. Bach 1950: XII, Überschrift § 98 bzw.
S. 114).

In der genannten Veröffentlichung geht es Stewart (1968) um eine soziolinguistische Typologie von Sprachen zur Beschreibung multilingualer Gesellschaften oder Staaten. Im Hinblick auf den hier zur Diskussion stehenden
Sprachtyp unterscheidet er dabei zwischen „monozentrischer" (monocentric) und
„polyzentrischer Standardisierung" (polycentric standardization) einer Sprache
(Stewart 1968: 534). Dabei betont er auch, daß „polyzentrische" Standardisierung nicht unbedingt auf verschiedene Staaten verteilt sein muß: „There is no
necessary correlation between polycentric standardization and a language's use in
more than one country. Some languages which are used in only one country have
polycentric standardization (e.g. Serbo-Croatian in Yugoslavia), while others
which are used in more than one country have monocentric standardization (e.g.
French and Dutch)." Stewart begründet seine Zuordnung damit, daß polyzentrische Standards nicht nur „bezogen sein könnten auf Unterschiede der politischen Identität" (political identity), sondern auch „der religiösen Identität"
(religious identity) oder „des geographischen Ortes" (geographic location), womit
deutlich wird, daß seine „Zentren" nicht unbedingt mit Nationen kongruieren.

Allerdings spielt die Aufteilung einer Sprache auf verschiedene Nationen
oder Staaten für Stewart eine vorrangige Rolle bei der Entstehung „polyzentrischer" Standardsprachen. Dies verraten schon seine Beispiele, bei denen es sich
größtenteils um solchermaßen verteilte Sprachen handelt: Britisches und amerika-
nisches Englisch, „kontinentales" und brasilianisches Portugiesisch, rumänisches
und moldavisches „Dako-Rumänisch" sowie indisches und pakistanisches
„Hindi-Urdu". Einzige Ausnahme ist das Serbokroatische. Die neueste politische
Entwicklung dieses Beispiels verrät (vgl. auch Brozović 1992), in wie hohem
Maße Stewarts polyzentrische Standardsprachen letztlich doch mit dem im vorliegenden Zusammenhang hauptsächlich interessierenden Begriff kongruieren,
also auf verschiedene Nationen bezogen sind. Stewart hätte deshalb im Grunde
durchaus schon von *polynationalen Sprachen* sprechen können – eine terminologische Spezifizierung, die freilich nicht nur er nicht gebraucht, sondern die
erstaunlicherweise offenbar auch später so gut wie nie verwendet wird (vgl. Kap.
A.3.2.1: gegen Ende, und Kap. A.4.5).

Kloss' (1967: 31–33; ähnlich 1976: 310–313; 1978: 66 f.) Hauptinteresse
an dem hier zur Diskussion stehenden Sprachtyp besteht darin, diesen von dem
andersartigen, speziell von ihm herauspräparierten Sprachtyp der „Ausbausprache" abzugrenzen. Wenn man Kloss' Formulierungen etwas präzisiert, so kann
man den Unterschied zwischen Ausbausprachen und polyzentrischen Standardsprachen folgendermaßen fassen: Die linguistische Ähnlichkeit zwischen der Standardvarietät einer Ausbausprache und der ihr ähnlichsten Standardvarietät ist
geringer als die linguistische Ähnlichkeit zwischen den verschiedenen Standardvarietäten einer polyzentrischen Standardsprache (vgl. die Veranschaulichungen

in Kloss 1967: 32; 1976: 311). Im Anschluß an Kapitel A.1.1 (Abb. 1) des vorliegenden Buches würden wir sagen, die betreffende linguistische Ähnlichkeit ist
bei Ausbausprachen mittel und bei polyzentrischen Standardsprachen groß.

Kloss führt wie Stewart die Entstehung polyzentrischer Standardsprachen
(polycentric standard languages) in erster Linie auf „politische Umstände" (political circumstances) zurück, auch das von ihm ebenfalls genannte Beispiel des
Serbokroatischen (Kloss 1967: 31). Allerdings beschränkt Kloss den Begriff
zunächst in geringerem Maße als Stewart auf polynationale Sprachen, was sich
zum Beispiel daran zeigt, daß er anfangs auch Norwegisch mit seinen beiden
Standardvarietäten „Riksmaal" und „Landsmaal" (so die Terminologie von
Kloss 1967: 33) unter diesen Begriff subsumiert. Erst später verwendet er den
Begriff ebenfalls enger (z.B. Kloss 1978: 66 f.).

In seinen deutschsprachigen Veröffentlichungen gebraucht Kloss (1976:
310–313; 1978: 66f.) zunächst den Terminus „polyzentrische Hochsprache".
Später schlägt er „multizentrisch" anstelle des hybriden Adjektivs „polyzentrisch"
vor, allerdings mit dem einschränkenden Zusatz, daß letzteres inzwischen schon
gängig und daher wohl nicht mehr ohne weiteres eliminierbar sei (Kloss 1978:
67). Er möchte den Terminus multizentrisch für Standardsprachen mit mindestens 3 verschiedenen Standardvarietäten reservieren. Daneben schlägt er noch
die Präfixe „bi- ‚zwei'" und „*pluri*- ‚mehrere' (d.h. mehr als 1)" zur weiteren
Spezifizierung des Adjektivs -*zentrisch* vor (Kloss 1978: 66) – wobei dann offenkundig *pluri*- ‚mehr als 1' ein Hypernym (Oberbegriff) zu *multi*- ‚mehr als 2'
bildet (plurizentrische Sprachen ⊃ multizentrische Sprachen). Damit wird das
Präfix multi- weitgehend überflüssig, was Kloss (1978: 67) selber unausdrücklich
damit unterstreicht, daß er einfach mit dem Präfix *pluri*- weiterarbeitet. Die
Überflüssigkeit des Präfixes *multi*- schwächt auch das wörtlich gleichbedeutende
Präfix *poly*-. Kloss' terminologischer Vorschlag wird später von anderen aufgegriffen, die nun *plurizentrisch* einfach anstelle von *polyzentrisch* in der Bedeutung
von ‚mehr als 1 Zentrum' gebrauchen. Die hybride Bildung scheint neuerdings
allmählich an Boden zu verlieren, und auch ich beschränke mich hier im weiteren
auf die nicht-hybride Version des Terminus *(plurizentrisch)*.

Kloss nähert den Begriff schon eng an seine heute gängige Fassung an, wie
z.B. folgende Formulierung belegt: „Hochsprachen sind besonders dort häufig
plurizentrisch, d.h. weisen mehrere gleichberechtigte Spielarten auf, wo sie die
Amts- und Verwaltungssprache mehrerer größerer unabhängiger Staaten ist [sic!]
(…)" Und er bezieht den Begriff auch schon ausdrücklich auf die deutsche Sprache, ohne allerdings den Unterschied zwischen Staat und Nation zu reflektieren.
So nennt er „Deutsch in BRD, DDR, Schweiz, Österreich" als Beispiel einer solchen
„plurizentrischen Hochsprache". Dabei weist er auf zwei die jeweilige Standardvarietät prägende Faktoren hin, nämlich zum einen auf die „besondere Diktion
der Gesetzgeber und Behörden in den verschiedenen Staaten", und zum andern
auf die „in diesem Lande gesprochenen Mundarten". So weise z.B. „das Schrift-
deutsche in Österreich ganz allgemein Merkmale der baierisch-österreichischen,
in der Schweiz solche der alemannischen Mundarten auf." (Kloss 1978: 67)

Damit sind wesentliche begriffliche Fundamente gelegt und Blickrichtungen
vorgegeben. Insbesondere sind die beiden ganz unterschiedlichen Terminologie-
und Begriffsgruppen eingeführt, die sich um die Begriffe ‚nationale Varietät' und
‚Zentrum einer Sprache' scharen. Beide Gruppen bleiben zunächst noch unver-
bunden. Solchermaßen handhabt z.B. Ingo Reiffenstein (1983) die beiden Termi-

nologie- und Begriffsgruppen, indem er Deutsch zwar ausdrücklich „mit Heinz Kloss (...) als plurizentrische Hochsprache" bezeichnet, aber bestreitet, daß von verschiedenen nationalen Varietäten (bei Reiffenstein auch „nationale Varianten") gesprochen werden könne, was erst zulässig sei, „wenn für bestimmte Varietäten ein eigenes, in sich kohärentes Normensystem kodifiziert wird" (Reiffenstein 1983: 23). Es ist im vorliegenden Zusammenhang weniger wichtig, daß Reiffenstein noch zu so später Zeit – man vergleiche damit etwa schon Riesel (1962)! – dem österreichischen Deutsch den Status einer nationalen Varietät abspricht; bedeutsam ist vielmehr, daß er im Gegensatz zur späteren Entwicklung der Begriffe offenbar keinen definitorischen Zusammenhang zwischen ‚plurizentrischer (Hoch)Sprache' und ‚nationaler Varietät' sieht. Eher scheinen für ihn beide Begriffe sogar disjunkt zu sein. Zumindest kann eine Sprache für ihn plurizentrisch sein, ohne nationale Varietäten aufzuweisen. Vielleicht ist sie für ihn sogar nur dann plurizentrisch, wenn sie (noch) keine nationalen Varietäten aufweist (vgl. auch Reiffenstein 1973; 1975; 1977; 1982; 1987).

Im Gegensatz dazu verbindet der Australier Michael Clyne (1982; 1984; 1985; 1989) beide Gruppen von Termini und begründet damit den heute vorherrschenden wissenschaftlichen Sprachgebrauch (dazu z. B. Dahl-Blumenberg 1987; Domaschnew 1989; von Polenz 1990; Besch 1990; Ammon 1991 b; 1991 c; 1992; Kasper 1992). Für Clyne (1984: 1) ist „German (...) an instance of what Kloss (1978: 66–7) terms a *pluricentric* language, i. e. a language with several national varieties, each with its own norms." Dies wird man kaum anders verstehen können als, daß eine plurizentrische Sprache – per definitionem – mehrere nationale Varietäten besitzt, und zwar genau eine *nationale Varietät* pro *Zentrum*. Mit einer nationalen Varietät ist damit dasselbe gemeint, was man auch eine zentrumsspezifische Varietät nennen könnte. Wenn man sich dabei den erstgenannten Terminus als Ersatz für den letztgenannten denkt, der nie in Gebrauch gekommen ist, sieht man, wie beide Begriffe (‚Zentrum' und ‚nationale Varietät') ineinandergreifen. Umgekehrt kann man beide terminologischen Gruppen auch dadurch zusammenführen, daß man *Zentrum* mit dem Adjektiv *national* spezifiziert *(nationales Zentrum)* oder eventuell sogar einfach durch *Nation* ersetzt.

Wie schon Reiffenstein und Riesel schränkt auch Clyne (1984: 1) den Terminus *nationale Varietät* unverkennbar auf Standardvarietäten ein. So schreibt er über die verschiedenen deutschsprachigen Staaten: „Each nation has its own *standard variety* of German with which its people identify" und knüpft dann terminologisch unmittelbar daran an: „None of the national varieties of German (...)" (Hervorhebung U. A.) Bei flüchtiger Lektüre von Clyne könnte der Eindruck entstehen, als ließe sich synonym mit *nationalen* auch von *staatsspezifischen Varietäten* sprechen. In Wirklichkeit beachtet Clyne jedoch sehr wohl den Unterschied zwischen den Begriffen ‚Nation' und ‚Staat'. Dies zeigt sich einerseits an seiner Diskussion der Frage, die er allerdings wohl tendenziell bejaht, ob die Unterschiede zwischen den damaligen beiden deutschen Staaten ein solches Format erreicht haben, daß man schon von zwei verschiedenen Nationen sprechen kann (Clyne 1984: v. a. 26–31, 40 f.). Andererseits zeigt sich Clynes Begriffsdifferenzierung daran, daß er die Sprachunterschiede zwischen BRD und DDR nicht unter der Überschrift „plurizentrische Sprache" (Clyne 1984: Kap. 1), sondern anschließend gesondert darstellt (Clyne 1984: Kap. 2). Es wäre also unangemessen, bei Clyne *nationale Varietät* einfach im Sinne von ‚staatsspezifischer Varietät' zu verstehen. Ebensowenig ist sein Begriff ‚plurizentrische Sprache' so gemeint.

Beim Bezug auf Nationen bleiben die Begriffe freilich schwieriger zu fassen, als sie es beim Bezug auf Staaten wären, deren Abgrenzung klarer ist (vgl. Kap. A.2.2). – Dennoch will auch ich diesen Bezug der Begriffe auf Nationen im Rahmen der vorliegenden Untersuchung beibehalten.

Angesichts des – wie mir scheint – auch ansonsten vorherrschenden Bezugs auf Nationen in der neueren Geschichte dieses Begriffs fragt man sich, warum dem nicht auch terminologisch deutlicher Rechnung getragen wird. Wäre es nicht konsequent, den undeutlichen Terminus *plurizentrisch* bei entsprechender Bedeutung durch den treffenderen Terminus *plurinational* zu ersetzen und dann statt von *plurizentrischen Sprachen* von *plurinationalen Sprachen* zu sprechen? Das Adjektiv *plurinational* entschlüpft Kloss (1978: 67) gewissermaßen nur, ohne daß er daran festhält. Der Terminus *plurinationale Sprache* ist vor allem auch kompatibel mit der komplementären Terminologie: *nationale Variante* bzw. *nationale Varietät*. In der Tat werde ich in den späteren Teilen diese Buches, wenn nicht mehr hauptsächlich aus der Forschungsgeschichte zitiert wird, zumeist diese Terminologie verwenden. Allerdings ist die völlige Ersetzung der Zentrums-Termini durch Nations-Termini ausgeschlossen. Insbesondere läßt sich der Terminus *Sprachzentrum* keinesfalls einfach durch *Sprachnation* ersetzen, nicht zuletzt deshalb, weil letzterer Terminus durch eine lange Geschichte schon in anderer Bedeutung festgelegt ist. Nur die bereits oben vorgeschlagene Spezifizierung durch ein Adjektiv ist möglich und auch zweckmäßig: *nationales* oder – in anderer Bedeutung – *staatliches* Sprachzentrum. Nach einer systematischeren Analyse der Begriffe in den Kapiteln A.4.1 – A.4.4 wird im vorliegenden Buch dann in Kapitel A.4.5 ein besser fundierter und detaillierterer Vorschlag zur Terminologie unterbreitet.

3.2.2 Empirische Forschung

Weitgehend ohne die bislang erläuterten einschlägigen Begriffe werden die nationalen Varietäten des Deutschen schon seit viel längerer Zeit empirisch erforscht. Ich beschränke mich hier auf eine Skizze der Untersuchungen der österreichischen und der schweizerischen nationalen Varietät. Die nationale Varietät Deutschlands wurde bislang praktisch überhaupt nicht untersucht (vgl. Ammon 1994) – die Untersuchungen der Sprachunterschiede zwischen früherer BRD und DDR liegen auf einer anderen Ebene und zielen keineswegs ab auf die nationale Varietät Deutschlands (vgl. Kap. D.8). Die Besonderheiten der deutschen Sprache in Liechtenstein, Luxemburg, Südtirol, Ostbelgien oder auch andernorts bilden im Grunde Grenzfälle nationaler Varietäten. Ihre Untersuchung ist bislang verhältnismäßig rudimentär geblieben und weist keine längere Forschungstradition auf (vgl. Kap. E).

Viele der älteren Untersuchungen sind in dezidiert sprachpolitischer Absicht geschrieben, für oder gegen die Bewahrung oder Pflege nationaler Sprachbesonderheiten. Beschreibung und Wertung sind daher oft fast untrennbar gekoppelt. Außerdem werden über Erhebungsmethoden und Datenquellen häufig keine oder fast keine Angaben gemacht. Von empirischer Forschung kann man daher meist nur in sehr eingeschränktem Sinn sprechen. In der folgenden Übersicht soll diese Ausrichtung der Texte erkennbar bleiben und ihr empirischer Gehalt nicht übertrieben werden.

Österreich

Eine der frühesten Untersuchungen, die sich eindeutig auf Besonderheiten des österreichischen Standarddeutsch – nicht des Dialekts! – richtet, stammt von Hermann Lewi (1875). Allerdings gibt es diverse Hinweise, daß die Geschichte dieser Besonderheiten viel weiter zurückreicht (vgl. Kap. B.1). Lewis Untersuchung zielt im Grunde darauf ab, die österreichischen standarddeutschen Besonderheiten zu beseitigen, was schon in ihrem Titel zum Ausdruck kommt: *Das österreichische Hochdeutsch. Versuch einer Darstellung seiner hervorstechendsten Fehler und fehlerhaften Eigenthümlichkeiten.* Im Bemühen, die „Fehler" des österreichischen Standarddeutsch zu identifizieren, um ihre Beseitigung zu erleichtern, liefert Lewi wichtige historische Sprachdaten. Ein spezielles Kapitel „Austriacismen" (Lewi 1875: 15–25) mit heute großenteils nicht mehr aktuellen Wörtern, Wortformen und Redensarten enthält auch eine Reihe nach wie vor geltender nationaler Varianten Österreichs, zum Beispiel die Wörter *Obers* ‚Sahne', *Fisolen* ‚grüne Bohnen', die umgelauteten Pluralformen *Krägen, Erlässe, Pölster* und Adjektive mit den umgelauteten Grundwörtern *-färbig, -hältig.* Der größere Teil von Lewis Beispielen besteht freilich aus stilistischen und grammatischen Schnitzern, die nicht spezifisch für Österreich gewesen sein dürften, was im Einzelfall jedoch nur durch eine sorgfältige sprachhistorische Untersuchung festgestellt werden könnte. Erwähnenswert ist auch seine ausgiebige Darstellung dessen, was Karl von Holtei in seinem Roman *Die Eselsfresser* (1861) den „preußischen Ministerial-Rath Eduard" an Austriazismen nennen läßt. Auch darunter finden sich – neben heute ungebräuchlichen und vermutlich zum Teil auch fehlerhaft beobachteten Ausdrücken – einige der heute noch geltenden Besonderheiten des österreichischen Standarddeutsch. Diese Sprachverspottung der Österreicher aus preußischer Sicht wird von Lewi (1875: 38–40) keineswegs zurückgewiesen.

Außerdem bleibt bei Lewi unterbelichtet, daß Holtei die Sprachverspottung als durchaus reziprok darstellt. Die Romanszene nimmt ihren Ausgang von „Streitereien über das Rothwelsch der unterschiedlichen deutschen Bürokratien", die dadurch ausgelöst werden, daß der preußische Ministerial-Rath das Wort „Schematismus" nicht ohne weiteres versteht, dessen Kenntnis seine österreichischen Gesprächspartner voraussetzen. Als preußische Entsprechungen findet er dafür dann „für's Militair nur die ‚Ranglist', für's Civil den ‚Adreßkalender'". Er führt daraufhin gegenüber seinen offenbar süffisanten österreichischen Gesprächspartnern folgende Klage: „Der Preuße – ein Titel, mit welchem Viele hier zu Lande die innigste Abneigung aussprechen – wird in Oesterreich allgemein verhöhnt wegen *mir* und *mich*, wegen häufiger Verwechslung von G und J – ja man begnügt sich nicht damit, sondern schiebt ihm auch noch in die Schuhe, daß er kein K habe und *Jönig* sage." Erst nach dieser Einleitung dreht der preußische Ministerial-Rath dann den Spieß um gegen das österreichische Deutsch und nennt eine lange Liste von in seinen – bzw. offenbar Holteis – Augen typisch österreichischen Sprachfehlern (Holtei 1861, Bd. 3: 103–110). Diese Liste wäre wohl einer genaueren Untersuchung wert, und zwar einerseits daraufhin, inwieweit sie das damalige österreichische Standarddeutsch korrekt wiedergibt, und andererseits daraufhin, inwieweit sie den Vorstellungen davon in der damaligen preußischen oder norddeutschen Bildungsschicht entspricht. Wichtig ist in unserem Zusammenhang, daß Holteis Roman – stärker als Lewi suggeriert – eine beträchtliche Eigenständigkeit des österreichischen Standarddeutsch belegt. Allerdings ist der Roman Holteis vor, Lewis Büchlein dagegen nach Königgrätz und auch der Gründung des Wilhelminischen Reichs verfaßt (vgl. Kap. B.1; vgl. zum Verhältnis der Preußen zu den Österreichern auch Holtei 1992).

Eine verhältnismäßig frühe Darstellung der österreichischen Aussprachebesonderheiten legt im Jahre 1904 der damals noch in Graz (ab 1908 in Wien) lehrende Anglist Karl Luick vor: *Deutsche Lautlehre. Mit besonderer Berücksichtigung der Sprechweise Wiens und der österreichischen Alpenländer.* Luick war zuvor Mitglied des sechsköpfigen Ausschusses, der die Deutsche Bühnenaussprache (Siebs 1898) erarbeitete (vgl. *Siebs* 1969: 9). Auf diese Tätigkeit bezieht er sich im Vorwort zu seinem Buch über die österreichische Aussprache. Er weist insbesondere darauf hin, daß „für die Unterweisung, wie gesprochen werden *soll*, (…) eine genaue Kenntnis, wie wir tatsächlich sprechen, unumgänglich notwendig" sei. Zu diesem Zweck versuche er „die vollständige Beschreibung unserer [der österreichischen! U. A.] gebildeten Umgangssprache" (Luick 1904: V bzw. VII). Allem Anschein nach bewegt er sich dabei auf einer ähnlichen Normebene wie Kretschmer (1918; vgl. Kap. A.3.1). Im Vergleich zu Lewi betont Luick viel selbstbewußter das Recht auf österreichische Sprachbesonderheiten, auch auf der Ebene des Standarddeutschen. Zwar spricht er sich für die Einheitlichkeit des Bühnendeutschen im ganzen deutschen Sprachgebiet aus; für andere Sprachdomänen als die Bühne, zum Beispiel für den belehrenden Vortrag oder die Schulen, empfiehlt er jedoch das Beibehalten regionaler Besonderheiten: „Entfernen wir uns zu weit vom Ortsüblichen, so erscheinen wir affektiert, wohl gar lächerlich". Als Beispiel nennt er die Stimmhaftigkeit der Lenisplosive *b, d, g*, die „im Munde eines Landsmannes gemacht klinge (…)", also künstlich und gezwungen wirke (Luick 1904: 62).

Luicks Buch besteht aus zwei Hauptteilen: einer allgemeinen Darstellung der Phonetik und einer Darstellung der „Deutschen Orthoepie (Aussprachelehre)". In beiden Teilen weist er immer wieder auf österreichische Aussprachebesonderheiten hin. Zwei Beispiele mögen hier genügen. In dem Paragraphen über die Vokaldauer ermahnt er die Österreicher, daß sie bei einer Reihe von Wörtern besonders auf Kürze bzw. Länge des Vokals zu achten hätten, wenn sie sich der Bühnenaussprache annähern wollten. Daraus kann man schließen, daß die übliche Aussprache in Österreich gerade umgekehrt war, nämlich lang, wo Luick zur Vokalkürze, und kurz, wo er zur Vokallänge rät. Wörter, bei denen auf Vokalkürze zu achten sei, sind: *Ball, hell, Schiff, Tisch, Kopf, Sonne, Wanne, Bretter.* Wörter, bei denen er zur Vokallänge ermahnt, sind: *Vater, dramatisch, Jagd, Magd, Rätsel, Pferd, Schwert, Arzt* (…) (Luick 1904: 70) Als besonders verwickelt beschreibt er „die Verhältnisse bei der Nachsilbe *-ig*": „Die Bühnensprache und unsere Dialekte treffen [hier] zufällig zusammen: sie legen uns die Aussprache *weniX* [in heutiger Umschrift ˈveːnɪç! U. A.] nahe, während in unserer Umgangssprache eine Tendenz zu gunsten von *wenik* vorhanden zu sein scheint." Während er die Festlegung für die Bühnenaussprache auf einen Reibelaut nicht in Frage stellt, empfiehlt er speziell für die Schule, sie „möge beim Schreibunterricht vorläufig aus praktischen Gründen den Verschlußlaut gebrauchen, aber im übrigen, insbesondere in der Deklamation, das X nicht befehden." (Luick 1904: 90 f.)

Ein mehrfach abgedruckter Aufsatz von Otto Behaghel (1915/1927) mit dem Titel „Deutsches Deutsch und österreichisches Deutsch" enthält nur dürftige Informationen über österreichische Sprachbesonderheiten – und überhaupt keine Hinweise auf Besonderheiten des deutschen Deutsch. Der Aufsatz mag eher eine gewisse Bedeutsamkeit als Anregung für zukünftige Forschungen gehabt haben, wenngleich sich seine diesbezügliche Wirkung meiner Kenntnis entzieht. Allerdings nennt er richtig einige Ursachen der österreichischen Sprachbesonderheiten und umreißt Beispiele von Wortfeldern mit solchen Besonderheiten. Als Ursachen für die österreichischen Sprachbesonderheiten nennt er die Randlage des Landes (am Rande des geschlossenen deutschen Sprachgebiets), das er in dieser Hinsicht mit der Schweiz und Schleswig-Holstein vergleicht, ferner die umgebenden fremdsprachlichen Kontaktgebiete und die eigene staatliche Verwaltung. Wegen letzterer fänden sich vor allem in der österreichischen Amtssprache viele spezifische Fremdwörter. Auffällig seien auch die vielen österreichischen „Leckerbissen (...) mit italienischen Namen".

Das schmale Buch von Carl F. Hrauda (1948) *Die Sprache des Österreichers,* das kurz vor dem „Anschluß" Österreichs an Nazi-Deutschland verfaßt wurde und schon 1938 druckfertig vorliegt, jedoch aufgrund der Zeitumstände erst zehn Jahre später erscheint, ist ein heftiges Pamphlet gegen alles Preußisch-Deutsche an der deutschen Sprache. Neben der Polemik enthält das Buch aber auch eine Reihe zutreffender Feststellungen über Besonderheiten des österreichischen Deutsch, die Hrauda zugleich nachhaltig als österreichisches Standarddeutsch empfiehlt. Seine Beispiele liegen vor allem im Bereich der Aussprache und des Wortschatzes. So soll auf die Stimmhaftigkeit der Lenisplosive grundsätzlich verzichtet werden, desgleichen auf die Fortis-Aussprache der geschriebenen *b, d, g* im Wortauslaut (Verzicht auf die Auslautverhärtung). Kurzvokale sollen nicht wie im deutschen Deutsch mit größerem Öffnungsgrad als Langvokale gesprochen werden, sondern mit demselben Öffnungsgrad. Am Wortanfang soll geschriebenes *ch* in Fremdwörtern auch vor geschlossenem Vokal als [k] artikuliert werden (*China, Chemie* usw.). (Hrauda 1948: 11-18 passim) Besonders aufschlußreich ist eine beigefügte Liste von – nach Hraudas weitgehend zutreffender Einschätzung – aus Deutschland eingedrungenen Wörtern. Diesen sind die bedeutungsgleichen „österreichisch-hochdeutschen Ausdrücke" beigefügt, für deren Wiedereinführung oder Erhalt der Autor plädiert. Ein Großteil von ihnen gehört in der Tat noch heute zu den Austriazismen (*Nachtmahl* ‚Abendbrot' (Hraudas Gleichsetzung!), *Karfiol* ‚Blumenkohl', *Krenn* (heutige Schreibung: *Kren*) ‚Meerrettich' usw.). (Hrauda 1948: 21–25) Hraudas abwehrende Identifizierung von aus Deutschland eingedrungenen Wörtern ähnelt übrigens schon der Markierung von Wörtern als „binnendeutsch" (wechselnde Kennzeichnung) im späteren *Österreichischen Wörterbuch* [1951] (1990) (vgl. Kap. B.4).

In einer verhältnismäßig kurzen, aber informativen Abhandlung desselben Titels wie Hraudas Büchlein gibt Franz Wollmann (1948) einen ausgewogenen und recht gründlichen Überblick über das österreichische Standarddeutsch. Er stützt sich dabei in beträchtlichem Maße auf Lewi und auf Luick, fügt aber auch eigene Materialien hinzu und setzt sich überdies kritisch mit dem mangelnden österreichischen Sprachstolz beider Autoren auseinander. Besonders ausführlich sind seine Angaben zur sprachlichen Herkunft der Lehn- und Fremdwörter im österreichischen Deutsch. Während er die meisten Besonderheiten des österreichischen Deutsch, die er darstellt, für „in der Schriftsprache" berechtigt hält, nennt er doch abschließend auch eine ganze Reihe von Beispielen, die seiner Auffassung nach als mundartlich oder umgangssprachlich abzulehnen seien (Wollmann 1948: 360 f.). Darunter finden sich auch einzelne Formen, die heute – entgegen Wollmanns Einschätzung – als österreichisches Standarddeutsch akzeptiert werden

(z. B. das Wort *Gefrorenes* ‚Speiseeis'; vgl. *Österreichisches Wörterbuch* 1990: 227, jedoch faktisch veraltet). Wollmanns sorgfältige Darstellung erscheint noch vor der ersten Auflage des *Österreichischen Wörterbuchs* (1951), aufgrund dessen das österreichische Standarddeutsch und seine Erforschung dann auf eine ganz neue Geltungsgrundlage gestellt werden (vgl. zum Begriff ‚Geltung (einer Sprachform)' Kap. A.4.1 und A.4.2).

Nach Erscheinen des *Österreichischen Wörterbuchs* nimmt die Anzahl der Untersuchungen zum österreichischen Standarddeutsch allmählich zu. In den sechziger Jahren erscheinen dann repräsentative Untersuchungen, die bis zum heutigen Tag wichtige Datenquellen bilden. Am umfangreichsten sind die Untersuchungen von Hildegard Rizzo-Baur (1962; Kurzbericht 1963), Lars-Olof Nyhlén (1961), Zdeněk Valta (1974) und Jakob Ebner (1969, Zweitauflage 1980; vgl. auch Ebner 1987; 1988; 1992).

Die Reihenfolge der Nennung entspricht der Chronologie der Entstehung dieser Untersuchungen. Rizzo-Baurs Arbeit lag in einer ersten Fassung schon 1956 als Dissertation in Tübingen vor, und zwar unter dem Titel *Untersuchungen zur Gestalt der deutschen Schriftsprache in Österreich sowie in den deutschen Siedlungsgebieten Südeuropas.* Sie stützt sich auf schriftliches Material, vor allem Zeitungen, aber auch auf das *Österreichische Wörterbuch.* Die Dissertation wurde betreut von Hugo Moser, der als Anreger der empirischen Erforschung der Zentren der deutschen Sprache hier nochmalige Erwähnung verdient (vgl. Kap. A.3.2.1: gegen Anfang, bzw. seine frühen Überblicksdarstellungen Moser 1959 a; b).

Die Untersuchung von Nyhlén (1961) ist unveröffentlicht geblieben und daher bedauerlicherweise kaum zur Kenntnis genommen worden. Sie wurde angeregt von dem Stockholmer Germanisten Gustav Korlén, der sich auch selbst mit der nationalen und staatlichen Sprachdifferenzierung des Deutschen befaßt hat (vgl. Korlén 1967; 1983; *Österreichisches Beiblatt* 1961). Nyhlén legt nicht nur eine ausführliche Liste von österreichischen Besonderheiten in Wortschatz und Grammatik vor, die auf expliziten Kriterien basiert (S. 55), sondern liefert auch einen breiten historischen Abriß der Entwicklung österreichischer Spracheigenheiten seit dem 18. Jahrhundert. Dabei gibt er interessante Hinweise sowohl auf den Umgang der Sprachwissenschaftler mit ihnen als auch auf ihre Verwendung in der belletristischen Prosa.

Auch die noch umfangreichere Untersuchung Valtas blieb unveröffentlicht; sie war schon 1967 fertiggestellt worden (vgl. Valta 1974: 42), wurde jedoch erst 1974 in Prag als Dissertation vorgelegt. Sie ist das Ergebnis von vielfältigen Materialsammlungen seit den 50er Jahren mit dem Schwerpunkt ebenfalls auf Zeitungsanalysen, aber auch der Befragung von Gewährsleuten. Es ist anzunehmen, daß außer den reichhaltigen Arbeiten von Nyhlén und Valta noch andernorts unveröffentlichte Untersuchungen schlummern.

Ebner (1969) kann sich unter anderem auf die Vorarbeiten von Rizzo-Baur und Valta stützen. Im Gegensatz zu ihnen bezieht er – außer Sachliteratur und anderen Quellen – in großem Umfang auch belletristische österreichische Literatur ein. Die Ergebnisse seiner Erhebungen, vermutlich auch diejenigen Rizzo-Baurs, fließen zum Teil wiederum ein in die nachfolgenden Auflagen des *Österreichischen Wörterbuchs.* – An umfassenderen neueren Arbeiten zur österreichischen nationalen Varietät sind ansonsten zu nennen: Gajek (1963), Fenske (1973), Hornung (1973; 1988), Mentrup (1980), Wiesinger (1980 a; 1988 a; b; c),

Ebner (1988), Lipold (1988), Tatzreiter (1988), Rusch (1989), Malygin (1990), Moosmüller (1991), Muhr (1987 b; 1993 b; d), Pacolt (1992), Pollak (1992; 1994 a) und Bürkle (1993 a; im Druck).

Schweiz

Auch in der deutschsprachigen Schweiz gibt es schon gegen Ende des 19. Jahrhunderts gewisse Hinweise in sprachwissenschaftlichen Veröffentlichungen auf Besonderheiten der Standardvarietät – daß diese Besonderheiten selber eine viel weiter zurückreichende Vorgeschichte haben, steht auf einem anderen Blatt (vgl. Kap. C.1). Allerdings sind die Hinweise in der wissenschaftlichen Literatur vor der Jahrhundertwende noch rudimentär. Insbesondere in der Diskussion um die Standardaussprache wird vielfach ziemlich vorbehaltlos der „norddeutschen" Norm, wie sie oft ganz offen genannt wird, das Wort geredet (vgl. z. B. Winteler 1876; Überblick bei Hove 1993: 21-31). Was eventuell als schweizerischer Aussprachestandard betrachtet werden könnte, wird dagegen meist abgelehnt: „[J]enes Zwitterding (...) zwischen Dialekt und gutem Deutsch möchten wir aus unsern Schulen gerne verbannen." (Bosshart 1891: 83)

Zwar finden sich – ähnlich wie in Österreich – Darstellungsansätze zu einer Art schweizerischem Standarddeutsch praktisch immer in Verbindung mit Versuchen, typische „Fehler" bei der Verwendung der deutschen „Schriftsprache" aufzuzeigen und abzubauen. Ansatzweise wird bisweilen aber doch ein Eigenrecht geltend gemacht. Ein Beispiel liefert das Büchlein des in der Schweiz lebenden Deutschen Hugo Blümner (1892) *Zum schweizerischen Schriftdeutsch*, ein Wiederabdruck einer Serie von Feuilletonartikeln der *Neuen Zürcher Zeitung*. Blümners Studien befassen sich ganz überwiegend mit den „Fehlern im schweizerischen Schriftdeutsch". Der Autor betont jedoch auch, daß es „in diesem schweizerischen Schriftdeutsch eine ganze Menge von Besonderheiten" gibt, die keineswegs als fehlerhaft bewertet werden dürften. Im Gegenteil: „Solch gutes altes Vatererbe (...) soll man schützen und verteidigen; und darum ist es nicht bloß Zweck dieses Büchleins, das Fehlerhafte im schweizerischen Schriftdeutsch zusammenzustellen, sondern auch auf dasjenige aufmerksam zu machen, was als gut und alt, wenn es auch dem Fremden anfangs wunderlich und fremdartig erscheinen mag, beibehalten werden (...)" sollte (Blümner 1892: 5 f.). Als Beispiele nennt er die Wörter *(der) Unterbruch* ‚Unterbrechung' oder *(der) Verhaft* ‚Verhaftung' (S. 11). Allerdings geht es ihm nicht darum, die deutschsprachige Schweiz durch diese Besonderheiten in ihrer sprachlichen Eigenständigkeit zu fördern und als eine Art Zentrum der deutschen Sprache zu etablieren. Vielmehr wünscht er sich, daß die trefflichen Schweizer Ausdrücke sich auf das ganze deutsche Sprachgebiet ausbreiten. Sie sollen, „wenn irgend möglich", ihren „Weg über die Grenzen der Schweiz hinaus finden und allgemeines deutsches Spracheigentum werden" (Blümner 1892: 6). Eine solche Entwicklung, die das eigenständige Sprachzentrum letztlich auflösen würde, wird auch in anderen, späteren Untersuchungen immer wieder gewünscht. In die gleiche Richtung weist die ebenfalls schon sehr frühe kurze Darstellung sprachlicher Besonderheiten schweizerischer Autoren von Rudolf Foß (1896).

Erst nach der Jahrhundertwende gewinnt nach und nach die Vorstellung von einer spezifisch schweizerischen Ausprägung des Standarddeutschen Konturen in wissenschaftlichen Darstellungen. Heinrich Stickelbergers Abhandlung

Schweizerdeutsch und Schriftdeutsch (1905) eröffnet die lange Reihe der Untersuchungen, die im Umfeld des im Jahr zuvor, 1904, gegründeten „Deutschschweizerischen Sprachvereins" entstehen (vgl. Kap. C.1; auch Steiger 1944; Baur 1983: 95-97). Der Verein bekennt sich zwar zur Bewahrung des Dialekts (Schwyzertütsch); ein zumindest ebenso wichtiges Ziel ist für ihn jedoch die Sicherung der Zugehörigkeit der „Deutschschweiz" zur deutschen Sprachgemeinschaft. In Krisenzeiten wird dies gelegentlich besonders deutlich formuliert, wie z. B. – unter dem Eindruck der Distanzierung der Schweiz von der deutschen Sprachgemeinschaft unmittelbar nach dem Ersten Weltkrieg – in Eduard Blochers Schrift *Hochdeutsch als unsere Muttersprache* (1919: 16): „[D]ie Mundart ist zur Not zu entbehren, die Gemeinsprache [= Standarddeutsch! U. A.] nicht." Die Not der Wahl ist hier freilich nur hypothetisch; in der Wirklichkeit bleiben die Bewahrung des Dialekts und das Festhalten am Standarddeutschen weitgehend vereinbar. Das Bemühen um Verbindung von beidem, bei besonderer Hochschätzung des Standarddeutschen, trägt sicher dazu bei, daß sich allmählich die Vorstellung und sogar die Zielsetzung einer Schweizer nationalen Varietät des Standarddeutschen herausbildet.

Stickelberger folgt in seinem Engagement für die Erhaltung des schweizerdeutschen Dialekts illustren Zeitgenossen wie Otto von Greyerz oder Ernst Tappolet. Im Einklang mit ihnen und anderen Zeitgenossen rät er den Schweizern jedoch zugleich, am Standarddeutschen festzuhalten, um die kulturelle und sprachliche „Vereinsamung" zu vermeiden, wie er sie im Falle von „Holland und Flandern" annimmt (Stickelberger 1905: 30 f.). Er liefert damit ein Beispiel für die später immer wieder diskutierte These von der Tendenz der Schweiz zur „Hollandisierung" (vgl. Haas 1986).

Es wird in dieser Abhandlung nicht ohne weiteres klar, ob Stickelberger eine besondere schweizerische Varietät des Standarddeutschen befürwortet. Er scheint dies im Anschluß an Otto von Greyerz (1892; 1900) eher abzulehnen, indem er die „Reinheit" sowohl von „Schriftsprache" als auch „Mundart" fordert. Daß Stickelberger jedoch von der Existenz schweizerischer Standardbesonderheiten ausgeht, steht außer Zweifel; dies verrät schon der von ihm verwendete Terminus „Schweizerhochdeutsch", der übrigens um diese Zeit zunehmend gängig wird (vgl. auch den Titel von Stickelberger 1914). Außerdem pflichtet er den im gleichen Jahr in der *Schweizerischen Lehrerzeitung* erschienenen Ausführungen von H. Wissler (1905: v. a. 343 f.) bei, der „nicht unsere Alemannen [sprachlich, vor allem in der Aussprache! U. A.] zu Berlinern machen will, sondern mässige Forderungen stellt und diese je nach Bildungsgrad und den Bedürfnissen abstuft." (Stickelberger 1905: 35 f.) Diese Andeutung, die sich übrigens ähnlich auch andernorts findet, kann zwar so verstanden werden, daß die schweizerischen Sprachbesonderheiten, wie sie das Schweizerhochdeutsche kennzeichnen, nur ein Zugeständnis an die weniger gebildeten Schweizer seien; sie dürfte jedoch nicht so gemeint gewesen sein. Spezifische Sprachformen des Schweizerhochdeutschen nennt Stickelberger übrigens in dieser Abhandlung noch nicht.

Julius Leumann (1905) stellt in seiner Untersuchung *Die Aussprache des Deutschen* seine Auffassung zum Schweizerhochdeutschen schon im Vorwort klar: „In der Behandlung des Stoffes habe ich selbstverständlich eine vermittelnde Stellung eingenommen. Wir Schweizer müssen einerseits auf viele mundartliche Eigentümlichkeiten verzichten, andererseits aber wird niemand von uns verlangen, daß wir deutsch reden wie ein Berliner oder Hannoveraner." Im weiteren entwickelt er dann allerdings Gedanken, die an Stickelbergers Anspielung an unterschiedliche Bildungsgrade erinnern, aber eindeutiger sind. Leumann (1905: 4) unterscheidet ausdrücklich zwischen „höheren Lehranstalten wie Gymnasien, Industrieschulen und Universitäten" auf der einen Seite, welche „die gute deutsche Aussprache zu pflegen" hätten, und den „Volksschulen" auf der anderen Seite, bei denen man „ohne Konzessionen nicht wegkommen" wird. Als Beispiele solcher Konzessionen nennt er unter anderem den Verzicht auf die „stimmhafte Aussprache des *b d g*" oder auf ein „kurzes offenes *e*, wo wir geschlossenes haben" (Leumann 1905: 5 f.).

An anderen Stellen seines Textes gewinnt man allerdings den Eindruck, daß er schweizerische Aussprachebesonderheiten nicht nur für weniger Gebildete bzw. die Volksschule, sondern durchaus generell beibehalten möchte. So führt er zum Beispiel unter den „weichen Verschlusslaute[n] b d g" folgendes aus: „Diese Laute sind auf süddeutschem Sprachgebiet immer stimmlos, im Norddeutschen aber stimmhaft. Da der Unterschied zwischen stimmhaftem und stimmlosem b d g nicht sehr groß ist, genügt es für die Schule, die weiche Aussprache zu pflegen." (Leumann 1905: 39) Offenbar bezieht sich diese Empfehlung auf alle Arten von Schulen, nicht nur die Volksschulen, und damit letztlich auch auf die Standardaussprache aller Bevölkerungsschichten der deutschsprachigen Schweiz. Es fällt freilich auf, daß in der zitierten Passage die Schweiz ausdrücklich mit Süddeutschland zusammen gesehen wird. Im Grunde findet man im ganzen Buch keine spezifisch schweizerischen, von Süddeutschland klar abgehobenen Besonderheiten der „korrekten" Aussprache des Deutschen in der Schweiz.

Dies sieht anders aus in einer wenige Jahre später veröffentlichten Abhandlung Stickelbergers zum gleichen Thema *Die Aussprache des Hochdeutschen* (1911), der schon im Jahr darauf die Zweitauflage folgt. Gemeint ist hier unzweifelhaft das Hochdeutsche in der Schweiz, auf dessen Eigenart Stickelberger nun auch ausdrücklich insistiert: „Wir brauchen in der Aussprache nicht jede schweizerische und selbst jede örtliche Eigenart abzulegen (...)" Erhalten bleiben sollen vielmehr die stimmlose Aussprache der weichen Plosiv- und Reibelaute, die plosive Aussprache des Suffixes -<ig> (z.B. in *König*), die unbehauchte Aussprache geschriebener b, d, g am Wortende und die spezifisch schweizerische Wortbetonung, vor allem die Anfangssilbenbètonung in Lehnwörtern wie *Kaffee, Papagei* und anderen (Stickelberger 1911: 3, 5, 11, 13, 20).

In einer weit umfangreicheren Darstellung mit dem Titel *Schweizerhochdeutsch und reines Hochdeutsch* (1914), die – wie der Untertitel besagt – als „Ratgeber in Zweifelsfällen bei Handhabung der neuhochdeutschen Schriftsprache" dienen soll, befaßt sich Stickelberger dann mit der Grammatik, dem Wortschatz und Stilfragen. Er warnt zwar im Vorwort vor mißverständlicher und mundartlicher Ausdrucksweise, möchte aber doch, daß „wir uns des bißchen Buntheit" erfreuen und „nicht das Norddeutsche als einzige Richtschnur anerkennen" (S. 5 f.). Er bietet im Hinblick darauf als praktische Hilfestellung Listen von „schweizerhochdeutschen Ausdrücken" und „schweizerdeutschen Redensarten" und sogar von zu vermeidenden „norddeutschen Einflüssen" an (Stickelberger 1914: 69–77 bzw. 102–109). So sollen die Schweizer z.B. lieber *Scheuer* statt *Scheune, Haber* statt *Hafer, fegen* statt *scheuern, umfallen* statt *hinfallen* oder *den Rückweg finden* statt *zurückfinden* verwenden. Diese wenigen Beispiele aus Stickelbergers viel ausführlicherer Liste verraten dem/r sachkundigen Leser/in schon, daß sich hier teils Ausdrücke finden, die noch heute Besonderheiten des

Schweizerhochdeutschen sind, und teils solche, für die das nicht gilt. Insofern bietet sich Stickelbergers Sammlung geradezu an für einen historischen Vergleich mit dem heutigen Schweizerhochdeutschen, der dessen Entwicklung – wenigstens ausschnittweise – erhellen könnte.

In der Untersuchung über den *Wortschatz schweizerischer Schriftsteller des 18. und 19. Jahrhunderts* von Eugen Frühe (1913) kommt ein weniger entwickeltes Bewußtsein von einem eigenständigen Schweizer Zentrum der deutschen Sprache zum Ausdruck. Der Autor betont, daß in den Auseinandersetzungen um die Vorherrschaft der „meißnisch-obersächsischen Sprache" die Schweizer Schriftsteller ihre Widerstände allmählich aufgegeben und sich angepaßt hätten. Die Ausgangsfrage seiner Untersuchung lautet dann, ob ihnen die Anpassung „in vollem Maße gelungen ist, oder ob nicht vielmehr bis heute das Schweizerdeutsch vor allem durch die Eigenart seines Wortschatzes eine eigene Stellung einnimmt" (Frühe 1913: 6). Zwar kommt Frühe dann zu der Auffassung, daß die vielen Sprachbesonderheiten der deutschschweizerischen Autoren, die er feststellt, nicht einfach als Unvermögen zu verstehen seien, sondern als Ausdruck der „plastischen Fülle, der Kraft, der Anmut unserer Idiome" (Frühe 1913: 83). Es bleibt jedoch offen, ob er sie als schweizerische Besonderheiten des Standarddeutschen bewahrt oder lieber – ähnlich wie Blümner (1892) – in den gemeindeutschen Standard integriert wissen möchte, womit einem eigenen Sprachzentrum Schweiz der Boden entzogen wäre.

In einer genau dokumentierten Untersuchung stellt Alfred Götze (1918a) Besonderheiten *Aus dem deutschen Wortschatz schweizerischer Zeitungen* dar (vgl. auch Götze 1918b). Obwohl nicht immer deutlich wird, ob er die dargestellten Besonderheiten als dialektal oder nur als dem Dialekt entstammend aber standardsprachlich bewertet, läuft die Quintessenz seiner Aussagen auf die Anerkennung der deutschsprachigen Schweiz als eigenständiges Zentrum der deutschen Sprache hinaus – wenn auch natürlich ohne jede Verwendung der heutigen Sprachzentrums-Terminologie. So schreibt Götze (1918a: 425) beispielsweise im zusammenfassenden letzten Abschnitt seiner Abhandlung: „Mit dem politischen Leben der Schweiz ist auch ihr Sprachleben eigene Wege gegangen, die es von dem des Reichs unverkennbar weit abgeführt haben. Jedes geschichtliche Erlebnis, das die Staaten in sich fester fügt, wird sie zugleich auch sprachlich stärker voneinander scheiden." An Besonderheiten des Schweizer Zeitungsdeutsch nennt Götze auch Ausdrücke aus der Amts- und Fachsprache. Daß er dennoch die Besonderheiten des schweizerischen Zeitungsdeutsch anders einordnet, als dies die moderne Sprachzentrumsforschung tut, wird daran deutlich, daß er gleichzeitig auf Sprachbesonderheiten in Baden hinweist, die für ihn offenbar auf der gleichen Ebene liegen wie diejenigen der deutschsprachigen Schweiz (Götze 1918a: 415f.). Thematisch verwandt (Zeitungsdeutsch) und auch ansonsten in mancher Hinsicht ähnlich ausgerichtet ist die spätere Untersuchung von Wilhelm Orthner (1936).

Die vom Titel her vielversprechende Studie von Jakob Hugentobler (1920) *Zur schweizerdeutschen Amtssprache* enthält kaum schweizerische Sprachbesonderheiten. Wenn man absieht von der Themenbegrenzung der Untersuchung, so bringt diese auch nirgendwo deutlich die Auffassung zum Ausdruck, bei der Schweiz handele es sich um ein eigenständiges Zentrum der deutschen Sprache. Anhand der Jahrgänge 1912 und 1913 des *Bundesblattes der schweizerischen Eidgenossenschaft* werden vor allem stilistische Besonderheiten des Amtsdeutschen dargestellt, die man so oder ähnlich sicher auch andernorts im deutschen Sprachgebiet gefunden hätte.

Auch andere vom Titel her potentiell einschlägige Abhandlungen enthalten inhaltlich kaum Nennenswertes zu unserem Thema. Bei dem Büchlein von Samuel Singer (1928) *Schweizerdeutsch* ist es freilich aufgrund des Titels nicht überraschend, daß es – abgesehen von einigen Andeutungen zu Besonderheiten des schweizerischen „Hochdeutschen" – nur die Schweizer Dialekte behandelt. Mit *Schweizerdeutsch* sind schon damals nicht – wie man denken könnte – die verschiedenen Ausprägungen der deutschen Sprache in der Schweiz gemeint, sondern nur das Schwyzertütsche, also die deutschen Dialekte in der Schweiz. Allerdings ist es nicht abwegig unter entsprechenden Titeln wenigstens nebenbei mit Hinweisen auf das Schweizerhochdeutsche zu rechnen.

In der Abhandlung von August Steiger (1924) *Was können wir für unser Schweizerdeutsch tun?* wird, ähnlich wie schon bei Stickelberger (1905) und andernorts, befürwortet, daß die Schweiz sowohl den Dialekt als auch „unsere gemeindeutsche Schriftsprache" bewahrt, und zwar jeweils in möglichst reiner Form. Von einer besonderen schweizerischen Ausprägung des Standarddeutschen ist jedoch nicht die Rede. Die Schrift Steigers steht schon damals unverkennbar unter dem Eindruck, daß es in der Schweiz nun – umgekehrt als in der Zeit vor dem Ersten Weltkrieg – gilt, „die gemeindeutsche Schriftsprache" gegen den um sich greifenden Dialekt zu verteidigen. Als wichtiges Argument zugunsten dieses Bestrebens führt Steiger ins Feld, daß nicht nur der Dialekt, sondern auch „Hochdeutsch als unsere [der deutschsprachigen Schweizer! U. A.] Muttersprache" anzuerkennen und zu verteidigen sei. (Steiger 1924: v.a. 27f.) Ein eigenständiges Schweizerhochdeutsch, das – ergänzend zum Dialekt – zur Befriedigung nationalsprachlicher Bedürfnisse der deutschsprachigen Schweizer hätte dienen können, scheint damals für Steiger kein Thema gewesen zu sein.

Eine veränderte Sicht der Dinge vertritt Steiger dann jedoch in seiner späteren Studie *Schweizerisches Wortgut im Duden* (1941). Hintergrund ist die Bitte des Bibliographischen Instituts in Leipzig an den Deutschschweizerischen Sprachverein, für die nächste Auflage des Rechtschreib-Dudens die schweizerischen Wortschatzbesonderheiten zusammenzustellen. Steiger als Vereinsobmann ist federführend bei dieser Aufgabe (vgl. Kap. C.1 und D.4). Vor diesem Hintergrund geht er von der Feststellung aus, daß der *Duden* seit je „[s]ehr gastfreundlich (...) gegen unsere schweizerische Mundart" gewesen sei, indem er zahlreiche Wörter aufgenommen habe, „die wir als mehr oder weniger mundartlich empfinden". Der Effekt sei folgender: „Sobald ein Wort (...) einmal, wenn auch als im engern oder weitern Sinne mundartlich, im Duden steht, genießt es damit eine gewisse *Anerkennung seiner Gültigkeit,* wenigstens für das angegebene Gebiet; Schreiber und Drucker wagen es eher zu bringen." Darin sieht Steiger zunächst einmal weniger die Chance einer Stärkung der Schweiz als eigenes Zentrum der deutschen Sprache als die der Ausbreitung der schweizerischen Ausdrücke auf das gesamte deutsche Sprachgebiet. Durch die Aufnahme eines Wortes in den *Duden* und die dadurch ermutigte Verwendung „in schweizerischen Zeitungen und Büchern" sei „die Möglichkeit geschaffen, daß es – in ruhigeren Zeiten wenigstens, wo der geistige Austausch hoffentlich wieder lebhafter wird als heute – in den gemeindeutschen Wortschatz übergeht, wie seinerzeit die Wörter Abbild, anstellig, Heimweh, kernhaft, Machenschaften, staunen, Unbill und andere, aus denen heute niemand mehr einen mundartlichen Klang heraushört, aus der

Schweiz gekommen sind. So können wir auch durch den Duden zur Bereicherung des deutschen Wortschatzes beitragen und uns auch auf diesem Wege gebend am deutschen Sprachleben beteiligen." (Steiger 1941: 65 f.)

Neben dieser Aussicht, die in die Richtung der Aufhebung des eigenständigen Sprachzentrums geht (vgl. schon Blümner 1892), betont Steiger jedoch jetzt auch ausdrücklich das Recht der deutschsprachigen Schweiz auf sprachliche Besonderheiten. Zwar weist er sie im grammatischen Bereich zurück: „Im Wortschatz aber dürfen wir gewisse Sonderrechte behalten und brauchen uns nicht zu scheuen, neben Butter und Rahm bei Gelegenheit auch Anken und Nidel zu erwähnen und von Pflüder, Fadenschlag, Hosenlupf und Vetterliwirtschaft zu sprechen. Wir dürfen das vor allem, wenn wir für deutsch-schweizerische Leser schreiben oder zu ihnen hochdeutsch sprechen, aber auch dann, wenn wir über die Grenze hinaus schreiben, sobald uns ein deutsch-schweizerisches Wort aus einem *guten Grunde* (wozu die bloße Bequemlichkeit freilich nicht gehört!) besser paßt als das gemeindeutsche." (Steiger 1941: 67 f.) Steigers Abhandlung enthält einen reichen Schatz an schweizerischen Wortbeispielen.

Außerdem finden sich in ihr zahlreiche für die Sprachzentrumsforschung anregende Einzelbeobachtungen, wie zum Beispiel, daß manche Wörter nur von außen, aber nicht von den Schweizern selber als charakteristisch für die Schweiz eingestuft werden: „Ein Wort wie ‚äufnen' empfinden wir nicht als schweizerisch, wohl aber fällt es dem Reichsdeutschen als schweizerisch auf." (Steiger 1941: 68) Diese Abhandlung stellt daher durchaus einen wichtigen Beitrag auch zur empirischen Erforschung des Sprachzentrums deutschsprachige Schweiz dar.

In noch stärkerem Maße gilt das für die nach dem Zweiten Weltkrieg erschienene Untersuchung von Hannes Maeder (1948) mit dem Titel *Kurze Charakteristik des „Schweizerhochdeutschen"*. Der Schlüsselterminus im Titel wird folgendermaßen erläutert: „Wir können den Begriff Schweizerhochdeutsch (Schwhd.) weiter und enger fassen. *Schweizerhochdeutsch i.w.S. wären dann alle Ausdrücke, die das in der Schweiz gesprochene Hochdeutsch vom Reichshochdeutschen unterscheiden.*" „Um den engeren Begriff des Schwhd. zu gewinnen, schalten wir *alle Ausdrücke aus, die der Schweizer selbst als mundartlich empfindet.*" (Maeder 1948: 4; Hervorhebung im Original) Maeder besteht auch in der Aussprache auf Besonderheiten des Schweizerhochdeutschen. Als Beispiele der schweizerhochdeutschen Aussprachebesonderheiten nennt er das Fehlen folgender Merkmale: aller „stimmhaften Mediae", des stimmhaften s (vgl. schon Stickelberger 1911), aller „aspirierten Tenues" und des „harte[n] Vokaleinsatz[es] mit Glottisschlag" (Maeder 1948: 5). Nur in der „Formenlehre" spricht er den Schweizern ein Eigenrecht ab, wie zuvor auch Steiger (1941); Abweichungen vom „Reichshochdeutschen" sind hier auch für ihn schlicht fehlerhaft. Für die Syntax im engeren Sinn läßt er die Frage berechtigter schweizerischer Sonderformen letztlich offen (Maeder 1948: 10 f.). Die meisten Besonderheiten sieht auch er naheliegenderweise im Wortschatz, für den er eine große Zahl von Beispielen nennt (Maeder 1948: 6–10).

Die polemische Schrift von K[arl] E. Rotzler (1949) *Dudens Schreib- und Sprachdummheiten* unterbreitet einen sehr detaillierten Korrekturvorschlag zur Ausgabe des Rechtschreib-Dudens von 1942 (unveränderter Nachdruck 1944), und zwar speziell aus schweizerischer Sicht. Rotzlers (1949: 41-155) Wörterverzeichnis enthält zahlreiche selbstbewußt vorgetragene Korrekturen des *Dudens*, bei denen sich der Autor auf den gängigen Schriftsprachgebrauch in der Schweiz beruft. Zwei Beispiele aus der großen Fülle müssen hier genügen: „*Panaschee* Das schweizerische ‚panaschieren' lassen wir gelten; aber für Panaschee [...] haben wir kein Verständnis (...) *Panaché* ". Oder: „*Pensee* (Stiefmütterchen) (...). Da man das Wort nicht deutsch spricht, soll man es auch französisch schreiben (...) *Pensée* ". (Rotzler 1949: 105) Bemerkenswert ist vor allem, daß hier Korrekturen der Rechtschreibung vorgeschlagen werden. Diese Vorschläge werden im Grunde mit spezifischen Rechtschreibgepflogenheiten in der Schweiz begründet, denn nach Rotzler (1949: 3) „war in erster Linie der schweizerische Sprachgebrauch maßgebend". Dieser auf die Rechtschreibung abzielende Vorstoß hat jedoch keine nennenswerte Nachwirkung gehabt; die deutschsprachige Schweiz hat in der Rechtschreibung keinen Sonderweg eingeschlagen, abgesehen von verhältnismäßig wenigen Sonderformen und dem Verzicht auf den Buchstaben ß (vgl. Kap. C.3.2).

Die späteren Arbeiten zum Schweizerhochdeutschen sind schon so aktuell, daß sie noch heute mehr oder weniger Geltung besitzen. In gewisser Weise ist auch die von Bruno Boesch (1957 a) herausgegebene Schrift *Die Aussprache des Hochdeutschen in der Schweiz. Eine Wegleitung* eine empirische Untersuchung, indem sie sich auf die beobachtete Aussprache stützt, um dann allerdings normativ Ausspracheempfehlungen auszusprechen (vgl. auch Boesch 1956; 1957b). An Arbeiten zur Aussprache des Schweizerhochdeutschen folgen Panizzolo (1982) sowie jüngst Hove (1993, unveröffentlicht) und vor allem Hofmüller-Schenck (1995). Besonders materialreich ist die Untersuchung von Stephan Kaiser (1969/70) *Die Besonderheiten der deutschen Schriftsprache in der Schweiz* (vgl. auch Kaiser 1971). Die Arbeiten Kaisers werden an Format nur noch übertroffen durch die erst vor kurzem veröffentlichte Arbeit von Kurt Meyer (1989) *Wie sagt man in der Schweiz? Wörterbuch der schweizerischen Besonderheiten.*

Im Zusammenhang mit dieser Arbeit Meyers ist darauf hinzuweisen, daß es offizielle normative Wörterbücher für die deutschsprachige Schweiz, etwa von der Art des *Österreichischen Wörterbuchs*, nicht gibt (vgl. Kap. C.2). Allerdings sind die folgenden beiden dem *Österreichischen Wörterbuch* in der äußeren Form ähnlichen, aber schmäleren Schweizer Wörterbücher keineswegs nur empirische Beschreibungen des gängigen Wortschatzes. Sie sind von ihren Autoren/innen nicht nur normativ intendiert, sondern werden – obwohl es sich um private Initiativen, nicht solche staatlicher Institutionen handelt – in den Schulen der deutschsprachigen Schweiz auch in beträchtlichem Umfang als Nachschlagewerke verwendet. Es handelt sich um den *Schweizer Schülerduden 1, 2* [1969] (1980; 1976) und um das Wörterbuch *Unser Wortschatz* (Bigler u.a. 1987). – An sonstigen neueren Arbeiten zum Schweizerhochdeutschen bzw. an Forschungsüberblicken dazu sind zu nennen Müller-Marzahl (1961/62); Gajek (1963); Falk (1965); Bänziger (1970); Fenske (1973); Kühn (1980); Haas (1982b); Rupp (1983a; b) und Meyer (1994).

4 Präzisierung des Begriffsfeldes ‚nationale Varietät‘ und ‚Sprachzentrum‘

4.1 ‚Variante‘ und ‚Varietät‘, ‚nationale Variante/Varietät‘

Das forschungsgeschichtliche Kapitel A.3.2.1 hat unter anderem gezeigt, wie für den Gegenstand der vorliegenden Untersuchung zwei ganz verschiedenartige Gruppen von Termini entstanden sind, die nicht ohne weiteres zusammenpassen: *nationale Variante* (auch *Nationalvariante*) und *nationale Varietät* (auch *Nationalvarietät*) auf der einen Seite und *Sprachzentrum/Zentrum einer Sprache* sowie *plurizentrische Sprache* auf der anderen Seite. Sie müssen nun für die weitere Anwendung in den späteren Kapiteln des vorliegenden Buches präzisiert und in ihrer Bedeutung festgelegt werden. Beim terminologischen Paar *nationale Variante (einer Sprache)* und *nationale Varietät (einer Sprache)* erweisen sich bei näherer Betrachtung alle Komponenten als erläuterungsbedürftig: das in beiden Fällen identische Adjektiv *(national)*, das Paar einander ähnlicher Substantive *(Variante/ Varietät)* und das jeweils in Klammern beigefügte genetivische Attribut *(einer Sprache)*. Sie werden auch jeweils sowohl von Fachleuten als auch von Laien in teilweise unterschiedlichen Bedeutungen verwendet.

Zur besseren Klärung des Substantivpaars *Variante – Varietät*, dem ich mich zunächst zuwende, dürfte ein kleiner Gedankenausflug zum Begriff ‚sprachliche Variable‘ beitragen. Dieser Begriff spielt ansonsten im vorliegenden Buch nur eine geringe Rolle; jedoch wird gelegentlich auf ihn Bezug genommen. (In gleicher Bedeutung ist in der Fachliteratur auch die Rede von *linguistischen Variablen,* wobei – vermutlich beeinflußt durch den Sprachgebrauch im Englischen – statt auf das Objekt wissenschaftlicher Analyse auf die zuständige Disziplin Bezug genommen wird.) Sprachliche Variablen können, wie alle Variablen (im Sinne der Mathematik), verschiedene Werte annehmen. Diese Werte sind nichts anderes als sprachliche Varianten.

Nehmen wir ein Beispiel aus unserem Gegenstandsbereich: Die Variable, die man ‚APRIKOSE‘ nennen kann, nimmt als Werte die beiden Varianten *Aprikose* und *Marille* an. Die erste Variante gilt in Deutschland und in der Schweiz, die zweite in Österreich. Man beachte die unterschiedliche Schreibweise: die Variable ist mit Großbuchstaben, die beiden Varianten sind mit Kleinbuchstaben geschrieben. Diese unterschiedliche Schreibweise soll verhindern, daß die (abstraktere) Variable mit einer ihrer (konkreteren) Varianten verwechselt wird. Die Schreibung mit verschiedenen Buchstaben macht den Unterschied deutlich genug, und sie drückt die Menge-Element-Beziehung zwischen Variable und Variante (in Übereinstimmung mit mathematischen Schreibkonventionen) angemessen aus. Andere Unterschiede in unserer Schreibweise von Variablen und Varianten entsprechen den linguistischen Konventionen: Bedeutungsangaben stehen zwischen einfachen Anführungszeichen, und sprachliche Ausdrücke werden kursiv geschrieben.

Auf welcher Grundlage werden Varianten zu solchen Variablen zusammengefaßt? Was bildet dabei das tertium comparationis, das bei der Variation gleichbleibt, also allen Varianten (Werten) ein und derselben Variablen zugrundeliegt? Im obigen Beispiel ist es die bei allen Varianten gleichbleibende Bedeutung. Es kann aber auch der gleichbleibende Ausdruck sein. Ein Beispiel hierfür ist die Variable, die man *STEIGERUNG* nennen kann. Ihre Varianten (Werte) sind die beiden Bedeutungen ‚Steigerung' und ‚Versteigerung', die dieser Ausdruck annimmt. Und zwar gilt die erstgenannte Bedeutung in Deutschland und Österreich und die zweitgenannte in der Schweiz. (Daß daneben auch in der Schweiz die Bedeutung ‚Steigerung' gilt, kann im Moment, wo es nur um die Veranschaulichung eines allgemeineren Problems geht, vernachlässigt werden; und ganz außerhalb der fraglichen Variablen liegt die Tatsache, daß in der Schweiz auch der Ausdruck *Versteigerung* für die Bedeutung ‚Versteigerung' gilt.) Man beachte die andere Schreibweise bei dieser durch den gleichbleibenden Ausdruck zusammengehaltenen Variablen. Es darf schon an dieser Stelle darauf hingewiesen werden, daß die Variablen mit gleichbleibender Bedeutung und variierendem Ausdruck eine größere Rolle in den späteren Kapiteln spielen als die Variablen mit gleichbleibendem Ausdruck und variierender Bedeutung (vgl. dazu auch Kap. A.5).

Man kann die Variablen mit gleichbleibender Bedeutung und variierendem Ausdruck auch *onomasiologisch* und die Variablen mit gleichbleibendem Ausdruck und variierender Bedeutung *semasiologisch* nennen, entsprechend der Blickrichtung, aus der sie konstituiert sind. Die Onomasiologie ist diejenige semantische Disziplin, die von den Bedeutungen (ursprünglich von den Sachen) ausgeht und nach den ihnen entsprechenden sprachlichen Ausdrücken fragt. Die Semasiologie setzt dagegen umgekehrt bei den sprachlichen Ausdrücken an und fragt nach deren Bedeutungen. Im Grunde modelliert die Onomasiologie den aktiven Sprachbenutzer (Sprecher, Schreiber), der für gegebene Bedeutungen die passenden Ausdrücke sucht, und die Semasiologie den passiven Sprachbenutzer (Hörer, Leser), der gegebenen Ausdrücken die passenden Bedeutungen zuzuordnen hat. Onomasiologische Variablen werden dementsprechend durch die gleichbleibende Bedeutung gebildet, semasiologische Variablen durch den gleichbleibenden Ausdruck. Von dieser Grundlage oder diesem Ausgangspunkt aus richtet sich der Blick dann auf die variierenden Ausdrücke bzw. die variierenden Bedeutungen.

Onomasiologischen Variablen liegt die Annahme zugrunde, die Varianten einer Variablen seien synonym. Dies ist in der sprachlichen Wirklichkeit meist nur näherungsweise der Fall und wegen der Unschärfe der Bedeutungen in „natürlichen" Sprachen (vgl. Rieger 1984) zudem kaum nachweisbar, zumindest nicht streng. Das Problem wird durch Abbildung 2 veranschaulicht.

Kleine Bedeutungsdivergenzen zeigen sich oft in unterschiedlichen Kollokationen, in der Kombinierbarkeit mit anderen Wörtern. Bislang scheint kein brauchbares Kriterium für die Größe der zulässigen Bedeutungsdivergenzen zwischen den Varianten einer sprachlichen (onomasiologischen) Variablen gefunden zu sein. Daher bleibt die Variablenbildung letztlich Ermessenssache. Allerdings ist jede einzelne Entscheidung an den vorliegenden Variablen abzulesen. Nach einer unter Linguisten gängigen Unterscheidung ist die Variablenbildung vorstrukturalistisch, „atomistisch", indem sie die Varianten isoliert aufeinander bezieht. Daß die solchermaßen gebildeten Varianten nicht nahtlos aufeinanderpassen, ist für strukturalistische, in Systembegriffen denkende Linguisten keine Überraschung. Von ihrer Seite wird sogar eher die Auffassung vertreten, daß solche Varianten grundsätzlich nicht synonym sein können. (Vgl. zur linguistischen Variablentheorie des näheren Klein 1974; Lieb 1993)

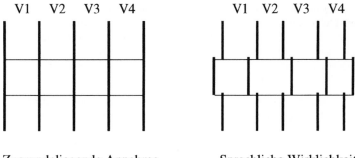

Zugrundeliegende Annahme   Sprachliche Wirklichkeit

Abb. 2: Idealisierende Annahme bei der Bildung von sprachlichen Variablen (V1 bis V4)

Als Exkurs sei allerdings hinzugefügt, daß manches dafür spricht, daß die Systembildung der strukturalistischen Sprachwissenschaft, welchen Zuschnitts auch immer, eine ganz analoge Idealisierung beinhaltet. Diese Idealisierung, die in Abbildung 2 noch ohne jede Skepsis nachvollzogen ist, wird in Abbildung 3 problematisiert. Vor allem die Kreolistik (Erforschung von Pidgin- und Kreolsprachen) hat gezeigt, daß die sprachlichen (oder linguistischen) „Systeme" (in Abbildung 3: S1, S2, S3) in der sprachlichen Wirklichkeit keineswegs so säuberlich getrennt sind, wie die meisten strukturalistischen Sprachbeschreibungen dies nahelegen oder voraussetzen, sondern daß sie sogar bei ein und demselben Individuum teilweise ineinanderfließen. Sprachbeschreibungen idealisieren also zumeist in beiden Richtungen: variablenbezogen in „vertikaler" Richtung und systembezogen in „horizontaler" Richtung – eine gängige bildhafte Ausdrucksweise, an der auch unsere Abbildung der beiden Dimensionen orientiert ist. Nach den beiden unterschiedlichen Dimensionen läßt sich, wie es scheint, auch ein grundsätzlicher Unterschied zwischen Variationslinguistik und kontrastiver Linguistik angeben: erstere ist atomistisch und letztere systembezogen (Betrachtung einzelner sprachlicher Variablen versus sprachlicher Systeme).

Doch zurück zu den spezifischen Problemen bei der Bildung und Darstellung sprachlicher Variablen! Eine weitere Schwierigkeit bildet die Sprachwahl für

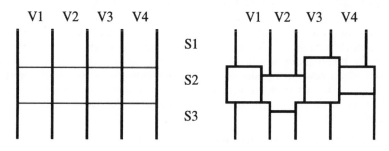

Zugrundeliegende Annahmen   Sprachliche Wirklichkeit

Abb. 3: Idealisierende Annahmen bei der Bildung von sprachlichen Variablen (V1 bis V4) und
von sprachlichen Systemen (S1 bis S3)

die Bedeutungsangaben. Sie kann verwirren, wenn dazu – wie es in unseren beiden Beispielen geschieht – ein Ausdruck aus derselben Variablen herangezogen wird: So wurde bei ‚APRIKOSE' auf *Aprikose* bzw. bei ‚Steigerung' auf *STEIGERUNG* zurückgegriffen. Eine fremdsprachige, z.B. eine englischsprachige Bedeutungsangabe würde die Gefahr von Verwirrungen reduzieren. Die beiden Variablen sähen dann so aus:

‚APRICOT': *Aprikose – Marille* (statt ‚APRIKOSE': *Aprikose – Marille*),
STEIGERUNG: ‚increase' – ‚auction' (statt *STEIGERUNG*: ‚Steigerung' – ‚Versteigerung').

Ein Nachteil fremdsprachiger Angaben wäre allerdings, daß sie nicht jedermann im deutschen Sprachgebiet ohne weiteres zugänglich sind. Außerdem lassen sich vielleicht manche Bedeutungen in der semantisch anders strukturierten Fremdsprache nicht so einfach ausdrücken.

Ein weiteres Problem ist, daß als Beschreibungssprache für die Variablen möglichst durchgängig die Ausdrucksvarianten aus demselben Sprachzentrum verwendet werden sollten, das damit jedoch gewissermaßen zum Maßstab der Dinge gemacht wird. Im vorliegenden Fall sind das die Varianten Deutschlands, die jeweils als Variablennamen und Bedeutungsangaben dienen. Wären z.B. die Ausdrucksvarianten Österreichs verwendet worden, so hätte der Name der ersten Variablen ‚MARILLE' lauten müssen. Es liegt zumeist nahe, die Varianten desjenigen Sprachzentrums zu wählen, die der größten Zahl von Personen bekannt sind, wodurch allerdings bestehende sprachliche Dominanzen zusätzlich verfestigt werden (vgl. Kap. F.7). Eine wechselnde Wahl mit dem Ziel größerer Fairness verbietet sich, weil sie zu völliger Verwirrung führen würde.

Was ist nun – im Unterschied zu einer sprachlichen Variablen und einer ihrer Varianten – eine sprachliche Varietät (oder Sprachvarietät)? Zur weiteren Verdeutlichung können wir anknüpfen am in der Linguistik gängigen Gegensatz zwischen atomistischer und strukturalistischer Betrachtungsweise. Varietäten sind im Gegensatz zu Variablen und Varianten letztlich strukturalistisch gemeint: als sprachliche (linguistische) Systeme, wenn sie auch nicht unbedingt konsequent strukturalistisch beschrieben werden. Wenn auch auf solche Systeme der Ausdruck Variante angewandt wird, was häufig vorkommt, besteht die Gefahr der Verwechslung mit einzelnen Einheiten. Ich unterscheide daher strikt zwischen *Variante* (einzelne Einheit) und *Varietät* (System). Ihre Spezifik gewinnen solche Varietäten durch die Auswahl von Varianten aus Variablen. Genau genommen treffen natürlich nicht die Varietäten diese Auswahl, sondern deren Sprecher. Da sich die linguistische Beschreibung von Varietäten oft auf ihre Spezifika beschränkt, bleibt bisweilen undeutlich, daß mit ihnen ganze sprachliche Systeme gemeint sind. Dies ist auch ein Problem bei meiner späteren, ohnehin nur recht partikularen Beschreibung der nationalen Varietäten des Deutschen (Kap. B.3, C.3, D.3).

Eine Varietät muß bei der Auswahl von Varianten aus den sprachlichen Variablen mindestens eine der beiden folgenden Bedingungen erfüllen:

(i) über wenigstens eine für sie spezifische (einzelne) Variante verfügen, oder zumindest
(ii) eine spezifische Kombination von Varianten aufweisen.

Andernfalls handelt es sich nicht um eine besondere Varietät. So unterscheiden sich aufgrund unserer Beispielvariablen die Varietäten des österreichischen Deutsch und des schweizerischen Deutsch durch je eine für sie spezifische Variante (*Marille* bzw. ‚Versteigerung‘) von den beiden jeweils anderen Varietäten. Die Varietät des deutschen Deutsch weist dagegen in unseren beiden Beispielvariablen keine für sie spezifische Variante auf; sie unterscheidet sich jedoch von den beiden anderen Varietäten durch eine spezifische Kombination von Varianten {*Aprikose* + ‚Steigerung‘}. Man beachte, daß auch von diesen Varianten keine in allen drei Nationen gilt; mit allgemeingültigen – im Falle der uns interessierenden Sprache also gemeindeutschen – Ausdrücken oder Bedeutungen lassen sich nämlich auch keine spezifischen Kombinationen bilden. Logischerweise liegt im Falle einer spezifischen Variante immer zugleich auch eine spezifische Kombination von Varianten vor; jedoch ist eine spezifische Kombination von Varianten möglich, ohne daß eine spezifische (Einzel)Variante vorliegt. Die tabellarische Darstellung verdeutlicht dies anhand unseres Beispiels noch einmal im Überblick (Tab. 3).

Tab. 3: Bildung von Varietäten durch Auswahl von Varianten aus Variablen

	Deutsches Deutsch	Österreichisches Deutsch	Schweizerisches Deutsch
‚APRIKOSE‘	*Aprikose*	*Marille*	*Aprikose*
STEIGERUNG	‚Steigerung‘	‚Steigerung‘	‚Versteigerung‘

Theoretisch sind bei 2 Variablen mit je 2 Varianten (Werten) nicht nur 3, sondern 4 Varietäten möglich. Die Kombination {*Marille* + ‚Versteigerung‘} ist nicht realisiert. (Andernfalls gäbe es in unserem Beispiel auch keine für eine einzelne Varietät spezifische Variante mehr, da alle Varianten in mindestens 2 Varietäten aufträten.) Generell können bei m Variablen mit je n Varianten m × n Varietäten durch Kombination gebildet werden. Bei unterschiedlichen Variantenzahlen in den Variablen ist die Berechnung der möglichen Varietätenzahl entsprechend zu differenzieren.

In der sprachlichen Wirklichkeit kommen freilich nicht alle denkbaren Kombinationen vor. Dementsprechend arbeiten zwar manche Varietätentheoretiker bei bestimmten Fragestellungen mit solchen denkbaren „Varietäten“ im Sinne aller möglichen Kombinationen (vgl. z.B. Klein 1974). In den meisten Fällen versteht man unter Varietäten jedoch nur die tatsächlich vorkommenden Kombinationen, ohne daß man dies durch einen Zusatz (*reale* Varietäten oder ähnlich) ausdrücklich spezifiziert. – Von solchen Überlegungen aus liegt es übrigens auch nahe, die vorkommenden Kombinationen von Varianten, das gemeinsame Vorkommen (bei Ausschluß anderer Varianten), in Regeln zu fassen und auf diese Weise die Varietäten als Regelsysteme aufzubauen. Ich möchte den Gedanken solcher „Kookkurrenzregeln“ (Zusammenvorkommensregeln), wie sie genannt wurden, hier jedoch nicht weiter verfolgen.

Um Mißverständnissen vorzubeugen, sei hinzugefügt, daß in einer Sprache keineswegs alle Einheiten variabel sind. Vielmehr gibt es zwischen den verschiedenen Varietäten einer Sprache immer auch zahlreiche Übereinstimmungen; eben deshalb gehören sie alle zur selben Sprache (vgl. Kap. A.1.1). Der hohe Übereinstimmungsgrad ist einesteils, allerdings nur kleinerenteils, dadurch bedingt, daß – wie schon unser Beispiel gezeigt hat – unterschiedliche Varietäten aus manchen

Variablen dieselbe Variante auswählen. So gehört etwa in unserem Beispiel die Variante *Aprikose* sowohl zum deutschen als auch zum schweizerischen Deutsch oder die Variante ‚Steigerung' sowohl zum deutschen als auch zum österreichischen Deutsch. Größerenteils ist das hohe Ausmaß der Übereinstimmung, die große Ähnlichkeit zwischen den verschiedenen Varietäten ein und derselben Sprache jedoch dadurch bedingt, daß es zahlreiche konstante sprachliche Einheiten gibt, aus denen sich gar keine Auswahl treffen läßt. So sind z. B. in dem Satz *„Die* Versteigerung *der* Aprikosen *wird von Donnerstag auf Freitag verschoben"* alle kursiv geschriebenen Einheiten solche Konstanten. Die Varietäten einer Sprache enthalten in der Regel mehr Konstanten als Varianten; dies ist insbesondere unzweifelhaft der Fall bei den nationalen Varietäten. Naheliegenderweise sind die Konstanten für die Varietätenwissenschaft weniger interessant als die Varianten und Variablen; sie finden auch im Rahmen der vorliegenden Untersuchung wenig Beachtung.

Ein Sonderfall der sprachlichen Konstanten sind die Benennungen für die Sachspezifika einer Nation, z. B. *Eisbein mit Sauerkraut* für Deutschland oder – weniger weithin bekannt – *Verhackert*, ein in der österreichischen Steiermark gängiger Brotaufstrich aus gehacktem, geräuchertem Schweinefleisch. Für solche Sachspezifika gibt es keine sprachlichen Varianten in den verschiedenen deutschsprachigen Nationen. Es ist eine heikle Frage, ob ihre Benennungen als Spezifika der jeweiligen nationalen Varietät betrachtet werden sollten. Ich meine – entgegen verbreiteter Auffassung –, nein, wofür ich folgende Gründe nennen möchte. Wollte man die Benennungen nationaler Sachspezifika einbeziehen, dann müßten eigentlich auch alle spezifischen Eigennamen nationaler Besonderheiten zu Bestandteilen der nationalen Varietäten erklärt werden (Flurnamen, Ortsnamen und dergleichen). Dies ist aus guten Gründen unüblich. Man benennt in den anderen Nationen die betreffenden Gegenstände, falls man über sie spricht, in aller Regel mit den aus ihren Herkunftsnationen stammenden Namen. Damit zieht man sich grundsätzlich auch nicht den Vorwurf zu, man habe statt der eigenen nationalen Variante eine fremde verwendet. Vermutlich ist diese Gepflogenheit auch der tieferliegende Grund, warum Benennungen von nur in einer kleinen Region geläufigen Sachspezifika als durchaus standardsprachlich gelten (vgl. Ebner 1988: 106). Anders ist es natürlich, wenn für ein Sachspezifikum einer Nation in einer der anderen Nationen ein anderer Ausdruck vorliegt; dann handelt es sich unzweifelhaft um sprachliche Varianten, spezieller um nationale Sprachvarianten.

Trotz der zahlreichen Konstanten bleibt die Anzahl der Varietäten in einer Sprache wie der deutschen beachtlich, und zwar nicht nur die der denkbaren Varietäten, deren Zahl ja multiplikativ mit der Zahl der Variablen und Varianten wächst, sondern auch die der realen Varietäten. In einer Sprache wie der deutschen gibt es nämlich viele verschiedene Bedingungen für Variation, die zum Teil auf komplizierte Weise ineinandergreifen. Solche Bedingungen sind z. B. die Region (dialektale Varietäten = Dialekte), die Sozialschicht (soziolektale Varietäten = Soziolekte), der Formalitätsgrad der Situation (Situolekte: z. B. Arbeitsplatz, Kneipe usw.), das Medium der Kommunikation (Mediolekte: vor allem gesprochen, geschrieben), die Textsorte (z. B. persönlicher Brief, Schulaufsatz usw.) und andere. Die besondere Bedingung sprachlicher Variation, die im Mittelpunkt unseres Interesses steht, ist die Nation (nationale Varietäten).

Zu schwierigen Überlegungen führt der Gedanke, daß man bei der Definition und Untersuchung von Varietäten unterschiedlich ansetzen kann. Ein in

unserem Zusammenhang wichtiger Unterschied ist der zwischen einem „normbezogenen" und einem „gebrauchsbezogenen" Ansatz – wie ich es, leider nicht
ganz unmißverständlich, nennen möchte. Bei einem gebrauchsbezogenen Ansatz
untersucht man, wie tatsächlich gesprochen oder geschrieben wird, z. B. in verschiedenen Formalitätsgraden der Situation; bei einem normbezogenen Ansatz
untersucht man demgegenüber, was unter den betreffenden Umständen die Normen des Sprechens oder Schreibens sind. Zwischen beiden Befunden wird man
in der Regel eine gewisse Übereinstimmung feststellen, aber keine völlige Kongruenz. Sogar der Durchschnitt (in welchem Sinn auch immer) des tatsächlichen
Sprachgebrauchs (der übrigens manchmal mißverständlich als „statistische Norm"
bezeichnet wird) stimmt gewöhnlich nicht völlig mit den Normen (in einem
normtheoretischen Sinn) überein. Bezogen auf unsere Dimension der Variation
würde bei einem gebrauchsbezogenen Ansatz untersucht, wie die Österreicher,
deutschsprachigen Schweizer usw. tatsächlich sprechen und schreiben. Bei einem
normbezogenen Ansatz wird demgegenüber untersucht, welche sprachlichen
Normen für sie gelten, welche Sprachformen von ihnen erwartet werden. Für die
genauere Bedeutung dieser Unterscheidung verweise ich voraus auf das folgende
Kapitel A.4.2.

Der Unterschied zwischen gebrauchsbezogenem und normbezogenem Ansatz ist auch relevant für das Verständnis der – wie oft gesagt wird – Indikatoren
einer nationalen Varietät. Solche Indikatoren einer nationalen Varietät sind ihre
spezifischen Einzelvarianten oder Variantenkombinationen – im Unterschied zu
ihren mit anderen Varietäten übereinstimmenden Bestandteilen (Konstanten). Die
gängige Rede von den Indikatoren deutet zugleich an, daß sich eine Varietät als
ganze nicht ohne weiteres beobachten läßt. Nur über die Indikatoren kann man
einen Text einer Varietät als ganzer zuordnen bzw. erschließen, welche Varietät
einem Text zugrundeliegt. Dabei ist auf einer normbezogenen Ebene ein verhältnismäßig sicherer Schluß vom Indikator auf das Indikat möglich. Man kann
dabei z. B. von der Variante *Marille* auf die Varietät österreichisches Deutsch
schließen.

Bei einem gebrauchsbezogenen Ansatz ist der Schluß dagegen viel unsicherer,
denn in der sprachlichen Wirklichkeit kann eine solche Variante auch im Rahmen
eines sonst von ganz anderen Varianten geprägten Textes vorkommen. So kann
z. B. in ansonsten österreichischem Deutsch die unösterreichische Variante *Aprikose* auftreten.

Aus diesem Grunde ist auch der Schluß von einem Indikator einer nationalen Varietät auf eine/n Sprecher/in der betreffenden nationalen Varietät bzw.
eine Person, die aus dem betreffenden Sprachzentrum stammt, grundsätzlich
unsicher. Eine solche Person kann z. B. auch eine bestimmte nationale Herkunft
simulieren oder die nationalen Varietäten mischen. Ein Beispiel für eine solche
Mischung liegt etwa vor, wenn ein österreichischer Gastwirt die Wörter *Brötchen*
oder *Frikadelle* (statt *Semmel* bzw. *faschiertes Laibchen*) in seinem ansonsten
österreichischen Deutsch verwendet, z. B. wenn er mit einem deutschen Gast
spricht.

Auch bei einem normbezogenen Ansatz ist natürlich dann kein eindeutiger
Schluß auf eine bestimmte nationale Varietät möglich, wenn die betreffende
Variante zu mehr als einer Varietät gehört. Ein Beispiel aus den oben genannten
Variablen ist das Wort *Aprikose*, das sowohl Bestandteil des deutschen Deutsch
als auch des schweizerischen Deutsch ist. Diese Variante ist eben in keinem Fall

ein eindeutiger, sondern bestenfalls ein zweideutiger Indikator für eine nationale
Varietät der deutschen Sprache (vgl. Kap. A.5).

Wie die schon erwähnten Sachspezifika zeigen, kann es auch nicht-sprach-
liche Indikatoren für eine Person aus einem Sprachzentrum, bzw. – in einem
abstrakteren Sinn – für das ganze Sprachzentrum geben, z. B. typische Speisen,
Kleidung und dergleichen. Solche außersprachlichen Phänomene sind darüber
hinaus auch gewisse Indikatoren für eine nationale Varietät, z. B. dafür, daß ihr
Träger Sprecher der betreffenden nationalen Varietät ist. Es liegt jedoch auf der
Hand, daß diese indikatorische Beziehung aus verschiedenen Gründen sehr unsicher sein kann.

Es ist nun noch notwendig, die „nationale" Dimension der hier interessierenden Variation zu erläutern. Aufgrund der bisherigen Ausführungen ist schon
klar geworden, daß diese Dimension sich im vorliegenden Fall hauptsächlich auf
die Schweizer, die österreichische und die deutsche Nation bezieht. Im Zusammenhang mit den nationalen Varietäten wird *Nation* zumeist als ‚Staatsnation'
spezifiziert. Wenn diese Spezifizierung auch auf den ersten Blick plausibel erscheint,
so lehne ich diesen Terminus und den zugehörigen Begriff doch aus den in Kapitel
A.2.2 entwickelten Gründen ab. Der Begriff ‚Staatsnation' erhält nämlich seinen
spezifischen Sinn nur in Opposition zum Begriff ‚Kulturnation' (oder auch
‚Sprachnation'). Die drei genannten Staaten werden dann, soweit sie deutschsprachig sind, als derselben „Kulturnation" zugehörig gesehen. Mir erscheint es
jedoch problematisch, die ohne Zweifel vorhandene sprachliche und zum Teil
auch kulturelle Verbindung als nationale zu verstehen oder zu bezeichnen. Statt
dessen finde ich es unverfänglicher, zwar von einer *Sprachgemeinschaft* (oder
auch *Kulturgemeinschaft*), aber von verschiedenen Nationen zu sprechen.

Bei einem normbezogenen Ansatz geht man aus von der Geltung der Varianten; dementsprechend habe ich schon zuvor davon gesprochen, daß bestimmte
Varianten in Österreich, Deutschland usw. „gelten", ohne diese Ausdrucksweise
zu problematisieren. Walter Haas (1982 b: 115 f.) hat darauf hingewiesen, daß es
auch Unterschiede in der Häufigkeit der Verwendung bestimmter Varianten zwischen den verschiedenen deutschsprachigen Nationen gibt. Bei diesen „Frequenzvarianten", wie man sie nennen könnte, handelt es sich um gebrauchsbezogene
Phänomene. Sie müssen hier schon deswegen außer Betracht bleiben, weil die
ernsthafte Beschäftigung mit ihnen aufwendigere empirische Untersuchungen
erfordert, als sie im Rahmen der vorliegenden Studie möglich sind. Deshalb
schon beschränke ich mich auch auf die *Geltungsvarianten* – ein möglicher ver-
deutlichender Ausdruck, den ich freilich nicht weiter verwende; jedoch läßt sich
diese Beschränkung, wie mir scheint, noch weitergehend rechtfertigen.

Nationale Varianten einer Sprache sind also im Rahmen der vorliegenden
Untersuchung so definiert, daß sie für die verschiedenen Nationen der betreffenden Sprachgemeinschaft *gelten*. Entsprechend lautet bei Berücksichtigung des
Verhältnisses von Variante zu Varietät die Definition nationaler Varietäten. Die
nationalen Varietäten der deutschen Sprache sind demnach die für die verschiedenen Nationen der deutschen Sprachgemeinschaft (Deutschland, Österreich,
Schweiz und andere) geltenden Varietäten des Deutschen.

Nun stellt sich die Frage, was gemeint ist mit einer für eine Nation *geltenden* Varietät. Diese Frage weist schon voraus auf die folgenden Kapitel A.4.2 und
A.4.3, soll aber doch in Grundzügen noch im vorliegenden Kapitel beantwortet
werden. Die Antwort beinhaltet eine Einengung des Begriffs ‚nationale Varietät',

die zwar schon in den vorausgehenden Kapiteln erwähnt oder vollzogen wurde, aber nun in den Mittelpunkt unserer Überlegungen rückt. Gemeint ist die Einengung auf Standardvarietäten: Nonstandardvarietäten, zu denen insbesondere die Dialekte gehören, zählen nicht zu den nationalen Varietäten. Dies entspricht einer durchaus vorherrschenden, wenngleich nicht durchgängigen Begriffsspezifizierung in der wissenschaftlichen Beschäftigung mit den nationalen Varietäten (vgl. z. B. Clyne 1984; für das Französische Hausmann 1990: 1500; auch oben Kap. A.3.2); allerdings wird diese Spezifizierung vielfach nicht explizit gemacht. Wenn ich also im weiteren von den *nationalen Varietäten* spreche, so meine ich damit nur Standardvarietäten, keine Nonstandardvarietäten.

Alternativ dazu könnte man auch versuchen, die Nonstandardvarietäten in die nationalen Varietäten einzubeziehen, die dann jeweils terminologisch differenziert werden könnten in *nationale Standardvarietäten* und *nationale Nonstandardvarietäten*. Dieser weiter gefaßte Begriff von nationaler Varietät scheint z. B. Peter von Polenz' (1990) Analyse zugrundezuliegen. Ein Problem ist dabei jedoch, daß der Geltungsbereich von Nonstandardvarietäten – im Gegensatz zu dem von Standardvarietäten! – in aller Regel nicht mit den nationalen Grenzen kongruiert. Gerade im Falle der deutschen Sprache überschreiten die Dialektgebiete die nationalen Grenzen: Der bairische Dialekt erstreckt sich auf Österreich und Deutschland und berührt auch noch die Schweiz (Samnaun im östlichen Graubünden); der alemannische Dialekt reicht in alle drei größeren deutschsprachigen Nationen bzw. deren Staaten hinein (vgl. Kap. A.1.3 und Karte 2). Auch die oft genannte „pragmatische" Dialektgrenze zwischen der Schweiz und Deutschland, die bedingt ist durch die Schweizer Diglossie (vgl. Kap. C.4), konstituiert keine speziell für die Schweiz geltende Nonstandardvarietät, sondern allenfalls einen spezifischen Umgang mit Nonstandardvarietäten, deren regionaler Geltungsbereich jedoch ansonsten über die Schweiz hinausreicht. Allenfalls sind einzelne Dialekte in dem Sinne spezifisch für eine dieser Nationen, als sie sich nur auf einen Teil ihres Gebiets erstrecken, wie z. B. die niederdeutschen Dialekte auf das Gebiet Deutschlands. Demgegenüber kongruiert die Geltung einer Standardvarietät typischerweise mit den Grenzen einer Nation bzw. einer Sprachgemeinschaft in einer Nation (Beispiel: deutsche Sprachgemeinschaft in der Schweiz). Dies hängt zusammen mit der spezifischen Art der Geltung von Standardvarietäten, die sich normtheoretisch begründen läßt.

Mit den Nonstandardvarietäten werden nicht nur Dialekte aus der Untersuchung der nationalen Varietäten ausgeschlossen, sondern auch bestimmte soziale und situationsspezifische Varianten (vgl. dazu Kap. A.4.3). Es ist keineswegs damit zu rechnen, daß die meisten dieser Varianten ohnehin allgemeindeutsch sind, wie es die folgende Darstellung eines Ausschnitts daraus durch einen Fachmann nahelegt; manche von ihnen können teilweise sogar regional sehr beschränkt sein. Im Vorwort zu seinem umfangreichen Wörterbuch des „obszöne[n] Wortschatz[es] der Deutschen" rechtfertigt Ernest Bornemann (1984: Vorwort [11 f.]), daß er auf regionale Markierungen wie „berlinisch", „süddeutsch", „bayrisch" oder „wienerisch" verzichtet. Dabei stützt er sich auf eine Beobachtung, die in der Literatur zu den nationalen Varietäten des Deutschen später verschiedentlich – mit ironischem Unterton – als spezifisch wienerischer Beitrag zur deutschen Sprachvereinheitlichung gewürdigt wird: „Man denke zum Beispiel an die Invasion der Wiener Zuhälter und Prostituierten in das Gebiet um St. Pauli, die in den Jahren 1964 – 1966 die Umgangssprache der Reeperbahn so grundsätzlich verändert hat, daß man heute nicht nur zahllose Wiener Ausdrücke im Hamburger Raum hört, sondern auch in Wien nach der Rückkehr der Mädchen und ihrer Beschützer Hunderte von hamburgischen Prostituiertenausdrücken feststellen kann. Heute ist die deutsche Zuhältersprache eine Art Esperanto geworden, das jeder im Milieu versteht – von Flensburg bis Basel, von Aachen bis Klagenfurt. Ein Wort wie *Maidlelecker,* gestern noch in der Bedeutung ‚Schürzenjäger‘ aufs alemannische Sprachgebiet begrenzt, ist heute in der Bedeutung ‚Cunnilinctor‘ sogar in die DDR eingedrungen.“ Dieses Beispiel verdeutlicht nebenbei auch, daß die Erforschung solcher nonstandardsprachlicher Varianten unter Umständen besondere methodische Anforderungen an die Exploratoren stellt, was allerdings keine Rechtfertigung für ihre definitorische Ausgrenzung aus dem Begriff ‚nationale Varietät‘ wäre. Vielmehr trifft offenbar auch auf sie zu – ähnlich wie auf die Dialekte –, daß ihr regionaler Geltungsbereich nicht mit den nationalen Grenzen kongruiert.

Die Einengung des Begriffs ‚nationale Varietät‘ auf Standardvarietäten schließt selbstverständlich nicht aus, daß im Zusammenhang mit den nationalen Varietäten auch die Nonstandardvarietäten betrachtet werden. Insofern braucht das Spektrum der Analyse bei unserem engeren Begriff von nationaler Varietät nicht unbedingt stärker eingeschränkt zu sein als bei einem weiteren Begriff. Ein Blick auch auf die Nonstandardvarietäten ist sogar bei vielen Fragestellungen geboten, z. B. wenn man bestimmte strukturelle Besonderheiten der nationalen Varietäten erklären möchte. Außerdem wird erst dabei die Verwendung („Funktion“) der nationalen Varietät in vollem Umfang deutlich. Die Verwendungen von Standardvarietät und zugehörigen Nonstandardvarietäten bedingen sich nämlich gegenseitig: Wo die eine mehr verwendet wird, werden die anderen weniger verwendet, und umgekehrt. Wenn in der deutschsprachigen Schweiz in den öffentlichen Domänen mehr Dialekt (Schwyzertütsch) gesprochen wird als in Deutschland oder in Österreich, dann wird dort logischerweise zugleich weniger Standarddeutsch gebraucht. Darin unterscheidet sich die Verwendung der nationalen Varietät der Schweiz demnach von der Verwendung der nationalen Varietäten Österreichs und Deutschlands. Diese „funktionale“ Charakterisierung gehört durchaus mit zu einer Beschreibung der nationalen Varietäten, die nicht auf linguistische Aspekte im engeren Sinn beschränkt bleibt. Sie ist jedoch nicht Bestandteil ihrer Definition.

Wir können nun den Begriff ‚nationale Variante‘ definieren und daran anschließend den Begriff ‚nationale Varietät‘. ‚Nationale Varianten‘ (terminologisch auch *Nationalvarianten*) sind diejenigen Sprachformen, die Bestandteil der Standardvarietät mindestens einer Nation, aber nicht der Standardvarietäten aller Nationen der betreffenden Sprachgemeinschaft sind. Sie müssen zudem Entsprechungen in den übrigen Standardvarietäten der betreffenden Sprachgemeinschaft haben – ein Zusatz, mit dem gemäß den vorausgehenden Überlegungen, die Sachspezifika aus den nationalen Varianten ausgeschlossen werden. Unsere Definition schließt jedoch nicht aus, daß nationale Varianten auch in anderen, ja sogar in allen Nationen der betreffenden Sprachgemeinschaft *verwendet* werden. Sie dürfen nur nicht überall Bestandteil der Standardvarietät, sondern müssen dann in mindestens einer dieser Nationen nonstandardsprachlich sein. So ist z. B. das Wort *Rahm* in allen drei hier im Blickpunkt stehenden Nationen der deutschen Sprachgemeinschaft gängig. Es ist jedoch in Deutschland nicht oder zumindest nicht eindeutig standardsprachlich – wobei ich in dieser Bewertung im

Moment einfach der Dudenredaktion folge (vgl. Rechtschreib-Duden 1991: 583 – Markierung als „landsch.“). In Österreich und der Schweiz ist das Wort aber standardsprachlich. Es ist mithin nach unserer Definition eine nationale Variante Österreichs und der Schweiz, nicht aber Deutschlands, wo ihm das Wort *Sahne* entspricht.

Man kann nun differenzieren zwischen solchen Varianten, die nur in einer einzigen Nation, und solchen, die in mehr als einer (aber natürlich nicht in allen Nationen der betreffenden Sprachgemeinschaft) zur Standardvarietät gehören. Erstere möchte ich *spezifische nationale Varianten* nennen und letztere *unspezifische nationale Varianten* (vgl. Kap. A.5). Ein Beispiel für eine spezifische nationale Variante ist das Wort *Marille*, das nur in Österreich und in keiner anderen Nation der deutschen Sprachgemeinschaft Teil der Standardvarietät ist. Ein Beispiel für eine unspezifische nationale Variante ist das soeben genannte Wort *Rahm*, das sowohl in Österreich als auch in der Schweiz Bestandteil der Standardvarietät ist. Ein anderes Beispiel ist das Wort *Erdapfel*, das ebenfalls sowohl in der Schweiz als auch in Österreich eine unspezifische nationale Variante ist. Ich führe dieses zusätzliche Beispiel an, weil man meinen könnte, seine Entsprechung, *Kartoffel*, müßte nun in Deutschland, wo nur *Kartoffel* standardsprachlich ist, eine spezifische nationale Variante sein. Dem ist aber nicht so, denn *Kartoffel* ist in allen Nationen der deutschen Sprachgemeinschaft Bestandteil der Standardvarietät, auch – neben *Erdapfel* – in Österreich und in der Schweiz. Es ist demnach gemäß unserer Definition überhaupt keine nationale Variante.

Ein anderer, im vorliegenden Zusammenhang besonders interessierender Fall läßt sich verdeutlichen am Beispiel des Wortes *Sahne* und seinem Status in Österreich. Dieses Wort ist in Österreich sowohl allgemein bekannt als auch weithin gebräuchlich, neben dem Wort *Rahm* (unspezifische nationale Variante) und dem ausschließlich österreichischen Wort *Obers* (spezifische nationale Variante). *Sahne* ist aber nicht Bestandteil der österreichischen Standardvarietät, zumindest nicht laut *Österreichischem Wörterbuch* (1990: 15, 365), dem wir im Moment folgen wollen. Dort ist das Wort markiert als „dem ‚Binnendeutschen‘, das heißt dem Sprachgebrauch Deutschlands, angehören[d]“. Mit Rücksicht auf solche Fälle habe ich in meiner Definition einer nationalen Variante die Ausdrucksweise vermieden, daß eine Variante „in einer Nation standardsprachlich ‚sein‘ müsse“ und statt dessen die umständlichere Formulierung gewählt, daß sie „zur betreffenden Standardvarietät ‚gehören‘ müsse“ (oder ‚Bestandteil von ihr‘ sein müsse), denn man kann nicht ohne weiteres sagen, daß das Wort *Sahne* in Österreich nicht standardsprachlich sei; es gehört nur nicht zur österreichischen Standardvarietät. *Sahne* ist – trotz Bekanntheit und auch Gebrauchs in Österreich – nationale Variante nur Deutschlands (wenn man lediglich die drei bislang genannten deutschsprachigen Nationen einbezieht) – in der Schweiz gilt nur *Rahm*. Man kann Wörter wie *Sahne* in Österreich spezieller *als fremd bewertet* oder *fremdnational* nennen, wobei man sich aber bewußt sein muß, daß sie nicht wirklich fremd im Sinne von unbekannt sein müssen (vgl. Kap. A.4.4).

Einen Sonderfall bilden die schon erwähnten Benennungen von Sachspezifika einer Nation. Ich entscheide mich aus den genannten Gründen dafür, sie nicht zu den nationalen Varianten zu zählen, sofern es für sie in den anderen Nationen keine alternativen Benennungen gibt.

Nach dieser Vorbereitung läßt sich nun der Begriff ‚nationale Varietät‘ (terminologisch auch *Nationalvarietät*) definieren. Es handelt sich dabei um eine

Standardvarietät, die mindestens eine der beiden folgenden Bedingungen erfüllt: Sie enthält (a) spezifische nationale Varianten (mindestens eine), oder (b) für eine Nation spezifische Kombinationen von nationalen Varianten, die dann im einzelnen auch unspezifisch sein können.

Aus dieser Definition folgt offenkundig nicht zwingend, daß jede Nation in einer Sprachgemeinschaft eine eigene nationale Varietät der betreffenden Sprache besitzt. Für die deutsche Sprachgemeinschaft sind durch die bisherigen Beispiele eigene nationale Varietäten nur für die drei Nationen Deutschland, Österreich und Schweiz belegt worden. Für Österreich und die Schweiz wurden mittels der beiden Beispielvariablen ‚APRIKOSE' und *STEIGERUNG* jeweils nationale Varianten im engeren Sinn identifiziert: *Marille* bzw. ‚Versteigerung'. Für Deutschland ist die Kombination *Aprikose* + ‚Steigerung' spezifisch. Darüber hinaus lassen sich freilich auch leicht spezifische nationale Varianten für Deutschland finden. Ein Beispiel ist etwa die Aussprache des Wortes *Motor* mit dem Wortakzent auf der ersten Silbe, also [ˈmoːtɔr]; für Österreich und die Schweiz gilt Betonung auf der zweiten Silbe, also [moˈtoːr], mit der auch eine andere Vokallänge und -qualität einhergeht.

Ob noch andere Nationen über spezifische Standardvarianten der deutschen Sprache verfügen, ist zweifelhafter. Am ehesten kommen diejenigen Nationen in Betracht, in denen Deutsch staatliche Amtssprache ist, also die folgenden vier bzw. Teile davon (vgl. Kap. A.1.2):

– Liechtenstein (Deutsch einzige nationale Amtssprache),
– Luxemburg (Deutsch nationale Amtssprache neben Französisch und Letzeburgisch),
– Belgien (Deutsch regionale Amtssprache im Osten, im Gebiet der Deutschsprachigen Gemeinschaft),
– Italien (Deutsch regionale Amtssprache in der Provinz Bozen-Südtirol, neben Italienisch und gebietsweise auch Ladinisch). (Vgl. zu Einzelheiten Ammon 1991a: 58–80)

Luxemburg gehört freilich nicht zur deutschen Sprachgemeinschaft, da Deutsch nicht die Muttersprache der Bevölkerung ist. Die Muttersprache ist vielmehr das Letzeburgische, das aufgrund des Sprachengesetzes von 1984 zugleich die einzige Nationalsprache des Landes bildet (vgl. zum Zusammenhang von ‚Nationalsprache' und ‚Sprachgemeinschaft' bzw. ‚Muttersprache' Ammon 1991a: 57f.). Dieser Umstand schließt jedoch die Existenz einer „nationalen Varietät der deutschen Sprache" nicht aus.

Anders liegt der Fall bei den beiden früheren deutschen Staaten BRD und DDR. Sie waren nach verbreiteter Auffassung, die durch den Verlauf der Entwicklung bestätigt wurde, keine separaten Nationen. Daher erscheint es angemessener, im Rückblick auf sie statt von nationalen von *staatlichen* oder *staatsspezifischen* Varietäten des Deutschen zu sprechen. Analog zu nationalen Varietäten setzen auch staatliche Varietäten einer Sprache voraus, daß die jeweilige Standardvarietät spezifische Varianten oder Variantenkombinationen aufweist, woran im Falle von einstiger BRD und DDR kein Zweifel besteht (vgl. Hellmann 1980; Fleischer 1988; Schlosser 1990; Kap. D.8).

Bei den oben genannten vier Nationen bzw. Teilen von Nationen wird die Existenz standarddeutscher Spezifika allerdings nicht selten bezweifelt, zumindest implizit. So begegnet man insbesondere der Auffassung, daß für Liechtenstein das

Standarddeutsch der Schweiz gilt, für das italienische Südtirol das Standarddeutsch Österreichs und für Luxemburg wie auch die Deutschsprachige Gemeinschaft in Belgien das Standarddeutsch Deutschlands (vgl. jedoch Kap. E).

Zu welcher Auffassung man in dieser Frage gelangt, hängt unter anderem davon ab, wie man den Begriff ‚Standardvarietät' festlegt und wie man standardsprachliche Formen von Nonstandardformen abgrenzt. Wie leicht erkennbar ist, hängen außerdem die Bestandteile und der Umfang jeder einzelnen nationalen Varietät, auch der in ihrer Existenz nicht angezweifelten nationalen Varietäten Deutschlands, Österreichs und der Schweiz, von dieser begrifflichen Festlegung ab. Faßt man z.B. den Begriff ‚standardsprachlich' eng, so schrumpfen die nationalen Varietäten unter Umständen auf einige wenige Varianten oder Variantenkombinationen zusammen, während sie sich bei einem weiten Begriff von ‚standardsprachlich' viel reichhaltiger darstellen (vgl. zu einer implizit weiten Fassung z.B. Hutterer 1978). Die Divergenzen hinsichtlich schweizerischer und österreichischer Besonderheiten in Wörterbüchern der deutschen Sprache, die Hannelore Fenske (1973) feststellte, dürften nicht zuletzt auf zugrundeliegende unterschiedliche Auffassungen von Standardsprachlichkeit zurückzuführen sein. Diese Überlegungen zeigen, daß der Begriff ‚standardsprachlich' für Untersuchungen zum vorliegenden Thema grundlegend ist. Umso erstaunlicher ist es, daß er in den bisherigen einschlägigen Untersuchungen kaum expliziert wurde. Ohne diese Explikation ist jedoch – wie mir scheint – die fundierte Definition nationaler Varianten, und damit auch nationaler Varietäten, grundsätzlich ausgeschlossen. Allerdings ist der Begriff ‚standardsprachlich' schwierig; vor allem wirft seine Operationalisierung erhebliche Probleme auf. Mit *Operationalisierung* ist die Angabe von Kriterien gemeint, nach denen einzelne Sprachformen, idealiter sogar alle vorkommenden Sprachformen, semantisch gültig (d.h. im Einklang mit dem vorherrschenden Verständnis des Begriffs) und zuverlässig (d.h. intersubjektiv übereinstimmend) als standardsprachlich identifiziert werden können. Mißlicherweise liefern vorliegende Theorien zur Sprachstandardisierung zu der hier in erster Linie interessierenden Frage der Identifizierung und Abgrenzung standardsprachlicher Sprachformen kaum brauchbare Anhaltspunkte, und zwar trifft dies gleichermaßen zu auf die gewissermaßen klassischen Theorien, etwa die der Prager Schule (vgl. Havránek [1937] 1971; 1938), wie auf neuere Theorien (z.B. Milroy/Milroy 1985; Joseph 1987). Nur einzelne Ansätze sind in dieser Frage hilfreicher (z.B. Gloy 1975; Bartsch 1985). Auch in der vorliegenden Untersuchung wird dieses Problem leider nicht zufriedenstellend gelöst; es werden jedoch hoffentlich Wegzeiger errichtet, die über die bisher bei der Exploration der nationalen Varietäten beschrittenen Pfade hinausweisen.

4.2 Zum sozialen Kräftefeld einer Standardvarietät

Eine Standardvarietät unterscheidet sich von den Nonstandardvarietäten derselben Sprache, z.B. den Dialekten oder den Umgangsvarietäten (Umgangssprachen), durch eine Reihe von Merkmalen, die sich am besten normtheoretisch erfassen lassen (vgl. dazu Bartsch 1985; Ammon 1986; 1987b; auch Kap. A.1.1: Begriff ‚Überdachung'). In erster Annäherung besteht die Besonderheit einer Standardvarietät darin, daß sie für die ganze Nation bzw. die ganze betreffende Sprachgemeinschaft in einer Nation (vgl. Kap. A.2.2) gilt und daß sie in öffentlichen Situationen die sprachliche Norm bildet. Mit diesem globalen Merkmal steht im Zusammenhang, daß die Standardvarietät in der Regel Lehrgegenstand in der allgemeinbildenden Schule ist und zumeist auch Unterrichtssprache. Die allgemeinbildenden Schulen sollen ja unter anderem die Mitglieder der Nation bzw. Sprachgemeinschaft in der Nation auf die öffentlichen Situationen sprachlich vorbereiten.

Mit der Unterrichtung der Standardvarietät in der Schule hängt es auch zusammen, daß sie in aller Regel *kodifiziert* ist. Damit ist gemeint, daß ihre Formen in Wörterbüchern (z.B. Rechtschreib-, Aussprache-, Bedeutungswörterbüchern) oder Regelbüchern (vor allem für Rechtschreibung und Grammatik) beschrieben und veröffentlicht sind. Die Gesamtheit dieser Werke nennt man den *Sprachkodex* (auch den *linguistischen Kodex*) oder einfach den *Kodex* der Standardvarietät. Dieser Kodex enthält oder definiert die der Standardvarietät zugehörenden Formen, und zwar sind diese darin unmarkiert angeführt (vgl. zu Markierungen in Wörterbüchern Ludwig 1991). Falls auch Nonstandardformen aufgenommen sind, was durchaus vorkommt, sind sie eigens als solche markiert, z.B. als *mdal.* ‚mundartlich', *ugs.* ‚umgangssprachlich' und dergleichen (vgl. Kap. A.4.3). Auch solche Formen, die nicht zur eigenen, sondern zu einer anderen nationalen Varietät derselben Sprache gehören, sind gegebenenfalls dementsprechend markiert (vgl. Kap. A.4.4), z.B. im Kodex für Deutschland als *österr.* ‚österreichisch' oder *schweiz.* ‚schweizerisch'. Markierungen dieser und der zuvor genannten Art finden sich beispielsweise im Rechtschreib-Duden (1991: 14f.: Liste der Abkürzungen). Das Gros der Nonstandardformen und oft auch das Gros der nicht zur eigenen nationalen Varietät gehörenden Formen ist jedoch überhaupt nicht im Sprachkodex der jeweiligen Standardvarietät enthalten.

Zwar gibt es auch für Nonstandardvarietäten so etwas wie Sprachkodizes – man denke nur an die Dialektwörterbücher; von ihnen wird aber ein anderer Gebrauch gemacht. Sie sind zumeist nur deskriptiv, d.h. sie beschreiben – in der Regel aus rein wissenschaftlichem Interesse – die Sprachnormen der betreffenden Varietät. Am Kodex einer Standardvarietät orientieren sich dagegen die Mitglieder der Gesellschaft bei ihrem Sprachverhalten, beim Sprechen und vor allem beim Schreiben. Bei Kodizes von Nonstandardvarietäten geschieht dies nur ausnahmsweise und in Einzelfällen, z.B. in Dialektpflegevereinen, bei Aufführungen von Dialekttheater oder bei der Anfertigung von Dialektdichtung. Demgegenüber dient der Kodex einer Standardvarietät allen Mitgliedern der Nation bzw. Sprachgemeinschaft in der Nation zur sprachlichen Orientierung. Damit wird auch schon verständlich, warum man einerseits vom Sprachkodex einer bestimmten Standardvarietät (*Kodex des österreichischen Standarddeutsch* usw.) und andererseits vom Sprachkodex einer bestimmten Nation (*Kodex Österreichs* usw.) sprechen kann. Das grammatisch gleichartige Attribut hat in beiden Fällen ganz verschiedene Bedeutungen: Es bezieht sich zum einen auf den Inhalt des Kodexes (normtheoretisch: den Norminhalt) und zum andern auf seinen Geltungsbereich (normtheoretisch: die Normautoritäten und die Normsubjekte). Dabei ist der Geltungsbereich des Kodexes extensional identisch mit dem Geltungsbereich der Standardvarietät insoweit, als die Standardvarietät durch den Kodex festgelegt ist. Es wird sich freilich im weiteren Verlauf dieses Kapitels erweisen, daß an der Festlegung einer Standardvarietät noch andere soziale Kräfte mitwirken.

Wenn auch der Kodex einer Standardvarietät gewöhnlich der ganzen Nation bzw. Sprachgemeinschaft in einer Nation zur Orientierung dient, so orientieren sich doch nur verhältnismäßig wenige Personen direkt daran, z.B. Sekretärinnen, die daran die sprachliche Richtigkeit ihrer Texte nachprüfen. Bei zahlreichen Personen geschieht diese Orientierung nur indirekt; großenteils mögen sie sich dessen nicht einmal bewußt sein. So merkt die Mehrheit der Schüler unter Umständen gar nicht, daß sich die Lehrer oder die Verfasser der Schulbücher am Kodex der Standardvarietät orientieren. Allerdings gibt es oft spezielle Versionen des Kodexes, die hauptsächlich gedacht sind für Schüler (z.B. den *Schweizer Schülerduden* [1969] 1976; 1980). Wegen der spezifischen Art, in der die Wörterbücher, Grammatiken usw. von Standardvarietäten gebraucht werden, beschränkt man den Terminus *(Sprach)Kodex* gewöhnlich weitgehend auf sie und verwendet ihn kaum für Dialektwörterbücher oder -grammatiken.

Die Orientierung am Kodex einer Standardvarietät geschieht nicht freiwillig, sondern ist in gewissem Sinne vorgeschrieben. Die Kodifikation ist auch nicht nur Beschreibung von Sprachnormen, sondern deren Bekräftigung oder Bestätigung und außerdem oft auch Setzung neuer Sprachnormen (Beispiel: neue Rechtschreibregelungen). Der Einfachheit halber spreche ich im weiteren auch bisweilen vom *Setzen* von Normen, wenn strenggenommen nur die Bekräftigung schon existenter Normen gemeint ist. Die im Sprachkodex einer Standardvarietät gesetzten Normen haben – normtheoretisch gesprochen – nicht nur private, sondern institutionelle, in der Regel letztlich sogar staatliche *Gültigkeit* (vgl. zum Begriff ‚Gültigkeit einer Norm‘ von Wright 1963: 194–202). Ich verwende im vorliegenden Buch synonym damit zumeist den Terminus *Geltung*, unterscheide davon jedoch erforderlichenfalls die Existenz von Normen, die dann nicht unbedingt gültig zu sein brauchen. Etwas verkürzt kann man auch sagen, daß der Sprachkodex diese Gültigkeit hat, womit man die in ihm kodifizierten Normen meint. Eben aufgrund der staatlichen Gültigkeit ist es auch zulässig und sinnvoll, vom Sprachkodex eines bestimmten Einzelstaates zu sprechen, z.B. dem *Sprachkodex Deutschlands* oder *für Deutschland,* bzw. dem Sprachkodex einer bestimmten Sprachgemeinschaft in einem Staat, z.B. dem *Sprachkodex für die deutschsprachige Schweiz.* Die staatliche Gültigkeit des Kodexes einer Standardvarietät zeigt sich daran, daß die Orientierung am Sprachkodex speziell in bestimmten staatlichen oder staatlicher Aufsicht unterstehenden Institutionen nicht ins Belieben der Individuen gestellt, sondern für sie obligatorisch ist. Nehmen wir das Beispiel der Lehrer. Es ist ihnen nicht freigestellt, sich am Kodex der Standardvarietät zu orientieren, sondern sie sind in gewissem Sinn dazu verpflichtet.

Genaugenommen brauchen sie freilich nicht im Kodex nachzuschlagen, ja im Extremfall nicht einmal von seiner Existenz zu wissen; ihre sprachlichen Vorschriften und Korrekturen müssen jedoch im Einklang mit dem Inhalt des Kodexes stehen. Andernfalls können die Schüler (die *Normsubjekte*) oder deren Eltern gegen die Sprachvorschriften oder Sprachkorrekturen der Lehrer (die *Normautoritäten*) berechtigten Einspruch erheben. Vielleicht brauchen die Lehrer die Verwendung der Sprachvarianten des Kodexes (der unmarkierten und damit standardsprachlichen) nicht unbedingt vorzuschreiben; sie sind aber in der Regel zumindest berechtigt, dies zu tun und außerdem solche Varianten zu korrigieren, die im Kodex als nicht standardsprachlich oder nicht zur eigenen nationalen Varietät gehörend markiert sind. Ebenso müssen die Lehrer in der Regel die Verwendung der unmarkiert im Kodex stehenden Varianten erlauben und dürfen sie nicht als fehlerhaft bewerten. (Voraussetzung ist natürlich stets, daß sie zum jeweiligen Text passen.) So müssen z.B. die Lehrer in Österreich zwar vielleicht die Verwendung etwa des Wortes *Marille* anstelle von *Aprikose* nicht verlangen (also *Aprikose* dementsprechend korrigieren); sie sind aber zumindest verpflichtet, die Verwendung des Wortes *Marille* zuzulassen, dürfen also nicht an seiner Stelle die Verwendung von *Aprikose* verlangen. Andernfalls können die Schüler oder deren Eltern diese Forderung mit Aussicht auf Erfolg zurückweisen.

Es liegt auf der Hand, daß im vorliegenden Zusammenhang das Korrekturverhalten der Normautoritäten, vor allem der Lehrer, besondere Beachtung verdient, und zwar dasjenige gegenüber den Besonderheiten der eigenen Standardvarietät ebenso wie dasjenige gegenüber den Besonderheiten fremder Standardvarietäten. So interessiert beispielsweise im Falle von Österreich sowohl, wie sich Lehrer oder sonstige Normautoritäten gegenüber den eigenen nationalen Varianten (Austriazismen) verhalten, als auch, wie sie sich gegenüber den nationalen Varianten Deutschlands oder der Schweiz verhalten (*Teutonismen* bzw. *Helvetismen*). Eine interessante Teilmenge letzterer sind diejenigen Wörter, die zwar im *Österreichischen Wörterbuch* stehen, aber mit * markiert sind, was bedeutet: „Wörter, die speziell dem 'Binnendeutschen', das heißt dem Sprachgebrauch Deutschlands angehören" (*Österreichisches Wörterbuch* 1990: 15). Entsprechende Fragen stellen sich in bezug auf die Normautoritäten in Deutschland oder der Schweiz (vgl. Kap. F.2). Außerdem ist es bedeutsam, welches Verhalten in solchen Fällen seitens übergeordneter Normautoritäten, im Falle der Lehrer also von seiten der Schulbehörden, erwartet wird.

Nicht nur bei den Lehrern wird das sprachliche Korrekturverhalten wiederum durch übergeordnete Normautoritäten (z.B. Schulräte) und übergeordnete Normen (z.B. Erlasse des Kultusministeriums) gelenkt. Auch in anderen staatlichen ebenso wie anderweitigen Institutionen, z.B. in staatlichen Ämtern, ist es den einzelnen Vorgesetzten keineswegs freigestellt, welche Sprachformen sie als korrekt akzeptieren bzw. korrigieren, beispielsweise in den von Schreibkräften geschriebenen Schriftstücken. Eben diese Hierarchie von Normautoritäten begründet die spezifische *Gültigkeit* der Normen einer Standardvarietät (vgl. von Wright 1963: 194–202). Sie reicht meistens bis in die höchsten Instanzen der Gesellschaft bzw. des Staates hinauf, wenn auch vielleicht nur indirekt und über verschiedene Schaltstellen. Insofern verbürgt eben letztlich gewissermaßen der Staat die Verbindlichkeit der Normen der Standardvarietät, eine andere Art der Umschreibung ihrer *staatlichen* Gültigkeit.

Dies ist auch der maßgebliche Grund, warum die Normen einer Standardvarietät gewöhnlich für eine ganze Nation bzw. Sprachgemeinschaft in einer Nation gelten. Wegen ihrer Gültigkeit für Institutionen, mit denen alle Mitglieder der Gesellschaft zu tun haben, nämlich die allgemeinbildenden Schulen und die staatlichen Ämter, sind sie in gewissem Sinne für alle Staatsangehörigen bzw. die ganze Sprachgemeinschaft im betreffenden Staat verbindlich. Wenn der betreffende Staat zugleich die Organisationsform einer Nation bildet, dann hat die betreffende Standardvarietät auch *nationale* Gültigkeit (in der betreffenden Nation bzw. der betreffenden Sprachgemeinschaft in dieser Nation), ist also *nationale Varietät*.

Diese Hinweise bedürfen bei genauerer Betrachtung einer ganzen Reihe von Spezifizierungen, die sich zum Teil fast von selbst verstehen und von denen daher hier nur die wichtigsten genannt werden:

– Es soll nicht behauptet werden, daß Standardvarietäten per definitionem staatliche Geltung haben. Manche Standardvarietäten werden auch von anderen Organisationen getragen und hinsichtlich ihrer Normen abgesichert. Ein Beispiel ist etwa das Standardesperanto, dessen Normen vom Esperantobund bzw. dessen Leitung aufrecht erhalten werden. Entsprechend kann eine Religionsgemeinschaft bzw. deren Leitung die Standardvarietät ihrer gemeinsamen Sprache normativ regulieren. Staaten sind nur Sonderfälle gesellschaftlicher Organisationen (bei einem weiten Verständnis des Begriffs), die besonders häufig die Gültigkeit der Normen einer Standardvarietät verbürgen und die im Rahmen unserer Thematik eine vorrangige Rolle spielen.

– Oft wird auch im letzteren, hier hauptsächlich interessierenden Fall der Sprachkodex keineswegs in staatlichem Auftrag erarbeitet, sondern von einer Privatperson oder -firma. Dies ist nicht entscheidend für seine letztlich durch die staatlichen Institutionen verbürgte, also staatliche Gültigkeit. Entscheidend dafür ist vielmehr, daß die Orientierung von Normautoritäten wie Lehrern oder Bürochefs am Kodex durch übergeordnete Instanzen und letztendlich vom Staat autorisiert ist. Dementsprechend kann der Kodex sogar in einem anderen Staat erarbeitet worden sein; entscheidend ist, ob er im vorliegenden Staat gültig ist. So ist z. B. der hauptsächlich in Deutschland erarbeitete Rechtschreib-Duden auch in der Schweiz gültig. Im Hinblick darauf kann man terminologisch differenzieren zwischen einem *Binnenkodex,* der im jeweiligen Staat erarbeitet ist, und einem außerhalb des jeweiligen Staates erarbeiteten *Außenkodex.* Für diese Unterscheidung ist es maßgeblicher, wo die Regie der Kodifizierung liegt, als wo die Kodifizierung ausgeführt wird. So spielt z. B. der bloße Druckort dafür keine Rolle. So wichtig die Unterscheidung zwischen Binnen- und Außenkodex unter gewissen Gesichtspunkten ist (vgl. Kap. B.2, C.2, D.2), so haben doch beide Kodexarten das gemeinsame Merkmal, im jeweiligen Staat gültig zu sein.

– Der Kodex einer Standardvarietät enthält, wie schon erwähnt, häufig auch Nonstandardformen, z. B. solche, die in der Belletristik vorkommen, sowie Formen anderer nationaler Varietäten. Sie sind dann dementsprechend markiert. Das Gesagte bezieht sich nur auf die nicht derart markierten Formen.

– Die Vorschriften zur Verwendung der standardsprachlichen Formen bestehen zwar für so gut wie alle Individuen der Nation bzw. der Sprachgemeinschaft in der Nation. Sie beschränken sich jedoch in der Regel auf ganz wenige Institutionen und Textsorten. Typisch ist die Institution Schule, wo diese Vorschriften wiederum auf bestimmte Textsorten beschränkt sind, insbesondere auf schriftliche Sachtexte oder – bezüglich der Aussprache – die Rezitation von Gedichten. In Aufsatzgattungen wie dem Erlebnisbericht mögen um der sprachlichen „Lebendigkeit" willen ebenso Nonstandardformen zulässig sein wie in der mündlichen Unterrichtsbeteiligung, ganz zu schweigen vom Pausengespräch. Außerdem beschränken sich die Vorschriften auf den „Gebrauch" der Sprache (objektsprachlich) – im Gegensatz zum Zitieren (metasprachlich), wo auch Nonstandardformen sowie fremde nationale Varianten zulässig sein können.

– Die allgemeine Geltung der Standardvarietät für die ganze Nation bzw. Sprachgemeinschaft in der Nation schließt nicht aus, daß auch die Standardvarietät regionale Varianten hat, wenngleich stets weit weniger als die Dialekte. Wo überregionale Ausdrücke fehlen, sind die regionalen Varianten in ihren jewei-

ligen Regionen standardsprachlich; sie sind oft auch im Kodex dementsprechend markiert (vgl. Kap. A.4.3; Besch 1986; Püschel 1988).
- Die Normautoritäten, also z. B. die Lehrer, orientieren sich faktisch keineswegs immer streng am Sprachkodex. Meistens werden auch von den Normsubjekten, also z. B. von den Schülern, gewisse Korrekturen hingenommen, die im Widerspruch zum Inhalt des Sprachkodexes stehen. Entscheidend ist jedoch, daß wachsame und konfliktbereite Normsubjekte solche Korrekturen notfalls zurückweisen können, und zwar unter Berufung auf den Kodex.
- Der Sprachkodex ist zumeist unscharf abgegrenzt, d. h. es ist teilweise unklar, welche Veröffentlichungen dazugehören und welche nicht. Ein Grund dafür ist, daß jeder Kodex oder Kodexteil mit der Zeit veraltet, ohne daß unbedingt ein genauer Zeitpunkt angegeben werden könnte, zu dem er völlig veraltet ist. Ein anderer Grund ist, daß - ohne Auftrag „von oben" - neue Kandidaten für Kodexteile verfaßt werden, von denen sich manche zu tatsächlichen Kodexbestandteilen entwickeln, ohne daß immer klar wäre, wann dieser Zeitpunkt erreicht ist. Oft gibt es einen Grundbestand von unzweifelhaft zum Kodex gehörenden Veröffentlichungen - man könnte vom *Kodexkern* sprechen - und daneben einen unscharf umrissenen breiten Rand von Werken, deren Status als Kodexbestandteil zweifelhaft bleibt. Klarheit über die wirkliche Zugehörigkeit zum Kodex entsteht erst durch einen Sprachnormenkonflikt, der zu den höchsten staatlichen Instanzen, z. B. dem obersten Verwaltungsgericht, vordringt, etwa bei einer Klage von Eltern gegen die Korrektur eines Lehrers. Solche Konflikte kommen jedoch praktisch nie vor, weil sie schon auf unteren Instanzen gelöst werden.

Außer diesen hauptsächlich auf den Sprachkodex bezogenen Spezifizierungen ist für das Verständnis des Funktionierens einer Standardvarietät bedeutsam, daß an ihrer Festlegung noch andere soziale Kräfte mitwirken. Auch sie setzen (oder bekräftigen) bis zu einem gewissen Grade die Normen einer Standardvarietät. Im Grunde tun dies schon die *Normautoritäten*. Wenn eine größere Zahl von ihnen regelmäßig in bestimmten Punkten vom Kodex abweicht, ob wissentlich oder nicht, dann ist dieser damit an den betreffenden Punkten in Frage gestellt.

Außerdem sind an der Setzung der Standardvarietät die *Sprachexperten* beteiligt. Sie sind nicht identisch mit den *Kodifizierern*, die den Kodex erarbeiten und die sich in der Regel in Sprachfragen ebenfalls ausgezeichnet auskennen. Um die Eigenständigkeit der Sprachexperten im sozialen Kräftefeld einer Standardvarietät zu verdeutlichen, ist es zweckmäßig, diese Gruppe definitorisch auf solche Personen zu beschränken, die gerade nicht an der Ausarbeitung des Kodexes mitwirken. Diese Differenzierung, die in sprachnormtheoretischen Arbeiten oft fehlt, z. B. auch in dem sonst sehr fundierten Buch von Renate Bartsch (1985: 107 f.), erscheint mir für das Verständnis der Festlegung von Standardvarietäten bedeutsam. Unter den Sprachexperten bilden heutzutage vermutlich die professionellen Linguisten (zumeist Hochschullehrer) die wichtigste Teilgruppe. Die Sprachexperten beurteilen den Kodex fachlich und wirken auch inhaltlich auf ihn ein, insofern ihre Kritik bei Neuauflagen berücksichtigt wird. Sie können außerdem in Fällen von Sprachnormkonflikten als Gutachter angerufen werden, z. B. wenn es um die Berechtigung bestimmter sprachlicher Vorschriften oder Korrekturen geht. Dabei können sie unter Umständen auch wirkungsvoll gegen einzelne Festlegungen des Kodexes auftreten.

Eine besonders wichtige weitere Komponente bei der Setzung einer Standardvarietät sind die sogenannten *Modellsprecher* und *-schreiber,* die in ihrer Wahl von Sprachvarianten als vorbildlich gelten. Genaugenommen sind es die von ihnen produzierten mündlichen und schriftlichen Texte, und zwar nicht ihre privaten, sondern ihre für die Öffentlichkeit bestimmten oder der Öffentlichkeit zugänglich gemachten Texte. Man kann diese Texte *Modelltexte* nennen. An diesen als sprachlich vorbildlich geltenden Texten orientieren sich zumeist die Verfasser oder Bearbeiter des Sprachkodexes. Ebenso stützen sich Sprachexperten und Sprachnormautoritäten teilweise auf diese Texte. Häufig spielen dabei schriftliche Texte eine größere Rolle als mündliche, was teils durch deren leichtere Zugänglichkeit bedingt ist und teils durch die traditionell größere Verbindlichkeit schriftlicher Texte (z.B. Verträge), für die daher vor allem in früheren Zeiten eine Festlegung nach sprachlicher Korrektheit dringlicher war. Es ist zwar richtig, wenn man die Modellsprecher und -schreiber als Angehörige der Bildungsschicht kennzeichnet; jedoch ist diese Kennzeichnung zu ungenau. Es handelt sich meistenteils geradezu um professionelle Sprachbenutzer: Berufsschreiber wie Journalisten, Wissenschaftler oder Schriftsteller bzw. – speziell bezüglich der Aussprache – Berufssprecher in den Medien oder am Theater. Ihre Texte (in Zeitungen, Büchern, elektronischen Medien) werden von den Kodifizierern beobachtet, mehr oder weniger systematisch gesammelt und dienen als Grundlage für die Inhalte des Sprachkodexes, also die Standardvarianten.

Die Modellsprecher und -schreiber sowie die Sprachexperten sind meist in geringerem Maße, wenn überhaupt, von übergeordneten staatlichen Instanzen abhängig als vor allem die Normautoritäten. Daher erklärt sich auch, daß eine Standardvarietät allenfalls teilweise, keineswegs vollständig, vom Staat kontrolliert wird. In welchem Ausmaß dies im einzelnen der Fall ist, läßt sich nur durch genauere Untersuchungen feststellen, als sie im vorliegenden Zusammenhang möglich sind; vermutlich wären dazu auch differenziertere Analysen der normsetzenden Instanzen einer Standardvarietät notwendig. Die Analyse dieser Instanzen geschieht hier notgedrungen bis zu einem gewissen Grade aus dem Stegreif. Es fehlt die gründliche sprachsoziologische Fundierung, die eine Aufgabe umfassenderer Theorien von Standardvarietäten und Sprachnormen bleibt.

Man darf sich die Wirkungsrichtung nicht nur einseitig von den Modellsprechern und -schreibern bzw. Modelltexten in Richtung auf den Sprachkodex denken; vielmehr ist außerdem die umgekehrte Wirkungsrichtung anzunehmen. Die Modellsprecher und -schreiber orientieren sich in ihrem Sprachverhalten durchaus auch an dem einmal vorliegenden Kodex; sie bleiben schon in ihrer sprachlichen Ausbildung davon nicht unberührt. Es besteht also ein Rückkoppelungsprozeß zwischen Kodex und Modellsprechern und -schreibern. Entsprechendes trifft auch zu auf die Beziehung zwischen ihnen und den Sprachnormautoritäten. Nicht nur orientieren sich die Normautoritäten in ihren Korrekturen zum Teil an den Modellsprechern und -schreibern, sondern letztere werden auch von ersteren beeinflußt, insbesondere in ihrer Ausbildung.

Bei genauerer Betrachtung findet man Rückkoppelungsprozesse zwischen allen hier unterschiedenen Komponenten des sozialen Kräftefeldes einer Standardvarietät. Die Normautoritäten berufen sich unter Umständen auch auf die Sprachexperten, so wie diese zur Rechtfertigung ihrer Auffassungen umgekehrt auf die Normautoritäten verweisen können. Ein Beispiel gegenseitiger Beeinflussung bezüglich des Partizips *gespiesen* (von *speisen*) in der Schweiz findet sich bei

Müller-Marzohl (1963: 73). Modelltexte (Sendungen von Radio Beromünster), Normautoritäten (Züricher Kantonsrat) und Kodifizierer (schweizerische Duden-Kommission) wirken bei der Anerkennung als standardsprachliche Form zusammen. Ein Beispiel des Konfliktes zwischen Kodex (Rechtschreib-Duden) und Sprachnormautoritäten (Lehrer), und damit auch der Beeinflussung, und zwar ebenfalls für die Schweiz, liefert Schläpfer (1979:160). Schließlich zeigt die Auseinandersetzung um die 35. Auflage des *Österreichischen Wörterbuchs* (1979), wie alle hier unterschiedenen Komponenten aufeinander einwirken können: Der Sprachkodex macht aufgrund von Modelltexten und intuitiver Urteile der Kodifizierer bislang nonstandardsprachliche Formen zu Standardformen; dies wird von Sprachwissenschaftlern (Sprachexperten) und teilweise auch von Sprachnormautoritäten abgelehnt; daraufhin enthebt der Sprachkodex in seiner nächsten Auflage (1985) die meisten dieser Formen wieder ihres standardsprachlichen Status (vgl. Kap. B.1: gegen Ende). Wie und in welchem Ausmaß solche Beeinflussungen tatsächlich stattfinden, ist eine empirische Frage, die bei jeder Nation bzw. Sprachgemeinschaft in einer Nation für die interessierende Zeitspanne speziell zu untersuchen wäre. – Im Zusammenspiel dieser Instanzen wird auch der Unterschied zwischen erstmaligem *Setzen* und nachträglichem *Bekräftigen* einer Sprachnorm deutlich. Das Bekräftigen einer einmal gesetzten Norm kann dabei geschehen entweder durch einen späteren Akt der normsetzenden Individuen selber (Bekräftigung der früheren Setzung) oder durch andere Individuen derselben Gruppe (Instanz) oder durch eine der anderen Instanzen unseres „sozialen Kräftefeldes".

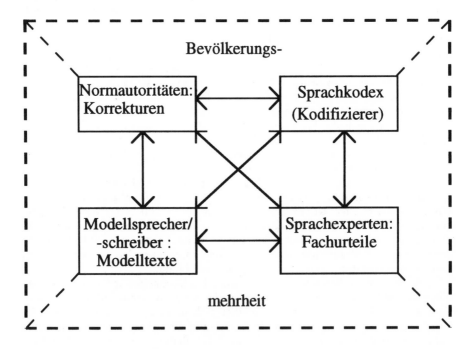

Abb. 4: Soziales Kräftefeld einer Standardvarietät

Abbildung 4 stellt die wichtigsten hier unterschiedenen Komponenten (oder Instanzen) des sozialen Kräftefeldes einer Standardvarietät, und mithin einer nationalen Varietät, nochmals im Überblick dar. Die Pfeile repräsentieren die möglichen Rückkoppelungsprozesse.

In Abbildung 4 ist zusätzlich eine bislang nicht thematisierte Größe eingeführt: die Bevölkerungsmehrheit. In einer umfassenden Soziologie einer Standardvarietät müßten ihre Sprech- und Schreibweisen und die Beziehungen zu den hier in den Mittelpunkt der Betrachtung gerückten vier Komponenten einer Standardvarietät ebenfalls ausführlich thematisiert werden. Dies würde hier jedoch zu weit führen. Die Einwirkung der Bevölkerungsmehrheit (ohne die herausgehobenen vier Komponenten) auf die Setzung und Form einer Standardvarietät ist nur indirekt. Je nach sprachpolitischen oder -soziologischen Umständen und zum Teil auch je nach persönlichen Einstellungen werden die Personen, die unsere vier Komponenten bilden, sich weniger oder mehr als sprachliche Interessenvertreter der Bevölkerungsmehrheit sehen und dementsprechend handeln. Ihre Beziehung zur Bevölkerungsmehrheit kann eine vom politischen System verlangte, eine weitgehend freiwillige oder auch so gut wie gar keine sprachliche Interessenvertretung sein. Die perforierte, nicht in Pfeilform dargestellte Linie soll die Variabilität dieser Beziehung, je nach politischen Umständen, zum Ausdruck bringen. Auch diese Beziehung wird in den weiteren Ausführungen gelegentlich thematisiert werden. Jedoch stehen die vier herausgehobenen Komponenten wegen ihrer unmittelbaren Einwirkung auf die Standardvarietät im Vordergrund unserer Überlegungen.

Es sei noch einmal auf den Ad-hoc-Charakter dieses Modells hingewiesen. Die unzureichende sprachsoziologische Fundierung schließt einerseits aus, daß die vier ermittelten Komponenten gewichtet werden, und bietet andererseits keine Gewähr dafür, daß nicht gleichermaßen wichtige andere Komponenten übersehen wurden. Das Modell enthält auch nicht die nationale (Standard)Varietät selber, die – in etwas vereinfachter normtheoretischer Sicht – den *Norminhalt* bildet. Strenggenommen ist ihre *Verwendung* in bestimmten Situationen der Norminhalt, und zwar in einem Sinn von *Verwendung,* der die Gestalt (Struktur) der Standardvarietät beinhaltet.

Trotz dieser Mängel liefert Abbildung 4 – wie mir scheint – eine praktisch brauchbare Orientierungsgrundlage für die Analyse unterschiedlicher Aspekte einer nationalen Varietät. Ein Beispiel ist die Frage der Autonomie einer bestimmten nationalen Varietät bzw. eines Zentrums einer Sprache gegenüber anderen nationalen Varietäten bzw. Zentren derselben Sprache, die uns im weiteren verschiedentlich interessieren wird (vgl. Kap. B.2, C.2, D.2, F.2, F.4 und F.7). Diese Autonomie ist z.B. eingeschränkt, wenn Teile des Sprachkodexes aus anderen Sprachzentren übernommen werden oder sich die Kodifizierer, die Normautoritäten oder die Sprachexperten an auswärtigen Modelltexten orientieren.

Das Kräftefeld von Abbildung 4 bietet auch eine Grundlage für die Abgrenzung standardsprachlicher Formen von den Nonstandardformen oder eigennationaler von fremdnationalen Formen. Als Kern einer nationalen (Standard)Varietät dürfen diejenigen Sprachformen angesehen werden, die von allen vier Instanzen dieses Kräftefeldes anerkannt werden, und zwar sowohl als standardsprachlich („hochsprachlich" oder dergleichen) als auch der eigenen und nicht einer anderen Standardvarietät zugehörig.

Zugleich wird durch Abbildung 4 eine Abgrenzungsschwierigkeit erkennbar, freilich keineswegs die einzige (vgl. Kap. A.4.3 und A.4.4). Diese Abgrenzungsschwierigkeit entspringt daraus, daß es meistens Sprachformen gibt, die zwischen den vier Instanzen strittig sind, d.h. nur von einem Teil von ihnen als standardsprachlich bzw. als der eigenen nationalen Varietät zugehörig anerkannt werden. Sie bilden den Übergangssaum vom Standard zum Nonstandard bzw. von der eigenen zu einer fremden Standardvarietät. Wie fließend dieser Übergang bzw. wie aussichtslos der Versuch einer präzisen Abgrenzung im Einzelfall sein kann, wird erkennbar, wenn man sich bewußt macht, daß jede der vier Instanzen ihrerseits unscharf abgegrenzt ist. Nur diejenigen Sprachformen, die von keiner dieser Instanzen als standardsprachlich bzw. als zur eigenen nationalen Varietät gehörend bewertet werden, gehören auch eindeutig nicht dazu.

Offenkundig kann es im weiteren nicht darum gehen, für jede Sprachform eindeutige Abgrenzungen im Sinne von Ja-Nein-Entscheidungen zu finden. Dennoch müssen für die Beschreibung der nationalen Varietäten aus Praktikabilitätsgründen Trennlinien gezogen werden. Weil diese Trennlinien nicht bei jeder einzelnen Sprachvariante neu begründet werden können, soll das Abgrenzungsproblem in den nächsten beiden Kapiteln noch etwas vertieft werden. Da die Abgrenzung des Standards vom Nonstandard und die der eigennationalen Varianten von den fremdnationalen Varianten jeweils aus unterschiedlichen Blickrichtungen erfolgt, werden beide Fragen in getrennten Kapiteln behandelt.

4.3 Zum Problem der Abgrenzung des Standards vom Nonstandard

Die Entwicklung einer Standardvarietät dient maßgeblich der Schaffung eines öffentlichen Kommunikationsmittels für die ganze Nation bzw. die ganze Sprachgemeinschaft in der betreffenden Nation. Zu diesem Zweck ist die Abgrenzung der Standardvarianten nach mindestens zwei Richtungen erforderlich:

(1) Regional. – Die Standardvarianten müssen von den regional allzu sehr eingeschränkten Varianten abgegrenzt werden. Dies sind zunächst einmal die überkommenen *dialektalen* Varianten. Dazu können aber auch etwas großräumigere Varianten zählen, die jedoch immer noch nicht großräumig genug sind; sie werden oft mit dem mehrdeutigen Ausdruck „umgangssprachlich" gekennzeichnet (erste Bedeutung dieses Ausdrucks; vgl. Bichel 1973). Schließlich gehören dazu unter Umständen regional begrenzte Neubildungen wie Entlehnungen aus Fremdsprachen oder Neologismen, die aber zumeist eher eine Rolle spielen in der folgenden, zweiten Abgrenzungsrichtung.

(2) Sozial oder stilistisch. – Die Standardvarianten müssen abgegrenzt werden von den sozial allzu sehr auf bestimmte Gruppen beschränkten Sprachvarianten, vor allem von Varianten, die nur in der nichtöffentlichen Kommunikation dieser Gruppen verwendet werden. Darunter fallen insbesondere Varianten, die häufig unter Überschriften wie „Slang", „Jugend-", „Schüler-", „Studenten-", „Gaunersprache" oder „Argot" und „Jargon" subsumiert werden.

Unter Umständen erscheinen auch Nonstandardvarianten dieser Art wiederum unter der Überschrift „Umgangssprache", wobei der Begriff dann in sozialer Richtung in Opposition zum Begriff ‚Standardvarietät' steht (zweite Bedeutung des Ausdrucks). – Zudem kann der Terminus *Umgangssprache* eine besondere Stilebene *innerhalb* der Standardvarietät bedeuten, so z.B. teilweise in den Dudenbänden (mündliche Auskunft des Leiters der Dudenredaktion, Günther Drosdowski) (dritte Bedeutung). Man sollte hier unmißverständlicher von *kolloquialer Stilebene* oder ähnlichem sprechen. Während diese drei Bedeutungen immerhin entweder im Gegensatz zur Standardvarietät stehen (1 und 2) oder im Sinne einer ihrer Stilebenen auf die Standardvarietät bezogen sind, steht eine vierte, ebenfalls verbreitete Bedeutung des verwirrenden Terminus *Umgangssprache* in überhaupt keinem definitorischen Zusammenhang mit dem Begriff ‚Standardvarietät‘. Gemeint ist die Bedeutung als ‚die im alltäglichen Umgang in der Regel verwendete Varietät‘, bei der es sich je nachdem um einen Dialekt, eine Standardvarietät oder eine „Umgangssprache" in einer der Bedeutungen (1), (2) oder (3) handeln kann. Dieser rein gebrauchsbezogene Begriff kann im Zusammenhang mit unserem Definitionsversuch von Standardvarietät offenkundig keine Rolle spielen (vgl. zu diesem Begriff z. B. Eichhoff 1977: 17; auch Kap. A.3.1. der vorliegenden Untersuchung).

Bei vielen Sprachformen ist die Abgrenzung zwischen Standard und Nonstandard bzw. die Bewertung als standardsprachlich oder nonstandardsprachlich verhältnismäßig unproblematisch, da sich mit ziemlicher Sicherheit einschätzen läßt, daß alle vier Instanzen des sozialen Kräftefeldes einer Standardvarietät (vgl. Kap. A.4.2: Abb. 4) übereinstimmend urteilen. Freilich ist die Bewertung seitens der Sprachexperten und Normautoritäten zumeist nicht ohne weiteres zu ermitteln und die Durchsicht der Modelltexte mühsam. Außerdem treten bei ernsthaften Klärungsversuchen in dieser Richtung fast immer Abgrenzungsschwierigkeiten hinsichtlich der betreffenden Instanzen selber auf. Aus diesen Gründen muß man sich notgedrungen in vielen Fällen mit den Auskünften aus dem Sprachkodex begnügen. Auf diese Verfahrensweise bleibt auch die vorliegende Untersuchung bei der Beschreibung der nationalen Varietäten weitgehend beschränkt, zuzüglich punktueller Korrekturen von seiten der anderen Instanzen oder auch vereinzelter begründeter Hypothesen über deren abweichende Bewertung.

Wenn man sich für die Abgrenzung des Standards vom Nonstandard auf den Sprachkodex stützt, so stellt sich sogleich die weitere Frage nach der Abgrenzung des Sprachkodexes selber. Ich erspare mir die Erörterung dieser Frage an dieser Stelle und verweise zu ihrer Beantwortung auf die thematisch einschlägigen Kapitel über die einzelnen nationalen Varietäten der deutschen Sprache (vor allem Kap. B.2, C.2 und D.2). Die weiteren Überlegungen basieren auf der Annahme, die Sprachkodizes für die einzelnen nationalen Varietäten seien zuverlässig (intersubjektiv übereinstimmend) und semantisch gültig (nach gängigem Verständnis des Begriffs) definiert. (Man achte darauf, daß hier von *definitorischer* oder begriffsexplikatorischer Gültigkeit die Rede ist, die nicht mit der für die vorliegende Untersuchung zentralen *normativen* Gültigkeit verwechselt werden darf.)

Wie schon in Kapitel A.4.2 erwähnt, darf nun nicht etwa davon ausgegangen werden, daß alle im Sprachkodex enthaltenen Sprachvarianten einfach standardsprachlich sind. Aus unterschiedlichen Gründen sind dort vielmehr fast immer auch eine nicht unbeträchtliche Anzahl von Nonstandardvarianten aufgenommen. Allerdings darf in der Regel unterstellt werden, daß zumindest die unmarkiert aufgenommenen Formen als standardsprachlich gelten (nach Maßgabe des betreffenden Kodexes). Mißlicherweise ist es jedoch nicht einfach umgekehrt so, daß die markierten Varianten generell als nonstandardsprachlich zu bewerten sind. Viele Markierungen sind auch aus der Sicht des Kodexes bzw. der Kodifizierer keineswegs so gemeint. Wie diese Markierungen im einzelnen den

Begriffen ‚Standard' und ‚Nonstandard' zuzuordnen sind, wird freilich in so gut wie keinem Kodex eindeutig mitgeteilt (vgl. dazu Niebaum 1984; 1989; Bister/ Willemyns 1988; Püschel 1988). Wenn man mit diesem Begriffspaar operieren will – und im Falle unserer Thematik führt offenbar kein Weg daran vorbei –, so muß man selber den beiden Begriffen die verschiedenen Kodexmarkierungen zuordnen, und zwar, wie sich von selbst versteht, möglichst eindeutig. Im Grunde muß dies für jeden Kodexteil einzeln geschehen, wobei auch kein sicherer Verlaß darauf ist, daß gleichlautende Markierungen in verschiedenen Kodexteilen dasselbe bedeuten (vgl. zur Einzelinterpretation und -festlegung die Kap. B.3.1, C.3.1 und D.3.1). Allerdings gibt es doch gewisse Übereinstimmungen der Markierungen zwischen den verschiedenen Kodizes und Kodexteilen, auf die in den folgenden Hinweisen abgehoben wird.

Wenden wir uns, entsprechend den zu Anfang erwähnten beiden Abgrenzungsrichtungen, zunächst einmal der *regionalen* Dimension zu. Hierbei geht es darum, solche Varianten als nonstandardsprachlich abzugrenzen, die regional stärker eingeschränkt sind als die betreffende Standardvarietät. Dies erscheint verhältnismäßig unproblematisch bei Markierungen wie „mundartlich" (oder „Dialekt" und dergleichen); dementsprechend markierte Varianten gelten in aller Regel als nonstandardsprachlich (nach Maßgabe des betreffenden Kodexes). Entsprechendes gilt für Markierungen durch Bezeichnungen einzelner Dialekte oder auch Dialektgruppen bzw. deren Regionen, wie z. B. „alemannisch", „schwäbisch", „oberdeutsch", „ostpreußisch", „niederdeutsch", vermutlich auch „berlinisch" usw. Bezeichnungen wie „oberdeutsch" oder „niederdeutsch" sind dabei als dialektbezogen sorgfältig zu unterscheiden von den regional ähnlich abgegrenzten Bezeichnungen „süddeutsch" bzw. „norddeutsch", auf die ich gleich zu sprechen komme. Auch die Markierung mit „umgangssprachlich" kann im Prinzip ‚nonstandardsprachlich im regionalen Sinn' bedeuten, zwar großräumiger als „dialektal", aber kleinräumiger als „standardsprachlich" (die erste der insgesamt drei hier relevanten Bedeutungen des Terminus Umgangssprache).

Regionale Begrenztheit ist nun aber keinesfalls generell gleichzusetzen mit Nonstandard. Dies zeigt sich an Markierungen wie „bay(e)risch", wenn – wie zumeist in den Kodizes – nicht unterschieden wird zwischen „bairisch" (für den Dialekt) und „bayerisch" (für das betreffende Bundesland Deutschlands). Es gibt nämlich durchaus speziell auf das Bundesland Bayern, genauer: auf dessen altbairischen Teil, beschränkte Varianten des deutschen Standarddeutsch, z. B. bei Handwerksbezeichnungen (vgl. Besch 1972). Noch fragwürdiger wäre es, andere, schon erwähnte regionale Markierungen in Bausch und Bogen dem Bereich des Nonstandards zuzuweisen: „norddeutsch" (im Gegensatz zu „niederdeutsch"), „süddeutsch" (im Gegensatz zu „oberdeutsch") oder auch „südwestdeutsch", „nordostdeutsch" und dergleichen im Kodex Deutschlands, oder „ostösterreichisch", „westösterreichisch", „Vorarlberg" und dergleichen im österreichischen Kodex (vgl. z. B. Rechtschreib-Duden 1991; *Österreichisches Wörterbuch* 1990). Vielmehr sind diese Markierungen – trotz regionaler Beschränkung – in der Regel als Zuordnungen zur Standardvarietät zu deuten (vgl. Kap. F.3). Dies gilt unter Umständen auch für die Markierungen „landschaftlich" oder „regional", die zum Ausdruck bringen, daß der regionale Geltungsbereich der betreffenden Sprachform nicht näher bekannt ist (vgl. Besch 1986). Nach Maßgabe des betreffenden Kodexes gehören die betreffenden Sprachformen zumeist in denjenigen Bereich, der gelegentlich als „regionaler Standard" bezeichnet wird. Daß dabei vom Kodex bisweilen Varianten ausgezeichnet werden, die von den anderen für die Festlegung einer Standardvarietät maßgeblichen Instanzen (Kap. A.4.2: Abb. 4) nicht als Standard akzeptiert werden, ist eine andere Frage. Der regionale Standard umfaßt zum Teil Sektoren der Sprache, für die es noch gar keine unumstrittenen nationsweiten Varianten gibt, wo also der Prozeß der Standardisierung im Sinne der überregionalen Vereinheitlichung nicht zum Abschluß gebracht ist (vgl. Besch 1983a); es mag sich jedoch auch um Alternativformen zum überregionalen Standard handeln. Markierungen wie „regional" oder „landschaftlich" können allerdings außerdem einen Übergangsbereich zwischen Standard und Nonstandard bezeichnen, der nicht wirklich zum Standard zählt, zumindest nicht zum Standard in einem engeren Sinne. Das zu Anfang angesprochene Abgrenzungsproblem (1) erweist sich demnach insbesondere als eines der Abgrenzung des regionalen Standards vom regionalen Nonstandard, vor allem vom Dialekt und der „Umgangssprache" (in der ersten der drei hier relevanten Bedeutungen des Terminus).

Dem regionalen Standard ähnlich, aber grundsätzlich anders konzipiert ist der Bereich des sogenannten „kolloquialen Standards". Seine Spezifik wird erkennbar von dem zu Beginn dieses Kapitels erläuterten Blickwinkel (2) aus. Beim kolloquialen Standard handelt es sich um eine besondere Stilebene, die ebenso wie der regionale Standard noch innerhalb des Standards liegt.

Auch für diese Stilebene wird bisweilen, wie schon erwähnt (Auskunft Günther Drosdowski, Dudenredaktion), der Terminus *Umgangssprache* verwendet (dritte Bedeutung dieses Terminus). Diese Bedeutung ist übrigens auch diejenige im Buch Paul Kretschmers [1918] (1969) über die „hochdeutsche Umgangssprache". Sie unterscheidet sich als Stilebene innerhalb des Standards grundsätzlich von einer anderen Bedeutung des Terminus *Umgangssprache*, nämlich als ‚Sprechweise des täglichen Umgangs' (vierte Bedeutung, z.B. bei Eichhoff 1977: 17), die mit der Unterscheidung zwischen Standard und Nonstandard nichts zu tun hat und daher im vorliegenden Zusammenhang uninteressant ist. Ich habe darauf schon zu Beginn dieses Unterkapitels hingewiesen. Auch auf eine weitere Bedeutung des chamäleonartigen Terminus *Umgangssprache* habe ich schon zu Kapitelbeginn aufmerksam gemacht, nämlich: ‚nonstandardsprachlich – bei nicht notwendiger regionaler Beschränkung, also ohne regionale Spezifizierung' (zweite Bedeutung). Der Zusatz unterscheidet diese Bedeutung von der oben genannten, ersten. Auch diese zusätzliche Bedeutung ist konzipiert aus der zu Anfang des Kapitels erläuterten Perspektive (2).

Allem Anschein nach wird der Terminus *Umgangssprache* speziell in den Kodizes für die deutsche Sprache vorherrschend in Opposition zum Begriff des ‚Standards' verwendet, also in der ersten (regionalen) oder zweiten (sozial-stilistischen) Bedeutung. Daher erscheint es angebracht – bei aller Ungenauigkeit dieses Vorgehens -, Markierungen mit „umgangssprachlich" in der Regel als (nach Maßgabe des betreffenden Kodexes) nonstandardsprachlich zu bewerten.

Im Hinblick auf die Abgrenzungsschwierigkeiten zwischen kolloquialem Standard und Nonstandard ist es notwendig, *Normebenen* (Standard – Nonstandard) und *Stilebenen* (gehoben – normal – salopp – vulgär und dergleichen) klar auseinander zu halten. (Übrigens wird statt von *Normebene* gelegentlich auch von *Sprachschicht* gesprochen (z.B. Ebner 1980: 12), was jedoch mißverständlich ist, da mit diesem Ausdruck ansonsten zumeist das sprachliche Korrelat von Sozialschichten gemeint ist, das nicht ohne weiteres mit dem Unterschied zwischen

Standard und Nonstandard koinzidiert.) Jede Normebene, die des Standards, die uns hier in erster Linie interessiert, ebenso wie die des Nonstandards (Dialekt usw.), umfaßt mehrere Stilebenen, die im Grunde in sehr vergröberter Form die vielfältige situative Variation innerhalb der betreffenden Normebene widerspiegeln.

Die besonderen Abgrenzungsschwierigkeiten des kolloquialen Standards liegen im Bereich der Stilebenen „unterhalb" des in den Sprachkodizes unmarkierten „Normalstils". Sie werden in den Kodizes zum Teil unter Bezugnahme auf bestimmte soziale Gruppen markiert. Bei rein fachsprachlichem Bezug besteht allerdings in der Regel an der Bewertung als standardsprachlich kein Zweifel. Innerhalb der Standardvarietät ist nämlich Raum sowohl für Fach- als auch Gemeinsprache, und fachliche Nonstandardvarianten werden in den Kodizes entweder nicht festgehalten oder dementsprechend markiert (als „Jargon" oder „mundartlich"). Dagegen werden mit dem Bezug auf Gruppen, die nicht in die normale Erwachsenenwelt integriert sind, in der Regel Nonstandardvarianten markiert. Bei solchen Benennungen ist – falls diese Unterscheidung dabei überhaupt in Betracht kommt – an den nichtöffentlichen oder „informellen" Sprachgebrauch der betreffenden Gruppen gedacht. Beispiele sind die schon zu Anfang des Kapitels genannten Markierungen mit „Kinder-", „Jugend-", „Schüler-", „Studenten-" oder auch „Gaunersprache". Solche Markierungen scheinen mir die Bewertung als Nonstandard zu implizieren.

Zum andern Teil wird der Übergang des kolloquialen Standards zum Nonstandard mit herkömmlichen Stilangaben markiert. Ohne daß Zuverlässigkeit oder semantische Gültigkeit garantiert werden könnten, scheinen dabei Bezeichnungen wie „vulgär" oder auch „salopp" als Nonstandard gemeint zu sein. Daß solche Markierungen nicht leichthin gegeben werden, zeigt sich daran, daß sogar die nicht gerade „feinen" Wörter, wie z.B. *Arsch,* nicht damit markiert sind. So ist dieses Wort in *Duden. Das große Wörterbuch der deutschen Sprache* (Bd. 1, 1976) und im *Österreichischen Wörterbuch* (1990) nur mit „derb" und im Rechtschreib-Duden (1991) sogar überhaupt nicht markiert. Es ist somit nach dem vorgeschlagenen und hier im weiteren angewandten Abgrenzungskriterium unzweifelhaft standardsprachlich.

Die Genese der Abgrenzungsschwierigkeiten im Bereich des kolloquialen Standards läßt sich grob folgendermaßen erklären. Die Standardvarietät dient wesentlich nicht nur der überregionalen, sondern auch der öffentlichen Kommunikation. Jede Beschränktheit von Sprachformen durch nur nichtöffentliche, private Verwendbarkeit ist hier im Grunde hinderlich. Nun gibt es jedoch verschiedene Grade der Öffentlichkeit sprachlicher Kommunikation, was übrigens auch ein Grund dafür ist, daß sich manche regionalen Varianten innerhalb der Standardvarietät erhalten haben. Außerdem werden in der Öffentlichkeit zum Teil die gewissermaßen privatesten Angelegenheiten ausgebreitet, z.B. in der belletristischen Literatur, und dazu wird aus Gründen des Darstellungsrealismus auch auf nicht ohne weiteres öffentlichkeitsfähige Sprachformen zurückgegriffen, z.B. auf „familiäre" oder auch „derbe". Die betreffenden Sprachformen behalten unter Umständen lange Zeit eine Art Zwischenstellung zwischen Standard und Nonstandard bei, bis sie als konventionalisierte öffentliche sprachliche Darstellungsmittel schließlich Bestandteil des Standards werden.

Die hiermit angedeutete Abgrenzungsschwierigkeit zeigt sich auch in der schon erwähnten größeren Toleranz der Lehrer (Normautoritäten) gegenüber

Nonstandardformen in Erlebnisaufsätzen, im Gegensatz zur geringeren Normtoleranz in den distanzierter darstellenden Textsorten. Heinz Kloss (1978: 37–55)
trägt dieser Beobachtung in anderen Zusammenhängen dadurch Rechnung, daß
er den „Ausbau" einer Sprache, zu dem neben ihrer Modernisierung (Entwicklung von Fachterminologien) ihre Standardisierung (Entwicklung einer Standardvarietät) gehört, vor allem an der in ihr verfaßten Sachliteratur (im Gegensatz zur
Belletristik) mißt. In der Tat repräsentieren die in Sachtexten normalerweise verwendeten Sprachformen am unzweifelhaftesten den jeweiligen Standard, während die nur in der Belletristik verwendeten Formen in der Regel Abgrenzungsprobleme heraufbeschwören. Solche Sachtexte sind z. B. in geschriebener Sprache
bestimmte Schulaufsatzgattungen, wie Berichte und Beschreibungen, oder fachliche, wissenschaftliche Texte und Zeitungsberichte, und in gesprochener Sprache
sind es Nachrichtensendungen in den elektronischen Medien. Die in solchen
Textsorten „normalen" Formen finden sich in aller Regel auch unmarkiert im
Sprachkodex und werden weder von den Sprachexperten noch von den Sprachnormautoritäten in ihrer Standardsprachlichkeit angezweifelt.

Wenn wir einmal unterstellen, daß die bisher getroffenen Abgrenzungen den
Zwecken der vorliegenden Untersuchung entsprechen, so tritt noch das weitere
Problem auf, daß verschiedene Teile des Sprachkodexes einander widersprechen
können. Dafür ein Beispiel aus dem Bereich der Standardaussprache, der Orthophonie (= Orthoepie). Das *Duden. Aussprachewörterbuch* (= Aussprache-Duden)
(1990) gibt als Standardaussprache des Wortes *Fond* nur [fõ:] an. Auch der *Siebs*
(1969) nennt nur eine einzige, ganz ähnliche Form, allerdings mit offenem und
kurzem Nasalvokal [fɔ̃]. Demgegenüber weist das *Große Wörterbuch der deutschen Aussprache* (1982) zusätzlich noch die deutlich andersartige, konsonantisch endende Variante [fɔŋ] auf, die im Aussprache-Duden (1990: 56) ausdrücklich als „Umgangslautung" bewertet wird, was in diesem Fall – analog zur vorherrschenden Bedeutung der Markierung „umgangssprachlich" – ‚Nonstandard-
lautung' bedeutet.

Hier stellt sich vor allem die Frage, ob diese verschiedenen Kodexteile für
Deutschland gleichermaßen gültig sind. Die vielleicht naheliegende Antwort, daß
das in der ehemaligen DDR erstellte *Große Wörterbuch der deutschen Aussprache* nach der Vereinigung der beiden deutschen Staaten ungültig geworden
sei, läßt sich nicht ohne weiteres begründen. Es gibt keine ausdrückliche derartige
Außerkraftsetzung, zumal in einem Bereich wie der Orthophonie, der – anders als
die Orthographie – nicht durch ausdrückliche staatliche Verfügung geregelt ist.
Solange eine solche Außerkraftsetzung nicht nachweisbar ist, erscheint es angemessen, „normtolerant" zu verfahren und sogar diejenigen Formen, die nur durch
einen einzigen Kodexteil legitimiert sind, als standardsprachlich zu akzeptieren,
auch wenn sie von anderen Kodexteilen als Nonstandard bewertet werden.

Anders und weit schwieriger ist die Bewertung von möglicherweise standardsprachlichen Varianten, die in keinem Kodexteil verzeichnet sind. Daß mit
nicht-kodifizierten standardsprachlichen Varianten zu rechnen ist, wurde in der
Literatur zur Sprachstandardisierung oft genug hervorgehoben. Dabei wurde insbesondere darauf hingewiesen, daß es bislang keine vollständige Beschreibung
irgendeines funktionsfähigen („natürlichen") Sprachsystems gibt und folglich
auch jede Kodifizierung einer Standardvarietät gewisse Lücken aufweist (vgl.
dazu Ammon 1986: 50 f.). Auf einer anderen Ebene liegen Hinweise wie z. B. derjenige Ingo Reiffensteins (1983: 20 f.), daß eine Standardvarietät (bei Reiffenstein

„Hochsprache") dann weiter gefaßt werden sollte als im Sprachkodex, wenn der Kodex allzu sehr von der Sprachwirklichkeit abweicht. Denn unabhängig vom Sprachkodex gelte: „Wenn eine Äußerung als Hochsprache intendiert, die Sprechsituation hochsprachegemäß ist und die Äußerung von den Hörern entsprechend akzeptiert wird, dann ist das Hochsprache, jedenfalls in der betreffenden Kommunikationsgemeinschaft."

Hier wird offenbar Bezug genommen auf die anderen Instanzen des sozialen Kräftefeldes einer Standardvarietät (Kap. A.4.2: Abb. 4), insbesondere auf die Modellsprecher und -schreiber bzw. Modelltexte. Auch die Urteile der Sprachexperten oder das Korrekturverhalten von Sprachnormautoritäten können selbstverständlich in eine solche Argumentation einbezogen werden. Reiffenstein geht allerdings noch darüber hinaus, indem er offenbar das Urteil beliebiger an der jeweiligen Sprechsituation beteiligter Personen, vielleicht aber auch der Bevölkerungsmehrheit, zum Maßstab standardsprachlicher Geltung von Sprachformen machen möchte. Diese „demokratische" Sicht der Dinge ist zwar sympathisch; sie scheint mir aber letztlich unhaltbar, wenn man überhaupt eine einigermaßen gesicherte Abgrenzung des Standards anstrebt; freilich ist sie geeignet, den Sprachexperten, Sprachnormautoritäten und auch den Kodifizierern Wege für ihre Urteilsfindung zu weisen.

Schon wenn man für die Bewertung von Sprachvarianten als standardsprachlich nur die hier angesetzten Komponenten des sozialen Kräftefeldes einer Standardvarietät heranzieht (Kap. A.4.2: Abb. 4), kann die einigermaßen gesicherte Bewertung auch nur einer einzigen Sprachform eine aufwendige empirische Erhebung erfordern. Für die vorliegende Untersuchung kann daher jeder Schritt über den Sprachkodex hinaus entweder unerschwinglich aufwendig oder ein methodisches Hasardspiel werden. Daher werden solche Schritte hier im weiteren Verlauf nur vereinzelt im Falle vertretbarer Anhaltspunkte unternommen.

Was dabei als – notgedrungen hypothetischer – Standard gefunden und unterbreitet wird, nenne ich *Gebrauchsstandard* (vgl. den ähnlichen Terminus „Gebrauchsnorm", z.B. bei Schindler 1974: 87). Diese Kennzeichnung, die in den betreffenden Fällen regelmäßig beigefügt wird, impliziert, daß die fraglichen Varianten nicht durch den Sprachkodex im oben erläuterten Sinn als standardsprachlich ausgewiesen sind. Das Bestimmungswort „Gebrauchs-" verweist darauf, daß zumeist Modelltexte (z.B. überregionale Nachrichtensendungen im Fernsehen, Zeitungsberichte und dergleichen) zugrunde liegen bzw. Untersuchungen solcher Texte. Der Terminus *Gebrauchsstandard* steht demnach in semantischer Opposition zum Terminus *kodifizierter Standard*. Er ist nicht synonym mit dem gängigen Terminus *Realstandard* (auch *Realnorm*), der sich in der Regel auf eine Variante des kodifizierten Standards bezieht, die als der Sprachwirklichkeit näherstehend bewertet wird als die im Zusammenhang damit abgelehnte, ebenfalls kodifizierte *Idealstandard* (oder die *Idealnorm*).

4.4 Zur Abgrenzung nationaler Varietäten voneinander: Eigennationale gegen fremdnationale Varianten

Eine nationale Varietät ist nur unzureichend definiert, wenn man sie lediglich vom Nonstandard abgrenzt (Kap. A.4.3). Sie bedarf darüber hinaus einer weiteren Abgrenzung, die zugleich für unser Thema spezifischer und insofern noch interessanter ist, nämlich der Abgrenzung gegen die anderen nationalen Varietäten derselben Sprache, die ja ebenfalls standardsprachlich sind. Nach ihrer Standardsprachlichkeit unterscheiden sich beispielsweise die Wörter *Flugpost* und *Luftpost* oder *Fahrrad* und *Velo* nicht wesentlich; der entscheidende Unterschied zwischen ihnen liegt vielmehr in der ganz andersartigen Dimension der Zugehörigkeit zu verschiedenen Nationen. Nach gängiger Metaphorik ist die Abgrenzung des Standards vom Nonstandard einerseits eine „vertikale" (Nonstandard im sozialen und stilistischen Sinn) und andererseits eine „horizontale" (Nonstandard im Sinne des regional allzu Begrenzten). Auch die Abgrenzung einer nationalen Varietät von den anderen nationalen Varietäten ist eine „horizontale", nur in entgegengesetzter Richtung, nämlich gegen das regional allzu Entfernte, gegen das jenseits der nationalen Grenzen Geltende. Während die Abgrenzung des Standards vom Nonstandard gewissermaßen „nach innen", gegen die regionalsprachliche Differenzierung innerhalb der Nation weist, richtet sich die Abgrenzung der eigenen nationalen Varietät gegen andere gewissermaßen „nach außen", gegen die andernorts geltenden nationalen Varietäten derselben Sprache. Man kann dies auch so ausdrücken, daß dabei die *eigennationalen* von den *fremdnationalen Varianten* (oder *Varietäten*) abgegrenzt werden, eine Terminologie, die ich – mangels einer geeigneteren Alternative – im weiteren immer wieder verwende. Diese Terminologie drückt angemessen aus, daß nationale Varietäten durchaus mit sonstigen Begriffen nationalen Denkens zu tun haben, die nicht nur positive Erinnerungen wachrufen. Abbildung 5 veranschaulicht die unterschiedlichen Abgrenzungsrichtungen nationaler Varietäten.

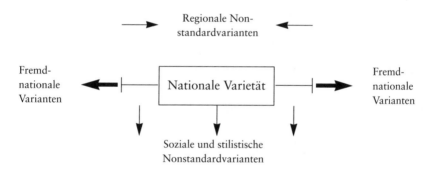

Abb. 5: Abgrenzungsrichtungen für eine nationale Varietät

Auch die Ausgangsfragen der Abgrenzung bei einer nationalen Varietät sind verschieden hinsichtlich des Nonstandards und hinsichtlich des Fremdnationalen. Die für die Abgrenzung des Standards vom Nonstandard typische Frage lautet: „Was ist sprachlich korrekt bzw. inkorrekt?", oder spezieller: „Was ist korrekt in bestimmten (öffentlichen oder förmlichen) Textsorten?" Die für die Abgrenzung der eigenen von anderen nationalen Varietäten charakteristische Frage lautet dagegen: „Was gehört zur Varietät der eigenen Nation, und was gehört nicht dazu, sondern zur Varietät einer anderen Nation?" Es ist leicht erkennbar, daß diese letztere Fragestellung teilweise analog ist zur Fragestellung bei Fremdwörtern. Nur bezieht sie sich auf verschiedene Varietäten derselben Sprache statt auf verschiedene Sprachen. Aufgrund dieser Analogie liegt es übrigens auch nahe, für die

Beantwortung nach Anregungen bei der Fremdwortforschung zu suchen, und für die Analyse der Begleitvorgänge nach Anregungen bei der Sprachpurismusforschung (vgl. Kap. B.4).

Anknüpfend an das in Kapitel A.4.2 dargestellte soziale Kräftefeld einer Standardvarietät (Abb. 4) wird man zur Identifizierung nationaler Varianten zunächst einmal die Sprachkodizes heranziehen. Dabei fällt auf, daß diese jeweils die eigennationalen Varianten gar nicht markieren, sondern sich ganz auf die Markierung der fremdnationalen Varianten beschränken. So werden z. B. in den in Deutschland erscheinenden Duden-Bänden zwar Varianten Österreichs und der Schweiz markiert (als „österr.[eichisch]" bzw. „schweiz.[erisch]"); die Markierung von Varianten als „deutsch" (im Sinne von ,spezifisch für Deutschland') fehlt dagegen gänzlich. Umgekehrt werden im *Österreichischen Wörterbuch* (1990) oder in dem Schweizer Wörterbuch *Unser Wortschatz* (Bigler u. a. 1987) gerade keine typisch österreichischen bzw. schweizerischen Varianten identifiziert, sondern nur „binnendeutsche". Sie werden im *Österreichischen Wörterbuch* (1990: 15) erläutert als solche, die „dem Sprachgebrauch Deutschlands angehören" – eine Formulierung, die in verschiedenen Auflagen variiert (vgl. Kap. B.4).

Speziell am *Österreichischen Wörterbuch* wurde die fehlende Kennzeichnung der eigenen nationalen Varianten verschiedentlich kritisiert (vor allem von Pollak, z.B. 1992: 11). Dabei wurde jedoch nicht thematisiert, daß die Markierung nur der fremdnationalen Varianten für Sprachkodizes von Zentren plurizentrischer Sprachen die allgemeine Regel ist. Offenbar geht es diesen Kodizes stets mehr darum, die fremden Varianten von den eigenen abzugrenzen als die eigenen Varianten von den fremden. Gewöhnlich besteht ja auch kein Grund, die Verwendung der eigenen Varianten in irgendeiner Weise zu limitieren. Die eigennationalen Varianten bleiben unmarkiert und damit in ihrer Verwendbarkeit unbeschränkt. Auch im Kodex für das US-amerikanische Englisch werden nur die britischen, australischen und anderen Besonderheiten markiert, nicht die eigenen US-amerikanischen, im Kodex für das britische Englisch nur die US-amerikanischen, australischen und anderen, nicht die eigenen britischen, usw. Es ist freilich zutreffend, daß diese Art der Markierung für die Kodexbenutzer nicht den höchstmöglichen Informationsgehalt besitzt. Außerdem kann man ihr nicht gerade bescheinigen, daß sie besonders frei sei von „Ethnozentrizität", im Sinne der Befangenheit in eigennationaler Sicht (vgl. Ammon 1994).

Trotz der grundsätzlichen Übereinstimmung aller Kodizes der verschiedenen nationalen Varietäten der deutschen Sprache, und nicht nur der deutschen, in der Nichtmarkierung der eigennationalen Varianten, gibt es auffällige Unterschiede zwischen ihnen. Am deutlichsten unterscheiden sich die Kodizes für das österreichische und das schweizerische Deutsch auf der einen Seite vom Kodex für das deutsche Deutsch auf der andern Seite. Der Unterschied läßt sich am Beispiel des *Österreichischen Wörterbuchs* und der Duden-Bände verdeutlichen. Beide erstrecken sich ganz unterschiedlich weit über die verschiedenen nationalen Varietäten der deutschen Sprache. Das *Österreichische Wörterbuch* beschränkt sich so gut wie vollständig auf die deutsche Sprache in Österreich, mit Ausnahme vereinzelter Angaben zum Deutsch Südtirols. Zwar enthält es eine Anzahl von Varianten, die „dem Sprachgebrauch Deutschlands angehören". Bei ihnen handelt es sich jedoch nicht um beliebige speziell in Deutschland geltende Formen, sondern nur um diejenigen davon, die auch in Österreich weithin bekannt sind, die jedoch – nach Auffassung der Wörterbuchautoren – nicht zur österreichischen nationalen Varietät des Deutschen gehören. In der umstrittenen 35. Auflage des *Österreichischen Wörterbuchs* (1979: 10) macht die Formulierung noch deutlicher, daß es sich bei dieser speziellen Gruppe von Wörtern um in Österreich durchaus bekannte und zum Teil auch gebräuchliche handelt, die jedoch „als ‚bundesdeutsch' empfunden" werden und nicht als Bestandteil der österreichischen nationalen Varietät gelten. Über die deutsche Sprache in der Schweiz macht das *Österreichische Wörterbuch* überhaupt keine Angaben.

Die Dudenbände erstrecken sich dagegen auf das ganze deutsche Sprachgebiet und keineswegs nur auf die deutsche Sprache in Deutschland. Die Markierungen als „österr.[eichisch]", „schweiz.[erisch]" oder auch „luxemb.[urgisch]" beziehen sich durchaus auf speziell in diesen Staaten gebräuchliche Sprachformen, nicht nur auf diejenigen davon, die auch in Deutschland bekannt sind und nur als österreichisch usw. *empfunden* werden. Varianten der letztgenannten Art, die den „binnendeutschen" Varianten im *Österreichischen Wörterbuch* entsprächen, werden in den Duden-Bänden gerade nicht identifiziert – wobei es keineswegs ausgeschlossen ist, daß es sie gibt.

Je nach Interessenlage kann man daher die Duden-Bände einerseits wegen der umfassenden „Informationen" loben oder aber wegen ihres „Alleinvertretungsanspruchs" für die deutsche Sprache kritisieren (vgl. Kap. D.4). Mit den in Anführungszeichen gesetzten Begriffen wird auf ein Problem hingewiesen, auf das ich sogleich zurückkomme: Inwieweit sind die Auskünfte in den Duden-Bänden über die anderen nationalen Varietäten als diejenigen Deutschlands tatsächlich nur „Informationen", also Normbeschreibungen, und inwiefern sind es Setzungen von Normen? Von der Antwort auf diese Frage hängt es auch ab, inwieweit die Duden-Bände als Kodex über den Bereich der nationalen Varietät Deutschlands hinaus gültig sind, am Ende womöglich für die ganze deutsche Sprache.

Zuvor möchte ich mich noch einer anderen Sicht der nationalen Varietäten zuwenden, die in den Duden-Bänden zum Ausdruck kommt. Die nationalen Varietäten erscheinen dort als ein Sonderfall regionaler Varietäten. Die Markierungen „österr.[eichisch]" oder „schweiz.[erisch]" unterscheiden sich in nichts grundsätzlich von innerdeutschen regionalen Markierungen wie „bayerisch" oder „nordd.[eutsch]". Auch in sonstigen wissenschaftlichen Publikationen sind die nationalen Varietäten schon des öfteren als ein Spezialfall regionaler Varietäten gesehen worden (z. B. in Besch 1986; Scheuringer 1987). Diese Sicht der Dinge ist auch keineswegs ganz abwegig; vielmehr gibt es durchaus verschiedene Parallelen zwischen nationalen und regionalen Varietäten. Einen der verschiedenen Ansatzpunkte für sie bietet der Begriff der ‚Identität' der Sprecher, hier natürlich spezieller der ‚regionalen Identität'. Es handelt sich dabei um eine Art von Gruppenidentität, die sich an regionalen Sprachformen festmacht und gruppenpsychologisch analysierbar und erklärbar ist. Regionale Identität erweist sich dann als das Ergebnis von Zuordungsprozessen zur Eigengruppe und Abgrenzungsprozessen gegenüber Fremdgruppen – möglicherweise ein Universale menschlicher Vergesellschaftung. Sprachformen sind ein hervorragendes Mittel solcher regionaler Identitätsbildung; denn sie sind deutlich wahrnehmbar und lassen sich leicht präsentieren, und sie können zugleich ein verhältnismäßig tief verankertes Persönlichkeitsmerkmal der Sprecher oder Schreiber sein, das nicht so leicht austauschbar ist wie z.B. ein unter Umständen ebenfalls regionalspezifisches Kleidungsstück (vgl. Kap. B.6).

In vielen Fällen entwickelt sich die Regionalsymbolik von Sprachformen allerdings nicht einfach quasi naturwüchsig, sondern wird von bestimmten Personen oder Gruppen gesteuert, häufig mithilfe der Erziehungsorgane, der Massenmedien und der kommunalen oder staatlichen Institutionen. Sie wird dann zum Gegenstand von Sprachpflege und Sprachpolitik. Beispiele dafür lassen sich leicht finden; auch in der Fachliteratur wird des öfteren auf sie hingewiesen. So erwähnt z.B. Hermann Scheuringer (1987: 112f., 116) die „Berufsbayern", die sich für die Pflege sprachlicher (wie auch außersprachlicher) bayerischer Besonderheiten engagieren und denen die Massenmedien auch immer wieder die Möglichkeit verschaffen, ihre Auffassungen öffentlich darzustellen. Als Beispiel nennt er eine Serie von Leserbriefen in der *Süddeutschen Zeitung* (10.1., 6.2., 22./23.2.1986), in denen die Verdrängung bayerischer Ausdrücke („Bavarismen") von Bayerns Speisekarten beklagt wird (*Rahm, Truthahn, Topfen, Ranne, gelbe Rüben, Kraut* durch *Sahne, Pute, Quark, rote Beete, Möhre, Kohl*). Genauer sind dabei die bayerischen Gebiete mit bairischem Dialekt gemeint (Altbaiern). Ferner weist Scheuringer darauf hin, daß sich sogar die bayerische kommunale und staatliche Politik immer wieder zugunsten der Erhaltung regionaler Sprachbesonderheiten einschaltet. So hat z.B. der populäre niederbayerische Abgeordnete Franz Xaver Unertl nicht ohne Erfolg gegen die amtliche Einführung „unbayerischer" Handwerksbezeichnungen gekämpft, worin er gleichfalls von den regionalen Massenmedien Rückendeckung erhielt. Man kann im Hinblick auf solche regionalen Sprachbesonderheiten von „subnationalen Zentren" des Deutschen sprechen bzw. von „subnationalen Varietäten", unter Umständen auch – in Anlehnung an gängige, wenngleich zum Teil fragwürdige Terminologien – von „Länderzentren" bzw. „Ländervarietäten" oder womöglich sogar von „Stammeszentren" bzw. „Stammesvarietäten". Diese Varietäten sind wegen ihrer möglichen Standardsprachlichkeit (Regionalstandard) keineswegs einfach mit Dialekten gleichzusetzen.

All die skizzierten Phänomene haben gewisse Entsprechungen bei den nationalen Varietäten. Diese sind sogar tiefergehend, als man beim ersten Blick vermuten könnte. Die „subnationalen Zentren" des Deutschen haben ihre politische und juristische Basis in der Kulturautonomie der Bundesländer Deutschlands und Österreichs sowie der Kantone der Schweiz. Auf der Grundlage ihrer Kulturautonomie können diese politischen Einheiten durchaus sprachliche Spezifika pflegen, insbesondere über die Schulen bzw. über die Lehrer als Normautoritäten. In Ansätzen geschieht dies auch. Ein Beispiel ist – neben den Handwerksbezeichnungen in Bayern – die Einführung bestimmter Rechtschreibbesonderheiten für die Schulen in Berlin im Oktober 1990, insbesondere die Trennbarkeit von <st> innerhalb eines Morphems (vgl. „Berlins Schüler dürfen künftig auch ‚st' trennen." *Westdeutsche Allgemeine Zeitung* 9.10.1990). Insgesamt sind solche Sprachbesonderheiten von Bundesländern oder Kantonen jedoch sehr begrenzt und teilweise kurzlebig, zumindest im Falle der Rechtschreibung. Für das Deutsch der subnationalen Zentren liegen bislang auch keine eigenen Sprachkodizes vor (vgl. jedoch Zehetner im Druck), jedenfalls keine, die allgemein als Grundlage der Korrektur von Sprachverhalten dienen, was schon den vergleichsweise geringen Stellenwert ihrer spezifischen Varianten verrät, die gegebenenfalls in den nationalen Kodizes mit ausgewiesen werden.

Kommen wir zurück zu der Frage, wie sich die nationalen Varianten voneinander abgrenzen lassen (vgl. auch Kap. A.5). Wie schon bei der Abgrenzung des Nonstandards vom Standard (Kap. A.4.3), bieten sich auch hierfür die vorliegenden Sprachkodizes als das am leichtesten handhabbare Instrumentarium für eine erste Lösung des Problems an. Dabei ist die zu Anfang des Kapitels erläuterte Beschränkung der Markierungen in den Kodizes auf die jeweils anderen, fremdnationalen Varianten zu berücksichtigen.

Zur ersten Identifizierung einiger nationaler Varianten der Nation A kann demnach in den Sprachkodizes der Nationen B, C usw., also den Kodizes für ihre nationalen Varietäten, nachgeschaut werden. Ein Problem ist, daß die Kodizes der Nationen B, C usw. für die Nation A nicht, oder zumindest nicht ohne weiteres, gültig sind. Daher müssen die in den Kodizes der Nationen B, C usw. identifizierten nationalen Varianten von A im Sprachkodex für A auf ihre Geltung hin überprüft werden. Nur diejenigen der aus den Kodizes von B, C usw. identifizierten hypothetischen Varianten von A dürfen einigermaßen gesichert als tatsächliche Varianten von A bewertet werden, die auch selber im Kodex von A ausgewiesen sind. Dies gilt insbesondere dann, wenn sie im Kodex von A unmarkiert erscheinen.

Bei diesem Vorgehen ist natürlich in jeder Sprache der besondere Aufbau der Kodizes für die verschiedenen Nationen bzw. deren nationale Varianten zu beachten. Im Falle der deutschen Sprache enthält vor allem der Kodex Deutschlands reiche Hinweise auf nationale Varianten der anderen deutschsprachigen Nationen. Dies trifft insbesondere zu auf die Dudenbände, zu denen ja letztlich auch zwei speziell den österreichischen und schweizerischen Besonderheiten der deutschen Sprache gewidmete Wörterbücher zählen (Ebner 1980; Meyer 1989). Der Kodex Österreichs enthält demgegenüber einerseits keinerlei Hinweise auf nationale Varianten der Schweiz und andererseits nur Angaben über solche nationale Varianten Deutschlands, die in Österreich bekannt sind, ohne zur österreichischen nationalen Varietät zu gehören (die als „binnendeutsch" markierten Varianten). Entsprechendes trifft zu auf in der Schweiz erstellte Bestandteile des Schweizer Sprachkodexes (Bigler u.a. 1987) – der *Schweizer Schülerduden* (1976; 1980) enthält dagegen keine als „binnendeutsch" markierten Varianten. Immerhin lassen sich aus all diesen Quellen erste Anhaltspunkte über Teilmengen der nationalen Varianten der deutschen Sprache gewinnen.

Eine weitere Möglichkeit der Identifizierung von nationalen Varianten von Nation A besteht darin, im Sprachkodex für A diejenigen unmarkierten Varianten ausfindig zu machen, die in keinem der Kodizes für die Nationen B, C usw. genannt sind. Dieses Verfahren ist allerdings mit nicht weniger Unsicherheiten behaftet als das zuerst genannte. Ein Grund ist im Falle der deutschen Sprache der enorme Unterschied im Umfang und damit auch in der Vollständigkeit der Kodizes für die verschiedenen Nationen. Der Kodex Deutschlands ist weit vollständiger als die Kodizes Österreichs und der Schweiz (vgl. Kap. B.2, C.2, D.2). Es ist daher zu erwarten, daß die soeben vorgeschlagene Methode zahlreiche nationale Scheinspezifika Deutschlands zeitigt, die nur aus der „Lückenhaftigkeit" der Kodizes der anderen deutschsprachigen Staaten erwachsen.

Dieses Problem taucht in anderer Form dort auf, wo der Kodex Deutschlands österreichische und schweizerische Besonderheiten enthält, die in den speziellen Kodizes für diese Nationen fehlen.

Im Falle der Schweiz tritt zusätzlich das Problem der Kodexabgrenzung auf, da insbesondere der in Deutschland erschienene Rechtschreib-Duden auch dort gilt. Wörter, die der Rechtschreib-Duden (1991) mit der Markierung

„schweiz.[erisch]" nennt, die aber in den in der Schweiz erschienenen Wörterbüchern (Bigler u.a. 1987; *Schweizer Schülerduden* 1976; 1980) fehlen, dürfen demnach durchaus als nationale Varianten der Schweiz gewertet werden. Beispiele sind *abserbeln* ‚dahinsiechen, langsam absterben', *(die) Affiche* ‚Anschlag (zettel)' und zahlreiche andere.

Anders ist dies im Falle Österreichs, neben dessen amtlichem Wörterbuch die Geltung der Dudenbände zweifelhaft ist. Wiederum gibt es zahlreiche als „österr.[eichisch]" markierte Wörter im Rechtschreib-Duden (1991), die im neuesten *Österreichischen Wörterbuch* (1990) fehlen, wie z.B. *Aitel* ‚Döbel' (eine Art Süßwasserfisch), *Almrose* ‚Alpenrose', *aufpelzen* ‚aufbürden' und viele andere (vgl. auch Pollak 1992: 142 und Kap. D.4 im vorliegenden Buch). Angesichts der relativen Schmalheit des Kodexes für Österreich stellt sich dann die Frage, ob die betreffenden Varianten nur vergessen oder als peripher vernachlässigt wurden oder ob sie bewußt speziell deshalb nicht aufgenommen wurden, weil sie nach Auffassung der zuständigen Kodifizierer gar nicht zur betreffenden nationalen Varietät gehören.

Etwas anderes ist die unterschiedliche Markierung nach Normebenen (Standard – Nonstandard) in den Sprachkodizes für verschiedene Nationen. In diesem Fall liegt offenkundig kein Vergessen oder dergleichen vor, sondern darf die Angabe des jeweils zuständigen Kodexes als maßgeblich bewertet werden.

Der Bezug auf die Normebenen verweist uns auf die neben dem Sprachkodex bestehenden Komponenten im sozialen Kräftefeld einer Standardvarietät: die Modellsprecher und -schreiber bzw. deren Modelltexte, die Normautoritäten und die Sprachexperten (vgl. Kap. A.4.2: Abb. 4). Insbesondere zu den Modelltexten gibt es eine Reihe von Untersuchungen, denen sich wichtige Hinweise entnehmen lassen (z.B. Rizzo-Baur 1962; Kaiser 1969/70; Ebner 1980; Meyer 1989). Dabei sind die dort identifizierten nationalen Varianten vor allem danach zu unterscheiden, ob sie auch durch den zuständigen Kodex als solche ausgewiesen sind oder nicht. Im negativen Fall ist ihr dementsprechender Status zunächst einmal zweifelhaft.

Eine der wichtigsten Fragen beim Vergleich der aufgrund der Modelltexte identifizierten nationalen Varianten mit dem zuständigen Sprachkodex ist die nach ihrer Standardsprachlichkeit. Wird diese durch den Kodex nicht bestätigt oder sogar ausdrücklich verneint, so bewegen wir uns in dem Bereich, den ich am Ende von Kapitel A.4.3 als „Gebrauchsstandard" bezeichnet habe. Dieser Bereich spielt gerade für die Identifizierung nationaler Varianten und ihre Abgrenzung voneinander eine bedeutsame Rolle. Ein Beispiel sind die typisch norddeutschen Aussprachevarianten wie etwa die frikative Aussprache des geschriebenen g auch in anderen Positionen als nach [ɪ] in unbetonter Silbe, also [weç] ‚weg', [taç] ‚Tag' (mit zusätzlicher Vokalkürze) usw. Sie lassen sich nicht aus den Sprachkodizes, wohl aber aufgrund ihres Vorkommens in Modelltexten als standardsprachlich bestimmen und als nationale Varianten Deutschlands begründen, allerdings eben als Varianten des Gebrauchsstandards, nicht des kodifizierten Standards. (Vgl. zu Einzelheiten all dieser für die operationale Definition der nationalen Varianten des Deutschen wichtigen Fragen Kap. B.3.1, C.3.1, D.3.1)

4.5 Definition von ‚nationalem Sprachzentrum‘, ‚plurinationaler Sprache‘ und verwandten Begriffen

Aufgrund der vorausgehenden Überlegungen lassen sich nun die für unsere Untersuchung einschlägigen Begriffe präziser fassen und konsistentere terminologische Festlegungen treffen. Im Einklang mit dem gängigen wissenschaftlichen Sprachgebrauch (vgl. Kap. A.3.2.1: Schlußteil) soll eine Nation (Beispiel Österreich) oder eine Sprachgemeinschaft als Teil einer Nation (Beispiel deutschsprachige Schweiz), die über eine eigene (nationale) Varietät (Nationalvarietät) einer Sprache verfügt, *nationales Sprachzentrum oder nationales Zentrum einer Sprache* heißen (siehe zur Definition von ‚nationaler Varietät‘ Kap. A.4.1: gegen Ende). Nationale Sprachzentren können im Bedarfsfall weiter differenziert werden in solche, die ganze Nationen umfassen, und solche, die nur Teile von Nationen umfassen (Beispiele: Deutschland bzw. deutschsprachige Schweiz). Man kann im ersten Fall von *Gesamtnationszentren* und im zweiten Fall von *Teilnationszentren* sprechen. Der Unterschied kann erklärungsrelevant sein bezüglich spezifischer Entwicklungen und Ausprägungen, denn Teilnationszentren müssen Rücksicht nehmen, auch sprachliche Rücksicht, auf die anderssprachigen Teile der Nation, während Gesamtnationszentren dies nicht brauchen. Dennoch spielt diese terminologische Differenzierung im weiteren Verlauf der vorliegenden Untersuchung kaum eine Rolle.

Man beachte, daß es außer nationalen noch andere Sprachzentren gibt, z.B. Staaten, die keine Nationen sind, wie beispielsweise die ehemalige BRD und DDR. Wo Mißverständnisse möglich sind, sollte man daher terminologisch differenzieren zwischen *nationalen* und *staatlichen* Zentren (oder auch *Nationalzentren* und *Staatszentren*) einer Sprache. Es mag bisweilen unmißverständlicher sein, von *staatsspezifischen* statt von *staatlichen* Sprachzentren zu sprechen. Im Rahmen der vorliegenden Untersuchung sind bei fehlender Spezifizierung stets nationale Zentren gemeint.

Innerhalb von nationalen oder staatlichen Zentren einer Sprache kann es *subnationale* oder auch *substaatliche* Zentren geben. Ein Beispiel innerhalb des nationalen Sprachzentrums Deutschland ist Bayern. Es weist z.B. in den Handwerksbezeichnungen standardsprachliche Spezifika auf (Beispiel: *Spengler*).

Grundsätzlich sind auch *transnationale*, also einzelnationsübergreifende Zentren einer Sprache möglich, z.B. im Falle einer strikt gleichen Standardvarietät für mehrere Nationen bzw. Staaten, die womöglich auch kooperativ gepflegt (entwickelt) wird. Ein Beispiel sind vielleicht Frankreich und die französischsprachige Schweiz (vgl. Knecht 1994). Auch bei verschiedenen Zentren (deutlich verschiedene Varietäten) gibt es ja häufig die Kooperation bezüglich der gemeinsamen Sprache, z.B. in der „Taalunie“ zwischen den Niederlanden und dem flämischen Belgien (Willemyns 1984; vgl. auch Deprez 1985) oder in bezug auf die Rechtschreibung zwischen den deutschsprachigen Staaten.

Die Quintessenz dieser Differenzierungen ist, daß ‚Sprachzentrum‘ als Oberbegriff verstanden wird, der auf verschiedene Arten spezifiziert werden kann, vor allem als ‚nationales‘, ‚subnationales‘, ‚staatliches‘ und eventuell noch ‚substaatliches‘ Sprachzentrum.

Man könnte geneigt sein, ‚städtisches Sprachzentrum‘ hinzuzufügen und damit an die dialektologische Herkunft des Begriffs anzuknüpfen; jedoch unterscheidet sich dieser Begriff in einem wesentlichen Punkt von den hier zur Diskussion stehenden, in bezug auf die plurinationalen Sprachen entwickelten Begriffen. Ein notwendiges (definitorisches) Merkmal von Sprachzentren im hier interessierenden Sinn besteht nämlich darin, daß sie über eine eigene Standardvarietät verfügen; jedenfalls erscheint eine andere Begriffsfestlegung in bezug auf plurinationale Sprachen wenig sinnvoll. Für städtische Sprachzentren im herkömmlichen dialektologischen Sinn ist dies jedoch kein definitorisches Merkmal.

Mindestbedingung für das Vorliegen einer eigenen Standardvarietät ist, daß spezifische Sprachvarianten oder Variantenkombinationen vorliegen, die von wenigstens einer der Instanzen des Kräftefeldes einer Standardvarietät (Kap. A.4.2: Abb. 4) als standardsprachlich anerkannt sind, also vom Sprachkodex, den Sprachexperten, den Normautoritäten oder den Sprachmodellen (jeweils in ihrer Mehrheit). Allerdings wird man in der Regel nur bei einer mehrfachen Erfüllung dieser Bedingung ernsthaft von einer eigenen Standardvarietät sprechen.

Die verschiedenen Standardvarietäten einer Sprache bzw. ihre Sprachzentren lassen sich nach unterschiedlichen Kriterien ordnen. Eine Möglichkeit böte z. B. der Grad der linguistischen Ähnlichkeit (bzw. Distanz) zwischen ihnen – sofern mindestens 3 Standardvarietäten vorliegen (vgl. Kap. A.1.1). Aufgrund unvermeidlicher Meßunsicherheiten sind hier jedoch bislang klare Entscheidungen schwierig. Praktikablere Klassifikationsmöglichkeiten bietet der Bezug auf das soziale Kräftefeld von Standardvarietäten: Kodex, Sprachmodelle/Modelltexte, Sprachexperten und Sprachnormautoritäten. Als kodexbezogene Differenzierung von Sprachzentren ist bedeutsam, ob sie über einen *Binnenkodex* für ihre Standardvarietät verfügen oder nicht. Damit ist ein Sprachkodex gemeint, der im Zentrum selbst erarbeitet und verlegt (aber nicht notwendigerweise dort auch gedruckt) wurde. Zentren, die unstrittig über einen Binnenkodex verfügen, nenne ich *Vollzentren* einer Sprache. Die deutsche Sprache hat gegenwärtig drei Vollzentren: Deutschland, Österreich und die deutschsprachige Schweiz, denn sie und nur sie verfügen zweifellos über einen Binnenkodex (vgl. die terminologisch verwandte Anwendung des Ausdrucks *Vollsprache* auf diese drei Zentren bei Löffler 1994: 65).

Auch von anderen Nationen oder Nationsteilen, in denen Deutsch Amtssprache ist, sind spezifische Varianten des Deutschen kodifiziert, freilich allenfalls eine verhältnismäßig kleine Zahl. In jedem Fall aber gibt es offenbar zumindest einige wenige spezifisch nationale Varianten: in Liechtenstein ebenso wie in Luxemburg, Südtirol und Ostbelgien (vgl. Kap. F.1–F.4). In all diesen Fällen liegen jedoch keine wirklichen Binnenkodizes vor. Vielmehr ist es entweder zweifelhaft, ob die vorliegenden Sprachbeschreibungen tatsächlich als Kodex gelten können, oder die betreffenden nationalen Varianten sind außenkodifiziert und finden sich nur in einem der Kodizes der Vollzentren. Solche Zentren, die nur über keine unzweifelhafte Binnenkodifizierung ihrer Standardvarietät verfügen, nenne ich *Halbzentren* einer Sprache, wobei es sich um *nationale, subnationale oder staatliche Halbzentren* handeln kann (vgl. zu diesen und weiteren Spezifizierungen Ammon 1989: 86–92; Clyne 1992 b: 4 f.).

Auch weitere typologische Differenzierungen von Sprachzentren gehen davon aus, inwieweit die Standardvarietät in ihnen selbst „wurzelt" oder nicht. Dieser Unterschied ist relevant in bezug auf den Grad sprachlicher Autonomie der Zentren. Nach soziolinguistisch gängigem Sprachgebrauch heißt ein Zentrum *endonormativ,* wenn die Sprachmodelle oder Modelltexte für die Standardvarietät aus ihm selbst kommen. Wenn dagegen auf Sprachmodelle oder Modelltexte aus anderen Zentren zurückgegriffen wird, so heißt das betreffende Zentrum *exonormativ* (vgl. Stewart: 1968: 534). – Entsprechend können grundsätzlich auch die Sprachexperten und sogar die Normautoritäten von innerhalb oder außerhalb des Zentrums kommen, was ebenfalls terminologisch spezifiziert werden könnte, jedoch wegen mangelnder Relevanz für die vorliegende Untersuchung hier nicht weiter verfolgt werden soll.

Sprachen mit nur einem Sprachzentrum, genauer: einem Vollzentrum, nennt man zweckmäßigerweise unizentrisch; im Falle von mehreren Zentren (mehr als einem) spricht man von einer *plurizentrischen Sprache*. Die entsprechenden Eigenschaften einer Sprache nennt man in etwas geblähter, aber nicht immer zu vermeidender Ausdrucksweise auch ihre *Unizentrizität* bzw. *Plurizentrizität*. Anstelle der Ausdrücke *unizentrisch* bzw. *plurizentrisch* begegnet man gelegentlich auch den hybriden Bildungen *monozentrisch* bzw. *polyzentrisch* (griechisch + lateinisch) oder seltener auch den reinen Gräzismen *monokephal* bzw. *polykephal* (‚einköpfig‘ bzw. ‚vielköpfig‘). Ich vermeide die hybriden und die gräzistischen Bildungen in der vorliegenden Untersuchung.

Vielleicht wäre es zweckmäßig, die genannten reinen Gräzismen für einen anderen soziolinguistischen Typ von Sprache zu reservieren, nämlich für Sprachen, die innerhalb einer Nation oder eines Staates mehrere miteinander konkurrierende, mehr oder weniger gleichrangige Standardvarietäten aufweisen (nicht verschiedene Subzentren), wie z. B. Norwegisch (Bokmål und Nynorsk) oder bis vor kurzem Griechisch (Katharevusa und Dhimotiki). Hinter den verschiedenen Standardvarietäten stehen dann in der Regel konkurriende soziale Gruppen mit jeweils eigenen Modellsprechern und -schreibern oder sonstigen sprachnormsetzenden Instanzen. Solche Sprachen könnte man *polykephal* nennen (Gegensatz: *monokephal*) und damit den gelegentlich dafür verwendeten, von seiner wörtlichen Bedeutung her blasseren Ausdruck *multimodal* (Gegensatz: *unimodal*) ersetzen.

Nach den bisherigen Ausführungen können *plurizentrische* als *plurinationale Sprachen* spezifiziert werden, wenn es sich bei ihren Zentren um Nationen handelt (Bildung bei Kloss 1978: 67). Diesen Terminus verwende ich in der vorliegenden Untersuchung, neben plurizentrisch, da er besser zur Terminologie *nationale Variante/nationale Varietät* paßt und da er im vorliegenden Kontext unmißverständlich ist. Unverkürzt müßte er jedoch eigentlich *plurinationalzentrisch* (oder *plurizentrinational*) heißen. *Plurinational* kann nämlich unter Umständen mißverstanden werden als bezogen auf eine Sprache, die einfach irgendwie in mehreren Nationen verankert ist, z. B. als Amtssprache oder als Muttersprache (substantieller Gruppen), unabhängig davon, ob diese Nationen jeweils eigene Zentren der betreffenden Sprache bilden. Im Falle der deutschen Sprache könnte z. B. unter Bezug auf die Amtssprachlichkeit *pluri-* einfach als ‚sieben‘ spezifiziert werden, da Deutsch Amtssprache in sieben Nationen ist (vgl. Kap. A.1.2). Entsprechend ist freilich auch der Terminus *plurizentrisch* verkürzt, wenn er speziell auf *nationale* Zentren bezogen ist. So konnte *pluri-* vor der deutschen Vereinigung im Hinblick auf nationale Zentren als ‚drei‘ und im Hinblick auf staatliche Zentren als ‚vier‘ verstanden werden (bei Beschränkung auf die Vollzentren).

Der für die vorliegende Untersuchung zentrale Begriff ist in Wirklichkeit gebildet durch Spezifizierung zweier Oberbegriffe, nämlich der ‚Art der Gesellschaft‘ (Nation) und ihres ‚Bezugs zur Sprache‘ (Zentrum). Andere mögliche Spe-

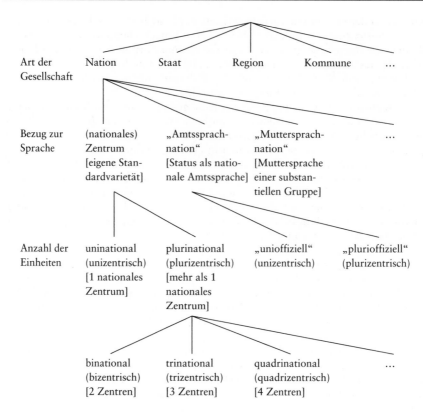

Abb. 6: Begriffsfeld ‚Nation' – ‚plurizentrisch'

zifizierungen dieser Oberbegriffe werden eröffnet durch Abbildung 6. Dort zeichnen sich potentielle weitere Begriffe unseres Begriffsfeldes ab, für die es aber keine gefestigten Termini gibt, da sie bislang weniger ins Blickfeld der Soziolinguistik geraten sind. Einige unübliche Behelfstermini sind in Anführungszeichen beigefügt. Weil keine Verwechslungsgefahr mit diesen anderen Begriffen besteht, können die verkürzten und unspezifischen Termini *plurizentrisch* und *plurinational* vorläufig problemlos beibehalten werden. Zumeist ist es auch unproblematisch, beide Termini synonym zu verwenden, wobei mit *plurinational* mehr die Art der Gesellschaft (Nation) und mit *plurizentrisch* mehr deren Bezug zur betreffenden Sprache (Zentrum) akzentuiert wird.

Gelegentlich kann freilich die terminologische Differenzierung angezeigt sein. Wählt man entsprechend Abbildung 6 für genauere Zahlenangaben jeweils Präfixe aus derselben Sprache wie das Grundwort, so war z.B. Deutsch vor der Vereinigung von BRD und DDR – bei Vernachlässigung der Halbzentren – zwar eine *vierstaatliche*, aber nur eine *trinationale* Sprache. Diese Spezifizierung wird durch die Termini *tri-* bzw. *quadrizentrisch* nicht ausgedrückt.

Die Termini *plurizentrisch* und *plurinational* lassen sich auch zur Spezifizierung sprachlicher Variablen verwenden. Variablen, die als ihre Werte die verschiedenen nationalen Varianten einer Sprache annehmen, können *plurinationale Variablen* genannt werden. Beispiele sind die in Kapitel A.4.1 angeführten Variablen ,APRIKOSE' und *STEIGERUNG*. Dazu passen nun gut unsere altbekannten Termini *nationale Variante* und *nationale Varietät*. Offenkundig führt also die Spezifizierung der Zentrums-Termini als Nations-Termini zu größerer terminologischer Konsistenz.

Leider läßt sie sich nicht ohne weiteres über das ganze Begriffsfeld hinweg durchführen. Insbesondere kann der Terminus *Sprachzentrum* keinesfalls analog als *Sprachnation* spezifiziert werden, da für letzteren Ausdruck aufgrund einer langen, gewichtigen Geschichte schon eine andere Bedeutung festliegt. Daran ändert sich auch nichts dadurch, daß ich den Terminus *Sprachnation* in seiner herkömmlichen Bedeutung (,durch die gemeinsame Sprache notwendigerweise gebildete Nation') ablehne (vgl. Kap. A.2.2). Möglich ist allenfalls die Spezifizierung des synonymen Terminus *Zentrum einer Sprache* als *Nation einer Sprache*. Weniger erzwungen klingt allerdings die schon oben eingeführte adjektivische Spezifizierung des Terminus *Sprachzentrum* als *nationales* bzw. *staatliches* Sprachzentrum. Wo kein Mißverständnis droht, kann das Adjektiv entfallen.

Es erscheint zweckmäßig, noch eine weitere terminologische Inkonsistenz zuzulassen. Sie besteht darin, daß synonym mit dem unproblematischen Terminus *nationale* (oder *staatliche*) *Variante* auch der Terminus *nationaler* (bzw. *staatlicher/staatsspezifischer*) *Zentrismus* zulässig sein soll. Häufig besteht nämlich der Bedarf, Varianten eines einzelnen Zentrums spezifisch zu benennen, was ich in den vorausgehenden Kapiteln ohne besondere Rechtfertigung auch schon getan habe. So sind im Falle der deutschen Sprache die folgenden Benennungen nationaler Varianten schon gängig: *Austriazismus* (nationale Variante Österreichs), *Helvetismus* (nationale Variante der Schweiz) und *Teutonismus* (nationale Variante Deutschlands) (Löffler 1985: 67; vgl. auch Ammon 1994). – Nebenbei bemerkt wird im letzteren Sinn gelegentlich auch der Ausdruck *Deutschismus* gebraucht, den ich jedoch wegen seiner mangelnden Eignung für die internationale wissenschaftliche Kommunikation als Terminus ablehne. Auch *Germanismus* oder *Germanizismus* (Schmid 1990: 34) tritt in gleicher Bedeutung auf, wird jedoch, wie mir scheint, noch leichter als der hier bevorzugte Terminus *Teutonismus* mißverstanden als auf alle germanischen Sprachen bezogen. Gegen den Terminus *Teutonismus* hat Peter von Polenz wegen der Verwandtschaft mit der antiquierten Bezeichnung *Teutone* Bedenken geäußert (briefliche Mitteilung; vgl. Ammon 1994: Anmerkung), die mir allerdings nicht so gravierend erscheinen wie die gegen die terminologischen Alternativen vorzubringenden Einwände. Man kann den Terminus auch mit einem ironischen, nationale Übersteigerungen Deutschlands entwaffnenden Unterton verstehen. Für den Oberbegriff dieser auf die Einzelzentren einer Sprache bezogenen Termini, also als Hypernym, eignet sich der Terminus *nationaler Zentrismus*. In ihm kommt die Verwandtschaft mit den untergeordneten (hyponymen) Termini besser zum Ausdruck als im Terminus *nationale Variante*. Austriazismen, Helvetismen und Teutonismen sind dann nationale Zentrismen der deutschen Sprache, wie sie natürlich auch gleichermaßen nationale Varianten sind.

Der Terminus *nationaler Zentrismus* eignet sich außerdem für gewisse Komposita. So läßt sich z.B. verallgemeinernd von *Demonstrationszentrismen* sprechen, in Erweiterung der schon gängigen Ausdrücke *Demonstrationsaustriazismus* oder *-helvetismus* (= demonstrativ verwendete nationale Variante; vgl. Kap. B.6).

Schließlich scheint mir, daß für nationale Sachspezifika, wofür etwa das Gericht Powidltascherln (ausgestochener Kartoffelteig, halbmondförmig übereinandergelegt und mit Pflaumenmus gefüllt) für Österreich ein Beispiel ist, der Ausdruck *nationaler Zentrismus* besser paßt als der Ausdruck *nationale Variante*. Man hat nämlich in solchen Fällen Schwierigkeiten, eine Variable zu definieren, weil man nicht ohne weiteres das sie konstituierende tertium comparationis findet, und ohne identifizierbare Variable ist auch die Rede von Varianten letztlich bedeutungslos. Wenn man will, kann man dann bei Bedarf unterscheiden zwischen *sprachlichen* und *sächlichen nationalen Zentrismen*.

5 Typologie und Beschreibungsmethode der nationalen Sprachvarianten

Während es einfach ist, einige ausgewählte Beispiele nationaler Varianten zu nennen, erweist sich ihre systematische Beschreibung als recht knifflig. Die systematische Beschreibung sollte übrigens nicht verwechselt werden mit der erschöpfenden Beschreibung, die hier nicht versucht wird. Einige sehr nützliche Vorüberlegungen zu einer systematischen Beschreibung finden sich vor allem in Haas (1982b: 113-124), Meyer (1989: v.a. 18f.; 1994: 15f., 24–32), in den Beiträgen zu Wiesinger (1988a) sowie in Ebner (1980: v.a. 11). Sie sollen hier durch einige zusätzliche Überlegungen erweitert werden.

Die bisherigen Beschreibungen der nationalen (oder staatlichen) Varietäten der deutschen Sprache basieren zumeist auf einem bloß zweiseitigen Vergleich: Österreich – Deutschland, Schweiz – Deutschland (bzw. BRD – DDR). Daraus kann sich prinzipiell weder ein vollständiges noch ein klares Bild der Plurinationalität (bzw. Plurizentrizität) der deutschen Sprache ergeben. Zumindest bleibt – in bezug auf die Plurinationalität – stets unklar, ob die jeweilige Variante auch im dritten nationalen Zentrum gilt oder nicht. Wenn man von im wesentlichen drei nationalen Zentren (Vollzentren) der deutschen Sprache ausgeht, so muß man auch durchgängig einen dreiseitigen Vergleich anstellen, wie er hier im Schaubild illustriert ist (Abb. 7).

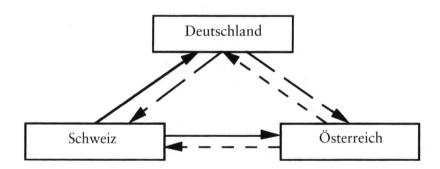

Abb. 7: Notwendige Vergleichsrichtungen bei drei Sprachzentren

Die unterschiedlichen Pfeilformen sollen folgendes zeigen: Will man die nationalen Varianten eines Zentrums der deutschen Sprache beschreiben, so muß man dabei ständige Vergleiche anstellen mit den Standardvarietäten der beiden anderen Zentren, also im Falle der nationalen Varianten Deutschlands mit den Standardvarietäten Österreichs und der Schweiz, im Falle der nationalen Varianten Österreichs mit den Standardvarietäten Deutschlands und der Schweiz und im Falle der nationalen Varianten der Schweiz mit den Standardvarietäten

Deutschlands und Österreichs. Auf diese Weise wurde bei der Beschreibung der nationalen Varietäten für das vorliegende Buch auch tatsächlich verfahren (Kap. B.3, C.3, D.3).

Bei der Beschreibung einer plurizentrischen Sprache mit mehr Zentren wächst logischerweise die Anzahl der notwendigen Vergleiche. Generell sind bei n Zentren einer Sprache für die Beschreibung der nationalen Varianten jedes Zentrums n − 1 Vergleiche notwendig, im Falle der deutschen Sprache also jeweils 3 − 1 = 2 Vergleiche. In der folgenden Beschreibung (Kap. B.3, C.3, D.3) sind daher jeder einzelnen nationalen Variante ihre Entsprechungen in den beiden anderen Zentren der deutschen Sprache beigefügt sind, womit der Notwendigkeit des Vergleichs nach jeweils zwei Richtungen hin Rechnung getragen ist.

Die systematische Beschreibung der nationalen Varietäten ist durch eine Reihe weiterer Umstände erschwert. Einer davon ist beispielsweise, daß manche Standardvarianten nicht in ihrem gesamten, sondern nur in einem Teil ihres Zentrums gelten, z.B. im Falle Deutschlands nur in Norddeutschland oder im Falle Österreichs nur in Ostösterreich. Diesem Umstand sollte in der Beschreibung Rechnung getragen werden. Eine weitere Schwierigkeit entspringt daraus, daß nationale Varianten nach dem Grad ihrer Standardsprachlichkeit divergieren, vor allem danach, von welchen der die Standardnorm setzenden Instanzen in ihrem Zentrum sie als standardsprachlich anerkannt werden (Sprachkodex, Sprachmodelle/Modelltexte, Sprachnormautoritäten und Sprachexperten; vgl. Kap. A.4.2: Abb. 4). Des weiteren ist − um eine letzte Schwierigkeit zu nennen − mit stilistischen Divergenzen zwischen nationalen Varianten zu rechnen. Sie sind allerdings im folgenden nur grob berücksichtigt, weil dazu überwiegend nur sehr lückenhafte und unsichere Informationen vorlagen.

Die folgende Typologie der nationalen Varianten, die der späteren Beschreibung zugrundeliegt, versucht, all die angesprochenen Schwierigkeiten und einige weitere zu berücksichtigen. Diese Typologie ist zwar orientiert an der deutschen Sprache, aber − bei Anpassung an die jeweilige Anzahl der nationalen Zentren − auch auf andere Sprachen anwendbar. Freilich kann es sein, daß in manchen plurinationalen Sprachen nicht alle nachfolgenden Typen nationaler Varianten vorkommen. Sicher wäre auch eine noch differenziertere Typologie möglich und für manche Zwecke wohl auch sinnvoll. Ich beschränke mich hier jedoch auf diejenigen Unterscheidungen, die in der nachfolgenden Beschreibung der nationalen Varietäten des Deutschen tatsächlich berücksichtigt werden können. Alle hier getroffenen typologischen Differenzierungen sind für die Charakterisierung einer nationalen Varietät und ihres Verhältnisses zu den anderen nationalen Varietäten derselben Sprache relevant; sie lassen vor allem ihre sprachlichen Besonderheiten deutlich hervortreten. Die Reihenfolge der typologischen Differenzierungen ist, wie sich zeigen wird, teilweise beliebig, teilweise jedoch auch nicht. Manche der Differenzierungsschritte sind von anderen abhängig, verlangen also eine bestimmte Reihenfolge der Darstellung; andere sind es nicht, so daß die Reihenfolge der Darstellung beliebig ist. Dies ist nachfolgend entweder − wie mir scheint − hinreichend evident, oder es wird ausdrücklich darauf hingewiesen.

Beginnen wir mit dem Unterschied zwischen solchen nationalen Varianten, deren Standardsprachlichkeit im Sprachkodex des betreffenden nationalen Zentrums ausgewiesen ist, und solchen, die nur nach Maßgabe anderer Komponenten des sprachlichen Kräftefeldes einer Standardvarietät (Kap. A.4.2) standardsprachlich sind. Die erstgenannten sind im weiteren in der Regel gemeint, wenn keine Spezifizierung beigegeben ist. Sie gehören der „Schicht" des *kodifizierten Standards* an. Zur Bezeichnung der anderen Schicht des Standards verwende ich den Terminus *Gebrauchsstandard,* der zum Ausdruck bringt, daß es sich hauptsächlich um den von Modellsprechern und -schreibern gesetzten Standard handelt, den vielleicht auch Sprachexperten oder Sprachnormautoritäten akzeptieren. Ein Beispiel typisch deutschen *Gebrauchsstandards* und mithin eine Quelle von *Teutonismen* ist die frikative Aussprache von auslautendem geschriebenem *g,* also als [ç], auch in anderen Positionen als in unbetonter Silbe nach kurzem [I], z.B. in Wörtern wie *weg, Tag, Teig* usw. („Umgangslautung" nach Aussprache-Duden 1990: 57). – Die darüber hinaus benötigte Abgrenzung zwischen Gebrauchsstandard und Nonstandard – denn als nationale Varianten kommen ja per definitionem nur Standardvarianten in Betracht – bleibt im weiteren mangels zuverlässiger empirischer Untersuchungen oft recht hypothetisch.

Unsere erste typologische Differenzierung ist also die zwischen

(1) *kodifizierten* und *nichtkodifizierten* nationalen Varianten (solchen *des Gebrauchsstandards*).

Eine weitere bedeutsame Aufteilung nationaler Varianten ist danach möglich, ob sie nur in demjenigen nationalen Zentrum bekannt sind, in dem sie auch gelten, oder ob sie darüber hinaus auch in den anderen Zentren der betreffenden Sprache bekannt sind, in denen sie nicht gelten (vgl. Kap. A.4.4). Terminologisch läßt sich diese Differenzierung fassen, indem man unterscheidet zwischen

(2) nationalen Varianten *nur nach Geltung* (nicht nach Bekanntheit) und solchen *auch nach Bekanntheit* (genauer: *nach Geltung und Bekanntheit*).

Ein Beispiel für eine nationale Variante nur nach Geltung, und zwar einen Teutonismus, ist das Wort *Sahne,* das auch in Österreich und in der Schweiz gut bekannt ist. Es erscheint sogar in den Sprachkodizes (Binnenkodizes) beider Zentren, ist dort aber jeweils als „binnendeutsch" oder ähnlich markiert (vgl. *Österreichisches Wörterbuch* 1990: Lemma *Sahne*; Bigler u.a. 1987: Lemma *Rahm*). Es handelt sich demnach um einen Teutonismus nur nach Geltung (Geltung nur in Deutschland), nicht auch nach Bekanntheit (Bekanntheit nicht nur in Deutschland). Dagegen ist z.B. das norddeutsche Wort *Feudel* ,Putzlappen' (das, zumindest nach Rechtschreib-Duden 1991: 269, durchaus standardsprachlich ist) in Österreich und in der Schweiz praktisch unbekannt, also ein Teutonismus auch nach Bekanntheit. Die Geltung (als Bestandteil der Standardvarietät) im betreffenden Zentrum, im Falle der Teutonismen also in Deutschland, ist natürlich nach allem zuvor Gesagten eine notwendige Bedingung dafür, daß es sich überhaupt um eine nationale Variante des betreffenden Zentrums handelt. Die Unterscheidung zwischen nationalen Varianten nur nach Geltung einerseits und auch nach Bekanntheit andererseits hat für die verschiedenen Zentren der deutschen Sprache unterschiedlich große Bedeutung. Sie bleibt außerdem bislang oft in hohem Maße hypothetisch, da keine repräsentativen Untersuchungen zur Bekanntheit in den jeweils anderen Zentren vorliegen. Dennoch wird im folgenden mit dieser Unterscheidung operiert.

Nationale Varianten können ferner unterschieden werden in solche, die es situationsunabhängig sind, d.h. unabhängig von der Situation, in der sie Verwendung finden, und solche, die nur situationsabhängig als solche definiert werden können. Terminologisch kann man im Hinblick darauf sprechen von

(3) *situationsunabhängigen* (oder *absoluten*) im Gegensatz zu *situationsabhängigen* (oder *stilistischen*) nationalen Varianten.

Beispiele für situationsunabhängige nationale Varianten sind die unter (2) genannten Wörter *Sahne* oder *Feudel*, die in jeder Verwendungssituation Teutonismen sind. Anders steht es dagegen z.B. mit der stimmhaften Aussprache des geschriebenen *s*, also als [z], im Silbenanlaut vor Vokal. Sie ist nur dann ein ausgesprochener Teutonismus, wenn sie nicht in künstlerischer Darbietung (Kunstgesang, klassisches Drama, Rezitation von Lyrik) erscheint. Für die künstlerische Darbietung ist sie nämlich durchaus gemeindeutsch, was nicht bedeutet, daß sie dabei im ganzen deutschen Sprachgebiet immer auftritt. Mit *gemeindeutsch* ist hier nur gemeint, daß die stimmhafte Aussprache in der künstlerischen Darbietung nirgendwo im deutschen Sprachgebiet normwidrig ist (geltungsorientierte Definition! Vgl. Kap. A.4.1). Die Verwendung von [z] auch in anderen Situationen, z. B. im Unterrichtsgespräch von Lehrern, in Politikerreden oder womöglich sogar in Privatgesprächen, ist dagegen beschränkt auf Deutschland und ist in der Schweiz oder in Österreich eine Normabweichung. Es handelt sich daher um einen situationsabhängigen (oder stilistischen) Teutonismus. – Es wäre hier grundsätzlich auch möglich, statt von *situationsabhängigen* von *pragmatischen* nationalen Varianten zu sprechen. Diese Terminologie könnte jedoch im weiteren zur Konfusion führen, da es auch nationale Varianten in der Realisierung von Sprechakten gibt (Grüße und dergleichen), für die der Terminus *pragmatische* nationale Varianten angebracht ist.

In einem vierten Differenzierungsschritt lassen sich nationale Varianten, die innerhalb des eigenen Zentrums in Variation stehen mit einer auch in einem anderen Zentrum geltenden oder einer gemeindeutschen Variante, unterscheiden von solchen, bei denen dies nicht der Fall ist, die also innerhalb ihres Zentrums in dieser Hinsicht invariant sind. Die ersteren sind demnach beim Sprechen und Schreiben ersetzbar oder austauschbar – jedenfalls unter rein denotativem Aspekt –, die letzteren dagegen nicht. Dementsprechend kann man terminologisch differenzieren zwischen

(4) (in der Rede) *austauschbaren* und *nicht austauschbaren* nationalen Varianten (oder vielleicht auch *zentrumsintern variablen* und *zentrumsintern invarianten* nationalen Varianten).

Die erstgenannte Ausdrucksweise dürfte letztlich günstiger sein, obwohl sie vielleicht mißverständlicher ist; die zweite (in Klammern) wirkt allzu umständlich. Ein Beispiel für eine austauschbare nationale Variante in Österreich ist das Wort *Paradeiser,* neben dem in Österreich auch das gemeindeutsche Wort *Tomate* gilt (laut Lemma-Markierung im *Österreichischen Wörterbuch* 1990, wenn auch nicht laut offenbar irrtümlicher Angabe S. 16). Dagegen ist das Wort *Karfiol* ein nicht austauschbarer Austriazismus, denn seine Entsprechung in den anderen Zentren, nämlich *Blumenkohl,* gilt in Österreich nicht.

Abbildung 8 veranschaulicht die beiden Typen anhand einer schematischen Zeichnung der drei nationalen Zentren des Deutschen. Dabei markiert eine gleichartige Schraffur den Geltungsbereich der gleichen Variante. Die Austauschbarkeit einer Variante durch die andere ist gekennzeichnet durch übereinanderliegende Schraffuren. Das mit „A" bezeichnete Zentrum, das hier als Bezugsgröße dient (Darstellung einer austauschbaren und einer nicht austauschbaren

Austauschbare
Variante

Nicht austauschbare
Variante

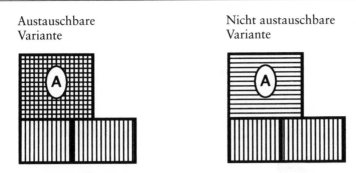

Abb. 8: Variantentypen: austauschbar – nicht austauschbar

nationalen Variante des Zentrums A), entspricht zufällig Deutschland; die entsprechenden Typen nationaler Varianten sind jedoch grundsätzlich gleichermaßen in allen nationalen Zentren möglich. Entsprechendes gilt für die nachfolgenden Veranschaulichungen.

Die nicht austauschbaren nationalen Varianten verbürgen – wie es schon der hier gewählte Terminus ausdrückt – in höherem Maße die Eigenständigkeit und Stabilität der jeweiligen nationalen Varietät als die austauschbaren. Gibt es in einem Zentrum nur austauschbare Varianten, so ist die nationale Varietät beim Sprechen oder Schreiben notfalls gänzlich verzichtbar, andernfalls nicht. Den Versuch einer ähnlichen Differenzierung macht auch Kurt Meyer (1989: 18 f.), indem er für die Helvetismen seines Wörterbuches drei Arten von „binnendeutschen" Entsprechungen unterscheidet: (a) solche, die „auch in der Schweiz neben dem Helvetismus gebraucht" werden, (b) solche, die „in der Schweiz gar nicht üblich" sind, und (c) solche, die „dem Schweizer deutlich weniger nahelieg[en], von ihm weniger angewendet [werden] als der Helvetismus." Der Unterschied müßte freilich bei unserem Ansatz geltungs- statt verwendungsbezogen formuliert werden (vgl. Kap. A.4.1). Mit der Differenzierung zwischen (b) und (c) versucht Meyer offenbar den Abgrenzungsschwierigkeiten und dem Mangel an einschlägigen Daten zu entsprechen. Diese Defizite sind der entscheidende Grund dafür, daß auch in der vorliegenden Untersuchung die Differenzierung zwischen diesen beiden Typen nationaler Varianten teilweise höchst unsicher bleibt. Dennoch wird sie in der nachfolgenden linguistischen Beschreibung versucht.

Die typologische Unterscheidung nationaler Varianten läßt sich noch weiter führen. Es gibt einerseits solche nationale Varianten, die in der gesamten Region des betreffenden Zentrums gelten, im Gegensatz zu solchen, die nur in einem Teil des Zentrums gelten. So erstreckt sich insbesondere die Geltung mancher Austriazismen nur auf Ostösterreich und die Geltung vieler Teutonismen nur auf Norddeutschland. Beispiele: *Fleischhauer* oder auch *Fleischhacker* sind nur ostösterreichisch (nach *Österreichischem Wörterbuch* 1990 unterschiedslos; vgl. aber Ebner 1980: 215), westösterreichisch heißt es *Metzger*; *Harke* ist nur norddeutsch, süddeutsch heißt es *Rechen*. (Es spielt im Moment keine Rolle, daß *Metzger* und *Rechen* außer in Westösterreich bzw. Süddeutschland auch noch andernorts gelten.) Dagegen gelten Wörter wie *Abitur* oder *Flugpost* in ganz Deutschland bzw. Österreich.

Eine geeignete dementsprechende terminologische Differenzierung ist vielleicht die in

(5) nationale Varianten *einer Teilregion* im Gegensatz zu nationalen Varianten *der Gesamtregion* des jeweiligen Zentrums.

Abbildung 9 veranschaulicht diese beiden Typen nationaler Varianten mit Bezug auf das Zentrum A.

Variante einer   Variante der
Teilregion   Gesamtregion

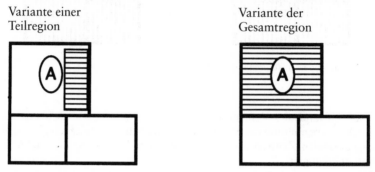

Abb. 9: Variantentypen: Teilregion – Gesamtregion

Bei nationalen Varianten nur einer Teilregion ihres Zentrums ist Vorsicht geboten. Man könnte zunächst meinen, solche Varianten, die nicht einmal in ihrem ganzen Zentrum gelten, müßten auf jeden Fall Spezifika, also nationale Varianten nur dieses Zentrums sein. Daß dies jedoch keineswegs immer zutrifft, zeigt die weitere typologische Differenzierung, nämlich zwischen solchen nationalen Varianten, die lediglich in einem einzigen nationalen Zentrum (als Bestandteil der Standardvarietät) gelten, und solchen, deren Geltungsbereich sich auf mehr als ein nationales Zentrum erstreckt. Beispiele des erstgenannten Typs sind die Wörter *Marille* ‚Aprikose‘ in Österreich oder *Velo* ‚Fahrrad‘ in der Schweiz; sie gelten jeweils nur in dem betreffenden Zentrum. Beispiele für letzteren Typ sind das Wort *Erdapfel* ‚Kartoffel‘, das in Österreich und in der Schweiz gilt (aber nicht in Deutschland), oder das Wort *Aprikose,* das in Deutschland und in der Schweiz gilt (aber nicht in Österreich).

Es liegt nahe, hier terminologisch zu unterscheiden zwischen

(6) *spezifischen* und *unspezifischen* nationalen Varianten (vgl. schon Kap. A.4.1). Man könnte auch von nationalen Varianten im *engeren* und im *weiteren* Sinn sprechen.

Um an unseren Beispielen anzuknüpfen: *Aprikose* ist eine unspezifische nationale Variante Deutschlands wie auch der Schweiz. Ihre Entsprechung, *Marille,* ist dagegen eine spezifische nationale Variante Österreichs.

Man kann nun bei den unspezifischen nationalen Varianten weiter differenzieren nach Geltung nur in einer Teilregion oder in der Gesamtregion des Zentrums, und zwar sowohl in bezug auf das eigene als auch das jeweils andere Zentrum. Wir erhalten dann die folgenden Subtypen unspezifischer nationaler Varianten. Geltung in:

(a) Gesamtregion des eigenen Zentrums + Gesamtregion eines anderen Zentrums,

(b) Gesamtregion des eigenen Zentrums + Teilregion eines anderen Zentrums,
(c) Teilregion des eigenen Zentrums + Gesamtregion eines anderen Zentrums,
(d) Teilregion des eigenen Zentrums + Teilregion eines anderen Zentrums.

Beim Typ (c) erscheint es fast fraglich, ob er überhaupt als nationale Variante „des eigenen Zentrums" gewertet werden soll, da seine Hauptgeltungsregion im anderen Zentrum liegt. Ich stelle diesen Typ daher vorläufig zurück; er wird beim nächsten und letzten Differenzierungsschritt noch einmal zur Sprache kommen. Typ (d) spielt im Falle der deutschen Sprache eine sehr geringe Rolle, falls er überhaupt vorkommt; jedenfalls konnte ich kein einziges eindeutiges Beispiel dafür finden; er mag jedoch in anderen plurinationalen Sprachen häufiger auftreten.

Dagegen ist die Differenzierung zwischen (a) und (b) für Deutsch als plurinationale Sprache bedeutsam. So gehören etwa die beiden genannten Beispiele *Aprikose* (Deutschland/Schweiz) und *Erdapfel* (Österreich/Schweiz) zum Typ (a). Ein Beispiel des Typs (b) ist das Wort *Kren* ‚Meerrettich', das außer in Österreich auch in einem Teil, aber eben nur einem Teil Deutschlands gilt, nämlich in Bayern.

Abbildung 10 illustriert die für die deutsche Sprache hauptsächlich relevanten typologischen Differenzierungen.

Spezifische   Unspezifische   Unspezifische
Variante   Variante (a)   Variante (b)

Abb. 10: Variantentypen: spezifisch – unspezifisch

Es versteht sich fast von selbst, daß die spezifischen nationalen Varianten im vorliegenden Zusammenhang die interessanteren sind, da sie als Besonderheiten der nationalen Varietäten bzw. Sprachzentren mehr zu ihrer Konstituierung beitragen. Sie verdienen daher bei der linguistischen Beschreibung der nationalen Varietäten besondere Beachtung.

Wie soll man aber mit den unspezifischen nationalen Varianten verfahren? Ein Antwortversuch auf diese Frage stößt alsbald auf das Problem, wie diese unspezifischen nationalen Varianten gewissermaßen nach der anderen Seite hin abzugrenzen sind, also von solchen Einheiten, die überhaupt keine nationalen Varianten mehr sind. Interessanterweise ist dies nicht so einfach, wie es unser Ansatz bei im wesentlichen drei Zentren der deutschen Sprache zunächst nahelegt, nämlich daß sich unspezifische nationale Varianten einfach definieren lassen als genau in zwei Zentren geltend – im Gegensatz zu gemeindeutschen Einheiten, die in allen drei Zentren der deutschen Sprache gelten. Es gibt nämlich auch Varianten, die außer in zwei Zentren noch in einer Teilregion des dritten Zentrums gelten. Ein Beispiel ist die Perfektbildung mit *sein* bei Verben wie *liegen, sitzen, stehen,* die nicht nur in der Österreich und in der Schweiz, sondern überdies auch noch in Süddeutschland gilt. Es ist nicht ohne weiteres einleuchtend, daß diese Perfektformen mit *sein* in der einschlägigen Literatur ziemlich regelmäßig als nationale Varianten Österreichs oder der Schweiz präsentiert werden (z. B. Clyne 1984: 13; Tatzreiter 1988: 94). Liegt hier womöglich eine Fixierung auf das „binnendeutsche Weltbild" vor, nach dem alles vom deutschen Deutsch, ja sogar nur vom norddeutschen Deutsch Abweichende als Besonderheit Österreichs oder der Schweiz erscheint (vgl. Kap. A.3.2.1, A.4.4), oder läßt sich die betreffende Bewertung von einem ausgewogenen plurinationalen Standpunkt aus rechtfertigen? Es stellt sich also die Frage, wie mit solchen Varianten wie jenen Perfektformen mit *sein* bei der linguistischen Beschreibung der nationalen Varietäten der deutschen Sprache zu verfahren ist. Sollen sie überhaupt einbezogen, also als nationale Varianten bewertet werden? Diese Frage stellt sich verschärft bei Varianten, die überdies – neben der Geltung in anderen Zentren – nur in einer Teilregion des fraglichen Zentrums gelten (vgl. Typen (5) und (6)). So gibt es beispielsweise Varianten, die innerhalb Deutschlands nur in Bayern, aber darüber hinaus auch noch in ganz Österreich gelten (z. B. das schon erwähnte *Kren*), oder sogar solche, die innerhalb Deutschlands nur in Süddeutschland und darüber hinaus sowohl in ganz Österreich als auch in der ganzen Schweiz gelten (obiges Beispiel des Perfekts mit *sein*). Sollen auch sie noch als Teutonismen aufgefaßt werden? Offenkundig verlangen diese verschiedenen Möglichkeiten nach Definitionen, die zumindest für die jeweilige Untersuchung verbindlich sind, wenn die Beschreibung der nationalen Varietäten einer Sprache einigermaßen konsistent werden soll.

Die folgenden Definitionen versuchen eine praktikable Lösung für die vorliegende Untersuchung. Man muß dabei den Unterschied beachten zwischen der *Gesamtregion* (im Gegensatz zur *Teilregion*) eines nationalen Zentrums und *allen* nationalen Zentren (im Gegensatz zu *einem Teil* der nationalen Zentren) einer Sprache. Es sei noch einmal daran erinnert, daß sich das aufgetretene Abgrenzungsproblem bei spezifischen nationalen Varianten nicht stellt; zu ihnen gehören all diejenigen Varianten, und allein sie, die nur in einem einzigen Zentrum (Gesamtregion oder Teilregion) einer plurinationalen Sprache gelten. Die folgenden Definitionen betreffen nur unspezifische nationale Varianten. Sie sind so formuliert, daß sie auch auf plurinationale Sprachen mit mehr als drei Zentren anwendbar sind. Selbstverständlich beziehen sie sich nur auf die nationalen Zentren ein und derselben Sprache.

(i) Eine linguistische Einheit a ist auch dann noch eine nationale Variante des Zentrums A (A ∈ {A, B, C, ..., N}), wenn sie außer in einer Teilregion von A auch noch in anderen Zentren gilt, sogar in deren Gesamtregionen, sofern sie zumindest in einem der Zentren B, C, ..., N überhaupt nicht gilt, also auch nicht in einer Teilregion davon (Abb. 11: Typ (i)). Das nur in Bayern geltende *Kren* ist aufgrund dieser Definition auch nationale Variante Deutschlands, obwohl es zusätzlich in ganz Österreich gilt, denn es gilt nicht in allen nationalen Zentren der deutschen Sprache, nämlich nicht in der Schweiz.

Es erscheint sinnvoll, für diesen Fall (i), der – wie man sieht – letztlich identisch ist mit dem schon zuvor unter (6) erwähnten Fall (c), einen zusätzlichen Typ nationaler Varianten anzusetzen, nämlich den einer

(7) s*ehr unspezifischen* nationalen Variante im Gegensatz zu einer *(einfach) unspezifischen* nationalen Variante.

Es leuchtet unmittelbar ein, daß die (einfach) unspezifischen nationalen Varianten immerhin noch eher nationale Besonderheiten sind als die sehr unspezifischen nationalen Varianten. Dabei ist allerdings zu beachten, daß der spezielle Subtyp (i) der sehr unspezifischen nationalen Varianten auch so definiert ist, daß er in einem der nationalen Zentren überhaupt nicht gilt; in dieser Hinsicht gleicht er den einfach unspezifischen nationalen Varianten (zumindest im Fall trizentrischer plurinationaler Sprachen – bei Sprachen mit mehr Zentren kann man weiter differenzieren). Im Gegensatz zu den einfach unspezifischen nationalen Varianten gilt (i) jedoch nur in einer Teilregion des eigenen Zentrums. Der Unterschied zwischen sehr unspezifischen und einfach unspezifischen nationalen Varianten ist bei Typ (i) ein Spezialfall der Unterscheidung zwischen Varianten einer Teilregion und Varianten der Gesamtregion, und zwar mit dem Zusatz der Geltung auch in anderen, aber nicht in allen nationalen Zentren der betreffenden Sprache.

Die folgende Definition bezieht sich auf diejenigen *sehr* unspezifischen nationalen Varianten, die diesen Grenzfall nationaler Varianten eindeutiger verkörpern, indem sie in *allen* nationalen Zentren einer Sprache gelten.

(ii) Eine linguistische Einheit b ist auch dann noch eine nationale Variante des Zentrums A (A ∈ {A, B, C, ..., N}), allerdings eine sehr unspezifische, wenn b in der Gesamtregion von A gilt sowie darüber hinaus in allen Regionen von B, C, ..., N, jedoch nicht in allen Gesamtregionen.

Beispiel: *Orange* ist eine sehr unspezifische nationale Variante der Schweiz und auch Österreichs, da es in der Gesamtregion der Schweiz und Österreichs gilt, aber nur in einer Teilregion Deutschlands, nämlich in Süddeutschland. Allerdings ist *Orange* keine nationale Variante Deutschlands. Da es in allen drei nationalen Zentren der deutschen Sprache gilt, kann es allenfalls nationale Variante derjenigen Zentren sein, in deren Gesamtregion es gilt. Wohlgemerkt ist nach unserer Definition eine linguistische Einheit sogar dann noch eine – sehr unspezifische – nationale Variante eines Zentrums, wenn sie zusätzlich in der Gesamtregion eines anderen Zentrums sowie in einer Teilregion des dritten Zentrums gilt (bei trizentrischen Sprachen), solange sich ihre Geltung nur nicht auf alle Gesamtregionen erstreckt. Dagegen ist sie nicht nationale Variante desjenigen weiteren Zentrums, wo sie nur in einer Teilregion gilt (Abb. 11: Typ (ii)). Weitere Beispiele sind die schon erwähnten Perfektformen mit *sein* bei den Verben *liegen, sitzen, stehen,* die demnach – im Einklang mit gängigen Zuordnungen – durchaus als nationale Varianten der Schweiz und auch Österreichs, nicht aber Deutschlands gewertet werden dürfen.

Diese Überlegungen zeigen auch besonders deutlich, daß es, wenn man sich genau ausdrücken will, nicht ausreicht, eine linguistische Einheit eine nationale Variante „des Deutschen" (oder „der deutschen Sprache") zu nennen. Man muß sich dabei vielmehr auf die einzelnen Zentren beziehen. Manche linguistische Einheiten sind nämlich nicht einmal dann nationale Varianten des Zentrums A, sondern nur der Zentren B und C, wenn sie auch in A (einer Teilregion davon) gelten.

Abbildung 11 veranschaulicht die beiden Typen sehr unspezifischer nationaler Varianten.

Aus dem bisher Gesagten folgt, daß die Geltung einer Variante nur in einer Teilregion eines Zentrums dann nicht ausreicht für ihre Einstufung als nationale Variante dieses Zentrums, wenn sie zugleich in allen anderen nationalen Zentren gilt, sei es in Teilregionen oder den Gesamtregionen (vgl. Def. (ii) zu Typ (7) bzw.

Variante Typ (i)   Variante Typ (ii)

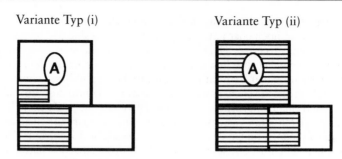

Abb. 11: Sehr unspezifische Variantentypen

Abb. 11: Typ (ii)). Würde eine solche Variante nämlich trotz der Geltung nur in einer Teilregion des Zentrums A als nationale Variante von A gewertet, so müßte sie logischerweise zugleich als nationale Variante jedes Zentrums der betreffenden Sprache gelten, denn sie erfüllt diese Bedingung (Geltung zumindest in einer Teilregion) ja bezüglich aller Zentren. Eine solche Lösung wäre jedoch mit dem Grundgedanken einer ‚nationalen Variante' als Besonderheit eines oder höchstens einer echten Teilmenge der nationalen Zentren einer Sprache unvereinbar. Eine nationale Variante aller nationalen Zentren einer Sprache ist eine Contradictio in adjecto. Die Definitionen (i) und (ii) des Typs sehr unspezifischer nationaler Varianten sind dagegen mit dem Grundgedanken einer nationalen Variante noch vereinbar. Sie dehnen ihn bis aufs Äußerste, aber sie überdehnen ihn nicht. Und sie stehen im Einklang mit gängigen intuitiven Beschreibungsgepflogenheiten der nationalen Varietäten der deutschen Sprache.

Zur Verdeutlichung stellt Abbildung 12 noch diejenigen drei Fälle dar, bei denen es sich aufgrund des Gesagten um keine nationalen Varianten des Zentrums A mehr handelt. In den Fällen (II) und (III) liegen nach dem oben Gesagten sogar für kein einziges Zentrum nationale Varianten vor, also überhaupt keine nationalen Varianten der deutschen Sprache. Man sieht ferner, daß nur Typ (III) gesamtsprachlich, im Falle der deutschen Sprache also gemeindeutsch ist. Die Variantentypen (I) und (II) sind dagegen nicht gesamtsprachlich. Offenbar muß man also zwischen den nationalen Varianten und den gesamtsprachlichen linguistischen Einheiten einer Sprache noch mit einer Zwischenkategorie regionaler Standardvarianten rechnen, die weder das eine noch das andere sind (Typ II). Allerdings konnte ich kein eindeutiges Beispiel für diese Kategorie in der deutschen Sprache ausfindig machen.

Anläßlich des hier, und stillschweigend auch schon zuvor, verwendeten Terminus *gesamtsprachlich* erscheint an dieser Stelle ein terminologischer Hinweis angebracht. Gemeint ist mit diesem Adjektiv natürlich ‚im gesamten Gebiet der Sprache als standardsprachlich gültig', was nicht die einzige und schon gar nicht die einzig denkbare Bedeutung des Adjektivs *gesamtsprachlich* ist. Unmißverständlichere Adjektive erscheinen jedoch zu ungewohnt oder zu umständlich (z. B. *sprachgebietsweit* oder gar *sprachgebietsweit standardsprachlich*). Mißlicherweise läßt sich das Adjektiv gesamtsprachlich nicht ohne weiteres in bezug auf die Einzelsprachen spezifizieren, besonders nicht in bezug auf das Deutsche. *Gesamtdeutsch* ist nämlich schon in einem engeren Sinn festgelegt, und zwar als

Variante Typ (I)   Variante Typ (II)   Variante Typ (III)

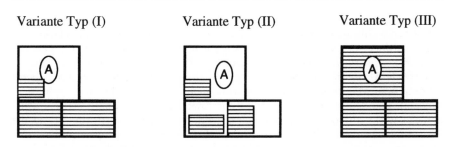

Abb. 12: Nicht mehr als nationale Varianten geltende Typen

nur auf ‚ganz Deutschland', nicht aber das ganze deutschsprachige Gebiet bezogen. Für den Bezug auf das ganze deutschsprachige Gebiet eignet sich eher das Adjektiv *gemeindeutsch* (oder auch *allgemeindeutsch*). Dieses Adjektiv läßt sich jedoch umgekehrt wiederum nicht derart auf alle Sprachen verallgemeinern, daß sich unser *gesamtsprachlich* durch *gemeinsprachlich* ersetzen ließe, da für letzteres Adjektiv schon eine ganz andere Bedeutung festliegt, nämlich das Gegenteil von *fachsprachlich* (Opposition: ‚Fachsprache' – ‚Gemeinsprache'). In diesem Sinn wäre auch *allgemeinsprachlich* mißverständlich. Wir müssen also bei der inkonsistenten Terminologie *(all)gemeindeutsch – gesamtsprachlich* bleiben.

Nach der Differenzierung der verschiedenen Typen von nationalen Varianten ist noch ein warnendes Wort angebracht. Nationale Varianten dürfen nicht verwechselt werden mit Sprachformen, die zwar unverkennbar aus einem der nationalen Zentren der deutschen Sprache stammen, aber inzwischen im ganzen deutschen Sprachgebiet gelten. Beispiele sind Wörter wie *Apfelstrudel* oder neuerdings auch *Germknödel* oder *Letscho,* die unverkennbar aus Österreich stammen und deshalb vielleicht für Austriazismen gehalten werden. Sie sind jedoch nicht nur im ganzen deutschen Sprachgebiet gängig, sondern haben auch allenthalben standardsprachliche Geltung, und zwar schon deshalb, weil es für die betreffende Sache gar keine andere Bezeichnung gibt. Aus diesem Grunde vertreiben auch z.B. deutsche Firmen diese Produkte unter keinem anderen Namen; so gibt es beispielsweise „Germknödel" bei Oetker oder „Letscho" beim Spreewaldhof. Um nicht in Gefahr zu geraten, hier fälschlicherweise nationale Varianten zu konstruieren, habe ich schon an früherer Stelle auf die Einbeziehung von Sachspezifika in die nationalen Sprachvarietäten verzichtet (Kap. A.4.1). Ich spreche in Fällen wie *Apfelstrudel* und dergleichen vom *Rösti-Typ gemeindeutscher Ausdrücke,* den ich damit nach dem vielleicht eindeutigsten Beispiel benenne. Das Wort *Rösti* stammt aus der Schweiz, was zahlreiche deutschsprachige Personen wissen, in Deutschland ebenso wie in Österreich. Dennoch ist das Wort keineswegs ein Helvetismus, sondern gemeindeutsch: Es gilt im ganzen deutschen Sprachgebiet, und es gibt keine alternativen Varianten dazu (Bratkartoffeln sind etwas anderes als Rösti! Vgl. Kap. A.1.1: Erläuterung kurz vor den Textbeispielen zu den nationalen Varietäten).

Rösti dient auch zur Charakterisierung der deutschsprachigen Schweizer innerhalb der Schweiz, die – wie jede/r Schweizer/in weiß – durch den tiefen „Röstigraben" von den „Welschschweizern" getrennt sind. Zur noch treffenderen, von dieser Zusatzbedeutung ungestörten Bezeichnung der hier gemeinten Art von Ausdrücken schien sich zunächst das Wort *Müsli* anzubieten, das Nicht-schweizer wohl noch eindeutiger als das Wort *Rösti* der Schweiz als Herkunfts-land zuordnen. Der vorgeschlagene Terminus hätte dann also *Müsli-Typ gemein-deutscher Ausdrücke* gelautet. Allerdings heißt es nur in Deutschland und in Österreich *Müsli;* in der Schweiz (und auch im österreichischen Vorarlberg) schreibt man *Müesli* und spricht das Wort auch mit einem fallenden Diphthong: ['myəsli]. Die deutsch-österreichische Schreibweise und monophthongische Aus-sprache wirkt auf die Schweizer belustigend, weil diese Wortform für sie die Bedeutung ,Mäuslein' hat. Zwar wird auch *Rösti* in der Schweiz anders aus-gesprochen, nämlich mit palatalem statt dentalem (oder alveolarem) Reibelaut: ['rœʃti] statt ['rœsti]; es wird dementsprechend oft auch *Röschti* geschrieben, aber daneben gibt es auch die gleiche Schreibweise wie in den anderen nationalen Zen-tren des Deutschen, also *Rösti* (Meyer 1989: 244). Im Grunde bilden Ausdrücke wie *Müsli* eine spezielle zusätzliche Kategorie. Man könnte unter Bezug auf den soeben eingeführten Terminus vom *Pseudo-Rösti-Typ gemeindeutscher Ausdrücke* sprechen. Dabei handelt es sich um solche gemeindeutsche Sprachformen, von denen weithin *geglaubt* wird, sie wären in der vorliegenden Form aus einem bestimmten nationalen Zentrum übernommen, deren tatsächliche Form in dem betreffenden Zentrum jedoch anders aussieht. Es fällt nicht schwer, bei weiterem Nachdenken in dieser Richtung noch andere Differenzierungen zu entwickeln. In der vorliegenden Untersuchung spielt jedoch der Rösti-Typ gemeindeutscher Aus-drücke nur eine untergeordnete Rolle, und erst recht der entsprechende Pseudo-Typ.

Welche der unterschiedlichen Typen nationaler Varianten sind nun besonders wichtig für die Beschreibung der nationalen Varietäten einer Sprache? Ich möchte diese schon zuvor verschiedentlich en passant gestreifte Frage hier nochmals auf-greifen. Besonders wichtig sind, abstrakt formuliert, einerseits diejenigen natio-nalen Varianten, die in besonderem Maße die *Spezifik* einer nationalen Varietät garantieren, also ihre Besonderheit im Vergleich zu den anderen nationalen Varietäten derselben Sprache. Andererseits sind es diejenigen nationalen Varian-ten, welche die *Autonomie* der jeweiligen nationalen Varietät gegenüber den an-deren nationalen Varietäten konstituieren. Was ist damit gemeint? Die Auto-nomie einer nationalen Varietät gegenüber den anderen nationalen Varietäten wird durch all die Eigenschaften gestärkt, welche die Verwendung oder das Ein-dringen von Varianten anderer nationaler Varietäten oder die Verwendung gesamtsprachlicher Varianten erschweren. Dies ist beispielsweise bei Nicht-austauschbarkeit einer nationalen Variante der Fall (vgl. oben (4)), weil solche Varianten – anders als austauschbare – nicht nach Bedarf durch nationale Varian-ten eines anderen Zentrums oder durch gesamtsprachliche Varianten ersetzt wer-den können. Die Autonomie einer nationalen Varietät wird auch gestärkt durch nationale Varianten, die kodifiziert sind, weil sie im Gegensatz zu nichtkodifizier-ten Varianten fester im betreffenden Zentrum verankert sind, oder auch durch nationale Varianten der Gesamtregion des Zentrums, weil sie die Kommunika-tion im ganzen Zentrum ermöglichen, während Varianten nur einer Teilregion des Zentrums in den anderen Teilen des Zentrums die Verwendung gesamt-sprachlicher Varianten begünstigen können. Der Begriff ,Autonomie einer natio-nalen Varietät' ist nicht ohne weiteres zufriedenstellend definierbar, da er Erklä-rungshypothesen über die Stabilität nationaler Varietäten beinhaltet, die durch empirische Forschung erst noch zu überprüfen sind.

Unter diesem Vorbehalt des letztlich hypothetischen Status der Aussagen sind die Typen nationaler Varianten nachfolgend nach ihrem jeweiligen Beitrag zur Spezifik und Autonomie einer nationalen Varietät charakterisiert. Manche tragen vermutlich zu beiden Eigenschaften bei; es wird jedoch jeweils nur die eine Eigenschaft genannt, zu welcher der Beitrag plausibler erscheint. Bei aller Ungewißheit dieser Unterscheidungsmöglichkeiten, rechtfertigen doch im Grunde nur sie überhaupt den ganzen Aufwand einer solchen typologischen Differenzierung.

Die folgenden Typen nationaler Varianten (gleiche Numerierung wie oben) tragen vermutlich jeweils mehr bei zu den in Klammern beigefügten Eigenschaften einer nationalen Varietät als die damit verglichenen Typen:

(1) kodifizierte Varianten mehr als Varianten des Gebrauchsstandards (Autonomie);
(2) nationale Varianten nach Geltung und Bekanntheit mehr als solche nur nach Geltung (Autonomie);
(3) situationsunabhängige mehr als situationsabhängige (stilistische) (Autonomie);
(4) nicht austauschbare mehr als austauschbare (Autonomie);
(5) solche der Gesamtregion mehr als solche einer Teilregion (Autonomie);
(6) spezifische mehr als unspezifische (Spezifik);
(7) unspezifische mehr als sehr unspezifische (Spezifik).

Ausgehend von diesen Hypothesen kann man eine Art *Kern* einer jeden nationalen Varietät bestimmen, der aus denjenigen Typen nationaler Varianten besteht, die am meisten zu ihrer Spezifik und Autonomie beitragen. Dies sind die kodifizierten, situationsunabhängigen, nicht austauschbaren und spezifischen nationalen Varianten, und zwar solche nach Geltung und Bekanntheit und solche der Gesamtregion des nationalen Zentrums. Sie sollten daher bei der Beschreibung einer nationalen Varietät vorrangig berücksichtigt werden.

Dementsprechend wurde in der späteren Beschreibung der nationalen Varietäten der deutschen Sprache (Kap. B.3, C.3, D.3) auch verfahren, soweit die Unterscheidung der verschiedenen Typen aufgrund empirischer Daten möglich war. Der gewählten Darstellungsform läßt sich in jedem Einzelfall entnehmen, um welchen Typ (1) bis (7) von nationalen Varianten es sich handelt (vgl. Kap. B.3.1). Dies setzt unter anderem voraus, daß bei jeder nationalen Variante ihre Entsprechungen in den beiden anderen nationalen Zentren (Vollzentren) der deutschen Sprache mitangegeben werden. So umständlich dieses Verfahren erscheint, so unverzichtbar ist es schon dann, wenn nur die Spezifik einer sprachlichen Einheit für ein nationales Zentrum deutlich werden soll.

Vielleicht war es zum Teil die Scheu vor der umständlichen Darstellungsform, die bisherige Verfasser/innen weitgehend zu einer verkürzten Darstellung bewogen hat. Ich vermute allerdings, daß das „binnendeutsche Weltbild" dabei auch eine Rolle gespielt hat. Diese Vermutung liegt schon deshalb nahe, weil so gut wie immer nur das deutsche Deutsch als Vergleichsbasis der Beschreibung der nationalen Varietäten der deutschen Sprache dient, auch in den nach eigenem Verständnis ausgewogenen, vorurteilsfreien Untersuchungen (z. B. bei Clyne 1984). Auch die bislang fehlende Thematisierung der Teutonismen ist vermutlich eine Folge des binnendeutschen Weltbildes. Die Teilung Deutschlands in der Zeit nach dem Zweiten Weltkrieg bis 1990 liefert keine ausreichende Erklärung für diese Unterlassung, wenngleich sie dabei sicher eine zusätzliche Rolle gespielt hat.

Bei aller Differenzierung nach den unterschiedenen 7 Typen von nationalen Varianten folgt die Darstellung ansonsten den Gepflogenheiten einer kontrastiven linguistischen Analyse auf der Grundlage des taxonomischen Strukturalismus. Dementsprechend werden auch verschiedene Ebenen von Sprachzeichen oder grammatische Ränge unterschieden, und zwar die folgenden:

Graphie,
Phonie,
Lexik einschließlich Phraseologie und Wortbildung,
Grammatik,
Pragmatik.

Der Pragmatik, die sich je nach Konzeption nicht ohne weiteres säuberlich von den anderen Ebenen trennen läßt, ist jeweils nur ein verhältnismäßig kleiner Abschnitt gewidmet. Auch ansonsten schwankt die Menge der Angaben (ihre Mächtigkeit) stark zwischen den verschiedenen Ebenen, ohne daß mit Sicherheit gesagt werden kann, inwieweit dies den Grad der tatsächlichen Unterschiede zwischen den nationalen Varietäten oder nur den derzeitigen Forschungsstand reflektiert. Die Tatsache, daß alle Angaben auf die Standardvarietät beschränkt sind, wird bisweilen durch den Zusatz *ortho-* ausgedrückt, also *Orthographie, Orthophonie* (ein Ausdruck, den ich aus Gründen der terminologischen Konsistenz dem üblichen Terminus *Orthoepie* vorziehe) usw.

Die linguistische Beschreibung konzentriert sich im vorliegenden Buch des weiteren auf die Variation auf onomasiologischer Grundlage (Ausdrucksvariation bei gleichbleibender Bedeutung); für die Variation auf semasiologischer Grundlage (Bedeutungsvariation bei gleichbleibendem Ausdruck) werden nur verhältnismäßig wenige Beispiele aus der Lexik geliefert (vgl. Kap. A.4.1). Zwar erschließen die beiden Blickrichtungen unterschiedliche Aspekte der sprachlichen Variation zwischen den nationalen Zentren einer Sprache; die konsequente Durchführung beider hätte die Darstellung jedoch unzumutbar redundant gemacht. Dabei ist zu bedenken, daß schon der dreiseitige Vergleich und die Kennzeichnung der oben unterschiedenen Typen nationaler Varianten eine beträchtliche Redundanz der Darstellung nach sich zieht. Die zusätzlichen Verdoppelungen an Information, welche die Darstellung sowohl auf onomasiologischer Grundlage *(Ausdrucksvarianten)* als auch auf semasiologischer Grundlage *(Bedeutungsvarianten)* mit sich gebracht hätte, lassen sich an beliebigen Beispielen verdeutlichen, wie etwa dem folgenden.

Darstellung der plurinationalen Variation aus onomasiologischer Sicht

Onomasiologische Feststellung: (a) Der Gegenstand, der in Deutschland *Schrank* (und nur so) heißt, wird in Österreich und in der Schweiz *Kasten* oder *Schrank* genannt. (b) Der Gegenstand, der in Deutschland *Kasten* heißt, wird auch in Österreich und in der Schweiz *Kasten* genannt. Offenkundig beinhaltet nur Aussage (a) plurinationale Variation, nicht jedoch Aussage (b). Aussage (b) ist lediglich bedeutsam zur Vervollständigung des Bildes als Grundlage der eigentlichen linguistischen Beschreibung.

Darstellung in Kurzform für die drei Zentren:
Unter den Austriazismen: *Kasten/Schrank* (= schweiz., dt. *Schrank*).

Unter den Helvetismen: *Kasten/Schrank* (= österr., dt. *Schrank*).
Die Darstellung unter den Teutonismen entfällt, da keine eigene nationale Variante für Deutschland vorliegt.

Darstellung aus semasiologischer Sicht

Semasiologische Feststellung: (a) Der Ausdruck *Kasten* hat in Deutschland die Bedeutung ‚große Kiste' (neben anderen, hier irrelevanten Bedeutungen), in Österreich und der Schweiz aber die Bedeutung ‚Schrank oder große Kiste'. (b) Der Ausdruck *Schrank* hat in Deutschland, in Österreich und in der Schweiz gleichermaßen die Bedeutung ‚Schrank'. Wiederum beinhaltet nur Aussage (a) plurinationale Variation; Aussage (b) dient lediglich der Vervollständigung des der linguistischen Beschreibung zugrundeliegenden Gesamtbildes. (Man lasse sich nicht dadurch verwirren, daß hier im Moment die nationale Varietät Deutschlands als semantische Beschreibungssprache verwendet wird.)

Darstellung in Kurzform für die drei Zentren:
Unter den Austriazismen: *Kasten* ‚Schrank oder große Kiste' (= schweiz, dt. ‚große Kiste').
Unter den Helvetismen: *Kasten* ‚Schrank oder große Kiste' (= österr., dt. ‚große Kiste').
Die Darstellung unter den Teutonismen entfällt wieder, da für Deutschland keine eigene nationale Variante vorliegt.

Man sieht, daß die konsequente Durchführung beider Arten von Darstellungen, sowohl der onomasiologisch als auch der semasiologisch orientierten, außerordentlich redundant würde. Die plurinational relevanteste Information, nämlich daß in Österreich und in der Schweiz *Kasten* dasselbe bedeutet wie in Deutschland *Schrank*, läßt sich – cum grano salis – beiden Darstellungen entnehmen. Die spezifischen Informationen beider Darstellungsweisen sind demgegenüber weniger relevant für die plurinationale Variation (onomasiologisch: in Österreich und in der Schweiz wird der betreffende Gegenstand außerdem auch noch *Schrank* genannt; semasiologisch: in Österreich und in der Schweiz hat das Wort *Kasten* auch noch die Bedeutung ‚große Kiste').

Bei der Wahl zwischen einer der beiden Darstellungsrichtungen erscheint nun aber die onomasiologisch orientierte entschieden günstiger, und zwar vor allem deshalb, weil dabei auf die ausdrückliche Bedeutungsbeschreibung verzichtet werden kann, was bei der semasiologisch orientierten Darstellung nicht möglich ist. Bei der Darstellung aus onomasiologischer Sicht ist die ausdrückliche Bedeutungsbeschreibung deshalb nicht notwendig, weil die Bedeutung der verschiedenen in Variation stehenden Ausdrücke den Lesern in der Regel unmittelbar zugänglich ist. Dies gilt wenigstens für deutschsprachige Leser – gleich welcher nationalen Zugehörigkeit –, und mit anderssprachigen ist im vorliegenden Fall kaum zu rechnen. Den deutschsprachigen Lesern ist nämlich zumindest die Bedeutung der Ausdrucksvariante des eigenen nationalen Zentrums bekannt, und diese ist (im Fall der onomasiologisch orientierten Variation) ja identisch mit der Bedeutung der anderen Ausdrucksvarianten der betreffenden plurizentrischen Variablen.

Walter Haas (1982b: 115) hat bezüglich der nationalen Varianten der Schweiz unterschieden zwischen solchen mit besonderem Ausdruck (besonderer

Form) und solchen mit gleichem Ausdruck (gleicher Form) aber besonderer Bedeutung. Letztere nennt er „semantische" Helvetismen; man könnte dementsprechend allgemeiner von semantischen *nationalen Varianten* sprechen. Diese Unterscheidung entspricht weitgehend derjenigen zwischen onomasiologischer und semasiologischer Blickrichtung. An gleicher Stelle macht Haas (1982 b: 115 f.) den in der späteren Fachliteratur verschiedentlich erwähnten Unterschied zwischen „absoluten" nationalen Varianten und solchen nach der bloßen „Frequenz" des Vorkommens. Der Unterschied zwischen „absolut" und „frequentiell" ist hier rein statistisch gemeint und hat nichts mit unserer geltungsorientierten (normbezogenen) Definition von nationalen Varianten zu tun (vgl. Kap. A.4.1). Wie schon an anderer Stelle ausgeführt (Kap. A.4.1), müssen die Haas'schen Frequenzvarianten hier im weiteren unberücksichtigt bleiben, da sie umfangreiche quantitative Untersuchungen voraussetzen, die meine derzeitige Arbeitskapazität übersteigen (vgl. auch Meyer 1989: 18).

Grundsätzlich wäre es auch möglich, die drei Zentren zusammen im durchgehenden Vergleich zu beschreiben. Der Versuch hat jedoch gezeigt, daß diese Darstellungsweise zu unübersichtlich wird. Außerdem entspricht sie nicht dem Informationsbedürfnis derjenigen Leser, die sich hauptsächlich für eines der drei nationalen Zentren der deutschen Sprache interessieren. Daher ist jedem Zentrum ein gesonderter Teil des vorliegenden Buches gewidmet, in dem auch die Geschichte seiner Entstehung und diverse sprachsoziologische und sprachpsychologische Aspekte thematisiert werden. Sogar die rein linguistische gemeinsame Darstellung der drei nationalen Varietäten in Form von plurinationalen Variablen (vgl. Kap. A.4.1 und A.4.5) hat sich als zu unübersichtlich erwiesen. Eine einigermaßen übersichtliche Darstellung wäre nur möglich bei einheitlichem Bezug auf ein bestimmtes Zentrum, dessen Varianten jeweils als erste genannt würden. Dabei entstünde jedoch kein klares Bild von den beiden anderen nationalen Varietäten. Aus diesen Gründen erschien es angebracht, die durch die dreifache Darstellung entstehende Redundanz in Kauf zu nehmen.

Es sei nochmals daran erinnert, daß sich die Beschreibung der nationalen Varietäten hier auf die Gemeinsprache beschränkt und die Fachsprachen allenfalls insoweit einbezieht, als sie – nach meinem eigenen intuitiven Urteil – einigermaßen allgemein bekannt und damit im Grunde Bestandteil der Gemeinsprache sind.

Und noch etwas: Wenn man die vorliegenden Beschreibungen der nationalen Varietäten Österreichs (z. B. Rizzo-Baur 1962; Ebner [1969] 1980; die Beiträge in Wiesinger 1988 a) oder der deutschsprachigen Schweiz (z. B. Kaiser 1969/1970; Meyer 1989) anschaut, so wird unmittelbar einsichtig, daß eine auf Vollständigkeit abhebende Beschreibung jeden vernünftigen Umfang eines einzelnen Buches gesprengt hätte. Die linguistische Beschreibung der Austriazismen und Helvetismen ist im folgenden knapper als in der bisherigen Forschung. Die Beschreibung der Teutonismen, die von der bisherigen Forschung gänzlich vernachlässigt wurden, ist dagegen ausführlicher. Auch für sie wird allerdings kein Anspruch auf Vollständigkeit erhoben.

B Österreich

1 Die Entwicklung zu einem nationalen Zentrum der deutschen Sprache

Die hier vorgelegten historischen Skizzen, wie sich die nationalen Zentren der deutschen Sprache entwickelt haben (Kap. B.1, C.1, D.1), bleiben methodisch in hohem Maße intuitiv. Es sind zum einen – trivialerweise – Rückblicke vom heutigen Stand der Entwicklung aus auf Sachverhalte, die frühere Zeitgenossen vielleicht ganz anders gesehen hätten. Dabei werden insbesondere leicht frühe Ansätze zur Entwicklung eines eigenständigen Sprachzentrums post festum übergewichtet. Zum anderen bleibt die Auswahl der für die Entstehung des betreffenden nationalen Sprachzentrums wichtigsten Ereignisse hochgradig subjektiv. Ihre begründete Auswahl würde eine Entstehungstheorie nationaler Sprachzentren voraussetzen, die – soweit ich sehe – bislang allenfalls in rudimentärer Ausprägung vorliegt. Die Geschichtsskizzen im vorliegenden Buch heben einerseits ab auf die Entwicklung der fraglichen Zentren zu selbständigen Staaten, eine Blickrichtung, die sich vom Begriff der Nation her rechtfertigen läßt (vgl. Kap. A.2). Andererseits konzentrieren sie sich auf die Geschichte der sozialen Kräfte, die eine Standardvarietät und damit auch eine nationale Varietät maßgeblich prägen: Sprachkodex, Sprachexperten bzw. ihre Urteile, Modellsprecher und -schreiber bzw. deren Texte sowie Sprachnormautoritäten bzw. ihr Sprachkorrekturverhalten (vgl. Kap. A.4.2). Nicht allen dieser sozialen Kräfte konnte gleichermaßen Rechnung getragen werden. Zu manchen von ihnen liegen kaum einschlägige Informationen vor oder waren zumindest nicht zu eruieren, insbesondere zu den Sprachnormautoritäten bzw. ihrem Korrekturverhalten oder zu den Modellsprechern. Aber die Darstellung bleibt sogar dort stark verkürzt, wo das Quellenmaterial sich gewissermaßen zu Bergen türmt: bei den Modellschreibern bzw. ihren Texten, obwohl die Daten leicht zugänglich sind. Die systematische Analyse der deutschsprachigen Literatur im Hinblick auf die Herausbildung nationaler Varietäten des Deutschen bleibt eine Zukunftsaufgabe. Die vorliegenden Entstehungsskizzen der nationalen Zentren vermitteln nicht mehr als einen vagen Eindruck, machen aufmerksam auf mehr oder weniger zufällig entdeckte Einzelheiten und sollen vor allem Fragen aufwerfen. Dies wird sich sogleich im Falle des Zentrums Österreich erweisen.

Österreich hat seit vielen Jahrhunderten ein besonderes politisches und kulturelles Profil entwickelt (vgl. z.B. Zöllner 1984; Erdmann 1987). Bei seiner prominenten Stellung im deutschsprachigen Gebiet und über dieses hinaus war das wohl unvermeidlich. Als Beginn einer gewissen politischen Eigenständigkeit wird oft das Jahr 1156 gesehen, in dem Kaiser Barbarossa das Land der Babenberger zu einem Herzogtum innerhalb des Heiligen Römischen Reichs erhob. Gut hundert Jahre später rückt dieses Herzogtum sogar an die Spitze des Reichs. Seine Hauptstadt Wien ist dann vom Ende des Mittelalters (Kaiserwürde Rudolfs von Habsburg 1273) bis zum Beginn des 19. Jahrhunderts (Abdankung Franz' II. 1806) – mit nur verhältnismäßig geringen Unterbrechungen – Sitz des Kaisers des

Heiligen Römischen Reiches, das die meisten deutschsprachigen Länder einschließt (ausgenommen die Schweiz, die 1648 endgültig ausscheidet).

Trotz dieser prominenten Stellung, vielleicht sogar gerade wegen ihr, hat sich Österreich jedoch im Verlauf dieser langen Zeitspanne nicht durch sprachliche Besonderheiten vom übrigen deutschsprachigen Gebiet abgesetzt. Die Herausbildung einer eigenen Schreibtradition im Spätmittelalter hat keine varietätsseparatistischen Züge. Sie liegt in der damaligen Tendenz der Herausbildung dialektübergreifender Regionalvarietäten („Regionalsprachen") und unterscheidet sich nicht grundsätzlich von der Entwicklung der anderen regionalen deutschen „Schreibsprachen" zu jener Zeit. Mir scheint, daß Friedrich Heer (1981: 38 f.), unter Mißachtung ähnlicher Parallelentwicklungen in anderen Teilen des deutschen Sprachgebiets, die Hinweise auf das „Österreichisch-Teutsch" im 15. und 16. Jahrhundert in seiner Besonderheit überschätzt. Dies liegt von seiner Grundthese her nahe, nämlich daß das einstmals stärker ausgebildete Österreichbewußtsein im Verlauf der Neuzeit unter dem entscheidenden Einfluß preußischer Politik nach und nach zerstört worden sei. Es ist klar, daß sich von dieser Grundannahme aus manches bei Heer anders ausnimmt als in unserer Geschichtsskizze (vgl. auch Hoor 1982). Zumindest auf sprachlicher Ebene ist nach meiner Einschätzung in der Zeit des 15. und 16. Jahrhunderts keine auffällige österreichische Sonderentwicklung festzustellen. Auch der Erfolg der Gegenreformation in Österreich führt nicht zum Varietätsseparatismus gegenüber den protestantischen Teilen des Reichs.

In der Zeit der Aufklärung schließt sich Österreich dann sogar mit Nachdruck den von sächsischem Gebiet ausgehenden sprachlichen Einigungsbestrebungen an. In der Regierungszeit Kaiserin Maria Theresias (1740–1780) werden die sprachnormierenden Werke des Leipziger Sprach- und Literaturpapstes Johann C. Gottsched in Wien neu aufgelegt oder nachgedruckt und durch gleichgesinnte Professoren und Lehrer in Österreich verbreitet (vgl. Wiesinger 1983 a; 1988 b: 14 f.; 1994). Wien beansprucht also nicht einmal die von seiner prominenten Stellung als Kaiserstadt her immerhin denkbare Führungsrolle bei der Standardisierung der deutschen Sprache, sondern übernimmt die „vorbildlichen" Formen aus dem sächsisch-meißnischen Gebiet. Vom Gedanken einer sprachlichen Abspaltung vom übrigen deutschen Sprachgebiet oder auch nur einer varietätsmäßigen Sonderstellung konnte diese Haltung kaum weiter entfernt sein.

Allerdings gibt es neben dieser offiziellen Sprachpolitik auch eine Strömung des Widerstands und des Pochens auf eine österreichische Varietätseigenständigkeit, die von großen Teilen der Sprachgeschichtsforschung wenig beachtet wurde (vgl. dazu Nyhlén 1961: 19–47 passim). Sie blieb freilich auch weitgehend wirkungslos. Ihr bedeutendster Exponent ist der Sprach- und Naturwissenschaftler Johann S. V. Popowitsch (1705–1774), der die spezifisch österreichischen Wörter sammelt und sich gegen die „Herren Gottscheder" wendet, denen „dergleichen Wörter" nur „zu einem elenden Gegenstand ihrer spöttischen Klätschereyen dienen müssen" (Popowitsch 1759: 319). In gewisser Weise ist Popowitschs Kritik an Gottsched vergleichbar mit der des Schweizers Johann J. Bodmer (vgl. Kap. C.1); sie findet nur weniger Widerhall. Desgleichen bleibt seine umfangreiche Sammlung österreichischer Wörter unveröffentlicht. Ihre Veröffentlichung hätte Österreich allerdings auch nicht besonders abgehoben von anderen Regionen der deutschen Sprache, von denen für verschiedene seit Mitte des 18. Jahrhunderts eigene „Idiotica" erschienen sind.

Immerhin scheint der Bestand an „Provincialwörtern" in Österreich besonders reich zu sein. Jedenfalls behauptet Friedrich Nicolai (1785: 303), daß
„davon kein deutsches [sic!] Land so sehr viele hat, als Oestreich", was freilich
auch „die Sprache [dort] einem Fremden sehr unverständlich" mache. Dementsprechend findet man auch leicht in der österreichischen Literatur der damaligen
Zeit Austriazismen. Eine reiche, ältere Quelle dafür, die schon Kretschmer [1918]
(1969) nennt, sind die Rezept- und Kochbücher der „Hertzogin zu Troppau und
Jägerndorf" (1708 a; b), wo von *Hetschebötschen* ‚Hagenbutten', *Gaiß-Milch*
‚Ziegenmilch', der *Ayß* ‚Furunkel' und vielem anderen die Rede ist (Hertzogin
1708a: 53, 305, 162). Neuere Beispiele liefert – um wenigstens eine weitere
Quelle zu nennen – der Wiener Hofschauspieler Johann Müller (1802: 348) in
seiner Autobiographie, wo er z.B. von „einem geschmackvollen Jausen" berichtet. Allerdings gibt es keine Indizien dafür, daß diese Ausdrücke als nationale
Varianten aufgefaßt werden. Bei Müller läßt sich dies etwa daraus schließen, daß
er Österreich durchgehend als Teil Deutschlands oder sogar der „deutschen
Nation" darstellt (Müller 1802: 4, 6, 163, 188, 30 f.).

Auch die Abdankung von Franz II. als Kaiser des Heiligen Römischen Reiches bei dessen Auflösung im Jahre 1806, also der Verlust seiner zumindest symbolischen Stellung als Oberhaupt der meisten deutschsprachigen Länder, beeinträchtigt nicht die enge sprachliche Verbindung Österreichs mit dem übrigen
deutschen Sprachgebiet, zumal dem Land schon bald andere wichtige Funktionen
zuwachsen, die diese Verbindung wieder stärken. Dazu zählt insbesondere der
Vorsitz Österreichs in der Bundesversammlung des Deutschen Bundes in der Zeit
von 1815 bis 1866. Bis zu diesem Zeitpunkt, also über die Mitte des 19. Jahrhunderts hinaus, ist Österreich mit den übrigen deutschsprachigen Staaten politisch
ebenso eng verbunden wie diese untereinander, unbeschadet seines weit über das
deutschsprachige Gebiet hinausreichenden Machtbereiches (vgl. zu Einzelheiten
der Geschichte Österreichs zwischen 1848 und 1918 Kahn 1964).

Inwieweit dennoch ein ausgeprägteres österreichisches Nationalbewußtsein
besteht als in den übrigen deutschsprachigen Staaten mit Ausnahme der Schweiz,
muß hier offen bleiben. Auch die Bewertung diverser Hinweise auf ein sprachliches (varietätsmäßiges) Sonderbewußtsein ist ohne detailliertere Untersuchungen
und ohne Vergleiche mit anderen deutschsprachigen Staaten schwierig. Als Beispiel sei das *Wörterbuch der Mundart in Oesterreich unter der Enns* von Ignatius
F. Castelli (1847) genannt, dessen Zweck der Autor darin sieht, „den Oesterreicher über seine Nationalsprache aufzuklären" (Impressum). Der begrenzte regionale Rahmen des Wörterbuchs sowie die Tatsache, daß ausdrücklich nur Dialektformen aufgenommen sind („von der Hochdeutschen Sprache abweichend",
Impressum), mahnen jedoch zur Vorsicht vor allzu weitgehenden Schlußfolgerungen. Zur damaligen Zeit ist es auch in anderen deutschsprachigen Staaten durchaus möglich, Dialektwörterbücher als Sammlungen der eigenen „Nationalsprache"
zu deklarieren.

Immerhin jedoch zeigt sich auch auf der Ebene der Politik schon in der Episode der bürgerlichen Revolution, insbesondere in den parlamentarischen Auseinandersetzungen in der Frankfurter Paulskirche von 1848/49, in Umrissen die
Möglichkeit einer tiefergehenden Abtrennung Österreichs von den übrigen
deutschsprachigen Staaten. Die Verfassungskommission des Reichstags bestimmt
für das angestrebte vereinigte Deutschland: „Kein Teil des Deutschen Reiches darf
mit nichtdeutschen Ländern zu einem Staat vereinigt sein." (Zit. nach Mann

1973: 226) Obwohl bei genauer Betrachtung auch Preußen mit seinen polnischen Gebieten betroffen gewesen wäre, wird dieser Beschluß praktisch nur auf Österreich angewandt, das sich dadurch vor die Wahl gestellt sieht, entweder auf die Vereinigung mit den übrigen deutschsprachigen Staaten zu verzichten oder sich von seinen umfangreichen norditalienischen, ungarischen und slawischen Gebieten zu trennen. Die Auseinandersetzung wird mittels der beiden Kampfwörter *kleindeutsch* und *großdeutsch* geführt, die im Winter 1848/49 aufkommen. In Wirklichkeit wollen offenbar die Vertreter beider Richtungen, die sich übrigens nie zu echten politischen Parteien formieren, dasselbe, nämlich die Einbeziehung des deutschsprachigen Österreichs, und nur des deutschsprachigen, in ihr zukünftiges „Vaterland". Die Kleindeutschen wollen jedoch dessen sofortige Trennung von seinen nichtdeutschsprachigen Landesteilen, während die Großdeutschen den Zerfall des Habsburger Reiches ohnehin für unvermeidlich halten. (Vgl. Mann 1973: 225–228)

Die Orientierung des nationalstaatlichen Denkens an der Idee der Sprachnation, und zwar bezogen auf die ganze deutsche Sprache, zeigt sich in der Paulskirche von Anfang an, z. B. beim gemeinsamen Singen des Liedes „Des Deutschen Vaterland" mit Ernst Moritz Arndts Text bei der Eröffnungszeremonie (vgl. Kap. A.2.1). Allerdings sind die Kleindeutschen notfalls auch bereit zu einer Vereinigung der deutschsprachigen Staaten ohne Österreich, was man dann später allgemein unter der *kleindeutschen Lösung* versteht. Als *großdeutsche Lösung* gilt demgegenüber die Vereinigung unter Einschluß des deutschsprachigen Österreichs. Die Einbeziehung auch der nichtdeutschsprachigen Teile der Habsburger Monarchie wird unter den Abgeordneten der Paulskirche nie ernsthaft in Betracht gezogen. Diese Lösung wird allerdings vom damaligen österreichischen Ministerpräsidenten Felix Schwarzenberg angeboten und auch in späteren Jahren weiter verfolgt. Als sich der Verfall der Habsburger Monarchie nicht abzeichnet, konzentrieren sich die Großdeutschen in Frankfurt hauptsächlich auf die Verhinderung der kleindeutschen Lösung. Durch die Auflösung des Frankfurter Parlaments im Jahre 1849 ist die Abtrennung Österreichs von den übrigen deutschsprachigen Staaten in Form der kleindeutschen Lösung dann zunächst einmal aufgeschoben.

Österreich übernimmt sogar schon kurze Zeit später, nämlich 1850, erneut den Vorsitz in der wiedereinberufenen Bundesversammlung des Deutschen Bundes, und zwar bis zu dessen Auflösung im Jahre 1866. Die Habsburger Monarchie gehört dem Deutschen Bund allerdings nur mit seiner westlichen Hälfte an, in den Grenzen des Reichs vor 1806, so wie übrigens auch Preußens außerhalb dieser Grenzen liegende östliche Gebiete nicht zum Deutschen Bund gehören. Noch im Jahre 1863 unternimmt Kaiser Franz Joseph einen Vorstoß auf dem Fürstentag in Frankfurt zur Vereinigung der gesamten Donaumonarchie, auch der nichtdeutschsprachigen Teile, mit den übrigen Mitgliedsstaaten des Deutschen Bundes, der allerdings von Preußen abgelehnt wird.

Erst nach 1866, als es Preußen gelingt, Österreich aus dem Verband der sich vereinigenden deutschen Staaten hinauszudrängen, entstehen dann die äußeren Voraussetzungen für eine auch sprachliche (varietätsmäßige) Sonderstellung Österreichs. Es sei daran erinnert, daß Preußen, im Bündnis mit Italien und einigen kleinen norddeutschen Staaten, das mit der Mehrzahl der deutschsprachigen Staaten verbündete Österreich in einem Krieg besiegt (Schlacht bei Königgrätz (tschech. Hradec Králové) am 3. 7. 1866). Daraufhin wird im Friedensvertrag von

Prag (23.8.1866) der Deutsche Bund, den Österreich bis dahin angeführt hat, aufgelöst. Außerdem wird Preußen erheblich vergrößert (Einverleibung von Schleswig und Holstein sowie Hannover, Kurhessen, Nassau und Frankfurt a.M.), und es wird unter seiner Leitung der Norddeutsche Bund gegründet. Die staatspolitische Abtrennung Österreichs von Deutschland wird schließlich durch die Vereinigung des Norddeutschen Bundes und der süddeutschen Staaten besiegelt, mit der diese ihren siegreichen Krieg gegen Frankreich beschließen (Proklamation des preußischen Königs zum deutschen Kaiser am 18.1.1871 in Versailles). Mit dem dadurch entstandenen „Deutschen Reich" ist schließlich die (nach gängigem Wortverständnis) kleindeutsche Lösung der Vereinigung Deutschlands verwirklicht.

Als erster Beleg für eine varietätsmäßige Sonderstellung Österreichs, also seine Ausbildung zu einem eigenen Zentrum der deutschen Sprache wird bisweilen das in Wien vom „Verein Mittelschule" herausgegebene schmale Rechtschreibwörterbuch *Regeln der Deutschen Rechtschreibung* (1879) genannt, dem gleich im Jahr darauf zwei weitere, nur geringfügig modifizierte Auflagen folgen (Fussy 1980; Wiesinger 1988b: 16; vgl. auch Möcker 1980: 419). Man darf allerdings bezweifeln, ob dieses Heft als ein solcher Beleg taugt. Es basiert „auf den Principien Rudolfs von Raumer mit Berücksichtigung der Verhandlungen und Beschlüsse der Berliner Orthographischen Konferenz von 1876" (Verein Mittelschule 1879: 1), also kaum auf spezifisch österreichischen Ansätzen. Bekanntlich können die Konferenzergebnisse damals – unter anderem wegen des Widerstands Bismarcks – nicht einmal innerhalb Deutschlands durchgesetzt werden. Die meisten größeren Länder des Deutschen Reichs, bzw. deren Regierungen, geben in den Jahren nach 1876 eigene Rechtschreibwörterbücher heraus: Preußen, Bayern, Sachsen, Württemberg und Baden, sogar der Kleinstaat Mecklenburg-Strelitz (Wurzel 1985: 67). Das eigene Rechtschreibwörterbuch zeichnet demnach Österreich nicht sonderlich als nationales Zentrum der deutschen Sprache aus. Vor allem aber enthält das österreichische Rechtschreibwörterbuch praktisch keine Austriazismen. Insbesondere fehlt die typisch österreichische Lexik vollständig, also Wörter wie *Jänner* ‚Januar', *Marille* ‚Aprikose', *Paradeiser* ‚Tomate' usw. (Vgl. Kap. B.3.4) Einzig einige orthographische Besonderheiten lassen sich feststellen, unter denen der im Vergleich zum *Orthographischen Wörterbuch* von Duden (1880) geringere Eindeutschungsgrad von Fremdwörtern vielleicht noch am meisten auffällt. Den folgenden Beispielen sind die Duden-Varianten von 1880 in Klammern beigefügt: *Broche (Brosche), Buffet (Büffett), Charfreitag (Karfreitag), Cognac (Cognak), complet (komplett), Complot (Komplott), Compot (Kompott), Controle (Kontrolle), Czar (Zar)* (nach Fussy 1980: 93). Keines dieser Beispiele findet sich allerdings schon in der ersten Auflage (1879). Bei der Bewertung dieser Unterschiede ist zu bedenken, daß auch die Rechtschreibwörterbücher der verschiedenen Länder des Deutschen Reichs besondere Schreibvarianten enthalten, von denen ein Gutteil gerade auf den unterschiedlichen Eindeutschungsgrad von Fremdwörtern zurückzuführen ist. Allem Anschein nach gibt es dabei die übergreifende Tendenz, daß in den süddeutschen Ländern der Eindeutschungsgrad geringer ist als in Preußen. Beispiele: Bayern *Comité*, Württemberg *Komité*, Preußen *Komitee*; Bayern *Kompagnie*, Württemberg *Compagnie*, Preußen *Kompanie* (nach Wurzel 1985: 67). Vermutlich gehen die süddeutschen Länder orthographisch – entgegen der politischen Zugehörigkeit – noch immer mehr mit Österreich als mit Preußen. Aufgrund dessen fällt Österreich durch seine Schreibeigenheiten aber auch nicht sonderlich auf. Es verhält sich damals hinsichtlich seiner Standardvarietät überhaupt nicht wesentlich anders als manches Land des Deutschen Reichs.

Im nächsten Entwicklungsschritt der Rechtschreibung schwindet der Unterschied gegenüber Deutschland eher noch weiter. Die Berliner Rechtschreibkonferenz von 1901 erzielt einen Konsens über einheitliche Rechtschreibregeln für das ganze deutsche Sprachgebiet, dem sich also auch Österreich und die Schweiz anschließen. Österreich entsendet sogar einen autorisierten Vertreter auf die Konferenz, der den dortigen Beschlüssen schon vor Ort zustimmt. Als eine der Folgen dieses Konsenses erscheint zwei Jahre nach der Konferenz in Zusammenarbeit der nationalen Buchdruckervereine und -verbände Deutschlands, Österreichs und der Schweiz die einheitliche *Rechtschreibung der Buchdruckereien deutscher Sprache* (Duden 1903).

Auf staatlicher Ebene bleiben allerdings gewisse österreichische Besonderheiten bestehen. Für die Schulen und Ämter behält Österreich eine gesonderte Ausgabe der *Regeln für die deutsche Rechtschreibung nebst Wörterverzeichnis* bei (Wien 1904; modifizierter Titel gegenüber 1879), die immer wieder neu aufgelegt wird und sogar 1941, also noch Jahre nach dem „Anschluß" an das nationalsozialistische Deutschland, nochmals und letztmalig erscheint (vgl. Fussy 1980: 94). Ein solches eigenes amtliches Rechtschreibwörterbuch ist jedoch nichts Einzigartiges; auch Bayern und Preußen geben weiterhin ihre eigenen amtlichen Versionen „nach den für Deutschland, Österreich und die Schweiz gültigen amtlichen Regeln" heraus. Inhaltlich unterscheiden sich diese verschiedenen Versionen offenbar nicht im Wortschatz, zumindest nicht anfänglich, sondern nur wiederum in dem notorischen Bereich der Schreibung von Fremdwörtern, die auch durch die Konferenzbeschlüsse von 1901 nicht eindeutig festgelegt ist. Dabei behält Österreich freilich die größte Zahl von Doppelschreibungen bei, nämlich 40 – Preußen 31 und Bayern nur 11 (K. Duden *Orthographisches Wörterbuch der deutschen Sprache* 1906: V).

Offenbar nehmen die Rechtschreibdifferenzen zwischen den deutschsprachigen Staaten in der Zwischenkriegszeit zu. Sie werden im Rechtschreib-Duden in Fußnoten wiedergegeben, und in den späteren Auflagen wimmelt es davon (schon in der 10. Aufl., 1929, und erst recht in der 12. Aufl., 1941). Genauere Angaben bedürften jedoch einer gesonderten Untersuchung. Außer den österreichischen Rechtschreibvarianten finden sich im Rechtschreib-Duden bis zum Ende des Zweiten Weltkrieges auch preußische und bayerische. Bemerkenswert ist die Sonderschreibung des „ß" in Österreich bei Frakturschrift, nämlich als <ſʒ> (rundes s + z) statt <ſʒ> (langes s + z) (der Rechtschreib-Duden, 10. Aufl., 3. verb. Nachdruck 1932: 29, Vorwort). Im Rechtschreib-Duden von 1941 (12. Aufl.) sind die österreichischen Varianten als „ostmärkisch" gekennzeichnet. – Übrigens enthält der Rechtschreib-Duden auch schon vor Ende des Zweiten Weltkriegs Wortschatz-Austriazismen; sie sind aber meist nicht als solche markiert (z. B. *Karfiol*, *Marille*, *Ribisel*; dagegen ist *Kren* markiert als „bayr-österr., ostmd.").

Welche anderen frühen Indizien gibt es für die Entwicklung eines nationalen Zentrums der deutschen Sprache in Österreich? Läßt sich z. B. in den Jahren nach dem Hinausdrängen Österreichs aus dem deutschen Vereinigungsprozeß und der kleindeutschen Reichsgründung die Entwicklung eines sprachlichen Eigenständigkeitsbewußtseins nachweisen, wie es für ein nationales Zentrum einer Sprache charakteristisch und notwendig ist? Immerhin kommt damals offenbar die Be-

zeichnung „österreichisches Hochdeutsch" auf (Wiesinger 1988 b: 16). Wie mühsam sich jedoch trotz dieser Benennung das sprachliche Eigenständigkeitsbewußtsein entwickelt, belegt unter anderem die Schrift von Hermann Lewi (1875),
allein schon durch ihren Untertitel: *Das österreichische Hochdeutsch. Versuch
einer Darstellung seiner hervorstechendsten Fehler und fehlerhaften Eigenthümlichkeiten* (vgl. Kap. A.3.2.2, auch zu den nachfolgenden, weiteren Titeln). Der
Autor beschreibt zwar diverse österreichische Sprachbesonderheiten, aber nur,
um sie so gut wie ausnahmslos als fehlerhaft abzulehnen. Bemerkenswert ist
schon Lewis kritikloser Hinweis auf eine Rede Emil du Bois-Reymonds in der
Berliner Akademie der Wissenschaften, in der dieser „dem zweiten großen Mittelpunkt deutscher Bildung im Südosten (...) unter dem Einfluß eines babylonischen
Zungengemisches" sprachliche Eigenheiten nachsagt, „welche eben so schwer zu
beseitigen wie *vom klassischen Standpunkte zu dulden sind.*" Die von Schopen-
hauer vorgebrachte Kritik an der „Buchstabenknickerei" und den „Sprachver-
hunzungen" ist nach Lewi (1875: IV f. Hervorheb. im Original) „auf Österreich
mehr zutreffend als auf irgend ein anderes deutsches Land." Das Kapitel „Austriacismen" (1875: 15–25, hier 15) zeigt vor allem den Reichtum des österreichischen Hochdeutsch „an sonderbaren oder geradezu falschen Wortbildungen, an
eigenthümlichen einzelnen Wörtern wie ganzen Redensarten, an Verdrehungen
der eigentlichen Bedeutung eines Wortes u. dgl[.] m." Zwar werden dann eine
ganze Anzahl von Formen genannt, die heute ziemlich unbestritten als österreichisches Standarddeutsch gelten (neben inzwischen ungebräuchlichen oder
auch gemeindeutsch gewordenen Ausdrücken), wie z.B. die Plurale *Krägen, Erlässe, Pölster,* abgeleitete Adjektive auf *-färbig* und *-hältig* oder Wörter wie *Obers*
(dt. *Sahne,* schweiz. *Rahm*) und *Fisolen* (dt./schweiz. *grüne Bohnen*). Jedoch werden sie allesamt als mindestens „vom gewöhnlichen Hochdeutsch abweichend",
wenn nicht gar einfach als „falsche Provinzialismen" bewertet. Man muß dabei
bedenken, daß der Autor selbst Österreicher ist und die Schrift in Wien erscheint.
Auch hat Lewis Schrift im damaligen Österreich offenbar keinen nennenswerten
Widerspruch provoziert, was – wenn diese Vermutung durch gründlichere
Recherchen bestätigt werden könnte – auf ein allgemein unentwickeltes Varietäts-
eigenständigkeitsbewußtsein schließen ließe. Eine Schrift solcher Tendenz riefe
heute vielstimmigen Protest hervor, wenn nicht der Autor einer so extrem öster-
reichverneinenden Position sogar geradezu als pathologisch eingestuft würde.
Lewis Sicht der Dinge fügt sich in das auch auf der politischen Ebene oft gezeich-
nete Bild der Abhängigkeit Österreichs vom Deutschen Reich in der Zeit vor dem
Ersten Weltkrieg (Heer 1981: 262–320).
　　In vielen österreichischen Darstellungen vermißt man damals ein Varietäts-
eigenständigkeitsbewußtsein. Jedoch findet man häufig einzelne Austriazismen,
die sich – wie es scheint – fast unbemerkt einschleichen. Ein Beispiel liefert ein
sprachpflegerisches Buch von Theodor Vernaleken (1900), der schon durch Betonung seiner Mitgliedschaft im Allgemeinen deutschen Sprachverein (vgl. S. IV)
verrät, daß er Österreich nicht vom übrigen deutschen Sprachgebiet abgesondert
sieht, aber dann doch in seiner Wortliste einzelne Austriazismen präsentiert wie
z.B. *Kren* ‚Meerrettich', *Niedel* [sic!] ‚Milchrahm' und sogar *Baisl* ‚Kneipe'.
　　In den folgenden Jahren scheint sich dennoch allmählich ein gewisses Varie-
tätseigenständigkeitsbewußtsein in Österreich herauszubilden. Anzeichen dafür
sind z.B. erkennbar in dem Buch des Grazer und ab 1908 Wiener Anglisten Karl
Luick *Deutsche Lautlehre. Mit besonderer Berücksichtigung der Sprechweise*

Wiens und der österreichischen Alpenländer (1904; verbess. Auflagen 1923 und 1932; vgl. auch Luick 1912). Luick war als Vertreter Österreichs an der Ausarbeitung des *Siebs* (1898) beteiligt, für die übrigens aus Österreich außerdem ein schriftlicher Vorschlag von Joseph Seemüller aus Innsbruck vorlag. Luick bekennt sich zwar zum einheitlichen Bühnendeutsch des ganzen deutschen Sprachgebiets, tritt aber daneben auch ausdrücklich für die Wahrung österreichischer Aussprachebesonderheiten in Schule und Vortrag ein. So spricht er sich insbesondere gegen die erzwungene Stimmhaftigkeit der Lenisplosive (b, d, g) aus.

Auch in den Medien finden sich um die oder nach der Jahrhundertwende gelegentliche Darstellungen österreichischer Sprachbesonderheiten, wofür der Zeitungsartikel „österreichisches Schriftdeutsch" von Theodor Gartner (1910) ein Beispiel ist. Freilich ist sein Eigenständigkeitsbewußtsein nicht viel weiter gediehen als bei Lewi (1875), insofern er nämlich die Frage, ob es ein „österreichisches Schriftdeutsch" geben soll, entschieden verneint, denn „[e]s ist ein Nachteil für uns, wenn wir uns von dem großen deutschen Volk, von dem wir nicht einmal ein Fünftel ausmachen, abtrennen (...)" (S. 1) Neben Wörtern, die „man allzu selten zu schreiben hat" wie *Obers, Kren* oder *Jause*, nennt er aber dann doch 40 Besonderheiten der österreichischen „Schriftsprache" – von denen übrigens einige zu den heutigen Austriazismen zählen. Obwohl er sie im Grunde durchgängig als Fehler bewertet, überläßt er es am Ende dem „Geschmack" und der „Erwägung" der Leser, sie weiterhin zu verwenden oder sie aus ihrem Schriftdeutsch „auszujäten". – Systematische Analysen der Zeitungen könnten wichtige Aufschlüsse liefern über das sich offenbar in jener Zeit in Österreich ansatzweise entwickelnde Bewußtsein sprachlicher Eigenart.

Vereinzelte Darstellungen von außen, wie z. B. diejenige des deutschen Sprachwissenschaftlers Otto Behaghel (1915), indizieren überdies ein allmählich auch jenseits der Grenzen Österreichs aufkeimendes Bewußtsein von einem eigenständigen österreichischen Sprachzentrum – natürlich ohne Verwendung derartiger Terminologie. Immerhin erscheint Behaghels Darstellung unter anderem auch in der vielgelesenen *Frankfurter Zeitung*. Behaghel stellt fest, daß es zwar auf der Ebene der „Mundarten" keine Grenze zwischen Österreich und Deutschland gibt, „wohl aber in den Höhenschichten des schriftlichen Ausdrucks, hervorgerufen durch besondere örtliche oder geschichtliche Verhältnisse des Donaureiches." Zwar schreibt er die Besonderheiten der Standardvarietät, wie wir heute sagen würden, zum Teil der Randlage Österreichs im deutschen Sprachgebiet zu und vergleicht Österreich in dieser Hinsicht mit Schleswig-Holstein. Jedoch hält er diese Parallele eher für zweitrangig: „Tiefer greifen zwei andere Dinge ein: der große Reichtum des österreichischen Deutsch an Fremdwörtern und die Besonderheiten der österreichischen Amtssprache." Bei den Fremdwörtern denkt er vor allem an italienischstämmige Bezeichnungen von Speisen, ohne Beispiele anzugeben; für die Amtssprache nennt er die Formel „über Antrag" (statt reichsdeutsch „auf Antrag") und das Adjektiv „meritorisch", das in Deutschland so gut wie unbekannt sei. So rudimentär die Hinweise Behaghels bleiben, sie belegen ein auch schon in Deutschland dämmerndes Bewußtsein von Österreich als einem eigenständigen nationalen Zentrum der deutschen Sprache. Es ist anzunehmen, daß dieses Bewußtsein erst recht innerhalb Österreichs schon vor dem Ersten Weltkrieg bis zu einem gewissen Grade ausgebildet ist.

Die sprachliche Sonderentwicklung Österreichs verläuft freilich nicht so geradlinig, wie diese Hinweise nahelegen könnten. Es ist anzunehmen, daß sie nicht unbeeinflußt bleibt von der wechselhaften politischen Entwicklung. Leider sind deren Auswirkungen auf die Sprachentwicklung noch nicht im einzelnen erforscht und können auch hier nur als Forschungsdesiderat benannt werden. Nach der Auflösung der Donaumonarchie am Ende des Ersten Weltkrieges sucht das auf sich selbst gestellte und um Südtirol beschnittene deutschsprachige Österreich zunächst einmal die engere Anlehnung an Deutschland. Schon im Gesetzentwurf für die Ausrufung der Republik vom 11. November 1918 heißt es: „Deutschösterreich ist ein Teil der deutschen Republik." Dies erklärt mit gleichem Wortlaut am 12. März 1919 auch die österreichische Nationalversammlung. Am 22. April sprechen die Siegermächte jedoch ein einstimmiges Verbot der Vereinigung mit Deutschland aus, aufgrund dessen die österreichische Nationalversammlung sich genötigt sieht, ihren Beschluß vom 12. März am 21. November 1919 wieder außer Kraft zu setzen. Auch der offizielle Staatsname wird – letztlich auf Veranlassung der Siegermächte – von „Deutschösterreich" zu „Republik Österreich" verändert (Zöllner 1988: 71).

Der Vereinigungswunsch entspringt nicht etwa einer bloßen Kaprice der Regierung, sondern spiegelt durchaus die in der Bevölkerung verbreitete Einstellung wider. Dies läßt sich unter anderem daraus schließen, daß dieser Wunsch nicht zuletzt getragen wird von der damals stärksten politischen Kraft des Landes, der Sozialistischen (heute „Sozialdemokratischen") Partei Österreichs. Vermutlich dämpfte diese Einstellung der Bevölkerungsmehrheit zeitweilig auch Bestrebungen, die sprachliche Eigenständigkeit Österreichs weiterzuentwickeln.

In der Zeit nach dem Ersten Weltkrieg scheinen sich kaum Bekundungen eines österreichischen Varietätseigenständigkeitsbewußtseins zu finden. Allerdings werden Austriazismen weiterhin mehr oder weniger selbstverständlich als standardsprachlich behandelt, wie schon die obigen Hinweise auf die Rechtschreibwörterbücher belegen. Ein weiteres Beispiel dafür liefert das *Wörterbuch für Volksschulen* des Lehrers und Philosophen Ludwig Wittgenstein [1924] (1977), das gewissermaßen selbstverständlich Austriazismen wie *Karfiol, Marille* oder *Obers* enthält, nicht aber ihre Entsprechungen im deutschen Deutsch, also *Blumenkohl, Aprikose* und *Sahne.* Ähnliches kann man leicht auch in Sprachbüchern für die Schulen beobachten. So führt etwa – um nur ein Beispiel zu nennen – *Wilomitzer-Tschinkel[:] Deutsche Sprachlehre für Mittelschulen* (Brandl 1930: 187f.) Wörter wie *Krenn* [sic!] oder *Schöps,* ohne ansonsten nationale Spracheigenarten Österreichs auch nur mit einem Wort zu thematisieren.

Vielleicht verraten solche Beispiele doch die Weiterentwicklung sprachlicher Eigenständigkeit in Österreich. Diese Entwicklung ist jedoch allem Anschein nach trotz des Vereinigungsverbots recht zaghaft und wird dann noch durch den „Anschluß" an das nationalsozialistische Deutschland im Jahre 1938 gebremst. Die Befürworter dieses Ereignisses sprechen übrigens von „Vereinigung"; „Anschluß" oder auch „Besetzung" ist der Ausdruck des Widerstandes (wie die Konnotationen vermuten lassen). Nach verbreiteter Auffassung der Historiker erhält dann allerdings gerade während der NS-Zeit das nationale Selbständigkeitsstreben der Österreicher entscheidenden Auftrieb (vgl. z.B. Kreissler 1984; *Österreichlexikon* 1966: 208). Dies ist angesichts der grausamen Umstände und der Bevormundung der Österreicher durch die Deutschen leicht einsichtig, mögen auch die österreichischen Widerstände gegen Nazi-Deutschland – im Bemühen um Exkulpation des eigenen Landes – in mancher Selbstdarstellung übertrieben worden sein. Die Verstrickung beider Nationen in den Nationalsozialismus bedarf im übrigen kaum des ausdrücklichen Hinweises; geradezu symbolisch dafür – aber auch für die Verflochtenheit beider Nationen – ist die Person Hitlers selber, der aus Österreich stammte und bis 1932 österreichischer Staatsbürger war, was offenbar bei der Mehrheit der Deutschen wie auch später der Österreicher seiner Akzeptabilität als „Führer" keinen Abbruch tat (vgl. Scheuringer 1992: 225; auch die weiter ausgreifende Literarisierung der jüngeren österreichischen Geschichte in der *Alpensaga* von Pevny/Turrini 1980).

Allerdings entspricht dem staatlichen Anschluß zur Zeit des Nationalsozialismus nicht auch unbedingt die vollständige sprachliche Gleichschaltung. Erstaunlicherweise nimmt z.B. die Anzahl der Austriazismen in der Ausgabe des Wörterbuchs *Regeln und Wörterverzeichnis für die Aussprache und Rechtschreibung* von 1941 gegenüber früheren Auflagen sogar zu (Sluga 1989: 44; Leinmüller 1994: 47f.). Die Hintergründe dieser Entwicklung, womöglich den Zusammenhang mit einem in politischer Abneigung wachsenden österreichischen Nationalbewußtsein genauer zu untersuchen, wäre eine lohnende Forschungsaufgabe.

Nach 1945 ist dann auf jeden Fall nach Lage der Dinge zunächst einmal nur eine Politik der entschiedenen Distanzierung von Deutschland möglich, die auch ihre sprachpolitischen Auswirkungen hat und kulturpolitisch zur Rückbesinnung auf die eigenen Traditionen führt (vgl. z.B. Görlich 1946; Tschulik 1949; Roznovskij 1983; Zeman 1986). Österreich wird von Deutschland getrennt, und es ist klar, daß die Siegermächte diesmal entschlossen sind, die abermalige staatliche Verbindung unter allen Umständen zu verhindern. Eine dementsprechende gesetzliche Regelung tritt allerdings erst ein Jahrzehnt später mit dem Staatsvertrag in Kraft, der am 15.5.1955 zwischen den Siegermächten und Österreich unterzeichnet wird und dessen Artikel 4 bestimmt, „daß eine politische oder wirtschaftliche Vereinigung zwischen Österreich und Deutschland verboten ist (...)" Anders als nach dem Ersten Weltkrieg tragen nun, nach den bitteren Erfahrungen mit Nazi-Deutschland, zumindest die politisch maßgeblichen Kräfte in ihrer Mehrheit die Entscheidung für einen auf Dauer unabhängigen Staat Österreich. Nur die Freiheitliche Partei Österreichs (FPÖ) scheint teilweise bis in die neueste Zeit die nationale (nicht die staatliche) Eigenständigkeit Österreichs anzuzweifeln (vgl. z.B. Mölzer 1988). Auch in der österreichischen Bevölkerung entwickelt sich mit der Zeit eine Mehrheit, die sowohl die staatliche als auch schließlich die nationale Eigenständigkeit Österreichs bejaht. Nachdem noch 1956 bei einer repräsentativen Meinungsumfrage nur 49% der österreichischen Bevölkerung die Österreicher für ein „eigenes Volk" und 46% für einen Teil des „deutschen Volkes" halten, sind 1979 immerhin schon 68% und 1990 sogar 74% der Auffassung, Österreich sei eine eigene „Nation". Weitere 20% glauben 1990: „die Österreicher beginnen sich langsam als Nation zu fühlen", und nur 5% vertreten die Ansicht: „die Österreicher sind keine Nation". (Bruckmüller 1984: 21–23; auch 1994; *Österreichbewußtsein* 1990: 85)

Es liegt – in der Denktradition von den Wechselbeziehungen zwischen Nation und Sprache (vgl. Kap. A.2.1) – nahe, der nun auf Dauer angelegten nationalen und staatlichen Eigenständigkeit auch durch sprachliche Besonderheiten Ausdruck zu verleihen. Während einer Übergangsphase vermeidet man sogar Bekundungen der Zugehörigkeit zur deutschen Sprachgemeinschaft. Diese Scheu kommt unter anderem zum Ausdruck in der offiziellen Umbenennung des muttersprachlichen Unterrichts an österreichischen Schulen in *Unterrichtssprache* im Jahre 1949. Unter Anspielung auf den Namen des zuständigen Ministers, Hurdes, spottet man damals, es solle für Österreich schließlich die Alternativsprache „Hurdestanisch" eingeführt werden. Nach einer rückblickenden Einschätzung des österreichischen Bundesministeriums für Unterricht, Kunst und Sport entsprach die Umbenennung des Faches einer Anregung der alliierten Siegermächte, der das zuständige Ministerium jedoch immerhin ohne erkennbaren Widerstand Folge leistete. Freilich bleibt diese Umbenennung und die eventuell von ihr ausgehende Unsicherheit der sprachlichen Zugehörigkeit Episode: 1952 wird das Schulfach in *Deutsche Unterrichtssprache* und 1955 in die einfachere Bezeichnung *Deutsch* zurückbenannt (vgl. Pollak 1992: 61 f.). Ob und inwiefern der damalige österreichische Bundeskanzler Leopold Figl (im Amt von 1945–1953) diese Rückbenennung und damit auch das wieder deutlichere Bekenntnis Österreichs zur deutschen Sprachgemeinschaft beeinflußt hat, muß hier offen bleiben. Sicher ist die Darstellung Wiesingers (1988 b: 17) zu einfach, Figl habe die Zugehörigkeit Österreichs zur deutschen Sprachgemeinschaft durch den salomonischen Spruch „entschieden, daß die Nation österreichisch, ihre Muttersprache aber deutsch sei." Diese Frage war durch Artikel 8 des noch bzw. wieder gültigen Bundesverfassungsgesetzes von 1920 jenseits der Kompetenzen des Bundeskanzlers schon beantwortet. Dieser Artikel bestimmt nämlich, daß „[d]ie deutsche Sprache (…) die Staatssprache der Republik Österreich" ist (vgl. Pollak 1992: 62).

Wiesingers Hinweis auf das direkte Eingreifen des österreichischen Bundeskanzlers in die Frage der nationalen Varietät hat allerdings den wahren Kern, daß die Entwicklung in Österreich stärker als in den anderen nationalen Zentren der deutschen Sprache staatlich gelenkt wird. Im Vergleich zu Deutschland spielen Privatunternehmen (Verlage) und im Vergleich zur Schweiz private Vereine eine geringere Rolle. Ganz unwichtig sind freilich auch in Österreich beide nicht. Der „Österreichische Bundesverlag" (Wien), bei dem das *Österreichische Wörterbuch* erscheint, das im weiteren noch ausführlich besprochen werden soll, ist – trotz seines offiziell klingenden Namens – ebensogut ein Privatunternehmen wie der für die Kodifizierung der nationalen Varietät Deutschlands so maßgebliche Dudenverlag (Leipzig/Mannheim). Und die Aktivitäten mancher Vereine haben durchaus eine gewisse Ähnlichkeit mit denen gewisser Vereine der deutschsprachigen Schweiz, die maßgeblich zur Entwicklung der schweizerischen nationalen Varietät des Deutschen beigetragen haben (vgl. Kap. C.1).

Auf die Wirksamkeit der *Österreichischen Gemeinschaft,* einer nach eigenen Worten „staats-kultur-gesellschaftspolitischen Vereinigung", komme ich gleich noch näher zu sprechen. Unter den spezifischer sprachpolitisch orientierten Vereinen ist vor allem die *österreichische gesellschaft für sprache und schreibung* zu nennen, die 1955 gegründet wurde. Sie fördert am deutlichsten von allen österreichischen Sprachvereinen die Besonderheiten des österreichischen Deutsch, denen sie in ihrer Zeitschrift *Tribüne* immer wieder spezielle Beiträge widmet, wenn sie auch ihre Hauptaufgabe in Fragen der Orthographie sieht. Die Förderung eines österreichspezifischen Deutsch durch diesen Verein liegt auch aus personellen Gründen nahe: Vorsitzender ist seit über 20 Jahren Ernst Pacolt, der Mitbegründer und unermüdliche Mitarbeiter des *Österreichischen Wörterbuchs.* Der österreichische Zweig der Gesellschaft für deutsche Sprache hat demgegenüber mehr die Einheit der deutschen Sprache im Auge. Auch der österreichische Verein *Muttersprache* (mit gleichnamiger Zeitschrift, die nicht mit der Zeitschrift *Muttersprache* der Gesellschaft für deutsche Sprache in Deutschland verwechselt werden sollte) zeigt wenig Engagement für die Ausbildung und Bewahrung österreichischer Sprachbesonderheiten. Seine etwas antiquiert anmutenden Bestrebungen zielen eher in eine sprachpuristische, fremdwortfeindliche Richtung sowie auf die Beibehaltung oder Wiedereinführung der Frakturschrift und die Zurückdrängung der lateinischen Schrift. (Hinweise von Otto Back, Jakob Ebner, Ernst Pacolt, Herbert Tatzreiter)

Die staatliche Beeinflussung zeigt sich vor allem bei dem für die weitere Entwicklung sehr wichtigen Projekt des *Österreichischen Wörterbuchs* (vgl. zu den Umständen der Entstehung Sluga 1989: 44–46). Mit dem Erscheinen dieses Wörterbuchs im Auftrag des Bundesministeriums für Unterricht seit 1951 (37. Aufl. 1990) wird schon vor der Rückbenennung des Schulfaches von „Unterrichtssprache" in „Deutsch" das Fundament gelegt für die spezifische Art sprachlicher Selbständigkeit, für die sich Österreich letztlich entscheidet, nämlich die eines nationalen Zentrums der deutschen Sprache. Ergänzend dazu gibt es seit 1981 (2. Aufl. 1988) ein Kleines *Österreichisches Wörterbuch* „für den Unterrichtsgebrauch an Volksschulen für die 2. Schulstufe", also für Grundschulen ab dem 2. Schuljahr (vgl. Impressum).

Das *Österreichische Wörterbuch* ist von Anfang an ein Organ, das die eigene nationale Varietät Österreichs maßgeblich stützt. Es erscheint schon von seiner personellen Besetzung her gegen eine mögliche Vereinnahmung von seiten Deutschlands gefeit. Ernst Pacolt, Mitbegründer und ständiger Mitarbeiter, ist anerkannter Widerstandskämpfer gegen den Nationalsozialismus und heute noch Vorstandsmitglied der österreichischen Vereinigung „Widerstandsbewegung". Otto Langbein, der lange am Wörterbuch mitarbeitete und zeitweilig die Wörterbuchstelle leitete (1969 – 1973), war Jude und nationalsozialistisch verfolgt; sein Bruder war im Konzentrationslager Auschwitz inhaftiert und hat darüber ein Buch geschrieben (briefliche Mitteilung Ernst Pacolts vom 21.12.1993). Man darf annehmen, daß diese Erfahrungen maßgeblich am *Österreichischen Wörterbuch* mitwirkender Personen ihre Distanz zu Deutschland gefördert haben wie auch ihre Neigung, die Autonomie Österreichs sprachlich zu unterstreichen.

Das *Österreichische Wörterbuch* bekommt massive staatliche Unterstützung vor allem dadurch, daß es – im Grunde auf Dauer – in die „Schulbuchaktion" aufgenommen ist, d. h. als Schulbuch gratis zur Verfügung steht. Infolgedessen werden Auflagen in der Größenordnung von jeweils rund hunderttausend Exemplaren möglich. Ein Versuch des Mannheimer Dudenverlags, daneben einen *Österreichischen Schülerduden* (1981) einzuführen, ist abgewehrt worden. Zwar wurde vom Dudenverlag das „Approbationsverfahren" (Genehmigungsverfahren für Schulbücher) ungeschickt angegangen, indem gleich das fertige, nicht mehr ohne weiteres zu ändernde Wörterbuch vorgelegt wurde. Der in den Gutachten dominierende Ablehnungsgrund, der *Schülerduden* sei nicht ausreichend an die österreichischen Sprachverhältnisse angepaßt, erscheint jedoch schon angesichts des Bearbeiters, Jakob Ebner, und der Berater (Viktor Böhm, Dietmar Kaindlstorfer, Ingo Reiffenstein, Robert Saxer) zweifelhaft. Allerdings waren die Bearbeiter durch die – wohl wirtschaftlich motivierte – Vorgabe des Dudenverlags, nur die notwendigsten Änderungen vorzunehmen, in ihren Möglichkeiten eingeschränkt. Die ablehnenden Gutachten belegen ihre pauschal formulierte Kritik durch recht wenige Beispiele (Wäsche *mangeln* sei unösterreichisch; die Stichwörter *Obers*, *Apfelstrudel*, *Schilling* fehlten; dem Stichwort *deutsch* seien mehr Zeilen gewidmet als dem Stichwort *Österreich*). Man hätte bei positiver Grundeinstellung die

Änderung dieser Monita zur Auflage machen können, statt das Buch, wie es geschehen ist, in Bausch und Bogen abzulehnen. Von einzelnen Bearbeitern des *Österreichischen Wörterbuchs* wurde denn auch später in Gesprächen eingeräumt, das grundlegende Ablehnungsmotiv sei wohl gewesen, daß man die maßgebliche Stellung – im Grunde eine Monopolstellung – des im eigenen Land hergestellten Nachschlagewerks nicht durch einen Import aus Deutschland gefährden wollte. Zu dieser Einschätzung paßt auch, daß schon Anfang der 70er Jahre ein informelles Angebot der Pädagogischen Verlagsanstalt Deutschlands zur Erarbeitung eines Wörterbuchs für die Schulen Österreichs vom österreichischen Unterrichtsministerium a limine zurückgewiesen wurde. (Mündliche Hinweise von Jakob Ebner) Lediglich auf der Ebene der „Volksschule" (Grundschule) sind verschiedene aus Deutschland stammende Wörterbücher, die von Österreichern bearbeitet wurden und die auch Austriazismen berücksichtigen, in die „Schulbuchaktion" aufgenommen worden (z.B. Balhorn 1992; Mayr 1987).

Bei oberflächlicher Betrachtung sieht es so aus, als habe es in Österreich zeitweilig Bestrebungen gegeben, sogar eine eigenständige österreichische Sprache zu schaffen: „Österreichisch" – ähnlich den Bemühungen in der Schweiz seitens der *Schwyzer Schproch-Bewegig* 1937/38 (vgl. Baur 1983: 98–101; Kap. C.1 im vorliegenden Buch). Eine solche eigenständige Sprache, vergleichbar dem Niederländischen oder auch dem Letzeburgischen, hätte natürlich eine weit schärfere kommunikative Abtrennung von den übrigen deutschsprachigen Ländern bedeutet als die Ausbildung nur einer eigenen nationalen Varietät der deutschen Sprache. Was jedoch in Wirklichkeit zu beobachten ist, läßt sich als eigenständige österreichische Sprache allenfalls in nomine, sicher aber nicht in re charakterisieren. Damit ist gemeint, daß zwar nicht selten die Rede ist von der „Sprache Österreichs" oder von „Österreichisch", in seltenen Fällen auch von der „österreichischen Sprache", daß sich aber das damit Gemeinte bei näherer Betrachtung stets unzweifelhaft als nur eine Varietät der deutschen Sprache erweist. Zwar gibt es verschiedene Anläufe, den Anteil der Austriazismen im österreichischen Standarddeutsch zu vermehren; die linguistische Ähnlichkeit mit der Standardvarietät Deutschlands oder auch der deutschsprachigen Schweiz bleibt jedoch stets so groß, daß kein ernst zu nehmender Linguist in einem solchen Fall von einer eigenständigen Sprache spräche (vgl. Kap. A.1.1).

Daß Ausdrucksweise und Argumentation aber dahingehend mißverstanden werden können, läßt sich leicht belegen. So kann man sicher – um ein beliebiges Beispiel herauszugreifen – Ingrid Bigler-Marschall (1981: 118) folgende Formulierung so verstehen, als sei eine eigenständige Sprache gemeint, zumal dabei der Kontext dieses Verständnis nicht ausschließt: „Außerdem möchte ich mit allem Nachdruck betonen, daß es (...) eine österreichische Sprache sehr wohl gibt." Ähnlich mißverständliche Formulierungen finden sich auch häufig in populären Darstellungen, vor allem in den Massenmedien. So versteht – um nur eines von vielen möglichen Beispielen anzuführen – einer der Leser die Ausführungen zur Sprache in Österreich im *Kurier* (Wien) vom 5. 1. 1981 so, daß er folgende Warnung meint aussprechen zu müssen: „Wir werden eines Tages das sprachliche Schicksal der Holländer teilen." („Befinden wir uns schon auf dem Weg zu einem ‚Österreichisch'?" *Kurier* 31.1.1981)

Von den Bestrebungen, die unter Umständen als in die Richtung einer eigenständigen „österreichischen Sprache" gehend mißverstanden werden können, seien hier zwei etwas näher skizziert.

(1) Die erste ist eine Fortsetzung national-österreichischer Bestrebungen, die auf das nach dem Ersten Weltkrieg entstandene Österreich bezogen sind und schon in den 30er Jahren einsetzen, aber dann durch den Anschluß Österreichs an das nationalsozialistische Deutschland unterbrochen werden. Ein Beleg für diese Strömung ist das Buch von Carl F. Hrauda: *Die Sprache des Österreichers,* das schon 1938 druckfertig ist, aber dann erst 1948 publiziert wird (vgl. Kap. A.3.2.2). Hrauda stilisiert Österreich zum Urheberland der „neuhochdeutschen Sprache", die „weiter auszubilden und zu entwickeln" für die „selbständige österreichische Nation ein Bedürfnis und eine Notwendigkeit" sei. Er ruft dazu auf, sich nicht länger „niederdeutsche Dialektwörter, wie z. B. Sahne, plätten, Müll (…) aufdiktieren zu lassen" und schlägt scharfe Töne an gegen die aus Deutschland importierten Sprachformen. Sie sind für ihn „Barbarismen" oder zumindest „Unarten", „die in unseren Ohren scheußlich" klingen (S. 20 f.). „Vom wissenschaftlichen Standpunkt aus" sei das für Deutschland typische „Hochdeutsch mit niederdeutscher Aussprache ein Monstrum, eine philologische und phonetische Mißgeburt" (S. 12) und dergleichen mehr. Diese an Beschimpfungen grenzenden Verdikte, in Verbindung mit dauernden Ausfällen gegen das Preußische im Deutsch Deutschlands, beziehen sich allerdings nur auf gewisse Aspekte der Aussprache und des Wortschatzes, für die Hrauda eine Reihe von österreichischen Alternativen vorschlägt. Für die Aussprache empfiehlt er vor allem den Verzicht auf die Auslautverhärtung (geschriebene *b, d, g* seien auch am „Ende des Wortes weich" zu sprechen) und den Verzicht auf die Opposition stimmlos/stimmhaft bei Plosiven und Frikativen (S. 17 f.). Zum Wortschatz legt er eine Liste von 129 unösterreichischen Wörtern vor, die zu vermeiden seien und an deren Stelle die beigefügten österreichischen Entsprechungen verwendet werden sollten (S. 22–25). Diese Liste nimmt den Gedanken der „Sternchen-Wörter" im *Österreichischen Wörterbuch* vorweg (vgl. Kap. B.4), scheint ihn aber nicht direkt beeinflußt zu haben. (Die Sternchen-Wörter heißen so, weil sie im *Österreichischen Wörterbuch* mit einem Asteriskus markiert sind, was ausdrückt, daß sie in Österreich zwar bekannt sind, aber als „binnendeutsch" und unösterreichisch gelten und nicht ohne weiteres verwendet werden sollten; es sind also Teutonismen nur nach Geltung und nicht nach Bekanntheit; vgl. Kap. A.5: (2)).

Die Herausgeber von Hraudas Büchlein bedauern im Vorwort, daß der Autor nicht auch „einen Abriß über die dem österreichischen Empfinden gemäße Orthographie folgen ließ. Der Grund war wohl, daß er deren Preisgabe an preußisch-deutsche Diktate, die sich schon vor vielen Jahrzehnten unter Mitschuld unserer damaligen Schulmänner vollzog, als eine endgültige, nicht mehr wiedergutzumachende Niederlage ansah." (S. 4) Alles in allem ist Hraudas Büchlein, einschließlich des Vorworts der Herausgeber, gekennzeichnet von entschiedenem, geradezu von Bitterkeit geprägtem sprachlichem Abgrenzungs- und Eigenständigkeitswillen. Die vorgelegte Konzeption ist jedoch offenkundig weit entfernt von einer eigenständigen österreichischen Sprache, die nicht Teil der deutschen Sprache wäre. Die verhältnismäßig bescheidenen Unterschiede gegenüber dem Standarddeutsch Deutschlands erweisen die konzipierte „Sprache des Österreichers" vielmehr unzweifelhaft als bloße Varietät der deutschen Sprache.

Hraudas Buch erscheint übrigens im *Österreichischen Kulturverlag* in Salzburg, wo auch viele andere national-österreichische Schriften verlegt werden. Besonders erwähnenswert ist in diesem Zusammenhang die seit 1949 monatlich erscheinende Zeitschrift *Die österreichische Nation,* die das Organ des schon erwähnten österreichisch gesonnenen Vereins *Österreichische Gemeinschaft* ist, der übrigens schon 1925 gegründet wurde (anfänglicher Titel der Zeitschrift: *Die Nation. Blätter für österreichische Erneuerung*). Diese Zeitschrift, die heute noch als Vierteljahresschrift besteht (Hinweis und Zusendung durch Wolfgang Pollak), setzt sich auch wiederholt für die alleinige Geltung des *Österreichischen Wörterbuchs* und gegen die Geltung des *Dudens* in Österreich ein (z.B. 4 (1) 1952: 8–12).

Zunächst erscheinen diese und ähnliche Plädoyers in einer fortlaufenden Rubrik mit dem Titel „Sprecht österreichisch!" (bis 1955, Autor: Direktor Eugen Mitter). Ab 1956 lautet die Rubrik gleich wie der Titel von Hraudas Buch, also: „Die Sprache des Österreichers". Zwischen 1957 und 1972 zeichnet Dr. Ferdinand Gstrein als Autor von insgesamt 45 Beiträgen zu dieser Rubrik (hilfreicher Hinweis von Sigurd Scheichl). Gstrein streitet engagiert für eine größere Eigenständigkeit des österreichischen Deutsch. Er wirbt für die Bewahrung von in Österreich gebräuchlichen Ausdrücken und ihre Anerkennung als standardsprachlich, für die sprachliche Abgrenzung von Deutschland sowie besonders von dem benachbarten und dialektal verwandten Bayern (vgl. z.B. *Österreichische Nation* 9 (10) 1957: 157f. bzw. 12 (1) 1960:15f. bzw. 12 (2): 29f.). Obwohl dabei der Unterschied zwischen einer bloßen Varietät des Deutschen und einer eigenständigen österreichischen Sprache terminologisch nicht immer zum Ausdruck kommt (vgl. auch Reiffenstein 1983: 17 und 25, Anm. 10, 11), so besteht doch kein ernsthafter Zweifel, daß Gstreins Bestrebungen sich ganz auf die Entwicklung oder Erhaltung einer österreichischen Varietät des Deutschen beschränken und keine eigenständige österreichische Sprache zum Ziel haben.

Durch die Person des Dr. Gstrein verflechten sich die Aktivitäten im Umkreis des Österreichischen Kulturverlags und der Zeitschrift Die *österreichische Nation* mit dem zweiten Aktivitätsbereich, dessen Bestrebungen als in die Richtung einer eigenständigen österreichischen Sprache zielend mißverstanden werden können, nämlich dem *Österreichischen Wörterbuch*.

(2) „Dr. Gstrein" ist nämlich ein Pseudonym, hinter dem sich Dr. Otto Langbein verbirgt, der das *Österreichische Wörterbuch* maßgeblich mitgeprägt und die Wörterbuchstelle zeitweilig (1969–1973) geleitet hat (Pollak 1992: 63, 144; mündliche Auskunft Herbert Fussy). Langbein, der übrigens seine zweite Identität als Dr. Gstrein vor seinen Wörterbuchkollegen geflissentlich verschweigt, bis sie zufällig dahinter kommen, ist ein so entschiedener Verfechter österreichischer Varietäteigenständigkeit, daß er die Wörterbuchbearbeiter sogar anhält, sich auch mündlich um eine konsequent österreichische Ausdrucksweise zu bemühen, und zwar teilweise noch über das im *Österreichischen Wörterbuch* als Standard gesetzte Ausmaß hinaus; z.B. insistiert er immer wieder darauf, daß ich *pendel* (statt *pendle*) und dergleichen gesagt wird (mündliche Hinweise von Maria Hornung).

Vor allem die Anfangsaktivitäten im Umkreis des *Österreichischen Wörterbuchs* können bisweilen dahingehend mißverstanden werden, als sei womöglich eine eigenständige österreichische Sprache als Endziel geplant. Für das Wörterbuch ist offenbar zunächst ein weit größerer Anteil an Austriazismen vorgesehen, als nachher tatsächlich aufgenommen wird. Dazu ist ein Rückgriff auf Wörter notwendig, die bis dahin allgemein als Nonstandard gelten und großenteils auch nicht im ganzen Land gängig sind. Ein im Jahre 1950 versandter Probebogen für das Wörterbuch, von dem heute leider kein Exemplar mehr auffindbar zu sein scheint (Bestätigung durch Herbert Fussy und Peter Wiesinger), stößt freilich wegen zu vieler dialektaler und umgangssprachlicher Lemmata auf beträchtlichen Widerstand. Es wird deutlich, daß ein Wörterbuch dieses Zuschnitts nicht allgemein akzeptiert werden würde (Reiffenstein 1983: 17). Das Wörterbuch erhält dann schließlich einen Inhalt, der keinen Zweifel daran läßt, daß es sich um die Kodifikation nur einer Varietät des Deutschen und keiner eigenständigen Sprache handelt. Allerdings enthält sein Titel keinerlei Bezug auf die deutsche Sprache, was aber sicher nur als Verzicht auf eine Selbstverständlichkeit und nicht als Ausdruck sprachseparatistischer Zielsetzungen zu verstehen ist. Diese Annahme wird unter anderem dadurch gestützt, daß dasselbe Wörterbuch, ohne jegliche inhaltliche Veränderung, in Südtirol unter dem Titel *Wörterbuch der deutschen Sprache* (37. Aufl. 1990) vertrieben wird.

Im Vergleich zur Schweiz hat Österreich nicht nur wegen des längeren politischen Zusammenhangs mit Deutschland in mancher Hinsicht größere sprachliche Abgrenzungsschwierigkeiten, sondern auch wegen der stärkeren dialektalen Verflechtung. Man muß sich dabei vor Augen halten, daß der fast ganz Österreich umfassende bairische Dialekt sich auf deutscher Seite in Bayern auf eine flächen- und bevölkerungsmäßig ähnlich große Region erstreckt (vgl. Kap. A.1.3, Karte 2). Angesichts dieser Situation können die immer wieder konstatierten teilweisen Übereinstimmungen zwischen dem österreichischen und dem bayerischen Deutsch auf sprachnational denkende Österreicher wie Einbußen an nationaler Spracheigenart wirken. So wird z.B. für das *Österreichische Beiblatt* zum *Siebs* (erstmalig zur 16. Aufl. 1956) von mehreren Fachleuten sogar der Titel vorgeschlagen „Beiblatt für Österreich und Bayern" (Brief Dr. Schmid vom 8.2.1955, Archiv des Verlags W. de Gruyter, Zusendung durch Susanne Franzkeit). Der Vorschlag wird freilich von den Herausgebern abgelehnt, vermutlich allerdings weniger aus Rücksicht auf österreichische Sprachempfindlichkeiten als um der Einheitlichkeit der Orthophonie in Deutschland willen. Auf eine ähnliche Nichtachtung der deutsch-österreichischen Grenze verweist die Beobachtung: „Das ‚Österr. Wörterbuch' (...) wird auch in *bayrischen* Schulen verwendet! Peinlich, nicht wahr?" (*Die österreichische Nation* 7 (1): 12, Anmerkung) Zwar wird dieser Umstand im vorliegenden Fall von national-österreichischer Seite aus begrüßt, weil er sich gegen die Kritiker des *Österreichischen Wörterbuchs* ins Feld führen läßt; er könnte aber – von genau derselben Grundhaltung aus – auch als Bedrohung österreichischer Varietätseigenständigkeit empfunden werden.

Ohne daß ernsthaft der Verdacht aufkommen könnte, es werde eine eigenständige, vom Deutschen unabhängige Sprache angestrebt, gibt es auch später noch Bemühungen um mehr sprachliche Autonomie Österreichs durch Vermehrung der Austriazismen. Der bedeutsamste Versuch in dieser Richtung, der große publizistische und wissenschaftliche Aufmerksamkeit erregt (Überblick in Pollak 1992: 27–48), ist die 35. Auflage des *Österreichischen Wörterbuchs* (1979). Sie enthält gegenüber der 34. Auflage „rund 5000" neue Stichwörter, die „zu einem großen Teil" Austriazismen sind, und zwar Austriazismen eines umstrittenen Status (Quantitätsschätzungen bei Wiesinger 1980: 368).

So heftig die Auseinandersetzung um diese Austriazismen geführt wird, zeigt sie doch eines, was in unserem Zusammenhang bedeutsam ist: Keiner der Kritiker stellt ernsthaft in Frage, daß es österreichische Besonderheiten der deutschen Sprache gibt, die respektiert werden sollten, weder die beiden Sprachwissenschaftler Peter Wiesinger (1980) und Ingo Reiffenstein (1983) noch der Schriftsteller Hans Weigel (1980; vgl. auch Weigel 1968) – um die vielleicht prominentesten Gegenstimmen zu nennen. Damit erkennen sogar die Kritiker stärkerer Sprachautonomiebestrebungen an, zumindest implizit, daß Österreich ein nationales Zentrum der deutschen Sprache bildet – auch wenn sie die betreffende Terminologie nicht verwenden oder ihre Anwendung teilweise sogar explizit ablehnen. Ein Beispiel ist Reiffenstein (1983: 23), der sich zwar gegen die Bezeichnung „nationale Variante/Varietät" für das österreichische Deutsch sperrt, aber die deutsche Sprache zugleich ausdrücklich als „plurizentrisch" charakterisiert, was im betreffenden Kontext nichts anderes bedeuten kann als die Anerkennung Österreichs als eines der nationalen Zentren der deutschen Sprache. In der Auseinandersetzung geht es dementsprechend auch keineswegs um Austriazismen generell – ein Teil von ihnen wird fraglos akzeptiert, teilweise wird sogar beklagt, daß wichtige von ihnen im Wörterbuch fehlen – ; es geht vielmehr nur um die (allerdings zahlenmäßig nicht ganz unbedeutende) Gruppe von Wörtern, bei denen strittig ist, ob sie als standardsprachlich gelten können, ob sie nach Stilschicht oder Gebrauchsregion korrekt markiert sind oder ob sie überhaupt in ein Wörterbuch dieser Art aufgenommen werden sollten.

Die Auseinandersetzung soll hier nur in Grundzügen wiedergegeben werden; sie zeigt in wesentlichen Punkten Fronten, die für Standardisierungen von Sprachen generell typisch sind. Im vorliegenden Zusammenhang ist wichtig, daß sie zugleich ein Seismogramm der Kräfte darstellt, die das nationale Sprachzentrum Österreich in jüngster Zeit geprägt haben. Eine Zusammenfassung der Auseinandersetzung gibt Michael Clyne (1985), der dabei die Bemühungen um größere Eigenständigkeit des österreichischen Deutsch befürwortet und die dagegen gerichtete Kritik aufs Korn nimmt, wobei er aber Beanstandungen der wissenschaftlichen Seriosität des Wörterbuchs für gerechtfertigt hält. Wissenschaftlich fundierte Kritik an der 35. Auflage des *Österreichischen Wörterbuchs* (1979) findet sich vor allem in Wiesinger (1980), Reiffenstein (1983) und Dressler/Wodak (1983; weitere Kritik bei Mehl 1979a; b; Fröhler 1981; 1982); im Gesamttenor eher positive, wenngleich im Detail ebenfalls kritische Besprechungen liefern Möcker (1980) und Muhr (1983); vgl. ferner Hartl (1980), Weitschacher (1981), Ziak (1980), Blüml (1980), Hornung (1978; 1980b), Hornung/Pacolt/Benedict (1980) und Sluga (1989). Folgendes sind die hauptsächlichen Kritikpunkte, denen hier auch gleich die wichtigsten um Rechtfertigung bemühten Erwiderungen beigefügt sind.

(a) Kritisiert wird, daß Nonstandardformen („Umgangssprache", Dialekt, Slang, Jargon) unmarkiert aufgenommen seien, so daß man sie nicht von Standardformen unterscheiden könne. In eine ähnliche Richtung geht die Kritik daran, daß stilistische Markierungen (z.B. die Unterscheidung zwischen mündlichem und schriftlichem Gebrauch) unzureichend seien oder ganz fehlten.

Den Kodifizierern wird damit im Grunde vorgeworfen, daß sie die übrigen sozialen Kräfte eine Standardvarietät (neben dem Sprachkodex) zu wenig beachtet haben: den öffentlichen Sprachgebrauch der Modellsprecher/-schreiber (Modelltexte) und die Bewertungen der Normautoritäten und Sprachexperten (vgl. Kap. A.4.2: Abb. 4). Die Kritik wird zum Teil durch einschlägige empirische Untersuchungen untermauert (z.B. Wiesinger 1980). Gegen bestimmte Kritikpunkte gibt es jedoch auch berechtigte Einwände. Dies gilt insbesondere für die Berufung auf die Dudenbände als Beleg für den Nonstandard-Status von Varianten. Die Dudenbewertungen sind für Österreich nicht ohne weiteres gültig (obwohl sie natürlich im Einzelfall mit der für Österreich gültigen Bewertung übereinstimmen können), und in Österreich können durchaus solche Formen standardsprachlich sein, die es in Deutschland nicht sind. Eben aus diesem Grunde ist Österreich ein eigenständiges Zentrum der deutschen Sprache.

Der kritisierte Versuch, mit der 35. Auflage die Standardvarietät durch Aufnahme von Nonstandardformen zu erweitern, mag einerseits motiviert gewesen sein durch das Bemühen, soziale Sprachbarrieren abzubauen, indem Sprachformen der unteren Sozialschichten zum Standard erhoben werden, und andererseits durch das Bemühen, die Eigenständigkeit des österreichischen Sprachzentrums zu festigen, indem österreichspezifische, bislang als Nonstandard geltende Varianten zum Standard gemacht werden. Den Verfassern werden beide Motive, das soziale und das nationale, vorgeworfen, mehr aber noch, daß sie ihre Motivation nicht offen darlegen. Die Kritik hieran erscheint in der Tat berechtigt. Die Kritiker geraten jedoch ihrerseits in das zweifelhafte Licht, elitär und nicht auf die nationale Eigenständigkeit Österreichs bedacht zu sein (vgl. auch Kap. B.6 und F.5).

(b) Ein zweiter Kritikpunkt an der 35. Auflage des *Österreichischen Wörterbuchs* lautet, daß die Grenzen der Gebrauchsregionen der einzelnen Wörter nicht oder nur unzureichend angegeben sind. Dies gilt insbesondere für zahlreiche im Gebrauch auf Wien oder Ostösterreich beschränkte Sprachformen, bei denen entsprechende Angaben fehlen und denen somit zu gesamtösterreichischer Geltung verholfen wird. Westösterreichische, vor allem Vorarlberger Formen sind demgegenüber stark vernachlässigt (vgl. Kap. B.6: gegen Ende). Außerdem fehlen Angaben zur Gebräuchlichkeit von Wörtern auch außerhalb des österreichischen Gebiets, z. B. in Bayern oder Süddeutschland.

Gegen letzteren Kritikpunkt wurde zurecht eingewandt, daß die betreffenden Varianten außerhalb Österreichs oft einer anderen Sprachnormebene angehören als in Österreich, z. B. dem Dialekt. Die Bevorzugung der Wiener Varianten entspricht im übrigen der für Standardisierungen typischen Tendenz, die Sprachformen kultureller oder wirtschaftlicher Schwerpunkte zum Standard zu erheben. Dies läuft zwar auf die sprachliche Privilegierung ohnehin bevorzugter Regionen hinaus, wird aber in der Regel mit der größeren allgemeinen Akzeptabilität der betreffenden Varianten zu rechtfertigen gesucht.

(c) Schließlich werden wissenschaftliche Mängel des Wörterbuchs kritisiert. Auch die wissenschaftliche Fundiertheit und Anerkennung des eigenen Kodexes ist eine wichtige Komponente in der Entwicklung eines Sprachzentrums. Die wissenschaftliche Kritik wird auch von grundsätzlichen Befürwortern der 35. Auflage geteilt, wobei gleichzeitig vor ihrer Übertreibung aus ideologischer Opposition gewarnt wird (z. B. Muhr 1983). Bemängelt wird allgemein, daß die empirische Grundlage des Wörterbuchs – in unseren Begriffen die Analyse von Modelltexten und Urteilen von Normautoritäten und Sprachexperten – im dunkeln bleibt und womöglich im Sinne systematischer Forschung gar nicht existiert. – In der Tat beruht das *Österreichische Wörterbuch* bisher letztlich ganz auf der Intuition seiner Bearbeiter. Hiervor konnte ich mich bei einem Besuch der Wörterbuchstelle und in Gesprächen mit den Bearbeitern selbst überzeugen. Es gibt – zumindest bis zur 37. Auflage (1990) – keinerlei adäquate Sprachkartei (vgl. Müller 1966), wie sie etwa in großem Umfang für die Dudenbände vorliegt. Wenn als hauptsächliche Datenquelle das *Wörterbuch der bairischen Mundarten in Österreich* (1963 ff.) oder dessen Sprachkartei genannt wird (mündliche Auskunft des Leiters der Wörterbuchstelle, Herbert Fussy), so wird damit die wissenschaftliche Schwäche des Wörterbuchs nur um so deutlicher sichtbar. Denn wie soll ein Wörterbuch einer Standardvarietät hauptsächlich aus einem ausgesprochenen Dialektwörterbuch heraus entwickelt werden?

Den Kritikern läßt sich allerdings entgegenhalten, daß sie keinen wirklich realistischen Vorschlag zur empirischen Absicherung eines derartigen Wörterbuchs unterbreiten. Auch Wiesingers (1980) Untersuchung zur Untermauerung seiner Kritik eignet sich nicht ohne weiteres als Modell für die Absicherung des gesamten Wörterbuchs. Einerseits läßt sich der Aufwand bei einer großen Zahl von Lemmata kaum mehr bewältigen, und andererseits repräsentieren die gewählten Probanden (Germanistikstudenten/innen) nicht ohne weiteres die Modellsprecher, Normautoritäten und Sprachexperten. Die Vorschläge von Dressler/Wodak (1983) erscheinen vom erforderlichen Forschungsaufwand her erst recht unrealistisch, abgesehen von der Frage, ob die geforderten Informationen (soziolinguistische, pragmatische, textsortenspezifische u. a.) tatsächlich in einem Wörterbuch solchen Formats untergebracht werden könnten. Eher könnte Ebners [1969] (1980) Vorgehen bei der Erstellung seines Austriazismen-Wörterbuchs, das methodisch vom Dudenverlag inspiriert ist, wo der Verfasser auch längere Zeit tätig war, in eine gangbare Richtung weisen (vgl. auch Hornung 1969). Noch besser wäre es, wenn sein Verlaß auf die Modelltexte, der auch ansonsten in der lexikographischen Praxis gängig ist, durch wenigstens partielle Einbeziehung der anderen Kräfte, die eine Standardvarietät setzen, ergänzt würde. Wenn ich Herbert Fussy richtig verstanden habe, so ist für die Zukunft an eine Fundierung des *Österreichischen Wörterbuchs* in ungefähr diesem Sinn gedacht, wofür auch Ebner zur Mitarbeit gewonnen werden soll. Fussy sieht keine Probleme dabei, daß Ebner gleichzeitig weiter für den Dudenverlag arbeitet (Leiter des österreichischen Dudenausschusses, Bearbeiter des Bandes *Wie sagt man in Österreich?*). Nach Auskunft von Jakob Ebner hält allerdings Ernst Pacolt, der älteste und vielleicht einflußreichste Bearbeiter des *Österreichischen Wörterbuchs*, beide Tätigkeiten für unvereinbar.

Aufgrund der Kritik an der 35. Auflage wurde in der 36. Auflage des *Österreichischen Wörterbuchs* (1985) ein Gutteil der Monita zurückgenommen, was einer Zurückführung österreichischer Besonderheiten auf den Stand vor der 35. Auflage nahekommt (vgl. dazu auch Clyne 1988). Die Wörterbuchverfasser bleiben allerdings ihrer sparsamen Informationspolitik treu, indem sie – zumindest im Wörterbuch selber – jeden Hinweis auf diese Rücknahme, und erst recht jede Begründung dafür, unterlassen. Auch die neueste, 37. Auflage (1990) erweitert den Umfang der Austriazismen nicht, oder zumindest nicht auffällig, sondern behält in dieser Hinsicht im wesentlichen den Stand der 36. Auflage bei. Sie repräsentiert – was die Kodifizierung angeht – den derzeitigen Grad der Ausbildung Österreichs zu einem nationalen Zentrum der deutschen Sprache. Über die vermutlich 1996 erscheinende 38. Auflage hat mir Ernst Pacolt, der vielleicht den besten Einblick in die Verhältnisse hat, geschrieben, daß erstmalig 30 Korrespondenten verschiedener Fachrichtungen ("Mediziner, Juristen, Schriftsteller, Techniker, Wirtschaftsfachleute, Banker u. a. m.") zusätzliches Sprachmaterial sammeln und hinzugefügt: "Ich selbst war in Vorarlberg und in Südtirol [sic!] und habe dem ,Volk aufs Maul' geschaut. Meiner Ansicht nach haben wir bisher die sprachlichen Besonderheiten in diesen Regionen viel zu wenig berücksichtigt. Die österreichischen Sprachbesonderheiten werden also wesentlich stärker als in der 37. Auflage berücksichtigt werden." (Brief vom 21. 12. 1993) Wie systematisch diese erweiterte Datensammlung sein wird, läßt sich derzeit nicht leicht abschätzen. Desgleichen bleibt abzuwarten, welchen Anteil die Austriazismen – und offenbar auch die Südtirolismen (vgl. Kap. E.3) – an den nach Mitteilung Pacolts mehr als 30.000 vorgesehenen neuen Lemmata des Wörterbuchs haben werden.

2 Der Sprachkodex des österreichischen Standarddeutsch

Auf den ersten Blick scheint es in bezug auf das österreichische Standarddeutsch leicht möglich zu sein, zwischen *Binnen-* und *Außenkodifizierung* zu unterscheiden. Der Unterschied besteht ja darin, daß im ersten Fall der Sprachkodex innerhalb und im zweiten Fall außerhalb des betreffenden Zentrums hergestellt wird (vgl. Kap. A.4.2, A.4.5). Bei genauerer Betrachtung erweist sich die Unterscheidung jedoch als nicht ganz einfach. Der Unterschied zwischen Binnen- und Außenkodifizierung darf nicht verwechselt werden mit dem viel extremeren zwischen einer endonormativen und einer exonormativen Standardvarietät, deren Norm sich an Sprachmodellen innerhalb bzw. außerhalb des betreffenden Zentrums orientiert: Die Kodifizierung des österreichischen Standarddeutsch ist in neuerer Zeit (nach dem Zweiten Weltkrieg) in jedem Fall endonormativ, orientiert sich also an österreichischen Sprachmodellen und Modelltexten, auch in Fällen, die eher als Außen- denn als Binnenkodifizierung zu bewerten sind.

Im Falle des *Österreichischen Wörterbuchs* liegt, wie es scheint, eine reine Binnenkodifizierung vor. Dieses Wörterbuch ist erstmalig 1951 erschienen, und seine letzte, nämlich die 37. Auflage stammt aus dem Jahre 1990. Mit der nächsten Auflage soll gewartet werden, bis die derzeitigen Bemühungen um eine gemeinsame Rechtschreibreform aller deutschsprachigen Staaten abgeschlossen sind, also voraussichtlich bis 1996 (Auskunft Herbert Fussy, Leiter der Wörterbuchstelle).

Das *Österreichische Wörterbuch* ist allem Anschein nach ein rein österreichisches Werk:

(a) Es ist herausgegeben im Auftrag des österreichischen *Bundesministeriums für Unterricht* (später für *Unterricht, Kunst und Sport* – wechselnde Namen) und ausdrücklich für den Schulunterricht als geeignet erklärt (z.B. 1990: 4); dementsprechend gibt es dazu auch ein spezielles Lehrerheft (z.B. *Österreichisches Wörterbuch. Lehrerheft* 1990); die oberste Normautorität der in diesem Wörterbuch kodifizierten Sprachnormen ist also offenbar die österreichische Regierung.

(b) Es ist erschienen beim Österreichischen Bundesverlag in Wien.

(c) Sämtliche Bearbeiter sind Österreicher, nämlich Schulbeamte und Hochschullehrer.

(d) Ob die letztlich zugrundeliegenden Modelltexte ausschließlich österreichisch sind, läßt sich nicht beurteilen, da die Bearbeiter sich weitgehend auf ihre muttersprachliche Intuition verlassen haben (vgl. Kap. B.1 und die Kritik speziell an der 35. Aufl., 1979, z.B. bei Wiesinger 1980; Dressler/Wodak 1983).

Nach Wolfgang Pollak (1992: 10, 144) haben sich die Bearbeiter jedoch in Wirklichkeit in nicht unerheblichem Ausmaß auf Daten gestützt, die bei der Außenkodifizierung, wie man sie wohl nennen muß, des österreichischen Standarddeutsch gesammelt wurden. Gemeint sind die von Jakob Ebner [1969]

(1980) im Auftrag des Dudenverlags zusammengestellten Besonderheiten des österreichischen Deutsch. Hierbei handelt es sich insofern um Außenkodifizierung (vgl. Kap. A.4.2), als der Dudenverlag als Auftraggeber und Verleger seinen Hauptsitz in Deutschland hat (Mannheim, seit 1990 auch wieder Leipzig); bei den im Impressum der Dudenbände angegebenen Niederlassungen in Wien und Zürich handelt es sich nur um Auslieferungen (vgl. Kap. D.4).

Das *Österreichische Wörterbuch* ist der zentrale und unzweifelhafteste Kodexbestandteil des österreichischen Standarddeutsch. Andere Werke über die deutsche Standardvarietät Österreichs sind entweder daran angelehnt, oder ihr Status als Kodex ist zumindest insofern zweifelhafter, als sie nicht amtlich autorisiert sind. Mit der Art von Monopolstellung, die dieses Wörterbuch innehat, hängt es sicher auch zusammen, daß es bemüht ist, Sprachrichtigkeitshinweise zu verschiedenen sprachlichen Ebenen und grammatischen Rängen zu liefern. Zwar ist es in erster Linie ein Rechtschreibwörterbuch, jedoch enthält es auch gewisse, wenngleich zum Teil sehr knappe Angaben zur Orthophonie, zu den Wortbedeutungen und zur Grammatik sowie ansatzweise sogar zur Pragmatik (z.B. Briefanrede und dergleichen).

Das *Österreichische Wörterbuch* ist seiner Größenordnung nach eine „mittlere Ausgabe". Früher führte es den Hinweis darauf sogar im Titel; seit der 35. Auflage 1979 findet er sich nur noch im Vorwort. Ein großes Wörterbuch des österreichischen Standarddeutsch gibt es nicht, wohl aber ein *Kleines Österreichisches Wörterbuch* [1981] (1988), das auf der mittleren Ausgabe basiert (Vorläufer: *Kleines Wörterbuch* 1968; *Mein erstes Wörterbuch* 1963). Auch dieses kleine Wörterbuch ist vom österreichischen Bundesministerium für Unterricht, Kunst und Sport als geeignet erklärt für den Schulunterricht (Volksschulen, 2. Schulstufe = Grundschule, 2. Klasse – im Gegensatz zur mittleren Ausgabe: Hauptschulen und allgemeinbildende höhere Schulen).

In der Grundschule sind noch weitere Wörterbücher amtlich zugelassen, die dem *Kleinen österreichischen Wörterbuch* in Format und Inhalt ähneln. In höheren Schulstufen hat das Österreichische Wörterbuch jedoch eine Monopolstellung. Versuche, von außerhalb Österreichs in den Geltungsbereich dieses Wörterbuchs einzudringen, wurden bislang abgewehrt. Ein Beispiel bietet der *Österreichische Schülerduden: Rechtschreibung und Wortkunde* (1981), der auf der Grundlage des *Schülerdudens* (1978) für Deutschland entstanden ist und in Österreich verbreitet werden sollte. Trotz des österreichischen Bearbeiters (Jakob Ebner), vier österreichischer Fachleute als Gutachter und der geflissentlichen und ausdrücklichen Einbeziehung des spezifisch österreichischen Wortschatzes wurde das Wörterbuch vom österreichischen Erziehungsministerium nicht in die „Schulbuchaktion" aufgenommen. Für seine Ablehnung ist letztlich kaum ein anderer Grund ersichtlich, als daß ein deutscher Verlag, nämlich der Dudenverlag, dahinterstand. Aus österreichischer Sicht wurde auf diese Weise ein Versuch sprachlicher Fremdbestimmung abgewehrt. – Auch speziellere Wörterbücher sind vom *Österreichischen Wörterbuch* geprägt, beispielsweise *Mein Bildwörterbuch* (1957) oder die noch mehr auf den außerschulischen Gebrauch zielende *Rechtschreibfibel für jung und alt* (Gassner 1992).

Außerhalb der vom Staat ziemlich streng kontrollierten Domäne der allgemeinbildenden Schule hat die Außenkodifizierung des österreichischen Standarddeutsch freieren Lauf. Betrachten wir die verschiedenen Sprachebenen und grammatischen Ränge nacheinander.

Schreibung (Orthographie): Obwohl das *Österreichische Wörterbuch* ein ausgesprochener Rechtschreibkodex ist, fungiert neben ihm auch noch der in Deutschland hergestellte Rechtschreib-Duden (neueste Aufl. 1991) als Nachschlagewerk. Er spielt außerhalb der Schule möglicherweise sogar eine gewichtigere Rolle als das *Österreichische Wörterbuch* (Vermutung Peter Wiesingers). Diese Annahme liegt nahe, wenn man bedenkt, daß der Rechtschreib-Duden weit mehr Lemmata enthält als das *Österreichische Wörterbuch* (vgl. Augst 1987) und dieses sogar in der Zahl der enthaltenen Austriazismen übertrifft (Pollak 1992: 142 bzw. 11; vgl. auch Kap. D.4).

Lautung (Orthophonie): Zur Aussprache sind die Angaben im *Österreichischen Wörterbuch* seit je nur ziemlich sporadisch: einige globale regelhafte Hinweise (z.B. 1990: 101–103 und 126 f.) und Angaben zu einzelnen als schwierig eingeschätzten Wörtern in der Wortliste. Daher ist hier die Ergänzung durch Außenkodifizierung nicht überraschend. Eine längere und prestigeträchtige Tradition hat diese Außenkodifizierung im *Siebs*, einem Aussprachekodex, der hauptsächlich von deutschen Sprachwissenschaftlern bearbeitet und in Deutschland verlegt worden ist (in neuerer Zeit im Verlag Walter de Gruyter, Berlin). Die Aufnahme österreichischer Aussprachebesonderheiten in den *Siebs* begann mit einem vierseitigen *Österreichischen Beiblatt* zur Ausgabe von 1956. Als Anlage zum *Siebs* 1961 wurde dieses Beiblatt ergänzt durch den Hinweis, es sei gedacht „für den unterrichtenden Vortrag (….), insbesondere für die Zwecke der österreichischen Schule und für die Berichterstattung und die Vortragssprache der Berufssprecher im Österreichischen Rundfunk" (vgl. die Kritik dazu von Gstrein 1964). Sein Inhalt wurde später im Rahmen der „gemäßigten Hochlautung" (Begriffserläuterung *Siebs* 1969: 1–8) auch in das Aussprachewörterbuch eingearbeitet, und zwar in die vorausgehende Regeldarstellung ebenso wie in die Wortliste *(Siebs* 1969: 16–162 bzw. 171–494; vgl. auch Kap. D.2, D.3.3). Die österreichischen Aussprachebesonderheiten wurden im wesentlichen erarbeitet von dem Wiener Phonetiker Felix Trojan, unter Mitwirkung des österreichischen Dialektologen Eberhard Kranzmayer.

Es besteht kein Zweifel, daß der *Siebs* mit seinen österreichischen Aussprachebesonderheiten in denjenigen Institutionen Österreichs zu Rate gezogen wird, die auf die Aussprache achten müssen, insbesondere in Theatern und Rundfunkanstalten. Außerdem ist in solchen Institutionen aber auch der Aussprache-Duden (neueste Aufl. 1990) in Gebrauch, dessen „Standardlautung" für das ganze deutsche Sprachgebiet einheitlich ist, das also auf österreichische Ausspracheeigenheiten – wie es scheint – keine Rücksicht nimmt. In Wirklichkeit sind freilich manche der im *Siebs* als österreichisch markierten Varianten ohne nationale Markierung in diese „Standardlautung" aufgenommen (vgl. Kap. D.3.3). Die Verwendung beider Kodexteile an österreichischen Theatern wurde auf briefliche Anfrage bestätigt. So teilte beispielsweise das Wiener Burgtheater mit: „In Zweifelsfällen (...) wird bei uns das Duden-Aussprachewörterbuch zu Rate gezogen." Das Landestheater Linz antwortete: „[B]ei Produktionen unseres Theaters werden in Aussprache-Zweifelsfällen vor allem zwei Werke zu Rate gezogen: *Siebs* (...) und *Duden. Das Aussprachewörterbuch* (...)". (Briefe des Direktionsbüros bzw. der Dramaturgie 12.1.1993 bzw. 2.12. 1992 an Judith Basse bei einer Recherche zu einer Seminararbeit an der Universität Duisburg)

Als Spezialkodex verdient hier noch der vom Österreichischen Rundfunk (ORF) (1987) herausgegebene „Lernbehelf" Erwähnung: *Sprache und Sprechen in*

Hörfunk und Fernsehen (Zusendung Franz Patocka). Er stützt sich einerseits auf *Siebs* (1969), genauer: dessen „gemäßigte Hochlautung", und andererseits auf den Aussprache-Duden, und zwar jeweils die neueste Auflage (Österreichischer Rundfunk 1987: Teil I: 10, Teil III: 4). Diese Kombination ist vereinbar, wenn auch die „gemäßigte Hochlautung" des *Siebs* ausdrückliches Zugeständnis an die regionale und nationale Aussprachevariation ist, während die „Standardlautung" des Aussprache-Dudens keinerlei regionale Differenzierung kenntlich macht. Wie schon gesagt, integriert der Aussprache-Duden nämlich manche regionalen Varianten des *Siebs* in seine „Standardlautung" und akzeptiert sie damit ebenfalls als Standard, und zwar ohne ihre Geltung regional einzuschränken. Der genannte Spezialkodex des ORF enthält in seinen Übungsteilen ausführliche Wortlisten, die den einzelnen zu übenden Lauten zugeordnet sind. – Außerdem gibt es im ORF eine „Aussprachekartei", die „laufend ergänzt und auf den neuesten Stand gebracht wird" (Österreichischer Rundfunk 1987, Teil III: 4), die mir aber leider nicht zugänglich war. Daneben soll für die Beratung der Sprecher durch das „Sprecherbüro" die mündliche Tradition der am ORF eingespielten Aussprache eine wichtige Rolle spielen (telefonische Mitteilung von Eva Wächter, Leiterin des Sprecherbüros des ORF, am 9.12.1993).

Wortschatz (Ortholexik): Das *Österreichische Wörterbuch* macht nicht bei allen Lemmata Angaben zur Wortbedeutung. Vor allem aber ist es verhältnismäßig schmal. Daher liegt auch auf dieser Ebene seine Ergänzung durch Kodexteile von außen nahe. Für gehobene Ansprüche kommen dabei hauptsächlich die folgenden in Deutschland entstandenen Wörterbücher in Betracht: *Duden. Das große Wörterbuch der deutschen Sprache* [1976–81, 6 Bde.] (1993–95, 8 Bde.) und *Brockhaus[-]Wahrig. Deutsches Wörterbuch* (1980–84), die auch jeweils zahlreiche Austriazismen enthalten. – Ein Spezialfall ist das von Jakob Ebner erarbeitete Wörterbuch *Wie sagt man in Österreich? Wörterbuch der österreichischen Besonderheiten* [1969] (1980), das ganz auf Austriazismen beschränkt ist. Es ist im Dudenverlag in Deutschland erschienen und auch in dessen Auftrag erarbeitet worden. Vermutlich wird speziell dieses Wörterbuch weniger innerhalb als außerhalb Österreichs verwendet, da Nicht-Österreicher wohl ein stärkeres Bedürfnis haben als Österreicher selber, sich über die österreichischen Wortschatzbesonderheiten zu informieren.

Grammatik (Orthogrammatik): Die grammatischen Angaben beschränken sich im *Österreichischen Wörterbuch* im Grunde auf die Verbflexion, vor allem auf die unregelmäßigen Verben (1990: 84–96) – wenn man absieht von einer Liste grammatischer Termini (1990: 73–83), den im Zusammenhang mit den Rechtschreibregeln eingeführten grammatischen Begriffen sowie den Einzelangaben zur Grammatik der Wörter in der Wortliste. Zum Nachschlagen von grammatischen Details dient in Österreich vermutlich hauptsächlich die *Duden. Grammatik* (neueste Aufl. 1984).

Neben diesen einigermaßen unzweifelhaften Bestandteilen des Sprachkodexes für das österreichische Standarddeutsch gibt es eine Reihe von Veröffentlichungen, deren dementsprechender Status zweifelhaft ist. Zum Teil sind sie heutzutage veraltet, z.B. das *Österreichische Volks-Fremdwörterbuch* (1947), vielleicht auch das *Deutsche Wörterbuch* (Brenner 1963), oder es sind keine wirklichen Nachschlagewerke (z.B. Stummer 1952). Zum Teil sind sie mindestens nicht amtlich, wie z.B. *Besseres Deutsch von A bis Z. Ein Nachschlagewerk für Österreicher* (Hirschbold 1976).

Binnen- und Außenkodifizierung des österreichischen Standarddeutsch stehen in einem eigentümlichen Spannungsverhältnis (vgl. auch Kap. B.6). Einerseits haben sowohl die Duden-Bände als auch das *Österreichische Wörterbuch* zum Teil aus den gleichen Quellen geschöpft, nämlich den Untersuchungen Erika Rizzo-Baurs (1962) und Jakob Ebners ([1969] 1980; 1988), mögen sie auch teilweise Unterschiedliches daraus entnommen haben. Außerdem ist die Einbeziehung der Duden-Bände in den Kodex des österreichischen Standarddeutsch geradezu vorprogrammiert, denn es mußte seit je klar sein, daß die bloß mittlere Ausgabe des einen österreichischen Wörterbuchs den Anforderungen an die Kodifizierung einer modernen Standardvarietät nicht voll gerecht werden konnte – auch die vorgesehene Erweiterung des *Österreichischen Wörterbuchs* um mehr als 30.000 Lemmata (briefliche Mitteilung von Ernst Pacolt am 21.12.1993) wird diese Situation nur ein Stück weit, aber nicht nachhaltig verändern. Andererseits jedoch wird die Verwendung der Duden-Bände von den Anhängern des *Österreichischen Wörterbuchs* mit Argwohn betrachtet und zumindest in den staatlich kontrollierten Domänen, vor allem den Schulen, zum Teil behindert.

Auch bei österreichischen Sprachpatrioten – Personen, die sich für die Sprachbesonderheiten ihrer Nation engagieren – findet man diese ambivalente Haltung gegenüber dem österreichischen Binnenkodex und dessen Ergänzungen von außen. Ein Beispiel liefert Wolfgang Pollak (1992), der einerseits die Anmaßung der Dudenredaktion, auch den Österreichern in Sprachfragen dreinzureden, kritisiert und andererseits bemängelt, daß der Rechtschreib-Duden (1991) die österreichischen Rechtschreibvarianten unzureichend dokumentiert: „Der staatsnationalen Chancengleichheit willen wäre es angezeigt, daß der Duden auch die österreichischen Rechtschreibvarianten verzeichnen würde, sonst kann man nur mit Einschränkung von einem gesamtdeutschen Regelwerk sprechen" (Pollak 1992: 137). Im Grunde müßte Pollak über Lücken in den Duden-Bänden Genugtuung empfinden, belegen sie doch, daß diese als österreichischer Sprachkodex nicht ausreichen.

Daß der österreichische Binnenkodex für manche Bedürfnisse nicht genügt, ist leicht zu erkennen. Insbesondere bei sprachlichen Spezialfragen, z.B. zur Stilistik, zu Fremdwörtern oder zum Fachwortschatz, müssen die Österreicher mangels Binnenkodifizierung auf den in Deutschland hergestellten Kodex zurückgreifen (vgl. Kap. D.2).

3 Die Austriazismen in linguistischer Sicht

3.1 Vorbemerkung zur Definition, Typologie und Darstellung

Wenn der Begriff ‚Austriazismus‘ nicht ins Unverbindliche verschwimmen soll, so bedarf es seiner einigermaßen präzisen Definition. Die verhältnismäßig große Komplexität einer solchen Definition zeigt, wie notwendig sie ist, wenn ernsthaft der Anspruch nachvollziehbaren Vorgehens erhoben werden soll. Selbstverständlich ist die hier vorgelegte Definition kritisierbar. Kritik daran ist sogar ausdrücklich erwünscht. Erweist sich die Kritik als berechtigt, so läßt sich die Definition – wiederum nachvollziehbar – korrigieren, was zu teilweise anderen Austriazismen führt. Im Gegensatz zu einem intuitiven, ohne Definition operierenden Vorgehen bleibt jedoch jeweils klar, welche Kriterien Sprachformen erfüllen müssen, um als Austriazismus zu gelten. Diese Hinweise sollten nicht dahingehend mißverstanden werden, als sei die Definition der Austriazismen letztlich beliebig. Die folgende Definition basiert vielmehr auf den theoretischen Vorüberlegungen in den Kapiteln A.4 und A.5, die nicht zuletzt im Hinblick auf diese Definition angestellt wurden. Eine grundlegende Revision dieser Definition müßte letztlich auch dort ansetzen. Dies heißt freilich nicht, daß die folgende Definition zwingend aus dem in jenen Kapiteln entwickelten theoretischen (abstrakten) Begriff von ‚Austriazismus‘ deduziert werden kann. Dies ist generell nicht der Fall bei „operationalen“ Definitionen, wie sie für empirische Untersuchungen benötigt werden. Auf dem Weg zu ihnen sind stets auch Entscheidungen erforderlich, die im einzelnen nicht aus dem theoretischen Begriff folgen. Das Ergebnis muß allerdings mit der theoretischen Definition vereinbar sein (Gültigkeit der operationalen Definition). Außerdem muß die Definition am Ende so formuliert sein, daß in bezug auf beobachtbare Gegenstände (möglichst) eindeutig ist, welche davon unter die Definition fallen und welche nicht, in bezug auf die hier zur Diskussion stehenden Gegenstände also, welche Sprachformen, auf die man stößt, als Austriazismen gelten sollen und welche nicht (Zuverlässigkeit der operationalen Definition). Aus den Kapiteln A.4 und A.5 geht auch schon hervor, warum eine operationale Definition der Austriazismen oder anderer nationaler Varianten der deutschen Sprache kaum besonders einfach sein kann, erfordert sie doch zweierlei recht komplizierte Prozeduren: zum einen den Vergleich zwischen allen drei Hauptzentren der deutschen Sprache und zum andern die Abgrenzung des Standards vom Nonstandard.

Bei aller möglichen Kritik und denkbaren Modifikation der folgenden Definition gehe ich doch davon aus, daß durch sie und ihre konsequente Anwendung in den nachfolgenden Abschnitten dieses Kapitels ein in großen Teilen unstrittiger Kern der Austriazismen erfaßt wird. Dabei geht es nicht um Vollständigkeit der Erfassung – ein solcher Versuch hätte den Rahmen der vorliegenden Untersuchung gesprengt –, sondern um die Haltbarkeit der Ergebnisse, d.h. darum, daß diejenigen Sprachformen, die nachfolgend als Austriazismen aufgeführt sind, sich als solche mit guten Gründen gegen eventuelle Einwände verteidigen lassen.

Die folgende Definition ist so ausführlich formuliert, weil sie zugleich als Muster dient für die Definitionen der Helvetismen und der Teutonismen (Kap. C.3.1 und D.3.1).

Als Austriazismen gelten im Rahmen der vorliegenden Untersuchung Sprachformen, die eine der folgenden Bedingungen (1) bis (5) erfüllen.

(1) Die Sprachform ist Lemma oder erscheint in einer Lemmaerläuterung (Definition) in der neuesten Auflage des *Österreichischen Wörterbuchs* (1990), und sie ist dort:

(a) weder als Nonstandard markiert noch (b) als fremdnational (einer anderen als der nationalen Varietät Österreichs zugehörig). Außerdem darf sie (c) nicht unmarkiert als Lemma vorkommen in *Duden. Das große Wörterbuch der deutschen Sprache* (1976–1981) oder als Bestandteil der „reinen Hochlautung" im *Siebs* (1969) oder als Bestandteil der „Standardlautung" im *Aussprache-Duden* (1990).

(d) Eine Sondergruppe bilden diejenigen Sprachformen, die Bedingungen (a) bis (c) erfüllen und darüber hinaus im Sprachkodex der deutschsprachigen Schweiz als Besonderheit des Schweizerhochdeutschen ausgewiesen sind.

(a) bedeutet, daß die Sprachform nicht als „landsch." (landschaftlich), „mda." (mundartlich), „sal." (salopp) oder „ugs." (umgangssprachlich) gekennzeichnet ist, und (b) bedeutet, daß sie nicht mit „*" versehen ist, was „dem ‚Binnendeutschen' angehörend" bedeutet.

Eine kurze Begründung erscheint angebracht, warum nicht nur Lemmata, sondern auch Bestandteile von Lemmaerläuterungen einbezogen werden. Im *Österreichischen Wörterbuch* sind auch Bestandteile der Lemmaerläuterungen mit „*" (als „binnendeutsch") markiert (vgl. Kap. B.4). Daraus läßt sich schließen, daß die nicht entsprechend markierten Sprachformen in den Lemmaerläuterungen als österreichisches Deutsch gelten. Eine nicht unbeträchtliche Zahl von Sprachformen, vor allem von Wörtern, finden sich im *Österreichischen Wörterbuch* nur in den Lemmaerläuterungen und nicht als Lemma (z.B. *Krankenhaus* beim Lemma *Spital*). Dieses Beispiel ist übrigens typisch, insofern der Austriazismus als Lemma erscheint und die damit austauschbare Variante als Lemmaerläuterung; der Rückgriff auf die Lemmaerläuterungen dient denn auch hauptsächlich der Identifikation der besonders schwierig greifbaren austauschbaren Austriazismen (vgl. Kap. A.5: (4)).

Bedingungen (a) und (b) definieren nur die Zugehörigkeit von Sprachformen zum österreichischen Standarddeutsch. (c) sorgt für die Einschränkung auf die Austriazismen, die ja nur diejenigen Bestandteile des österreichischen Standarddeutsch umfassen, die nicht gemeindeutsch sind. Bei den im *Österreichischen Wörterbuch* unmarkiert erscheinenden Sprachformen handelt es sich keineswegs nur um Austriazismen (österreichische Besonderheiten), sondern großenteils um gemeindeutsche Formen. Die einschränkende Bedingung muß daher sicherstellen, daß die betreffenden Sprachformen nicht zugleich Bestandteil sowohl des deutschen als auch des schweizerischen Standarddeutsch sind. Die Bedingung ist dadurch recht umfassend formuliert, daß das große Duden-Wörterbuch zugrunde gelegt wird. Dieser Entscheidung liegt der Gedanke zugrunde, daß eine Sprachform sehr wahrscheinlich als gemeindeutsch gilt, wenn sie in ein Wörterbuch dieses Formats unmarkiert aufgenommen ist. Entsprechendes ist für so gut wie alle Ausspracheformen anzunehmen, die – außer daß sie unmarkiert im *Österreichischen Wörterbuch* erscheinen – auch Bestandteil der „reinen Hochlautung" im *Siebs* oder der „Standardlautung" im Aussprache-Duden sind.

(d) bedeutet, daß die Sprachformen die Bedingungen (a) bis (c) erfüllen und daß sie außerdem entweder im Rechtschreib-Duden (1991) als ‚schweiz.' oder als ‚schweiz.' in Verbindung mit einer anderen nationalen oder regionalen Markierung erscheinen, ohne in bezug auf die Schweiz als Nonstandard markiert zu sein (nicht als „alltagsspr." (alltagssprachlich), „fam." (familiär), „Jugendspr." (Jugendsprache), „Kinderspr." (Kindersprache), „landsch." (landschaftlich), „mdal." (mundartlich), „scherzh." (scherzhaft), „Schülerspr." (Schülersprache), „stud." (studentisch), „Studentenspr." (Studentensprache), „ugs." (umgangssprachlich)), oder daß sie in Bigler u. a. (1987) oder im *Schweizer Schülerduden 1* oder 2 (1980; 1976) oder in Hofmüller-Schenk (1995) als standardsprachlich (schweizerhochdeutsch) ausgewiesen sind. Dies bedeutet vor allem, daß sie in den Wörterbüchern nicht als ‚mundartlich', ‚scherzhaft', ‚umgangssprachlich' und dergleichen markiert sind.

Bei Sprachformen, die nur Bedingungen (a) bis (c) erfüllen, handelt es sich um spezifische und bei denen, die (d) erfüllen, um unspezifische Austriazismen (vgl. Kap. A.5: (6)). Austriazismen, die nur Bedingungen (a) bis (c) erfüllen, sind in der nachfolgenden Darstellung nicht besonders gekennzeichnet. Die Unterscheidung zwischen spezifischen und unspezifischen Austriazismen läßt sich jedoch der Darstellungsform entnehmen (vgl. Ende Kap. B.3.1).

(2) Die Sprachform erfüllt nicht Bedingung (1), erscheint aber im Rechtschreib-Duden (1991) als Lemma oder Bestandteil einer Lemmaerläuterung oder – im Falle eines Phraseologismus – in *Duden. Redewendungen* (1992) und ist dort jeweils markiert als „österr." (österreichisch) oder als „österr." in Verbindung mit anderer nationaler oder regionaler Geltung (z. B. „schweiz."). Sie ist aber nicht zugleich in bezug auf Österreich als Nonstandard markiert.

Letzterer Zusatz bedeutet, daß keine der folgenden Markierungen vorliegt: „alltagsspr." (alltagssprachlich), „fam." (familiär), „Jugendspr." (Jugendsprache), „Kinderspr." (Kindersprache), „landsch." (landschaftlich), „mdal." (mundartlich), „scherzh." (scherzhaft), „Schülerspr." (Schülersprache), „stud." (studentisch), „Studentenspr." (Studentensprache), „ugs." (umgangssprachlich).

Fälle, die (2) erfüllen (was ausschließt, daß sie (1) erfüllen), sind in der nachfolgenden Darstellung der Austriazismen einzeln gekennzeichnet mit „nach Rechtschreib-Duden 1991" bzw. „nach *Duden. Redewendungen*". Ihre Gültigkeit als Bestandteil des österreichischen Standarddeutsch ist wegen der fehlenden Amtlichkeit der Dudenbände in Österreich zweifelhafter als bei den Fällen von (1).

Offenkundig ließe sich Bedingung (2) ausweiten auf andere Duden-Bände oder andere Teile des Sprachkodexes Deutschlands (vgl. Kap. D.2), die zum Teil mehr als ‚österreichisch' markierte Sprachformen enthalten (z. B. *Duden. Deutsches Universalwörterbuch* 1989). Eine solche Ausweitung muß jedoch anderen Untersuchungen vorbehalten bleiben, da sie im Rahmen der vorliegenden Untersuchung vom Arbeitsaufwand her nicht zu bewältigen war.

(3) Die Sprachform erfüllt weder Bedingungen (1) noch (2), erscheint aber als Lemma in Ebner (1980) und ist dort nicht als Nonstandard markiert.

Letzterer Zusatz bedeutet, daß keine der folgenden Markierungen vorliegt: „fam." (familiär), „mdal." (mundartlich), „scherzh." (scherzhaft), „ugs." (umgangssprachlich).

Sprachformen, die (3) erfüllen (was ausschließt, daß sie (1) oder (2) erfüllen), werden einzeln gekennzeichnet, und zwar mit „nach Ebner". Ihre Gültigkeit als Bestandteil des österreichischen Standarddeutsch ist wiederum zweifelhafter als die der durch die Bedingung (1) festgelegten Fälle. Die Gültigkeit scheint aufgrund der hier gewählten Reihenfolge auch zweifelhafter als die der durch die Bedingung (2) festgelegten Fälle; jedoch gibt es dafür wohl keine triftigen Gründe.

Lemmaerläuterungen Ebners werden nicht einbezogen, da sie hauptsächlich an nicht-österreichische Leser adressiert sind und nicht nur österreichisches Deutsch enthalten.

(4) Die Sprachform erfüllt keine der Bedingungen (1) bis (3), findet sich aber im *Siebs* (1969), und zwar entweder im Textteil (S. 1–160) als ‚österreichischer' Bestandteil der „gemäßigten Hochlautung" oder im Wörterbuchteil (S. 163-494) markiert als „ö" oder „Ö", was sie ebenfalls der „gemäßigten Hochlautung" zuweist (zur Inkonsistenz von „ö"- und „Ö"-Markierungen im *Siebs* vgl. Takahashi 1994: 8). Die Kennzeichnung als ‚österreichisch' kann auch kombiniert sein mit einer weiteren nationalen oder regionalen Markierung („schwz." = schweizerisch, oder ‚süddeutsch').

Diese Bedingung betrifft nur Aussprache-Austriazismen. Sprachformen, die (4) erfüllen (was ausschließt, daß sie 1, 2 oder 3 erfüllen), sind einzeln gekennzeichnet mit „nach *Siebs*". Ihre Gültigkeit als Bestandteil des österreichischen Standarddeutsch ist auch hier zweifelhafter als die der durch Bedingung (1) festgelegten Fälle.

(5) Die Sprachform läßt sich aus einer anderen Quelle als den unter (1) bis (4) genannten als Austriazismus identifizieren.

Hierbei handelt es sich einesteils um Sprachformen, die in anderen Kodexteilen des Deutschen als den unter (1) bis (4) genannten als ‚österreichisch' geführt sind. Diese Kodexteile wurden im Rahmen der vorliegenden Untersuchung nicht systematisch ausgewertet. Andernteils sind diese Formen Quellen entnommen, die auch bei einem weiten Begriff von ‚Sprachkodex' nicht als Teil eines solchen gelten können (z.B. aus Zeitungen (Modelltexte) oder wissenschaftlichen Abhandlungen (Urteil von Sprachexperten)). Sie sind dann Bestandteile des nichtkodifizierten Standards, deren Zugehörigkeit zum österreichischen Standarddeutsch besonders zweifelhaft erscheint. Die betreffenden Fälle sind jeweils entweder mit Quellenangabe versehen oder als „Gebrauchsstandard" markiert.

Diese ziemlich aufwendige Definition ist – wie teilweise schon angedeutet – noch immer in verschiedener Hinsicht recht unvollkommen. Sie ist einerseits von der Sache her allzu rigoros, da sie bei begrenzter Arbeitskapazität handhabbar sein muß, und sie ist andererseits dennoch nicht so scharf, wie es eigentlich wünschenswert wäre. Untersuchungen, die mehr Perfektion und Vollständigkeit erreichen können, sollten diese Mängel in Zukunft abbauen.

Um Mißverständnissen vorzubeugen, sei hier noch auf eine Begriffsdifferenzierung aufmerksam gemacht. Die Suche nach Austriazismen beschränkte sich nicht auf die in der obigen Definition genannten Sprachkodizes und die gemäß (5) in den weiteren Markierungen auftauchenden Quellen. Sie bilden nur die Grundlage für unsere *Definition* der Austriazismen, weshalb man sie auch *Definitionsquellen* nennen kann. Als *Suchquellen* dienten darüber hinaus alle möglichen anderen Texte (z. B. Rizzo-Baur 1962; Tatzreiter 1988; Wiesinger 1988 b; c; Zeitungen und anderes). Im Grunde kann für diesen heuristischen Zweck jede Informationsquelle überhaupt genutzt werden. Nur die Definitionsquellen bedürfen der strengen Abgrenzung und der Kriterienspezifizierung für ihre Auswertung, wenn der Begriff der Austriazismen nicht unklar bleiben soll.

Bei der Darstellung wurde Wert darauf gelegt, daß verschiedene Typen von Austriazismen identifizierbar sind. Dabei ist offenbar speziell bei den Austriazismen nicht jede in Kap. A.5 getroffene Differenzierung von Belang. Vor allem die Unterscheidung zwischen *nationalen Varianten nur nach Geltung* und solchen *auch nach Bekanntheit* (Kap. A.5: (2)) erscheint einesteils nicht sonderlich ergiebig und ist andernteils mangels einschlägiger Informationen nicht durchführbar. Austriazismen scheinen überwiegend nur in geringem Maße über Österreich hinaus bekannt zu sein. (Bei unspezifischen Austriazismen ist diese Aussage natürlich dahingehend zu modifizieren, daß sie nicht außerhalb Österreichs und des weiteren Sprachzentrums, in dem sie gelten, bekannt sind.) Für die geringe Bekanntheit außerhalb des Geltungsbereichs sprechen punktuelle Beobachtungen, z. B. die in Kapitel F.1 berichtete Untersuchung, oder auch die Tatsache, daß der Dudenverlag eigens eine Darstellung der Austriazismen zur Information der Nicht-Österreicher herausgebracht hat, die freilich auch Österreichern zum Nachschlagen dient (Ebner [1969] 1980). Allerdings war eine Prüfung dieser Annahme, d.h. die umfassende Untersuchung der Bekanntheit der Austriazismen außerhalb des eigenen nationalen Zentrums, im Rahmen der vorliegenden Untersuchung nicht möglich. Aus diesen Gründen wurde auf diese typologische Differenzierung in der Darstellung der Austriazismen verzichtet. Hier wären zusätzliche zukünftige Untersuchungen wünschenswert.

Die anderen typologischen Differenzierungen, die in Kap. A.5 getroffen wurden, sind für die Austriazismen dagegen unzweifelhaft relevant. Daher wird ihnen in der folgenden Darstellung auch Rechnung getragen. Der Darstellung läßt sich in jedem Einzelfall entnehmen, um welchen Typ dieser Austriazismen es sich – nach Maßgabe der verfügbaren Informationen – handelt. Aufgrund von Informationslücken, aber auch aufgrund der angesprochenen Mängel unserer Definition, bleiben die Angaben naheliegenderweise bisweilen unsicher und bedürfen der Überprüfung durch die weitere Forschung.

Gemäß der obigen Definition und ihrer Erläuterung läßt sich der nachfolgenden Beschreibung in jedem Fall entnehmen, ob es sich um *kodifizierte nationale Varianten* oder um *Varianten des Gebrauchsstandards* handelt (vgl Kap. A.5: (1)). Erstere sind entweder nicht gekennzeichnet, was bedeutet, daß sie im *Österreichischen Wörterbuch* (1990) ausgewiesen sind, oder sie sind mit dem jeweiligen Kodexteil markiert (z. B. „nach Rechtschreib-Duden 1991"). Letztere sind als „Gebrauchsstandard" gekennzeichnet.

Wenn es sich um *situationsabhängige (stilistische) nationale Varianten* handelt, also um Sprachformen, die auch in den anderen Zentren der deutschen Sprache, aber dort nur in bestimmten Kommunikationssituationen gelten, so wird ebenfalls eigens darauf hingewiesen. Andernfalls darf davon ausgegangen werden, daß situationsunabhängige nationale Varianten vorliegen (vgl. Kap. A.5: (3)).

Während die bisher genannten typologischen Differenzierungen zumindest teilweise verbal gekennzeichnet sind, lassen sich die weiteren der bloßen Form der Darstellung entnehmen. Wie dies bei den einzelnen Typen möglich ist, sollen die folgenden Beispiele verdeutlichen. Auf die Kursivschreibung der Varianten wird in den Beispielen verzichtet, ebenso wie in der späteren ausführlichen Darstellung, weil kaum die Gefahr der Verwechslung von Meta- und Objektsprache besteht. Die Form der Beschreibung der verschiedenen Typen von Austriazismen ist die folgende.

– Marille (dt./schweiz. Aprikose).

Die Darstellungsform zeigt, daß *Marille* ein *spezifischer Austriazismus* ist (vgl. Kap. A.5: (6)). Der Klammerzusatz besagt, daß sowohl in Deutschland („dt.") als auch in der Schweiz („schweiz.") nur eine andere Variante gilt, nämlich *Aprikose*.

– köpfeln ‚den Ball mit dem Kopf spielen' (= schweiz., dt. köpfen).

Die Darstellungsform zeigt, daß *köpfeln* ein *unspezifischer Austriazismus* ist (vgl. Kap. A.5: (6)). Das Gleichheitszeichen in der Klammer besagt, daß die gleiche Variante auch in der Schweiz gilt. Das anschließende Komma – statt eines Schrägstrichs – besagt, daß die Variante *köpfeln* in Deutschland nicht gilt. Hinter dem Komma steht dann zunächst die Nation (das Zentrum), wo eine andere Variante gilt (Deutschland), und dahinter diese andere Variante selber (*köpfen*). In Fällen, in denen ein Mißverständnis möglich ist (hier vielleicht als ‚den Kopf abhauen'), oder bei seltenen Wörtern wird zusätzlich die Bedeutung angegeben (in einfachen Anführungszeichen).

– Staubzucker (= schweiz./süddt., dt. Puderzucker).

Die Darstellungsform zeigt, daß *Staubzucker* ein *sehr unspezifischer Austriazismus* ist (vgl. Kap. A.5: (7), hier Typ (ii)). Die Hinzufügung hinter Schrägstrich besagt, daß die gleiche Variante nicht nur in der Schweiz, sondern auch in Süddeutschland gilt. Die geographische Angabe „dt." (Deutschland) ist hier offenkundig ungenau; damit soll angedeutet werden, daß sich die Region von *Puderzucker* nicht ohne weiteres auf Norddeutschland eingrenzen läßt; sie dürfte sich zum Teil mit der Region von *Staubzucker* überlappen. In anderen Fällen kann mit „dt." auch einfach ganz Deutschland gemeint sein, wie etwa bei den vorausgehenden Beispielen *Aprikose* und *köpfen* (bei „Marille" und „köpfeln").

– Fogosch (ostösterr.)/Schill/Zander (dt./schweiz. Zander).

Die Darstellungsform zeigt, daß Fogosch ein *Austriazismus einer Teilregion seines Zentrums* ist (vgl. Kap. A.5: (5)), nämlich Ostösterreichs („ostösterr."); nur dort gilt diese Variante. Im übrigen Österreich gelten *Schill* und *Zander,* und letzteres und nur dieses gilt auch in Deutschland und in der Schweiz. Das Beispiel enthält zugleich eine weitere typologische Differenzierung nationaler Varianten, die im folgenden Fall noch einmal gesondert hervorgehoben ist.

– Paradeiser/Tomate (dt./schweiz. Tomate).

Die Darstellungsform zeigt, daß *Paradeiser* ein *austauschbarer* (oder *zentrumsintern variabler*) Austriazismus ist, denn neben dieser Variante gilt – wie die Hinzufügung hinter Schrägstrich anzeigt – im gleichen Zentrum auch die gemeindeutsche Variante *Tomate*. Entsprechend ist das vorausgehende Beispiel *Fogosch* zu verstehen. Die zuvor dargestellten Beispiele sind demgegenüber *nicht austauschbare Austriazismen,* da nicht in Österreich neben ihnen noch Varianten anderer nationaler Zentren des Deutschen oder gemeindeutsche Varianten gelten (vgl. Kap. A.5: (4)). – Die konsequente Unterscheidung der austauschbaren und nicht austauschbaren Austriazismen ist von der Quellenlage her besonders schwierig (vgl. Erläuterung zu (1) oben).

Bei längeren Listen wird anstelle der Einklammerung der jeweils anderen nationalen Varianten eine tabellarische Darstellung mit 2 Spalten verwendet. Im vorliegenden Fall stehen dann die österreichischen Varianten in der linken, die Entsprechungen der beiden anderen Zentren in der rechten Spalte. Analog bei der Darstellung der anderen nationalen Varietäten.

Unsere Definition und unsere Darstellungsform sollen der Exaktheit und Durchsichtigkeit der nachfolgenden Beschreibung der Austriazismen und der anderen nationalen Varianten des Deutschen dienen. Die – hoffentlich verhältnismäßig große – Exaktheit besteht freilich nur in bezug auf die angegebenen Definitionsquellen. Wo die Grenzen dieser Exaktheit liegen, wird zum Teil erkennbar im Lichte unseres vorausgehenden Versuchs, Standard- von Nonstandardvarianten abzugrenzen (Kap. A.4.2 und A.4.3). Die ungelösten Probleme weiterreichender Absicherung entwerten jedoch hoffentlich nicht den hier auf das Mögliche beschränkten Versuch.

3.2 Schreibung (Orthographie)

Vermutlich verschwinden die meisten, wenn nicht sämtliche österreichischen Rechtschreibbesonderheiten, sobald die neue Orthographiereform in Kraft tritt, was für 1996 geplant ist (vgl. *Duden. Informationen* 1994; *Sprachreport* Extra-Ausgabe, Dezember 1994). Bis dahin gibt es jedoch solche Besonderheiten. Dabei sind die in Deutschland und in der Schweiz geltenden Varianten in fast allen Fällen auch in Österreich faktisch zulässig (allerdings nicht schweiz. <ss> statt <ß> – vgl. Kap. C.3.2); sie wurden wegen der Allgemeingültigkeit dieser Regel nachfolgend nicht jeweils mit Schrägstrich beigefügt. Die orthographischen Austriazismen sind also meist gegen gemeindeutsche austauschbar. Ausdrücklich als unösterreichisch erklärt sind im *Österreichischen Wörterbuch* (1990) nur die folgenden Schreibweisen gleich gesprochener Wörter: Getto: österr. nur Ghetto, Schups: österr. nur Schubs – entsprechend schupsen, Schupser -, zuhanden: österr. nur zu Handen. Hier handelt es sich nicht um Austriazismen, da die österreichische Schreibweise auch in Deutschland und der Schweiz gilt. Dies trifft auch zu auf einige Fälle, wo die unösterreichische Schreibung sich mit einer in Österreich nicht geltenden Aussprache verbindet, z. B. Kabarett (Erstsilbenbetonung): österr. nur Cabaret (Letztsilbenbetonung), Majonäse, Polonäse (volle Realisierung des End-e): österr. nur Mayonnaise, Polonaise (Schwa-Realisierung des End-e).

In einzelnen Wörtern entspringt aus der besonderen österreichischen Aussprache auch eine besondere österreichische Orthographie: fledern, Geschoße (jeweils Langvokal) (dt./schweiz. fleddern, Geschosse), Brosch, Soß (jeweils Wegfall des Endvokals) (dt./schweiz. Brosche bzw. Sauce/Soße), Kücken (Kurzvokal) (dt./schweiz. Küken).

In anderen Wörtern scheint sich eine eigene Schreibkonvention des *Österreichischen Wörterbuchs* herausgebildet zu haben, die nicht durch eine spezifische Aussprache motiviert ist, z. B. in Schleuße (dt./schweiz. Schleuse) (polemisch dazu Mehl 1979 a).

In anderen Fällen ist der Eindeutschungsgrad der Lehn- und Fremdwortschreibung anders. Dieser Bereich der Rechtschreibung ist bekannt als variabel und in dauerndem Fluß befindlich *(Deutsche Rechtschreibung* 1992: XVII f.). Weniger eingedeutscht sind in Österreich: Defaitismus/Defätismus (dt. Defätismus, schweiz. Defaitismus), Façon (dt./schweiz. Fasson), Go-Cart/Go-cart (dt./schweiz. Go-Kart), Gulyas (dt./schweiz. Gulasch), Novae (Pl. von Nova) (dt./schweiz. Novä), Puszta (dt. Pußta, schweiz. Pussta), Resümé (= schweiz., dt. Resümee), Slave (dt./schweiz. Slawe), entsprechend slavisch und Slavistik, Spenser ,eng anliegendes Jäckchen' (dt./schweiz. Spenzer), Affaire (Ebner 1980: 23, nach *Österreichischem Wörterbuch* 1990 veraltet) (dt./schweiz. Affäre).

Mehr eingedeutscht sind: Holokaust (dt./schweiz. Holocaust), Nunzius (dt./ schweiz. Nuntius), präsumptiv (dt./schweiz. präsumtiv), Separee (dt./schweiz. Séparée), Stefanitag (dt./schweiz. Stephanitag), Velour (dt./schweiz. Velours).

In einer Reihe von Wörtern weisen die Getrennt-/Zusammenschreibung oder die Groß-/Kleinschreibung Besonderheiten auf, nicht selten auch in Verbindung mit weiteren Spezifika (vgl. Pollak 1992: 138-140, der hier als wichtigste Quelle diente, und *Österreichisches Wörterbuch 37. Auflage. Lehrerheft* 1990).

Zusammen (dt./schweiz. getrennt bzw. mit Bindestrich): abhandenkommen, Altwien (dt./schweiz. Bindestrich), außerachtlassen, (sich) bereiterklären, (sich) bereitfinden, daheimbleiben, dransein, drei Viertelstunden (dt./schweiz. drei viertel Stunden), garnicht, garnichts, geltendmachen, gernhaben, gesundschreiben, gottseidank (dt./schweiz. Gott sei Dank), (sich) gütlichtun, haarschneiden (dt./ schweiz. Haare schneiden), Habenseite, Happyend (dt./schweiz. jeweils Bindestrich), instandhalten, instandsetzen, irgendetwas, irgendjemand, Istbestand, Istwert, Kannbestimmung (dt./schweiz. Bindestrich), kenntlichmachen, krankschreiben, krankmelden, mattsetzen, Mußbestimmung (dt./schweiz. Bindestrich), nachhause (dt./schweiz. nach Hause), oweh, Sollbestand, Sollstärke, Sollseite (dt./ schweiz. jeweils Bindestrich), wehtun, weißgott (dt./schweiz. weiß Gott), wichtigmachen, wichtignehmen, wichtigtun, zufleiß (zugleich ein Wortaustriazismus), zugrundegehen, zugrundelegen, zugrundeliegen, zugrunderichten, zugutehalten, zugutekommen, zuguterletzt (dt./schweiz. zu guter Letzt), zuhandenhaben, zuhause (dt./schweiz. zu Hause), zulasten, zupaßkommen, zur Zeit (= schweiz.), zuschandenreiten, zustandebringen, zustandekommen, zustattenkommen, zutagebringen, zutagefördern, zutagekommen, zutageliegen, zutagetreten, zuteilwerden, zuwegebringen, zuwegekommen, zuweitgehen.

Getrennt (dt./schweiz. zusammen): bereit legen, bereit liegen, bereit stehen, bereit stellen, Eis laufen (dt./schweiz. eislaufen), Gott bewahre (dt./schweiz. gottbewahre), Gott Vater, Halt machen, Haus halten, Hof halten, Hohn sprechen, Kegel schieben, Kopf stehen, Maß halten, Probe fahren, Rad fahren, Rad schlagen, zu allererst, zu allerletzt.

Groß (dt./schweiz. klein): Angst machen, in Bezug auf, Dritte Welt, (der) Einzelne.

Klein (dt./schweiz. groß): dutzende, hunderte, punkt (ein Uhr) (= schweiz., dt. Punkt (...)), tausende, i-Punkt, i-Tüpferl (zugleich ein Wortaustriazismus), viertel (acht), Zungen-r.

Sonstiges: Pöller (dt./schweiz. Böller), Einwage (dt./schweiz. Einwaage), frozzeln (dt./schweiz. frotzeln), gröhlen (dt./schweiz. grölen), Hendel (dt./schweiz.

Hendl) (Wortaustriazismus), Juchee (dt./schweiz. Juchhe), (des) Russes, russen, russig (= schweiz., dt. jeweils -ß-), Struwelkopf, Struwelpeter (dt./schweiz. jeweils -ww-), überschwänglich (dt./schweiz. überschwenglich), Zuwage (dt./schweiz. Zuwaage).

3.3 Lautung (Orthophonie)

Der einzige allgemein zugängliche österreichische Binnenkodex auch für die Aussprache, das *Österreichische Wörterbuch* (1990), liefert nur knappe Hinweise. Der nur für den internen Gebrauch bestimmte *Lernbehelf des Österreichischen Rundfunks* ist nach seinem Geltungsbereich zu sehr eingeschränkt, um hier im Detail ausgewertet zu werden. Er stützt sich im übrigen hauptsächlich auf den Aussprache-Duden, aber offenbar auch auf den *Siebs* (1969) (vgl. Österreichischer Rundfunk 1987: Teil III, 4 bzw. Teil I, 10 f.), ohne allerdings genau deutlich zu machen, in welcher Hinsicht. Als Außenkodizes sehen der Aussprache-Duden (1990) in seiner „Standardlautung" und der *Siebs* (1969) in seiner „reinen Hochlautung" keinerlei nationale oder regionale Variation vor. Solchermaßen variierende Lautung ist für den Aussprache-Duden Nonstandard („Umgangslautung", S. 55). Anders ist dies beim *Siebs,* schon von der Terminologie her. In seine „gemäßigte Hochlautung" sind die einst im *Österreichischen Beiblatt* zum *Siebs* [1956] (1961) zusammengestellten österreichischen Aussprachebesonderheiten eingearbeitet. Sie decken sich grob mit den Angaben im *Österreichischen Wörterbuch* (1990: 126 f. und Wortliste). Allerdings ist die Terminologie des Siebs, nebenbei bemerkt, nicht gerade glücklich gewählt, da sie für die „gemäßigte Hochlautung" (im Gegensatz zur *„reinen* Hochlautung") Unreinheit suggeriert und damit abwertend wirkt; wertneutraler wäre der Gegensatz „gemeindeutsch" – „national/regional" gewesen. Zugunsten des Aussprache-Dudens (1990) muß man hinzufügen, daß er eine ganze Reihe von Varianten in seine „Standardlautung" aufnimmt, die im *Siebs* (1969) nur der „gemäßigten Hochlautung" zugebilligt werden. Dies zeigt sich besonders deutlich im Wortakzent (Zulassung von Erstsilbenbetonung bei *Majoran,* Letztsilbenbetonung bei *Mannequin* usw.). Damit erweitert der Aussprache-Duden im Grunde bisherige Austriazismen bzw. andere nationale Varianten zu gemeindeutschen Varianten.

Die „reine Hochlautung" des *Siebs* oder die „Standardlautung" des Aussprache-Dudens gelten auch in Österreich, allerdings nur sehr beschränkt: „[B]ei der Rezitation von Dichtung, bei der Aufführung klassischer Bühnenstücke und beim Gesang" (*Siebs* 1969: 7), also in der *künstlerischen Domäne* bzw. den *künstlerischen Textsorten,* zum Teil vielleicht auch in den überregionalen Rundfunk- und Fernsehnachrichten. Letzteres ist natürlich unproblematisch bei den österreichischen Varianten der Duden-„Standardlautung". Mit der Geltung dieser Normen ist dabei nicht gemeint, daß sie in diesen Textsorten obligatorisch sind, sondern nur, daß sie erlaubt und nicht normwidrig sind. Dies schließt nicht aus, daß einzelne österreichische Sprachpatrioten diese „unösterreichische" Aussprache ablehnen, wie z.B. Wolfgang Pollak (1992: 87–94; 1994a: 84–96), speziell für den Österreichischen Rundfunk (ORF).

Offenbar gilt in den künstlerischen Textsorten aber auch die österreichisch gefärbte Aussprache des *Österreichischen Wörterbuchs* oder der „gemäßigten Hochlautung" des Siebs. Jedenfalls macht das *Österreichische Wörterbuch* – im Gegensatz zum *Siebs* – keinerlei dieser Annahme widersprechende Domäneneinschränkung für seine österreichischen Aussprachebesonderheiten. Es unterscheidet sich in der fehlenden Domäneneinschränkung der nationalen Aussprachebesonderheiten auffällig von Teilen des Aussprache-Binnenkodexes der deutschsprachigen Schweiz, wo für die künstlerischen Textsorten ausdrücklich eine gemeindeutsche Aussprache gefordert wird (Boesch 1957a: 13 f.). Man wird also davon ausgehen dürfen, daß die im *Österreichischen Wörterbuch* (1990) und im *Siebs* (1969) festgehaltenen österreichischen Aussprachebesonderheiten ohne Domänen- oder Textsorteneinschränkung gelten.

Im Grunde genommen besteht ein Gutteil der nationalen Aussprachebesonderheiten Österreichs gerade in der Geltung auch in den künstlerischen Textsorten. Ein nicht unbeträchtlicher Teil von ihnen sind nämlich ebenso in Bayern oder in anderen Regionen Süddeutschlands gängig oder sogar Gebrauchsstandard oder finden sich im Kodex für die deutschsprachige Schweiz (Boesch 1957a; *Siebs* 1969; Hofmüller-Schenck 1995), z. B. die stimmlose Aussprache von anlautenden Frikativen und Plosiven. Diese Varianten, insbesondere die Spezifika der „gemäßigten Hochlautung" des *Siebs* (1969), gelten jedoch außerhalb Österreichs zumindest nicht in den künstlerischen Textsorten, zum Teil auch nicht in den Rundfunknachrichten. Sie müssen daher für Österreich mit der situativen (stilistischen) Spezifizierung versehen werden: „im Gegensatz zu den anderen nationalen Zentren der deutschen Sprache auch in den künstlerischen Textsorten oder Domänen gültig". Es handelt sich demnach um situationsabhängige Varianten (in dem in Kap. A.5: (3) erläuterten Sinn). Wegen der Allgemeingültigkeit wird auf diese Spezifizierung in der nachfolgenden Darstellung jeweils verzichtet, weshalb sie jedoch nicht aus den Augen entschwinden sollte.

Auf den vom kodifizierten Standard zu unterscheidenden Gebrauchsstandard (vgl. Kap. A.4.2) wird nachfolgend nur punktuell hingewiesen. Wichtige Angaben dazu finden sich in den Arbeiten von Reiffenstein (v.a. 1973; 1982), Ebner (1980), Lipold (1988), Moosmüller (1991) und Pollak (1992: 69–98). Hinweise zu spezielleren Aussprachefragen in Österreich liefern außerdem Bürkle (1993a; b; im Druck), Patocka (1988), Dotter (1978), Iivonen (1987a; b), Stubkjær (1988), Hans Moser (1989; 1990), Dressler/Leodolter (1976), Dressler/Wodak (1982), Moosmüller (1987a; 1987b; 1990), Moosmüller/Dressler (1988), Wiesinger (1994) und Takahashi (1994).

Vokale

Nur Gebrauchsstandard, auch im bairischen Bayern, ist die von Reiffenstein (1973: 22f.) erwähnte phonologische Opposition zwischen vorne und hinten gebildetem a: /a/~/ɑ/, und zwar sowohl bei den Kurz- als auch bei den Langvokalen. Minimalpaare: *Bank* (Geldinstitut), *Ball* (Tanzveranstaltung), jeweils mit /a/ ~ *Bank* (Sitzgelegenheit), *Ball* (Sportartikel), jeweils mit /ɑ/; *(ent)rahmen*, mit /aː/ ~ *Rahmen*, mit /ɑː/.

Ebenfalls nur Gebrauchsstandard, wiederum auch in Bayern, ist der geringere Öffnungsgrad des Silbenträgers im Diphthong [ɛɪ] (dt./schweiz. [aɪ]). Wortbeispiele: kein, Wein.

Die folgenden Beispiele von Besonderheiten in den vokalischen Phoneminzidenzen, dem Vorkommen der Phoneme in den Wörtern, stimmen des öfteren mit der schweizerischen Orthophonie überein (nach Boesch 1957a; *Siebs* 1969 oder Hofmüller-Schenck 1995). Man beachte die Hinweise in den Klammern.

Aussprache von <y> als [ɪ]/[ʏ] oder [iː] in einigen (keineswegs allen!) Lehnwörtern (= schweiz., dt. [ʏ] bzw. [yː]): Ägypten, Forsythie, System bzw. Libyen, Pyramide.

Diphthong statt Monophthong (höherer Eindeutschungsgrad): Medaille [meˈdailjə], Medaillon [medailˈjoːn] (neben [meˈdaljə], [medalˈjõː] = dt./schweiz.).

[iːr]-Aussprache des vom Französischen entlehnten Suffixes -<ier> in einzelnen Wörtern (dt./schweiz. -[jeː]): Brigadier, Portier (nach Ebner (1980: 143) nur so, nach dem *Österreichischen Wörterbuch* 1990 auch [pɔrˈtjeː]).

Wegfall des Schwas am Ende von Fremdwörtern aus dem Französischen, vor allem beim Suffix -<age> (= schweiz., dt. -[ə]): Bandage, Blamage, Chance, Clique, Garage, Nuance, Quadrille usw.

Kürze des betonten Vokals
(dt./schweiz. Länge): Behörde, Husten, hüsteln, Schuster.

(= schweiz., dt. Länge): Die Elemente -<it>, -<ik>, -<iz>, -<atik> (erste Silbe), -<atisch> (erste Silbe) in Fremdwörtern (nach Ebner 1980: 219): Appetit, Bisquit, Dolomiten, Dramatik, dramatisch, Eremit, Fabrik, Granit, Kritik, Liter, Miliz, Notiz, Parasit, Politik, Profit, Thematik, thematisch, Titel.

Einzelwörter (betrifft bei mehrsilbigen Wörtern jeweils die betonte Silbe): Barsch, Erde, erden, Geburt, hapern, Harz, hätscheln, Herd, Jagd, Kartätsche, Krebs, Magd, Mond, Montag (nicht nach *Österreichischem Wörterbuch* 1990), Nische, Nüstern, Obst (auch lang), Quarz, Städte, städtisch, tätscheln, Vogt (auch lang), watscheln, werden, Wucher – Koks, Krokus, lila, Patina (letztere vier für schweiz. nicht belegt).

Das <a> in *Dogmatik, Dogmatiker* ist nach dem *Österreichischen Wörterbuch* (1990) kurz oder lang, nach Ebner (1980: 56) nur kurz. Das zweite, betonte <a> in *Akrobatik* ist nach dem *Österreichischen Wörterbuch* (1990) lang, nach Ebner (1980: 24) kurz. Kürze des Vokals im Suffix von *absolut* (Lipold 1988: 44) ist Gebrauchsstandard (alle drei Fälle dt./schweiz. Vokallänge).

Länge des betonten Vokals
(dt./schweiz. Kürze): Bruch, Chef [eː] (dt. [ɛ], schweiz. [e]), Wal, Walfisch, Walnuß.

(= schweiz., dt. Kürze): Geschoß, Rebhuhn.

Länge des zweiten Vokals (= schweiz., dt. Kürze) in *Amboß* (Lipold 1988: 44) ist Gebrauchsstandard.

Fehlender Vokaleinsatz in der Wortfuge mancher Wörter ist offenbar ebenfalls nur Gebrauchsstandard (= schweiz. (kodifiziert), dt.[||]): Verein, erinnern usw.

Konsonanten

Stimmlosigkeit von Lenisfrikativen, [z̥], [v̥], sowie Lenisplosiven, [b̥], [d̥], [g̊], auch im Silbenanlaut vor Vokal oder stimmhaftem Konsonant (= schweiz., süddt. [b̥], [d̥], [g̊] (*Siebs* 1969: 110), dt. Stimmhaftigkeit).

Wortbeispiele: sanft [z̥anft], wann [v̥an] bzw. Blatt [b̥lat], dir [d̥iːr], gierig [ˈg̊iːrɪk].

Im *Siebs* (1969: 110 bzw. 94) wird allerdings bei den Plosiven, wenn auch nicht bei den Frikativen, sogar für die gemäßigte Hochlautung Stimmhaftigkeit verlangt. Das *Österreichische Wörterbuch* (1990: 127) gibt keine sehr klare Auskunft. Über die Plosive sagt es gar nichts. Bei den s-Frikativen unterscheidet es vom „stimmlose[n] s-Laut (wie in Gasse, Straße)" denjenigen Lautwert, „wie der Buchstabe s nach österreichischer Aussprachegewohnheit" gesprochen wird, „das heißt am Wortanfang vor Vokal wie in *so, sagen*, im Wortinneren zwischen Vokalen wie in *Wiese, gesehen;* am Wortende wie in *es, das*." Es ist anzunehmen, daß damit [z̥] (stimmlos) gemeint ist. Für diese Annahme spricht vor allem der Umstand, daß die Position am Wortende, bei der bestimmt keine stimmhafte Aussprache in Betracht kommt, mit derjenigen im Silbenanlaut vor Vokal gleichgesetzt wird.

Allerdings ist die Stimmhaftigkeit bei Frikativen im kodifizierten Standard nicht gänzlich aufgegeben. Sie wird in Fremdwörtern in förmlicher Rede beim alveolaren Frikativ (orthographisch g oder j) verlangt. In Wörtern wie *Gelee, Journalist* oder *Regie* ist also [ʒ] zu sprechen. Stimmlosigkeit, also die Realisation als [ʒ̊], gilt als Zeichen „ungezwungener Aussprache", außer „am Wortende", wo sie „regelmäßig" auftritt. Beispiel: Garage [g̊aˈraːʒ̊], wo überdies das Schwa am Ende entfällt *(Österreichisches Wörterbuch* 1990: 127). Reiffenstein (1973: 22), der insgesamt mehr auf den Gebrauchsstandard abhebt, setzt allerdings das stimmhafte [ʒ] gar nicht als Phonem der österreichischen Orthophonie an, sondern nur das stimmlose [ʒ̊].

Auch das *Österreichische Wörterbuch* hat in jüngerer Zeit unverkennbar Schritte in die Richtung einer Verallgemeinerung der Stimmlosigkeit der Frikative getan, indem es das stimmhafte s, also [z], auch für Fremdwörter aufgegeben hat. Während das stimmhafte s in der 36. Auflage für Wörter wie *Blazer* (1985: 100) noch verlangt wird, ist dies in der 37. Auflage (1990: 127) nicht mehr der Fall.

Nebenbei bemerkt, wird durch den Verzicht auf die Stimmhaftigkeitskorrelation der Unterschied zwischen Lenis (schwach) und Fortis (stark) undeutlicher. Auf diesen Sachverhalt bezieht sich auch der Hinweis im *Siebs* (1969: 41), „daß nicht ganz klar ist, wie durch orthoepische Regeln /z̥/ von /s/ zu trennen ist." Das Bemühen um Deutlichkeit mag auch ein Grund dafür sein, daß der *Siebs* (1969: 110) sogar in der gemäßigten Hochlautung an der Stimmhaftigkeitskorrelation festhält, zumindest für Plosive.

[oːn]-Aussprache des aus dem Französischen stammenden Suffixes -<on> in einzelnen Wörtern (dt./schweiz. -[õ], dt. auch -[ɔŋ]): Fasson (auch <Façon>), Pardon, Waggon, auch Plafond.

Ist in den vorausgehenden Fällen der Eindeutschungsgrad der Entlehnungen höher, so ist er in den folgenden niedriger.

Billard [biˈjaːr] (= schweiz.), Giraffe [ʒiˈraf(ə)], Judo [ˈdʒuːdo] (dt. [ˈbiljart]/ [ˈbiljardə], [giˈrafə] bzw. [ˈjuːdo]), Offizier [ɔfiˈsiːr] (neben [ɔfiˈtsiːr] = dt./ schweiz.).

[k]-Aussprache des <ch>- im Wortanlaut vor vorderem Vokal in Lehnwörtern (= schweiz., dt./schweiz. [ç], schweiz. Gebrauchsstandard [χ]): Chemie, China, Chinin, Chirurg, Chitin. – In Wörtern germanischen Ursprungs, z. B. Cherusker, ist [ç]- und in Sonderfällen wie Chianti [k]-Aussprache gemeindeutsch.

[k]-Aussprache des <g> im Suffix -<ig> und im unbetonten Wortelement -<igt> (= schweiz./süddt., dt. [ç]): König, wenig, berechtigt, beschwichtigt usw. (vgl. zur Geltung in Süddeutschland *Siebs* 1969: 8, 114).

Nur Gebrauchsstandard ist plosivische Aussprache von zwischenvokalischem -<ng>- als [ŋg] (dt.schweiz. [ŋ]): angeln, Finger usw. (Eigenbeobachtung).

Entgegen verbreiteten Vorstellungen scheint es bei der Aussprache von <st>- im Anlaut von Lehnwörtern keine Austriazismen zu geben, vermutlich allerdings ein häufigeres Vorkommen bestimmter Varianten. So gilt z.B. bei Standard in Österreich neben ['standart] auch ['ʃtandart] (*Österreichisches Wörterbuch* 1990: 398) und ist neben ['ʃtandart] auch ['standart] gemeindeutsch (Aussprache-Duden 1990: 687). Ähnliches gilt für fehlende l-Mouillierung im Suffix -<ille> in *Vanille*: Die Aussprache [va'nɪlə] ist auch gemeindeutsch, während die Variante [va'nɪl] sogar in Österreich nur Gebrauchsstandard ist (Aussprache-Duden 1990: 751 bzw. *Österreichisches Wörterbuch* 1990: 446).

Wortakzent

Akzent auf der ersten Silbe bzw. dem Bestimmungswort
    (dt./schweiz. zweite Silbe): Diakon, Erlaucht, Muskat, Tokaier/Tokajer (*Siebs* 1969: 457) – Zusätzliche Vokalunterschiede bei Kopie ['ko:piə] , Labor ['la:bor], Oboe ['o(:)boə] (neben [ko'pi:], [la'bo:r] bzw. [o'bo:ə] = dt./schweiz.).
    (= schweiz., dt. zweite Silbe bzw. Grundwort): Abteilung (auch im Sinne einer Gruppe) (Ebner 1980: 22), Oblate.
    (= schweiz., dt. dritte Silbe): Äskulap, Hospital (nach *Siebs* 1969: 288, nicht nach dem *Österreichischen Wörterbuch* 1990), philharmonisch, Vatikan (auch dritte Silbe).
    Akzent auf der zweiten Silbe
    (dt./schweiz. erste oder letzte Silbe): Ammoniak.
    Akzent auf der dritten Silbe
    (dt./schweiz. erste Silbe): Tingeltangel.
    Akzent auf der letzten Silbe
    (= schweiz., dt. erste Silbe): Sakko.
    (dt./schweiz. erste Silbe): Fakir, Highlife (*Siebs* 1969: 285), Kaffee (das Getränk), Kakadu (auch zweite Silbe), Kanapee, Nugat/Nougat (*Siebs* 1969: 366), Pingpong, Pompadour (*Siebs* 1969: 389), Rokoko, Tapir.
    Zweisilbigkeit (neben Diphthong) (dt./schweiz. Diphthong): Neutrum [neʔ'utrum].
    Entgegen verbreiteten Vorstellungen sind die in Österreich geltenden Akzentuierungen der folgenden Wörter auch gemeindeutsch, neben anderen gemeindeutschen Varianten (nach Aussprache-Duden 1990): Abteil, Anis, Bürgermeister, Durcheinander, infrarot, Oberstleutnant (erste Silbe), Kanu, Motor, Tabak (zweite Silbe), Mathematik, Romadur (dritte Silbe).

3.4 Wortschatz (Ortholexik)

Die Wortaustriazismen sind in verschiedenen Sammlungen ausführlich dargestellt worden (vor allem Rizzo-Baur 1962; Ebner [1969] 1980; 1988). Sie sind für Laien (Nicht-Linguisten) am leichtesten faßbar. Vermutlich sind sie deswegen auch weiter als andere Austriazismen ins allgemeine Bewußtsein vorgedrungen und fungieren am ehesten als „Demonstrationsaustriazismen" oder österreichische Schibboleths (Ebner 1988: 108 f.; vgl. Kap. B.6). Dementsprechend spielen die lexikalischen Austriazismen auch mit Abstand die größte Rolle in populären oder öffentlichkeitswirksamen Darstellungen des österreichischen Deutsch, beispielsweise:

- in Reiseführern (z.B. Kuballa/Meyer 1984: 300–303; Moos 1987: 274f.; Bakos 1988: 336f.);
- in Reiseratgebern (z.B. Broschüre beim Geldumtausch bei der Stadtsparkasse Duisburg [1993] *Ausdrücke, Begriffe und Bezeichnungen „speziell" österreichisch.* Rheydt: Rolf Piper Verlag für Werbemittel);
- in Kochbüchern (z.B. Ruhm 1960: 339f.; Zabert, Arnold (1993) *Kochen die neue große Schule.* Augsburg: Zabert Sandmann, Anhang; Adlassnig/Tschirk 1987) oder auch
- in den österreichischen Beitrittsverhandlungen zur Europäischen Union (EU), bei denen 23 Wortaustriazismen als für die EU amtlich anerkannt wurden (vgl. Pollak 1994a: 123–159; auch Kap. B.6).

Auf die leichte Erkennbarkeit der Wörter ist es auch zurückzuführen, daß bei ihnen Sprachwandel und Sprachentlehnung besonders schnell vonstatten gehen können. Das gilt ebenso für die sprachlichen Importe und Exporte zwischen den verschiedenen Zentren der deutschen Sprache (vgl. das Schlagwort von der „Sahnefront" in Österreich, Kap. B.4 und B.6).

Die leichte Erkennbarkeit einer Reihe von Wortaustriazismen mag für manche Nichtlinguisten außerdem den Schluß nahelegen, ihre Beschreibung sei einfach und könne zufriedenstellend in Form einer Wortliste erfolgen. Diese Illusion wird beispielsweise von Jakob Ebner (1988) gründlich zerstört, der die wichtigsten Schwierigkeiten einer exakten Beschreibung darlegt. Auf einer anderen Ebene liegen die Probleme einer erschöpfenden Beschreibung, die grundsätzlich nur bedingt, in einem vorab eingegrenzten Horizont möglich ist. Beide Gütekriterien können im vorliegenden begrenzten Rahmen nicht erfüllt werden, nicht einmal näherungsweise. Stattdessen muß tatsächlich eine Art von beispielhafter Wortliste genügen. Jedes Beispiel liefert nur einen Hinweis auf den Wortaustriazismus, dessen exakte Beschreibung eine Aufgabe für sich wäre. Immerhin jedoch ist der Typus gemäß der in Kapitel A.5 erstellten Typologie in nahezu allen Fällen identifiziert, wenigstens als Hypothese. Grob angedeutet sind außerdem die Grammatik, die Semantik und bisweilen der Stilwert des Wortes.

Dagegen kommen die zulässigen Kollokationen und die Konnotationen nicht zur Sprache. Mögen Besonderheiten dieser Art in manchen Texten kaum feststellbar sein (vgl. z.B. Reiffenstein 1987), so sind sie doch in anderen allenthalben präsent. Eine Fundgrube bilden z.B. Kochbücher. So liest man in österreichischen Ausgaben etwa: Man läßt etwas „*scharf* aufkochen" (dt./schweiz. *kräftig*), „*staubt* Mehl darüber" (dt./schweiz. *streut*), röstet es „über *flotter* Hitze" (dt./schweiz. *guter*), „*streut* noch zerriebenen Ingwer *ein*" (dt./schweiz. *gibt hinzu*) und trägt es schließlich „*separat*" auf (dt./schweiz. *getrennt*) (Ruhm 1960: 48, 79, 83). Die hier kursiv gesetzten Wörter sind zwar auch Bestandteil des deutschen und des schweizerischen Deutsch, sie erscheinen dort aber gewöhnlich in anderen Kontexten. Über Unterschiede dieser Art gibt die nachfolgende Darstellung so gut wie keinen Aufschluß; sie liegen in einem bislang nur wenig erschlossenen, weiten Forschungfeld.

Die folgende Liste ist zunächst einmal zweigeteilt in die globalen Wortklassen der Deklinabilia und Indeklinabilia. Die Deklinabilia, die unter semantischen Aspekten ganz grob mit den „Inhaltswörtern" übereinstimmen (auch „Nennwörter" oder „Autosemantika"), sind weiter nach großen Inhaltsbereichen oder Domänen differenziert. Feinere grammatische Einteilungen (vgl. z.B. für die

Helvetismen Kaiser 1969/70) oder feinere Inhaltsklassifikationen (vgl. z.B. für die Sprachbesonderheiten Südtirols Riedmann 1972) wären für die vorliegende Kurzdarstellung unzweckmäßig gewesen, zumal – um der Vergleichbarkeit willen – für alle drei nationalen Vollzentren des Deutschen mit demselben Schema gearbeitet wurde. Die Unterteilung in Inhaltsbereiche oder Domänen liefert grobe Anhaltspunkte für die Pragmatik der Wörter, also ihren Gebrauch in Kommunikationssituationen. Sie reflektiert daher teilweise auch die Gründe für die zentrumsspezifische Ausprägung des Wortschatzes. Die Indeklinabilia hätten zum Teil statt dem Wortschatz auch der anschließend dargestellten Grammatik zugeordnet werden können. Auch die Phraseologismen und die Wortbildung sind hier aus Einfachheitsgründen dem weit gefaßten Bereich des Wortschatzes subsumiert.

Die Darstellung beschränkt sich weitgehend auf Wortvarianten aus onomasiologischer Sicht, also auf Ausdrucksvarianten gleicher Bedeutung. Nur in einer kleinen Rubrik nach den Indeklinabilia sind einige Beispiele von Wortvarianten aus semasiologischer Sicht angeführt („Wörter gleichen Ausdrucks und verschiedener Bedeutung"). Weitere semasiologische Wortvarianten lassen sich aus den onomasiologischen Varianten erschließen (vgl. Kap. A.5).

Selbstverständlich werden von mehrdeutigen Wörtern nur diejenigen Bedeutungen aufgegriffen, für die es nationale Ausdrucksvarianten gibt; die zusätzlichen Bedeutungen mit national invarianten, also gemeindeutschen Ausdrücken, bleiben unberücksichtigt.

Beispiel einer entsprechenden Eintragung (für Österreich):

Beilage/Anlage (zu einem Brief) (= schweiz., dt. Anlage)

Daß *Beilage* zusätzlich noch ‚Essensbeilage' bedeutet, bleibt ebenso unerwähnt, wie daß *Anlage* auch noch die Bedeutung ‚Investition' hat, weil die Ausdrücke für diese Bedeutungen gemeindeutsch sind.

Unkommentierte Beispiele sind stets belegt im *Österreichischen Wörterbuch* (1990). Für darin nicht oder zumindest nicht als Lemma belegte Beispiele ist die jeweilige Quelle angegeben; ebenso für davon abweichende Markierungen.

Außer den zuvor oder im weiteren genannten Arbeiten liefern vor allem folgende Untersuchungen wichtige Hinweise auf spezielle Aspekte von Wortaustriazismen: Nyhlén (1961: 50–109); Valta (1974); Eichhoff (1977/78/93/in Vorbereitung; 1988); Möcker (1978–82); Malygin (1987; 1990); Martin (1990); Hornung (1988), Wiesinger (1980a; 1987; 1988b; 1988c; 1994) und Roessler (1994).

Deklinabilia (Inhaltswörter)

Die Bildung von plurizentrischen Variablen ist in der Lexik überall dort problematisch, wo die Wortbedeutungen der Varianten – wie vielfach – nicht exakt kongruieren. In solchen Fällen mußte für das Folgende mit näherungsweisen Übereinstimmungen gearbeitet werden, ohne daß eine verläßliche Abgrenzung zwischen noch tragbaren und nicht mehr tragbaren Näherungsgraden möglich war. Die strukturell linguistische These, daß Bedeutungen von Wörtern verschiedener Sprachsysteme einschließlich verschiedener Varietäten grundsätzlich divergieren, und zwar auch in ihrer Denotation, würde diese Problematik auf alle lexikalischen Varianten ausdehnen.

Als Varianten dienen nachfolgend bisweilen statt Einzelwörtern auch Wortgruppen. Bei Substantiven ist nur in solchen Fällen das Genus angegeben (mittels des bestimmten Artikels), wo es zwischen den verschiedenen Varianten divergiert.

Speisen, Mahlzeiten

die Aranzini (Pl.)	dt./schweiz. das Orangeat
die Bäckerei/das süße Gebäck	dt./schweiz. das süße Gebäck
bähen/rösten (von Brot)	= schweiz., dt. rösten
Beiried (Rindfleischsorte)	dt./schweiz. Rippstück
das Beuschel/die Lunge	dt./schweiz. die Lunge
das Blau-/Rotkraut	dt. der Rotkohl/Rotkraut, schweiz. der Rotkabis, bayr. Blaukraut
Blunze	dt./schweiz. Blutwurst
die Bofese/Pafese/Pofese	dt. armer Ritter, schweiz. die Fotzelschnitte
Buchtel	dt./schweiz. Dampfnudel
die Dille/das Dillenkraut	dt./schweiz. der Dill
Eierschwamm	dt./schweiz. Pfifferling
die Eierspeis(e)	dt./schweiz. das Rührei
Eiklar	dt./schweiz. Eiweiß
Einbrenn	dt./schweiz. Mehlschwitze, süddt. Einbrenne
der Erdapfel/die Kartoffel	= schweiz., dt. die Kartoffel
das Erdäpfelpüree	dt. das Kartoffelpüree/der Kartoffelbrei, schweiz. der Kartoffelstock
Faschiertes	dt./schweiz. Hackfleisch, dt. Gehacktes
das faschierte Laibchen (Ebner 1980: 68)/das Fleischlaibchen	dt./schweiz. die Frikadelle, dt. die Bulette (landschaftlich)
feinnudlig geschnitten (nicht allgemein gängig, Ruhm 1960: 83)/in feine Streifen geschnitten	dt./schweiz. in feine Streifen geschnitten
Filz/(roher) Schweinespeck	dt./schweiz. (roher) Schweinespeck
Fisole	dt./schweiz. Grüne Bohne
Fogosch (ostösterr.)/Schill/Zander	dt./schweiz. Zander
Frankfurter (Würstel) (Wiener steht für Wiener Schnitzel)	dt. Frankfurter (Würstchen)/Wiener (Würstchen), schweiz. Frankfurterli/Wienerli
das Gefror(e)ne (veraltend)/ das (Speise)Eis	dt. das (Speise)Eis, schweiz. die Glace
die Germ	dt./schweiz. die (Back-)Hefe, norddt. der Gest
Geröstete/geröstete Erdäpfel	dt./schweiz. Bratkartoffeln
das Gerstel	dt./schweiz. die Graupe
geselcht/geräuchert	dt. geräuchert, schweiz. geräucht
der Gespritzte	dt./schweiz. die Schorle
Gebackener Grieß (Ebner 1980: 84)	dt./schweiz. die Grießschnitte (schweiz. mit <ss>), schweiz. das Griessplätzli

Gugelhupf = schweiz./süddt., dt. Napfkuchen, schweiz. Gugelhopf

(eine Speise) gustieren/kosten — dt./schweiz. kosten
gustiös/appetitanregend — dt./schweiz appetitanregend
Häuptelsalat — dt./schweiz. Kopfsalat
(Kraut-, Salat-)Häuptel — dt./schweiz. (Kraut-, Salat-)Kopf
heikel/wählerisch (beim Essen) — dt./schweiz. wählerisch
das Hend(e)l/Henderl (zum Braten) — dt. das Hähnchen, schweiz. das Güggeli, ostdt. der Broiler

Heuriger — dt./schweiz. neuer Wein
Indian (veraltend)/Truthahn — dt./schweiz.Truthahn, dt. Puter
der Indianerkrapfen/die Schwedenbombe — dt./schweiz. der Mohrenkopf, (auch eingetragenes Warenzeichen, Ebner 1980: 165) dt. der Negerkuß
die Jause/das Gabelfrühstück — dt. das zweite Frühstück, (bes. ostösterr., nach Ebner 1980: 75) schweiz. das/der Znüni (dialektnah)
die Jause /die Marende (bes. in Tirol, — dt./schweiz. das Kaffeetrinken, nach Ebner 1980: 122) schweiz. das/der Zvieri (dialektnah), bayr. die Brotzeit

(Enten-, Gänse-, Hasen)junges usw. — dt./schweiz. (Enten-, Gänse-, Hasen)klein usw.

Kanditen (Kaufmannssprache)/ — dt./schweiz. kandierte Früchte
    Zuckerwaren
Karfiol — dt./schweiz. Blumenkohl
das Kipfe(r)l (Ebner 1980: 107) — dt. das Hörnchen, schweiz. der Gipfel/das Gipfeli

Koch/Brei (z.B. Grießkoch) — = schweiz., dt. Brei
das Kokosette/die Kokosflocken — dt./schweiz. Kokosflocken
Knödel — = südd., dt./schweiz. Kloß (schweiz. mit <ss>)

die Kohlrübe/der Kohlrabi — dt./schweiz. Kohlrabi, schweiz. die Kohlrabe, westschweiz. der Rübkohl

Krapfen — = bayr., dt./schweiz. Berliner, dt. Berliner Pfannkuchen

Kren — = bayr., dt./schweiz. Meerrettich
Kukuruz/Mais — dt./schweiz. Mais
Kutteln (Ebner 1980: 116) — = schweiz./süddt., norddt./mitteldt. Kaldaunen

Lebzelten/Lebkuchen — dt./schweiz. Lebkuchen
der Lungenbraten/das Filet — dt./schweiz. das Filet, der Lendenbraten, norddt. der Mürb(e)braten

Melanzane (Pl. Melanzani) — dt./schweiz. Aubergine
Marille — dt./schweiz. Aprikose
Maroni (Pl.) — = bayr., dt. Maronen, schweiz. Marroni

Nachtmahl (Pl. Nachtmähler)/ — dt./schweiz. Abendessen, dt. Abend-
    Abendessen — brot (als kalte Mahlzeit), schweiz. Nachtessen

Nockerl	dt. Spätzle, schweiz. Knöpfli/Spätzli
das (Schlag)Obers (bes. ostösterr., nach Ebner 1980: 132)/der (Schlag)Rahm	dt. die (Schlag)Sahne, schweiz. der (Schlag)Rahm
Ochsenschlepp	dt./schweiz. Ochsenschwanz
die Palatschinke	dt./schweiz. der Pfannkuchen
Panier	dt./schweiz. Panade
der Paradeiser/die Tomate	dt./schweiz. die Tomate
der Powidl	dt./schweiz. Zwetschgenmus, dt. Pflaumenmus
der Quittenkäs(e)	dt./schweiz. das Quittenbrot
Rahne/rote Rübe	dt. rote Bete/rote Rübe, schweiz. Rande
resch/knusprig	dt./schweiz. knusprig, norddt. kroß
Ribisel/Johannisbeere	dt./schweiz. Johannisbeere
Rindsuppe	dt./schweiz. Bouillon/Fleischbrühe
Ringlotte	dt./schweiz. Reineclaude/Reneklode
der Röster/das Kompott (nur bei Holunder oder Zwetschken)	dt./schweiz. das Kompott
das Salzstang(er)l	dt. die Salzstange, schweiz. der Bierstengel
das Scherzel ‚Brotanschnitt‘	dt./schweiz. der Kanten, norddt. der Knust
schlecken	dt./schweiz. naschen
der Schwamm/das Schwammerl/der Pilz	dt./schweiz. Pilz
Schwarzbeere/Heidelbeere	dt./schweiz. Heidelbeere, dt. Blaubeere, norddt. Bickbeere
selchen/räuchern	dt. räuchern/rauchen (Fachsprache), schweiz. rauchen
Selchfleisch/Geselchtes	dt./schweiz. Rauchfleisch
das Selchkarree/ein Geselchtes	dt. das Rippchen/der/das Kasseler Rippe(n)speer, schweiz. das Rippli
die Semmel	= bayr., dt./schweiz. das Brötchen, norddt. das Rundstück
Semmelbrösel (meist Pl.)	dt./schweiz. Paniermehl
der Sprossenkohl/die Kohlsprossen (Pl.)	dt./schweiz. der Rosenkohl
Staubzucker	= schweiz./süddt., dt. Puderzucker
Stelze (z. B. Kalbsstelze)	dt./schweiz. Haxe
die Sulz	= schweiz./süddt., dt. die Sülze, schweiz. das Sulz/die Sulze
Sturm	dt./schweiz. (gärender) neuer Wein
Surfleisch/Pöckelfleisch	dt./schweiz. Pökelfleisch
Topfen, Schotten (bes. westösterr., nach Ebner 1980: 163)	dt./schweiz. Quark, bayr. Topfen
überkühlen/abkühlen (von Speisen)	dt./schweiz. abkühlen
versprudeln	dt./schweiz. verquirlen
der Vogerlsalat/der Feldsalat	dt. Feldsalat/das Rapünzchen/der Rapünzchensalat/die Rapunze, schweiz. der Nüsslisalat/der Nüssler
Weinbeere/Zibebe/Rosine	dt./schweiz. Rosine

das Weißkraut	dt. der Weißkohl, schweiz./süddt. der Kabis/der Weißkabis (schweiz. mit <ss>)
die Windbäckerei/das Baiser	dt. Baiser/die Meringe, schweiz. die Meringue
Zeltel	dt. Plätzchen, schweiz. Guets(l)i/Guetz(l)i/Güets(l)i/Güetz(l)i
Zibebe	dt./schweiz. Rosine
Zuckerl	dt./schweiz. Bonbon
Zwetschke	dt. Zwetsche, schweiz./ süddt. Zwetschge

Der Übergang zu den Sachspezifika, deren Benennungen hier nicht als nationale Sprachvarianten aufgefaßt werden (vgl. Kap. A.4.1), ist oft fließend. Dies zeigt sich besonders an den folgenden Beispielen: Brauner (dt./schweiz. Kaffee mit Sahne), kleiner Brauner (dt./schweiz. Mokka mit Sahne), Einspänner (dt./schweiz. großer Mokka mit Sahne), die Melange (dt./schweiz. der Milchkaffee), Golatsche/Kolatsche (z.B. Topfengolatsche) (dt./schweiz. Tasche/Schnitte, z.B. Quarktasche/-schnitte), der Röster (dt./schweiz. das Kompott/das Mus – jeweils aus Holunderbeeren und Zwetschgen), Kaiserfleisch (gepökeltes Bauchfleisch), die Mehlspeis(e) (dt./schweiz. der Nachtisch, der Kuchen), (Brot)Wecken (dt./schweiz. (Brot)Laib).

Haushalt, Kleidung

die Abwasch	dt. der Ausguß/der Spültisch/*die Abwäsche, schweiz. der Schüttstein/ der Spültrog, norddt. Kantstein
der Ansitz/das Anwesen	dt./schweiz. das Anwesen, schweiz. das Heimwesen
aufknöpfeln/aufknöpfen (z.B. das Hemd)	dt./schweiz. aufknöpfen
ausreiben	dt./schweiz. scheuern, dt. schrubben, schweiz. schruppen
das Ausreibtuch/der Reibfetzen/das Reibtuch (Ebner 1980: 34, 150, 151)	dt./schweiz. das Putztuch, dt. der Putzlappen/der Scheuerlappen/ das Scheuertuch, schweiz. der Putzlumpen
austreiben (von Teig) (Ebner 1980: 36)/ausrollen	dt. ausrollen, schweiz./bayr. auswallen
auswinden	= schweiz., dt. auswringen
Bartwisch/Handbesen	dt. Handbesen/Handfeger, schweiz. Kehrbesen
die Bettlade (Ebner 1980: 44)/ das Bettgestell	dt./schweiz. Bettgestell/die Bettstelle, schweiz. die Bettstatt
Brause/Dusche	dt./schweiz. Dusche
die Duchent/die Tuchent	dt./schweiz. Daunendecke
die Faschiermaschine/die Fleischmaschine	dt./schweiz. der Fleischwolf

Fauteuil	dt./schweiz. Sessel
die Hacke	dt./schweiz. das Beil
Hackstock	dt. Hackklotz, schweiz. Scheitstock
Haube/Kappe	dt./schweiz. Mütze
Haue	dt./schweiz. Hacke
der (Trachten)Janker	dt. die (Trachten)Jacke, schweiz. der (Trachten)Kittel
das Kasserol/die Rein/die Kasserolle	dt./schweiz. die Kasserolle
Kluppe/Wäscheklammer	dt./schweiz. Wäscheklammer
Koriandoli/Konfetti	dt./schweiz. Konfetti
Leibchen	= schweiz., dt. Unterhemd
Mist/Müll	dt./schweiz. Abfall/Kehricht, dt. Müll
Mistkübel (eher in der Küche)/ Mülleimer (eher vor dem Haus)	dt. Mülleimer, schweiz. Kehrichtkübel
Mistschaufel	dt./schweiz. Kehrichtschaufel, dt. Kehrschaufel
die (Klosett-, Wasch-) Muschel	dt./schweiz. das (Klosett-, Wasch-) Becken
der Nudelwalker	dt. das Nudelholz, schweiz. das Wal(l)holz
der Plafond/die Decke (eines Raumes)	= schweiz., dt. die Decke
der Polster (Pl. Polster/Pölster)/ das Kissen	dt./schweiz. das Kissen
Quaste	dt./schweiz. Troddel
Rauchfang/Kamin	dt./schweiz. Kamin/Schornstein
das Reibbrett (Ebner 1980: 150)	dt. die Reibe/das Reibebrett, schweiz. die Raffel
(auf)reiben	dt. (auf)putzen, schweiz. (auf)wischen
der (Mantel-, Hosen-)Sack/die -Tasche	= schweiz., dt. die (Mantel-, Hosen-) Tasche
Schale/Tasse	dt./schweiz. Tasse
Sacktuch/Taschentuch	dt./schweiz. Taschentuch, schweiz. Nastuch
das (Papier-, Plastik-)Sackerl	dt./schweiz die (Papier-, Plastik-)Tüte
Schnalle, vorarlb. Falle ,Türgriff zum Herunterdrücken'	dt. Klinke, schweiz. Falle
die Schneerute	dt. der Schneebesen, schweiz. der Schwingbesen
das Schuhband	dt. der Schnürsenkel, schweiz. der Schuhbändel
der Seiher	dt./schweiz. das Sieb
Sessel	dt./schweiz. Stuhl
der Sesselfuß	dt./schweiz. das Stuhlbein
Spagat	dt./schweiz. Bindfaden
Sprudler	dt./schweiz. Quirl
(ver)sprudeln	dt./schweiz. (ver)quirlen
das Stanitzel/das Sackerl	dt./schweiz. die Spitztüte
Stiege	dt./schweiz. Treppe
das Stockerl/der Hocker	dt. der Hocker, schweiz. das Taburett

Stoppel/Korken	dt. Korken/Pfropfen/Kork, schweiz. Zapfen
Stoppelzieher/Korkenzieher	dt. Korkenzieher, schweiz. Zapfenzieher
Stutzen	dt./schweiz. Kniestrumpf
das Täfel/das Getäfel, vorarlb. das Täfer	dt./schweiz. die Täfelung, dt. das Paneel, schweiz. Täfer/das Getäfer
das Vorhaus/der Vorraum/der (Haus)Flur	dt./schweiz. (Haus)Flur, schweiz./süddt. der (Haus)Gang
das Vorzimmer/die Diele	dt./schweiz. Diele
Zipp/Zippverschluß/Reißverschluß	dt./schweiz. Reißverschluß (schweiz. mit <ss>)

Auch hier gibt es Besonderheiten der Sachkultur, die nur eine annähernde Übersetzung gestatten. Deutlich wird dies in Beispielen wie: die Hachel (dt./schweiz. der Küchenhobel), das Häferl/Heferl (dt./schweiz. die größere Tasse).

Verwaltung, Justiz, Gesundheitswesen, Schule, Militär

Der Übergang zur ausgesprochenen Amtssprache, die nur Fachleute verstehen, ist hier besonders fließend.

abstrafen/bestrafen	dt./schweiz. bestrafen
(eine Person) agnoszieren/ identifizieren	dt./schweiz. identifizieren
der Akt	dt./schweiz. die Akte
Allfälliges (letzter Punkt der Tagesordnung)	= schweiz., dt. Verschiedenes
amtsbekannt	dt./schweiz. aktenkundig
angeloben/vereidigen	dt./schweiz. vereidigen
Anrainer	dt. Anlieger, schweiz. Anstösser/ Anwänder
anverwahrt (amtssprachlich, Ebner 1980: 29)/beiliegend	dt./schweiz. beiliegend
ausständig (für Geld oder eine Antwort)	dt./schweiz. ausstehend
das Aviso (veraltend)/der Hinweis	dt./schweiz. der Hinweis/der/das Avis
beanständen/beanstanden	dt./schweiz. beanstanden
Beilage/Anlage (zu einem Brief)	dt. Anlage, schweiz. Beilage
Beklagte/r/Angeklagte/r	dt./schweiz. Angeklagte/r
Bollette (amtssprachlich)/ Zollbescheinigung	dt./schweiz. Zollerklärung
detto/ebenso	dt./schweiz. dito/ebenso
ehebaldigst (amtssprachlich)/ehest/ ehestens/ehestmöglich/so bald wie möglich	dt./schweiz. so bald wie möglich/ baldmöglichst
einheben (amtssprachlich)/ einkassieren (einen Betrag)	dt./schweiz. einziehen
einlangen/eintreffen	dt./schweiz. eintreffen
der Einser usw. (Schulnote)	= schweiz, dt. die Eins usw.

Einvernahme (vor Gericht)	= schweiz., dt. Vernehmung
der Erlag (amtssprachlich)/die Zahlung (einer Gebühr)	dt./schweiz. Zahlung
der Erlagschein (nur Post)/der Zahlschein (Bank)	dt. die Zahlkarte, schweiz. der Einzahlungsschein
die Familienbeihilfe (Ebner 1980: 68)/ die Kinderbeihilfe	dt. das Kindergeld, schweiz. die Kinderzulage
Federstiel	dt./schweiz. Federhalter
Feuerbeschau (Ebner 1980: 70), vorarlb. Feuerschau	dt. Brandschau, schweiz. Feuerschau
Flugpost (amtlich)/Luftpost (Gebrauchsstandard)	dt./schweiz. Luftpost
der Flugzettel/das Flugblatt	dt./schweiz. das Flugblatt
die Fraktion (westösterr.)/ die Katastralgemeinde (amtssprachlich)	dt. der Ortsteil, schweiz. Fraktion/ die Viertelgemeinde
Gefangenhaus/ Gefangenenhaus/ Gefängnis (amtlich)	dt./schweiz. Gefängnis
der Gegenstand/das (Schul)Fach	dt./schweiz. das (Schul)Fach
die Habachtstellung (militärisch) (Meyer 1989: 68)	dt. das Strammstehen, schweiz. die Achtungstellung
hieramts (amtssprachlich)/ auf diesem Amt	dt./schweiz. auf diesem Amt
hierorts, abgekürzt: ho. (amtssprachlich)	dt./schweiz. an diesem Ort
inskribieren/belegen (eine Vorlesung)	dt./schweiz. belegen
inskribieren (an einer Hochschule) (Ebner 1980: 98)	dt./schweiz. sich immatrikulieren
[je:] (Name des Buchstaben J)	dt./schweiz. [jot]
das Jus (das nach *Österreichischem Wörterbuch* 1990: 264, neutrale Genus wird vielfach für falsch gehalten)	= schweiz., dt./schweiz. die Jura
Klassenvorstand	dt./schweiz. Klassenlehrer
der Klub/die Fraktion (im Parlament)	dt./schweiz. die Fraktion
Kommassierung/Flurbereinigung	dt. Flurbereinigung, schweiz. Güterregulierung/ Güterzusammenlegung
Kontumaz (amtssprachlich)/ Quarantäne	dt./schweiz. Quarantäne
die Koppel ‚Uniformgürtel'	dt. das Koppel, schweiz. der/ das Ceinturon
Kundmachung/ Bekanntmachung	dt./schweiz. Bekanntmachung
der Lehrbehelf (im Unterricht)	dt./schweiz. das Hilfsmittel
die Lehrkanzel (veraltend)/ das Ordinariat	dt./schweiz. der Lehrstuhl/ das Ordinariat
Lokalaugenschein	dt. Lokaltermin, schweiz. Augenschein
Majorzwahl	= schweiz., dt. Mehrheitswahl
Mandatar/Abgeordneter	dt./schweiz. Abgeordneter
Manipulant	dt./schweiz. Amtshelfer
Manus (ugs.)/Manuskript	dt./schweiz. Manuskript

die Matrikel/die Matrik/	dt. das Personenstandsregister,
das Personenstandsverzeichnis	schweiz. das Zivilstandsregister
die Matura	= schweiz., dt. das Abitur, schweiz.
	die Matur/die Maturitäts(prüfung)
Maturant	dt. Abiturient, schweiz. Maturand
Maut (Ebner 1980: 125)	dt./schweiz. Straßenbenutzungsgebühr
das Nominale (Pl. Nominalia)/	dt./schweiz. der Nominalwert
der Nominalwert	
obgenannt (amtssprachlich)/	dt./schweiz. obengenannt
obengenannt	
Obsorge (amtssprachlich)/Betreuung	dt./schweiz. Betreuung
(Trauer)Parte/ Todesanzeige	dt./schweiz. Todesanzeige
perlustrieren (amtssprachlich)/	dt./schweiz. durchsuchen
durchsuchen	
die Personsbeschreibung	dt./schweiz. die Personenbeschreibung,
	schweiz. das Signalement
die Pfandleihanstalt/das Versatzamt	dt./schweiz. das Pfandhaus,
	schweiz. die Pfandleihkasse
das Pickerl (salopp)/der Aufkleber	dt. der Aufkleber, schweiz. der Kleber
Präsenzdiener/Wehrdiener (Ebner 1980:	dt./schweiz. (wehrpflichtiger) Soldat,
196)/Wehrmann (beim Heer amtlich,	schweiz. Wehrmann
Hinweis H. Scheuringer)/(wehr-	
pflichtiger) Soldat	
Präsenzdienst	dt./schweiz. Wehrdienst
Präsenzliste	dt./schweiz. Anwesenheitsliste
Primar(ius)/Primararzt, Primaria/	dt./schweiz. Chefarzt, Chefärztin
Primarärztin	
Proporzwahl	= schweiz., dt. Verhältniswahl
[kwe:] (mathematisch)/[ku:]	dt./schweiz. [ku:]
(Name des Buchstaben Q)	
Rayon/Dienstbereich	= schweiz., dt. (Dienst)Bezirk
Rufzeichen/Ausrufzeichen/	dt./schweiz. Ausrufungszeichen,
Ausrufungszeichen	dt. Ausrufezeichen, schweiz. Ausruf-
	zeichen
scharfes S (Name des Buchstaben ß)	dt./schweiz. Eszett
Schulbuchaktion (Ebner 1980: 164)	dt./schweiz. Lehrmittelfreiheit
Schülerlade	dt./schweiz. Schülerbücherei
Sekundararzt	dt./schweiz. Assistenzarzt
Spital/Krankenhaus	dt. Krankenhaus, schweiz. Spital
spondieren	dt./schweiz. (den Magistergrad) verliehen
	bekommen
Sponsion	dt./schweiz. Verleihung
	(des Magistergrades)
Turnsaal/Turnhalle	dt./schweiz. Turnhalle
Unteroffizier	dt. Feldwebel, schweiz. Wachtmeister
Unterrichtspraktikant	dt./schweiz. Referendar
(etwas) urgieren/(um etwas) ersuchen	dt./schweiz. ersuchen
Urgenz/Mahnung	dt./schweiz. Mahnung
Verstoß/Verlust (z.B. eines Schriftstücks)	dt./schweiz. Verlust

der Vorrang (Ebner 1980: 194)	dt./schweiz. die Vorfahrt, schweiz. der Vortritt
das Vorwort/die Präposition	dt./schweiz. das Verhältniswort/ die Präposition
Vorzugsschüler	dt./schweiz. Primus
Wachebeamter/Polizist	dt./schweiz. Polizist/Polizeibeamter, schweiz. Polizeimann
Wachtmeister	= schweiz., dt. Feldwebel
wegzählen/abziehen/ subtrahieren	dt./schweiz. abziehen/subtrahieren
der Zubau	dt. der Anbau, schweiz. die Anbaute
zustande bringen (amtssprachlich)/ wieder herbeischaffen	dt./schweiz. wieder herbeischaffen

Wiederum ist der Übergang zu Besonderheiten der Sachkultur fließend, was in Beispielen wie den folgenden deutlich wird, insofern die jeweiligen Befugnisse divergieren:
Landeshauptmann (dt. Ministerpräsident, schweiz. Landammann), Landesrat (dt. Landesminister, schweiz. Regierungsrat/Staatsrat), Stadtrat (dt. Bürgermeister, schweiz. Gemeindeammann/Gemeindepräsident), Nationalrat (= schweiz., dt. Bundestag), Bundesrat (= dt., schweiz. Ständerat), Landtag (= dt., schweiz. Kantonsrat) und andere.

Geschäftsleben, Handwerk, Landwirtschaft, Verkehr

Abgang	dt./schweiz. Fehlbetrag, schweiz. Minderertrag
(jemanden) aufnehmen/anstellen	dt./schweiz. anstellen
der Adel/Odel (Rechtschreib-Duden 1991: 92)/die Jauche	= bayr., dt./schweiz. die Gülle/Jauche
Autospengler/Karosseriespengler (amtlich)	= schweiz., dt./schweiz. Karosseriebauer
Bedienerin/Zugeherin (westösterr.) (Ebner 1980: 202)	dt./schweiz. Haushaltshilfe, Putzfrau
das Beis(e)l (Wien)	dt./schweiz. die Kneipe, norddt. der Krug/die Schenke
Billeteur/euse/Platzanweiser/in (im Kino)	dt./schweiz. Platzanweiser/in
die Dachgleiche/die Gleichenfeier/ die Firstfeier (Ebner 1980: 71)	dt./schweiz. das Richtfest, schweiz. die Aufrichte
delogieren/zum Auszug (aus einer Wohnung) zwingen	dt./schweiz. zum Auszug (aus einer Wohnung) zwingen
doppeln/besohlen (Schuhe)	dt. besohlen, schweiz. sohlen
die Drischel/der Dreschflegel	dt./schweiz. der Dreschflegel
einheben (von Steuern) (amtssprachlich)/ einkassieren	dt./schweiz. erheben/einziehen, schweiz. beziehen
die Etikette/das Etikett	dt. das Etikett, schweiz. die Etikette

exekutieren/pfänden	dt./schweiz. pfänden
Faßbinder	dt./schweiz. Küfer, dt. Böttcher, norddt. Küper
Fleischhauer/Fleischhacker (beide ost-österr.)/Fleischer/Metzger (westösterr.)	dt./schweiz. Metzger, dt. Fleischer, norddt. Schlachter
freistellen/beurlauben	dt./schweiz. beurlauben
Gassenlokal	dt./schweiz. Straßenlokal
das Gebrechen/der Schaden (z. B. an Installationen)	dt./schweiz. Schaden
Greißler/Lebensmittelhändler	dt./schweiz. Lebensmittelhändler
die Greißlerei	dt./schweiz. das Lebensmittelgeschäft
der Grund/das Grundstück	dt./schweiz. das Grundstück
Hafner/Ofensetzer	dt. Ofensetzer, schweiz. Hafner
Hausbesorger/Hauswart/ Hausmeister	dt. Hausmeister, schweiz. Abwart/ Hauswart
Hausherr/-frau/Hausbesitzer/-in	dt./schweiz. Hausbesitzer/-in
die Havarie/Unfall (beim Auto)	dt./schweiz. Unfall
havariert (bei Autos)	dt./schweiz. (unfall)beschädigt
jubilieren/Jubiläum feiern	dt./schweiz. Jubiläum feiern
kalken/weißen	dt./schweiz. tünchen/weißen, schweiz./ süddt. weißeln (schweiz. mit <ss>)
Kassa/Kasse	= schweiz., dt. Kasse
Klampfe	dt./schweiz. Bauklammer
Klappe/Durchwahl	dt. Durchwahl, schweiz. intern
klauben/pflücken (von Beeren)	dt./schweiz. pflücken
klauben/sammeln (von Holz)	dt./schweiz. sammeln
Kleinhäusler/Kleinbauer	dt./schweiz. Kleinbauer
der Knollen/die Knolle	dt./schweiz. Knolle
die Konsumation (in einer Gaststätte)	= schweiz., dt. der Verzehr
Kontrollor	dt./schweiz. Kontrolleur
der Krampen/die Spitzhacke	dt./schweiz. der Pickel/die Spitzhacke, dt. die Picke
Kräutler (veraltend)/Gemüsehändler	dt./schweiz. Gemüsehändler
Ladnerin (veraltend)/Verkäuferin	dt./schweiz. Verkäuferin
Lehrbub/Lehrling	= schweiz., dt. Lehrling
lukrieren (gehoben) (Ebner 1980: 120 f.)/ Gewinn erzielen	dt./schweiz. Gewinn erzielen
Magazineur/Lagerverwalter	dt. Magazinverwalter/Lagerist/ Lager-verwalter, schweiz. Magaziner
Manipulationsgebühr (Kaufmanns-sprache)/ Bearbeitungsgebühr	dt./schweiz. Bearbeitungsgebühr
Nachrang (haben)	dt./schweiz. keine Vorfahrt (haben)
das Offert	dt./schweiz. die Offerte
Ordination/Sprechstunde (eines Arztes)	dt./schweiz. Sprechstunde
Ordinationshilfe/Sprechstundenhilfe	dt./schweiz. Sprechstundenhilfe
Plache	= schweiz., dt. Blahe/Plane, schweiz. Blache

(Versicherungs)Polizze [po'litse]/
  Versicherungsurkunde
pressen
die Profession (gehoben)/der Beruf
Professional (veraltend)/Profi/
  Berufssportler
Professionist/gelernter Handwerker
Putzerei (für Kleidung)
Rauchfang/Kamin
Rauchfangkehrer/Kaminkehrer
  (westösterr.)
Realitäten (nur Pl.)/Liegenschaft

die Realkanzlei
refundieren/rückvergüten
die Retourkarte/die Rückfahrkarte

Ried(e) (ostösterr.)/Flur (besonders
  in Weingärten)
schlichten/stapeln

(Heu-/Stroh-)Schober

Schulwart
Schupfen/Schuppen (Gebäude)
Schutzweg/Zebrastreifen

Spengler/Installateur (eigentlich macht
  der Spengler die Blecharbeiten außen
  am Haus, wogehen der Installateur
  die Rohre innen verlegt, jedoch ist
  die Gleichsetzung verbreitet, z.B. in
  Eichhoff 1977: Karte 21)
der Stadel/die Scheune

stangeln ‚ein Boot mit einer Stange
  fortbewegen' (ostösterr.)
Steher/(Stütz)Pfosten
talmi (nur prädikativ) (ugs., veraltend)
  (Ebner 1980: 180)/unecht
tapezieren/überziehen (Möbel mit Stoff)
die (Tabak)Trafik/der Tabakladen
Tram (Pl. Träme)/(Holz)Balken
die Tram (Pl. Trams)/die Tramway
  (Verwendungsregion jeweils
  westösterr.)/die Straßenbahn
Umfahrung/ Umfahrungsstraße

dt./schweiz. (Versicherungs)Police:
  dt. [po'li:sə], schweiz. [poli:s]
dt./schweiz. keltern
dt./schweiz. der Beruf
dt./schweiz. Profi/Berufssportler

dt./schweiz. gelernter Handwerker
dt./schweiz. Reinigung
dt./schweiz. Kamin/Schornstein
dt. Schornsteinfeger, schweiz./süddt.
  Kaminfeger
dt./schweiz. Immobilie, schweiz.
  Liegenschaft
dt./schweiz. das Immobilienbüro
dt./schweiz. rückvergüten
dt. Rückfahrkarte, schweiz.
  das Retourbillet
dt./schweiz. Flur

dt./schweiz. schichten/stapeln,
  schweiz. beigen
= schweiz, dt./schweiz. (Heu-/
  Stroh-)Haufen
dt./schweiz. (Schul)Hausmeister
dt./schweiz. Schuppen
dt./schweiz. Zebrastreifen, dt. Fuß-
  gängerüberweg, schweiz. Fussgänger-
  streifen
= süddt./schweiz., dt. Klempner/
  Installateur

= schweiz./bayr., dt. die Scheuer/
  Scheune, schweiz. der Städel
dt. staken/stochern, schweiz. stacheln

dt./schweiz. (Stütz)Pfosten
dt./schweiz. unecht

dt./schweiz. beziehen/überziehen
dt./schweiz. Tabakladen
dt./schweiz. (Holz)Balken
dt./schweiz. Straßenbahn (schweiz.
  mit <ss>), schweiz. das Tram,
  bayr. die Tram
dt. Umgehungsstraße, schweiz.
  Umfahrungsstrasse

Verschleiß/Verkauf/Vertrieb — dt./schweiz. Verkauf/Vertrieb
verschleißen/verkaufen/ vertreiben — dt./schweiz. verkaufen/vertreiben
Vorrangstraße — dt./schweiz. Vorfahrtstraße (schweiz. mit <ss>)

das Werkel/die Drehorgel/ der Leierkasten — dt./schweiz. die Drehorgel/ der Leierkasten
Wissenschafter/Wissenschaftler — dt. Wissenschaftler, schweiz. Wissenschafter

der (Miet)Zins/die Miete — = schweiz./süddt., dt. die Miete
Zinshaus/Mietshaus — dt. Mietshaus, schweiz. Renditenhaus

Sport, Spiele

Auffällig ist vor allem die Beibehaltung der englischen Fußballsprache, ähnlich wie in der Schweiz; auch die Aussprache entspricht der englischen, freilich auf deutschsprachiger phonologischer Basis. Die Anglizismen sind allerdings nicht Bestandteil der offiziellen Regelsprache und teilweise schon veraltet oder im Veralten begriffen.

Autodrom — dt./schweiz. Auto-Scooter
Back [bæk] (veraltend) (Ebner 1980: 37)/Verteidiger (Fußball) — = schweiz., dt. Verteidiger
campieren/kampieren/zelten — dt. campen/zelten, schweiz. campieren
der Corner/der Eckball (Fußball) — dt. die Ecke/der Eckball, schweiz. der Corner/der Cornerball

Goal [go:l/goʊl]/Tor (Fußball) — = schweiz., dt. Tor
Goalgetter (veraltend)/Torschütze (Fußball) — dt./schweiz. Torschütze
(Goal-)Keeper/ Tormann/Torhüter (Fußball) — dt./schweiz. Torwart/Torhüter, schweiz. Keeper
Half (veraltend, Ebner 1980: 88)/ Läufer (Fußball) — dt./schweiz. Läufer
Hands [hænts] (Fußball)/Hand(spiel) — = schweiz., dt. Hand(spiel)
Hutsche/Schaukel — dt./schweiz. Schaukel, dt. Wippe
Leader ['li:dɐ]/Tabellenführer (Fußball) — dt./schweiz. Tabellenführer
Out [aut] (Fußball) — = schweiz., dt. Aus
Outeinwurf (Ebner 1980: 134)/ Einwurf (Fußball) — dt./schweiz. Einwurf
Penalty [pe'nalti/'penəlti]/Strafstoß/ Elfmeter (Fußball) — = schweiz. [pɛnalti], dt. Strafstoß/ Elfmeter
das Ringelspiel/das Karussell — dt./schweiz. Karussell, schweiz. die Reitschule

Rummy ['rœmi/'rami] (letzteres selten) — dt./schweiz. Rommée
das Score [sko:r] (veraltend) (Fußball)/ der Spielstand — dt. /schweiz. Spielstand
skoren (Fußball)/ein Tor erzielen — = schweiz., dt. ein Tor erzielen
Versteckerlspiel/Versteckenspielen — dt./schweiz. Versteckspiel/ Versteckenspielen

Menschliches Verhalten, Soziales, Charaktereigenschaften, Körperteile

Hier ist vor allem der Übergang zum Nonstandard fließend. Entgegen unserer Definition (Kap. A.3.1: (1a)) sind daher auch einige im *Österreichischen Wörterbuch* (1990) als „sal.[opp]" oder „ugs." [umgangssprachlich] markierte Beispiele aufgenommen.

Ansprache (kein Pl.)	dt./schweiz. Gesprächsmöglichkeit
aufdrehen/einschalten (das Licht)	dt./schweiz. einschalten
ausschauen/aussehen	dt./schweiz. aussehen
begriffsstützig	dt./schweiz. begriffsstutzig
benzen/penzen (mda.; nach Ebner, 1980: 42, ugs.)	= bayr., dt./schweiz. bitteln und betteln
blasen	dt./schweiz. pusten (ugs.)
Bub	= schweiz./süddt., dt. Junge
die Fadesse [fa'dɛs]/die Langeweile	dt./schweiz. die Langeweile
Falott (ugs., derb)/Lump	dt./schweiz. Lump
fesch (salopp)/schick	dt. schick, schweiz. chic
Feschak ['feʃak] (ostösterr., salopp)/ Geck	dt. Stenz (ugs.), dt. Geck/Laffe (ugs.)
Feuchtblattern	dt. Windpocken, schweiz. Blattern
der Fratz (ugs.) ‚ungezogenes Kind'	schweiz., dt. *der Range (ugs.)/ die Range (landschaftlich)
sich niederlegen/schlafen gehen	dt./schweiz schlafen gehen
sich niedersetzen	dt./schweiz. sich setzen
pedant	dt./schweiz. pedantisch
präpotent/überheblich/unverschämt	dt./schweiz. überheblich/unverschämt
Präpotenz/Überheblichkeit/ Unverschämtheit	dt./schweiz. Überheblichkeit/ Unverschämtheit
raunzen (ugs., salopp)/nörgeln	dt./schweiz. nörgeln, dt. quengeln (ugs.), schweiz. zwängeln
schauen/blicken/gucken ‚den Blick richten auf'	dt./schweiz. blicken/gucken, dt. sehen, schweiz. lugen (nach Bigler u. a. 1987: 127, aber nicht nach K. Meyer (Kommentar zu dieser Textstelle)), norddt. kieken/kucken
schlampert (mda.; nach Ebner 1980: 160, ugs.)/ schlampig	dt./schweiz. schlampig, dt. schluderig (ugs.)
Schmäh (ugs.)/Trick	dt./schweiz. Trick
schwindlig	= schweiz., dt. schwindelig, norddt. duselig
sekkant (salopp)/lästig/ zudringlich	dt./schweiz. lästig/zudringlich
sekkieren (salopp)/belästigen	dt./schweiz. belästigen, dt. piesacken (ugs.)
Stockzahn/Backenzahn	dt. Backenzahn, schweiz. Stockzahn
der Strähn (bei Wolle, die Strähne bei Haar)	dt./schweiz. die Strähne
Strizzi/Strolch, Zuhälter	= süddt. (nach Rechtschreib-Duden 1991: 692), dt./schweiz. Strolch, Zuhälter

Verkühlung/Erkältung	dt./schweiz. Erkältung
sich verkühlen/sich erkälten	dt./schweiz. sich erkälten
das Wimmerl	dt./schweiz. der Pickel

Sonstiges

Aitel (Süßwasserfisch) (Rechtschreib-Duden 1991: 96)	= süddt., dt. Döbel, schweiz. Alet
allfällig/etwaig	= schweiz., dt. etwaig
Altjahrstag/Silvester	= schweiz., dt. Silvester
aper/schneefrei	= schweiz./süddt., dt. schneefrei
(aus)apern/schneefrei werden	= schweiz./süddt., dt. schneefrei werden
außertourlich (Ebner 1980: 35)/ zusätzlich	dt./schweiz. zusätzlich
dreiviertel acht, vorarlb. viertel vor acht (Eichhoff 1977: Karte 39)	dt./schweiz. viertel vor acht, süddt./ ostdt. dreiviertel acht
die Eismänner ‚die Tage vom 12. bis 14. Mai‘	dt./schweiz. die Eisheiligen
Feber/Februar	dt./schweiz. Februar
Gelse/(Stech)Mücke	dt./schweiz. (Stech)Mücke
heuer/in diesem Jahr	= schweiz./süddt., dt./schweiz. in diesem Jahr
heurig/diesjährig	dt./schweiz. diesjährig
Jänner	dt./schweiz. Januar
Lacke	dt./schweiz. Lache/Pfütze
Moos (Pl. Moose/Möser)/Moor	dt./schweiz. Moor, norddt. Fenn
Nikolo/Nikolaus	dt. (St.) Nikolaus, schweiz. (St.) Niklaus
Nikoloabend	dt./schweiz. Nikolausabend
Pack/Bündel/Stoß	dt./schweiz. Packen/Bündel/Stoß
Pech/(Baum)Harz	dt./schweiz. (Baum)Harz
schwindlig	= schweiz., dt. schwindelig
viertel acht (ostösterr.)/viertel nach sieben (westösterr.) (Eichhoff 1977: Karte 40)	dt./schweiz. viertel nach sieben, schweiz. viertel über sieben, süddt./ostdt. viertel acht

Indeklinabilia (Formwörter)

ansonst	= schweiz., dt. anderenfalls/ansonsten (ugs.)
(hier) außen (Ebner 1980: 35)	= schweiz. (mit <ss>), dt. (hier) draußen, norddt. (hier) buten
da (am Punkt des Sprechers)	= schweiz., dt. hier
dahier/hier (verstärkend)	schweiz. da/hier, dt. hier
drinnen	dt./schweiz. drin
fallweise	= schweiz., dt. von Fall zu Fall
(hier) innen (Ebner 1980: 98)	= schweiz., dt. (hier) drinnen

nacht/nachts (in Verbindung mit Zeit- angabe: um ein Uhr nacht)	dt./schweiz. nachts
nebstbei/nebenbei	dt./schweiz. nebenbei
neuerdings	= schweiz./süddt., dt. von neuem
nur mehr	dt./schweiz. nur noch
ober/über (jeweils mit Dat.)/oberhalb	dt./schweiz. über/oberhalb
pfutsch/futsch	dt./schweiz. futsch
retour/zurück	= schweiz., dt. zurück
tour-retour (bei Bahnfahrten)	dt. hin und zurück, schweiz. (hin und) retour

Wörter gleichen Ausdrucks und verschiedener Bedeutung

Man beachte hier den gegenüber der übrigen Darstellung veränderten Blickwinkel: gleicher Ausdruck – national unterschiedliche Bedeutung (vgl. die „semasiologischen Variablen" Kap. A.5)! Zur Bedeutungsangabe wird das deutsche Standarddeutsch verwendet. Eine Reihe von Fällen sind – zumindest teilweise – aus den vorausgehenden Wortlisten erschließbar, z. B.:

Bäckerei ‚(süßes) Gebäck, Bäckerei'	dt./schweiz. ‚Bäckerei'
Hausfrau ‚Hausbesitzerin, Hausfrau'	dt./schweiz. ‚Hausfrau'
Manipulant ‚Amtshelfer'	dt./schweiz. ‚Manipulant'
Mist ‚Müll, Mist'	dt./schweiz. ‚Mist'
Sessel ‚Stuhl'	dt./schweiz. ‚Sessel'
Zins ‚Miete, Zins'	= schweiz., dt. ‚Zins'

Andere Beispiele:

Ansitz ‚Residenz, Ansitz'	dt./schweiz. ‚Ansitz'
Buffet ‚Imbißstand, Buffet'	dt./schweiz. ‚Buffet'
demolieren ‚abreißen, demolieren'	dt./schweiz. ‚demolieren'
Einspänner ‚Glas Mokka mit Sahne, Frankfurter Würstchen, Einspänner'	dt./schweiz. ‚Einspänner'
exekutieren ‚pfänden, exekutieren'	dt./schweiz. ‚exekutieren'
kampieren ‚zelten, im Freien lagern'	dt./schweiz. ‚im Freien lagern'
Kohl ‚Wirsing'	dt./schweiz. ‚Kohl'
Kohlrübe ‚Kohlrabi'	dt./schweiz. ‚Kohlrübe'
Moos ‚Moor, Moos'	dt./schweiz. ‚Moos'
Professor ‚Lehrer an höheren Schulen' (im Gegensatz zum Universitäts- professor)	dt./schweiz. ‚Professor'
Ried ‚Weinbergflur, Ried'	dt./schweiz. ‚Ried'
Steige ‚Stall (für Kleinvieh), Leiter, Steige'	dt./schweiz. ‚Steige'
Vorwort ‚Präposition, Einleitung'	dt./schweiz. ‚Einleitung'
zustande bringen ‚herbeischaffen, zustande bringen'	dt./schweiz. ‚zustande bringen'

Phraseologismen (Idiome)

Hierunter sind auch Fälle von Rektionsbesonderheiten, vor allem bei Verben, subsumiert. Als Quellen dienten außer dem *Österreichischen Wörterbuch* (1990) vor allem Ebner (1980; 1988: 158–163), Földes (1992) und *Duden. Redewendungen* (1992). Materialreich, aber nur mit Vorsicht zu verwenden ist Malygin (1990. Zusendung durch Jakob Ebner). Wo keine Entsprechung für die anderen Zentren in Form eines Phraseologismus und auch kein gemeindeutscher Phraseologismus gefunden werden konnte, ist nur die Bedeutungsangabe beigefügt (in deutschem Deutsch). Das Schlüsselwort für die alphabetische Anordnung ist jeweils kursiv gesetzt.

sich mit jemandem etwas *anfangen*/ sich mit jemandem einlassen	dt./schweiz. sich mit jemandem einlassen
über *Antrag*/ auf Antrag (entsprechend: über Bitten, über Ersuchen, über Vorschlag, über Wunsch, über Zureden)	dt./schweiz. auf Antrag
jemanden am *Bandel* haben	dt./schweiz. jemanden an der Leine haben
jemanden *buckelkraxen* nehmen (tragen)/jemanden huckepack nehmen (tragen)	dt./schweiz. jemanden huckepack nehmen (tragen)

Butter am Kopf haben ‚etwas angestellt haben und deshalb verlegen sein‘

über den *Durst* trinken	dt./schweiz. einen über den Durst trinken
etwas in *Evidenz* halten	dt./schweiz. registrieren
jemand kann sich alle zehn *Finger* abschlecken (Földes 1992: 19)	dt./schweiz. jemand kann von Glück sagen
in aller *Früh*	dt./schweiz. früh am Morgen
in der *Früh*	dt./schweiz. am Morgen
über die *Gasse* verkaufen (z. B. Bier)	dt./schweiz. über die Straße verkaufen
jemandem ins *Gäu*/ Gehege kommen	dt./schweiz. jemandem ins Gehege kommen

mit jemandem ist es immer ein *G'frett* ‚mit jemandem hat man immer Ärger‘
jemandem das *Goderl* [mdal. Doppelkinn] kratzen ‚jemandem schmeicheln‘

beim *Hals* heraushängen	dt./schweiz. zum Hals heraushängen

zum *Handkuß* kommen ‚(für etwas/andere) einstehen/zahlen müssen‘
jemandem ein *Hölzl* werfen ‚jemandem einen unterstützenden Hinweis geben‘

seinen *Kren* zu etwas geben *(Duden. Redewendungen* 1992: 417)	dt./schweiz. seinen Senf zu etwas geben

in alles seinen *Kren* reiben *(Duden. Redewendungen* 1992: 417) ‚sich in alles ungefragt einmischen‘

jemanden *kündigen*	dt./schweiz. jemandem kündigen
am *Land*/ auf dem Land	dt./schweiz. auf dem Land
am *laufenden* bleiben	dt./schweiz. auf dem laufenden bleiben
von der *Leber* weg reden	dt./schweiz. frisch von der Leber weg reden
Manderl machen	dt./schweiz. Sperenzien machen
Geld wie *Mist*/ Geld wie Heu	dt./schweiz. Geld wie Heu
einen *Radi* kriegen	dt./schweiz. einen Rüffel kriegen

es schüttet/regnet wie (aus/mit) *Schaffeln* („aus" nach Eigenbeobachtung, „mit" nach Földes 1992: 15, ohne Präposition nach Ebner, mündliche Mitteilung)	dt./schweiz. es gießt/regnet wie aus/mit Kübeln
jemanden am *Schmäh* halten/ jemanden zum Narren halten	dt./schweiz. jemanden zum Narren halten
jemanden *stiert* etwas/jemandem bereitet etwas Kopfzerbrechen	dt./schweiz. jemandem bereitet etwas Kopfzerbrechen
das hebt mich nicht vom *Stockerl*	dt./schweiz. das reißt mich nicht vom Hocker

auf dem *Stockerl* stehen (bei der Medaillenüberreichung) ‚auf dem Siegertreppchen stehen'

keinen *Tau* von etwas haben (nach Ebner 1980: 180, ugs.; Földes 1992: 16)	dt./schweiz. keinen Schimmer von etwas haben
will ich *Veitl* heißen	dt./schweiz. will ich Meier heißen
vergessen auf etwas	dt./schweiz. etwas vergessen

bei etwas gibt's keine *Würstel* (nach Ebner 1980: 199, ugs.; Földes 1992: 17) ‚bei etwas werden keine Ausnahmen gemacht'.

Wortbildung

Besonderheiten, die nur Einzelwörter betreffen, finden sich in den vorausgehenden Wortlisten. Eine wichtige Suchquelle für Wortbildungs-Austriazismen, die allerdings an den geltenden Kodizes zu überprüfen ist, bildet Tatzreiter (1988), aber auch Nyhlén (1961: 110–115).

Zusammensetzung

Ohne oder mit Fugen-e
(dt. mit Fugen-e, schweiz. ohne) Blas(e)balg, Feg(e)feuer, Maus(e)falle.
Ohne Fugen-n
(dt./schweiz. mit Fugen-n) Toilettetisch (entsprechend: -artikel, -frau (auch mit n), -papier usw.).

Getilgte Endung als Fugenzeichen (dt./schweiz. mit Fugen-en) Maschinarbeiter, maschinnähen, maschinschreiben, maschinschriftlich, Schatt(en)seite, Sonnseite, Visit(en)karte.

Mit oder ohne Fugen-en oder -n (dt./schweiz. ohne Fugenzeichen) Dill(en)kraut, Fracht(en)bahnhof, Frücht(en)brot.

Mit Fugen-s
(dt./schweiz. ohne Fugenzeichen) Fabriksarbeiter, Fabriksbesitzer, fabriksneu usw., Gepäcksaufbewahrung, Gepäcksträger usw., Gesangsbuch, Gesangsverein usw. (alle Fälle auch ohne Fugenzeichen, Hinweis H. Scheuringer) (= schweiz., dt. ohne Fugenzeichen) Zugsabteil, Zugsführer usw. (alle Fälle auch

ohne Fugenzeichen, Hinweis H. Scheuringer)
(= schweiz., dt. Pluralendung als Fugenzeichen) Rindsbraten, Rindsfett,
Schweinsbraten, Schweinsschmalz, Schweinsschnitzel.

Mit Fugen-s anstelle des Endvokals -e (dt./schweiz. mit -e)
aufnahmsfähig, Aufnahmsprüfung, Ausnahmserscheinung, Ausnahmszustand
usw.

Umgelautetes Grundwort
(dt./schweiz. unumgelautetes Grundwort) -färbig: eier-, ein-, mehr-, vielfärbig
usw.; -hältig: eisen-, gift-, stich-, vitaminhältig usw.
(= schweiz., dt. unumgelautetes Grundwort) -grädig (mit einer Zahl als Bestimmungswort): ein-, zweigrädig usw. – dagegen: hochgradig.

Andere Adverbbildung
heraußen/hier außen (dt. hier draußen, schweiz. hier aussen), herinnen/hier innen
(dt. hier drinnen, schweiz. hier innen), heroben/hier oben (dt./schweiz. hier oben),
herüben (dt./schweiz. hier drüben) – entsprechend: herunten, hiebei/hierbei
(dt./schweiz. hierbei) – entsprechend: hiedurch, hiefür, hiegegen, hieher, hiemit,
hievon, hievor, hiezu.

Ableitung

Präfix (dt./schweiz. Bestimmungswort)
Ferialarbeit (-kurs, -zeit usw.) (dt./schweiz. Ferienarbeit, -kurs, -zeit usw.).

Präfix g(e)- (mit oder ohne -e-) (dt./schweiz. Präfix ge-)
g(e)radeaus, g(e)radezu, g(e)radeso, G(e)ratewohl.

Suffix (dt./schweiz. Grundwort)
Hirschenes (dt./schweiz. Hirschfleisch), Kälbernes (dt./schweiz. Kalbfleisch),
Lämmernes (dt./schweiz. Lammfleisch), Schweinernes (dt./schweiz. Schweine-
fleisch).

Komplexe Verbbildung (dt./schweiz. einfache Verbbildung)
jemanden konkurrenzieren/jemandem Konkurrenz machen (= schweiz., dt.
jemandem Konkurrenz machen), politieren/polieren (dt./schweiz. polieren),
röntgenisieren/röntgen (dt./schweiz. röntgen), strichlieren/stricheln (dt./schweiz.
stricheln), zensurieren (= schweiz., dt./schweiz. zensieren).

Mit Adverbialsuffix -s (auch ohne -s, Hinweis H. Scheuringer)
(dt./schweiz. ohne Suffix) durchwegs, ferners, öfters, weiters.

3.5 Grammatik (Orthogrammatik)

Wichtige Hinweise auf grammatische Besonderheiten des österreichischen
Deutsch enthalten außer Ebner (1980) und dem *Österreichischen Wörterbuch*
(1990) vor allem Tatzreiter (1988), Ballek (1980), Pacolt (1992), sowie auch
Stubkjær (1993), Zeman (1988) und Nyhlén (1961: 119–129).

Substantivgenus

Um Mißverständnisse zu vermeiden, sei – im Einklang mit Kap. A.5 – noch einmal daran erinnert, daß hier nur solche Besonderheiten der nationalen Varietät Österreichs dargestellt werden, an denen man die Österreicher erkennt. Hierzu gehören nicht diejenigen Wörter, deren Genus im österreichischen Standarddeutsch nur eine geringere Variation aufweist als im deutschen und schweizerischen Standarddeutsch, also nicht diejenigen Wörter, deren österreichische Genusvarianten eine echte Teilmenge der deutschen und schweizerischen Genusvarianten bilden. Beispiel: österr. neutr. (dt./schweiz. mask./neutr.) wie z.B. bei Ar, Biskuit, Chor (in der Bedeutung ‚Orgelempore‘), Erbteil, Ghetto, Gulasch, Kataster, Lasso, Match, Podest usw. Wenn diese Wörter mit neutralem Genus auftreten, so kann daraus nicht auf die österreichische nationale Varietät geschlossen werden, denn das neutrale Genus ist ja auch eine ihrer Genusvarianten in den beiden anderen nationalen Varietäten des Deutschen. Fälle dieser Art bleiben daher bei unserer Beschreibung der Austriazismen unberücksichtigt. Sie erscheinen allerdings unter den Helvetismen und Teutonismen, weil man nämlich vom maskulinen Genus bei diesen Wörtern sehr wohl auf die schweizerische bzw. deutsche nationale Varietät schließen kann.

mask./fem. (dt./schweiz. fem.) Sellerie.

mask./neutr. (dt./schweiz. neutr.) Backbord, Gehalt, Thermometer, Tunell.

fem.
(dt./schweiz. mask.) Ausschank, Dreß, Dispens, Wichs.
(dt./schweiz. neutr.) Gaudi, Imprimatur.

fem. (allerdings selten)/mask./neutr. (dt./schweiz. mask./neutr.) Joghurt.

fem./neutr. (dt./schweiz. neutr.) Labsal.

neutr. (dt./schweiz. mask.) Abszeß, Brösel, Sago, Sakko.

neutr./mask. (dt./schweiz. mask.) Aquädukt, Borax, Embryo, Himmelschlüssel (Primelart), Kiefer (in der Bedeutung ‚Zahnknochen‘), Monat, Tunnel.

neutr./fem. (dt./schweiz. fem.) Brezel.

Substantivplural

Wiederum sind nur diejenigen Plurale aufgenommen, an denen man die Österreicher erkennt.

Umlaut (dt./schweiz. kein Umlaut) Erlässe, Pfröpfe.

Umlaut/kein Umlaut (dt./schweiz. kein Umlaut) Möser/Moose, Wägen/Wagen.

Umlaut (= schweiz./süddt., dt. kein Umlaut) Krägen.

Andere Pluralendung: Scheiter (dt./schweiz. Scheite).

Anderer Plural bei Fremdwörtern: Cremen/Cremes (= schweiz., dt. Cremes), Diwans (dt./schweiz. Diwane), Forinte (dt./schweiz. Forints), Giri/Giros (dt./schweiz. Giros), Kaftans/Kaftane (dt./schweiz. Kaftane), Kommanden/Kommandos (dt./schweiz. Kommandos), Maroni (auch Sg. Maroni) (= bayr., schweiz. Marroni, dt. Maronen (Sg. Marone)), Pläsiers (dt./schweiz. Pläsiere), Requien/ Requiems (dt./schweiz. Requiems), Saisonen (dt./schweiz. Saisons), Sandwich/ Sandwichs/Sandwiches (dt./schweiz. Sandwichs/Sandwiches/Sandwiche), Taxi/Taxis (dt./schweiz. Taxis), Waggone/Waggons (dt./schweiz. Waggons).

Anderes

Substantivkasus, Genetiv Sg.: endungslos/-s/-es (dt./schweiz. -s/-es) Akku, Alkali, Biedermeier, Blau, Iran, Karmin, Sandwich, Keks, Korso, Manna, Schi, Turf.

Steigerung des Adjektivs, Komparativ: dunkel: dünkler/dunkler (dt./schweiz. dunkler).

Stammformen starker Verben, Partizip Perfekt: hauen: gehaut/gehauen (dt./ schweiz. gehauen), lassen: lassen/gelassen (dt./schweiz. gelassen), winken: gewunken/gewinkt (dt./schweiz. gewinkt).

Tempusformen des Verbs: Perfekt mit sein (= schweiz./süddt., dt. Perfekt mit haben) hängen, liegen, sitzen, stecken, stehen.

Wortstellung in der Hypotaxe bei Modalverb und zusammengesetztem Tempus mit dem Hilfsverb *haben*
(...) Vollverb + Hilfsverb + Modalverb (dt./schweiz. (...) Hilfsverb + Vollverb + Modalverb)
Beispiel: (obwohl sie) sagen hatte wollen (dt./schweiz. (...) hatte sagen wollen).
Es handelt sich um einen Fall von Gebrauchsstandard des österreichischen Deutsch (Stubkjær 1993: 48 f.; auch Zeman 1988).

3.6 Pragmatik (Orthopragmatik)

Die Pragmatik befaßt sich mit den Erscheinungsformen und Funktionen von Sprache in bestimmten Situationen. Pragmatische Phänomene sind nicht disjunkt gegenüber phonemischen, lexikalischen und grammatischen, reichen allerdings darüber hinaus (vgl. Levinson 1983). Gerade diese letzteren, z.B. die Sprechakte (im Sinne von John L. Austin) oder die von Grice' Konversationsmaximen erfaßten Phänomene, sind jedoch nicht oder so gut wie nicht standardisiert, zumindest nicht im Sinne einer Standardvarietät. Sie liegen daher außerhalb des Rahmens der vorliegenden Untersuchung. Ich möchte damit keinesfalls ausschließen, daß es in diesem Bereich österreichische Besonderheiten gibt. Pionierarbeit bei der Untersuchung pragmatischer Besonderheiten des österreichischen Deutsch hat vor allem Rudolf Muhr (1987 d; 1987 f; 1989 b; 1993 a) geleistet. Mit der vermutlich österreichspezifischen Verwendung bestimmter Partikeln haben sich außerdem Eder (1975) und Held (1981) befaßt. Die folgenden Hinweise bleiben demgegenüber rudimentär.

Manche Ausdrücke, auch viele aus den obigen Wortlisten, existieren auch im deutschen und schweizerischen Standarddeutsch, werden aber in anderen Situationen verwendet. So ist z.B. die Gewichtseinheit *Dekagramm* ,10 Gramm' Bestandteil der naturwissenschaftlichen Fachsprache, während sie in Österreich für die alltäglichen Gewichtsangaben vor allem für Lebensmittel üblich ist, z.B.

in Kochrezepten oder beim Einkaufen. Gängig sind dabei dann die Kürzel *Deka* (mündlich oder schriftlich) und *dag* (schriftlich).

Auffällige Unterschiede gibt es in den Formen des zwischenmenschlichen Kontakts, vor allem bei Grüßen, militärischen Kommandos und Titeln. Auch das gängige Satzäquivalent *Sowieso!* (dt./schweiz. *Ja natürlich!*) (Eigenbeobachtung) ist in diesem Zusammenhang zu nennen.

Grüße
Grüß Gott! (= süddt., dt. guten Tag!, schweiz. Grüezi!),
Servus! (familiärer Begegnungsgruß) (dt. Tag!, schweiz. Grüezi!/Salü!),
Servus! (familiärer Abschiedsgruß) (dt. *Tschüß, schweiz. Tschau!/Salü!),
Habe die Ehre! (veraltend) (Gruß gegenüber einer höhergestellten Person) ohne spezifische dt./schweiz. Entsprechung),
Ihr(e) sehr ergebene(r) (...) (ehrerbietige briefabschließende Grußformel) (dt./ schweiz. Hochachtungsvoll),
Küß die Hand! (ehrerbietiger Gruß gegenüber einer Dame) ohne spezifische dt./schweiz. Entsprechung.
Die drei letztgenannten Grußformen sind in Österreich noch eher möglich als in Deutschland oder der Schweiz, wo sie meistens nur noch ironisch wirken.

Militärische Kommandos
Habt acht! (dt. Stillgestanden!, schweiz. Achtung – steht!),
Ruht! (militärisch) (dt. Rührt euch!, schweiz. Ruhn!).

Titel
Die Vorliebe für Titel – aus der Sicht der Nichtliebhaber: die „Titelhuberei" – gehört zu den meistverbreiteten stereotypischen Vorstellungen von den Österreichern in den anderen nationalen Zentren der deutschen Sprache (vgl. Kap. B.7, C.6, D.7). Inwieweit sie berechtigt ist, bedürfte einer gesonderten Untersuchung. Die Existenz von Titeln ist von Ihrer Anwendung zu unterscheiden (vgl. Reiffenstein 1983: 21). Zum Teil mag es sich bei den Titeln um Sachspezifika handeln, da die entsprechenden Positionen in den anderen Zentren nicht existieren.

Es fällt nicht schwer, Titel zu finden, die nur in Österreich existieren. Das berühmteste Beispiel ist der *Hofrat*, der als Titel verdienstvoller Beamter der staatlichen Administration mit akademischer Ausbildung auch nach der jüngsten Titelreform für Beamte fortbesteht (vgl. „Österreichs Beamte atmen auf: Hofrat bleibt" *Westdeutsche Allgemeine Zeitung* 12. 4. 1994). Mögen hier einige wenige weitere Beispiele aus der Universitätshierarchie genügen, die dem Vorlesungsverzeichnis der Universität Wien entnommen sind (Sommersemester 1993, Zusendung Herbert Tatzreiter):
Univ.-Doz. tit. O. P. = Universitätsdozent mit dem Berufstitel ordentlicher Professor,
Univ.-Doz. tit. Ao. Prof. = Universitätsdozent mit dem Berufstitel außerordentlicher Professor.
Man könnte meinen, daß hier Stellenbezeichnung und Titel kombiniert seien, jedoch erscheinen die Universitätsdozenten unter den Stellenbezeichnungen *Assistenzprofessoren* und *Universitätsassistenten*.

Naheliegenderweise finden sich auch Titel, die gleich lauten wie in anderen nationalen Zentren des Deutschen. Sie würden dort jedoch nicht jeweils in dieser Ausführlichkeit bei der Nennung ihrer Träger im Vorlesungsverzeichnis erscheinen, z. B. „O. P. Mag. Dr. (...)“, „Univ.-Doz. tit. Ao. P. Dr. (...)“ und dergleichen. Bei den titellosen Verwaltungsbeamten ist ersatzweise jeweils – zusätzlich zur Stellung – exakt die Gehaltsstufe angegeben (VB 1/a, VB 1/b usw.), was außerhalb Österreichs in Vorlesungsverzeichnissen ebenfalls unüblich ist.

Interjektionen, Partikeln
ui je!/o je! (dt./schweiz. o je!)

Möge für den bislang wissenschaftlich besonders ungesicherten Bereich der Partikelverwendung eines der Beispiele von Muhr (1987 d: 42, 45) genügen (mit veränderter Reihenfolge der Antworten). Dabei wird Österreich nur mit Deutschland, genauer der früheren BRD, verglichen.

„Peter und Hans wollen mit dem altersschwachen Auto von Hans auf Urlaub fahren. Eine Stunde vor dem vereinbarten Abfahrtstermin teilt Hans seinem Freund telefonisch mit, daß sie nicht auf Urlaub fahren können. Peter fragt entsetzt:“

a) „Ist denn dein Auto kaputt?“ (österr.)
b) „Ist dein Auto denn kaputt?“/„Ist dein Auto etwa kaputt?“ (dt.)

Zwar versieht Muhr bei diesem Beispiel, das vermutlich empirisch fundiert ist, die Zuordnung zu den nationalen Zentren nicht mit einem Fragezeichen wie in anderen Fällen. Dennoch handelt es sich offenkundig allenfalls um eine österreichische Besonderheit im statistischen Sinn; grundsätzlich inkorrekt ist a) in Deutschland sicher nicht.

3.7 Hinweise zur Herkunft

Woher kommen die Austriazismen? Als Antwort auf diese Frage soll hier nur auf die wichtigsten unmittelbaren Herkunftssprachen oder -varietäten hingewiesen werden. Weiter zurückführende Etymologien sind insofern nicht von unmittelbarem Interesse, als sie nichts mehr über die spezifisch österreichische Entwicklung aussagen. Nützliche Hinweise zu den unmittelbaren Herkunftssprachen der Austriazismen finden sich vor allem bei Ebner (1980; 1988: 163–169), Simon (1977), Steinhauser (1978), Martin (1984), Hornung (1973), Wiesinger (1988 b: 27; 1990 a) und auch in *Wandkalender* 1993 (S. 19 f.). In der letztgenannten Quelle wird schon deutlich genug, daß die Herkunftswege zum Teil verschlungen sind. So stammt z. B. das Wort *Palatschinke* (dt./schweiz. Pfannkuchen) ursprünglich aus dem Lateinischen (< placenta ‚flacher Kuchen‘), von wo es zunächst ins Rumänische gelangt. Von dort wird es ins Ungarische (palacsinta) übernommen, und erst von da aus findet es schließlich seinen Weg ins österreichische Deutsch. Dieser letzte Schritt interessiert hier in erster Linie, denn erst durch ihn entsteht der Austriazismus.

Schon bei oberflächlicher Betrachtung der Austriazismen läßt sich eine Vielfalt von Herkunftssprachen für sie vermuten. Es liegt nahe, daß unter ihnen die Nachbarsprachen Österreichs eine wichtige Rolle spielen, insbesondere insoweit sie einst im gleichen Staat mit dem deutschsprachigen Österreich verbunden waren: der Donaumonarchie, in der Zeit bis zum Ende des Ersten Weltkriegs. Die wichtigsten nachbarlichen Spendersprachen aus der damaligen Zeit sind das Italienische und – mit beträchtlichem Abstand – das Tschechische und Ungarische.

Teilweise sind die heutigen Austriazismen auch das Resultat des Festhaltens an fremdsprachlichen Formen, die früher einmal gemeindeutsch waren, aber später in den anderen nationalen Zentren des Deutschen eingedeutscht wurden. Dies gilt zum Teil wiederum für Entlehnungen aus dem Italienischen (Beispiel: *Kassa*), mehr aber noch für solche aus dem Französischen (orthographische Varianten wie *Resümé*), aus dem Englischen (Fußballjargon) und auch dem Lateinischen (Beispiel: *Sponsion*). In bezug auf die letztgenannte Spendersprache sei daran erinnert, daß der Wiener Hof – anders als der Berliner Hof, und erst recht als die Regierung in Bern – bis zum Ersten Weltkrieg Latein als offizielle Briefsprache beibehielt (Ammon 1991a: 286). Naheliegenderweise stammen eine ganze Reihe von Austriazismen auch aus dem bairisch-österreichischen Dialekt (z. B. *Hend(er)l*). Man vergegenwärtige sich in diesem Zusammenhang nur, daß das *Wörterbuch der bairischen Mundarten in Österreich* (1963 ff.) als wichtige Quelle des *Österreichischen Wörterbuchs* dient. Vereinzelt ist auch die Beibehaltung eines alten germanischen Wortes für die Entstehung eines Austriazismus verantwortlich, an dessen Stelle die übrigen nationalen Zentren des Deutschen ein Wort aus einer Fremdsprache übernommen haben (Beispiel: *Topfen* anstelle des aus dem Niedersorbischen entlehnten *Quark*). Teilweise existieren die entlehnten Formen in den Spendersprachen nicht mehr oder sind dort veraltet.

Mögen hier einige weitere Beispiele für die (unmittelbare) Herkunft der Austriazismen genügen. Die Bedeutungsangaben sind, wo dies notwendig schien, in deutschem Deutsch beigefügt. Die Ausgangsform ist angegeben, wenn sie sich vom Austriazismus unterscheidet (nicht bei bloßem Unterschied in der Großschreibung).

Bairisch-österreichischer Dialekt: Blunze ‚Blutwurst‘, Busserl ‚Küßchen‘, Erdapfel ‚Kartoffel‘, Germ ‚(Back)Hefe‘, heuer ‚in diesem Jahr‘, Pickerl ‚Aufkleber‘, Pracker ‚Teppichklopfer‘, Semmelbrösel ‚Paniermehl‘.

Englisch: Goal ‚Tor (beim Fußball)‘ (< goal), Indian ‚Truthahn‘ (< Indian (chicken)), Out ‚Aus (beim Fußball)‘ (< out), Professional ‚Berufssportler‘ (< professional), Tram(way) ‚Straßenbahn‘ (< tram(way)), Zipp(verschluß) ‚Reißverschluß‘ (< zipper).

Französisch: Affaire (die Schreibweise) (< affaire), Billeteur/euse ‚Platzanweiser/in (im Kino)‘ (< billet ‚Eintrittskarte‘), Façon (Schreibweise) (< façon), Fauteuil ‚Sessel‘ (< fauteuil), Kokosette ‚Kokosflocke‘ (< cocosette, frz. veraltet), Kommassierung ‚Flurbereinigung‘ (< commasser ‚zusammenfassen‘), Plafond ‚Decke (eines Raumes)‘ (< plafond), Sauce (Schreibweise) (< sauce).

Italienisch: Aranzini ‚Orangeat‘ (< aranciata), Karfiol ‚Blumenkohl‘ (< cavolfiore), Melanzane ‚Aubergine‘ (< melanzana), Paradeiser ‚Tomate‘ (< Paradiesapfel (Lehnübersetzung) < pomodoro), präpotent ‚überheblich, unverschämt‘ (< prepotente), Ribisel ‚Johannisbeere‘ (< ribes), sekkieren ‚belästigen‘ (< seccare), Zibebe ‚Rosine‘ (< zibibbo).

Latein: Kontumaz ‚Quarantäne‘ (< contumacia ‚Unbotmäßigkeit‘ (Bedeutungswandel), Mandatar ‚Abgeordneter‘ (< mittellateinisch mandatarius), Primar(arzt) ‚leitender Arzt‘ (< primarius), servus! ‚Tag!‘ (< servus), spondieren ‚den Magistrad verliehen bekommen‘ (< spondere), Urgenz ‚Mahnung‘ (< urgentia).

Tschechisch: Buchtel ‚Dampfnudel‘ (< buchtičky), Dalken (Mehlfladen: Sachspezifikum) (< vdolky), Golatsche/Kolatsche ‚gefüllter Kuchen, rund oder viereckig‘: Sachspezifikum) (< koláč), Powidl ‚Pflaumenmus‘ (< povidl), Strizzi ‚Strolch‘ (< strýc ‚Onkel‘).

Ungarisch: Fogosch ‚Zander' (< fogas), Gulyas (die Schreibweise) (< gulyás), Palatschinke (< palacsinta), Schinakel ‚Ruderboot' (< csónak), Puszta (Schreibweise) (< puszta).

Einzelwörter: (West)Jiddisch oder Rotwelsch: Beis(e)l ‚Kneipe' (< bajis ‚Haus'), Kroatisch: Kukuruz ‚Mais' (< kukuruz), Slawisch (nicht genau festlegbar): Kren ‚Meerrettich' (russ. chren, tschech. křen), Slowenisch: Jause ‚Zwischenmahlzeit' (< júžina ‚Mittagessen').

Wünschenswert wäre natürlich eine quantitative Angabe. Dazu fehlt derzeit jedoch schon die elementare Voraussetzung eines nach klaren Kriterien abgegrenzten Gesamtkorpus von Austriazismen. Möglicherweise ließe sich die Sammlung von Ebner (1980) zugrundelegen, nachdem die Nonstandardvarianten ausgesondert wären. Für einen ernsthaften Versuch schien mir dieser Boden jedoch zu schwankend. Folgt man Ebners (1988: 165–169) Liste von Wörtern mit Herkunftsangaben, über deren Repräsentativität für die Austriazismen er sich jedoch nicht äußert, so erhält man für die verschiedenen Spendersprachen die folgenden Proportionen (jeweils ohne die Ableitungen oder Zusammensetzungen mit dem entlehnten Wort): Italienisch 28, Lateinisch 27, Französisch 24, Englisch 15, Ungarisch 4, andere Sprachen 7. Diese Zahlen geben allenfalls ganz grobe Anhaltspunkte für die tatsächlichen Proportionen, ohne jegliche Gewähr.

4 Die „Sternchen-Wörter" im *Österreichischen Wörterbuch* und der österreichische Nationalvarietäts-Purismus

„Sternchen-Wörter", informeller auch „Sterndl-Wörter", wurden und werden die hier zur Diskussion stehenden Wörter von den Bearbeitern des *Österreichischen Wörterbuchs* gewöhnlich mündlich genannt. Es sind die im Wörterbuch mit einem nachgestellten, hochgesetzten Asteriskus versehenen Wörter. Den Asteriskus in dieser spezifischen Position nenne ich im weiteren Sternchen und die mit ihm markierten Wörter Sternchen-Wörter.

Diese Art von Wörtern erscheint im *Österreichischen Wörterbuch* sowohl als Lemma wie auch als Variante zu einem Lemma in der Lemmaerläuterung oder -definition. Zahlen zu den verschiedenen Vorkommensweisen finden sich in Tabelle 4.

Tab. 4: Anzahl von Sternchen-Wörtern als Lemma oder als Bestandteil der Lemmaerläuterung in verschiedenen Auflagen des *Österreichischen Wörterbuchs*

Auflage	Nur als Lemma	Nur in Lemmaerläuterung	Als Lemma und in Lemmaerläuterung
1. Aufl., 1951	53	44	21
37. Aufl., 1990	170	24	25

Bei manchen Sternchen-Wörtern entsteht sogar der Eindruck, als dienten sie hauptsächlich zur Lemmaerläuterung. Dies ist vor allem dann der Fall, wenn sie nur in der Lemmaerläuterung auftreten und selber kein Lemma bilden. So finden sich etwa Eintragungen wie „Germ die, -: Backhefe*" oder „Kren der, -s: Meerrettich*", ohne daß *Backhefe* bzw. *Meerrettich* selber als Lemma vorkommen. Die Wörterbuchmacher setzen also – wie es scheint – die allgemeine Bekanntheit dieser Wörter bei den Wörterbuchbenutzern voraus und verwenden sie nur zur Erläuterung von Lemmata. Wie man aus Tabelle 4 ersieht, nimmt allerdings der Anteil dieser Sternchen-Wörter in den neueren Auflagen ab. Andere Sternchen-Wörter treten sowohl als Lemma wie auch in den Lemmaerläuterungen auf, z.B. *Quirl* oder *Sahne*, die außer als Lemma auch in den Erläuterungen zu „Sprudler" bzw. „Obers" auftauchen. Manche Sternchen-Wörter sind schließlich nur Lemma, also offenbar nur erläuterungsbedürftig, nicht erläuterungsfähig. Beispiele sind *Kehricht* oder *Schreiner*, die nirgendwo in den Lemmaerläuterungen erscheinen, auch nicht unter „Mist" oder „Staub" bzw. „Tischler" (alle Beispiele aus *Österreichisches Wörterbuch* 1990). Es muß hier offen bleiben, ob diese verschiedenartige Behandlung der Sternchen-Wörter im *Österreichischen Wörterbuch* tatsächlich auf Annahmen über ihre unterschiedliche Bekanntheit bei den Wörterbuchbenutzern beruht oder ob sie anderweitig bedingt ist.

Die Sternchen-Wörter bestehen seit der ersten Auflage 1951 und werden seitdem auch in Grundzügen ähnlich definiert. Allerdings gibt es die folgenden beiden Hauptvarianten der Definition:

(I) Das Wort ist in Österreich nicht heimisch oder nicht gebräuchlich.
Beispiele: „[D]as Wort ist *in Österreich* nicht oder *wenig gebräuchlich.*" (1. Aufl., 1951: 74. Hervorhebung im Original)
„[Das Wort ist] in Österreich nicht heimisch (...) oder erst seit kurzem hier in Gebrauch gekommen (...)" (36. Aufl., 1985: 9, ähnlich gegenüber hinterem Deckblatt)

(II) Das Wort ist Bestandteil des deutschen Deutsch oder wird so empfunden.
Beispiele: „Wortgut, das, dem Mittel- oder Niederdeutschen entstammend, in Österreich als ‚bundesdeutsch' empfunden wird, wird durch einen Stern gekennzeichnet (...)" (35. Aufl., 1979: 10)
„Wörter, die speziell dem ‚Binnendeutschen', das heißt dem Sprachgebrauch Deutschlands angehören, werden mit einem * gekennzeichnet." (37. Aufl., 1990: 15)

Die Definition der Sternchenmarkierung entwickelt sich nicht kontinuierlich. In der Zeit vor der 35. Auflage (1979) bleibt es durchgängig bei Definitionsvariante (I). Die 35. Auflage bringt dann die Variante (II) auf. In der 36. Auflage (1985) kehrt man zur Variante (I) zurück, um dann schließlich in der 37. Auflage (1990) wieder die Variante (II) aufzugreifen. Während Variante (I) das Wort nur aus dem österreichischen Deutsch ausschließt, ohne es einem bestimmten anderen Deutsch zuzuordnen, spezifiziert Variante (II) es darüber hinaus als deutsches Deutsch. Auf diese spezifische Zuordnung zum deutschen Deutsch hat sich das *Österreichische Wörterbuch* in neuester Zeit eingependelt, nachdem Mitte der 80er Jahre mit der 36. Auflage noch einmal ein Pendelschlag in Richtung unterbleibender Spezifizierung zu verzeichnen war.

Das Sternchen-Symbol gibt allenfalls einen vagen Hinweis auf die Bedeutung dieser Markierung. Der Asteriskus, der dann allerdings am Anfang steht, dient in der Linguistik ansonsten zur Markierung grammatisch fehlerhafter Formen (Beispiel: *das Opa). Damit verwandt ist die Sternchenmarkierung im *Deutschen Wörterbuch* von Brenner [1949] (1951: V) für „mundartliche Ausdrücke, die man zwar verstehen soll, aber im guten Sprachgebrauch nicht verwenden darf (...)" Der mögliche Zusammenhang zwischen diesen Markierungen und derjenigen im *Österreichischen Wörterbuch* muß hier offen bleiben, und ebenso, warum keine deutlichere Markierung gewählt wurde. Anscheinend war ursprünglich, bei der Planung der ersten Auflage, an ein eingeklammertes „r. d." für „reichsdeutsch" gedacht (vgl. Torberg [1948] 1981: 64), was jedoch schon damals im Hinblick auf den Staatsnamen Deutschlands überholt war. Stattdessen wäre aber z. B. ein hochgestelltes „B" oder „b", „D" oder „d" oder dergleichen (für ‚(bundes- oder binnen)deutsches Deutsch') möglich gewesen. Indes hätte auch eine solche Markierung nicht ohne weiteres zu den Definitionen gepaßt, zumindest nicht zu allen.

Wer die Idee der Sternchen-Wörter erfunden hat, läßt sich nicht mehr ohne weiteres rekonstruieren. Ernst Pacolt hat mir über die Ursprünge in den Vorbereitungszeiten des Wörterbuchs folgendes geschrieben (Brief vom 21. 12. 1993): „‚Erfinder' der Sternchenwörter waren wir alle, ganz besonders eingesetzt hat sich damals Dr. Krassnigg." Die beiden Wiener Landesschulinspektoren, Hofrat

Dr. Albert Krassnigg und Hofrat Dr. Anton Simonic, spielten eine wichtige Rolle in der Vorbereitungsphase des Wörterbuchs (vgl. auch Krassnigg 1951/52). Offenbar hat es auch eine breitere Diskussion über das Vorhaben gegeben, eine Kategorie von der Art der Sternchen-Wörter in das geplante Wörterbuch aufzunehmen, denn der österreichische Schriftsteller Friedrich Torberg [1948] (1981: 64–67) setzt sich zu jener Zeit öffentlich mit einem Leserbrief auseinander, der zu dieser Frage sogar in der damaligen New Yorker Wochenzeitung *Aufbau* erschienen ist.

Interessanterweise sieht Torberg in dieser Kategorie von Wörtern – die nach seinem Informationsstand, wie schon erwähnt, mit „r. d." (reichsdeutsch) markiert werden sollten – die genaue Entsprechung zu den im Duden als ‚österreichisch' markierten Wörtern: „[V]ielmehr wird es [das geplante Wörterbuch! U.A.] sie [diese Wörter! U.A.] durch ein eingeklammertes ‚r.d.' als reichsdeutsche Abweichungen kenntlich machen und sie damit auf jene bedingte Zulässigkeit reduzieren, die der Duden vermittels eines eingeklammerten ‚ö' den in Österreich üblichen Formen bewilligt." (Torberg [1948] 1981: 64)

In der Tat ist eine solche Entsprechung nicht ganz von der Hand zu weisen. Sie besteht jedoch zumindest nicht so vollständig, wie Torberg annimmt. Sein eigener Text verrät schon einen entscheidenden Unterschied, indem er nur über „reichdeutsche" oder auch „preußische Sprachgebräuche" spricht, die künftig in Österreich „nicht länger gelten sollten". Demgegenüber sind in den Dudenbänden seit der Einführung solcher Markierungen außer österreichischen auch schweizerische (und später noch weitere) nationale Varianten des Deutschen aufgenommen und als solche markiert. Auch läßt sich für den Duden nicht belegen, daß es ihm hauptsächlich darum geht, diese anderen Varianten aus Deutschland herauszuhalten und dort nicht gelten zu lassen. Die betreffenden Markierungen haben primär einen andersartigen Zweck: Sie sollen Auskunft geben über die Besonderheiten der nationalen Varietäten Österreichs und der Schweiz, da der Duden ein Nachschlagewerk für die gesamte deutsche „Standardsprache" einschließlich des österreichischen und des schweizerischen Standarddeutsch sein will (vgl. auch Kap. D.4). Dagegen ist mit der Sternchenmarkierung im *Österreichischen Wörterbuch* in der Tat hauptsächlich die von Torberg angesprochene Absicht verbunden, nämlich bestimmten Wörtern die (volle) Geltung in Österreich zu versagen. Die – im Gegensatz zum Duden – einseitige Blickrichtung auf nur eine, nämlich die deutsche nationale Varietät der deutschen Sprache, und die Begründung, daß die betreffenden Varianten in Österreich nicht als österreichisch „empfunden" werden, verraten diese mit der Sternchenmarkierung verbundene Intention. Sie wird auch durch die Vorgeschichte und durch Parallelen in der Schweiz gestützt, auf die ich im weiteren Verlauf dieses Kapitels noch zu sprechen komme.

Wenn wir von der Richtigkeit dieses Verständnisses der Sternchenmarkierung im *Österreichischen Wörterbuch* ausgehen, so läßt sie sich unter einen allgemeineren Begriff subsumieren, der auch eine umfassendere Sicht eröffnet. Es handelt sich um eine spezielle Form des „Sprachpurismus", eines in der Soziolinguistik vielfach thematisierten Komplexes von sprachplanerischen und sprachpolitischen Aktivitäten (vgl. dazu z.B. Kirkness 1984). Damit sind all diejenigen Aktivitäten gemeint, welche die eigene Sprache von fremden Einflüssen (Fremdwörtern, Entlehnungen) freihalten wollen (vgl. als Beispiele aus Österreich: Richter 1920; „Wiener Erlaß gegen die Fremdwortseuche" 1938). Der Terminus ist motiviert durch die in diesem Zusammenhang häufig gebrauchte Metapher der

Reinigung, wobei die autochthonen Sprachbestandteile – zumindest implizit – als sauber und die entlehnten als schmutzig bewertet werden. Allerdings hat *pur* außerdem – sogar schon lateinisch *purus* – die hier treffendere Bedeutung ‚unvermischt'. Daneben finden sich im Kontext solcher Bestrebungen auch andere Metaphern, z. B. medizinische, wobei die autochthonen Sprachbestandteile als gesund und die entlehnten als Krankheitskeime gesehen werden. In bezug auf diese Metaphorik könnte man statt von „Sprachpurismus" auch von „Sprachtherapie" oder ähnlichem sprechen (Heilung statt Reinigung).

In den meisten, zumindest den meisten bislang untersuchten Fällen sind die puristischen Bestrebungen gegen andere Sprachen bzw. Entlehnungen von dort gerichtet. Im vorliegenden Fall richten sie sich jedoch gegen andere Varietäten derselben Sprache bzw. Entlehnungen von dort. Um diesen Umstand terminologisch zu verdeutlichen, kann man spezieller von Varietäts-Purismus sprechen oder – bezogen auf den hier zur Diskussion stehenden Fall noch genauer – von Nationalvarietäts-Purismus. Den Gegensatz zum Varietäts-Purismus bildet dann der Sprach-Purismus, der sich auf fremde Sprachen richtet. Ich wähle absichtlich die Schreibweise mit Bindestrich für den speziell auf fremde Sprachen bezogenen engeren Begriff, der dem Begriff ‚Varietäts-Purismus' nebengeordnet ist. Der ohne Bindestrich geschriebene, gängige Terminus kann dann zur Bezeichnung des Oberbegriffs dienen (vgl. Abb. 13).

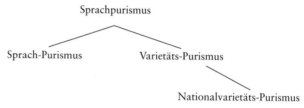

Abb. 13: Begriffsschema ‚Sprachpurismus'

Nationalvarietäts-Purismus ist übrigens durchaus ein echter Spezialfall von Varietäts-Purismus, von dem es auch andere Arten gibt. Beispiele einer anderen Art von Varietäts-Purismus sind etwa die vielenorts beobachtbaren Bemühungen, den Dialekt „rein", d. h. von Entlehnungen aus der Standardvarietät frei zu halten (vgl. Kap. C.4).

Der Varietäts-Purismus kann durchaus so beschaffen sein, daß Entlehnungen aus einer fremden Sprache solchen Ausdrücken der eigenen Sprache vorgezogen werden, die aus einer anderen Varietät stammen – im Falle von Nationalvarietäts-Purismus speziell den Ausdrücken aus einer anderen nationalen Varietät. Es gibt also Varietäts-Purismus, der frei ist von Sprach-Purismus oder in dessen Kontext der Sprach-Purismus nur eine geringe Rolle spielt. Beide Begriffe sollten demnach sorgfältig auseinandergehalten werden. Der schon erwähnte Friedrich Torberg vertritt z. B. unverkennbar eine solche Richtung des von Sprach-Purismus freien Nationalvarietäts-Purismus. Er setzt sich beispielsweise ein gegen die Schreibung „Soße" und für die „originale Schreibweise ‚Sauce'", „schon weil sie es ihnen [den Österreichern! U. A.] erspart, das unnatürliche und dem österreichischen Sprachgefühl höchst unwillkommene Schluß-E auszusprechen, welches ein echtes Anliegen der Soße ist", oder er nimmt die in Österreich zu beobachtende Verwendung von Wörtern wie *Fernsprecher* statt *Telefon* oder *Anschrift* statt *Adresse* aufs Korn (Torberg [1961] 1985: 277 bzw. 274 f.). Varietäts-Purismus und Sprach-Purismus können also recht unabhängig voneinander bestehen.

Ansonsten zeigen beide Arten von Bestrebungen in vieler Hinsicht Parallelen. Eine solche Parallele besteht z. b. darin, daß sich der österreichische Nationalvarietäts-Purismus nur gegen eine ganz bestimmte andere Nationalvarietät richtet. Auch sprach-puristische Bestrebungen zielen oft hauptsächlich auf eine ganz bestimmte andere Sprache ab, so z. B. in Deutschland im 19. Jahrhundert auf das Französische oder in Frankreich heutzutage auf das Englische. Bei näherer Betrachtung verschiedener plurinationaler Sprachen ließe sich vermutlich öfter ein Nationalvarietäts-Purismus feststellen, der hauptsächlich gegen eine ganz bestimmte andere Nationalvarietät gerichtet ist, z. B. in Australien hauptsächlich gegen das britische Englisch oder in manchen südamerikanischen Nationen gegen das spanische Spanisch. Man wird wohl von der allgemeinen Gesetzmäßigkeit ausgehen dürfen, daß sich der Nationalvarietäts-Purismus jeweils gegen diejenige nationale Varietät richtet, die innerhalb der betreffenden Sprache oder zumindest in den Beziehungen zur jeweiligen puristisch gepflegten Varietät eine dominierende Rolle spielt (vgl. Kap. F.7). Dies erklärt sich aus seiner grundsätzlichen Motivation, die aus dem Bemühen um nationale Autonomie entspringt, für die auch ein sprachlicher Ausdruck gesucht wird. In der Tat läßt sich Sprachpurismus wohl nur einigermaßen umfassend verstehen im Rahmen von Theorien der „Ethnisierung" oder Nationsbildung. Er richtet sich natürlicherweise gegen diejenige Nation bzw. deren Sprache oder Varietät, die dieser Entwicklung am meisten im Wege steht (vgl. Fishman 1972: 66–71).

Die Betonung der nationalen und sprachlichen Autonomie nach außen hin hat stets ihre Reflexe auch nach innen, innerhalb der sich emanzipierenden Nation. Darauf richtet sich der Sprachpurismus sogar in erster Linie. Ob als Varietäts- oder als Sprach-Purismus, ist er in aller Regel Indikator gegensätzlicher Einstellungen zu sprachlichen Entlehnungen innerhalb der betreffenden Gesellschaft. Sprachpurismus hat ja nur dann wirklich ein Motiv, wenn sich ein Teil der Gesellschaft – zumeist ist es sogar der größere Teil – nicht in seinem Sinne verhält. Die Sprachpuristen wollen diese unbotmäßigen Teile der Gesellschaft zu einem „reineren" Sprach- bzw. Varietätsgebrauch bewegen. Daß dieses Bestreben letztlich auch hinter der Sternchenmarkierung im *Österreichischen Wörterbuch* steckt, zeigt sich bei genauerer Betrachtung der Geschichte des Wörterbuchs und der Umstände seiner Entstehung. Dieses Bestreben wäre gegenstandslos, wenn ihm in der Sprachwirklichkeit nicht häufig zuwider gehandelt werden würde, wie z. B. die folgende Bemerkung verrät: „[S]tatt ‚Obers' wird immer wieder das vermaledeite ‚Sahne' gebraucht, und zwar aus Servilität vor dem deutschen Reisepublikum, aus der gleichen Servilität, die dem markbewehrten Ausländer auch mit Pfifferlingen, Ochsenfleisch und ähnlichen Fremdenverkehrsunfällen aufwartet: gegen die an der Sahnefront gekämpft wird." (Torberg [1961] 1988: 273) Diese Bemerkung verrät die Gespaltenheit der Gesellschaft im Umgang mit den beanstandeten Varianten, deren Verwendung der Autor auf niedrige Beweggründe zurückführt (Servilität, Geldgier). Darüber hinaus wird hier die Auseinandersetzung um die Sprachvarianten gewissermaßen zum Krieg verschärft. Das von diesem beredten, varietäts-puristischen Autor geprägte Wort „Sahnefront" wurde zu einem Schlagwort für Auseinandersetzungen dieser Art in Österreich

(Ebner 1988: 102). Der Text, aus dem die zitierte Passage stammt, trägt den Titel: „In der Sahnen-Etappe". Der damit beschworene nationalvarietäts-puristische Krieg ist im Grunde ein Bürgerkrieg, da er sich ja in erster Linie zwischen den Angehörigen derselben Nation abspielt. Zwar wirken die Sternchen-Wörter des *Österreichischen Wörterbuchs* vergleichsweise ganz und gar undramatisch; sie definieren jedoch im Grunde genau den Casus belli.

Um Mißverständnissen vorzubeugen, möchte ich darauf hinweisen, daß diese Darstellung des österreichischen Nationalvarietäts-Purismus keineswegs nahelegen soll, daß ich ihn für illegitim halte. Es soll nur demonstriert werden, wie dramatisch er sich bisweilen darstellt, und es sollen Grundzüge skizziert werden, die sowohl Spezifisches als auch Übereinstimmungen mit anderen Fällen von Nationalvarietäts-Purismus erkennbar werden lassen. Explizite derartige Vergleiche zwischen verschiedenen Nationen und verschiedenen plurinationalen Sprachen bleiben allerdings die Aufgabe späterer Forschung.

Bei einem etwas weiteren Ausblick zeigt sich, daß der Nationalvarietäts-Purismus keineswegs erst im Umfeld des *Österreichischen Wörterbuchs* entstanden ist. Eine Besonderheit ist nur die Markierung beanstandeter Wörter durch Sternchen. Ansonsten finden sich Ansätze und Bemühungen dieser Art lange zuvor, und sie sind vor allem selbst innerhalb der deutschen Sprache keineswegs auf Österreich beschränkt.

Ein älterer Vertreter dieser Denkrichtung, die bei ihm allerdings nur gelegentlich aufscheint, ist der Schweizer Lehrer und Sprachwissenschaftler Heinrich Stickelberger. Er legt speziell in seiner Abhandlung *Schweizerhochdeutsch und reines Hochdeutsch* (1914) schon zu einem frühen Zeitpunkt unverkennbare nationalvarietäts-puristische Bestrebungen an den Tag, natürlich speziell in bezug auf die schweizerische nationale Varietät des Deutschen. Sie verbinden sich bei ihm mit sprach-puristischen Bestrebungen. Er ist also „Sprachpurist" im umfassenden Sinn: bezüglich der eigenen nationalen Varietät und bezüglich der eigenen Sprache. Dementsprechend behandelt er „norddeutsche Einflüsse" auf das Schweizerhochdeutsche unter der gleichen Überschrift wie solche aus der griechischen, lateinischen, englischen und französischen Sprache, nämlich als „fremde Einflüsse" (Stickelberger 1914: 102–133, siehe 102-109). Sein Nationalvarietäts-Purismus kommt darin zum Ausdruck, daß er es für „töricht" erklärt, wenn Schweizer „norddeutsche Wörter oder allgemein hochdeutsche in norddeutscher Form (...) gebrauchen; z.B. die Mehrzahl *Mädels* und *Fräuleins* (dieses s ist niederdeutschen (...) Ursprungs)." Neben grammatischen Formen, welche die Schweizer meiden sollen, nennt er auch norddeutsche Wörter, denen er jeweils die schweizerhochdeutsche Variante gegenüberstellt. Folgendes sind Beispiele dafür, wobei die norddeutsche Variante jeweils an erster Stelle steht: *Bindfaden* statt *Schnur, Scheune* statt *Scheuer, Sonnabend* statt *Samstag, Ziege* statt *Geiß, scheuern* statt *fegen.* (Stickelberger 1914: 102 bzw. 108f.)

Derart deutliche Bekundungen eines Nationalvarietäts-Purismus finden sich in Österreich erst zu späterer Zeit, allerdings durchaus auch schon geraume Zeit vor dem Entstehen des *Österreichischen Wörterbuchs.* Das engagierteste Beispiel dafür liefert Carl F. Hrauda in seiner 1938 abgeschlossenen, aber erst 1948 veröffentlichten Schrift *Die Sprache des Österreichers.* An deren Ende findet sich eine Liste von 129 Wörtern unter der folgenden Überschrift: „Zu vermeidende Ausdrücke. (Preußische Dialekt-, schlechte neudeutsche, richtige hochdeutsche, aber unösterreichische Bildungen.)" Ihnen sind durchgängig Entsprechungen beigegeben, und zwar unter der Überschrift: „Die anzuwendenden äquivalenten Ausdrücke. (Oesterreichisch-hochdeutsche Ausdrücke.)" Man brauchte im Grunde nur Hraudas „zu vermeidende Ausdrücke" mit einem Sternchen zu versehen und in ein Wörterbuch einzubauen, um die Art von Sternchen-Wörtern des *Österreichischen Wörterbuchs* zu erhalten.

Aus Stickelbergers und noch deutlicher aus Hraudas Ausführungen ergeben sich auch Anhaltspunkte dafür, wie die spätere Sternchenmarkierung im *Österreichischen Wörterbuch* zu verstehen ist; zumindest legen sie dieses Verständnis nahe, wenn es auch im Wörterbuch selber nicht ausdrücklich so formuliert ist. Mit dem Sternchen werden Wörter oder auch Phraseologismen gekennzeichnet, die nicht als Bestandteil der eigenen nationalen Varietät gelten sollen. Dabei ist es für diese Wörter charakteristisch, daß sie im eigenen Zentrum bzw. in der eigenen Nation durchaus bekannt und teilweise sogar gebräuchlich sind (vgl. auch Wiesinger 1980a: 370f.). Insofern sind diese Wörter deutlich zu unterscheiden von solchen Bestandteilen anderer nationaler Varietäten (derselben Sprache), die innerhalb der eigenen Nation nicht oder kaum bekannt sind (vgl. Kap. A.5: (2)). Gerade weil die unerwünschten Ausdrücke im Sprachgebrauch der eigenen Nation vorkommen oder schon gängig sind, ist es vom puristischen Standpunkt aus notwendig, ihrem Gebrauch entgegenzutreten.

Bei Hrauda (1948: 5, 10, 14) geschieht dies noch mit außerordentlicher Schärfe. Er nennt ihre Verwendung eine „kulturelle Verseuchung und Zersetzung" oder „das Allerhäßlichste", bedient sich also der Metapher der Gesundheit und der ästhetischen Bewertung. Politisch eindeutiger spricht er auch von „Verpreußung", eine übrigens im späteren österreichischen Nationalvarietäts-Purismus ebenfalls oft beschworene Gefahr (vgl. z.B. die Glosse „Wie verpreußt sind wir?" von Friedrich Torberg [ca. 1960] 1988: 275f.). Die Herausgeber von Hraudas Schrift loben dagegen seine „Bemühungen um die Bewahrung und Reinhaltung der inneren Bezirke des nationalen Daseins" (Hrauda 1948: 3). Sie operieren also mit der Reinheitsmetapher, die für den Purismus namensgebend geworden ist.

Verglichen damit ist die Sprachwahl im Kontext des *Österreichischen Wörterbuchs* naheliegenderweise viel zurückhaltender. Im Wörterbuch selber scheint sie sogar ganz frei von expliziter Wertung. Impliziert ist aber doch zumindest insoweit eine Wertung ähnlicher Art, als die Wörterbuchmacher die mit Sternchen markierten Wörter nicht als österreichisch anerkennen und von ihrem Gebrauch abraten. Im weiteren Umfeld des Wörterbuchs werden auch deutlichere dementsprechende Wertungen ausgesprochen. Dies gilt nicht nur von Personen, die mit dem Wörterbuch selber nichts zu tun haben, wie der mehrfach zitierte Friedrich Torberg, sondern auch von unmittelbar daran Beteiligten. Entsprechende Wertungen kommen beispielsweise deutlich genug zum Ausdruck in den Beiträgen zur Zeitschrift *Die österreichische Nation*, die Otto Langbein, der zeitweilige Leiter der Wörterbuchstelle (1969–1973), verfaßt hat. Er veröffentlichte sie dort unter dem Pseudonym Dr. Gstrein in den Jahren 1957 bis 1972 in der Rubrik „Die Sprache des Österreichers" (vgl. Kap. B.1).

Vergleicht man Hraudas Wortliste mit den Sternchen-Wörtern der ersten Auflage des *Österreichischen Wörterbuchs*, so erscheint es zweifelhaft, ob diese Liste den Wörterbuchbearbeitern bekannt war. Sie hat jedenfalls mit Sicherheit nicht als hauptsächliche Grundlage für die Sternchenmarkierung von Wörtern gedient. Von Hraudas „zu vermeidenden Ausdrücken" findet sich nämlich nur ein kleiner Teil wieder unter den Sternchen-Wörtern der 1. Auflage des *Öster-*

reichischen Wörterbuchs, gerade 14 (10,9% von Hraudas Wörtern). Dies sind 9,9% der insgesamt 142 Sternchen-Wörter der 1. Auflage (Vorkommen als Lemma und in den Lemmaerläuterungen zusammengenommen). Dazu gehören Wörter wie *Droschke* (statt *Fiaker*), *Grieben* (statt *Grammeln*), *Kloß* (statt *Knödel*) und *Tomate* (statt *Paradeiser*).

Es ist aufschlußreich, die Entwicklung der Sternchen-Wörter seit der ersten Auflage des Wörterbuchs näher zu betrachten. Im Grunde finden sich alle denkbaren Arten von Veränderungen.

(1) Eine ganze Anzahl von Wörtern, nämlich insgesamt 38, die in der 1. Auflage als Sternchen-Wörter enthalten waren, sind inzwischen ganz aus dem Wörterbuch verschwunden, zumindest als Lemma und als asteriskusmarkierte Lemmaerläuterung. (Ob sie irgendwo unmarkiert in den Lemmaerläuterungen stecken, habe ich nicht geprüft). Beispiele, die sich schon in Hraudas Liste finden, sind *Droschke, Grieben* oder *Kloß*. Andere Beispiele sind: *Flicken, Küfer* oder *Rührei*. Waren hier die Wörterbuchmacher in ihrem Bestreben erfolgreich, diese Wörter aus dem österreichischen Sprachgebrauch zu verbannen?

(2) Manche Wörter waren in früheren Auflagen mit Sternchen markiert und sind es in späteren Auflagen nicht mehr. So sind insgesamt 38 Sternchen-Wörter der ersten Auflage (zufällig dieselbe Zahl wie unter (1)!) in der neuesten Auflage ohne Sternchen enthalten. Beispiele sind *besohlen, forsch, Karussell, Pastor* oder *Schluckauf*. Haben sich diese Wörter letzten Endes gegen die varietäts-puristischen Abwehrbemühungen durchgesetzt und sind zum anerkannten Bestandteil des österreichischen Standarddeutsch geworden?

(3) Eine ebenfalls nicht unbeträchtliche Zahl von Wörtern, nämlich 28, sind durchgängig von der ersten bis zur neuesten Auflage mit einem Sternchen markiert. Dazu gehören z.B. folgende Wörter, die sich schon in Hraudas Liste von „zu vermeidenden Ausdrücken" finden: *Aprikose, Blumenkohl, Junge, Quark, Sahne, Schornsteinfeger* oder *Sonnabend*. Weitere Beispiele sind *Jura, Korridor, Pickel* oder *Ziegenpeter*. Auf die Frage, warum gerade diesen Wörtern der „Einzug" ins österreichische Deutsch trotz langen „Anstehens" nicht gelungen ist, komme ich anschließend nochmal zurück.

(4) Zahlreiche Wörter fehlen in den ersten Auflagen noch gänzlich und wurden erst später aufgenommen und mit einem Sternchen markiert. Von den Sternchen-Wörtern der neuesten Auflage finden sich nicht weniger als 117 in der ersten Auflage weder als Lemma noch als Sternchen-Wort in den Lemmaerläuterungen; nicht ausgeschlossen werden kann, daß sie sich ohne Sternchenmarkierung ansonsten irgendwo in den Lemmaerläuterungen verstecken. Beispiele sind *Abitur, Apfelsine, buddeln, fernmündlich, klatschsüchtig, Lehrstuhl, Napf, Puderzucker, Pute, Schnake, schunkeln, Windpocken* oder *zensieren*. Für ihr Fehlen in den anfänglichen Auflagen ist als Erklärung denkbar, daß sie früher in Österreich noch zu wenig bekannt waren, um in das Wörterbuch aufgenommen zu werden. Ihre spätere Aufnahme wäre dann ein Indiz für das Eindringen neuer Wörter aus Deutschland nach Österreich, deren Heimischwerden man jedoch mit dem Sternchen im Wörterbuch entgegenzuwirken sucht.

(5) Erstaunlicherweise gibt es sogar eine ganze Menge solcher Wörter, die in den ersten Auflagen des *Österreichischen Wörterbuchs* zwar verzeichnet, aber

erst in späteren Auflagen mit einem Sternchen markiert sind. Von den Sternchen-Wörtern der neuesten Auflage finden sich nicht weniger als 74 schon in
der ersten Auflage, sind dort aber noch nicht mit Sternchen markiert. Aus
Hraudas Liste sind dies z. B. *Napfkuchen* oder *quirlen*. Andere Beispiele sind
*Abwasch, albern, drall, Feldwebel, Januar, just, Kelter, Klemme, Lache,
pissen, Quirl, Speiseeis, Tüte* oder *verulken*.

Für diesen erstaunlichen Befund liefert Hermann Scheuringer (im Druck b)
einen Erklärungsansatz. Er hat in einer Detailstudie zur Geschichte der Varianten
Januar und *Jänner* in Österreich festgestellt, daß *Jänner* im Verlauf der letzten
Jahrzehnte *Januar* stark zurückgedrängt hat, nachdem dieses sich in Österreich
fast schon als Normalform etabliert hatte. Hand in Hand mit dieser Zurückdrängung hat sich auch die Bewertung von *Januar* als unösterreichisches oder deutsches Deutsch verstärkt und gefestigt. Es fragt sich, inwieweit die Sternchen-Markierung im *Österreichischen Wörterbuch* sogar zu dieser Entwicklung beigetragen bzw. sie nur reflektiert hat. Dabei ist zu berücksichtigen, daß diese zum
Teil Entsprechungen in den Schulbüchern findet. Als Beispiel sei nur auf den
Unterschied zwischen *Mein Bildwörterbuch* und *Mein erstes Wörterbuch* hingewiesen (Pacolt u. a. 1957; 1963). Im ersten erscheint *Januar* noch gleichberechtigt neben *Jänner*, im zweiten nicht mehr. Unabhängig von den Einzelheiten der
Wirkungszusammenhänge drängt es sich speziell bei Vorgängen dieser Art auf, sie
im Zusammenhang mit der Herausbildung der österreichischen Nation zu sehen
(vgl. Bruckmüller 1984; 1994). Spezieller handelt es sich vielleicht sogar um eine
Art sprachlicher „Reethnisierung" (Fishman 1972: 122), da das ältere einigermaßen nationsspezifische *Jänner* ja schon einmal durch das nationsübergreifende
Januar verdrängt war. Dabei besteht vermutlich eine Rückkoppelung zwischen
nationaler Bewußtseinsbildung und der Entstehung bzw. Wiederbelebung nationaler Sprachvarianten (vgl. Kap. B.6).

Manche Fälle späterer Sternchen-Markierung lassen sich allerdings wohl
kaum anders als durch einen Einschätzungsfehler seitens der Bearbeiter erklären.
Speziell bei den Hrauda-Wörtern spricht schon die Aufnahme in seine Liste gegen
die Annahme, daß sie früher in deutlich höherem Maße österreichisch gewesen
sind als in neuerer Zeit. Solche Inkonsistenzen können unnachsichtige Beobachter
dazu verleiten, die Sternchenmarkierung mit Mario Wandruszka (1990: 175–178,
S. 176) grundsätzlich anzuzweifeln als „untauglichen halbamtlichen Versuch,
alles ‚Unösterreichische' abzuwehren (…)". Hinzu kommt ja, daß das *Österreichische Wörterbuch* nach Maßstäben wissenschaftlichen Arbeitens auch ansonsten recht unprofessionell gemacht ist (vgl. Pollak 1992: 144 f.; Kap. B.1:
gegen Ende). Es gibt – wenigstens bis einschließlich zur 37. Auflage (1990) –
keinerlei systematische Datengrundlage für das Wörterbuch: weder eine Auswahl
von Modelltexten noch die Exzerption von Sprachmaterial daraus (Sprachkartei)
und erst recht keine konsequenten Versuche der Befragung von Sprachexperten
oder Sprachnormautoritäten (vgl. zu diesen Begriffen Kap. A.4.2). Die wichtigste
schriftliche Grundlage für die Aufnahme und Auswahl von Ausdrücken bildet die
jeweils vorausgehende Auflage des Wörterbuchs. Die 1. Auflage stützte sich entsprechend auf das Werk *Regeln für die deutsche Rechtschreibung und Wörterverzeichnis* (letzte Aufl. 1944). Als weitere wichtige schriftliche Quelle kommt später
das *Wörterbuch der bairischen Mundarten in Österreich* (1963 ff.) hinzu (Auskunft Maria Hornung und Herbert Fussy). Die früheren Ausgaben und Vorläufer

sind ebenfalls ohne klar erkennbares wissenschaftliches Fundament entstanden. Dem *Wörterbuch der bairischen Mundarten in Österreich* kann man zwar sicher die Wissenschaftlichkeit nicht absprechen; es ist jedoch im wesentlichen ein Dialektwörterbuch, das als solches nicht ohne weiteres brauchbare Kriterien für die Erstellung eines Wörterbuchs einer Standardvarietät enthält. Von diesem unsicheren Fundament schriftlichen Materials aus haben die Bearbeiter des *Österreichischen Wörterbuchs* stets allein aufgrund ihrer intuitiven Sprachkenntnis über die Aufnahme und Markierung von Wörtern entschieden. Dabei ist der Entscheidungsmodus im Falle divergierender Einschätzungen nicht festgelegt gewesen; Entscheidungen wurden unter den Bearbeitern nicht aufgrund von Mehrheiten in Abstimmungen, sondern durch einen letztlich gruppendynamisch gesteuerten Konsens getroffen (Auskunft Maria Hornung und Otto Back). Dementsprechend finden sich in dem Wörterbuch nicht selten auch solche Wörter ohne jegliche Markierung, die – nach starken Indizien – von sämtlichen anderen Instanzen der Setzung einer Standardvarietät überwiegend als in ihrer Standardsprachlichkeit eingeschränkt bewertet werden, z. B. als antiquiert. Unter den Austriazismen sind dies beispielsweise Wörter wie *Gefrorenes* ‚(Speise)Eis‘, *Gewinst* ‚Gewinn (z. B. beim Preisschießen)‘, oder *Indian* ‚Truthahn‘.

Trotz dieser Umstände hat sich der Bestand der Sternchen-Wörter seit der 1. Auflage gründlich verändert. Bequemlichkeit kann man den Wörterbuch-Bearbeitern daher sicher nicht vorwerfen; andernfalls hätten sie in viel höherem Maße die einmal getroffenen Entscheidungen fortgeschrieben. Von den insgesamt 118 Sternchen-Wörtern der 1. Auflage (1951) sind in der 37. Auflage (1990) nur noch – wie schon erwähnt – 28 erhalten; das sind weniger als ein Viertel. Über drei Viertel der ursprünglichen Sternchen-Wörter haben also im Verlauf der rund 40jährigen Geschichte des Wörterbuchs ihren dementsprechenden Status verloren. Der Veränderungsgrad wird noch deutlicher, wenn man die 28 beibehaltenen Wörter auf die nunmehr immerhin 219 Sternchen-Wörter der 37. Auflage (1990) bezieht, von denen sie nicht mehr als knapp 13% ausmachen. Dagegen sind 87% der derzeitigen Sternchen-Wörter im *Österreichischen Wörterbuch* seit der 1. Auflage neu hinzugekommen. Den Hauptschub davon dürfte die 35. Auflage (1979) geliefert haben, die ja überhaupt die größten Veränderungen in den bisherigen Überarbeitungen mit sich gebracht hat. Die im Verlauf der Geschichte des *Österreichischen Wörterbuchs* gestiegene Anzahl der Sternchen-Wörter verrät, daß die Bearbeiter in ihren Verteidigungsbemühungen der österreichischen nationalen Sprachvarietät nicht erlahmt sind. Man muß bei der gestiegenen Zahl der Sternchen-Wörter freilich mit bedenken, daß der Umfang des Wörterbuchs seit der 1. Auflage insgesamt beträchtlich angeschwollen ist. Grob geschätzt dürfte der Anteil der Sternchen-Wörter an der Gesamtzahl der aufgenommenen Wörter ungefähr konstant geblieben sein. Die Veränderungen bei den Sternchen-Wörtern im Verlauf der Geschichte des *Österreichischen Wörterbuchs* zeugen auch vom Bemühen der Bearbeiter um Aktualisierung des Werkes, was – ungeachtet der genannten wissenschaftlichen Mängel – Respekt verdient.

Dennoch bleibt erstaunlich, daß es überhaupt Wörter gibt, die volle 40 Jahre lang ihren besonderen Status als Sternchen-Wörter bewahren konnten. So gesehen, erscheint ihre Zahl von 28 sogar recht groß (vgl. (3) oben). Man muß sich dabei vergegenwärtigen, daß es sich um Wörter handelt, die schon zu Anfang der 50er Jahre in Österreich gut bekannt waren, aber offenbar bis heute nicht heimisch geworden sind. Sie verdienen es, hier einzeln genannt zu werden: *Apri-*

kose, Blumenkohl, Böttcher, japsen (?), *Junge* (?), *Jura* (?), *Klempner* (?), *Korridor* (?), *keifen* (die Bedeutung) (?), *Küken* (die Schreibweise) (?), *Pickel* (?), *Plane* (?), *Quark, Ranzen* (?), *ratzekahl* (?), *Sahne, scheuern* (?), *Schlagsahne, schlapp* (?), *schnoddrig* (?), *Schnurre* (?), *Schornsteinfeger, Schreiner, schrubben* (?), *Schrubber* (?), *Sonnabend, Troddel, Ziegenpeter.* Die von mir mit einem Fragezeichen markierten Wörter wurden von zwei österreichischen Sprachwissenschaftlern intuitiv als in Österreich gebräuchlich und nicht sonderlich unösterreichisch bewertet. Allerdings bedürfte die ernsthafte Infragestellung der Sternchenmarkierung gründlicherer Absicherung.

Wenn man ansonsten, ungeachtet der methodischen Vorbehalte gegen das *Österreichische Wörterbuch*, davon ausgeht, daß das intuitive Urteil der Wörterbuch-Bearbeiter im großen und ganzen insoweit richtig ist, als es der mehrheitlichen Bewertung der Sprachbenutzer, oder zumindest der Sprachexperten und Sprachnormautoritäten, entspricht, so verlangt die Stabilität des Sternchen-Wort-Status nach einer Erklärung. Sie könnte vielleicht in die folgenden Richtungen gehen. Es handelt sich um Wörter, die in Österreich zwar seit langem ziemlich allgemein bekannt sind, aber nie volle Akzeptanz erreicht haben. Sofern es einheimische Synonyme für sie gibt, konnten sie diese nicht verdrängen. Die Erklärung sollte also auch auf die Stabilität der einheimischen Synonyme Bezug nehmen. Diese kann verschiedene Ursachen haben, beispielsweise:

– die feste Verankerung im linguistischen System der eigenen nationalen Varietät, z. B. in Wortkomposita, oder die pragmatische Verankerung in mehreren oder gesellschaftlich zentralen sprachlichen Domänen (Beispiel *Marille* gegenüber *Aprikose*: Komposita wie *Marillenstrudel, Marillentopfenstrudel, Marillenknödel* usw.; Verwendung in Haushalt, Gastronomie, Lebensmittelindustrie);
– die Funktion als sprachliches Nationalsymbol (vgl. Kap. B.6) (z. B. *Topfen* gegenüber *Quark*; vgl. die vielen Speisen mit *Topfen*);
– die institutionelle oder amtliche Verankerung des Wortes (Beispiel: *Jus* gegenüber *Jura*).

Der dauerhafte Sternchen-Status kann auch durch Eigenschaften des Sternchen-Wortes selbst bedingt sein, die es in Österreich inakzeptabel machen. Solche Eigenschaften können beispielsweise sein:

– der sogar im Herkunftszentrum nicht voll standardsprachliche Status des Sternchen-Wortes (Beispiel *schnoddrig* – im Rechtschreib-Duden (1991) mit „ugs." markiert);
– die Funktion des korrespondierenden Sternchen-Wortes als eine Art nationales Schibboleth eines anderen Zentrums der deutschen Sprache (vgl. zu dem Terminus Kap. B.6) (Beispiel *Sahne* gegenüber *Obers/Rahm.* — man vergleiche das schon erwähnte Abwehr-Schlagwort „Sahnefront"). Diese Funktion kann durch die öffentliche Diskussion, z. B. in den Medien, verfestigt worden sein.

Es bedarf kaum des Hinweises, daß diese Erklärungsansätze unvollständig und in hohem Maße hypothetisch sind. Sie bedürfen der eingehenderen, auch gezielten empirischen Untersuchung.

Für die umfassendere Erforschung der Sternchen-Wörter stellen sich weitere interessante Fragen, so z. B., aus welchen Lebensbereichen (Domänen) sie stammen oder welche Norm- und Stilebenen sie repräsentieren. Eine klare Antwort auf die erste Frage erscheint nicht ohne weiteres möglich, da offenbar ganz unterschiedliche Domänen im Spiel sind, ohne daß auffällige Häufungen sichtbar werden. Im Hinblick auf die zweite Frage fällt dagegen der große Anteil von Wörtern ins Auge, die im Grenzbereich der Standardsprachlichkeit liegen. Sie sind als „ugs." (umgangssprachlich), als „sal." (salopp) oder als „derb" markiert. Beispiele sind „berappen* (ugs.): bezahlen", „mausen* (sal): entwenden", oder „Hundsfott* (...) (derb): Schuft". Nicht weniger als 31% der Sternchen-Wörter der neuesten Auflage des *Österreichischen Wörterbuchs* (1990) sind solchermaßen als Grenzfälle des Standards markiert (75 von 241 – bei Zählung jeweils einschließlich der Wiederholungen in den Lemmaerläuterungen).

Der Verdacht erscheint nicht ganz abwegig, daß diese Markierung von den Wörterbuchbearbeitern womöglich zusätzlich eingesetzt wird, sei es bewußt oder unbewußt, um vor der Verwendung dieser Wörter vor allem in der für das Sprachlernen so wichtigen Institution Schule zu warnen. Es liegt nahe, diesen Verdacht zu prüfen durch einen Vergleich mit anderen Sprachkodizes. Die Untersuchungsfrage lautet dabei, ob die betreffenden Wörter des *Österreichischen Wörterbuchs* in anderen Sprachkodizes seltener als Grenzfall des Standards markiert sind. Ein Vergleich mit dem Rechtschreib-Duden (1991) ergibt jedoch nur einen recht geringen Unterschied. Von den 75 im *Österreichischen Wörterbuch* (1990) entsprechend markierten Wörtern sind im Rechtschreib-Duden nur 5 (7%) unmarkiert. Dabei handelt es sich um die folgenden Wörter, deren Markierung durch das *Österreichische Wörterbuch* (1990) jeweils in eckigen Klammern beigefügt ist: *albern* [sal.], *Kripo* [ugs.], *schwatzen* [ugs.], *tuckern* [ugs.], *unbedarft* [ugs.]. Dagegen sind 64 der 75 Wörter (85%) auch im Rechtschreib-Duden (1991) gleich oder ähnlich markiert. (1 Wort ist im Rechtschreib-Duden (1991) nicht vorhanden: *Schubser,* (vorhanden: *Schubs*), 1 Wort nur in anderer Schreibung: *pickfein* (vorhanden *piekfein*), und für 4 Wörter ist eine andere Bedeutung angegeben: *kneifen, Kniff, Schlips* und *warm.*) Die Annahme, die betreffenden Markierungen würden vom *Österreichischen Wörterbuch* bzw. dessen Bearbeitern eingesetzt, um ihre Verwendung in der Schule zu verhindern, wird durch diesen Vergleich also kaum gestützt.

Allerdings ist der Vergleich mit dem Sprachkodex eines anderen nationalen Zentrums in der hier zur Diskussion stehenden Frage ohnehin grundsätzlich problematisch. Seine Berechtigung hängt davon ab, wie die Stilangaben für die sternchenmarkierten Wörter genau zu verstehen sind. Sind für diese „Wörter, die speziell dem ‚Binnendeutschen‘, das heißt dem Sprachgebrauch Deutschlands angehören" *(Österreichisches Wörterbuch* 1990: 15), diejenigen Stilwerte angegeben, die ihnen in Deutschland zukommen, oder diejenigen, die ihnen in Österreich zukommen? Im ersten Fall wäre der Vergleich zulässig, im zweiten Fall nicht. Es ist keineswegs klar, welches Verständnis der Auffassung der Bearbeiter des *Österreichischen Wörterbuchs* entspricht, also richtig ist. Aus der Angabe, daß es sich um ‚binnendeutsche Wörter‘ handelt, folgt nicht zwingend, daß auch die Stilangaben dem „Binnendeutschen" entsprechen. Schließlich handelt es sich um Wörter, die auch in Österreich gebraucht werden, wenn sie auch nicht als Bestandteil des österreichischen Standarddeutsch gelten. Sie können in Österreich einen durchaus anderen Stilwert gewonnen haben als in Deutschland.

Manche Indizien sprechen dafür, daß im *Österreichischen Wörterbuch* der spezifisch österreichische Stilwert angegeben ist. Indikatorisch dafür erscheint mir beispielsweise die Tatsache, daß das *Österreichische Wörterbuch* Wörter enthält, die man in einem entsprechenden Wörterbuch so begrenzten Umfangs in

Deutschland gar nicht finden würde oder die dort zumindest ganz anders markiert sein müßten. Beispiele solcher Wörter im *Österreichischen Wörterbuch* (1990) sind: „majorenn*: großjährig, mündig", „Mamsell* die, -/-en (s): Fräulein", „die kalte Mamsell*: Köchin für die ‚kalte Küche' (im Gastgewerbe)", „Range* (...) (ugs.): wildes, schlimmes Kind; Fratz" oder „Sprieße* die, – /-n: Sprosse, Querholz (...)" Keines dieser und diverser ähnlicher Wörter ist im *Österreichischen Wörterbuch* (1990) als veraltet oder anderweitig im Gebrauch eingeschränkt markiert, außer Range als „ugs.". Zum Vergleich nun die Angaben im immerhin insgesamt umfangreicheren Rechtschreib-Duden (1991): *majorenn* ist gar nicht aufgenommen, *kalte Mamsell* nur in Klammern als eine Nebenform unter *Kaltmamsell; Mamsell* ist als ‚veraltet' und *Range* sowie *Sprieße* sind als ‚landschaftlich' markiert. Damit soll wohlgemerkt keineswegs der Duden zum Maßstab für die Richtigkeit der Wortauswahl und Markierung im *Österreichischen Wörterbuch* gemacht werden. Vielmehr scheint mir diese Beobachtung ein Indiz dafür zu sein, daß im *Österreichischen Wörterbuch* auch für Wörter, die mit Sternchen markiert sind, der österreichische und nicht der deutsche Stilwert angegeben ist. (Ob auch das maskuline Genus von *Geisel*, das mit Sternchen versehen im *Österreichischen Wörterbuch* (1990: 227) erscheint, in Österreich mit bestimmtem Stilwert gebräuchlich ist oder ob es sich dabei schlicht um einen Fehler handelt, muß hier offen bleiben.) Die Angabe eines spezifisch österreichischen Stilwerts wäre jedenfalls legitim, insofern die Wörter in beiden Nationen bis zu einem gewissen Grad ein Eigenleben führen. – Mißlicherweise kann freilich, aufgrund der beschriebenen Bearbeitungsmethode des *Österreichischen Wörterbuchs,* nicht ausgeschlossen werden, weniger als beim *Duden,* daß die Aufnahme und Markierung des einen oder anderen Wortes beträchtlich von der Sprachwirklichkeit entfernt ist, vor allem von der Verwendung in Modelltexten, aber auch von den Urteilen der Sprachexperten und Sprachnormautoritäten (vgl. Kap. A.4.2).

Ebenfalls nur als Frage kann hier formuliert werden, welche Wirkung die Sternchenmarkierung der Wörter im *Österreichischen Wörterbuch* tatsächlich gehabt hat. Wurde durch diese Maßnahme die Integration der betreffenden Wörter in die nationale Sprachvarietät Österreichs wirklich verzögert, wie es die Wörterbuch-Bearbeiter doch wohl beabsichtigten? Sind also diese Wörter faktisch weniger als österreichisches Standarddeutsch akzeptiert worden, als wenn sie im Wörterbuch nicht markiert gewesen wären? Zu denken ist dabei wiederum vor allem an die anderen gesellschaftlichen Kräfte, die – außer dem Sprachkodex – eine Standardvarietät prägen: Modellsprecher und -schreiber, Sprachnormautoritäten und Sprachexperten. Und wie hat man sich gegebenenfalls die Wirkung der Sternchenmarkierung vorzustellen? Hat sie sich zunächst einmal in den übrigen Lehrmaterialien niedergeschlagen und sich dadurch auf den Schulunterricht ausgewirkt? Oder haben sich manche Lehrer oder Amtsvorgesetzte (als Beispiele von Sprachnormautoritäten) in ihren Sprachkorrekturen auch unmittelbar an der Sternchenmarkierung orientiert und die ihnen zugeordneten Sprachnormsubjekte entmutigt, die betreffenden Wörter zu verwenden? Es bedarf kaum des besonderen Hinweises, daß derartige Untersuchungen alles andere als einfach sind. Unmöglich sind sie jedoch nicht. Sie könnten – wie mir scheint – wichtige Anhaltspunkte liefern für Entscheidungen über die zukünftige Gestaltung der Sternchenmarkierung, zumal im Kontext solcher Untersuchungen verschiedene Aspekte der Sternchenmarkierung eingehend analysiert und hinterfragt werden müßten.

Dies wäre umso wichtiger, als der Gedanke der Sternchen-Wörter, oder zumindest eine Variante davon, in neuester Zeit aus Österreich auch in die deutschsprachige Schweiz importiert wurde. In dem vor wenigen Jahren erschienenen Schweizer Wörterbuch *Unser Wortschatz* (Bigler u.a. 1987) sind ebenfalls einige Wörter, freilich insgesamt nur 16, als „binnendt." (binnendeutsch) markiert. Bei oberflächlicher Betrachtung entsteht der Eindruck, es handle sich um eine rein etymologische Angabe, denn sie erscheint in der Liste der „Abkürzungen der Herkunftsangaben bei Lehn- und Fremdwörtern" gleichrangig mit „arab.[isch]", „engl.[isch]", „griech.[isch]" usw. (S. 397). Von all diesen und anderen etymologischen Angaben unterscheidet sie sich aber durch den Hinweis in der Anleitung zum Gebrauch des Wörterbuchs, daß solche „binnendeutschen Entsprechungen spezifisch schweizerischer Ausdrücke (...) nur genannt [werden], wenn sich das aus einem bestimmten Grund aufdrängt (...)" (S. XI). Damit wird zumindest deutlich, daß es sich nicht um eine etymologische Angabe gleicher Art handelt wie in den anderen Fällen. Möglicherweise wäre andernfalls auch mehr als nur 16 Wörtern die Herkunft aus dem „Binnendeutschen" zu attestieren gewesen. Leider wird jedoch keiner dieser „sich aufdrängenden" Gründe, der zur Markierung geführt hat, genannt. Mir scheint daher, daß ein analoges Verständnis angebracht ist wie bei den Sternchen-Wörtern im *Österreichischen Wörterbuch*: Es handelt sich um Wörter, die in der deutschsprachigen Schweiz zwar bekannt und teilweise auch gebräuchlich sind, die aber nicht als Bestandteil des Schweizerhochdeutschen gelten oder gelten sollen. Daß diese Kategorie tatsächlich aus Österreich in die Schweiz importiert wurde, liegt auch aus personellen Gründen nahe: Eine der Bearbeiterinnen von *Unser Wortschatz*, Ingrid Bigler, stammt aus Österreich und hat in Wien promoviert bei Maria Hornung, die seit 1969 zum Bearbeiterkreis des *Österreichischen Wörterbuchs* zählt. Es ist zu vermuten, daß Bigler während ihres Studiums auch die Kategorie der Sternchen-Wörter kennen und – wie es scheint – schätzen gelernt hat. So können auch Einzelpersonen – in einem dafür aufnahmebereiten Umfeld – wichtige Impulse für das Verhältnis der nationalen Varietäten geben, wie schon in den historischen Kapiteln (B.1, C.1, D.1) immer wieder deutlich wird.

Kommen wir nun nochmals zu dem zu Anfang des Kapitels geäußerten Gedanken zurück, daß zwischen den Markierungen mit Sternchen im *Österreichischen Wörterbuch* oder mit „binnendt." in *Unser Wortschatz* auf der einen Seite und den ihr äußerlich entsprechenden Markierungen mit „österr." und „schweiz." in den Dudenbänden auf der andern Seite ein tiefgreifender Unterschied besteht. Es handelt sich um einen Unterschied in der zugrundeliegenden Motivation, der mit der Markierung verbundenen Absicht. Als solche erweist sich im Falle des *Österreichischen Wörterbuchs* und des Schweizer Wörterbuchs *Unser Wortschatz* die Abwehr von eindringenden Varianten des deutschen Deutsch; zumindest ist diese Absicht mit im Spiel. Die betreffende Markierung ist also varietäts-puristisch motiviert. Mit den Dudenmarkierungen ist dagegen in erster Linie die Absicht verbunden, über alle Varietäten der deutschen Sprache umfassend Auskunft zu geben. Dementsprechend möchte der Duden ein Nachschlagewerk für alle nationalen Zentren der deutschen Sprache sein, die beiden anderen Wörterbücher dagegen nur für Österreich bzw. die deutschsprachige Schweiz.

Diese unterschiedliche Motivation läßt sich aus zwei auffälligen äußerlichen Unterschieden erschließen:

(a) National einseitige – national allseitige Wortauswahl.

Das *Österreichische Wörterbuch* und das Schweizer Wörterbuch *Unser Wortschatz* enthalten jeweils nur Wörter aus *einer* anderen nationalen Varietät, nämlich dem deutschen Deutsch („Binnendeutsch"), nicht jedoch aus der zweiten anderen nationalen Varietät. Das *Österreichische Wörterbuch* enthält keine Helvetismen und das Schweizer Wörterbuch (Bigler u.a. 1987) keine Austriazismen (national einseitige Wortauswahl). Dagegen enthalten und markieren die Dudenbände Wörter aus beiden anderen nationalen Zentren der deutschen Sprache, Austriazismen ebenso wie Helvetismen (national allseitige Wortauswahl).

Noch aussagekräftiger als dieser schon zu Anfang des Kapitels aufgezeigte Unterschied ist jedoch der folgende.

(b) Nur im eigenen Sprachzentrum auftretende fremdnationale Varianten – auch im eigenen Sprachzentrum nicht auftretende fremdnationale Varianten.

Das *Österreichische Wörterbuch* und *Unser Wortschatz* führen nur solche fremdnationalen („binnendeutschen") Varianten, denen die Wörterbuchbenutzer im eigenen Sprachzentrum mit einiger Wahrscheinlichkeit begegnen; bei ihnen besteht eben die „Gefahr", daß sie Bestandteil des österreichischen bzw. schweizerischen Standarddeutsch werden. Diese Beschränkung zeigt sich auch an der verhältnismäßig geringen Zahl der aufgenommenen Varianten – in *Unser Wortschatz* insgesamt nur 16! In den Dudenbänden finden sich dagegen zahlreiche in Deutschland gänzlich unbekannte Austriazismen und Helvetismen. Es wäre abwegig, für ihre Aufnahme in die Dudenbände varietäts-puristische Motive anzunehmen. Als Motivation für ihre Aufnahme kommt stattdessen nur in Betracht, daß über die betreffenden nationalen Varietäten umfassend Auskunft erteilt werden soll.

Meine Absicht ist hier keinesfalls, die Dudenbände aufgrund dieses Unterschieds positiver zu bewerten als die beiden anderen Wörterbücher. Man könnte auch daran denken, sie deshalb als anmaßend zu kritisieren, weil sie sich damit nämlich in die sprachlichen Angelegenheiten der anderen Zentren einmischen (vgl. Kap. D.4). Vielmehr geht es mir allein darum, die grundsätzlich unterschiedliche Motivation herauszustellen, die hinter den jeweiligen Markierungen steckt. Während das *Österreichische Wörterbuch* und *Unser Wortschatz* sich jeweils ganz auf das Standarddeutsch des eigenen Zentrums konzentrieren und durch Markierung importierter Varianten die Spezifik der eigenen nationalen Varietät zu bewahren und zu stärken suchen, steckt hinter den Dudenbänden der Anspruch, Nachschlagewerk für die gesamte deutsche (Standard)Sprache zu sein.

Die Kategorie der Sternchen-Wörter im *Österreichischen Wörterbuch* könnte sich in Zukunft gerade in der soeben thematisierten Dimension etwas ändern, und zwar möglicherweise schon in der voraussichtlich 1996 erscheinenden nächsten Auflage. Nach einer brieflichen Mitteilung Ernst Pacolts (21. 12. 1993) ist insbesondere an eine Aufteilung in zwei Subklassen gedacht: „Für die 38. Auflage habe ich [E. Pacolt! U. A.] eine Änderung vorgeschlagen. Da die Sprache ständig in Bewegung ist, trifft das Sterndel gegenwärtig nicht mehr in jedem Fall die Bedeutung, die es ursprünglich ausdrückte. Künftig wollen wir unterscheiden, ob das Wort bzw. die Redensart oder die Normschreibung ungebräuchlich sind, also fremd wie z.B. ‚Hörnchen' (Kipferl), ‚Blumenkohl' (Karfiol), ‚Police' (Polizze), oder ob es zwar nicht heimisch ist, aber in bestimmten Landesteilen, aus welchen Gründen auch immer, schon – wenn auch selten oder aus bestimmten Gründen (Fremdenverkehr) – verwendet wird. Dazu gehört z.B. das Wort ‚Tasse'. Wir [gemeint sind hier wohl vor allem die Wiener! U.A.] unterschieden ehemals zwischen ‚Tasse' (Mokkatasse), ‚Schale' (Kaffeeschale, Teeschale) und etwas legerer ‚Häferl' (Kaffeehäferl). Heutzutage wird das Eintopfwort ‚Tasse' für alles gebraucht. Das Wort ‚Sahne' wird z. B. in Salzburg häufig gebraucht, nicht aber ‚Sahnetorte' u. ä., besonders von Leuten, die nobel oder ‚fein' sich ausdrücken wollen; andere sagen wie eh und je ‚Obers'." Es ist hinzuzufügen, daß auch die von Pacolt als „fremd" apostrophierten Wörter in Österreich nicht unbekannt sind; sie werden nur von Österreichern selber wenig gebraucht. Die angestrebte Differenzierung wäre also, wie mir scheint, eine zwischen in Österreich bekannten, aber nicht aktiv gebrauchten und schon aktiv gebrauchten (aber immer noch nicht richtig österreichischen) „binnendeutschen" Wörtern. Der Unterschied zu den Dudenbänden bliebe von dieser Differenzierung letztlich unberührt. Dieser Unterschied könnte aber bei der Diskussion und Ausarbeitung der von Pacolt gewünschten Differenzierung mehr als bisher ins Blickfeld der Wörterbuchmacher rücken und vielleicht eine grundsätzliche Veränderung in Richtung auf das Duden-Verfahren wünschenswert erscheinen lassen. Erst dann könnte das *Österreichische Wörterbuch* auch langsam in eine gewisse Konkurrenz zum Rechtschreib-Duden treten.

5 Zur Soziologie und Pragmatik von Standardvarietät und Dialekten in Österreich

Österreich gliedert sich dialektgeographisch in die große bairische – oft auch bairisch-österreichisch genannte – östliche Region und die verhältnismäßig scharf davon abgesetzte alemannische Region im Westen. Letztere ist beschränkt auf das kleine Bundesland Vorarlberg, wobei Landes- und Dialektgrenzen ziemlich genau kongruieren, während die bairische Dialektregion sich auf die übrigen acht Bundesländer erstreckt (von West nach Ost: Tirol, Salzburg, Kärnten, Oberösterreich, Steiermark, Niederösterreich, Wien und Burgenland). Die bairische Dialektregion läßt sich zusätzlich – allerdings viel unschärfer – unterteilen in das nördliche Mittelbairisch (mit Niederösterreich, Wien, Oberösterreich, Burgenland sowie Teilen Salzburgs und der Steiermark) und das südliche Südbairisch (mit Tirol, Kärnten und wiederum Teilen Salzburgs und der Steiermark). Die bairische Dialektregion setzt sich in westlicher Richtung fort – wie es seine Benennung vermuten läßt – in großen Teilen des Bundeslandes Bayern in Deutschland und in südlicher Richtung in Südtirol in Italien. Die alemannische Dialektregion erstreckt sich in westlicher Richtung weiter nach Liechtenstein, über die gesamte deutschsprachige Schweiz, in den Südwesten Bayerns und den Süden Baden-Württembergs in Deutschland und auch noch in den Süden des Elsaß in Frankreich, sofern der Dialekt dort nicht vom Französischen verdrängt ist (vgl. Kap. A.1.3).

Die Dialektunterschiede zwischen der bairischen und der alemannischen Dialektregion sind die tiefgreifendsten, die es in Österreich gibt, und sie sind keineswegs nur dialektgeographischer Natur. Sie finden ihren Niederschlag auch in regionalen Besonderheiten des österreichischen Standarddeutsch. Am deutlichsten zeigt sich dies in Spezifika des Bundeslandes Vorarlberg, denen dann nicht selten Varianten für die ganze bairische Region gegenüberstehen, von denen wiederum manche nur im bairischen Österreich und andere zusätzlich auch im bairischen Teil des deutschen Bundeslandes Bayern gelten.

Darüber hinaus gibt es freilich innerhalb der bairischen Region Österreichs weitere Unterschiede in der Standardvarietät. Das *Österreichische Wörterbuch* (1990: vgl. Abkürzungsverzeichnis) gesteht sogar allen österreichischen Bundesländern vereinzelte Sprachspezifika zu. Außerdem trifft es eine Aufteilung in West- und Ostösterreich, ohne allerdings die Grenze zwischen diesen beiden Teilen näher zu erläutern. Diese Einteilung entspricht dialektal der zwischen Alt- und Neubairisch (vgl. Scheuringer 1992: 166–171). Sie findet sich übrigens ebenso bei Jakob Ebner (1980: 16), wie sich aus seinen regionalen Markierungen ersehen läßt. Es ist anzunehmen, daß in beiden Fällen mit den Bundesländern nur ungefähre regionale Zuordnungen getroffen werden, die nicht so zu verstehen sind, als kongruierten sie exakt mit den Ländergrenzen.

Zwischen der bairischen und der alemannischen Region Österreichs sind nicht nur die dialektgeographischen Unterschiede besonders groß, sondern auch die dialektsoziologischen und dialektpragmatischen. Das gesamte deutsche Sprachgebiet kann man nach Maßgabe der dialektsoziologischen und dialektpragmatischen Unterschiede in die folgenden drei großen Regionen einteilen (vgl. z. B. Mattheier 1980: 161–173; Schuppenhauer/Werlen 1983; Besch 1983 b: 98 f.):

(I)   Im Norden die Region des Dialektschwunds;
(II)   In der Mitte und im Südosten die Region des Dialekt-Standard-Kontinuums;
(III) Im Südwesten, vor allem in der Schweiz, die Diglossie-Region.

Diese Einteilung koinzidiert zwar nicht mit der herkömmlichen dialektgeographischen Dreiteilung in Niederdeutsch, Mitteldeutsch und Oberdeutsch (vgl. Kap. A.1.3: Karte 2); sie hat aber offenkundig durchaus einen gewissen Bezug dazu. Die Region I deckt sich weitgehend mit der dialektgeographischen Region des Niederdeutschen, und die Region III ist auf die dialektgeographische Region des Alemannischen beschränkt. Sie umfaßt zwar nicht das gesamte Alemannische, aber doch den größten Teil; deutlich davon ausgenommen ist nur der Südwesten Deutschlands. Ansonsten erstreckt sich die Diglossie über die ganze deutschsprachige Schweiz, wo sie am stärksten ausgebildet ist, über Liechtenstein und eben auch das österreichische Bundesland Vorarlberg. Dagegen gehört die bairische Dialektregion Österreichs nicht mehr dazu; sie ist vielmehr Teil der dialektsoziologischen Region II.

Die Bezeichnungen der drei Regionen I bis III drücken schon ungefähr aus, was sie hauptsächlich kennzeichnet: In I sind die Dialekte weitgehend geschwunden; in II gibt es fein abgestufte, fast kontinuierliche Übergänge zwischen Dialekt und Standardvarietät, und in III bestehen Dialekt und Standardvarietät klar getrennt nebeneinander. Mit diesen Unterschieden, die oft als die wichtigsten angesehen werden, verbinden sich weitere. Ich beschränke mich hier auf eine recht knappe Skizze derjenigen auffälligsten Besonderheiten der bairischen und alemannischen Dialektregion Österreichs, aufgrund deren diese den dialektsoziologischen Regionen II bzw. III zugeordnet werden. Detailliertere Darstellungen dieser dialektsoziologischen Regionen finden sich erst in den Kapiteln C.4 (Region III) und D.5 (Regionen I und II), da die betreffenden Zentren den größeren Teil dieser Regionen umfassen und deren dialektsoziologische Besonderheiten dort schon besser erforscht sind. Manche der hier reichlich holzschnittartigen Linienführungen finden dort die notwendige Verfeinerung.

Die dialektsoziologischen Besonderheiten der bairischen Dialektregion Österreichs werden von Peter Wiesinger (1988 b: 18–22; auch 1983 b; 1985; 1990) prägnant dargestellt, indem er verschiedene „Sprachschichten" unterscheidet (vgl. auch die ältere Darstellung von Kranzmayer 1955/56). So könne einem Beobachter z. B. der Satz *Heute abend kommt mein Bruder nach Hause* im niederösterreichischen Weinviertel, nördlich von Wien, in folgenden Ausprägungen begegnen:

„Basisdialekt: *Heint af d'Nocht kimmt mei[n] Bruider hoam.*
Verkehrsdialekt: *Heint auf d'Nocht kummt mei[n] Bruader ham.*
Umgangssprache: *Heint åb'nd kommt mei[n] Bruder z'Haus.*
Standardsprache: *Heut åb'nd kommt mein Bruder nåch Haus."*

Die Abstufungen erweisen sich vielfach bei genauerer Betrachtung als noch feiner, weil auch noch andere Variantenkombinationen auftreten, wenngleich sich die Varianten zumeist nicht ganz beliebig kombinieren lassen. Durch die Vielfalt

der Kombinationsmöglichkeit entsteht der Eindruck eines praktisch kontinuierlichen Übergangs vom Dialekt zur Standardvarietät (vgl. auch Ebner 1989 b:
176). Die Einschränkung der Kombinierbarkeit der Varianten kann man in
„Kookkurrenzregeln" (Zusammenvorkommensregeln) zu erfassen suchen (vgl.
Kap. A.4.1). Diese haben teilweise nur statistischen Charakter; die selteneren
Kombinationen werden also nicht unbedingt als normwidrig empfunden; jedoch
gibt es auch normwidrige Kombinationen.

Nach der Präsentation dieses Beispiels führt Wiesinger (1988 b: 19 f.) weiter
aus, unter welchen Bedingungen diese Sprachschichten vorkommen. Der „Basisdialekt" hauptsächlich bei der „alteingesessenen traditionellen Dorfbevölkerung"
„im alltäglichen Gespräch untereinander"; der „Verkehrsdialekt" bei der „jün-
gere[n] Generation der Landbevölkerung" oder auch bei Pendlern; die „Umgangssprache" unter anderem bei „der höheren dörflichen Sozialschicht", bei
„Gemeinde-, Post- und Sparkassenbediensteten", beim „Arzt", „Schullehrer",
„Pfarrer" oder unter „Geschäftsleuten und Gewerbetreibenden beim Umgang mit
ihren Kunden". Die „Standardsprache" schließlich „ist die allgemein verbindliche
Sprache der Öffentlichkeit und wird von Lehrern und Schülern im Schulunterricht, vom Pfarrer in der Predigt, von den Gläubigen bei Gebet und Kirchgesang,
von verschiedenen Persönlichkeiten bei öffentlichen Ansprachen (...)" und unter
dergleichen Umständen gebraucht.

Aus diesen Hinweisen geht vor allem zweierlei hervor. Es hängt sowohl von
der sozialen Zugehörigkeit als auch von der Situation ab, ob dialekt- oder standardnäher gesprochen wird. Die unteren Sozialschichten tendieren stärker zum
Dialekt, vor allem in familiären Situationen, die höheren Sozialschichten bevorzugen eher die Standardvarietät, vor allem in öffentlichen Situationen. Stark
schematisiert ergibt sich also folgender Zusammenhang:

Niedrigere Sozialschicht + familiärere Situation => eher Dialekt
Höhere Sozialschicht + öffentlichere Situation => eher Standardvarietät

Sowohl die Sozialschicht als auch die Situation sind in sich fein abgestuft.
Hinzukommt, daß die Wahl der „Sprachschicht" noch von weiteren, „interveni-
renden" Faktoren abhängt, vor allem von den Unterschieden zwischen Land
(eher Dialekt) und Stadt (eher Standardvarietät), zwischen älterer Generation
(eher Dialekt) und jüngerer Generation (eher Standardvarietät) sowie zwischen
männlichem Geschlecht (meist eher Dialekt) und weiblichem Geschlecht (meist
eher Standardvarietät). Dem sprachlichen Kontinuum entspricht daher auch auf
sozialer Seite eine vielfältige Abstufung oder – bei anderer Sicht – ein komplexes
Faktorengefüge. Mit dieser groben Schematik sind freilich nur übergreifende Tendenzen gezeigt, zu denen keineswegs jeder Einzelfall paßt.

Aufgrund dieser übergreifenden Tendenzen ist es aber doch so, daß Dialekt
und Standardvarietät bestimmte Konnotationen, einen bestimmten Symbolwert
gewonnen haben. Mit Dialektgebrauch, vor allem mit ausgeprägtem Dialekt, verbinden sich Vorstellungen von Zugehörigkeit zur bäuerlichen oder auch unteren
Sozialschicht und von familiären Situationen, mit dem Gebrauch der Standardvarietät Vorstellungen von Zugehörigkeit zur städtischen Bildungsschicht und
von öffentlichen Situationen. Dieser Symbolwert der Varietäten wirkt zurück auf
ihren Gebrauch: Die Sprecher tendieren zur Wahl derjenigen Varietät, die sowohl
sozial zu ihnen „paßt" als auch zur jeweiligen Situation (vgl. Weiss 1980; 1988).
Die Verhältnisse gleichen weitgehend denen in Süddeutschland, für die sie – wie

schon erwähnt – in einem späteren Kapitel (D.5) ausführlich beschrieben sind. Anders als in Süddeutschland werden jedoch in Österreich kaum Schulschwierigkeiten für die von Hause aus Dialekt sprechenden Kinder gesehen (Ebner 1989 b; vgl. auch Pree 1989).

In einer außerordentlich differenzierten Vergleichsuntersuchung zwischen dem österreichischen Braunau und dem bayerischen Simbach kommt Hermann Scheuringer (1990) zu dem Befund, daß „die österreichischen Dialekte (...) in ihren ältesten noch greifbaren Ebenen deutlich konservativer [sind], jedoch ein deutlich größeres Gesamtspektrum auf[weisen], d. h. ihr *Diasystem* ist komplexer als jenes der mittelbairischen Dialekte Bayerns." (S. 426 – Hervorhebung im Original) Mit „Diasystem" ist grob gesprochen die Variationsvielfalt zwischen Dialekt und Standardvarietät gemeint. Die soziale und situative Variation wäre demnach in Österreich noch differenzierter als in Bayern oder vielleicht überhaupt in Süddeutschland. Als eindeutig konservativer zeigten sich die österreichischen Dialekte vor allem im Wortschatz (S. 411), während in der Lautung der Vergleichsdialekt in Bayern zum Teil die altertümlicheren Formen bewahrt hat (S. 403). Der Hinweis auf feine Unterschiede dieser Art möge hier vor allem als Warnung davor dienen, die große Region des Dialekt-Standard-Kontinuums in ihrer soziolinguistischen Einheitlichkeit zu überschätzen.

Im Gegensatz zu diesen in der bairischen Dialektregion Österreichs vorherrschenden Verhältnissen fehlt in der Diglossie des alemannischen Vorarlberg der kontinuierliche Übergang vom Dialekt zur Standardvarietät, zumindest großenteils. Entweder wird Dialekt gesprochen oder aber die Standardvarietät. Die Streubreite beider Varietäten ist jeweils ziemlich schmal, und es gibt kaum Zwischenschichten zwischen beiden Varietäten. Außerdem sprechen in den familiären Situationen alle Personen Dialekt, auch die Angehörigen der höheren Sozialschichten. Es wäre nicht falsch, zu sagen, daß in den öffentlichen Situationen auch alle Personen die Standardvarietät sprechen; allerdings ist hinzuzufügen, daß die Angehörigen der unteren Sozialschichten sich nur selten in solchen Situationen finden. Dies gilt umso mehr, als in der alemannischen Diglossie der Dialektgebrauch weit ausgedehnt ist. Es wird auch in vielen Situationen mit ziemlich großem Öffentlichkeitsgrad noch Dialekt gesprochen. Infolge dieser Konstellation ist der Dialekt kaum oder überhaupt nicht sozial markiert. Dagegen verbindet sich mit der Standardvarietät schon bis zu einem gewissen Grad die Konnotation höherer sozialer Zugehörigkeit. Vor allem aber ist sie von der informellen Alltagskommunikation weit abgehoben. Sie wird nur in verhältnismäßig wenigen, ausgesprochen öffentlichen und förmlichen Situationen verwendet: in der Schule, vor allem beim Lehrervortrag, im Gottesdienst, bei feierlichen Ansprachen und dergleichen sowie im größten Teil der schriftlichen Kommunikation. Die Verhältnisse gleichen bis zu einem gewissen Grad denen in der deutschsprachigen Schweiz, für die sie in einem späteren Kapitel (C.4) detailliert beschrieben sind.

6 Die Austriazismen zwischen Nationalsymbolik, Sprachdemokratie und Regionaldominanz

Die etwas bizzare Überschrift über diesem Kapitel vermittelt vielleicht schon einen gewissen Eindruck von der Komplexität der hier zur Diskussion stehenden Thematik. Geht man durch die neuere einschlägige Fachliteratur, so begegnet man auf Schritt und Tritt Hinweisen auf „den symbolischen Charakter der Nationalvarietäten" (z.B. Clyne 1993a: 3; auch 1987; „Österreichisches Deutsch"; Stern 1981). Typisch ist, wie im Falle des vorliegenden Zitats, daß das Symbolisierte selber nicht mehr genannt oder erläutert wird; vermutlich, weil dies zu trivial erscheint. Was könnte es auch anderes sein als die jeweilige Nation? Wolfgang Pollak (1994a: 13, 18) bringt die nationale Varietät Österreichs in engen Zusammenhang mit dem ‚österreichischen Nationalgefühl' wie auch mit ‚nationaler Identität und Loyalität' (vgl. dazu auch Dann 1993: 12, 45). Die österreichischen Standardvarianten sind seiner Auffassung nach wichtige sprachsymbolisch vermittelte, den Österreichern (neben dem weitverbreiteten Dialekt) seit Kindheit oder spätestens in der Schule ansozialisierte nationale Identitätsmerkmale. (Pollak 1994a: 18, 28–31) Derselbe Autor sieht im „Grad an sprachlichem Selbstbewußtsein ein außerordentlich sensibles ‚Barometer' für die Stärke nationaler Identität" (Pollak 1992: 103). Pollaks Gedanken wurden auch über die Medien verbreitet, wo wiederholt geäußert wurde, daß „die von Kindheit an gewohnten österreichischen Ausdrücke wichtige nationale Identitätsmerkmale" seien („Die Angst der Österreicher vor der ‚Quarktasche'." *Die Presse* 5.5.1994; ähnlich Pollak 1994b). Vor diesem Hintergrund sind auch die immer wiederkehrenden Klagen über den Untergang von Austriazismen zu sehen (z.B. Lorenz 1970; Böhm/Lahodynski 1992). Als der Leiter des Büros für Medienentwicklung im Österreichischen Rundfunk (ORF), Franz Manola, in einem Zeitungsinterview das Vordringen bundesdeutschen Vokabulars im österreichischen Fernsehen beklagt, wird ihm entgegengehalten, daß damit ja nur das „Idiom" Österreichs (sonst nichts) deutscher werde, woraufhin er ausruft: „Aber das Idiom ist die Identität! Es gibt sonst keine andere Form der Identität!" Daß er hiermit die *nationale* Identität meint, erscheint vom Kontext her klar. (*Wiener Zeitung, Extra* 4.7.1993: 3. Zusendung durch Hermann Scheuringer) Dementsprechend betitelt ein aus Österreich stammender Duisburger Soziologe eine zwar humoristische, aber im wesentlichen Punkt doch ernst gemeinte Laudatio auf einen Landsmann mit „Österreich ist seine Sprache" (Strasser 1990; vgl. auch „Angst vorm zweiten Anschluß" *Die Zeit* 10.6.1994).

Allerdings scheinen nicht alle Österreicher die hiermit angedeutete Ansicht zu teilen. Auf diese Uneinheitlichkeit verweisen schon Titel wie derjenige Rudolf Muhrs (1989a): „Deutsch und Österreich(isch): Gespaltene Sprache – Gespaltenes Bewußtsein – Gespaltene Identität" (ähnlich Knapp 1991; Koja 1991). Derartige Titel zielen auch oft, wie es scheint, ab auf die mangelnde Loyalität zur österreichischen Nation (vgl. auch Mölzer 1988; Pelinka 1990). Bemerkenswerte

Diskrepanzen in der Einschätzung verrät jedoch der Umstand, daß sogar ausgesprochene Protagonisten der österreichischen Nation die Bedeutsamkeit der
nationalen Sprachvarietät vielfach nicht wahrnehmen. Die Thematik wird in
zahlreichen Publikationen über die österreichische Nation, gerade auch in ausgesprochen affirmativen, nicht einmal erwähnt, vor allem in Publikationen, die
nicht von einem sprachwissenschaftlichen Blickwinkel aus konzipiert sind. Ein
Beispiel dafür ist das umfangreiche, einschlägige Werk von Felix Kreissler (1984)
mit dem Titel *Der Österreicher und seine Nation.* Der Autor bringt die Austriazismen nirgendwo zur Sprache, obwohl das Buch von Ebner *Wie sagt man in
Österreich?* (1969) immerhin in seinem Literaturverzeichnis auftaucht (Kreissler
1984: 721). Das *Österreichische Wörterbuch* selber erscheint aber bezeichnenderweise nicht einmal dort. Würde die Bedeutsamkeit der Austriazismen für das
österreichische Nationalbewußtsein allgemein hoch veranschlagt, so müßte auch
eine einigermaßen detaillierte Datensammlung zur österreichischen Geschichte
das Erscheinen des *Österreichischen Wörterbuchs* erwähnen, zumindest das erst-
malige Erscheinen. Danach sucht man jedoch selbst in der vermutlich umfangreichsten dementsprechenden Dokumentation vergebens (Kleindel 1978: 392 f.;
dort die Einzeldaten für das Jahr 1951). Auch in Gesamtdarstellungen Österreichs findet man häufig keinerlei Hinweis auf sprachliche Besonderheiten. Eines
von vielen neueren Beispielen ist das ansonsten informative Heft *GEO Spezial
„Österreich"* vom 10.4.1991.
    Selbst bei ausdrücklicher Thematisierung der Bedeutsamkeit der Sprache für
die Nationsbildung, sogar speziell die Entstehung der österreichischen Nation,
bleiben die Austriazismen nicht selten unerwähnt. Die Überlegungen beschränken
sich häufig auf die Frage, ob die Zugehörigkeit zur deutschen Sprachgemeinschaft die Anschlußtendenzen an Deutschland gefördert hat und womöglich
weiterhin fördert. So betont z.B. der damalige Leiter der Sektion III des österreichischen Wissenschaftsministeriums, Johann Marte, in einem Zeitungsartikel
mit der Überschrift „Ein deutscher Sprachimperialismus?" nur, die Meinung sei
„überholt", „daß es die Sprache ist, die eine Nation macht", ohne daß er die
nationale Varietät Österreichs in diesem Zusammenhang überhaupt erwähnt.
Dabei läge das Thema bei dem von ihm zitierten – und übrigens auch ansonsten
beliebten – Bonmot von Karl Kraus nahe, „die gemeinsame Sprache [sei] das einzige, was die Österreicher von den Deutschen trennt." (*Salzburger Nachrichten*
2.9.1992. Zusendung durch Hermann Scheuringer) Bisweilen stolpern die Autoren fast über die nationalen Sprachvarietäten, ohne sie wahrzunehmen. Ein Beispiel liefert Ernst Bruckmüller in seinem Buch *Nation Österreich* (1984), der bei
einem Überblick über verschiedene Faktoren der Nationsbildung nicht nur die
Rolle der Sprache erörtert, sondern Sprache überdies nach Varietäten differenziert und diesen sogar ausgesprochen identitätsbildende Wirkung zuschreibt:
„Identität wird aber für jene Menschen, die nicht in der Hochsprache, sondern in
Dia- und Soziolekten leben, immer nur aus diesen ursprünglichen Sprachen zu
gewinnen sein." Nebenbei bemerkt, ist hier offenbar von einer anderen, primäre-
ren Art von Identität die Rede als der zu Anfang des Kapitels thematisierten
„ansozialisierten" Version (Pollak 1994a: 13–31 passim) – eine Unterscheidung,
auf die ich im weiteren Verlauf dieses Kapitels nocheinmal zurückkomme. Weiterhin erscheint Bruckmüller die überregionale „Hochsprache" als eine zwar für
die Nationsbildung bedeutsame, aber nicht hinreichende Bedingung. Bei der Begründung dieses Gedankens nennt er Beispiele, die den Gedanken plurinationaler

Sprachen geradezu aufdrängen, ohne daß er ihn jedoch erfaßt: „Und tuts die
Sprache wirklich allein? [Gemeint ist: Bewirkt sie allein den Zusammenschluß zu
einer Nation? U.A.] Wir glauben: Nein. Dazu sind die *Gegenbeispiele* ja nun
wirklich zu zahlreich und zu eindrucksvoll, von den Deutsch-Schweizern, die
sicher Schweizer sind (…) [keine Deutschen! U.A.], bis zu den Amerikanern, die
keine Engländer, den Brasilianern, die keine Portugiesen sind. Ebenso wie Serben
und Kroaten sich trotz gemeinsamer serbisch-kroatischer Sprache energisch dagegen verwahren, einer Nation zugerechnet zu werden." (Bruckmüller 1984:
220) Auch im jüngsten Buch Bruckmüllers (1994) über die nationale Identität der
Österreicher kommt die nationale Varietät nicht zur Sprache.

Diese „Blindheit" renommierter Nationsforscher gegenüber den nationalen
Sprachvarietäten ist frappierend und sollte zum Nachdenken über die am Anfang
des Kapitels referierten Auffassungen anregen. Sie legt immerhin die Vermutung
nahe, daß die Relevanz der nationalen Varietäten für das Nationalgefühl oder die
nationale Identität durch die sprachwissenschaftliche Brille vergrößert, vielleicht
sogar erheblich vergrößert erscheinen könnte, während andere dafür wichtige
Faktoren unterbelichtet bleiben. In die gleiche Richtung weist der Befund (Bruckmüller 1994: 31), daß die Österreicher ihre „kulturellen Eigenheiten", denen
dabei auch die sprachlichen zuzurechnen sind, für am wenigsten verteidigungs-
wert halten (unter fünf zur Wahl gestellten Alternativen). Ein sicheres Urteil über
ihre Relevanz für die nationale Identität oder das Nationalbewußtsein dürfte
beim derzeitigen Forschungsstand jedoch kaum möglich sein.

Bei aller berechtigten Skepsis bezüglich Aussagen, die im Brustton der Überzeugung vorgetragen werden, möchte ich im weiteren doch vorsichtige Schritte in
die Richtung einer Klärung der Zusammenhänge versuchen. Hierzu gehören auch
begriffsanalytische und -problematisierende Überlegungen, die allerdings mehr
als Fragen denn als Antworten aufgenommen werden sollten. Eine in diesem Zusammenhang wichtige Feststellung scheint mir zu sein, daß das Bewußtsein von
der Existenz nationaler Sprachvarianten Österreichs (oder eines anderen nationalen Zentrums) ein Bewußtsein von der Existenz der betreffenden Nation voraussetzt. Dies folgt daraus, daß der Begriff ‚nationale Sprachvariante' (oder ‚nationale Sprachvarietät') den Begriff ‚Nation' als notwendigen Definitionsbestandteil
enthält. Wie anders ließe er sich sonst definieren (vgl. Kap. A.4.5)? Unter dieser
Voraussetzung ist die Frage, ob das Bewußtsein von den nationalen Sprachvarianten das Bewußtsein von der Nation fördert, keine rein empirische mehr,
sondern läßt sich in gewisser Hinsicht auf ziemlich triviale Weise rein logisch
bejahen: Der Existenz der nationalen Varianten/Varietäten kann sich nur bewußt
werden, wer sich auch der Existenz der betreffenden Nation bewußt ist. Entsprechendes gilt übrigens für alle nationalen Besonderheiten, seien es die Literatur,
Musik, bildende Kunst, Landschaft oder was auch immer. Das Bewußtmachen
möglichst vieler nationaler Besonderheiten verstärkt sicher insofern das Nationalbewußtsein, als dabei die Existenz der Nation immer wieder bewußt gemacht
und vorausgesetzt werden muß. Auf einer anderen Ebene liegt die mit solchem
Bemühen stets verbundene Gefahr, die hier wenigstens en passant erwähnt werden soll, daß nationale Besonderheiten erfunden werden, die in Wirklichkeit gar
keine sind.

Übrigens sind von diesem Blickwinkel aus offenkundig alle nationalen
Sprachbesonderheiten nationale Sprachvarianten. Am genauesten trifft dies zu
auf die sowohl spezifischen als auch in der Gesamtregion der Nation geltenden

Sprachvarianten (vgl. Kap. A.5: (5) und (6)). In einer nationalbewußtseinsbildenden Erziehung ginge es dann wohl darum, den Schülern möglichst viele von ihnen
bewußt zu machen. Demgegenüber zählt Peter von Polenz (1990: 10 f.) diejenigen
Sprachformen gar nicht zu den nationalen Varianten, die „aus privaten Alltags-
bereichen" stammen, statt „aus staatlicher und öffentlicher Kommunikations-
praxis" und „die rein zufällig aus älterer sprachgeographischer Verteilung auf
eines der deutschsprachigen Länder beschränkt sind". Bei dieser Sicht der Dinge
würde der Begriff ,nationale Sprachvariante' durch eine Erziehung, in der die
nationalen Sprachbesonderheiten bewußt gemacht werden, erst entfaltet, und zwar
würde er in seinem Umfang erweitert. Mir scheint – nicht zuletzt aus forschungs-
praktischen Gründen – eine vom Bewußtsein und Sprachgebrauch unabhängige
Definition von ,nationaler Sprachvariante' als nationale Sprachbesonderheit
zweckmäßiger. Die solchermaßen definierten nationalen Sprachvarianten können
dann zusätzlich nach der Art ihres Gebrauchs oder dem Grad, in dem sie der Bevölkerung als nationale Besonderheiten bewußt sind, spezifiziert werden, z. B.
– grob schematisierend – in: *öffentliche – private* oder *bewußte – unbewußte*
nationale Sprachvarianten. Andernfalls setzte jede Anwendung des Begriffs
,nationale Sprachvariante' aufwendige empirische Untersuchungen über Sprachgebrauch und Sprachbewußtsein voraus, die wegen des möglichen raschen Wan-
dels auf dieser Ebene ständig neu durchgeführt werden müßten.

In diesem Zusammenhang erscheint die Verdeutlichung zweier weiterer eng
verwandter Begriffe angebracht. *Demonstrationszentrismen* sind solche nationale
Varianten, die demonstrativ zur Kennzeichnung der eigenen nationalen Zugehörigkeit eingesetzt werden; in bezug auf die einzelnen nationalen Zentren kann
man von *Demonstrationsaustriazismen, -helvetismen* usw. sprechen (vgl. auch
Kap. A.4.5: gegen Ende). Bei ihnen handelt es sich um einen Spezialfall der bewußten nationalen Varianten. Nationale Varianten, die nicht als solche bewußt
sind, können auch nicht zur Demonstration nationaler Zugehörigkeit eingesetzt
werden.

Demgegenüber sind *nationale Schibboleths* solche nationale Varianten, an
denen andere, nicht die Angehörigen des betreffenden nationalen Zentrums
selber, die nationale Zugehörigkeit eines/r Sprechers/erin erkennen. Der soziolinguistische Terminus *Schibboleth* wurde nach der Bibel-Episode gebildet, nach der
die geschlagenen Ephraimiten, die sich – um der Tötung zu entgehen – unter die
Sieger gemischt hatten, an der besonderen Aussprache des Wortes Schibboleth
,Ähre' identifiziert wurden (Richter 12: Verse 5–6). Während also eine national-
bewußtseinsbildende Spracherziehung die Zahl der bewußten eigenen nationalen
Varianten vergrößert und die Fähigkeit zum Einsatz von Demonstrationszentrismen erhöht, bleiben die nationalen Schibboleths von ihr unberührt. Sie sind nämlich ausschließlich abhängig vom Bewußtsein anderer, nicht zur eigenen Nation
gehörender Personen. Austriazismen können nur insoweit als nationale Schibboleths wirken, als Nichtösterreicher sie als solche zu identifizieren in der Lage
sind. Ungefähr synonym mit dem Ausdruck *nationales Schibboleth* kann auch
der Terminus *Indikator einer nationalen Varietät* gebraucht werden, sofern er
nicht einfach synonym mit *nationale Variante* verwendet wird.

Wenn österreichische Patrioten die Wichtigkeit der Pflege und Bewußtmachung der Austriazismen unterstreichen, so gehen sie offenbar davon aus, daß
diese Aktivitäten den Zusammenhalt der Nation fördern würden. Diese Hoffnung basiert auf empirischen Annahmen, die bisher – wie es scheint – nicht ernst-

haft überprüft wurden. Sie wurden bislang vielleicht nicht einmal so formuliert, daß klar wäre, wie ihre empirische Untersuchung aussehen könnte. Wolfgang Pollak (1994a: passim; 1994b) erscheint es im Hinblick auf jene Hoffnung z.B. bedeutsam, daß eine möglichst *große* Zahl von Austriazismen erhalten bleibt (oder entwickelt wird?) und daß sie in Österreich möglichst allgemein bewußt gemacht und akzeptiert werden. Darauf läßt z.B. seine Kritik an der geringen Zahl von Austriazismen schließen, insgesamt nur 23, die im Beitrittsvertrag Österreichs mit der Europäischen Union als für die Union amtlich anerkannt wurden (Pollak 1994a: 146–157). Demgegenüber betont Michael Clyne (1993a: 3 – Hervorhebung U.A.), „daß eine geringe Zahl an linguistischen Indizien als sprachliches Identifikationsmerkmal genügt." Man wird annehmen dürfen, daß Clyne auch eine *geringe* Zahl für den Zusammenhalt der Nation als ausreichend betrachtet. Wie aber könnte man überprüfen, welche dieser beiden offenbar konträren Einschätzungen zutreffend ist?

Auf einer elementareren Ebene stellt sich zudem die Frage, ob nationale Sprachvarianten bzw. ihre Bewußtmachung unter der Bevölkerung den Zusammenhalt einer Nation überhaupt beeinflussen und welche Umstände dafür förderlich oder abträglich sind. Die staatsspezifischen Sprachvarianten der DDR (vgl. Kap. D.8) scheinen z.B. nicht sonderlich viel zur Stabilisierung ihres Gemeinwesens beigetragen zu haben, obwohl sie durch den öffentlichen Gebrauch sowie durch sprachwissenschaftliche und massenmediale Thematisierung – wie man annehmen darf – durchaus breiten Bevölkerungschichten bewußt geworden sind. Bei ihnen handelte es sich sogar um die spezielle Art von zentrumspezifischen Varianten, auf die Peter von Polenz den Begriff beschränken möchte. Solche Beispiele belegen, zusammen mit der dargelegten Nichtbeachtung der nationalen Varianten durch viele Nationstheoretiker, daß diese elementare Frage nicht als schon beantwortet gelten darf, sondern durchaus untersuchungsbedürftig ist. Dabei sollte auch beachtet werden, daß die Bewußtmachung nationaler Besonderheiten nicht automatisch auch eine positive Einstellung zu ihnen oder zur betreffenden Nation bewirkt. Wer schon die Existenz einer bestimmten Nation ablehnt, wird vermutlich auch durch das Bewußtmachen sprachlicher oder anderer nationaler Besonderheiten nicht ohne weiteres zu einer entgegengesetzten Einstellung bewegt.

Dennoch scheint die Hoffnung, die manche Sprachpatrioten auf die nationalen Varietäten setzen, keineswegs bloße Phantasterei zu sein. Eine Stütze für sie zeichnet sich z.B. ab, wenn man die nationalen Varianten als eine Art von Gruppensymbolen auffaßt. Eine Nation wird dann als Gruppe gesehen, und zwar als Großgruppe – im Unterschied zu einer durch persönliche Kontakte zusammengehaltenen Gruppe (face-to-face group). Eine solche Großgruppe ist mehr als eine bloße Merkmalsgruppe (z.B. Personen gleicher Schuhgröße), unter anderem insofern, als sich ihre Mitglieder eher mit ihr „identifizieren" können, d.h. sich ihr zugehörig fühlen und sie positiv bewerten. Diese positive Identifikation ist offenbar in etwa gemeint mit dem *Nationalgefühl*, das im Zusammenhang mit den nationalen Sprachvarianten des öfteren genannt wird (vgl. Kapitelanfang). Hierin gründet auch eine Art der schon mehrfach angesprochenen „Identität", und zwar die von uns im weiteren als „sekundär" bezeichnete.

Diese Art von Identität läßt sich sowohl gruppen- als auch rollentheoretisch erklären. Gruppentheoretisch wird die mit ihr zusammenhängende Identifikation mit der Gruppe, hier der Nation, zumeist als „Wir-Gefühl" oder auch „Zugehörigkeitsgefühl" thematisiert. Rollentheoretisch wird sie als Bündel von „Erwartungen" (bezüglich des Verhaltens und der Einstellungen) an den/die Rollenträger/in verstanden, die er/sie im Zuge der Sozialisation als Bestandteil seiner/ihrer Persönlichkeitsstruktur verinnerlicht. Die nationale Zugehörigkeit bildet dann eine dieser Rollen der Person, potentiell jedes Mitglieds der betreffenden Nation, neben der Geschlechts-, Berufs-, Generations-, Vereinszugehörigkeitsrolle und anderen (vgl. zur „Nationalrolle" Dahrendorf 1967: 141, 150, 176). Jede dieser Rollen wird, wenn ein Individuum sie annimmt, zum Bestandteil seiner Identität. Gelegentlich wird bei diesem Prozeß auch von der Außenwelt abstrahiert und der Identitätsbegriff auf die Selbstidentifikation einer Person eingegrenzt. Gerade bei solchen Ansätzen ist die „Ethnizität und Nationalität" im Sinne der nationalen Selbstzuordnung zu den „wichtigsten Zuschreibungs- und Identifikationsmerkmalen von Individuen und Personengruppen" erklärt worden (Nassehi/Weber 1990: 251, 276). Dennoch erscheint es zulässig, hier von „sekundärer" Identität zu sprechen, insofern sie nämlich im einzelnen erst in der späteren, „sekundären" Sozialisation ausgeprägt wird. Die betreffende Spezifizierung erscheint zur Unterscheidung von zwei verschiedenen Begriffen von Identität zweckmäßig, denen man in der Fachliteratur im Kontext der nationalen Varietäten begegnet.

Für Gruppen gibt es oft spezifische Erkennungszeichen, sogenannte Gruppensymbole. Über diese sinnlich wahrnehmbaren Symbole ist indirekt auch die Gruppe selber deutlicher wahrnehmbar. Daher erleichtern sie die Orientierung der Gruppenmitglieder auf die Gruppe hin. Speziell für Nationen gibt es eine ganze Reihe solcher Symbole (Dann 1993: 47f., 59, 119, 259, 281, 321). Zu ihnen zählen vor allem die Nationalflagge (oder Landesflagge), die Nationalhymne und die nationalen Denkmäler. Als Nationalsymbole in einem weiteren Sinn können aber auch andere Dinge fungieren, z.B. Bauten, in denen nationale Institutionen untergebracht sind (Nationalmuseen, Nationaltheater, Regierungs- und Militärgebäude usw.), ferner die Personen (womöglich in Uniformen) und Gegenstände, die diese nationalen Institutionen verkörpern, nationale Sportmannschaften oder -veranstaltungen, Ausstellungen usw. (vgl. Bruckmüller 1994: 92–117). Ähnlich fungieren auch in mancher Hinsicht unklarer abgegrenzte Phänomene wie die Nationalliteratur oder die sonstige nationale Kunst und Kultur. Vor allem über das spezifisch Österreichische in der Literatur gibt eine nicht enden wollende Diskussion (Nadler 1951; Eisenreich 1961; Basil/Eisenreich/Ivask 1962; Bodi 1977; 1980; Bartsch/Goltschnigg/Melzer 1982; Lützeler 1982; Donnenberg 1990). Solche Diskussionen gehören, ebenso wie der Einsatz der genannten Symbole für bestimmte Zwecke, zu denjenigen Aktivitäten, die in bewußt distanzierender Objektivierung auch als „Identitätsmanagement" bezeichnet wurden (Greverus 1990).

Mit all den genannten Phänomenen verwandt, wenngleich doch bemerkenswert davon verschieden, sind schließlich die hier zur Diskussion stehenden sprachlichen Besonderheiten einer Nation. Im vorliegenden Zusammenhang geht es dabei, wohlgemerkt, nicht um den problematischen Begriff ‚Nationalsprache' (vgl. Kap. A.2.1), sondern eben um die nationalen Varianten oder die durch sie konstituierten nationalen Varietäten. Gegenüber den meisten anderen Nationalsymbolen nehmen sich die nationalen Varianten oder Varietäten ausgesprochen unscheinbar aus. Vor allem ist im Unterschied zu manchen anderen Symbolen, allerdings nicht allen, ihre nationalsymbolische Funktion nachgeordnet, denn ihre hauptsächliche Funktion ist die der sprachlichen Verständigung (Denotation gegenüber Konnotation). Sie erscheinen daher nicht gerade besonders geeignet, um hehre nationale Gefühle zu wecken.

Andererseits sind sie – im Gegensatz zu den spektakuläreren Symbolen – allgegenwärtig in der Vielfalt sprachlicher Kommunikation. Hieran denkt wohl auch Fishman (1972: 52–55), wenn er das Potential einer „Nationalsprache" zur „kontrastiven Selbstidentifikation" unterstreicht – kontrastiv im Vergleich zur Sprache von Angehörigen anderer Nationen. Dieser Gedanke läßt sich auch auf die weniger auffälligen nationalen Varianten ausdehnen. Zusätzliches Gewicht verschafft den sprachlichen Besonderheiten der Umstand, daß es sich bei ihnen womöglich um tiefsitzende Persönlichkeitsmerkmale der Sprecher handelt. Es lohnt sich, speziell diesen Gedanken etwas genauer zu prüfen, da sich auf ihn manche nationalerzieherische Hoffnungen zu gründen scheinen.

Die tiefe Verankerung in der Persönlichkeit der Sprecher trifft zu, wenn die betreffenden Sprachformen Bestandteil der Alltagssprache sind, in der die Sprecher aufwachsen. Damit sind sie nämlich Elemente der „Muttersprache", der Sprachvarietät der primären Sozialisation, des Elternhauses und kindlichen Freundeskreises. Daß deren Komponenten in der Persönlichkeit der Sprecher tief verwurzelt sind, ist in der heutigen Sozio- und Psycholinguistik ziemlich unumstritten. Man kann, terminologisch spezifizierend, von Bestandteilen der „primären" Identität der Sprecher reden. Dieser Gedanke scheint häufig hereinzuspielen, wenn es um die Bedeutsamkeit der nationalen Varianten für die Entwicklung von Nationalgefühl und dergleichen geht (vgl. Kapitelanfang).

Eine erste Abschwächung ist insofern geboten, als in einer dialektsprechenden Region, wie es ganz Österreich ist, die nationalen Varianten keineswegs immer Bestandteile der „Muttersprache" sind. Es handelt sich ja um Standardvarianten, die sich von den in der Alltagskommunikation üblichen Dialektvarianten deutlich unterscheiden können (vgl. Kap. B.5).

Noch gewichtiger erscheint mir aber folgender Einwand. Die nationale Symbolik der betreffenden Sprachformen wird in aller Regel nicht, vielleicht sogar grundsätzlich nicht in der primären Sozialisation erworben. Sie ist immer später vermittelt. Wenn auch die betreffenden Sprachformen als solche primärsozialisiert und somit Bestandteil der „primären" Identität ihrer Sprecher sind, ihr nationaler Symbolgehalt ist es nicht. Es bleibt daher eine nach meiner Einschätzung erst noch zu klärende Frage, ob die nationalen Varietäten tatsächlich ein besonders tragfähiges Verbindungsstück zwischen Individuen und Nation bilden können. Damit soll die Möglichkeit freilich keineswegs verneint werden. Die Verankerung der betreffenden Sprachformen – wenn auch nicht ihres nationalen Symbolgehalts – in der „primären" Identität ihrer Sprecher legt sogar eher eine Bejahung als eine Verneinung nahe.

Auf einer völlig anderen Ebene liegt die in diesem Zusammenhang ebenfalls naheliegende Frage, unter welchen Umständen eine besonders enge Bindung der Individuen an ihre Nation überhaupt wünschenswert ist. Möglicherweise ist sie es unter den gegebenen Umständen im Falle von Nationen wie Österreich oder auch der Schweiz. Es ist für Außenstehende schwierig, hier wirklich fair zu urteilen. Für Deutschland wünsche ich sie mir jedenfalls nicht, oder allenfalls mit vielen spezifizierenden Zusätzen. Wer sie sich auch für Nationen wie Deutschland unbesehen wünscht, verliert leicht die Distanz zu einer Art von Nationalismus, dessen negative, um nicht zu sagen katastrophale Auswirkungen wohl kaum geschildert zu werden brauchen.

Unabhängig von solchen politischen Perspektiven bleibt die schwierige Frage nach dem möglichen Zusammenhang zwischen nationalen Varianten, Nationalgefühl und Zusammenhalt der Nation. Nach ihrer weiteren theoretischen und empiriegestützten Präzisierung wären Forschungspläne zu entwickeln, um ihre verschiedenen Facetten ernsthaft empirisch zu untersuchen. Dabei wären vermutlich vielfach nur indirekte und partielle Untersuchungen möglich, von denen aus auf bestimmte Zusammenhänge geschlossen werden könnte. Der Versuch, solche Forschungspläne zu entwickeln, ginge über den Rahmen der vorliegenden Abhandlung hinaus. Vorab wären die bislang vorliegenden einschlägigen Befunde zu sichten. Wichtige Stützen und Anregungen sind insbesondere aus dem großen Themenbereich der Gruppensprachen und -varietäten zu erwarten.

Bevor diese umfangreiche Arbeit nicht geleistet ist, hängen die Annahmen über die Bedeutsamkeit der nationalen Varianten für das Nationalgefühl und den Zusammenhalt der Nation weitgehend in der Luft. Dies schließt freilich nicht aus, daß man diese Annahmen selber näher betrachtet, und auch nicht, daß man mit ihnen als einer hypothetischer Grundlage, also im Bewußtsein ihrer Ungesichertheit, argumentiert. Eine solche Argumention wird allerdings dogmatisch, wenn sie den hypothetischen Charakter ihrer Grundlage außeracht läßt.

Wenn auch der tatsächliche Zusammenhang zwischen nationalen Varianten, Nationalgefühl und nationalem Zusammenhalt hier ungeklärt bleiben muß, so läßt sich doch zumindest feststellen, daß der Gedanke in Österreich eine größere Rolle spielt als in irgendeiner anderen deutschsprachigen Nation. Wenigstens wird dies von denjenigen, die sich mit dieser Thematik befassen, im allgemeinen so gesehen, und zwar aus den folgenden Gründen: In der deutschsprachigen Schweiz treten die nationalen Varianten in ihrer nationalbewußtseinsbildenden Wirkung gegenüber dem viel auffälligeren, omnipräsenten Dialekt in den Hintergrund (vgl. Kap. C.4, C.5), in Deutschland sind die nationalen Varianten bisher im Grunde gar nicht entdeckt worden (vgl. Kap. D.6), und in den kleineren nationalen Zentren (Halbzentren) fehlt entweder die Kapazität zu ihrer konsequenten Pflege (Liechtenstein, Südtirol und Ostbelgien) oder stehen andere Sprachen im Vordergrund (Luxemburg) (vgl. Kap. E.1-E.4). In Österreich konzentrieren sich dagegen die Bemühungen, die Eigenständigkeit der Nation auch sprachlich zum Ausdruck zu bringen und abzusichern, in hohem Maße auf die Pflege der nationalen Varianten bzw. die durch sie konstituierte nationale Varietät. Im Grunde ist dieser Tatbestand schon detailliert belegt und dargestellt in Kapitel B.1. Zusätzliche Hinweise darauf wurden zu Beginn des vorliegenden Kapitels geliefert. Mögen hier zur Vermeidung allzu vieler Wiederholungen einige weitere stichwortartige Belege genügen, die zum Teil auf zuvor Ausgeführtes zurückverweisen:

- Das *Österreichische Wörterbuch,* das schon kurze Zeit nach der wiedergewonnenen nationalen Selbständigkeit in Angriff genommen wurde, hat als eines seiner wichtigsten, wenn nicht sogar als überhaupt wichtigstes Ziel die Pflege und Festigung der eigenen nationalen Varietät (vgl Kap. B.1, B.4).
- Österreichische Sprachexperten (vgl. zum Begriff Kap. A.4.2) haben sich teilweise dezidiert für die Pflege der eigenen nationalen Varietät ausgesprochen und daran mitgewirkt. Beispielhaft seien hier – ungeachtet recht unterschiedlicher Blickrichtungen – genannt: Jakob Ebner, Rudolf Muhr, Wolfgang Pollak, Ingo Reiffenstein und Peter Wiesinger (in alphabetischer Reihenfolge; vgl. die Titel dieser Autoren im Literaturverzeichnis).

– Auch österreichische Verfasser von Modelltexten (vgl. zum Begriff Kap. A.4.2), insbesondere Schriftsteller, haben sich für ein spezifisch österreichisches Standarddeutsch ausgesprochen und es zum Teil gepflegt. Dies läßt sich z.B nachweisen bei so verschiedenartigen Autoren wie Franz Innerhofer, Christine Nöstlinger oder Friedrich Torberg (vgl. ihre Titel im Literaturverzeichnis bzw. Pollak 1992: Vorbemerkungen).

– Maßgebliche Politiker haben sich ebenfalls hinter die Bemühungen gestellt, ein besonderes österreichisches Standarddeutsch zu entwickeln bzw. zu erhalten. Schon das *Österreichische Wörterbuch* ist von seiten der Politik gefördert worden. Als neueres Ereignis sind die Beitrittsverhandlungen mit der Europäischen Union zu nennen, in denen die österreichischen Unterhändler die Amtlichkeit von 23 Austriazismen auf EU-Ebene bewirkt haben. Der Wiener Bürgermeister Zilk hatte für die Sprachzugeständnisse ein Werbeblatt mit dem Aufruf „Erdäpfelsalat bleibt Erdäpfelsalat!" verteilen lassen. Im einzelnen sind die folgenden, ausschließlich dem kulinarischen Bereich zugehörigen Austriazismen Bestandteil der Amtssprache der Europäischen Union geworden – die amtlichen Entsprechungen für Deutschland sind in Klammern beigefügt: *Beiried* (Roastbeef), *Eierschwammerl* (Pfifferling), *Erdapfel* (Kartoffel), *Faschiertes* (Hackfleisch), *Fisole* (Grüne Bohne), *Grammel* (Griebe), *Hüfterl* (Hüfte), *Karfiol* (Blumenkohl), *Kohlsprossen* (Rosenkohl), *Kren* (Meerrettich), *Lungenbraten* (Filet), *Marille* (Aprikose), *Melanzani* (Aubergine), *Nuß* (Kugel), *Obers* (Sahne), *Paradeiser* (Tomate), *Powidl* (Pflaumenmus), *Ribisel* (Johannisbeere), *Rostbraten* (Hochrippe), *Schlögel* (Keule), *Topfen* (Quark), *Vogerlsalat* (Feldsalat), *Weichsel* (Sauerkirsche). Voller Befriedigung haben die beteiligten Politiker darüber hinaus als Verhandlungsergebnis hervor: „Durch das Protokoll 10 [der Beitrittsverhandlungen! U.A.] wurde primärrechtlich – das heißt im Range von EU-Verfassungsrecht – das Prinzip etabliert, daß Austriazismen im Rahmen des EU-Rechts anzuerkennen sind. Sollte nun neues EU-Recht bisher noch nicht abgedeckte Bereiche regeln, so wird sich Österreich als Mitglied der Europäischen Union auf das Prinzip des Protokolls 10 berufen und die Berücksichtigung der entsprechenden Austriazismen fordern können" und – so könnte man hinzufügen – voraussichtlich auch tatsächlich fordern. (BMGSK, Abteilung I D 16, Dr. Lutz/4880 – Zusendung durch Wolfgang Pollak; vgl. auch „Europhäaken ohne Genußverzicht", *Frankfurter Allgemeine Zeitung* 11.6.1994; Bericht im „auslandjournal" des ZDF 12.12.1994)

– Teile der österreichischen Gastronomie haben – neben Texten in deutschem Deutsch für die Touristen aus Deutschland – solche in österreichischem Deutsch erstellt und damit unter anderem auch die Parallelität und Gleichberechtigung beider Varietäten unterstrichen (vgl. z.B. „Salzburgs Speisekarte für nördliche Gäste" 1978; Wiesinger 1988c: 238).

Diese und andere Vorgänge zeugen von einer beträchtlichen Breite der Unterstützung für eine eigene nationale Varietät des Deutschen in Österreich. Dieses Engagement kann kaum in irgendeinem dieser Fälle anders erklärt werden als durch das Bestreben, dadurch letztlich auch die Autonomie der österreichischen Nation zu stärken. Die betreffende Motivation liegt auf der Hand. Auf sie verweisen auch die verschiedenartigsten Äußerungen. Diese Feststellung läßt sich treffen unabhängig von der Frage, ob die beabsichtigte Wirkung auch tatsächlich erzielt wird.

Es gibt noch ein weiteres Motiv für die Pflege eines spezifisch österreichischen Standarddeutsch, das jedoch so gut wie immer nur zwischen den Zeilen anklingt und kaum je offen ausgesprochen wird. Es ist die sprachliche Rücksichtnahme auf die breite Mehrheit der Bevölkerung, von deren gesprochenen Varietäten die Standardvarietät nicht zu weit entfernt sein sollte. Diese Rücksichtnahme nimmt Bezug auf die zweite herkömmliche Bedeutung des Wortes *Volk*, das sich erstens auf die Gesamtheit der Nation bezieht, und zweitens auf ihre Mehrheit, die „breite Masse" der Bevölkerung. Auch im Ausdruck *Nation* selber klingt die zweite Bedeutung gelegentlich an. Die „breite Masse" der Bevölkerung wird dabei zumeist den herrschenden oder den Bildungsschichten gegenübergestellt. Die Rücksicht auf die alltägliche Sprechweise der Bevölkerungsmehrheit spielt in sprachlichen Bildungsreformen und Standardisierungsprozessen spätestens seit dem Humanismus eine mehr oder weniger kontinuierliche Rolle. Sie erscheint z.B. auch häufig als Begründung des Übergangs von der Gelehrtensprache Latein zu den „Volkssprachen" in der europäischen Bildung und Wissenschaft. Diese sprachdidaktische und sprachpolitische Tradition, die von bestimmten politischen Positionen aus mit guten Gründen als „demokratisch" apostrophiert wird, spielt – wie es scheint – auch hinein in die Bemühungen um ein spezifisch österreichisches Standarddeutsch.

Sie wird weniger von ihren Protagonisten proklamiert, als von ihren Kritikern diagnostiziert, so z.B. von Ingo Reiffenstein (1983: 19) in seiner Kritik an der 35. Auflage des *Österreichischen Wörterbuchs* (1979), die ihm zu weit geht in der „Tendenz, umgangssprachlichem Wortgut durch Nichtmarkierung zu standardsprachlichem Rang zu verhelfen. Hier liegt ziemlich offenkundig der Versuch einer progressiven gesellschaftspolitisch motivierten Sprachlenkung vor." Wenn „nichthochsprachliches Wortgut" ins Wörterbuch aufgenommen werde, was sich zum Teil durchaus rechtfertigen lasse, sei es wichtig, „die jeweilige Gebrauchsebene zu markieren. Wo dies, wie im neueren Österreichischen Wörterbuch, unterbleibt, erscheint mir der Verdacht nicht unberechtigt, daß damit Sprachlenkung bewußt verschleiert werden soll." Ungeachtet dieser Kritik am *Österreichischen Wörterbuch* befürwortet Reiffenstein (1983: v.a. 12) durchaus österreichische Besonderheiten im Standarddeutschen, also im Grunde die eigene nationale Varietät, und zwar unter anderem auch unter Bezugnahme auf die Sprachbarrierendiskussion. Allerdings wendet er sich entschieden gegen die Auflösung der Standardnormen oder den Verzicht auf ihre konsequente Vermittlung in der Schule. Die Annäherung der Standardnormen an die „Volkssprache" klingt als zusätzliches, demokratisch motiviertes Ziel immer wieder an in den Bemühungen um eine eigene nationale Varietät, nicht nur in Österreich (vgl. auch Kap. B.1, C.1, C.5). Diese soll eben nicht nur Symbol der nationalen Autonomie, sondern von der Ausgangssprache der Bevölkerung her auch einigermaßen leicht erlernbar sein.

Ein Problem ist dabei, daß die verschiedenen Zielsetzungen nicht immer vereinbar sind. Die Standardisierung zielt ab auf regionale Vereinheitlichung, um jenseits der dialektalen Ebene die überregionale Kommunikation zu erleichtern. Die Nationalsymbolik strebt nach Kongruenz des Geltungsbereichs mit den nationalen Grenzen. Die „Volkssprache", im wesentlichen die Dialekte, ist jedoch einerseits regional differenziert und reicht andererseits über die nationalen Grenzen hinaus (vgl. Kap. A.1.3; auch Wiesinger 1988b: 25–28). Der Versuch, bestimmte nationale Varianten festzulegen, zerreißt dann unvermeidlich einen dieser Zusammenhänge.

Von anderen Standardisierungsvorgängen her ist bekannt, daß bei der Festlegung des Standards allgemein die Tendenz besteht, den Sprachgebrauch der städtischen „Zentren" (in einem anderen Sinn als die nationalen Zentren!) zu bevorzugen (vgl. Bartsch 1985: z.B. 238 f.). Vielgenannte Beispiele sind die Bevorzugung des Londoner oder des Pariser Sprachgebrauchs bei der Standardisierung des britischen Englisch bzw. des Französischen. Eine derartige Bevorzugung läßt sich einerseits durchaus zweckrational damit rechtfertigen, daß die betreffenden Sprachformen wegen ihres kulturellen „Mehrwerts" (Höherbewertung) am ehesten allgemein als verbindlich akzeptiert werden; sie gewährleisten also am besten die sprachliche Einheitlichkeit der Nation. Die Dominanz einer Region bei der Standardisierung konfligiert jedoch andererseits mit der Zielsetzung der möglichst großen Nähe des Standards zur „Volkssprache", speziell in denjenigen Regionen, deren Sprachgebrauch bei der Standardisierung unberücksichtigt bleibt.

Solche Konflikte gibt es – in begrenztem Ausmaß – auch bei der Festlegung der nationalen Varietät in Österreich. Sie zeigen sich am deutlichsten in der Dominanz ostösterreichischer, um Wien herum gebräuchlicher Sprachformen in der nationalen Varietät. Die Dominanz Wiens ist schon angelegt in den zahlreichen Beschreibungen des Wienerischen; keine andere Sprachvarietät Österreichs erfreut sich so vielfältiger und ausführlicher Darstellung (z.B. Hügel 1873; Stieböck 1890; Mayr 1924; Schikola 1954; Hornung 1980a; Schuster/Schikola 1984). Diese Dominanz auch bei der Festlegung der Standardvarietät ist dann besonders ausgeprägt in der 35. Auflage des *Österreichischen Wörterbuchs* (1979). Nach empirischen Befunden zur tatsächlichen Verwendungsregion einer Auswahl von Lemmata bei einer Befragung unter Studierenden „werden die Bundeshauptstadt Wien und Ostösterreich gegenüber Westösterreich stark bevorzugt" (Wiesinger 1980a: 395, auch 370). Die Bevorzugung Ostösterreichs besteht – wenngleich abgeschwächt – fort in den späteren Auflagen (vgl. auch Wolf 1994: 73 f.).

Die ostösterreichische Dominanz kommt zum Teil dadurch zustande, daß westösterreichische, vor allem die oft ganz andersartigen Vorarlberger, zum Teil aber auch Tiroler (Nordtiroler) Varianten gar keinen Eingang ins *Österreichische Wörterbuch* gefunden haben (vgl. auch Rainer 1986). Die Wörterbuchmacher haben dies inzwischen als Einseitigkeit erkannt und sind bemüht, diesen Mangel in der für 1996 geplanten Neuauflage auszubügeln (briefliche Mitteilung Ernst Pacolts am 21.12.1993; vgl. Ende Kap. B.1). Insbesondere Vorarlberg wurde bisher vernachlässigt, womit sicher zusammenhängt, daß das *Österreichische Wörterbuch* in den dortigen Schulen weniger verwendet wurde (Nyhlén 1961: 53), wenngleich es keinerlei förmlichen Beschluß des Bundeslandes gegen seine Verwendung gibt (briefliche Mitteilung des Landesschulrats für Vorarlberg 25.1.1995). Vorarlberg hat sprachlich aufgrund seines anderen Dialekts schon immer eine Sonderrolle gespielt, was die Bevölkerung zeitweilig, vor allem nach dem Ersten Weltkrieg, sogar zu separatistischen Neigungen und zu Anschlußwünschen an die Schweiz motivierte (vgl. Zöllner 1984: 498). Allerdings würde durch die Aufnahme weiterer westösterreichischer, vor allem Vorarlberger Varianten die nationale Einheitlichkeit der Standardvarietät und damit unter Umständen ihre Nationalsymbolik beeinträchtigt.

Zum Teil ist die ostösterreichische Dominanz auch durch Ausweitung der Geltungsregion dortiger Varianten über ihre Verwendungsregion hinaus entstanden. Dieses Verfahren haben Rosa Forer und Hans Moser (1988) schon im Wörterbuch Jakob Ebners (1980) nachgewiesen, das offenbar viele Austriazismen ohne innerösterreichische regionale Markierung führt, die in Wirklichkeit aus Ostösterreich stammen und Westösterreichern nicht vertraut sind. Von 260 nach einem Zufallsverfahren aus Ebner ausgewählten unmarkierten Austriazismen waren immerhin 60 in Tirol (23%) und 120 (46%) in Vorarlberg nicht „geläufig". Bei dieser Einschätzung stützten sich die Verfasser jeweils auf das Urteil von zwei „sprachkompetenten" einheimischen Gewährsleuten. Die unvertrauten Wörter stammten dabei überwiegend aus dem „allgemeinsprachlichen" Wortschatz – im Gegensatz zu „institutionellem/institutionell gestütztem Wortgut", das durch den unvermeidlichen Kontakt aller Bürger mit den staatlichen Institutionen auch in Westösterreich allgemein bekannt ist (Forer/Moser 1988: 190–193). Karin Metzler (1988) hat eine ähnliche, auf Vorarlberg eingeschränkte Untersuchung von 40 Wörtern durchgeführt, die sowohl in Ebner (1980) als auch im *Österreichischen Wörterbuch* (1979) regional unmarkiert sind. Dabei hat sich herausgestellt, daß kein einziges davon „zu 100 Prozent von allen [5 Vorarlberger! U.A.] Gewährspersonen verwendet" wurde (S. 219), wenn ihnen auch die meisten passiv bekannt waren (vgl. auch Metzler-Schwarzmann 1986).

Die bei Ebner regional unmarkierten Wörter erscheinen im *Österreichischen Wörterbuch* praktisch immer ebenfalls ohne regionale Markierung. Darüber hinaus fehlt im *Österreichischen Wörterbuch* vereinzelt sogar bei solchen Wörtern die regionale Markierung, die bei Ebner als ostösterreichisch oder sogar wienerisch gekennzeichnet sind. Ostösterreichische Beispiele sind *Obers* (vgl. Ebner 1980: 132) oder *ausstallieren* (dt./schweiz. aussetzen/bemängeln) (Ebner 1980: 36), und wienerische Beispiele sind *ein Alzerl* (dt./schweiz. ein klein wenig) oder *Aschantinuß* (dt./schweiz. Erdnuß). Unter den sechs Buchstaben A, E, I, O, T und Z (Auswahl jedes fünften Buchstabens im Alphabet, aber I statt J und Z statt Y) finden sich immerhin 9 solche Beispiele, 5 ostösterreichische und 4 wienerische. Nur bei 1 Wort, genauer: einer seiner Bedeutungen, fehlt unter diesen Buchstaben im *Österreichischen Wörterbuch* auch Ebners Markierung als westösterreichisch *(Zelten ,Früchtebrot')*, und 1 Wort ist im *Österreichischen Wörterbuch* als ostösterreichisch markiert, bei Ebner aber nicht *(zizerlweis,* mundartlich).

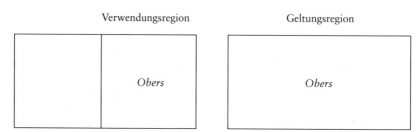

Abb. 14: Typischer Unterschied zwischen vorherrschender Verwendungsregion und durch die Kodifizierung hergestellter Geltungsregion nationaler Varianten in Österreich (Beispiel *Obers*)

Bisweilen wird auch im *Österreichischen Wörterbuch* ein Wort durchaus zutreffend als ostösterreichisch markiert, aber keine westösterreichische Variante dazu angegeben. Ein Beispiel ist *stangeln,* wozu lediglich die als binnendeutsch

markierte Variante *staken erscheint. Auch hierbei wird indirekt die ostösterreichische Variante verabsolutiert, insofern den Westösterreichern keine einheimische Alternative zur Verfügung gestellt wird.

Der bei diesem Vorgehen durch die Kodifizierung vollzogene Schritt ist – in
stark schematisierter Form – in Abbildung 14 veranschaulicht.

Aufgrund der erweiterten Geltung können in der Region, in der die betreffende Variante bislang ungebräuchlich war, Erwartungen an die Sprecher entstehen, sie nun auch zu verwenden. Dies liegt vielfach aus nationalsymbolischen
Gründen nahe. Die Verwendungsregion der in Westösterreich gebräuchlichen
Varianten reicht nämlich oft über Österreich hinaus. Dies trifft z.B. zu auf die
westösterreichische Variante in unserem Beispiel, *(süßer) Rahm*, die kein spezifischer Austriazismus, sondern auch in Süddeutschland gebräuchlich ist und in
der Schweiz gilt – wobei allerdings in Süddeutschland die standardsprachliche
Geltung im Vergleich zur in ganz Deutschland geltenden Variante *Sahne* eingeschränkt ist (vgl. die Markierung mit „landsch.[aftlich]" im Rechtschreib-Duden
1991: 583). Diese Einschränkung mag bei den intensiven grenzüberschreitenden
Kontakten auch auf die Bewertung in Westösterreich abfärben.

Man sieht, wie bei einer solchen Konstellation in Westösterreich dann sogar
eine Anfälligkeit für Teutonismen entstehen kann, im Falle unseres Beispiels für
Sahne. Einer der tieferen Gründe dafür könnte die sprachliche Dominanz der
ostösterreichischen über die westösterreichische Region sein, die eine gewisse Diskrepanz zwischen „Volkssprache" und nationaler Varietät in Westösterreich zur
Folge hat. Diese Diskrepanz bildet gewissermaßen den Nährboden für die Varianten des wiederum gegenüber Österreich insgesamt dominierenden Sprachzentrums Deutschland (vgl. Kap. D.4, F.7).

Es zeigt sich also, daß die Entwicklung und Erhaltung der nationalen Varietät in Österreich in einer Spannung steht zwischen den Alltagsvarietäten der
Bevölkerungsmehrheit, die regional uneinheitlich sind, und der sprachlichen
Einheitlichkeit innerhalb der Nation, die sich kaum ohne Dominanz einzelner
Regionen über andere und nicht ohne Diskrepanzen mit den Alltagsvarietäten
verwirklichen läßt. Die Stabilisierung der nationalen Varietät erfordert unter den
besonderen Bedingungen Österreichs die Herstellung einer Balance zwischen
diesen entgegengesetzten Kräften. Entsprechende Spannungen bestehen durchaus
auch im Zentrum Deutschland, vermutlich sogar in noch stärkerem Maße. Sie
sind dort aber kein nationales Problem, da die eigene Varietät für die nationale
Identität dieses Sprachzentrums offenbar kaum eine Rolle spielt und keine Sorgen
wegen des Eindringens von Varianten aus den anderen Zentren der deutschen
Sprache bestehen (vgl. Kap. D.6).

7 Österreichische Stereotypen von den Deutschen und Schweizern

„Ich hasse Euch Deutsche. Der Magen dreht sich mir um, wenn ich in *meinem* Wien, in *meinem* Salzkammergut, in *meinem* Tirol Deutsche deutsch reden höre – dieses deutsche Deutsch, das dem Österreicher sofort Minderwertigkeitsgefühle eingibt, es klingt alles so kompetent und effizient, und wenn's der größte Blödsinn ist." Diese Äußerung von Günther Nenning (1990: 118), deren Hintersinn in der indirekten Kritik am Sprecher selber besteht, beleuchtet schlaglichtartig einen in unserem Zusammenhang wichtigen Aspekt der Einstellung von Österreichern gegenüber Deutschen. Insbesondere verbindet sich darin die Einstellung zu den Personen mit der Einstellung zu ihrer Sprachvarietät. Die Wahrnehmung der Varietät löst das Einstellungsmuster zu den Personen aus; an ihr haftet also assoziativ die Einstellung zu den Sprechern.

Diese Zusammenhänge sind in der Soziolinguistik vielfach untersucht und immer wieder bestätigt worden. Einer der Begründer der einschlägigen empirischen Forschung und Erfinder einer inzwischen gängigen Forschungsmethode ist Wallace E. Lambert (z.B. 1967; Lambert u.a. 1960; vgl. auch Ammon 1983). Er war es hauptsächlich, der die „matched-guise"-Technik entwickelt hat, die – wie man vielleicht sagen könnte – Technik der *Verschleierung durch Montage*. Dabei werden den Informanten, deren Einstellung ermittelt werden soll, Tonaufnahmen von Sprechern verschiedener Varietäten vorgespielt, die inhaltlich identisch sind und – was besonders wichtig ist – allesamt vom selben Sprecher stammen (der natürlich alle Varietäten einwandfrei sprechen können muß). Den Informanten wird gesagt, es handle sich um verschiedene Sprecher, die nun – je nach Fragestellung – nach ihrer sozialen Zugehörigkeit oder ihrem Charakter beurteilt werden sollen. Diese Beurteilung kann teils durch Zuordnung vorgegebener Merkmale, teils durch Beantwortung offener Fragen geschehen. Die auf diese Weise ermittelten Unterschiede in der Beurteilung können durch nichts anderes als die Sprachvarietät hervorgerufen sein, denn alle anderen Faktoren sind ja konstant gehalten (vor allem Textinhalt und Stimmlage).

Wichtig ist nun in unserem Zusammenhang, daß bei Untersuchungen dieser Art so gut wie immer die stereotypischen Vorstellungen zutage treten, welche die Informanten von den Personen haben, die normalerweise die betreffende Varietät sprechen. So reflektieren z.B. bei Präsentation von amerikanischem „Black English" die Antworten getreu die Stereotypen der Informanten von amerikanischen Schwarzen. Entsprechendes ist bei Untersuchungen in zahlreichen unterschiedlichen Gesellschaften festgestellt worden. Stets evozieren die Sprachvarietäten die Stereotypen von deren Sprechern.

Aus diesem Grunde sind im Zusammenhang mit den nationalen Varietäten die steretypischen Vorstellungen nicht nur bezüglich dieser Varietäten selber, sondern auch bezüglich ihrer Sprecher von Interesse. Man darf nämlich davon ausgehen, daß – cum grano salis – die Stereotypen von den Sprechern assoziiert sind mit den betreffenden Varietäten und bei deren Rezeption, vor allem der Hörrezeption, mit ausgelöst werden. Zweifellos wäre es wünschenswert, diese Hypothese bezüglich unseres Forschungsgegenstandes nochmal eigens zu überprüfen; jedoch muß dies aus Gründen der Arbeitskapazität der zukünftigen Forschung vorbehalten bleiben. Angesichts der großen Zahl von bestätigenden Untersuchungen bei anderen Varietäten erscheint die allgemeine Hypothese schon jetzt ausreichend abgesichert, um einige Hinweise auf stereotypische Vorstellungen von den Sprechern der verschiedenen nationalen Varietäten des Deutschen zu rechtfertigen.

Bei der Untersuchung von Stereotypen lassen sich unterschiedliche Blickrichtungen auseinanderhalten, deren Unterscheidung in der Stereotypenforschung inzwischen gängig ist. Es hat sich gezeigt, daß das Stereotyp einer Person oder einer Gruppe von sich selbst (Autostereotyp) und das Stereotyp, das andere von ihr haben (Heterostereotyp), divergieren können. Die verschiedenen Blickrichtungen bei den Personengruppen (Mitgliedern) der nationalen Zentren der deutschen Sprache sind in Abbildung 15 am Beispiel der Österreicher veranschaulicht. Sie sind natürlich analog zu denken bei den Schweizern und den Deutschen (vgl. Kap. C.6 und D.7).

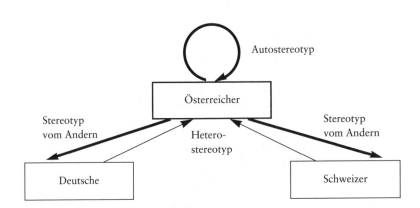

Abb. 15: Richtungen der Stereotypenbildung

Die Stereotypenforschung würde in der Regel primär die Hetero- und Autostereotypen untersuchen, also die Vorstellungen, die andere von einer fraglichen Gruppe haben, bzw. die Vorstellungen, die die Gruppe von sich selbst hat. In unserem Fall sind dagegen die Vorstellungen der Mitglieder des einen nationalen Zentrums einer Sprache von den Mitgliedern der anderen Zentren von größerem Interesse, neben den Vorstellungen, die die Mitglieder des Zentrums von sich selbst haben. Denn davon hängt in erster Linie ihre Einschätzung der verschiedenen nationalen Varietäten ab, sowohl der eigenen als auch der anderen. Das Heterostereotyp hat darauf zumindest keine direkte Einwirkung. So wird, um es an unserem Beispiel zu verdeutlichen, die Einschätzung der eigenen nationalen Varietät durch die Österreicher in erster Linie von ihrer Sicht der anderen nationalen Zentren bzw. deren Mitgliedern geprägt, wie natürlich auch von ihrer Selbstsicht, während die Vorstellung, die die Mitglieder der anderen Zentren von den Österreichern haben, auf das Verhältnis der Österreicher zu ihrer eigenen nationalen Varietät keine unmittelbare Auswirkung hat. Diese Differenzierung ist in Abbildung 15 durch die unterschiedliche Pfeilstärke angezeigt. Die fetten Pfeile markieren die im vorliegenden Zusammenhang in erster Linie interessierenden Blickrichtungen. Die Heterostereotype von den Österreichern kommen allerdings in den entsprechenden Kapiteln über die Schweiz und Deutschland noch zur Sprache (C.6 und D.7).

Um Mißverständnisse zu vermeiden, ist noch eine weitere Differenzierung angebracht. Zwar hat das Heterostereotyp selber auf die Einschätzung ihrer Varietät durch die Österreicher keinen unmittelbaren Einfluß, wohl aber das *vermutete* Heterostereotyp (vgl. dazu Ris 1978: 100f.; Hofstätter 1960). Hierzu liegen jedoch, was unsere Thematik angeht, – soweit ich sehe – nur bruchstückhafte Informationen vor. Allerdings ist anzunehmen, daß das tatsächliche Heterostereotyp nicht ohne Auswirkung auf das vermutete Heterostereotyp der betroffenen Gruppe ist, wozu jedoch in bezug auf unser Thema wiederum keine gesicherten Informationen zur Verfügung stehen.

Die Vorstellung von den anderen und von sich selbst muß natürlich keineswegs stereotypisch sein (oder klischeehaft, was annähernd dasselbe bedeutet). Dies wirft sofort die Frage auf, wodurch sich stereotypische von nicht-stereotypischen Vorstellungen unterscheiden. Nach der enormen Menge an vorliegener Literatur zu urteilen (vgl. z.B. Quasthoff 1973), ist diese Frage äußerst kompliziert und kann hier nur stark verkürzt beantwortet werden, wenn wir uns darin nicht verlieren wollen.

Als Gegensatz zu einer stereotypischen Vorstellung oder einem stereotypischen Bild wird häufig ein „wirklichkeitsgetreues" oder „wahres" Bild genannt. Dies trifft jedoch meines Erachtens nicht den Kern des Unterschieds. Auch ein stereotypisches Bild kann zu einem bestimmten Zeitpunkt in dem Sinne wahr sein, daß seine wesentlichen Merkmale auf die Mehrheit der Mitglieder der betreffenden Personengruppe, das Urbild also, zutreffen. Im Unterschied zu einem nicht-stereotypischen Bild ist diese Übereinstimmung aber weitgehend zufällig und wird das stereotypische Bild nicht korrigiert, wenn sich die Wirklichkeit verändert. Auch der in wesentlichen Punkten statistische Charakter eines solchen Bildes (das Zutreffen bestenfalls auf die Mehrheit, nicht auf alle Personen) wird bei stereotypischer Sicht nicht durchschaut, sondern das Bild wird auf alle betreffenden Personen verallgemeinert, die dann – zumindest bis zu einem gewissen Grad – in seinem Lichte wahrgenommen werden. Angenommen, ein Element des Bildes, das ein Österreicher von den Deutschen hat, ließe sich in die Worte fassen: „Sie sind arrogant." Dieses Bild(element) mag durchaus wahr sein in dem Sinn, daß die betreffende – nehmen wir an – hinreichend klare Eigenschaft zum gegebenen Zeitpunkt auf die Mehrheit der Deutschen zutrifft. Dennoch könnte dieses Bild zugleich stereotypisch sein, nämlich dann, wenn die Person, die es hat (Träger des Bildes), sich dessen nicht bewußt ist, daß es sich um eine statistische Aussage handelt und daß sich die Verhältnisse mit der Zeit ändern können.

Der stereotypische Charakter einer Vorstellung ist demnach weniger eine Frage ihres Inhalts als der Rolle, die sie im Erkenntnisprozeß ihrer Träger spielt. Vielleicht wäre es angemessener, von einer stereotypischen Einstellung bezüglich eines bestimmten Wissensinhalts zu sprechen – im Gegensatz zu einer erkenntniskritischen Einstellung dazu. Der Zusatz „bezüglich (...)" soll ausdrücken, daß keine allgemeine Charaktereigenschaft des Stereotypträgers gemeint ist, sondern daß ein und dieselbe Person durchaus stereotypische Einstellungen bezüglich mancher Wissensinhalte und unstereotypische Einstellungen bezüglich anderer Wissensinhalte haben kann – was natürlich nicht ausschließt, daß verschiedene Personen unterschiedlich stark zu einer stereotypischen Sehweise neigen.

Entsprechend unserer Spezifizierung läßt sich auch die „(unzulässige) Übergeneralisierung", die oft als Merkmal eines Stereotyps hervorgehoben wird, präzisieren. Sterotypen werden nicht als statistische, nur während einer bestimmten Zeitdauer gültige Hypothesen von der Wirklichkeit gesehen, wie es erkenntnismethodisch angemessen wäre, sondern als generelle und unverrückbar geltende Wahrheiten. Dies zeigt sich unter anderem daran, daß Bilder von ganzen Gruppen einfach auf Individuen übertragen werden. So wird beispielsweise auch die/ der einzelne Deutsche im Lichte des stereotypischen Bildes von *den* Deutschen gesehen, was auf der Basis der bestenfalls zugrundeliegenden statistischen Aussage unzulässig ist. Das Stereotyp wirkt demnach als Vorurteil im wörtlichen Sinn: Über ein Individuum wird vorab aufgrund des Stereotyps geurteilt, nicht erst nach eigener Erfahrung. Hinzu kommt folgendes: Wenn eine Einzelperson auffällig nicht in das stereotypische Bild von der Gruppe paßt, so wird sie zum Ausnahmefall erklärt. Durch diesen Mechanismus wird das generalisierende stereotypische Bild gegen Korrekturen immunisiert, anstatt daß es in Frage gestellt und überprüft wird. Typisch dafür sind Reaktionen wie – um bei unserem Beispiel zu bleiben: „Obwohl er ein Deutscher ist, ist er nicht arrogant (oder was auch immer)."

Das zähe Festhalten an Stereotypen hängt vermutlich nicht nur zusammen mit ihrer Orientierungsfunktion, sondern auch mit ihrer Bedeutsamkeit für das Selbstbild der Träger. Stereotypen dienen oft zur indirekten Selbstaufwertung, unter Umständen auch zur Selbstabwertung. Daher beinhalten sie in aller Regel Attribute, die stark wertgebunden sind. Arroganz – unser als Beispiel gewähltes Attribut – wird eben allgemein negativ bewertet und eignet sich daher gut als Bestandteil eines Stereotyps. Die Bewertung kann aber auch subtiler sein, z.B. nur Komik, Kauzigkeit und dergleichen beinhalten. – Diese sehr knappen Hinweise auf den Begriff ‚Stereotyp' sollen hier genügen.

Bei den folgenden Hinweisen, wie auch den entsprechenden Ausführungen in späteren Kapiteln (C.6 und D.7), besteht die Gefahr, daß sie ihrerseits stereotypenbildend wirken oder als stereotypisch mißverstanden werden. Aussagen wie „*Die* Österreicher (haben dieses oder jenes Bild von den Deutschen)" sind nur als statistische Hypothesen wissenschaftlich ernst zu nehmen und müßten strenggenommen stets lauten: „*Vermutlich* (haben) *die meisten* Österreicher (...)". Die zuerst gewählte, in solchen Fällen weithin übliche Formulierung läßt sich nur als vereinfachte Ausdruckweise rechtfertigen und ist nachfolgend stets auch nur so gemeint. Sie sollte nicht zu sekundären Stereotypen über die Stereotypen der Österreicher führen (Stereotypen-Stereotyp). Die Gefahr solcher sekundären Stereotypenbildungen scheint mir besonders groß bei künstlerischen Darstellungen von Stereotypen (literarisch, filmisch), auf die ich im weiteren ebenfalls zu sprechen komme. Auch diese – zeichentheoretisch gesprochen – ikonischen Darstellungen, z.B. von „typischen" Österreichern oder Deutschen dürfen nicht in Allaussagen übersetzt werden. Andernfalls werden sie eben stereotypisch.

Die Österreicher haben keineswegs von den Bewohnern aller nationalen Zentren der deutschen Sprache ein prägnantes Bild, insbesondere nicht von den

Bewohnern der Halbzentren (vgl. Kap. A.4.5), ausgenommen vielleicht Südtirol. Allem Anschein nach ist auch ihr Bild von den Bewohnern der deutschsprachigen Schweiz nicht besonders deutlich konturiert, und sie fühlen sich mit den Schweizern auch nicht besonders eng verbunden. Auf letzteres deuten jedenfalls – zumindest indirekt – Befunde repräsentativer Umfragen unter Österreichern hin (jeweils rund n = 1.000). Dabei wurde gefragt: „Mit welchem der angeführten Nachbarstaaten hat Österreich Ihrer Meinung nach die größte innere Verwandtschaft?" Nur 6% – vielleicht überwiegend Vorarlberger? – nannten im Jahre 1993 die Schweiz, womit diese erst an vierter Stelle rangierte, noch hinter Ungarn (22%) und Tschechien (7%). Ähnlich waren die Ergebnisse in vorausgehenden Umfragen in den Jahren 1980, 1987 und 1990 (*Österreichbewußtsein* 1980; 1987; 1990; 1993 – dankenswerte Zusendung des Instituts Dr. Fessel + GFK; vgl. auch Bretschneider 1990: 131). Wie es scheint, entspricht der als gering gesehenen „inneren Verwandtschaft" auch ein verhältnismäßig blasses Bild der Österreicher von den Schweizern, ohne besonders auffällige Charaktereigenschaften. Bei informellen Umfragen in Österreich zu den hervorstechenden Charaktereigenschaften der Schweizer wurde mir im Grunde nur geantwortet, daß sie Käse essen, sofern überhaupt etwas genannt wurde. Auch österreichische Experten zu dieser Frage konnten mir keine konkreteren Hinweise auf ein Stereotyp von den Schweizern in Österreich geben (J. Ebner, O. Back, H. Fussy, R. Muhr, W. Pollak, H. Tatzreiter). Offenbar liegen die spätmittelalterlichen Fehden der Österreicher bzw. des Hauses Habsburg mit den Schweizern (vgl. Kap. C.1) zu weit zurück, um in Österreich nennenswerte psychische Spuren in Form eines deutlich ausgeprägten Stereotyps hinterlassen zu haben. Dagegen ist das Verhältnis zum nationalen Zentrum Deutschland markant. Dazu paßt wiederum, daß in den soeben erwähnten Umfragen „Deutschland" stets mit Abstand die höchsten Prozentwerte erzielt hat: 70% im Jahre 1980, 64% 1987, 60% 1990 und 61% 1993, wenn auch – offenbar im Zusammenhang mit der Öffnung nach Osteuropa – eine leichte Verschiebung eingetreten ist in Richtung Ungarn (10% 1980 – 22% 1993) und auch Tschechien (5% 1980 (Tschechoslowakei) – 7% 1993 (Tschechien)). Die überwiegende Mehrzahl der Österreicher sieht also zu Deutschland die „größte innere Verwandtschaft" ihrer eigenen Nation.

Dies beinhaltet keinesfalls, daß das Verhältnis der Österreicher zum Zentrum Deutschland unproblematisch ist, wenn dies auch – vor allem von Politikern – immer wieder behauptet wird. Das zeigt sich schon am Verhältnis zur nationalen Varietät Deutschlands, das im Zusammenhang mit den „Sternchen-Wörtern" im *Österreichischen Wörterbuch* schon zur Sprache kam (vgl. Kap. B.4). Diese sind Ausdruck einer Abwehrhaltung gegenüber den Spracheinflüssen aus Deutschland, die als Bedrohung der eigenen nationalen Varietät empfunden werden. Mag dieses Bedrohungsgefühl auch weitgehend auf eine schmale intellektuelle Schicht von Sprachpatrioten beschränkt sein, so ist seine wiederholte öffentliche Artikulation doch sicher nicht ganz ohne Breitenwirkung geblieben.

Hand in Hand mit der Furcht vor dem Verlust der sprachlichen, genauer: der varietätsmäßigen, Eigenart des Landes geht, wie es scheint, die Sorge um den Verlust kultureller Eigenständigkeit. Sie kommt zum Ausdruck in zahlreichen Hinweisen darauf, daß österreichische Autoren überwiegend in bundesdeutschen Verlagen publizieren, und zwar nicht aus freien Stücken, sondern weil sie aus Gründen des literarischen Marktes dazu gezwungen seien, und daß sie sich dabei auch sprachlich anpaßten (vgl. z.B. Scheichl 1990; auch Kap. F.4). Noch deutlicher äußert sich diese Furcht in besorgten Stimmen über die Dominanz bundesdeutscher Medien (z. B. Fabris 1990). Vielen Österreichern ist bekannt, daß z. B. die auflagenstärkste Tageszeitung des Landes, die *Kronenzeitung*, in deutschem Besitz ist (WAZ-Gruppe). Als besonders bedrohlich werden bisweilen Einflüsse im Bereich der Wirtschaft empfunden, wie die folgenden Beispiele von Buch- und Aufsatztiteln verraten: „In deutscher Hand? Österreich und sein großer Nachbar" (Scherb/Morawitz 1990) oder „Wir und die westeuropäische Hegemonialmacht. Die Beziehungen zwischen Österreich und der Bundesrepublik Deutschland in den Bereichen Währung, Außenhandel und Direktinvestitionen" (Scherb 1990).

Es ist schwierig zu beurteilen und übersteigt meine Kenntnisse, inwieweit solche Sorgen mit geheimen Ängsten um den abermaligen Verlust der nationalen Eigenständigkeit zusammenhängen. Zumindest relikthaft scheinen manche Österreicher noch immer unter einer Art von „Anschluß-Trauma" zu leiden, das womöglich durch die unerwartete Vereinigung der beiden deutschen Staaten oder auch durch den Beitritt zur Europäischen Union wiederbelebt worden ist (vgl. z. B. Nenning 1990: passim; „Angst vorm zweiten Anschluß" *Die Zeit* 10. 6. 1994). Eigentlich besteht für dieses Trauma kein realer Grund, nicht nur weil durch den Staatsvertrag von 1955 die Vereinigung Österreichs mit Deutschland auf alle Zeiten verboten ist (vgl. Kap. B.1), sondern auch, weil – wie Umfragen regelmäßig zeigen – die Österreicher mit überwältigender Mehrzahl zu ihrer Nation stehen. Dennoch reagieren manche Österreicher allergisch gegen Personen, die auch nur die kulturelle oder sprachliche Verwandtschaft zwischen Österreich und Deutschland betonen, auch wenn dabei nicht im entferntesten nationale oder staatliche Vereinigungswünsche hereinspielen. In solchen Fällen ist bisweilen sogar der Nazi-Vorwurf schnell bei der Hand. Der entgegengesetzte Vorwurf ist dann der des „Deutschenhassers". Ich wurde selbst Zeuge von Gesprächen unter Österreichern, die belastet waren von solchen zumindest andeutungsweise geäußerten Vorwürfen.

Vielleicht läßt sich das Verhältnis Österreichs zu Deutschland teilweise erklären aus der Psychologie des kleineren Landes gegenüber dem größeren, die Ähnlichkeit zu haben scheint mit der Psychologie kleiner gegenüber großen Menschen (vgl. Schuhmacher 1980; Duke u. a. 1984; Roberts/Hermann 1986). Hinzu kommen offenbar Vorstellungen vom technologischen Rückstand Österreichs gegenüber Deutschland, die zäh fortbestehen, obwohl sie heutzutage weitgehend grundlos sind. Sie werden vielleicht verstärkt durch den intensiven Tourismus aus Deutschland, dessen Bewohner vor der Industrie (des höher entwickelten Landes) in die landwirtschaftlichen Regionen (des in der Entwicklung zurückgebliebenen Landes) auszuweichen scheinen. Der Tourismus erweckt womöglich sogar Erinnerungen an den „Anschluß" zur NS-Zeit. Auch in der Schweiz wird der Tourismus bisweilen wie eine militärische Invasion empfunden (Koller 1992: 49, Anm. 59). Nicht von ungefähr sind vor allem die deutschen Touristen immer wieder Auslöser antideutscher Empfindungen. Dabei spielen sogar nicht selten Assoziationen mit Prostitution herein, die der Schriftsteller Peter Turrini durchaus auch im wörtlichen, sexuellen Sinne meint, wenn er etwa schreibt: „Die Geschichte des österreichischen Tourismus ist die Geschichte einer Hurerei, wobei dem Österreicher die Rolle der Hure und dem Deutschen die ihres Gastes zufällt." (in Liedtke 1988: 98)

Vor diesem Hintergrund müssen die im Rahmen der oben genannten repräsentativen Umfragen (rund n = 1.000) festgestellten Eigenschaften gesehen werden, die Österreicher den Deutschen zuschreiben. Die Antworten erfolgten anhand vorgegebener gegensätzlicher Adjektivpaare, insgesamt 17, zwischen denen sich eine Skala von 1 bis 5 erstreckte, deren Werte zu markieren waren. Die fünf ausgeprägtesten Eigenschaften sind wiedergegeben in Tabelle 5 (Stärke der Ausprägung = Größe der Abweichung vom Mittelwert; Mittelwert = 3). Zum Vergleich sind die fünf ausgeprägtesten Eigenschaften hinzugefügt, die Österreicher sich selbst zuschreiben. Bei pari-passu Plazierung ist die Reihenfolge in der Tabelle alphabetisch.

Tab. 5: Eigenschaften, die Österreicher den Deutschen und sich selbst am häufigsten zuschreiben (nach *Österreichbewußtsein* 1990)

Eigenschaften von Deutschen	Stärke der Ausprägung	Eigenschaften von Österreichern	Stärke der Ausprägung
Zielstrebig (statt planlos)	1,1	Sympathisch (statt unsympathisch)	1,1
Erfolgreich (statt erfolglos), Modern (statt altmodisch)	1,0	Friedliebend (statt streitsüchtig)	0,8
Gesellig (statt ungesellig), Laut (statt leise)	0,9	Erfolgreich (statt erfolglos), Gescheit (statt dumm), Zielstrebig (statt planlos)	0,7

Tabelle 6 macht den Unterschied zwischen dem Bild, das die Österreicher von den Deutschen haben, und ihrem Selbstbild noch deutlicher. Zu diesem Zweck wurden diejenigen fünf – bzw. wegen pari-passu Plazierung sechs – Eigenschaften herausgegriffen, bei denen sich die größte Differenz zwischen Deutschen und Österreichern ergab.

Tab. 6: Eigenschaften größter Differenz zwischen Deutschen und Österreichern aus österreichischer Sicht (nach *Österreichbewußtsein* 1990)

Deutsche	Österreicher	Differenz
Laut	Leise	0,8
Schnell, Streitsüchtig, Unsympathisch	Langsam, Friedliebend, Sympathisch	0,6
Fortschrittlich, Modern	Konservativ, Altmodisch	0,5

Eine interessante Ergänzung bilden noch die Antworten auf die Frage: „Wozu haben die Deutschen, ich meine die Bewohner der Bundesrepublik Deutschland, ein besonderes Talent?" Die fünf häufigst genannten Talente sind wiedergegeben in Tabelle 7 (Prozent der Antworten in Klammern). Dabei konnten aus 12 vorgegebenen Talenten jeweils 3 ausgewählt werden.

Tab. 7: Die besonderen Talente der Deutschen aus österreichischer Sicht *(Inside Austria* 1989: 43 f.)

1. Talent zum Reden (68%)
2. Talent zum Essen und Trinken (45%)
3. Talent in Geldangelegenheiten,
   Sportliches Talent (je 33%)
4. Talent, sich's in jeder Lebenslage zu richten (31%)

Am geringsten ausgebildet sind nach Auffassung der Österreicher bei den Deutschen dagegen das Talent zur Liebe und das künstlerische Talent (nur je 5% Antworten; vgl. zum letzteren auch Heiß 1970).

Bemerkenswert ist in unserem Zusammenhang vor allem das so hoch angesetzte Talent der Deutschen zum Reden, in Verbindung mit der ebenfalls hochrangigen Eigenschaft des Lautseins, nach der sich die Deutschen zugleich – in den Augen der Österreicher – am stärksten von den Österreichern selber unterscheiden (Tab. 6 und 7). Man darf aufgrund dieser Kombination annehmen, daß die Österreicher das eigene Redetalent weniger hoch veranschlagen, wenngleich diese Annahme aus den Daten nicht zwingend hervorgeht. Diese Befunde legen sogar Unsicherheiten der Österreicher bezüglich der eigenen nationalen Varietät im Gegensatz zur nationalen Varietät der Deutschen nahe, zumal wenn man an den ganz zu Anfang des Kapitels wiedergegebenen Ausspruch Nennings denkt.

Bemerkenswert ist auch die ausgeprägte Selbstliebe der Österreicher, die ihren Landsleuten an oberster Stelle bescheinigen, daß sie „sympathisch" sind. Immerhin sind ihnen auch die Deutschen eher sympathisch als unsympathisch (der Skalenwert liegt um 0,5 Punkte über dem neutralen Mittelwert), aber die Sympathie mit ihnen liegt doch deutlich niedriger als die mit den eigenen Landsleuten (vgl. Tab. 6).

Das Bild, das die Österreicher sich von den Deutschen machen, beeinflußt sicher auch ihr Verhalten ihnen gegenüber. Dieses nimmt bei gewissen Gelegenheiten merkwürdige Formen an, z.B. bei manchen sportlichen Begegnungen, von denen hier nur über einzelne Beispiele berichtet werden kann (vgl. auch John 1990). Auch der Nachhall mancher Sportbegegnungen ist erstaunlich. Ein Beispiel ist der Sieg der österreichischen über die deutsche Nationalelf bei der Fußball-Weltmeisterschaft 1978 in Argentinien. Auf dieses – offenbar als triumphal empfundene – Ereignis wurde in späteren österreichischen Berichten über Sportbegegnungen zwischen beiden Nationen immer wieder angespielt. Ein jüngeres Beispiel ist das Viertelfinale um den Tennis-Daviscup in Graz (März 1994), bei dem Österreich zeitweilig dem Sieg nahe war, aber am Ende unterlag. Die österreichischen Zuschauer ließen sich von ihren Gefühlen bisweilen so hinreißen, daß sich sogar ihr Bundespräsident im Fernsehen andeutungsweise kritisch dazu äußerte. Er ließ jedoch auf den Protest österreichischer Sportfans hin sofort dementieren, daß es sich dabei um eine Entschuldigung für das Verhalten seiner Landsleute gehandelt habe *(Süddeutsche Zeitung* 28.3.1994).

Nicht weniger bemerkenswert als die Vorgänge selber war die Berichterstattung darüber in den Medien. Sowohl in den österreichischen als auch in den deutschen Medien wurde das Verhalten der Zuschauer häufig so beschrieben wie im folgenden Beispiel: „Die Emotionen kochen nicht nur an Originalschauplätzen (…) hoch, sie artikulieren sich auch in österreichischen Wohnstuben." Die österreichische Zeitschrift *Wiener* beschrieb ihre Landsleute beim Fernsehen folgendermaßen, was auch in der deutschen Presse zitiert wurde: „Bei vielen TV-Zuschauern färbt sich das Gesicht rot, ihre Schläfen treten hervor, die Hände verkrampfen sich, und zwischen zusammengebissenen Zähnen zischen sie ‚Heute zeigen wir's euch.'" (berichtet in *Backnanger Kreiszeitung* 26.3.1994) Die österreichische Zeitschrift *profil* (12, 1994) rief gar dazu auf, was ebenfalls in der deutschen Presse wiedergegeben wurde und gleich auf das Thema unseres nächsten Abschnitts verweist: „Haut die Piefkes" (Näheres dazu in Christoph u.a. 1994). Unter Anspielung auf diese und ähnliche Aussprüche fanden sich verschiedentlich in deutschen Zeitungen Überschriften wie „Piefke-Saga: Nächster Teil. Kräftemessen mit dem Erzrivalen" *(Westdeutsche Allgemeine Zeitung* 29.3.1994), „Der ‚Piefke' und der ‚Bösi'" *(Frankfurter Rundschau* 28.3.1994) oder „Gefühlsausbruch, wenn die ‚Piefkes' kommen" *(Die Welt* 28.3.1994).

Damit ist auch schon der Ausdruck genannt, in dem sich die Einstellung der Österreicher zu den Deutschen kristallisiert: *Piefke* (Pl. in Österreich *Piefke* oder *Piefkes*). Es ist der in Österreich gängige Nationalspitzname für die Deutschen, der im vorliegenden Zusammenhang eine nähere Betrachtung verdient.

Wenn man das *Österreichische Wörterbuch* zu Rate zieht, so gewinnt man den Eindruck, die Bezeichnung *Piefke* sei vor wenigen Jahrzehnten in Österreich noch nicht so gängig gewesen wie heute, denn sie ist dort erst seit der 35. Auflage (1979) verzeichnet, wobei die Bedeutung auf ‚Norddeutscher' eingeschränkt ist. Die 37. Auflage (1990) fügt die noch speziellere Bedeutung ‚Preuße' hinzu. Das Wort stammt tatsächlich von einem norddeutschen Familiennamen und wird offenbar auch in Norddeutschland gelegentlich als Attribut mit der Bedeutung ‚dümmlicher Wichtigtuer' verwendet *(Duden. Das große Wörterbuch der deutschen Sprache,* Bd. 5, 1980: 1995). Dies ist zweifellos auch eine Zusatzbedeutung des Wortes in Österreich, wenn sie auch im *Österreichischen Wörterbuch* nicht angegeben ist. In seiner Bedeutungsstruktur hat das Wort in Österreich manche Ähnlichkeit mit der in Bayern gängigen Bezeichnung des Stereotyps vom Norddeutschen: *Preiß* ‚Preuße' oder – verstärkend – *Saupreiß* ['sauprais], die man übrigens auch in Österreich kennt und gelegentlich verwendet.

Gemäß dieser Bedeutung von *Piefke* ist für Österreicher das *Piefkinesische* (Pollak 1992: 101) auch die typische Sprechweise der Preußen: zackig-schnell und unter Umständen übermäßig korrekt. Die Kontamination mit *Chinesisch* impliziert, daß es bisweilen schwer verständlich sei. Wenn jemandes Sprechweise norddeutsch gefärbt erscheint, so spricht er/sie – wie es mit einem ausgesprochen bildungssprachlichen Ausdruck heißt – *piefkoid*. Der Ausdruck *Piefkien* für das Land der Piefkes bezieht sich dagegen eher auf ganz Deutschland.

Das Piefke-Sterotyp wurde in den österreichischen Medien verschiedentlich auch verbildlicht. Abbildung 16 zeigt zwei Beispiele von Titelblättern von Zeitschriften (dankenswerte Zusendung der *Wochenpresse* durch Hermann Scheuringer). Beide veranschaulichen typische Attribute: das Auftreten als Tourist (*Wochenpresse*) und die überlegene Größe (*profil*). Zwar kann sich der – rechts im Bild dargestellte – Österreicher wegen dieses Größenunterschieds nur in einem emotionalen Ausbruch Luft verschaffen, jedoch verrät sein Hitler-Konterfei Abgründe möglicher weiterer Folgen der besonderen Beziehungen zwischen beiden Nationen.

Das österreichische Stereotyp vom Piefke wurde sogar verfilmt, und zwar in einer vierteiligen Fernsehserie mit dem Titel *Die Piefke-Saga* (Anspielung darauf

Abb. 16: Piefke-Bilder in österreichischen Zeitschriften (Titelblätter von *Wochenpresse* 28, 1983 und *profil* 12, 1994)

im Zeitungszitat oben). Sie wurde im Jahre 1991 vom ORF (Österreichischer Rundfunk) ausgestrahlt und erreichte eine hohe Einschaltquote. Im selben Jahr erschien sie auch im Norddeutschen Rundfunk und später noch in der ARD (28./29./30.12.1993 und 5.1.1994). *Die Piefke-Saga* knüpft an die in der Tendenz ähnliche Darstellung in der Zeitschrift *Wochenpresse* an (Kotanko 1983) mit dem in Abbildung 16 wiedergegebenen Titelblatt und Leitartikel „Wer braucht die Piefkes? Österreich im Ausverkauf".

Typischer Aufhänger ist schon in diesem Artikel, wie auch später in der Fernsehserie, der „Piefke"-Massentourismus, dessen Auswirkungen als für Österreich verheerend dargestellt werden: Die Piefkes zerstören Landschaft, Küche und nicht zuletzt auch die nationale Sprachvarietät der Österreicher: „Es ist, Pardon, zum Speiben: Schlagobers verkommt zur Sahne, Topfen zu Quark." (Kotanko 1983: 23) Jedoch seien die Österreicher großenteils selbst schuld, da sie sich für „Deutschmark" „prostituieren", zumindest in einem ideellen Sinn, und dafür ihre „eigene Identität aufgeben".

Diese Thematik wird in der Fernsehserie *Piefke-Saga* detailliert veranschaulicht. Die folgende kurze Skizze der im vorliegenden Zusammenhang wichtigsten Aspekte orientiert sich mehr am Drehbuch von Felix Mitterer (1991) als an der Verfilmung. Inwieweit Mitterers Text oder dessen Verfilmung dem in Österreich ansonsten verbreiteten Piefke-Stereotyp in seinen Einzelheiten entspricht, muß hier offen bleiben. Ebenso kann hier nur als Frage formuliert werden, was Literarisierung und Verfilmung des Stereotyps bewirkt haben. Haben sie es verfestigt oder in manche Köpfe überhaupt erst eingepflanzt, oder haben sie zu seiner Problematisierung beigetragen? Schließlich sei dahingestellt, wie wirklichkeitsgetreu diese Darstellung der „typischen" deutschen Touristen in Österreich ist.

Im Drehbuch Mitterers sind mehrere Themen miteinander verwoben: das Verhältnis zwischen Österreichern und Deutschen, zwischen Gastland und Touristen und zwischen ursprünglich landwirtschaftlichem und industriellem Milieu. Die Piefkes sind repräsentiert durch die Familie des Berliner Unternehmers Karl Friedrich Sattmann, die regelmäßig Urlaub macht in Tirol, mit dem Familienoberhaupt selber als Hauptfigur. Die Verbindung von Tourist und Unternehmer, der aus der Hauptstadt des einstigen Preußen kommt, ergibt den typischen Piefke. Hinzu kommt, daß die Sattmanns ihr Geld auch durchaus sehen lassen.

Freilich sind, nebenbei bemerkt, die betuchten Piefkes nicht die unbeliebtesten in Österreich. Am wenigsten gerne gesehen sind vielmehr diejenigen, die „auf Campingplätzen und in Billigquartieren urlauben, sich im Konsum selbst versorgen, ihren Bierbedarf womöglich auch noch mitbringen und Österreich (...) nur die Abfälle (...) zurücklassen." Erst sie sind, wie es scheint, Piefkes im negativsten Sinn des Wortes. Manche Österreicher meinen sogar, daß der Ausdruck *Piefke* eigentlich nur auf sie zutrifft (vgl. „lesermeinungen" *Wochenpresse* 30 vom 26.7.1983: 6) – was verrät, wie negativ seine Konnotationen sein müssen.

Jedoch passen durchaus auch Touristen vom Schlag der Sattmanns ins österreichische Piefkebild. Bei ihnen kommen zu den bislang genannten Attributen noch einige weitere hinzu, die zu den weit über Österreich hinaus verbreiteten stereotypischen Vorstellungen von den Deutschen gehören, wie zum Beispiel der Schäferhund des mitreisenden Großvaters oder dessen militaristische Neigungen, die im Schwadronieren über Heldentaten im Zweiten Weltkrieg zum Ausdruck kommen. Ins militaristische Stereotyp paßt auch, daß die Fabrik, die Sattmann alsbald in Tirol baut, zwar nur Schneekanonen herstellt, daß diese aber doch wie echte Kanonen aussehen.

Die von Sattmann damit begonnene Industrialisierung Tirols zerstört die Natur und das ursprüngliche bäuerliche Leben. Beides wird jedoch mit größter Raffinesse künstlich nachgebaut: „made in Japan". Am Ende werden die Sattmanns dann selbst Opfer der Ersetzung der Natur durch Technik: Sie wollen die von ihnen selbst eingeleitete Naturzerstörung nicht akzeptieren und werden daher wie die nicht kooperationswilligen Landesbewohner auch, durch einen – bezeichnenderweise wiederum von japanischen Chirurgen ausgeführten – Gehirneingriff gefügig gemacht. Sattmann und seine Frau werden sogar in stereotypisch hundertprozentige Tiroler umgewandelt, womit die Gegensätze zwischen Piefkes und Österreichern beseitigt sind, und zwar – zumindest äußerlich – in umgekehrter Richtung, als es die Furcht der Österreicher vor den Piefkes erwarten läßt.

Weniger surreal und in unserem Zusammenhang interessanter ist die Charakterisierung der Piefkes durch einheimische Tiroler an verschiedenen Stellen des Drehbuchs, vor allem ihres prominentesten Exemplars, Karl Friedrich Sattmann. Er ist nach ihren Worten „präpotent" oder – dieses Attribut aufschlüsselnd – „großspurig, profitgierig, arrogant und herrschsüchtig" (Mitterer 1991: 48 bzw. 167). Die – trotz gewisser sympathischer Eigenschaften – im großen und ganzen vorherrschende Negativbewertung, die schon in der Bezeichnung „Piefke" mitschwingt, kommt noch massiver zum Ausdruck in Komposita wie „Piefke-Fratz" (S. 80), „Spezial-Piefke" (S. 130), „Scheiß-Piefke" (S. 96) oder „Piefkeschwein" (S. 111), die in zugespitzten Situationen durchbrechen.

Mitterer (1991: 20) liefert auch folgende Etymologie des Wortes: „[V]or dem Ersten Weltkrieg war Kaiser Wilhelm zu Besuch, Staatsbesuch hier in Wien, und er hat nicht nur großes Gefolge mitgebracht, sondern auch ein Musikcorps. Und vor diesem Musikcorps, da marschierte der Stabsmusikcorpsmeister weg, und der war so zackig und so militärisch und so martialisch, daß die Österreicher anfingen zu lachen: Schauts Euch den an, der fiel auf, und dann fragte man: wer ist dieser Mann und wie heißt der, und siehe da, er hieß August Piefke! (...) Und so ist das entstanden (...)" Allem Anschein nach ist diese Geschichte frei erfunden, ob nun von Mitterer selbst oder von der Gewährsperson, dem Entertainer Joachim Fuchsberger, den Mitterer in seinem Drehbuch auftreten läßt.

Ebenfalls fragwürdig ist die außerhalb der *Piefke-Saga* kursierende Annahme, der Ausdruck habe als Gattungsspitzname für Preußen oder Norddeutsche deshalb nahegelegen, weil Piefke in Berlin ein besonders häufiger Familienname sei. Diese Häufigkeitsbehauptung findet sich sogar in *Duden. Das Große Wörterbuch der deutschen Sprache* (Bd. 5, 1980: 1995). Sie ist jedoch zumindest übertrieben und mithin eine fragwürdige Grundlage für die Etymologie – der Name *Piefke* taucht im Telefonbuch für Gesamt-Berlin von 1993 insgesamt nur 28mal auf. Das Duden-Wörterbuch versucht damit allerdings nur die Herkunft der norddeutschen, nicht der österreichischen Bedeutung des Wortes zu erklären. Offenbar soll aus der Häufigkeit des Namens seine Koppelung mit der ebenfalls als weit verbreitet unterstellten Charaktereigenschaft der einfältigen Geschwätzigkeit erklärt werden; zumindest wird dieser Erklärungsansatz nahegelegt, wenn auch nicht ausdrücklich formuliert. Die österreichische Bedeutung ist anders, vor allem spezieller als die norddeutsche, indem sie nämlich zusätzlich eine deutliche regionale und nationale Zuordnung trifft. Der Ausdruck *Piefke* bezieht sich dabei am deutlichsten auf die Berliner und mit abnehmender Deutlichkeit auf die Preußen, die es heute ja im Grunde nicht mehr gibt, dann auf die Norddeutschen und schließlich auf die Bundesdeutschen insgesamt.

Die detailliertesten Untersuchungen zur Bedeutungsetymologie der österreichischen Piefke-Bezeichnung für die Deutschen hat Anton K. Mally vorgelegt (1974; 1975; 1984; 1986; außerdem Leserbrief in *Wochenpresse* 30 vom 26.7.1983: 6; Hinweise und Zusendungen durch A.K. Mally und Hermann Scheuringer). Mally charakterisiert den Ausdruck auch – wie mir scheint, nicht ganz unpassend – als *Ethnopaulismus* der Österreicher, entsprechend *Katzelmacher* für die Italiener oder *Tschusch* für die Südslawen. Er zeigt anhand zahlreicher Beispiele, daß der Ausdruck *Piefke* – und Varianten davon, vor allem *Piffke* – als Bezeichnung eines Stereotyps eine lange, auch literarische Geschichte hat, die bis in die erste Hälfte des 19. Jahrhunderts zurückreicht. Die anfänglichen Belege weisen darauf hin, daß die Bezeichnung zunächst keine regionale Zuordnung beinhaltet, sondern ganz allgemein ‚Spießbürger‘ bedeutet – vielleicht wurde das Wort einfach samt seiner Bedeutung aus Norddeutschland entlehnt. Es bezieht sich also zunächst keineswegs speziell auf die Preußen, die noch im österreichisch-preußischen Krieg von 1866 in Wien allgemein *Fritzchen* genannt werden. Möglicherweise hat der seinerzeit berühmte preußische Militärkomponist Gottfried Piefke (1815–1884) maßgeblich zum späteren nationalen Bezug des Ausdrucks beigetragen. Er komponierte insbesondere den „Königgrätzer Marsch", eine Art Triumphmarsch auf den preußischen Sieg über Österreich im Jahre 1866 (vgl. Kap. B.1), der in der preußischen und späteren deutschen Armee viel gespielt wurde. Schon im Ersten Weltkrieg ist *Piefke* die gängige Spottbezeichnung unter Österreichern für deutsche Soldaten; in der Nazi-Zeit ist sie sogar so geläufig und die Empfindlichkeit auf deutscher Seite so groß, daß auf ihre Anwendung eine Geldstrafe von 70,- Reichsmark festgesetzt wird. Sie ist bis in die Gegenwart lebendig geblieben.

Teilweise wird von der älteren Generation der Österreicher auch noch der Ausdruck *Reichsdeutsche* für die Bundesdeutschen gebraucht, der früher allgemein üblich war und ebenfalls überwiegend negativ konnotiert ist (vgl. dazu auch Mitterer 1991: 44). Dagegen sind die in der Zeit des „Anschlusses" und des Zweiten Weltkriegs neben *Piefke* gängigen Bezeichnungen *Marmeladinger* oder *Marmeladebruder,* die offenbar auf die für unterentwickelt gehaltene Eßkultur der Deutschen anspielen, heute kaum mehr gebräuchlich. Jedoch kann das Wort *Deutsche* selber, speziell in der Schreibweise *Deitsche* und in der österreichischen Aussprache ['dɛɪtʃe], durchaus mit ähnlich herabsetzender Konnotation verwendet werden wie *Piefke.*

Dem „Königgrätzer Marsch" des Gottfried Piefke wurde in der deutschen Armee selber häufig der folgende Spottvers unterlegt, der auch auf die Selbstbezeichnung der deutschen Soldaten mit diesem Ausdruck hindeutet:

„Der Piefke lief, der Piefke lief,
der Piefke lief die Stiefel schief." (Mally 1975: 205)

Die Stiefel oder „Knobelbecher" waren in den Augen der Österreicher, und nicht nur in ihren, das typische Attribut der deutschen Soldaten. Sie fehlten den österreichischen Soldaten, die unter anderem deshalb *Kamerad(en) Schnürschuh* hießen (vgl. Kap. D.7). So werden die Österreicher auch in der Piefke-Saga vom Vater des Protagonisten, einem unverbesserlichen deutschen Militaristen, bisweilen abwertend genannt (Mitterer 1991: 31 bzw. 48).

Ein anderer herabwertender Ausdruck für die Österreicher, der in der Piefke-Saga verwendet wird, lautet *Austriaken* (Mitterer 1991: 31). Er wird hauptsächlich von Österreichern selbst zur Negativkennzeichnung verwendet und liegt auf einer Linie mit herabsetzenden nationalstereotypischen Bezeichnungen wie *Polaken* oder gar *Kanaken*. Er rückt die Österreicher, mit rassistischem Unterton, in die Nähe der slawischen Völker oder gar ganz heraus aus dem Kreis der Europäer. Eine ähnliche, ebenfalls hauptsächlich zur Selbstherabsetzung verwendete Bezeichnung für Österreicher ist *Kakanier,* die jedoch seltener verwendet wird als der Ausdruck *Kakanien* für das Land (vgl. Scheuringer 1988: Überschrift). Eine besonders herabsetzende Bildung daraus, die auf die Nazi-Vergangenheit der Österreicher anspielt, ist *Kakanazi* (Mally 1975: 206). Jedoch spielen diese Ausdrücke heutzutage nur noch eine sehr untergeordnete Rolle. Sie dürften großen Teilen der Bevölkerung Österreichs und erst recht der Bundesrepublik Deutschland gar nicht bekannt sein. Die mit ihnen angedeuteten Negativeigenschaften scheinen aber im Selbstbild der Österreicher noch verschiedentlich anzuklingen, so z. B. in der rhetorisch-bissigen Frage Günther Nennings (1990: 119), die er implizit eindeutig verneint, ob die Deutschen je „so bunt, so schizophren, so dezentral, so unkonzentriert, so effizient schlampig sein können" wie die Österreicher. Man vergleiche dazu auch Robert Neumanns (1974) teils ulkige, teils bissige Stereotypen, bei denen es sich – entsprechend der Herkunft des Autors – vielfach um Autostereotypen der Österreicher handelt, wenngleich der Titel *Deutschland deine Österreicher* den Eindruck erweckt, es gehe hauptsächlich um das Bild der Deutschen von den Österreichern. Dazu gehört auch das *Phäaken*-Stereotyp, nach dem glückseligen und sorglosen Inselvolk der *Odysee,* das aber tatsächlich eher das Bild der Deutschen von den Österreichern prägt als ihr Selbstbild (Bruckmüller 1994: 127–129; auch Kap. D.7).

C Deutschsprachige Schweiz

1 Die Entwicklung zu einem nationalen Zentrum der deutschen Sprache

Diese historische Skizze ist unter demselben methodischen Vorbehalt zu lesen wie ihre Entsprechung für Österreich (vgl. Kap. B.1: Anfang). Weiter ausholende oder differenziertere sprachhistorische Darstellungen finden sich beispielsweise bei Haas (1982a) oder Sonderegger (1964; 1982; 1985). Die Schweiz geht politisch schon viel länger einen eigenen Weg als die beiden anderen nationalen Zentren der deutschen Sprache, Österreich und Deutschland. Nach dem Schweizer Geschichtsverständnis beginnt dieser Eigenweg schon im Jahre 1291 mit dem sagenumwobenen Ewigen Bund der „Waldstätte" und späteren Kantone Uri, Unterwalden und Schwyz, wobei letztere dem Land den – standarddeutsch diphthongierten – Namen gab (*Schwyz > Schweiz*). Auf diese Entstehungsgeschichte bezog sich auch die offizielle 700-Jahrfeier des Landes im Jahre 1991. Der Bund von 1291 richtet sich gegen die Abhängigkeit vom österreichischen Hause Habsburg, das selbst aus dem heute in der Schweiz liegenden Aargau stammt, und befreit sich schließlich daraus. Weitere Kantone schließen sich dem Bund an: im Jahre 1353 zählt er 8 und im Jahre 1513 schon 13 Kantone. Die Eidgenossen erkämpfen in zahlreichen Kriegen ihre Unabhängigkeit von Habsburg, die besonders im 15. Jahrhundert zeitweilig noch gefährdet erscheint. Diese Auseinandersetzungen führen auch zur praktischen, wenngleich zunächst noch nicht staatsrechtlichen Loslösung vom Heiligen Römischen Reich, die im Grunde mit dem Frieden von Basel 1499, der den sogenannten Schwabenkrieg beendet, schon besiegelt wird (Dürrenmatt 1963: 140f.). Mit dem Westfälischen Friedensvertrag, der im Jahre 1648 den Dreißigjährigen Krieg beendet, wird die Unabhängigkeit der Eidgenossenschaft dann international und insbesondere auch von seiten Habsburgs anerkannt. Die Eidgenossenschaft scheidet damit auch endgültig aus dem Verband des Heiligen Römischen Reiches aus, durch den sie bis dahin staatsrechtlich noch mit den übrigen deutschsprachigen Staaten verbunden war. Seitdem ist die Schweiz politisch selbständig.

Die ursprünglich rein deutschsprachige Eidgenossenschaft gliedert sich nach und nach auch französisch-, italienisch- und rätoromanischsprachige Gebiete an. Sie wird im Verlauf ihrer Geschichte nur einmal selbst militärisch unterworfen, nämlich von Napoleon I. Eine Folge der dadurch erzwungenen inneren Reformen ist, daß die nicht-deutschsprachigen Gebiete politische Gleichberechtigung erhalten. Die Zahl der Kantone steigt infolge dessen bis zum Jahre 1815 auf 22. Nachdem schließlich im Jahre 1979 noch der Kanton Jura hinzugekommen ist, zählt die Schweiz heutzutage 26 Kantone, von denen 3 in je zwei selbständige Halbkantone aufgeteilt sind.

Von den 26 Kantonen bzw. Halbkantonen sind 17 ganz und 4 teilweise deutschsprachig. Im Jahre 1980 machten die Deutschsprachigen 73,5 Prozent der staatsbürgerlichen und 65 Prozent der Wohnbevölkerung der Schweiz aus. Als Teil der Verfassung von 1848 (Artikel 109) werden zunächst Deutsch, Französisch und Italienisch als „Nationalsprachen" bestimmt. In der Verfassungsrevision von 1938 kommt aufgrund von Artikel 116 Rätoromanisch als vierte Nationalsprache hinzu, und die drei bisherigen Nationalsprachen erhalten den zusätzlichen Status von „Amtssprachen des Bundes"; d.h. sie dienen zur Durchführung der Amtsgeschäfte der Zentralregierung (vgl. Sonderegger 1985: 1873–1885).

Im Verlauf des 14. und 15. Jahrhunderts bildet sich in der damals noch rein deutschsprachigen Schweiz zunächst eine eigene landschaftliche Schreibsprache heraus, ähnlich wie in anderen Regionen des deutschen Sprachgebiets. In dieser Schreibsprache erscheinen beispielsweise noch die Schriften des einflußreichen Reformators Ulrich Zwingli (1484–1531), der in Zürich wirkt. Die auffälligsten Merkmale dieser Schreibsprache sind, neben lexikalischen Besonderheiten, die alemannischen Monophthonge, bzw. deren schriftliche Entsprechungen, anstelle derjenigen Diphthonge, die wir als Folge der neuhochdeutschen Diphthongierung heutzutage in allen Standardvarietäten der deutschen Sprache finden. Zwingli schreibt z.B. noch „*y*nleitung" ,Einleitung', „fry" ,frei', „*u*s" ,aus', „fegfür" ,Fegefeuer' usw. Die staatliche Eigenständigkeit der Schweiz wirkt aber im weiteren nicht in Richtung einer Festigung dieser eigenen Schreibsprache. Vielmehr wird die Schweizer Schreibsprache schon im Verlauf des 16. Jahrhunderts durch Übernahme der neuhochdeutschen Diphthonge schrittweise an die Schreibsprachen des übrigen deutschen Sprachgebiets herangeführt. Ein Markstein auf diesem Wege ist die dementsprechende sprachliche Revision der Züricher Bibel in den Jahren 1662–1667 (Zollinger 1920).

Allerdings entsteht seit dem Humanismus im deutschen Sprachgebiet in der Bildungsschicht ein Bewußtsein von der sprachlichen Sonderstellung der Schweiz, das sich aber hauptsächlich auf dialektale Merkmale gründet. Um die Mitte des 18. Jahrhunderts dürfte auch die Bezeichnung *Schweizerdeutsch (Schwyzer Dütsch* oder ähnlich) aufgekommen sein (detailliert Sonderegger 1985: 1903 f.). Dennoch wird im 18. Jahrhundert auch in der Schweiz weitgehend das sächsischmeißnische Sprachvorbild anerkannt, wie es vor allem Johann C. Gottsched verficht. Renommierte Schweizer Dichter wie Albrecht von Haller oder Salomon Gessner orientieren sich daran und lassen ihre Arbeiten nach der sächsischen Norm korrigieren, wobei allerdings nicht alle schweizerischen Spracheigenheiten beseitigt werden (Siegrist 1967: 18 f.).

Die Ausrichtung auf das sächsisch-meißnische Vorbild geschieht freilich nicht allenthalben vorbehaltlos. Als glänzendes Beispiel des Widerstandes wird oft der Protest des Züricher Literaturtheoretikers Johann J. Bodmer genannt, der bekanntlich Gottsched auch in bezug auf die angemessenen Inhalte literarischer Kunstwerke widersprach und der Phantasie mehr Raum geben wollte. Er schrieb 1746: „Man sage uns doch, worin der Ruhm bestehe, in der nervenlosen Sprache der sächsischen Magister schreiben zu können. Und mit welchem Recht fordern die Sachsen, dass wir uns ihrem Sprachgebrauch unterwerfen sollen? Ist unser Gebrauch nicht von so grossem Ansehen als der ihrige, da doch gewiss ist, dass er älter ist, und der ursprünglichen Verfassung der deutschen Sprache getreuer geblieben ist." (Zit. nach Baur 1983: 117 f.) Proteste dieser Art haben im ganzen deutschen Sprachgebiet die Neigung gestärkt, insbesondere in Lyrik und Drama auch Regionalismen zu verwenden, wie dies schon wenige Jahrzehnte nach Bodmers Protest von den Sturm-und-Drang-Dichtern praktiziert wurde. Solche Proteste haben zudem die Entwicklung von Dialektliteratur angeregt. In unserem Zusammenhang ist wichtig, daß sie letztlich wohl auch den Boden bereitet haben für die Akzeptabilität von schweizerischen Besonderheiten im Standarddeutschen und für den allmählichen Übergang der Schweizer Autoren vom sprachlichen Sich-nicht-anpassen-Können zum Sich-nicht-anpassen-Wollen. Stefan Sonderegger (1985: 1911) sieht schon im 18. Jahrhundert „die literarische und kanzleiamtliche Form des Schweizerhochdeutschen" ausgebildet.

Die Tendenz zur Einbeziehung schweizerischer Ausdrücke in die geschriebene Sprache hat sich zwar in der späteren Zeit nicht kontinuierlich verfestigt und verstärkt. Die renommierten Autoren des 19. Jahrhunderts sind unterschiedlich verfahren. So scheut sich z.B. Gottfried Keller nicht vor Helvetismen (vgl. Suter 1932), während Conrad Ferdinand Meyer sie weitgehend, wenngleich keineswegs vollständig meidet (Stickelberger 1900; Foß 1896). Jedoch gilt die Zutat von heimischen Sprachbesonderheiten bei vielen Kommentatoren als sprachliches Charakteristikum schweizerdeutscher Literatur (vgl. Frühe 1913: 5f.).

Daß die Schweiz dennoch gegen Ende des 19. Jahrhundert nur in sehr beschränktem Maße ein eigenständiges Zentrum der deutschen Sprache bildet, zeigt sich vor allem an der mangelnden Kodifizierung des eigenen Standarddeutsch. Im Gegensatz zu Österreich entscheidet sich die Schweiz nach der gescheiterten Rechtschreibkonferenz in Deutschland vom Jahre 1876 nicht dafür, ein eigenes Rechtschreibwörterbuch herauszugeben. Vielmehr beschließt der Schweizer Bundesrat 1892, daß für die Bundeskanzlei der deutschsprachigen Schweiz künftig die im *Orthographischen Wörterbuch* von Konrad Duden festgelegte Orthographie gelten soll (Drosdowski 1980: 3; Haas 1982 b: 121). Der erneute Bundesratsbeschluß vom 18.7.1902 – nach der erfolgreichen Berliner Rechtschreibkonferenz von 1901 –, der den älteren Beschluß im Endeffekt bestätigt, ist noch heute gültig. Er begründet die Geltung des in Deutschland hergestellten Rechtschreib-Dudens auch für die deutschsprachige Schweiz.

Im Gegensatz zur Orthographie gibt es im Bereich der Lautung merkliche Widerstände gegen die nationsübergreifende Vereinheitlichung. So spricht sich z.B. der erste Redaktor des *Schweizerischen Idiotikons*, Friedrich Staub, gegen eine „nach preußischem Schnabel geschliffene Aussprache" aus, denn für ihn „hat die Rettung des immer mehr gefährdeten Nationalbewußtseins einen unendlich höheren Wert als aller Gewinn, der vom Utilitäts- und Opportunitätsprinzip oder von der Eitelkeit empfohlen wird." (*Schweizerdeutsches Wörterbuch. Bericht über das Jahr 1992*, Zürich: 20) Staub drückt damit aus, was offenbar viele denken und empfinden. Eine ähnliche Position vertritt schon zuvor Johann C. Mörikofer (1838), der zwar einerseits darauf hinweist, daß „jede deutsche Völkerschaft von ihrer Mundart und deren Unarten abzugehen hat", aber es andererseits geradezu für „etwas Ungehöriges" hält, die obersächsische Aussprache der Konsonanten in den Mund des Volkes verpflanzen zu wollen", denn dies klinge „nicht nur nicht schön, sondern affektiert und albern." (Mörikofer 1838: 42, 79; vgl. Hove 1993: 23)

In der ausführlichen Abhandlung Jost Wintelers (1876) in der *Schweizerischen Lererzeitung* [sic!] findet sich dagegen kein nennenswerter Widerstand gegen die Geltung einer gemeindeutschen Aussprache auch für die Schweiz. Seine Quintessenz lautet: „Wir sollten in der tat auch im stande sein, unsere zunge an einen schönen hochdeutschen laut zu gewönen – so gut wi wir so und so vil fremde laute anderer sprachen lernen (...)" – was keineswegs zur Folge haben müsse, daß man der „angestammten mundart untreu" werde (Winteler 1876: 160). Auch in H. Wisslers (1905) Ausführungen im selben Organ, der einen breiten

Überblick gibt über die im Zusammenhang mit dem Erscheinen des *Siebs* (1898) intensivierte Aussprachediskussion in der Schweiz, bleibt auf den ersten Blick kein Raum für schweizerische Besonderheiten, denn „die Schule (...) darf nicht stehen bleiben" bei „landschaftlichen Eigentümlichkeiten", „sondern muss Schritt für Schritt die Annäherung an die gemeindeutsche Aussprache suchen (...)" (Wissler 1905: 343) Bei genauerer Betrachtung findet man allerdings Vorbehalte, vor allem gegen eine zu norddeutsche, zu preußische, „den echten Schweizer anekelnde Aussprache", wie Wissler es durch ein Zitat eines Kollegen ausdrückt, dem er beipflichtet. So brauche insbesondere nicht das <e> bei Länge geschlossen oder das <g> im Suffix -<ig> „als ch (Kleinichkeit)" ausgesprochen zu werden (Wissler 1905: 343f.). Speziell bezüglich der Lautung regen sich also merkliche Widerstände gegen den Anspruch des nun vorliegenden *Siebs* auf Allgemeingültigkeit, wenn sie auch eher am Rande ansonsten vorwiegend zustimmender Äußerungen artikuliert werden.

Für die Lautung entsteht denn auch gerade um diese Zeit, also schon zu Beginn unseres Jahrhunderts eine Art rudimentärer Binnenkodex in Form des Buches von Julius Leumann (1905) *Die Aussprache des Deutschen*. Darin erscheinen schweizerische Aussprachebesonderheiten, z.B. die Stimmlosigkeit der Lenisplosive, jedoch mehr als Zugeständnisse aufgrund von Lernschwierigkeiten, denn als anzustrebende Zielgrößen. In dem zu jener Zeit erscheinenden Übungsbuch „Zur Erlernung einer dialektfreien Aussprache" von Hans W. Leist (1906) ist sogar noch weniger von einem Schweizer Varietätseigenständigkeitsstreben zu spüren.

Etwas beherztere Ansätze zu einer plurinationalen Einstellung finden sich in den Abhandlungen von Heinrich Stickelberger (1905; [1911] 1912), einem führenden Mitglied des Deutschschweizerischen Sprachvereins, auf den ich noch zu sprechen komme. Die spätere der beiden Abhandlungen, die den Titel trägt *Die Aussprache des Hochdeutschen* [1911] (1912), kommt einem Binnenkodex der schweizerhochdeutschen Aussprache schon etwas näher als Leumanns Buch. Sie erfährt beträchtliche Resonanz und wird auch in einigen Lehrerbildungsanstalten als Lehrmittel eingeführt (Steiger 1944: 26), so daß nur ein Jahr nach Erscheinen eine Zweitauflage notwendig wird.

„Während über das geschriebene Hochdeutsch die Ansichten wenig auseinandergehen" – beginnt Stickelberger (1911: 3) seine Ausführungen –, „so herrschen über das gesprochene Wort sehr verschiedene Meinungen." Er empfiehlt „die goldene Mittelstraße" zwischen dem übertriebenen Bestreben, jede schweizerische Aussprachespur zu tilgen, und den allzu „rauhen schweizerischen" Tönen. Auf dieser Mittelstraße sind gewisse schweizerische Aussprachebesonderheiten zumindest erlaubt, wenn nicht sogar geboten. Denn manche Festlegung im *Siebs* (1898) „klingt uns zu norddeutsch", z.B. „*Klavier, Virtuos* mit ‚w'". Der Zusatz „man hüte sich aber wenigstens[,] ‚Klaffier' zu sagen", warnt jedoch vor einer allzu dialektalen Aussprache (Stickelberger 1911: 13). Gemeint ist hier als Zielgröße offenbar die stimmlose Lenis [v̥], statt der stimmhaften Lenis [v] (zu norddeutsch) oder der Fortis [f] (zu dialektal). Entsprechendes gilt für den s-Laut vor Vokal, der „nicht nach norddeutscher Art gesäuselt zu werden" braucht, „aber (...) sich hinsichtlich der Stärke deutlich von ss (ß) unterscheiden" soll (S. 13). Auch <b>, <d>, <g> sollen zwar weich, aber nicht stimmhaft und außerdem im Auslaut nicht als „p, t, k" gesprochen werden. „Auslautend -*ig* als -*ich* zu sprechen, kann höchstens für den eigentlich künstlerischen Vortrag in Betracht kommen." (S. 11) Auch in der Wortbetonung sind schweizerische Besonderheiten erlaubt, wie z. B. Erstsilbenbetonung in Wörtern wie *Altar, Kaffee* oder *Papagei* (S. 20). Stickelberger hat damit schon zu einem erstaunlich frühen Zeitpunkt Aussprachebesonderheiten des Schweizerhochdeutschen formuliert, die auch heute noch wichtig sind (vgl. Kap. C.3.3).

Einen Überblick über die Aussprache-Diskussion in der Schweiz liefert die Abhandlung von Otto Seiler (1914), der ein Jahr zuvor auch ein schmales Buch zur Aussprache in der Schule vorgelegt hat (Seiler 1913). Bei ihm ist der plurinationale Standpunkt nicht so deutlich ausgebildet wie bei Stickelberger. Seiler warnt zwar im Anschluß an Leumann „vor der Nachäffung der Berliner und Hannoveraner", vor allem ihrer „unberechtigten", d. h. vom *Siebs* abweichenden „Eigentümlichkeiten", vertritt aber ansonsten die Auffassung, „dass die ganze soziale Entwicklung auf eine allgemein gültige Norm, auf eine Einheitssprache hindränge", wobei er sich – nicht ganz unproblematischerweise – auf H. Wissler (1905) beruft. (Seiler 1914: 86) In diesem Sinne interpretiert er auch die überwiegende Zahl der von ihm erörterten Stellungnahmen zum Thema, unter deren Autoren sich – außer schon genannten wie Mörikofer, Winteler, Leumann und Stickelberger – der noch zu besprechende Otto von Greyerz findet. Auch sein Lehrziel-Vorschlag für die „Mittelschule", die in der Annäherung an die Siebssche Norm über die „Volksschule" hinausgehen soll, paßt zu dieser Sicht der Dinge: „Es sollte hier durchaus ernstlich versucht werden, die *stimmhaften Verschluß- und Reibelaute* herauszubringen – vorab das stimmhafte (‚summende') s – und unablässig zu üben, bis sie vom Schüler ohne besondere Mühe ausgesprochen werden können." (Seiler 1913: 89)

Demgegenüber entwickelt Stickelberger (1914) seine plurinationale Einstellung weiter in der Abhandlung *Schweizerhochdeutsch und Reines Hochdeutsch,* auch hinsichtlich der Grammatik und besonders deutlich hinsichtlich des Wortschatzes einschließlich der Phraseologie. Nicht nur stellt er Listen schweizerhochdeutscher Wörter und Wendungen vor (Stickelberger 1914: 69–78), sondern darüber hinaus Listen norddeutscher Ausdrücke, die zu verwenden für einen Schweizer, wohlgemerkt einen standarddeutsch sprechenden und schreibenden Schweizer, „noch törichter" wäre als die Verwendung von Dialektausdrücken (102–109, s. 102). Stickelberger weist gleich im Vorwort darauf hin, daß die deutsche Schriftsprache nicht ganz vereinheitlicht ist, und belegt dies mit grammatischen und lexikalischen Beispielen von Divergenzen zwischen Süd- und Norddeutschland (Perfektbildung von *liegen, sitzen, stehen* mit *sein* bzw. *haben, Samstag* gegenüber *Sonnabend*). Dann fährt er fort: „Wenn schon zwischen nord- und süddeutsch ein Gegensatz besteht, wie viel mehr muß ein Land wie die Schweiz Eigentümlichkeiten bewahrt haben." Ob dies ein Vorteil oder ein Nachteil ist, darüber seien „die Meinungen geteilt." Stickelberger möchte jedenfalls, daß die Schule auf die schweizerischen Besonderheiten aufmerksam macht, wenn er auch nicht vorschlägt, daß sie auf deren Verwendung besteht. Er unterscheidet dabei zwischen solchen schweizerischen Eigenheiten, die zu dialektal und daher standarddeutsch zu vermeiden seien, und solchen, über die er mit den Worten Ludwig Sütterlins ausruft: „Also freuen wir uns des bißchen Buntheit, das aus unserm weiten Sprachgebiet noch so anheimelnd herausschimmert, und pflegen wir es liebevoll, ohne Überschätzung." (Stickelberger 1914: 2 f.)

Stickelberger ragt mit seiner plurinationalen Einstellung deutlich über die Zeitgenossen hinaus (vgl. zur Nachwirkung z. B. „Schweizer Hochdeutsch" 1927). In den meisten anderen Abhandlungen, in denen man plurinationale Ansätze vermuten könnte, bleiben die Vorstellungen von einem besonderen Schweizerhochdeutsch schemenhaft, und zwar nicht nur in der Zeit vor dem Ersten Weltkrieg, sondern sogar noch weit später. Bezüglich des Standarddeutschen herrscht die Einstellung vor, daß man die Schweizer Bevölkerung zwar nicht ganz zur Beherrschung des Einheitsdeutschen hinführen könne, da dies zu schwierig sei; daß es im Grunde aber wünschenswert wäre. Diese Einstellung spricht beispielsweise aus den einflußreichen Schulbüchern des Otto von Greyerz (z.B. 1900; 1922), dessen Spracherziehung zwar konsequent am Dialekt anknüpft, dessen Zielvorstellungen aber kaum Ansätze zu einer spezifisch schweizerischen Varietät des Standarddeutschen erkennen lassen. Daher stellt er Dialekt und einheitliches Standarddeutsch kontrastierend gegenüber, wobei ersteres der Ausgangspunkt und letzteres das Lehrziel des Deutschunterrichts ist. Auch wenn er in bezug auf die Aussprache – nur sie, nicht andere Sprachebenen – feststellt, daß die Einheitsnorm, nämlich die „Bühnenaussprache", „keine Verbindlichkeit für die Schulen" hat und es „dem Lehrer (...) anheimgestellt" sei, „wie weit er ihre Forderungen anerkennen will" (von Greyerz [1922] 1946: 23), so enthalten seine Arbeiten gleichwohl keine nennenswerten Ansätze zur Beschreibung oder Anregungen zur Kodifizierung eines spezifisch schweizerischen Standarddeutsch, zumindest nicht seine wichtigeren, von ihm allein verfaßten Arbeiten. Anders als bei Stickelberger werden keine schweizerhochdeutschen Formen identifiziert, auf welche die Schule aufmerksam machen soll. Abgesehen von einzelnen Ansätzen wie bei Stickelberger nehmen die Bemühungen um die Kodifizierung eines spezifisch schweizerischen Standarddeutsch erst Ende der 30er Jahre deutlichere Konturen an. Eine Binnenkodifizierung, die ernsthaft diese Bezeichnung verdient, entsteht allerdings auch da noch nicht, sondern erst geraume Zeit nach dem Zweiten Weltkrieg.

Immerhin fordert Heinrich Baumgartner (1932) in einigen wenigen Punkten Abweichungen von der Siebsschen Aussprachenorm. Den Schweizern soll es erlaubt sein, „doppelte Mitlaute" beizubehalten und in der Unterscheidung zwischen „auslautenden stimmlosen b, d, g" und „auslautenden p, t, k" eigene Wege zu gehen. Außerdem sollen sie darauf verzichten dürfen, die „Endsilbe -ig mit Reibelaut, also -ich, zu sprechen." (Baumgartner 1932: 124 f.)

Auch in der *Sprechtechnik für Deutschschweizer* des aus Deutschland zugezogenen Christian Winkler [1934] (1942) treten einzelne schweizerhochdeutsche Besonderheiten zutage. Am deutlichsten befürwortet er das bei Baumgartner zuletzt genannte und damit vielleicht für besonders wichtig gehaltene Merkmal, das sich nach und nach überhaupt als einer der markantesten Aussprachehelvetismen herausschält: „Er [der Schweizer! U.A.] müsste seiner innersten Natur Gewalt antun, wollte er z.B. die Silbe -ig auch hochlautig rein als -ich (ewig) sprechen." Statt der frikativen soll die plosive Aussprache erlaubt sein. (Winkler [1934] 1942: 9) Im Grunde ist dies sogar die einzige eindeutig befürwortende schweizerhochdeutsche Aussprachebesonderheit bei Winkler. Sonstige Zugeständnisse an die schweizerische Artikulationsbasis geschehen widerwillig, wie z.B. seine Bemerkung zum stimmhaften s [z] verrät: „Geht es einem Schweizer völlig wider den Strich, so lasse er's." (S. 53) Ansonsten stärkt Winkler den Schweizern wie schon Stickelberger vor allem den Rücken gegen die norddeutschen Abweichungen vom *Siebs*, vor deren Nachahmung er nachdrücklich warnt.

Der vielleicht spektakulärste Schritt in Richtung einer Kodifizierung des Schweizerhochdeutschen ist die Zusammenstellung von Wortschatzbesonderheiten für die 12. Auflage des Rechtschreib-Dudens (1941). Sie wird 1935 angeregt durch den Schweizerischen Korrektorenverband und geschieht auf Einladung des Bibliographischen Instituts in Leipzig (Steiger 1944: 51 f.). Eingeladen dazu ist der Deutschschweizerische Sprachverein, über den noch gesondert zu sprechen sein wird, dessen Schriftführer August Steiger die Aufgabe übernimmt. Dabei wird ihm assistiert von den Mitgliedern des Vereinsvorstandes: Otto von Greyerz und Eduard Blocher (Vereinsvorsitzender), sowie dem „alt Korrektor" des Verlags Benziger, Arnold Meyer (Steiger 1941: 67, 70, 78). Der Rechtschreib-Duden führte schon seit je einige schweizerische Sonderwörter; seit der 10. Auflage (1929) sind sie zum Teil auch als solche markiert. Nun sollen sie unter Mitarbeit kompetenter Schweizer Sprachwissenschaftler systematisch berücksichtigt werden. Die Bemühungen Steigers und seiner Freunde resultieren in 368 zusätzlichen Wörtern, von denen das Bibliographische Institut 330 als spezifisch schweizerisch anerkennt und entsprechend markiert („schwz."); die 38 fehlenden werden außer in der Schweiz auch noch andernorts als gängig befunden und erhalten daher ausgedehntere Markierungen („alemannisch", „oberdeutsch" oder ähnlich). Zusammen mit den schon zuvor aufgenommenen Wörtern enthält der Rechtschreib-Duden nun 770 Wörter, die schweizerische Besonderheiten aufweisen oder zumindest Besonderheiten, die auf die Schweiz und benachbarte Gebiete beschränkt sind (Steiger 1941: 74).

Dieses Unterfangen führt sogar zu Ansätzen von Binnenkodifizierung. Einerseits wird die gesamte Liste in der *Rundschau des Deutschschweizerischen Sprachvereins* abgedruckt (Steiger 1941: 80–88). Zwar geschieht dies nicht zum Zweck des Nachschlagens, sondern in der Hoffnung auf Verbesserungsvorschläge durch Fachleute (Sprachexperten), die in der nächsten Auflage des Rechtschreib-Dudens berücksichtigt werden sollen; der Abdruck erfüllt also einen anderen Zweck als ein Sprachkodex; jedoch werden 1000 Sonderdrucke davon an Schweizer Buchdrucker und Setzer verbreitet, die sie durchaus – wie man annehmen darf – auch als Nachschlagewerk benutzen. Andererseits findet der nun stärker auf den Schweizer Bedarf an nationalen Sprachbesonderheiten abgestimmte Rechtschreib-Duden in der Schweiz so guten Absatz, daß die 12. Auflage dort zweimal in Lizenz nachgedruckt wird, als das Bibliographische Institut aus kriegswirtschaftlichen Gründen Lieferschwierigkeiten hat (Steiger 1944: 52).

Bis zu diesen Ansätzen und späteren Entwicklungen nach dem Zweiten Weltkrieg bleibt der Grad der Binnenkodifizierung der schweizerischen nationalen Varietät des Deutschen sehr gering. Dies läßt sich in Zusammenhang bringen mit zwei übergreifenden, in gewisser Hinsicht gegenläufigen Sprachentwicklungstendenzen in der Schweiz: einerseits die Tendenz in Richtung auf eine für das gesamte deutsche Sprachgebiet einheitliche Standardvarietät sowie andererseits, und in den 30er Jahren zunehmend, die Tendenz in Richtung auf eine massive Stärkung der Dialekte, bis hin zu Plänen, sie zu einer selbständigen Sprache zu erheben. Erst nach dem Zweiten Weltkrieg stabilisiert sich die Entwicklung in Richtung der heutzutage vorfindlichen Diglossie (vgl. Kap. C.4) mit einer spezifisch ausgeprägten nationalen Standardvarietät. Als Ergänzung zu dieser etwas simplifizierten Schematisierung sei auf die differenziertere Darstellung bei Sonderegger (1985: 1911–1930) verwiesen.

Während für die erste Hälfte des 19. Jahrhunderts allgemein die Stabilität der Dialekte bestätigt wird, gibt es für die zweite Hälfte des Jahrhunderts bis in die Zeit nach dem Ersten Weltkrieg unverkennbare Indizien dafür, daß die Dialekte in den Städten und unter den Bildungsschichten durch Standarddeutsch verdrängt werden. Als Beispiele verschiedener Indizien für diese Entwicklung seien hier nur angeführt: die Einrichtung des nationalen Forschungs- und Publikationsprojekts *Schweizerisches Idiotikon. Wörterbuch der schweizerdeutschen Sprache* (Gründung 1862, Publikation 1881 ff.), das nicht zuletzt zur Sammlung der aussterbenden Dialektwörter und deren Rettung wenigstens in einem Lexikon dienen sollte, sowie die später viel zitierte Prognose des Schwundes der schweizerischen Dialekte von Ernst Tappolet (1901) *Ueber den Stand der Mundarten in der deutschen und französischen Schweiz.* Es hat den Anschein, als sei der Sog in Richtung auf ein einheitliches Deutsch in der Schweiz damals so stark, daß er sogar kaum Ruhepunkte läßt für die Ausbildung eines Schweizerhochdeutsch mit besonderen Merkmalen. Jedenfalls wird in den zeitgenössischen sprachpolitischen oder -pflegerischen Abhandlungen ganz überwiegend mehr Wert darauf gelegt, daß die schweizerhochdeutschen Formen sich auf das ganze deutsche Sprachgebiet ausbreiten und zur Bereicherung des Standarddeutschen beitragen, als daß sie der Schweiz als Sprachbesonderheiten erhalten bleiben, was ja die Voraussetzung für nationale Varianten wäre (vgl. z.B. Blümner 1892; auch Stickelberger 1905; Frühe 1913). Damit soll freilich nicht in Abrede gestellt werden, daß in diesen Abhandlungen trotzdem die Existenz eines eigenen Schweizerhochdeutsch hervorgehoben wird.

Gegen die allgemeine Tendenz hin zu einem einheitlichen Standarddeutsch regt sich allerdings schon früh Gegenwehr. Projekte wie das *Schweizerische Idiotikon* oder Veröffentlichungen wie diejenigen Tappolets (1901) waren ja selber im Grunde Gegenmaßnahmen. Der Widerstand gegen den Dialektschwund und gegen die allgemeine Tendenz zum Standarddeutschen erhält Auftrieb durch die Ereignisse des Ersten Weltkriegs und später erst recht durch den Nationalsozialismus in Deutschland. Sowohl die im Ersten Weltkrieg aufscheinende Gefahr, daß die Schweiz in einen romanisch- und einen deutschsprachigen Teil zerbrechen könnte, als auch die manifeste Aggressivität und anschließende Niederlage Deutschlands bringen die Schweiz auf innere Distanz zu ihrem nördlichen Nachbarn. Diese schlägt sich auch in den sprachlichen Beziehungen nieder. Am deutlichsten wird das in der stärkeren Hinwendung zum Dialekt und im wiedererwachenden Dialekt-Purismus, dem schon in der Tradition der Romantik artikulierten Bestreben, die Dialekte „rein" zu erhalten – analog dem traditionsreicheren Bemühen um „Reinheit" der Standardvarietät (vgl. Kap. B.4). Schweizerdeutsch oder Schwyzertütsch (verschiedene Schreibweisen), ein Oberbegriff für alle Dialekte der deutschsprachigen Schweiz, wird zu einem Nationalsymbol – mag man es „Nationaldialekt" nennen oder nicht (vgl. Zimmer 1977; 1978; Haas 1978) –, durch das man sich sprachlich von Deutschland abzusetzen versucht (vgl. Kap. C.4 und C.5). Die Aufwertung des Schwyzertütschen wird in den dreißiger Jahren auch in der romanischsprachigen Schweiz positiv bewertet, als Absetzung von Deutschland – während sie heute zum Teil als Behinderung der innerschweizerischen Kommunikation abgelehnt wird (Amstutz im Druck).

Verglichen mit der Hinneigung zum Dialekt bleiben die Bemühungen um ein spezifisches Schweizerhochdeutsch blaß, wenngleich auch sie durchaus vorhanden sind. Sogar außerhalb der Schweiz keimt ein Bewußtsein davon. Ein früher Beleg aus Deutschland ist die Skizze einiger Helvetismen bei Schweizer Autoren von Rudolf Foß (1896). Ausführlicher ist dann die Darstellung Alfred Götzes (1918a) *Aus dem deutschen Wortschatz schweizerischer Zeitungen*, in der schon Umrisse einer eigenen nationalen Varietät der deutschsprachigen Schweiz beschrieben werden (vgl. auch Götze 1918 b). Ein etwas späterer Beleg aus Österreich ist die Abhandlung von Wilhelm Orthner (1936), deren Titel auf die entsprechende Sicht des Autors verweist: „Die schriftsprachliche Sonderstellung der deutschen Schweiz, dargelegt an Beispielen aus der Tagespresse." Die beiden letzteren Aufsätze enthalten eine reiche Sammlung von sprachlichen Besonderheiten aus schweizerischen Zeitungen, unter denen sich auch manche heutige Helvetismen finden. Orthners Sammlung erstreckt sich sogar über den Wortschatz hinaus auf die Wortbildung und Rechtschreibung. Außerdem bewerten beide Autoren die Existenz solcher Besonderheiten grundsätzlich positiv, im Sinne einer Bereicherung der deutschen Sprache – wenn man von der vor allem bei Orthner penetranten Kritik an den Fremdwörtern absieht.

Die skizzierten Tendenzen scheinen besonders deutlich auf in den sprachpolitischen und -pflegerischen Vereinen, die in der deutschsprachigen Schweiz für die Sprachentwicklung von beträchtlicher Bedeutung sind. Ist doch die Schweiz – mehr noch als das deswegen oft verspottete Deutschland – ein Land der Vereine, deren privat organisierte Aktivitäten die von der zurückhaltenden Staatsmacht offen gelassenen Freiräume ausfüllen. Viele der genannten Abhandlungen stammen von Sprachvereinsmitgliedern, wurden zunächst in Vereinsversammlungen vorgetragen und sind in Vereinsorganen erschienen. Viele Sprachvereinsmitglieder sind Lehrer, Hochschullehrer oder andere Beamte, zum Teil auch Medienleute und Autoren, so daß eine vielfältige Verbindung zu Sprachnormautoritäten, Sprachexperten und sogar Modellschreibern und -sprechern besteht. Mir scheint, daß sich in der Schweiz mehr als in den anderen nationalen Zentren der deutschen Sprache die Tendenzen derjenigen Kräfte, die eine Standardvarietät prägen (vgl. Kap. A.4.2), in den Programmen und Aktivitäten der Sprachvereine widerspiegeln.

Von größter Bedeutung ist in diesem Zusammenhang der schon mehrfach erwähnte *Deutschschweizerische Sprachverein* (DSSV), der 1904 gegründet wurde (Steiger 1944; Hinweise von Werner Frick, Kurt Meyer und Hellmut Thomke). Dieser Verein, aus dem auch einige ähnlich orientierte Zweigvereine hervorgehen (Basel, Bern, Biel, St. Gallen, Zürich, Luzern – nur letzterer besteht noch heute), verschafft sich zeitweilig eine beträchtliche Breitenwirkung. Dazu tragen nicht zuletzt seine regelmäßigen, inhaltlich anspruchsvollen Publikationen bei, insbesondere seine Buchreihe „Volksbücher des Deutschschweizerischen Sprachvereins", später fortgesetzt durch die „Schriften des Deutschschweizerischen Sprachvereins", und seine Zeitschriften (1912–1943 *Jährliche Rundschau des Deutschschweizerischen Sprachvereins,* ab 1943 *Rundschau des Deutschschweizerischen Sprachvereins,* sowie *Mitteilungen des Deutschschweizerischen Sprachvereins,* seit 1945 *Sprachspiegel*). Obwohl die Zielsetzung des Vereins im Verlauf der Zeit infolge wechselnder Umstände unterschiedliche Nüancierungen zeigt, läßt sie doch Kontinuität erkennen. Der Deutschschweizerische Sprachverein wird gegründet von Schweizer Mitgliedern des *Allgemeinen deutschen Sprachvereins* und hat zunächst den Hauptzweck, die Sprachrechte der deutschsprachigen Schweizer gegen die romanischsprachigen Schweizer zu verteidigen, die in Kontaktsituationen und in Mischgebieten zur sprachlichen Dominanz neigen. Diese Stoßrichtung ist vor allem gemeint mit dem Vereinsziel: „Pflege und Schutz der deutschen Sprache in der Schweiz". Um nicht in den Verdacht der Steuerung aus Deutschland zu geraten, verwerfen die Vereinsgründer den zunächst erwogenen Gedanken, lediglich einen Schweizer Zweig des *Allgemeinen deutschen Sprachvereins* zu bilden, und legen sogar zu-dem fest, daß nur Schweizer Staatsbürger als Mitglieder aufgenommen werden.

Der Verein bemüht sich einerseits durchaus um die Pflege der Dialekte in der Schweiz, insbesondere um ihre Erhaltung in reiner Form. Dies wird unter anderem in seinen „Volksbüchern" deutlich artikuliert, z.B. im Band 11, den der langjährige Schriftleiter der *Mitteilungen* (1917–44) und des *Sprachspiegels* (1944–54) sowie spätere Obmann (Vorsitzende) (1942–52), August Steiger, verfaßt hat: *Was können wir für unser Schweizerdeutsch tun?* (1924) Andererseits möchte der Verein keinesfalls auf die Pflege des Standarddeutschen verzichten, das in verschiedenen Vereinsveröffentlichungen ausdrücklich als „Muttersprache" auch der deutschsprachigen Schweizer bezeichnet wird. Beispiele sind die Schrift mit dem Titel *Hochdeutsch als unsere Muttersprache* des Vorsitzenden Eduard Blocher (1919; Vereinsvorsitz 1912–1942) oder – zu viel späterer Zeit – die Ausführungen des stellvertretenden Vorsitzenden Kurt Meyer (1964) in der Jubiläumsschrift des Vereins. Vereinzelt wird von Vereinsmitgliedern sogar die hypothetische Frage gestellt, was im Falle einer notwendigen Wahl zwischen Dialekt und Standardvarietät für die Schweiz vorzuziehen sei, und ausdrücklich zugunsten der Standardvarietät beantwortet (z.B. Blocher 1919: 16).

Der Deutschschweizerische Sprachverein gerät allerdings mit seinem Bemühen um das Standarddeutsche im Ersten Weltkrieg in die Defensive. Vielleicht wirkt sich nun, in der Zeit der Abwendung der Schweiz vom aggressiv auftretenden Deutschland, auch belastend aus, daß führende Vereinsmitglieder früher die geistig-kulturellen Bande mit Deutschland sogar enger sahen als mit den anderssprachigen Landesteilen der Schweiz. Gerade eine Abhandlung des späteren langjährigen Vorsitzenden Eduard Blocher (1910) „Die schweizerische Nation III. Sind wir Deutsche?" liefert dafür ein Beispiel. Sie wird schon damals von Wilhelm Oechsli (1910) scharf zurückgewiesen. Infolge solcher vom Sprach- und Kulturnationsgedanken (vgl. Kap. A.2.) beeinflußten Ausführungen wird manchen Schweizern das gesamte Engagement des Vereins suspekt, gerade auch seine Förderung des Standarddeutschen. In dieser Situation wird das Bekenntnis auch zum Dialekt fast zu einer Überlebensbedingung des Vereins, wobei der Dialekt der gezielten Förderung nun immer weniger bedarf. – Allerdings ist bemerkenswert, daß gegen Ende des Ersten Weltkriegs, ebenso wie gegen Ende des Zweiten Weltkriegs, die Mitgliederzahlen des Vereins wieder ansteigen (vgl. Steiger 1944: 64), als wollten die Schweizer angesichts der Kriegsniederlage Deutschlands die bedrängte deutsche Sprache stützen. In neuester Zeit verzeichnet der Verein jedoch einen schleichenden Mitgliederschwund, was teils mit dem abnehmenden Interesse vieler Schweizer am Standarddeutschen und ihrer Hinwendung zum Dialekt, teils aber auch mit einer allgemeinen Vereinsmüdigkeit zusammenhängen dürfte. Mitgliederzahl wie auch Abonnentenzahl des *Sprachspiegels* sind im Verlauf der letzten 20 Jahre von rund 1.800 auf rund 1.100 geschrumpft (briefliche Mitteilung des Geschäftsführers, Werner Frick, am 27.7.1993 und 8.7.1994).

Der Deutschschweizerische Sprachverein hat sich einerseits engagiert für ein Einheitsdeutsch und damit gegen die plurinationale Entwicklung der deutschen Sprache. Am deutlichsten wird dies in seinen sprachpuristischen Bestrebungen, in denen er weitgehend dem (Allgemeinen) Deutschen Sprachverein folgt, indem er unter anderem auch dessen Verdeutschungsbücher in der Schweiz vertreibt. Dadurch entwickelt sich die Schweiz bei mancher Eindeutschung von Fremd- oder Lehnwörtern in die gleiche Richtung wie Deutschland, die Sprachunterschiede zwischen beiden Nationen verringern sich also (Beispiele: *Bahnsteig,* das heute neben *Perron* gängig ist, *technische Hochschule* für *Polytechnikum*).

Andererseits hat das Festhalten an autochthonen Bildungen im Gegensatz zu anderen nationalen Zentren des Deutschen die schweizerischen Sprachbesonderheiten vermehrt (z. B. *Steueramt* für *Finanzamt* – vor 1938 auch in Österreich). In gleichem Sinne wirkt, daß manche führenden Vereinsmitglieder, am brilliantesten und einflußreichsten der schon zuvor erwähnte Heinrich Stickelberger ([1911] 1912; 1914), früh deutliche Neigungen zu einer plurizentrischen Einstellung entwickeln. Vor allem übernimmt der Verein, wie ebenfalls schon erwähnt, dann in den 30er Jahren vom Schweizerischen Buchdruckerverein die Aufgabe, die schweizerischen Wortschatzbesonderheiten für den Rechtschreib-Duden zusammenzustellen (vgl. Steiger 1941). Dies geschieht mit der ausdrücklichen Rechtfertigung: „Im *Wortschatz* (...) dürfen wir [die Schweizer! U. A.] gewisse Sonderrechte behalten (...)" (Steiger 1941: 67) Die Zahl der Helvetismen im Rechtschreib-Duden wird infolgedessen stark vermehrt. Seit dieser Zeit wirken prominente Vereinsmitglieder in diesem Sinn. Auch der spätere *schweizerische Dudenausschuß* (seit 1960; vgl. Kap. D.4) besteht im wesentlichen aus Mitgliedern des Deutschschweizerischen Sprachvereins. Allerdings gibt es keine offizielle Politik des Vereins in Richtung eines spezifischen Schweizerhochdeutsch und auch keine dementsprechende Erklärung (Brief von Werner Frick vom 8. 7. 1994); jedoch wurde das unübersehbare Engagement von Vereinsmitgliedern in dieser Richtung meines Wissens vom Verein auch nie moniert. Eines der jüngsten Beispiele solchen Engagements, und vielleicht das eindrucksvollste, ist das Buch des früheren stellvertretenden Obmanns (1975–93) Kurt Meyer (1989) *Wie sagt man in der Schweiz?*

Im November 1993 wird der Verein umbenannt in *Schweizerischer Verein für die deutsche Sprache (SVDS),* womit jedoch keine tiefgreifende programmatische Änderung verbunden ist. Gründe für die Änderung sind eher beobachtete Mißverständnisse, z. B. von *deutschschweizerisch* als ‚schwyzertütsch' (schweizerdeutsch), oder auch als *deutsch-schweizerisch,* sowie Bestrebungen nach terminologischer Modernisierung. So wird aus *Schreiber > Geschäftsführer* und aus *Obmann > Präsident,* womit allerdings zugleich einige Helvetismen aus den Vereinstexten verschwinden.

Zwar fördert der Deutschschweizerische Sprachverein bzw. der SVDS auch die Bewahrung des reinen Dialekts; jedoch stehen diese Bemühungen nicht im Vordergrund. Der Dialektpflege nimmt sich stattdessen mit großem Eifer ein anderer Verein an, nämlich der 1938 gegründete *Bund Schwyzertütsch,* der seine hauptsächliche Zielsetzung schon im Namenszusatz ausdrückt „Verein zur Pflege der schweizerdeutschen Dialekte" (Hinweise von Robert Schläpfer und Hellmut Thomke). Sein Entstehungsjahr fällt nicht ganz zufällig zusammen mit dem Jahr der Auflösung einer noch radikaler sprachhelvetisch denkenden Vereinigung, nämlich der *Schwyzer Schproch-Biwegig* (Schreibung nach Baur 1983: 99; *Schwizer Sch[p]rochbiwegig* nach Steiger 1944: 48; *Schwizer-Sprach-Biwegig* nach Sonderegger 1985: 1921). Sie strebt nichts Geringeres an, als die schweizerdeutschen Dialekte zu einer eigenständigen Sprache zu entwickeln. Diese Sprache, „Alemannisch", stände zur deutschen Sprache in einem ähnlichen Verhältnis wie das Letzeburgische, in gewissem Sinne sogar wie das Niederländische. Daher ist es in der Schweiz auch gängig – freilich schon lange vor Gründung der Schwyzer Schproch-Biwegig – , daß man als Warnung vor der Entwicklung in diese Richtung von der „Hollandisierung der Schweiz" spricht. Die Programmschrift der Schwyzer Schproch-Biwegig trägt den Titel: *Alemannisch. Die Rettung der eidgenössischen Seele.* Ihr Verfasser ist Emil Baer (1936), ein sprachwissenschaftlich promovierter Pfarrer, der auch Initiator und Gründer der Bewegung ist. Die Schwyzer Schproch-Biwegig existiert allerdings kaum ein Jahr lang (1937–1938; vgl. kritisch dazu Loosli 1938).

Der Bund Schwyzertütsch, der keine Hollandisierung der Schweiz will, kanalisiert dann im weiteren die in der Schwyzer Schproch-Biwegig artikulierten Einstellungen auf eine realistischere und erfolgreichere Weise. Er knüpft an zahlreiche vorausgegangene Mahnungen zur Existenzbedrohtheit der Dialekte in der Schweiz an, für die in den 30er Jahren stellvertretend nur die viel beachteten Zeitungsartikel von Robert von Planta (1931) „Vom Daseinskampf des Schweizerdeutschen" genannt seien. Inwieweit der Bund Schwyzertütsch – unabsichtlich – auch zur Erhaltung der Eigenarten des Schweizerhochdeutschen und damit zur Plurinationalität des Deutschen beiträgt, ist schwer zu beurteilen. Aus dem Umkreis der kurzlebigen Schwyzer Schproch-Biwegig wurden die Eindeutschungsversuche von Fremdwörtern durch den Deutschschweizerischen Sprachverein als eine Art Landesverrat angeprangert (Steiger 1944: 47), was in manchen Fällen zur Erhaltung der Fremdwörter als schweizerische Sprachbesonderheiten beigetragen haben mag. Möglicherweise wirkt auch der Bund Schwyzertütsch in diesem Sinne. Hauptsächlich entwickelt er jedoch Aktivitäten zur Förderung der Dialekte, zu denen unter anderem die Herausgabe einer Buchreihe „Grammatiken und Wörterbücher des Schweizerdeutschen" gehört. Die Dialektpflege impliziert nicht, daß das Standarddeutsche bekämpft wird, vor allem nicht die eigene schweizerische Varietät (vgl. Baur 1983: 101-113). Vielmehr wird in den meisten Bekundungen ausdrücklich die Berechtigung und Notwendigkeit beider Varietäten für die Schweiz hervorgehoben, also die Diglossie (vgl. Kap. C.4). So heißt es z.B. in einer Erläuterung der Statuten: „Wir arbeiten darauf hin, daß der Zustand der medialen Diglossie der Deutschschweiz (zwei Varietäten innerhalb der deutschen Sprache mit je unterschiedlichen Aufgaben) anerkannt und als Chance, nicht primär als Last, erlebt werden soll. Die *Mundart* ist unsere Muttersprache im engeren Sinne, die *Hochsprache* das wichtigste Mittel der nationalen und internationalen Verständigung. Beide tragen zu unserer sprachlichen Identität bei und bedürfen der Förderung." (*Leitbild für die Arbeit des Vorstandes* vom 16.01.1990)

Dennoch richtet sich die praktische Sprachpolitik so gut wie ausschließlich auf die Förderung der Dialekte. Darüber hinaus gleicht der Bund Schwyzertütsch vielfach der Schwyzer Schproch-Biwegig in dem ausgeprägten Bemühen, die Schweiz von den übrigen Zentren der deutschen Sprache, insbesondere von Deutschland, deutlicher abzusetzen. Daß diese Einstellung vor allem zur Gründungszeit Ende der 30er Jahre vorherrscht, ist nicht überraschend.

Die Bemühungen des Bundes Schwyzertütsch richten sich zum einen stärker auf die Pflege und Erhaltung der Schweizer Dialekte als auf die Pflege des Standarddeutschen; zum andern verlautet aus seinem Umkreis auch immer wieder mehr oder weniger offen die Auffassung, daß Standarddeutsch für die Schweizer eine Fremdsprache sei, wobei auch das Schweizerhochdeutsche, also die eigene nationale Varietät, von dieser Einschätzung nicht ausgenommen wird. Als Pendant zu dieser Auffassung gelten dann die Dialekte, also das Schwyzertütsche, nicht nur als einzige Muttersprache der Deutschschweizer, sondern durchaus als eigenständige Sprache. Diese Auffassung wird allerdings zumeist mehr nahegelegt als ausdrücklich formuliert (vgl. z.B. Baur 1983: 37–41). Sie ist z.B. auch impliziert in der immer wieder auftretenden terminologischen Gegenüberstellung von „Schweizerdeutsch" und „Deutsch", die damit disjunkt erscheinen. Freilich begegnet man dieser Gegenüberstellung auch ansonsten in der Schweiz nicht selten. Die Auffassung, daß Schwyzertütsch und Deutsch zwei verschiedene Sprachen seien, steht jedoch im Gegensatz zu anderen Verlautbarungen des Vereins (vgl. das obige Zitat aus dem *Leitbild für die Arbeit des Vorstandes* vom 16.01.1990). Die Bewertung des Schwyzertütschen als eigenständige Sprache würde logischerweise beinhalten, daß es nicht Bestandteil der deutschen Sprache ist (vgl. Kap. A.1.1, C.4). Zur Unterstützung der Auffassung von der Eigensprachlichkeit des Schwyzertütschen wird bisweilen auch auf die lange Tradition dieses Denkens hingewiesen, das z.B. schon im Untertitel des *Schweizerischen Idiotikons* (1981 ff.) ihren Ausdruck finde: „Wörterbuch der Schweizerdeutschen *Sprache"* (Schweizerdeutsch = Schwyzertütsch). – Im Jahre 1990 wird der Vereinsname geändert in *Verein Schweizerdeutsch,* ohne daß sich die Vereinsziele maßgeblich wandeln (vgl. die Statuten, vor allem Art. 2; auch Fuchs 1992). Das Vereinsorgan wird – im Gegensatz zum Vereinsnamen – umbenannt von *Schweizerdeutsch* in *Mundart.*

   Als eine Art Gegengewicht gegen den dialektpflegenden Bund Schwyzertütsch wird schließlich im Jahre 1981 der Verein zur *Pflege der deutschen Hochsprache* gegründet, der 1990 umbenannt wird in *Verein Hochdeutsch in der Schweiz* (VHS). Er setzt sich dafür ein, „dass der Deutschen Hochsprache [in der Schweiz! U.A.] die ihr gebührende Stellung zukommt, namentlich in Schule, Oeffentlichkeit und Politik", weil „der übermässige Mundartgebrauch das Einvernehmen zwischen den Landesteilen, d.h. die nationale Zusammengehörigkeit, gefährde, und ausserdem zu einer Absonderung der alemannischen Schweiz vom übrigen deutschen Kulturraum führe." (*Statuten,* Art. 2; Hinweise Hellmut Thomke) Die zugrundeliegende Situationseinschätzung hat der Gründungsvater des Vereins, der Basler Germanist Louis Wiesmann, verschiedentlich in Publikationen dargestellt (z.B. Wiesmann 1983 a; b) und dabei vielfache Schützenhilfe von Schweizer Kulturschaffenden und Politikern erhalten (z.B. Loetscher 1986; Müller-Marzohl 1992; Adolf Muschg, z.B. in der Glosse „Stichwort" *St. Galler Tagblatt* 11.2.1992). Auch die offizielle Schulpolitik weist zum Teil in eine ähnliche Richtung (vgl. z.B. die „Richtlinien für die Pflege der Hochsprache in den Schulen des Kantons Zürich" gemäß Beschluß des Erziehungsrates vom 24.11.1987). Der neue Verein hat – nicht zuletzt aufgrund renommierter Mitglieder – beachtliche Wirkung, wird allerdings gelegentlich als gegenüber dem Dialekt zu unbeugsam kritisiert. Nach manchen Verlautbarungen und auch nach den Statuten scheint es so, als wolle sich der VHS – im Gegensatz zum Deutschschweizerischen Sprachverein bzw. SVDS – mehr für ein Einheitsdeutsch als für eine spezifisch schweizerische Varietät des Standarddeutschen einsetzen. Jedoch hat sich gerade sein Vereinsaktuar besonders zugunsten eines spezifischen Schweizerhochdeutsch engagiert (vgl. Kap. C.5), ohne dadurch seine Stellung im Verein zu gefährden. Daß die Linie des VHS nicht immer konsistent ist, zeigt auch die gelegentliche Übernahme des terminologischen Gegensatzes von „Deutsch" und „Schweizerdeutsch", als handele es sich um verschiedene Sprachen (vgl. das vom VHS veranstaltete „Podiumsgespräch" „Englisch, Deutsch und Schweizerdeutsch in der Werbung" am 24.3.1994 im SKA-Forum,

St.-Peter-Str. 17, Zürich). Im übrigen haben sich VHS und SVDS in letzter Zeit
angenähert, und es wird gelegentlich schon offen über ihren zukünftigen Zusammenschluß gesprochen (vgl. *Sprachspiegel* (1994) 50 (1): 27 „Beziehungen zu
befreundeten Vereinen").

Vermutlich ist die in der deutschsprachigen Schweiz insgesamt vorherrschende nationale Identifikation mit dem Dialekt ein maßgeblicher Grund dafür,
daß der Kodifizierung einer eigenen Standardvarietät – verglichen mit Österreich
– weniger Beachtung geschenkt und sie erst später im Land selber in Angriff
genommen wird (vgl. Kap. C.2 und C.5).

Auch die weithin unangefochtene Geltung des Rechtschreib-Dudens findet
hier ihre Erklärung. Die konsequente Aufnahme von Helvetismen seit der 12. Auflage (1941) genügt den Schweizern weitgehend als Zugeständnis an ihre standardsprachlichen Eigenheiten; ein dem *Österreichischen Wörterbuch* vergleichbares Projekt (vgl. Kap. B.1 und B.2) entsteht auch nach dem Zweiten Weltkrieg
nicht; die späteren Schulwörterbücher sind anderer Art. Vorübergehenden
Angriffen gegen den Rechtschreib-Duden (z.B. Rotzler 1949: v.a. 3–6) ist kein
dauerhafter Erfolg beschieden.

Der erste Binnenkodex, der ernsthaft diese Bezeichnung verdient, erscheint
im Jahre 1957. Er ist das Ergebnis der Arbeit der Schweizerischen Siebs-Kommission, die von den Radiostudios des schweizerischen Landessenders Beromünster
angeregt wird und Repräsentanten der für das öffentliche Reden wichtigsten
Schweizer Institutionen umfaßt (Boesch 1957a: 6). Die Gründung der Kommission ist freilich auch im Zusammenhang zu sehen mit der Arbeit an der Neuauflage des *Siebs*. Der spätere Vorsitzende der Schweizerischen Siebs-Kommission,
Bruno Boesch, ist zur Abschlußberatung dieser Neuauflage eingeladen (*Siebs*
1958: 24), kann aber seine Wünsche nicht mehr durchsetzen, da das Manuskript
praktisch abgeschlossen ist. Der Schweiz und Österreich werden dann ein Anhang zugestanden (vgl. *Österreichisches Beiblatt* [1956] 1961). Dessen Ausarbeitung setzt sich die Schweizerische Siebs-Kommission zunächst einmal zum Ziel.
Das Ergebnis wird dann von den Herausgebern des *Siebs* als zu weitgehend abgelehnt (Vögeli 1958: 104; auch Hove 1993: 28).

Daraufhin entschließt sich die Schweizerische Siebs-Kommission zur selbständigen Publikation einer erweiterten Fassung. Es handelt sich um die *Aussprache des Hochdeutschen in der Schweiz. Eine Wegleitung* (Boesch 1957a; vgl.
auch 1956). Ihr „Schicksal" ist bezeichnend. Sie erhält nicht nur – im Gegensatz
etwa zum *Österreichischen Wörterbuch* – keinerlei amtlichen Status. Vielmehr
wird sie nicht nur von vielen Sprachexperten, sondern auch von einflußreichen
Organisationen, insbesondere Organisationen von Sprachnormautoritäten wie
z.B. dem *Schweizerischen Gymnasiallehrerverein,* entschieden abgelehnt (briefliche Mitteilung Werner Frick 8.7.1994). Am ehesten ist sie an den Hochschulen
im Rahmen der Sprecherziehung wirksam. Dagegen wird sie gerade in der Institution, die den Anstoß zu dieser Kodifizierung gibt, nämlich dem Rundfunk,
kaum akzeptiert (vgl. Kap. C.5). Von manchen wird sie gerade noch „als ein nie
unterschreitbares Mindestmaß" hingenommen, von dem jedoch „immer neue
Impulse (...) ausgehen sollten nach ‚aufwärts', der Reinheit der Siebsschen Idealform entgegen!" (Ziegler 1957: 118) Ob und inwieweit sie tatsächlich je als
Sprachkodex gedient hat, also als praktische Orientierungsgrundlage für richtiges
schweizerhochdeutsches Sprechen, ist schwer abschätzbar und wäre eine gesonderte Untersuchung wert.

Sie hat auf jeden Fall zur breiteren Bewußtwerdung eines existenten schweizerhochdeutschen Gebrauchsstandards in der Aussprache beigetragen, z. B. bei Rundfunksprechern, von deren Sprachgebrauch ihre Vorschläge zunächst einmal ausgegangen waren. In diesem Sinne hat sie auch die spätere Diskussion um die nationalen Varietäten des Deutschen beeinflußt, die sich auf sie oft vorbehaltlos als Aussprachekodex der deutschsprachigen Schweiz beruft (z. B. Clyne 1984: 16; Ammon 1991 b; c). Moulton (1962: 137–144) stellt gar „Boesch-German" und „Siebs-German" auf dieselbe Stufe, was für seinen Zweck des systematischen phonologischen Vergleichs zwar gerechtfertigt ist, aber bei fehlendem entsprechendem Vorbehalt den Eindruck von Gleichrangigkeit und äquivalenter Geltung vermittelt.

Immerhin stimmt die im gleichen Jahr erscheinende *Deutsche Aussprache* von Emil Frank (1957) mit Boeschs *Wegleitung* inhaltlich weitgehend überein (vgl. auch Hove 1993: 29). Sie beruft sich auch ausdrücklich auf die von Boesch publizierten Empfehlungen, die sie im Grunde als verbindlich darstellt: „Diese schweizerische Form der Hochsprache wurde von einer Kommission, gebildet auf Antrag der Schweizerischen Rundspruchgesellschaften, festgelegt." (Frank 1957: 8, Anmerkung) Möglicherweise hat Boesch (1957a) indirekt über dieses Übungsbuch für ‚Mittelschulen, Lehrer, Geistliche, Dozenten, Parlamentarier, Chorleiter und Sänger' (Frank 1957: 7) intensiver gewirkt, als die ablehnenden Urteile vermuten lassen. Auch das ein gutes Jahrzehnt später erscheinende „Vademecum für Mikrophonbenützer der Deutschschweiz" von Schäuffele (1970), das sich hauptsächlich an „Radio- und Fernsehleute, Filmkommentatoren usw." wendet (S. 9), beruft sich teilweise auf Boeschs *Wegleitung* (1957a) bzw. die Schweizerische Siebs-Kommission, folgt ihren Empfehlungen aber nicht in allen Punkten, weicht in manchem sogar noch entschiedener vom *Siebs* (1969) ab (z. B. Schäuffele 1976: 17f.), beschränkt sich allerdings auf einige wenige Aussprachephänomene. Dagegen verrät die im selben Jahr erscheinende *Sprecherziehung* von Hüppi (1970) die eingeschränkte Geltung von Boesch (1957 a), indem sie sich weder darum schert noch überhaupt in nennenswertem Umfang schweizerische Aussprachebesonderheiten zuläßt (außer dem Verzicht auf die Stimmhaftigkeit der Lenisplosive b, d, g).

Eine Neufassung, die Boesch um 1980 vorlegt und die sich nur recht geringfügig von der Erstfassung (1957a) unterscheidet, findet sogar so wenig Zustimmung, daß sie gleich gar nicht gedruckt wird (freundliche Zurverfügungstellung durch Robert Schläpfer, der zusammen mit Paul Zinsli mitarbeitete; die Fassung ist undatiert; vgl. zur Kritik an dieser Fassung Thomke 1982a; Hofmüller-Schenck 1983). Diese Entwicklung ist allerdings wohl auch durch den Tod des federführenden Autors bedingt.

Die Untersuchung von Panizzolo (1982) dient nur wissenschaftlichen Zwecken. Welchen Status die zweibändige Neuerscheinung von Hofmüller-Schenck (1995) als Aussprachekodex der deutschsprachigen Schweiz erlangen wird, bleibt abzuwarten. Eine weitere neue Kodifizierung der Rundfunkaussprache, die sich auf neuralgische Punkte konzentriert und dabei durchaus schweizerischen Besonderheiten Rechnung trägt (z. B. [ik]-Aussprache des Suffixes -<ig>), wird verbindlich für das Schweizer Radio DRS (= Radio der deutschen und rätoromanischen Schweiz) (Burri u. a. 1993).

Auch bei den Wörterbüchern gibt es Ansätze zu einem Schweizer Binnenkodex. Hier gelingt es zunächst dem Dudenverlag, eine Schweizer Variante des

Schülerdudens einzuführen, den *Schweizer Schülerduden* (1969). Er wird später aufgeteilt in ein Rechtschreibwörterbuch mit Grammatikanhang (*Schweizer Schülerduden 1* (1980)) und ein Bedeutungswörterbuch (*Schweizer Schülerduden 2* (1976)). Bei diesen Wörterbüchern handelt es sich aufgrund der maßgeblichen Mitwirkung eines Schweizers (Kurt Meyer vom Vorstand des Deutschschweizerischen Sprachvereins) und des Erscheinens in einem Schweizer Verlag durchaus teilweise um eine Binnenkodifizierung. Die Schülerduden werden in vielen Schulen verwendet. Dennoch, und trotz „besonderer Berücksichtigung des schweizerischen Wortschatzes" (*Schweizer Schülerduden 2*, 1976: Titelblatt), erwächst ihnen in einem weiteren Wörterbuch (Bigler u. a. 1987) ernsthafte Konkurrenz. Dieses neue Wörterbuch ist aufgrund seiner Bearbeiter (und gleichfalls einem Schweizer Verlag) eine deutlichere Binnenkodifizierung als der *Schülerduden*; außerdem ist die Einbeziehung des schweizerhochdeutschen Wortschatzes noch entschiedener sein Anliegen (vgl. Schläpfer 1983). Sein Erfolg zeigt sich beispielsweise darin, daß im Jahre 1994 8.000 Exemplare nachgedruckt werden mußten.

Im Vergleich zu Aussprache und Wortschatz finden grammatische Besonderheiten des Schweizerhochdeutschen lange fast keine Beachtung. Bisweilen wird ihre Berechtigung sogar ausdrücklich bestritten, z.B. von Maeder (1948: 10 f.). Dem widerspricht Kurt Meyer (1964: 51 f.) unter Berufung auf eine Zusammenstellung von Wortbildungs- und auch Grammatikspezifika des Schweizerhochdeutschen durch Hugo Moser (1959 b). Meyers Abhandlung ist übrigens eine Kleinodiensammlung besonders hübscher Helvetismen – eine solch subjektive Wertung sei auch einmal gestattet. Da sie sowohl auf der Jahresversammlung des Deutschschweizerischen Sprachvereins vorgetragen wird (19. 3. 1961) als auch in dessen Jubiläumsschrift erscheint, wird man ihr eine gewisse Breitenwirkung unterstellen dürfen.

Meyers Berufung auf Moser ist zugleich ein Beleg dafür, wie außerschweizerische und in erster Linie wissenschaftlich motivierte Untersuchungen auf Spracheinstellungen und Bewußtsein innerhalb der Schweiz zurückwirken können. Eine ähnliche Wirkung: Bewußtwerden umfänglicher schweizerhochdeutscher Besonderheiten, mag auch die im Dudenverlag erschienene materialreiche Studie von Stephan Kaiser (1969/70) gehabt haben, obwohl schon vor ihrer Veröffentlichung wegen mangelnder Unterscheidung von Sprachfehlern und Helvetismen vor ihr gewarnt wird (Müller-Marzohl 1963) und sie sicher nie als Sprachkodex zum Nachschlagen fungiert hat (vgl. die Rezension von Meyer 1971). Zweifel an der Existenz auch grammatischer Spezifika sind nun kaum mehr aufrecht zu erhalten, – mag auch der standardsprachliche Status mancher Belege Kaisers höchst fragwürdig sein; die Beispiele, die sich nicht einfach als Fehler abtun lassen, sind zu zahlreich.

Zur Bewußtwerdung der Eigenständigkeit der deutschsprachigen Schweiz als nationales Sprachzentrum des Deutschen tragen sicher auch die – überwiegend dem Wortschatz zugehörigen – Helvetismen in den außenkodifizierten Dudenbänden bei (vgl. Müller-Marzohl 1962/62). Vermutlich leistet zu dieser Bewußtseinswerdung auch das im Dudenverlag erschienene Wörterbuch: *Wie sagt man in der Schweiz? Wörterbuch der schweizerischen Besonderheiten* von Meyer (1989) einen nachhaltigen Beitrag.

Meyers Wörterbuch basiert auf ausführlichen Analysen von Modelltexten, die keineswegs notwendigerweise später als in Österreich Besonderheiten einer eigenen nationalen Varietät gezeigt haben. Vielmehr dürften solche Besonderheiten sowohl in der Sach- wie in der belletristischen Literatur durchgängig zu verzeichnen sein, ohne daß bislang ausreichende Analysen zur Verfügung stünden, um auch nur in Ansätzen eventuelle Entwicklungsphasen ausmachen zu können.

Von besonderem Interesse wäre die gezielte Verwendung von schweizerhochdeutschen Varianten durch Schweizer Autoren. Dafür habe ich keinen eindeutigen Beleg gefunden. Die Schweizer Autoren scheinen ihren Stil in erster Linie in der Spannung zwischen Dialekt und Standardvarietät zu formen, ohne in letzterer überhaupt schweizerische Spezifika wahrzunehmen. Dies trifft offenbar auch auf Autoren zu, die sich ansonsten sehr differenziert zur sprachlichen Situation der Schweizer Schriftsteller geäußert haben, wie z. B. Max Frisch (vgl. Schenker 1969: 8–19) oder Adolf Muschg (z. B. 1980; 1989). Es ist symptomatisch für das mangelnde Wissen Frischs über das Schweizerhochdeutsche, wenigstens zur Untersuchungszeit, daß er das Wort *verschnaufen* für eine schweizerische Besonderheit hält, das Wort *allfällig* dagegen nicht (Schenker 1969: 13 f.). Jedoch bewegt sich Frischs stilistisches Bemühen eben ohnehin weniger in der Dimension schweizerisch – nicht schweizerisch als in der wesentlich davon verschiedenen Dimension Dialekt – Standardvarietät. Allerdings verwendet Frisch zahlreiche Helvetismen, auf die man in seinen Werken, vermutlich in allen, auf Schritt und Tritt stößt. Entgegen seiner Intention sind also seine Werke durchaus einschlägige Modelltexte einer deutlich ausgeprägten schweizerischen nationalen Varietät der deutschen Sprache. Dies gilt ebenso für Friedrich Dürrenmatt (vgl. Olszański 1987). Ich nehme an, daß dies bei vielen Schweizer Autoren der Fall ist, wenigstens bis zu einem gewissen Grad. Es wäre untersuchenswert, ob es in neuerer Zeit oder womöglich sogar noch heute Schweizer Autoren gibt, die – so wie wohl mehr oder weniger generell in der Zeit vor dem Ersten Weltkrieg – die Verwendung von Helvetismen zu vermeiden suchen oder deren unwillkürliches Vorkommen im eigenen Text mißlich finden (vgl. auch Kap. F.4). Kurt Meyer hält dies durchaus für möglich (mündliche Mitteilung). Jedenfalls scheint es am gezielten Bemühen um eine schweizerhochdeutsche Ausdrucksweise weitgehend zu fehlen. In diesem Bereich der Herausbildung der nationalen Varietät der deutschsprachigen Schweiz in Modelltexten und im Bewußtsein und Bestreben ihrer Verfasser tut sich ein weites Forschungsfeld auf, das bislang kaum in anderer Hinsicht bearbeitet wurde, als um Helvetismen zu sammeln. Vor der Erschließung dieses Feldes bedarf es allerdings auch der Bewußtmachung der nationalen Varianten bei den potentiellen Exploratoren, damit schweizerische Standardvarianten nicht nur als „Dialektspuren im Hochdeutschen" gewertet werden (Böhler 1991 a: 88; vgl. auch Böhler 1991 b).

2 Der Sprachkodex des schweizerischen Standarddeutsch

Der Sprachkodex für das Schweizerhochdeutsche hat gewisse Ähnlichkeiten mit dem Sprachkodex für das österreichische Standarddeutsch. Auch hier liegt auf den ersten Blick die Unterscheidung zwischen Binnen- und Außenkodifizierung nahe, also danach, ob ein Kodexteil im eigenen oder in einem anderen Zentrum entstanden ist, und erweist sich auf den zweiten Blick diese Unterscheidung als nicht so einfach, wie man meinen könnte. Außerdem ist der Binnenkodex für das Schweizerhochdeutsche, ähnlich dem für das österreichische Standarddeutsch, ziemlich schmal und – nach linguistischen Kriterien der Beschreibung eines Sprachsystems – lückenhaft. Schließlich enthält der Binnenkodex, wiederum wie der des österreichischen Standarddeutsch, sogar weniger eigene Sprachbesonderheiten (Helvetismen) als der in Deutschland hergestellte Außenkodex (vgl. Kap. D.4).

Auch im Falle des Schweizerhochdeutschen sind wichtige Bestandteile des Binnenkodexes erst jungen Datums. Ältere Ansätze zu seiner Kodifizierung wurden nicht fortgesetzt (z. B. Stickelberger 1905; [1911]; 1912; 1914) und scheinen teilweise auch Positionen nur des einzelnen Autors statt repräsentativerer Gruppen wiederzugeben (z. B. Rotzler 1949).

Der Binnenkodex für das Schweizerhochdeutsche wird seit langem viel unbefangener als der für das österreichische Standarddeutsch ergänzt durch in Deutschland bzw. in der BRD hergestellte Kodexteile (Außenkodex). Unter ihnen spielen seit je die Dudenbände eine prominente Rolle (vgl. Gubler 1961: 1). Die Schweiz hat schon 1892 die Ausrichtung ihrer Rechtschreibung nach dem *Orthographischen Wörterbuch* Konrad Dudens beschlossen, wenigstens für den amtlichen Schriftverkehr, speziell den der Bundeskanzlei, und hat am 18. Juli 1902 die deutsche Einheitsschreibung übernommen, und zwar beide Male durch Bundesratsbeschluß (Drosdowski 1980: 3).

Der Grad der Vollständigkeit des Binnenkodexes für das Schweizerhochdeutsche kommt wieder am deutlichsten zum Vorschein, wenn er nach Sprachebenen und grammatischen Rängen getrennt dargestellt wird. Ich beschränke mich dabei auf neuere Werke, von denen angenommen werden darf, daß sie noch heute eine gewisse Gültigkeit haben.

Schreibung (Orthographie): Hier gibt es einzelne, im wesentlichen am Rechtschreib-Duden orientierte Veröffentlichungen, deren Bedeutsamkeit als Nachschlagewerke ohne gezielte Untersuchung jedoch nur schwer abschätzbar ist, z. B. die *Merkblätter für Rechtschreibung* von Gubler (1961) oder das *Schweizer Rechtschreibbuch für Schule und Praxis* von Führer (1967). Wegen der breiten Verwendung vor allem in den Schulen sind dagegen die beiden folgenden Wörterbücher zweifellos bedeutsam: *Schweizer Schülerduden 1: Rechtschreibung und Sprachlehre* [1969] (1980) und *Unser Wortschatz. Schweizer Wörterbuch der deutschen Sprache* (Bigler u. a. 1987). Sie beschränken sich nicht auf die Rechtschreibung. Vor allem letzteres ist eine Art Allzweckwörterbuch für Schüler der Sekundarstufe, das Informationen unterschiedlicher Art enthält (vgl. auch Schläp-

fer 1979; 1983); jedoch heißt es in der Auflistung all dessen, was man ihm entnehmen kann: „In erster Linie natürlich, wie man ein Wort *schreibt* (...)" (Bigler
u.a.: XIII. Hervorh. im Original)

Der *Schweizer Schülerduden* steht von seinem Namen her im Verdacht, daß
er nicht auf „eidgenössischem Mist gewachsen" ist. Dieser Verdacht ist auch
nicht ganz unbegründet; jedoch besteht in dieser Hinsicht nur ein gradueller
Unterschied zu *Unser Wortschatz*. Beide Wörterbücher sind zwar von Schweizer
Sprachwissenschaftlern und teilweise auch Sprachdidaktikern bearbeitet und in
Schweizer Verlagen erschienen, aber beiden dienten Schüler-Nachschlagewerke
aus Deutschland als Vorlage. Bei *Unser Wortschatz* war dies das vom Westermann
Verlag, Braunschweig, publizierte gleichnamige Wörterbuch [1977] (1985), beim
Schweizer Schülerduden der im Dudenverlag, Mannheim, erschienene *Schülerduden. Rechtschreibung und Wortkunde* (1978). Beide Schweizer Wörterbücher
bemühen sich – im Gegensatz zu ihren deutschen Vorlagen –, wie es im Vorwort
des *Schweizer Schülerdudens* heißt, „die dem schweizerischen Sprachgebrauch
eigenen Wörter oder Wortformen und -bedeutungen auf[zuführen]". – Ein Problem bei der Erarbeitung des *Schweizer Schülerdudens* war, daß – vermutlich um
einen neuen Umbruch zu ersparen – nur so viele Wörter getilgt werden durften
wie neue (Helvetismen) hinzukamen, wodurch unweigerlich zahlreiche ausgesprochen unschweizerische Teutonismen erhalten blieben (Mitteilung Kurt Meyer).
Dieser Umstand war ein maßgebliches Motiv für die Entstehung des konkurrierenden und heute erfolgreicheren Wörterbuchs *Unser Wortschatz*. Ähnlich wie
beim *Österreichischen Schülerduden* scheint hier also der Dudenverlag seine
Sparsamkeit zum eigenen Schaden überzogen zu haben (vgl. Kap. B.1, B.2).

Amtlichen Status für die ganze deutschsprachige Schweiz von der Art, wie
ihn in Österreich das *Österreichische Wörterbuch* oder in Deutschland der
Rechtschreib-Duden genießen (vgl. Kap. B.2 und D.2), hat meines Wissens keines
der beiden Schweizer Wörterbücher. Ob ein solcher Status für die Schulen einzelner Kantone besteht, muß hier offen bleiben; die Bearbeiter (Kurt Meyer bzw.
Robert Schläpfer) wußten davon jedenfalls nichts. Der *Schweizer Schülerduden*
war übrigens im Jahre 1993 nicht mehr lieferbar, weil sein Verlag (Büchler,
Wabern) auf zwei andere Verlage aufgeteilt worden war. Das Schulprogramm
war an die Verlage Benteli und Werd übergegangen (Hinweis Hellmut Thomke);
ob der *Schweizer Schülerduden* unter diesen Umständen zukünftig weiterhin
erscheint, war zum Zeitpunkt der Abfassung dieses Textes unklar.

In bezug auf die Schulen bleibt noch zu ergänzen, daß es auch für die
Grundschulen oder die Volksschulen Wörterbücher gibt, die auf die Schweiz
zugeschnitten sind. Sie dienen ebenfalls der Rechtschreibschulung, allerdings
nicht nur ihr. Beispiele sind das *Wörterbüchlein für die 4.–6. Klasse* (Angst/
Eichenberger 1964), Büchlers *Rechtschreibbüchlein für Schweizer Schulen* (Führer [1913] 1968) oder das *Schweizer Wörterbuch für Primarschulen* (Reichert
u.a. 1987). Letzteres geht ebenfalls auf eine Vorlage aus Deutschland zurück,
nämlich das *Wörterbuch für die Grundschule* (Braunschweig: Westermann
1976). (Hinweise von Erika Werlen)

Neben diesen schulbezogenen Binnenkodexteilen dient der in Deutschland
hergestellte Rechtschreib-Duden (neueste Aufl. 1991) in der deutschsprachigen
Schweiz uneingeschränkt als orthographisches Nachschlagewerk. Widerstand
von der in Österreich zu beobachtenden Art (vgl. Kap. B.1 und B.2) gibt es gegen
den *Duden* nicht. Die Schweizer Schülerwörterbücher gelten allgemein als un-

zureichender Ersatz für den *Duden*. Schon in den höheren Schulklassen und Schulformen und erst recht in der Erwachsenenwelt tritt er unangefochten an ihre Stelle. Der Rechtschreib-Duden enthält nicht nur eine viel größere Zahl von Lemmata, sondern auch mehr Helvetismen als die beiden Schweizer Schülerwörterbücher. Eine Auszählung nur der Buchstaben A, E, I, N, R, V, Z ergab im Rechtschreib-Duden jeweils eine Anzahl von 174 Helvetismen, die im *Schweizer Schülerduden 1* (1980) und in *Unser Wortschatz* (Bigler u. a. 1987) fehlten; nur jeweils 156 waren gleichermaßen enthalten. Erstaunlicherweise war die Zahlendifferenz zwischen Rechtschreib-Duden und den beiden Schweizer Wörterbüchern jeweils gleich groß, allerdings fehlten in beiden Fällen nicht genau dieselben Wörter (vgl. auch Kap. D.4).

Lautung (Orthophonie): Wie der Rechtschreib-Duden in der Orthographie, so gelten auch die in Deutschland bzw. genauer: in der BRD, entstandenen Aussprache-Wörterbücher *Siebs* [1898] (1969) und der Aussprache-Duden [1962] (1990) für die Orthophonie der deutschsprachigen Schweiz. Ob auch das in der DDR entstandene *Große Wörterbuch der deutschen Aussprache* (1982) gilt, muß hier offen bleiben; verwendet wird es praktisch nicht. Die starke Orientierung der Schweiz am *Siebs* in der Zeit, als es noch kein Duden-Aussprachewörterbuch gab, verrät das Titelblatt eines Schweizer Binnen-Aussprachekodexes, nämlich: *Die Aussprache des Hochdeutschen in der Schweiz. Eine Wegleitung* (Boesch 1957a). Der Zusatz zum Titel lautet nämlich: „Im Auftrage der Schweizerischen Siebs-Kommission". In gewissem Sinne ist der Band die Schweizer Entsprechung zum *Österreichischen Beiblatt* zum *Siebs* [1956] (1961) (vgl. Kap. B.2), hat jedoch den weit größeren Umfang von immerhin 46 Seiten.

Die Schweizerische Siebs-Kommission hatte schon 1953 Vorschläge für einen Anhang zur Neuauflage des *Siebs* unterbreitet, die jedoch von dessen deutschen Bearbeitern als zu weitgehend abgelehnt wurden (Hove 1993: 28; Vögeli 1958: 103f.). Ein Jahr später nahm dann auf Initiative der Direktoren der Radiostudios des Landessenders Beromünster die gleichnamige Kommission, der praktisch und wissenschaftlich interessierte Repräsentanten verschiedener Institutionen angehörten, die Aufgabe in Angriff, „abzuklären, wieweit die Aussprache-Regeln des *Siebs* auch für die deutsche Schweiz Geltung hätten, oder welche Abweichungen von diesen zu fordern seien." (Boesch 1957a: 6)

Die dabei erarbeiteten schweizerischen Aussprachebesonderheiten wurden später weitgehend auch in den *Siebs* selber aufgenommen, und zwar – wie die Aussprache-Austriazismen – als Bestandteil der „gemäßigten Hochlautung" (vgl. zur Begriffserläuterung *Siebs* 1969: 1–8; auch Kap. D.3.3 des vorliegenden Buches). Die Einbeziehung in den *Siebs* dürfte – neben anderen Gründen – dazu beigetragen haben, daß die Wegleitung später verhältnismäßig wenig Beachtung fand. Ähnlich erging es übrigens der gleichzeitig erschienenen, inhaltlich weitgehend übereinstimmenden, aber spezielleren Ausspracheanleitung von Emil Frank (1957). Abgesehen von der Aussprache der Ortsnamen (Boesch 1957a: 35–39) war die *Wegleitung* nun ja praktisch im *Siebs* enthalten, der darüber hinaus aber noch weit mehr Informationen enthielt. Mit eben diesem Argument wiesen die Verantwortlichen von Radio und Fernsehen DRS (Radio der deutschen und rätoromanischen Schweiz) auch eine Neuauflage der *Wegleitung* zurück, die ihnen Bruno Boesch um 1980 im Manuskript vorlegte: Im *Siebs* von 1969 seien die Besonderheiten des Schweizerhochdeutschen inzwischen hinreichend berücksichtigt (Schwarzenbach 1986: 102).

Übrigens enthält diese Neuauflage, die Boesch zusammen mit Robert Schläpfer und Paul Zinsli erarbeitete, außer Verweisen auf neuere Literatur (vor allem *Siebs* 1969) kaum Veränderungen (dankenswerte Überlassung des Manuskripts durch Robert Schläpfer). Die *Wegleitung,* auch die erste Auflage, blieb insgesamt praktisch wirkungslos, sofern sie nicht in die gemäßigte Hochlautung des *Siebs* eingeflossen ist. Symptomatisch für ihre Wirkungslosigkeit in den Rundfunk- und Fernsehanstalten ist die Bewertung durch den Sprechdienstleiter von Radio DRS Studio Zürich, Hans Lang, in einem Rundschreiben an die übrigen DRS-Studios vom 22. Februar 1983, wo er die *Wegleitung* ablehnt, „weil dieses Schriftchen wegen seiner grossen didaktischen Mängel zur Bildung von konfusen Sprecherscheinungen führt und letztlich sprecherischen Dilletantismen in beliebigem Formenwirrwarr den Weg ebnen würde, eine Befürchtung, die auch die Nachrichtensprecher (…) haben laut werden lassen." Zwar erscheint dieses Urteil allzu negativ; es ist jedoch ein deutliches Indiz dafür, daß man die *Wegleitung* in den Radiostudios wenig befolgt hat, obgleich ursprünglich gerade von ihnen die Initiative zu ihrer Erarbeitung ausgegangen war.

An spezielleren Kodifizierungen gibt es noch das Buch *Sprecherziehung* von Hans-Martin Hüppi (1970), das – außer dem Verzicht auf die Stimmhaftigkeit der Lenisplosive b, d, g – inhaltlich weitgehend mit der „reinen Hochlautung" des *Siebs* (1969) übereinstimmt. Speziell auf die Mediensprecher zielt das Buch von Fritz Schäuffele (1970) *Deutsch, dütsch und andere schwere Sprachen,* das in wesentlichen Punkten eine vermittelnde Stellung zwischen der „reinen Hochlautung" des Siebs und den Ausspracheempfehlungen in Boesch (1957 a) einnimmt, vor allem bei der Vokalkürze- oder -länge, der Aussprache von <st> im Wortanlaut von Fremdwörtern und der [f]- oder [v]-Aussprache des <v> in Fremdwörtern (vgl. S. 19-25). Verbindlich für Radio DRS (Radio der deutschen und rätoromanischen Schweiz) und damit vermutlich auch in den sonstigen Sprechmedien der deutschsprachigen Schweiz ist die Broschüre von Ruth M. Burri u. a. (1993) *Deutsch sprechen am Radio,* in der die notorischen Aussprachprobleme von Schweizer Sprecherinnen und Sprechern konzise und leicht verständlich erfaßt sind. Diese Broschüre wurde von Sprechausbildern von Radio DRS als Grundlage ihrer zukünftigen Tätigkeit erarbeitet. Sie löst zum Teil interne, nichtveröffentlichte Anleitungen ab, zum Teil auch den *Grundkurs Sprechausbildung* (Brüngger 1984).

Schließlich ist als neueste Binnenkodifizierung die umfassende *Standardaussprache des Deutschen in der Schweiz* von Agnes Hofmüller-Schenk (1995) zu nennen, die zwei Bände umfaßt, einen Beschreibungs- und einen Übungsband. Sie stellt alles bisher zur Aussprache des Standarddeutschen in der Schweiz Erschienene in den Schatten. Die Autorin ist Sprecherzieherin an der Universität Basel, und ihr Werk spielt voraussichtlich in Zukunft in der Sprecherziehung an den Schweizer Hochschulen eine bedeutsame Rolle. – Im Unterschied zu diesem praxisbezogenen Werk ist die früher erschienene, ebenfalls recht detaillierte Darstellung von Paola Panizzolo (1982) von rein wissenschaftlichem Interesse. Es sei auch noch erwähnt, daß der *Schweizer Schülerduden 1* (1980: v.a. 260–264) ebenfalls einige Hinweise auf die „Regeln zur richtigen Aussprache" in der Schweiz enthält, die im Schulunterricht eine gewisse Beachtung finden dürften. Vielleicht sollte abschließend noch darauf hingewiesen werden, daß der Aussprache-Duden (1990) als Außenkodex heute vielfach, vor allem an den Theatern, eine wichtigere Rolle spielt als der *Siebs* (1969), der bisweilen als veraltet gilt, obwohl der Aussprache-Duden im Gegensatz zum *Siebs* keine nationalen Aussprachevarianten ausweist.

Wortschatz (Ortholexik): Das Wörterbuch *Unser Wortschatz* (Bigler u. a. 1987) liefert, ebenso wie der *Schweizer Schülerduden 1* [1969] (1980), nur sporadische Bedeutungshinweise, nämlich nur zu Wörtern, die nicht als allgemein bekannt gelten. Anders ist dies dagegen beim *Schweizer Schülerduden 2* (1980) *Bedeutung und Gebrauch der Wörter*, der detailliertere Bedeutungsangaben macht. Allerdings ist die Zahl der Lemmata auch in diesem Wörterbuch recht begrenzt. Für gehobenere sprachliche Ansprüche ist die Bevölkerung der Schweiz, ähnlich derjenigen Österreichs, auf die in Deutschland hergestellten großen Wörterbücher angewiesen, die auch zahlreiche Helvetismen enthalten. Am wichtigsten sind *Duden. Das große Wörterbuch der deutschen Sprache* [1976–81] (1993–95) und *Brockhaus[-]Wahrig. Deutsches Wörterbuch* (1980–84).

Die Helvetismensammlung von Kaiser (1969/70) dürfte kaum je wirklich als Nachschlagewerk für den Sprachgebrauch oder Sprachunterricht gedient haben. Auch das Buch von Kurt Meyer (1989) *Wie sagt man in der Schweiz?* enthält nur Helvetismen als Lemmata. Zwar ist es wie das Buch Kaisers eine Außenkodifizierung bezüglich des Verlags (Dudenverlag, Mannheim), im Gegensatz dazu aber nicht bezüglich des Verfassers. Als Nachschlagewerk dient es vermutlich weniger innerhalb als außerhalb der Schweiz; jedenfalls zielt es mehr ab auf Nichtschweizer, die sich über das Schweizerhochdeutsche informieren wollen, als auf die Schweizer selber.

Grammatik (Orthogrammatik): Das Wörterbuch *Unser Wortschatz* (Bigler u. a. 1987) enthält auch einen Abschnitt über die Grammatik der Wortarten (S. 269–280). Ein entsprechender Abschnitt findet sich auch im *Schweizer Schülerduden 1* (1980: 235–258), der darüber hinaus einige elementare Hinweise auf die Struktur des Satzes, vor allem die Satzglieder und ihre Stellung enthält (S. 226–234). Eine ausführlichere Darstellung der Besonderheiten von Grammatik und auch Wortbildung des Schweizerhochdeutschen ist dem Helvetismen-Wörterbuch *Wie sagt man in der Schweiz?* vorangestellt (Meyer 1989: 37–61). Eine Grammatik des Schweizerhochdeutschen in monographischer Form gibt es jedoch nicht. Für knifflige Fragen sind die Schweizer auf eine in Deutschland hergestellte Grammatik angewiesen. Zum Nachschlagen in sprachlichen „Zweifelsfällen" dient dabei am häufigsten die *Duden. Grammatik* (neueste Aufl. 1984).

Zwar gibt es durchaus auch Schweizer Kodexteile zu Spezialfragen, z. B. das Wörterbuch zu sinnverwandten Ausdrücken von Peltzer/von Normann (1993) oder die Anleitung für die kaufmännische Ausbildung von Winkler (1988). Außerdem liegen Kodexteile vor, die hauptsächlich auf spezielle Anwender, wie z. B. die Zeitungen, abzielen (*Sprachlich-technisches Vademecum der „Neuen Zürcher Zeitung"* 1990; Heuer 1970; 1972). Für die meisten Spezialfragen, insbesondere zu den Fachwortschätzen, müssen die deutschsprachigen Schweizer jedoch mangels Binnenkodifizierung auf in Deutschland hergestellte Kodexteile zurückgreifen.

3 Die Helvetismen in linguistischer Sicht

3.1 Vorbemerkung zur Definition, Typologie und Darstellung

Aufgrund des anderen Stands der Kodifizierung lassen sich die Helvetismen nicht einfach analog zu den Austriazismen definieren. Im Gegensatz zu den Austriazismen ist es bei den Helvetismen so, daß zwar der Rechtschreib-Duden in der Schweiz offizielle Geltung hat, jedoch keiner der verschiedenen Teile des Schweizer Binnenkodexes. Insbesondere liegt für die Schweiz kein eigenes amtliches Wörterbuch vor. Dennoch haben die verschiedenen Teile des Schweizer Binnenkodexes faktische Geltung, ohne daß in den meisten Fällen klar wäre, in welchen Domänen und bis zu welchem Grade. Ähnlich gelten außerdem weitere Teile des Sprachkodexes Deutschlands faktisch, also nicht wie der Rechtschreib-Duden von Amts wegen. Aufgrund dieser Umstände lassen sich schon gewisse Unsicherheiten einer Definition der Helvetismen abschätzen, unter denen auch unser Definitionsversuch leidet.

Als Helvetismen gelten für die anschließende Darstellung diejenigen Sprachformen, die eine der folgenden Bedingungen (1) bis (5) erfüllen.

(1) Die Sprachform findet sich im Rechtschreib-Duden (1991) und ist dort mit dem Merkmal „schweiz." gekennzeichnet oder mit „schweiz." in Verbindung mit anderer nationaler oder regionaler Geltung (z.B. „österr." – unspezifischer Helvetismus!). Die betreffende Sprachform darf aber nicht zugleich in bezug auf die Schweiz als Nonstandard markiert sein.

Letzterer Zusatz bedeutet, daß keine der folgenden Markierungen vorliegen darf: „alltagsspr." (alltagssprachlich), „fam." (familiär), „Jugendspr." (Jugendsprache), „Kinderspr." (Kindersprache), „landsch." (landschaftlich), „mdal." (mundartlich), „scherzh." (scherzhaft), „Schülerspr." (Schülersprache), „stud." (studentisch), „Studentenspr." (Studentensprache), „ugs." (umgangssprachlich).

Helvetismen, welche die Bedingung (1) erfüllen, sind in der nachfolgenden Darstellung nicht speziell gekennzeichnet.

Kenntlich gemacht durch die Form der Darstellung sind allerdings diejenigen Sprachformen, die im Rechtschreib-Duden nicht nur mit „schweiz.", sondern zusätzlich noch mit einer anderen Nation oder nichtschweizerischen Region markiert sind. Bei ihnen handelt es sich um unspezifische Helvetismus (vgl. Kap. A.5: (6)).

(2) Die Sprachform erfüllt nicht Bedingung (1), ist aber Lemma in Bigler u.a. (1987) oder im *Schweizer Schülerduden 1* oder *2* (1980; 1976), und sie ist dort (a) weder als Nonstandard noch (b) als fremdnational (einer anderen als der nationalen Varietät der Schweiz zugehörig) markiert. (c) Sie darf jedoch nicht zudem als national unmarkiertes und standardsprachliches Lemma vorkommen in *Duden. Das große Wörterbuch der deutschen Sprache* (1976-81) oder als Bestandteil der „reinen Hochlautung" im *Siebs* (1969) oder als Bestandteil der „Standardlautung" im Aussprache-Duden (1990).

(d) Eine Sondergruppe bilden diejenigen Sprachformen, die Bedingungen (a) bis (c) erfüllen und darüber hinaus im *Österreichischen Wörterbuch* (1990) sowohl als standardsprachlich als auch national und regional unmarkiert auftreten.

Die Gültigkeit dieser Sprachformen als Bestandteil des Schweizerhochdeutschen ist wegen der fehlenden Amtlichkeit der zugrundegelegten Kodexteile vermutlich zweifelhafter als die der durch Bedingung (1) festgelegten Fälle. Dennoch bleiben Sprachformen, die entweder aufgrund von Bigler u.a. (1987) oder der Schweizer Schülerduden-Bände (1980; 1976) als Bestandteil des Schweizerhochdeutschen ausgewiesen sind, in der nachfolgenden Darstellung unmarkiert.

(a) bedeutet, daß die Sprachform nicht als „mundartlich", „umgangsspr." (umgangssprachlich), „scherzh." (scherzhaft) und (b), daß sie nicht als „binnendt." (binnendeutsch) markiert sein darf.

Bedingungen (2) (a) und (b) definieren nur die Zugehörigkeit von Sprachformen zum Schweizerhochdeutschen. (c) sorgt dann für die Einschränkung auf Helvetismen, zumindest auf unspezifische Helvetismen. Daß die Sprachform nicht als standardsprachlich vorkommen darf, heißt bei (c), daß sie – falls sie in der angegebenen Quelle erscheint – eine der in der Erläuterung zu (1) aufgelisteten Nonstandard-Markierungen tragen muß (oder auch „mundartl.", „schülerspr.", „Ugs."). Die ausschließende Bedingung (2) (c) ist absichtlich recht umfassend konzipiert, indem das große Duden-Wörterbuch zugrunde gelegt wird (vgl. Kap. B.3.1: (1c)).

Wenn die Sprachform Bedingung (d) erfüllt, so handelt es sich um einen unspezifischen Helvetismus, der nachfolgend – wie schon gesagt – durch die Form der Darstellung erkennbar ist.

(3) Die Sprachform erfüllt nicht Bedingungen (1) und (2), ist aber Lemma in Meyer (1989) oder ist, sofern es sich um einen Phraseologismus handelt, in *Duden. Redewendungen* (1992) als „schweiz." (schweizerisch) markiert oder als „schweiz." in Verbindung mit einer weiteren nationalen oder regionalen Markierung. Dabei darf die Sprachform wiederum nicht in bezug auf die Schweiz als Nonstandard markiert sein (vgl. Erläuterung zu (1)).

Die Gültigkeit dieser Sprachformen als Bestandteil des Schweizerhochdeutschen erscheint wiederum zweifelhafter als die der durch Bedingung (1) festgelegten Fälle. Da sie nicht-amtlichen Teilen des Außen- statt des Binnenkodexes entnommen sind, mag ihre Gültigkeit zudem niedriger zu veranschlagen sein als die der aufgrund von (2) definierten Fälle. Allerdings scheint Meyer (1989) in der Schweiz als Helvetismenquelle beträchtliches Gewicht zu haben.

Offenkundig ließe sich Bedingung (3) ausweiten auf andere Dudenbände oder andere Teile des Sprachkodexes Deutschlands (vgl. Kap. D.2), die vielleicht zum Teil weitere als ‚schweizerisch' markierte Sprachformen enthalten. Eine solche Ausweitung muß jedoch anderen Untersuchungen vorbehalten bleiben; im Rahmen der vorliegenden Untersuchung war sie vom Arbeitsaufwand her nicht zu bewältigen.

Helvetismen, die Bedingung (3) erfüllen, sind in der nachfolgenden Darstellung versehen mit der Markierung „Meyer 1989" bzw. *„Duden. Redewendungen"*.

(4) Die Sprachform erfüllt keine der Bedingungen (1) bis (3), erscheint aber in Boesch (1957a), Burri u.a. (1993) oder Hofmüller-Schenck (1995) als schweize-

rische Besonderheit, oder sie erscheint im *Siebs* (1969), und zwar entweder im Textteil (S. 1–160) als ‚schweizerischer' Bestandteil der „gemäßigten Hochlautung" oder im Wörterbuchteil (S. 163–494) mit der Markierung „schwz.", was sie ebenfalls der „gemäßigten Hochlautung" zuordnet. Einschränkend ist hinzuzufügen, daß die Form aber nicht unmarkiert im Aussprache-Duden (1990) auftreten darf, womit sie als gemeindeutsch ausgewiesen wäre.

Diese Bedingung betrifft nur Aussprache-Helvetismen. Die Gültigkeit der nach (4) bestimmten Helvetismen als Bestandteil des Schweizerhochdeutschen ist wiederum zweifelhafter als die der durch Bedingung (1) festgelegten Fälle. Sie könnte aufgrund der hier gewählten Reihenfolge zudem zweifelhafter scheinen als die der durch Bedingung (2) oder sogar (3) definierten Formen, jedoch gibt es dafür, soweit ich sehe, keine triftigen Gründe. Zweifelhafter wäre allenfalls die Gültigkeit von Fällen, die nur durch einen der genannten Kodexteile als schweizerhochdeutsch ausgewiesen sind; sie kommen aber kaum vor. Vor allem enthält Burri u.a. (1993) keine Varianten, die nicht auch in anderen Kodexteilen belegt sind. Die Geltung dieser Varianten als Schweizerhochdeutsch steht daher außer Frage, und für Radio DRS (Radio der deutschen und der rätoromanischen Schweiz) ist sie ohnehin verfügt. Hinzu kommt, daß mir Hofmüller-Schenck (1995) nur als Kopie einer Druckvorlage mit zahlreichen handschriftlichen Korrekturen vorlag (freundliche Zurverfügungstellung durch Robert Schläpfer) und damit nicht unbedingt in der in jedem Detail endgültigen Fassung. Wegen dieser Unsicherheit wurde dieser Text nicht in allen Einzelheiten ausgewertet.

(5) Die Sprachform ist aufgrund einer anderen Quelle als den unter (1) bis (4) genannten als Helvetismus identifizierbar.

Dabei kann nicht ausgeschlossen werden, daß die betreffende Form zusätzlich auch in solchen Kodexteilen des Deutschen als ‚schweizerisch' erscheint, die im Rahmen der vorliegenden Untersuchung nicht ausgewertet wurden, in anderen also als den in (1) bis (4) genannten (vgl Kommentar zu (3)). Entnommen ist die betreffende Sprachform jedoch jeweils einer Quelle, die gewöhnlich auch bei einem weiten Begriff von ‚Sprachkodex' nicht als Teil eines solchen betrachtet wird (z.B. Zeitungen (Modelltext) oder wissenschaftliche Abhandlung (Urteil von Sprachexperten; vgl. Kap. A.4.2)). Es handelt sich also um einen Bestandteil des nichtkodifizierten Standards, dessen Zugehörigkeit zum Schweizerhochdeutschen besonders zweifelhaft erscheint. Die betreffenden Fälle sind nachfolgend jeweils entweder mit Quellenangabe versehen oder als „Gebrauchsstandard" markiert.

In der nachfolgenden Darstellung sind die verschiedenen Typen nationaler Varianten identifizierbar (vgl. Kap. A.5 und B.3.1). Die Unterscheidung zwischen *nationalen Varianten nur nach Geltung* und solchen *auch nach Bekanntheit* (vgl. Kap. A.5: (2)) war jedoch bei den Helvetismen ebenso unergiebig bzw. undurchführbar wie bei den Austriazismen. Helvetismen sind allem Anschein nach außerhalb ihres eigenen nationalen Zentrums wenig bekannt, abgesehen von einzelnen Ausnahmen. Indizien für diese geringe Bekanntheit sind punktuelle Beobachtungen, z.B. die in Kapitel F.1 berichtete Untersuchung, oder die Tatsache, daß der Dudenverlag eigens eine Darstellung der Helvetismen für Nicht-Schweizer herausgebracht hat (Meyer 1989). Ansonsten sind hier die Helvetismen ganz analog den Austriazismen typologisch differenziert, und auch ihre Darstellung entspricht derjenigen der Austriazismen (vgl. Kap. B.3.2–B.3.7).

3.2 Schreibung (Orthographie)

In der Schweiz ist im Gegensatz zu Deutschland und Österreich der Buchstabe ß ungebräuchlich geworden. Wolfgang Mentrup (Brief vom 3. 3. 1989) nimmt an, daß das Fehlen des <ß> auf praktisch allen Schreibmaschinen den Anstoß zur Ersetzung durch <ss> gegeben hat. Die schweizerischen Schreibmaschinen verzichten mit Rücksicht auf die französischsprachigen Landesteile auf die Buchstaben <ß>, <Ä>, <Ö>, <Ü> zugunsten von <à>, <é>, <è> und <ç>. Allerdings stand das <ß> in der Schweiz wohl auch ansonsten auf schwächeren Füßen. So wird dort auch die Frakturschrift, aus der das <ß> stammt (Ligatur von <ſ> (langes s) und <ʒ> (z)), früher aufgegeben als in Deutschland. Der Erziehungsrat des Kantons Zürich übernimmt dann 1935 eine Vorreiterrolle, indem er die Abschaffung des <ß> für die Schulen seines Zuständigkeitsbereichs beschließt. Manche anderen Institutionen oder Domänen folgen jedoch weit später, z.B. die *Neue Zürcher Zeitung* erst im November 1974 (briefliche Mitteilung Kurt Meyers 25. 8. 1993; vgl. auch Heuer 1972: 209; Meyer 1989: 36, Anm. 68 und 69). Ein im Verlag dieser Zeitung erschienenes Buch über „Richtiges Deutsch" enthält noch zu Anfang der 70er Jahre keinerlei Hinweis auf die Ersetzung des <ß> durch <ss> (Heuer 1970: 150, 153).

Die Buchstabenkombination <ss> nach Langvokal und am Wortende bildet spezifische Rechtschreibhelvetismen, deren Anzahl allerdings bei Verwirklichung der neuesten Rechtschreibreform eingeschränkt wird, der zufolge <ß> nach Kurzvokal allgemein durch <ss> ersetzt werden soll (*Duden. Informationen* 1994: 21).

Wortbeispiele (zukünftig vermutlich wegfallende in Klammern): Füsse, Grösse, (Genuss), (Hass), (muss) usw.

Im Zusammenhang mit dem Verzicht auf das <ß> gibt es auch eine Besonderheit bei der Worttrennung. Sie erfolgt stets, also auch nach Langvokal (offener Silbe) durch Trennung des <ss>, also Stras-se, reis-sen usw. Dt./österr. wird dagegen nach Langvokal hinter dem Vokal getrennt, also Stra-sse, rei-ssen usw. – in Fällen, in denen kein <ß> gebildet werden kann, z.B. aufgrund einer entsprechenden Schreibmaschine (Meyer 1989: 37; Rechtschreib-Duden 1991: Regel 179).

In manchen Wörtern entspricht die besondere Orthographie einer besonderen Aussprache: Bretzel (Gebrauchsstandard)/Brezel (Kurzvokal) (dt./österr. Brezel), Müesli (Diphthong [ʏə]) (= vorarlb., dt./österr. Müsli), Zürcher, zürcherisch (ohne [ɪ]) (dt./österr. Züricher, züricherisch).

In einer Reihe von Lehnwörtern aus dem Französischen und in Einzelfällen aus dem Englischen gilt aufgrund der an die Herkunftssprache angelehnten Aussprache noch die ursprüngliche Schreibweise (nach Meyer 1989: 33–35): Apéritif (dt./österr. Aperitif), Bohème (dt./österr. Boheme), coupieren (dt./österr. kupieren), Crawl (= dt., dt./österr. Kraul), crawlen (dt./österr. kraulen), Crème (dt./österr. Creme), Début (dt./österr. Debüt), Enquête (dt./österr. Enquete), Matinée (dt./österr. Matinee), Nécessaire (dt./österr. Necessaire), Négligé (dt./österr. Negligé), Pédicure (dt./österr. Pedikure), Plastic (dt./österr. Plastik), Réception/Reception (dt./österr. Rezeption), Première (dt./österr. Premiere), Réchaud (dt./österr. Rechaud), Résumé (dt./österr. Resümee, österr. Resumé), Tournée (dt./österr. Tournee), Variété (dt./österr. Varieté). Sonderfall: Defaitismus (= österr., dt./österr. Defätismus).

Die bei Meyer (1989: 33, 35) ebenfalls als Helvetismen angeführten Varianten Boskoop (Apfelsorte), Cabriolet, Check, chick, Cognac, Corso (aus dem Italienischen), Handicap, Vandale (aus dem Lateinischen) u. a. sind dagegen gemeindeutsch; jedoch sind ihre Eindeutschungen Boskop, Kabriolet, Scheck, schick, Kognak, Korso, Handikap, Wandale usw. unspezifische Teutonismen und unspezifische Austriazismen.

In einigen Wörtern weist die Getrennt-/Zusammenschreibung oder die Groß-/Kleinschreibung Besonderheiten auf:

Zusammenschreibung

Bei Bestimmungswörtern, die eine geographische Zuordnung treffen (dt./österr. getrennt) (Meyer 1989: 58 f.): Amerikanerwagen, Schweizergrenze, Schweizerkind, Schweizerhochdeutsch usw., Walliserdeutsch, Zürcherart, Zürcherdialekt und andere.

Einzelfälle: zurzeit/zur Zeit (= österr., dt. zur Zeit).

a./alt vor Amtsbezeichnung, z. B. a. Bundesrat/alt Bundesrat (dt./österr. Alt-, z. B. Altbundesrat), punkt (ein Uhr) (= österr., dt./österr. Punkt (...)).

3.3 Lautung (Orthophonie)

Die wichtigsten Kodexteile zur Aussprache des Schweizerhochdeutschen sind Boesch (1957 a), *Siebs* (1969), Meyer (1989: 25–36), Burri u. a. (1993) und Hofmüller-Schenck (1995). Meyer stimmt weitgehend überein mit Boesch, aber auch mit *Siebs*. Diese Kodexteile beziehen sich auf alle Sprechdomänen des Schweizerhochdeutschen. Dagegen bezieht sich Burri u. a. speziell auf den Rundfunk (Radio und Fernsehen); streng gültig ist es für Radio DRS. Bei Burri u. a. (1993) und weitgehend ebenso bei Hofmüller-Schenk (1995) sind die schweizerhochdeutschen Aussprachebesonderheiten gegenüber Meyer, Boesch und *Siebs* deutlich reduziert; hauptsächliche Orientierungsgrundlage ist in beiden Fällen der Aussprache-Duden (1990), von dem jedoch zugunsten einiger Aussprache-Helvetismen abgewichen wird. Die nachfolgende Darstellung gibt einerseits die ausgeprägter schweizerische Version von Meyer, Boesch und *Siebs* wieder, die hier nicht im einzelnen unterschieden werden (Belegangabe zumeist nach Meyer), und informiert andererseits mit Klammerzusätzen über die Regelungen bei Burri u. a. sowie Hofmüller-Schenck. Hierfür genügt es, auf die Übereinstimmungen mit beiden Kodexteilen hinzuweisen (durch den Klammerzusatz „= Burri" bzw. „= Hofmüller-Schenck". Wo Burri u. a. und Hofmüller-Schenck übereinstimmen, wird nur auf Burri hingewiesen.). Varianten, die im folgenden nicht durch diesen Zusatz markiert sind, werden von diesen beiden weniger ausgeprägt schweizerischen Kodexteilen nicht akzeptiert, sondern stattdessen die gemeindeutschen Varianten des Aussprache-Dudens. Naheliegenderweise müssen zahlreiche Details der ausführlichen Arbeit von Hofmüller-Schenck (1995), z. B. Hinweise auf Feinheiten der vokalischen Klangfarbe, in der folgenden auf einige Beispiele beschränkten Kurzdarstellung unerwähnt bleiben. – Wichtige weitere Hinweise zur schweizerhochdeutschen Aussprache finden sich außerdem bei Moulton (1962), Panizzolo (1982), Iivonen (1983; 1984), Mangold (1989) und Hove (1993).

Vokale

Gebrauchsstandard ist, daß Kurzvokale auch geschlossen gesprochen werden, also [i], [y], [u] (dt./österr.[ɪ], [ʏ], [ʊ]).

Die folgenden Varianten sind kodifiziert.

Aussprache von <y> als [ɪ] bzw. [iː] in einigen (nicht allen!) Lehnwörtern (Meyer 1989: 27f.; = Burri 1993: 25) (dt./österr. [ʏ] bzw. [yː]): Ägypten (österr. [ɪ]/[ʏ]), Asyl, Forsythie (= österr.), Gymnasium, Gymnastik, Libyen (= österr.), Physik, Pyramide (= österr.), System (österr. [ɪ]/[ʏ]), Zylinder. Auch in Eigennamen wie Lydia, Schwyz, Wyl.

Aussprache von <u> als [œ] in manchen Lehnwörtern aus dem Englischen (Hofmüller-Schenck, Bd. 1, 1995: 50): Cup, Lunch, lunchen.

[ɛ̃ː] (Hofmüller-Schenck, Bd. 1, 1995: 55) (dt./österr. [in]): Ingenieur, ingeniös; [ɛ̃] (dt./österr. [in]): Pincette.

Wegfall des Schwas am Ende von Fremdwörtern aus dem Französischen, vor allem bei den Suffixen -<age> und -<euse>: Drainage, Garage, Meringue, Nuance (= österr., dt. [ə]), Chauffeuse, Coiffeuse (beide auch mit [ə], Meyer 1989: 34), Pédicure.

Mit Schwa am Ende: Clique (= dt., österr. ohne Schwa), Creme (dt./ österr. ohne Schwa), Enquête (dt./österr. ohne Schwa) (Meyer 1989: 34).

In allen Familiennamen mit <ue> und <üe> und in manchen mit <ie> wird entsprechend der Orthographie ein aus dem Dialekt stammender fallender Diphthong gesprochen (= Burri 1993: 36).

[uə] (= süddt./westösterr. (Hornung 1988: 58), dt. [uː], österr. [u|e]): Fueter, Hueber, Ueli.

[yə] (= süddt., dt./österr. [yː]): Büeler, Grüebler.

[iə] (dt./österr. [iː]): Diem, Dieth, Lienert – nicht z.B. in Schmied, Wiedmer.

Kürze des betonten Vokals (oft neben Länge) (dt./österr. Länge): düster, knutschen.

(= österr., dt. Länge): Die Elemente -<it>, -<ik>, -<iz>, -<atik>, -<atisch> in Lehnwörtern: Appetit, Aurikel, Fabrik, Liter, Miliz, Thematik, dramatisch, Profit und andere.

Einzelwörter (betrifft bei mehrsilbigen Wörtern jeweils die betonte Silbe): Barsch, Beschwerde, Erde, erden, Geburt, hapern, Harz, hätscheln, Herd, Jagd, Kartätsche, Krebs, Magd, Mond, Montag, Nische, Nüstern, Obst, Städte, städtisch, tätscheln, Viper, Vogt, watscheln, werden, Wucher (Boesch 1957a: 20).

Länge des betonten Vokals (dt./österr. Kürze): Amboß (zweite Silbe), Andacht (erste Silbe), brachte, dachte, Gedächtnis, Lorbeer (erste Silbe), Nachbar (erste Silbe), Rache, rächen, Viertel, vierzig, Vorteil (Meyer 1989: 26).

In der Wortfuge darf der Vokaleinsatz in manchen Wörtern entfallen (= österr. Gebrauchsstandard, dt./österr. [|]), z.B. in beobachten, erinnern, Verein, vollenden.

Konsonanten

Lenisfrikative und -plosive werden – wie österr. (Ausnahme [ʒ]!) – stimmlos gesprochen, also [z̥], [ʒ̊], [b̥], [ɣ̊] [d̥], [g̊] (= Hofmüller-Schenck, Bd. 1, 1995: passim) (dt. stimmhaft), z.B. in Suppe, Gelee, Bär, doch, gern, Wald usw.

Geschriebene b, d, g brauchen im Auslaut – wie österr. und im Gegensatz zu dt. – nicht aspiriert zu werden (Verzicht auf Auslautverhärtung) (= Hofmüller-Schenck, Bd. 1, 1995: 68).

[f]-Aussprache des geschriebenen <v> in einigen (nicht allen!) Lehnwörtern (dt. [v], österr. [v̥]) (Meyer 1989: 29): Advent (österr. auch [f]), Advokat, Arve ‚Zirbelkiefer', Evangelium, Kadaver, Klavier, Konvikt, nervös, November, Pro-

viant, Provinz, provisorisch, Revier, Vagabund, Vakanz, Vasall, Vegetarier, Veltlin, Veronika, Viktor, violett (auch [y̥]), Viper (auch [y̥]), Visier, Vogesen, Venedig.

[χ]-Aussprache (velarer Frikativ) des <ch>- im Wortanlaut vor vorderem Vokal in Lehnwörtern ist Gebrauchsstandard; kodifiziert ist [ç] oder [k] (vgl. Boesch 1957a: 30) (dt. [ç], österr. [k]): Chemie, China, Chirurgie usw.

[k]-Aussprache des <g> im Suffix -<ig> und im unbetonten Wortelement -<igt> (= süddt./österr., dt. [ç]): ewig, Ludwig, erledigt, genehmigt usw. (= Burri 1993: 30, aber nicht beim „Vortrag von fiktionalen Texten durch ausgebildete Sprecher und Sprecherinnen").

Einzelfälle: [g̥] (dt./österr. [ʒ]) Algier; [d̥ʒ̊] (dt./österr. [g] bzw. [g̥]) Maggi; [ʒ̊] (dt./österr. [j]) jovial (= österr.), jurieren (Meyer 1969: 35); [ʒ̊] (dt./österr. [g] bzw. [g̥]) Geste, Nostalgie (Hofmüller-Schenck, Bd. 1, 1995: 86).

Aussprache des Suffixes -<ment> als [mɛnt] (dt./österr. [mã:], dt. auch [maŋ]) (vgl. zum Plural Kap. C.3.5): Abonnement, Appartement, Departement, Etablissement, Reglement usw.

Entgegen verbreiteten Vorstellungen ist dagegen die in der Schweiz verbreitete Aussprache von Pension [pɛns'jo:n] gemeindeutsch (Aussprache-Duden 1990: 570).

Nach Panizzolo (1982: 30) ist „[e]ines der wichtigsten lautlichen Merkmale des Schweizerhochdeutschen (...) die fehlende Vokalisation des r-Lautes im Auslaut. Dieser Unterschied zum Hochdeutschen, wo das Auslaut-r grundsätzlich vokalisiert wird, ist so deutlich, daß er auch von Laien wahrgenommen wird (...)" Ein Problem ist jedoch, daß die r-Realisation im Auslaut auch Bestandteil der „reinen Hochlautung" des *Siebs* (1969: 85) ist. Dies zieht Boesch (1957a: 28) sogar als Argument heran, sie auch für das Schweizerhochdeutsche zu fordern. Man kann hier also nicht ohne weiteres von einer schweizerischen Besonderheit sprechen, zumindest nicht im kodifizierten Standard. Allerdings ist die „reine Hochlautung" sogar in den künstlerischen Textsorten schon so weit außer Gebrauch gekommen, daß die r-Realisation im Auslaut faktisch doch schon ein Helvetismus ist.

Schweizerische Aussprachebesonderheiten, die womöglich nicht einmal Gebrauchsstandard sind, werden hier nicht im einzelnen dargestellt. Ein Beispiel ist die Realisation von zwischenvokalischem -<h>- (Aussprache als [h]), die Hove (1993: 104f.) vor allem im Wort *ehemalig* festgestellt hat (vgl. auch Panizzolo 1982: 26).

Akzent und Tonhöhe

Kodifiziert ist nur der Wortakzent. Jedoch besteht weithin Konsens, daß die deutschsprachigen Schweizer noch sicherer an prosodischen Merkmalen (Satzmelodie und eventuell -akzent) erkennbar sind. Zunächst zu den kodifizierten Besonderheiten des Wortakzents, von denen folgende die wichtigsten sind:

Akzent auf der ersten Silbe bzw. dem Bestimmungswort, bei Entlehnungen aus dem Französischen schwebender Akzent (= Burri 1993: 35) (dt./österr. letzte Silbe): Asphalt (dt. auch erste Silbe), Apostroph, Billet ['bilɛt], Budget, Filet.

Bei buchstabierten Abkürzungen (Akronymen) mit drei Buchstaben, vereinzelt auch mit zwei oder vier Buchstaben (Meyer 1989: 31): FDP, RDS, YB, VPOD usw. Nach Burri u.a. (1993: 35) nur bei „einheimischen" Abkürzungen.

(= österr., dt. letzte Silbe bzw. Grundwort): Abteilung (auch im Sinne einer Gruppe), Äskulap, Labor, Muskat (beide österr. erste oder letzte Silbe), Oblate, philharmonisch, Papagei.

Akzent auf letzter Silbe (= österr., dt. erste Silbe): Sakko.

Entgegen verbreiteten Vorstellungen sind die in der Schweiz geltenden Akzentuierungen der folgenden Wörter auch gemeindeutsch (nach Aussprache-Duden 1990): Abteil, Anis, Bürgermeister, Durcheinander, Marzipan, Oberstleutnant (erste Silbe), Motor, Tabak (zweite Silbe), Elektron, Mannequin (dritte Silbe).

Einen interessanten Versuch, die allgemein angenommene spezifisch schweizerische Prosodie darzustellen, macht Panizzolo (1982: 41–43), und zwar sieht sie den Hauptunterschied in der Satzmelodie. Schweizer variieren stärker in der Tonhöhe als Deutsche und vermutlich auch als Österreicher. Abbildung 17 gibt die von Panizzolo vorgeschlagenen „typischen" Tonhöhenverläufe der drei wichtigsten Kadenzen (am Satzende) wieder. Die vorliegende Gegenüberstellung geschieht auch auf dem Hintergrund von *Siebs* (1969: 138-142).

Der schweizerische Tonhöhenverlauf ist allerdings nirgends kodifiziert. Es ist sogar fraglich, ob es sich um ein Merkmal des Gebrauchsstandards handelt, so daß Abweichungen in förmlichen Situationen normwidrig sind. Außerdem ist – soweit ich sehe – ungeklärt, inwieweit sich das Schweizerhochdeutsche im Tonhöhenverlauf von den Schweizer Dialekten unterscheidet. Sicher liegt hier jedoch ein nationales Schibboleth der Schweizer vor (vgl. zum Terminus Kap. B.7). Allerdings ist es dann nicht spezifisch schweizerisch, wenn es sich – was zu prüfen wäre – auf die gesamte alemannische Dialektregion erstreckt.

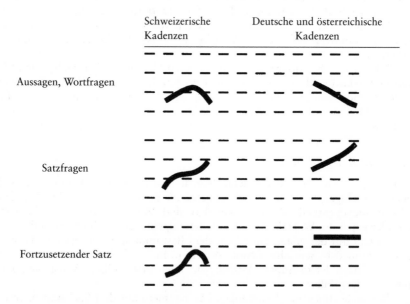

Abb. 17: Typische Kadenzen (satzabschließende Tonhöhenverläufe) bei Schweizern im Gegensatz zu Deutschen und Österreichern

3.4 Wortschatz (Ortholexik)

Wie bei den Austriazismen sind auch bei den Helvetismen die Wortschatzbesonderheiten besonders auffällig. Außerdem wird ihr standardsprachlicher Status am wenigsten in Zweifel gezogen (vgl. auch Kap. C.1). Allerdings gibt es Divergenzen im einzelnen. So stufen z. B. manche Sprachwissenschaftler, gerade auch Schweizer, Wörter mit dialektalen Bestandteilen (Morphemen) grundsätzlich als Nonstandard ein, abgesehen von einzelnen Sonderfällen (mündliche Hinweise von Walter Haas und Hellmuth Thomke). Meyer (1989) und auch der Rechtschreib-Duden (1991) sind in dieser Hinsicht großzügiger. Dort finden sich vor allem eine Reihe von Bildungen mit der alemannischen Diminutivendung *-li*.

Zu den methodischen Problemen darf auf das entsprechende Kapitel bei den Austriazismen verwiesen werden (B.3.4), da diese bei den Helvetismen ähnlich gelagert sind. Unvermeidliche Verkürzungen bringt schon die nachfolgende Darstellungsform der Wortliste mit sich, die aus Platzgründen gewählt wurde. Sie ist untauglich für Differenzierungen nach Kollokationen, stilistischen Feinheiten oder der Gebräuchlichkeit, deren Einzelheiten allerdings oft auch nicht bekannt sind (vgl. Kap. A.5). Zudem ist in der Lexik die Bildung von plurizentrischen Variablen überall dort problematisch, wo die Wortbedeutungen der Varianten nicht exakt kongruieren – was bei streng strukturell linguistischer Sicht sogar nie der Fall ist. In solchen Fällen mußte hier mit näherungsweisen Übereinstimmungen gearbeitet werden, ohne daß eine verläßliche Abgrenzung zwischen noch tragbaren und nicht mehr tragbaren Näherungsgraden möglich war. Als Varianten dienen bisweilen statt Einzelwörtern auch Wortgruppen.

Die folgende Darstellung ist gleich aufgebaut wie die der Wortaustriazismen. Die Wörter sind zunächst zweigeteilt in Deklinabilia und Indeklinabilia. Die Deklinabilia, die semantisch in etwa den „Inhaltswörtern" entsprechen, sind weiter unterteilt in große Inhaltsbereiche oder Domänen. Dadurch ergeben sich wenigstens grobe Anhaltspunkte für den Gebrauch der Wörter in Situationen. Von den Indeklinabilia hätten manche statt dem Wortschatz auch der anschließend dargestellten Grammatik zugeordnet werden können. Die Phraseologismen und die Wortbildung sind aus Einfachheitsgründen ebenfalls unter den Wortschatz subsumiert.

Die Darstellung beschränkt sich weitgehend auf Wortvarianten aus onomasiologischer Sicht, also Ausdrucksvarianten gleicher Bedeutung. Nur in einer kleinen Rubrik sind im Anschluß an die Indeklinabilia einige Beispiele von Wortvarianten aus semasiologischer Sicht angeführt („Wörter gleichen Ausdrucks und verschiedener Bedeutung").

Meyer (1989) und der Rechtschreib-Duden (1991) bilden, wie mir scheint, die wichtigsten Kodexbestandteile für die Worthelvetismen; aber auch der *Schweizer Schülerduden 1* und *2* (1980; 1976) und Bigler u.a. (1987) sind auf Grund ihres Status als Binnenkodex bedeutsam. Auf diese Kodexteile stützt sich die folgende Darstellung hauptsächlich. Außer ihnen liefern vor allem die folgenden Arbeiten wichtige Informationen zum Thema: Kaiser (Bd.1, 1969), Falk (1965), Panizzolo (1982), Haas (1982b: 113–119) wie auch Müller-Marzohl (1961/62), Schubert (1969), Eichhoff (1977/78/93/in Vorbereitung; 1988), Meyer (1994) und für Spezialfragen Schreiber (1972), Rutishauser/Winkler [1957] (1982: 20–25, 93–99) oder auch Zusammenstellungen wie *Die Benennung der Fleischstücke und ihre Verwendung* (1975).

Deklinabilia (Inhaltswörter)

Bei Substantiven ist nur in solchen Fällen das Genus angegeben (mittels des bestimmten Artikels), wo es zwischen den verschiedenen Varianten divergiert.

Manche oft für schweizerisch gehaltene Varianten sind gemeindeutsch, z. B. *Bettvorlage* (schweizerisch nach Meyer 1989: 99), *Fitness-Center* und sogar *Mineralwasser* (schweizerisch nach Haas 1982 b: 119, auch nach Diebold u. a. *Handbuch für den Lehrer* 1988: 146. Vgl. dagegen *Duden. Das große Wörterbuch* Bd. 1, 1976: 376, Bd. 2, 1976: 851 bzw. Bd. 4, 1978: 1788).

Speisen, Mahlzeiten

abhangen/abhängen (intransitiv) (auch von Schlachtfleisch)
dt./österr. abhängen

Apéro/Apero/Apéritif/Aperitif
dt./österr. Aperitif

der Bärendreck/die Lakritze (Meyer 1989: 90)
= österr., dt. die Lakritze

Baumnuss/Walnuss (Meyer 1989: 92)
dt./österr. Walnuß

der Bierstengel (Meyer 1989: 101)
dt. die Salzstange, österr. das Salzstang(er)l

Biscuit (Meyer 1989: 102)
dt./österr. Keks

Brüsseler/Chicorée (Meyer 1989: 107)
dt./österr. Chicorée

Canapé [kanape] (Meyer 1989: 113)
= österr., dt. Schnittchen

das/der Caramel/der Karamel
dt./österr. Karamel, dt. die Karamelle, österr. das Karamel

das Cornet [kɔrnɛ]
dt./österr. die Schillerlocke

die/der Coupe [kup]
= österr., dt./österr. der Eisbecher

durchzogen (Fleisch mit Fett) (Meyer 1989: 124)
= österr. , dt./österr. durchwachsen

das Eiscornet (Meyer 1989: 116, 130)
dt./österr. die Eistüte

Federkohl (Meyer 1989: 136)
dt./österr. Grünkohl – in Österreich kaum bekannt

das Fideli (Meyer 1989: 138)
dt./österr. die Fadennudel

der Fleischvogel
dt./österr. die Roulade, österr. das Rindsvögerl (Ebner 1980: 153)

die Fotzelschnitte (Meyer 1989: 141)
dt. armer Ritter, österr. die Bofese/Pafese/Pofese

Frankfurterli/Wienerli (Meyer 1989: 142)
dt./österr. Frankfurter (Würstchen bzw. Würstel), dt. Wiener (Würstchen)

geräucht (dialektnah) (Meyer 1989: 151)
dt./österr. geräuchert, österr. geselcht

Geschwellte (Kartoffeln) (Meyer 1989: 151
dt./österr. gekochte Kartoffeln, dt. Pellkartoffeln, österr. gekochte Erdäpfel

der Gigot [ʒigot]/der Hammelschlegel/die Hammelkeule
dt./österr. Hammelkeule, österr./süddt. Hammelschlegel, österr. der Hammelschlögel

der Gipfel/das Gipfeli (Gebäck) (Meyer 1989: 154, 173)
dt. das Hörnchen, österr. das Kipfe(r)l

die Glace	dt./österr. das Speiseeis, österr. das Gefror(e)ne (veraltend)
das Griessplätzli/die Griessschnitte (Meyer 1989: 157)	dt. Grießschnitte, österr. der Grießschmarren
Guets(l)i/Guez(l)i/Güets(l)i/Güez(l)i (Meyer 1989: 159)	dt. Plätzchen, österr. Zeltel
Gugelhopf/Gugelhupf (selten)	dt. Napfkuchen, österr./süddt. Gugelhupf
das Güggeli	dt. das Hähnchen, österr. das Hend(((e)r))l, ostdt. der Broiler
der Hohrücken (beim Rind) (Meyer 1989: 173)	dt./österr. die hohe Rippe/Hochrippe
der Kabis/Weißkabis	= süddt., dt. der Weißkohl, österr./süddt. das Weißkraut
der Kartoffelstock	dt./österr. das Kartoffelpüree/der Kartoffelbrei, österr. das Erdäpfelpüree
Kefe	dt./österr. Zuckererbse (in der Schote)
Knöpfli/Spätzli	dt. Spätzle, österr. Nockerl
die Kohlrabe (Pl. Kohlraben)/ der Kohlrabi/der Rübkohl (westschweiz.) (Meyer 1989: 187)	dt./österr. der Kohlrabi, österr. die Kohlrübe
Konfitüre	dt./österr. Marmelade – dt./österr. Konfitüre nur für aus einer einzigen Fruchtsorte hergestellte Marmelade mit Fruchtstücken
die Laffe (Schulterstück von Schlachttieren)	dt./österr. der Bug
Leidmahl/Leichenmahl (Meyer 1989: 198)	dt./öster. Leichenmahl/ Totenmahl
Marroni (Pl.)	dt. Maronen (Pl.), österr./bayr. Maroni (Pl.)
die Meringue	dt./österr. das Baiser, dt. Meringe, österr. die Windbäckerei
die Milke/der Milken	dt./österr. das (Kalbs)Bries
Modelbrot (Meyer 1989: 209)	dt./österr. Kastenbrot
Nachtessen/Abendessen	dt./österr. Abendessen, dt. Abendbrot (als kalte Mahlzeit), österr. Nachtmahl, süddt. Nachtessen
der Nüsslisalat/der Nüssler (Meyer 1989: 217)	dt./österr. der Feldsalat, dt. das Rapünzchen/der Rapünzchensalat/ die Rapunze, österr. der Vogerlsalat
Pfanne (mit Stiel) (Meyer 1989: 223)	dt./österr. Kochtopf
das Pflümli (Meyer 1989: 229)	dt. der Pflaumenschnaps, österr. der Zwetschkenschnaps
Poulet (Meyer 1989: 229)	dt./österr. Huhn. Nach *Duden. Das große Wörterbuch*, Bd. 5, 1980: 2029, ist Poulet in der Bedeutung ‚sehr junges Masthuhn oder -hähnchen' gemeindeutsch

Prussien [prysjɛ̃)] (ein Gebäck)   dt./österr. Schweinsohr
(Meyer 1989: 231)
(süßer) Rahm   = österr./süddt., dt. Sahne, österr. Obers
Rande   dt./österr. rote Rübe, dt. rote Bete,
                                                    österr. Rahne
das Rippli   dt. das Rippchen/der/das Kasseler
                                                    Rippe(n)speer, österr. das Selchkarree
der Rotkabis   dt. der Rotkohl, österr./bayr. das Blau-
                                                    kraut, österr. das Rotkraut
das Rüebli (Meyer 1989: 245)/   dt./österr. die Möhre/die Karotte,
die Karotte   dt. die Mohrrübe
Runkel/Runkelrübe   = österr. (Runkel landschaftlich),
                                                    dt. Runkelrübe
Schmer (Meyer 1989: 257)   = österr., dt. Flomen, österr. Filz
der Schnitz (Meyer 1989: 258)   = österr./süddt., dt. die Spalte
(von einem Apfel und dgl.)
der Stotzen   dt./österr. die Keule, österr./süddt.
                                                    der Schlegel
die/das Sulz/die Sulze (selten)   dt. die Sülze, österr./süddt. die Sulz
(Meyer 1989: 286)
Voressen   dt./österr. Ragout
das Wädli   dt. das Eisbein, österr. die Schweinsstelze
Weindegustation (Meyer 1989: 325)   dt./österr. Weinprobe, österr. Weinkost/
                                                    Weinverkostung
das/der Znüni (dialektnah)   dt. das zweite Frühstück, österr. die
                                                    Jause, ostösterr. das Gabelfrühstück
Zucchetti (Pl.)   dt./österr. Zucchini (Pl.)
der/das Zvieri (dialektnah)/der/   dt. das Kaffeetrinken, österr. die Jause/
das Zabe (dialektnah)   die Marende (bes. in Tirol),
                                                    bayr. die Brotzeit
Zwetschge   = dt. (fachsprachlich)/süddt.,
                                                    dt. Zwetsche, österr. Zwetschke

Der Übergang zu Sachspezifika ist zum Teil fließend. Unter Zvieri wird oben schon erkennbar, daß sich die nationalen Varianten zum Teil auf verschiedene Speisen beziehen, die zur gleichen Tageszeit eingenommen werden. Ein schweiz. Cornet (Meyer 1989: 116) hat gewöhnlich eine andere Form als eine dt./österr. Schillerlocke. Deutlicher verschieden sind:
das Adrio („im Netz eines Schweinebauchfells eingenähte Bratwurstmasse aus
    Kalb- od. Schweinefleisch" (Rechtschreib-Duden 1991: 93)) ≠ dt./österr. der
    gefüllte Schweine-/Schweinsbauch,
der Cervelat/Servelat („Brühwurst aus Rindfleisch mit Schwarten und Speck"
    (Meyer 1989: 113)) ≠ dt./österr. Fleischwurst,
das Gnagi (Kopfteil, Fuß oder Schwanz vom Schwein – gepökelt; Meyer 1989:
    156) ≠ dt. das Eisbein, österr. die Schweinsstelze.

Haushalt, Kleidung

abtischen (Meyer 1989: 67) — dt./österr. (den Tisch) abräumen

Anzug/Bezug — dt./österr. Überzug, dt. Bezug

der Ausbau (einer Wohnung) (Meyer 1989: 82) — dt./österr. die Ausstattung

(Wäsche) ausschwingen (Meyer 1989: 85) — dt./österr. schleudern

auswallen (von Teig) — = bayr., dt./österr. ausrollen, österr. austreiben

auswinden — = österr., dt. auswringen

Auswindmaschine (veraltend) (Meyer 1989: 86) — dt./österr. Wäscheschleuder

die Bettstatt/das Bettgestell/ die Bettstelle — dt./österr. Bettgestell/Bettstelle, österr. die Bettlade

Dreierzimmer (Meyer 1989: 123) — dt./österr. Dreibettzimmer – entsprechend bei anderen Bettenzahlen

die Echarpe — dt./österr. die Schärpe/der Schal

Estrich — dt./österr. Dachboden

Falle (Meyer 1989: 136) — = vorarlb., dt. Klinke, österr. Schnalle

Flaumer — dt./österr. Mop

der Gartenhag (Meyer 1989: 147) — dt./österr. die Gartenhecke

Gartenhag/Gartenzaun (Meyer 1989: 147) — dt./österr. Gartenzaun

generalrevidiert (Meyer 1989: 151) — dt./österr. generalüberholt/gesamtüberholt

glätten/bügeln — dt./österr. bügeln, norddt. plätten

Hahnen/Hahn (Meyer 1989: 102) (an Wasserleitung) — dt./österr. Hahn

das Heimwesen/das Anwesen — dt./österr. das Anwesen, österr. der Ansitz

der Hosensack (Meyer 1989: 173)/ die Hosentasche — = österr., dt. Hosentasche

der/das Jupe (für Frauen) [ʒyp] — dt./österr. der Rock

Kehricht/Abfall (Meyer 1989: 184) — = dt., dt./österr. Müll, österr. Mist

Kehrichtkübel (Meyer 1984: 184) — dt. Mülleimer, österr. Mistkübel

der Kittel (Meyer 1989: 85)/der Veston (Teil des Herrenanzuges) — dt./österr. die Jacke/das Jacket

die Lamellenstore/der Lamellelenstoren — dt./österr. die Jalousette

(Unter)Leibchen — = österr., dt. Unterhemd

Nastuch/Taschentuch — dt./österr. Taschentuch, österr. Sacktuch

Nuggi (dialektnah) — dt./österr. Schnuller

die Putzete (Meyer 1989: 231) — dt./österr. der Hausputz, dt. das (große) Reinemachen

der Putzlumpen (Meyer 1989: 231) — dt. der Putz-/Scheuerlappen/das Putztuch, österr. der Putz-/Reibfetzen/ das Reibtuch, norddt. der Feudel

die Raffel (Meyer 1989: 233) — dt. die Reibe/das Reibebrett, österr. das Reibbrett

raffeln/reiben (Meyer 1989: 233)	dt./österr. reiben/raspeln
russen	dt./österr. entrußen
Scheitstock	dt. Hackklotz, österr. Hackstock
der Schüttstein/der Spültrog (Meyer 1989: 275)	dt. der Ausguß/der Spültisch/ *die Abwäsche, österr. die Abwasch, norddt. der Kantstein
der Schuhbändel (Meyer 1989: 261)	dt./österr. der Schnürriemen, dt. der Schnürsenkel, österr. das Schuhband
der Schwingbesen (Meyer 1989: 264)	dt. der Schneebesen, österr. die Schneerute
Spannteppich (Meyer 1989: 272)	= österr., dt./österr. Teppichboden
die Store/der Storen (selten)	dt./österr. das Rollo/das Rouleau – der Store ist nach *Duden. Das große Wörterbuch*, Bd. 6, 1981: 2510, gemeindeutsch
das Taburett	dt./österr. der Hocker, österr. das Stockerl
das (Ge)Täfer	= vorarlb., dt. das Paneel/die Täfelung, österr. das (Ge)Täfel
der Überwurf	= österr., dt. die Tagesdecke/die Zierdecke
das Wal(l)holz (Meyer 1989: 322)	dt. das Nudelholz, österr. der Nudelwalker
wischen (Meyer 1989: 329)/fegen	dt./österr. kehren, dt. fegen
Zapfen (Meyer 1989: 332)	dt./österr. Korken, dt. Kork/Pfropfen, österr. Stoppel
Zapfenzieher	= südwestdt., dt./österr. Korkenzieher, österr. Stoppelzieher

Verwaltung, Justiz, Gesundheitswesen, Schule, Militär

Hier ist der Übergang zur ausgesprochenen Fachsprache, die nur Experten verstehen, besonders fließend.

die Abdankung (evangelisch)/ die Trauerfeier/der Trauergottesdienst	dt./österr. Trauerfeier/Trauergottesdienst-
die Absenz/die Abwesenheit/das Fehlen	= österr., dt. Abwesenheit/Fehlen
die Achtungstellung (militärisch)	dt. das Strammstehen, österr. die Habachtstellung
Advokat [atfo'ka:t]/Rechtsanwalt	= österr. (aber [atɥo'ka:t]), dt. Rechtsanwalt
Advokaturbüro	dt./österr. Anwaltsbüro
die Affiche/der Anschlag/das Plakat	dt./österr. Anschlag/Plakat
Aktuar/Schreiber (selten)	dt./österr. Schriftführer
Altersjahr/Lebensjahr	dt./österr. Lebensjahr
die Alterssiedlung (Meyer 1989: 71)	dt./österr. das Altenwohnheim
Altwohnung (Meyer 1989: 71)	dt./österr. Altbauwohnung
von amteswegen/Amtes wegen (Meyer 1989: 72)	dt./österr. von Amts wegen

die Anbaute (Meyer 1989: 72)/der Anbau	dt. Anbau, österr. der Zubau
ankünden/ankündigen	dt./österr. ankündigen
Anstösser/Anwänder (Meyer 1989: 75)	dt. Anlieger, österr. Anrainer
Appelation/Berufung	dt./österr. Berufung
die Are – entsprechend Hektare	dt./österr. das Ar, dt. der Ar
(Offiziers)Aspirant	= österr., dt. (Offiziers)Anwärter
Augenschein (bei Gericht)	dt. Lokaltermin, österr. Lokalaugenschein
(eine Strafe) ausfällen/ verhängen	dt./österr. verhängen
Ausrufzeichen/Ausrufungszeichen	= österr., dt. Ausrufezeichen/ Ausrufungszeichen, österr. Rufzeichen
ausschaffen (Meyer 1989: 85), 'polizeilich aus dem Land schaffen'	dt./österr. abschieben
der Ausstand (aus einem tagenden Gremium, z. B. als Betroffener einer Personaldebatte)	= süddt./österr. (*Duden. Das große Wörterbuch*, Bd.1, 1976: 278), dt./österr. (vorübergehendes) Hinausgehen
bedingt	dt./österr. mit Bewährungsfrist
das Begehren/das Gesuch (Meyer 1989: 93)	dt./österr. der Antrag/Gesuch
Beilage (zu einem Brief) (Meyer 1989: 94)	= österr., dt./österr. Anlage
Beitrag/Subvention (der öffentlichen Hand) (Meyer 1989: 95)	dt./österr. Subvention/Zuschuß
Bezüger (von Gas, Wasser usw.)	dt./österr. Bezieher
Burma	dt./österr. Birma
Busse (Meyer 1989: 111)	dt./österr. Geldstrafe
der/das Ceinturon [sɛ̃tyrɔ] 'Uniformgürtel' (Meyer 1989: 113)	dt. das Koppel, österr. die Koppel
das Departement [departə'mɛnt]/ die Direktion (in der Hälfte der Kantone) (Meyer 1989: 121)	dt./österr. das Ministerium
Dienstverweigerer (Meyer 1989: 120)	dt./österr. Wehrdienstverweigerer
die Einsprache	= österr., dt. der Einspruch
Einvernahme (vor Gericht)	= österr., dt. Vernehmung
die Einwohnerkontrolle/das Kontrollbüro/die Schriftenkontrolle (Meyer 1989: 129, 189, 260)	dt./österr. das Einwohnermeldeamt
der Einzahlungsschein	dt. die Zahlkarte, österr. der Erlagschein (Post)/der Zahlschein (Bank)
Einzüger	dt./österr. Einnehmer
der Endalarm (Sirenenzeichen) (Meyer 1989: 131)	dt./österr. die Entwarnung
Expressstrasse (Meyer 1989: 134)	dt./österr. Schnellstraße
Fahrausweis/Führerschein (Bigler u. a. 1987: 62)	dt./österr. Führerschein
Familiengarten (Meyer 1989: 136)/ Schrebergarten	dt./österr. Schrebergarten

Feuerschau (Meyer 1989: 138)	= vorarlb., dt./österr. Brandschau, österr. Feuerbeschau
die Fraktion/die Viertelsgemeinde (Meyer 1989: 142)	dt./österr. der Ortsteil, westösterr. Fraktion
Funktionär/Beamter (Meyer 1989: 145)	dt./österr. Beamter
Gabon (Meyer 1989: 146)	dt./österr. Gabun
das Gegenmehr (Meyer 1989: 148)	dt./österr. die Gegenstimmen
Gemeindeammann/Gemeindepräsident (Meyer 1989: 150)	dt./österr. Bürgermeister
Genietruppen (Pl.) (Meyer 1989: 151)	dt./österr. Pioniertruppe (Sg.)
Geschäftsliste/Traktandenliste (Meyer 1989: 152)	dt./österr. Tagesordnung
Grossrat (in einem „Grosser Rat" genannten Kantonsparlament)/ Kantonsrat/Landrat (in einem „Landrat" genannten Kantonsparlament) (Meyer 1989: 158, 182, 194)	dt./österr. Landtagsabgeordneter
Güterregulierung/ Güterzusammenlegung (beide Meyer 1989: 160)	dt./österr. Flurbereinigung, österr. Kommassierung
der Hinschied	dt./österr. das Ableben/das Hinscheiden
die Identitätskarte/der Personalausweis	dt./österr. der Personalausweis – Identitätskarte ist österr. veraltet
Immatrikulation (amtssprachlich)	dt./österr. Zulassung (eines Fahrzeugs zum Verkehr)
immatrikulieren (amtssprachlich)	dt./österr. (ein Fahrzeug zum Verkehr) zulassen
das Jus/die Jura	dt. Jura, österr. Jus
die Kinderzulage (Meyer 1989: 185)	dt. das Kindergeld, österr. die Kinderbeihilfe/die Familienbeihilfe. – Das nach *Duden. Das große Wörterbuch*, 1978, Bb. 4: 1466, gemeindeutsche Wort: die Kinderzulage, dürfte eine andere, allgemeinere Bedeutung haben
der Kleber (Meyer 1989: 186)	dt./österr. der Aufkleber, österr. das Pickerl (salopp)
Landammann	dt. Ministerpräsident, österr. Landeshauptmann
die Legitimationskarte (Meyer 1989: 197)	dt./österr. Studentenausweis
der Marschhalt (militärisch) (Meyer 1989: 204)	dt./österr. die Marschpause
die Matur/die Matura/ die Maturität(sprüfung) (Meyer 1989: 204)	dt. das Abitur, österr. Matura
Maturand	dt. Abiturient, österr. Maturant
Mittellehrer (Basel)/Mittelschullehrer/ Professor (außer in Basel und Bern) (Meyer 1989: 208, 330)	dt. Studienrat, österr. Professor

Motorfahrzeug (Meyer 1989: 211)	dt./österr. Kraftfahrzeug
Nationalrat	= österr., dt. Bundestag
Nationalrat	dt. Bundestagsabgeordneter, österr. Nationalratsabgeordneter
Notfallstation (Meyer 1989: 216)	dt./österr. Unfallstation
Passerelle (Meyer 1989: 221)	dt./österr. Fußgängerbrücke
die Pfandleihanstalt	= österr., dt. das Pfandhaus, österr. das Versatzamt
Polizeimann/Polizeibeamter/Polizist (Meyer 1989: 228)	dt./österr. Polizist, dt. Polizeibeamter, österr. Wachebeamter
die Promotion (in die nächste Schulklasse) (Meyer 1989: 230)	dt. die Versetzung, österr. das Aufsteigen
Rayon	= österr., dt. (Dienst)Bezirk
der Regierungsrat (in den meisten Kantonen)/der Staatsrat (in mehrheitlich französisch- oder italienischsprachigen Kantonen) (Meyer 1989: 237, 275)	dt./österr. die Landesregierung
Regierungsrat/Staatsrat (Meyer 1989: 237, 275)	dt. Landesminister, österr. Landesrat
Regionalzug (Meyer 1989: 238)	= österr., dt. Nahverkehrszug
rekognoszieren (militärisch)	dt./österr. erkunden
der Rodel/der Rödel/das Register/ die Liste/das Verzeichnis	= südwestdt., dt./österr. Register/ Liste/Verzeichnis
die Sanität/die Sanitätstruppe (militärisch)	dt. der Sanitätsdienst, österr. die Rettung
Sappeur [sapœ:r] (militärisch)	dt./österr. Pionier
(Ausweis)Schriften (Pl.) (Meyer 1989: 86)	dt./österr. (Ausweis)Papiere (Pl.)
das Signalement [signalə'mɛnt]/ die Personenbeschreibung	dt. die Personenbeschreibung, österr. die Personsbeschreibung
Sigrist/Mesmer (nordostschweiz.) (Meyer 1989: 269, 206)	dt. Küster, österr./süddt. Mesner
Spital	= österr., dt./österr. Krankenhaus
Ständerat	dt./österr. Bundesrat
der Ständerat	dt./österr. das Bundesratsmitglied
Steueramt (Meyer 1989: 280)	dt./österr. Finanzamt
Telefonabonnent [-abonɛnt] (Meyer 1989: 290)	dt./österr. Fernsprechteilnehmer, österr. Telefonteilnehmer
das Traktandum	dt./österr. der Tagesordnungspunkt
Übermittlungstruppen (Pl.) (militärisch) (Meyer 1989: 300)	dt./österr. Fernmeldetruppe (Sg.)
verhalten (amtssprachlich)/ verpflichten	= österr., dt. verpflichten
Verschrieb/Schreibfehler	dt./österr. Schreibfehler
verzeigen/Strafanzeige erstatten	dt./österr. anzeigen/Strafanzeige erstatten
der Voranschlag/das Budget (Meyer 1989: 317)	dt./österr. der Haushaltsplan/Budget
der Vortritt	dt. die Vorfahrt, österr. der Vorrang

Wachtmeister (militärisch) (Meyer 1989: 321)	dt. Feldwebel, österr. Unteroffizier
Wehrmann/(wehrpflichtiger) Soldat	= österr., dt. (wehrpflichtiger) Soldat, österr. Wehrdiener
Wischmaschine (Meyer 1989: 328)	dt./österr. (Straßen)Kehrmaschine
Zeigstecken (Meyer 1989: 332)	dt./österr. Zeigestock
das Zimmerverlesen (militärisch) (Meyer 1989: 333)	dt./österr. der Stubenappell
Zirkular/Rundschreiben	= österr., dt. Rundschreiben
Zivilstandsamt	dt./österr. Standesamt
das Zivilstandsregister (Meyer 1989: 334)	dt. das Personenstandsregister, österr. die Matrik(el)/das Personenstandsverzeichnis
die Zugehör (juristisch) (Rechtschreib-Duden 1991: 822)	= österr., dt. das/der Zubehör

Das nach Meyer (1989: 290) schweizerische Wort Telefonkabine ist zwar nach *Duden. Das große Wörterbuch*, Bd. 6, 1981: 2576, gemeindeutsch; es ist jedoch in Deutschland sicher weniger geläufig als seine Entsprechung: Telefonzelle.

Das bei den Austriazismen unter der betreffenden Rubrik zu den Sachspezifika Angeführte (Kap. B. 3.4) gilt hier analog. Die dort genannten Grenzfälle von Sachspezifika, bzw. ihre schweizerischen Entsprechungen, sind hier zum Teil in die Liste der nationalen Varianten aufgenommen, was den Abgrenzungsschwierigkeiten zwischen Sprachvarianten und Sachspezifika Rechnung trägt. Beispiele für eindeutigere Sachspezifika bzw. deren Benennungen sind *Vernehmlassung* ,Stellungnahme zu einer öffentlichen Frage (besonders im Gesetzgebungsverfahren auf Bundesebene)' und das dazugehörende *Vernehmlassungsverfahren* (Meyer 1989: 311).

Geschäftsleben, Handwerk, Landwirtschaft, Verkehr

Ablage/Zweigstelle	dt./österr. Zweigstelle
Abriss (Meyer 1989: 65)	dt./österr. Nepp
Abwart/Hauswart (Meyer 1989: 166)	dt./österr. Hausmeister, österr. Hausbesorger/ Hauswart
der Achter (Nr. der Straßenbahn) (Meyer 1989: 67) – entsprechend bei anderen Zahlen	= österr., dt. die Acht
Agraffe	dt./österr. Krampe. – Das gleichlautende gemeindeutsche Wort hat andere, allerdings teilweise recht ähnliche Bedeutungen, unter anderem ,Wundklammer' (medizinisch). *Duden. Das große Wörterbuch*, Bd. 1, 1976: 92
die Aktion	= österr., dt./österr. das Sonderangebot
die Alpabfahrt/der Alpabzug/ die Alpentladung (Meyer 1989: 70)	dt./österr. der Almabtrieb

der Alpaufzug/die Alpfahrt/ die Auffahrt	dt./österr. der Almauftrieb
(jemandem) anläuten/(jemanden) anrufen	= süddt., dt./österr. (jemanden) anrufen
(Vieh) alpen/sömmern	dt./österr. almen
Anlehre	dt./österr. Anlernzeit
Attikageschoss	dt./österr. Penthouse, österr. Penthaus
die Attikawohnung	dt./österr. das Penthouse, österr. das Penthaus
Aufrichtbaum (Meyer 1989: 81)	dt./österr. Richtbaum, österr. First(baum)
die Aufrichte/das Richtfest	dt. Richtfest, österr. die Dachgleiche/ die Firstfeier/die Gleichenfeier
die Aufzahlung	= österr., dt. der Aufpreis
Ausbildner/Instruktor	= österr., dt. Ausbilder
der Auslad/das Ausladen	dt./österr. Ausladen
Ausläufer (Meyer 1989: 84)	dt./österr. Bote/Laufbursche
(Auto)Car/(Auto)Bus (strenggenommen bedeutet (Auto)Car ‚Reisebus' und (Auto)Bus ‚Linienbus', jedoch ist der Unterschied teilweise verschwommen)	dt./österr. (Omni)Bus/Autobus
Automobilist/Autofahrer	dt./österr. Autofahrer
Autospengler/Karosseriespengler	= österr., dt. Karosseriebauer
avisieren/benachrichtigen	dt./österr. benachrichtigen – avisieren bedeutet dt./österr. ‚ankündigen', eine schweiz. seltene Bedeutung
die Beige/der Stapel	dt./österr. Stapel, süddt. Beige
beigen/schichten/stapeln	dt./österr. stapeln, dt. schichten, österr. schlichten, süddt. beigen
beziehen/einziehen/erheben (von Steuern) (Meyer 1989: 100)	dt. einziehen/erheben, österr. einheben/ einkassieren
Bierteller (Meyer 1989: 101)	dt./österr. Bierdeckel
die Bijouterie [biӡut(ə)ri(:)]	= österr., dt./österr. das Schmuck- warengeschäft
Bijoutier [biӡutje] (Meyer 1989: 101)	dt./österr. Juwelier
Billeteur bzw. Billeteuse [bijɛtœ:r/ biljɛtœ:r] bzw. [bijɛtœ:sə/biljɛtœ:sə]	dt./österr. Schaffner bzw. Schaffnerin – österr. bedeutet Billeteur/se ‚Platz- anweiser/in (im Kino)'
Blache/Plache	dt. Blahe/Plane, österr. Plache
das (Bahnhof)Buffet [bʏfɛ] (Meyer 1989: 108)	dt./österr. die Bahnhofsgaststätte, das Bahnhofsrestaurant
die Buffettochter [bʏfɛ ...] (Meyer 1989: 108)	dt./österr. das Büffetfräulein [bʏ'fɛ ...]
Camion [kamjɔ̃)]/Lastwagen	dt./österr. Lastwagen/LKW
Coiffeur [kwafœ:r]	dt./österr. Friseur/Frisör – Coiffeur bedeutet dt./österr. ‚exklusiver Friseur'
Comestibles [kɔmestibl(ə)]	dt./österr. Delikatessen
Detailgeschäft (Meyer 1989: 119)	dt./österr. Einzelhandelsgeschäft

die Dole
= süddt. (Eigenbeobachtung), österr. der Kanal(abfluß), dt. der/das Gully

der Einlad/das Einladen
(z.B. von Gepäck)
dt./österr. Einladen

Elektrifikation/ Elektrifizierung
dt./österr. Elektrifizierung

entlöhnen
dt./österr. entlohnen

Erstklasswagen – entsprechend Zweitklasswagen usw.
dt./österr. Wagen erster Klasse

die Etikette ‚Aufkleber'
= österr., dt./österr. das Etikett

Extrafahrt, -zug
dt./österr. Sonderfahrt, -zug

Freierwerbender/
Selbständigerwerbender
(amtssprachlich) (Meyer 1989: 142)
dt./österr. Freiberufler/Selbständiger

Fünfplätzer ‚Fahrzeug mit fünf Sitzen'
(Meyer 1989: 144) – entsprechend
bei einer anderen Zahl von Sitzen
dt./österr. Fünfsitzer

Fussgängerstreifen/
Zebrastreifen (Meyer 1989: 146)
dt./österr. Zebrastreifen, dt. Fußgänger-
überweg, österr. Schutzweg

Gesamtarbeitsvertrag
(Meyer 1989: 152)
dt./österr. Tarifvertrag

(Güter) äufnen/sammeln/vermehren
dt./österr. sammeln/vermehren

Hafner
= österr., dt./österr. Ofensetzer

hängig/pendent (Geschäftssprache)
dt./österr. anhängig/unerledigt

der Harass/die Harasse (z.B. für
Kartoffeln) (Meyer 1989: 165)
dt./österr. die Steige/die Lattenkiste

der Harass/die Harasse (für Getränke-
flaschen) (Meyer 1989: 165)
dt. der Kasten, österr. die Kiste

instand stellen/instand setzen
dt./österr. instand setzen

intern (bei zentraler Telefonanlage)
(Meyer 1989: 177)
dt. Durchwahl, österr. Klappe

Kaput
dt./österr. Soldatenmantel

Kondukteur
dt./österr. Schaffner

Lehrbub (Meyer 1989: 197)/Lehrling
= österr., dt. Lehrling

die Lehrtochter
dt./österr. das Lehrmädchen

Liegenschaft (*Neue Zürcher Zeitung*:
Annoncenteil)/ Immobilie
dt. Immobilie, österr. Liegenschaft/
Realitäten (nur Pl.)

das Lohnsäcklein/das Zahltag(s)säck-
lein (Meyer 1989: 200, 331)
dt. die Lohntüte, österr. das Lohn-
sackerl

Magaziner
dt./österr. Lagerverwalter, dt. Magazin-
verwalter/Lagerist,
österr. Magazineur

die Mercerie [mɛrsəri] (als Ladenauf-
schrift) (Meyer 1989: 205)
dt. der Kurzwarenladen,
österr. die Kurzwarenhandlung

Minderertrag/Fehlbetrag
(Meyer 1989: 207)
dt. Fehlbetrag, österr. Abgang

Muni (dialektnah)/Stier
dt. Bulle, dt./österr. Stier

nachdoppeln
dt./österr. nachbessern

Occasion (Bigler 1987: 146)
dt./österr. Gebrauchtware(n)

Pneu [pnø:] (Meyer 1989: 227) | = österr. [pnɔɣ](selten), dt./österr.
(Gummi)Reifen

punkto | dt./österr. in punkto
Rätsche/Rassel | = süddt., dt./österr. Rassel
Renditenhaus | dt./österr. Mietshaus, österr. Zinshaus
Renovation | dt./österr. Renovierung
rentieren (Meyer 1989: 239) | dt./österr. sich rentieren
das Retourbillet [rətu:rbilεt] | dt./österr. die Rückfahrkarte, österr.
die Retourkarte

reuten/roden | = österr. (reuten landschaftlich)/süddt.,
dt. roden

Rieghaus/Riegelhaus/Fachwerkhaus | dt./österr. Fachwerkhaus
Riegelwerk/Fachwerk | dt./österr. Fachwerk
Rolli (zweirädrig) (Meyer 1989: 243) | dt./österr. Kofferkuli
Rossbollen | dt. Pferdeapfel, österr. Roßapfel
Sodbrunnen | dt./österr. Ziehbrunnen
der Stadel/der Städel/die Scheune | dt./österr. Scheune, dt. die Scheuer,
österr./bayr. Stadel

der Stosskarren/die Schubkarre/ | dt./österr. Schubkarren, dt. Schubkarre,
der Schubkarren (Meyer 1989: 282) | österr. die Scheibtruhe
das Tram [tram]/die Strassenbahn | dt./österr. Straßenbahn, österr. die Tram-
way, österr./bayr. die Tram

Trolleybus | dt./österr. O-Bus/Oberleitungsbus
das Trottoir | = österr., dt./österr. der Gehsteig,
dt. der Bürgersteig

Umfahrungsstrasse | = österr. (mit <ß>), dt. Umgehungsstraße,
österr. Umfahrung

Velo [ɣelo] | dt./österr. Fahrrad
vermöglich/vermögend/ wohlhabend | dt./österr. vermögend/wohlhabend
(Zeitungen) vertragen | dt./österr. austragen
Verwaltungsrat (Meyer 1989: 313) | dt./österr. Aufsichtsrat
visieren ‚mit Namenszeichen versehen' | dt./österr. abzeichnen, österr. vidieren
(Meyer 1989: 315)
weisseln/tünchen | = süddt. (mit <ß>), dt./österr. weißen,
dt. tünchen, österr. kalken

Zeitungsverträger (Meyer 1989: 332) | dt./österr. Zeitungsausträger
der (Haus-/Miet-)Zins | = österr./süddt., dt./österr. die Miete
zinsen/Zins(en) zahlen | dt./österr. Zins(en) zahlen
zugut(e) haben | dt./österr. guthaben
der Zwischenhalt/die Zwischenstation | dt./österr. der Zwischenaufenthalt/
(Meyer 1989: 341) | Zwischenstation

Sachspezifika sind z. B. die Geldbezeichnungen: der Rappen, der Franken
(100 Rappen = 1 Franken), der Fünfliber (5-Franken-Stück).

Sport, Spiele

Auffällig sind die Anglizismen in der Fußballsprache.

der Ausstich ‚Entscheidungskampf‘	dt./österr. das Stechen
Back [bæk]/Verteidiger (Fußball)	= österr., dt. Verteidiger
der Corner [ˈkɔrnə(r)]/der Cornerball	= österr., dt./österr. der Eckball,
(Meyer 1989: 116)	dt. die Ecke
crawlen [ˈkrɔːlən/ˈkraulən]	dt./österr. kraulen
(Meyer 1989: 116)	
Forward [ˈfɔːvəd]/Stürmer	= österr., dt. Stürmer
Goal [goʊl/goːl] (dialektnah)/Tor	= österr., dt. Tor
Hands [hænts] (beim Fußball)	= österr., dt. Hand(spiel)
Penalty [pɛnalti]/Strafstoß/Elfmeter	= österr. [peˈnalti/ˈpenəlti],
	dt. Strafstoß/Elfmeter
die Reitschule/das Karussell	= südwestdt., dt./österr. Karussell, österr.
	das Ringelspiel
die Schaufeln (Pl.)/das Pique	dt. das Pik, österr. die Pik
(Spielkartenfarbe) (Meyer 1989: 235)	
schlitteln	dt./österr. rodeln/Schlitten fahren
Seilziehen (Meyer 1989: 265)	dt./österr. Tauziehen
skoren	= österr., dt. ein Tor erzielen
das Spiel (Meyer 1989: 273)	dt./österr. der Spielmannszug
Trainer/Trainingsanzug	dt./österr. Trainingsanzug
Vita-Parcours [viːtaparkuːr]	dt./österr. Trimm-dich-Pfad
(Meyer 1989: 316)	

Sachspezifika sind:
das Hornussen (ein Schlagstockspiel),
der Hornuss (die zum Hornussen gehörende Schlagscheibe),
der Jass (eine Art Kartenspiel),
der Schwinget (eine Art Ringkampf).

Menschliches Verhalten, Soziales, Charaktereigenschaften, Körperteile

In diesem Bereich ist einerseits der Übergang zum Nonstandard besonders fließend. Andererseits lassen sich die Wortbedeutungen spezifischer nationaler Varianten oft noch mehr als sonst nur näherungsweise in Worten der anderen nationalen Varietäten ausdrücken.

abgeschlagen bzw. Abgeschlagenheit	dt./österr. erschöpft bzw. Erschöpfung
(Meyer 1989: 64)	
jemandem abpassen (Meyer 1989: 65)	dt./österr. jemanden abfangen
abserbeln/(langsam) dahinsiechen	dt./österr. dahinsiechen
angriffig/draufgängerisch	dt./österr. draufgängerisch
antönen/andeuten	dt./österr. andeuten
sich auffangen ‚sein seelisches Gleich-	dt./österr. sich fangen
gewicht wiederfinden‘	
(Meyer 1989: 80)	

aufgestellt (suche „aufgestellten, sportlichen Partner (...)" *Neue Zürcher Zeitung* 10./11. 7. 1994)/ munter
dt./österr. munter

auflüpfig/auflüpf(er)isch (Meyer 1989: 80)
dt./österr. aufmüpfig

besammeln/versammeln
dt./österr. versammeln

eindrücklich/eindrucksvoll
dt./österr. eindrucksvoll

einläßlich/eingehend/gründlich
dt./österr. eingehend/gründlich

ersorgen/mit Sorge erwarten
dt./österr. mit Sorge erwarten

föppeln/foppen/necken (Meyer 1989: 140)
dt./österr. foppen/necken

Großkind/Enkelkind (Meyer 1989: 158)
dt./österr. Enkelkind

die Handballe (Meyer 1989: 164)
dt./österr. der Handballen

lugen (Bigler u. a. 1987: 125)/blicken/ gucken ‚den Blick richten (auf)' (nach Kurt Meyer (Anmerkung zu dieser Textstelle) ist dagegen schweiz. „*luege* zwar ein voll lebendiges alltägliches Mundartwort, doch standardsprachlich wird *lugen* bei uns genau wie in Deutschland gebraucht, d. h. gehoben, selten")
dt./österr. blicken/gucken, dt. sehen, österr. schauen, norddt. kieken/ kucken

Rappenspalter/Pfennigfuchser
dt./österr. Pfennigfuchser

ringhörig (betrifft Räume) (Meyer 1989: 242)
dt./österr. hellhörig

(aus)schlipfen (dialektnah)/ausgleiten/ ausrutschen
dt./österr. ausgleiten/ausrutschen

schwätzen (Bigler u. a. 1987: 191, aber nach Kurt Meyer (Anmerkung zu dieser Textstelle) nicht standardsprachlich)/schwatzen
dt./österr. plaudern, dt. schwatzen, österr./süddt. schwätzen, norddt. klönen/schnacken

Stockzahn
= österr./süddt., dt./österr. Backenzahn

urchig
dt./österr. urig

(etwas) verdanken/(für etwas) danken
= vorarlb., dt./österr. (für etwas) danken – (etwas) verdanken bedeutet dt./österr. ‚(etwas) haben aufgrund von'

verfuhrwerken/verpfuschen
dt./österr. verpfuschen

vergaben/vermachen
dt./österr. vermachen

(die Arme) verwerfen/(die Arme) gestikulierend ausbreiten
dt./österr. (die Arme) gestikulierend ausbreiten

der Vorhalt (Rechtschreib-Duden 1991: 784)/die Vorhaltung
dt./österr. Vorhaltung

Vorkehr
dt./österr. Vorkehrung

währschaft/kernig/tüchtig
dt./österr. kernig/tüchtig, dt. deftig

zügig/zugkräftig
dt./österr. zugkräftig

zwängeln/nörgeln
dt./österr. nörgeln, dt. quengeln

Sonstiges

Alet (Süßwasserfisch) (Meyer 1989: 70)	dt. Döbel, österr./süddt. Aitel
allfällig/etwaig	= österr., dt. etwaig
Altjahrabend/Altjahr(e)sabend/	dt./österr. Silvesterabend
Silvesterabend	
Altjahr(e)stag/Silvester	= österr., dt. Silvester
aper/schneefrei	= österr./süddt., dt. schneefrei
es apert (aus)/der Schnee schmilzt weg	= österr./süddt., dt. der Schnee schmilzt weg
Auffahrt	= süddt., dt./österr. (Christi) Himmelfahrt
der Brachsmen (Süßwasserfisch)	dt./österr. die Brachse, dt. der Brachsen/ der Brassen, norddt. die Brasse
das Egli (Süßwasserfisch)	dt./österr. der Flußbarsch
Erdschlipf/Erdrutsch	dt./österr. Erdrutsch
Güdismontag (Luzern)	dt. Rosenmontag, österr. Faschingmontag
heuer/in diesem Jahr	= österr./süddt., dt. in diesem Jahr
Mottbrand (Meyer 1989: 211)	dt./österr. Schwelbrand
motten/schwelen	= süddt., dt./österr. schwelen
(ein)nachten/Nacht werden	dt./österr. Nacht werden
nigelnagelneu (dialektnah) (Meyer 1989: 216)	= österr., dt./österr. funkelnagelneu
die Pfingsten (Pl.)	= österr., dt. das Pfingsten (Sg.)
der Rank/die Ränke/die Abbiegung	dt./österr. Abbiegung, österr. Wegscheid
Rossschwanz (Mädchenfrisur) (Meyer 1989: 244)	= österr. (mit <ßs>), dt. Pferdeschwanz
der Spitzer (Hunderasse) (Meyer 1989: 274)	dt./österr. der Spitz
(St.) Niklaus	dt./österr. (St.) Nikolaus, österr. Nikolo
viertel über sieben/viertel nach sieben – viertel ab sieben (Eichhoff 1977: Karte 40) ist dialektal (Meyer, Kommentar hierzu)	dt./westösterr. viertel nach sieben, süddt./ostdt./ostösterr. viertel acht
die Weihnacht/die Weihnachten (Pl.)	dt. die Weihnacht/das Weihnachten, österr. die Weihnachten (Pl.)

Indeklinabilia (Formwörter)

allenfalls (Eigenbeobachtung)	dt./österr. erforderlichenfalls
ansonst	= österr., dt. anderenfalls/ansonsten (ugs.)
ausserorts (fachsprachlich in bezug auf den Straßenverkehr)	= österr. (mit <ß>), dt. außerhalb einer Ortschaft
bis anhin (Bigler 1987: 31)/bis jetzt	dt./österr. bis jetzt
durchwegs	= österr., dt. durchweg
ennet + Dat./Gen.	dt./österr. jenseits + Gen.
fallweise	= österr., dt. von Fall zu Fall

innerorts (fachsprachlich in bezug auf den Straßenverkehr)	= österr., dt. innerhalb der Ortschaft/ des Orts
innert + Gen./Dat. (hauptsächlich temporal)	= westösterr., dt./österr. innerhalb + Gen.
inskünftig/zukünftig	dt./österr. zukünftig
retour/zurück	= österr., dt. zurück
schlussendlich	= österr. (mit <ß>), dt./österr. schließlich
vorgängig/zuvor	dt./österr. zuvor

Wörter gleichen Ausdrucks und verschiedener Bedeutung

Man beachte den gegenüber der übrigen Darstellung veränderten Blickwinkel: gleicher Ausdruck – national unterschiedliche Bedeutung (vgl. die „semasiologischen Variablen" Kap. A.5)! Für die Bedeutungsangaben wird deutsches Standarddeutsch verwendet. Zum Teil lassen sich die Beispiele aus den vorausgehenden Listen (onomasiologischen Variablen) erschließen.

Anzug ‚Überzug, Anzug', (in Basel auch) ‚Antrag (im Parlament)'	dt./österr. ‚Anzug'
Ausbau ‚Ausstattung (einer Wohnung), Ausbau'	dt./österr. ‚Ausbau'
bedingt ‚mit Bewährungsfrist, bedingt'	dt./österr. ‚bedingt'
Coiffeur ‚Friseur'	dt./österr. ‚exklusiver Friseur'
Estrich ‚Dachboden'	dt./österr. ‚fugenloser Zementfußboden'
die Etikette ‚Aufkleber, Umgangs- formen'	dt./österr. ‚Umgangsformen' – ‚Aufkleber' heißt dt./österr. das Etikett
Falle ‚Klinke, Falle' (Meyer 1989: 189)	= vorarlb., dt./österr. ‚Falle'
Fraktion ‚Ortsteil, Fraktion (politische Partei)'	= westösterr., dt./österr. ‚Fraktion'
Gabe ‚Gewinn bei einem Wettkampf, Geschenk' (Meyer 1989: 146)	dt./österr. ‚Geschenk'
Gipfel ‚Hörnchen (Gebäck), Gipfel'	dt./österr. ‚Gipfel'
glätten ‚bügeln, glatt machen'	dt./österr. ‚glatt machen'
Konfitüre ‚Marmelade, Konfitüre'	dt./österr. ‚Konfitüre = Marmelade aus einer einzigen Fruchtsorte, mit Fruchtstücken'
Mutation ‚Veränderung im Personal- stand (einer Institution oder Vereini- gung), genetische Veränderung (eines Organismus)'	dt./österr. ‚genetische Veränderung (eines Organismus)'
Pfanne ‚Kochtopf (mit Stiel), Pfanne'	dt./österr. ‚Pfanne'
Trainer ‚Trainingsanzug, Trainer'	dt./österr. ‚Trainer'
(etwas) verdanken ‚(für etwas) Dank abstatten, (etwas) haben aufgrund von'	= vorarlb., dt./österr. ‚(etwas) haben aufgrund von'
Vortritt ‚Vorfahrt, Vortritt'	dt./österr. ‚Vortritt'
wischen ‚fegen'	dt./österr. ‚wischen'

Phraseologismen (Idiome)

Hierunter sind auch Rektionsbesonderheiten subsumiert. Als Quelle diente Meyer (1989), sofern keine anderen Angaben gemacht sind. Wo keine Entsprechungen für die anderen Zentren in Form eines Phraseologismus und auch kein gemeindeutscher Phraseologismus gefunden werden konnte, ist nur die Bedeutungsangabe beifügt (in deutschem Deutsch). Das Schlüsselwort für die alphabetische Anordnung ist jeweils kursiv gesetzt.

mit *abgesägten* Hosen dastehen/ den kürzeren gezogen haben	dt./österr. den kürzeren gezogen haben
Anfang Woche (Monat, Jahr usw.) – entsprechend Ende Woche usw.	dt./österr. Anfang der Woche (des Monats/des Jahres usw.)
jemanden *anfragen* (amtssprachlich)	dt./österr. bei jemandem anfragen
sich *jemandem/jemandes* annehmen	dt./österr. sich jemandes annehmen
es macht den *Anschein*/ es hat den Anschein	dt./österr. es hat den Anschein
eine Frist *ansetzen*	dt./österr. eine Frist festsetzen
von *Auge*/ mit bloßem Auge	dt./österr. mit bloßem Auge
bachab gehen (*Duden. Redewendungen* 1992: 78)	= süddt. (Eigenbeobachtung), dt./österr. flötengehen
etwas *bachab* schicken/etwas verwerfen (*Duden. Redewendungen* 1992: 78)	dt./österr. etwas verwerfen
den *Bengel* hochwerfen/das Ziel hoch stecken	dt./österr. das Ziel hoch stecken
bis an/ausser	dt./österr. bis zu/außer
bis und mit	dt./österr. bis einschließlich
durch alle *Böden* (hindurch)/um jeden Preis	dt./österr. um jeden Preis
Dampf aufsetzen	dt./österr. Dampf machen
Einsitz nehmen (in ein Gremium) ‚aufgenommen sein/Mitglied werden‘	
der Schule *entlassen* (amtssprachlich) ‚von der Schule abgegangen‘	
(dastehen) wie der *Esel* am Berg	dt./österr. wie der Ochs am/vorm Scheunentor
den *Finkenstrich* nehmen	dt./österr. verduften (salopp)
innert nützlicher *Frist* (amtssprachlich) ‚innerhalb der vorgeschriebenen Frist‘,	
das *Fuder* überladen ‚zuviel des Guten tun‘	
jemandem/jemandes *gedenken*	dt./österr. jemandes gedenken
(ein Grundstück) im *Halte* von ‚der Größe, des Umfangs‘	
es *hat* ‚es gibt, da sind‘	
seine *Hefte* revidieren ‚seine Meinung ändern‘	
jemandem/jemandes *Herr werden*	dt./österr. jemandes Herr werden
sein *Heu* nicht auf derselben Bühne haben ‚nicht die gleichen Ansichten haben‘	
im *Kehr* /im Turnus	dt./österr. im Turnus
im *Kehrum* (geschehen) (*Duden. Redewendungen* 1992: 378)	dt./österr. im Handumdrehen
den *Knopf* auftun (bezogen auf Kinder) ‚einen merklichen Entwicklungsschritt machen‘	
aufsmal/aufs *Mal*/ auf einmal	dt./österr. auf einmal

jemandem/einer Sache *nachfragen* ‚sich erkundigen nach jemandem/einer Sache,
   sich interessieren für jemanden/eine Sache‘
jemandem/einer Sache nichts *nachfragen* ‚jemandem/einer Sache gleichgültig
   gegenüberstehen‘
in *Pflicht* nehmen ‚(feierlich) in ein Amt einführen‘

keinen roten *Rappen*	dt./österr. keinen roten Heller
zu *reden* geben/für Gesprächsstoff sorgen	dt./österr. für Gesprächsstoff sorgen
die Faust im *Sack* machen	dt./österr. die Faust in der Tasche ballen
(das ist) kein *Schleck*	dt./österr. kein Honigschlecken
neben den *Schuhen* stehen (salopp)/ falsch liegen	= österr., dt. falsch liegen
die/seine *Sporen* abverdienen	dt./österr. sich die ersten Sporen verdienen
auf den *Stockzähnen* lachen	dt./österr. in sich hinein lachen
es *streng* haben ‚viel zu tun haben‘	
in *Tat* und Wahrheit ‚in Wirklichkeit‘	
ein *Tolggen* (Tintenfleck) im Reinheft/ ein Schandfleck	dt./österr. ein Schandfleck
etwas ist im *Tun*/ es tut sich etwas	dt./österr. es tut sich etwas, dt. es tut sich was
zum *voraus*/ im voraus	dt./österr. im voraus
keinen *Wank* tun/keinen Finger rühren	dt./österr. keinen Finger rühren
es muß/wird sich *weisen* ‚es muß/wird sich zeigen‘	
auf *Zusehen* hin/bis auf weiteres	dt./österr. bis auf weiteres

Wortbildung

Besonderheiten, die nur Einzelwörter betreffen, finden sich in den vorausgehenden Wortlisten. Zwar bildet Kaiser (Bd. 2, 1970) die reichhaltigste Quelle, zuverlässigere Hinweise zur Standardsprachlichkeit gibt jedoch Meyer (1989; 1994: 19–20).

Zusammensetzung

Ohne Fugen-e
(dt. mit Fugen-e, österr. mit oder ohne)
Blasbalg, Fegfeuer, Mausfalle, Mausloch.
(dt./österr. mit Fugen-e)
Badanstalt, Badkleidung usw., Mittelklasshotel, Nachschlagwerk, Sägmehl, Zeigfinger/Zeigefinger.

Mit Fugen -en (dt./österr. ohne Fugenzeichen)
Hengstendepot, Krebsenmahl, Sternenhimmel (= österr., neben Sternhimmel; dt. stilistisch gehoben), Stierenhalter.

Mit Fugen-s
(= österr., dt. Pluralendung als Fugenzeichen)

Rindsbraten, Rindsfett, Schweinsbraten, Schweinsschnitzel, aber Schweineschmalz
(= dt./österr.).
(= österr., dt. ohne Fugenzeichen)
Zugsabteil, Zugsführer, Zugspersonal, Zugsunglück, Zugsverkehr, Zugsverspä-
tung usw., Wagonsfabrik u. a.

Ohne Fugen-s
(dt. mit Fugen-s, österr. mit oder ohne)
Hemdärmel, hemdärmelig.

Getilgte e- oder en-Endung als Fugenzeichen
(= österr., dt. -en)
Schattseite (österr. auch Schattenseite), Sonnseite.
(dt./österr. -en)
Adressänderung, Adresskartei usw. (Adreßbuch ist gemeindeutsch), Kirchge-
meinde, Wiesland.

Bei Bildung des Substantivbestimmungsworts aus einem Verb auf -nen: Verbal-
substantiv auf -ung + s + Substantiv (Meyer 1989: 56) (dt./österr. Verbform nur
auf -en + Substantiv)
Rechnungsaufgabe (dt./österr. Rechenaufgabe – entsprechend in den weiteren
Fällen), Rechnungsfehler, Trocknungsraum, Zeichnungsblatt, Zeichnungsblock,
Zeichnungslehrer, Zeichnungspapier, Zeichnungssaal, Zeichnungsstunde.

Umgelautetes Grundwort
(= österr., dt. unumgelautet) -grädig (mit einer Zahl als Bestimmungswort): hun-
dertgrädig usw., vorbehältlich (amtssprachlich) (Präposition mit Genetiv) (dt./
österr. vorbehaltlich).

Zusammengesetztes Substantiv (Meyer 1989: 55, 59) (dt./österr. Adjektiv + Sub-
stantiv)
Bernervolk (Berner Volk), Drittperson (dritte Person), Fahrhabe (fahrende Habe),
Laufmeter (laufender Meter), Pastmilch (pasteurisierte Milch), Schweizerdeutsch
(Schweizer Deutsch), Schweizerhochdeutsch (Schweizer Hochdeutsch), Wiener-
schnitzel (Wiener Schnitzel), Zürcherdialekt/Zürcher Dialekt (Züricher Dialekt).

Ableitung

Suffix -er (dt./österr. -ler) Volkswirtschafter, Wissenschafter (= österr., neben Wissenschaftler), Zuzüger.
Suffix -li (auch in Verbindung mit anderen dialektentlehnten Unterschieden)
(Meyer 1989: 48 f.) (dt. -chen/-lein, österr./bayr. -lein/e(r)l (dialektnah))
Häuptli, Hörnli, Päckli, Wädli usw., Pflümli (dt. Pfläumchen/-lein, österr./
bayr. Pfläumlein/-e(r)l), Rüebli (dt. Rübchen/-lein, österr./bayr. Rüblein/-e(r)l)
usw.

Suffix -or
(= österr., dt -eur) Instruktor.
(dt./österr. -eur) Redaktor.

Suffixloses mask. Verbalsubstantiv (amtssprachlich) (Meyer 1989: 51) (dt./österr.
fem. Verbalsubstantiv auf -ung oder neutr. substantivierter Infinitiv)

Unterbruch (dt./österr. Unterbrechung), Ab-, Auf-, Aus-, Ein-, Um-, Verlad (dt./
österr. Abladen usw.), Aus-, Rücksand (dt./österr. Aus-, Rücksendung), Be-, Ver-
schrieb (dt./österr. Beschreibung usw.), Einsitz (dt./österr. Einsitzen), Untersuch
(dt./österr. Untersuchung), Be-, Einbe-, Ein-, Weiter-, Zusammenzug (dt./österr.
Beziehen usw. – Bezug hat dt./österr. eine andere Bedeutung).

Ableitung mit Suffix -ler (Meyer 1989: 52) (dt./österr. zusammengesetztes Wort)
Bähnler (dt./österr. Bahnangestellter oder ähnlich), Bänkler (dt./österr. Bankan-
gestellter oder ähnlich), Kindergärtler (dt./österr. Kindergartenkind), Köpfler
(= österr. (salopp), dt./österr. Kopfsprung oder Kopfball), Pöstler (österr./süddt.
Postler, dt./österr. Postbediensteter).

Komplexe Verbbildung (dt. einfache Verbbildung, österr. unterschiedlich) campieren (= österr., dt. campen – campieren hat dt. eine andere Bedeutung), grillieren (dt./österr. grillen – grillieren ist erstaunlicherweise im *Österreichischen Wörterbuch*, 1990: 238, ein Sternchenwort; vgl. Kap. B.4), handicapieren (dt./österr.
handicapen), jemanden konkurrenzieren/jemandem Konkurrenz machen (= österr.,
dt. jemandem Konkurrenz machen), parkieren (dt./österr. parken), zensurieren/
zensieren (dt. zensieren, österr. zensurieren).

Manche abgeleitete Verben mit Umlaut und Endungserweiterung durch -l- haben
dt./österr. keine einfache Entsprechung. Am ehesten entspricht ihrer diminutiven
Bedeutung die adverbiale Spezifizierung: ein bißchen (Meyer 1989: 47).

föppeln (dt./österr. ein bißchen foppen – entsprechend in den weiteren Fällen),
förscheln, frägeln, klöpfeln, mitmischeln, pützeln und andere.

3.5 Grammatik (Orthogrammatik)

Wichtige Quellen bilden Bänziger (1970), Kaiser (Bd. 2, 1970), vor allem aber
wieder Meyer (1989; 1994: 17–19), zu Spezialfragen auch Gelhaus (1972) und
Rohrer (1973).

Substantivgenus

Wie bei den Austriazismen (vgl. Kap. B.3.5) werden auch hier nur solche Besonderheiten des Schweizerhochdeutschen dargestellt, an denen man Schweizer
erkennt. Hierzu gehören nicht diejenigen Substantive, deren Genus nur eine
geringere Variation aufweist als im deutschen und österreichischen Standarddeutsch.

mask./neutr. (dt./österr. neutr.) Achtel usw., Büschel, Grammophon, Radio
(Gerät) (vgl. aber Kap. F.3), Taxi.

mask./neutr. (dt./österr. mask.) Boulevard, Efeu, Kamin, Kies, Schoss.

mask./fem. (dt./österr. fem.) Couch, Salami.

neutr. (dt./österr. fem.) Malaise, Rallye (auch fem.).

neutr. (dt./österr. mask) Bikini, Efeu, Volant (= österr.).

Nicht selten divergieren hier Meyer (1989: 41f.) und andere Kodexteile, z.B.
Bigler u.a. (1987), etwa bei Kies, Schoss (jeweils bei Meyer mask./neutr., Bigler

mask.), Bikini, Büschel (jeweils Meyer mask./neutr., Bigler neutr.), Couch, Tour d'horizon (jeweils Meyer mask./fem., Bigler fem.).

Substantivplural

Wiederum sind nur diejenigen Plurale aufgenommen, an denen man die Schweizer erkennt.

Umlaut
Bögen (= österr./süddt., dt. Bogen), Krägen (= österr./süddt., dt. Kragen), Pärke (dt./österr. Parks), Zäpfen (Meyer 1989: 42, nach Bigler u. a. 1987: 249, Zapfen).

Endung -e beim Suffix -ment (dt./österr. -s) (vgl. zur Aussprache Kap. C.3.2) Abonnemente, Etablissemente usw.

Einzelfälle
Cremes/Cremen (= österr., dt. Cremes), Zubehörden (dt./österr. Zubehöre).

Anderes

Schwache Deklination (dt./österr. starke Deklination) Magistrat.

Verbformen
Perfekt mit sein (= österr./süddt., dt. mit haben): abhängen (von), hängen, liegen, sitzen, stecken, stehen.
2. und 3. Ps. Sg. Ind. Präs. ohne/mit Umlaut (dt./österr. mit Umlaut): einladen.
Stark konjugiert (dt./österr. schwach): speisen.

Nach Rohrer (1973: 265 f.) ist „ganz allgemein das Sprachgefühl des Deutschschweizers für den semantischen Unterschied zwischen den beiden Konjunktiven [Konjunktiv I und II! U. A.] schärfer entwickelt als beim durchschnittlichen binnendeutschen Sprachbenützer." Diese Beobachtung weist über die Grammatik hinaus zum Thema des nächsten Abschnitts.

3.6 Pragmatik (Orthopragmatik)

Die Hinweise zur Pragmatik bleiben hier rudimentär, nicht zuletzt deshalb, weil die unter diesen Begriff zu subsumierenden Phänomene großenteils nicht standardisiert sind, zumindest nicht im Sinne einer Standardvarietät, worauf nationale Varietäten für die vorliegende Untersuchung festgelegt wurden (vgl. Kap. A.4, auch B.3.6). Ein Beispiel ist die mir von verschiedenen Schweizern mitgeteilte Beobachtung, daß man in der Schweiz die Gesprächspartner in der Regel zu Ende reden läßt, während man sie in Deutschland oft unterbricht. Wenn ich darauf hinweise, daß diese Einschätzung gut zu den von vielen Schweizern gehegten stereotypischen Vorstellungen paßt, sowohl denjenigen über sich selbst als auch denjenigen über die Deutschen (vgl. Kap. C.6), so will ich damit die Richtigkeit der Beobachtung keineswegs in Zweifel ziehen. Jedoch liegt ihr Inhalt mit Sicherheit weit jenseits dessen, was normalerweise unter dem Begriff einer Standardvarietät behandelt wird. Daher liegt er auch jenseits des Horizonts der vorliegenden Untersuchung. Interessante Hinweise zu verschiedenartigen pragmatischen Sprachaspekten liefern außer der schon genannten Untersuchung von Rohrer (1973) noch Oplatka-Steinlin (1971) und Stirnemann (1980).

Manche Ausdrücke, auch aus der obigen Wortliste, existieren ebenso im deutschen und österreichischen Standarddeutsch, werden dort aber in anderen Situationen verwendet. So ist z.B. die Raumeinheit *Deziliter* (*DL* oder *dl*) Bestandteil der naturwissenschaftlichen Fachsprache, während in der Schweiz die Getränke in den Gaststätten danach bemessen werden. Auf der Rechnung steht dann z.B. „5 dl Mineral".

Auffällige Unterschiede gibt es in den Ausdrücken zur Regelung des zwischenmenschlichen Kontakts, vor allem bei Grüßen, Warnrufen und militärischen Kommandos.

Abtreten! (militärisch) (dt./österr. Wegtreten!),
Achtung – steht! (militärisch) (dt. Stillgestanden!,
    österr. Habt acht!),
Fürio! (Alarmruf bei Brand) (dt./österr. Feurio!),
Grüezi!/Salü! (dt. Tag!, österr. grüß Dich/Servus!, süddt. grüß Gott!),
Ja, gern (dt./österr. ja, bitte),
stoßen (Aufschrift an Türen) (dt./österr. drücken – Gegenteil: ziehen),
Ruhn! (militärisch) (dt. Rührt euch!, österr. Ruht!),
Tschau!/Salü! (dt. *Tschüß! (vgl. Kap. B.4), österr. Servus!).

Charakteristisch ist außerdem die häufigere Verwendung von Diminutivformen (Meyer 1989: 48), auch in Fällen, wo sie in Deutschland oder Österreich komisch wirkt, also normwidrig ist. Allerdings findet man sie auch im Südwesten Deutschlands, also wohl im ganzen Alemannischen im weiteren Sinn (einschließlich des Schwäbischen).

3.7 Hinweise zur Herkunft

Woher kommen die Helvetismen? Was vor allem sind die wichtigsten Herkunftssprachen und -varietäten? Nützliche Hinweise hierzu finden sich in Kaiser (Bd. 1, 1969), Schilling (1970), Haas (1982b: 114–119), bei Meyer (1989) unter den einzelnen Lemmata oder auch bei Weber (1984: vor allem Kap. 3).

Wie im Falle Österreichs spielen die Kontaktsprachen eine wichtige Rolle. Allerdings ist im Falle des Schweizerhochdeutschen eine von ihnen, nämlich Französisch, als Spendersprache sehr dominant. Dies erklärt sich zum Teil aus dem deutlich höheren „Kontaktstatus" des Französischen gegenüber dem Deutschen in der Schweiz, der sich daran zeigt, daß im Kontakt zwischen Französisch- und Deutschsprachigen ganz überwiegend Französisch verwendet wird. Nicht wenige der französischen Entlehnungen im Schweizerhochdeutschen waren früher auch Bestandteil des deutschen und österreichischen Standarddeutsch. Sie wurden dort jedoch eingedeutscht; im Hinblick auf sie war also der Allgemeine deutsche Sprachverein in seinen puristischen Bestrebungen erfolgreicher als der Deutschschweizerische Sprachverein (vgl. Kap. C.2, D.2). Oft sind diese französischen Entlehnungen auch mit einer Sonderbedeutung oder beschränkt auf bestimmte Gebrauchsdomänen in Deutschland und Österreich erhalten geblieben. Entsprechendes gilt für die Anglizismen vor allem der Fußballsprache, die das Schweizer-

hochdeutsche mit dem österreichischen Standarddeutsch teilt. Aus dem Englischen und auch aus dem Italienischen stammen deutlich weniger Helvetismen
als aus dem Französischen – die massenhaften modernen Anglizismen im Schweizerhochdeutschen sind zumeist keine schweizerischen Besonderheiten. Auch dem
Lateinischen kommt als Spendersprache von Helvetismen eine beachtliche Bedeutung zu. Bei den Latinismen handelt es sich ursprünglich oft um Fachvokabular,
das im Rahmen der eigenen staatlichen Verwaltung entstanden ist. Naheliegenderweise ist schließlich der alemannische Dialekt, das Schwyzertütsche, eine
wichtige Quelle von Helvetismen; teilweise leben auch alte Wörter im Schweizerhochdeutschen fort, die im Dialekt schon ausgestorben sind, z. B. *äufnen* ‚sammeln‘. Auch die Urbilder aus den anderen Spendersprachen haben sich zum Teil
dort gewandelt oder sind veraltet.

Mögen hier einige wenige Beispiele für die Herkunft von Helvetismen genügen. Die Bedeutungsangaben sind nur beigefügt, wo dies notwendig schien,
und zwar in deutschem Deutsch. Auch die Ausgangsform ist nur angegeben,
wenn sie sich vom Helvetismus unterscheidet (nicht jedoch bei bloßem Unterschied in der Endung (-<en> statt alemannisch -[ə]) oder der Großschreibung).

Alemannischer Dialekt: Güggeli ‚Hähnchen‘, Guets(l)i ‚Plätzchen‘, grüezi,
Muni ‚Bulle‘, Nüsslisalat ‚Feldsalat‘, Rossbollen ‚Pferdeapfel‘, wischen ‚fegen‘.

Französisch: Bijouterie ‚Schmuckwarengeschäft‘, Camion ‚Lastwagen‘,
Coiffeur, Jupe ‚Rock‘, Kaput ‚Soldatenmantel‘ (< capote), Kondukteur (< conduc-
teur), Konsumation (< consommation < lateinisch consumptio), Passerelle ‚Fuß-
gängerbrücke‘, Pneu ‚(Gummi)Reifen‘, Rayon ‚(Dienst)Bezirk‘, Velo (< vélo, veraltet vélocipède).

Englisch: Back ‚Verteidiger‘, Forward ‚Stürmer‘, Penalty ‚Elfmeter‘, skoren
‚ein Tor erzielen‘ (< score).

Italienisch: Marroni, Tschau! (< ciao!), Zucchetti ‚Zucchini‘ (< zucchetti
‚kleine Kürbisse‘).

Latein: Aktuar ‚Schriftführer‘ (< actuarius), Matura/Maturitätsprüfung
‚Abitur‘(< maturitas), rekognoszieren ‚erkunden (militärisch)‘ (< recognoscere),
Spital (< mittellateinisch hospitale), Traktandum ‚Tagesordnungspunkt‘ (< trac-
tandum).

Eine quantitative Angabe zu den Spendersprachen und -varietäten wäre
wünschenwert, muß hier aber Desiderat bleiben. Voraussetzung für eine exakte
Angabe wäre – wie schon bei den Austriazismen – ein eindeutig definiertes Ge-
samtkorpus von Helvetismen. Einen Ansatz böte vielleicht Meyer (1989), nach
Abzug der Nonstandardvarianten. Doch war mir diese Basis zu unsicher für den
Aufwand eines ernsthaften Quantifizierungsversuchs.

4 Zur Soziologie und Pragmatik von Standardvarietät und Dialekten in der deutschsprachigen Schweiz: „mediale Diglossie" und „Nationaldialekt"

Die deutschsprachige Schweiz gehört ganz zur alemannischen Dialektregion, mit Ausnahme des kleinen Gebiets von Samnaun im östlichen Graubünden, wo die bairische Dialektregion Schweizer Gebiet berührt (vgl. Kap. A.1.3). Die alemannische Dialektregion erstreckt sich über das Gebiet der Schweiz hinaus auf Liechtenstein, das österreichische Bundesland Vorarlberg, den Südwesten des Landes Bayern und den Süden Baden-Württembergs in Deutschland sowie das südliche und mittlere Elsaß, soweit dort noch Dialekt gesprochen wird.

Inwieweit die dialektalgeographische Binnengliederung der deutschsprachigen Schweiz sich in regionalen Spezifika des Schweizerhochdeutschen niederschlägt, muß hier leider weitgehend eine offene Frage bleiben, die einer Spezialuntersuchung bedürfte. Immerhin ist die Annahme eines Zusammenhangs nicht a limine abwegig. Es zeigen sich nämlich durchaus ungefähre Übereinstimmungen zwischen gängigen dialektgeographischen Einteilungen und regionalen Differenzierungen des Schweizerhochdeutschen.

Dialektgeographisch wird die deutschsprachige Schweiz zumeist von Norden nach Süden in die drei Hauptregionen des Mittelalemannischen (nur im äußersten Norden und größerenteils nach Deutschland hineinreichend), des Hoch- und des Höchstalemannischen eingeteilt. Diese Einteilung ist verhältnismäßig unproblematisch in einer mittleren Zone, während sie im Westen und Osten Schwierigkeiten bereitet, so daß dort jeweils größere „Übergangsgebiete" zwischen verschiedenen dialektalen „Kerngebieten" angesetzt werden. Bei einer groben Sicht der Dinge gelangt man so zu fünf größeren Dialektregionen (vgl. z. B. Wiesinger 1983c: Karte 47.4).

Eine immerhin entfernte Ähnlichkeit mit dieser Einteilung zeigt diejenige von Meyer (1989: 24) in die folgenden fünf Regionen, die offenbar in bezug auf regionale Besonderheiten des Schweizerhochdeutschen bedeutsam sind:

„Innerschweiz (...): die Urkantone Uri, Schwyz und Unterwalden (Nid- und Obwalden) sowie Luzern und Zug.

Nordosten, Nordostschweiz (...): nördlich und östlich des Kantons Zürich, also Schaffhausen, Thurgau, St. Gallen und Appenzell.

Nordwesten, Nordwestschweiz (...): Basel-Stadt und -Land sowie (Teile von) Aargau, Solothurn und Bern.

Osten: östlich der Linie Aaremündung-Reuß, wobei die Innerschweiz entweder ganz zum Osten zählt oder geteilt ist.

Westen: westlich der genannten Linie."

Offenkundig zeigen die Dialektregionen und die Regionen des Schweizerhochdeutschen neben gewissen Entsprechungen auch erhebliche Divergenzen. Es würde angesichts der vielen ungeklärten Probleme in diesem Bereich zu weit führen, Übereinstimmungen und Divergenzen im einzelnen zu erörtern.

Bei aller dialektalen Differenzierung ist die deutschsprachige Schweiz im Vergleich zu den beiden anderen nationalen Vollzentren der deutschen Sprache dialektgeographisch verhältnismäßig einheitlich. Dieser Umstand dürfte vor allem für manche Schweizer überraschend sein und wird deshalb hier ausdrücklich betont. Sogar noch einheitlicher ist die deutschsprachige Schweiz in soziolinguistischer, dialektsoziologischer oder auch -pragmatischer Hinsicht. In Kapitel B.5 wurde schon darauf hingewiesen, daß man das deutsche Sprachgebiet nach dialektsoziologischen Gesichtspunkten von Norden nach Süden in die folgenden drei großen Regionen einteilen kann (vgl. z. B. Mattheier 1980: 161–173; Schuppenhauer/Werlen 1983):

(I)   Im Norden die Region des Dialektschwunds;
(II)   In der Mitte und im Südosten die Region des Dialekt-Standard-Kontinuums;
(III) Im Südwesten die Diglossie-Region.

Ferner wurde ausgeführt, daß diese Einteilung zwar nicht mit der herkömmlichen dialektgeographischen Dreiteilung in Niederdeutsch, Mitteldeutsch und Oberdeutsch kongruiert, aber doch einen unverkennbaren Bezug dazu hat. Region I deckt sich weitgehend mit der Region des Niederdeutschen, und Region III ist auf die Region des Alemannischen beschränkt. Allerdings erstreckt sie sich nicht auf das gesamte Alemannische, vor allem nicht auf den alemannischen Südwesten Deutschlands. Sie umfaßt aber die gesamte Schweiz und – in etwas abgeschwächter Ausprägung – auch Liechtenstein und das österreichische Bundesland Vorarlberg. Es erscheint angebracht, hier etwas genauer auszuführen, was unter dieser ‚Diglossie' speziell im Falle der Schweiz zu verstehen ist (vgl. zu einer übersichtlichen, einfachen Darstellung Wyler 1984; auch Loetscher 1986 oder schon Zinsli 1956).

Der Terminus *Diglossie* wird meist auf Charles Ferguson zurückgeführt, der ihn zwar nicht geprägt, aber inhaltlich so angereichert hat, daß er zu einem der fruchtbarsten soziolinguistischen Begriffe wurde (vgl. z. B. die umfangreiche Bibliographie hierzu von Fernández 1993). Ferguson bezieht sich schon in seinem begriffsprägenden Aufsatz von 1959 auf die deutschsprachige Schweiz als eines von vier Beispielen einer Diglossie – neben Griechenland, der arabischen Welt und Haiti. Angesichts mancher späteren Einwände gegen die Subsumierung der Schweiz unter den Diglossie-Begriff, ist vor allem auf die Abstraktheit von Fergusons Begriff hinzuweisen, die allein schon aus der Verschiedenartigkeit der Beispiele hervorgeht.

Manchmal wird übersehen, daß sich Ferguson selber nur auf den deutschsprachigen Teil der Schweiz bezieht. Erst später wird dann auch die italienischsprachige Schweiz als diglottisch charakterisiert (z. B. Haas 1988: 1373). Mit Sicherheit nicht unter den Begriff der Diglossie fallen dagegen die französisch- und rätoromanischsprachigen Teile der Schweiz – es sei denn, man dehnt den Begriff bis zur Unkenntlichkeit aus. In unserem Zusammenhang ist besonders wichtig, daß auch die anderen Zentren der deutschen Sprache nicht diglottisch sind (ausgenommen Liechtenstein und das österreichische Vorarlberg). Diese Unterscheidung wird wiederum nur dann zweifelhaft, wenn man den Begriff ‚Diglossie' in einer Art und Weise ausweitet, die dem Ferguson'schen Bemühen um die Kennzeichnung besonderer Verhältnisse zuwiderläuft (z. B. Fasold 1984: 34-60). Zur Hervorhebung dieser Besonderheit setzt Ferguson (1959: 325, zweiter und dritter

Satz) gleich zu Beginn seiner Ausführungen eine Diglossie ausdrücklich von den sonstigen Arten des Nebeneinanders von Dialekt und Standardvarietät ab. Zur klareren Unterscheidung wählt er auch spezielle, wenngleich nicht unbedingt glückliche Bezeichnungen für die Varietäten einer Diglossie, nämlich *hohe Varietät* („high variety" = H) und *niedrige Varietät* („low variety" = L).

Freilich bleibt Fergusons Diglossie-Begriff dennoch zu abstrakt, um alle Besonderheiten des Verhältnisses von Dialekten und Standardvarietät in der deutschsprachigen Schweiz – im Vergleich zu den übrigen nationalen Zentren der deutschen Sprache – zu erfassen. Die bei genauerer Betrachtung mangelhafte Paß-form des Diglossiebegriffs ist sicher ein maßgeblicher Grund dafür, daß er von Nichtschweizern, also aus der Fernsicht, unbefangener verwendet wird als von Schweizern selber (vgl. z.B. Moulton 1962; Russ 1987; Schiffmann 1991). Der Begriff bleibt bei Ferguson schon insoweit vage, als der Autor offenläßt, welche der von ihm genannten 9 Eigenschaften einer Diglossie (von den Besonderheiten der *Funktion* der beiden involvierten Varietäten bis zu ihrer *Phonologie*) definitorisch gemeint sind – ganz zu schweigen von ihrem Status als notwendige, als hinreichende oder als notwendige und hinreichende Bedingungen. Ebenso bleibt offen, welche der 9 Eigenschaften Ferguson für unabhängig voneinander hält und welche eventuell nicht. Fragen dieser Art stellt Ferguson gar nicht. Möglicherweise wollte er den Begriff vorläufig einfach nicht in solchen Einzelheiten festlegen, sondern dies der weiteren Forschung überlassen.

Sicher ist jedoch, daß nicht jedes der von Ferguson genannten Merkmale für sich genommen spezifisch ist für eine Diglossie, denn manche von ihnen treffen auch auf sonstige Dialekt-Standard-Verhältnisse zu. Ein Beispiel ist die stärker vereinfachte Morphologie der L (low variety) als der H (high variety). Sie ist eine Folge hauptsächlich des fehlenden oder später einsetzenden schriftlichen Gebrauchs der L (Merkmal 7). Bei nur mündlichem Gebrauch wurde die ursprünglich komplexe Morphologie stärker vereinfacht als bei schriftlicher Verwendung (im Falle einer übergreifenden Tendenz des Endsilbenverfalls und des Übergangs vom synthetischen zum analytischen Sprachbau). Dieser Unterschied zwischen beiden Varietäten – L steht für den Dialekt und H für die Standardvarietät – trifft auf die übrigen Zentren der deutschen Sprache nicht weniger zu als auf die Schweiz. Sicher ist es richtig, daß die schwyzertütschen Dialekte (alemannische Dialekte der Schweiz), in mancher Hinsicht morphologisch einfacher sind als das Schweizerhochdeutsche, das die H darstellt, z.B. im Kasussystem der Substantive. Aber dies gilt ebenfalls für die Dialekte im Vergleich zur jeweiligen Standardvarietät in Deutschland und Österreich. Der genannte Unterschied zeichnet demnach die Varietäten einer Diglossie nicht unbedingt aus gegenüber anderen Dialekt-Standard-Verhältnissen.

Noch größere Probleme in der Anwendung des Diglossiebegriffs auf die Zentren der deutschen Sprache entspringen auf den ersten Blick aus Merkmalen, die insofern gewichtiger sind, als sie sogar Fergusons Benennung der beiden Varietäten als *hoch* und *niedrig* motivieren. Ein Beispiel ist der Prestigeunterschied zwischen beiden Varietäten. Nach Ferguson müßte dem Schweizerhochdeutschen als der H ein deutlich höheres Prestige zukommen als dem Schwyzertütschen, das die L bildet. Jedoch wird dieses höhere Prestige der Standardvarietät von Kennern der Verhältnisse speziell für die Schweiz (als einem Musterbeispiel von Diglossie) bezweifelt: „Im Unterschied zu Deutschland besitzt die Standardsprache (vor allem hörbar deutscher Standard) kein hohes Prestige. Den Dialekten wird im allgemeinen ein höheres Prestige zugesprochen (...)" (Schuppenhauer/Werlen 1983: 1423; vgl. auch Koller 1992: 39 sowie den Befund von Hogg/Joyce/Abrams 1984) Demgegenüber steht ein höheres Prestige der Standardvarietät im Vergleich zu den Dialekten für die übrigen, nicht-diglottischen Zentren der deutschen Sprache, vor allem Deutschland und Österreich, außer Frage (vgl. Kap. B.5, D.5). Der Prestigeunterschied zwischen H und L ist demnach in der Schweiz zumindest schwächer ausgeprägt als in den anderen nationalen Zentren des Deutschen – falls nicht sogar umgekehrt und dann mit Fergusons Varietätenbenennung unvereinbar.

Aus den genannten Gründen läßt sich für die folgenden Besonderheiten der deutschsprachigen Schweiz nicht ohne weiteres sagen, welche Relevanz ihnen für den Tatbestand einer Diglossie zukommt. Wenn die betreffende Besonderheit einer der von Ferguson (1959) genannten Eigenschaften einer Diglossie entspricht, so füge ich dies jeweils in Klammern bei. Möglicherweise wäre es bei den anderen Besonderheiten angebracht, zu prüfen, ob sie den von Ferguson genannten Merkmalen für eine Diglossie hinzugefügt werden sollten, womit der „klassische" Diglossiebegriff allerdings modifiziert würde. Diese Frage will ich hier jedoch nur aufwerfen; der Versuch, sie zu beantworten, würde im vorliegenden Zusammenhang zu weit führen.

Worin bestehen nun die Besonderheiten der deutschsprachigen Schweiz bezüglich Dialekt und Standardvarietät, verglichen mit Deutschland und Österreich? Sie sind nachfolgend zunächst einmal in einer Liste stichwortartig zusammengestellt, um dann anschließend nacheinander näher erläutert zu werden. Die gewählte Reihenfolge in dieser Liste ist von untergeordneter Bedeutung und keineswegs die einzig zweckmäßige. Im einzelnen handelt es sich um die folgenden Besonderheiten (vgl. auch Keller 1982; Schläpfer 1992):

(1) Die verhältnismäßig große linguistische Distanz zwischen Dialekt und Standardvarietät (bei Ferguson, 1959: 336, nebenbei formuliert: „very divergent (...) superposed variety" – nicht eines seiner aufgelisteten Merkmale 1 bis 9).

(2) Die verhältnismäßig große Ähnlichkeit der verschiedenen Dialekte untereinander (fehlt bei Ferguson). Im Zusammenhang damit ist bemerkenswert, daß in der Schweiz die Meinung weit verbreitet ist, die Dialektunterschiede seien sehr groß.

(3) Das penible strukturelle Auseinanderhalten von Dialekt und Standardvarietät (bei Ferguson vorab formuliert: „where two varieties of a language exist side by side (...)" (S. 325) – nicht eines seiner aufgelisteten Merkmale 1 bis 9).

(4) Die ziemlich konsequente funktionale Trennung von Dialekt und Standardvarietät nach ihrem Gebrauch in den Domänen (bei Ferguson Bestandteil des Merkmals *Funktion:* „with the two sets [of situations! U.A.] overlapping only very slightly." (S. 328))

(5) Die durchgängige Verwendung ausgeprägten Dialekts in allen Sozialschichten der Bevölkerung (bei Ferguson außerhalb der Merkmalliste formuliert: „(...) diglossia differs from the more widespread standard-with-dialects in that no segment of the speech community in diglossia regularly uses H as a medium of ordinary conversation (...)" (S. 336 f.)).

(6) Die Verwendung des Dialekts auch in gewissen öffentlichen Domänen (fehlt bei Ferguson).

(7) Die Verwendung des Dialekts für Gesprächsthemen jeglicher Art (bei Ferguson nebenbei erwähnt beim Merkmal *Funktion:* „(...) it is typical behavior to listen to a formal speech in H and then to discuss it, often with the speaker himself, in L." (S. 329) Diesem funktionalen Merkmal entspricht das strukturelle Merkmal der Ausgebautheit des Dialekts, das im weiteren wohl besonders erläuterungsbedürftig ist (unter „zu (7)") (bei Ferguson eher gegenteilig: „It is hardly surprising, however, that H should include in its total lexicon technical terms and learned expressions which have no regular L equivalents (...)" (Merkmal 8 *Lexikon,* S. 334)).

(8) Die weitgehende Erhaltung der Unterschiede zwischen den verschiedenen Dialekten, obwohl diese Unterschiede verhältnismäßig gering sind (vgl. Merkmal 2 oben), und das Fehlen eines einheitlichen, überregionalen Schwyzertütsch (vielleicht z.T. impliziert in Fergusons Merkmal 6 *Stabilität,* S. 332 f.).

(9) Die Rolle des Dialekts als Nationalsymbol oder als Symbol der nationalen Identität (bei Ferguson allenfalls implizit, z.B. wenn er begründet, daß in informellen Situationen alle Gesellschaftsmitglieder unter anderem deshalb die L verwenden, weil sie andernfalls als „in some sense disloyal to the community" gelten, wobei er als Beispiel ausdrücklich „Swiss German" in Klammern beifügt (S. 337)). Im Zusammenhang mit der Hochschätzung des Schwyzertütschen als Nationalsymbol findet sich auch dessen Bewertung als eigenständige Sprache, als faktische – im Gegensatz zu einer amtlichen – National„sprache" (vgl. auch Kap. C.5).

(10) Die verbreitete Vorstellung von der Fremdsprachlichkeit oder zumindest Exonormativität der Standardvarietät (z.T. impliziert in Fergusons Merkmal 4 ‚Erwerb der L von Kind an und der H erst in der Schule' (S. 331)).

Diese Besonderheiten bedürfen nun der Erläuterung.

Zu (1): Die schweizerdeutschen Dialekte *(Schwyzertütsch)* unterscheiden sich stark von der Standardvarietät, und zwar auch vom Schweizerhochdeutschen, also der eigenen nationalen Varietät, nicht etwa nur vom deutschen Standarddeutsch. Ein Indiz dafür ist z.B., daß norddeutsche Besucher der Schweiz Schwyzertütsch nicht oder zumindest kaum verstehen, während sie beim Schweizerhochdeutschen keinerlei Verständnisschwierigkeiten haben, außer bei den gelegentlich auftretenden lexikalischen Helvetismen.

Allerdings übertrifft die Schweiz nach der Größe der linguistischen Distanz (oder dem Grad der Unähnlichkeit) zwischen Dialekt und Standardvarietät nicht ohne weiteres alle anderen nationalen Zentren der deutschen Sprache. Zwar ist die linguistische Distanz zwischen den süddeutschen Dialekten, auch dem „breiten" Dialekt auf dem Land, und dem deutschen Standarddeutsch oder zwischen den Dialekten in Österreich und dem österreichischen Standarddeutsch geringer. Aber die linguistische Distanz zwischen den herkömmlichen niederdeutschen Dialekten und dem deutschen Standarddeutsch ist sehr wahrscheinlich sogar größer. Diese Annahme erscheint berechtigt, obwohl meines Wissens keine vergleichenden Messungen der linguistischen Distanz vorliegen. Alle standarddeutschen Varietäten basieren nämlich stärker auf den mittel- und oberdeutschen als den niederdeutschen Dialekten, sowohl nach Lexik und Grammatik als auch nach dem Lautstand (man denke an die hochdeutsche Lautverschiebung!). Dies gilt vermutlich sogar für das deutsche Standarddeutsch, trotz gewisser auffälliger, aus der niederdeutschen Region stammender Merkmale vor allem der Lautung (insbesondere die Opposition stimmhaft – stimmlos bei Plosiven und Frikativen). Wegen ihrer großen linguistischen Distanz von der „hoch"deutschen Standardvarietät wurden die niederdeutschen Dialekte verschiedentlich sogar als eigenständige Sprache aufgefaßt, für deren Typ Kloss (1978: 67–70) den Terminus „scheindialektisierte Abstandsprache" geprägt hat (Sprache, die ihren Sprechern als Dialekt erscheint). Die bisweilen vertretene Auffassung, in der Schweiz sei – auch schon rein linguistisch gesehen – die Kluft zwischen Dialekten und Standardvarietät größer als irgendwo sonst im deutschen Sprachgebiet, ist also nicht ohne weiteres haltbar (vgl. Kap. D.5).

Diese Auffassung ist allerdings auch nicht schlicht falsch; sie muß jedoch anders formuliert werden. Die Schweizer Besonderheit besteht darin, daß die verhältnismäßig große linguistische Distanz zwischen Dialekten und Standardvarietät *durchgängig* vorhanden ist. Sogar die Stadtdialekte sind in der Schweiz noch stark verschieden von der Standardvarietät. Demgegenüber sind in Süddeutschland und in Österreich die Dialekte sowieso standardnäher, und sie sind es in besonderem Maße in den Städten. In der niederdeutschen Region sind die Dialekte in den Städten sogar auf wenige Restformen zusammengeschrumpft (Einzelwörter wie *wat, dat* und dergleichen), und auch auf dem Lande hat sich der Dialekt durch Schwund vielfach stark der Standardvarietät angenähert. Die vermutlich größere linguistische Distanz zwischen niederdeutschen Dialekten und deutschem Standarddeutsch, auf die oben hingewiesen wurde, gehört also weitgehend der Vergangenheit an. Die durchgängige beträchtliche linguistische Distanz zwischen Dialekten und Standardvarietät in der deutschsprachigen Schweiz (im Vergleich zur stellenweisen Ähnlichkeit beider Varietäten in Deutschland und Österreich) läßt sich, wie sogleich ausgeführt werden soll, von den Merkmalen (2) bis (4) her erklären – was übrigens die Annahme von Merkmal (1) zusätzlich stützt.

Zu (2): Die verhältnismäßig große linguistische Ähnlichkeit der verschiedenen Schweizer Dialekte untereinander läßt sich schon aus den Übersichtskarten über alle deutschen Dialekte erschließen. Zwar ist dort die deutschsprachige Schweiz in der Regel unterteilt in die Regionen des Mittel-, Hoch- und Höchstalemannischen (vgl. Kapitelanfang); alle unterschiedenen Dialekte sind jedoch Teil des einen Großdialekts Alemannisch, zu dem übrigens noch das außerhalb der Schweiz liegende Niederalemannische gehört und bisweilen außerdem das Schwäbische gezählt wird (Alemannisch im weiteren Sinn). Nach den üblichen Einteilungen in größere Dialektregionen ist die Schweiz demnach dialektal ausgesprochen einheitlich.

Warum, wie es scheint, die meisten Schweizer glauben, ihre Dialekte seien sehr unterschiedlich, ist ein Thema für sich. Zunächst wäre zu überprüfen, ob der Glaube an die Diversität des eigenen Dialekts überhaupt weiter verbreitet ist als bei den Sprechern anderer Großdialekte. Bei einer solchen Überprüfung stellt sich freilich sofort das Problem der Vergleichbarkeit. Was sind Dialekte gleicher Größenordnung wie das Alemannische (im engeren Sinn, ohne das Schwäbische)? Etwa das Schwäbische, das trotz der Divergenz zwischen Ost- und Westschwäbisch relativ einheitlich erscheint, oder das Bairische oder gar das Fränkische? Letzteres, das sich vom Ostfränkischen um Nürnberg bis zum Moselfränkischen um Trier erstreckt, erscheint besonders heterogen (selbst wenn, wie hier, das ganz andersartige Niederfränkische außer Betracht bleibt). Vermutlich halten auch die Sprecher des Fränkischen die Divergenzen innerhalb ihres Dialekts, von dem man kaum im Singular sprechen mag, für beträchtlich, nicht weniger, als dies die Schweizer tun. Möglicherweise sind in dem einheitlich wirkenden Begriff ‚Alemannisch', ähnlich wie in ‚Fränkisch', auch tatsächlich besonders divergente Subdialekte zusammengefaßt und wird dies im Bewußtsein der Schweizer richtig widergespiegelt.

Es gibt jedoch auch eine andere mögliche Erklärung: Die Vorstellung großer Dialektdifferenzierung korrespondiert speziell in der Schweiz mit der kleingebietigen Kantonseinteilung bzw. dem entsprechenden sprichwörtlichen „Kantönligeist". Es dürfte freilich selbstverständlich sein, daß dieser an nationale Stereotypien anknüpfende Erklärungshinweis nicht einfach als bare Münze zu nehmen ist. Die ganze Thematik bedürfte vielmehr sowohl der sorgfältigeren Analyse als auch gründlicher empirischer Forschung. Vorab wären auch weitere Begriffsdifferenzierungen erforderlich, wie z. B. die folgende: Glauben die Schweizer, zwischen ihren Dialekten gäbe es besonders tiefgreifende linguistische Unterschiede (linguistische Distanz), oder sie seien besonders fein gekammert (regionale Differenzierung), oder beides? Da die ganze Frage mit unserem Thema der nationalen Varietäten nicht unmittelbar zusammenhängt, soll sie hier nicht weiter verfolgt werden.

Zu (3): Dieses Merkmal wird oft als wesentlich für eine Diglossie dargestellt, durch das sich auch die Schweizer Verhältnisse besonders markant von denen in den anderen nationalen Zentren der deutschen Sprache unterscheiden. Im mittleren und südlichen Deutschland und in Österreich beobachtet man vielfältige Abstufungen zwischen Dialekt und Standarddeutsch, einen Sachverhalt, den man als *Gradualismus* oder als *Dialekt-Standard-Kontinuum* bezeichnet hat (vgl. Kap. B.5, D.5). Im Vergleich dazu werden Dialekt und Standardvarietät in der deutschsprachigen Schweiz streng auseinandergehalten. Es wird bei Bedarf von einer Varietät auf die andere umgeschaltet, d. h. man verwendet entweder die eine oder die andere, aber keine Übergangsformen oder Zwischenstufen.

Allerdings bedarf auch diese oft hervorgehobene Besonderheit der Schweiz der Präzisierung. Genaugenommen gilt das rigorose Umschalten nur für die Lautung und die Morphologie. Dagegen wird beim Dialektsprechen die Lexik oft nahezu beliebig aus der Standardvarietät übernommen. Mit einer gewissen Berechtigung könnte man sogar sagen, die Lexik der Standardvarietät ist vollständig in der Dialektlexik enthalten – nicht aber umgekehrt (vgl. die nachfolgende Erläuterung zu Merkmal 7). Auch die Syntax der Standardvarietät ist oft Bestandteil des Dialektsprechens, obwohl Dialekt-Puristen darüber viel geklagt haben. Dies zeigt sich besonders deutlich und häufig in vorgefertigten Reden, die oft durch Übersetzungen aus standardsprachlichen Texten entstehen und als „Papiermundart" und dergleichen kritisiert werden (vgl. Rupp 1983: 33). Lautlich und morphologisch sind derartige Reden jedoch in der Regel sehr wohl ausgeprägt dialektal. Insoweit, aber eben auch nur insoweit, trifft es zu, daß Dialekt und Standardvarietät streng auseinandergehalten werden, im Gegensatz zu einem Dialekt-Standard-Kontinuum.

Dieses Auseinanderhalten von Dialekt und Standardvarietät ist nicht zuletzt das Ergebnis einer langen Geschichte des „Dialekt-Purismus", der als Schweizer Besonderheit zum „Standardvarietäts-Purismus" hinzukommt, den man allenthalben im deutschen Sprachgebiet findet (vgl. zu den Begriffen Kap. B.4). In dialekt-puristisch geprägten Regionen liegt es auch näher vom „reinen Dialekt" zu sprechen, analog zur „reinen Hochsprache" (Standardvarietät), während man in den ausschließlich vom Standardvarietäts-Purismus geprägten Regionen nur vom „breiten Dialekt" spricht. Fast alle Schweizer, die sich für ein gepflegtes Standarddeutsch in der Schweiz einsetzten, haben zugleich für die Reinerhaltung des Dialekts von standardsprachlichen Einflüssen plädiert. Als Beispiele, die zweifellos auch schulwirksam waren, seien nur Johann C. Mörikofer (1838), Jost Winteler (1876), Otto von Greyerz (1900; [1922] 1946) oder sogar August Steiger (1924; 1944) genannt sowie überhaupt der Deutschschweizerische Sprachverein (vgl. ders. 1938; Kap. C.1 im vorliegenden Buch).

Das Auseinanderhalten von Dialekt und Standardvarietät ist sicher darüber hinaus erleichtert durch die verhältnismäßig große linguistische Distanz zwischen beiden Varietäten. Sie verringert einerseits die Gefahr der Konfusion, und sie zwingt andererseits stärker zum vollständigen Umschalten, als es eine geringere linguistische Distanz tut. Es gelingt nämlich weniger leicht, durch eine Annäherung in kleinen Schritten zwischen beiden Varietäten zu vermitteln. Wo Dialekt und Standardvarietät weniger stark divergieren, können Verstehensschwierigkeiten zwischen Sprechern beider Varietäten oft schon durch kleine Annäherungsschritte an die Varietät des Kommunikationspartners behoben werden. Bei größerer linguistischer Distanz reicht dies zumeist nicht, sondern wird Verstehen nur durch vollständiges oder wenigstens nahezu vollständiges Umschalten gesichert. Erfahrungen dieser Art können sich zu allgemeinen Gewohnheiten oder sogar Normen verdichten. Von diesen Überlegungen aus läßt sich zumindest teilweise erklären, warum in der Schweiz das Umschalten und in Süddeutschland und Österreich der kontinuierliche Übergang zwischen Dialekt und Standardvarietät zur Norm des Umgangs mit den Varietäten geworden ist.

Diese Überlegungen werden dadurch gestützt, daß auch in der niederdeutschen Region das Umschalten und nicht der kontinuierliche Übergang die Regel gewesen ist. Im Unterschied zur Schweiz ist dort allerdings der Dialekt – oder, wenn man so will, die niederdeutsche Sprache – in starkem Maße geschwunden.

Zu (4): In der Schweiz ist vermutlich klarer als in Deutschland und Österreich, in welchen Situationstypen (Domänen) Dialekt und in welchen die Standardvarietät verwendet wird. Diese Besonderheit dürfte zwar mit der klaren strukturellen Trennung beider Varietäten zusammenhängen, folgt jedoch nicht zwingend aus ihr; es wäre ja trotz strikter struktureller Unterscheidung möglich, daß in zahlreichen Situationen sowohl Dialekt als auch die Standardvarietät gebraucht wird. In Wirklichkeit sind jedoch viele Domänen „monovarietätisch", d.h. sie bieten keine Wahlmöglichkeit zwischen Dialekt und Standardvarietät. Dieser Umstand hängt maßgeblich mit dem anschließend zu erläuternden Merkmal (5) zusammen, nach dem alle Sozialschichten in den nicht-öffentlichen Domänen Dialekt sprechen. Solange Schweizer unter sich sind, wird in der Familie, im Freundeskreis, an den meisten Arbeitsplätzen, auf dem Schulhof, im Gasthaus und in ähnlichen Situationen grundsätzlich nur Dialekt gesprochen. Vor allem deshalb ist die Zahl der bivarietätischen Domänen im Vergleich zu Deutschland und Österreich eingeschränkt. Auf der anderen Seite gibt es einige wenige Situationstypen, in denen nur die Standardvarietät gesprochen wird: Nachrichtensendungen in Radio und Fernsehen, Vorlesungen an der Hochschule oder Reden im nationalen Parlament in Bern. In manchen Bereichen ist die Varietätenwahl außerordentlich kompliziert, was sich bei einer Feindifferenzierung der Situationstypen zeigt. Eine beispielhafte Analyse für das Radio hat Markus

Ramseier (1988: z.B. 101–106) geliefert (vgl. auch Häusermann/Käppeli 1986: Kap. 3 und passim).

Bei etwas vergröberter Sicht entsteht der übergreifende Eindruck, daß in der Schweiz die Standardvarietät mit wenigen Ausnahmen auf den schriftlichen Sprachgebrauch beschränkt ist, während im mündlichen Sprachgebrauch für die meisten Domänen das Dialektsprechen die Norm ist. Dieser Sachverhalt wird ausgedrückt durch den inzwischen gängigen Terminus „mediale Diglossie", der die Orientierung der Varietätenwahl hauptsächlich am Medium des Sprachgebrauchs (mündlich/schriftlich) zum Ausdruck bringt. Es gibt nur ganz wenige Situationen, „in denen noch Hochdeutsch [die Standardvarietät! U.A.] gesprochen werden darf; nicht muß, sondern darf" (Ris 1987: 28; vgl. auch von Polenz 1990: 15–17; E. Werlen 1994). Im Gegensatz zur mündlichen Einschränkung des Schweizerhochdeutschen auf wenige öffentliche Domänen ist in Deutschland und in Österreich Standardsprechen, oder zumindest angenähertes Standardsprechen, in Situationen jedes Typs gängig – wenn auch keineswegs bei allen Personen (vgl. Merkmal 5). Man scheut sich in Deutschland und Österreich auch nicht, sich zum Standardsprechen in allen Situationen zu bekennen, auch in familiären Situationen und in solchen, in denen Deutsche bzw. Österreicher unter sich sind. Befragungen zu den Sprachgewohnheiten haben für Situationen jedes Typs die auch mündliche Verwendung der Standardvarietät belegt, wenigstens bei Teilen der Bevölkerung (vgl. für Deutschland *Jahrbuch der öffentlichen Meinung 1965–67*, Allensbach: 66; für Österreich Wiesinger 1988d: 18–22). Die weitgehende Eliminierung des Schweizerhochdeutschen aus dem mündlichen Sprachgebrauch rechtfertigt am ehesten die Rede von der „medialen Diglossie". Schriftlich spielt der Dialekt dagegen in der Schweiz sogar eine größere Rolle als in den anderen nationalen Zentren des Deutschen, wenngleich – vor allem in gedruckten Texten – sicher eine geringere als das Schweizerhochdeutsche. Am konsequentesten wird die Standardvarietät gebraucht in den Sachtexten, insbesondere in fachlichen und wissenschaftlichen Texten. In der Belletristik und in persönlichen Texten (Briefe, Einkaufszettel und dgl.) wird jedoch häufig auch Dialekt verwendet. Dies gilt ebenso für öffentliche persönliche Texte wie Glückwunsch-, Heirats- oder Todesanzeigen (Sieber/Sitta 1987: 389), die dann freilich oft als Kopie der handschriftlichen Vorlage veröffentlicht werden (dankenswerte Zusendung zahlreicher Beispiele durch Ruth M. Burri und Erika Werlen). Allerdings ist in all diesen Textsorten auch die Standardvarietät gebräuchlich, die sogar zumeist deutlich überwiegt.

Zu (5): In der deutschsprachigen Schweiz sprechen alle Einheimischen (Autochthonen) Dialekt, und zwar in allen Situationen außer den wenigen besonders förmlichen, in denen das Standardsprechen üblich ist (vgl. 4). Auch auf Zugezogenen lastet ein starker Assimilationsdruck, dem mit schmerzhaften Sanktionen Nachdruck verliehen wird (Koller 1992; auch Ris 1990). Die deutschsprachige Schweiz erscheint damit als im Hinblick auf das Dialektsprechen homogene Sozialgruppe mit großer Binnenkonformität und starker Außenabgrenzung (vgl. Homans 1957: 121).

Insbesondere gibt es nicht den in Deutschland und Österreich verbreiteten Unterschied zwischen den Sozialschichten bezüglich der Sprachvarietäten, wo sich die höheren Schichten oft „zu fein" sind für das Dialektsprechen, zumindest für das Sprechen ausgeprägten Dialekts. Ob es sich bei der in Deutschland und Österreich vorherrschenden Haltung hauptsächlich um Sozialdünkel handelt oder ob sie rationaler begründet ist, kann hier nicht im Detail erörtert werden. Rationale Gründe für das Vermeiden des Dialektsprechens sogar in der Familie könnten z. B. sein, daß man in der beruflich sehr wichtigen Standardvarietät in Übung bleiben möchte oder ihre gründliche Vermittlung an die Kinder sicher stellen will, die sich dann in der Schule sprachlich leichter tun. Daß solche Gründe für den teilweisen Verzicht auf das Dialektsprechen in Deutschland und Österreich nicht ganz von der Hand zu weisen sind, folgt indirekt auch aus der vielfach beschriebenen Selbsteinschätzung von Schweizern, daß ihnen das Standardsprechen schwerfällt oder daß sie das eigene Standardsprechen als schwerfällig empfinden, was in der Tat bisweilen auch der Eindruck nichtschweizerischer Gesprächspartner ist. Den Schweizern fehlt eben die Übung in den privaten Domänen, in denen das Dialektsprechen die allgemeine Norm und das Standardsprechen normwidrig ist. So ist es auch für den Professor oder *Bundesrat* (Bundesminister) vollkommen normal, in den privaten Domänen ausgeprägten Dialekt zu sprechen, während die Verwendung des Schweizerhochdeutschen normwidrig ist. „Die Mundarten in der Schweiz tragen *keinerlei*, ich wiederhole, keinerlei soziale Markierung. Der Industrieboss spricht mit seinesgleichen genauso Mundart wie mit einem Arbeiter." (Rupp 1983: 31) Dieses allgemeine Schwyzertütsch-Sprechen ist sicher insofern demokratischer, als jede/r mit jeder/m ungehemmter sprechen kann (Rupp 1983: 34). Es entspricht damit auch der stellenweise praktizierten unmittelbaren Demokratie besser als schichtenspezifische Unterschiede im Alltagsgebrauch von Dialekt und Standardvarietät (vgl. zur zugrundeliegenden Einstellung z. B. schon von Wartburg 1940/41 oder Baur 1983: Kapitel „1. Eine demokratische Sprache").

Allerdings spricht nicht jede/r Schweizer/in umgekehrt auch gleichermaßen Standarddeutsch; vielmehr gibt es in der Häufigkeit und Kompetenz des Standardsprechens, und sicher auch des Standardschreibens, in der Schweiz durchaus ähnliche soziale Unterschiede wie in Deutschland und Österreich. Darauf hat unter anderem Michael Clyne (1984: 14) hingewiesen. Dieser Schichtenunterschied wurde jedoch, wie es scheint, bislang nicht detailliert empirisch untersucht. Er wird auch kaum thematisiert, zumindest nicht innerhalb der Schweiz, vielleicht weil er nicht so gut wie das allgemeine Dialektsprechen in das Bild einer zumindest in sprachlicher Hinsicht vollkommenen Demokratie paßt (vgl. auch 9 und 10). Dagegen findet sich in nicht wenigen Schweizer Abhandlungen über Dialekt und Standardvarietät, vor allem über ihr Verhältnis in der Schweiz, eine Art Abschirmpolemik. Sie richtet sich gegen alle etwas allgemeiner formulierten Feststellungen einer schichtenspezifischen Verteilung beider Varietäten und daraus entspringender Nachteile für die unteren Sozialschichten – sofern die Schweiz nicht ausdrücklich von diesen Feststellungen ausgenommen ist. Mir scheinen solche Feststellungen jedoch auch für die Schweiz nach einer Richtung hin nicht ganz abwegig. Auch dort beherrschen vermutlich die höheren Sozialschichten die Standardvarietät im Durchschnitt besser als die unteren Sozialschichten, und sie sind vermutlich sogar durchaus auf die bessere Beherrschung erpicht, weil sie letztlich auch für Schweizer vorteilhaft ist. In bestimmten, wenngleich nur wenigen Situationen ist es nämlich auch in der Schweiz günstig, einigermaßen mühelos Schweizerhochdeutsch zu sprechen, bzw. ungünstig, wenn man damit erkennbare Schwierigkeiten hat. In diesen Situationen sind dann die unteren Schichten im Durchschnitt benachteiligt. Möglicherweise schwingt diese Sorge gelegentlich mit in den zahlreichen Warnungen vor dem ausschließlichen Dialektgebrauch (z. B.

Beiträge in Padel 1985, v.a. Stäuble; auch Thomke 1979; 1982b), und sie wird übersehen von Befürwortern der Verhältnisse (z.B. Haas 1986; Ris 1990). Man kann natürlich argumentieren, daß die Situationen, in denen einigermaßen fließend und korrekt schweizerhochdeutsch zu sprechen ist, für die unteren Schichten ohnehin nicht in Betracht kommen; jedoch kommt man dann in Konflikt mit demokratischen Grundsätzen. Vermutungen dieser Art schließen keineswegs die viel häufiger geäußerte zusätzliche Einsicht aus, daß in der Schweiz die Beherrschung des Dialekts nicht nur ebenfalls von großem Vorteil, sondern sogar geradezu unumgänglich ist, wenn man wirklich „dazugehören" will. Zwar gilt dies bis zu einem gewissen Grad auch für die anderen nationalen Zentren der deutschen Sprache, insbesondere für manche ländlichen Regionen Süddeutschlands und Österreichs. Für die Schweiz gilt es aber offenbar rigoroser und durchgängiger, und darin besteht eine ihrer Besonderheiten gegenüber den anderen nationalen Zentren der deutschen Sprache.

Zu (6): Seit der umfangreichen Untersuchung von Rudolf Schwarzenbach *Die Stellung der Mundart in der deutschsprachigen Schweiz* (1969) ist wissenschaftlich detailliert dokumentiert, daß in der Schweiz in besonders vielen Domänen Dialekt gebraucht wird, in deutlich mehr Domänen als in Deutschland und Österreich, wie man aus Untersuchungen dieser nationalen Zentren weiß. Seit der Untersuchung Schwarzenbachs hat sich der Dialektgebrauch in der Schweiz sogar weiter ausgedehnt (Haas 1988: 1373). Nur in ganz wenigen Domänen wird noch Standarddeutsch gesprochen, das deshalb geradezu wie eine nur geschriebene Varietät wirkt („mediale Diglossie"; vgl. (4)). Die mündliche Verwendung des Schweizerhochdeutschen ist weitgehend auf die folgenden Domänen beschränkt:

– Schulunterricht, vor allem in der Sekundarstufe,
– *Hochschulunterricht (Vorlesungen* und Seminare),
– *National- und Ständerat* sowie die Kantonsparlamente,
– *Nachrichtensendungen,* vor allem *überregionale,* in Radio und Fernsehen sowie
– Kirchen.

Das Standardsprechen ist sogar nur in den hier durch Kursivdruck hervorgehobenen Domänen vorherrschend oder die allgemeine Regel; in den anderen Fällen kommt durchaus auch Dialektsprechen vor. Dieser gegenüber den anderen nationalen Zentren der deutschen Sprache stark ausgeweitete Dialektgebrauch hängt eng zusammen mit dem folgenden Merkmal (7). Die dafür häufig verwendete Metapher von der „Dialektwelle" ist insofern unangemessen, als es sich um eine seit langem zu beobachtende Tendenz handelt (spätestens seit Ende des Ersten Weltkriegs; vgl. Kap. C.1) und ein „Abebben" bislang nicht in Sicht ist.

Zu (7) Der Dialekt wird für Gesprächsthemen jeglicher Art verwendet. So wird in den unter (6) genannten Institutionen in informellen Gesprächen in der Regel Dialekt gesprochen, und zwar über alle Themen, auch die institutionsspezifischen Fachthemen. Beispielsweise sprechen Professor/in und Student/in in der Sprechstunde oder Wissenschaftler im Labor durchaus Dialekt miteinander (vgl. z.B. Rupp 1983: 31–33).

Dies ist nur möglich, weil der Dialekt „ausgebaut", oder genauer: „modernisiert" ist. Dem funktionalen Merkmal der Verwendung des Dialekts für alle Gesprächsthemen entspricht also das strukturelle Merkmal seiner Ausgebautheit (Modernisiertheit). Auf diesen Sachverhalt hat Heinz Kloss (1978: 55–60) aufmerksam gemacht, wenn nicht als erster, so doch immerhin mit der spezifischen

Terminologie, die inzwischen allgemein gebräuchlich ist. Er spricht im Bezug auf die Schweiz von einem „Ausbaudialekt" (vgl. auch Ammon 1989: 78–82). Damit ist vor allem eine von zwei Komponenten von „Ausbau" (eigentlich Ausgebautheit) gemeint, nämlich daß der Dialekt modernes Fachvokabular umfaßt. Bei der anderen Komponente von „Ausbau", die nicht gemeint ist, handelt es sich um die Standardisierung. Das Fachvokabular des schweizerischen Ausbaudialekts hat im Grunde den gleichen Umfang wie das der Standardvarietät. Es wird nämlich beim Dialektsprechen einfach aus der Standardvarietät übernommen und lautlich sowie morphologisch in den Dialekt integriert, soweit dies aufgrund der Lautentsprechungen von Dialekt und Standardvarietät möglich ist (vgl. Rupp 1983: 33). Dabei werden Transferenzen (spontane Übernahmen) leicht zu Entlehnungen (festen Bestandteilen) bzw. lassen sich beide Typen der Aufnahme von Terminologie vielfach nur schwer auseinanderhalten. Auch hochspezielle und moderne Termini sind mit dem Dialektsprechen in der Schweiz kompatibel, während sie in Deutschland und Österreich nach verbreiteter Vorstellung nicht zum Dialekt passen und das Umschalten auf oder die Annäherung an die Standardvarietät auslösen. Die vorhandene bzw. fehlende Kompatibilität ist – wie sich denken läßt – die Folge vorhandener bzw. fehlender Verwendung des Dialekts in denjenigen Domänen, die den Gebrauch der betreffenden Terminologie erfordern; sie ist soziolinguistisch oder sprachpragmatisch, nicht sprachstrukturell zu erklären.

Zu (8): Aus den Besonderheiten (3) bis (5), aber auch (6) und (7), folgt fast schon, daß die kleinräumigen Dialekte in der deutschsprachigen Schweiz stabiler sind, also besser bewahrt wurden, als in Deutschland und Österreich. Man könnte geneigt sein, hinzuzufügen, daß dies der Fall ist, *obwohl* die Unterschiede zwischen den Dialekten verhältnismäßig gering sind (Merkmal 2). Jedoch dürfte die umgekehrte Sicht angemessener sein, nämlich daß dies gerade deshalb möglich war, *weil* die Dialektunterschiede ziemlich gering sind. Dieser Umstand gewährleistet nämlich das weitgehende gegenseitige Verstehen bei interdialektalen Kontakten und erfordert keine oder fast keine Anpassung an den Dialekt des Gesprächspartners, zumindest nicht das Umschalten auf diesen oder auf die Standardvarietät. Man verbleibt immer innerhalb des Alemannischen, wogegen vor allem in Deutschland die Dialekte weit divergieren: vom oberdeutschen Alemannischen und Bairischen im Süden über die mitteldeutschen bis zu den niederdeutschen Dialekten im Norden (vgl. Kap. D.5). Wegen der verhältnismäßig großen Ähnlichkeit aller ihrer Dialekte können Schweizer aus verschiedenen Regionen sich entweder unmittelbar verstehen oder aber zumindest verhältnismäßig leicht die für das gegenseitige Verstehen erforderliche polydialektale Verstehenskompetenz erwerben. Dementsprechend ist der „polydialektale Dialog" in der Schweiz die übliche Kommunikationsform über die Dialektgrenzen hinweg, während vor allem in Deutschland das Umschalten auf oder die Annäherung an die Standardvarietät weit verbreitet und oft auch kaum zu umgehen ist. (Der Terminus *polydialektaler Dialog* ist eine Analogiebildung zu „polyglotter Dialog" – die Verwendung jeweils der eigenen Muttersprache durch sprachdifferente Kommunikationspartner, was das Verstehen der Sprache des jeweiligen Partners voraussetzt. Den polyglotten Dialog hat Roland Posner (1991) zur Lösung der Kommunikationsprobleme Europas vorgeschlagen.) Es existiert also kein einheitliches, übergreifendes Schwyzertütsch, wie man beim Blick aus der Distanz auf die Schweiz vermuten könnte (vgl. auch Haas 1978).

Allerdings gibt es auch in der Schweiz gewisse Erosionserscheinungen der dialektalen Vielfalt. Obwohl die regionale Vielfalt der Dialekte allem Anschein nach besser erhalten ist als in den anderen nationalen Zentren der deutschen Sprache, lassen sich doch gewisse Tendenzen zur regionalen Vereinheitlichung beobachten. So hat insbesondere die wirtschaftliche Vorrangstellung mancher Städte, in Verbindung mit einer gewissen Dominanz ihrer Massenmedien, ihren Dialekten zur Ausdehnung ihrer Verwendungsregionen verholfen. Die betreffenden Dialekte werden zumindest in einer größeren Region als früher rezipiert, wenn auch nicht unbedingt gesprochen. Dies ist vielleicht am auffälligsten beim „Züritütsch", das in der größeren Region von Zürich als eine Art Verkehrsdialekt fungiert – als „Dialectus francus", wie man in Analogiebildung zum Terminus *Lingua franca* sagen könnte.

Zu (9) Von einem einheitlichen Schwyzertütsch ist die deutschsprachige Schweiz allerdings (noch?) weit entfernt. Im Sinne dieser Einheitlichkeit ist bisweilen der Terminus „Nationaldialekt" verstanden worden (z.B. von Haas 1978), mit dem Rudolf Zimmer (1977) die soziopolitische Funktion des Schwyzertütschen charakterisiert hat. Zimmer (1978) selber hat dieses Verständnis jedoch ausdrücklich zurückgewiesen. Der Terminus Nationaldialekt braucht in der Tat ebensowenig im Sinne eines Einheitsdialekts verstanden zu werden wie die ansonsten, auch im vorliegenden Text, übliche Rede vom *Dialekt* in der Schweiz (im Singular). Der Ausdruck wird dabei nur als Sammelbezeichnung gebraucht (grammatisch als Stoffsubstantiv oder Kontinuativum), und zwar in – unter Umständen unausgesprochener – Opposition zum analog singularisch verwendeten Ausdruck *Standard(varietät)*. Beide Ausdrücke können bei Betonung der regionalen bzw. nationalen Vielfalt ebensogut im Plural verwendet werden (grammatisch als Gattungssubstantive oder Diskontinuativa): Entsprechend ist es möglich, bei Betonung der regionalen Vielfalt des Schwyzertütschen von den Nationaldialekten (im Plural) zu reden.

Durch die singularische Ausdrucksweise wird allerdings – und zwar, wie mir scheint, berechtigterweise – eine gemeinsame Eigenschaft betont. Sie besteht darin, so könnte man es grob formulieren, daß das Schwyzertütsche (in seiner regionalen Vielfalt) ein Symbol ist für das Gemeinschaftsgefühl der Deutschschweizer und für ihre bewußtseinsmäßige Abgrenzung von den anderen deutschsprachigen Ländern, vor allem von Deutschland (Ris 1990; vgl. auch oben (5): Ausführungen zur Schweiz als hinsichtlich des Dialektsprechens homogene Gruppe). In gewissem Sinne hat das Schwyzertütsche sogar eine durchaus ähnliche Funktion wie Nationalhymne und Staatsflagge, nämlich als Symbol für die nationale Autonomie der Schweiz (vgl. auch Kap C.5). Für das Individuum symbolisiert es die Zugehörigkeit zur Gruppe der Schweizer Bürger, also seine nationale Identität (vgl. z.B. Schläpfer/Gutzwiller/Schmid 1991, v.a. Beitrag Gutzwiller; Watts 1988; historisch auch Vogel und *Heimatschutz* 41, 1946; außerdem Kap. B.6). Man muß dabei die Wirkung nach innen und nach außen unterscheiden. Während Schwyzertütsch innerschweizerisch hoch differenziert und dadurch „symbolisch als Ausdruck örtlicher Bindung und föderalistischer Vielfalt" erscheint (Schwarzenbach 1969: 267), wirkt es nach außen hin als ziemlich einheitliches sprachliches Nationalsymbol.

Ist Schwyzertütsch daher sogar National*sprache* der Schweiz? Diesen Eindruck vermitteln manche Abhandlungen. Beispiele dafür liefert Arthur Baur (1983: 64f.), z.B. in einem Bericht über ein Kolloquium, das im Jahre 1980 an der

Universität Neuchâtel stattfand, und zwar unter dem Titel „Le Schwyzertütsch
5e langue nationale?". Baur bejaht diese Frage, zusammen mit manchen anderen Kolloquiumsteilnehmern, und bemängelt, daß die Schweizer Verfassung das
Schwyzertütsche nicht auch dementsprechend einstuft. Laut Verfassung der
Schweiz (vom 20.2.1938, Art. 116) ist nämlich nicht das Schwyzertütsche,
sondern „das Deutsche" „Nationalsprache" der Schweiz, wie außerdem das
„Französische, Italienische und Rätoromanische". (Amtssprachen sind nur „das
Deutsche, Französische und Italienische" – laut Art. 107.) Insbesondere erhält
das Schwyzertütsche durch die Schweizer Verfassung keine Vorrangstellung vor
dem Schweizerhochdeutschen. Beide zusammen bilden ja „das Deutsche", die
deutsche Sprache in der Schweiz. (Es dürfte sich von selbst verstehen, daß sich
dieses „Deutsche" in der Schweizer Verfassung nur auf die schweizerischen
Varietäten der deutschen Sprache bezieht, nicht etwa auch auf andere, z.B. das
österreichische Standarddeutsch, den hessischen Dialekt usw.) In manchen Äußerungen erscheint dagegen das Schwyzertütsche nicht nur neben dem Schweizerhochdeutschen als Ausdruck oder Garant der nationalen Eigenart der (deutschsprachigen) Schweiz, sondern vor demselben oder gar an dessen Stelle. Solche
Äußerungen findet man nicht nur in der ephemeren *Schwyzer Schproch-Bewegig*
(1937–38), sondern auch im Umfeld der dialektpflegerischen Vereine der Schweiz,
dem *Bund Schwyzertütsch* (seit 1938) und dessen Fortsetzung im *Verein Schweizerdeutsch* (seit 1990) (vgl. Kap. C.1).

Damit Hand in Hand geht oft die Auffassung, das Schwyzertütsche sei eine
eigenständige Sprache. Ein Beispiel dafür liefert wiederum Arthur Baur (1983:
37–41, 64f.; 1990: 7f.). Er stützt sich dabei teils auf die beträchtliche linguistische Distanz des Schwyzertütschen vom „Schriftdeutschen" (vgl. Merkmal (1)
oben), teils auf seine „Ausgebautheit" im Sinne von Heinz Kloss (z.B. 1978:
37–59; Merkmal (7) oben).

Auf die Gefahr hin, daß ich mir den Unwillen mancher Schweizer Sprach-
patrioten/innen zuziehe, möchte ich an dieser Stelle doch in einem kurzen Exkurs
einige Bedenken gegen diese Auffassung vorbringen. Dabei muß ich ein schwie-
riges Thema etwas holzschnittartig behandeln, ohne die reiche Variation von Auffassungen (vgl. z.B. Sieber/Sitta 1984) im einzelnen zur Sprache zu bringen.
Zunächst möchte ich zu bedenken geben, daß bei aller Schwierigkeit der zuverlässigen Unterscheidung von Dialekten und Sprachen unter Linguisten zumindest
insoweit Konsens besteht, daß eine Sprache niemals zugleich Bestandteil einer anderen Sprache sein kann (vgl. auch Kap. A.1.1). Im Falle des Enthaltenseins in
einer Sprache handelt es sich vielmehr stets um eine *Varietät* einer Sprache und
nicht um eine eigenständige Sprache. Sprachen stehen zu Varietäten in einer
Menge-Element-Beziehung: Sprache A = {Varietät A1, Varietät A2,..., Varietät An}.
Das Schwyzertütsche könnte also als eigenständige Sprache nicht zugleich Bestandteil der deutschen Sprache sein. Es wäre in diesem Fall sicher auch unangemessen, es „Schweizer*deutsch*" zu nennen, wie Baur dies tut. Denn diese Benennung drückt nach der Logik der Wortbildung im Deutschen aus, daß man es
als einen Bestandteil des Deutschen betrachtet. Um die vorliegende Frage nicht
schon durch die Benennung vorzuentscheiden, verwende ich hier bewußt den in
dieser Hinsicht nicht so eindeutigen Ausdruck *Schwyzertütsch* (obwohl ich mich
damit der Kritik seitens derjenigen Schweizer aussetze, die bemerkt haben, daß
gerade Deutsche mit der schweizerischen Lautform des Wortes gerne kokettieren;
vgl. Trümpy 1955: 24).

Dialekte sind eine besondere Art von Varietäten, im Unterschied insbesondere zu Standardvarietäten. Die Benennung letzterer verweist schon auf den maßgeblichen Unterschied. Er besteht nicht in derjenigen Komponente von Ausbau, an die Baur denkt, nämlich in der Modernisierung, sondern vielmehr in der Standardisierung. Dialekte sind grundsätzlich (per definitionem) nicht standardisiert – wie übrigens auch manche andere Varietäten, z. B. die großräumigeren Umgangsvarietäten (die irreführenderweise zumeist „Umgangssprachen" genannt werden); modernisiert, d. h. ausgestattet mit modernem Fachvokabular, können Dialekte oder auch andere Nonstandardvarietäten jedoch durchaus sein, ohne daß ihr Status in Frage steht. Die Auffassung, das Schwyzertütsche sei standardisiert, also eine Standardvarietät, wird meines Wissens von niemandem vertreten und braucht deshalb auch nicht widerlegt zu werden. Wäre das Schwyzertütsche standardisiert, so hätte es eine eigene Standardvarietät, von der wiederum die schwyzertütschen Dialekte unterschieden werden könnten; eine solche Sicht der Dinge wäre sicher abwegig. Auch Baurs [1939] (1941; 1985) Lehrmaterialien für das Schwyzertütsche oder die Art seiner Verwendung in der Schule (vgl. Sieber/Sitta 1986; 1988; Egli 1986; Blesi 1988) machen dieses noch nicht zu einer Standardsprache. – Übrigens biegt sich Baur (1983: 39) den Begriff ‚Ausbau' (Ausgebautheit) so zurecht, daß ihn das Schwyzertütsche voll erfüllt: „Ich meinerseits kann mit Kloss nicht einiggehen, denn ich lehne seine Überschätzung der Sachprosa [als Kriterium für Ausgebautheit! U. A.] ab." Man muß sich dabei vergegenwärtigen, daß das von Baur – ohne Begründung – zurückgewiesene Kriterium für Kloss wesentlich ist. Die Verwendung einer Varietät in der Sachprosa korreliert übrigens auch in hohem Maße positiv mit ihrer Standardisiertheit. Gerade nach dem Umfang und der Selbstverständlichkeit der Verwendung in der Sachprosa unterscheiden sich etwa auch das Niederländische, und sogar das Letzeburgische, wesentlich vom Schwyzertütschen. Baur gelingt es nur dadurch, letzteres mit ersteren auf dieselbe Stufe zu stellen, daß er das für Kloss wesentliche Kriterium außer Kraft setzt, wofür kein anderer Grund erkennbar ist als das Bestreben, für das Schwyzertütsche den gewünschten Status zu postulieren.

Standardisiertheit ist nun aber Voraussetzung für eine von zwei Möglichkeiten, wie eine Sprache gebildet wird, nämlich durch Überdachung einer Menge von Nonstandardvarietäten durch eine Standardvarietät. Diese Standardvarietät muß allerdings zudem eine ausreichend große linguistische Distanz (zumindest „mittlerer" Größenordnung) von allen anderen Standardvarietäten aufweisen, um eine eigenständige Sprache zu konstituieren; andernfalls handelt es sich nur um eine von mehreren Standardvarietäten innerhalb einer plurizentrischen Sprache (vgl. Kap. A.1.1).

Die andere und – soweit ich sehe – einzig verbleibende Möglichkeit, das Schwyzertütsche als eigenständige Sprache zu begründen, bestünde aufgrund linguistischen „Abstandes", also als „Abstandsprache" im Sinne von Kloss (1978: 63–78). Dieser Versuch ist jedoch zweifelhafter als beim Niederdeutschen (wo er auch schon umstritten ist), da die linguistische Distanz des Schwyzertütschen zum Schweizerhochdeutschen, der linguistisch nächststehenden Standardvarietät und zugleich einer unzweifelhaften Varietät des Deutschen, eher geringer ist als die linguistische Distanz des Niederdeutschen zum deutschen Standarddeutsch.

Außerdem reicht das Alemannische, das – linguistisch und sprachgeographisch gesehen – das Schwyzertütsche bildet, über die Schweiz hinaus nach Südwestdeutschland und Österreich hinein. Diese Verzahnung mit den deutschen und österreichischen Dialekten wird von Baur (1990: 10 f.) bezeichnenderweise nicht nur verschwiegen, sondern geradezu kaschiert, so z. B. wenn er – entgegen der ansonsten verbreiteten Betonung der Dialektvielfalt – den Eindruck von „Einheit" (Einheitlichkeit) beschwört, den die Schweizer von ihrem Schwyzertütschen haben, und – wie er meint – nicht nur sie: „Gleich geht es jedem, der von der anderen Seite des Rheins in die Schweiz hineinhört. Da erkennt er plötzlich, dass die so verschieden scheinenden Dialekte sehr viel Gemeinsames haben, wodurch sie sich in ihrer Gesamtheit eindeutig vom Deutschen unterscheiden." Dem ist entgegenzuhalten, daß sich die schweizerischen Dialekte vom Alemannischen im Südwesten Deutschlands – linguistisch gesehen – nicht oder nur geringfügig unterscheiden, zumindest die nordschweizerischen Dialekte. Vor allem im Westen sind die strukturellen Unterschiede an der Grenze gering, während sie im Osten etwas stärker ausgeprägt sind (Hinweis Peter Auer). Offenbar wird bei Baur zusätzlich zu den zweifellos vorhandenen soziolinguistischen Unterschieden (Diglossie) noch eine linguistische Kluft suggeriert, die in Wirklichkeit nicht besteht. Auch deshalb, weil diese Kluft nicht besteht, läßt sich das Schwyzertütsche kaum aufgrund von „Abstand" als eigenständige Sprache ausweisen. Vielmehr handelt es sich dabei um einen Dialekt (mit nicht unbeträchtlicher Binnenvariation), der vom Schweizerhochdeutschen überdacht wird, von dem es nicht so stark verschieden ist, daß es nicht derselben Sprache zuzuordnen wäre wie dieses, nämlich dem Deutschen.

Wenn aber die (deutschsprachigen) Schweizer trotzdem ihr Schwyzertütsch als eigenständige Sprache sehen und anerkannt wissen wollen? Wäre dies nicht ein hinreichendes Kriterium für seinen Sprache-Status? Wer auf diese Frage eine negative Antwort gibt, muß sich auf Attacken aus verschiedenen Richtungen gefaßt machen. Jedoch läßt sich darauf einerseits antworten, daß die Bewertung des Schwyzertütschen als eigenständige Sprache sicher nicht von allen Schweizern geteilt wird, vielleicht nicht einmal von der Mehrheit – eine empirische Untersuchung dieser Frage scheint bislang nicht vorzuliegen. Eine andere Antwort lautet, daß es grundsätzlich problematisch wäre, in der Festlegung wissenschaftlicher Begriffe einfach den Laienmeinungen zu folgen, selbst wenn es sich um Mehrheitsmeinungen handelt. Man müßte die Begriffe sonst unter Umständen immer wieder ummodeln, und zwar – dies ist das wissenschaftlich Bedenkliche – nicht theorie- oder methodenbegründet, sondern je nach politischer Wetterlage.

Die negative Antwort auf die obige Frage schließt allerdings keinesfalls aus, daß die Schweizer ihr Schwyzertütsch zu einer eigenständigen Sprache umgestalten könnten. Dies wäre sicher möglich durch Standardisierung und womöglich zusätzliche Einführung auch als geschriebene Amtssprache. Damit verschwänden die wesentlichen Unterschiede z.B. gegenüber dem Letzeburgischen, an dessen Sprache-Status kein ernsthafter Zweifel besteht. Solange dies jedoch nicht geschieht, bleibt es meines Erachtens angemessen, das Schwyzertütsche als Dialekt – spezieller als Ausbau- und in gewissem Sinne auch Nationaldialekt – der deutschen Sprache, aber nicht als eigenständige Sprache zu bewerten.

Zu (10): Eine Affinität mit den Vorstellungen vom Sprache-Status des Schwyzertütschen hat die in der Schweiz ebenfalls verbreitete Auffassung, „Hochdeutsch" (oder einfach auch „Deutsch") sei eine Fremdsprache. Nach einer abgeschwächten Variante davon ist „Hochdeutsch" von außen importiert („exonormativ"; vgl. zu dem Begriff Kap. A.4.5). Diese Vorstellungen nehmen das Schweizerhochdeutsche nicht unbedingt aus, das dann vom deutschen

„Hochdeutsch" nicht klar unterschieden wird. Die beiden Auffassungen (Fremd-sprachlichkeit und Exonormativität) haben gemeinsam, daß die eigene Standard-varietät als etwas Fremdes bewertet wird, im ersten Fall als fremde Sprache und im zweiten Fall als fremde Varietät innerhalb der eigenen Sprache. Diese Diffe-renzierung tritt freilich meist gegenüber dem allgemeinen Eindruck der Fremdheit in den Hintergrund.

Ein Beispiel für die Bewertung als Fremdsprache liefert erneut Baur (1983: 10 – Hervorhebung U.A.), indem er zustimmend Hans Tschäni (1974) zitiert: „Die Behauptung der [Schweizer] Verfassung, die Schweiz besitze vier National-sprachen, ist eine kleine Willkür. Das Schweizerdeutsch zum Beispiel, die Um-gangssprache von 4 Millionen Menschen, ist eigentlich eine fünfte Sprache, und das Schriftdeutsch, die ‚Nationalsprache', eine *Fremdsprache*, die jedes Schulkind unter etlichen Mühen zuerst erlernen muss." Nach Rupp (1983: 36) ist „diese Vorstellung [Standarddeutsch sei eine Fremdsprache! U.A.] in der Schweiz so fest, selbst bei Akademikern, **dass** es nicht leicht ist, dagegen anzukommen". Für Rupp ist sie allerdings „linguistisch gesprochen ein Nonsens", vermutlich aus den unter (9) dargelegten Gründen. Danach ist Standarddeutsch für die Schweizer allenfalls eine unvertraute, nicht schon in der Kindheit gelernte und selten aktiv gebrauchte *Varietät* innerhalb ihrer Muttersprache (dem Deutschen). Entgegen in der Schweiz ebenfalls verbreiteten Vorstellungen ist auch für einen Großteil der Deutschen die Standardvarietät nicht die erstgelernte und vertrauteste Varie-tät ihrer Muttersprache, insofern nämlich auch sie in einem Dialekt oder einer Umgangsvarietät aufwachsen.

Der Gedanke der Exonormativität findet sich z.B. bei Walter Haas (1988: 1370f.). Als diesen „exonormativen" Standard sieht Haas dabei aber offenbar das deutsche Standarddeutsch – entsprechend beim Französischen das französi-sche Standardfranzösisch und beim Italienischen das italienische Standarditalie-nisch. Von allen drei Amtssprachen ist seiner Auffassung nach jedoch das Deutsch der Schweiz am wenigsten an den exonormativen Standard gebunden: „Am wei-testen von jenem Standard entfernt steht das Deutsche; Helvetismen, zu denen viele Lehnwörter aus dem Frz. gehören, werden frei und meist unbewußt verwen-det, sofern sie nicht eindeutig als Dialektwörter erkennbar sind. Darin spiegelt sich die Tendenz zur gemäßigt polyzentrischen Norm, die für den deutschen Sprachraum überhaupt charakteristisch ist. Zusätzlich ergeben sich Ansätze zu einem endonormativen Standard, der gewisse ‚binnendeutsche' Wörter verbietet und z.B. die Bearbeitung von Agenturmeldungen deutscher Dienste nötig macht (...)" (Vgl. zu letzterem Kap. F.4)

Man hat den Eindruck, als nehme Haas seine Anfangsaussage von der Exo-normativität des Standarddeutschen in der Schweiz durch diese Ausführungen wieder zurück. Sie erscheint in der Tat nur dann plausibel, wenn man das Schwei-zerhochdeutsche gar nicht als eigentlichen Standard der Schweiz anerkennt, also die Plurizentrizität der deutschen Sprache leugnet. Haas tut dies zwar nicht aus-drücklich, aber er sieht doch nur „Ansätze" zu einem eigenen schweizerischen Standarddeutsch. Das Deutsch der Schweiz bleibt für ihn offenbar daneben, viel-leicht sogar vorherrschend, auf das deutsche Standarddeutsch als Norm bezogen, ohne daß er diese Sicht der Dinge deutlich ausspricht.

Ganz abwegig ist diese Auffassung sicher nicht. In der Tat erkennen offen-bar viele Schweizer ihr Schweizerhochdeutsch nicht ohne weiteres als die für sie verbindliche Standardvarietät an, sondern orientieren sich teilweise am deutschen

Standarddeutsch (vgl. vor allem Kap. F.2 und F.7). Die Asymmetrien in der deutschen Plurizentrizität, die Dominanz des deutschen Zentrums und seiner Standardvarietät, scheinen die tiefere Grundlage für die unter (9) und (10) geschilder-
ten schweizerischen Auffassungen zu bilden. Im Hinblick auf diese Asymmetrien
kann diesen Auffassungen ein gewisser Wahrheitsgehalt nicht abgesprochen werden. Die von mir vorgebrachten Einwände gegen sie gelten zum Teil nur unter der
Voraussetzung einer vollen Anerkennung der Plurizentrizität des Deutschen, zu
der das vorliegende Buch hoffentlich einen Beitrag leistet.

5 Die Helvetismen: nachgeordnete Symbolschicht für Nation und Sprachdemokratie

Die unvollständige Überschrift soll die Frage provozieren, wem die Helvetismen als Symbolschicht nachgeordnet sind. Die Antwort wurde schon im vorausgehenden Kapitel C.4 gegeben: dem schwyzertütschen Dialekt, der die erstrangige oder zumindest die auffälligste sprachliche Schicht bildet, die Nation und Demokratie in der deutschsprachigen Schweiz symbolisiert. Manche Beobachter empfinden den Gegensatz in der Symbolik beider Varietäten sogar als total: Die „hochdeutsche Standardsprache" ist von der „nationale[n] Identitätsbildung völlig abgekoppelt. Dafür kommt andererseits in der deutschen Schweiz dem Dialekt ein wesentliches Moment identitätsstiftender Abgrenzung gegenüber Deutschland zu." (Böhler 1991a: 74) Bei genauerer Betrachtung erweist sich der betreffende funktionale Unterschied zwischen Dialekt und Standardvarietät – natürlich in Form des Schweizerhochdeutschen – jedoch als nur graduell.

Die Helvetismen bzw. das durch sie konstituierte Schweizerhochdeutsche sind – je nach mündlicher oder schriftlicher Gestalt – weit weniger ohren- oder augenfällig als das Schwyzertütsche. Ihre Existenz ist den Schweizern und den Nichtschweizern daher weniger bewußt. „Entgegen der Einsicht der Sprachwissenschaft und obwohl neuere Sprachlehrwerke dagegen ankämpfen, lebt in der Schweizer Schule noch weit herum die Vorstellung, es gebe im deutschen Sprachgebiet eine einheitliche deutsche Hochsprache, die wir uns aneignen sollten." (Schläpfer 1983: 48) Die Helvetismen bedeuten den Schweizern auch weniger als die Austriazismen den Österreichern, deren Dialekt nicht so omnipräsent ist. Werner Frick, der Schriftführer des damals noch so genannten *Deutschschweizerischen Sprachvereins*, spricht vom „Wertverlust der Hochsprache im täglichen Leben der deutschen Schweiz infolge der Überbewertung der Mundarten" (Brief vom 27.7.1993). Typischerweise beschränken sich Reiseführer über die Schweiz auf Bemerkungen über das Schwyzertütsche, ohne die Helvetismen überhaupt zu erwähnen (vgl. auch Imhof 1993), während Reiseführer über Österreich nicht selten eine Liste von Austriazismen enthalten (z.B. Kuballa/Meyer 1984: 300–303; Moos 1987: 274f.; Bakos 1988: 336f.). Ich konnte sogar keinen einzigen Reiseführer mit einer Helvetismenliste finden – wobei sich die Suche allerdings auf den in den Duisburger Buchhandlungen und Bibliotheken (Universitätsbibliothek und Stadtbibliothek) vorrätigen Bestand beschränkte, wo die Zahl der Reiseführer für Österreich deutlich überwog (n = 145), aber doch auch eine beträchtliche Anzahl für die Schweiz zu verzeichnen war (n = 33). Auch in sprachbezogenen Lehrmaterialien der deutschsprachigen Schweiz finden sich nicht immer deutliche Hinweise auf ein besonderes Schweizerhochdeutsch (ausführlich jedoch in Diebold u.a. 1988). Darüber hinaus werden die Helvetismen, wie es scheint, von den „Deutschschweizern" noch weniger konsequent ihrem Status gemäß anerkannt, nämlich als vollwertige Standardvarianten, als die Austriazismen von den Österreichern (vgl. Kap. F.2).

Dennoch spielen die Helvetismen – in gewissen Grenzen – eine ähnliche Rolle für das National- und Demokratiebewußtsein der Schweizer wie der Dialekt. Die – wenn man so will – nationalpsychische Grundlage dieser Symbolik bildet die Ablehnung der Sprachspezifika anderer nationaler Zentren der deutschen Sprache, vor allem der Teutonismen. Die breite Ablehnung des deutschen Deutsch ist deutlich zutage getreten in den Interviews Werner Kollers (1992) mit Deutschen, die in der Schweiz leben (n = 100). Unter ihnen ist zunächst einmal die Erfahrung, daß „Hochdeutschsprechen auf Ablehnung stößt", weit verbreitet und wird von einer Informantin folgendermaßen formuliert: „Ich hab' Freundinnen, die trauen sich fast nicht mehr, den Mund aufzumachen mit Hochdeutsch. Die würden zum Beispiel nie reklamieren auf hochdeutsch. Weil sie dann gleich den ganzen Laden gegen sich hätten." (Koller 1992: 33, 177)

Diese Aussage schließt nicht aus, daß auch das Schweizerhochdeutsche auf Ablehnung stößt, wenn es in unpassenden Situationen gebraucht wird. In der Tat zeigt sich hier eine für unsere Fragestellung mißliche Forschungslücke in der ganzen Spracheinstellungsforschung der Schweiz, die praktisch immer nur Dialekt und „Hochdeutsch" oder auch andere Sprachen vergleicht, aber nie differenziert zwischen Schweizerhochdeutsch und deutschem Standarddeutsch (z.B. Schläpfer/Gutzweiler/Schmid 1991; Koller 1992, auch die jeweils angegebene Forschungsliteratur). Hogg/Joyce/Abrams (1984: 194) führen sogar Einstellungstests anhand von – wie es scheint – schweizerhochdeutschen Sprachproben durch („local Basel accent") und erklären die Befunde mit der Distanzierung der Schweizer von den Deutschen.

Koller (1992) differenziert demgegenüber doch verschiedentlich deutlicher. Aus manchen seiner Ausführungen geht recht klar hervor, daß sich die Aversion der Schweizer hauptsächlich gegen das deutsche, speziell das norddeutsche Deutsch richtet, das gerne „spitzes Hochdeutsch" genannt wird – eine vermutlich auch in den Augen mancher Nicht-Schweizer recht passende Bezeichnung. Daß das Sprechen spezifisch deutschen (norddeutschen) Deutschs in der Schweiz außerdem abwertend „Schwäbele" genannt wird, dürfte jedoch für Nicht-Schweizer weniger leicht nachvollziehbar sein (vgl. dazu Kap. C.6). Unter dem Druck der verbreiteten Abneigung gegen das deutsche Deutsch achtet manche/r in der Schweiz lebende Deutsche darauf, daß er/sie „bestimmte Ausdrücke vermeidet und dafür schweizerdeutsche Wörter verwendet" oder bemüht sich „überhaupt um einen ‚Schweizer Unterton', ein ‚eingefärbtes Hochdeutsch' (...)" (Koller 1992: 11, 28)

Die Ablehnung des deutschen Deutsch hat in der Schweiz eine lange Tradition. Koller nennt Berichte aus früheren Zeiten, die schon im wesentlichen dieselbe Einstellung verraten, so z. B. eine Passage aus dem Brief eines in die Schweiz berufenen deutschen Professors, Heinrich Fick (1822–1895), aus der zweiten Hälfte des 19. Jahrhunderts, der sich – im Zusammenhang mit eigenen politischen Ambitionen – beklagt über die „angeborene Abneigung der schweizerischen Wähler gegen alles Fremdartige, namentlich aber gegen norddeutsche Aussprache und Sitte (...)" (Koller 1992: 47)

Der Schweizer Sprachkodex versucht der Ablehnung des deutschen Deutsch Rechnung zu tragen und damit zugleich das Schweizerhochdeutsche zu stabilisieren. Ein neueres Beispiel liefert das Schülerwörterbuch *Unser Wortschatz* (Bigler u.a. 1987), das einzelne Wörter, freilich nur insgesamt 16, als „binnendt." (binnendeutsch) markiert, was in etwa bedeutet, daß man sie in der Schweiz zwar kennt, aber als unschweizerisch ablehnt. Das Wörterbuch folgt damit dem Vorbild des *Österreichischen Wörterbuchs* (vgl. Kap. B.4). Mit dieser Markierung trägt das Wörterbuch vielleicht zur Verfestigung der Abwehrhaltung gegen diese „unschweizerischen" Wörter bei.

Die Symbolik des Schweizerhochdeutschen hat besonderes Gewicht im öffentlichen Sprachgebrauch, insbesondere in solchen Situationen, in denen potentiell die gesamte (deutschsprachige) Schweiz angesprochen wird. Neben den Theatern und Parlamenten ist dies vor allem der Rundfunk (Radio und Fernsehen). Daher sind auch die Versuche, eine spezifisch schweizerische Standardaussprache festzulegen, ganz maßgeblich vom Rundfunk angestoßen worden. Dies gilt schon für *Die Aussprache des Hochdeutschen in der Schweiz* (Boesch 1957a), wozu der damalige Direktor von Radio Zürich, Jakob Job, das Vorwort verfaßte. Darin weist er darauf hin, daß „die Radiostudios von Beromünster (...) mit als erste die Frage der Aussprache des Hochdeutschen in der Schweiz aufgriffen (...)" (Boesch 1957a: 6)

Die Rundfunkanstalten waren teilweise durch Reaktionen von Hörern auf Wünsche nach einem schweizerisch geprägten Standarddeutsch aufmerksam geworden; teilweise mag dieser Wunsch auch eigenen Bedürfnissen entsprungen sein. In jedem Fall aber war es der Wunsch nach einem die eigene Nation symbolisierenden Standarddeutsch, das auch die Rundfunkhörer als ihr eigenes Deutsch akzeptieren konnten. Diesen Sachverhalt drückt der Direktor des Schweizer Radios DRS (Radio der deutschen und der rätoromanischen Schweiz), Andreas Blum, im Vorwort zur neuesten Ausspracheanleitung für die deutschsprachigen schweizerischen Rundfunkanstalten in folgenden Worten aus: „Wir sind ein deutschschweizer, kein deutsches Radio, und zwar auch dort, wo wir uns der ‚Schriftsprache' bedienen. Die Sprachkultur nördlich des Rheins (...) kann deshalb für uns nicht wegleitend sein. Radio für die deutschsprachige Schweiz zu machen bedeutet, eine Sprache zu pflegen, die in unserer Sprachgeschichte verwurzelt ist. Alles andere ist ein Beitrag zur Verfälschung und Verfremdung unserer Identität (...)" (Burri u.a. 1993: 4)

Welche Symbolik die Aussprache im Radio für viele Hörer hat und wie wichtig sie genommen wird, zeigt sich noch heute in zahlreichen Hörerprotesten gegen ein zu deutsches Deutsch. Regelmäßig treffen in den Schweizer Rundfunkstationen solche Proteste ein. Da finden sich z.B. Beschwerden über die „Aussprachsart des Buchstabens A" bei einem Sprecher, „die so nur noch im ‚PREUSSISCHEN' vorkommt", über die unzureichende r-Aussprache der Endsilbe *-er,* die für „den Zuhörer ecklich" ist, über Sprecher, von denen man meinen könnte, sie nähmen „Ihre Sprachkurse bei Helmut Kohl, Bundeskanzler D" oder solche, die offenbar meinen, „sie müssten noch deutscher wirken als die Deutschen" – um nur eine kleine Kostprobe zu liefern (dankenswerte Zusendung anonymisierter Beispiele durch Ruth M. Burri). Die Leserbriefe an Zeitungen oder gar die kleine Zahl derjenigen, die veröffentlich werden, sind nur ein matter Abglanz dieses Feuerwerks.

Teilweise handelt es sich bei den Protestierern nicht einfach um Privatpersonen, sondern um Amtsinhaber, deren Protesten damit zusätzliches Gewicht zukommt. Als einer der beflissensten Kritiker ist der Aktuar des *Vereins Hochdeutsch in der Schweiz,* Hansmax Schaub, in Erscheinung getreten. Neben wiederholten Briefen an Rundfunkanstalten oder einzelne Sprecher/innen hat er ein detailliertes „Radio-DRS-Florilegium 1989" erstellt (fast 100 Seiten), das die einzelnen Aussprachemängel der Sprecher/innen in bestimmten Sendungen festhält. Außer Versprechern und sinnentstellenden Betonungen werden darin vor allem

Aussprachebesonderheiten des deutschen Deutsch beanstandet, z B. die Aussprache „zwanzich" [statt zwanzik], „bestäticht" [statt bestätigt], „Schweizer FDP"
[statt FDP], „Südkorea" [statt Südkorea], „Komitee" [statt Komitee], „Züürich"
[statt Zürich] usw. (Schreibweise des Originals, Klammerzusätze U.A.) In einem
Leserbrief an die vielleicht angesehenste Zeitung der deutschsprachigen Schweiz
moniert Schaub die „dem schweizerischen Sprachempfinden ins Gesicht schlagen-
den ‚Teutonismen'" – gemeint sind Aussprache-Teutonismen! – im Radio DRS.
„Was das für den Zusammenhalt der schweizerischen Sprachregion und damit
der Schweiz als solcher bedeutet, das dämmert seit einiger Zeit zwar in verschiedenen Köpfen; aber dieses Dämmern könnte eine Götterdämmerung sein ..."
(Chophan in Alschier stimmberechtigt? *Neue Zürcher Zeitung* 15.11.1991; vgl.
auch Stutz 1988) – Schaubs Leserbrief liegt übrigens später einem internen Rundschreiben des *Vereins Hochdeutsch in der Schweiz* bei, das unter anderem den
folgenden Hinweis enthält: „Der Brief hat dem VHS schon drei neue Mitglieder
eingebracht."

Schon dieser letztgenannte Umstand legt nahe, daß viele Schweizer bereit
sind, sich für ihr Schweizerhochdeutsch und damit gegen anderes Standarddeutsch zu engagieren. Dies wird noch deutlicher im Zusammenhang mit der
Anspielung des Vereinsaktuars in seinem Leserbrief auf eine Nachrichtensprecher-
rin des DRS, deren unschweizerische Aussprache ihn stört, die sie beibehalte,
obwohl „Radiodirektor *Andreas Blum* nicht müde wird, sich mit dem Vertrag
[ihrem Arbeitsvertrag! U.A.] zu brüsten, der die Klausel enthält, die Anstellung
werde nicht verlängert, falls die Dame sich nicht an die gedruckten SRG-Richt-
linien halte und von ihrer ich-Aussprache [des unbetonten -<ig>! U.A.] ablasse.
Sie ist seit vielen Jahren *ungekündicht* und ohne rote Karte ‚*spielberechticht*'."
(Hervorhebungen im Original)

In der Tat hat es am Schweizer Radio DRS in den 80er Jahren Kündigungs-
drohungen gegen Sprecher/innen gegeben, die kein spezielles Schweizerhochdeutsch pflegten. Ein schweizerischer Tonfall allein war nicht ausreichend, um
dieser Norm zu entsprechen. So hat z.B. die von Schaub in seinem Leserbrief
aufs Korn genommene Sprecherin durchaus einen schweizerischen Tonfall, der
zumindest für Nicht-Schweizer unüberhörbar ist; sie neigt jedoch aufgrund
einer Schauspielausbildung in Deutschland zur Ersetzung einzelner Besonderheiten des Schweizerhochdeutschen durch Merkmale der „Standardlautung" des
Aussprache-Dudens (1990) oder auch der „reinen Hochlautung" des *Siebs*
(1969).

Als Hilfestellung für die Sprecher/innen und Sprecherzieher/innen liegt seit
29. 4. 1987 ein knapp gefaßtes rundfunkinternes Papier „Aussprache des Hochdeutschen in Radio und Fernsehen DRS" vor, das die standarddeutschen Aussprachebesonderheiten der Schweiz auf der Grundlage der „gemäßigten Hochlautung" von *Siebs* (1969) in ganz wenigen Regeln zusammenfaßt. Die Sprecher/
innen sind angewiesen, sich strikt an diese Regeln zu halten. Auf der Grundlage
jenes Papiers ist dann sechs Jahre später die ebenfalls für alle Sprecher/innen verbindliche ausführlichere Broschüre *Deutsch sprechen am Radio* (Burri u.a. 1993)
erschienen. Wenn der Programmdirektor auf der Einhaltung der darin formulierten Regeln insistiert, unter anderem auch ausdrücklich gegenüber der Medien-
gewerkschaft („Syndikat Schweizer Medienschaffender"), so wird man davon
ausgehen dürfen, daß dies nicht seine persönliche Marotte ist, sondern den Wünschen, wenn nicht der Mehrheit, so doch eines gewichtigen Teils der Hörerschaft

entspricht. Von den Hörern wird eben deutliches Schweizerhochdeutsch und kein deutsches Hochdeutsch gewünscht.

Freilich wird der Wunsch der Schweizer Rundfunkhörer nach ihrem „eigenen" Hochdeutsch letztlich doch nur von verhältnismäßig wenigen Exponenten dieser Haltung explizit artikuliert. Dies ist jedoch in derartigen Fällen die Regel, wie bei den meisten politischen Willensbildungsprozessen. Selbst wenn diese Exponenten in Wirklichkeit gar nicht die Mehrheitsauffassung repräsentieren, so wird dies doch unterstellt, solange kein Widerspruch erfolgt; möglicherweise formiert sich mit der Zeit auch die Mehrheitsauffassung nach ihren Zielvorstellungen.

Immerhin sind in der Schweiz Einzelvorstöße, wie etwa die des Aktuars des Vereins Hochdeutsch in der Schweiz, nicht ohne Wirkung geblieben; jedenfalls gewinnt man bei näherer Betrachtung der Vorgänge diesen Eindruck. Dabei standen in diesem Fall weder der Verein noch sein Vorstand hinter diesen Vorstößen; die „[e]ntsprechende[n] Verlautbarungen" geben nur des Aktuars „dezidierte persönliche Ansicht wieder; eine Vereins- oder Vorstandsmeinung ist nie ermittelt worden." (briefliche Mitteilung Hansmax Schaubs an mich am 18.4.1994) Schaub hat jahrelang auf die Aussprache am Schweizer Rundfunk Einfluß zu nehmen versucht, schon bevor er Vereinsaktuar war und der Verein Hochdeutsch in der Schweiz überhaupt existierte, und hatte damit, wie es scheint, durchaus einen gewissen Erfolg. Dafür nur ein Beispiel. Als Reaktion auf die Kritik Schaubs charakterisiert der Sprechdienst-Leiter des Studios Zürich von Radio DRS in einem Brief (22.2.1983) an andere Studios Schaub zwar distanzierend als einen „selbsternannten Medienkritiker", der meine, „Einflüsse ‚deutschen Wesens' bekämpfen zu müssen", aber nur um dann einzugestehen, „dass Herr Schaub mit seiner Kritik in der Sache recht hat." Er meint damit die Aussage Schaubs, daß es Ausspracheregeln gibt, auf deren Grundlage sich die tatsächliche Aussprache mancher Sprecher/innen am DRS kritisieren lasse. Als diese Regeln erkennt der Züricher Sprechdienst-Leiter die „gemäßigte Hochlautung" des *Siebs* (1969) an, nicht aber die von Boeschs *Wegleitung* (1957 a), die er ausdrücklich ablehnt.

Der Züricher Sprechdienst-Leiter sieht dabei offenbar nicht, daß die von Schaub geforderten und von ihm selbst im Prinzip akzeptierten besonderen Ausspracheregeln für die Schweiz eben den Zweck haben – welchen auch sonst? –, von dem er selber sich, zumindest implizit, distanziert. Die „Bekämpfung deutschen Wesens" ist im Grunde nur die Kehrseite der Medaille, die man mit anderen Worten und mit anderer Akzentsetzung auch die „Bewahrung (oder Entwicklung) schweizerischer Identität" nennen kann. Eben dazu sollen schweizerische Sprachbesonderheiten beitragen, wenn sie nicht sogar für eine notwendige Bedingung einer schweizerischen nationalen Identität gehalten werden. Ein spezifisches Schweizerhochdeutsch, neben dem schwyzertütschen Dialekt, erscheint gewissermaßen als zweite sprachliche Absicherung dieser schweizerischen Nationalidentität. – Ob diese Sicht der Dinge zutreffend ist, ob also das schweizerische Nationalbewußtsein tatsächlich durch solche Sprachbesonderheiten gestärkt wird oder womöglich sogar davon abhängt, ist eine zu schwierige Frage, um sie im vorliegenden Rahmen in befriedigender Weise zu beantworten (vgl. Kap. B.6).

Neben der Absicherung der nationalen Identität läßt sich als Motivationsbasis für die Befürwortung eines vom sonstigen Standarddeutsch verschiedenen Schweizerhochdeutsch eine Art von demokratischem Sprachverständnis ausmachen, ähnlich demjenigen, das dem allgemeinen Dialektgebrauch in der deutschsprachigen Schweiz zugrundeliegt oder zumindest häufig als dessen Begründung genannt wird (vgl. Kap. C.4: (5)). Dieses Verständnis artikuliert sich vielfach in der traditionsreichen Diskussion der Schwierigkeit des überregionalen Standarddeutschen für die weniger gebildeten Teile der Schweizer Bevölkerung. Besonders die überregionale Aussprache, etwa in der im *Siebs* (1898) erstmalig in breitem Konsens festgelegten Form, erscheint manchen – allerdings keineswegs allen – Schweizer Fachleuten für die Mehrheit der Schweizer Bevölkerung unerreichbar. Dabei wird in der Regel nicht unterschieden zwischen reinen Lernschwierigkeiten und „innerer Ablehnung". Letztere, die wiederum in der nationalen Identität wurzelt, dürfte bei beobachteten Lernschwierigkeiten bezüglich des Standarddeutschen zumeist der gewichtigere Grund sein – zumal den Schweizern ansonsten bestimmt keine besonderen Lernschwierigkeiten beim Sprachenlernen nachgesagt werden können. Jedenfalls aber gehen von der Vorstellung der schwierigen individuellen Erreichbarkeit eines einheitlichen Standarddeutsch wichtige Anstöße für die Entwicklung eines spezifischen Schweizerhochdeutsch aus (vgl. z. B. Leumann 1905; Einzelheiten in Kap. C.1). Die Sorge um die Unerreichbarkeit eines einheitlichen Standarddeutsch, vor allem in der Aussprache, klingt mit in vielen Beschwörungen einer Varietät, „die in den schweizerischen Gegebenheiten wurzelt" (Job in Boesch 1957a: 7). Die eigene nationale Standardvarietät sollte – so das zugrundeliegende Argument – einigermaßen mühelos für alle Mitglieder der Gesellschaft erlernbar sein. Andernfalls wäre sie mit einer wirklichen Demokratie, zumal mit einer Demokratie von der Art der Schweiz, kaum vereinbar.

Wiederum kann im vorliegenden Zusammenhang nicht geklärt werden, ob die Befürchtungen, die gemeindeutsche „reine Hochlautung" könnte von vielen Schweizern nicht oder allenfalls mit größter Mühe erlernt werden, wirklich gerechtfertigt sind. Wie schon angedeutet, gibt es auch andere Auffassungen; bei manchen von ihnen erscheint sogar das Demokratieideal mit solchen Lernschwierigkeiten vereinbar. Als ein Beispiel sei nur Hellmut Thomke zitiert, der übrigens Mitglied des Vereins Hochdeutsch in der Schweiz ist und offenbar eine andere Auffassung vertritt als die oben wiedergegebene des Vereinsaktuars. Thomke schreibt: „Eine Argumentation einerseits für strikte Rechtschreibnormen, andrerseits gegen einheitliche Normierung der Aussprache ist nicht logisch, nicht konsequent. Reine Hochlautung nur vom Schauspieler zu verlangen wäre ebenso sinnlos wie die Beherrschung der Orthographie nur vom Schriftsteller zu erwarten." (Thomke 1982a: 2) Sicher würde gegen diese auf den ersten Blick einleuchtende Parallelisierung heutzutage eingewandt, daß gesprochene und geschriebene Sprache fundamental verschieden sind, vor allem was ihre Verflechtung mit der Identität einer Person angeht. Daher sind auch Einwirkungen durch Unterricht, Verwendungsanforderungen und situative Umstellungen nicht einfach parallel zu sehen. Jedoch ist damit die Perspektive Thomkes, nämlich eine überregionale Aussprachenorm zum Lehrziel zu machen, noch keineswegs als aussichtslos oder undemokratisch erwiesen.

Im vorliegenden Zusammenhang ist freilich entscheidend, daß die von Thomke aufgezeigte Perspektive in der Schweiz gar nicht ernsthaft erwogen, geschweige denn erprobt wird, zumindest nicht öffentlichkeitswirksam und nicht in heutiger Zeit. Ein dementsprechender Vorschlag würde heutzutage vielmehr von maßgeblichen Seiten a limine als unzumutbar bewertet. Für diese Bewertung ist vermutlich ausschlaggebend, daß die von Thomke aufgezeigte Perspektive im Widerspruch gesehen wird zur schweizerischen nationalen Identität, wie oben ausgeführt. Als zusätzlicher Ablehnungsgrund kommt aber wohl ins Spiel, daß diese Perspektive auch mit sprachdemokratischen Vorstellungen nicht ohne weiteres vereinbar erscheint. Die heimliche Furcht ist, daß die Gesellschaft zweigeteilt wird: in eine Elite von Korrektsprechern und die breite Masse der Bevölkerung, die trotz allen Sprachunterrichts die von ihrer herkömmlichen Sprechweise zu weit entfernte Norm nicht einmal näherungsweise beherrscht.

6 Schweizerische Stereotypen von den Deutschen und Österreichern

Die deutschsprachigen Schweizer, um die alleine es hier geht, haben vermutlich andere Vorstellungen von den Deutschen und den Österreichern als die Schweizer anderer Sprachen. Dies ist unter anderem deshalb anzunehmen, weil die Sprachgruppen der Schweiz sich auch gegenseitig recht verschieden bewerten und sowohl von sich selbst als auch von einander unterschiedliche Stereotypen hegen (Auto- und Heterostereotypen; vgl. Pedretti 1992; Schläpfer/Gutzwiller/Schmid 1991: 148 f.; Schwander 1991: 40). Bemerkenswerterweise gleicht dabei das Stereotyp der Schweizer Romans (Französisch- und Italienischsprachige) von ihren deutschsprachigen Landsleuten bis zu einem gewissen Grad dem Stereotyp letzterer von den Deutschen (vgl. Camartin 1982). Es fügt sich – bei etwas großräumigerer Sicht der Dinge – in groben Zügen in das Stereotyp der Südeuropäer von den Nordeuropäern.

Der Begriff ‚Stereotyp‘ und seine theoretischen Hintergründe wurden in Kapitel B.7 erläutert. Dort wurde auch begründet, warum die Stereotypen von den Angehörigen der nationalen Zentren des Deutschen im Rahmen dieses Buches ein relevantes Thema bilden. Sie sind – etwas vereinfacht ausgedrückt – Bestandteil der Konnotationen der nationalen Varietäten, werden also unter Umständen von ihnen evoziert. Es sei außerdem noch einmal vor der Gefahr der sekundären Stereotypenbildung gewarnt. Ausdrucksweisen, die sich aus Gründen der Einfachheit zum Teil kaum vermeiden lassen, wie „das Stereotyp *der* (deutschsprachigen) Schweizer von (…)“ sind hier stets nur als Aussagen über die Mehrheit oder substantielle Gruppen gemeint. Zu berücksichtigen ist zudem, daß keineswegs immer gesichert ist, ob es sich bei den Vorstellungen, über die berichtet wird, tatsächlich um Stereotypen in einem engeren Sinn handelt, also um Übergeneralisierungen, die bei gegenteiliger Erfahrung nicht korrigiert werden.

All dessen eingedenk, läßt sich zunächst einmal feststellen, daß auch im Falle der Schweiz das Stereotyp von den Mitgliedern des kleineren anderen Vollzentrums der deutschen Sprache, diesmal also Österreichs, weniger problemgeladen ist als das von den Deutschen. Der spätmittelalterliche Streit mit Österreich, eigentlich mit den aus heutigem Schweizer Gebiet stammenden Habsburgern, hat offenbar in der Schweiz – ebenso wie umgekehrt in Österreich (vgl. Kap. B.7) – keine allzu gravierenden psychischen Abdrücke hinterlassen, trotz der durch die nationale Geschichtsschreibung gepflegten fortdauernden Erinnerung daran.

Die in der Schweiz verbreiteten Stereotypen von den Österreichern beinhalten jedoch eine etwas verächtliche Einschätzung seitens der Schweizer. So sind mir bei Gesprächen mit Schweizer Experten zu dieser Frage als (stereo)typische Charaktereigenschaften der Österreicher aus schweizerischer Sicht unter anderem genannt worden: Gemütlichkeit, aber Rückständigkeit, negativer auch bisweilen Langsamkeit, Schlampigkeit, Tölpelhaftigkeit und Engstirnigkeit. Zu diesem Stereotyp, das für die Schweizer selber wenig Besorgniserregendes an sich hat, paßt auch die Tatsache, daß die aus Deutschland kommenden Ostfriesenwitze in der Schweiz zu Österreicherwitzen umgewandelt werden. Es handelt sich um Witze über die vermeintliche Dummheit einer Bevölkerungsgruppe, die typischerweise bezogen sind auf Regionen, die für rückständig gehalten werden. Offenbar haben die Schweizer eine gewisse Neigung, Österreich und seine Bewohner so einzuschätzen.

Einige wenige Beispiele solcher Witze müssen hier genügen, zumal diejenigen, die ich ausfindig machen konnte, ausnahmslos alles andere als geistreich sind, abgesehen davon, daß sie teilweise noch weitere Vorurteile enthalten als nur gegen Österreicher:

„Ein Österreicher, dem eine Hand fehlt, ist hocherfreut, als er einen ‚Secondhand-Shop‘ erblickt. Er zeigt dem Verkäufer gleich seinen Armstumpf und fragt aufgeregt: ‚Haben Sie eine passende für mich da?‘"

„‚Weißt du, warum die Österreicher nur die Mittelteile von Flugzeugen bauen?‘ ‚Nein, warum?‘ ‚Weil sie von hinten und vorn keine Ahnung haben.‘"

„Ein Österreicher will als Holzfäller in Kanada das große Geld machen. Dazu muß er täglich mindestens 20 Bäume fällen. Bei aller Anstrengung schafft er aber nie mehr als 3 oder 4. Er tut seinem kanadischen Kollegen leid, und dieser prüft einmal seine Motorsäge. Dazu läßt er sie anspringen. Der Österreicher erschrocken: ‚Was machst du denn da? Bei mir hat die nie einen Laut von sich gegeben.‘"

Witze dieser Art, von denen ich im Herbst 1993 und im Sommer 1994 ohne große Mühe etwa 20 sammeln konnte, werden freilich nicht nur in der Schweiz, sondern auch in Süddeutschland (Bayern, Baden-Württemberg) erzählt, jedoch offenbar nicht mehr weiter nördlich. Die über die Schweiz hinausreichende Verbreitung steht nicht im Widerspruch zu der Annahme, daß sie – bis zu einem gewissen Grad – die stereotypische Sicht der Schweizer von den Österreichern beinhalten.

Zur Sicht von oben herab auf die Österreicher kommt hinzu, daß viele Schweizer offenbar keine sonderliche Sympathie für sie hegen. Darauf lassen jedenfalls repräsentative Befragungen von Schweizer Rekruten schließen, bei denen den Österreichern die zweitniedrigsten Sympathiewerte von vier zur Auswahl stehenden Nationen zuteil wurden. Einen Überblick über die im vorliegenden Zusammenhang wichtigsten Ergebnisse dieser Befragung liefert Tabelle 8 (nach Schläpfer/Gutzweiler/Schmid 1991: 14 f.).

Tab. 8: Bekundete Sympathie von Schweizer Rekruten gegenüber verschiedenen Nationen (Prozentwerte, n = 1982, fehlende Werte: weiß nicht/keine Antwort)

	Sympathisch	Eher sympathisch	Eher unsympathisch	Unsympathisch
Franzosen	38,3	36,0	10,8	3,1
Italiener	29,9	31,9	18,2	8,8
Österreicher	24,2	39,0	16,7	8,4
Deutsche	12,9	25,2	34,6	19,9

Tabelle 8 läßt sich ein weiterer für uns wichtiger Befund entnehmen, nämlich daß den Schweizern die Deutschen noch unsympathischer sind als die Österreicher, sogar mit Abstand am unsympathischsten von allen verglichenen Nationen. Übrigens zeigten die Ergebnisse bei genauerer Analyse eine starke Tendenz, daß diejenigen Informanten, denen die Deutschen unsympathisch waren, auch den Österreichern negative Sympathiewerte zuteilten (Korrelationskoeffizient Ckorr = 0,696; Schläpfer/Gutzweiler/Schmid 1991: 148, Anm. 44). Möglicherweise sahen sie eine Verwandtschaft zwischen Deutschen und Österreichern. In das Bild der Antipathie gegenüber den Deutschen fügt sich der Befund einer Rekrutenbefragung aus dem Jahr 1981, nach der von allen Völkern „die Deutschen neben den Arabern und den Russen bei den Deutschschweizern am unbeliebtesten sind" (Sieber/Sitta 1986: 140, Anm.). Daher sind die Schweizer, wie beobachtet wurde, auch besonders auf Richtigstellung bedacht, wenn sie im Ausland versehentlich einmal für Deutsche gehalten werden (Schilling 1970: 222; vgl. auch Ris 1990: 46).

In eine verwandte, wenngleich vielleicht nicht ganz so negative Richtung weist der Befund von Roland Ris (1978: 102), daß „[d]er Deutsche" dem Schweizer „als zu *aktiv,* zu *laut* und *kalt*" erscheint, „und diese vermeintlichen Eigenschaften schließen sich alsbald zum Cluster *arrogant* zusammen (...)" Ris stützt sich dabei auf eine schon etwas ältere Untersuchung Peter R. Hofstätters (1960), der die Nationalstereotypen mittels des „semantischen Differentials" zu erfassen sucht, einer Reihe von antonymischen Adjektivpaaren, deren Zutreffen auf die Mitglieder der jeweiligen Nation von den Probanden auf einer 7-teiligen Skala abgetragen wird. Eine Möglichkeit der Auswertung, die Ris gewählt haben könnte, besteht darin, daß man die größten Differenzen zwischen dem Autostereotyp der Befragten (Bild von den Angehörigen der eigenen Nation) und dem Heterostereotyp (Bild von den Angehörigen der anderen Nation) sucht. Nach dieser Art der Auswertung sehen die deutschsprachigen Schweizer die Deutschen vor allem wie folgt (Differenzgröße in Klammern): „veränderlicher" (2,0), „lauter" (1,8), „jünger" und „glatter" (je 1,6), „kälter" (1,5) sowie „leerer" (1,4), bzw. sie sehen sich selbst im Vergleich dazu als „stetiger", „leiser", „älter" und „rauher", „wärmer" sowie „voller" – wenn wir uns auf die 6 am stärksten divergierenden Attribute beschränken (Hofstätter 1960: 27). Ris hat diesen Befund wohl etwas gestrafft und konkretisiert, vielleicht unter dem Eindruck sonstiger Kenntnisse über das Deutschenstereotyp bei den Schweizern. Nebenbei bemerkt, findet Hofstätter erstaunlicherweise auch, daß deutschsprachige Schweizer und Deutsche sich immerhin weit besser „verstehen" als deutsch- und französischsprachige Schweizer, deren Verhältnis ihm „besonders kritisch erscheint". Kriterium für den Grad des Verstehens ist dabei die Ähnlichkeit der Bilder, die sich die Gruppen von sich selbst und von den anderen Gruppen machen (Hofstätter 1960: 31 f.). Dieser Befund schließt freilich nicht aus, daß die deutschsprachigen Schweizer zu den Deutschen eine entschieden negativere Einstellung haben als zu ihren französischsprachigen Landsleuten.

Die weitgehend negative Einstellung der Schweizer zu den Deutschen ist sicher – ähnlich wie die der Österreicher – maßgeblich mitgeprägt durch die bedrohliche Politik seitens des größeren Nachbarn im Verlauf dieses Jahrhunderts, wenngleich die Schweiz davon nicht direkt betroffen war. Offenbar lautet die erste Reaktion vieler Schweizer auf die Worte „Deutsche" oder „Deutschland" noch immer „Nazi" oder ähnlich (Koller 1992: 49 f.). Zu diesen geschichtlichen Hintergründen kommen fortdauernde, negativ wirkende Faktoren hinzu.

In einem geistreichen Artikel einer Schweizer Zeitung (den ich leider bibliographisch nicht identifizieren konnte; dankenswerte Zusendung von Rudolf Roth,

Zürich) befaßt sich Wolfgang Wettstein, ein seit längerem in Zürich lebender Deutscher, mit der Abneigung der Schweizer gegen das Standarddeutsche, natürlich besonders das deutsch gefärbte, und bringt diese in unmittelbaren Zusammenhang mit ihrer Aversion gegen die Deutschen. Als einen Grund für die Tiefe dieser Aversion, neben anderen, vermutet er ihre „grosse Angst, so zu sein wie die Deutschen. Sie wehren sich: ‚Wir sind nicht wie die Deutschen. Es kann nicht sein. Es darf nicht sein.'" Indem sie mit dem Zeigefinger auf die Deutschen zeigen, mit ihren Neonazis und deren Gewalttaten an Ausländern, wendet sich der Blick der Schweizer auch leichter ab von dunklen Punkten im eigenen Land. Es bedarf kaum des Hinweises auf gewisse Parallelen zum Verhältnis der Österreicher zu den Deutschen. Zahlreiche aufschlußreiche Einzelbeobachtungen und Erklärungsansätze zum Verhältnis der Schweizer gegenüber den Deutschen liefert auch der Fernsehjournalist und Deutschlandkenner Hansmartin Schmid (1992) in seinem einfühlsamen und teilweise auch schweizkritischen Buch *Ein Unterschied wie zwischen Schmidt und Schmid. Deutsche und Deutschschweizer – verwandt und doch verschieden* (vgl. auch „Der Hang des Herrn Schmidt zum Monolog" *Süddeutsche Zeitung* 2./3./4.5.1994).

Vermutlich dient Deutschland freilich nicht nur zur Projektion, sondern wird teilweise auch als echte Bedrohung empfunden. Robert Schläpfer (mündliche Mitteilung) vermutet, daß das Größenverhältnis beider Länder ein wichtiger Faktor ist. Vielleicht ist dies in noch höherem Maße der Fall als bei den Österreichern. Bei dieser Annahme wird vorausgesetzt, daß die psychischen Gesetzmäßigkeiten, die das Verhältnis von kleinen zu großen Ländern prägen, verwandt sind mit der Psychologie kleiner gegenüber großen Menschen (vgl. Schuhmacher 1980; Duke u.a. 1984; Roberts/Hermann 1986). Es wäre eine interessante Forschungsaufgabe, diese Annahme auf ihre Haltbarkeit hin zu überprüfen.

Die ablehnende Haltung der (deutschsprachigen) Schweizer im Grunde gegenüber beiden anderen Vollzentren der deutschen Sprache mag durch den Umstand verstärkt werden, daß die Schweizer am ehesten einer wirklichen menschlichen Gruppe mit dem für sie charakteristischen inneren Zusammenhalt gleichen. Über solche Gruppen schreibt der einschlägige Theoretiker George C. Homans (1957: 121): „Just as friendlyness within a group tends to be accompanied by some degree of hostility toward outsiders, so the similarity in the sentiments and activities of the members of a group tends to be accompanied by some dissimilarity between their sentiments and activities and those of outsiders." Zwar bezieht sich Homans hiermit unmittelbar nur auf kleinere, interaktionelle Gruppen; jedoch hält er es für durchaus möglich, und übrigens auch für erstrebenswert, daß Großgruppen wie z.B. Nationen Eigenschaften von Kleingruppen annehmen. Dadurch können sie ihren Mitgliedern unter anderem ein Zugehörigkeitsgefühl („feeling of belongingness") und psychischen Halt verleihen (Homans 1957: 453–468, s. 457). Es spricht manches dafür, daß die Schweiz eher als Deutschland, und auch als Österreich, eine solche Gruppenstruktur entwickelt hat (vgl. Kap. C.4: (5)). Vielleicht war dies auch aufgrund ihrer verhältnismäßigen Kleinheit eher möglich.

Hinzu kommen ein sprachlicher Wertekonflikt und damit zusammenhängende erniedrigende Kommunikationserfahrungen. Als Gruppensymbol wird der Dialekt in der Schweiz zweifellos hoch bewertet, höher als Standarddeutsch – gleich welcher Ausprägung (vgl. Kap. C.4). Daneben hat Standarddeutsch aber doch das für Standardvarietäten typische Prestige der in öffentlichen Situationen korrekten Form. Vor allem hat es den höheren „Kontaktstatus", d. h. es ist die im Kontakt zwischen deutschsprachigen Schweizern und anderen Deutschsprachigen normalerweise gewählte Varietät. Es ist vielfach beschrieben worden, welche Erfahrungen die Schweizer dabei machen können oder sich zumindest vorstellen. Die folgende Darstellung Johann C. Mörikofers (1838: 66 f.) trifft einerseits, wenn man sie etwas abschwächt, noch die heutigen Verhältnisse und belegt andererseits zugleich die lange Geschichte der Problematik. Mörikofer schildert, „mit welchem Übermuthe der Überlegenheit sich bisweilen die geschliffene und gewandte Zunge besonders des Norddeutschen unter den guten Schweizern ergeht, ihnen das Gewicht der Gegengründe im Munde ersterben macht und sie wider ihre beßere [sic!] Überzeugung das Gewehr strecken läßt, weil sie ihrer Rede nicht den Fluß und Nachdruck, die Raschheit und lebendige Beweglichkeit zu geben wissen, welche die Umgangssprache erfordert." Es liegt auf der Hand, daß solche Erfahrungen oder auch nur Vorstellungen Antipathie hervorrufen und ein zudem durch sonstige Beobachtungen oder Berichte gestütztes Bild von der Unhöflichkeit der Deutschen stabilisieren.

Diese Kontakterfahrungen werden vervielfacht durch den weiteren Umstand, der schon für sich genommen das Verhältnis zwischen zwei Nationen ungünstig beeinflussen kann (vgl. Kap. B.7), nämlich daß die Schweiz bevorzugtes Touristenziel für die Deutschen ist, wenn auch nicht ganz in dem Maße wie Österreich, während umgekehrt Deutschland kaum Touristen aus der Schweiz anzieht. Der Massentourismus aus Deutschland wird in der Schweiz häufig als ausgesprochene Bedrohung empfunden. Werner Koller zitiert dazu den Schweizer Autor Peter Noll: „Was uns stört ist wahrscheinlich nur der Umstand, daß die Deutschen in unserem Land, jedenfalls an diesen Skiorten, mindestens vorübergehend, in gewaltiger Überzahl vorhanden sind; das gibt ein Gefühl von Invasion, und unbewußt kommen dann bei vielen von uns noch die Erinnerungen an deutsche Einmärsche von 1940–1941, obwohl wir ja gerade nicht davon betroffen waren." Der Skilift, speziell das Vordrängen der Deutschen beim Anstehen, gehört denn auch zu den Standardsituationen der Veranschaulichung deutscher Arroganz und Rücksichtslosigkeit bzw. des so empfundenen Verhaltens. Ein Beispiel ist der Sketch „Am Skilift" des *Cabaret Rotstift,* in dem ein rücksichtsloser Deutscher von einem Schweizer auf den Weg des guten Benehmens geführt wird (Sammel-CD *Cabaretissimo,* EMI, Switzerland, CDP 8274702, 1994; Hinweis Iwar Werlen und Hansjakob Schneider). Möglicherweise wird durch den Massentourismus aus Deutschland bei den Schweizern gelegentlich sogar ein Gefühl technologischer Rückständigkeit hervorgerufen, obwohl es sachlich sicher unbegründet ist.

Aufgrund dieser Umstände machen sich Schweizer noch heutzutage leicht einer Art Landesverrats verdächtig, wenn sie deutliche Sympathien für Deutschland bekunden. Ähnliche Verdächtigungen können schon aufkeimen, wenn Schweizer die Muttersprachlichkeit des Standarddeutschen, unter Umständen sogar ihres eigenen Schweizerhochdeutsch, betonen. Durch die Schweizer Zeitungen ging kürzlich der Fall des Züricher Bestattungsbeamten Mario Berta, der im Dienst konsequent standarddeutsch (schweizerhochdeutsch) sprach, und deshalb schließlich entlassen wurde, da die Züricher Stadtverwaltung diese Varietätenwahl für unzumutbar hielt. Unter Verdächtigungen, die andeutungsweise in Richtung Landesverrat gehen, hat zum Teil auch der Deutschschweizerische Sprachverein (heute: *Schweizerischer Verein für die deutsche Sprache*) und erst recht der Verein Hochdeutsch in der Schweiz gelitten.

Das stereotypische Bild der Schweizer von den Deutschen drückt sich aus in dem Nationalspitznamen *Schwab* oder *Schwob*, der zur Bezeichnung aller Deutschen, nicht nur der Schwaben dient. Noch gängiger ist vielleicht das Intensivum dazu, nämlich *Sauschwab/-schwob*. Die unterschiedliche Schreibweise (mit a oder o) entspricht der je nach Region verschiedenen Aussprache des Vokals: [a:], [ɔ:] oder [o:]

Die übertragene Verwendung des Namens für den Nachbar„stamm" hat eine lange Geschichte, die zurückreicht bis in die Zeit des in der Schweiz sogenannten Schwabenkriegs im Jahre 1499 (vgl. Baumann 1983: 61). Nach zahlreichen Belegen im *Schweizerischen Idiotikon* (Bd. 9, 1929: 1707–1716) wird der Ausdruck seitdem vielfach mit deutlich negativen Konnotationen verwendet (Unehrlichkeit, Dummheit und auch Großmäuligkeit der „Schwaben"), was sich auch in verschiedenen Redensarten niedergeschlagen hat. Vielfach stehen dabei die „Schwaben" für die Fremden allgemein – allerdings wohl nur insofern, als sie Nicht-Schweizer und dennoch deutschsprachig sind. Damit ist der Bezug auf die Region des späteren Deutschland schon weitgehend vorgegeben.

Sofern Schwaben im eigentlichen Sinn gemeint sind, treten die negativen Konnotationen unter Umständen sogar in den Hintergrund, wie z.B. in Gottfried Kellers erstmals 1856 erschienener Novelle „Die drei gerechten Kammacher", wo der Schwabe Dietrich immerhin noch positiver gezeichnet ist als sein sächsischer und sein bayerischer Gefährte. Erst recht findet sich in der Erzählung Kellers keinerlei Hinweis darauf, daß der Ausdruck *Schwab(e)* damals in der Schweiz zur Bezeichnung der Deutschen insgesamt diente. Die Charakterisierung Dietrichs durch Keller paßt auch eher zu einem der in Deutschland gängigen Schwabenstereotypen (keck und verschmitzt, nicht wie die Sieben Schwaben) als zum in der Schweiz verbreiteten Stereotyp von den Deutschen. Mit der Zeit bilden sich, wie es scheint, auch gewisse Ausdrucksunterschiede zwischen den beiden verschiedenen Bedeutungen heraus. Manchenorts, z.B. in Bern, „wird heute die einheimische Form *Schwāb* als neutraler Ausdruck für Schwabe im engeren S.[inn], *Schwōb* (wohl von Norden her eingedrungen) geringschätzig für jeden überrheinischen Deutschen gebraucht" (*Schweizerisches Idiotikon*, Bd. 9, 1929: 1707). Andernorts wird unterschieden zwischen der apokopierten Form (*Schwab*, ohne -e) als dem Nationalspitznamen für alle Deutschen und der unverkürzten, aus dem Standarddeutschen entlehnten Form *(Schwabe)*, die sich auf die eigentlichen Schwaben bezieht, wobei im Plural beide Formen identisch sind (Hinweis Kurt Meyer).

Nach der Reichsgründung im Jahre 1871 fokussiert sich die Bedeutung von *Schwab/Schwob* recht schnell auf die neuen *Tütschländer,* wie sie zeitweise auch heißen. Diese sind besonders leicht an ihrer Sprechweise erkennbar, die so unbeliebt ist wie ihre Träger, wobei hier offen bleiben muß, welche der beiden Bewertungen (die der Sprecher oder die der Sprechweise) mehr auf die andere abgefärbt hat. So berichtet z.B. H. Wissler (1905: 343) in einer Erörterung der richtigen Aussprache für die Schweiz, seine „bernischen Landsleute" seien „sehr ängstlich, man möchte sie als ,Schwaben' ansehen, wenn sie gar zu hochdeutsch redeten (...)" Der in der Schweiz heute gängige Nationalspitzname für die Deutschen bzw. das zugehörige Stereotyp, in Verbindung mit der Abneigung gegen das spezifisch deutsche Deutsch, scheint spätestens in den ersten Jahrzehnten unseres Jahrhunderts gefestigt zu sein. Wissler ist also kein Einzelfall. So erwähnt z.B., um nur einen weiteren Hinweis zu liefern, Heinrich Baumgartner (1932: 117) einen Berner Zeitungsartikel vom 23. Mai 1927, der anläßlich des am *Siebs* orientierten Aussspracheunterrichts in den Schulen „vom wachsenden Misstrauen unseres Landvolkes gegenüber dem *Schwabendeutsch*" berichtet. (Hervorhebung U. A.)

Der Hinweis von Wissler verrät schon, daß die in der Schweiz an dem Ausdruck *Schwab/Schwob* haftenden Vorstellungen weder von einem der sonstigen Schwabensterotypen noch von den tatsächlichen Schwaben hergeleitet sind. Sie gleichen viel eher dem auch in anderen Weltteilen verbreiteten Stereotyp vom Preußen. Für die Schweizer sind nämlich – was für Deutsche überraschend und schwer nachvollziehbar ist – die „Schwabe/Schwobe" militärisch-zackig und entsprechend dem sonstigen Deutschenstereotyp vorlaut, arrogant, rücksichtslos und „mit der Schnauze immer vorneweg" (vgl. die schweizerischen Vorstellungen von der Sprechweise der Deutschen in Boesch 1966/67; Schäuffele 1970). Als Zeit der Genese dieses „Schwabe"-Stereotyps von den Deutschen läßt sich am ehesten das Wilhelminische Kaiserreich vermuten. Dazu paßt auch der Ausdruck „Pickelhuube-Schwoob" (Koller 1992: 137), der nicht zur Bezeichnung einer Subspezies dient, sondern zur Verdeutlichung der typischen „Schwabe"-Eigenschaften. Inwiefern dem Ausdruck dennoch eine Art Verwandtenhaß zugrundeliegt, muß hier offen bleiben. Immerhin ist wohl auch den meisten Schweizern bekannt, was vielenorts so oder ähnlich geschrieben steht: „Die Schweizer gehören zu den Alemannen [,] und die nächsten Verwandten sind [die] Schwaben (...)" (Vernaleken 1900: 236 f.) Ist bei den Schweizern also Rationalisierung von Verwandtenhaß im Spiel, wenn sie die Schwaben-Bezeichnung mit dem nachvollziehbar unsympathischen Preußenstereotyp koppeln?

Allerdings liefern die Schwaben bisweilen auch andernorts und jenseits unmittelbarer Nachbarschaft die Bezeichnung für negativ bewertete Stereotypen von den Deutschen. Ein Beispiel dafür ist Polen, wo freilich die Preußen deutlich von den Schwaben unterschieden werden (vgl. schon den Titel von Holzer 1991: „Der widerliche Schwabe, der brutale Preuße"). – Ob mit dem negativen Schwaben-Stereotyp auch die verbreitete Bezeichnung der Küchenschaben als *Schwaben* zusammenhängt, oder ob sie nur durch die Lautähnlichkeit der Wörter bedingt ist, muß hier offen bleiben. Die Lautähnlichkeit besteht auch mit der ältesten belegten Volksgruppen-Metapher für Küchenschaben, nämlich venezianisch *scavio* ‚Slave' (*Kluge*, 22. Aufl., Berlin 1989: 657).

Daß für viele Schweizer das Wort „Schwab", neben dem Wort „Nazi", das am engsten mit den Deutschen assoziierte Wort ist, zeigt sich auch in Kollers Interviews mit in der Schweiz lebenden Deutschen, die zahlreiche Belege liefern. Einer der Informanten beklagt beispielsweise, daß Schweizer in Auseinandersetzungen mit Deutschen bisweilen als ihr letztes „Argument" einsetzen: „[M]an ist ein Schwab". Ein anderer berichtet folgendes über seine Schweizer Frau: „Ich höre manchmal meine Frau am Skilift sagen, wenn sich die Deutschen vordrängeln: ‚verdammter Sauschwab, bleib, wo du herkommst'." Ein dritter erzählt, daß er von seiner Schweizer Chefin zunächst einmal mit den Worten abgewiesen wurde: „Einen Sauschwaben will ich nicht." Das Intensivum „Sauschwab" wird bisweilen noch durch weitere Attribute verstärkt, z.B. zu „huere Sauschwab". Solche und ähnliche Ausdrücke dienen gelegentlich auch Schweizer Schülern als Waffe gegen Mitschüler aus Deutschland (Koller 1992: 27, 152, 156 f., 161 f.).

Entsprechend dem Nationalspitznamen „Schwab" wird in der Schweiz eine deutsch gefärbte Lautung als *Schwäbele* (Schwäbeln) bezeichnet. „[W]enn von jemand gesagt wird, daß er schwäbelt, so bedeutet das: Man merkt dem Schwei-

zerdeutschen des Betreffenden an, daß er Deutscher ist, d. h., er spricht ein
Schweizerdeutsch mit starkem deutschem Einschlag." (Koller 1992: 152) Am
auffälligsten „schwäbeln" diejenigen mit einer norddeutschen Lautfärbung; auf
einen wirklich schwäbischen Akzent würde man die Bezeichnung dagegen weniger anwenden. Dabei wird nicht nur ein Schweizerdeutsch mit deutschem Akzent,
sondern auch norddeutsch gefärbtes oder auch akzentfreies deutsches Standarddeutsch als „Schwäbele" bezeichnet. Die Bedeutung des Ausdrucks gleicht sich
dann derjenigen des Ausdrucks „spitzes Hochdeutsch" an, bei dem die zugrundeliegende Aversion gegen diese Art des Sprechens deutlicher durchschimmert
(Koller 1992: 11; vgl. auch Schilling 1970: 222–224).

Freilich wird ein solches „Schwäbele" nicht in jeder Hinsicht negativ bewertet; vielmehr werden diejenigen, die es können, auch darum beneidet (vgl. Boesch
1966/67: 227 f.). Ein Informant Kollers (1992: 139; vgl. auch 153 f.) drückt dies
so aus: „Viele Schweizer haben gegenüber ‚dene Schwaabe' einen Minderwertig-
keitskomplex. Und bei der ersten Kontaktnahme denken sie: Der überrennt mich
mit seiner Sprache. So schnell und so gut kann ich sowieso nicht reden." Solche
Reaktionen liefern auch Hinweise auf mögliche Erklärungen für die Aversion
vieler Schweizer gegen das Schwäbele. Zugrunde liegt die Sorge, daß es vielfach
als das bessere Deutsch gilt, das man selbst nicht zureichend beherrscht – eine
Bewertung, die man insgeheim selbst teilt. (vgl. auch Kap. F.2)

Deutsche werden natürlich nicht nur als Schwaben, und Deutschsprechen
wird nicht nur als Schwäbeln bezeichnet. Sogar für die abwertende Bezeichnung
sind die Schweizer nicht auf diese Ausdrücke angewiesen. Vielmehr scheint die
Aversion der Deutschschweizer gegen ihre nördlichen Nachbarn so gefestigt, daß
auch schon der Ausdruck „Deutscher" für sich genommen als Schimpfwort
taugt. Koller (1992: 162) berichtet davon, daß vor allem Schulkinder aus
Deutschland auch einfach als „Tüütsche" oder ähnlich beschimpft werden.

Eine aus naheliegenden Gründen heute weitgehend außer Gebrauch gekom-
mene Bezeichnung für die Deutschen ist der Ausdruck *Reichsdeutsche*, mit dem
sich ebenfalls das typische Preußenstereotyp verband. Deutschland selber wird
gelegentlich „der große Kanton" genannt, was einen bedrohlichen Unterton
haben kann.

Das Bild der Schweizer von den Deutschen kann sich zu Vorstellungen
von Arroganz und Großkotzigkeit steigern. Typisch für diese Deutschen, sprich
Schwabe, ist dann das Daherkommen im Mercedes, was aber wiederum nichts
damit zu tun hat, daß die herstellende Firma ihren Stammsitz in der schwäbischen Hauptstadt Stuttgart hat. Dies ist neben dem Warten auf den Skilift die
vielleicht zweitwichtigste Standardsituation zur Illustration des Stereotyps vom
Deutschen. Die Abneigung vieler Schweizer gegen Deutsche, vor allem wenn sie
in diesem Autotyp durch die Schweiz reisen, scheint so ausgeprägt, daß kleinste
Verfehlungen, insbesondere geringfügige Geschwindigkeitsüberschreitungen, mit
dem Kommentar „typisch Sauschwab" quittiert werden, während gravierendere
Verfehlungen bei Wagen anderen Typs, vor allem solchen mit Schweizer Nummernschild, oft weniger registriert werden (quantifizierende Beobachtung von
Robert Schläpfer, mündliche Mitteilung). Walter Schenker (1972: 890 f.) berichtet von einem in dieses Bild passenden Vorfall, bei dem er wegen einer von ihm
verursachten harmlosen Verkehrsbehinderung in einem Wagen mit deutschem
Nummernschild als „Souschwoob" und „Hitlerfründ" beschimpft wurde, wobei
er sich allerdings nicht über das Fabrikat seines Wagens äußert.

Literarische Darstellungen des Schweizer Stereotyps vom deutschen (Sau) Schwab sind offenbar – anders als beim Piefke-Stereotyp der Österreicher (Kap. B.7) – so gut wie nicht existent. Sie scheinen sich auf gelegentliche Andeutungen und vereinzelte kabarettistische Sketche zu beschränken (Bestätigung durch Roland Ris, Hellmut Thomke und Iwar Werlen).

D Bundesrepublik Deutschland

1 Die Entwicklung zu einem nationalen Zentrum der deutschen Sprache

Daß Deutschland ein nationales Zentrum der deutschen Sprache bildet, wird kaum jemand bezweifeln. Offenbar ist sogar darüber hinaus die Meinung weit verbreitet, daß dieses Zentrum so alt sei wie die deutsche Sprache selber. Diese Einschätzung bedarf allerdings der Korrektur. Dabei soll auch klargestellt werden, daß Deutschland sich nicht so grundlegend von den anderen nationalen Zentren der deutschen Sprache unterscheidet, wie dies gelegentlich suggeriert wird. Diese Suggestion liegt schon im Namen, insbesondere in der Gleichheit der adjektivischen Bezeichnung für die Sprache und für die Nation (oder auch den Staat), die gewöhnlich beide (bzw. alle drei) unterschiedslos deutsch genannt werden. Die vermeintliche Sonderstellung Deutschlands wird durch den gängigen Ausdruck *Binnendeutsch* für das Deutsch Deutschlands zusätzlich unterstrichen, durch den das Deutsch der anderen Zentren – zumindest implizit – zum Außen- oder Randdeutsch erklärt wird (vgl. Kap. A.3.2.1).

Auch verbreitete vage Vorstellungen, die eine Kontinuität früherer Staatsgebilde zum heutigen Deutschland herstellen, verstärken die Vorstellung von dessen Sonderstellung unter den nationalen Zentren der deutschen Sprache. Zumindest der mittelalterliche Staat, den die „deutschen" Kaiser von der Art Barbarossas repräsentieren, wird nicht selten als mehr oder weniger direkter Vorläufer des heutigen deutschen Staates hingestellt (vgl. z.B. Hugelmann 1931). Solche Vorstellungen werden – bei noch extremerer Sicht der Dinge – verlängert durch Sagen wie z.B. die von Hermann dem Cherusker, der einst „Deutschland" von den Römern befreit haben soll.

Im Gegensatz zu solchen Kontinuitätsphantasien ist dasjenige Deutschland, das ein eigenständiges nationales Zentrum der deutschen Sprache bildet, erst 1871 entstanden, kann also auf eine Geschichte von nur gut 120 Jahren zurückblicken. Schon diese historische Klarstellung verbietet jede Vereinnahmung der deutschen Sprache durch diese Nation bzw. diesen Staat. Frühere Staaten oder Staatenbünde, die oft ebenfalls mit dem Kürzel *Deutschland* bezeichnet werden (vgl. auch Busse 1994a; b), sind im Zusammenhang mit dem Thema der vorliegenden Untersuchung grundsätzlich anders einzuordnen als das betreffende nationale Zentrum der deutschen Sprache, da sie die anderen heutigen nationalen Zentren des Deutschen oder zumindest Teile von ihnen umfassen (vgl. Demant 1991: 14). Sie können daher auch nicht als Vorgängernationen oder -staaten des heutigen Deutschland betrachtet werden, zumal bei einem Thema wie dem des vorliegenden Buches, für das die Trennung der drei deutschsprachigen Nationen Deutschland, Österreich und Schweiz Ausgangspunkt aller Überlegungen ist. So umfaßt das *Heilige Römische Reich* (1254–1806), für das seit dem 15. Jahrhundert der Zusatz *deutscher Nation* gebraucht wird, zu Anfang auch die deutschsprachige Schweiz und während seiner ganzen Zeitdauer Österreich. Die Schweiz scheidet zwar spätestens im Jahre 1648 durch den Westfälischen Friedensvertrag, der den Dreißigjährigen Krieg beendet, auch staatsrechtlich aus dem Heiligen Römischen Reich aus, dessen Oberhoheit sie sich faktisch schon zuvor entzogen hat. Österreich bleibt aber nicht nur bis zu seinem Ende Bestandteil, sondern seine Regenten sind zudem fast durchgängig die Herrscher dieses Reiches (vgl. Kap. B.1, C.1).

Auch der nachfolgende Verband von 39 deutschsprachigen Staaten (ohne die Schweiz), der *Deutsche Bund* (1815–1866), kann nicht als direkter Vorläufer des heutigen Deutschland gelten, denn auch dort ist Österreich nicht nur Mitglied, sondern sogar führende Macht. Erst im Jahre 1866 wird es durch Preußen daraus verdrängt. Preußen ist dazu in der Lage aufgrund seines militärischen Sieges (im Bündnis mit Italien und einigen kleineren norddeutschen Staaten) über Österreich (im Bündnis mit der Mehrzahl der deutschsprachigen Staaten) (Schlacht von Königgrätz (tschech. Hradec Králové) am 3.7.1866 und anschließender Friede von Prag).

Erst der folgende Vereinigungsprozeß der deutschsprachigen Staaten, aus dem Österreich ausgeschlossen ist (und woran natürlich auch die Schweiz nicht teilnimmt), führt dann unter der Führung Preußens hin zum Vorgängerstaat des heutigen Deutschland. Preußen vergrößert sich nach dem Sieg über Österreich durch Einverleibung von Schleswig und Holstein sowie von Hannover, Kurhessen, Nassau und Frankfurt a.M. und bildet zusammen mit Sachsen und dem nördlichen Teil des Großherzogtums Hessen-Darmstadt den Norddeutschen Bund. Es bestimmt dann aufgrund seiner Machtfülle weitgehend alleine den weiteren Einigungsprozeß der deutschsprachigen Staaten (ohne Österreich und die Schweiz). Nach dem Sieg Preußens und seiner süddeutschen Verbündeten über Frankreich im Jahre 1871 wird das *Deutsche Reich* gegründet (Krönung des preußischen Königs zum deutschen Kaiser am 18.1.1871 in Versailles). Erst hernach entwickelt sich dieses neu entstandene „Deutschland" allmählich zu einem eigenen nationalen Zentrum der deutschen Sprache, das sich auch sprachlich deutlich von den beiden anderen Zentren: Österreich und (deutschsprachige) Schweiz, unterscheidet. Otto Dann (1993: 165–174) spricht diesbezüglich von der Entstehung der deutschen „Reichsnation".

Der Name des 1871 entstandenen Staates verrät, daß seine Gründer in ihm die langjährigen Einigungsbestrebungen der deutschsprachigen Staaten bzw. ihrer Bewohner realisiert sahen oder sehen wollten. Dies war in Wirklichkeit eine Anmaßung, wie sich insbesondere mit Blick auf das ausgeschlossene Österreich leicht erkennen läßt. Dem eingeschränkten Ergebnis hätte im Grunde auch ein weniger umfassender Staatsname besser entsprochen, vielleicht – nach der Führungsmacht – *Preußisches Reich* oder dergleichen (vgl. zur Dominanz Preußens Dann 1993: 158). Die Möglichkeit einer solchen Namensgebung bestand freilich in Wirklichkeit kaum, denn die süddeutschen Staaten hätten sie wohl nicht akzeptiert. Jedoch wäre dadurch unter anderem die bis heute andauernde Sprachverwirrung vermieden worden, die durch die Gleichheit von Nations- und Staatsmit dem Sprachnamen, genauer der jeweiligen adjektivischen Spezifizierung *(deutsch)*, bis auf den heutigen Tag besteht. Wir könnten dann problemlos vom *preußischen, österreichischen* und *schweizerischen* Deutsch sprechen.

Die angemessene adjektivische Spezifizierung der neuen und bei allen Umbrüchen bis zur Gegenwart fortbestehenden Nation, ihres Staates, ihrer Sprache, der verschiedenen Seiten ihrer Kultur („Kulturvarietäten", z.B. die nationale Literatur) usw., ist in der Tat ein Problem, das an dieser Stelle ein paar Hinweise verlangt. Eine zufriedenstellende Lösung scheint es nicht zu geben. Das Adjektiv *preußisch* kommt mit Sicherheit nicht mehr in Frage, schon weil der frühere Hauptstaat Deutschlands, Preußen, 1947 aufgelöst wurde und nicht mehr existiert (laut Gesetz des Alliierten Kontrollrates über die Auflösung Preußens vom 25. Februar). Hermann Möcker (1978–1982) hat das Adjektiv *deutschländisch* verwendet, ebenso Michael Clyne (1993 b: 33). Es hat immerhin den Vorzug, daß es für die gesamte Zeitspanne von 1871 bis zur Gegenwart brauchbar ist. Auch handelt es sich dabei nicht um einen wirklichen Neologismus, vielmehr war der Ausdruck *Deutschländer* (genauer *Tütschländer*) schon in den Jahren nach der Reichsgründung eine in der Schweiz gebräuchliche Bezeichnung für die Bewohner des neuen Staates, bis sich dafür die Bezeichnung *Reichsdeutsche* durchsetzte (Blocher 1910: 444).

Das Adjektiv *deutschländisch* kongruiert freilich allenfalls mit dem Nationalnamen, nicht mit dem Staatsnamen in der hier hauptsächlich interessierenden Zeitspanne, denn einen Staat mit dem einfachen Namen *Deutschland* hat es nie gegeben. Die offiziellen Namen desjenigen Zentrums der deutschen Sprache, um das es in diesem Kapitel geht, waren *Deutsches Reich* (1871–1945), *Deutsche Demokratische Republik* (für den zeitweilig abgetrennten östlichen Teil, 1949–1990) und *Bundesrepublik Deutschland* (für den zeitweiligen westlichen Teil sowie unverändert für den seit 1990 vereinigten Staat, also 1948 bis heute). Als durchgängige Namenskonstante findet sich nur das Attribut *deutsch,* das ja auch Bestimmungswort von *Deutschland* ist. Erst nach dem Zweiten Weltkrieg wird das Wort *Deutschland* Element des Staatsnamens. Nur dadurch ist im Grunde auch die Verwendung des Kürzels *Deutschland* für den Staatsnamen gerechtfertigt, die allerdings gängig ist und der ich mich ebenfalls bediene. Als speziellere Termini für die wichtigsten Epochen dieses Staates kommen dann die folgenden Adjektive in Betracht: *reichsdeutsch* (1871–1945 oder 1948), *BRD-deutsch* und *DDR-deutsch* (1945 oder 1948 bzw. 1949–1990) und *bundesdeutsch* (ab 1990). *Deutschland* dient auch allgemein als Name für die Nation – ein Sprachgebrauch, dem ich mich anschließe, obwohl er nicht ohne weiteres stimmig ist, da eine Nation strenggenommen kein Land, sondern eine Gruppe (Großgruppe) von Menschen darstellt. Die entsprechende Unstimmigkeit fällt beim Namen *Österreich* für die betreffende Nation weniger auf. Der Terminus *deutschländisch* bleibt allerdings wegen seiner Ungebräuchlichkeit ein Notbehelf; wo vom Kontext her kein Mißverständnis möglich ist, scheint mir eher das gängigere Adjektiv *deutsch* angebracht. In vielen Formulierungen ist es nicht weniger eindeutig (z.B. *deutsches Deutsch* im Vergleich zu *deutschländisches Deutsch*); in anderen Formulierungen kann die Eindeutigkeit leicht durch Zusätze erreicht werden (z.B. statt d*eutschländisch sprechen: deutsches Deutsch sprechen*). Um der ungezwungeneren Ausdrucksweise willen behelfe ich mich zumeist solchermaßen mit dem Adjektiv *deutsch* und verzichte weitgehend auf das Adjektiv *deutschländisch.* Soweit der terminologische Exkurs.

Nach der vorausgehenden Klarstellung der nichtvorhandenen staatlichen und nationalen Kontinuität vor und nach 1871 muß nun allerdings auf eine sehr wohl vorhandene sprachgeographische und auch sprachsoziologische Kontinuität hingewiesen werden, die für die Beziehungen zwischen den nationalen Varietäten des Deutschen und für ihre Bewertung bedeutsam ist. Die Bestrebungen zur Standardisierung der deutschen Sprache in den vorausgehenden Jahrhunderten vollziehen sich ganz überwiegend innerhalb derjenigen Region, die 1871 zu einem einheitlichen Staatswesen zusammengefaßt wird. Nur in der Zeit vor Luther hatten diese Bemühungen ihren regionalen Schwerpunkt im Gebiet des späteren Österreich bzw. der von Österreich beherrschten Regionen mit den städtischen Zentren Wien und Prag. Zwar fließt von der Wiener und Prager Hof- und Kanzleisprache mehr in den späteren gemeindeutschen Standard ein, als die frühere germanistische Sprachgeschichtsschreibung glaubte (vgl. Besch 1983; von Polenz 1991: 166–193); dies ändert jedoch nichts daran, daß seit der Zeit der kirchlichen Reformation und Luthers der Schwerpunkt der Standardisierung des Deutschen im Gebiet des späteren Deutschland liegt. Unter Verzicht auf Einzelheiten, deren Darstellung hier zu weit führen würde, sei als Beleg nur stichwortartig vergröbernd an einige Stationen dieser Entwicklung erinnert.

In der ersten Hälfte des 16. Jahrhunderts verlagert sich das Gravitationszentrum der Standardisierung der deutschen Sprache ins obersächsische Gebiet, wozu Luthers Schriften als Modelltexte wesentlich beitragen (vgl. zum Begriff Kap. A.4.2). Der Schwerpunkt bleibt cum grano salis in dieser Region, die man etwas unspezifischer auch Ostmitteldeutschland nennen kann, bis ungefähr zur Mitte des 19. Jahrhunderts. Die sprachpflegerischen Gesellschaften sind ebenso weitgehend auf diese Region hin orientiert (Beispiel *Fruchtbringende Gesellschaft*, 1617–1680, Sitz Weimar) wie die besonders einflußreichen Kodifizierer, unter denen hier beispielhaft nur Johann C. Gottsched (1700–1766) und Johann C. Adelung (1732–1806) genannt seien. Die gewissermaßen in Leipzig gesetzten Normen werden im großen und ganzen auch in Österreich und in der Schweiz anerkannt (vgl. Kap. B.1, C.1). Durch die Weimarer Klassik, die Modelltexte geschaffen hat, die bis heute wirksam sind, wird die sprachliche Führungsrolle der obersächsischen Region noch einmal gefestigt, obwohl die führenden Köpfe – in unserer Terminologie: die Sprachmodelle – aus ganz anderen Gebieten stammen. Wenn auch die Konzentration der Standardisierungsimpulse auf die obersächsische Region von der Sprachgeschichtsschreibung bisweilen übertrieben wurde, so ist sie aufs Ganze gesehen doch gegeben. Es ist infolgedessen nicht überraschend, daß die Nation, deren Staatsgebiet diese Region einschließt, auch als in dieser Tradition stehend gesehen wird, obwohl in nationaler und staatlicher Hinsicht keine Kontinuität besteht.

In den Anfangszeiten des nun einmal so genannten Deutschen Reichs bestehen zunächst noch verschiedene Subzentren, was sich insbesondere an der Existenz unterschiedlicher Rechtschreibwörterbücher für eine Reihe der insgesamt 25 Teilstaaten zeigt: Preußen, Bayern, Sachsen, Württemberg, Baden und Mecklenburg-Strelitz (Wurzel 1985: 67). Erst 1902 wird durch Bundesratsbeschluß die neugefaßte preußische Orthographie unter dem Titel *Regeln für die deutsche Rechtschreibung nebst Wörterverzeichnis* für das ganze Deutsche Reich verbindlich gemacht (vgl. Drosdowski 1980: 3). Jedoch erscheinen noch Jahrzehnte lang neben dem *Orthographischen Wörterbuch der deutschen Sprache* von Konrad Duden, das schon 1902 auf der Grundlage der Einheitsregeln herauskommt, getrennte Rechtschreibwörterbücher für Preußen und Bayern. Sie divergieren vor allem in der Zulassung von Doppelschreibungen bei Fremdwörtern. In der Orthographie wird die völlige Einheit des Zentrums Deutschland im Grunde erst nach dem Zweiten Weltkrieg erreicht.

Allerdings bildet den Kristallisationspunkt dafür das Wörterbuch, das seit 1915 den Namen *Duden* im Titel führt, zu Ehren seines früheren Verfassers, des Kämpfers für die Deutsche Einheitsrechtschreibung, Konrad Duden (1829–1911).

Außerdem erlangt das *Bibliographische Institut* eine prominente Stellung bei der Kodifizierung des deutschen Deutsch. Das Wörterbuch von 1902 folgt zwar denselben Regeln wie das parallel erscheinende Rechtschreibwörterbuch für Österreich und wird für den Gebrauch in der deutschsprachigen Schweiz übernommen (vgl. Kap. B.1, C.1); es enthält jedoch dessen ungeachtet durchaus schon ausgesprochene Wort-Teutonismen, z.B. *Adebar, Sahne* oder *Sonnabend* (vgl. Kap. D.3.4).

Auf der Ebene der Aussprache entsteht noch früher ein Kodex in Deutschland, nämlich das Aussprachewörterbuch *Deutsche Bühnenaussprache* von Theodor Siebs (1898), nachdem es schon bald nach der Reichsgründung ernsthafte Versuche gegeben hat, denen jedoch die allgemeine Anerkennung versagt blieb (Viëtor 1885; mehrere spätere Auflagen). Die Festlegungen dieses Aussprachekodexes sind – vereinfacht gesehen – geprägt von der niederdeutschen Aussprache des Hochdeutschen (vgl. differenzierend Seidelmann 1976). Es handelt sich – analog zur Orthographie – um eine preußisch dominierte Festlegung, und zwar insofern, als sie maßgeblich orientiert ist an den Aussprachegewohnheiten der Schauspieler an den Berliner Bühnen, die hauptsächlich als ihre Modelle dienen. Allerdings macht sie auch einige Zugeständnisse an die mittel- und oberdeutsche Aussprache. Vorausgegangen war eine lange und heftige Diskussion um den Anteil nord- und süddeutscher Komponenten in der vereinheitlichten Orthophonie (Orthoepie) (vgl. z.B. Diederichs 1881; Braune 1905; Weithase 1961; Kurka 1980).

Was die Regelung der Rechtschreibung angeht, so ist es für das Verhältnis zwischen den verschiedenen nationalen Zentren der deutschen Sprache bedeutsam, daß sie unter Beteiligung Österreichs zustandekommt und die Schweizer Bundesbehörden schon acht Jahre vor dem Bundesratsbeschluß von 1902 „sich der preußischen Orthographie (...) angeschlossen haben" (Duden 1902: IV). Dementsprechend gibt dann auch nur Österreich, nicht aber die Schweiz, ein eigenes Rechtschreibwörterbuch heraus (*Regeln für die deutsche Rechtschreibung nebst Wörterverzeichnis* 1902). Seine Besonderheiten werden seit der 8. Auflage des Orthographischen Wörterbuchs der deutschen Sprache (Duden 1906) dort in Form von Anmerkungen unter den jeweiligen Lemmata mitangegeben.

Auch die Aussprachefestlegung geschieht nicht ohne Kontakt zu Österreich und der Schweiz; aus Österreich ist ein Vertreter an den Beratungen und Beschlüssen beteiligt. Diese finden hier, anders als bei der Rechtschreibung, nicht unter staatlichen Auspizien statt, sondern im Kreis von Repräsentanten des *deutschen Bühnenvereins* und einiger wissenschaftlicher Phonetiker. Wiederum übernimmt die Schweiz das Ergebnis der Beratungen (Siebs 1898) für den eigenen Gebrauch, während der beteiligte Vertreter Österreichs einige Jahre später eine eigene *Deutsche Lautlehre. Mit besonderer Berücksichtigung der Sprechweise Wiens und der österreichischen Alpenländer* vorlegt (Luick 1904), die inhaltlich stellenweise deutlich vom Aussprachekodex für Deutschland abweicht (vgl. Kap. B.1).

Zu nennen sind auch verschiedene Wörterbücher unterschiedlichen Umfangs, die in Deutschland entstehen oder zum Teil neu aufgelegt werden. Sie sind in allen Fällen für das ganze deutsche Sprachgebiet gedacht, mögen auch Teutonismen in ihnen in aller Regel stärker berücksichtigt sein als Austriazismen und Helvetismen. Als Beispiele seien nur genannt: das *Handwörterbuch der deutschen Sprache* (1910) von Daniel Sanders (erstmalig 1869 als der *Kleine Sanders*), *Wessely-Schmidt Deutscher Wortschatz* [1847] (1925) und der *Sprach-Brockhaus*

(1935), die jeweils in einer ganzen Reihe von mehr oder weniger stark überarbeiteten Auflagen erscheinen.

Unter den Grammatiken, die im Sinne eines Sprachkodexes als Nachschlagewerk fungieren, wird mit der Duden-Grammatik (*Der Große Duden. Grammatik der deutschen Sprache* 1935) die Grundlage für das später dominierende grammatische Nachschlagewerk gelegt.

An den Beispielen dieser Grammatik, des Rechtschreib-Dudens oder des *Sprach-Brockhaus* wird auch erkennbar, daß die enzyklopädischen Verlage bei der Kodifizierung eine prominente Rolle spielen. Gewisse Analogien zwischen enzyklopädischen und sprachlichen Nachschlagewerken sind ja auch nicht von der Hand zu weisen.

Von nicht zu unterschätzender Bedeutung für die Entwicklung des Sprachzentrums Deutschland sind auch sprachliche Vereine, unter denen der 1885 gegründete *Allgemeine deutsche Sprachverein* mit Abstand der einflußreichste ist. Er wird später umbenannt in *Deutscher Sprachverein* und besteht bis 1945. Die Vereinszeitschrift hat zunächst den Titel *Zeitschrift des allgemeinen deutschen Sprachvereins* (1886–1925); dann wird sie umbenannt in *Muttersprache* (1925), unter welchem Titel sie bis heute existiert. (Die Zeitschrift sollte nicht verwechselt werden mit dem gleichnamigen Organ des österreichischen Vereins *Muttersprache*; vgl. Kap. B.1.) 1947 wird die *Gesellschaft für deutsche Sprache* gegründet, die zwar in wesentlichen Punkten andere Ziele verfolgt als der Deutsche Sprachverein, aber viele seiner ehemaligen Mitglieder aufnimmt und seine traditionsreiche Zeitschrift fortführt. Ebenfalls seit 1947 erscheint im Auftrag der Gesellschaft für deutsche Sprache zusätzlich der *Sprachdienst.*

Der (Allgemeine) Deutsche Sprachverein hat fast von Anfang an Zweigvereine auch in Österreich, und der *Deutschschweizerische Sprachverein* steht ihm in mancher Hinsicht nahe und kooperiert mit ihm (vgl. Kap. C.1). Auch die Gesellschaft für deutsche Sprache ist bis heute durch einen Wiener Zweigverein in Österreich vertreten. Allerdings ist es kein erklärtes Ziel des (Allgemeinen) Deutschen Sprachvereins, die nationsübergreifende Einheitlichkeit der deutschen Sprache zu fördern. Eher verlautet aus seiner Umgebung immer wieder, daß die unterschiedlichen deutschen Sprachformen am jeweiligen Ort als Reichtum zu bewerten seien. Sicherlich jedoch liegt es nicht unbedingt in der Absicht des Vereins, diesen Reichtum weiter zu vergrößern. Dennoch trägt er auf seine Weise zur Entstehung zusätzlicher nationaler Varianten bei, und zwar vor allem wohl von Besonderheiten des deutschen Deutsch. Dies hängt zusammen mit seinem Hauptziel, von dem sich die Gesellschaft der deutschen Sprache später abwendet, nämlich, „die Reinigung der deutschen Sprache von *unnötigen fremden Bestandteilen* zu fördern" (*Zeitschrift des allgemeinen deutschen Sprachvereins* 1 (1) 1886: 2, Hervorhebung im Original).

Die sprachpuristischen Bemühungen des Vereins werden außer durch Vorträge sowie durch einschlägige Publikationen einzelner Mitglieder, unter denen Eduard Engel (z.B. 1917; 1918) herausragt, durch „Verdeutschungsbücher" betrieben, von denen zwischen 1888 und 1922 insgesamt 13 erscheinen. Sie beziehen sich jeweils auf bestimmte gesellschaftliche Domänen oder Bereiche, was in ihren Titeln zum Ausdruck kommt, z.B. *Deutsche Speisekarte* (1888), *Unsere Umgangssprache* (Bereich: alltäglicher Umgang, 1890), *Die Amtssprache* (1892), *Die Schule* (1896), *Der Handel* (1903) und andere. Ein Teil der dort vorgeschlagenen Verdeutschungen setzt sich vollkommen durch (z. B. *Saumon*

> *Lachs, Beurre à la ravigote* > *Kräuterbutter*), ein anderer Teil überhaupt nicht (z.B. *Aubergine* > *Eierapfel, Toast* > *Röstbrot, Roulade* > *Rollfleisch*), und ein weiterer Teil führt zum Nebeneinander beider Varianten (z.B. *Gardine* > *Vorhang, Passage* > *Durchgang, Examen* > *Prüfung*). Diese Entwicklung verläuft nicht unbeträchtlichen Teils in den verschiedenen nationalen Zentren der deutschen Sprache parallel, und zwar nicht zuletzt aufgrund der unterstützenden sprachpolitischen Aktivitäten der österreichischen Zweigstelle des Deutschen Sprachvereins sowie des Deutschschweizerischen Sprachvereins in ihren jeweiligen Nationen. In manchen Fällen gelingt die Koordination der Eindeutschung in den verschiedenen deutschsprachigen Nationen jedoch nicht, so daß nationale Varianten entstehen oder erhalten bleiben. Beispiele dafür sind:

   retour (österr./schweiz.) > zurück (dt.),
   Carotte/Karotte (österr./schweiz. *Karotte*) > *Mohrrübe* (dt.),
   Carfiol (österr. *Karfiol*) > *Blumenkohl* (dt./schweiz.),
   Conditor (dt./schweiz. *Konditor*) > *Zuckerbäcker* (österr.),
   Billet (schweiz.) > *Fahrkarte* (dt./österr.),
   merci (schweiz.) > *danke* (dt./österr.),
   Glace (schweiz.) > *Eis* (dt./österr.), *Gefrorenes* (österr., veraltend),
   majorenn (österr. Sternchen-Wort; vgl. Kap. B.4) > *volljährig* (dt./ schweiz), *großjährig* (österr.).

Die Beispiele belegen, daß durch die Eindeutschung keineswegs nur nationale Varianten Deutschlands entstehen, wie in der Fachliteratur bisweilen nahegelegt wird, sondern teilweise auch Austriazismen (*Zuckerbäcker, Gefrorenes*). Sogar die Schweiz geht gelegentlich in der Eindeutschung weiter als ein anderes Zentrum (Beispiel: *Blumenkohl*), allerdings offenbar nie im Alleingang. Die Details der recht komplizierten Entwicklung müßten durch eine Spezialuntersuchung geklärt werden (vgl. auch Kap. D.3.7).

Übrigens ging es dem Deutschen Sprachverein nur um die Eindeutschung von Fremdwörtern, nicht, wie schon angedeutet, um die Vereinheitlichung der alteinheimischen Ausdrücke. Zur Klarstellung dieser Zielsetzung werden bisweilen auch Beispiele nationaler Varianten (z.B. *Obers – Rahm – Sahne*) genannt, die „innerhalb ihres Verbreitungsgebietes volle Berechtigung haben" , da es sich um „alte, echt volkstümliche Benennungen" handelt (*Deutsche Speisekarte* 1911, 5. Aufl. Berlin: Verlag des Allgemeinen Deutschen Sprachvereins, 7). – Erst recht kann man der Nachfolgeorganisation des Deutschen Sprachvereins, der Gesellschaft für deutsche Sprache, kein Bestreben zur Nivellierung der nationalen Varietäten nachsagen. Ihre Satzung liefert dafür keine Anhaltspunkte, und die Geschäftsführung hat mir ihre Politik in dieser Hinsicht folgendermaßen erläutert: „Die sprachlichen Besonderheiten in Österreich, der Schweiz, Südtirol, Elsaß-Lothringen, Ostbelgien etc. sollten bewahrt werden. In den Zweigvereinen werden Veranstaltungen zu diesem Thema durchgeführt." (Brief von Karin M. Frank-Cyrus 7.7.1994) Als eines von verschiedenen Indizien für die Richtigkeit dieser Aussage seien die Publikationen des „Vorsitzers" des Zweigvereins Wien, Hermann Möcker (1978-82; 1980a; b; c), genannt, die keinen Zweifel aufkommen lassen an der vollen Anerkennung der österreichischen – und implizit damit auch der anderen – nationalen Varianten des Deutschen.

Eine gewisse Dominanz des deutschen Zentrums verrät die Vereinsstruktur freilich trotz alledem. Während der (Allgemeine) Deutsche Sprachverein und die

Gesellschaft für deutsche Sprache auswärtige Zweigvereine haben (letztere derzeit in Wien, Oslo und Thessaloniki), beschränken sich die schweizerischen und österreichischen Vereine auf die eigene Nation als ihren Wirkungskreis. Für die besonders gewichtige Stellung des Sprachzentrums Deutschland unter den anderen nationalen Zentren der deutschen Sprache sind schließlich auch gewisse sprachwissenschaftliche Institutionen bedeutsam. Die *Deutsche Akademie* (1925–1945, Sitz München) konzentriert ihre Bestrebungen hauptsächlich auf die externe Verbreitung der deutschen Sprache, insbesondere mit Hilfe des *Goethe-Instituts,* das 1932 aus ihrer *Praktischen Abteilung* hervorgeht und bis heute sprachverbreitend tätig ist. Als rein wissenschaftliche Institution besteht seit 1964 das *Institut für deutsche Sprache* in Mannheim. Zwar steht für keine dieser Institutionen die Plurinationalität der deutschen Sprache oder gar deren Fortentwicklung im Vordergrund, jedoch kann man ihnen auch keine dagegen gerichteten Bestrebungen nachsagen. Neuerdings ist man im großen und ganzen um faire Berücksichtigung bemüht (Beispiel: Projekt *Wandkalender 1993* des Goethe-Instituts mit ausführlicher positiver Darstellung von Austriazismen; vgl. auch Scheuringer 1994). Es ist jedoch bezeichnend, daß diese reich ausgestatteten und breitenwirksamen Institutionen in Deutschland entstehen und daß sie keine wirklichen Entsprechungen in Österreich und in der Schweiz haben.

Markante äußere Veränderungen des nationalen Zentrums Deutschland gibt es während und infolge der NS-Zeit. Durch den „Anschluß" Österreichs an Deutschland im Jahre 1938, der bis 1945 dauert, werden unter anderem auch sämtliche Kodexteile Deutschlands vorübergehend für Österreich verbindlich.

Als Folge der nationalsozialistischen Politik wird Deutschland nach dem Zweiten Weltkrieg geteilt in die *Bundesrepublik Deutschland* und *West-Berlin,* das einen Sonderstatus erhält, auf der einen Seite und die *Deutsche Demokratische Republik* auf der andern. Beide Staaten schaffen sich mit der Zeit sogar eigene Sprachkodizes, die Ansätze zu getrennten staatlichen, nicht jedoch nationalen Zentren der deutschen Sprache indizieren und zugleich festigen (vgl. Kap. A.2.2, D.8). Infolge der Teilung Deutschlands entsteht auch eine westliche Niederlassung des Bibliographischen Instituts, und zwar in Mannheim. Die fortbestehende Leipziger Niederlassung bleibt das Zentrum der Sprachkodifizierungsbemühungen in der DDR.

Mit Wirkung vom 3. Oktober 1990 werden die beiden Teile Deutschlands dann wieder vereint. Sie bestehen nun aus insgesamt 16 Bundesländern, die übrigens über eine beträchtliche kulturpolitische Autonomie verfügen. Infolge der staatlichen Vereinigung schließen sich auch die beiden Niederlassungen des Bibliographischen Instituts wieder zusammen, beziehungsweise die östliche wird von der finanzkräftigeren westlichen übernommen. Schon ein Jahr später erscheint wieder ein für ganz Deutschland einheitlicher Rechtschreib-Duden (20. Aufl. 1991; vgl. auch *Duden 1991*).

Die bewegte – um nicht zu sagen katastrophale – Geschichte dieses nationalen Zentrums der deutschen Sprache seit seiner Entstehung im Jahre 1871 darf ansonsten als im wesentlichen bekannt vorausgesetzt werden. Sie kommt auch im Wechsel des Namens, der Flagge und der Nationalhymne zum Ausdruck. An die Stelle der Nationalhymne des Wilhelminischen Reichs „Heil Dir im Siegerkranz" (zur Melodie der britischen Nationalhymne „God save our gracious Queen") tritt nach dem Ersten Weltkrieg das aus demokratischeren Traditionen stammende „Deutschlandlied" (Melodie von Joseph Haydn). Dieses wird dann wiederum nach dem Zweiten Weltkrieg auf seine dritte Strophe eingeschränkt, was unter anderem der reduzierten geographischen Ausdehnung Deutschlands entspricht.

2 Der Sprachkodex des deutschen Standarddeutsch

Der Sprachkodex ist diejenige der verschiedenen normsetzenden Instanzen einer Standardvarietät, die in der Regel am leichtesten zu identifizieren ist, leichter als die Modelltexte, das Korrekturverhalten der Normautoritäten oder die Urteile der Sprachexperten (vgl. Kap. A.4.2). Ob die hauptsächliche Orientierung der vorliegenden Untersuchung am Sprachkodex auch durch dessen besonderes Gewicht bei der Setzung der Standardvarietät gerechtfertigt ist, kann hier nicht mit letzter Sicherheit beantwortet werden. Bei aller Zugänglichkeit des Sprachkodexes – die Bücher können zur Hand genommen werden – kann sich doch auch er dem sicheren Zugriff entziehen, dann nämlich, wenn seine Abgrenzung schwierig ist. Dieses Problem besteht auch bei den anderen normsetzenden Instanzen einer Standardvarietät, fällt dort aber weniger auf, weil andere, elementarere Schwierigkeiten der Zugänglichkeit bestehen. Im Falle des Sprachkodexes für die Bundesrepublik Deutschland sind die Abgrenzungsschwierigkeiten besonders groß. Immerhin läßt sich jedoch mit einiger Sicherheit ein Kernbereich angeben, wobei sich allerdings der breite Saum, der sich um diesen Kern legt, der genauen Abgrenzung weitgehend entzieht.

Einer der Gründe für die Abgrenzungsschwierigkeiten ist der große Umfang des Sprachkodexes für Deutschland, die Anzahl der Werke, die dazugehören könnten und von denen unklar ist, inwieweit sie nur deskriptiv (wissenschaftlich) sind oder normativ wirken und inwieweit sie schon veraltet oder noch aktuell sind. Der Sprachkodex Deutschlands wird zusätzlich unübersichtlich durch den Umstand, daß er – jedenfalls noch zur Zeit, im Jahre 1995 – teilweise aus beiden Vorgängerstaaten stammt, also der früheren BRD und der DDR. Zwar sind die Institutionen des heutigen Deutschland weitgehend Fortsetzungen der Institutionen der früheren BRD, während die spezifischen Institutionen der einstigen DDR infolge von deren Beitritt zur BRD größtenteils strukturell tiefgreifend verändert oder aufgelöst wurden; es ist jedoch höchst zweifelhaft, ob und inwieweit auch der einstige Sprachkodex der DDR außer Kraft gesetzt ist. Am ehesten ist das wohl der Fall beim Rechtschreibkodex, von dem eine Neuauflage für das vereinte Deutschland vorliegt (Rechtschreib-Duden 1991), die allerdings auch den früheren BRD-Rechtschreibkodex außer Kraft setzt. Ansonsten kann die fortdauernde Geltung der aus der DDR stammenden Kodexteile nicht ausgeschlossen werden. Diese Unsicherheit der Abgrenzung sollte bei keiner Darstellung des Sprachkodexes für Deutschland übersehen werden. Unter diesen Vorbehalten sind die wichtigsten Bestandteile dieses Kodexes wohl die folgenden.

Orthographie: *Duden. Rechtschreibung der deutschen Sprache* [1880] (20. Aufl. 1991; vgl. zur Geschichte Sauer 1988). Dieser Kodexteil ist als einziger durch ausdrückliche staatliche Verordnung festgelegt, und zwar durch einen Beschluß, den die Ständige Konferenz der Kultusminister der Länder der damaligen BRD am 18./19. November 1955 faßte und der folgenden Wortlaut hat: „Die in der Rechtschreibreform von 1901 und den späteren Verfügungen festgelegten Schreibweisen und Regeln für die Rechtschreibung sind heute noch verbindlich für die deutsche Rechtschreibung. Bis zu einer etwaigen Neuregelung sind diese Regeln die Grundlage für den Unterricht in allen Schulen. In Zweifelsfällen sind die im ‚Duden' gebrauchten Schreibweisen und Regeln verbindlich." (*Bundesanzeiger* 242 vom 15.12.1955: 4; vgl. auch Drosdowski 1980: 3; Augst/Strunk 1988) Dieser Beschluß wurde dann durch entsprechende Entscheidungen der Länderorgane geltendes Recht für alle Schulen. Er gilt auch noch heute für das vereinte Deutschland. Offenkundig gibt er dem Rechtschreib-Duden Vorrang vor allen anderen Rechtschreib-Nachschlagewerken. Zwar existieren durchaus noch andere, ähnliche Nachschlagewerke in Deutschland (Beispiel: Hermann u.a. 1993); sie sind jedoch aufgrund jenes Beschlusses nur insoweit gültig, als sie mit dem Rechtschreib-Duden inhaltlich übereinstimmen.

Der Beschluß der Kultusminister ist im Grunde auf deren Zuständigkeitsbereich, nämlich die Schulen, beschränkt; jedoch strahlt die Verbindlichkeit des Rechtschreib-Dudens für die Schulen automatisch aus auf die anderen gesellschaftlichen Domänen, in denen ja die von den Schulen vermittelten Sprach- und Rechtschreibkenntnisse angewandt werden. Außerdem stärkt das Monopol der Dudenredaktion in der Rechtschreibung fast unvermeidlich auch den Status der übrigen, neben dem Rechtschreibwörterbuch bestehenden Dudenbände und verleiht ihnen eine Vorrangstellung im Sprachkodex Deutschlands, obgleich diese durch keinen ausdrücklichen gesetzgeberischen Akt (staatliche Verordnungen oder dergleichen) gesichert ist.

Orthophonie: Am traditionsreichsten ist hier *Siebs. Deutsche Aussprache. Reine und gemäßigte Hochlautung mit Aussprachewörterbuch* [1898] (19. Aufl. 1969). Großes Gewicht hat aber auch der Aussprache-Duden (= *Duden. Aussprachewörterbuch*) [1962] (3. Aufl. 1990). Außerdem gibt es ein *Großes Wörterbuch der deutschen Aussprache* (1982), das in der DDR entstanden ist (Vorläufer: *Wörterbuch der deutschen Aussprache* 1964) und ebenfalls als Kodexteil durchaus noch eine Rolle spielt. Auf der Grundlage dieses Wörterbuchs erarbeiten die sprechwissenschaftlichen bzw. phonetischen Institute der Universitäten Halle und Köln derzeit eine Neukodifikation der Orthophonie des Deutschen (Leitung: Eva-Maria Krech und Eberhard Stock bzw. Georg Heike). Die drei vorliegenden Rechtlautungskodizes divergieren inhaltlich zum Teil nicht unerheblich; die Orthophonie des deutschen Deutsch hat demnach eine gewisse Variationsbreite (vgl. Kap. D.3.3). Zu nennen sind hier wie für die anderen grammatischen Ränge auch unmittelbar auf die Praxis abzielende Materialien, z.B. die auf dem Aussprache-Duden basierende *Deutsche Hochlautung. Praktische Aussprachelehre* (Kreuzer/Pawlowski 1975).

Für die wichtigsten Modellsprecher, vor allem in Rundfunk und Fernsehen, scheint der Aussprache-Duden die vorrangige Orientierungsgrundlage zu bilden, jedoch sind die Verhältnisse uneinheitlich und zum Teil schwer überschaubar. Die Leiterin des an der Ausbildung solcher Sprecher mitwirkenden Instituts *Logo* („für Mediensprechen und Präsentation", Frankfurt a.M.), Elisabeth Böhm, hat mir zu diesem Komplex folgendes mitgeteilt (Brief vom 12.10.1993): „Die Nachrichtensprecher kommen in Deutschland vorwiegend aus drei Berufsgruppen: a) Schauspieler, b) Akademiker (vorwiegend Geisteswissenschaftler), c) Journalisten (...) Fernsehsprecher und Rundfunksprecher werden entweder in einer Schauspielschule, einer Journalistenfachschule oder an der Universität ausgebildet. Da es sich in keinem der Fälle um eine gezielte Ausbildung für diesen Beruf handelt, wird auch nicht unter Fernsehsprechern und Rundfunksprechern unterschieden (...) Die Aussprache-Ausbildung von Fernseh- und Rundfunksprechern orientiert sich bei Schauspielern am Siebs und der „gemäßigten Hochlautung‘. Sprecherkollegen aus dem Schauspielbereich sind z. B. an der vom Duden abweichenden Behandlung der Endsilben zu erkennen. An den Universitäten werden Siebs, Duden und das Große Wörterbuch der deutschen Aussprache zur Ausbildung herangezogen. In Journalisten-Schulen orientiert man sich am Duden (...) [D]ie Nachrichtensprecher der ARD orientieren sich sowohl im Fernsehen als auch im Rundfunk am Duden-Aussprachewörterbuch. Wenn der Duden zwei oder drei Aussprachemöglichkeiten für ein Wort anbietet, gilt die Vereinbarung, daß jeweils die erste Aussprachevariante gesendet wird."

Orthogrammatik: Eine zentrale Stellung als Nachschlagewerk des „richtigen" Deutsch hat hier *Duden. Grammatik der deutschen Gegenwartssprache* [1935] (4. Aufl. 1984). Die aus der DDR stammende *Grammatik der deutschen Sprache* von Walter Jung u. a. [1966] (9. Aufl. 1984) tritt demgegenüber heute stark in den Hintergrund. Daneben gibt es einerseits eine Vielzahl mehr oder weniger seriöser „Kaufhaus-Grammatiken", denen man das „richtige" Deutsch entnehmen kann, andererseits eine ganze Reihe unterschiedlich gediegener wissenschaftlicher Grammatiken, die kaum normative Funktion haben. Als herausragende Beispiele letzterer seien nur genannt: die von einem DDR-Autorenkollektiv verfaßten *Grundzüge einer deutschen Grammatik* (1981), der *Grundriß der deutschen Grammatik* von Peter Eisenberg [1986] (3. Aufl. 1994) und die *Deutsche Grammatik* von Ulrich Engel (1988). Spezielleren, aber durchaus normativen Zwecken dient die von Gerhard Helbig und Joachim Buscha vorgelegte *Deutsche Grammatik. Ein Handbuch für den Ausländerunterricht* [1972] (1991).

Ortholexik: Hier liegen zwei sechsbändige Wörterbücher sowie ein zunächst sechsbändiges und neuerdings achtbändiges Wörterbuch vor, bei denen es sich im wesentlichen um (einsprachige) Bedeutungswörterbücher handelt, die aber auch detaillierte Angaben zur Schreibung, Aussprache und Grammatik des Wortschatzes enthalten. In der Chronologie ihrer Entstehung, die allerdings nicht ihrem heutigen Gewicht als Kodexbestandteil entspricht, sind dies: das *Wörterbuch der deutschen Gegenwartssprache,* 6 Bände (1961-77), das aus der DDR stammt, *Duden. Das große Wörterbuch der deutschen Sprache,* 6 Bände [1976-81], 8 Bände (1993-95) und *Brockhaus[-]Wahrig. Deutsches Wörterbuch,* 6 Bände (1980-84). Die beiden letztgenannten stammen aus der BRD. Das Duden-Wörterbuch dürfte von allen das größte Gewicht als Kodexbestandteil haben. Daneben existieren eine ganze Reihe kleinerer, zumeist einbändiger Bedeutungswörterbücher, die wegen ihrer größeren Erschwinglichkeit als Nachschlagewerke zum Teil praktisch bedeutsamer sind als die großen Wörterbücher. Als Beispiele seien hier nur erwähnt: *Deutsches Wörterbuch* von Gerhard Wahrig [1966] (1994), *Duden. Deutsches Universalwörterbuch* [1983] (1989), neuerdings auch in CD-Rom-Ausgabe (1994), das zweibändige *Handwörterbuch der deutschen Gegenwartssprache,* das aus der DDR stammt, und Hermann Pauls mit etymologischen und sprachhistorischen Hinweisen angereichertes *Deutsches Wörterbuch* [1897] (1992). Daneben gibt es wiederum zahlreiche „Kaufhaus-Wörterbücher", die als Nachschlagewerke eine vermutlich bedeutsame, aber derzeit offenbar nicht näher bekannte Rolle spielen (Gesamtüberblick in Wiegand 1990: v. a. 2165–67).

Auch für die Ortholexik des deutschen Deutsch ist mit einer beträchtlichen Variationsbreite nach verschiedenen Richtungen zu rechnen, z. B. nach den überhaupt aufgenommenen Wörtern oder nach ihrer normativen (Standard – Nonstandard), regionalen oder stilistischen (pragmatischen) Markierung (vgl. Niebaum 1984; 1989; Besch 1986; Eichhoff 1988; Püschel 1988). Die für den Wortschatz spezifische zusätzliche Variation rührt her von der naturgemäß unvermeidlichen Divergenz zwischen Bedeutungsangaben durch verschiedene Kodifizierer (Lexikographen), außer wenn die Angaben von einem Werk ins andere übernommen werden. Darüber hinaus zeigen die aus der BRD und aus der DDR stammenden Lexika charakteristische ideologische Bedeutungsunterschiede in den politisch aufgeladenen Wörtern (vgl. Kap. D.8).

Kodexteile zu Spezialfragen: Es erscheint hoffnungslos, auf engem Raum die zahlreichen Nachschlagewerke anzuführen, die es noch zu anderen als den bislang genannten Aspekten des deutschen Standarddeutsch gibt. Schon ein Blick in die Liste der Duden-Bände läßt diese Vielfalt ahnen, vor allem wenn man den Blick ausweitet über die Duden-Bände im engeren Sinn hinaus, deren Zahl mittlerweile immerhin auch schon auf 12 angewachsen ist. Zu ziemlich allen Sprachaspekten, denen spezielle Duden-Bände gewidmet sind, gibt es gleichzeitig auch andere Nachschlagewerke, zumeist mehrere. Daher mögen hier einige Hinweise auf die im vorliegenden Zusammenhang wichtigsten Themen der Dudenbände genügen (vgl. z.B. *Duden. Redewendungen* 1992: Innenseite des hinteren Deckblattes und Blatt davor). Es gibt Spezialkodexteile zum Stilwert von Wörtern, zu Fremdwörtern, zu Abkürzungen, zu Vornamen, zu Redewendungen und Sprichwörtern sowie zu Zitaten. Außerdem werden diverse Bereiche besonderer sprachlicher Schwierigkeit und Fehlerträchtigkeit in eigenen Bänden behandelt, z.B. Antonyme, die Schreibung von Homonymen und verschiedene im Alltag gebräuchliche Fachvokabularien. Diese letzte Kategorie verweist auf einen Bereich der Sprache, der aus der vorliegenden Untersuchung weitgehend ausgeklammert bleibt und dessen Relevanz für die Plurizentrizität der deutschen Sprache bislang nur unzureichend geklärt ist, nämlich den Bereich der Fachsprachen, insoweit sie nicht oder nicht in nennenswertem Umfang in die Gemeinsprache hineinragen. Für diese Fachsprachen gibt es riesige zusätzliche Sprachkodexteile.

Abschließend sei noch darauf hingewiesen, daß der Sprachkodex Deutschlands – im Gegensatz zu den Sprachkodizes Österreichs und der Schweiz – ausschließlich binnenkodifiziert, also innerhalb des eigenen Zentrums erarbeitet ist.

3 Die Teutonismen in linguistischer Sicht

3.1 Vorbemerkung zur Definition, Typologie und Darstellung

Der theoretische Begriff ‚Teutonismus' ist ebenso klar wie der Begriff ‚Austriazismus' oder ‚Helvetismus': Es handelt sich um eine Besonderheit des deutschen Standarddeutsch in dem in den Kapiteln A.4 und A.5 näher erläuterten Sinn, der auch die unspezifischen Teutonismen umfaßt. Hier geht es jedoch, wie in den entsprechenden Kapiteln zu den Austriazismen und Helvetismen (B.3.1 und C.3.1) um eine Definition, die praktisch handhabbar, „operational" ist. Sie muß Bezug nehmen auf vorliegende Quellen und die Kriterien darlegen, nach denen daraus die Teutonismen gewonnen werden können. Eine zufriedenstellende derartige Definition ist für die Teutonismen noch schwieriger als für die Austriazismen und Helvetismen. Das Hauptproblem ist dabei nicht einmal, daß es bislang keinerlei explizite Darstellung der Teutonismen gibt, aus der man schöpfen könnte, wie die der Austriazismen durch Ebner [1969] (1980) oder der Helvetismen durch Meyer (1989); gravierender ist vielmehr, daß die Sprachkodizes Österreichs und der Schweiz keine wirklich brauchbaren „Siebe" darstellen, mit denen man die Teutonismen aus den übrigen in Deutschland als Standarddeutsch geltenden Sprachformen aussieben könnte. Es liegt z.B. nahe, einen Bestandteil des deutschen Standarddeutsch dann als Teutonismus einzustufen, wenn er weder im Binnenkodex Österreichs noch im Binnenkodex der Schweiz vorkommt. Jedoch sind die Binnenkodizes beider Zentren so lückenhaft, daß ein solches Prozedere zahlreiche Pseudo-Teutonismen hervorbrächte. Die Chance ist nämlich groß, daß ein Wort, das z.B. nicht im *Österreichischen Wörterbuch* (welcher Auflage auch immer) steht, dennoch Bestandteil des österreichischen Standarddeutsch ist (des Gebrauchsstandards). Demgegenüber bilden die großen Wörterbücher des Sprachkodexes für Deutschland viel zuverlässigere Filter, wenn man mit ihrer Hilfe kontrollieren will, ob ein vermuteter Austriazismus oder Helvetismus auch tatsächlich einer ist. Deshalb habe ich bei der Festlegung dieser nationalen Varianten auch insbesondere *Duden. Das große Wörterbuch der deutschen Sprache* (1976–81) als Filter eingesetzt (vgl. Kap. B.3.1 und C.3.1). Die folgende Definition muß leider ohne derartiges Instrumentarium auskommen. Die durch sie festgelegten Teutonismen bleiben daher teilweise in höherem Maße hypothetisch als die Austriazismen und Helvetismen. Umso wichtiger ist es, klarzustellen, wie sie festgelegt sind, damit sich ihre Haltbarkeit wenigstens ungefähr abschätzen läßt.

Als Teutonismen gelten im Rahmen der vorliegenden Untersuchung und für die nachfolgende Beschreibung Sprachformen, die eine der folgenden Bedingungen (1) bis (7) erfüllen.

(1) Die Sprachform findet sich als „binnendt." (binnendeutsch) markiert in einer Lemmaerläuterung von Ebner (1980). Sie ist auch kein unmarkiertes Lemma im *Österreichischen Wörterbuch* (1990), d.h. dort nicht als dem österreichischen Standarddeutsch zugehörend ausgewiesen. (Sie sollte auch dort nicht unmarkiert in den Lemmaerläuterungen vorkommen, doch konnte diese Bedingung in der

vorliegenden Untersuchung aus Gründen der Arbeitskapazität nicht überprüft werden.) Außerdem ist die betreffende Sprachform im Sprachkodex Deutschlands als standardsprachlich belegt.

Letztere Zusatzbedingung trifft auf alle in der angegebenen Weise nach Ebner ermittelten Fälle zu. Als pars pro toto des Sprachkodexes Deutschlands dienten zur Überprüfung der Rechtschreib-Duden (1991), *Duden. Das große Wörterbuch der deutschen Sprache* (1976–1981) und der Aussprache-Duden (1990). Alle nach (1) festgelegten Teutonismen sind mindestens in einem dieser Kodexteile belegt, ohne mit einer der folgenden Markierungen versehen zu sein: „alltagsspr." (alltagssprachlich), „fam." (familiär), „Jugendspr." (Jugendsprache), „Kinderspr." (Kindersprache), „landsch." (landschaftlich), „mdal."/„mundartl." (mundartlich), „scherzh." (scherzhaft), „Schülerspr." (Schülersprache)/„schülerspr." (schülersprachlich), „stud." (studentisch)/„Studentenspr." (Studentensprache), „ugs." (umgangssprachlich)/„Ugs." (Umgangssprache).

Findet sich ein nach (1) bestimmter Teutonismus auch im Schweizer Binnenkodex, als Lemma in Bigler u. a. (1987) oder im *Schweizer Schülerduden 1* oder 2 (1980; 1976) oder als Gegenstand der Beschreibung (als schweizerhochdeutsch) in Hofmüller-Schenck (1995), so handelt es sich um einen unspezifischen Teutonismus (Geltung in Deutschland und in der Schweiz), andernfalls – also bei Erfüllung der vorausgehenden Bedingungen – handelt es sich um einen spezifischen Teutonismus (Geltung nur in Deutschland).

Ob es sich um einen spezifischen oder unspezifischen Teutonismen handelt, läßt sich für jeden Einzelfall der anschließenden Darstellungsform entnehmen (vgl. Kap. B.3.1). Ansonsten bleiben die nach (1) festgelegten Teutonismen in der folgenden Beschreibung unmarkiert.

(2) Die Sprachform steht in Meyer (1989: vgl. 20) nach dem Zeichen „//", was bedeutet, daß sie „in der Schweiz (so gut wie) gar nicht üblich, (...) also nur binnendeutsch" ist. Sie darf außerdem nicht im Schweizer Binnenkodex als schweizerhochdeutsch ausgewiesen sein, und zwar weder als Lemma in Bigler u.a. (1987) oder im *Schweizer Schülerduden 1* oder 2 (1980; 1976) noch als Gegenstand der Beschreibung in Hofmüller-Schenck (1995). Außerdem muß die Sprachform im Sprachkodex Deutschlands als standardsprachlich belegt sein.

Letztere Zusatzbedingung trifft wiederum auf alle in der angegebenen Weise nach Meyer ermittelten Fälle zu. Zur Überprüfung dienten dieselben Kodexbestandteile wie bei (1), mit den dort spezifizierten Bedingungen.

Findet sich die Sprachform unmarkiert auch im *Österreichischen Wörterbuch* (1990) oder als österreichisch („ö" oder „Ö") markiert im *Siebs* (1969), so handelt es sich um einen unspezifischen Teutonismus (Geltung in Deutschland und Österreich), andernfalls um einen spezifischen Teutonismus. Im *Österreichischen Wörterbuch* wurde allerdings nur überprüft, ob die Sprachform dort als Lemma erscheint.

Die solchermaßen nach Meyer ermittelten Teutonismen sind in der nachfolgenden Beschreibung ebenfalls unmarkiert.

(3) Die Sprachform ist im Rechtschreib-Duden (1991) entweder als „nordd." (norddeutsch) oder als „südd." (süddeutsch) markiert, und zwar jeweils ohne weitere nationale Markierung. In beiden Fällen darf auch keine Markierung als Nonstandard vorliegen (vgl. (1)). Zudem darf die Sprachform nicht national unmarkiert und als standardsprachlich in beiden nationalen Sprachkodizes auf-

treten: demjenigen Österreichs und dem der Schweiz, sondern höchstens in einem von ihnen (vgl. zur Spezifikation dieser Zusatzbedingung (1) oder (2)).

Letztere Zusatzbedingung trifft auf alle nach dem Rechtschreib-Duden (1991) in der angegebenen Weise festgelegten Fälle zu.

Wenn eine Sprachform zusätzlich im Binnenkodex Österreichs oder der Schweiz vorkommt (nicht in beiden), so handelt es sich um einen unspezifischen Teutonismus. Für die „nordd." Formen wurde dies nur anhand des *Österreichischen Wörterbuchs* (1990) und Bigler u. a. (1987) überprüft und blieb ohne Befund (ausgenommen Fälle der folgenden Nummern (4) und (5)!). Für die „südd." Formen wurde zur Überprüfung zusätzlich der *Schweizer Schülerduden 1* und *2* (1980; 1976) herangezogen.

Die Bedingung (3) für Teutonismen hätte sich einerseits ausweiten lassen auf speziellere regionale Markierungen im Rechtschreib-Duden, wie z. B. „ostmitteld.", „südwestd." und dergleichen. Auf diese Ausweitung wurde jedoch verzichtet, und zwar wegen der Gefahr, daß dann die Grenze zum Nonstandard überschritten worden wäre. Andererseits wäre eine Ausweitung auf weitere Kodexteile Deutschlands und die darin entsprechend markierten Sprachformen möglich gewesen. Diese Ausweitung mußte jedoch aus Gründen der Arbeitskapazität unterbleiben.

Die nach (3) festgelegten Formen sind nachfolgend einzeln markiert, und zwar mit „ⁿ" (norddeutsch) bzw. „ˢ" (süddeutsch). Es handelt sich um Teutonismen „nur einer Teilregion ihres Zentrums" (vgl. Kap. A.5: (5)).

(4) Die Sprachform ist im *Österreichischen Wörterbuch* (1990: vgl. 15) mit einem nachgestellten Asteriskus („ * ") als „speziell dem Binnendeutschen" zugehörend markiert (vgl. Kap. B.4). Sie ist außerdem auch im Sprachkodex Deutschlands als standardsprachlich belegt.

Die Zusatzbedingung im letzten Satz trifft nicht ohne weiteres auf jede der nach (4) bestimmten Einheiten zu. Zweifelhafte Fälle sind in der nachfolgenden Beschreibung einzeln ausgewiesen.

Wenn die betreffende Sprachform zudem als Lemma in Bigler u. a. (1987) oder im *Schweizer Schülerduden 1* oder *2* (1980; 1976) oder als Gegenstand der Beschreibung in Hofmüller-Schenck (1995) erscheint, also schweizerhochdeutsch ist, dann handelt es sich um einen unspezifischen Teutonismen (Geltung in Deutschland und der Schweiz).

Bei den im *Österreichischen Wörterbuch* mit nachgestelltem „ * " markierten Formen handelt es sich um Teutonismen nur nach Geltung (nicht nach Bekanntheit); denn obwohl sie in Österreich nicht als Bestandteil der eigenen nationalen Varietät gelten, sind sie dort doch ziemlich allgemein bekannt (vgl. Kap. A.5: (2)). Eben deshalb wurden sie in das *Österreichische Wörterbuch* aufgenommen. Sie sind in der folgenden Beschreibung ebenfalls mit – allerdings vorangestelltem – „ * " markiert.

(5) Die Sprachform ist in Bigler u. a. (1987: vgl. XI) als „binnendt." (binnendeutsch) markiert. Sie ist zudem im Sprachkodex Deutschlands als standardsprachlich ausgewiesen.

Die Zusatzbedingung des letzten Satzes ist hier durchgängig erfüllt.

Erscheint die Sprachform zudem im *Österreichischen Wörterbuch* (1990) als standardsprachlich, dann handelt es sich um einen unspezifischen Teutonismus (Geltung in Deutschland und Österreich). Überprüft wurde allerdings nur, ob sie dort als Lemma erscheint. Auch bei den in Bigler u. a.

(1987) als „binnendt." (binnendeutsch) markierten Sprachformen – insgesamt lediglich 16! – handelt es sich um Teutonismen nur nach Geltung (nicht nach Bekanntheit), denn sie sind in der Schweiz weithin bekannt. Sie sind nachfolgend mit „•" markiert.

(6) Die Sprachform ist Bestandteil der „reinen Hochlautung" des *Siebs* (1969), der „Standardlautung" des Aussprache-Dudens (1990) oder auch der „Standardaussprache" des *Großen Wörterbuchs der deutschen Aussprache* (1982). Sie ist aber weder Bestandteil der schweizerhochdeutschen Aussprache nach Hofmüller-Schenck (1995) noch der österreichischen Standardaussprache nach dem *Österreichischen Wörterbuch* (1990) noch der „gemäßigten Hochlautung" des Siebs (1969). Letztere Bedingung ist dahingehend zu präzisieren, daß die Sprachform nach Siebs nicht zugleich als österreichisch („ö" oder „Ö") und schweizerisch („s") spezifiziert sein darf; wenn sie nur einem der beiden Zentren zugeordnet ist, so kann es sich um einen unspezifischen Aussprache-Teutonismus handeln.

Diejenigen der solchermaßen definierten Aussprache-Teutonismen, die Bestandteil der „reinen Hochlautung" des *Siebs* oder der „Standardlautung" des Aussprache-Dudens sind, gelten für die künstlerische Darbietung auch in Österreich und der Schweiz, zumindest fakultativ. Nur außerhalb dieser Domäne, vor allem in der Alltagskommunikation, sind es wirkliche Teutonismen, und zwar – aufgrund dieser Umstände – „situationsabhängige (stilistische) Teutonismen" (vgl. Kap. A.5.: (3)). Sie sind in der nachfolgenden Darstellung verbal als solche gekennzeichnet.

(7) Die Sprachform ist aufgrund anderer als der unter (1) bis (6) genannten Quellen als Teutonismus identifizierbar.

Wenn es sich um schriftliche Quellen handelt, so sind sie einzeln angegeben. Teilweise basieren diese Fälle jedoch auf bloßen Vermutungen oder Beobachtungen mündlichen Sprachverhaltens. Nicht immer ist die betreffende Sprachform im Sprachkodex Deutschlands als standardsprachlich ausgewiesen, keinesfalls aber ist sie es in den Sprachkodizes sowohl Österreichs als auch der Schweiz.

Die nach (7) festgelegten Fälle sind ebenfalls als solche gekennzeichnet (Quellenangabe oder Markierung „Eigenbeobachtung"); ihr Status als Teutonismus ist in besonderem Maße hypothetisch.

Auch bei den Teutonismen läßt sich der folgenden Darstellung entnehmen, um welchen der verschiedenen Typen nationaler Varianten es sich jeweils handelt (vgl. Kap. A.5), und zwar entweder aufgrund der Markierung oder der Darstellungsform (vgl. Kap. B.3.1).

3.2 Schreibung (Orthographie)

Der Buchstabe ß ist ein Teutonismus im weiteren Sinn. Er gilt auch in Österreich, aber in der Schweiz tritt <ss> an seine Stelle (vgl. Kap. B.3.2, C.3.2).

Ansonsten gibt es nur wenige allein in der Schreibung zum Ausdruck kommende Teutonismen, da die Duden-Schreibungen größtenteils auch in Österreich und der Schweiz anerkannt sind, sogar in denjenigen Bereichen, wo es besonders viele Rechtschreib-Austriazismen und -Helvetismen gibt: in der Getrennt- und Zusammenschreibung und der Eindeutschung von Lehnwörtern (vgl. vor allem Kap. B.3.2). Dennoch lassen sich die folgenden, überwiegend unspezifischen reinen Schreibungs-Teutonismen feststellen. Sie würden freilich bei Verwirklichung der neuesten Rechtschreibreform weitgehend verschwinden (vgl. *Duden. Informationen* 1994; *Sprachreport.* Extra-Ausgabe Dezember 1994).

Anno/anno (Rechtschreib-Duden 1991: 110) (österr./schweiz. anno),

Crawl/Kraul (österr. Kraul, schweiz. Crawl),

Defätismus (= österr., österr./schweiz. Defaitismus),

*Getto/Ghetto (= schweiz., österr. Ghetto),

*Madjar/Magyar (letzteres „ungarische Schreibung" nach Rechtschreib-Duden 1991: 454) (= schweiz., österr. Magyar),

Resümee (= österr., österr./schweiz. Résumé),

*Schups (süddt. nach Rechtschreib-Duden 1991: 643)/Schubs (österr./schweiz. Schubs) – entsprechend schupsen, Schupser,

zuhanden (= schweiz., österr. zu Handen),

zur Zeit (= schweiz., österr./schweiz. zurzeit).

In anderen Fällen verbindet sich mit dem orthographischen Teutonismus zugleich eine Aussprachebesonderheit des deutschen Deutsch. Sie ist in den folgenden Fällen jeweils in Klammern beigefügt. Zum Teil sind die Wörter in den anderen Zentren unüblich, wären aber im Falle der Verwendung in der hier angegebenen Weise zu schreiben.

*Büfett/Buffett (Endsilbenbetonung) (= schweiz. (schwebende Betonung), österr./schweiz. Büffet),

*einpökeln (Langvokal) (= schweiz., österr. einpöckeln),

*fleddern (ugs.) (Kurzvokal) (= schweiz., österr. fledern) – entsprechend Leichenfledderei, zerfleddert usw.,

*(des/m) Geschosse(s) (Kurzvokal) (= schweiz., österr. Geschoße(s)),

*Kabarett (Realisierung des Schluß-t)/Cabaret (österr./schweiz. Cabaret),

•Kipfel (Fortis) (= österr., schweiz. Gipfel),

*Küken (Langvokal) (= schweiz., österr. Kücken),

*Majonäse (volle Realisierung des End-e)/Mayonnaise (österr./schweiz. Mayonnaise),

*Müsli (Monophthong) (= österr., schweiz./vorarlb. Müesli),

*piekfein (ugs.) (Langvokal) (= schweiz., österr. pickfein),

*Pökelfleisch (Langvokal) (= schweiz., österr. Pöckelfleisch),

*Polonäse (volle Realisierung des End-e)/Polonaise (österr./schweiz. Polonaise),

Praline (Zweitsilbenbetonung) (österr./schweiz. Praliné, österr. Pralinee),

pythagoreisch (geschlossenes e)/pythagoräisch (österr./schweiz. pythagoräisch),

Tausendsasa (Langvokal)/Tausendsassa (österr./schweiz. Tausendsassa),

*Witib (veraltet) (Langvokal)/Wittib ‚Witwe' (= schweiz., österr. Wittib).

3.3 Lautung (Orthophonie)

Im Hinblick auf die Aussprache-Teutonismen ist das Vorliegen verschiedener Aussprachewörterbücher bedeutsam, nämlich *Siebs* (1969), Aussprache-Duden (1990) (beide BRD), und *Großes Wörterbuch der deutschen Aussprache* (1982; DDR). Die Vorarbeiten zu letzterem sowie sein Vorläufer (*Wörterbuch der deutschen Aussprache* 1964) haben die beiden BRD-Wörterbücher beeinflußt, was freilich - vermutlich wegen der DDR-Provenienz - bisweilen bestritten wurde. Sie haben vor allem beigetragen zur stärkeren Orientierung der kodifizierten Orthophonie am tatsächlichen Verhalten von Modellsprechern, vor allem des Rundfunks. Diese Orientierung findet ihren Niederschlag in der „gemäßigten Hochlautung" des *Siebs* (1969) – im Gegensatz zur „reinen Hochlautung" – und in der „Standardlautung" des Aussprache-Dudens. Trotz der Beeinflussung divergieren die kodifizierten Orthophonien aller drei Wörterbücher in gewissen, auch für die Aussprache-Teutonismen relevanten Bereichen.

Durch die drei Wörterbücher werden die folgenden vier verschiedenen Orthophonien definiert:

(1) die „reine Hochlautung" des *Siebs* (1969: 1–8),
(2) die „gemäßigte Hochlautung" des *Siebs* (1969: 1–8),
(3) die „Standardlautung" des Aussprache-Dudens (1990: 29f.),
(4) die „Standardlautung" des *Großen Wörterbuchs der deutschen Aussprache* (1982: 11-13).

Auch die in der Benennung übereinstimmenden Orthophonien (3) und (4) divergieren. Wichtige Aspekte der Divergenzen lassen sich schon an einzelnen Wörtern verdeutlichen, z.B. an *Waggon,* wofür die Angaben folgendermaßen lauten:

(1) [va'g̃ɔ], [va'gɔŋ];
(2) [va'goːn] (österr.);
(3) [va'gõː], [va'gɔŋ], auch [va'goːn];
(4) [va'gɔŋ].

Man sieht, daß (1) ∪ (2) ≈ (3). Allerdings ist die im *Siebs* gemachte Geltungseinschränkung der Variante [va'goːn] auf Österreich im Aussprache-Duden aufgehoben. Seine Standardlautung enthält ebensowenig irgendwelche nationalen Markierungen wie die „reine Hochlautung" des *Siebs.* Der Aussprache-Duden nimmt jedoch einen Teil der nationalen Varianten der Siebsschen „gemäßigten Hochlautung" in seine Standardlautung auf, womit er ihnen gemeindeutsche Geltung zuspricht, und verweist einen anderen Teil in den Bereich des Nonstandards („Umgangslautung". Beispiel: [ik]-Aussprache des Suffixes -<ig>, S. 57). Das *Große Wörterbuch der deutschen Aussprache,* dessen Standardlautung ebenfalls keine nationale Markierung enthält, verzichtet demgegenüber ganz auf die Siebsschen österreichischen und schweizerischen Varianten. Dies wäre übrigens ein sachlicher Grund - neben vermutlich ebenfalls existenten ideologischen Gründen -, warum es in Österreich und in der Schweiz als Nachschlagewerk kaum eine Rolle spielt.

Aus diesen Orthophonien entspringen Teutonismen, und zwar auf folgende Weise. Die Orthophonien (1) und (3) gelten im ganzen deutschen Sprachgebiet – jedoch nur in bestimmten Textsorten, besonders im künstlerischen Vortrag. In denjenigen plurizentrischen Variablen (vgl. Kap. A.4.1), in denen die österreichische und schweizerische Standardaussprache (vgl. Kap. B.3.3, C.3.3) nicht Bestandteil von (1) oder (3) ist, entstehen *situationsabhängige (stilistische) Teutonismen* (vgl. Kap. A.5: (3)). Ein Beispiel ist die [ʏ]-Aussprache des <y> in *Ägypten* und einigen weiteren Wörtern, der österreichisch und schweizerisch [ɪ] entspricht. Es handelt sich um einen Teutonismus im Falle des Vorkommens in anderen mündlichen Texten als dem künstlerischen Vortrag, was in Deutschland normal, aber in Österreich und der Schweiz normwidrig ist. Im künstlerischen Vortrag handelt es sich jedoch nicht um einen Teutonismus.

Situationsunabhängige (absolute) Teutonismen (Kap. A.5: (3)) entstehen aus den Orthophonien (1) und (3) in denjenigen plurizentrischen Variablen, die sowohl Varianten enthalten, die Bestandteil des österreichischen und schweizerischen Standarddeutsch sind, als auch solche, die es nicht sind. Letztere sind dann situationsunabhängige Aussprache-Teutonismen, denn ihre Verwendung in Österreich und der Schweiz ist nicht einmal im künstlerischen Vortrag erforderlich oder gerechtfertigt, da es ja eine österreichische und schweizerische Variante gibt. Zur Verdeutlichung können wir auf unser Beispiel *Waggon* zurückgreifen. Die Varianten [va'gõ:]/[va'gɔ)] und [va'gɔŋ] sind solche situationsunabhängigen Teutonismen, da sie sogar bei Wahl der Orthophonie (3) vermeidbar sind, wo auch das österreichische und schweizerische [va'go:n] zur Verfügung steht.

Teilweise ergeben sich Teutonismen entsprechend auch durch den Vergleich der Orthophonien (1) und (3). Ein Beispiel ist die [ɐ]-Aussprache der Endsilbe -<er>, für die es in (3) keine Alternative gibt. Jedoch erlaubt (1) die Realisierung des <r>, was zugleich dem schweizerischen Standard entspricht. Daraus folgt, daß es sich bei der [ɐ]-Aussprache um einen (situationsunabhängigen) Teutonismus handelt, allerdings einen unspezifischen, denn in Österreich ist [ɐ] standardsprachlich auch gebräuchlich, wenn auch nicht kodifiziert (Hinweis H. Takahashi).

Vielfach bleiben die nachfolgenden Teutonismen weitgehend hypothetisch, vor allem, weil die österreichische und schweizerische Standardlautung unvollständig kodifiziert sind. Ein Beispiel ist die Reduktion der Endsilben - und -<en> auf -[m̩] bzw. -[n̩], also den syllabisierten Konsonanten (*Siebs* 1969: 59, „gemäßigte Hochlautung"). Diese werden nach Reiffenstein (1983: 22) im österreichischen Standarddeutsch mit vollem, offenem Vokal gesprochen (-[ɛm], -[ɛn]), wobei der „Gebrauchsstandard" gemeint sein muß (vgl. zu dem Begriff Kap. A.4.3). Ähnliches scheint auch für das Schweizerhochdeutsche zu gelten. Solche hypothetischen Teutonismen bedürfen besonders dringlich der zukünftigen Nachprüfung.

Einen standardsprachlichen Grenzfall bilden die Besonderheiten der norddeutschen „Umgangslautung" nach dem Aussprache-Duden (1990: 55–58) oder gar der „landschaftlichen Besonderheiten" nach dem *Siebs* (1969: 145–148). Sie bewegen sich, soweit sie außerhalb der oben genannten Orthophonien (1) bis (4) liegen, allenfalls im Bereich des Gebrauchsstandards, der zwar in der öffentlichen Rede weithin akzeptiert, aber von keinem Kodex als standardsprachlich anerkannt wird.

Zu den Aussprache-Teutonismen konnte ich keine direkten Vorarbeiten oder Quellen ausfindig machen. Wichtige Anhaltspunkte liefern jedoch *Siebs* (1969), aufgrund der Gegenüberstellung von österreichischen und schweizerischen Varianten, Ebner (1980: Hinweise zur „binnendeutschen" Aussprache in den Lemmaerläuterungen), Meyer (1989, die hinter dem Zeichen „//" angeführten Aussprachevarianten, die „nur binnendeutsch" sind – vgl. S. 20), König (1989) und punktuell auch Meinhold/Stock (1980: 11–117).

Vokale

Nur Gebrauchsstandard, und zwar durchgehend norddeutscher, sind:

Kurzvokal in einsilbigen Wörtern mit einfachem Endkonsonant (österr./ schweiz./süddt. lang): Bad, Glas, Gras, grob usw.

Geschlossenes [e:] in Wörtern mit <ä>-Schreibung (österr./schweiz./süddt. offen): ['me:tçən] Mädchen; entsprechend: Bär, Gräben, Häfen usw.

<r>-Vokalisierung nach betontem Kurzvokal (österr./schweiz./süddt. r konsonantisch): [hɪɐt] Hirt; entsprechend: Berlin, Kirche, wird usw.

Kodifizierte Teutonismen, und zwar situationsunabhängige, sind:

Aussprache des <y> als [ʏ] in manchen Lehnwörtern (österr./schweiz. [ɪ]): Ägypten (österr. [ɪ] oder [ʏ]), Asyl (= österr.), Gymnasium (= österr.), Gymnastik (= österr.), Physik (= österr.), Forsythie, Libyen, System (österr. [ɪ] oder [ʏ]), Zylinder (= österr.).

Realisation des End-<e> als [ə] vor allem beim Lehnsuffix -<age> (österr./schweiz. stumm) in Wörtern wie Bandage, Chance, Garage, Nuance usw.

Kürze des betonten Vokals in Einzelwörtern (österr./schweiz. Länge): Chef (= schweiz.), Geschoß, Rebhuhn, Walnuß (= schweiz.), Walroß (= schweiz.).

Länge des betonten Vokals (österr./schweiz. Kürze)

In den Elementen -<it>, -<ik>, -<iz>, -<atik>, -<atisch> bei Lehnwörtern wie Appetit, dramatisch, Fabrik, Kritik, Liter, Notiz, Profit, Thematik, thematisch und anderen.

Einzelwörter: Afrika, Barsch, Erde, Harz, Jagd, Magd, Nische, nüstern, hapern, Obst, Städte, watscheln.

Vokalisierung der Endsilbe -<er> zu [ɐ] (= österr. (Gebrauchsstandard), schweiz. r konsonantisch) in Wörtern wie heiter, Kinder, Lieder usw.

Reduktion der Endsilben -, -<en> und -<el> auf den silbischen Konsonanten -[m̩], -[n̩] (österr./schweiz. Vokal+Konsonant) bzw.-[l̩] (= österr., schweiz. Vokal+Konsonant) in Wörtern wie Atem, Banden, Handel usw.

Konsonanten

Nur Gebrauchsstandard, wiederum überwiegend norddeutscher, sind:

Aussprache des <g> als [ç] in anderen Positionen als im Suffix -<ig> oder als im unbetonten Wortelement -<igt> (österr./schweiz./süddt. [k]), z.B. in Sarg, Krieg, Tag ([taːç] oder [taç]), Teig, weg, Zug, sagt usw.

[ŋk]-Aussprache von -<ng> im Wortauslaut (österr./schweiz./süddt. [ŋ]), z.B. in Anfang, jung, Zeitung usw.

[ŋ]-Aussprache von <Vokal+n+Konsonant> oder <Vokal+m> bei Lehnwörtern in anderen Positionen als im Suffix -<on> (österr./schweiz./süddt. nasalierter Vokal), z.B. in Enquete, Fond, Plafond, Parfum, Teint.

Kodifizierte Teutonismen, und zwar situationsabhängige (bei Vorkommen außerhalb des künstlerischen Vortrags), sind:

Stimmhaftigkeit (österr./schweiz. Stimmlosigkeit) der Lenisfrikative und Plosive im Silbenanlaut vor stimmhaftem Laut als [z], [ʒ] (= österr.), [v], [b], [d], [g] in Wörtern wie sanft, Hose, Genie, Garage, Wasser, Balsam, alsbald, dir, Ader, Gerhard, August usw.

[ç]-Aussprache des <ch>- in Lehnwörtern vor vorderem Vokal (= schweiz., österr./schweiz. [k], schweiz. [χ] (Gebrauchsstandard)) in Wörtern wie Chemie, Chinin, Chirurg usw.

[ç]-Aussprache des <g> im Suffix -<ig> oder im unbetonten Wortelement -<igt> (österr./schweiz./süddt. [k]): König, erledigt usw.

Folgendes sind demgegenüber situationsunabhängige kodifizierte Teutonismen:

[ljə]-Aussprache (Moullierung) von -<ille> in einzelnen Lehnwörtern (österr./schweiz. [l(ə)]): Quadrille, Vanille.

[aŋ]- oder [ãː]-Aussprache (neben [ɛn]) (österr./schweiz. [ɛn]): Pension, Pensionär.

[maŋ]-Aussprache (nur Standard nach *Großes Wörterbuch der deutschen Aussprache* 1982) oder [mã:]-Aussprache des Suffixes -<ment> (österr. [mã:], schweiz. [mɛnt]): Appartement, Departement usw.

[ɔŋ]-Aussprache des Lehnsuffixes oder Wortelements -<on> (österr./schweiz. [õ(:)]) in Wörtern wie Bon, Bonbon [bɔŋ'bɔŋ], Fasson, Ponton [pon'tɔŋ] (letzteres Standard nur nach *Großes Wörterbuch der deutschen Aussprache* 1982: 449).

[ɔŋ]- oder [õ:]-Aussprache des Suffixes -<on> (österr./schweiz. [o:n]) in Wörtern wie Balkon, Balon, Karton, Wagon.

Einzelfälle: Billard ['biljart]/['biljardə] (österr./schweiz. [bi'ja:r]).

Wortakzent

Akzent auf der ersten Silbe (österr./schweiz. letzte Silbe): Sakko.

Akzent auf der ersten Silbe (auch letzte Silbe) (österr./schweiz. letzte Silbe): Ballast, Kabarett (österr./schweiz. andere Schreibung, schweiz. schwebende Betonung), Mannequin, Motor, Tabak.

Akzent auf der zweiten Silbe (= österr. - nicht in der österr. ebenfalls üblichen Bedeutung ‚Orden‘): Oblate.

Akzent auf der zweiten Silbe (auch erste Silbe) (österr./schweiz. erste Silbe): absichtlich, Abteil, Abteilung, Anis, Pastor.

Akzent auf der dritten Silbe (= österr., österr./schweiz. erste Silbe): Papagei, philharmonisch.

Akzent auf dem Grundwort (auch Bestimmungswort) (österr./schweiz. Bestimmungswort): Bürgermeister, Durcheinander, Generalleutnant, Oberstleutnant.

Akzent auf der letzten (auch ersten) Silbe (österr./schweiz. erste Silbe): Marzipan.

Akzent auf der letzten Silbe, gleichzeitig Langvokal (österr./schweiz. dritte Silbe): Mathematik.

Akzent auf der letzten Silbe (= österr., schweiz. schwebende Betonung) in französischen Fremdwörtern wie Büfett, Ponton, Portier usw.

3.4 Wortschatz (Ortholexik)

Auch zu den Wortteutonismen gibt es keine direkten Quellen. Wichtige Anhaltspunkte liefern jedoch wiederum Ebners (1980) und Meyers (1989) Hinweise in den Lemmaerläuterungen auf „binnendeutsche" Wörter (bei Meyer hinter dem Zeichen „//" angeführt; vgl. S. 20), aber auch Seibicke (1983), Müller (1980), Eichhoff (1977/78/1993/in Vorbereitung; 1988), Handwerksordnung (1994) sowie die Schweizer Sammlung *Deutsche Wörter, die uns ungewohnt sind* (1957). Besondere Typen von Wortteutonismen liefern außerdem die Markierungen in den Duden-Bänden, potentiell auch in anderen Wörterbüchern, mit „nordd.[eutsch]" oder auch mit „südd.[eutsch]". Es handelt sich dabei um Teutonismen nur eines Teilgebiets ihres Zentrums (Kap. A.5: (5)). Allerdings mußte gegengeprüft werden, ob sie nicht doch auch in Österreich oder der Schweiz gelten. Nachfolgend sind nur im Rechtschreib-Duden (1991) entsprechend markierte und gegengeprüfte Wörter aufgenommen; sie sind mit „ⁿ" bzw. „ˢ" gekennzeichnet (vgl. zur Standardsprachlichkeit der mit „ⁿ" markierten Wörter Kap. F.3). Eine andere spezielle Art von Teutonismen bilden die Sternchen-Wörter des

Österreichischen Wörterbuchs (1990) und die als „binnendt." gekennzeichneten Wörter in Bigler u.a. (1987), die nachfolgend mit „*" bzw. „•" markiert sind. Dabei handelt es sich um Teutonismen nur nach Geltung, nicht nach Bekanntheit, denn sie sind auch außerhalb Deutschlands bekannt (vgl. Kap. A.5: (2)).

Bezüglich der sonstigen methodischen Probleme und der Darstellungsform der lexikalischen nationalen Varianten darf auf Kap. B.3.4 verwiesen werden. Im Unterschied zu den Austriazismen und Helvetismen sind die verschiedenen Typen von Teutonismen innerhalb der Inhaltsbereiche oder Domänen jeweils zu Blöcken geordnet. Damit soll zum Ausdruck gebracht werden, daß die Typen-Unterscheidung zusätzlich durch die Verschiedenartigkeit der Definitionsquellen gestützt wird.

Deklinabilia (Inhaltswörter)

Speisen, Mahlzeiten

Abendbrot (als kalte Mahlzeit)/ Abendessen, ˢNachtessen	österr./schweiz. Abendessen, österr. Nachtmahl, schweiz. Nachtessen
armer Ritter	österr. die Bofese/Pafese/Pofese, schweiz. die Fotzelschnitte
Berliner (Pfannkuchen), bayr. Krapfen	österr. Krapfen, schweiz. Berliner
Blaubeere/Heidelbeere, ⁿBickbeere	österr. Schwarzbeere/Heidelbeere, schweiz. Heidelbeere
Bouillon/Fleischbrühe	= schweiz., österr. Rindsuppe
die Bulette (landschaftlich), die Frikadelle	österr. das faschierte Laibchen/ das Fleischlaibchen, schweiz. Frikadelle
der Eierkuchen/das Omelett/ die Omelette	österr./schweiz. Omelette, österr. Omelett
geräuchert	= österr., österr. geselcht, schweiz. geräucht
die Grießschnitte	österr. der Grießschmarren, schweiz. das Griessplätzli/Griessschnitte
Grünkohl	= österr., aber dort kaum bekannt, schweiz. Federkohl
das Hähnchen, ostdt. der Broiler	österr. das Hend((e)r)l, schweiz. das Güggeli
das Hörnchen (Gebäck)	österr. das Kipfe(r)l, schweiz. der Gipfel/das Gipfeli
die Karamelle/der Karamel (Karamellbonbon)	österr. das Karamel, schweiz. das/der Caramel/Karamel
der Kartoffelbrei/das Kartoffelpüree	= österr., österr. das Erdäpfelpüree, schweiz. der Kartoffelstock
Kloß, ˢKnödel	österr. Knödel, schweiz. Kloss
Kopfsalat	= schweiz., österr. Häuptelsalat
der Lendenbraten/das Filet, ⁿder Mürb(e)braten	österr. der Lungenbraten/Filet, schweiz. Lendenbraten/Filet
Maronen (Pl.), bayr. Maroni	österr. Maroni, schweiz. Marroni
Mehlschwitze, ˢEinbrenne	= schweiz., österr. Einbrenn

die Meringe/das Baiser

die Mohrrübe/dieMöhre/die Karotte

Napfkuchen, ^sGugelhupf

der Negerkuß/der Mohrenkopf

Pellkartoffeln/ gekochte Kartoffeln

Pfannkuchen
Plätzchen

das Rapünzchen/der Rapünzchensalat/
    die Rapunze/der Feldsalat
das Rippchen/der/das Kasseler
    Rippe(n)speer
der Rosenkohl

der Rotkohl/das Rotkraut, bayr. das
    Blaukraut
das Rührei
die Salzstange

die Spalte, ^sder Schnitz (von einem
    Apfel usw.)
Spätzle
die Sülze, ^sdie Sulz

verquirlen
der Weißkohl, ^sder (Weiß)Kabis

Wiener (Würstchen)/Frankfurter
    (Würstchen)
Zwetsche, ^sZwetschge
    (auch fachsprachlich)
die Zwetschgenmarmelade

ⁿdie Butterstulle, das Butterbrot
ⁿder Gest, die ⁿ(Back)Hefe
ⁿGichtbeere, schwarze Johannisbeere

ⁿKaldaunen (auch mitteldt.), ^sKutteln
ⁿder Knust, der Kanten ‚Brotanschnitt'
ⁿKronsbeere, Preiselbeere
ⁿkroß, knusprig

österr. die Windbäckerei/das Baiser,
    schweiz. die Meringue
österr. Möhre/Karotte, schweiz.
    das Rüebli/Karotte
österr./schweiz. Gugelhupf, schweiz.
    Gugelhopf
österr. der Indianerkrapfen/die
    Schwedenbombe, schweiz. der
    Mohrenkopf
österr. gekochte Erdäpfel/gekochte
    Kartoffeln, schweiz. Geschwellte
    (Kartoffeln)
= schweiz., österr. Palatschinke
österr. Zeltel, schweiz. Guets(l)i/
    Guetz(l)i/Güets(l)i/Güetz(l)i
österr. der Vogerlsalat/Feldsalat,
    schweiz. der Nüsslisalat/der Nüssler
österr. das Selchkarree/ein Geselchtes,
    schweiz. das Rippli
= schweiz., österr. der Sprossenkohl/
    die Kohlsprossen (Pl.)
österr. Rot-/Blaukraut, schweiz. der
    Rotkabis
= schweiz., österr. die Eierspeis(e)
österr. das Salzstang(er)l, schweiz. der
    Bierstengel
österr. Spalte, schweiz. Schnitz

österr. Nockerl, schweiz. Knöpfli/ Spätzli
österr./schweiz. Sulz, schweiz. das Sulz/
    die Sulze
= schweiz., österr. versprudeln
österr. das Weißkraut, schweiz.
    (Weiss)Kabis
österr. Frankfurter (Würstel),
    schweiz. Frankfurterli/Wienerli
österr. Zwetschke, schweiz. Zwetschge

österr. der Powidl/ Zwetschkenmarme-
    lade, schweiz. die Zwetschgen-
    konfitüre
österr./schweiz. Butterbrot
österr. die Germ, schweiz. Hefe
österr. schwarze Ribisel, österr./
    schweiz. schwarze Johannisbeere
österr./schweiz. Kutteln
österr. das Scherzel, schweiz. Kanten
österr./schweiz. Preiselbeere
österr./schweiz. knusprig, österr. resch

[n]labberig, breiig	österr./schweiz. breiig
[n]labbern, schlürfen	österr./schweiz. schlürfen
[n]das Rundstück, das Brötchen, bayr. die Semmel	österr. Semmel, schweiz. Brötchen
[n]der Schweser, die Kalbsmilch/ das Bries(chen)	österr./schweiz. Bries
[n]Spickaal, Räucheraal	österr./schweiz. Räucheraal
[n]die Wiedewitte, der Champignon	österr./schweiz. Champignon
*Aprikose	= schweiz., österr. Marille
*Blumenkohl	= schweiz., österr. Karfiol
*Brät (Wurstfüllung)	= schweiz., österr. Brat
*das (Speise)Eis	= österr., österr. das Gefror(e)ne (veraltend), schweiz. die Glace
*Flechse	= schweiz (nicht belegt), österr. Flachse
*flechsig	= schweiz. (nicht belegt), österr. flachsig
*der Krümel/der Brösel	österr. das Brösel, schweiz. das Brösmeli (mundartnah)/der Krümel
*Meerrettich, [s]Kren	österr. Kren, schweiz. Meerrettich
*Puderzucker/Staubzucker	= schweiz., österr. Staubzucker
*Pute/Truthenne	österr./schweiz. Truthenne, österr. Indian (veraltend), schweiz. Trute
*Puter/Truthahn	österr./schweiz. Truthahn, österr. Indian (veraltend)
*Quark	= schweiz., österr. Topfen/westösterr. Schotten
*Reineclaude/*Reneklode	= schweiz., österr. Ringlotte
*der Sprudel/das Mineralwasser	österr./schweiz. Mineralwasser
*zulangen (beim Essen)/(tüchtig) zugreifen	= schweiz., österr. (tüchtig) zugreifen
•rote Bete/•rote Rübe	österr. Rahne/rote Rübe, schweiz. Rande
•*Apfelsine/Orange	österr./schweiz. Orange
•*(Schlag)Sahne	österr./schweiz. (Schlag)Rahm, österr. (Schlag)Obers

Der Übergang zu den Sachspezifika ist bisweilen fließend. Sind beispielsweise deutsche Kartoffelpuffer tatsächlich dasselbe wie schweizerische Kartoffelplätzli? Wirkliche Sachspezifika sind z.B.:
Rheinischer Sauerbraten,
der Panhas (niederrheinisch) (eine Art Blutwurst mit Buchweizengrütze),
Pfälzer Saumagen,
die Berliner Weiße mit Schuß (Weißbier mit Himbeersaft),
Thüringer Rostbratwurst.

Haushalt, Kleidung

der Ausguß/der Spültisch, [n]der Kantstein,*die Abwäsche	österr. die Abwasch, schweiz. der Schüttstein/der Spültrog
ausrollen (von Teig), bayr. auswallen	österr. austreiben, schweiz. auswallen

das Bohnerwachs	österr. das Bodenwachs, schweiz. die Bodenwichse
die Dachrinne	= österr., schweiz. der (Dach)Kännel/-Kennel
einholen/einkaufen	österr./schweiz. einkaufen
fegen/kehren	österr. kehren, schweiz. wischen/fegen
der Fleischwolf	= schweiz., österr. die Faschiermaschine/Fleischmaschine
Hackklotz	österr. Hackstock, schweiz. Scheitstock
Handfeger/Handbesen	österr. Bartwisch/Handbesen, schweiz. Kehrbesen
der Hocker	= österr., österr. das Stockerl, schweiz. das Taburett
das Kavalierstuch/das (Ein)Stecktuch	österr. das Stecktuch, schweiz. die Pochette/das Poschettchen
Kehrschaufel/Kehrichtschaufel	österr. Mistschaufel, schweiz. Kehrichtschaufel
Mülleimer	österr. Mistkübel, schweiz. Kehrichtkübel
das Nudelholz	österr. der Nudelwalker; schweiz. das Wal(l)holz
das Paneel/die Täfelung	österr. das (Ge)Täfel, schweiz./vorarlb. das (Ge)Täfer
Pfropfen/Kork/Korken	österr. Stoppel/Korken, schweiz. Zapfen
der Putz-/Scheuerlappen/das Putztuch, [n]der Feudel	österr. der Putz-/Reibfetzen/das Reibtuch, schweiz. der Putzlumpen
die Reibe/das Reibebrett	österr. Reibbrett, schweiz. die Raffel
das Reinemachen/der Hausputz	österr. der Hausputz, schweiz. die Putzete
der Schneebesen	österr. die Schneerute; schweiz. der Schwingbesen
der Schnürsenkel	österr. das Schuhband, schweiz. der Schuhbändel
Treppe	= schweiz., österr. Stiege
Unterhemd	österr./schweiz. Leibchen
Wäscheschleuder	= österr., schweiz. Auswindmaschine
[n]auffegen, zusammenfegen	österr. zusammenkehren, schweiz. zusammenwischen
[n]blank, rein	österr./schweiz. rein
[n]Büx, Hose	österr./schweiz. Hose
[n]Kneifer, Klemmer/Zwicker	österr./schweiz. Klemmer/Zwicker
[n]Laken, Bettuch/Leintuch	österr./schweiz. Leintuch, schweiz. Laken
[n]der Leuwagen, *der Schrubber	österr./schweiz. der Schrupper
[n]die Pinne, die Reißzwecke/der Reißnagel	österr./schweiz. Reißnagel (schweiz. mit <ss>)
[n]Sott, Ruß	österr./schweiz. Ruß (schweiz. mit <ss>)
[n]vertüdern, *verheddern (ugs.)/verwirren	österr./schweiz. verwirren

*Bindfaden	= schweiz., österr. Spagat
*garen/gar kochen	österr./schweiz. gar kochen
*Kehricht/Abfall/Müll	österr./schweiz. Abfall, österr. Mist/Müll, schweiz. Kehricht
*Klamotte (ugs., salopp)	= schweiz., österr. (altes) Kleidungsstück
*(Tür)Klinke	österr. Schnalle, schweiz./vorarlb. Falle
*Korridor/Flur	= schweiz., österr. Flur, schweiz. Gang
*ⁿLaken	= schweiz., österr. Leintuch
*Mangel/Wäscherolle, ˢMange	österr./schweiz. Mange, österr. Wäscherolle
*plätten (landschaftlich), bügeln	österr./schweiz. bügeln/glätten
*Quirl	= schweiz., österr. Sprudler
*quirlen	= schweiz., österr. sprudeln
*scheuern	österr. ausreiben, schweiz. scheuern/schruppen
*der Schlips/die Krawatte	= schweiz., österr. der Selbstbinder/Krawatte
*die Troddel/die Quaste, ⁿder Quast	österr./schweiz. Quaste, schweiz. Troddel
*die Tüte	= schweiz., österr. das Sackerl
*das Unterzeug (ugs.)/die Unterwäsche	österr./schweiz. Unterwäsche
*(aus)wringen	österr./schweiz. auswinden
•Schnuller	= österr., schweiz. Nuggi

Verwaltung, Justiz, Gesundheitswesen, Schule, Militär

Hier ist der Übergang zur ausgesprochenen Fachsprache, die nur Experten verstehen, besonders fließend.

Adressenänderung	= österr., österr./schweiz. Adreßänderung (schweiz. mit <ss>)
Altbauwohnung	= österr., schweiz. Altwohnung
der Anbau	= schweiz., österr. der Zubau, schweiz. die Anbaute
Anlage (zu einem Brief)	= österr., österr./schweiz. Beilage
ausliegen/aufliegen (Schriftstücke zur Ansicht)	= österr./schweiz. aufliegen
Ausrufezeichen/Ausrufungszeichen	österr./schweiz. Ausrufzeichen/Ausrufungszeichen, österr. Rufzeichen
ausstehend (für Geld)	= schweiz., österr. ausständig
Bürgermeister	= österr., schweiz. Gemeindeammann/Gemeindepräsident
Brandschau	österr. Feuerbeschau, schweiz./vorarlb. Feuerschau
Bundestag	österr./schweiz. Nationalrat
die Eins (Schulnote) – entsprechend die anderen Noten	österr./schweiz. der Einser
Federhalter	= schweiz., österr. Federstiel
das Kindergeld	österr. die Familienbeihilfe/die Kinderbeihilfe, schweiz. die Kinderzulage

das Koppel ‚Uniformgürtel'
österr. die Koppel, schweiz. der/das Ceinturon

Küster, ˢMesner
österr. Mesner, schweiz. Sigrist, nordostschweiz. Mesmer

Landesminister
österr. Landesrat, schweiz. Regierungrat/ Staatsrat

Ministerpräsident
österr. Landeshauptmann, schweiz. Landamman

das Personenstandsregister
österr. die Matrik(el)/das Personenstandsverzeichnis, schweiz. das Zivilstandregister

Pioniertruppe (Sg.) (militärisch)
österr. technische Truppe (Sg.), schweiz. Genietruppen (Pl.)

der Sanitätsdienst (militärisch)
österr. die Rettung, schweiz. die Sanitätstruppe

das Strammstehen (militärisch)
österr. die Habachtstellung, schweiz. die Achtungstellung

Studienrat
österr./schweiz. Professor, schweiz. Mittel(schul)lehrer

die Turnhalle
= schweiz., österr. der Turnsaal

die Zahlkarte
österr. der Erlagschein (bei Post)/ Zahlschein (bei Bank), schweiz. der Einzahlungsschein

das/der Zubehör (juristisch)
österr. das Zubehör, schweiz. die Zugehör

ⁿPastorat, Pfarramt
österr./schweiz. Pfarramt

ⁿSchöppe, Schöffe
österr./schweiz. Schöffe

*das Abitur
österr./schweiz. die Matura, schweiz. die Matur/die Maturität(sprüfung)

*Abiturient
österr. Maturant, schweiz. Maturand

*die Akte
= schweiz., österr. der Akt

*Anlieger
österr. Anrainer; schweiz. Anstösser/ Anwänder

*der Barras (ugs., abwertend)/ *der Kommiß (ugs., salopp)/das Militär
österr./schweiz. das Militär

*Bulle (ugs., abwertend)/Polizist/ Polizeibeamter
österr./schweiz. Polizist, österr. Wachebeamter, schweiz. Polizeimann/ Polizeibeamter

*Büttel (veraltend)/Gerichtsdiener
österr./schweiz. Gerichtsdiener, schweiz. Häscher (veraltend)

*einsitzen/inhaftiert sein
österr./schweiz. inhaftiert sein

*Feldwebel (militärisch)
österr. Unteroffizier, schweiz. Wachtmeister

*der Flecken/das Dorf
= schweiz., österr. das Dorf

*Jot [jot] (Name des Buchstabens J)
= schweiz., österr. [je:]

*die Jura
= schweiz., österr./schweiz. das Jus

*das Kittchen (ugs., sal.)/ *der Knast (ugs., salopp)/ das Gefängnis
österr./schweiz. Gefängnis, österr. Gefangenenhaus/Gefangenhaus (amtssprachlich), schweiz. Knast (ugs., salopp)

*Kolon/Doppelpunkt	österr./schweiz. Doppelpunkt
*das Kraftrad (amtssprachlich)/ das Motorrad	österr./schweiz. das Motorrad, schweiz. der/das Töff (dialektnah)
*Kripo (ugs.)/Kriminalpolizei	österr./schweiz. Kriminalpolizei
*der Lehrstuhl/das Ordinariat	= schweiz., österr. die Lehrkanzel (veraltend)/das Ordinariat
*Prima/Oberprima	österr./schweiz. Maturaklasse
*Primaner/Oberprimaner	österr./schweiz. Schüler der Maturaklasse
*Ranzen, Tornister (landschaftlich)	österr. Schultasche, schweiz. Tornister
*Semikolon/Strichpunkt	= schweiz., österr. Strichpunkt
*Vernehmung (vor Gericht)	österr./schweiz. Einvernahme
*Zensur/Note (im Zeugnis)	= schweiz., österr. Note
•das/der Ar	österr. das Ar, schweiz. die Are
•Zuname/Familienname	= österr., schweiz. Familienname

Geschäftsleben, Handwerk, Landwirtschaft, Verkehr

der Anschluß (bei zentraler Telefonanlage)	österr. die Klappe, schweiz. intern
der Aufpreis	österr./schweiz. die Aufzahlung
Blahe/*Plane	österr./schweiz. Plache, schweiz. Blache
Bürgersteig/Gehsteig	österr./schweiz. Trottoir, österr. Gehsteig
Fehlbetrag	= schweiz., österr. Abgang, schweiz. Minderertrag
Fernsprecher/Telefon	= österr., schweiz. Telefon
Friseur/-in/-euse/Frisör/-in/-euse	= österr., schweiz. Coiffeur/Coiffeuse
Fußgängerüberweg/Zebrastreifen	österr./schweiz. Zebrastreifen, österr. Fußgängerübergang/Schutzweg, schweiz. Fussgängerstreifen
der/das Gully, ˢdie Dole (Eigenbeobachtung)	österr. der Kanal(abfluß), schweiz. die Dole
Karosseriebauer	schweiz./österr. Autospengler
Krampe	= österr., schweiz. Agraffe
Lagerist/Magazinverwalter/ Lagerverwalter	österr. Magazineur/Lagerverwalter, schweiz. Magaziner
Mietshaus	österr. Zinshaus, schweiz. Renditenhaus
Ofensetzer	= österr., österr./schweiz. Hafner
Plaste (ostdt.) Plastik	österr./schweiz. Plastik
das Richtfest	= schweiz., österr. die Dachgleiche/ die Gleichenfeier/die Firstfeier, schweiz. die Aufrichte
die Rückfahrkarte	= österr., österr. die Retourkarte, schweiz. das Retourbillet
Schippe (*Deutsche Wörter, die uns fremd sind* 1957)/Schaufel	österr./schweiz. Schaufel
Schornsteinfeger, ˢKaminfeger	österr. Rauchfangkehrer, schweiz. Kaminfeger
Tischler, ˢ und westdt. *Schreiner	österr. Tischler, schweiz./vorarlb. Schreiner

Umgehungsstraße | österr./schweiz. Umfahrungsstraße (schweiz. mit <ss>), österr. Umfahrung

[n]einharken, hineinrechen | österr./schweiz. einrechen
[n]einholen, einkaufen | österr./schweiz. einkaufen
[n]einhüten, (die Wohnung) versorgen | österr./schweiz. (die Wohnung) versorgen
[n]die Harke, der Rechen | österr./schweiz. der Rechen
[n]Kantstein, Bordstein | österr./süddt. Randstein, schweiz. Bordstein

[n]Käpten, Kapitän | österr./schweiz. Kapitän
[n]die Kate, kleines Bauernhaus | österr./schweiz. kleines Bauernhaus, österr. die Keusche

[n]Kirmes, Kirchweih | österr./schweiz. Kirchweih
[n]der Krug, *die Kneipe/die Schenke | österr. das Beis(e)l (Wien), schweiz. die Beiz

[n]Küper, *Böttcher/Küfer | österr. (Faß)Binder, schweiz. Küfer
[n]Quast, Pinsel | österr./schweiz. Pinsel
[n]Reep, Seil/Tau | österr./schweiz. Seil/Tau
[n]Reepschläger, Seiler | österr./schweiz. Seiler
[n]Schlachter, Fleischer/ Metzger | österr. Fleischer, schweiz./westösterr. Metzger, ostösterr. Fleischhauer/ Fleischhacker

[n]Splitt, Schotter | österr./schweiz. Schotter
[n]die Taxe (Eigenbeobachtung), das Taxi | österr./schweiz. das Taxi, schweiz. der Taxi

[n]Tresen, Schanktisch | österr./schweiz. Schanktisch
*berappen (ugs.)/bezahlen | = schweiz., österr. bezahlen
*buddeln (ugs.)/graben/wühlen | österr. graben/wühlen
*Bulle/(Zucht)Stier | österr./schweiz. (Zucht)Stier, schweiz. Muni (dialektnah)

*Delle/Einbeulung | = schweiz., österr. Einbeulung
*Esse/Rauchfang (in einer Schmiede) | = schweiz., österr. Rauchfang
*fernmündlich/telefonisch | österr./schweiz. telephonisch
*kalte Mamsell/Kaltmamsell/ Köchin für die kalte Küche | österr./schweiz. Köchin für die kalte Küche
*Kammerjäger | = schweiz., österr. Ungeziefervertilger
*Kaschemme/Spelunke | österr./schweiz. Spelunke
*Kelter | = schweiz., österr. (Frucht)Presse
*keltern | = schweiz., österr. pressen
*Klempner, Installateur/*Spengler (eigentlich macht der Spengler die Blecharbeiten außen am Haus, wogegen der Klempner die Rohre innen verlegt, jedoch ist die Gleichsetzung alltagssprachlich und sprachwissenschaftlich verbreitet, z.B. in Eichhoff 1977: Karte 21) | österr./schweiz. Spengler/Installateur
*die Knolle | = schweiz., österr./schweiz. der Knollen
*Knüller (ugs., salopp)/Kassenschlager | = schweiz., österr. Kassenschlager

*Murks/Pfusch	= schweiz., österr. Pfusch
*Nutte (ugs.)/Prostituierte	österr./schweiz. Prostituierte
*die Offerte/schriftliches Angebot	= schweiz., österr. das Offert/
	schriftliches Angebot
*Pfund (Gewichtseinheit)	= schweiz., österr. halbes Kilogramm
*die Picke/der Pickel/die Spitzhacke	österr./schweiz. Spitzhacke, österr.
	der Krampen, schweiz. Pickel
*die Scheuer/die Scheune,	österr./schweiz. Scheune/Stadel,
bayr. der Stadel	schweiz. der Städel
*Sprieße/Sprosse	österr./schweiz. Sprosse
*staken/stochern ‚ein Boot mit	österr. stangeln, schweiz. stacheln
einer Stange fortbewegen‘	
*Trecker/Traktor, Schlepper	österr./schweiz. Traktor
(nach Eigenbeobachtung süddt.)	
*tuckern (ugs.)/knattern	österr./schweiz. knattern
*Tünche/(Mauer)Anstrich	= schweiz., österr. (Mauer)Anstrich
*tünchen/weißen, ˢweißeln	österr. kalken/weißen, schweiz.
	tünchen/weisseln
*umschichtig/wechselweise (arbeiten)	österr./schweiz. in Schichtarbeit
*worfeln ‚(gedroschenes Getreide zur	österr. gegen den Wind werfen,
Reinigung) gegen den Wind werfen‘	schweiz. zette(l)n
*der Zaster/die Knete/die Kohle/	österr. die Moneten, die Marie (Sg.),
die Moneten (alle ugs., salopp)	schweiz. der Klotz
*zerschrammt/zerkratzt	österr./schweiz. zerkratzt
*Zicke/Ziege, ˢGeiß	österr./schweiz. Geiß/Ziege
•Alm	= österr., schweiz. Alp
•Anschrift/Adresse	= österr., schweiz. Adresse
•Austräger/Bote/Laufbursche	österr. Austräger/Laufbursche,
(abwertend)	schweiz. Ausläufer
•Gesellenprüfung	= österr., schweiz. Lehrabschluss-
	prüfung
•Hausmeister	= österr., österr./schweiz. Hauswart,
	österr. Hausbesorger, schweiz. Abwart
•Lichtspieltheater (veraltend)/Kino	= österr., schweiz. Kino
•der Stapel, ˢdie Beige	österr. Stapel, schweiz. Beige

Sport, Spiele

campen/zelten	österr./schweiz. campieren, österr.
	kampieren/zelten
die Ecke/der Eckball	österr./schweiz. der Corner/der Corner-
	ball, österr. der Eckball
Hand(spiel) (beim Fußball)	österr./schweiz. Hands
köpfen (den Ball)	österr./schweiz. köpfeln
Rommée	= schweiz., österr. Rummy
Torwart/Torhüter	= schweiz., österr./schweiz. Keeper/ Tor-
	hüter, österr. Tormann
Versteckspiel/Versteckenspielen	= schweiz., österr. Versteckerlspiel/
	Versteckenspielen

Wippe/Schaukel	österr. Hutsche, schweiz. Schaukel
[n]Boßel, Kugel	österr./schweiz. Kugel
[n]der Knicker, die Murmel	österr./schweiz. Murmel
[n]die Pose, der Schwimmer (beim Angeln)	österr./schweiz. Schwimmer
[n]pullen, rudern	österr./schweiz. rudern
*Ankick/Anstoß	österr. Anstoß, schweiz. Anstoss
*ankicken/anstoßen	österr./schweiz. anstoßen (schweiz. mit <ss>)

Menschliches Verhalten, Soziales, Charaktereigenschaften, Körperteile

Hier ist der Übergang zum Nonstandard besonders fließend.

schlittern (*Deutsche Wörter, die uns fremd sind* 1957 – aber Bigler u. a. 1987: 185), schleifen (landschaftlich)	= österr., schweiz. schleifen
schwindelig	österr./schweiz. schwindlig
(sich) setzen	= schweiz., österr. (sich) niedersetzen
[n]bedripst, kleinlaut	österr./schweiz. kleinlaut
[n]betütern, umsorgen	österr./schweiz. umsorgen
[n]blubbern, gluksen	österr./schweiz. gluksen
[n]die Deern, [n]und bayr. das Mädel, das Mädchen	österr./schweiz. Mädchen, österr. Mädel
[n]dröge, langweilig	österr./schweiz. langweilig
[n]duselig, schwindelig	österr./schweiz. schwindlig
[n]glupschen, glotzen/starren	österr./schweiz. glotzen/starren
[n]das Gör, *der Range (ugs.)/die Range (landschaftlich) ‚ungezogenes Kind‘	österr./schweiz. der Fratz
[n](sich) högen, (sich) freuen	österr./schweiz. (sich) freuen
[n]jappen, *japsen	österr./schweiz. japsen (österr. Gebrauchsstandard)
[n]die Kabbelei, die Zankerei/der Streit	österr./schweiz. die Händelei/Streit
[n]kieken/[n]kucken, gucken/sehen/blicken ‚den Blick richten auf‘	österr./schweiz. blicken/gucken, österr. schauen, schweiz. lugen (nach Bigler 1987: 127, aber nicht nach Kurt Meyer (Kommentar zu dieser Textstelle))
[n]klönen/[n]schnacken, *schwatzen, [s]schwätzen, plaudern	österr./schweiz. plaudern/schwätzen (schweiz. nach Bigler 1987: 191, aber nach Kurt Meyer nicht standardsprachlich (Kommentar zu dieser Textstelle)), schweiz. schwatzen
[n]Kloppe, Prügel (Pl.)/Schläge (Pl.)	österr./schweiz. Prügel/Schläge
[n]Klopperei, Prügelei/Schlägerei	österr./schweiz. Prügelei/Schlägerei
[n]Klugschnacker, Besserwisser	österr./schweiz. Besserwisser
[n]koppheister, kopfüber	österr./schweiz. kopfüber
[n]kregel, munter	österr./schweiz. munter
[n]Krolle, Locke	österr./schweiz. Locke
[n]krüsch, wählerisch, südwestdt. schleckig (Eigenbeobachtung)	österr./schweiz. wählerisch, österr. heikel

^{n}plinkern, blinzeln — österr./schweiz. blinzeln

^{n}plinsen, weinen — österr./schweiz. weinen

^{n}polken, (in der Nase) bohren — österr./schweiz. (in der Nase) bohren

^{n}der Schiet, der Kot/die Scheiße — österr./schweiz. Kot/Scheiße (schweiz. mit<ss>)

^{n}Schlackdarm, Mastdarm — österr./schweiz. Mastdarm

^{n}schluren, schlurfen — österr./schweiz. schlurfen

^{n}die Schnute, der Mund — österr./schweiz. Mund

^{n}schrinnen, schmerzen — österr./schweiz. schmerzen

^{n}Schupp, *Schups, Schubs — österr./schweiz. Schubs

^{n}der Sohr, das Sodbrennen — österr./schweiz. Sodbrennen

^{n}stammern, stammeln — österr./schweiz. stammeln

*albern (salopp)/blödeln — österr./schweiz. blödeln

*deftig/derb/saftig/tüchtig — = schweiz., österr. derb/saftig/tüchtig

*drall/rundlich — österr./schweiz. rundlich

*Ganove/Gauner/Strolch, ^{s}Stritzi — österr./schweiz. Gauner/Strolch, österr. Strizzi (landschaftlich), schweiz. Ganove

*hanebüchen/haarsträubend — österr./schweiz. haarsträubend, österr. plump – nach *Österreichisches Wörterbuch* 1990: 242

*der/das Hickhack (ugs., salopp)/ das Herumstreiten — österr./schweiz. Herumstreiten

*Hundsfott (derb)/Schuft — österr./schweiz. Schuft

*Junge, ^{s}Bub — österr./schweiz. Bub

*Junker/(junger) Adliger — österr./schweiz. (junger) Adliger

*keß (ugs.)/schneidig — österr./schweiz. schneidig

*Kinkerlitzchen (Pl.) (ugs.)/ Dummheiten — österr./schweiz. Dummheiten

*kirre (ugs.)/gefügig/zahm — österr./schweiz. gefügig/zahm

*Klamauk (ugs.)/Lärm/Krach — = schweiz., österr. Lärm/Krach

*Klatsch/Tratsch — = schweiz., österr. Tratsch

*klatschsüchtig/tratschsüchtig — = schweiz., österr. tratschsüchtig

*Klemme (ugs.)/Bedrängnis — = schweiz., österr. Bedrängnis

*kneifen (ugs., salopp)/einen Rückzieher machen — = schweiz., österr. einen Rückzieher machen

*Kniff (ugs.)/Trick — = schweiz., österr. Trick

*Knülch/Knilch (beide ugs., abwertend)/ unangenehmer Mensch — österr./schweiz. unangenehmer Mensch

*knutschen (ugs.)/liebkosen/zärtlich drücken — = schweiz., österr. liebkosen/zärtlich drücken

*krakeelen (ugs.)/lärmen/streiten — österr. lärmen/streiten

*Krakeeler (ugs.)/Schreier — = schweiz., österr. Schreier

*krude/(roh) — österr./schweiz. roh

*Laffe (ugs.)/Geck/Stenz (ugs.) — österr./schweiz. Geck, schweiz. Stenz (ugs.), ostösterr. Feschak (salopp)

*der Mahr/der Alp/das Nachtgespenst — österr./schweiz. Alp/Nachtgespenst

*mausen (salopp)/klauen/stehlen — = schweiz., österr. klauen/stehlen

*die Memme (verächtlich)/der Feigling — = schweiz., österr. Feigling

*mulmig (ugs., salopp)/bedenklich/   = schweiz., österr. bedenklich/
   unbehaglich   unbehaglich
*der Mummenschanz/die Maskerade   österr./schweiz. Maskerade
*der Pickel   = schweiz., österr. das Wimmerl
*piesacken (ugs.)/belästigen   österr./schweiz. belästigen, österr.
                                                         sekkieren (salopp)
*pinkeln (derb)/*pissen (ugs.)/urinieren   österr./schweiz. urinieren
*Puff (ugs.)/Stoß   = schweiz. (mit <ss>), österr. Stoß
*puffen (ugs.)/stoßen   = schweiz. (mit <ss>), österr. stoßen
*Puste (ugs.)/Atem   = schweiz., österr. Atem
*pusten (ugs.)/blasen   = schweiz., österr. blasen
*quengeln (ugs.)/nörgeln   österr./schweiz. nörgeln, österr. raunzen,
                                                         schweiz. zwängeln
*ratzekahl (ugs.)/völlig weg   österr./schweiz. völlig weg
*schlapp/schlaff/müde   = schweiz., österr. schlaff/müde
*schlappmachen (ugs.)/aufgeben   = schweiz., österr. aufgeben
*Schlappschwanz (ugs., abwertend)/   = schweiz., österr. Schwächling
   Schwächling
*schlud(e)rig (salopp)/schlampig   österr./schweiz. schlampig
*schnodd(e)rig (ugs., abwertend)/   = schweiz., österr. respektlos/
   respektlos/unverschämt   unverschämt
*Schnulze (ugs.)/rührseliges Stück   = schweiz., österr. rührseliges Stück
   (Lied, Film)
*schnuppe (ugs., salopp)/egal/   österr./schweiz. egal/gleichgültig
   gleichgültig
*schnurrig/drollig/wunderlich   = schweiz., österr. drollig/wunderlich
*(sich) sputen/sich beeilen   = schweiz., österr. (sich) beeilen
*strubb(e)lig/zerzaust   österr./schweiz. zerzaust
*Typ (ugs., salopp)/Kerl   österr./schweiz. Kerl
*Ulk/Scherz/Streich   = schweiz., österr. Scherz/Streich
*unbedarft (ugs.)/naiv/einfältig   österr./schweiz. naiv/einfältig
*uzen (ugs.)/necken   österr./schweiz. necken
*vergammeln (ugs.)/verderben/   österr./schweiz. verderben/
   verwahrlosen   verwahrlosen
*Windpocken   österr. Feuchtblattern/Schafblattern,
                                                         schweiz. Blattern
*zickig (ugs., salopp)/geziert   österr./schweiz. geziert
*Ziegenpeter/Mumps   österr./schweiz. Mumps

Sonstiges

Döbel, ˢAitel (Süßwasserfisch)   österr. Aitel, schweiz. Alet
ⁿAdebar, Storch   österr./schweiz. Storch
ⁿaußen vor lassen, unberücksichtigt lassen   österr./schweiz. unberücksichtigt lassen
ⁿblaken, rußen   österr./schweiz. rußen (schweiz. mit <ss>)
ⁿBrambusch, Ginster   österr./schweiz. Ginster
ⁿdie Brasse, die Brachse/der Brachsen/   österr. Brachse, schweiz.
   der Brassen (Süßwasserfisch)   der Brachsmen
ⁿder Butt, die Scholle   österr./schweiz. Scholle

[n]Eller, Erle   österr./schweiz. Erle
[n]Fenn, Moor   österr./schweiz. Moor, österr. Moos
[n]Flint, Feuerstein   österr./schweiz. Feuerstein
[n]Forke, (Heu-, Mist-)Gabel   österr./schweiz. (Heu-, Mist-)Gabel
[n]glibberig, glitschig   österr./schweiz. glitschig, österr. rutschig
[n]Lüning, Sperling/Spatz   österr./schweiz. Sperling/Spatz
[n]Machandel, Wacholder   österr./schweiz. Wacholder
[n]Modder, Morast   österr./schweiz. Morast
[n]die Pampe, der Schlamm   österr./schweiz. Schlamm
[n]Reet, Ried   österr./schweiz. Ried
[n]der Schillebold, die Libelle   österr./schweiz. Libelle
[n]Stert, Sterz/Schwanz   österr./schweiz. Schwanz
[n]Stubben, Stumpf   österr./schweiz. Stumpf
[n]Swinegel, Igel   österr./schweiz. Igel
[n]Tiden, Gezeiten   österr./schweiz. Gezeiten
[n]Tremse, Kornblume   österr./schweiz. Kornblume
[n]Ul, Eule   österr./schweiz. Eule
[n]Ulk, Iltis   österr./schweiz. Iltis
*die Acht – entsprechend die anderen   österr./schweiz. der Achter
  Zahlen
*die Eisheiligen ‚die Tage vom   = schweiz., österr. die Eismänner
  12. bis 14. Mai'
*Januar   = schweiz., österr. Jänner
*Lache/*Pfütze   = schweiz., österr. Lacke
*Packen   = schweiz., österr. Pack
*Schnake (landschaftlich),   österr./schweiz. (Stech)Mücke,
  (Stech)Mücke   österr. Gelse
*Sonnabend/Samstag   österr./schweiz. Samstag
*die Weihnacht/das Weihnachten   österr./schweiz. die Weihnachten (Pl.),
                                                  schweiz. die Weihnacht

Indeklinabilia (Formwörter)

anderenfalls/ansonsten (ugs.)   österr./schweiz. ansonst
(hier) drinnen   österr./schweiz (hier) innen,
                                                  österr. herinnen
durchweg   österr./schweiz. durchwegs
hier (am Punkt des Sprechers)   österr./schweiz. da
[n](hier) buten, (hier) draußen   österr./schweiz. (hier) außen
                                                  (schweiz. mit <ss>)
*just/soeben   = schweiz. (Kaiser 1969: 157),
                                                  österr. soeben

Wörter gleichen Ausdrucks und verschiedener Bedeutung

Man beachte den gegenüber der übrigen Darstellung veränderten Blickwinkel: gleicher Ausdruck - national unterschiedliche Bedeutung (vgl. die „semasiologischen Variablen" Kap. A.5)! Die beigefügten Bedeutungsangaben sind zumeist nur Andeutungen und keine vollen Synonyme der zu erläuternden Ausdrücke. Als semantische Metasprache dient nämlich dieselbe Varietät, die zugleich Objekt-sprache ist. In den vorausgehenden entsprechenden Kapiteln wurde dafür eben-falls das deutsche Deutsch gewählt, wegen seiner vermutlich größeren allgemei-nen Bekanntheit. Ein Wechsel der Metasprache wäre verwirrend. – Wiederum sind ein Gutteil der nachfolgenden Fälle zumindest teilweise aus den voraus-gehenden Wortlisten erschließbar.

Anlage ‚Beifügung zu einem Schreiben, Baulichkeit'	österr./schweiz. ‚Baulichkeit'
Armer Ritter ‚in Ei gebackenes Brot, armer Adliger'	österr./schweiz. ‚armer Adliger'
Ausguß ‚Spülstein, Weggegossenes'	österr./schweiz. ‚Weggegossenes'
ausrollen ‚Teig walzen, entrollen'	österr./schweiz. ‚entrollen'
Bäckerei ‚eine Art Geschäft'	= schweiz., österr. ‚eine Art Geschäft, eine Art Gebäck'
Flecken ‚Dorf, Klecks'	= schweiz., österr. ‚Klecks'
Hausfrau ‚den Haushalt führende Frau'	= schweiz., österr. ‚Vermieterin, den Haushalt führende Frau'
Hörnchen ‚Gebäckart, Nudelart'	österr./schweiz. ‚Nudelart'
kneifen ‚sich zurückziehen, zwicken'	= schweiz., österr. ‚sich zurückziehen'
ⁿKneifer ‚eine Art Brille, Person mit Neigung zum Kneifen'	österr./schweiz. ‚Person mit Neigung zum Kneifen'
ⁿKrug ‚eine Art Gefäß, Kneipe'	österr./schweiz. ‚eine Art Gefäß'
Napfkuchen ‚Kuchen spezifischer Form'	österr./schweiz. ‚in Napf beliebiger Form gebackener Kuchen'
Negerkuß ‚eine Art Gebäck, Kuß eines Schwarzen'	österr./schweiz. ‚Kuß eines Schwarzen'
Plätzchen ‚eine Art Gebäck, kleiner Platz'	österr./schweiz. ‚kleiner Platz'
Puff ‚Stoß, Bordell'	= schweiz., österr. ‚Bordell'
Rippchen ‚ein Fleischgericht, kleine Rippe'	österr./schweiz. ‚kleine Rippe'
Schneebesen ‚Rührgerät, Besen zur Schneebeseitigung'	österr./schweiz. ‚Besen zur Schnee-beseitigung'
Sessel ‚Lehnstuhl'	= schweiz., österr. ‚Stuhl'
Spalte ‚Obstscheibe, Riß'	= österr., schweiz. ‚Riß'
Trainer ‚Übungsleiter'	= österr., schweiz. ‚Übungsleiter, Trainingsanzug'
Zensur ‚Note, Publikationsregle-mentierung'	= schweiz., österr. ‚Publikationsregle-mentierung'

Phraseologismen (Idiome)

Hierunter werden auch Rektionsbesonderheiten subsumiert. Als Quellen dienten *Duden. Redewendungen* (1992), Ebner (1980) und Meyer (1989) (jeweils die ‚nur binnendeutschen' Varianten) sowie auch Földes (1992). Wo keine Entspre-chungen für die anderen Zentren in Form eines Phraseologismus und auch kein gemeindeutscher Phraseologismus gefunden werden konnte, ist nur die Bedeu-tungsangabe beigefügt (in deutschem Deutsch). Das Schlüsselwort für die alpha-betische Anordnung ist jeweils kursiv gesetzt.

so sicher wie das *Amen* in der Kirche (Ebner 1980: 26) = schweiz., österr. so sicher wie das Amen im Gebet

Brüderschaft trinken (Ebner 1987: 49) = schweiz., österr. Bruderschaft trinken

einen Kloß im *Hals* haben österr. einen Knödel im Hals haben (Földes 1992: 15), schweiz. einen Klumpen im Hals haben (Kurt Meyer, briefliche Mitteilung)

jemanden an der *Leine* haben (Ebner 1980: 39) österr./schweiz. jemanden am Bandel haben

etwas in den *Schornstein* schreiben ‚etwas als verloren betrachten‘

mach keinen langen *Senf!* (ugs.) (Ebner 1980: 167; *Duden. Redewendungen* 1992: 660) österr. red’ keinen Senf!, schweiz. mach keine lange Geschichte

seinen Mann (neuerdings auch: ihre Frau) *stehen* (Ebner 1980: 174) österr./schweiz. (Bigler u. a. 1987: 128) seinen Mann/ihre Frau stellen

per *Taille* gehen (besonders berlinisch. *Duden. Redewendungen* 1992: 712) ‚ohne Mantel gehen‘

etwas unter den *Teppich* kehren (ugs.) = österr., schweiz. etwas unter den Teppich wischen (Meyer 1989: 329)

den *Tisch* abräumen (Meyer 1989: 67) = österr., schweiz. abtischen

seine *Siebensachen/sieben Sachen* packen = schweiz., österr./bayr. seine sieben Zwetschken (bayr. Zwetschgen) packen

die/’ne *Wolke* sein (besonders berlinisch. *Duden. Redewendungen* 1992: 813) ‚großartig sein‘

Wortbildung

Besonderheiten, die nur Einzelwörter betreffen, finden sich in der vorausgehenden Wortliste. Als Quellen dienten wieder vor allem Ebner (1980), Meyer (1989), das *Österreichische Wörterbuch* (1990) und Bigler u. a. (1987) (jeweils die ‚nur binnendeutschen‘ Varianten).

Zusammensetzung

Ohne Fugenzeichen
(österr./schweiz. getilgte en-Endung als Fugenzeichen) Schattenseite, Sonnenseite.
(= österr., schweiz. mit Fugen-en) Krebsmahl, Stierhalter.
(österr./schweiz. mit Fugen-s) Zugführer, Zugabteil usw., Diplomatengattin (= schweiz., österr. Diplomatensgattin (Ebner 1980: 55)).
(= schweiz., österr. mit Fugen-s, gegebenenfalls anstelle des Endvokals -e) Abbrucharbeit, aufnahmefähig, Aufnahmeprüfung, Ausnahmeerscheinung, Ausnahmezustand, Einnahmequelle usw., Fabrikarbeiter, fabrikneu usw., Gelenkentzündung, Gelenkschmerz, Gepäckträger, Gepäckaufbewahrung usw., Gesangbuch, Gesangverein usw.

Mit Fugen-e
(österr. ohne oder mit Fugen-e, schweiz. ohne) Blasebalg, Fegefeuer, Mausefalle, Mauseloch.

(= österr., schweiz. ohne Fugen-e) Absteigequartier, Badeanstalt, Badekleidung usw., Mittelklassehotel, Nachschlagewerk, Sägemehl.

Mit Fugen-s
(österr. ohne oder mit Fugen-s, schweiz. ohne) Hemdsärmel, hemdsärmelig.
(= schweiz., österr. ohne Fugen-s) Adventsfeier, Adventskranz usw.

Bestimmungswort im Plural, süddt. Singular + Fugen-s (österr./schweiz. Singular + Fugen-s) Rinderbraten/süddt. Rindsbraten, *Schweinebraten/süddt. Schweinsbraten.
Bestimmungswort im Plural (= österr., schweiz. getilgte e-Endung als Fugenzeichen) Adressenänderung, Adressenkartei, Kirchengemeinde, Wiesenland.
(= schweiz., österr. Bestimmungswort im Singular) Gänsebraten, Gänseleber.

Unumgelautetes Grundwort
(österr./schweiz. umgelautetes Grundwort) -gradig (mit einer Zahl als Bestimmungswort): ein-, zweigradig usw. (hochgradig = österr./schweiz.).
(= schweiz., österr. umgelautetes Grundwort) -farbig: viel-, zitronenfarbig usw., ein-, zweifarbig usw.; -haltig: gift-, goldhaltig usw.

Bei Bildung des Substantivbestimmungsworts aus einem Verb auf -nen
Bestimmungswort auf -en (= österr., schweiz. Verbalsubstantiv auf -ung als Bestimmungswort + Fugen-s; Meyer 1989: 56) Rechenaufgabe, Trockenraum, Zeichenlehrer, Zeichenpapier usw.

Ableitung

Ohne Suffix (= schweiz., österr. s-Suffix) durchgehend, durchweg, ferner, öfter, weiter.

Suffix -chen, süddt. -lein (oftmals = österr., österr./schweiz. -lein, österr. -e(r)l (dialektnah), schweiz. -li (dialektnah)): Böhnchen usw., *Flittchen (abwertend) (österr. Flitscherl).

Suffix -eur (österr./schweiz. -ör) Akquisiteur (schweiz. nicht belegt), Instrukteur, Kontrolleur (= schweiz.), Redakteur (= österr.).

Suffix -ler (österr./schweiz. -er) Volkswirtschaftler, Wissenschaftler (= österr., neben Wissenschafter), Zuzügler (= österr.).

3.5 Grammatik (Orthogrammatik)

Wie ansonsten werden nur diejenigen Besonderheiten berichtet, an denen man Deutsche erkennt, also nur plurizentrische Variablen mit zusätzlichen Varianten des deutschen Deutsch, keine gegenüber den anderen nationalen Varietäten fehlenden Varianten. Als Quellen dienten abermals Ebner (1980), Meyer (1989), das *Österreichische Wörterbuch* (1990) und Bigler u.a. (1987) (jeweils die ‚nur binnendeutschen‘ Varianten) sowie Tatzreiter (1988), dessen Angaben allerdings an den Kodizes (neueste Auflagen) geprüft wurden.

Substantivgenus

mask.
(= schweiz., österr. fem.) Ausschank, Dreß, Dispens, Wichs.
(= schweiz. (zum Teil nicht belegt), österr. neutr.) Abszeß, Brösel, Sago, Sakko, Scharlach (die Farbe – die Krankheit ist auch österr. mask.), Spreißel, Zubehör.
(= österr., schweiz. neutr.) •Bikini (nach Meyer, 1989: 101, schweiz. auch mask.), Efeu, Volant.

mask./fem. (österr. fem., schweiz. neutr.) Spachtel.

mask./neutr.
(österr. neutr., schweiz. ungebräuchlich) Aspik, Drops, Spind.
(österr./schweiz. neutr.) Biskuit, Gulasch, Hippodrom, Toto.

fem./neutr. (österr./schweiz. neutr.) Chinchilla (das Tier).

neutr.
(österr./schweiz. mask.) Chinchilla (der Pelz).
(= schweiz., österr. fem.) Gaudi (bayr. neutr./fem.), Imprimatur.

Substantivplural

Kein Umlaut, süddt. kein Umlaut/Umlaut (österr./schweiz. Umlaut) Kragen.
Kein Umlaut (= schweiz., österr. Umlaut) Erlasse, Pfropfe.

Kein Umlaut/Umlaut (österr./schweiz. Umlaut) Bogen/Bögen, *Generale/Generäle, *Korporale/Korporäle.
Kein Umlaut/Umlaut (österr. kein Umlaut) Schalle/Schälle (schweiz. Umlaut), Zwiebacke/Zwiebäcke (Ebner 1980: 205) (schweiz. kein Umlaut).

Plural = Singular/norddt. Endung -s, bayr. Endung -n (österr. Endung -n, schweiz. ungebräuchlich) Mädel.

Endung -e (= schweiz., österr. -s) Billarde, Pläsiere.

Anderer Plural bei Fremdwörtern: Delten/Deltas (im Sinne von Flußmündung) (österr./schweiz. Deltas), Diwane (= schweiz., österr. Diwans), Fräcke/Fracks (= schweiz., österr. Fracks), Lexiken/Lexika (österr./schweiz. Lexika), Maronen/ bayr. Maroni (österr. Maroni/schweiz. Marroni), Neutren/Neutra (österr. Neutra), Parfüme/Parfüms/Parfums (= schweiz., österr. Parfums), Parks (= österr., schweiz. Pärke), Rigorosa (= österr. Rigorosen, schweiz. ungebräuchlich: mündliche Doktorprüfung), Unikums/Unika (österr./schweiz. Unika).

Anderes

Perfekt mit haben, süddt. mit sein (österr./schweiz. mit sein): hängen, liegen, sitzen, stecken, stehen.

3.6 Pragmatik (Orthopragmatik)

Die Ausführungen hierzu bleiben noch mehr als in den entsprechenden vorausgehenden Kapiteln (B.3.6, C.3.6) rudimentär, vor allem aufgrund fehlender zentrenvergleichender Forschung, aber auch weil die zur Pragmatik gehörenden Phänomene großenteils nicht im Sinne einer Standardvarietät standardisiert sind. Gewisse Hinweise auf spezifisch deutsche Phänomene der Pragmatik liefern allenfalls die Arbeiten von Rudolf Muhr (1987d; 1987f; 1993 a). Ansonsten lassen sich den schon in den vorausgehenden Abschnitten genannten Kodexteilen einzelne Informationen entnehmen.

Besonderheiten zeigen sich wiederum bei den Formen des Grüßens und der militärischen Kommandos. Sicher gibt es sie auch bei den Titeln und beim situationsspezifischen Titelgebrauch. Leider liegen dazu jedoch keine vergleichenden Untersuchungen vor, so daß derzeit kaum mehr gesagt werden kann, als daß in Deutschland - ähnlich wie in der Schweiz – der Gebrauch von Titeln seltener sein dürfte als in Österreich, und zwar sowohl in der Anrede als auch beim Referieren.

Guten Tag!, süddt. Grüß Gott! (österr./schweiz. Grüß Gott!),
*Tschüs! (ugs., salopp) (österr. Servus!, schweiz. Tschau!/Salü!),
Stillgestanden! (militär. Kommando, Meyer 1989: 68) (österr. Habt acht!, schweiz.
    Achtung – steht!),
Rührt euch! (militär. Kommando) (österr. Ruht!, schweiz. Ruhn!).

Interjektionen, Partikeln
*nanu! (Ausruf der Überraschung) (österr./schweiz. Was ist denn! – keine Entsprechung im Österreichischen Wörterbuch 1990).

Für den Bereich der Partikeln scheinen bislang keine gesicherten vergleichenden Ergebnisse vorzuliegen (vgl. Bemerkungen Ende Kap. B.3.7).

3.7 Hinweise zur Herkunft

Für die Teutonismen lassen sich nicht so leicht wie für die Austriazismen oder Helvetismen vorherrschende Kontaktsprachen als Spender nennen. Allenfalls im Vergleich zu einer der beiden anderen nationalen Varietäten, nicht zu beiden, treten Kontaktsprachen in den Vordergrund. Am deutlichsten ist dies beim Französischen, das – vor allem bei den Speisenbenennungen – bis zu einem gewissen Grad diejenige Stelle einnimmt, die für die Austriazismen das Italienische innehat (vgl. H. J. Simon 1977). Die folgenden Beispiele sind Belege dafür.

Deutsches Deutsch	Österreichisches Deutsch
Aubergine (< aubergine)	Melanzani (< melanzana)
Orangeat (< orangeade)	Aranzini (< aranciata)
Tomate (gemeindt.) (< tomate)	Paradeiser (Lehnübersetzung)
	(< pomodoro)

Allerdings spielt das Französische als Spendersprache für die Helvetismen eine erheblich wichtigere Rolle als für die Teutonismen.

Wichtiger als Kontaktsprachen sind für die Teutonismen unterschiedliche Grade der Eindeutschung von Lehnwörtern. Zumeist geht die Eindeutschung beim deutschen Deutsch weiter als beim österreichischen und schweizerischen Deutsch. Zum Teil sind davon auch grammatische Eigenheiten betroffen, vor allem der Plural von Lehnwörtern. Bei den Beispielen weitergehender Eindeutschung in Tabelle 9 wurde auf diejenigen zentrumsinternen Varianten verzichtet, die im vorliegenden Zusammenhang irrelevant sind („–" bedeutet Übereinstimmung mit dem Teutonismus).

Tab. 9: Teutonismen mit höherem Eindeutschungsgrad in Lehnwörtern

Deutsches Deutsch	Österreichisches Deutsch	Schweizerisches Deutsch
•*Apfelsine	Orange	Orange
Armer Ritter	Bofese/Pafese/Pofese	Fotzelschnitte
Eierkuchen	Omelette	Omelette/Omelett
Ecke (Fußball)	Corner	Corner
Frisör/-in	–	Coiffeur/Coiffeuse
Hocker	Stockerl	Taburett
Koppel ‚Uniformgürtel'	–	Ceinturon
Magazinverwalter	Magazineur	Magaziner
Kavalierstuch	Stecktuch	Pochette
Pflaumenmus	Powidl	Zwetschgenmus
*Puter	Indian	Truthahn
Rückfahrkarte	Retourkarte	Retourbillet
Lexiken/Lexika	Lexika	Lexika
Neutren/Neutra	Neutra	Neutra
Unikums/Unika	Unika	Unika

Allerdings gibt es auch Fälle, wo die Teutonismen weniger stark eingedeutscht sind als die Austriazismen oder Helvetismen (Tab. 10).

Tab. 10: Teutonismen mit niedrigerem Eindeutschungsgrad in Lehnwörtern

Deutsches Deutsch	Österreichisches Deutsch	Schweizerisches Deutsch
Bouillon/Fleischbrühe	Rindsuppe	–
Gully	Kanal(abfluß)	Dole
*Januar	Jänner	–
*Quark	Topfen	–
*Reineclaude/*Reneklode	Ringlotte	–
Parks	–	Pärke
Rigorosa	Rigorosen	–

Naheliegenderweise haben auch die Dialekte in Deutschland zu den Besonderheiten des deutschen Deutsch beigetragen. Dies gilt vor allem für die norddeutschen Varianten, die in ihrer überwältigenden Mehrzahl aus dem Niederdeutschen stammen (vgl. Kap. A.1.3: Karte 2).

4 Der Anspruch des Sprachkodexes für Deutschland auf die ganze deutsche Sprache

Viele Bestandteile des Sprachkodexes für Deutschland, der ja durchgängig Binnenkodex, also in Deutschland selbst hergestellt ist, erheben – zumindest implizit – den Anspruch, die deutsche Sprache insgesamt darzustellen (vgl. Pollak 1994 a: 63–65). Gemeint ist natürlich: die Gesamtheit ihrer Standardformen, also sämtliche Standardvarietäten, auch die der anderen deutschsprachigen Nationen. Diese Selbsteinschätzung und das ihr entsprechende Verhalten zeigen sich beispielsweise im *Siebs* (1969), für dessen „reine Hochlautung" der Anspruch auf Geltung im ganzen deutschen Sprachgebiet erhoben wird, und dessen „gemäßigte Hochlautung" auch österreichische und schweizerische Varianten umfaßt, sich also ebenfalls auf alle nationalen Zentren der deutschen Sprache erstreckt. Der Anspruch auf Darstellung der gesamten deutschen Sprache tritt besonders deutlich zutage in den Dudenbänden, die daher im folgenden beispielhaft besprochen werden sollen.

Für die Dudenbände wird sogar explizit der Anspruch erhoben, daß sie sich auf alle nationalen Varietäten des Deutschen erstrecken. So besteht laut Vorwort die „Aufgabe" des Rechtschreib-Dudens (1991: [6]) darin, „die Einheitlichkeit der Rechtschreibung im deutschsprachigen Raum zu sichern"; von regionaler oder nationaler Einschränkung ist hier nichts zu spüren. Noch deutlicher wird dieser Gesamtanspruch in einer Rede des Leiters der Dudenredaktion, Günther Drosdowski, nach dessen Worten der Rechtschreib-Duden „die deutsche Sprache in ihrer ganzen Vielschichtigkeit und im gesamten deutschen Sprachraum (…) dokumentieren" soll (*Duden 1991*: 12 f.). Die Vermutung liegt nahe, daß die Dudenredaktion diesen Anspruch nicht nur für den Rechtschreib-Duden erhebt.

Die anderen Dudenbände, außer dem Rechtschreib-Duden, werden ohnehin nicht nur in allen nationalen Zentren der deutschen Sprache gebraucht, sondern sind dort auch als Sprachkodex gültig (vgl. zu dieser Terminologie Kap. A.4.2). Das ist letztlich auch gar nicht anders möglich, weil die anderen Zentren (außer Deutschland) für die übrigen grammatischen Ebenen (außer der Rechtschreibung) nur recht rudimentäre Binnenkodizes haben. Bei differenziertem sprachlichem Informationsbedarf besteht also für die Angehörigen dieser anderen Zentren gar keine andere Wahl, als auf Bestandteile des in Deutschland hergestellten Sprachkodexes, insbesondere auf die betreffenden Dudenbände zurückzugreifen (vgl. Kap. B.2, C.2, D.2).

Aber auch der Rechtschreib-Duden wird in allen nationalen Zentren der deutschen Sprache mehr oder weniger unangefochten als Nachschlagewerk verwendet, auch in Österreich, wo er nicht nur keine amtliche Gültigkeit hat, sondern wo diese Gültigkeit offiziell dem eigenen Binnenkodex, nämlich dem *Österreichischen Wörterbuch* zukommt. Sogar in den Schreibstuben der österreichischen Ämter steht oft der Rechtschreib-Duden und auch in den Schulen; zumindest wird er von Lehrern häufig benutzt. Behinderungen oder gar Bestrafungen seiner Verwendung scheint es nicht zu geben. Dies ist deshalb auch gar nicht besonders erstaunlich, weil er in den Augen der meisten Österreicher, und vor allem der Sprachexperten und Sprachnormautoritäten, als Nachschlagewerk für die Rechtschreibung ein höheres Ansehen genießt als das eigene *Österreichische Wörterbuch* (einstimmige Einschätzung zahlreicher österreichischer Experten wie z. B. Otto Back, Maria Hornung, Wolfgang Pollak und Peter Wiesinger). Dieses größere Ansehen mag teilweise durch die Tradition begründet sein; entscheidender ist jedoch vermutlich der nach der Zahl der Lemmata im Vergleich zum *Österreichischen Wörterbuch* ungefähr dreimal so große Umfang des Rechtschreib-Dudens, in dem man eben manches Wort findet, nach dem man im *Österreichischen Wörterbuch* vergeblich sucht.

Vor allem der Rechtschreib-Duden ist auch schon seit langem, fast seit seiner Entstehung, als Nachschlagewerk für das gesamte deutsche Sprachgebiet gestaltet (vgl. zur Geschichte Sarkowski 1977; Sauer 1988). Gleich nach dem erzielten Konsens über die einheitliche Rechtschreibung auf der Berliner Konferenz von 1901 ist er mit dem Vermerk im Titelblatt erschienen: „Nach den für Deutschland, Österreich und die Schweiz gültigen amtlichen Regeln" (7. Aufl. 1902). Im Vorwort (S. IIIf.) wird dann ausführlicher auf die Anerkennung derselben Rechtschreibregelung durch die österreichische Regierung und die Schweizer Bundesbehörden hingewiesen. Ab 1906 (8. Aufl.) werden die österreichischen Rechtschreibvarianten in Fußnoten mitgeführt. Diese Varianten entstehen dadurch, daß insbesondere die Schreibung von Fremdwörtern durch die 1901 getroffene Regelung nicht eindeutig festgelegt ist. In diesem Bereich finden sich daher in dem in Österreich erschienenen Rechtschreib-Wörterbuch *Regeln für die deutsche Rechtschreibung nebst Wörterverzeichnis* (1902) ein paar Besonderheiten. Für die Schweiz braucht der Rechtschreib-Duden dagegen eigentlich keine Rechtschreibvarianten zu registrieren, da die Schweiz gar kein eigenes Rechtschreibwörterbuch herausgibt, sondern den Duden direkt übernimmt (Übernahme des *Orthographischen Wörterbuchs* von Konrad Duden für die Schweizer Bundeskanzlei schon 1892 und der Ergebnisse der Berliner Rechtschreibkonferenz von 1901 im Jahre 1902, jeweils durch den Schweizer Bundesrat; vgl. Kap. C.1). Allerdings werden in den Rechtschreib-Duden schon früh lexikalische und grammatische Helvetismen aufgenommen (z. B. ab der 10. Aufl., 1929: 251, das Lemma „jaß (schweiz.: hitzig)"), und in größerem Umfang seit der 12. Auflage (1941) (vgl. Kap. C.1; auch Toberer 1935/36; Müller/Marzohl 1961/62). Der schon damals umfassendere Anspruch des Rechtschreib-Dudens im Vergleich zum österreichischen Rechtschreibwörterbuch wird unter anderem daran deutlich, daß letzteres die „preußischen" Varianten des Dudens nicht enthält.

Mit der Zeit finden auch wortgrammatische und lexikalische Austriazismen Aufnahme in den Rechtschreib-Duden, ja sogar Hinweise auf Ausspracheeigenbesonderheiten der anderen nationalen Zentren, vor allem im Wortakzent. In der 10. Auflage (1932) erscheinen solche Hinweise fast auf jeder Seite. Andererseits sind dort freilich lexikalische Austriazismen aufgenommen, ohne daß auf ihre hauptsächliche Geltung in Österreich hingewiesen wird (z. B. *Karfiol, Marille*).

Nach dem Zweiten Weltkrieg ändern sich dann Darstellungsform und auch Bestand der nationalen Varianten im Rechtschreib-Duden. In der äußerlichen Form besteht die Veränderung darin, daß die Fußnoten verschwinden und die Markierungen direkt zu den Lemmata hinzutreten. Besondere Wortformen, die sich nicht als Formvarianten darstellen lassen, werden als eigene Lemmata mit entsprechender Markierung aufgenommen. Dieses Verfahren findet sich erstmals im Mannheimer Rechtschreib-Duden von 1954 (*Duden. Rechtschreibung der deutschen Sprache und der Fremdwörter,* 14. Aufl.). Die Leipziger Ausgabe des infolge der Teilung Deutschlands ebenfalls geteilten Rechtschreib-Dudens folgt diesem Vorgehen 1957 (*Der große Duden. Wörterbuch und Leitfaden der deutschen Rechtschreibung,* 15. Aufl.). In beiden Ausgaben sind nun Wörter und Wortformen enthalten, die als „schweiz." (schweizerisch) oder als „östr." (österreichisch) markiert sind. Damit wird der Anspruch beider Dudenbände dokumentiert, auch als Nachschlagewerk für Österreich und die Schweiz brauchbar zu sein.

Der Ost- und der Westduden wenden unterschiedliche Erhebungsmethoden für die Austriazismen und Helvetismen an. Das Bibliographische Institut in Leipzig versendet das Manuskript vor der Drucklegung an sachkundige Einzelpersonen in Österreich und der Schweiz, die die Austriazismen bzw. Helvetismen einarbeiten. In Österreich z. B. übernehmen diese Aufgabe Ernst Pacolt (briefliche Mitteilung von E. Pacolt 21.12.1993) und Otto Langbein (Pollak 1992: 144). Beide sind Mitarbeiter bzw. sogar zeitweilige Leiter der Wörterbuchstelle des *Österreichischen Wörterbuchs* (vgl. Kap. B.1: gegen Ende).

Die Mannheimer Dudenredaktion baut sich dagegen mit der Zeit eigenständige „Dudenausschüsse" auf, deren Aufgabe es ist, die Austriazismen bzw. Helvetismen aus dem einschlägigen Schrifttum zu sammeln und sie jeweils vor einer Neuauflage des Rechtschreib-Dudens an die Dudenredaktion zu senden. Die Dudenausschüsse bestehen zunächst aus Einzelpersonen; heute umfassen sie schon jeweils einen ganzen Stab von Fachleuten. Im Jahre 1993 hatten sie die folgende Zusammensetzung.

Österreichischer Dudenausschuß: Jakob Ebner (Vorsitzender, Gymnasiallehrer für Deutsch, Linz), Alois Brandstetter (Germanistikprofessor, Klagenfurt), Michael Bürkle (Germanistikassistent, Innsbruck), Hans Moser (Germanistikprofessor, Innsbruck), Ingo Reiffenstein (emeritierter Germanistikprofessor, Salzburg) und Peter Wiesinger (Germanistikprofessor, Wien) (Mitteilung durch Jakob Ebner).

Schweizer Dudenausschuß: Kurt Meyer (Vorsitzender, ehemaliger Redaktor am *Schweizerdeutschen Wörterbuch,* Aarau), Max Flückiger (Chefkorrektor der *Neuen Zürcher Zeitung,* Zürich), Werner Frick (Geschäftsführer des Deutschschweizerischen Sprachvereins, Luzern), Peter Gallmann (Korrektor und Germanist, Schaffhausen), Reinhard Gammenthaler (alt Korrektor, Bern), Erich Gülland (Hersteller und ehemaliger Korrektor, Dielsdorf), Alfons Müller-Marzohl (Germanist und alt Nationalrat, Luzern) (Mitteilung durch Kurt Meyer).

Die Zusammensetzung der Dudenausschüsse wird hier deshalb so genau angegeben, um ihre fachliche Kompetenz zu dokumentieren. Diese Ausschüsse können sich sowohl nach Anzahl als auch nach fachlicher Qualifikation ihrer Mitglieder ohne weiteres messen mit den Bearbeiterstäben der wichtigsten eigenen Wörterbücher der betreffenden Nationen, also des *Österreichischen Wörterbuchs* bzw. des *Schweizer Schülerdudens* oder des Wörterbuchs *Unser Wortschatz* (Bigler u. a. 1987). Nach diesem Gesichtspunkt erscheint also der Anspruch der Dudenredaktion, auch die Standardvarietät Österreichs und der deutschsprachigen Schweiz zu dokumentieren, keineswegs anmaßend.

Übrigens sind die in die Dudenbände aufgenommenen Austriazismen und Helvetismen keinesfalls identisch mit den in den Spezialbänden von Ebner (1980) und Meyer (1989) *Wie sagt man in Österrreich?* bzw. (...) *in der Schweiz?* enthaltenen Formen. Dies zeigt schon ein einfacher Vergleich mit dem Rechtschreib-Duden. So führt unter dem Buchstaben A Ebner (1980) 347 Lemmata, der Rechtschreib-Duden (1991) jedoch nur 185 Austriazismen (Differenz = 189), und Meyer (1989) enthält unter A 298 Lemmata, der Rechtschreib-Duden (1991) dagegen nur 111 Helvetismen (Differenz = 187). Man wird es als Aktualität des Dudens deuten müssen, daß er durchaus auch Austriazismen und Helvetismen über Ebner und Meyer hinaus enthält. Obwohl z.b. Meyer (1989) nur zwei Jahre vor dem neuesten Rechtschreib-Duden (1991) erschienen ist, enthält dieser alleine unter dem Buchstaben A 11 zusätzliche, offenbar vom schweizerischen Dudenausschuß neu angelieferte Helvetismen. Zu Ebner (1980) ist die Differenz naheliegenderweise noch größer. Schaut man genauer an, welche Austriazismen Ebners bzw. Helvetismen Meyers im Rechtschreib-Duden fehlen, so gelangt man vor allem zu den folgenden Gruppen:

– Dialektwörter (z.B. österr. *aba* ‚herunter‘, schweiz. *abverheien* ‚mißlingen‘),
– stilistische Nonstandardformen (vgl. Kap. A.4.3) (z. B. österr. *abkrageln* ‚(Geflügel) den Hals umdrehen‘, schweiz. *abhocken* ‚sich setzen‘),
– erschließbare Komposita (z.B. österr. *Abendkassa* – *Kassa* selber ist aufgenommen,
– Rechtschreibvarianten.

Die letzte Gruppe ist erstaunlich, und ich komme darauf gleich nochmal zurück (vgl. auch Kap. B.3.2). Ansonsten ist das Verfahren des Rechtschreib-Dudens durchaus kompatibel mit dem Anspruch auf umfassende Darstellung der deutschen Sprache auf der Normebene des Standards und nur auf dieser.

Die verlagsmäßige Präsenz des Dudenverlags in den anderen nationalen Zentren der deutschen Sprache, außer Deutschland, ist weniger ausgewogen. Die Angaben im Impressum der Dudenbände sind geeignet, übertriebene Vorstellungen zu erwecken. Seit den 60er Jahren wird beim Westduden neben Mannheim auch Zürich und seit den 70er Jahren zudem Wien als Verlagssitz genannt – seit der Vereinigung 1990 zusätzlich Leipzig, das vor der Teilung Deutschlands der einzige Sitz des Verlags gewesen war. In Wirklichkeit gibt es jedoch in Zürich und Wien nur Auslieferungen des Dudenverlags, keine Redaktionen oder was immer man sonst aufgrund der Angabe dieser Verlagsorte vermuten könnte. Durch die Angabe all dieser Verlagsorte wird aber der Anspruch für die Dudenbände unterstrichen, die deutsche Sprache insgesamt zu repräsentieren; zumindest kann diese geradezu strategisch anmutende Verteilung des Verlagssitzes auf die nationalen Zentren der deutschen Sprache so verstanden werden.

Bei aller Repräsentativität der Dudenbände für die gesamte deutsche Sprache, sind sie doch in ihrer Geltung als Sprachkodex vor allem in Österreich merklich eingeschränkt. Dort gilt nämlich im Bereich der Ämter und Schulen, vor allem in den Hauptschulen und allgemeinbildenden höheren Schulen, das *Österreichische Wörterbuch*. Die Dudenbände haben in diesen Domänen keine offizielle Geltung. Im Grunde sind dort die Angaben in den Dudenbänden, sofern sie von denen des *Österreichischen Wörterbuchs* abweichen, ungültig bzw. sind nur die letzteren verbindlich. Für das privatwirtschaftliche Unternehmen des Dudenverlags bedeutet dieser Umstand auch eine Einschränkung seines Marktes, da für den Gebrauch in den betreffenden Domänen nicht immer neben dem obligatorischen und in den Schulen kostenlos ausgeteilten *Österreichischen Wörterbuch* noch der Rechtschreib-Duden angeschafft wird.

Der Dudenverlag hat daher zu Anfang der 80er Jahre versucht, diese Schranke zu öffnen und in den österreichischen Schulbereich einzudringen (vgl. Kap. B.1: gegen Ende). Zu diesem Zweck wurde ein sprachlich auf Österreich abgestimmter *Österreichischer Schülerduden* (1981) geschaffen, als dessen Verlagsort bezeichnenderweise im Impressum nur Wien genannt ist. Bearbeiter war der Vorsitzende des österreichischen Dudenausschusses, Jakob Ebner. Der Versuch ist jedoch fehlgeschlagen; das Werk wurde nicht in die „Schulbuchaktion" aufgenommen, also unter diejenigen Bücher, die an den Schulen kostenlos ausgegeben werden. Zwar hat der Dudenverlag die Ablehnung seines Werkes bei der „Approbation" aus Ungeschicklichkeit leicht gemacht, da – was sonst unüblich ist – gleich das fertig gedruckte Werk vorgelegt wurde, so daß Änderungen nicht mehr ohne weiteres möglich waren, sondern den Neudruck erfordert hätten; die Ablehnung des Werkes war jedoch auch ein Abwehrakt österreichischer Behörden gegen den Alleinvertretungsanspruch der Dudenredaktion bezüglich der deutschen Sprache.

In der Schweiz ist dagegen schon zu früherer Zeit die Einführung eines entsprechenden Werkes, des *Schweizer Schülerdudens* (seit 1969) gelungen. Allerdings ist dort dem *Schweizer Schülerduden* neuerdings ein Konkurrent entstanden, und zwar in Form des Wörterbuchs *Unser Wortschatz* (Bigler u.a. 1987). Daher ist auch in der Schweiz der Markt des Dudenverlags im Bereich der Schule eingeschränkt.

Möglicherweise haben allzu rigorose wirtschaftliche Erwägungen des Dudenverlags in beiden Fällen die Ausbreitung seiner Wörterbücher in den Schulen behindert. Sowohl der *Österreichische Schülerduden* als auch der *Schweizer Schülerduden* sind Lizenzausgaben des Schülerdudens für Deutschland. Der Bearbeiter des *Österreichischen Schülerdudens* hatte sich strikt auf den Grundwortschatz der Schüler zu beschränken, wodurch seine Möglichkeit der Aufnahme von Austriazismen beschränkt war. Dem Bearbeiter des *Schweizer Schülerdudens* war aufgetragen, soviel wie möglich vom Original beizubehalten und nur so wenig wie nötig zu ändern – ein Verfahren, das für den Verlag besonders preisgünstig zu werden versprach. Die Änderungen waren aber infolge dessen zu gering, um den schweizerischen Bedürfnissen voll zu entsprechen. (Hinweise der Bearbeiter: Jakob Ebner bzw. Kurt Meyer) Für die Bearbeiter des Schweizer Wörterbuchs *Unser Wortschatz* war es ein in den Vorbereitungsgesprächen immer wieder geäußertes Ziel, ein Schülerwörterbuch zu machen, das den Verhältnissen des eigenen nationalen Zentrums besser gerecht wird als der *Schweizer Schülerduden* (mündliche Mitteilung Robert Schläpfers; vgl auch Schläpfer 1979; 1983 – Übrigens wurde auch dieses Wörterbuch nach einem Vorbild aus Deutschland erarbeitet: Kappe/Maiworm/Menzel 1977). Es scheint also so, als habe der Dudenverlag sein Streben nach Wirtschaftlichkeit zum eigenen Schaden überzogen, was den Befürwortern größerer nationaler Sprachvielfalt und den Gegnern von Monopolstellungen bei der Kodifizierung der deutschen Sprache nur recht sein kann. Es muß allerdings eingeräumt werden, daß sich diese Hinweise zum Teil in der dünnen Luft ungesicherter Vermutungen bewegen und einer Überprüfung durch gründlichere Recherchen bedürfen.

Die Dudenbände werden auch von Schweizer und sogar von österreichischen Sprachpatrioten weitgehend als „gesamtdeutsches Regelwerk" anerkannt. Wolfgang Pollak (1992: 137) z.B., der den Rechtschreib-Duden (1991) so nennt, kritisiert im Grunde nicht dessen Anspruch auf diesen Status, sondern nur, daß er diesem Anspruch nicht voll gerecht wird, weil er die Rechtschreibvarianten des *Österreichischen Wörterbuchs* (1990) nicht vollständig enthält. Mit dieser Stellungnahme anerkennt der Österreicher Pollak letztlich die Zuständigkeit des Sprachkodexes aus dem deutschen Ausland auch für die Kodifizierung des österreichischen Standarddeutsch. Dies ist einerseits insofern erstaunlich, als Pollak ansonsten zu den engagiertesten Befürwortern einer eigenständigen nationalen Varietät Österreichs zählt. Andererseits wäre es aber abwegig oder geradezu unseriös, den Dudenbänden wirklich abzusprechen, daß sie in der Tat die gesamte deutsche Sprache mit allen ihren Standardvarietäten darstellen – wenngleich vielleicht nicht in der wünschenswerten Vollständigkeit und Ausgewogenheit. Wie gesagt, beziehen sie die österreichischen und die schweizerischen nationalen Varianten ja tatsächlich ein.

Es ist sogar so, daß sie von diesen nationalen Varianten eine größere Anzahl enthalten als die jeweiligen Binnenkodizes. Daß ein Vergleich des Rechtschreib-Dudens (1991) mit den Wörterbüchern des Schweizer Binnenkodexes diesen Befund ergibt, ist bei deren Schmalheit nicht sonderlich überraschend. Für den Vergleich wurden die Lemmata unter den Buchstaben A, E, I, N, R, V, Z ausgezählt. Von den im Rechtschreib-Duden (1991) unter diesen Buchstaben insgesamt angeführten 330 Helvetismen sind in *Unser Wortschatz* (Bigler u.a. 1987) und im *Schweizer Schülerduden 1* (1980) jeweils nur 156 (47%) enthalten – in beiden erstaunlicherweise dieselbe Zahl, aber nicht dieselben Wörter. Wörter wie *abserbeln* (dt./österr. *(langsam) absterben*), *Achtungshaltung* (dt. *Strammstehen*, österr. *Habachtstellung*), *ankünden* (dt./österr. *ankündigen*), *Erdschlipf* (dt./österr. *Erdrutsch*), *Rayon* (= österr., dt. *Bezirk*), *Zeltblache* (= österr., dt. *Zeltbahn*) fehlen in beiden Schweizer Wörterbüchern, um nur einige wenige Beispiele zu nennen. Überdies divergieren die Angaben bei den gleichermaßen enthaltenen Helvetismen – wobei nur unterschiedlich formulierte, aber im wesentlichen synonyme Bedeutungsbeschreibungen nicht mitgezählt sind –, und zwar divergieren sie zwischen Rechtschreib-Duden und *Unser Wortschatz* in 108 (69%) und zwischen Rechtschreib-Duden und *Schweizer Schülerduden* in 104 (67%) der jeweils 156 Fälle.

Überraschender ist dann, daß der Rechtschreib-Duden (1991) auch mindestens gleich viele, wenn nicht sogar mehr lexikalische Austriazismen enthält als das *Österreichische Wörterbuch* (1990). Man sollte bei diesem Vergleich allerdings nicht vergessen, daß bei konfligierenden Angaben das *Österreichische Wörterbuch* die höhere, nämlich die amtliche Geltung besitzt. Zwar ist nach einer Auszählung Wolfgang Pollaks (1992: 142 f.), die sich freilich auf den Buchstaben A beschränkt, der Unterschied nicht gerade groß: der Rechtschreib-Duden (1991) enthält danach 101, das *Österreichische Wörterbuch* (1990) 98 lexikalische Austriazismen; die österreich-spezifischen grammatischen Angaben zu den Wörtern sind im Österreichischen Wörterbuch sogar zahlreicher (81 gegenüber 65). Jedoch läßt eine von mir selbst durchgeführte Auszählung mehrerer Buchstaben (wiederum A, E, I, N, R, V, Z) auf eine möglicherweise stärkere Diskrepanz zugunsten des Rechtschreib-Dudens schließen. Von den im Rechtschreib-Duden (1991) unter diesen Buchstaben insgesamt enthaltenen 345 Austriazismen fehlen im *Österreichischen Wörterbuch* (1990) 64 (19%). Wörter, die im Rechtschreib-Duden (1991) stehen, aber im *Österreichischen Wörterbuch* (1990) fehlen, sind z.B.: *Aitel* (dt. *Döbel*, schweiz. *Alet* (ein Süßwasserfisch)), *Akquisitor* (dt./schweiz. *Akquiseur*), *Almrose* (dt./schweiz. *Alpenrose*), *aufpelzen* (dt./schweiz. *auf-*

bürden), *Expedit* (dt./schweiz. *Versandabteilung*), *Identitätskarte* (= schweiz., dt. *Personalausweis*), *Rahne* (dt. *rote Beete*, schweiz. *Rande*) oder *Versteckerlspiel* (dt./schweiz. *Versteckenspiel*). Auf einem anderen Blatt steht, daß von den 209 in beiden Werken verzeichneten Austriazismen bei 72 (34%) die Angaben divergieren.

Es sieht so aus, als handele es sich bei den in den beiden Schweizer Wörterbüchern und im *Österreichischen Wörterbuch* fehlenden Wörtern überwiegend entweder um veraltetes oder doch wenigstens sehr seltenes Wortgut. Dies schließt jedoch nicht aus, daß diese Wörterbücher durch das Fehlen solcher Wörter doch in ihrem Gebrauchswert eingeschränkt sind. Dies sei an zwei Beispielen verdeutlicht. Zwar ist das Wort *Identitätskarte* auch in Österreich heute veraltet; die amtliche Bezeichnung lautet dort nun ebenfalls *Personalausweis*. Es wäre jedoch keineswegs ungewöhnlich – weder in der Schule noch in der staatlichen Verwaltung, für die das *Österreichische Wörterbuch* jeweils verbindlich ist –, daß man das Wort *Identitätskarte* verwendet, zum Beispiel wenn man mitteilen möchte, daß ein Personalausweis in Österreich bis vor kurzem so genannt wurde. Erst recht kann bei der Lektüre literarischer Texte das Bedürfnis entstehen, die Bedeutung des Wortes nachzuschlagen. Aber auch in der Schule können sogar peripher anmutende Wörter wie z. B. *Aitel* durchaus vorkommen. Das folgende Erlebnis mag dies veranschaulichen. Im Sommer 1993 beobachtete ich am Millstätter See in Kärnten einen Jungen, der Pommes frites an Fische verfütterte. Als ich ihn fragte, um was für Fische es sich handele, antwortete er, es seien „Aitel"; er angle sie auch gerne, und sie seien die im Millstätter See häufigste Fischart. Man braucht nicht viel Phantasie, um sich vorzustellen, daß die Aitel unter solchen Umständen auch in den Erlebnisaufsätzen der Schule „auftauchen" können; nach der Rechtschreibung des Wortes sucht man dann im *Österreichischen Wörterbuch* vergeblich. Dabei weist schon Popowitsch (1780: 14) auf eine Variante des Wortes hin, und zwar unter „Alt der (…) Die Oesterreicher sprechen das Aeltel (…)"

Durch diesen Exkurs sollte freilich nicht der falsche Eindruck entstehen, als enthielte der Rechtschreib-Duden bezüglich der nationalen Varianten der Schweiz und Österreichs keine Lücken. Wie es scheint, ist es nur so, daß diese Lücken nicht größer sind als in den betreffenden Binnenkodizes selber. Mit Sicherheit gilt dies für den schweizerischen Binnenkodex, der kaum Helvetismen enthält, die nicht auch im Rechtschreib-Duden stehen. So finden sich in Bigler u. a. (1987) unter dem Buchstaben A nur drei Helvetismen, die im Rechtschreib-Duden (1991) fehlen: *Anwänder* (dt./österr. *Anlieger*), *anwartschaftlich* (dt./österr. *Anspruch auf etwas habend*) und *Autostopper* (= österr., dt. *Anhalter*). Ob dagegen das *Österreichische Wörterbuch* oder der Rechtschreib-Duden die gravierenderen Lücken bezüglich der Austriazismen aufweist, ließe sich nur durch einen aufwendigen Vergleich entscheiden. So wie man im Rechtschreib-Duden leicht Austriazismen (nach Maßgabe der Verwendung) findet, die man im *Österreichischen Wörterbuch* vermißt, so enthält dieses umgekehrt Austriazismen (in diesem Fall allerdings nach Geltung), die in jenem fehlen. Allein unter dem Buchstaben A finden sich Beispiele wie *Agrumen* (dt./schweiz. *Zitrusfrüchte*), *akontieren* (dt./schweiz. *anzahlen*), *aufkaschieren* (dt./schweiz. *auf eine feste Unterlage kleben* (z. B. ein Bild)) oder *Autostopper* (= schweiz., dt. *Anhalter*). Jedoch sind die Lücken des Rechtschreib-Dudens bei den Austriazismen deshalb nicht unbedingt größer als die des *Österreichischen Wörterbuchs*.

Mag man beim Rechtschreib-Duden an der größeren Reichhaltigkeit in punkto Helvetismen und Austriazismen im Vergleich zum Schweizer und österreichischen Binnenkodex noch zweifeln, so wird man sie bei den umfangreicheren Dudenwörterbüchern mit Sicherheit annehmen dürfen. Insbesondere *Duden. Deutsches Universalwörterbuch* (1989), vielleicht auch *Duden. Das große Wörterbuch der deutschen Sprache* [1976–1981] (1993–95) enthalten noch mehr Helvetismen und Austriazismen als der Rechtschreib-Duden – das Universalwörterbuch (1989) z.B. führt unter dem Buchstaben A 117 gegenüber nur 101 lexikalischen Austriazismen des Rechtschreib-Dudens (1991), also 17% mehr. Aufgrund dieser Wörterbücher erscheint demnach der Anspruch des Dudenverlags, die gesamte deutsche Sprache darzustellen, tatsächlich bis zu einem gewissen Grad gerechtfertigt.

Letztlich ist es nicht erstaunlich, daß die Dudenwörterbücher mehr Austriazismen bzw. Helvetismen enthalten als die Binnenkodizes der betreffenden nationalen Zentren. Man denke nur an die zum Teil unterschiedlichen Adressaten (Erwachsene – Schüler) oder an die personell gut ausgestatteten schweizerischen und österreichischen Dudenausschüsse und die von deren Vorsitzenden zusammengestellten Sammlungen: *Wie sagt man in Österreich?* (Ebner [1969] 1980) und *Wie sagt man in der Schweiz?* (Meyer 1989). Dennoch sind die Dudenbände kein vollständiger Ersatz für die Binnenkodizes der anderen nationalen Zentren. Sie können insbesondere das *Österreichische Wörterbuch* nicht voll ersetzen, so unverzichtbar sie bei gehobenen Ansprüchen nach Information über die deutsche Sprache als Ergänzung zu diesem sind. Ein Grund für dessen Unersetzlichkeit ist seine schon erwähnte amtliche Geltung, die seinen Angaben im Konfliktfall den Vorrang gibt. Ein anderer ist der, daß sogar die umfangreichsten Dudenbände nicht sämtliche Lemmata des *Österreichischen Wörterbuchs* enthalten. So fehlen z.B. in allen drei genannten Duden-Wörterbüchern (*Rechtschreibung* 1991, *Deutsches Universalwörterbuch* 1989 und *Das große Wörterbuch der deutschen Sprache* 1976–81) die folgenden Lemmata des *Österreichischen Wörterbuchs* (1991) allein unter dem Buchstaben A: *Afrik* (Material zum Füllen von Matrazen und dergleichen – vielleicht ein Sachspezifikum), *akontieren* (dt./schweiz. *anzahlen*) oder (jemandem etwas) *ankennen* (dt./schweiz. *anmerken*). Allem Anschein nach handelt es sich dabei um Wörter, denen man in Österreich durchaus begegnet und die sowohl orthographisch als auch semantisch klärungsbedürftig sein können.

Aber noch in einer anderen Hinsicht läßt sich der Anspruch der Dudenbände, die deutsche Sprache in ihrer Gesamtheit zu repräsentieren – gemeint ist hier immer auf der Ebene der Standardvarietät –, ernsthaft anzweifeln. Zwar werden die österreichischen und die schweizerischen nationalen Varianten in großer Zahl geführt – es sei sogar zugestanden, daß dies in ausreichendem Umfang geschieht -, und sie werden auch als solche markiert. Die nationalen Varianten Deutschlands werden dagegen höchst unzureichend behandelt. Es ist erstaunlich, daß diese Tatsache offenbar bislang kaum jemandem aufgefallen ist (vgl. auch Kap. D.6). Die nationalen Varianten Deutschlands, die Teutonismen, werden in den Dudenbänden nicht einmal als solche identifiziert (Hinweise auch bei von Polenz 1987: 103; Clyne 1993b: 33). Zwar geschieht dies implizit bei derjenigen Teilmenge von ihnen, die nicht in der ganzen Region gelten, z.B. den norddeutschen Varianten, die als solche markiert sind. Dagegen lassen sich nationale Varianten Deutschlands, die in ganz Deutschland gelten, in den Dudenbänden nicht als solche erkennen. Daß es derartige Varianten jedoch gibt, steht außer Zweifel. Beispiele sind Wörter wie *Abitur* (österr. *Matur,* schweiz. *Matura*), *Schneebesen* (österr. *Schneerute,* schweiz. *Schwingbesen*), *Umgehungsstraße* (österr./schweiz. *Umfahrungsstraße*) und andere (vgl. auch Ammon 1994). In einem Werk, das die gesamte deutsche Sprache in allen ihren nationalen Varietäten gewissermaßen von einem übergeordneten Standpunkt aus repräsentieren möchte, sollten solche Varianten ebenso hinsichtlich ihrer nationalen Spezifik markiert sein wie die nationalen Varianten Österreichs oder der Schweiz. Wenn Wolfgang Pollak (1992: 143; vgl. auch Ammon 1993) am *Österreichischen Wörterbuch* kritisiert, daß bei den meisten österreichischen Varianten „nicht markiert wird, ob ihr Gebrauch für Österreich typisch ist", so wünscht er sich für das Wörterbuch ein höheres Maß von dieser Art Souveränität, die letztlich eben auch den Dudenbänden abgeht. Den entsprechenden Mangel bei den Dudenbänden erwähnt Pollak dagegen nicht. Dabei ist dieser Mangel bei den Dudenbänden aufgrund ihres Anspruchs, die deutsche Sprache in ihrer Gesamtheit darzustellen, viel gravierender.

Offenbar sind auch die Dudenbände, trotz ihres Gesamtvertretungsanspruchs für die deutsche Sprache, in der eigenen nationalen Sicht befangen. Sie geben keine Auskunft über die beschränkte Geltung der eigenen nationalen Varianten. Dies ist freilich typisch für die Kodizes plurinationaler Sprachen ganz allgemein. Sie werden in aller Regel in einem der nationalen Zentren erstellt und geben die begrenzte nationale Geltung der Varianten dieses eigenen Zentrums nicht an. Man betrachte daraufhin beispielsweise im Falle der englischen Sprache die in den USA, in Großbritannien oder in Australien hergestellten Wörterbücher. Durch diese Unterlassung entsteht jeweils der Eindruck, als werde für die eigenen nationalen Varianten allgemeine Geltung auch in den anderen Nationen der betreffenden Sprache beansprucht. Vermutlich ist dieser Eindruck den Wörterbuchmachern in der Regel nicht bewußt und würden sie diesen Anspruch bei entsprechender Nachfrage keineswegs erheben. Es scheint sich zumeist eher um eine unwillkürliche, nicht durchschaute Befangenheit im Horizont der eigenen nationalen Varietät und der eigenen Nation zu handeln.

Vielleicht tragen solche Unstimmigkeiten dazu bei, daß der „Alleinvertretungsanspruch" oder zumindest Gesamtvertretungsanspruch der Dudenbände für die deutsche Sprache immer wieder heftigen Widerspruch herausfordert (z.B. Pollak 1992: Kap. 8). Er wird dann gerne eingefügt in ein umfangreicheres Bild deutscher Dominanz über die anderen nationalen Zentren des Deutschen (vgl. Clyne 1993c). Diese Dominanz wurde vor allem von österreichischer Sicht vielfach kritisiert. Zu diesem österreichischen Bild von Deutschland gehört auch die deutsche Usurpation österreichischer Literatur und Kunst (vgl. z.B. Kopp 1967; Rie 1961), die – auch im Ausland – als „deutsch" präsentiert werden, bis hin zur Verwendung der Melodie Joseph Haydns für die deutsche Nationalhymne (vgl. Rathkolb/Schmid/Heiß 1990; auch Kap. F.4, F.7).

Was die Dominanz der Duden-Bände betrifft, wird sie sich aber letztlich erst dann nachhaltig aufheben lassen, wenn in den anderen nationalen Zentren Sprachkodizes von ebenbürtigem Format erscheinen. Wahrscheinlicher ist freilich, daß Teile des Kodexes Deutschlands auch in Zukunft in der Schweiz ebenso wie in Österreich neben den eigenen Binnenkodizes als Nachschlagewerke dienen. Zumindest in absehbarer Zukunft wird sich dies wohl nicht ändern – zum Mißvergnügen all derjenigen, die sich mehr sprachliche Parität zwischen den nationalen Zentren des Deutschen wünschen. Es bedeutet schon einen Fortschritt in die Richtung einer ausgewogeneren Plurinationalität, wenn allgemein anerkannt wird, daß die Binnenkodizes Österreichs und der Schweiz durch den deutschen Sprachkodex nicht voll ersetzbar sind.

5 Sozialschichtensymbolik und linguistische Vielfalt der Dialekte in Deutschland

Bei diesem weitgespannten und wissenschaftlich detailliert bearbeiteten Thema geht es hier nur darum, die markantesten Unterschiede gegenüber den Verhältnissen in Österreich und der Schweiz aufzuzeigen (vgl. Kap. B.5 und C.4). Im Vergleich zu diesen beiden anderen nationalen Zentren der deutschen Sprache ist die Palette der Dialekte Deutschlands viel breiter. Die österreichischen und die Schweizer Dialekte sind allesamt oberdeutsch: in Österreich bairisch und alemannisch und in der Schweiz praktisch nur alemannisch. Die Dialekte Deutschlands umspannen dagegen die ganze Nord-Süd-Breite der deutschen Dialekte, jedenfalls nach deren Grobeinteilung: vom Oberdeutschen (Teile des Alemannischen und Bairischen, Schwäbisch, Ostfränkisch) über das Mitteldeutsche (Rhein- und Moselfränkisch, Hessisch, Thüringisch, Obersächsisch) bis zum Niederdeutschen (West- und Ostfälisch, Nordniederdeutsch oder Nordniedersächsisch, Brandenburgisch, Mecklenburgisch-Vorpommersch), wobei die Einteilungen und Benennungen zum Teil divergieren und die kleineren Dialektregionen hier unerwähnt bleiben. Als Orientierungsgrundlage dient hier Wiesinger (1983 c).

Die im Norden Deutschlands außerdem noch von kleinen Sprachgemeinschaften gesprochenen friesischen Dialekte, die nordfriesischen auf den nordfriesischen Inseln und auf Helgoland und das nahezu ausgestorbene ostfriesische Saterländische (bei Oldenburg), werden dagegen in der Regel nicht mehr als Bestandteil der deutschen Sprache betrachtet – eine Auffassung, der ich mich anschließe. Ihre linguistische Distanz vom Standarddeutschen, auch vom deutschen Standarddeutsch, ist zu groß (vgl. Kap. A.1.1 – dagegen ordnet Goossens, 1977: 50, auch die friesischen Dialekte der deutschen Sprache zu).

Die linguistische Spannweite der Dialekte, ihre beträchtliche linguistische Distanz zwischen Norden und Süden, ist nicht ohne Bedeutung für soziolinguistische Besonderheiten Deutschlands bezüglich des Verhältnisses von Dialekt zur Standardvarietät – im Vergleich zur Schweiz und zu Österreich (vgl. Mattheier 1980: 161–173). Auch dieses soziolinguistische Verhältnis variiert innerhalb Deutschlands stärker als innerhalb der beiden anderen Zentren. Am auffälligsten ist der Unterschied zwischen Norden einerseits und Mitte und Süden andererseits, zwischen der niederdeutschen Region und der mittel- und oberdeutschen Region. Dabei ist in heutiger Zeit keine dominante Einzelisoglosse als Grenze auszumachen, etwa von der Art der Ende des 19. Jahrhunderts ermittelten Benrather Linie (*maken/machen*; grobgesprochen: Düsseldorf – Magdeburg – Berlin), sondern ein breiteres, von städtischen Regionen aufgelockertes Übergangsgebiet.

Stark vergröbernd kann man sagen, daß im niederdeutschen Gebiet die Dialekte nur noch ein relikthaftes Dasein führen (Region des Dialektschwundes; vgl. Kap. B.5), während sie in der Mitte und vor allem im Süden Deutschlands in ziemlich vollem Umfang lebendig geblieben sind. Sie sind im niederdeutschen Gebiet vor allem aus den Städten weitgehend verschwunden und werden auch auf dem Lande fast nur noch von älteren Personen gesprochen, und zwar vorwiegend in der bäuerlichen Lebenswelt. Als Begleiterscheinung dieses Umstandes findet man die gelegentliche Pflege der Dialekte in Vereinen (Mundartvereine) oder in den Medien (z.B. Dialekthörspiele) sowie die nostalgische oder auch demonstrative Verwendung in bestimmten Situationen vor allem in den Bildungsschichten der Gesellschaft (vgl. Ammon 1988). In der alltäglichen Kommunikation erinnern nur noch Reliktformen (*dat, wat,* Kasusbesonderheiten in der Verbal- und Präpositionalrektion und dergleichen) an die früheren niederdeutschen Dialekte.

Ein nicht unmaßgeblicher Grund für den weitgehenden Dialektschwund ist vermutlich die verhältnismäßig große linguistische Distanz zwischen den niederdeutschen Dialekten und der hauptsächlich mittel- und teilweise auch oberdeutsch („hochdeutsch") geprägten Standardvarietät Deutschlands. Diese Distanz ist so beträchtlich, daß die niederdeutschen Dialekte bisweilen als eigenständige Sprache aufgefaßt werden. Heinz Kloss (1978: 67–70) spricht von einer „scheindialektisierten Abstandsprache". Damit meint er, daß es sich nur nach der irrtümlichen Meinung ihrer Sprecher oder auch anderer Personen um Dialekte der gleichen Sprache handelt, zu der die deutschen Standardvarietäten zählen; stattdessen wäre es angemessener, von einer eigenständigen Sprache aufgrund (linguistischen) „Abstandes" auszugehen. Die deutschen Standardvarietäten, auch die Standardvarietät Deutschlands, gehören also nach dieser Sicht der Dinge zu einer anderen, nämlich der „hochdeutschen" Sprache. Die beträchtliche linguistische Distanz macht unter anderem den graduellen oder kontinuierlichen Übergang von den Dialekten zur Standardvarietät fast unmöglich. Sie erfordert jeweils ein nahezu vollständiges Umschalten, denn bei einer nur teilweisen Annäherung an die Standardvarität bleiben die niederdeutschen Dialekte für Sprecher einer der standarddeutschen Varietäten oder mittel- und oberdeutscher Dialekte noch immer schlecht verständlich.

Eine so beträchtliche linguistische Distanz kann unter anderen politischen Umständen zur Diglossie führen, vor allem dann, wenn die Standardvarietät auf verhältnismäßig wenige Domänen beschränkt bleibt und daher im Alltagsleben der Bevölkerung, zumindest in der aktiven Kommunikation, nur eine geringe Rolle spielt. Zu einer Diglossie gehört auch, daß die Bildungsschichten die Loyalität zu den Dialekten aufrechterhalten und sie in den privaten oder informellen Domänen weiterhin verwenden. Diese Bedingungen waren jedoch im niederdeutschen Gebiet nicht erfüllt: Die hochdeutsche Standardvarietät wurde zum alltäglichen Kommunikationsmittel der Bildungsschichten. Infolgedessen wurden die Dialekte sozial abgewertet und konnten sich mit der Zeit auch die weniger gebildeten, unteren Sozialschichten der Verwendung der Standardvarietät nicht entziehen. Die Standardvarietät wurde insgesamt das dominante Kommunikationsmittel, und die Dialekte wurden auf eine Reliktstufe reduziert: zum Kommunikationsmittel von Randgruppen oder auf Restformen in der Alltagskommunikation der Bevölkerungsmehrheit. Wie an früherer Stelle dargestellt (Kap. C.4), verlief die Entwicklung in der deutschsprachigen Schweiz anders.

Im Gegensatz zur niederdeutschen Region finden sich im mitteldeutschen und erst recht im süddeutschen Gebiet ähnliche Verhältnisse wie in Österreich. Die Dialekte sind noch weithin in alltäglichem Gebrauch, selbst in den Städten, und es besteht ein sozial und situativ geprägtes Dialekt-Standard-Kontinuum (vgl. Kap B.5). Damit ist im wesentlichen folgendes gemeint: Zwischen ausgeprägtem Dialekt und Standarddeutsch gibt es fast alle erdenklichen Übergangsstufen. Diese Übergangsstufen werden gebildet, indem Formen des Dialekts und der Standardvarietät kombiniert werden. Genau betrachtet sind freilich nicht alle denkbaren Kombinationen gebräuchlich oder korrekt, aber die zulässigen Kombinationen sind so mannigfaltig, daß sie den Eindruck eines kontinuierlichen Übergangs erwecken. Man spricht auch vom „Gradualismus" zwischen Dialekt und Standardvarietät (vgl. auch Mattheier 1987).

Ein Beispiel aus dem schwäbischen Dialektgebiet möge diesen Gradualismus veranschaulichen (Tab. 11). Die Numerierung der Varianten desselben Satzes soll verdeutlichen, daß nach der Anzahl jeweils enthaltener dialektaler bzw. standardvarietätischer Formen insgesamt 8 Stufen des Übergangs vom Dialekt zur Standardvarietät unterschieden werden können. Man beachte die Kürze des Beispielsatzes! Bei längeren Sätzen sind natürlich mehr Kombinationen und damit auch mehr Abstufungen möglich. Keine der angegebenen Kombinationen ist ganz ungewöhnlich oder wird als falsch empfunden, wenngleich es sicher Unterschiede in der Häufigkeit des Vorkommens gibt. Der leichteren Lesbarkeit wegen wurde auf die phonetische Umschrift zugunsten einer Schreibweise mittels des lateinischen Alphabets verzichtet. Die Unterschiede zwischen den Varianten, die mit aufsteigender Numerierung näher an die Standardvarietät heranführen, sind durch Unterstreichungen kenntlich gemacht. Bei phonetischer Schreibweise ließen sich darüber hinaus subphonemische Abtönungen in nahezu beliebiger Feinheit und Vielfalt unterscheiden.

Tab.11: Abstufungsvielfalt zwischen Dialekt und Standardvarietät im Dialekt-Standard-Kontinuum (Schwäbisch)

---

(1) *Des hao e gmacht.*

(2) *Des han e gmacht.*

(3) *Des hab e gmacht./ Des han i gmacht.*

(4) *Des hab i gmacht.*

(5) *Des hab ich gmacht / Des hab i gemacht.*

(6) *Des hab ich gemacht./ Das hab ich gmacht.*

(7) *Das hab ich gemacht.*

(8) *Das habe ich gemacht.*

Kombinationen wie **Des hao ich gemacht, *Des habe i gmacht* oder **Das han e gemacht* sind dagegen ziemlich ausgeschlossen; sie werden zumeist als falsch empfunden. Man kann die kombinierbaren Elemente in sogenannten „Kookkurrenzregeln" zusammenfassen; diese sind allerdings meistenteils nicht im Sinne kategorischer, sondern variabler Regeln zu verstehen, d.h. nicht alle Sprecher werden sie für sich akzeptieren bzw. sich daran orientieren. Verbindliche Vorschriften gibt es in diesem Bereich ohnehin nicht. Die genaue empirische Ermittlung der Kookurrenz von Elementen in einer Dialektregion ist ein mühsames Geschäft der empirischen Dialektsoziologie.

Die Variation in diesem Dialekt-Standard-Kontinuum ist auf folgende Weise sozial und situativ bedingt (ausführlich z.B. in Ammon [1972] 1973). Die höheren Sozialschichten neigen mehr zum Standardsprechen, die unteren Sozialschichten mehr zum Dialektsprechen. Dies zeigt sich besonders deutlich, wenn man die Bevölkerung nach dem Bildungsniveau (Dauer der Schulbildung) und dem Prestige des jeweiligen Berufs schichtet, was in der Soziologie gängige Parameter für Sozialschichtungen sind. Außerdem neigt man in den Städten mehr zum Standardsprechen als auf dem Land, und zwar nicht nur insoweit, als dort die höheren Sozialschichten stärker vertreten sind. Dieser Unterschied mag sich allerdings in letzter Zeit infolge des Aussiedelns vieler Städter auf das umgebende Land verringert haben. Unabhängig vom Sozialschichtenunterschied wird in öffentlichen und förmlichen Situationen eher Standard gesprochen als in privaten und informellen Situationen.

Der soziale Unterschied im Gebrauch von Dialekt und Standardvarietät läßt sich nicht, wie dies gelegentlich nahegelegt wurde, auf die situative Variation reduzieren, zumindest nicht vollständig. Dies zeigt sich am deutlichsten daran, daß die höheren Sozialschichten die „breiten" Dialektformen auch in den privaten und informellen Situationen meiden. So sagen im Schwäbischen – um bei dieser Region als Beispiel zu bleiben – Studienräte oder Rechtsanwälte (als Beispiele höherschichtiger Berufsgruppen) in der Regel auch in familiären Situationen nicht *raot* ‚rot', *ewwel* ‚immer', *Meedich* ‚Montag', *Relling* ‚Kater' und dergleichen. Dies ist dagegen keineswegs ungewöhnlich für auf dem Land lebende Arbeiter oder für Landwirte (als Beispiele von Berufsgruppen der unteren Sozialschichten – im Schwäbischen handelt es sich überwiegend um kleine Landwirte!). Umgekehrt meiden die unteren Sozialschichten auch in öffentlichen Situationen die allzu starke Annäherung an die Standardvarietät. Insbesondere empfinden sie bestimmte Aussprachevarianten als für sich unpassend, z.B. stimmhaftes s [z] oder die Vereinheitlichung der Aussprache der im Schwäbischen klar unterschiedenen Diphthonge [əi] (wie in *Eis*) und [ae] (wie in *Ei*) bzw. [əu] (wie in *aus*) und [ao] (wie in *auch*). Nach der Standardvarietät sind diese Unterschiede nicht zulässig. Wer sie jedoch im Schwäbischen nicht macht und z.B. *weiß* (die Farbe) gleich ausspricht wie *weiß* (Form von ‚wissen'), wirkt so „hochgestochen", wie es nur Angehörigen der höheren Bildungsschichten zugestanden wird. Bei Angehörigen der unteren Sozialschichten wirkt eine solche Aussprache „überkandidelt"; sie ist im allgemeinen weder mit ihrem Selbstbild noch mit dem Fremdbild, das andere von ihnen haben, verträglich.

Die ausgeprägten Formen sowohl des Dialekts als auch der Standardvarietät sind demnach sozialschichtenspezifisch markiert. Sie sind Symbole (Sozialsymbole) oder auch „Schibboleths" der Sozialschichten (vgl. zu diesen Termini Kap. B.6). Sozialpsychologisch kann man dies damit erklären, daß die betreffenden Formen Bestandteile der sozialen Identität der Personen sind. Deshalb werden sie von ihnen als zu sich oder zu einer Person ihrer eigenen Sozialschicht passend empfunden bzw. als zu Personen einer anderen Sozialschicht nicht passend. Diese sozialpsychische Verankerung trägt bei zur Stabilität der sozialen Verteilung von Dialekt und Standardvarietät, die bei aller sozialen Mobilität der heutigen Gesellschaft ein beträchtliches Beharrungsvermögen zeigt.

Hinsichtlich der sozialschichtenspezifischen Markiertheit des ausgeprägten Dialekts unterscheidet sich die Mitte und der Süden Deutschlands nicht wesentlich von Österreich, wohl aber von der deutschsprachigen Schweiz. In der Schweiz wird in den privaten und informellen Situationen von allen Sozialschichten ausgeprägter Dialekt gesprochen. Aufgrund dessen ist der Dialekt in der Schweiz kaum sozialschichtenspezifisch markiert, außer vielleicht in vereinzelten Ausprägungen. Dagegen zeigt die Standardvarietät in der Schweiz (Schweizerhochdeutsch) eine ähnliche Sozialschichtensymbolik wie in der Mitte und im Süden Deutschlands oder in Österreich (deutsches bzw. österreichisches Standarddeutsch). Nur im Norden Deutschlands ist die Standardvarietät (deutsches Standarddeutsch) wegen ihrer sozial fast durchgängigen Verwendung weniger deutlich schichtenspezifisch markiert.

In der Region des Dialekt-Standard-Kontinuums (Süden und Mitte Deutschlands) bewegen sich die höheren Sozialschichten je nach Öffentlichkeitsgrad oder Förmlichkeit der Situation (Domäne) zwischen annähernd reiner Standardvarietät und einer dem Dialekt deutlich angenäherten, aber seine ausgeprägten Formen meidenden Mittellage, während die unteren Sozialschichten ihre Sprechweise zwischen reinem („ausgeprägtem") Dialekt und einer Annäherung an die Standardvarietät variieren, unter Vermeidung ihrer „reinen" (ausgeprägten) Formen. (Man beachte übrigens die impliziten Wertungen in den gängigen Adjektiven zur Bezeichnung der unvermischten Varietäten: „reines" Standarddeutsch – „ausgeprägter" oder „breiter" Dialekt.) Man kann bezüglich der Einzelpersonen, oder auch verallgemeinernd bezüglich der ganzen Sozialschichten, von „Varietätenspektren" oder „Varietätenregistern" sprechen. Der erläuterte Schichtenunterschied ist in Abbildung 18 veranschaulicht, und zwar im Vergleich zu den Verhältnissen in einer Diglossie von der Art, wie sie sich in der Schweiz findet (Kap. C.4). Es dürfte klar sein, daß die Darstellung stark vergröbert ist und bei genauerer Betrachtung vielfältiger Differenzierung bedürfte. Schon die Einteilung in nur zwei Sozialschichten ist eine fragwürdige Vereinfachung, die aber dennoch hilft, wichtige Grundstrukturen der Soziologie von Dialekt und Standardvarietät aufzuzeigen.

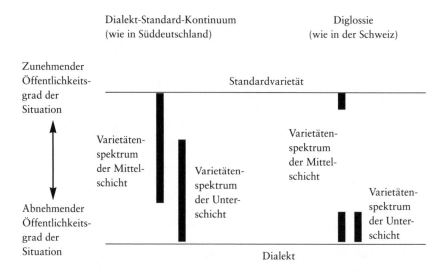

Abb. 18: Varietätenspektren der Sozialschichten im Dialekt-Standard-Kontinuum im Vergleich zur Diglossie

Auch im Dialektschwundgebiet im Norden Deutschlands bestehen Schichtenunterschiede in der Dimension Dialekt-Standardvarietät fort, wenn sie vielleicht auch auf den ersten Blick weniger auffallen. Zunächst einmal ist der Hinweis wichtig, daß die Dialekte zwar in starkem Maße zurückgedrängt sind, aber an ihre Stelle nicht einfach die Standardvarietät getreten ist. Vielmehr wurden sie durch eine norddeutsche Art von „Umgangssprache", besser: *Umgangsvarietät,* ersetzt. Bisweilen ist die Abgrenzung vom Gebrauchsstandard nur eine Frage des Standpunktes. Diese norddeutsche Umgangsvarietät bzw. der Gebrauchsstandard ist zwar regional nicht einheitlich, weist aber doch eine Reihe ziemlich durchgängiger Eigenheiten auf. Besonders markant ist die mehr oder weniger generelle frikative Aussprache (Reibelaut) des geschriebenen <g> im Auslaut, die nach dem kodifizierten Standard nur im Suffix -<ig> und im Wortelement -<igt> zulässig ist. So heißt es z. B. [weç] *weg,* [we:ç] *Weg,* [taiç] *Teig,* [sa:çt] *sagt,* [burç] *Burg* usw., wo nach der kodifizierten Standardaussprache anstelle des [ç] jeweils ein [k] zu sprechen wäre. Eine andere Besonderheit der norddeutschen Umgangsvarietät ist gelegentliche Kürze statt Länge des betonten Vokals in geschlossener Silbe, vor allem in einsilbigen Wörtern wie *Gras, Tag,* aber auch in *genug* und anderen. Schließlich sei noch die fehlende Unterscheidung in der Aussprache von <e> und <ä> in offener Silbe erwähnt; auch <ä> wird meist geschlossen ausgesprochen (['ke:zə] *Käse,* ['he:fn] *Häfen* usw.), wo standarddeutsch die offene Aussprache [ɛ:] geboten wäre. Allerdings sind diese Aussprachevarianten sozial so gut wie unmarkiert, d. h. sie werden praktisch von allen Schichten gesprochen.

Dies ist anders bei den morphologischen und syntaktischen Abweichungen der norddeutschen Umgangsvarietät vom Standarddeutschen, bei denen es sich meist um Relikte der niederdeutschen Dialekte handelt. Sie treten vor allem in der Sprechweise der unteren Sozialschichten auf. Beispiele sind redundante Pluralmarkierungen mit -s (*Eiers, Kinders*), vor allem aber Kasusabweichungen in der Rektion von Präpositionen und Verben, insbesondere Akkusativ anstelle des standarddeutschen Dativs: *mit sie* ‚mit ihnen', *nach ihn* ‚nach ihm', *das kannst du dich nicht vorstellen* ‚(...) dir nicht vorstellen' usw. Auch abweichende Verwendung von Präpositionen kommt vor, z. B. *ich geh nach den Garten* ‚(...) zum Garten' oder sogar *Klaren für auf Beeren* ‚(...) zum Ansetzen von Beeren'. Derartige grammatische „Fehler" – wenn man die Standardvarietät als Korrektheitsmaßstab nimmt – sind sehr wohl unterschichtspezifisch markiert. Dies verraten einschlägige Sprachwitze wie z. B. der folgende „Mantawitz" – der „Opel Manta" galt zur Zeit dieser Witze als typischer Unterschicht-Sportwagen:

Mantafahrer fragt Türken: „Wo geht's *nach* Aldi?" (Aldi ist ein Geschäft für Billiglebensmittel.) Sprachliche Berichtigung durch den Türken: „*zu* (!) Aldi." Besorgte Rückfrage des Mantafahrers: „Was, Aldi hat schon zu?"

Die solchen Witzen zugrundeliegende soziale Arroganz tritt deutlicher zutage vor dem Hintergrund, daß es eben auch im niederdeutschen Dialektschwundgebiet soziale Unterschiede im Grad der Beherrschung der Standardvarietät gibt. Jedem, der die Verhältnisse kennt, ist sofort klar, daß der Mantafahrer kein Angehöriger der höheren Sozialschichten (Bildungsschicht) sein kann. Sogar die wenigen Dialektrelikte machen also den unteren Sozialschichten gelegentlich zu schaffen. Sie können zur Zielscheibe des Spotts werden und werden besonders ungnädig aufgenommen in Situationen, in denen korrektes Standarddeutsch erwartet wird. Beispiele dafür liefert die Schule, in der auch in Norddeutschland Dialekttransferenzen bei vorgeschriebenem Standardgebrauch, z. B. im Aufsatz, zum Problem werden können. Dies gilt besonders für die aus dem Niederdeutschen überkommen Kasusabweichungen, die als „Grammatikfehler" zumeist scharf sanktioniert werden.

Allerdings treten die „fehlerhaften" Formen bzw. Sozialschicht-Schibboleths, seien sie morphologisch (Pluralformen) oder syntaktisch (Rektion), in Norddeutschland in den Äußerungen seltener auf als die sozial ähnlich markierten Dialektformen in Süddeutschland. Denn letztere erstrecken sich außer auf Morphologie und Syntax auch auf den Bereich der Aussprache (Phonetik). Es bedarf in Norddeutschland im Durchschnitt etwas längerer Gesprächsproben als in Mittel- und Süddeutschland, um eine Person sozial einordnen zu können – wenn dies nicht aufgrund des Umgangs mit dem Gesprächsinhalt gelingt, da die norddeutschen Umgangsvarietäten nicht – wie die Dialekte in der Mitte und im Süden – fast in jedem Wort vom Standarddeutschen abweichen. In diesem Sinne ist die Standardvarietät im Norden weniger deutlich schichtenspezifisch markiert als in Mittel- und Süddeutschland, und auch als in Österreich und der Schweiz.

Diverse Indizien sprechen dafür, daß im norddeutschen Dialektschwundgebiet eine sozial etwas ausgewogenere Varietätensituation besteht als in der Region des Dialekt-Standard-Kontinuums in der Mitte und im Süden des deutschen Sprachgebiets. Allerdings bedarf diese Vermutung der sorgfältigen empirischen Prüfung. Immerhin jedoch wird angesichts der norddeutschen Situation eine theoretische Lösungsmöglichkeit der sozialen Dialekt-Standard-Diskrepanz erkennbar, die derjenigen der deutschsprachigen Schweiz geradezu entgegengesetzt ist: In Norddeutschland treffen sich alle Gesellschaftsschichten beim (annähernden) Standardsprechen, in der Schweiz dagegen beim Dialektsprechen. Da die Schweizer – wie mir scheint – die Dialekt-Standard-Situation in Deutschland zumeist deutlich negativer einschätzen als die im eigenen Land (vgl. außer Kap. C.4 auch C.6), gestatte ich mir, noch folgende Gedanken hinzuzufügen: In Norddeutschland sprechen (beinahe) alle diejenige Varietät bzw. eine Annäherung daran, die auch in Situationen großer Öffentlichkeit oder Formalität erwartet wird. In der Schweiz sprechen dagegen alle diejenige Varietät, die man in diesen Situationen gerade nicht verwenden kann, zumindest nicht problemlos, nicht einmal in der Schweiz selber. Bei dieser Gegenüberstellung erscheint die Schweiz in etwas matterem Glanz, als sie von Soziolinguisten oft präsentiert wird (z.B. von Watts 1988): wohl als eine Demokratie von unten, aber vielleicht auch als eine Demokratie zum Untenbleiben – zumindest was die sprachlichen Voraussetzungen sozialen Aufstiegs angeht. Die einigermaßen sichere Beherrschung der Standardvarietät, die sogar in der Schweiz in wichtigen Situationen gefordert ist (Tätigkeit in Parlamenten, als Lehrer/Hochschullehrer, in den Medien, Kontakte mit Ausländern), ist in der Schweiz vermutlich schwieriger zu erreichen als in Norddeutschland, vielleicht überhaupt schwieriger als irgendwo sonst im deutschen Sprachgebiet. Freilich bedarf auch diese Vermutung der empirischen Prüfung durch Vergleichsuntersuchungen. Bei solchen Vergleichen sind auch die sprachlichen Erwartungen in den betreffenden Situationen sorgfältig zu berücksichtigen, aufgrund deren sich die Verhältnisse in der Schweiz vielleicht am Ende doch als sozial durchlässiger erweisen könnten als die deutschen.

6 Die ignorierten Teutonismen: Statt Nationalsymbolen oder Ausdruck von Sprachdemokratie nur nationale Schibboleths

Die Behauptung ist kaum übertrieben, daß es bis zur allerjüngsten Zeit kaum ein Bewußtsein von der Existenz von Teutonismen, also deutschen Besonderheiten der deutschen Sprache gegeben hat, teilweise nicht einmal unter Wissenschaftlern, die sich mit Deutsch als plurizentrischer Sprache befaßt haben. Für dieses weithin fehlende Bewußtsein gibt es eine Reihe untrüglicher Indizien, wie z.B. die folgenden:

- Der Terminus *Teutonismus* ist – im Gegensatz zu den Termini *Austriazismus* und *Helvetismus* – bis vor kurzem ganz ungeläufig gewesen. Peter von Polenz hat seine Verwendung, die ihm offenbar neu war, in einem Brief an mich moniert (vgl. Ammon 1994: Anm. 1). Wolfgang Pollak (1994 a: 11) begrüßt den Ausdruck als neuartige Ergänzung zu den schon einigermaßen gängigen Termini *Austriazismus* und *Helvetismus*. In der Tat tritt der Ausdruck in der wissenschaftlichen Literatur bis vor wenigen Jahren – abgesehen von wenigen Ausnahmen (z.B. Löffler 1985: 67) – nicht auf. Er erscheint eher gelegentlich am Rande in anderen Texten zum Thema (Beispiel: Leserbrief des Aktuars des *Vereins Hochdeutsch in der Schweiz*, Hansmax Schaub, „Chopan in Alschier stimmberechtigt?" *Neue Zürcher Zeitung* 15.11.1991).
- Es gibt keinerlei Teutonismen-Sammlungen, also Zusammenstellungen der Besonderheiten des deutschen Deutsch. Bei den Austriazismen und Helvetismen ist dies ganz anders: Außer diversen kürzeren Beschreibungen (vgl. Kap. B.1, C.1) gibt es die umfangreichen monographischen Darstellungen von Rizzo-Baur (1962) und Ebner [1969] (1980) bzw. Kaiser (1969/70) und Meyer (1989). Sogar von den Sprachbesonderheiten mancher Halbzentren der deutschen Sprache gibt es verhältnismäßig ausführliche Darstellungen, insbesondere von denjenigen Luxemburgs, Ostbelgiens (Magenau 1964) und Südtirols (Riedmann 1972). Über die Teutonismen liegt dagegen nichts Vergleichbares vor. Zu meinem Vorschlag, sie entsprechend den Austriazismen und Helvetismen zu kompilieren (Ammon 1994), schrieb mir Jakob Ebner (Brief vom 3.9.1993): „Ihre Frage nach einem Wörterbuch ‚Wie sagt man in Deutschland?' finde ich revolutionär."
- Das Revolutionäre daran ist wohl, daß damit das deutsche Deutsch wirklich auf dieselbe Ebene gestellt wird wie das Deutsch der anderen nationalen Zentren. Dies ist bis in die allerjüngste Vergangenheit nie wirklich geschehen. Teilweise ist es durch das „binnendeutsche Weltbild" verhindert worden, worin das deutsche Deutsch eine dominante, in gewisser Weise sogar absolute Stellung innerhalb der deutschen Sprache einnimmt (vgl. Kap. A.3.2.1, D.4, F.7). Zwar wird dagegen schon seit gut einem Jahrzehnt rebelliert, wobei auch alternative Termini vorgeschlagen wurden, vor allem „bundesdeutsches" oder „deutschländisches Deutsch". Die Rebellion hat aber bislang nicht so weit geführt, daß dieses Deutsch systematisch beschrieben worden oder auch nur

ein ernsthafter Vorschlag zu seiner systematischen Beschreibung gemacht worden wäre.

– Ein gewichtiger Grund für diese Unterlassung war sicher – neben der Verabsolutierung des deutschen Deutsch – die staatliche Teilung Deutschlands. Sie hat gerade den plurizentrisch eingestellten Sprachwissenschaftlern den Blick auf eventuelle Besonderheiten des deutschen Deutsch als ganzes verstellt. Diese Sprachwissenschaftler erblickten nämlich in Deutschland immer zwei Sprachzentren (vgl. Kap. D.8), wenn auch vielleicht nur staatliche und nicht (schon) nationale, und sahen daher keinen Grund, nach dem deutschen Deutsch insgesamt zu fragen, ebenso wenig wie etwa nach den Gemeinsamkeiten des österreichischen und des schweizerischen Deutsch. Diese Sicht der Dinge findet sich z. B. bei Michael Clyne (1984: 40), wenn er die „emerging national varieties in the Federal Republic and the GDR" modellhaft darstellt. Bei dieser damals sachlich durchaus angemessenen Sicht der Dinge war die Frage nach Besonderheiten des deutschen Deutsch unzeitgemäß oder zumindest zweitrangig. Die Sprachwissenschaftler lassen sich demnach vor der deutschen Vereinigung von 1991 nach den Gründen, warum sie keine Teutonismen wahrnehmen, in zwei Gruppen einteilen:

(1) diejenigen mit einem binnendeutschen Weltbild, die keine Besonderheiten des deutschen Deutsch sehen, weil dieses für sie gewissenmaßen die ganze deutsche Sprache repräsentiert;

(2) diejenigen mit einer plurizentrischen Sicht, die deshalb keine Besonderheiten des deutschen Deutsch erblicken, weil es für sie keine Einheit bildet (Variante dazu bei Wolf 1994: 74).

In der Tat präsentiert sich selbst heute das deutsche Deutsch nicht gerade besonders einheitlich (vgl. Kap. D.3). Immerhin lag jedoch die Existenz von Teutonismen aus plurizentrischer Sicht näher als vom binnendeutschen Weltbild aus und wurde gelegentlich auch artikuliert (z. B. von Muhr 1987 b; 1992/93). Wenn dies geschah, dann allerdings eher von seiten nicht-deutscher als von seiten deutscher Sprachwissenschaftler.

Bei einem solchen Bewußtseinsstand selbst unter den Fachleuten, sogar den plurizentrisch orientierten Sprachwissenschaftlern, ist auch kaum mit einem ausgeprägten nationalen Symbolgehalt der Teutonismen zu rechnen. Zumindest für die Deutschen selber fehlt den Teutonismen dieser Symbolgehalt weitgehend.

Ebenso verbinden sich mit den Teutonismen keine sprachdemokratischen Assoziationen, wie vor allem zum Teil mit den Austriazismen (vgl. Kap. B.6). Diese Assoziationen sind bei den Austriazismen nicht zuletzt dadurch bedingt, daß sie den Alltagsvarietäten der breiten Schichten der österreichischen Bevölkerung vielfach näher stehen, als dies die gemeindeutschen oder gar die spezifisch deutschen Varianten tun, und daß diese anderen Varianten daneben teilweise als echte Alternativen in Erscheinung treten. Entsprechendes ist bei den Teutonismen nicht ohne weiteres der Fall. Insbesondere der süddeutschen Bevölkerung stehen viele Teutonismen keineswegs näher als die Austriazismen oder Helvetismen; viele unterscheiden sich von ihrer Alltagsvarietät sogar noch stärker. Für die Norddeutschen bilden dagegen die Varianten der anderen nationalen Zentren der deutschen Sprache keine wirkliche Alternative. Die Austriazismen oder Helvetismen klingen ihnen keineswegs ständig in den Ohren, wie – über Medien und Tourismus – den Österreichern und Schweizern die Teutonismen.

Allem Anschein nach haben die Teutonismen für die Bevölkerung Deutschlands überhaupt nur latenten Symbolwert. Er kann zutage treten im unmittelbaren Kontrast mit den Austriazismen oder Helvetismen, bei persönlichen Begegnungen mit Angehörigen anderer deutschsprachiger Nationen oder bei der Beobachtung des Aufeinandertreffens in den Medien. In solchen Fällen kann deutsches Deutsch zum Erkennungszeichen von Deutschen für Deutsche werden. Dann können Teutonismen auch momentan bis zu einem gewissen Grad die Funktion von Nationalsymbolen annehmen. Ein ausgesprochenes Bewußtsein dieser Funktion oder gar der gezielte Einsatz von Teutonismen in nationalsymbolischer Absicht ist jedoch kaum denkbar; Beispiele dafür sind mir nicht bekannt. Dementsprechend gibt es auch keine Kritik an der „undeutschen" Variantenwahl (Sprech- oder Schreibweise) irgendwelcher Personen, also der Verwendung anderer nationaler Varianten anstelle von Teutonismen, wie sie in Österreich und in der Schweiz in bezug auf die Austriazismen und Helvetismen nicht selten vorkommt (Beispiele in Kap. B.6, C.5).

Auf einem anderen Blatt steht die Funktion der Teutonismen als nationale Schibboleths der Deutschen, als deren Erkennungszeichen für Nicht-Deutsche, vor allem für die Österreicher und die Schweizer (vgl. zum Begriff Kap. B.6). Diese Funktion ist bei den Teutonismen womöglich sogar stärker ausgeprägt als bei den Austriazismen und Helvetismen. Vielleicht hat der Abwehrkampf, der in Österreich und in der Schweiz seit vielen Jahren gegen die Teutonismen geführt wird, die dementsprechende Sensibilität der Bevölkerung verstärkt. Dieser Abwehrkampf findet ja zum Teil auch in den Schulen statt. Ausdruck dafür sind z.B. die Sternchen-Wörter im *Österreichischen Wörterbuch* bzw. die Markierung von Wörtern als „binnendeutsch" in dem Schweizer Wörterbuch *Unser Wortschatz* (Bigler u.a. 1987) (vgl. Kap. B.4). Allerdings kann ohne gezielte empirische Untersuchungen nicht mit Sicherheit beantwortet werden, ob die Teutonismen tatsächlich eher als nationale Schibboleths fungieren als die Austriazismen oder Helvetismen. Die deutsche Bevölkerung wird nämlich neuerdings ebenfalls auf die Austriazismen und Helvetismen aufmerksam gemacht. Markante Beispiele, vor allem von Austriazismen, finden sich nicht selten in Anzeigen und werbenden Zeitungsartikeln zum Tourismus (Beispiel: „Zünftige Jause zur Pause im Forellenparadies" *Westdeutsche Allgemeine Zeitung* 10.4.1994), in Reiseführern (vgl. Kap. C.5: Anfang) oder sonstiger Reisewerbung (Beispiel: eine Austriazismenliste in einer Anzeige der Austrian Airlines unter der Überschrift „Österreichisch fliegen, heißt fast dieselbe Sprache sprechen" *Flugbegleiter Lufthansa* September 1990). – Mit ziemlicher Sicherheit läßt sich nur sagen, daß die Teutonismen – im Unterschied zu den Austriazismen und auch zu den Helvetismen – bislang nichts weiter sind als nationale Schibboleths, unwillkürliche Erkennungszeichen vor allem für nicht-deutsche Hörer oder auch Leser – weit entfernt davon, von ihren Trägern gezielt als Nationalsymbole eingesetzt zu werden.

7 Deutsche Stereotypen von den Österreichern und Schweizern

Die deutschen Stereotypen von den Angehörigen der anderen nationalen Zentren der deutschen Sprache sind – wie es scheint – blasser als deren Stereotypen von den Deutschen. Sie gleichen in dieser Hinsicht den Stereotypen, welche die Österreicher und Schweizer voneinander haben (vgl. hierzu und zu theoretischen Hintergründen Kap. B.7, C.6). Immerhin aber sind die Österreicher den Deutschen offenbar am sympathischsten von allen Nationen, und die Schweizer rangieren gleich nach ihnen an zweiter Stelle. Dies hat jedenfalls eine repräsentative Umfrage unter Deutschen ergeben, in der die Informanten aus einer größeren Zahl von westeuropäischen Nationen bis zu drei nennen konnten. Die Fragen lauteten: „Welche von diesen Leuten sind Ihnen besonders sympathisch?" „Und welche von diesen Leuten sind Ihnen besonders unsympathisch" (*Allensbacher Jahrbuch der Demoskopie 1984–1992: 995*). Die Befunde für die Österreicher und die Schweizer sind, einschließlich der nach dem Sympathiegrad unmittelbar folgenden Nationen, wiedergegeben in Tabelle 12. Allerdings nimmt nach diesen Zahlen die Sympathie der Deutschen für die Österreicher und Schweizer in der beobachteten Zeitspanne etwas ab, wofür ich keine Erklärung vorweisen kann.

Tabelle 12: Die Nationen, die den Deutschen am sympathischsten sind (Prozentwerte von Antworten)

	1982		1986	
Nationen	Besonders sympathisch	Besonders unsympathisch	Besonders sympathisch	Besonders unsympathisch
Österreicher	52	6	40	7
Schweizer	47	5	39	6
Franzosen	31	7	35	7
Holländer	27	26	26	12
Italiener	15	23	18	12

In einer Frage speziell zu den Schweizern (Mai 1988) erklärten deutlich mehr Deutsche, die Schweizer zu „mögen" (35%), als sie „nicht besonders zu mögen" (13%). Jedoch war die Zahl derjenigen Deutschen, die umgekehrt glaubten, daß die Schweizer die Deutschen „nicht besonders mögen" (26%), fast gleich hoch wie die Zahl derjenigen, die glaubten, daß die Schweizer die Deutschen „mögen" (28%) (*Allensbacher Jahrbuch der Demoskopie 1984–1992: 995*; vgl. auch *Jahrbuch 1978–1983: 582*).

Daß sich speziell die Bürger der früheren BRD den Österreichern und Schweizern besonders eng verbunden fühlten, geht auch aus einer repräsentativen Umfrage hervor, bei der beide Nationen mit der DDR verglichen wurden. Die Befragten sollten sich eine unvermutete Urlaubsbegegnung mit einem DDR-Bürger am Schwarzen Meer vorstellen und hatten dann folgende Frage zu beantworten: „Und hätten Sie das Gefühl, daß es ein Landsmann ist, oder würde Sie mit ihm nicht mehr verbinden als mit einem Österreicher (Parallelumfrage: Schweizer), der die gleiche Sprache spricht?" Im Jahre 1970 antworteten immerhin 20% „nicht mehr als mit einem Österreicher" und 18% „nicht mehr als mit einem Schweizer", und im Jahre 1981 waren es sogar 30% bzw. 26% (*Allensbacher Jahrbuch der Demoskopie 1978–1983*: 203). Die Zahl derjenigen, die mit dem DDR-Bürger eine engere, „landsmannschaftliche" Verbundenheit bekundeten, bewegte sich zwischen 68% und 49% – mit abnehmender Tendenz während der untersuchten Zeitspanne. Das Ergebnis belegt auch, daß die Deutschen sich den Österreichern etwas enger verbunden fühlen als den deutschsprachigen Schweizern.

In dieses Bild besonderer Sympathie der Deutschen mit den Österreichern paßt übrigens auch, daß der „Wiener Dialekt" die höchste Beliebtheit unter allen deutschen Dialekten genießt (Bausinger 1972: 20f.). Vermutlich hätte sich dieser Befund bei entsprechender Fragestellung auch für den in Österreich gesprochenen bairischen Dialekt insgesamt ergeben, und möglicherweise ist dementsprechend die österreichische nationale Varietät die beliebteste aller nationalen Varietäten der deutschen Sprache – vielleicht sogar nicht nur bei den Deutschen. Dies sind jedoch derzeit ungesicherte Vermutungen.

Einige inhaltliche Spezifika des Österreicher-Stereotyps, das in Deutschland teilweise kursiert, hat der Österreicher Robert Neumann humorvoll überzeichnet. Einer der fast unverzichtbaren Bestandteile ist die Titelhuberei, die Neumann (1974: 5) folgendermaßen beschreibt: „Man unterscheidet in Österreich mindere Titel, die bloß mit dem Beruf des Betreffenden verbunden sind (also etwa ‚Herr Direktor' für einen Buchhalter, ‚Herr Magistratsobersekretär' für einen provisorischen Magistratsuntersekretärsaspiranten), und höhere Titel, das sind die ohne solide Grundlagen solcher Art. Ich erinnere mich noch jenes fernen Tages, da zum erstenmal ein Gedicht von mir in einer österreichischen Provinzzeitung gedruckt stand. ‚Guten Tag, Meister', begrüßte mich daraufhin jemand im Kaffeehaus. ‚Nennen Sie mich nicht Meister', sagte ich in landeswidriger Herbheit (…) Er verteidigte sich (…) ‚Doktor sind Sie nicht, Beruf haben Sie keinen, also kann ich Sie doch nur Meister nennen.' (…) Er hatte natürlich unrecht. Auf Grund jenes Gedichtes kam mir der Titel Doktor zu – ganz abgesehen davon, daß ich damals schon Brillenträger gewesen bin. ‚Doktor' ist der österreichische Titel-Anspruch eines Brillenträgers ohne Beruf." Daß die Titelhuberei zum Stereotyp der Deutschen von den Österreichern gehört, zeigt sich auch in gelegentlichen Berichterstattungen der deutschen Massenmedien. Ein neueres Beispiel ist der weitgehend gescheiterte Reformversuch an den Titeln österreichischer Beamter im Jahre 1994, über den in allen deutschen Medien einschließlich Fernsehen berichtet wurde. Zumeist war ein spöttischer Unterton unverkennbar, was teilweise schon aus den Überschriften der Zeitungsartikel hervorgeht, z.B. „Der Herr Hofrat ein Stück Kultur. Tu felix Austria: Titel bleibt" (*Frankfurter Allgemeine Zeitung* 12.4.1994) oder „Österreichs Beamte atmen auf: Hofrat bleibt. Künftig gibt es allerdings nur noch 43 klingende Titel aus Kaisers Zeiten" (*Westdeutsche Allgemeine Zeitung* 12.4.1994). – Freilich legt der Fehlschlag der Reform den Gedanken nahe, daß das Stereotyp von der österreichischen Titelhuberei zwar eine Übertreibung, aber nicht ganz aus der Luft gegriffen ist (vgl. auch Kap B.3.6).

Die Titelhuberei ist nur eine Komponente neben anderen im umfassenderen Stereotyp der Deutschen von der „Höflichkeit" der Österreicher, die sich vor allem in verschiedenen Umgangsformen zeigt, die auch noch deutlich den Bezug zum früheren Hof erkennen lassen. Nicht selten ist zudem impliziert, daß sich diese Formen aufs Äußerliche beschränken. Der in der deutschen Berichterstattung über die gescheiterte Reform stets genannte „Hofrat"-Titel steht für die wahrgenommene Fortdauer höfischer Formen. Daß diese Formen nicht allzu viel bedeuten, wurde z. B. durch den verschiedentlichen Hinweis in den deutschen Medien nahegelegt, daß den Titel „Hofrat" praktisch alle untadeligen Beamten mit akademischer Vorbildung nach etwa 20 Dienstjahren erhalten.

Auch andere als typisch österreichisch geltende Umgangsformen wirken wie höfische Reminiszensen, und sind es zum Teil auch. Ein Beispiel ist der Handkuß – nach Neumann (1974: 113 f.) „die bei Reichsdeutschen grassierende Saga, unsereiner sei auf nichts so sehr erpicht, wie kunterbunt querfeldein Hände zu küssen. Immer wieder finden sich zuagraste Damen, die dieser unserer vorgeblichen Süchtigkeit Vorschub leisten zu müssen wähnen, indem sie uns, ohne die geringste Provokation, mit einem Beglückerinnen-Blick die Knöchel ihres Handrückens im Boxerstil in die Zähne rammen (...)" Tatsächlich dient die Formel „Kiß die Haand", die zugleich den Wiener Dialekt imitiert, in Deutschland bisweilen zur Kurzcharakterisierung der Österreicher (vgl. die allerdings dialektfreie Überschrift „Küss die Hand" einer Zeitungsglosse über die zukünftig amtlichen Austriazismen in den Texten der Europäischen Union. *Frankfurter Allgemeine Zeitung* 15. 9. 1994). Leider gibt es meines Wissens keine empirischen Untersuchungen zur Verbreitung und Ausprägung des Österreicher-Stereotyps höfischer Umgangsformen in Deutschland.

Allerdings liegen die Ergebnisse einer repräsentativen Umfrage (n = 1.990) vor, die 1989 in der BRD und in West-Berlin zu der Frage durchgeführt wurde, welche Eigenschaften Deutsche heutzutage den Österreichern in erster Linie zuschreiben (*Einstellungen zu Österreich* 1989). Ihre Befunde sind in mancher Hinsicht blasser als literarische Darstellungen wie diejenige Neumanns (1974). Leider wurde nicht auch gleichzeitig gefragt, welche Eigenschaften sich Deutsche selbst zuschreiben. Im Vergleich dazu wäre die Spezifik des Stereotyps der Deutschen von den Österreichern prägnanter zutage getreten. Die etwas merkwürdig formulierte Fragestellung lautete: „Stellen Sie sich bitte einmal vor, Österreich wäre eine Person, und beschreiben Sie mir diese ,Person Österreich' anhand der folgenden Eigenschaften." Man wird annehmen dürfen, daß die Antworten sich im wesentlichen auf die Angehörigen der österreichischen Nation beziehen. Die Antworten erfolgten anhand vorgegebener gegensätzlicher Adjektivpaare, und zwar insgesamt 17, zwischen denen sich eine Skala von 1 bis 5 erstreckte, deren Werte zu markieren waren (Polaritätsprofil). Die fünf ausgeprägtesten Eigenschaften (nach Maßgabe der Größe der Abweichung vom Mittelwert 3) sind wiedergegeben in Tabelle 13.

Eine zweite Frage an dieselben Informanten lautete: „Zu was haben die Österreicher, ich meine die Bewohner Österreichs, ein besonderes Talent. Wählen Sie jene 3 Talente aus, die Ihrer Meinung nach am besten zu Österreichern passen." Die Auswahlliste umfaßte 13 verschiedene Talente. Wiederum enthält Tabelle 13 die fünf häufigsten Antworten. Wenn die Frage auch auf die „Bewohner" Österreichs lautete, so dürften sich die Antworten doch in erster Linie auf die Angehörigen der österreichischen Nation und kaum auf die sonstige Wohnbevölkerung (Arbeitsmigranten, Flüchtlinge usw.) beziehen.

Tab. 13: Die häufigsten Eigenschaften, die Deutsche Österreichern zuschreiben (nach *Einstellungen zu Österreich* 1989)

Eigenschaft	Grad der Ausprägung	Talent	Prozent der Antworten
Gesellig (statt ungesellig)	1,2	zum Musizieren und Singen	60,8
Sympathisch (statt unsympathisch)	0,9	zum Essen und Trinken	47,0
Friedliebend (statt streitsüchtig)	0,8	zum einfachen natürlichen Leben	39,0
Fröhlich (statt ernst)	0,7	im Umgang mit anderen Menschen	28,5
Optimistisch (statt pessimistisch)	0,6	zum Reden	22,9

Musikalisch, gesellig, kulinarisch, aber weniger auffällig redetalentiert – so oder ähnlich könnte man demnach das Stereotyp der Deutschen von den Österreichern beschreiben. Diese Attribute konglomerieren bisweilen zum Phäaken-Stereotyp von den Österreichern – in Anlehnung an das glückselige Inselvolk aus der *Odyssee* –, das vor allem unter Intellektuellen, in Deutschland wie in Österreich, eine gewisse Tradition hat (Bruckmüller 1994: 127–129).

Wie es scheint, gibt es allerdings hinsichtlich des Stereotyps von den Österreichern beträchtliche regionale Unterschiede in Deutschland. Ein Indiz dafür ist die Tatsache, daß die in der Schweiz gängigen Österreicherwitze, die vielfach aus ursprünglichen Ostfriesenwitzen entstanden sind, auch in Süddeutschland (Bayern, Baden-Württemberg) kursieren, aber nicht weiter im Norden (vgl. Kap. C.6).

Das eher als nicht so überragend bewertete Redetalent ist natürlich im vorliegenden Kontext von besonderem Interesse, denn es hängt vermutlich zusammen mit der vorherrschenden Einschätzung der nationalen Varietät Österreichs durch die Deutschen. Zwar scheint die in Deutschland verbreitete Sicht der anderen nationalen Varietäten des Deutschen neuerdings in Bewegung zu geraten, jedoch nur millimeterweise. Herkömmlich – grobgesprochen von Luther bis in die 80er Jahre dieses Jahrhunderts – war die gedankenlose Verabsolutierung der eigenen Standardvarietät vorherrschend, die von den sprachnational denkenden Intellektuellen der anderen Zentren oft als Anmaßung oder „Sprachimperialismus" empfunden wird (vgl. Pollak 1992: 51; Kap. B.1, C.1) – strenggenommen müßte man von *Varietätsimperialismus* sprechen.

Allem Anschein nach wird freilich das Stereotyp der Deutschen von den Schweizern noch stärker geprägt vom Eindruck ihrer Sprechweise als das der Österreicher. Daß sich Deutsche gerne über die Sprechweise der Schweizer lustig machen, verraten z. B. die lange Zeit beliebten „Verhüterli"-Witze – „Verhüterli" sind Präservative. Sie zielen allerdings vor allem ab auf das Schwyzertütsche, den Dialekt. Allgemein gilt jedoch die Sprechweise der Schweizer als verhältnismäßig langsam. Von daher wird dann die Vorstellung von Langsamkeit auf alle übrigen Verhaltensweisen der Schweizer ausgedehnt. Sie hat sich zum Teil niedergeschlagen in Witzen, in denen vor allem die Berner im Mittelpunkt stehen. Auch in der Schweiz selbst gibt es diese Witze und das Stereotyp von der Langsamkeit der Berner. In Deutschland fungieren die Berner in diesen Witzen jedoch als pars pro toto für alle deutschsprachigen Schweizer. Die Beispiele solcher Witze, die ich persönlich sammeln konnte, sind freilich alles andere als geistreich, weshalb ich mich hier mit der Wiedergabe von zweien (von sechs gesammelten) begnügen möchte:

„Ein Schweizer General beobachtet einen Berner Wehrmann (Soldat) beim Ausheben eines Schützengrabens. Nach kurzer Beobachtung tritt er heran, so daß der Wehrmann aus dem Graben steigen und salutieren muß. Kaum ist der Wehrmann wieder im Graben, tritt der General erneut heran, so daß sich das Spielchen wiederholt. Das ganze passiert achtmal – bis der Wehrmann schließlich fragt: ‚Herr General, darf ich fragen, warum Sie mich immer aus dem Graben steigen lassen?‘ Antwort des Generals: ‚Weil Sie so an den Stiefeln mehr Erde aus dem Graben schaffen als mit dem Spaten.‘ "

„Ein Berner Bauer steht am Rand seines Ackers und schießt mit der Armbrust Kartoffeln in die Furchen. Ein Vorbeikommender fragt: ‚Wozu denn das?‘ Der Bauer: ‚Weil ich so schneller vorankomme, als wenn ich mich jedesmal bücken muß.‘ "

In eine ähnliche Richtung weist auch der Befund einer Untersuchung von Peter R. Hofstätter schon Ende der 50er Jahre, in der deutsche Informanten die Schweizer im Vergleich zu den Deutschen deutlich als „passiver" einschätzten (Hofstätter 1960: 27; vgl. auch Ris 1978: 100–102). Die Informanten mußten die typischen Eigenschaften von Schweizern und von Deutschen durch Kennzeichnung von Skalenwerten angeben, die sich zwischen Paaren gegensätzlicher Adjektive erstreckten (siehe auch Kap. C.6). Dabei erwies sich der Unterschied in der Dimension „aktiv – passiv" als der zweitstärkste unter allen 24 vorgelegten gegensätzlichen Adjektivpaaren. In dieser Dimension divergierte also das Stereotyp der Deutschen von den Schweizern erheblich von ihrem Autostereotyp, dem Bild der Deutschen von sich selbst. Das Gegensatzpaar „langsam – schnell" fehlte leider in diesem Polaritätsprofil.

Wie gesagt, ist als Grundlage des Stereotyps von der Schweizer Langsamkeit kaum etwas anderes denkbar als ihre Sprechweise, wie sie aus deutscher Sicht wahrgenommen wird. Es spricht manches dafür, daß es sich dabei speziell um das Tempo handelt, mit dem die Schweizer „hochdeutsch" sprechen, also schweizerhochdeutsch, ihre Nationalvarietät. Die Vorstellung von der Langsamkeit beim Sprechen dieser Varietät ist offenbar auch Bestandteil des Autostereotyps der deutschsprachigen Schweizer selbst. Diese Langsamkeit scheint zudem keine reine Fiktion zu sein. So liest man z.B. in einer bekannten Anleitung für Schweizer Rundfunksprecher: „Und dann natürlich das Sprechtempo! Ein preußischer Sprecher benötigt für das Doppel-t im Wort ‚bitter‘ zum Beispiel 8/100 Sekunden, ein Zürcher dagegen fast 20/100 Sekunden. Das ist eine von vielen Erklärungen, warum es uns Schweizern nur mit größter Anstrengung gelingt, einen Text, der im deutschen Radio und Fernsehen mit 10 Minuten gestoppt wurde, in maximal 11 Minuten unterzubringen." (Schäuffele 1970: 13) Kurt Meyer (1989: 26) schreibt über seine Schweizer Landsleute: „Das Sprechtempo ist im allgemeinen langsamer, was zum Teil der mangelnden Übung im Hochdeutschsprechen zuzuschreiben sein mag."

Roland Ris (1978: 102) entnimmt der schon erwähnten Untersuchung Hofstätters (1960) weitere Bestandteile des Stereotyps von den Schweizern bei den Deutschen, außer der Passivität, nämlich, daß „der Schweizer" als „‚gesunder und fröhlicher (...) Naturbursche‘ betrachtet" wird. Dabei konkretisiert oder verbildlicht er eine Reihe von abstrakteren Befunden, wonach die Deutschen die Schweizer vor allem in den folgenden Eigenschaften als von sich selbst stark verschieden sehen (Durchschnittsdifferenz auf 7-er Skala in Klammern beigefügt): „gelöst" (statt „gespannt": 2,1), „passiv" (statt „aktiv": 1,7), „froh" (statt „traurig": 1,4), „trocken" (statt „feucht": 1,2), „gesund" (statt „krank": 1,1) und „konservativ" (statt „liberal": 1,0) (Hofstätter 1960: 27). Manche dieser Unterschiede sind nicht ohne weiteres verständlich, z.B. die größere „Trockenheit" – bei gleichzeitiger größerer „Fröhlichkeit". Die Komprimierung der Unterschiede zu einem Gesamtbild, wie sie Ris vollzieht, macht dagegen Sinn. Dieses Bild paßt auch gut zu in Deutschland verbreiteten Werbeklischees von Schweizer Sennerinnen und Sennen, die glücksstrahlend ihre Alpenmilch in unberührter Natur zu Käse verarbeiten. Es fügt sich überdies in das Bild von der Schweiz als Tourismusland.

Inwiefern allerdings die skizzierten und eventuelle andere stereotypische Vorstellungen von den Schweizern und Österreichern tatsächlich bei Deutschen evoziert werden, wenn sie die schweizerischen und österreichischen nationalen Varietäten hören, bedürfte gezielter empirischer Untersuchungen. Vor vorschnellen Schlußfolgerungen ist vor allem deshalb zu warnen, weil allem Anschein nach die stereotypischen Vorstellungen der Deutschen von den Österreichern und Schweizern verhältnismäßig schwach konturiert und zudem wenig affektgeladen sind. Ein gewisser Indikator dafür ist schon die Tatsache, daß es in Deutschland für Österreicher und Schweizer keine spezifischen Nationalspitznamen gibt, oder daß diejenigen, die es gibt, kaum allgemein bekannt sind und selten gebraucht werden. Zum *Piefke* der Österreicher oder zum *Schwab* der Schweizer für die Deutschen gibt es also keine Entsprechung in umgekehrter Richtung (vgl. Kap. B.7, C.6).

Für die Schweizer konnte ich überhaupt keinen in Deutschland gängigen Nationalspitznamen ausfindig machen. Für die Österreicher ist der einzige in Deutschland überregional verbreitete Nationalspitzname *Kamerad Schnürschuh*. Der Ausdruck ist – im Gegensatz zu *Piefke* und *Schwab* – nur auf Männer anwendbar, nicht auf beide Geschlechter. Er ist zudem fast nur noch älteren deutschen Männern vertraut, wird aber auch von ihnen kaum mehr gebraucht. Der vermutlich aus dem Ersten Weltkrieg stammende Ausdruck (vgl. auch Mitterer 1991: 48) gehört eigentlich zum Soldatenjargon (*Duden. Das große Wörterbuch der deutschen Sprache*, Bd. 4, 1978: 1409). Er beinhaltet die im militärischen Kontext verächtlichmachende Vorstellung geringerer Härte und Kampfbereitschaft der österreichischen Soldaten, die der im Vergleich zum deutschen „Knobelbecher" weniger martialisch aussehende Schnürschuh symbolisiert.

Da in letzter Zeit im Zusammenhang mit Sportwettkämpfen einer breiteren deutschen Öffentlichkeit bekannt wurde, daß die Österreicher die Deutschen *Piefke* schimpfen, wurde vereinzelt im Scherz gefordert, daß es dann auch einen Schimpf- oder Spitznamen der Deutschen für die Österreicher geben müsse. Ironisch eingebettet wurde z.B. folgender Vorschlag gemacht: „Für den schlappen ‚Piefke' benötigte der Österreicher mehrere Jahrhunderte voller Neid, Mißgunst und Haßerfahrungen. Wir aber gehen nur sekundenweise in uns – und schon liegt es da, in aller Unabwendbarkeit und Klarheit: das definitive Schimpfwort für den geborenen Verlierer-Sepp (...) Der end- und bis in alle Ewigkeit gültige Schimpfname für den alpinen Blödel lautet (...): GUFF.

Guff. Wie sonst? Der GUFF, die GUFFEN. Haut die GUFFEN auf die MUFFEN. GUFFENSAUSEN, Guffenpuff? Alle GUFFEN tragen Schluffen! Siehst Du einen Guff, hau dru --.

Das hätten wir also. „GUFF." (*Titanic*, Mai 1994: 30; Hinweis Philipp Ammon). – Bleibt nur zu hoffen, daß aus der Blödelei, die auch schon geeignet ist, einem im Hals stecken zu bleiben – mit „Verlierer-Sepp" und „alpinem Blödel" sind die Österreicher insgesamt gemeint -, nicht bisweilen der von Skinhead-Auftritten her sattsam bekannte Ernst wird.

8 Zur Entstehung von Staatsvarietäten während der 40jährigen Teilung Deutschlands

Infolge des Zweiten Weltkriegs wird das ehemalige Deutsche Reich in zwei Staaten geteilt, und zwar in den Grenzen der sowjetischen und westlichen Besatzungszonen. Die Zweiteilung wird 1949 institutionell gefestigt, und zwar westlicherseits durch die Verabschiedung des *Grundgesetzes* der *Bundesrepublik Deutschland* (am 23.5.) und die Wahl zum *Bundestag* (im August) sowie östlicherseits durch die Verabschiedung der *Verfassung* der *Deutschen Demokratischen Republik* (am 30.5.), der die Wahl zum *Deutschen Volkskongreß* schon im Dezember 1947 vorausgegangen war. Die politischen und ökonomischen Unterschiede zwischen beiden Staaten werden schnell sehr tiefgreifend. Ihre Strukturen werden vorgegeben durch die jeweiligen Besatzungsmächte, in deren Bündnissysteme sie eintreten. Dementsprechend wird die Bundesrepublik Deutschland ihrer Wirtschaftsform nach kapitalistisch-marktwirtschaftlich und ihrer Staatsform nach parlamentarisch mit konkurrierenden Parteien; die Deutsche Demokratische Republik wird dagegen ihrer Wirtschaftsform nach sozialistisch-planwirtschaftlich und ihrer Staatsform nach einparteien-gelenkt, und zwar von der Sozialistischen Einheitspartei Deutschlands (SED) bzw. ihrem Politbüro.

Für beide Staatsnamen bilden sich bald die Kürzel *BRD* und *DDR* heraus, die auch ich hier im weiteren verwende. Die Staatsnamen und ihre Kürzel werden mit der Zeit zu Kampfwörtern, deren Gebrauch das Verhältnis zwischen beiden Staaten widerspiegelt. Bedingt ist dies hauptsächlich durch die offizielle BRD-Politik. Diese weigert sich lange Zeit, auch nur das Kürzel DDR zu verwenden – geschweige den ungekürzten Namen des ostdeutschen Staates (stattdessen *Ostzone*, *sogenannte DDR* oder *„DDR"* – in Anführungszeichen!), weil sie die DDR nicht als selbständigen Staat anerkennt. Seit den 70er Jahren, nach der faktischen Anerkennung der DDR als Staat, verwendet sie dann das Kürzel, aber nur dieses, weil sich damit der Gebrauch des Wortes Deutschland in seiner vollen Länge vermeiden läßt. Denn die offizielle Politik der BRD beharrt juristisch auf dem Alleinvertretungsanspruch für Deutschland im Sinne der ganzen deutschen Nation, an deren fortdauernder Einheit sie trotz der Teilung in zwei Staaten festhält. Demgegenüber ändert sich die offizielle Politik der DDR in diesem Punkt mit der Zeit. Nach jahrzehntelangem Festhalten an der nationalen Einheit Deutschlands rückt die DDR in den 70er Jahren von dieser Vorstellung ab. Symptomatisch dafür sind unter anderem: die Verfassungsänderung vom 7. Oktober 1974, in welcher die DDR als „sozialistischer Staat der Arbeiter und Bauern" definiert wird ohne den bisherigen Zusatz „deutscher Nation", oder die Programmschrift des Politbüromitglieds Hermann Axen *Zur Entwicklung der sozialistischen Nation in der DDR* (1973), in der die DDR als „sozialistische Nation" der BRD als „kapitalistische Nation" gegenüber gestellt wird. In dieser Schrift wird zwar die nationale Einheit mit der BRD nicht ausdrücklich bestritten, jedoch erklärt: „Für die sozialistische Nation der DDR wird die weitere Verankerung in der sozialistischen Staatengemeinschaft, ihre Annäherung an die sozialistischen Brudernationen immer mehr zum Hauptweg ihrer geschichtlichen Entwicklung." (Axen 1973: 20; vgl. auch Marzalu 1979)

Ob die nationale Einheit während der Teilung Deutschlands durchgängig erhalten geblieben ist, kann hier nicht mit Sicherheit beantwortet werden. Voraussetzung dafür wäre meiner Auffassung nach, daß stets die Mehrheit beider Bevölkerungen sie anerkannt und gewünscht hat (vgl. meinen Definitionsvorschlag für den Begriff ‚Nation' in Kap. A.2.2). Für die Bevölkerung der BRD darf dies angenommen werden, teils weil sie mehrheitlich die an der nationalen Einheit festhaltende Politik ihrer Regierungen durch ihr Wahlverhalten billigte, teils weil die Ergebnisse demoskopischer Umfragen darauf schließen lassen. Bei unterschiedlichen Fragestellungen bekundet die BRD-Bevölkerung in all den Jahren der Trennung durchgängig mit deutlicher Mehrheit den Wunsch nach staatlicher Wiedervereinigung von BRD und DDR oder die Auffassung, daß die Bevölkerungen beider Staaten zur gleichen Nation gehören (vgl. dazu *Jahrbuch der öffentlichen Meinung*, Allensbach, 1957: 316, 1958–1964: 483, 1965–1967: 389, 1968–1973: 510, 1974–1976: 83, 1978–1983: 212, 1984–1992: 412). Bei der DDR-Bevölkerung ist die Kontinuität dieser Einstellung weniger gesichert, weil einerseits die DDR-Wahlergebnisse nicht unbedingt den Willen der Bevölkerung widerspiegeln und andererseits keine entsprechenden Umfragen durchgeführt wurden. Jedenfalls aber hat sich dann auch die DDR-Bevölkerung bei der Möglichkeit einer echten Wahl im Herbst 1990 für die nationale Einheit Deutschlands entschieden, die am 3. Oktober 1990 in Kraft getreten ist. Man wird daher davon ausgehen dürfen, daß die nationale Einheit (im oben definierten Sinn) während der Zeit der staatlichen Teilung Deutschlands tatsächlich fortbestanden hat.

Auf der Grundlage dieser Annahme wäre es inkonsequent, bei den sprachlichen Unterschieden zwischen den beiden deutschen Staaten von *nationalen* Varietäten (oder *Nationalvarietäten*) zu sprechen (dagegen Lerchner 1974; Feudel 1978 – vgl. auch Schmidt 1978; S.V. Anderson 1983; Bauer 1990). Stattdessen spreche ich von *staatlichen, staatsspezifischen oder Staatsvarietäten*. Diese terminologische Dichotomie impliziert keineswegs die Auffassung, daß zwischen staatlicher und nationaler Teilung keinerlei Kausalzusammenhang besteht. Vielmehr kann eines sehr wohl das andere nach sich ziehen und verfestigen. So war z.B. die staatliche Selbständigkeit Österreichs, auf der die Siegermächte nach beiden Weltkriegen bestanden haben, eine maßgebliche Bedingung für die Stabilisierung der österreichischen Nation. Das nationale Bewußtsein der Bevölkerung wurde von den vorgegebenen politischen Möglichkeiten mitgeprägt, ebenso die staatliche Politik, die ihrerseits entsprechend auf das Bewußtsein der Bevölkerung einwirkte (vgl. Kap. B.1). In ähnlicher Weise hätte durchaus auch im Falle von BRD und DDR die staatliche Teilung zur nationalen Trennung führen können, wenn die Umstände anders gewesen wären. Da dies jedoch nicht geschehen ist, erscheint es angemessen, die sprachlichen Unterschiede zwischen den beiden deutschen Staaten *nicht* als „nationale" zu bezeichnen.

Völlig anderer Natur ist ein weiteres Kriterium, das gelegentlich gegen die Annahme eigener nationaler Varietäten von BRD und DDR vorgebracht wurde, nämlich, daß sich die Sprachunterschiede im großen und ganzen auf die Lexik beschränkten (Schlosser 1981). Auf dieses Kriterium weist auch Peter von Polenz hin (1991: 29 f.), scheint es aber tendenziell eher abzulehnen als zu befürworten. Bei der Bewertung dieses Kriteriums sollte man beachten, daß es bei geringfügiger

Modifizierung auch gegen die Annahme nationaler Varietäten für Österreich oder die deutschsprachige Schweiz geltend gemacht werden kann. In der Tat stellt z. B. Ingo Reiffenstein (1983: 23) die Existenz einer österreichischen nationalen Varietät deshalb in Frage, weil dafür kein „eigenes, in sich kohärentes Normensystem kodifiziert" sei. Dies läßt sich durchaus so verstehen, daß die Sprachbesonderheiten nicht durchgreifend genug seien, was zumindest in die gleiche Richtung weist wie der Einwand gegen die Anerkennung nationaler Varietäten für BRD und DDR aufgrund des Befundes, die Sprachunterschiede erstreckten sich nicht auf alle Sprachebenen.

Hiermit berühren wir eine der schwierigsten Fragen im Zusammenhang mit nationalen Varietäten. Immer wieder lassen sich Bestrebungen von Sprachpatrioten beobachten, nationale Varianten auch auf anderen Sprachebenen als nur der lexikalischen abzusichern. Beispielhaft sei erinnert an die Bemühungen des zeitweiligen Leiters der Österreichischen Wörterbuchstelle, Otto Langbein, die Mitarbeiter auf die Verwendung auch österreichischer Morphologie festzulegen (z. B. *ich pendel* statt *pendle*), oder an den Versuch des Aktuars des Vereins *Hochdeutsch in der Schweiz*, Hans-Max Schaub, die Sprecher am Schweizer Radio DRS zu einer konsequent schweizerischen Aussprache zu bewegen (z. B. des Suffixes -<ig> als [ɪk] statt [ɪç]) (vgl. Kap. B.1 bzw. C.5). Schon die Tradition des romantischen Sprachnationsgedankens legt es nahe, mehr als nur lexikalische Sprachunterschiede zwischen den Nationen zu postulieren, zumal in der Denktradition Wilhelm von Humboldts, in der vor allem mit grammatischen Unterschieden auch solche der Weltsicht in Zusammenhang gebracht werden. Auch für linguistisch geschulte Sprachpatrioten muß es unbefriedigend sein, wenn sich die nationalen Sprachbesonderheiten auf die volatile Lexik beschränken und nicht ins eigentliche Sprachsystem hineinreichen, vor allem in die Grammatik. Jedoch sind bezüglich des Zusammenhangs von Sprachformen und Bewußtsein oder nationalem Zusammenhalt metaphysische Spekulation und empirische Erkenntnis bisweilen schwierig auseinander zu halten.

Gegenüber jenen Gedanken sei darauf hingewiesen, daß Wörter als Nationalsymbole oder -schibboleths oft eine gewichtige Rolle spielen, gewichtiger vielleicht als grammatische Merkmale oder die Lautung. Als Beispiel sei nur der Kampf österreichischer Sprachpatrioten gegen das Wort *Sahne* und die Verteidigung von *Obers* oder *Rahm* genannt (Schlagwort von der „Sahnefront", vgl. Kap. B.6). Auch die österreichische Regierung hat bei ihren Verhandlungen zum EU-Beitritt nur auf der Zulassung von Wortaustriazismen bestanden (vgl. Kap. B.6); von anderen Sprachebenen (oder grammatischen Rängen) war nicht die Rede. Es erscheint mir daher fragwürdig, den definitorischen Unterschied zwischen Staats- und Nationalvarietäten nach Sprachebenen festzulegen (nur Wortschatzunterschiede gegenüber weitergehenden Sprachunterschieden). Die oben vorgeschlagene Begriffsdifferenzierung erscheint mir demgegenüber unproblematischer: Auch wenn die Sprachunterschiede zwischen zwei Staaten über den Wortschatz hinausreichen, handelt es sich dann nur um Staatsvarietäten, wenn beide Staaten zur selben Nation gehören. Und umgekehrt: Auch wenn nur Wortschatzunterschiede vorliegen, handelt es sich im Falle verschiedener Nationen um Nationalvarietäten. Explizit müßte man eigentlich von *Staatsvarietäten von Nationsteilen* sprechen, nicht einfach von *Staatsvarietäten*, doch wäre dies unnötig umständlich, wo – wie im vorliegenden Kontext – kein Mißverständnis droht (vgl. dazu Kap. A.2.2: Tab. 2).

Das zitierte Kriterium für Nationalvarietäten von Reiffenstein (1983: 23): ‚Vorliegen eines kodifizierten kohärentes Normensystems', kann auch mit Akzent auf der Kodifiziertheit verstanden werden. In dieser Hinsicht standen sowohl BRD als auch DDR gewiß nicht hinter Österreich und der Schweiz zurück. Der Sprachkodex der BRD braucht hier nicht noch einmal vorgestellt zu werden, aber vielleicht ist ein erneuter Hinweis auf den Sprachkodex der DDR angebracht (vgl. zu beiden schon Kap. D.2). Von besonderer Bedeutung ist dabei, daß der DDR-Sprachkodex – ebenso wie derjenige der BRD, und im Gegensatz zum österreichischen und Schweizer Sprachkodex – vollständig war. Damit ist gemeint, daß er sich sowohl auf alle Sprachebenen erstreckte als auch für jede Ebene Monographie-Format hatte (vgl. zum Begriff der ‚Vollständigkeit eines Sprachkodexes' Ammon 1989: 89). Seine wichtigsten Bestandteile waren, differenziert nach Sprachebenen:

- Graphie (Schreibung): *Der Große Duden. Wörterbuch und Leitfaden der deutschen Rechtschreibung* [1957] (1986);
- Phonie (Lautung): *Großes Wörterbuch der deutschen Aussprache* (1982); Vorläufer: *Wörterbuch der deutschen Aussprache* (1964);
- Grammatik: Jung, Walter u.a. [1966] (1984) *Grammatik der deutschen Sprache;*
- Lexik: *Wörterbuch der deutschen Gegenwartssprache,* 6 Bde. (1961–77); *Handwörterbuch der deutschen Gegenwartssprache,* 2 Bde. (1984).

Zumindest nach dem Ausmaß der Binnenkodifizierung der eigenen Varietät haben sowohl DDR als auch BRD Österreich und die Schweiz bei weitem in den Schatten gestellt. Auch die übrigen sozialen Kräfte, die eine Standardvarietät festlegen, waren in der DDR wie auch in der BRD in vollem Umfang vertreten: eigene Modellsprecher und -schreiber, Sprachnormautoritäten (Lehrer und dergleichen) sowie Sprachexperten (Linguisten) (vgl. Kap. A.4.2). Wie sahen nun die auf dieser breiten Grundlage basierenden Standardvarietäten aus, vor allem, wodurch unterschieden sie sich?

Geringfügige Unterschiede gab es auf allen grammatischen Rängen oder Sprachebenen, sogar in der Orthographie, z.B. bei der Schreibung von geographischen Namen (Augst/Sauer 1992: 76). Sie waren zumindest teilweise durch Zufälle der Kodifizierung bedingt. Sofern tieferreichende Unterschiede auf anderen als der lexikalischen Ebene zu verzeichnen waren, dann am ehesten in der Aussprache. Diese waren auch zu beobachten im Gebrauchsstandard, in den ja immer die jeweiligen Dialekte hineinwirken. Auf beiden Seiten der Grenze traten bestimmte Aussprachephänomene zumindest unterschiedlich häufig auf. Der sächselnde SED-Funktionär war geradezu stereotypisch, vielleicht auch der pfälzelnde oder schwäbelnde West-Politiker. Aber auch im kodifizierten Aussprachestandard kann man bei genauer Betrachtung gewisse Unterschiede feststellen. Das *Große Wörterbuch der deutschen Aussprache* (1982) ist stärker orientiert am beobachteten Ausspracheverhalten von Modellsprechern im Rundfunk als der *Siebs* (1969) und auch der Aussprache-Duden (1990). Es enthält dementsprechend – oft in den zusätzlichen, fakultativen Varianten – mehr Phänomene der folgenden Art (in den Beispielen jeweils durch Pfeil markiert):

- Lautassimilationen (Beispiel <Abend>: [ˈaːbm̩t]/[ˈaːbənt] – *Siebs:* [ˈaːbənt], Duden-Aussprachewörterbuch: [ˈaːbn̩t];

– Lautreduktionen (Beispiel <Abitur>: [abi'tu:ᵝ] – *Siebs*: [abi'tu:r]/[abi'tuʁ],
Duden-Aussprachewörterbuch: [abi'tu:ɐ̯]),
– spezifische Teutonismen (Beispiel <Abonnement>: [abɔnə'mãŋ]/[abɔnə'mã·],
– *Siebs*: [abɔnə'mã]/schweiz. [abɔnə'mɛnt], Duden-Aussprachewörterbuch:
[abɔnə'mã:].

Für den aufmerksamen, phonetisch geschulten Beobachter ist dementsprechend unter Umständen auch durchaus erkennbar, an welchem Aussprachekodex
ein Berufssprecher ausgebildet wurde. Insgesamt gesehen waren diese Ost-West-
Unterschiede jedoch geringfügig und traten gegenüber den lexikalischen Unterschieden stark in den Hintergrund, viel stärker als im Verhältnis zwischen den
nationalen Varietäten (Deutschland – Österreich – Schweiz).

Schon aus diesem rein quantitativen Grund ist es nicht verwunderlich, daß
sich ein Großteil der umfangreichen Forschung zu den BRD-DDR-Sprachunter-
schieden auf den Wortschatz konzentriert hat (vgl. Moser 1961; Hellmann 1973;
1978; 1980; 1984; 1992; Braun 1981; Korlén 1983). Noch motivierender dafür
war aber sicher der Umstand, daß sich im Wortschatz die ideologischen Unterschiede zwischen BRD und DDR am deutlichsten kristallisierten oder daß dies
zumindest vielfach so gesehen wurde. Dementsprechend spielt der ideologisch
oder auch der institutionell geprägte Wortschatz, einschließlich der Darstellung
der ideologischen und institutionellen Hintergründe selber, eine vorrangige Rolle
in der Erforschung der BRD-DDR-Sprachunterschiede (aus entgegengesetzter
Sicht z.B. Fleischer 1983; 1988; Schlosser 1981; 1989; 1990 – vgl. auch Frein-
Plischke 1987; Hellmann 1989b; 1989c). Wenn diese Untersuchungen auch in
vielerlei Hinsicht hochinteressant sind, so ist ihre Relevanz für unsere Thematik
doch teilweise eingeschränkt. Zum einen fehlt bisweilen der konsequente Vergleich mit der jeweils anderen Staatsvarietät (z.B. bei Fleischer 1988). Zum
andern – und dies ist bei unserem Thema noch bedeutsamer – ist zweifelhaft,
inwieweit speziell mit dem ideologisch geprägten Wortschatz tatsächlich Unterschiede zwischen den verschiedenen Standardvarietäten erfaßt werden. Dies wird
z.B. deutlich bei der Frage, ob das ideologische DDR-Vokabular nicht auch zur
BRD-Standardvarietät zählt, da es ja ebenso von marxistischen Gruppen in der
BRD verwendet wurde. Die Frage läßt sich umgekehrt entsprechend für die DDR
und das ideologisch geprägte BRD-Vokabular stellen. Eine strikt ausschließende
Antwort dürfte selbst solchen Personen schwerfallen, die ansonsten auf Ausgrenzung der betreffenden, politisch mißliebigen Gruppen bedacht wären.

Was den institutionell bedingten Wortschatz betrifft, so ist der Übergang
zur Benennung von Sachspezika vielfach fließend. Solche Benennungen habe ich
– wie ich meine, aus guten Gründen – nicht zu den eigentlichen nationalen Varianten gezählt (vgl. Kap. A.4.1). Entsprechend wäre konsequenterweise auch bei
den Staatsvarianten, den Konstituenten der Staatsvarietäten, zu verfahren. Bei der
Benennung der Sachspezifika besteht nämlich keine Wahlmöglichkeit für die
Sprecher. Es wäre sogar für eine Person aus der BRD falsch gewesen, die Armee
der DDR *Bundeswehr* zu nennen; ebenso falsch wie für eine Person aus der DDR,
auf die Armee der BRD den Ausdruck *nationale Volksarmee* anzuwenden. Daher
wäre es auch kaum sinnvoll, die betreffenden Benennungen als Bestandteile der
jeweiligen Varietät aufzufassen. Der Begriff der Varietät setzt nämlich die Wahlmöglichkeit zwischen verschiedenen Varianten voraus. Mit diesem Hinweis soll
natürlich keineswegs bestritten werden, daß die Benennung von Sachspezifa

(Institutionen, amtliche Regelungen, Arbeitsformen usw.) den Sprachgebrauch in BRD und DDR in hohem Maße geprägt hat. Man denke nur an Wörter wie *Radikalenerlaß* ‚Erlaß gegen die Anstellung von Personen mit zweifelhafter Verfassungstreue im öffentlichen Dienst‘, *Aktionär, Demonstrationsrecht, Kaltmiete* ‚Miete ohne die Nebenkosten‘ und viele andere für die BRD oder an Wörter wie *Namensweihe* ‚weltliche Feierstunde zur Namensgebung eines Kindes‘, *Neuerer* ‚Werktätiger, der kreativ (durch Erfindungen) zur Produktionssteigerung beiträgt‘, *Subbotnik* ‚(angeblich) freiwillige Feiertagsarbeit‘, *Wohnungskommission* ‚ehrenamtlicher Ausschuß zur Wohnungsverteilung‘ und viele andere für die DDR. Solche mit dem Zusatz „BRD" oder „DDR" markierte Wörter finden sich in beträchtlicher Zahl auch in den Wörterbüchern der beiden deutschen Staaten (z. B. Duden. *Das große Wörterbuch der deutschen Sprache*, 6 Bde. (1976–81) (nur Markierung „DDR", vgl. Bd. 1: 20); *Wörterbuch der deutschen Gegenwartssprache*, 6 Bde. (1964–77) (beide Markierungen, vgl. Bd. 1: 015); siehe zum DDR-Wortschatz auch das Wörterbuch von Kinne/Strube-Edelmann 1980).

Dennoch sind unter dem Aspekt der Staatsvarietäten nicht diese, sondern in erster Linie die wirklich austauschbaren Wörter die relevantesten. Es sind zugleich diejenigen, die nach der staatlichen Vereinigung und der damit verbundenen Vereinheitlichung der Institutionen am ehesten fortbestehen können. Hierzu gehören Wörter wie z. B. folgende:

BRD	DDR
(Brat)Hähnchen	Broiler
Diskjockey	Diskosprecher
Jeans	Niethose
Plastik	Plaste
Zielsetzung	Zielstellung

Die Zahl dieser Wörter scheint recht begrenzt zu sein. Die trotz „Eisernem Vorhang" und „Mauer" fortbestehenden verbalen Kontakte über Besuche und Sprechmedien waren eben doch stets so intensiv, daß sich nicht allzu viele echte Wortvarianten (zur Bezeichnung derselbe Sache) ausbilden konnten, zumal – zumindest bei der breiten Bevölkerung – auch kein so ausgeprägter Varietätsabgrenzungswille bestand wie von seiten Österreichs oder der Schweiz gegenüber Deutschlands.

Welche dieser Varianten fortbestehen, bleibt abzuwarten. Sie haben heute teilweise die Funktion, die noch nicht vollzogene „innere" Vereinigung zwischen den beiden ehemaligen deutschen Staaten auszudrücken. Möglicherweise verfestigen sie sich auch dauerhaft zu regionalen Standardvarianten innerhalb Deutschlands, vergleichbar den Nord-Süd-Unterschieden (vgl. Kap. D.3, vor allem D.3.4). Über Sprachveränderungen nach der Wende und der Vereinigung geben nähere Auskunft: die Untersuchung von Hellmann (1990) bzw. die Abhandlungen in Welke/Sauer/Glück (1992).

E Die nationalen Halbzentren der deutschen Sprache

1 Liechtenstein

Im Gegensatz zu den nationalen Vollzentren einer Sprache verfügen die nationalen Halbzentren über keinen eigenen Sprachkodex (weder Binnen- noch Außenkodex) (vgl. Kap. A.4.5). Die Existenz eines eigenen Kodexes ist freilich kein so klares Kriterium, daß es keine Zweifelsfälle geben könnte, z. B. bei bloßen Ansätzen von Kodifizierung. Dementsprechend sind bisweilen Übergänge bzw. Abstufungen zwischen Voll- und Halbzentren möglich und angebracht. Im Falle der deutschen Sprache ist jedoch, wie die folgenden Kapitel zeigen werden, die Unterscheidung ziemlich unproblematisch.

Nationale Halbzentren sollten nicht verwechselt werden mit subnationalen Zentren (oder Subzentren) einer Sprache. Nationale Halbzentren erstrecken sich auf eine ganze Nation (z. B. Liechtenstein) oder zumindest die ganze betreffende Sprachgemeinschaft in einer Nation (z. B. die Deutschsprachige Gemeinschaft in Belgien), während letztere nur einen Teil der betreffenden Sprachgemeinschaft einer Nation umfassen. Ein Beispiel eines solchen subnationalen Zentrums des Deutschen ist Bayern (Teil der deutschen Sprachgemeinschaft in Deutschland). Es hat nämlich gewisse standardsprachliche Besonderheiten des Deutschen vorzuweisen (vgl. Zehetner im Druck), unter anderem in den Handwerksbezeichnungen. Die Verfügung über standardsprachliche Besonderheiten ist eine notwendige Bedingung für alle Arten von Sprachzentren, jedenfalls diejenigen, die im vorliegenden Buch thematisiert werden: für nationale Voll- und Halbzentren wie auch subnationale Zentren. Letztere werden allerdings im vorliegenden Buch nicht behandelt, und zwar unter anderem deshalb, weil im Hinblick auf sie die Abgrenzung zwischen Standard und Nonstandard (vgl. Kap. A.4.3) so schwierig ist, daß die Lösung besser einer gesonderten Untersuchung vorbehalten bleibt.

Liechtenstein und Luxemburg nehmen unter den nationalen Halbzentren der deutschen Sprache rein äußerlich insofern eine prominente Stellung ein, als es sich um eigenständige Nationen handelt. In Liechtenstein ist darüber hinaus – im Gegensatz zu Luxemburg – Deutsch die einzige staatliche Amtssprache und zudem – in Form des alemannischen Dialekts – die Muttersprache der gesamten einheimischen Bevölkerung. Von diesen Rahmenbedingungen her erscheinen die Möglichkeiten Liechtensteins, eine spezifische Nationalvarietät des Deutschen auszubilden, eigentlich ausgesprochen günstig.

Außerdem ist Liechtenstein immerhin schon seit Jahrhunderten staatlich selbständig. Es wird 1709 Reichsfürstentum, 1806 souveräner Staat im Rheinbund und 1815 souveränes Mitglied des Deutschen Bundes. Nach dessen Auflösung im Jahre 1866 bleibt es ein selbständiger Staat. Allerdings hat es sich außen- und wirtschaftspolitisch stets an einen seiner Nachbarstaaten angelehnt. In der Zeit bis zum Ende des Ersten Weltkriegs war dies Österreich, mit dessen Bundesland Vorarlberg es sogar ein gemeinsames Zoll- und Steuergebiet bildete (1876–1918). Nach dem Ersten Weltkrieg, der die Auflösung der Donaumonarchie und die nachhaltige Schwächung Österreichs mit sich bringt, wendet sich

Liechtenstein stärker der Schweiz zu (vgl. Prinz von und zu Liechtenstein [1945] 1985). 1919 kündigt es den Zollvertrag mit Österreich und schließt 1920 den Postvertrag und 1922 den Zollvertrag mit der Schweiz. Im gleichen Jahr wird der Schweizer Franken die Währung Liechtensteins. Seitdem bildet es eine Zoll- und Währungsunion mit der Schweiz und wird seit 1924 durch die Schweiz auch im Ausland vertreten. Ebenso werden Post- und Telegrafendienst von der Schweizer Post betrieben. Allerdings gibt es weiterhin besondere Verbindungen zu Österreich. So betreibt z.B. die Österreichische Bundesbahn die Bahnstrecke in Liechtenstein. Das Land ist seit 5.10.1921 eine konstitutionelle erbliche Monarchie (Fürstentum) auf parlamentarisch-demokratischer Grundlage. Schon mit dem Beitritt zu den Vereinten Nationen im Jahre 1990 hat Liechtenstein neuerdings eine gewisse außenpolitische Unabhängigkeit von der Schweiz, die der Weltorganisation bis heute nicht angehört, gezeigt. Im Gegensatz zur Schweiz hat sich das Land außerdem zusammen mit den übrigen EFTA-Staaten für den Beitritt zum Europäischen Wirtschaftsraum entschieden, der 1995 in Kraft getreten ist und eine Neuregelung des Zollvertrags mit der Schweiz erfordert. Trotz dieser außenpolitischen Verschiebung bleibt Liechtenstein freilich auf die enge Zusammenarbeit mit allen Nachbarstaaten, auch der Schweiz, angewiesen.

Ein entscheidender Grund dafür ist seine Kleinheit, genauer: die geringe Bevölkerungszahl. Liechtenstein ist mit nur gut 29.000 Einwohnern das bei weitem kleinste nationale Halbzentrum des Deutschen. Das zweitkleinste Halbzentrum des Deutschen, die Deutschsprachige Gemeinschaft in Belgien, hat mit ca. 65.000 Einwohnern schon eine über doppelt so große Bevölkerung. Von der Wohnbevölkerung Liechtensteins – etwas über 29.000 Personen (genau: 29.386) im Jahre 1992 – besaßen damals über 10.000 (10.218) eine ausländische Staatsbürgerschaft. Unter den letzteren waren bezeichnenderweise die Schweizer am stärksten vertreten (4.517), gefolgt von den Italienern (2.849), Österreichern (2.163) und Deutschen (1.063) (*Der Fischer Weltalmanach* 1994: 499f.).

Die Kleinheit der Nation bedingt ganz entscheidend, daß die Grundlagen für eine eigene Standardvarietät zum Teil nur schwach entwickelt sind (vgl. Kap. A.4.2). Die geringe numerische Stärke wird weder voll kompensiert durch die Tatsache, daß dieses Halbzentrum eine ganze Nation umfaßt noch durch die konkurrenzlose Stellung der deutschen Sprache. Wie bei den anderen Halbzentren des Deutschen liegt kein eigener Sprachkodex vor. Als Nachschlagewerke dienen vor allem die Dudenbände, die jedoch keine liechtensteinischen Sprachvarianten (*Liechtensteinismen*, Sg. *Liechtensteinismus*) ausweisen. In der Tat sind Liechtenstein und die Deutschsprachige Gemeinschaft in Belgien (vgl. Kap. E.4) die einzigen Halbzentren der deutschen Sprache, von denen in keinem der Sprachkodizes der nationalen Vollzentren des Deutschen irgendwelche spezifischen Sprachvarianten kodifiziert sind. Schon die entsprechende Markierung von Sprachform, vor allem Wörtern, ist dort nirgends vorgesehen. Liechtenstein verfügt auch kaum über eigene Sprachexperten, da eine eigene Hochschule fehlt, an der Sprachwissenschaftler tätig sein oder ausgebildet werden könnten. Gewisse Möglichkeiten der Betätigung bieten für sie am ehesten sonstige höhere Bildungseinrichtungen, vor allem das Liechtensteinische Gymnasium in Vaduz, zu dessen Lehrkräften der Sprachwissenschaftler Victor Sialm-Bossard zählt, oder das Zentrum für Erwachsenenbildung in Schaan, das eine Zeitlang von dem Sprachwissenschaftler Roman Banzer geleitet wurde. (Beiden verdanke ich zahlreiche Hinweise und Unterlagen zu den folgenden Ausführungen.)

Auch die Möglichkeiten für die Entwicklung von Modelltexten sind eingeschränkt. Schon eine belletristische Nationalliteratur gibt es nur in Ansätzen (vgl. Sialm-Bossard 1990: 80). Sicher ist die geringe Zahl eigener Rezipienten, der zu kleine Markt, ein maßgeblicher Grund, warum Liechtenstein lange Zeit über keine eigene Rundfunkstation verfügt hat, wo mündliche Modelltexte produziert werden konnten; erst im Jahre 1995 wurde eine eigene Radiostation eingerichtet. Bis dahin wurden Radio- und Fernsehsendungen vor allem aus den drei nationalen Vollzentren des Deutschen empfangen. Auch illustrierte Zeitschriften kommen von dort, da in Liechtenstein selber keine hergestellt werden. Bemerkenswert ist freilich eine nicht unbedeutende eigene Sachliteratur, die auch in eigenen Verlagshäusern erscheint: zu Natur, Geschichte und Volkskunde, Politik und Recht, Wirtschaft und Sozialem, Kunst und Kultur, Reisen und anderem (vgl. *Liechtensteiner Bücherkatalog 1991*). Sie verdient bei zukünftigen Recherchen nach Liechtensteinismen besondere Beachtung. Dies gilt auch für die eigenen Zeitungen, die es durchaus gibt und auf die ich am Ende dieses Kapitels noch zu sprechen komme.

An eigenen Sprachnormautoritäten: Amtsvorgesetzten sowie Lehrern aller Schulstufen, besteht kein Mangel. Das schon erwähnte Liechtensteinische Gymnasium, das seit 1937 besteht, führt bis zur „Matura" (vgl. Sialm-Bossard 1990). An diesem Gymnasium waren im Jahre 1993 70 Lehrkräfte tätig, die rund 550 Schüler/innen unterrichteten. Eigene Lehrmittel werden in Liechtenstein allerdings kaum hergestellt, sondern ganz überwiegend aus den anderen deutschsprachigen Ländern importiert, und zwar zum größeren Teil aus Deutschland und zum kleineren Teil aus der Schweiz. Ausnahmen sind einzelne Lehrwerke für Geschichte und Heimatkunde (briefliche Mitteilung Sialm-Bossards, belegt durch beigefügte Lehrmittellisten 1994/95 für Primarschule, Realschule und Gymnasium).

In Liechtenstein besteht eine Diglossie mit der für sie charakteristischen verhältnismäßig strengen strukturellen Trennung von Dialekt und Standardvarietät (kein Dialekt-Standard-Kontinuum) (Banzer 1993: 12–33; vgl. auch Kap. C.4 im vorliegenden Buch). Die funktionale Verteilung beider Varietäten gleicht weitgehend derjenigen der deutschsprachigen Schweiz und – in geringerem Maße – auch derjenigen im österreichischen Vorarlberg. Allerdings scheint der Dialekt nicht in gleichem Ausmaß als Nationalsymbol zu fungieren wie das Schwyzertütsche in der Schweiz. Ein gewisses Indiz dafür ist z.B., daß im Fürstenhaus selber „überwiegend Hochdeutsch gesprochen" wird, auch in der familiären Kommunikation (Banzer 1993: 28f.). Dabei muß man allerdings berücksichtigen, daß die fürstliche Hofhaltung erst im Jahre 1938 bei der Besetzung Österreichs durch das nationalsozialistische Deutschland von Wien nach Liechtenstein verlegt wurde (*Österreichlexikon* 1966: 692), also keine wirkliche Autochthonie besteht. Allerdings wird im Vergleich zur Schweiz auch in den öffentlichen Domänen konsequenter standarddeutsch gesprochen (Clyne 1984: 18f.). Vielleicht gilt dies auch für die Schulen – wenngleich bei den Schülern eine starke Neigung zum Dialektgebrauch besteht. Deutlich ist die Bevorzugung des Standarddeutschen aber in den Kirchen. Im Gegensatz zur Schweiz existiert keine Bibelübersetzung in Liechtensteiner Dialekt, die nach Ansicht Banzers (1993: 32) „von den Liechtensteinern auch als sehr fremd empfunden würde." Allerdings scheint neuerdings auch in den Kirchen, vor allem bei Laien im kirchlichen Dienst, die Verwendung des Dialekts zuzunehmen.

Im Falle von Liechtenstein mag es zweifelhaft erscheinen, ob man wirklich von einem nationalen Halbzentrum des Deutschen sprechen kann. Es ist nämlich nach dem bisherigen Kenntnisstand, einschließlich der vorliegenden Untersuchung, unsicherer als bei den anderen Halbzentren, ob überhaupt spezifisch liechtensteinische Standardvarianten existieren. Bezeichnenderweise nennt Clyne (1984: 18 f.) kein einziges Beispiel, und auch Sialm-Bossard und Banzer sahen sich zur Nennung zweifelsfreier Beispiele nicht in der Lage. Beide vermuten allerdings, daß es solche Varianten gibt. Außerdem schrieb mir Banzer (2.4.1994), sein Standarddeutsch werde „in der benachbarten Schweiz oft als österreichisch" und „im benachbarten Österreich gerne als schweizerisch gefärbt" bewertet. Es ist anzunehmen, daß diese Zuordung primär lautlich bedingt ist. Insbesondere im Bereich der Lautung könnte demnach die liechtensteinische Nationalvarietät mehr durch die Kombination von Helvetismen und Austriazismen gebildet sein als durch spezifische eigene Varianten (vgl. Kap. A.4.1). Zumindest in der staatlichen Verwaltung und im Rechtswesen sind jedoch spezifische Wortschatz-Liechtensteinismen entstanden, die aber zumindest teilweise dem aus der vorliegenden Untersuchung ansonsten ausgeklammerten Bereich der Fachsprache zuzurechnen sind (Beispiel *Gewinnungskosten* in der Wortliste am Ende dieses Kapitels).

Manches spricht dafür, daß das liechtensteinische Standarddeutsch mehr dem Schweizerhochdeutschen als dem österreichischen Standarddeutsch gleicht. Die Sprachnormautoritäten, vor allem die Lehrer, werden hauptsächlich in der Schweiz ausgebildet (Mitteilung Sialm-Bossards 2.11.1994, mit Angabe der wichtigsten Ausbildungsstätten). Überhaupt studieren die Liechtensteiner ganz überwiegend in der Schweiz. So waren z.B. im Studienjahr 1991/92 363 an Schweizer, 57 an österreichischen und 11 an deutschen Hochschulen eingeschrieben (*1993. Statistisches Jahrbuch:* 303–305). Außerdem liegt Liechtenstein im gleichen größeren Dialektgebiet wie die Schweiz, nämlich im alemannischen, das sich nur über einen kleinen Teil Österreichs erstreckt (Bundesland Vorarlberg) und von dem besonders wenig in das österreichische Standarddeutsch eingeflossen ist (vgl. Kap. B.1, B.6, auch F.5).

Allerdings ist das Alemannische in sich so differenziert, daß aus ihm sicher spezifisch liechtensteinische Standardvarianten entwickelt werden könnten. Dies würde auch keineswegs voraussetzen, daß die Isoglossen mit den Staatsgrenzen kongruieren. Als Quelle könnte z.B. das *Vorarlbergische Wörterbuch mit Einschluß des Fürstentums Liechtenstein* (1960) dienen, und zwar mit keiner geringeren Berechtigung, als das *Wörterbuch der bairischen Mundarten in Österreich* (1963 ff.) als Ressource für das *Österreichische Wörterbuch* fungiert (vgl. Kap. B.4). Als Ausgangspunkt für eigene Standardvarianten kämen auch Sprachformen in Betracht, die in der Dialektliteratur schon verwendet wurden. Liechtenstein verfügt über keine geringere Dialektliteratur als die meisten anderen Dialektgebiete der deutschen Sprache. Allerdings macht weder die Nennung in einem Dialektwörterbuch noch die Verwendung in der Dialektliteratur (in der Regel vor allem Lyrik und Drama) eine Sprachform standardsprachlich. Viel eher trägt dazu die Verwendung einer Sprachform in der Sachliteratur, und zwar im beschreibenden Text (nicht als Zitat), bei; vor allem die regelmäßige derartige Verwendung ist sogar ein ziemlich sicheres Indiz für den standardsprachlichen Status einer Sprachform (vgl. Kap. A.4.2).

Inwieweit Liechtenstein derzeit über spezifische nationale Sprachvarianten verfügt, bleibt Forschungsdesiderat. Die folgenden Beispiele stammen aus der punktuellen Auswertung schriftlicher Quellen, nämlich des Mitteilungsblattes *Orientierung* der Gemeinde Balzers (Nr. 61, 69, 128, 142 von 1976, 1978, 1989, 1994; Übermittlung durch Sialm-Bossard) und der Liechtensteiner Zeitungen. Von den beiden Tageszeitungen, über die das Land verfügt, *Liechtensteiner Vaterland* und *Liechtensteiner Volksblatt,* habe ich einzelne Ausgaben auf nationale Sprachbesonderheiten hin durchgeschaut (26.7.1993, 13.10.1994 bzw. 23.7.1993, 13.10.1994), ebenso zwei Ausgaben der werbefinanzierten Wochenzeitung *Liechtensteiner Woche,* die gratis an die Haushalte verteilt wird (18. und 25.7.1993).

Diese Analysen haben nur wenige möglicherweise spezifisch liechtensteinische Sprachvarianten erbracht, dagegen eine beträchtliche Zahl von Helvetismen, von denen manche nach der bisherigen Definition sogar spezifisch schweizerisch wären (vgl. Kap. A.5: (6)). Ihre Definition ist nun im Grunde dahingehend zu erweitern, daß sie auch in Liechtenstein gelten oder zumindest schriftlich gebräuchlich sind. Vielleicht sind sie es überdies im österreichischen Vorarlberg; jedoch konnte dies nicht im einzelnen überprüft werden. Spezifische Austriazismen oder Teutonismen (im bisher definierten Sinn) ließen sich in den untersuchten Texten dagegen nicht feststellen. Aus diesem Befund folgt freilich keineswegs, daß in Liechtenstein alle Helvetismen gelten; z.B. ist dies nicht der Fall bei *Velo,* an dessen Stelle *Rad* gilt (Hinweis Sialm-Bossard). Die Geltung mancher nach bisheriger Definition spezifischer Helvetismen, aber nicht aller, ist strenggenommen schon eine hinreichende Bedingung dafür, daß Liechtenstein tatsächlich über eine eigene nationale Varietät verfügt, zumindest im Sinne einer spezifischen Kombination nationaler Varianten aus den anderen Zentren.

Die nachfolgende Wortliste enthält nur eine Auswahl der gefundenen Beispiele sowie einige von Sialm-Bossard mitgeteilte Fälle. Allerdings sind alle potentiell spezifisch liechtensteinischen Varianten aufgenommen. Als solche wurden all diejenigen Varianten eingestuft, die weder im Schweizer Sprachkodex belegt sind (Bigler u.a. 1987; *Schweizer Schülerduden 1, 2* 1980; 1976; Meyer 1989) noch im Sprachkodex Österreichs oder Deutschlands (den für die Definitionen in Kap. B.3.1, C.3.1 und D.3.1 herangezogenen Teilen). Einzelne Helvetismen wurden auch aufgrund der beobachteten Verwendung in Sachtexten als solche identifiziert (nachfolgend markiert: „nach Eigenbeobachtung"). Wo immer in der folgenden Liste ein ausdrücklicher Hinweis auf die Geltung auch in der Schweiz oder in Österreich („= schweiz." bzw. „= österr.") fehlt, handelt es sich um einen potentiellen spezifischen Liechtensteinismus.

Der aus der Schweiz stammende Sprachwissenschaftler und langjährige Lehrer am Liechtensteinischen Gymnasium Victor Sialm Bossard war so freundlich, bei jedem Wort zu vermerken, ob es – nach seinem subjektiven Empfinden – in Liechtenstein „schriftlich gebräuchlich ist oder nicht und ob es im allgemeinen als korrektes Deutsch gilt oder nicht". „Im allgemeinen" war dabei so zu verstehen, „daß die meisten Lehrer es in Schultexten unbeanstandet akzeptieren würden". Wörter, die gemäß Sialm-Bossard weder gebräuchlich sind noch (allgemein) als korrekt gelten, wurden aus der Liste entfernt. Wörter, die demgemäß sowohl gebräuchlich sind wie auch als korrekt gelten, bleiben nachfolgend unmarkiert. Dagegen sind diejenigen Wörter markiert, bei denen Gebräuchlichkeit und Korrektheit divergieren. In diesen Fällen ist jeweils der negative Wert beigefügt („n.g." = nicht gebräuchlich bzw. „n.k." = nicht korrekt). Die Markierung z.B. mit „n.g." bedeutet also ‚nicht gebräuchlich, gilt aber allgemein als korrekt'.

Bei der Beschreibung der nationalen Varianten der Halbzentren wird – anders als bei den Vollzentren – aus Gründen der Einfachheit auf die Angabe der synonymen anderen nationalen Varianten verzichtet. Stattdessen wird die Bedeutung angegeben, und zwar in deutschem Deutsch. Grund für diese Wahl ist allein der größere Bekanntheitsgrad des deutschen Deutsch, keine sonstige Voreingenommenheit. Ferner sind bei den Halbzentren austauschbare Varianten nicht kenntlich gemacht, da sie nicht systematisch ermittelt werden konnten. Neben den angegebenen Liechtensteinismen gelten vielfach zugleich unspezifischere Varianten, z. B. neben *(Gemeinde)Vorstehung* auch *Bürgermeisteramt*.

Schreibung: Der Buchstabe <ß> ist stets durch <ss> ersetzt (= schweiz.).

Wortschatz:
die Abdankung (evangelisch) (= schweiz.) ‚Dankgottesdienst (als Teil der Beerdigungszeremonie)‘ n. g.,
allfällig (= schweiz./österr.) ‚etwaig‘ n. g.,
der/die Anverwandte (in Traueranzeigen) (= österr./schweiz.) ‚Verwandte‘ (Mitteilung Sialm-Bossard),
die Attika-Wohnung (= schweiz.) ‚Penthauswohnung‘,
die Aufhellung (beim Wetter) ‚Aufheiterung‘,
der Billettautomat (= schweiz.) ‚Fahrkartenautomat‘,
büssen (seitens der Polizei) (= schweiz.) ‚strafen‘,
das Cheminée (= schweiz.) ‚(offener) Kamin‘,
Gewinnungskosten (steuerlich absetzbar; fachsprachlich) ‚Werbekosten, Berufsauslagen‘ (Mitteilung Sialm-Bossard),
der Gotta/Götte (beide Mitteilung Sialm-Bossard)/Götti (schweiz. nur Götti) ‚Pate‘,
der Hauswart (= schweiz./österr.) ‚Hausmeister‘,
die Hirnerschütterung (= schweiz.) ‚Gehirnerschütterung‘,
der Kartoffelstock (= schweiz.) ‚Kartoffelbrei‘,
köpfeln (mit dem Ball) (= schweiz./österr.) ‚köpfen‘,
die Kundmachung (amtliche) (= schweiz./österr.) ‚Bekanntmachung‘,
der Mietzins (= schweiz./österr.) ‚Mietpreis‘,
die Oberschule ‚Hauptschule‘ (Mitteilung Sialm-Bossard),
die Occasion (bei Waren) (= schweiz.) ‚Gebrauchtware‘,
die Offsidefalle (Fußball) (= schweiz.) ‚Abseitsfalle‘,
der Ref (Fußball) (= schweiz.) ‚Schiedsrichter‘,
das Retourgeld (= schweiz.) ‚Wechselgeld‘,
der Saft ‚Marmelade‘ (Mitteilung Sialm-Bossard) n. k.,
der Schulwart (= österr.) ‚Hausmeister in einer Schule‘ (Mitteilung Sialm-Bossard),
spedieren (= schweiz.) ‚befördern‘,
die Trute (= schweiz.) ‚Pute‘ n. g.,
der Tumbler (= schweiz., nach Eigenbeobachtung) ‚Wäschetrockner‘,
der Vizevorsteher ‚stellvertretender Bürgermeister‘,
der (Gemeinde)Vorsteher ‚Bürgermeister‘,
die (Gemeinde)Vorstehung ‚Bürgermeisteramt‘,
das Vortrittsrecht (= schweiz.) ‚Vorfahrtsrecht‘,
das Zivilstandsregister (= schweiz.) ‚Personenstandsregister‘,
zuhinterst (z. B. im Tal) (= schweiz., nach Eigenbeobachtung) ‚ganz hinten‘.

Wortbildung: Neigung zu komplexen Bindestrich-Komposita
Vertrag-Unterzeichnung ‚Vertragsunterzeichnung' n. k.,
Zollvertrag-Diskussion ‚Diskussion des Zollvertrags' n. k.

Grammatik:
Gurten (Pl.) (= schweiz., dt./österr. Gurte),
trotz + Dativ (= schweiz./österr./süddt., dt. trotz + Genetiv).

2 Luxemburg

Deutsch ist in Luxemburg eine von drei nationalen Amtssprachen, neben Französisch und Letzeburgisch (auf letzeburgisch: Lëtzebuergesch) (vgl. zu Einzelheiten Ammon 1991 a: 60–65). Deutsch und Französisch sind seit 1848 verfassungsmäßig Amtssprachen des Staates Luxemburg. Erst im Sprachengesetz von 1984 erhielt auch das Letzeburgische diesen Status (*Mémorial, Remeil de Législation,* A-No 16 vom 27.2.1984). Darin wird zugleich Französisch als Gesetzessprache bestätigt, was ihm einen gewissen Vorrang über die beiden anderen staatlichen Amtssprachen gibt. Letzeburgisch wurde erst nach dem Zweiten Weltkrieg durch Standardisierung zu einer eigenen Sprache entwickelt (vgl. Kap. A.1.1). Eine wichtige Station auf diesem Wege war die Einführung einer amtlichen Orthographie, deren vorläufig endgültige Version 1975 vorgelegt wurde (Ministère d'Etat 1989). Durch das Sprachengesetz 1984 erhielt Letzeburgisch gegenüber den beiden anderen Amtssprachen die Sonderstellung einer Nationalsprache Luxemburgs. Diese Stellung beruht im wesentlichen darauf, daß sich die überwältigende Mehrheit der Nation nur zu Letzeburgisch als Muttersprache bekennt. Dies gilt zumindest für die rund 290.000 Staatsbürger Luxemburgs, dessen Wohnbevölkerung bei rund 390.000 liegt (Anfang 1992: 389.800, davon 99.400 Ausländer. *Der Fischer Weltalmanach 1994:* 502). – Ich verwende hier absichtlich den ansonsten wenig üblichen Terminus *Letzeburgisch.* Wenn die Luxemburger selbst deutsch sprechen, sagen sie *Luxemburgisch,* was jedoch – gerade im vorliegenden Kontext – mit *luxemburgischem Deutsch* verwechselt werden kann, vor allem in der adjektivischen Form. Auf letzeburgisch heißt es *Lëtzebuerg(e)sch.* Daraus läßt sich problemlos der von uns gewählte deutschsprachige Terminus bilden, der den Vorzug der Unmißverständlichkeit hat (belegt im *Österreichischen Wörterbuch* 1990: 291).

Die Tatsache, daß Deutsch nicht Muttersprache ist, bildet einen wichtigen Unterschied Luxemburgs gegenüber allen anderen Halb- und Vollzentren der deutschen Sprache. Hinzu kommt eine durch die deutsche Politik im 20. Jahrhundert bedingte nachhaltige Aversion gegen die deutsche Sprache, die beispielsweise der folgende Hinweis des Luxemburger Sprachwissenschaftlers Fernand Hoffmann (1987: 163; vgl. auch 1988) verrät: „Seit das Großherzogtum zweimal von deutschen Heeren überrannt wurde (1914 und 1940), hat das Hochdeutsche [die deutsche Sprache in Form einer seiner Standardvarietäten! U.A.] vor allem in den mittleren und unteren Volksschichten an Prestige verloren. So sind heute in Kreisen, wo das Hochdeutsche neben dem Letzebuergeschen ausschließliches Sprachinstrument ist, hochdeutsche Heirats-, Geburts- und Todesanzeigen sowie Inschriften auf Kranzschleifen und Gräbern schlichtweg ein Ding der Unmöglichkeit. Zwar gewinnt das Letzebuergesche hier an Boden, aber das Französische ist trotzdem noch vorrangig. Desgleichen kann sich der Luxemburger in seinen Ortschaften und Städten keine deutschen Geschäfts- und Straßenschilder vorstellen." Die Ablehnung der deutschen Sprache beginnt mit dem deutschen Einmarsch 1914 – seitdem werden vor allem deutsche Inschriften abgelehnt –, und sie hat sich noch verstärkt in der NS-Zeit. Dabei muß man bedenken, daß das Großherzogtum von Deutschland annektiert wurde, und zwar – nach den Vorstellungen der deutschen Seite – auf Dauer. Als nicht unmaßgebliche Rechtfertigung dafür diente die Behauptung, Deutsch sei die Muttersprache der Luxemburger. Dies sollte im Jahre 1941 durch eine „Volksentscheidung" nach Art der NS-Politik bewiesen werden. Die Luxemburger Bevölkerung war aufgerufen, sich für ihre Volkszugehörigkeit und Muttersprache zu „entscheiden", für die nur ‚deutsch' als Antwort vorgesehen war. Das Referendum scheiterte jedoch; es wurde abgebrochen, nachdem deutlich wurde, daß die überwältigende Mehrheit der Luxemburger Letzeburgisch und nicht Deutsch als ihre Muttersprache angab (Newton 1987: 164, 170) – eine Heldentat, auf welche die Nation noch heute stolz ist. Die historische Belastung der deutschen Sprache gehört zu den wichtigen Rahmenbedingungen für die spezifische Entwicklung Luxemburgs als Halbzentrum der deutschen Sprache.

Luxemburg hat eine lange Geschichte wechselnder politischer Verbundenheit und Trennung mit dem übrigen deutschen Sprachgebiet. 1308–1313 und 1346–1437 waren die Luxemburger Grafen (seit 1354 Herzöge) sogar Kaiser des Heiligen Römischen Reichs (Deutscher Nation). 1443 fiel Luxemburg an Burgund, 1447 wurde es Teil der Habsburgischen Niederlande, 1506 kam es an Spanien, 1684–1698 an Frankreich, danach wieder an Spanien. Von 1714 bis 1795 war es österreichisch und danach – unter Napoleon – bis 1814 ein französisches Departement. Seit 1815 beginnt sein Weg in die politische Unabhängigkeit. Es wird selbständiges Herzogtum, ist allerdings gleichzeitig in Personalunion mit den Niederlanden verbunden. Außerdem steht es als Mitglied des Deutschen Bundes in Verbindung mit den deutschsprachigen Ländern. Bei der Entstehung Belgiens verliert es beträchtliche Gebietsteile an diesen neuen Staat. 1867 erhält es den Status der Neutralität, bleibt jedoch bis 1918 im Deutschen Zollverband. Schließlich wird es 1940–1944 von NS-Deutschland annektiert. Nach 1867, und erst recht nach 1918, bestehen also die politischen Voraussetzungen für die Entwicklung eines eigenständigen Zentrums der deutschen Sprache, unabhängig von den anderen, heute deutschsprachigen Nationen .

Allerdings richteten sich die Bemühungen der kleinen Nation, die drei verschiedene Sprachen nebeneinander handhabt, in erster Linie auf die Entwicklung des indigenen Idioms. Als einer der ersten Marksteine dafür wird häufig die Forderung des Kammerabgeordneten Caspar Mathias Spoo im Jahre 1896 genannt, daß im Parlament künftig erlaubt sein solle, letzeburgisch zu sprechen. Wenn auch Spoo dabei zunächst kein Erfolg beschieden war, so erreichte er für das Letzeburgische schließlich doch immerhin, daß es 1912 Schulfach in der Volksschule wurde. (Hoffmann 1987: 98)

Für die deutsche Sprache liegt in Luxemburg keinerlei eigener Sprachkodex (Binnenkodex) vor. Die vorhandenen Kodizes beziehen sich auf das Letzeburgische, auch das den Dialekten gewidmete *Luxemburger Wörterbuch* 1950-1977. Allerdings sind – wie es scheint – im Sprachkodex Deutschlands einzelne luxemburgische Besonderheiten ausgewiesen: Luxemburgismen oder, korrekter latinisiert, *Luciburgismen* (Sg. *Luciburgismus*) (Hinweis Karl Dungs). Vor allem in verschiedenen Duden-Bänden findet sich die Markierung „luxemb." im Abkürzungsverzeichnis. Allerdings scheinen nur ganz wenige Formen derart markiert zu sein. Zahlreiche punktuelle Recherchen im Rechtschreib-Duden (1991) und die systematische Durchsicht der Buchstaben T bis Z zeugten kein einziges Beispiel, desgleichen zahlreiche punktuelle Suchaktionen in *Duden: Deutsches Universalwörterbuch* (1989); und bezeichnenderweise fehlt die betreffende Markierung ganz in der CD-Rom-Ausgabe des letzteren (1994), die ein leichtes Auffinden ermöglichen würde. Dennoch unterscheidet sich das luxemburgische Deutsch ein wenig durch diesen Ansatz von Außenkodifizierung, so rudimentär er offenbar ist, vom liechtensteinischen Deutsch. Trotz der beiden daneben bestehenden anderen Sprachen wird es eben doch von einer rund zehn mal so großen Zahl von Personen verwendet. Aufgrund dessen liegt auch ein umfangreicheres Korpus von Modelltexten vor, die als Grundlage der Kodifizierung dienen könnten.

Überhaupt sind alle Komponenten im Kräftefeld einer Standardvarietät (vgl. Kap. A.4.2) stärker ausgebildet als in Liechtenstein. So verfügt das Land im Unterschied zu Liechtenstein sogar über zwei eigene tertiäre Institutionen – wenngleich keine vollwertigen Universitäten – und damit auch eher über eigene Sprachexperten. Am *Centre Universitaire de Luxembourg* kann man ein Grundstudium absolvieren, und das *Institut Supérieur d'Etudes et de Recherches Pédagogiques* in Walferdang ist eine pädagogische Hochschule. Insbesondere an letzterer sind auch Sprachwissenschaftler tätig, die als Sprachexperten auf das nationale Standarddeutsch einwirken können, von denen beispielhaft nur der inzwischen emeritierte Fernand Hoffmann genannt sei.

Auch an Sprachnormautoritäten mangelt es nicht, insbesondere an den Schulen, in denen Deutsch auf allen Ebenen sowohl Schulfach als auch Unterrichtssprache ist. Selbstverständlich verfügt das Land über eigene Gymnasien (*Lyzeen*), sogar über ein humanistisches Gymnasium (*Athenäum*). Ihre deutschen Benennungen sind übrigens Beispiele für Luciburgismen (vgl. Magenau 1964: 51–53). Auf den Ämtern sitzen ebenfalls Sprachnormautoritäten, auch für das Deutsche, die dessen korrekte amtliche Verwendung kontrollieren. Ein Beispiel dieser Verwendung sind die schriftlichen Kurzberichte über die Parlamentsdebatten, die *Analytischen Kammerberichte,* die kostenlos an alle Haushalte verteilt werden.

Damit ist zugleich ein Beispiel von Modelltexten genannt, von denen es eine beträchtliche Anzahl gibt. Die im Vergleich zu Liechtenstein wiederum größere Vielfalt von Modelltexten, auch solchen in deutscher Sprache, ist nicht zuletzt bedingt durch den größeren Reichtum an Massenmedien. Gewissermaßen symbolisch dafür steht *Radio-Télévision Luxemburg (RTL),* ein kommerzieller Sender, der sich bekanntlich weit über Luxemburg hinaus ausgebreitet hat. Seine Radiostation strahlt auf Mittelwelle und UKW auch für Luxemburg selber deutschsprachige Radiosendungen aus – neben solchen auf französisch, letzeburgisch, englisch und in verschiedenen Sprachen der Arbeitsmigranten. Aussprachebesonderheiten des luxemburgischen Deutsch scheinen dabei allerdings nicht entstanden zu sein.

Bedeutsamer für die Ausbildung nationaler Besonderheiten des luxemburgischen Deutsch sind offenbar die Zeitungen. In ihnen spielt die deutsche Sprache eine große, vermutlich sogar die bedeutsamste Rolle aller Sprachen in Luxemburg – wenn auch ihre Dominanz gelegentlich übertrieben wurde. Die wichtigsten der überwiegend deutschsprachigen Zeitungen sind dabei das *Luxemburger Wort* (im Besitz des Bistums, Aufl. 78.000) und das Escher *tageblatt* (im Besitz der Gewerkschaft, Aufl. 25.000 – Angaben jeweils für die Zeit um 1980). Beide Zeitungen enthalten auch Artikel und Anzeigen auf französisch und in geringem Maße auf letzeburgisch.

Außerdem existiert nicht nur eine reiche deutschsprachige Belletristik, neben einer solchen auf französisch und letzeburgisch (Hoffmann 1979: 65–111), sondern auch fachliche und wissenschaftliche Literatur (vgl. z. B. Magenau 1964: 149 f.).

Wie bei allen Halbzentren bewegt sich die nationale Varietät des Deutschen in Luxemburg ganz überwiegend auf der Ebene des Gebrauchsstandards. Nur verhältnismäßig wenige Varianten sind kodifiziert, und dies auch nur in Form von Außenkodifikation. Vor allem im geschriebenen luxemburgischen Deutsch fallen bei näherer Betrachtung Besonderheiten (Luciburgismen) auf, die von den nationalen Sprachnormautoritäten, wie vermutlich auch den Sprachexperten, gewöhnlich nicht beanstandet werden. Sie stammen, wie man sich fast denken kann, überwiegend aus zwei Quellen, nämlich den mit der deutschen Sprache im Kontakt stehenden anderen luxemburgischen Sprachen: dem Französischen und Letzeburgischen. In den meisten Luxemburger Texten sind diese Besonderheiten dünn gesät. Gelegentlich sind sie aber auch massiert, wie z. B. in einer literaturwissenschaftlichen Abhandlung, in der es heißt: „(...) die inländischen Intellektuellen funktionieren ausgezeichnet als belletristische Douaniers, als literarische Enregistreure und als poetisierende Kalkulatoren, die den spirituellen Besteuerungstarif mit äußerst ernsten Berufsmienen applizieren" (ein Text von 1959, zitiert nach Magenau 1964: 72).

Während es zum Standarddeutsch Liechtensteins offenbar keinerlei Untersuchung gibt, liegen zum Standarddeutsch aller anderen nationalen Halbzentren des Deutschen einschlägige Untersuchungen vor. Die bislang gründlichste Untersuchung zum Standarddeutsch Luxemburgs ist die Analyse der luxemburgischen Zeitungssprache von Doris Magenau. Sie hat dabei auch einige grammatische Besonderheiten des luxemburgischen Standarddeutsch gefunden. Dazu zählen vor allem Genusunterschiede bei Substantiven, die bisweilen mit weiteren Unterschieden gekoppelt sind, wie *die Pedale* (dt. *das Pedal*), *der Picknick* (dt. *das Picknick*) oder *der Tour* (dt. *die Tour*), Unterschiede in der Pluralbildung von Substantiven wie z. B. *Bette* (dt. *Betten*), *Tribunäle* (dt. *Tribunale*), *Detaile* (dt. *Details*) oder der e-Plural beim Suffix *-ment*, also *Departemente, Etablissemente* usw. (dt. *Departements, Etablissements*). Vereinzelt finden sich sogar regelmäßig wiederkehrende Besonderheiten in der Wortstellung, z. B. die unbetonte Negationspartikel (keine Betonungsstellung!) vor dem Akkusativobjekt (*Er liebte nicht die Menschen*) (Magenau 1964: 78 f., 89–92, 99).

Die Mehrzahl der Besonderheiten des luxemburgischen Standarddeutsch liegt jedoch – wie offenbar bei allen nationalen Varietäten des Deutschen – im Bereich der Lexik. Die folgende Liste enthält die bei Magenau als häufig auftretend markierten Beispiele (markiert mit „***"), insoweit sie heutzutage nicht gemeindeutsch sind. Letzteres wurde überprüft anhand von *Duden. Das große Wörterbuch der deutschen Sprache* (1976–81); Luciburgismen dürfen dort nicht unmarkiert vorkommen. Viele Wörter Magenaus sind dort allerdings überhaupt nicht aufgenommen, z. B. *die Braderie* ‚Ausverkauf', *der Hall* ‚Flur, Diele'; andere sind als veraltet markiert, z. B. *das Falliment* ‚Zahlungseinstellung', *die Kontusion* (medizinisch) ‚Quetschung'. Manche jener Wörter Magenaus sind in *Duden. Das große Wörterbuch* stilistisch eingeschränkt, z. B. *der Coiffeur/die Coiffeuse* ‚Friseur/Friseuse' „geh.[oben]", *der Garçon* ‚Kellner' „bildungsspr.[achlich] veraltend". Schließlich sind in *Duden. Das große Wörterbuch* einige der nach Magenau (1964) in Luxemburg häufigen Wörter mit anderen nationalen Zentren

des Deutschen markiert, z. B. *die Gendarmerie* ,Polizei' „österr. u. regional",
minim ,winzig, gering' „schweiz.". Erstaunlicherweise ist jedoch in diesem Wörterbuch kein einziges jener Wörter Magenaus als luxemburgisch markiert.

Außer der sehr rudimentären Kodifizierung besteht in Sprachkontaktgebie-
ten von der Art Luxemburgs das Problem der Abgrenzung zwischen echten Entlehnungen aus den Kontaktsprachen, die als korrekt gelten, und bloßen Transferenzen im Sinne von nicht als korrekt akzeptierten momentanen Ausdrucks-
behelfen. Zwischen beiden Arten von Übernahmen aus anderen Sprachen besteht
zumeist ein breiter Übergangssaum normativ unsicherer Fälle. Dabei wird die
Unsicherheit durch fehlende oder lückenhafte Kodifizierung verstärkt. Der Standard wird dann ja ohne Stütze durch den Sprachkodex nur von den anderen
sozialen Kräften gesetzt.

Es bedürfte spezieller Untersuchungen, um festzustellen, welche von ihnen
die Wortschatz- oder vielleicht doch auch anderen Sprachbesonderheiten im Standarddeutsch Luxemburgs stützen: Die Lehrer oder anderen Sprachnormautoritäten mit ihrem Korrekturverhalten, die Sprachexperten mit ihren Richtigkeits-
urteilen oder die Modellsprecher und -schreiber mit ihren Texten. Eine solche
Untersuchung könnte unter Umständen auch zu allgemeineren Erkenntnissen
über Standardvarietäten ohne eigenen Sprachkodex führen.

Fernand Hoffmann, der derzeit wohl beste Kenner des luxemburgischen
Deutsch, war so freundlich, eine von mir nach Magenau (1964) erstellte Wortliste
durchzuschauen und bei jedem Wort zu vermerken, ob es – nach seinem subjektiven Empfinden – in Luxemburg „schriftlich gebräuchlich ist oder nicht und ob
es im allgemeinen als korrektes Deutsch gilt oder nicht". „Im allgemeinen" war
dabei so zu verstehen, „daß die meisten Lehrer es in Schultexten unbeanstandet
akzeptieren würden." Wörter, die nach Hoffmann weder gebräuchlich sind noch
(allgemein) als korrekt gelten, wurden aus der Liste entfernt, wenn sie nur in
Magenau (1964) belegt sind (z. B. *parkieren* ,parken', richtig: *stationieren*). Wörter, die nach Hoffmann sowohl gebräuchlich sind als auch als korrekt gelten, bleiben nachfolgend unmarkiert. Dagegen sind diejenigen Wörter nachfolgend
markiert, bei denen nach Hoffmann Gebräuchlichkeit und Korrektheit divergieren. In diesen Fällen ist jeweils der negative Wert beigefügt („n. g." = nicht
gebräuchlich bzw. „n. k." = nicht korrekt). Die Markierung z. B. mit „n. g."
bedeutet demnach ,nicht gebräuchlich, gilt aber allgemein als korrekt'. – Die
Bedeutungsangabe ist jeweils in deutschem Deutsch beigefügt.

Es erscheint angebracht, gerade im Fall von Luxemburg auf die beschränkte
Zuverlässigkeit dieser Erhebungsmethode hinzuweisen, die für das vorliegende
Buch ähnlich bei allen nationalen Halbzentren des Deutschen angewandt wurde.
Bei einem Aufenthalt in Luxemburg hatte ich Gelegenheit, die nachfolgende Liste
mit Personen verschiedener Berufszugehörigkeit (Student, Lehrer, Buchhändler,
Hotelier) Wort um Wort durchzugehen. Dabei ergaben sich erhebliche Divergenzen in der Einschätzung, ob dies korrektes Deutsch sei bzw. gewöhnlich vom
Lehrer akzeptiert werde. Nur die in der folgenden Liste unterstrichenen Wörter
wurden von allen vier Befragten einstimmig akzeptiert. Die anderen Wörter wurden von mindestens einem dieser Informanten für nicht korrekt gehalten. Der
typische Kommentar dazu war: „So sagen wir auf luxemburgisch [letzebur-
gisch!], aber nicht auf deutsch." Dieser Befund belegt den provisorischen Charakter der hier für die nationalen Halbzentren präsentierten Daten bzw. die Notwendigkeit systematischerer Untersuchungen.

die Affäre/Affaire (vor Gericht) ‚Prozeß‘,
die Affichen (Pl.) (= schweiz.) ‚Aushang, Bekanntmachung‘,
der Akteur ‚Schauspieler‘,
anstoßen (mit dem Wagen, bei einem Unfall) ‚anfahren‘,
der Appell (vor Gericht, z.B. „in Appell gehen") ‚Berufung‘,
aufheben ‚hochheben‘,
der Autocar (= schweiz.) ‚Omnibus‘,
der Bering ‚Umkreis (einer Stadt, eines Hauses)‘ n.k.,
die Braderie ‚Ausverkauf‘,
der Camion (= schweiz.) ‚Lastwagen‘ n.k.,
die Camionnette ‚Lieferwagen‘ n.k.,
der Coiffeur/die Coiffeuse (= schweiz.) ‚Friseur/Friseuse‘ n.k.,
der Concours ‚Wettbewerb‘ n.k.,
der Corner (beim Fußball) (= österr./schweiz.) ‚Eckball‘ n.k.,
das Costume ‚(Herren)Anzug‘ n.k.,
der Coupe (beim Sport) ‚Pokal‘ n.k.,
Deputierter ‚Abgeordneter‘,
Detailgeschäft ‚Einzelhandelsgeschäft‘,
die Division (beim Sport) ‚Liga‘,
die Epicerie ‚Lebensmittelgeschäft‘,
errichten (ein Protokoll) ‚schreiben, verfassen‘,
die Expedition ‚Geschäftsstelle‘,
das Falliment ‚Zahlungseinstellung‘,
der Garcon ‚Kellner‘ n.k.,
die Gelegenheit ‚Sonderangebot‘,
gelegentlich (Präposition mit Genetiv) ‚anläßlich‘ n.k.,
Gendarm (= österr.) ‚(staatlicher) Polizist‘ – auf kommunaler Ebene: Polizist,
Gendarmerie (= österr.) ‚(staatliche) Polizei‘ – auf kommunaler Ebene: Polizei,
Grad (der Schule) ‚Schulstufe‘,
das Groupement ‚Gruppierung, Partei‘,
der Hall ‚Flur, Diele‘,
heuer (= südd./österr./schweiz.) ‚dieses Jahr‘ n.g.,
das Indigenat ‚Heimatrecht, Staatsangehörigkeit‘ n.g.,
die Infirmière ‚Schwester, Krankenpflegerin‘ n.g.,
integral (bei Texten) ‚vollständig, ungekürzt‘,
der Kautschukmantel ‚Gummimantel‘ n.g.,
der Keeper (Fußball) (= österr./schweiz.) ‚Torwart‘ n.g.,
der Kiosk ‚(Konzert)Pavillion‘,
das Klassement ‚Rangordnung‘,
der Kommis ‚Staatsbeamter der untersten Stufe‘,
die Konferenz ‚Vortrag‘,
der Konferenzler ‚Redner‘,
das -korps (z.B. Ärztekorps, Lehrerkorps) ‚-körperschaft‘, z.B. ‚Ärzteschaft‘,
‚Lehrerschaft‘ usw.,
der Krammarkt ‚Trödelmarkt‘,
die Kreszens/Creszens (besonders für Wein) ‚Gewächs‘,
der Leader (Fußball) (= österr./schweiz.) ‚Tabellenführer‘,
die Lektion ‚Schulstunde‘,
das Lyzeum ‚Gymnasium‘,

der Mandatär ‚Bevollmächtigter‘,
die Maternité ‚Entbindungsstation‘,
der Militant ‚Kämpfer, Verfechter‘ n. k.,
der Militär ‚Soldat‘ n. g.,
minim (= schweiz.) ‚winzig, gering‘,
der Moniteur/die Monitrice ‚Sportlehrer/in‘,
Näterin/Nähterin ‚Näherin‘,
die Normalschule (= schweiz.) ‚Lehrerbildungsanstalt‘,
das Office ‚Amt, Stelle‘,
die Papeterie ‚Schreibwarenladen‘ n. g.,
die Pâtisserie (= schweiz.) ‚Konditorei‘ n. k.,
der Pompier ‚Feuerwehrmann‘ n. k.,
der Prätext ‚Vorwand‘,
Primärschule ‚Volksschule‘,
progressistisch ‚progressiv‘,
das Regime ‚(politische) Ordnung‘,
die Rekolte ‚Ernte‘,
das Rendez-vous (z. B. „Sprechstunde auf Rendez-vous“) ‚Vereinbarung‘,
die Resistenz ‚Widerstand‘,
Schöffe ‚Beigeordneter (des Gemeindevorstands)‘,
das Schulprogramm ‚Lehrplan‘,
das Spital (= österr./schweiz.) ‚Krankenhaus‘,
die Stage (bei Beamten) ‚Probezeit‘,
stationieren ‚parken‘,
der Supporter (beim Sport) ‚Fan‘,
das Syndikat (= schweiz.) ‚Gewerkschaft, Interessenverband‘,
die Taxe ‚Abgabe, Gebühr‘,
das/die Television ‚Fernsehen‘,
der Theatercoup ‚Überraschung‘,
das Total (= schweiz.) ‚Summe‘,
die Tout á l’égout ‚Abwasserkanal‘,
der/die Tram ‚Straßenbahn‘ (nach Hoffman nur: der Tram; bayr./österr. die Tram,
    schweiz. das Tram),
die Tranche ‚Abschnitt‘,
der Verifikator ‚höherer Dienstgrad bei der Zollbehörde neben dem Kontrolleur‘,
der Viehpark ‚Pferch‘,
votieren ‚stimmen für, genehmigen‘.

3 Südtirol

In der Autonomen Provinz Bozen-Südtirol im Norden Italiens (vgl. Kap. A.1.2: Karte 1) ist Deutsch gleichberechtigte Amtssprache neben Italienisch. Im ladinischen Teil (ladinische Täler) ist zudem seit einigen Jahren Ladinisch dritte Amtssprache (Hinweise, auch zum folgenden, von Elisabeth Höglinger). Die Gleichberechtigung von Deutsch und Italienisch ist garantiert im Autonomiestatut von 1972, das eine Reihe von Bedingungen dafür festlegt, insbesondere

(1) den Proporz der beiden Sprachgruppen in der öffentlichen Verwaltung. Binnen 30 Jahren (ausgehend von 1972) sollen die öffentlichen Verwaltungsstellen proportional zur zahlenmäßigen Stärke der Sprachgruppen besetzt werden.
(2) Verwaltungsbeamte müssen zweisprachig sein in Italienisch und Deutsch, in den ladinischen Tälern dreisprachig.
(3) Deutsch und Italienisch werden in den Ämtern gleichberechtigt verwendet. Bei Sitzungen der Organe der Provinz sowie der Gemeinden und öffentlichen Körperschaften ist auch die Verwendung von Deutsch allein zulässig (Egger 1977: 49–54).
(4) Die Gleichberechtigung von Deutsch und Italienisch in den Schulen. Die Sprachgruppen haben jeweils getrennte Schulen; die ladinische Gruppe hat ein mehrsprachiges Schulsystem. Im zweiten Grundschuljahr kommt in den italienischsprachigen Schulen Deutsch und in den deutschsprachigen Schulen Italienisch als Pflichtfach hinzu und bleibt es bis zum Ende der Sekundarstufe. Hierdurch soll die generelle Zweisprachigkeit der Bevölkerung erreicht werden.

Südtirol war bis zum Ende des Ersten Weltkriegs Teil Tirols und damit Österreichs. Es war seit dem Spätmittelalter (1363) in Habsburgischem Besitz, mit nur kurzer Unterbrechung während der Napoleonischen Zeit. Erst im Jahre 1919 wurde es von Österreich abgetrennt und – ohne Volksabstimmung und sicher gegen den Willen der Bevölkerungsmehrheit – Italien zugesprochen, gewissermaßen als Belohnung für Italiens Eintritt in den Krieg gegen die Mittelmächte. In der Zeit des italienischen Faschismus (1922–1943) war die öffentliche Verwendung der deutschen Sprache verboten. Durch repressive Sprachenpolitik gegenüber dem Deutschen und durch gezielte Ansiedlung italienischsprachiger Bevölkerungsgruppen sollte das Gebiet italianisiert werden. Zur Ergänzung dieser Maßnahmen sollte das Geheimabkommen zwischen Hitler und Mussolini vom 23. Juni 1939 dienen, das die deutschsprachigen Südtiroler vor die Entscheidung stellte, entweder Südtirol zu verlassen oder die italienische Sprache anzunehmen (vgl. Egger 1977: 35).

Diese repressive Politik hat jedoch dazu beigetragen, daß einerseits die deutschsprachige Südtiroler Bevölkerung bis heute besonders hartnäckig um ihre Minderheitenrechte kämpft und daß andererseits die italienische Nachkriegsregierung als eine Art Wiedergutmachung dazu bereit war, weitreichende Minderheitenrechte zu gewähren. Wichtige Faktoren zugunsten der deutschsprachigen

Bevölkerung waren dabei unter anderem eine eigene Partei (*Südtiroler Volkspartei*) mit bislang ständiger absoluter Mehrheit im Landesparlament und die unaufhörliche Unterstützung von seiten Österreichs. Diese Schutzmacht von außen hat z. B. im Jahre 1960 das Problem der restriktiven Interpretation des Pariser Vertrages von 1946 seitens der italienischen Regierung erfolgreich vor die Vereinten Nationen gebracht, worauf deren Generalversammlung die italienische Regierung zur Ausarbeitung weniger restriktiver Lösungen verpflichtete.

Zwar ist Deutsch in Südtirol nur regionale Amtssprache – im Gegensatz zu Liechtenstein und Luxemburg. Außerdem ist es – im Gegensatz zu Liechtenstein – nur ko-offiziell, teilt also den Amtssprachestatus mit einer anderen Sprache, im ladinischen Gebiet sogar mit zwei. Von daher erscheinen die Bedingungen zur Ausbildung eines eigenen Zentrums der deutschen Sprache nicht gerade günstig. Jedoch ist die deutsche Sprachgruppe im Vergleich zu Liechtenstein zahlenmäßig über zehnmal so stark. 1991 waren es 287.503 Deutschsprachige (67,9% der Südtiroler Bevölkerung), bei 116.914 Italienischsprachigen (27,65%) und 18.434 Ladinischsprachigen (4,36%). Die Zahl der Deutschsprachigen zeigt sogar eine steigende Tendenz, was vielleicht nicht nur auf tatsächlichen Zuwachs, sondern teilweise auch auf Umbekennung zurückzuführen ist. Die Zugehörigkeit einer Person zu einer Sprachgruppe beruht in Südtirol nämlich auf dem Bekenntnisprinzip, nicht auf dem Feststellungsprinzip. Als Motiv für die Umbekennung einzelner Personen ist der noch viele Jahre lang andauernde leichtere Zugang zu den öffentlichen Verwaltungsämtern denkbar. Weil die italienische Sprachgruppe dort bislang überproportional vertreten ist, müssen zur Herstellung des gesetzlich vorgeschriebenen Proporzes (vgl. (1) oben) freiwerdende Stellen überwiegend mit Vertretern der deutschsprachigen Gruppe besetzt werden. Diese Lage der Dinge verrät die verhältnismäßig starke Stellung der deutschsprachigen Gruppe sowie ihr sprachliches Selbstbewußtsein. Im Gegensatz zu Luxemburg ist Deutsch in Südtirol auch Muttersprache der deutschsprachigen Bevölkerung.

In den privaten Domänen sprechen deutschsprachige Südtiroler unter sich überwiegend Dialekt. Im größten Teil des Gebiets handelt es sich dabei um Südbairisch; im Westen zeigen sich gewisse Übergangserscheinungen zum Alemannischen, wobei jedoch die bairische Prägung vorherrschend bleibt. Bei grober soziolinguistischer Typologisierung besteht in der deutschsprachigen Bevölkerung Südtirols eher ein Dialekt-Standard-Kontinuum als eine Diglossie (Lanthaler 1990; Saxalber Tetter 1994: v. a. Kap. 2; vgl. auch Kap. C.4 im vorliegenden Buch).

Was die Grundlagen für eine eigene Standardvarietät betrifft (vgl. Kap. A.4.2), so verfügt Südtirol zwar über keinen eigenen Sprachkodex für das Deutsche. Es ist jedoch zumindest dem Anspruch oder der Intention nach außenkodifiziert, und zwar primär von seiten Österreichs. Das *Österreichische Wörterbuch* führt in seinem Abkürzungsverzeichnis das Kürzel „SüdT = in Südtirol" als Wortmarkierung. Allerdings ist die Zahl der tatsächlich damit markierten Wörter offenbar verschwindend klein. Bei Durchsicht vom Buchstaben A bis einschließlich Buchstabe K konnte ich nur einen einzigen Beleg finden, woraufhin ich die weitere Suche abgebrochen habe. Im Sprachkodex Deutschlands sind jedoch überhaupt keine Südtiroler Sprachvarianten (*Südtirolismen*, Sg. *Südtirolismus*) ausgewiesen, auch in keinem der großen Wörterbücher (*Duden. Das große Wörterbuch der deutschen Sprache* [1976-81] (1993–95), *Brockhaus Wahrig. Deutsches Wörterbuch* (1980-84), *Wörterbuch der deutschen Gegenwartssprache* (1980-82)). Allerdings gibt es einen im Dudenverlag erschienenen speziellen

Band *Besonderheiten der deutschen Sprache in Südtirol* (Riedmann 1972). Hierbei handelt es sich jedoch kaum um einen Sprachkodex. Der Band dient sicher nicht zum Nachschlagen des korrekten Südtiroler Deutsch und wäre dafür von seinem Aufbau her auch wenig geeignet, sondern in erster Linie zu wissenschaftlichen Zwecken.

Das *Österreichische Wörterbuch* wird in Südtirol unter dem Titel *Wörterbuch der deutschen Sprache. Mit besonderer Berücksichtigung der österreichischen Schreib- und Sprechweise* (37. Aufl. 1990) vertrieben. Es wird darüber hinaus vom Südtiroler Kulturinstitut (Bozen), einer privaten Vereinigung, den Schulen im dritten Schuljahr kostenlos zur Verfügung gestellt, und zwar aus Mitteln der Autonomen Provinz Bozen-Südtirol. Schon deshalb spielt es als Nachschlagewerk vor allem in der Grundschule eine bedeutende Rolle. Daneben dienen auch die Dudenbände als Nachschlagewerke, obwohl sie keinerlei Südtirolismen verzeichnen. Vor allem der Rechtschreib-Duden ist weithin im Gebrauch, auch unter Schulleuten, bei denen er mehr Gewicht hat als das *Österreichische Wörterbuch.* (Hinweise Annemarie Saxalber Tetter) Für speziellere Bedürfnisse werden außerdem die anderen Dudenbände herangezogen.

Es wäre sicher unrichtig, wollte man behaupten, Südtirol verfüge über keine eigenen Sprachexperten. Diese Behauptung läßt sich leicht entkräften durch den Hinweis auf Veröffentlichungen bedeutsamer Südtiroler Sprachwissenschaftler, von denen wegen der Affinität ihrer Arbeiten zur Fragestellung des vorliegenden Buches beispielhaft nur Kurt Egger und Annemarie Saxalber Tetter genannt seien. Allerdings verfügt die deutsche Sprachgruppe in Südtirol über keine Ausbildungs- und Wirkungsstätte von Sprachexperten, da ihr eine eigene Hochschule fehlt. Daher studieren die Südtiroler auch auswärts, die deutschsprachigen in der Mehrzahl in Österreich. Möglicherweise besteht ein ursächlicher Zusammenhang zwischen dem Fehlen eines eigenen Sprachkodexes und dem Fehlen einer Wirkungs- und Ausbildungsstätte für Sprachexperten.

Dagegen gibt es einen beträchtlichen Reichtum an den beiden anderen gesellschaftlichen Grundlagen einer eigenen Standardvarietät: an Modelltexten und Sprachnormautoritäten (vgl. Kap. A.4.2). Was die Modelltexte angeht, so verfügt Südtirol zunächst einmal über eine reiche Belletristik (vgl. Gruber 1989). Noch bedeutsamer als Grundlage einer Standardvarietät ist der beachtliche Bestand an Sachliteratur, vor allem naturkundlichen, historischen, kunstgeschichtlichen, volkskundlichen und gastronomischen Charakters (Berg- und Gebietsbücher, Tourismusbücher, Kochbücher usw.). Viele von ihnen erscheinen im größten einheimischen Verlag, Athesia in Bozen, der z.B. auch die Sachbücher des Bergsteigers und Erfolgsautors Reinhold Messner oder die volkskundlich-kunstgeschichtliche Zeitschrift *Der Schlern* verlegt (vgl. zu zahlreichen weiteren Periodika *Medienverzeichnis 1993: Südtirol – Bundesland Tirol – Trentino.* Stand: April 1993, Bozen). Daneben bestehen 16 weitere Verlage deutschsprachiger Literatur in Südtirol (nach Amt für Bibliothekswesen (o.J.) (ed.) *Buchland Tirol 1980–1990.* Bozen). Auch die spezifische Fachliteratur für Justiz und Verwaltung, einschließlich der Formulare, ist in diesem Zusammenhang zu nennen, da sie unweigerlich geprägt ist von der Terminologie des übergeordneten italienischen Staates, was ihr eine Spezifik gegenüber anderen Zentren der deutschen Sprache verleiht (vgl. Pernstich 1984). Unter den Periodika sind vor allem die Zeitungen bedeutsam. Die deutschsprachige Tageszeitung *Dolomiten* hat eine Auflage von rund 35.000, und sogar die Südtiroler Volkspartei verfügt über eine eigene Wochenzeitung, der *Volks-*

bote. Außerdem haben italienischsprachige Zeitungen deutschsprachige Seiten oder „Beilagen" (*Alto Adige, Il mattino*). Seit 1946 besteht am Sender Bozen des RAI (Radiotelevisione Italiana) ein deutschsprachiger (wie auch ein ladinischsprachiger) Hörfunk; seit 1966 strahlt dieser Sender zudem deutschsprachiges (und neuerdings auch ladinischsprachiges) Fernsehen aus – neben den in der Provinz in allen Medien vorherrschenden italienischsprachigen Sendungen. Hier entstehen eigene mündliche deutschsprachige Modelltexte. Dies ist teilweise auch der Fall in privaten Radiostationen, von denen sich seit der gesetzlichen Zulassung im Jahre 1986 eine beträchtliche Anzahl etabliert haben.

Im Gegensatz zu den anderen Halbzentren werden in Südtirol auch deutschsprachige Schulbücher entwickelt (Meraner 1994), vor allem für das 5. Grundschuljahr, das in den anderen nationalen Zentren des Deutschen keine Entsprechung hat. Zuständig dafür ist das seit 1989 bestehende Pädagogische Institut in Bozen. Ansonsten werden die Schulbücher aus Österreich und Deutschland importiert, kaum jedoch aus der Schweiz – wegen der dortigen <ss>- statt <ß>-Schreibung. Geschätzter Prozentanteil der Importe Deutschland : Österreich ≈ 30:70 (Grundschule), 40:60 (Mittelschule), 80 : 20 (Oberschule) (brieflich mitgeteilte Schätzzahlen A. Saxalber Tetter 11.12.1994).

Das Südtiroler Standarddeutsch zeigt naturgemäß – infolge der Nachbarschaft und einer langen gemeinsamen Geschichte – Übereinstimmungen mit dem österreichischen Standarddeutsch. Aufgrund des intensiven Tourismus aus Deutschland sind freilich vielen deutschsprachigen Südtirolern auch zahlreiche Teutonismen bekannt, die sie im Kontakt mit deutschen Besuchern teilweise sogar selber verwenden (Kramer 1981: 104, 106, 123–127; skeptischer Riedmann 1972: 152). Eine Abwehrhaltung gegenüber bundesdeutschem Spracheinfluß von der Art, wie er in Österreich zu beobachten ist (vgl. Kap. B.4, B.6), scheint es in Südtirol jedenfalls nicht oder wenigstens nicht in vergleichbarem Umfang zu geben. Die Einflüsse des österreichischen Deutsch überwiegen jedoch bei weitem die Einflüsse des deutschen Deutsch. Daneben haben sich in Südtirol zumindest im Wortschatz einige bemerkenswerte Besonderheiten entwickelt, die teilweise aus dem Italienischen stammen, sei es durch Entlehnung oder durch Lehnübersetzung (Moser/Putzer 1980; Putzer 1982). Soweit sie als sprachlich korrekt anerkannt werden, also echte Südtirolismen sind, gehören sie großenteils zum amtlichen oder institutionellen Wortschatz (vgl. Hölzl 1973; Masser 1982; Pernstich 1984).

Einige Hinweise, die inzwischen jedoch weitgehend veraltet sind, liefert schon Hildegard Rizzo-Baur (1962: 108-113). Das *Österreichische Wörterbuch* (1990) erweist sich dagegen, wie oben ausgeführt, als sehr magere Quelle. Das einzige einschlägig markierte Wort, das ich von Buchstabe A bis einschließlich K finden konnte, war „*Ansitz* der, -es/ -e: schloßartiger Wohnsitz (bes. in Südtirol)". Es ist, wie man sieht, nicht einmal spezifisch südtirolisch. Detailliertere Angaben liefert die Untersuchung von Karin Pernstich (1984). Die umfangreichste Suchquelle für Südtirolismen bildet jedoch Gerhard Riedmann (1972); allerdings handelt es sich dabei sicher nicht um eine geeignete Definitionsquelle (vgl. zu diesen Begriffen Kap. B.3.1). Beide Untersuchungen, sowohl Pernstichs als auch Riedmanns, bestätigen, daß die Sprech- und Schreibweise der Südtiroler deutschsprachigen Bevölkerung in starkem Maße von Übernahmen aus dem Italienischen geprägt ist. Beide Untersuchungen haben freilich den Nachteil, der zumindest bei unserer Fragestellung schwerwiegt, daß nicht wirklich ernsthaft versucht wird, zwischen korrektem und fehlerhaftem Südtiroler Deutsch zu unterscheiden. Zwar wird bei Pernstich (1984: 21–24) mit der Differenzierung zwischen „Entlehnungen" und „Interferenzen" aus dem Italienischen eine mögliche Unterscheidung in dieser Richtung angedeutet, jedoch nicht wirklich durchgeführt. Auch Riedmann macht nirgends den ernsthaften Versuch, echte Entlehnungen, die als korrekt akzeptiert sind, zu unterscheiden von momentanen, nicht als korrekt akzeptierten Transferenzen (vgl. auch Kap. E.2). Dabei erweckt der Herausgeber, Hugo Moser, durchaus die Erwartung, dies müsse möglich sein, wenn er in seinem „Geleitwort" schreibt, daß sich in Südtirol „bei allem Schwanken im einzelnen etwas wie eine eigene Norm der deutschen Hochsprache herausgebildet hat." (Riedmann 1972: 7) Außer Riedmann und Pernstich gibt es vereinzelte andere Hinweise auf Südtiroler Besonderheiten der deutschen Sprache, z. B. zur Aussprache bei Hans Moser (1982) oder zum Wortschatz bei Forer/Moser (1988). Jedoch lassen auch dort die Aussagen speziell im Hinblick darauf an Klarheit zu wünschen übrig, was korrektes Südtiroler Deutsch ist und was nicht (vgl. auch die übrigen Beiträge im Sammelband von Hans Moser 1982).

In der Tat ist die Unterscheidung offenbar schwierig, wie zumeist in solchen Sprachkontaktverhältnissen, wo es in aller Regel eine breite Übergangszone zwischen Transferenzen und Entlehnungen gibt, zumal bei fehlender Kodifizierung. In Südtirol besteht diese Unsicherheit teilweise sogar beim amtlichen Wortschatz. Elisabeth Höglinger, Deutschlehrerin an der Handelsoberschule von St. Ulrich, Gröden, hat mir dazu geschrieben (27. 3. 1994), einerseits seien die „Übernahmen aus dem Italienischen im Alltagswortschatz (z. B. Patente/Patent für Führerschein)" oft „verpönt", „und man versucht im Schulunterricht dgl. wieder auszumerzen"; andererseits jedoch habe sie den Eindruck, „daß in der Verwaltungssprache eine Art Systematik der Sonderentwicklung im Entstehen begriffen" ist. Offenbar werden zumindest die Südtirol-spezifischen Termini der Verwaltungssprache sogar von den Sprachnormautoritäten (Lehrern und dergleichen) inzwischen weitgehend anerkannt.

Höglinger bestätigt mit ihrem Hinweis auch indirekt den Eindruck, den verschiedene Arbeiten zum Thema vermitteln, nämlich daß Südtiroler Besonderheiten mit wirklich standardsprachlichem Status letztlich nur in der Lexik zu suchen sind. Vor allem Riedmann (1972: 45–81) läßt deutlich genug durchblicken, daß eventuelle orthographische, lautliche oder grammatische Besonderheiten des Südtiroler Deutsch allgemein als nicht standardsprachlich gelten.

Um wenigstens einen gewissen Aufschluß über den standardsprachlichen Status einiger Sprachbesonderheiten Südtirols zu gewinnen, bin ich ähnlich verfahren wie im Falle von Luxemburg. Ich habe aus verschiedenen Quellen eine nicht allzu umfangreiche Wortliste zusammengestellt und Elisabeth Höglinger (St. Ulrich) und Kurt Egger (Bozen) um ihre Einschätzung gebeten. Das vereinte Urteil von Lehrerin und Sprachwissenschaftler sollte eine gewisse Absicherung gewährleisten. Höglinger hat – nach Rücksprache mit Egger – jedes Wort kommentiert. Eigentlich sollte bei jedem Wort vermerkt werden, ob es – nach Einschätzung der Befragten – in Südtirol „schriftlich gebräuchlich ist oder nicht und ob es im allgemeinen als korrektes Deutsch gilt oder nicht", wobei „im allgemeinen" so zu verstehen war, „daß die meisten Lehrer es in Schultexten unbeanstandet akzeptieren würden." Höglingers und Eggers Antworten waren jedoch differenzierter und wurden dann von mir auf dieses Schema hin interpretiert.

Aufgenommen wurden nur Wörter, die in *Duden. Das große Wörterbuch der deutschen Sprache* (1976–81) nicht unmarkiert geführt sind. Falls das eine oder andere nachfolgend aufgenommene Wort dort erscheint, so hat es entweder eine andere Bedeutung oder einen deutlich anderen Stil- oder Gebrauchswert. So ist z. B. das Wort *Garage* in der angegebenen Bedeutung im großen Duden-Wörterbuch als „selten" markiert, *revokieren* als „bildungssprachlich" oder *Salve!* als „latein. Gruß". Die Kontrolle an diesem Wörterbuch bietet bis zu einem gewissen Grad die Gewähr, daß es sich bei den nachfolgenden Wörtern tatsächlich um Südtirolismen handelt, wenngleich nicht in jedem Fall um spezifische (vgl. Kap. A.5: (6)). Manches Wort gilt gleichwertig auch in anderen nationalen Zentren der deutschen Sprache, vor allem in Österreich oder der Schweiz, was in der folgenden Liste jeweils in Klammern hinzugefügt ist. Ansonsten ist die Bedeutung in deutschem Deutsch angegeben. Es wurden nur Wörter beibehalten, die von unseren Informanten (Höglinger, Egger) entweder als gebräuchlich oder als korrekt oder als beides bewertet wurden. Wenn Gebräuchlichkeit und Korrektheit divergieren, so ist jeweils der negative Wert, und nur dieser, beigefügt („n. g." = nicht gebräuchlich bzw. „n. k." = nicht korrekt). Die Markierung z. B. mit „n. g." bedeutet demnach ‚nicht gebräuchlich, gilt aber allgemein als korrekt'.

das/die Aranciata ‚Orangeat',
das Autobüchl ‚die (Wagen)Zulassung' n. k.,
die Autoschule ‚Fahrschule' (kein Kommentar der Informanten),
die Bar ‚Café',
Barist/in ‚Büffetkellner/in',
der Banko ‚Theke' n. k.,
die/der Biro ‚Kugelschreiber' n. k.,
die Bolletta ‚Warenbegleitschein' n. k.,
der/das Bollettino ‚Amtsblatt' (vielleicht korrekt),
der Campo ‚Sportplatz' n. k.,
der Chronometrist ‚Zeitnehmer (bei Sportwettkampf)',
die Cross ‚Flanke (im Fußball)',
der Funktionär ‚höherer Beamter (jeder Art)',
die Garage ‚Garage oder Autowerkstätte' (dt. selten),
(die Prüfung) geben ‚ablegen' n. k.,
der Gelato ‚Speiseeis' n. k.,
Gute Arbeit! ‚Mach's gut! (informeller Verabschiedungsgruß)' (nicht sonderlich
     typisch),
die/der Huder ‚Putzlappen' n. k.,
der Hydrauliker ‚Klempner',
die Identitätskarte (= schweiz.) ‚der Personalausweis',
die Interpellanz (= dt.)/Interpellation n. g. (= österr.) ‚Anfrage (im Parlament)',
die Intervention ‚Debattenbeitrag (im Parlament)' n. g.,
die Karosserie ‚Autoschlosserei',
Kontrollor (= österr.)/Kontrolleur/Kondukteur ‚Schaffner',
die Jagdtessera ‚Jagdschein' n. g.,
das Kondominium ‚Mehrfamilienhaus',
die Kondominiumsspesen ‚Nebenkosten (der Miete)',
die Konkursprüfung ‚Prüfung (bei jeder Art von Wettbewerb)',
die leitende Laufbahn ‚höhere Laufbahn (von Beamten)' n. g.,
der Lehrstuhl ‚Planstelle als Lehrer',
offside/abseits ‚abseits (Fußball)' n. g.,

das Patent ‚Führerschein' n. k.,
patentierter (Skilehrer) (= schweiz.) ‚staatlich geprüfter' n. k.,
die Personalausstellung ‚Einzelausstellung (eines Künstlers)' (österr. Personale),
der Pollo ‚Hähnchen' n. k.,
der Professionist ‚Freiberufler',
der Prüfungskommissär ‚Mitglied einer Prüfungskommission',
der Pullman/Autopullman/Bus ‚Bus (für Fernverkehr)',
rekommandiert (Brief) (= österr.) ‚eingeschrieben' n. k.,
Salve! (informeller Begegnungsgruß zu jeder Tageszeit) (selten),
die Serie ‚Spielklasse (Fußball)',
etwas sequestrieren ‚beschlagnahmen (gerichtlich)',
die Spuma ‚Apfelsaft' (veraltend),
der Steuerkodex (jedem Steuerzahler vom Finanzamt zugewiesen) ‚Steuernummer',
die Straßenpolizei ‚Verkehrspolizei',
studieren ‚eine höhere Schule besuchen',
Student ‚Schüler',
Superalkoholika (Pl.) ‚Schnäpse',
der Supplent ‚Referendar (im Lehramt)',
die Thesis/Tesis ‚Dissertation' n. k.,
das Transportband ‚Förderband' n. k.,
das Zivilkrankenhaus ‚öffentliches Krankenhaus' n. k.

4 Ostbelgien

In Belgien werden seit 1963 per Gesetz verschiedene Sprachgebiete unterschieden, die seit der Verfassungsreform vom 1978 „Gemeinschaften" genannt werden (zuvor „Kulturgemeinschaften") (dankenswerte Hinweise zum Folgenden von Edie Kremer und Franz-Josef Heinen). Eine davon ist die „Deutschsprachige Gemeinschaft", neben der französischen und der flämischen. Außer den drei Gemeinschaften werden in Belgien drei Regionen unterschieden: Wallonien, wozu auch die Deutschsprachige Gemeinschaft gehört, Flandern und Brüssel-Hauptstadt. Durch die Verfassungsänderungen von 1988/89 wurden den „Räten" (Parlamenten) und der Regierung der drei Gemeinschaften mehr Befugnisse zuteil; insbesondere wurde das gesamte Unterrichts- und Ausbildungswesen unter ihre Obhut gestellt – mit Ausnahme einiger Rahmenregelungen (Dauer der Schulpflicht, Mindestbedingungen für Diplome, Besoldungsfragen), die in den Händen des Föderalstaates geblieben sind.

Die Deutschsprachige Gemeinschaft umfaßt ein zweigeteiltes Gebiet im Osten des Landes zwischen Luxemburg und den Niederlanden mit neun Gemeinden (von Süden nach Norden: Burg-Reuland, Sankt Vith, Amel, Büllingen, Bütgenbach, Eupen, Raeren, Lontzen und Kelmis). Es ist laut Verfassung hinsichtlich seiner Amtssprache einsprachig deutsch, allerdings nicht im Unterrichtswesen, wo daneben Französisch Schulsprache ist. Dieses wird auch ansonsten im Einklang mit den rechtlichen Bestimmungen subsidiär verwendet. So können z. B. Gerichtsverfahren auf französisch durchgeführt werden, wenn Beschuldigte oder Kläger keine ausreichenden Deutschkenntnisse haben.

Das Gebiet der Deutschsprachigen Gemeinschaft gelangte als Teil von Eupen-Malmedy nach dem Ersten Weltkrieg an Belgien, mit Wirkung vom 10.1.1920. Es war 1815 vom Wiener Kongreß Preußen zugeteilt worden. Während des Zweiten Weltkriegs wurde es in der Zeit von 1940 bis 1945 von Deutschland wieder annektiert. Dieser Umstand und die unter NS-Verwaltung üblichen Brutalitäten haben nach dem Krieg die Anerkennung von Minderheitenrechten der Deutschsprachigen in Belgien zunächst erschwert; sie wurden dann jedoch später in groß-zügiger Weise gewährt. Besonders entschieden setzt sich für diese Rechte die *Partei der deutschsprachigen Belgier* (PDB) ein, die allerdings innerhalb der Deutschsprachigen Gemeinschaft keine Mehrheit hat (bislang stets unter 25%). Ihr werden auch zumeist die fortdauernden sprachkämpferischen Aktionen angelastet, wie z.B die notorischen Überpinselungen der französischen Varianten auf den zweisprachigen Ortsschildern.

In der Deutschsprachigen Gemeinschaft bekennen sich ca. 65.000 Personen, die überwältigende Mehrheit der dort Wohnenden, zu Deutsch als ihrer Muttersprache. Beide Gebietsteile unterscheiden sich dialektal recht deutlich. Das nördliche, größtenteils niederfränkische, zum Teil aber auch ripuarische Gebiet kann man, entsprechend unserer groben soziolinguistischen Typologie (vgl. Kap. B.5) teilweise der Region des Dialektschwunds zuordnen. Der Dialekt besteht dort nur noch in Restformen; die alltägliche Sprechweise aller Schichten ist stark der Standardvarietät angenähert. Es gibt aber auch Orte mit einem Dialekt-Standard-Kontinuum, wo sogar die Gemeinderatssitzungen gelegentlich im Dialekt stattfinden. Der Dialekt dient dabei der Abgrenzung gegenüber den benachbarten französisch- oder niederländischsprachigen Ortschaften. Das südliche, teils ripuarische, teils aber auch moselfränkische Gebiet gehört dagegen eher zur Region des Dialekt-Standard-Kontinuums. Vor allem von den unteren Sozialschichten wird dort in den privaten Domänen noch verhältnismäßig ausgeprägter Dialekt gesprochen, und zwischen Dialekt und Standardvarietät gibt es keine Kluft, sondern graduelle Übergänge. Allerdings ist insbesondere in der Kleinstadt St. Vith der Dialekt stark geschwunden.

Es liegt auf der Hand, daß das Deutsch in der Deutschsprachigen Gemeinschaft allenthalben deutlich von Übernahmen aus dem Französischen geprägt ist, deren Status als Entlehnungen oder als Transferenzen vielfach nicht ohne weiteres klar ist (vgl. Nelde 1974; 1979; 1982). Trotz der amtlichen Einsprachigkeit der Gemeinschaft ist der Kontakt mit der französischen Sprache intensiv. Sie wird nicht nur, wie schon gesagt, subsidiär verwendet, sondern dient auch der Kommunikation mit den Organen der Provinz Liège und der Region Wallonien, vor allem mit deren Hauptstädten Lüttich/Liège bzw. Namur. Außerdem spielt Französisch in der Schule eine große Rolle. Zwar ist Deutsch vom Kindergarten an Unterrichtssprache; Französisch tritt jedoch schon da als Begegnungssprache hinzu und wird allgemein vom ersten Schuljahr an unterrichtet. Ab dem dritten Schuljahr ist es dann Pflichtfach, und auf der Sekundarstufe wird es zudem in einem Teil der Fächer Unterrichtssprache. Dies entspricht auch durchaus dem Interesse der meisten deutschsprachigen Eltern, die im Hinblick auf die späteren Berufsaussichten Wert darauf legen, daß ihre Kinder zweisprachig aufwachsen.

Was die sozialen Kräfte betrifft, die eine Standardvarietät prägen (vgl. Kap. A.4.2), so verfügt die Deutschsprachige Gemeinschaft mit zwei kleinen Lehrerseminaren sicher nicht in nennenswertem Umfang über Wirkungs- und Ausbildungsstätten für Sprachexperten – übrigens heißt eine dieser Hochschulen in Lehnübersetzung des französischen *école normale* „Normalschule" und die andere „Pädagogische Hochschule der Deutschsprachigen Gemeinschaft". Dennoch gibt es in Belgien an anderen Hochschulen Sprachexperten, die sich intensiv gerade mit dem Deutsch der Deutschsprachigen Gemeinschaft befaßt haben. Stellvertretend für sie sei nur Peter H. Nelde genannt, der zahlreiche Veröffentlichungen unter anderem auch zu den Sprachproblemen der Deutschsprachigen Gemeinschaft vorgelegt hat. Allerdings hat meines Wissens keine/r der belgischen Sprachexperten/innen deutlich Stellung bezogen zugunsten einer Pflege belgischer standarddeutscher Besonderheiten (*Belgismen*, Sg. *Belgismus*). Immerhin jedoch ist nicht in allen Abhandlungen nur von „Normabweichungen" die Rede (Nelde 1974; 1982), sondern bisweilen auch von „Besonderheiten" (Nelde 1979). Bei der Norm, auf die in den Analysen mit den „Abweichungen" Bezug genommen wird, ist – zumindest unausdrücklich – stets das deutsche Deutsch gemeint.

Die Deutschsprachige Gemeinschaft verfügt zwar über genügend eigene Sprachnormautoritäten. Dazu zählen vor allem die Lehrer aller Schulstufen, auf denen ja durchgängig Deutsch nicht nur Schulfach, sondern auch Unterrichtssprache ist, in den höheren Klassen neben Französisch. Außerdem fungieren auch Vorgesetzte auf Ämtern als Sprachnormautoritäten. Allerdings werden alle Sekundarstufenlehrer wie auch die Amtsvorgesetzten an den Hochschulen der Französischen Gemeinschaft ausgebildet, was nicht ohne Einwirkung auf ihre Sprach-

kompetenz bleibt. Inwieweit die Amtsvorgesetzten oder die Lehrer Besonderheiten des belgischen Deutsch bewußt akzeptieren, wenn auch wohl kaum fördern
oder gar verlangen, ist offenbar bislang nicht systematisch untersucht worden.
Nach allen mir vorliegenden Informationen wird man jedoch davon ausgehen
dürfen, daß deutsches Deutsch nicht in die Richtung belgischer Besonderheiten
korrigiert wird. Allenfalls werden Belgismen toleriert.

Die stärkste Grundlage einer belgischen nationalen Varietät des Deutschen
bilden die Modelltexte. An ihnen gibt es sowohl schriftlich als auch mündlich
einen erstaunlichen Reichtum. Dies beginnt bei der Belletristik, die allerdings
noch ein wenig „in den Kinderschuhen" steckt (vgl. Kohnemann 1986: Vorwort),
und setzt sich fort mit regelmäßig erscheinender Sachliteratur, insbesondere Publikationen der Geschichts- und Heimatvereine, Lokalgeschichten und Informa-
tionsmaterial für den Tourismus (v.a. im Grenz-Echo Verlag, z.B. Gielen 1992;
vgl. auch Rosensträter 1985: 431). Unter den Periodika nimmt die Tageszeitung
Grenz-Echo, die seit 1927 besteht und mit der ehemaligen *St. Vither Zeitung* vereinigt wurde, eine prominente Stellung ein. Sie hat eine Auflage von ca. 13.500.
Daneben gibt es – wie in den übrigen Halbzentren – kostenlos verteilte deutschsprachige wöchentliche Werbezeitungen (1994 *Der Wochenspiegel* in Eupen,
Kurier und *Journal AKTUELL* in St. Vith). Seit 1975 hat Eupen ein deutschsprachiges Rundfunkstudio. Mit Dekret vom 27.6.1986 wurde das *Belgische Rund-
funk- und Fernsehzentrum für deutschsprachige Sendungen* (BRF) förmlich ins
Leben gerufen, ebenfalls mit Sitz in Eupen, das freilich schon seit dem 1.4.1983
ganztätig deutschsprachigen Hörfunk sendet. Auch eigenes Fernsehen wird schon
produziert und soll in Zukunft ausgebaut werden. (1994 die Mittwochsendung
„Feierabend" und die Wochenendsendung „Maskerade" – jeweils eine Viertel
Stunde, aber mehrfach wiederholt).

Die Deutschsprachige Gemeinschaft Belgiens verfügt über keinen wirklichen eigenen Sprachkodex. Als Nachschlagewerke dienen in der Regel die
Duden-Bände, vor allem der Rechtschreib-Duden. In keinem dieser Bände sind
jedoch standarddeutsche Sonderformen für Belgien ausgewiesen, wie überhaupt
in keinem Kodexteil Deutschlands oder eines der beiden anderen nationalen Vollzentren des Deutschen.

Einen Ansatz zur Binnenkodifizierung bildet eine *Liste der regionalen und
umgangssprachlichen Abweichungen im deutschsprachigen Gebiet Belgiens*
(Heinen/Kremer 1986). Sie soll den Lehrern als Hilfestellung im Unterricht dienen. Zwar ist sie sicher nicht ernsthaft als Versuch der Kodifizierung belgischer
Sonderformen gedacht, kann jedoch unter Umständen von liberal eingestellten
Lehrern so verstanden und verwendet werden. Aufgrund des Vorworts erscheint
als Hauptzweck, den Lehrern damit eine Hilfe an die Hand zu geben, damit sie
die häufigsten Abweichungen besser erkennen und korrigieren können. Ab-
schwächend heißt es jedoch auch: „Aber treffender Stil und Ausdruck sind oft
nur Ermessensfragen", womit die Zulassung der betreffenden Formen zumindest
als Möglichkeit zugestanden wird. Außerdem sind dann in einer schematischen
Übersicht über das deutsche Sprachgebiet neben lokalen Formen innerhalb der
Deutschsprachigen Gemeinschaft ausdrücklich solche genannt, die im ganzen Gebiet der Deutschsprachigen Gemeinschaft gelten und die zudem – jedenfalls nach
dieser Darstellung – für sie spezifisch zu sein scheinen. Es handelt sich um die
Wörter *Garagist* ‚Autohändler', *Pistolet* (längliches Milchbrötchen, ein Sachspezifikum), *Camion* ‚Lastwagen' und *sich vergönnen* ‚sich wohlfühlen' (S. 3).

Nach Nelde (1987: Karte 40) wäre zumindest noch *Makai* ‚Quark' hinzuzufügen. Zwar sind nicht alles Spezifika im strengen Sinn (nicht *Camion*), aber jedenfalls Besonderheiten gegenüber dem hier offenbar als Vergleichsbasis dienenden deutschen Deutsch. Die Liste selber enthält natürlich viele weitere Beispiele.

Die frühere Zusammenstellung der *Besonderheiten der deutschen Schriftsprache (...) in den deutschsprachigen Teilen Belgiens* von Doris Magenau (1964) dient dagegen in erster Linie wissenschaftlichen Zwecken und kaum praktischen Bedürfnissen. Bemerkenswert ist allerdings, daß diese Zusammenstellung im Dudenverlag, der wichtigsten Instanz für die Kodifizierung des deutschen Deutsch, erschienen ist. Magenaus Arbeit wird auch von Heinen und Kremer (1986) zitiert und war sicher nicht ganz ohne Auswirkung auf die von ihnen erstellte Liste. Man kann ihr daher zumindest ansatzweise den Status einer Außenkodifizierung zuerkennen.

Die Besonderheiten des belgischen Standarddeutsch beschränken sich fast ganz auf den Wortschatz. Orthographische, phonetische oder grammatische Abweichungen vom Standarddeutsch Deutschlands (vgl. z.B. Nelde 1974: 243–248; Heinen/Kremer 1986: 5–13) werden im großen und ganzen als fehlerhaft bewertet. Vor allem im nördlichen Teil sind jedoch einzelne grammatische Besonderheiten so stark verwurzelt, daß sie fast als korrekt gelten. So wird z.B. das Verb *helfen* mit Akkusativ gebraucht und entsprechend auch passivisch verwendet („Ich bin geholfen worden"), oder werden die unpersönlichen Verben *darauf ankommen* und *darum gehen* auch reflexivisch gebraucht („Es kommt sich darauf an", „Es geht sich darum"). Sicher handelt es sich hierbei jedoch um Grenzfälle des Standards. Bis zu einem gewissen Grad sind auch die meisten lexikalischen Besonderheiten so zu bewerten, und zwar insofern, als sie wohl kaum von sämtlichen deutschsprachigen belgischen Sprachnormautoritäten oder Sprachexperten als standardsprachlich anerkannt werden, insbesondere nicht für die Verwendung in der Sachliteratur. Uneingeschränkt anerkannt werden jedoch Namen und Benennungen von Sachspezifika. Ein Beispiel für letztere ist *Pistolet*, die Bezeichnung eines länglichen Milchbrötchens; daneben gibt es die üblichen, rundlicheren Formen, die ohne Milch hergestellt werden und wie in Deutschland *Brötchen* heißen. (Der Unterschied wird bei Nelde 1987: Karte 35, nicht recht deutlich.)

Die anschließenden Beispiele von Belgismen sind größtenteils Magenau (1964) und Heinen/Kremer (1986) entnommen. Die beiden Verfasser der oben beschriebenen Liste und gründlichen Kenner des belgischen Deutsch, Edie Kremer und Franz-Josef Heinen, waren so freundlich, bei jedem Wort zu vermerken, ob es – nach ihrem subjektiven Empfinden – in der Deutschsprachigen Gemeinschaft „schriftlich gebräuchlich ist oder nicht und ob es im allgemeinen als korrektes Deutsch gilt oder nicht". „Im allgemeinen" war dabei so zu verstehen, „daß die meisten Lehrer es in Schultexten unbeanstandet akzeptieren würden". Wörter, die gemäß Heinen/Kremer weder gebräuchlich sind noch (allgemein) als korrekt gelten, wurden aus der Liste entfernt. Wörter, die demgemäß sowohl gebräuchlich sind wie auch als korrekt gelten, bleiben nachfolgend unmarkiert. Dagegen sind diejenigen Wörter markiert, bei denen nach Heinen/Kremer Gebräuchlichkeit und Korrektheit divergieren. In diesen Fällen ist jeweils der negative Wert beigefügt („n.g." = nicht gebräuchlich bzw. „n.k." = nicht korrekt). Die Markierung z.B. mit „n.g." bedeutet also ‚nicht gebräuchlich, gilt aber allgemein als korrekt'. Die mit „Eigenbeobachtung" gekennzeichneten Wörter wurden bei einem Aufenthalt in der Deutschsprachigen Gemeinschaft selbst erfaßt und von vier Informanten als im ganzen Gebiet gebräuchlich und korrekt bewertet (Lehrerin, Bibliothekarin, Museumsangestellte, Hotelier). Diese Informanten bestätigten auch weitgehend die Bewertungen von Heinen und Kremer; nur erkannten alle *Pliesterer* und drei von ihnen *sich vergönnen* als korrekt an, wogegen zwei die Korrektheit von *relax* bezweifelten. – Die Bedeutungen sind in deutschem Deutsch angegeben.

der Bic ‚Kugelschreiber' (Heinen/Kremer 1986: 14) n.k.,
der Camion (= schweiz.) ‚Lastwagen' (Heinen/Kremer 1986: 3) n.k.,
die Camionette ‚Lieferwagen' (Magenau 1964: 126) n.k.,
(ein Auto) depanieren ‚abschleppen' (Heinen/Kremer 1986: 14) n.k.,
die Farde ‚Ordner/Mappe' (Heinen/Kremer 1986: 14),
der Frigo ‚Kühlschrank' (Heinen/Kremer 1986: 14) n.k.,
der Garagist (= schweiz.) ‚Autohändler' (Heinen/Kremer 1986: 3),
großjährig (= schweiz.) ‚volljährig' (Eigenbeobachtung),
das Hospital ‚Krankenhaus' (Magenau 1964: 123),
der Makai ‚Quark' (Heinen/Kremer 1986: 15) n.k.,
panikieren ‚in Panik geraten' (Heinen/Kremer 1986: 16) n.k.,
der Pliesterer ‚Gipser' (Heinen/Kremer 1986: 15) n.k.,
der Prison ‚Gefängnis' (Heinen/Kremer 1986: 15) n.k.,
relax ‚entspannt' (Heinen/Kremer 1986: 16),
der Rollkuchen (eine süße Backware) ‚Schnecke' (Eigenbeobachtung),
der Sölder ‚Speicher' (nur im Nordteil) (Heinen/Kremer 1986: 16) n.k.,
die Telefonkabine (= schweiz.) ‚Telefonzelle' (Magenau 1964: 127),
das Trottoir ‚Bürgersteig' (Heinen/Kremer 1986: 16),
sich vergönnen ‚sich wohlfühlen' (Heinen/Kremer 1986: 3) n.k.

5 Zentrumsansätze ohne Amtssprachlichkeit

Die deutsche Sprache ist nicht beschränkt auf diejenigen Regionen, in denen sie Amtssprache ist. In einer Überblicksdarstellung beschreiben Joachim Born und Sylvia Dickgießer (1989) 25 deutschsprachige Minderheiten, in deren Wohngebieten Deutsch keine Amtssprache ist (sowie zusätzlich die Deutschsprachigen in Ostbelgien und Norditalien/Südtirol mit Deutsch als Amtssprache). Deutschsprachig sind diese Minderheiten insofern, als ihre Muttersprache Deutsch ist, wobei der Begriff ‚Muttersprache' oszilliert und bisweilen nur das Bekenntnis zu Deutsch als Muttersprache beinhaltet, ohne daß die Sprache wirklich beherrscht wird (vgl. Ammon 1991a: 86–114). Bei fehlendem Amtssprachestatus, sind die Möglichkeiten, spezifische Standardvarianten zu entwickeln, also ein eigenes Zentrum der betreffenden Sprache zu werden, meist erheblich eingeschränkt. Dies verrät schon der Umstand, daß überall, wo Deutsch Amtssprache ist, es zugleich auch als Schulsprache fungiert, und zwar nicht nur als Schulfach, sondern auch als Unterrichtssprache. Umgekehrt gilt dies dagegen nicht. Der Amtssprachestatus hat also nicht nur spezielle Sachliteratur und damit Modelltexte zur Folge, zumindest solche für die Ämter (Fachtexte für die Verwaltung, Formulare usw.), sondern auch mehr normativ geregelten Sprachgebrauch und eine größere Zahl und Vielfalt von Sprachnormautoritäten (außer Amtsvorgesetzten auch Lehrer. Vgl. Kap. A.4.2).

Dennoch ist auch ohne Amtssprachestatus die Entwicklung eines eigenen Zentrums einer Sprache nicht grundsätzlich ausgeschlossen; zumindest sind Ansätze zu solchen Zentren möglich. Es können nämlich trotzdem Modelltexte entstehen, und sogar ein eigener Sprachkodex ist denkbar. Von letzterem ist mir allerdings bei den deutschsprachigen Minderheiten – denen ohne Amtssprachestatus des Deutschen! – kein Beispiel bekannt. Ein beträchtliches Gewicht hat unter solchen Umständen die Funktion von Deutsch als Schulsprache, in Verbindung mit der Verwendung in Medien oder in der Literatur. In einem solchen Fall haben nämlich die Lehrer als Sprachnormautoritäten die Möglichkeit, die in den Modelltexten (in Medien und Literatur) auftretenden Sprachbesonderheiten in der Schule zuzulassen oder sogar zu pflegen; sie können sie aber auch einfach als fehlerhaft bewerten und verbieten.

Die folgenden Hinweise beschränken sich auf zwei deutschsprachige Minderheiten, nämlich die in Rumänien und die im Elsaß in Frankreich. Beide gleichen sich insofern, als sie seit Jahrzehnten stark im Rückgang begriffen sind. Die Gründe dafür sind allerdings ganz unterschiedlich. Im Falle der Rumäniendeutschen ist der Rückgang hauptsächlich bedingt durch Abwanderung aufgrund ungünstiger Lebensverhältnisse und eine ungewisse Zukunft; im Falle der deutschen Minderheit im Elsaß ist er bedingt durch eine kontinuierliche intolerante staatliche Sprachenpolitik. Der sprachenpolitische Unterschied zeigt sich unter anderem im unterschiedlichen Status von Deutsch als Schulsprache. In *Rumänien* ist Deutsch seit je – mit nur kurzer Unterbrechung nach dem Zweiten Weltkrieg – Schulsprache auf sämtlichen Schulstufen. Die deutschsprachigen Gymnasien, in denen Deutsch (neben Rumänisch) Unterrichtssprache ist, haben sogar anderssprachige Schüler in beträchtlicher Zahl angezogen – neuerdings ersetzen diese freilich den fehlenden deutschsprachigen Nachwuchs. Für die deutschsprachige Minderheit im *Elsaß und in Lothringen* ist Deutsch dagegen seit Ende des Ersten Weltkriegs höchstens Schulfach – wenn man von einzelnen Sonderfällen von Ansätzen zu zweisprachigen Schulen absieht.

Auch ansonsten hat die rumäniendeutsche Minderheit seit Jahrzehnten verfassungsmäßig verbürgte Rechte auf die Verwendung der eigenen Sprache. Sie haben unter anderem ihren Ausdruck gefunden in regelmäßigen Publikationen nicht nur von Belletristik, sondern auch von Sachliteratur, die hauptsächlich im Kriterion Verlag in Bukarest erschienen sind (vgl. auch Stiehler 1976), aber auch in Form der Tageszeitung *Neuer Weg*. Freilich ist wegen der ansonsten unbefriedigenden Lebensumstände die Minderheit auf einen kleinen Restbestand geschrumpft, nachdem sie bei der letzten Volkszählung im Jahre 1977 noch bei über 350.000 lag; alle bis auf wenige Zehntausend sind nach Deutschland abgewandert.

Im Elsaß und in Lothringen sind zwar die Lebensbedingungen gewiß nicht zum Auswandern; jedoch sind die Sprachenrechte der Deutschsprachigen so stark eingeschränkt, daß in den Volksschulen vielfach nicht einmal das Angebot von Deutsch als Schulfach gewährleistet ist. Dieses hängt nämlich von der Bereitschaft dazu bei den Lehrern ab, für die sich die Frage oft überhaupt nicht ernsthaft stellt, da sie gar kein Deutsch können. In Frankreich werden die Lehrer zentral vermittelt und kommen daher großenteils aus anderen Gebieten als dem Elsaß (oder Lothringen, wo ebenfalls Reste einer deutschsprachigen Minderheit leben); Deutschkenntnisse spielen bei der Abordnung der Lehrer ins Elsaß keine Rolle. Ebensowenig wird im Elsaß die Verwendung der deutschen Sprache in irgendeiner anderen, außerschulischen Domäne gefördert (vgl. Verdoodt 1968; Born/Dickgießer 1989: 87–102). Stattdessen wird die Besonderheit „des Dialekts" betont, dessen Zugehörigkeit zur deutschen Sprache von staatlicher französischer Seite zumindest heruntergespielt, wenn nicht sogar geleugnet wird. Zwar hat sich im Elsaß unter diesen Bedingungen trotzdem eine erstaunlich reiche deutschsprachige Belletristik entwickelt (vgl. z.B. Finck 1977); jedoch fehlt es an Nachwuchsautoren. Sachliteratur ist dagegen kaum vorhanden, und die früher florierenden deutschsprachigen Zeitungen sind auf Reliktformen geschrumpft.

Die Ausstrahlungsmöglichkeiten deutschsprachiger Sendungen über die elektronischen Medien (Radio, Fernsehen) sind im Falle beider deutschsprachiger Minderheiten so eingeschränkt, daß praktisch keine Möglichkeit zur Entwicklung mündlicher Modelltexte besteht.

Für das Rumäniendeutsche hat Helmut Kelp (1982–1984) in einer Dissertation die Besonderheiten erfaßt. Man könnte diese *Transsylvanismen* (Sg. *Transsylvanismus*) nennen. Die Dissertation Kelps ist übrigens in Form einer Serie von Zeitungsartikeln erschienen (Hinweis und Beschaffung durch Brunhilde Szöke). Er hat sich bei ihrer Erarbeitung auf „die schöngeistige Literatur, die Sachliteratur und die Periodika" gestützt, die er als „Hauptträger der Schriftsprache" betrachtet (Kelp 13.2.1982). In einer Schlußbemerkung ordnet er die zusammengestellten, im wesentlichen lexikalischen Besonderheiten folgendermaßen den Sprachnormebenen zu: Sie gehörten zwar nicht zur „Hochsprache", für die er „den Duden" als Maßstab nimmt; es sei jedoch trotzdem gestattet, sie unter der folgenden – als Reim – formulierten Bedingung auch schriftlich zu verwenden:

„Gilt einer als besonders sicher
Im Reich des Schreibens und der Bücher,
Dann kann er manchmal sich erlauben,
Dem Sprachpapst Duden nicht zu glauben (...)"

Bei aller Verbindlichkeit des Dudens gelte eben:

„Doch lass durch ihn dir das Vergnügen
Nicht nehmen an manch prächt'gem Worte
Von echter Siebenbürger Sorte!" (Kelp 8.12.1984)

Damit werden die Lehrer – wie mir scheint – ermuntert, die rumäniendeutschen Sprachbesonderheiten – bei sorgfältiger Abwägung im Einzelfall – zu
dulden, wenn nicht sogar zu fördern. Inwiefern Kelps Darstellung über die rein
wissenschaftliche Funktion hinaus auch als eine Art rudimentärer Sprachkodex
fungiert, an dem sich manche Lehrer in ihrem Korrekturverhalten orientieren,
vermag ich nicht zu beurteilen. Er scheint sich dies jedenfalls zu wünschen. –
Übrigens zeigt die durchgängige Verwendung der Buchstabengruppe <ss> statt
des Buchstabens <ß> in Kelps Arbeit (in der Zeitung *Neuer Weg*), wie aufgrund
des Mangels an den notwendigen Drucktypen eine Norm entstehen kann. Allerdings handelt es sich dabei um keine allgemeingültige Norm des Rumäniendeutschen; der Kriterion Verlag verwendet für seine Veröffentlichungen durchaus das
<ß>.

Ein Großteil der von Kelp präsentierten lexikalischen Besonderheiten sind
Austriazismen. In der Tat entsteht für die Rumäniendeutschen erst 1918 die politische Grundlage für die Ausbildung eines eigenen nationalen Zentrum der deutschen Sprache. In der Zeit davor, von 1775 bis 1918, waren Siebenbürgen und
die Bukowina Bestandteile der österreichisch-ungarischen Monarchie. Die Geltung eventueller Austriazismen reicht damals also nach Osten weit über Österreich hinaus, und ihre Verwendung erstreckt sich vermutlich noch heute auf ziemlich alle deutschsprachigen Minderheiten, die innerhalb des ehemaligen Gebiets
der österreichisch-ungarischen Monarchie übriggeblieben sind (vgl. auch Szöke
1992). Entsprechend sind in die osteuropäischen Sprachen jener Region Entlehnungen vor allem aus dem österreichischen und weniger aus dem deutschen
Deutsch aufgenommen worden (vgl. z.B. Glovacki-Bernardi 1993).

Die spezifisch rumäniendeutschen nationalen Varianten (Transsylvanismen), ohne die Austriazismen, entstammen vor allem den folgenden drei Quellen:
(1) den rumäniendeutschen Siedlerdialekten (Siebenbürger Sächsisch, Banater
und Sathmarer Schwäbisch),   (2) dem Rumänischen und   (3) dem Ungarischen
(jeweils Entlehnungen). Die folgende Liste enthält eine Auswahl aus Kelps (1982-
1984) Sammlung, welche Brunhilde Szöke getroffen hat, die in Rumänien (Siebenbürgen) aufgewachsen ist und an einer gründlichen Untersuchung zur Frage
einer rumäniendeutschen Standardvarietät arbeitet (Zwischenergebnisse in Szöke
im Druck). Sie hat dabei diejenigen Varianten ausgewählt, die nach ihrer Einschätzung unter Deutschsprachigen in Rumänien allgemein gebräuchlich sind
und als korrekt gelten, also im Schulaufsatz (im beschreibenden Text) zulässig
sind. Bei diesem Auswahlnetz fielen allerdings die meisten Varianten aus der
Sammlung Kelps durch die Maschen. Die verbleibende Liste wurde zusätzlich
zwei vor kurzem aus Rumänien nach Deutschland übergesiedelten Lehrerinnen
vorgelegt mit der Bitte, jedes Wort nach den beiden schon oben bei den Halb-

zentren des Deutschen angewandten Kriterien zu bewerten („nicht gebräuchlich", „nicht korrekt" – vgl. Kap. E.2: gegen Ende). Die dabei erteilten Bewertungen sind nachfolgend jeweils beigefügt. Dabei bedeuten „n.g." und „n.k." = von beiden Lehrerinnen (aber nicht von Szöke!) als ‚nicht gebräuchlich' bzw. ‚nicht korrekt' bewertet, und „(n.g.)" und „(n.k.)" = von einer der beiden Lehrerinnen als ‚nicht gebräuchlich' bzw. ‚nicht korrekt' bewertet. – Die Bedeutungen der Wörter sind wiederum in deutschem Deutsch angegeben.

Neben den echten Sprachvarianten gibt es Bezeichnungen von Sachspezifika, die von den Informantinnen einstimmig als gängig und korrekt bewertet wurden, wie *der Borten* (Mädchenkopfschmuck zur Konfirmation), *CEC* (die rumänische Sparkasse) oder *CFR* (die rumänische Eisenbahn).

der Ägrisch ‚Stachelbeere' (n.g.), (n.k.),
der Aufboden ‚Speicher (Raum unter dem Dach)',
das Augenglas (= österr.) ‚Brille',
das Bizikel ‚Fahrrad' (n.g.), n.k.,
der Eingruß (bei Aufnahme in eine Gruppe) ‚Einstand',
einsacken ‚(als Mundvorrat) einstecken' (n.k.),
sich erklauben ‚sich erholen, zu etwas kommen' (n.g.), n.k.,
der Eselshusten ‚Keuchhusten' n.k.,
der Faum ‚Schlagsahne, Eischnee' (n.k.),
die Gehschule ‚Laufstall',
gewinnen ‚herausholen/-nehmen' (n.g.), n.k.,
der Gogoschar ‚Gemüsepaprika' (n.g.), n.k.,
gomern ‚lüstern sein (nach Speisen)' (n.g.), n.k.,
der Hattert ‚Feld, Gemarkung',
Ize (artikellose Verwendung) ‚eine gewisse Person/Sache' (n.g.), n.k.,
die Klettiten (Pl.) ‚Pfannkuchen',
die Kooperativa ‚Genossenschaft' n.k.,
das Mutterzeichen ‚Muttermal' (n.k.),
der Palukes ‚Maisbrei',
die Pomeranze ‚Orange (generell)' (n.g.), (n.k.),
der Schopfen ‚Schuppen/Brettergebäude',
der Tata ‚Papa',
verkrüppeln ‚zerknautschen, zerdrücken' n.k.,
versorgen ‚beiseite legen',
die Vinete (Pl.) ‚Auberginen' (n.g.), n.k.,
zurpen ‚schlürfen' (n.g.), n.k.

Was die deutschsprachige Minderheit in Frankreich angeht, so hat Doris Magenau (1962) in einer Analyse von Tageszeitungen aus der Zeit von 1914 bis 1955 „Besonderheiten der deutschen Schriftsprache im Elsaß und in Lothringen" zusammengestellt. Die Ergebnisse dieser Untersuchung sind heutzutage veraltet. Die Sprachverhältnisse in diesen Gebieten haben sich nachhaltig zu Gunsten des Französischen verändert. Deutsch spielt nur noch eine marginale Rolle, und selbst der „dachlose" Dialekt, dem der Bezug auf eine Standardvarietät (als Dach) weitgehend fehlt (Kloss 1978: 60–63), ist stark rückläufig. Zwar lassen sich in dem Standarddeutsch, das nach wie vor vorkommt, insbesondere Übernahmen aus dem Französischen feststellen, z.B. *Hôtel de Ville* ‚Rathaus', *Maire* ‚Bürgermeister', *Ambulance* ‚Krankenwagen', wie sie, zusammen mit vielen anderen Fällen, schon in Magenau (1962) erscheinen. Ohne gezielte Untersuchungen läßt sich jedoch nicht abschätzen, inwiefern es sich dabei um momentane Transferenzen oder um dauerhafte Entlehnungen handelt. Im letzteren Fall wären es feste Bestandteile des elsässisch-lothringischen Standarddeutsch (*Alsatismen*, wenn man so will, Sg. *Alsatismus*), die unter Umständen sogar im Deutschunterricht als korrekt akzeptiert werden würden. Aufgrund punktueller Mitteilungen und Beobachtungen vermute ich allerdings, daß es in der derzeitigen Schrumpf- oder gar Schwundphase des Deutschen in dieser ostfranzösischen Region keine wirklichen sprachlichen Besonderheiten des dortigen Deutsch mehr gibt. Stattdessen handelt es sich vermutlich in so gut wie allen beobachteten Fällen um echte Abweichungen vom angestrebten Standard, als welcher in der Regel das Standarddeutsch Deutschlands fungieren dürfte.

F Übergreifendes und Ausblicke

1 Zur Kenntnis nationaler Varianten in den jeweils anderen Sprachzentren

Allem Anschein nach liegen zu der Frage, welche nationalen Varianten in den jeweils anderen Zentren der deutschen Sprache bekannt sind, keinerlei empirische Untersuchungen vor. Erstaunlicherweise fühlen sich manche Fachleute bei bestimmten Antworten auf diese Frage offenbar trotzdem recht sicher. So setzt man z.B. im Umkreis der Dudenredaktion voraus, daß die Austriazismen und Helvetismen in Deutschland wenig bekannt sind. Auf dieser Annahme basieren nämlich die beiden Duden-Taschenbücher *Wie sagt man in Österreich?* (Ebner [1969] 1980) und *Wie sagt man in der Schweiz?* (Meyer 1989). Dementsprechend wird der Zweck der beiden Wörterbücher wie folgt erläutert. Beim Wörterbuch zum österreichischen Deutsch: „Es soll dem Deutschen, der sich, sei es im Urlaub, bei einer Geschäftsreise oder zum Studium, in Österreich aufhält, über ihm unbekannte Wörter, fremdartige Formulierungen oder andere Fragen, die sich ergeben könnten, informieren." (Ebner 1980: 5) Beim Wörterbuch zum schweizerischen Deutsch: „Wer in der Schweiz Urlaub macht, geschäftlich mit Schweizer Firmen zu tun hat, Schweizer Zeitungen liest oder ein Freund der Schweizer Literatur ist, dem hilft dieses Buch, das in der Schweiz gesprochene und geschriebene Deutsch besser zu verstehen." Darüber hinaus sollen beide Bücher auch den Angehörigen der eigenen Nation zur Auskunft dienen. (Meyer 1989: hinterer Buchdeckel)

Dagegen geht die Dudenredaktion offenbar davon aus, daß auch für die deutschsprachige Schweiz gilt, was Jakob Ebner (1988: 107f.) im Hinblick auf Österreich geschrieben hat: „Im allgemeinen kann man heute kaum noch von einem in Deutschland üblichen Wort annehmen, es würde in Österreich nicht verstanden (…) Jede Kennzeichnung von Wörtern als ‚unösterreichisch' ist problematisch. Eine solche Kennzeichnung ist nur denkbar, wenn man sie deutlich auf den aktiven Wortschatz einschränkt." Diese Annahme läuft letztlich darauf hinaus, daß es Teutonismen nach Maßgabe des sprachlichen Verstehens überhaupt nicht gibt, sondern nur nach Maßgabe der aktiven Sprachverwendung. Danach existieren zwar Sprachformen, die man nur in Deutschland gebraucht, aber keine, die man nur in Deutschland versteht. Vielleicht ist zudem gemeint: Es gibt keine Sprachformen, die man nur in Deutschland kennt. Vermutlich auf der Grundlage solcher Annahmen hat der Leiter der Dudenredaktion, Günther Drosdowski, einen Vorschlag von mir (Ammon 1994) als für den Dudenverlag uninteressant zurückgewiesen, nämlich ergänzend zu Ebner [1969] (1980) und Meyer (1989) ein drittes Wörterbuch zu erarbeiten, das analog den Titel haben könnte: *Wie sagt man in Deutschland?* Nur als rein wissenschaftliches Vorhaben hält Drosdowski ein solches Wörterbuch für berechtigt: „Sicherlich kann ein solches Wörterbuch nicht praktische Zwecke erfüllen, danach sollte aber die Wissenschaft nicht fragen." (Schreiben Drosdowskis vom 22.10.1992)

Als Begründung für die angenommene Asymmetrie beim Verstehen und sicher auch bei der Kenntnis nationaler Varianten liegen unter anderem die folgenden Tatsachen auf der Hand:

– Der ständige Touristenstrom aus Deutschland nach Österreich und in die Schweiz, der in umgekehrter Richtung viel schwächer ist. Da sich Touristen als Käufer von Waren (Touristenattraktionen) sprachlich zumeist weniger an die Gastgeber anpassen als umgekehrt, ganz nach dem Grundsatz: „Der Kunde ist König", werden die Österreicher und Schweizer mit den deutschen Sprachbesonderheiten mehr vertraut als umgekehrt.
– Der massenhafte Import von Produkten der elektronischen und der Printmedien aus Deutschland nach Österreich und auch in die Schweiz, der in umgekehrter Richtung in geringerem Maße stattfindet. Über das Fernsehen und die Lektüre von Printmedien, z.B. Illustrierten, lernen die Österreicher und Schweizer die nationalen Sprachvarianten Deutschlands eher verstehen als umgekehrt (vgl. Kap. F.4).

So plausibel derartige Begründungen erscheinen, sie führen über ungesicherte Vermutungen nicht hinaus. Es bleibt durchaus denkbar, daß der österreichischen und der Schweizer Bevölkerung trotz Tourismus und Medienkonsums viele nationale Sprachvarianten Deutschlands unverständlich bleiben. Zudem ist mit erheblichen Divergenzen des Verstehens und der Kenntnis von Teutonismen innerhalb der österreichischen und Schweizer Bevölkerung zu rechnen.

Immerhin hat eine „Rundfrage", die 1956/57 von der Zeitschrift des Deutschschweizerischen Sprachvereins *Sprachspiegel* durchgeführt wurde, eine Liste von insgesamt 72 „Wörtern" erbracht (vereinzelt auch als Bestandteil von Redewendungen), „die in Deutschland gebräuchlich, für uns [Schweizer! U.A.] aber ungewohnt oder sogar unverständlich sind" (vgl. „Deutsche Wörter, die uns ungewohnt sind" 1957). Diese Umfrage wurde angeregt durch eine vorausgehende andere, in der durch den Vergleich mit „deutschem Hochdeutsch" die Besonderheiten des „schweizerischen Hochdeutsch" herausgestellt werden sollten (vgl. „Schweizerisches Hochdeutsch und deutsches Hochdeutsch" 1955/56). Schon in dieser Umfrage war darauf hingewiesen worden, daß zumindest viele norddeutsche Wörter den Schweizern fremd seien. In einer Antwort war um die deutschen Entsprechungen zu schweizerhochdeutschen Wörtern wie *Meringue*, *Vacherin* und anderen gebeten worden (*Sprachspiegel* 12, 1956: 89, 91). Da solche Fragen schon bei den *Sprachspiegel*-Lesern auftraten, die zweifellos überdurchschnittlich gebildet und sprachinteressiert sind, dürfen erst recht bei der übrigen Bevölkerung Unsicherheiten gegenüber den Spezifika des deutschen Standarddeutsch vermutet werden, die sich nicht unbedingt auf das Verwenden beschränken, sondern teilweise vielleicht auch auf das Verstehen erstrecken. Allerdings liegt die genannte Umfrage fast 30 Jahre zurück; inzwischen mögen die Besonderheiten des deutschen Deutsch über seine Grenzen hinaus tatsächlich besser bekannt sein.

Letztlich läßt sich der Dunst der Vermutungen freilich nur durch empirische Untersuchungen durchdringen, mit Hilfe von Verstehenstests. Im Idealfall müßte dabei zum einen mit repräsentativen Stichproben der Bevölkerungen der verschiedenen nationalen Zentren gearbeitet werden und zum andern mit einer wohlüberlegten Auswahl von nationalen Varianten, und zwar – wenn es hauptsächlich um das Verstehen geht – vor allem Varianten aus dem Wortschatz. Das beste

Gesamtbild ergäbe sich vermutlich durch eine nach Sachgebieten geschichtete Zufallsauswahl aus den nationalen Wortvarianten. Für die Verstehenstests selber steht eine breite Palette von Möglichkeiten zur Verfügung, aus der je nach Erkenntnisinteresse auszuwählen wäre.

Ebenfalls interessant wäre es, einmal zu ermitteln, welche nationalen Varianten in den anderen Zentren wenigstens bekannt, das heißt einer größeren Zahl der Bevölkerung schon schriftlich oder mündlich begegnet sind – unabhängig davon, ob ihre Bedeutung verstanden wird. Die Bekanntheit einer Variante (im erläuterten Sinn) und ihre Verständlichkeit sind nicht nur zweierlei, sondern es läßt sich auch keine zuverlässig aus der andern erschließen. Bekannte Sprachformen brauchen nicht verstanden zu werden, und unbekannte Formen sind nicht in jedem Fall unverständlich. Eine solche zusätzliche Untersuchung der Bekanntheit von Sprachformen würde die umfassendere Beantwortung der Frage ermöglichen, wie vertraut man in den verschiedenen Zentren des Deutschen mit den jeweils anderen nationalen Varietäten ist.

Als einen ersten Schritt in diese Richtung habe ich zwei Verstehens-Befragungen durchgeführt, eine schriftliche und eine mündliche – von Verstehenstests zu sprechen, wäre übertrieben. Die Grundlage beider Befragungen bildete ein Aufsatztext, der in loser Anlehnung an ein Aufsatzbeispiel aus Gerhard Sennlaub konstruiert wurde (*Spaß beim Schreiben oder Aufsatzerziehung?* Stuttgart usw.: Kohlhammer 1980: 122f.). Von diesem Text wurden drei Versionen erstellt: eine mit Austriazismen, eine mit Helvetismen und eine mit Teutonismen (= Version in österreichischem, schweizerischem und deutschem Standarddeutsch). Dankenswerterweise wurde ich bei der Erstellung der österreichischen Version von Peter Wiesinger und der schweizerischen Version von Iwar Werlen als Sprachexperten ihrer nationalen Zentren (Österreich bzw. Schweiz) beraten. Ich habe sämtliche von ihnen vorgeschlagene Änderungen akzeptiert – ungeachtet eventuell anderer Angaben in den Sprachkodizes. Dadurch sind auch gewisse stilistische Varianten ins Spiel gekommen, die ansonsten vielleicht nicht ohne weiteres als nationale eingeschätzt werden (*wäre/wär, Opa/Großvater* und *Oma/Großmutter*). – Dieselben Texte wurden später auch für die Untersuchung von Lehrerkorrekturen bezüglich nationaler Varianten verwendet (vgl. Kap. F.2).

Die drei Versionen sind nachfolgend wiedergegeben. Varianten derselben plurizentrischen Variablen (vgl. zu dem Begriff Kap. A.4.1) sind durch Schrägstriche voneinander getrennt. Die Teutonismen sind mit spitzen Klammern eingefaßt (Beispiel: <Klinke>), die Austriazismen mit runden Klammern (Beispiel: (Jänner)) und die Helvetismen mit eckigen Klammern (Beispiel: [Estrich]). Zweierlei Klammern um eine Form zeigen an, daß es sich um unspezifische nationale Varianten handelt (vgl. Kap. A.5), die in zwei – aber natürlich nicht in allen drei! – nationalen Vollzentren des Deutschen gelten: Austro-Helvetismen (Beispiel: „([aper])“), Austro-Teutonismen (Beispiel: „(<parkten>)“) oder Helveto-Teutonismen (Beispiel: „[<Aprikosen>]“). Man beachte, daß nicht jede Variante, der eine spezifische oder unspezifische nationale Variante entspricht, auch selbst eine nationale Variante zu sein braucht. Es kann sich auch um eine gemeindeutsche Variante handeln. Gemeindeutsche Varianten sind nachfolgend uneingeklammert wiedergegeben (Beispiele: „schneefrei“, „zurück“). Man kann bei den gemeindeutschen Varianten übrigens aus der Markierung ihrer Entsprechungen ex negativo erschließen, in welcher Version des Aufsatzes sie enthalten waren. So kann man z.B. aus der Markierung von „([aper])“ erschließen, daß die gemeindeutsche

Variante „schneefrei" in der Version des Aufsatzes mit Teutonismen enthalten war. Metasprachliche Ausdrücke, die die Auslassung von Zeichen anzeigen, stehen in geschweiften Klammern (Beispiel: „{ohne Artikel}").

„Der Einbruch
Im [<Januar>]/(Jänner), als die Straßen ([aper])/schneefrei waren, fuhren wir <zu>/([zur]) (<Oma>)/Großmutter und <zu>/([zum]) (<Opa>)/Großvater. Sie waren gerade vom Einkaufen zurück/([retour]). Als wir (<parkten>)/[parkierten], rief Mama gleich: „Da ist (<was>)/etwas passiert!" ([Der])/{ohne Artikel} (<Opa>)/ Großvater war ganz aufgeregt und sagte: „Kommt <mal>/{ohne „mal"}/doch ins Haus." An der Haustür war die <Klinke>/(Schnalle)/[Falle] ab. Als ich durch den <Korridor>/([Gang]) lief, dachte ich, ich (wär)/wäre im Keller. Da lag (<was>)/ etwas, und dort lag (<was>)/etwas. ([Die])/{ohne Artikel} (<Oma>)/Großmutter sagte: „Es ist eingebrochen worden." In der Küche stand der (Eiskasten)/Kühl- schrank offen: <Sahne>/([Rahm]), [<Aprikosen>]/(Marillen), [<Blumenkohl>]/ (Karfiol) und Milch lagen auf den Fliesen/([Kacheln]). Im Schlafzimmer war der [<Kleiderschrank>]/([Kleiderkasten]) aufgebrochen. Ich rannte die [<Treppe>]/ (Stiege) hinauf und dachte nur an meine elektrische Eisenbahn. Die Schachtel war offen, und die (<Lok>)/Lokomotive fehlte. Sogar der (<Dachboden>)/[Estrich] war durchstöbert. In dem Moment <klingelte>/([läutete]) es an der Tür. Es war der <Postbote>/Briefträger mit einem (Flugpostbrief)/Luftpostbrief. Aber da kam auch schon die <Kripo>/Kriminalpolizei."

Zur besseren Übersicht zeigt Tabelle 14 alle enthaltenen nationalen Varian- ten (insgesamt n = 39) in Listenform. Den Spaltenüberschriften sind die Buch- stabenkürzel beigefügt, die im weiteren für die verschiedenen Typen spezifischer und unspezifischer nationaler Varianten verwendet werden (A = Austriazismus usw.). *Oma* und *Opa* sind eingeklammert, da sie nicht in die Auswertung einbe- zogen wurden; sie spielten wegen der vorauszusetzenden allgemeinen Bekanntheit bei den Verstehens- und Kenntnisbefragungen keine Rolle, und sie waren bei den Lehrerkorrekturen (Kap. F.2) immer nur in Verbindung mit dem Artikel kor- rigiert, der offenbar – wie manche Korrekturen nahelegten – korrekturausschlag- gebend war.

Leider bilden vor allem die Teutonismen eine recht blasse Auswahl (vgl. Kap. F.3: zweite Hälfte). *Klingeln* ist in Österreich und der Schweiz nicht nach den Binnenkodizes, sondern nur nach Ebner (1980: 118) bzw. Meyer (1989: 196, Markierung mit „*H*") in seiner Geltung eingeschränkt. Entsprechendes gilt für die Schweiz im Falle von *Klinke* und *Korridor* (Meyer 1989: 136 „*H*" bzw. 166: nur „Hausgang"). Außerdem sind *Klinke, Korridor, Kripo* und *Sahne* Sternchen- Wörter des *Österreichischen Wörterbuchs* (1990), mithin in Österreich weithin bekannt (vgl. Kap. B.4). Mit dementsprechenden Vorbehalten sind die nach- folgenden Befunde bezüglich der Teutonismen zu bewerten, auch in Kapitel F.2.

Die schriftliche Verstehensbefragung wurde durchgeführt im Zusammen- hang der Untersuchung des Korrekturverhaltens, das Lehrer bezüglich nationaler Varianten an den Tag legen (vgl. Kap. F.2). Dabei wurden Grundschullehrern des vierten Schuljahres aus den drei nationalen Vollzentren der deutschen Sprache jeweils die drei Versionen des obigen Textes vorgelegt: die mit Austriazismen, die mit Helvetismen und die mit Teutonismen. Die Erhebungsorte waren die folgen- den, wobei in Klammern jeweils die Zahl der auswertbaren Aufsätze und die Personen beigefügt sind, die bei der Erhebung freundlicherweise behilflich waren.

Tab. 14: Die nationalen Varianten der drei Versionen des Befragungstextes

Spezifische Austriazismen A	Spezifische Helvetismen H	Spezifische Teutonismen T	Austro-Helvetismen AK	Austro-Teutonismen AT	Helveto-Teutonismen HT
Eiskasten	Estrich	klingelte	aper	Dachboden	Aprikosen
Flugpostbrief	Falle	Klinke	der (Opa)	Lok	Blumenkohl
Jänner	parkierten	Korridor	die (Oma)	parkten	Januar
Karfiol		Kripo	Gang	was	Kleiderschrank
Marillen		mal	Kacheln	(Oma)	Treppe
Schnalle		Postbote	Kleiderkasten	(Opa)	
Stiege		Sahne	läutete		
wär		zu (Oma/Opa)	Rahm		
			retour		
			zum		
			zur		
(n = 8)	(n = 3)	(n = 8)	(n = 11)	(n = 4)	(n = 5)

Österreich: Wien (18, Rudolf de Cillia, Peter Wiesinger), Graz (10, Rudolf Muhr) und Innsbruck (9, Oskar Putzer);

Schweiz: Zürich (9, Angelika Linke) und Bern (9, Erika Werlen);

Deutschland: Duisburg (6, Katharina Ammon), Oberhausen und Schermbeck (jeweils 8, jeweils Klaus Joosten).

Aus Österreich lagen also zusammen 37, aus der Schweiz 18 und aus Deutschland 22 Aufsätze zur Auswertung vor (Gesamtzahl 77). Auf Grund der begrenzten regionalen Verteilung der Erhebungsorte und der verhältnismäßig geringen Zahl von Informanten braucht kaum besonders betont zu werden, daß die Untersuchung lediglich Pilotcharakter haben kann. Dies gilt auch für die arbiträre und verhältnismäßig kleine Zahl der in den drei Versionen des Aufsatzes enthaltenen nationalen Varianten. Es bleibt zu hoffen, daß gelegentlich repräsentativere Erhebungen ähnlicher Art folgen werden.

Auf die zunächst erbetene Korrektur und Benotung jeder Version des Aufsatzes folgten ein paar Fragen zum Verständnis und zur Kenntnis der Sprachvarianten. Eine davon lautete:

„Waren für Sie alle Wörter in dem Aufsatz ohne weiteres verständlich? Ja/Nein"

Die Verteilung der Antworten ist wiedergegeben in Tabelle 15. Zur Erläuterung ist hinzuzufügen, daß der Text mit Teutonismen den deutschen Lehrern nicht vorlag, weil ich in diesem ersten Schritt der Erhebung fälschlicherweise noch davon ausging, die nationalen Varianten des eigenen Zentrums seien für die Informanten grundsätzlich kein Problem. Insoweit keine Befragung durchgeführt wurde, ist dies in Tabelle 15 und in den folgenden Tabellen mit „–" markiert; „0" bedeutet demgegenüber ‚0 Antworten' (bei durchgeführter Befragung). Man kann Tabelle 15 außerdem entnehmen, daß die deutschen und die Schweizer Informanten die Frage nicht vollzählig beantwortet haben.

Tabelle 15 zeigt zunächst, daß die Lehrergruppen die Texte der eigenen nationalen Varietät besser verstehen als die Texte der anderen nationalen Varietäten: Die österreichischen Lehrer verstehen den Text mit Austriazismen besser als die deutschen und die Schweizer Lehrer, und die Schweizer Lehrer verstehen den Text mit Helvetismen besser als die deutschen Lehrer. Diese Unterschiede

Tab. 15: Anzahl von Informanten verschiedener Zentren, für die nationale Varianten aus verschiedenen Zentren vollzählig verständlich waren (schriftliche Befragung)

	Text mit Teutonismen		Text mit Austriazismen		Text mit Helvetismen	
	Ja	Nein	Ja	Nein	Ja	Nein
Deutsche Lehrer (n=22)	–	–	0	15	2	15
Österr. Lehrer (n=37)	37	0	36	1	21	16
Schweizer Lehrer (n=18)	16	0	0	16	14	4

sind allesamt auch statistisch signifikant, sogar hoch signifikant (in allen 3 Fällen p < 0,001 – aufgrund von Chi-Quadrat-Tests); diese Unterschiede bestehen also höchstwahrscheinlich auch in der Population insgesamt – soweit unsere Stichprobe für sie repräsentativ ist. Die Schweizer Lehrer verstehen den Text mit Helvetismen auch besser als die österreichischen Lehrer (14 : 4 gegenüber 21:16 Bejahungen); dieser Unterschied ist jedoch statistisch nicht signifikant (p < 0,12).

Auffällig ist auch, daß die österreichischen Lehrer den Text mit Helvetismen signifikant besser verstehen als die deutschen Lehrer (p < 0,002). Allerdings zeigt sich kein entsprechender Unterschied zwischen Schweizer und deutschen Lehrern beim Verständnis des Textes mit Austriazismen, insofern kein einziger Lehrer aus den beiden Gruppen diesen Text vollständig versteht.

Noch auffälliger ist der Unterschied zwischen dem Verständnis des Textes mit den Teutonismen und den beiden anderen Texten. Man wird davon ausgehen dürfen, daß der Text mit den Teutonismen auch von allen deutschen Lesern vollständig verstanden worden wäre, was nicht überprüft wurde; ist er doch sogar allen österreichischen und Schweizer Lehrern vollständig verständlich. Der Text mit den Teutonismen wird also von allen Informanten ohne Einschränkung verstanden. Dagegen werden die Texte mit den Austriazismen und mit den Helvetismen von beträchtlichen Teilen der Lehrer aus den jeweils anderen nationalen Zentren nicht ohne weiteres verstanden. Diese Asymmetrie ist deutlich ausgeprägt, und trotz der zuvor aufgezeigten blassen Auswahl der Teutonismen nicht ohne eine gewisse Aussagekraft. Sie fügt sich vor allem in ein im weiteren noch deutlicher hervortretendes Gesamtbild, das uns auch noch in späteren Kapiteln beschäftigt (vor allem Kap. F.2 und F.7). Die Schweizer und die österreichischen Lehrer verstehen den Text mit den Teutonismen sogar besser als den jeweiligen Text mit den eigenen nationalen Varianten, und bei den Schweizer Lehrern ist dieser Unterschied sogar statistisch signifikant (p < 0,02).

Für ein klareres Verständnis von Tabelle 15 ist es zweckmäßig, zwischen *fremdnationalen* und *eigennationalen* Varianten zu unterscheiden. Für Deutsche z. B. sind spezifische Austriazismen (A) und spezifische Helvetismen (H) sowie Austro-Helvetismen (AH) fremdnational (in unseren Texten n = 22), während spezifische Teutonismen (T), Austro-Teutonismen (AT) und Helveto-Teutonismen

(HT) eigennational sind (n = 18). Entsprechend sind für Österreicher fremdnational: T, H, HT (n = 17), und eigennational: A, AH, AT (n = 23); und für Schweizer sind fremdnational: A, T, AT (n = 22), und eigennational: H, AH, HT (n = 18).

Die in Tabelle 15 dargestellten Befunde kann man nun auch so formulieren, daß von den jeweils fremdnationalen Varianten die Austriazismen und Helvetismen weniger gut verstanden werden als die Teutonismen. Die Teutonismen wurden sogar ausnahmslos von sämtlichen österreichischen und Schweizer Lehrern verstanden (0 Nein-Antworten), während manche Austriazismen und Helvetismen von beträchtlichen Teilen, bisweilen sogar der Mehrzahl der Lehrer der jeweils anderen Zentren nicht verstanden wurden (jeweils 15 bzw. 16 Nein-Antworten bei den Austriazismen und Helvetismen). Dieser Befund bestätigt tendenziell die zu Anfang des Kapitels berichtete Einschätzung seitens Jakob Ebners und der Dudenredaktion – trotz der Blässe der Teutonismen unter denen insbesondere Varianten fehlen, die nur in einem Teil Deutschlands gelten, vor allem ausgesprochen norddeutsche Varianten. Zumindest widerspricht das Ergebnis nicht der Annahme, daß Teutonismen außerhalb ihres eigenen Zentrums besser verstanden werden als Austriazismen und Helvetismen.

Erwähnenswert ist schließlich vielleicht noch, daß kein einziger Nicht-Österreicher alle Austriazismen versteht (0 Ja-Antworten sowohl bei den deutschen als auch bei den Schweizer Informanten). Dagegen werden alle Helvetismen zumindest von ein paar Nicht-Schweizern verstanden (2 deutsche, 21 österreichische Informanten); von den österreichischen Informanten verstehen sogar mehr als die Hälfte sämtliche Helvetismen. Dafür werden die Helvetismen nicht einmal von allen Informanten des eigenen Zentrums, also nicht einmal von allen Schweizern selber, vollzählig verstanden (nicht von 4 = 22%); bei den Austriazismen hatte nur ein einzelner Informant des eigenen Zentrums, also 1 Österreicher, Verständnisschwierigkeiten.

Die folgende Frage sollte Aufschluß darüber liefern, welche nationalen Varianten im einzelnen für die Lehrer unverständlich waren:
„Nennen Sie bitte alle Wörter, die für Sie nicht ohne weiteres verständlich waren:
· ·“
Hiermit ließ sich zunächst einmal für jede in den Texten enthaltene nationale Variante (vgl. Tab. 14) feststellen, ob sie „nur für einen Teil (der Informanten) verständlich" war. Dies war der Fall, wenn die betreffende Variante bei der obigen Frage genannt wurde – wobei die Häufigkeit der Nennung im Moment noch unberücksichtigt bleiben soll. Wurde die Variante auf die obige Frage nicht (in keinem Fall) genannt, so war sie „für alle (Informanten) verständlich". Diese in Anführungszeichen gesetzten Formulierungen erscheinen wieder als Spaltenüberschriften in Tabelle 16. Entsprechend ließ sich auch jede nationale Variante *bezüglich der einzelnen nationalen Lehrergruppen* als „nur für einen Teil verständlich" bzw. „für alle verständlich" spezifizieren. Die Befunde liefern einen weiteren Hinweis darauf, ob Teutonismen außerhalb des eigenen Zentrums in höherem Maße verständlich sind als Austriazismen und Helvetismen. Tabelle 16 gibt einen Überblick über die betreffenden Befunde. Die Zahlen für die spezifischen nationalen Varianten sind jeweils in Klammern angegeben; die uneingeklammerten Zahlen repräsentieren die spezifischen und unspezifischen nationalen Varianten zusammengenommen.

Um außerdem gleichzeitig prüfen zu können, inwieweit die eigennationalen Varianten mehr verstanden werden als die fremdnationalen, wurde bei der Zäh-

lung entsprechend differenziert. Es wurden bezüglich jeder nationalen Lehrer-
gruppe einerseits die eigennationalen und andererseits die fremdnationalen
Varianten gezählt. So wurden z. B. für die österreichischen Informanten alle
Austriazismen, spezifische und unspezifische, gezählt (A, AH, AT), da sie alle
eigennational sind, aber nur die fremdnationalen Helvetismen (H, HT – nicht
AH) und nur die fremdnationalen Teutonismen (T, HT – nicht AT). Entsprechend
wurde bei den beiden anderen nationalen Lehrergruppen verfahren.

Tab. 16: Anzahl nationaler Varianten, die für alle bzw. nur einen Teil der Informanten aus verschiedenen Zentren verständlich waren (schriftliche Befragung)

	Teutonismen		Austriazismen		Helvetismen	
	Für alle verständl.	Nur für einen Teil	Für alle verständl.	Nur für einen Teil	Für alle verständl.	Nur für einen Teil
Deutsche Lehrer	8 (–)	0 (–)	8 (3)	11 (5)	6 (0)	8 (3)
Österr. Lehrer	8 (6)	6 (4)	21 (8)	2 (0)	2 (0)	5 (3)
Schweizer Lehrer	14 (10)	0 (0)	8 (4)	4 (4)	16 (3)	2 (0)

Beim Vergleich der Teutonismen mit den Austriazismen und Helvetismen
außerhalb der eigenen Zentren fällt nun ein spezifischer Unterschied auf: Die
Teutonismen scheinen nur in der Schweiz, also einem der beiden anderen Zentren, weit besser verstanden zu werden als die anderen nationalen Varianten,
nicht aber in Österreich. Von den Schweizer Informanten nennt kein einziger
einen Teutonismus als nicht ohne weiteres verständlich (T oder AT – erst recht
keinen der in Tab. 16 nicht berücksichtigten HT). Dieser Unterschied zwischen
den österreichischen und den Schweizer Lehrern ist auch statistisch signifikant
(p < 0,002). Muß also die Annahme der besseren Verständlichkeit der Teutonismen außerhalb des eigenen Zentrums auf die Schweiz eingeschränkt werden? Bei
der Antwort muß man zusätzlich berücksichtigen, daß die Zahlen der österreichischen Informanten, für welche die Teutonismen (hier T oder HT) „nicht ohne
weiteres verständlich" sind, ausnahmslos sehr niedrig liegen. Im einzelnen handelt es sich um die folgenden Teutonismen und die folgende Zahl von Lehrern:
Klinke T: 1, *Kripo* T: 1, *Postbote* T: 1, *Sahne* T: 2, *Aprikosen* HT: 3, *Blumenkohl*
HT: 2. Demgegenüber sind die Austriazismen und Helvetismen zum Teil für die
Mehrheit der Informanten aus den jeweils anderen Zentren „nicht ohne weiteres
verständlich", wie im weiteren Verlauf dieses Kapitels noch deutlicher werden
wird. Die Annahme der größeren externen Verständlichkeit der Teutonismen – im
Vergleich zu den Austriazismen und Helvetismen – wird durch die in Tabelle 16
dargestellten Zahlen zwar modifiziert, aber im großen und ganzen doch bestätigt.
    Es ist auch zu berücksichtigen, daß die Nennung der Teutonismen als „nicht
ohne weiteres verständlich" im Widerspruch steht zu den Angaben in Tabelle 15.
Dort hatten alle österreichischen Informanten zum Text mit Teutonismen (der ja
alle vorkommenden Teutonismen enthält) geantwortet, daß ihnen alle Wörter
ohne weiteres verständlich seien. Möglicherweise werden die von ihnen später
vereinzelt als „nicht ohne weiteres verständlich" genannten Teutonismen vor allem

als nationale Schibboleths für Deutsche abgelehnt, ohne wirklich unverständlich zu sein (vgl. Kap. B.4). In Untersuchungen anderer Regionen wurde verschiedentlich nachgewiesen, daß einstellungsmäßig abgelehnte Sprachformen auch leicht als unverständlich deklariert werden, jedenfalls eher als einstellungsmäßig akzeptierte Sprachformen. Möglicherweise werden sie sogar tatsächlich schlechter verstanden (vgl. Ammon 1987 a: 324).

Auch die im Grunde fast triviale Annahme, daß die eigennationalen Varianten besser verstanden werden als die fremdnationalen Varianten, wird durch Tabelle 16 noch einmal bestätigt. Man sieht, daß sämtliche spezifischen eigennationalen Varianten für alle Informanten verständlich sind: die 8 spezifischen Austriazismen für die österreichischen Lehrer und die 3 spezifischen Helvetismen für die Schweizer Lehrer – den deutschen Lehrern wurden, wie gesagt, die spezifischen Teutonismen nicht präsentiert. Auch die unspezifischen eigennationalen Varianten sind ganz überwiegend für alle Informanten verständlich – mit der bemerkenswerten Ausnahme allerdings von je zwei Austriazismen und Helvetismen. Unter den fremdnationalen Varianten ist der nur für einen Teil der Informanten verständliche Anteil dagegen durchgängig viel höher.

Schauen wir uns nun die für alle Informanten und die nur für einen Teil verständlichen nationalen Varianten im einzelnen an. Die folgenden nationalen Varianten waren für überhaupt alle Informanten verständlich, d. h. sie wurden von niemandem als „nicht ohne weiteres verständlich" angeführt: *Dachboden* AT, *Flugpostbrief* A, *Gang* AH, *Januar* HT, *Kleiderschrank* HT, *klingelte* T, *Korridor* T, *läutete* AH, *Lok* AT, *mal* T, *parkten* AT, *Rahm* AH, *retour* AH, *Treppe* HT, ebenso die stilistischen Varianten *der/zum (Opa)* AH, *die/zur (Oma)* AH – die beiden letzteren sind Fälle von bestimmtem Artikel bei Verwandtschaftsbezeichnungen –, *zu (Oma/Opa)* T, *wär* A. Unter ihnen fällt wiederum der verhältnismäßig hohe Anteil von Teutonismen, auch spezifischen Teutonismen, auf. Immerhin wurden von den insgesamt 10 spezifischen Teutonismen 5 allgemein verstanden, von den 8 spezifischen Austriazismen dagegen nur 1 und von den 3 spezifischen Helvetismen keiner.

Tabelle 17 gibt einen Überblick über die *nicht* für alle Informanten „ohne weiteres verständlichen" nationalen Varianten, die als solche ausdrücklich genannt wurden. Jede nationale Variante ist nach ihrem Geltungsbereich gekennzeichnet (A = Austriazismus, H = Helvetismus, AH = Austro-Helvetismus usw). Die Varianten sind in eine Rangordnung gebracht von den für weniger Informanten verständlichen, die weiter oben stehen, zu den für mehr Informanten verständlichen, die weiter unten stehen. Die beigefügten Zahlen geben an, für wieviel Prozent der Informanten die Varianten nicht ohne weiteres verständlich waren. Bei der Berechnung der Prozentwerte wurde berücksichtigt, daß die deutschen und Schweizer Lehrer in Einzelfällen nicht zu allen drei Textversionen die Fragen beantwortet hatten – im Gegensatz zu den vorbildlich arbeitenden österreichischen Lehrern. So lagen z. B. zwar von allen 18 Schweizer Lehrern Antworten zur Version mit Helvetismen vor – im Befragungspaket hatte jeweils die Version mit den eigennationalen Varianten obenauf gelegen –, aber nur je 16 Antworten zur Version mit Austriazismen und zur Version mit Teutonismen (vgl. schon Tab. 15). Dementsprechend wurde für die Schweizer Lehrer bei der Berechnung der Prozentwerte die Basis variiert: Sie betrug 18 (= 100%) bezüglich der spezifischen Helvetismus, die nur in der Version mit Helvetismen vorkamen, und 16 bezüglich der spezifischen Austriazismen und spezifischen Teutonismen. Für unspezifische nationale Varianten ergab sich die Basis der Prozentuierung durch Addition der jeweiligen Zahl beantworteter Texte. Sie betrug – wiederum am Beispiel der Schweizer Lehrer – 34 für die Austro-Helvetismen (16 + 18 beantwortete Texte), ebenso für die Helveto-Teutonismen, und 32 für die Austro-Teutonismen (16 + 16 Texte). Die unspezifischen nationalen Varianten kommen ja jeweils in zwei Textversionen vor. Entsprechend wurde bei den anderen Lehrergruppen verfahren.

Tabelle 17 mit den Befunden der schriftlichen Verstehensbefragung wurde etwas nach hinten gerückt, direkt neben Tabelle 18, die einen Überblick gibt über die Befunde der zusätzlichen mündlichen Verstehensbefragung bei einer anderen Informantengruppe. Die Nebeneinanderplazierung beider Tabellen erleichtert den Vergleich zwischen beiden Befunden.

Die mündliche Verstehensbefragung wurde durchgeführt mit den Teilnehmern von drei Seminarveranstaltungen an der Universität Duisburg, wobei nur Muttersprachler des Deutschen teilnahmen (Gesamtzahl der Informanten = 69). Für diese Befragung wurden (wie schon bei den deutschen Informanten in der schriftlichen Befragung) nur die Textversionen mit Austriazismen und Helvetismen herangezogen, da das Verständnis der Teutonismen vorausgesetzt wurde. Beide Textversionen wurden jeweils zunächst ganz und dann nochmals Satz um Satz vorgelesen, zuerst der Text mit Austriazismen und dann der mit Helvetismen. Beim satzweisen Vorlesen wurden zu jedem spezifischen Austriazismus, Austro-Helvetismus und spezifischen Helvetismus die beiden folgenden Fragen gestellt:

(1) „Wer hat das Wort schon gehört?" Zur Erläuterung wurde hinzugefügt, daß dies auch die Begegnung mit dem Wort beim Lesen einschließe.

(2) „Wer kennt die Bedeutung des Wortes?"

Anläßlich des Wortes *Schnalle* wurde erläuternd hinzugefügt, daß natürlich immer gemeint sei, wer das Wort *„in einem solchen Zusammenhang* gehört habe oder es *in dieser Bedeutung* kenne". Die Antworten erfolgten durch Handzeichen und wurden jeweils mit Gegenprobe gezählt.

In Tabelle 18 sind die Befunde wiedergegeben. Zur besseren Vergleichbarkeit mit den Befunden der schriftlichen Befragung wurden diese Ergebnisse in Prozentwerten gleicher Art angegeben. Dazu wurden alle Antworten uminterpretiert in Negationen: Wer nicht angab, das Wort schon gehört zu haben bzw. seine Bedeutung zu kennen, wurde gezählt als jemand, der das Wort nicht gehört hat bzw. nicht kennt. So besagt beispielsweise der Prozentwert 95 unter „Wort noch nicht gehört" letztlich, daß 5% der Informanten angaben, das Wort schon gehört zu haben. Diese Uminterpretation ist zwar sicher nicht unproblematisch, läßt sich aber in jedem Einzelfall auf ihren Ausgangspunkt zurückführen. Tabelle 18 konnte so in eine mit Tabelle 17 vergleichbare Rangordnung gebracht werden, von den weniger bekannten bzw. weniger verständlichen Varianten, die weiter oben stehen, zu den bekannteren bzw. verständlicheren, die weiter unten stehen.

In der mündlichen Befragung waren von den Austriazismen, Helvetismen und Austro-Helvetismen nur die folgenden sowohl allen Informanten bekannt als auch allen verständlich: *Gang* AH, *läutete* AH und die wohl nur als stilistisch einzustufenden Varianten *der/zum (Opa)* AH, *die/zur (Oma)* AH (zugleich jeweils Fälle von bestimmtem Artikel bei Verwandtschaftsbezeichnungen), *wär* A.

In den beiden Tabellen lassen sich die linke Spalte von Tabelle 17 (Verständlichkeit des Wortes, deutsche Lehrer) und die rechte Spalte von Tabelle 18

Tab. 17: Die für einen Teil der Informanten (Lehrer) unverständlichen nationalen Varianten (schriftliche Befragung) (Prozentangabe)

Deutsche Lehrer		Österreichische Lehrer		Schweizer Lehrer	
aper AH	87	Falle H	67	Karfiol A	87
Falle H	70	Estrich H	54	Marillen A	56
Karfiol A	26	parkierten H	10	Schnalle A	43
Schnalle H	23	Kacheln AH	9	aper AH/Kacheln AH/ Stiege A	6
Marillen H	20	Aprikosen HT/ Sahne T	5		
Eiskasten A/ Jänner A/ parkierten H	6	aper AH/ Blumenkohl HT/ Klinke T/Kripo T/ Postbote T	2		
Kleiderkasten AH/ retour AH	3				

Tab. 18: Die einem Teil der Informanten (deutsche Studierende) unbekannten bzw. unverständlichen nationalen Varianten (mündliche Befragung) (Prozentangaben)

Wort noch nicht gehört		Bedeutung des Wortes unbekannt	
1. Falle H	96	1. Falle H	96
2. aper AH	92	2. Estrich H	92
3. Schnalle A	89	3. Schnalle A	83
4. Estrich H	86	4. aper AH	79
5. parkierten H	76	5. Karfiol A	76
6. Karfiol A	67	6. Marillen A	61
7. Flugpost(brief) A/ Marillen A	64	7. Jänner A	38
8. Eiskasten A	53	8. Eiskasten A	31
9. Jänner A	45	9. Kleiderkasten AH	24
10. Kleiderkasten AH	37	10. Stiege A	18
11. Stiege A	14	11. parkierten H/Rahm AH	16
12. Rahm AH	8	12. Flugpost(brief) A/Kacheln AH	8
13. Kacheln AH	5	–	
14. retour AH	2	–	

(Bekanntheit der Wortbedeutung, deutsche Studierende) am unmittelbarsten vergleichen. Man sieht, daß die Wortliste der linken Spalte von Tabelle 17 fast eine echte Teilmenge der Wortliste der rechten Spalte von Tabelle 18 ist – mit der einzigen Ausnahme des Wortes *retour*, dessen Bedeutung allen deutschen Studierenden bekannt war (wenn auch eine/r von ihnen es noch nicht gehört hatte). Umgekehrt waren nur die Wörter *Estrich* H, *Stiege* A, *Rahm* AH, *Flugpost(brief)* A und *Kacheln* AH einem Teil der deutschen Studierenden – aber nicht der deutschen Lehrer! – unverständlich. Der Unterschied zwischen beiden Gruppen mag hauptsächlich durch die Art der Befragung (mündlich/schriftlich) bedingt sein: Bei der schriftlichen Darbietung, die den Informanten beliebig viel Zeit für die Wahrnehmung läßt, werden mehr Wörter verstanden.

Ferner fällt auf, daß die Zahl der irgendwelchen Informanten unbekannten Wörter („Wort noch nicht gehört") größer ist die Zahl der irgendwelchen Informanten unverständlichen Wörter („Bedeutung des Wortes unbekannt"). Letztere sind sogar eine restlos echte Teilmenge ersterer (rechte und linke Spalten in Tab. 17). Die vorherrschende Tendenz ist also, daß die unverständlichen Wörter auch unbekannt sind, nicht aber umgekehrt. Daß der Verständlichkeitsgrad der Wörter insgesamt größer ist als der Bekanntheitsgrad, läßt sich damit erklären, daß bei manchen Wörtern, auch wenn sie unbekannt sind, die Bedeutung aufgrund der vorhandenen Sprachkenntnisse erschlossen werden. Beispiele sind *Flugpost(brief), parkierten* oder – in geringerem Maße – *Eiskasten* und *Kleiderkasten,* die zwar einem großen Teil der Informanten unbekannt, aber nur einem vergleichsweise kleinen Teil unverständlich sind (64% gegenüber 8%, 76% gegenüber 16% bzw. 53% gegenüber 31%, 37% gegenüber 24%). Man beachte jedoch, daß es sich dabei keinesfalls um eine Regel ohne Ausnahme handelt. Bei manchen Wörter ist umgekehrt der Bekanntheitsgrad höher als der Verständlichkeitsgrad, nämlich bei *Estrich, Karfiol, Rahm* und *Kacheln.* Diese Wörter haben manche Informanten durchaus schon gehört, ohne jedoch ihre Bedeutung – die Bedeutung, die sie im vorliegenden Text haben – zu kennen.

In unserem Zusammenhang ist auch von Interesse, ob unter den unverständlichen und unbekannten nationalen Varianten der Anteil spezifischer nationaler Varianten besonders hoch ist. Hier zeigt sich ein deutlicher Unterschied zwischen den deutschen Informanten auf der einen und den österreichischen und Schweizer Informanten auf der anderen Seite. Das Verhältnis spezifischer zu unspezifischen nationalen Varianten ist

– 7 zu 3 bei den deutschen Lehrern unter den nicht ohne weiteres verständlichen Wörtern,
– 10 zu 5 bei den deutschen Studierenden unter den noch nicht gehörten Wörtern,
– 10 zu 4 bei den deutschen Studierenden unter den unverständlichen Wörtern – bei einem Zahlenverhältnis spezifischer zu unspezifischen Varianten von jeweils 11 zu 11 in den Texten (wenn man sich auf die fremdnationalen Varianten beschränkt).

Offenbar sind also spezifische Helvetismen und spezifische Austriazismen den Deutschen weniger geläufig und weniger verständlich als Austro-Helvetismen. Dies läßt sich vermutlich mit der geringeren Begegnungschance erklären. Bei den österreichischen und Schweizer Lehrern sieht es auf den ersten Blick anders aus. Bei den österreichischen Lehrern beträgt das Zahlenverhältnis spezifischer zu unspezifischen nationalen Varianten unter den nicht ohne weiteres verständlichen Wörtern 7 zu 4 und bei den Schweizer Lehrern 4 zu 2 (ähnlich dem Verhältnis 13 zu 4 bzw. 18 zu 4 in den Texten). Die etwas differenziertere Betrachtung zeigt jedoch, daß bei den österreichischen Lehrern sämtliche spezifischen Helvetismen und bei den Schweizer Lehrern drei spezifische Austriazismen die mit Abstand unverständlichsten Wörter sind. Daß für diese beiden Lehrergruppen die spezifischen nationalen Varianten aufs Ganze gesehen fast so gut verständlich sind wie die unspezifischen liegt ganz überwiegend an den Teutonismen, unter denen ihnen auch die spezifischen kaum Verständnisschwierigkeiten bereiten. Es trifft also durchaus zu, daß die spezifischen nationalen Varianten außerhalb ihrer eigenen Zentren weniger bekannt und verständlich sind als die unspezifischen, jedoch gilt dies nur für die Austriazismen und Helvetismen, nicht für die Teutonismen.

In diesem Befund scheinen sich zwei übergreifende Tendenzen zu verbinden, nämlich die geringere Bekanntheit außerhalb des eigenen Zentrums

(i)   der spezifischen im Vergleich zu den unspezifischen nationalen Varianten und
(ii)   der nationalen Varianten der kleineren im Vergleich zu den nationalen Varianten der größeren Zentren.

Wenden wir uns nun den Korrekturen nationaler Varianten durch die Lehrer zu, unter anderem auch, um zu prüfen, ob sich dabei ähnliche Tendenzen zeigen wie bei der Kenntnis nationaler Varianten.

2 Zur Korrektur und Bewertung nationaler Varianten durch die Lehrer

Den Lehrern kommt als wichtige Teilgruppe der Sprachnormautoritäten (neben Vorgesetzten in Ämtern und anderen) zweifellos eine große Bedeutung für die Festigung oder den Schwund nationaler Varianten zu (vgl. Kap. A.4.2). Dies wird auch vielfach von Fachleuten so gesehen. So weist z.B. Robert Schläpfer (1979: 156) darauf hin, daß Lehrer sich oft entscheiden müssen, ob sie spezifisch schweizerische Ausdrücke oder Verwendungsweisen (Bedeutungen) „anstreichen", „tolerieren" oder „sogar als kreativ loben" sollen. Je nachdem – so kann man hinzufügen – tragen sie dazu bei, daß die betreffenden Sprachformen als Standard anerkannt werden oder nicht – wenn auch die einzelne Lehrerentscheidung jeweils nur ein Körnchen zur betreffenden Geltung insgesamt beiträgt. Walter Haas hat in einem Brief an mich (13.5.1993) die Auffassung geäußert: „(…) nach nunmehr 60 Jahren Bemühungen der Lehrerschaft schreiben die meisten Schweizer *das Radio* [für das Gerät! U. A.]; *der Radio* ist zweifellos nicht mehr Schweizer Standarddeutsch." Der Zusatz steht im Widerspruch zum geltenden Sprachkodex, und zwar gleichermaßen des Binnen- wie des Außenkodexes, die beide für *Radio* das maskuline neben dem neutralen Genus zulassen (Bigler u.a. 1987: 165; Rechtschreib-Duden 1991: 582; vgl. auch Kap. F.5). Haas unterstreicht jedoch mit seinem Hinweis zutreffend die Rolle der Lehrer als Sprachnormautoritäten, sei seine Einschätzung bezüglich des fraglichen Helvetismus nun richtig oder nicht. Darüber hinaus legt sein Hinweis nahe, daß die Schweizer Lehrer die eigenen nationalen Varianten vielleicht gar nicht sonderlich stützen. Diese Auffassung hat Angelika Linke (Zürich), die mit den Verhältnissen an den Schweizer Schulen vertraut ist, im Gespräch mit mir sogar ausdrücklich vertreten. Sie äußerte die Vermutung, daß die Schweizer Lehrer die Helvetismen oft korrigieren bzw. selten erwarten, daß sie an Stelle gemeindeutscher Ausdrücke verwendet werden; die Schweizer Lehrer seien vielleicht sogar gegenüber spezifischen Teutonismen toleranter als gegenüber spezifischen Helvetismen. Ähnliches habe ich von österreichischen Kollegen über den Umgang österreichischer Lehrer mit Austriazismen gehört. Dabei gibt es gerade für Österreich eindeutige Vorgaben, daß die Lehrer die österreichischen Sprachbesonderheiten akzeptieren sollen. So heißt es z.B. in einem einflußreichen Buch zur Sprachlehrmethodik: „Eines sollten wir Lehrer im Sprachunterricht stets beachten: Die Sprache des Österreichers ist ein Faktum, und kein österreichischer Lehrer hat Ursache, österreichische Wörter und Wortfügungen, österreichische Betonung und Aussprache sowie österreichische Formen der Grammatik zu ‚verbessern'; wir wollen sie vielmehr als die Sprache unseres Volkes verwenden und pflegen." (Pacolt 1971: 39)

Zu diesem ganzen Fragenkomplex scheint es bislang keinerlei gezielte empirische Untersuchungen zu geben, weder in der Schweiz noch in Österreich und – wie man sich denken kann – erst recht nicht in Deutschland. Um wenigstens erste Aufschlüsse über Lehrerkorrekturen von nationalen Varianten zu erhalten, habe ich Lehrern in allen drei nationalen Zentren der deutschen Sprache einen

Aufsatz zur Korrektur vorgelegt. Über diesen Aufsatz, der in erster Linie für diese Lehrerkorrekturen konzipiert war, wurde schon in Kapitel F.1 berichtet, da er auch als Grundlage mündlicher und schriftlicher Verstehens-Befragungen diente. Von dem Aufsatz wurden drei Versionen angefertigt: eine mit Austriazismen, eine mit Helvetismen und eine mit Teutonismen, wobei allerdings auf orthographische Varianten (vor allem schweizerisches <ss> statt <ß>) verzichtet wurde. Es darf gleich an dieser Stelle vorweggenommen werden, daß keiner der Schweizer Lehrer die ß-Schreibungen (in *Straßen, Großmutter, Großvater*) beanstandete, was auch schon ein bemerkenswerter Befund ist. Die verschiedenen Versionen des Textes und die vorkommenden nationalen Varianten sind wiedergegeben in Kapitel F.1 (Tab. 14 und vorausgehender Text). Bei der Version mit Austriazismen beriet mich Peter Wiesinger und bei der Version mit Helvetismen Iwar Werlen – beide Vertreter der Gruppe der Sprachexperten ihres nationalen Zentrums, also einer der verschiedenen Instanzen, durch die eine nationale Varietät als Standard gesetzt wird. Die befragten Lehrer bilden als Sprachnormautoritäten eine andere dieser Instanzen (vgl. Kap. A.4.2).

Die verschiedenen Versionen des Aufsatzes mit jeweils beigefügtem kurzem Fragebogen wurden ausschließlich an Grundschul-/Primarstufenlehrer verteilt. Den österreichischen und Schweizer Lehrern wurden alle drei Versionen vorgelegt. Inkonsequenterweise geschah dies jedoch nicht bei den deutschen Lehrern, die als erste untersucht wurden; ihnen lag nur die österreichische und die schweizerische Version des Aufsatzes vor, da ich die Teutonismen für sie als unproblematisch einschätzte. In einem Begleitschreiben wurde der Zweck der Untersuchung folgendermaßen beschrieben:

„Mich interessiert im Rahmen eines größeren Forschungsprojektes, wie Lehrer/innen des 4. Grundschuljahres der Primarstufe (Grundschule) mit bestimmten regionalen Sprachformen umgehen, wenn diese im Schulaufsatz auftauchen." Diesem Hinweis folgte die Bitte:

„Bitte korrigieren Sie zu diesem Zweck die verschiedenen Versionen des beiliegenden Textes ‚Der Einbruch' in jeder Einzelheit genauso, als wäre es ein regulärer Aufsatz im 4. Schuljahr an Ihrer derzeitigen Schule.

Beantworten Sie bitte außerdem die unter dem Aufsatz stehenden Fragen."

Auf diese Weise wurden Daten gesammelt von 22 deutschen Lehrern (6 aus Duisburg, 8 aus Oberhausen, 8 aus Schermbeck), 27 österreichischen Lehrern (18 aus Wien, 10 aus Graz, 9 aus Innsbruck) und 18 Schweizer Lehrern (je 9 aus Bern und aus Zürich). Angesichts der begrenzten regionalen Verteilung der Erhebungsorte und der verhältnismäßig geringen Zahl von Informanten ist offenkundig, daß die Untersuchung nicht für die ganzen nationalen Zentren repräsentativ sein kann. Dies gilt auch für die arbiträre und verhältnismäßig kleine Zahl der einbezogenen nationalen Varianten. Es handelt sich um eine Pilotuntersuchung, der hoffentlich bei Gelegenheit repräsentativere folgen werden.

Die Lehrer wurden nach groben soziologischen Kategorien unterteilt: Geschlecht (M = männlich/W = weiblich) und Alter (Jung = unter 45 Jahre/Alt = 45 und älter). Tabelle 19 zeigt die Verteilung in den Stichproben. Diese Differenzierung soll nur mögliche soziologische Verzerrungen anzeigen; jedoch ist wegen der Kleinheit der Stichproben innerhalb der einzelnen nationalen Lehrergruppen kein ernsthafter soziologischer Vergleich möglich. Nachfolgend werden daher lediglich die Befunde für die ganzen nationalen Gruppen dargestellt. Allgemein sind die jungen Lehrer stark in der Überzahl, und in der österreichischen und deutschen

Stichprobe unter diesen wiederum die Frauen. Diese einseitige Geschlechterverteilung dürfte auch in der Population zu verzeichnen sein.

Tab. 19: Soziale Verteilung der Lehrerstichproben zum Korrekturverhalten bei nationalen Varianten

Deutsche Lehrer 22				Österreichische Lehrer 37				Schweizer Lehrer 18			
Jung 17		Alt 5		Jung 28		Alt 9		Jung 15		Alt 3	
M	W	M	W	M	W	M	W	M	W	M	W
4	13	4	1	1	27	1	8	8	7	3	–

Die nationalen Varianten wurden von den Lehrern mit der in Tabelle 20 angegebenen Häufigkeit (Prozentwerte) angestrichen oder korrigiert, d.h. als sprachlich nicht einwandfrei markiert. Ich spreche im weiteren von „Fehlermarkierungen". Die fehlermarkierten Varianten sind nach der Häufigkeit der Beanstandung in eine Rangordnung gebracht (jeweils die im Aufsatz tatsächlich auftretenden, keine normalisierten Wortformen (Nennformen)). Bei der Zählung wurden die verschiedenen Formen der Fehlermarkierung nicht unterschieden (Unterstreichen, Durchstreichen, Überschreiben, Randnotiz, mehreres gleichzeitig). Außerdem wurden ungenaue Markierungen interpretiert, soweit dies vertretbar erschien; z.B. wurde die Markierung des ganzen Ausdrucks „war die Falle ab" interpretiert als Markierung nur von „Falle". Wiederholte Markierungen desselben Ausdrucks wurden – wie es bei der Aufsatzbewertung in der Schule üblich ist – bei jeder Aufsatzversion nur einmal gezählt. Bei Beachtung dieser Regel wurde schließlich die Zahl der tatsächlichen Fehlermarkierungen prozentual auf die Anzahl der möglichen Fehlermarkierungen bezogen. Dabei wurde zum einen berücksichtigt, wie viele Aufsätze der verschiedenen Versionen tatsächlich korrigiert worden waren, und zum anderen, ob es sich um spezifische oder unspezifische nationale Varianten handelte, die dementsprechend in einer oder in zwei Versionen auftraten und korrigiert werden konnten (vgl. zum Verfahren Kap. F.1).

Die Prozentwerte der Fehlermarkierungen in Tabelle 20 wurden dabei so berechnet, daß sie im Grunde die Prozentzahlen von Lehrern der verschiedenen nationalen Lehrergruppen repräsentieren, welche die betreffenden Varianten korrigiert haben. Somit lassen sich die nationalen Lehrergruppen hinsichtlich ihres Korrekturverhaltens bezüglich nationaler Varianten vergleichen. Ebenso sind umgekehrt die nationalen Varianten nach dem Grad ihrer Akzeptanz bzw. Inakzeptanz bei den verschiedenen nationalen Lehrergruppen vergleichbar. Zur besseren Orientierung ist bei jeder nationalen Variante der Geltungsbereich beigefügt (A = spezifischer Austriazismus, H = spezifischer Helvetismus, T = spezifischer Teutonismus, AH = Austro-Helvetismus usw.).

Die Zahlen in Tabelle 20 belegen beträchtliche Divergenzen im Korrekturverhalten der Lehrer innerhalb der einzelnen nationalen Gruppen, die umso größer sind, je näher die Prozentwerte bei 50 liegen. Der Wert 50 in der Tabelle besagt ja, daß die Hälfte der Lehrer die betreffende Variante korrigiert hat und die andere Hälfte nicht. Es ist freilich bekannt, daß das sprachliche Korrekturverhalten von Lehrern auch ansonsten nicht einheitlich ist. Nur durch einen umfassenden Vergleich mit anderen Problembereichen der deutschen Sprache ließe sich

Tab. 20: Korrekturhäufigkeit nationaler Varianten durch verschiedene nationale Lehrergruppen (Prozentwerte)

Deutsche Lehrer	%	Österreichische Lehrer	%	Schweizer Lehrer	%
Falle H	59	Falle H	73	Schnalle A	81
aper AH	56	Estrich H	70	was AT	78
Schnalle H	53	parkierten H	56	Karfiol A/Marillen A	68
Flugpostbrief A/ Karfiol A/ parkierten H	47	retourAH/was AT	48	Eiskasten A/ Jänner A/Kripo T	56
Estrich H/ Jänner A/retour AH	41	Kripo T	35	mal T	44
Kleiderkasten AH	26	Kacheln AH	32	Lok AT/retour AH	41
Eiskasten A/Marillen A	20	aper AH/ Aprikosen HT/ Klinke T/Korridor T/ Postbote T/Schnalle A	28	aper AH/Klinke T/ Stiege A	38
Stiege A	13	Sahne T	24	Kacheln AH	35
Gang AH/Kacheln AH/ läutete AH	3	Blumenkohl HT/ mal T	21	Falle H/ zum (Opa) AH/ zur (Oma) AH	32
		Eiskasten A/ Januar HT	18	Sahne T/wär A	25
		Lok AT/ zur (Oma) AH/ der (Opa) AH	13	parkten AT	21
		Flugpostbrief A/ zu (Opa) T	10	der (Opa) AH/ die (Oma) AH	14
		wär A/zum (Opa) AH	8	zu (Opa) T	11
		die (Oma) AH/ Kleiderschrank HT/ Rahm AH/ parkten AT/ Treppe HT	5	Kleiderkasten AH	8
		Gang AH/klingelte T	2	Gang AH	5
				Dachboden AT/ Rahm AH	3
Aprikosen HT/ Blumenkohl HT/ Dachboden AT/ der (Opa) AH/ die (Oma) AH/ Januar HT/Lok AT/ parkten AT/Rahm AH/ Treppe HT/wär A/ was AT/zum (Opa) AH/ zur (Oma) AH	0	Dachboden AT/ Jänner A/Karfiol A/ Kleiderkasten AH/ läutete AH/Marillen A/ Stiege A	0	Aprikosen HT/ Blumenkohl HT/ Estrich H/ Flugpostbrief A/ Januar HT/ Kleiderschrank HT/ klingelte T/ Korridor T/ läutete AH/ parkierten H/ Postbote T/Treppe HT	0

feststellen, ob das Korrekturverhalten der Lehrer bezüglich nationaler Varianten besonders uneinheitlich ist.

Man sieht des weiteren mit einem Blick, daß nationale Zugehörigkeit der Lehrer und Korrekturverhalten bezüglich der verschiedenen nationalen Varianten nicht völlig kongruieren. Sonst dürften die Lehrer keine eigenen nationalen Varianten korrigieren, z. B. die Schweizer Lehrer keine Helvetismen. Vielmehr müßten sich die Fehlermarkierungen aller nationalen Lehrergruppen auf die jeweils anderen, also die fremdnationalen Varianten beschränken.

Bei genauerer Betrachtung wird freilich dennoch eine Tendenz in Richtung einer stärkeren Korrektur fremdnationaler Varianten erkennbar. Sie ist sichtbar gemacht in Tabelle 21. Dort werden jeweils nur die eigen- und die fremdnationalen Varianten und Variantenkombinationen unterschieden. Dabei zählen bei den österreichischen Lehrern als eigennationale Varianten alle Austriazismen, die spezifischen und die unspezifischen (A, AH, AT), und als fremdnationale Varianten alle Nicht-Austriazismen, und zwar wiederum alle Kombinationen (H, T, HT); entsprechend bei den Schweizer und deutschen Lehrern. Tabelle 21 enthält die durchschnittlichen Häufigkeiten, mit denen die drei nationalen Lehrergruppen die für sie jeweils fremd- bzw. eigennationalen Varianten korrigiert haben. (Diese Durchschnittshäufigkeiten wurden für jede der drei Lehrergruppen folgendermaßen errechnet: Zuerst wurden die Prozentwerte der Korrekturen für die fremd- bzw. eigennationalen Varianten in Tabelle 20 addiert; dann wurde jeweils die Summe durch die Gesamtzahl der fremd- bzw. eigennationalen Varianten dividiert.) Ein Vergleich mit den deutschen Lehrern ist nur eingeschränkt möglich, da ihnen keine spezifisch deutsche Fassung des Aufsatztextes vorlag.

Tab. 21: Korrekturhäufigkeit bezüglich eigen- und fremdnationaler Varianten (in Prozent)

	Fremdnationale Varianten	Eigennationale Varianten
Deutsche Lehrer	23,6	0
Österreichische Lehrer	26,7	12,3
Schweizer Lehrer	33,4	14,1

Nach Tabelle 21 zeigen alle Lehrer ein Korrekturverhalten zugunsten eigennationaler und zuungunsten fremdnationaler Varianten.

Bei zusätzlicher näherer Betrachtung von Tabelle 20 gewinnt man darüber hinaus den Eindruck, daß die Toleranz gegenüber Austriazismen und Helvetismen als fremdnationalen Varianten generell geringer ist als die Toleranz gegenüber Teutonismen als fremdnationalen Varianten. Man kann die Frage dahingehend verallgemeinern, ob gegenüber manchen fremdnationalen Varianten generell mehr Toleranz besteht als gegenüber anderen. Diese Frage läßt sich in unserem Fall dadurch beantworten, daß man bei den drei Lehrergruppen prüft, wie sie sich jeweils bezüglich der beiden für sie fremdnationalen Arten von Varianten verhalten. Wir vergleichen also das Korrekturverhalten der österreichischen Lehrer bezüglich der Helvetismen mit ihrem Korrekturverhalten bezüglich der Teutonismen, das Korrekturverhalten der Schweizer Lehrer bezüglich der Austriazismen mit demjenigen bezüglich der Teutonismen und auch das Korrekturverhalten der deutschen Lehrer bezüglich der Austriazismen mit demjenigen bezüglich der Helvetismen. Tabelle 22 gibt einen Überblick über die Befunde.

Tab. 22: Korrekturhäufigkeit der verschiedenen fremdnationalen Varianten im Vergleich (in Prozent)

	Fremdnationale Austriazismen		Fremdnationale Helvetismen		Fremdnationale Teutonismen	
	Spezifische	Unspezifische	Spezifische	Unspezifische	Spezifische	Unspezifische
Deutsche Lehrer	23,5	16,8	53,0	23,7	–	–
Österr. Lehrer	–	–	66,3	38,7	18,1	18,2
Schweizer Lehrer	49,0	45,5	–	–	19,9	24,4
Mittelwert	36,3	31,2	59,7	31,2	19,0	21,3

Man ersieht aus Tabelle 22, daß die Teutonismen tatsächlich seltener korrigiert werden als die Austriazismen und Helvetismen, und zwar jeweils als fremdnationale Varianten. Die Aussagekraft dieses Befundes ist freilich eingeschränkt durch die Blässe der einbezogenen Teutonismen (vgl. Kap. F.1: Tab. 14 und Kap. F.3: zweite Hälfte). Auch zwischen Austriazismen und Helvetismen zeigt sich freilich noch ein gewisser Unterschied, so daß sich nach dem Grad der Akzeptanz folgende Rangordnung ergibt: Teutonismen (am meisten akzeptiert) – Austriazismen – Helvetismen (am wenigsten akzeptiert).

Diese Rangordung läßt sich nicht nur bezüglich der fremdnationalen Varianten beobachten, sondern auch bezüglich der eigennationalen Varianten. Folgendes sind hier die durchschnittlichen Korrekturhäufigkeiten:

Deutsche Lehrer   Teutonismen: Spezifische: 0   Unspezifische: 0
Österr. Lehrer   Austriazismen: Spezifische: 8,0   Unspezifische: 12,3
Schweiz. Lehrer   Helvetismen: Spezifische: 10,7   Unspezifische: 15,3

Sowohl als fremdnationale wie auch als eigennationale Varianten treten die Teutonismen besonders hervor durch geringere Korrekturhäufigkeit als die Austriazismen und Helvetismen. Zwar steht dieser Befund wegen der Kleinheit unserer Stichprobe auf statistisch schwachen Beinen und ist wegen der Blässe der einbezogenen Teutonismen in seiner Aussagekraft zusätzlich eingeschränkt, er paßt jedoch in das sich auch aus anderen Blickwinkeln abzeichnende Bild der Asymmetrie zwischen dem deutschen und den beiden anderen nationalen Zentren der deutschen Sprache (vgl. Kap. F.7).

In eine ähnliche Richtung weist auch der Befund, daß von nicht wenigen österreichischen und Schweizer Lehrern manche eigenen nationalen Varianten korrigiert werden. So korrigieren von den österreichischen Lehrern mindestens 20% 1 der spezifischen und 4 der unspezifischen Austriazismen (23,8% aller Austriazismen) und desgleichen mindestens 20% der Schweizer Lehrer 1 der spezifischen und 4 der unspezifischen Helvetismen (27,8% aller Helvetismen). Demnach gibt es offenbar in Österreich und in der Schweiz Lehrer, die gewissen eigenen nationalen Varianten nicht sonderlich gewogen sind. Es mag, nebenbei bemerkt, sein, daß derartige Lehrer manchen Beobachtern angesichts entgegengesetzter Erwartungen besonders auffallen (vgl. Anfang dieses Kapitels). Unsere Daten liefern dagegen keinen Hinweis darauf, daß es entsprechende Lehrer auch in Deutschland gibt, solche also, die Teutonismen korrigieren; allerdings hatten die deutschen Lehrer in unserem Fall auch die „leichteren Testbedingungen", da ihnen die Version des Textes mit spezifischen Teutonismen nicht vorlag – jedoch enthielten die ihnen vorliegenden Texte unspezifische Teutonismen.

Unabhängig davon zeigt sich eine größere Toleranz der deutschen Lehrer gegenüber fremdnationalen Varianten in folgendem. Die deutschen Lehrer akzeptieren in höherem Maße als die Schweizer Lehrer Austriazismen und in höherem Maße als die österreichischen Lehrer Helvetismen. Dies zeigt sich am klarsten bei den spezifischen Austriazismen (nur 23,5% Korrekturen durch die deutschen Lehrer, aber 49% durch die Schweizer Lehrer) und bei den spezifischen Helvetismen (nur 53% Korrekturen durch die deutschen Lehrer, aber 66,3% durch die österreichischen Lehrer). Die Vergleichszahlen bei den unspezifischen nationalen Varianten besagen weniger, da diese Varianten zum Teil eigennational sein können. Als mögliche Erklärung dieses Unterschieds wäre denkbar, daß die deutschen Lehrer durch die in Deutschland schon länger und lautstärker geführte Diskussion um die Schulschwierigkeiten von Dialektsprechern (vgl. z.B. Löffler 1994: 160–163; Ammon [1972] 1973) auch mehr Toleranz gegenüber sonstigen Regionalismen und nationalen Varianten entwickelt haben.

Erwähnenswert scheint außerdem ein Unterschied zwischen den österreichischen und den Schweizer Lehrern. Alle spezifischen Teutonismen wurden zumindest von einzelnen österreichischen Lehrern korrigiert (vgl. Tabelle 20: Werte > 0). Dagegen wurden immerhin 3 der spezifischen Teutonismen (38%) von keinem einzigen Schweizer Lehrer korrigiert. In dieses Bild paßt auch die schon erwähnte Nichtbeanstandung der ß-Schreibung anstelle der in der Schweiz geltenden ss-Schreibung. Dieser Befund steht im Einklang mit der zu Anfang dieses Kapitels geäußerten Vermutung, daß die Schweizer Lehrer den Teutonismen gegenüber ziemlich tolerant sind – wie es scheint, toleranter als die österreichischen Lehrer. Dies mag einerseits daran liegen, daß die Dudenbände in der Schweiz unzweifelhafter als Sprachkodex gelten als in Österreich (vgl. Kap. B.2, C.2), andererseits daran, daß das Schweizerhochdeutsche gegenüber dem Dialekt (Schwyzertütsch) als Nationalsymbol zweitrangig ist (Kap. C.5). Aufgrund dieser Erklärungsmöglichkeiten verdient unser Ergebnis Beachtung, wenn es auch statistisch auf wackeligen Beinen steht. Erst die repräsentative empirische Überprüfung könnte freilich erweisen, ob es haltbar ist.

Tabelle 22 läßt sich des weiteren entnehmen, daß spezifische nationale Varianten als fremdnationale Varianten öfter korrigiert wurden als unspezifische. Auch diese Tendenz ist trotz ihres schwachen statistischen Fundaments deshalb erwähnenswert, weil sie durch eine naheliegende Erklärung gestützt wird: Unspezifische nationale Varianten haben weiterreichende Geltung und werden vielleicht demzufolge auch außerhalb ihres eigentlichen Geltungsbereichs eher akzeptiert als spezifische nationale Varianten. Vor allem die spezifischen Helvetismen, und zwar alle drei in unserem Text auftretenden, wurden von den österreichischen und deutschen Lehrern häufig korrigiert.

Schauen wir uns nun noch diejenigen Varianten an, die nicht ohne weiteres zu dem Bild passen, daß die Lehrer überwiegend zugunsten der eigennationalen und zuungunsten der fremdnationalen Varianten korrigieren. Manches des bisher Gesagten wird dadurch etwas relativiert, aber – wie mir scheint – nicht grundsätzlich in Frage gestellt. Von den österreichischen Lehrern wurden die folgenden eigennationalen Varianten verhältnismäßig häufig korrigiert (von über 20%):

retour (AH), *Kacheln* (AH), *Schnalle* und *aper* (AH). *retour* ist im *Österreichischen Wörterbuch* (1990) als „ugs." (umgangssprachlich) markiert, während die drei anderen Wörter im *Österreichischen Wörterbuch* (1990) unmarkiert sind. Bei *retour* ist also die Korrektur durch den eigenen Sprachkodex legitimiert. Bei Ebner (1980) ist *retour* dagegen unmarkiert, ebenso *Schnalle* und *aper,* während *Kacheln* gar nicht verzeichnet ist. Vielleicht ist *aper* zu sehr mit dem Skisport assoziiert und wird daher in einem damit nicht zusammenhängenden Aufsatz als unpassend empfunden. Bemerkenswert ist außerdem, daß es sich in drei von den vier Fällen um Austro-Helvetismen handelt. Sind sie womöglich nur in einem westlichen Teilgebiet Österreichs gebräuchlich und werden deshalb von den Lehrern anderer österreichischer Regionen korrigiert? Die häufige Korrektur des Wortes *Schnalle* könnte dessen Abdrängung in den Nonstandard durch das aus Deutschland importierte Wort *Klinke* indizieren. *Klinke* ist im *Österreichischen Wörterbuch* (1990) ein „Sternchen-Wort" (vgl. Kap. B.4); vielleicht entspricht die Einstufung als fremdnationales („binnendeutsches") Wort nicht mehr der Bewertung durch einen Teil der Lehrer.

Von den Schweizer Lehrern wurden die folgenden eigennationalen Varianten häufig korrigiert: *retour* (AH), *Kacheln* (AH), *Falle* (H) sowie *zum* und *zur* (jeweils AH). Wir finden darunter zwei der auch von den österreichischen Lehrern häufig korrigierten Wörter. Die ersten drei Wörter sind in Bigler u. a. (1987) unmarkiert; bei *Kachel* und *Falle* fehlen Bedeutungsangaben; die beiden kontrahierten Präpositionen sind gar nicht verzeichnet. Auch bei Meyer (1989) sind *retour* und *Falle* unmarkiert, und die Bedeutung von letzterem ist als „(Tür) Klinke" erläutert. *Kachel* und die beiden Präpositionen sind bei Meyer nicht verzeichnet. Vermutlich wird *retour* von manchen Schweizern auch als „umgangssprachlich" im Sinne noch Nonstandard empfunden. *Kacheln* könnte die vorherrschende Bedeutung ‚Wandplatten' haben (nicht ‚Bodenplatten' wie im Aufsatz). Auch der befragte Sprachexperte (Iwar Werlen) hatte speziell bei diesem Wort leise Zweifel an seinem richtigen Gebrauch im vorliegenden Kontext. Beide Sprachexperten (Wiesinger und Werlen) hielten jedoch das treffendere Wort *Fliesen* eher für deutsch; es ist indes sowohl im *Österreichischen Wörterbuch* (1990) als auch in Bigler u. a. (1987) unmarkiert verzeichnet. Die beiden kontrahierten Präpositionen *zum* und *zur* wurden von den Lehrern wohl kaum als solche beanstandet, sondern wegen des darin implizierten Gebrauchs des bestimmten Artikels bei Verwandtschaftsbezeichnungen („zum Großvater", „zur Großmutter"), der offenbar als Nonstandard bewertet wird. Sowohl bei *Kacheln/Fliesen* als auch bei vorhandenem/fehlendem Gebrauch des bestimmten Artikels bei Verwandtschaftsbezeichnungen könnte eine Divergenz zwischen den Urteilen von Sprachexperten und anderer sprachnormsetzender Instanzen, speziell mancher Lehrer, vorliegen. Einen Sonderfall bildet das Wort *Falle.* Es wird in der im Aufsatz offenkundigen Bedeutung von ‚Türklinke' auch von den Schweizer Lehrern, nicht nur von den beiden anderen Lehrergruppen, häufig korrigiert. Möglicherweise hält in diesem Fall der Schweizer Sprachkodex ein Wort als Schweizerstandard hoch, vielleicht wegen seiner nationalen Spezifik, das von vielen Schweizern als Substandard empfunden wird.

Den zu korrigierenden Aufsätzen waren einige Fragen beigefügt, die sich zum Teil auf die Benotung bezogen. Die erste dieser Fragen lautete: „Welche Note würden Sie für den Aufsatz erteilen? . . . ." Die Antworten sind wiedergegeben in Tabelle 23.

Tab. 23: Notendurchschnitte bei verschiedenen nationalen Lehrergruppen für Aufsätze mit verschiedenen nationalen Varianten

	Text mit Teutonismen	Text mit Austriazismen	Text mit Helvetismen
Deutsche Lehrer	–	2,79	3,05
Österr. Lehrer	1,55	1,55	1,65
Schweizer Lehrer	1,75	2,26	1,72

Abgesehen von der im vorliegenden Zusammenhang unwichtigen allgemein schlechteren Benotung durch die deutschen Lehrer fällt als schwache, aber durchgängige Tendenz folgendes auf: Die österreichischen Lehrer bewerten den Text mit Helvetismen und die Schweizer Lehrer den Text mit Austriazismen am schlechtesten. Den Text mit den eigenen nationalen Varianten bewerten beide Lehrergruppen besser. Auch den Text mit den Teutonismen bewerten beide Lehrergruppen recht gut, nahezu ebenso gut wie den Text mit den eigenen nationalen Varianten. Dieser Befund paßt einerseits in das Bild der Bevorzugung der eigenen nationalen Varianten und andererseits zur Vermutung einer gewissen Bevorzugung der Teutonismen. Jedenfalls werden die Teutonismen besser bewertet als andere fremdnationale Varianten. Die Vermutung liegt nahe – konnte hier jedoch nicht geprüft werden –, daß auch die deutschen Lehrer den Text mit den Teutonismen besser als die beiden anderen Texte bewertet hätten.

Die nächste Frage lautete:

„Würden Sie den Aufsatz ohne die regionalsprachlichen Besonderheiten ein wenig besser benoten? Ja/Nein" – Dabei wurde davon ausgegangen, daß die Lehrer den Ausdruck „regionalsprachliche Besonderheiten" besser verstehen als „nationale Varianten". Tabelle 24 enthält die Antworten auf diese Frage.

Tab. 24: Anzahl von Lehrern verschiedener nationaler Lehrergruppen, die Aufsätze ohne nationale Varianten besser benoten

	Text mit Teutonismen		Text mit Austriazismen		Text mit Helvetismen	
	Ja	Nein	Ja	Nein	Ja	Nein
Deutsche Lehrer	–	–	1	13	4	17
Österr. Lehrer	9	27	11	26	14	23
Schweizer Lehrer	4	12	6	10	2	16

Die Zahlen verraten hier wie in den folgenden Tabellen, daß diese und die weiteren Frage nicht von allen Informanten beantwortet wurden. Bemerkenswert scheint mir weniger zu sein, daß die Mehrzahl der Lehrer die Frage verneint, als daß ein nicht unbeträchtlicher Teil sie bejaht. Offenkundig können sich nationale Varianten ungünstig auf die Aufsatznote auswirken (Ja-Antworten); sie gleichen darin Dialektismen. Manchen Lehrern sind offenbar sogar gewisse eigennationale Varianten ein Dorn im Auge (Ja-Antworten der österreichischen Lehrer beim Text mit Austriazismen und der Schweizer Lehrer beim Text mit Helvetismen).

Auffällig ist auch, daß die deutschen Lehrer allgemein mehr Großzügigkeit bezüglich der nationalen Varianten bekunden als die österreichischen und Schweizer Lehrer. Dieser Befund stimmt überein mit der schon zuvor, in bezug auf Tabelle 22, getroffenen Feststellung, daß die deutschen Lehrer die spezifischen Austriazismen eher akzeptieren als die Schweizer Lehrer und auch die spezifischen Helvetismen eher als die österreichischen Lehrer. Als mögliche Erklärung bietet sich – wie schon gesagt – an, daß die deutschen Lehrer infolge der in Deutschland schon länger andauernden Diskussion um die Schulschwierigkeiten von Dialektsprechern mehr Toleranz auch gegenüber nationalen Varianten entwickelt haben könnten.

Helvetismen werden offenbar von österreichischen Lehrern und Austriazismen von Schweizer Lehrern besonders schlecht benotet. Statistisch signifikant sind dabei folgende Unterschiede: Die österreichischen Lehrer benoten den Text mit den Helvetismen schlechter als die Schweizer Lehrer, und die Schweizer Lehrer benoten den Text mit den Austriazismen schlechter als den Text mit den Helvetismen (jeweils $p < 0,04$ – aufgrund von Chi-Quadrat-Tests). Dagegen werden die Teutonismen von beiden Gruppen kaum schlechter benotet als die eigenen nationalen Varianten (österreichische Lehrer: 11 : 26 (Austriazismen) gegenüber 9 : 27 (Teutonismen); Schweizer Lehrer: 2 : 16 (Helvetismen) gegenüber 4 : 12 (Teutonismen)). Auch dieser Befund paßt wieder in das schon vertraute Bild einer allgemeinen Bevorzugung der Teutonismen.

Eine weitere Frage lautete: „Betrachten Sie die regionalsprachlichen Besonderheiten dieses Schülers/dieser Schülerin eher als Vorteil oder als Nachteil für ihn/sie? Vorteil/Nachteil" Tabelle 25 gibt einen Überblick über die Befunde.

Tab. 25: Bewertung nationaler Varianten im Aufsatz als Vor- oder Nachteil durch verschiedene nationale Lehrergruppen

	Text mit Teutonismen			Text mit Austriazismen			Text mit Helvetismen		
	Vor-teil	Nach-teil	Weder noch	Vor-teil	Nach-teil	Weder noch	Vor-teil	Nach-teil	Weder noch
Deutsche Lehrer	–	–	–	1	9	3	4	10	2
Österr. Lehrer	12	13	9	11	13	9	8	21	7
Schweizer Lehrer	7	1	5	3	10	2	5	6	4

Offenkundig werden nationale Varianten überwiegend als Nachteil bewertet. Gemeint ist dabei natürlich ihre Verwendung im Aufsatz oder vielleicht auch die Unfähigkeit, sie zu vermeiden. Wiederum beurteilen die österreichischen Lehrer die Helvetismen und die Schweizer Lehrer die Austriazismen als besonders nachteilig. Die Bewertung der Teutonismen sieht dagegen anders aus: Unter den österreichischen Lehrern halten sich bei den Teutonismen die Bewertungen als Vorteil und als Nachteil fast die Waage, und bei den Schweizer Lehrern überwiegt sogar deutlich die Bewertung der Teutonismen als Vorteil. Der Unterschied zwischen beiden Lehrergruppen ist statistisch signifikant (wenn man die Weder-noch-Antworten einbezieht und zusammen mit den Vorteil-Antworten den Nachteil-Antworten gegenübergestellt: p < 0,03), was wiederum die höhere Akzeptanz der Teutonismen bei den Schweizer im Vergleich zu den österreichischen Lehrern zeigt. Die vorteilhafte bzw. ausgewogene Bewertung der Teutonismen ist um so bemerkenswerter als bei beiden Lehrergruppen die Bewertung der eigenen nationalen Varianten als Nachteil ihre Bewertung als Vorteil leicht überwiegt. Dieser Befund weist wiederum in die Richtung einer Asymmetrie zugunsten des deutschen nationalen Zentrums. Dazu paßt auch, daß die Schweizer Lehrer nicht nur die Austriazismen, sondern sogar die eigenen nationalen Varianten als nachteiliger bewerten als die Teutonismen (p < 0,04 – wenn man die Zahlen für „Vorteil" und „Weder noch" zusammenfaßt und den Zahlen für „Nachteil" gegenüberstellt).

Die letzte auf die Bewertung der nationalen Varianten bezogene Frage lautete:

„Würden Sie diesem Schüler/dieser Schülerin helfen, die regionalsprachlichen Besonderheiten im Schulaufsatz mit der Zeit abzulegen? Ja/Nein" Tabelle 26 zeigt die Ergebnisse im Überblick.

Tab. 26: Lehrerunterstützung beim Vermeiden nationaler Varianten im Aufsatz

	Text mit Teutonismen		Text mit Austriazismen		Text mit Helvetismen	
	Ja	Nein	Ja	Nein	Ja	Nein
Deutsche Lehrer	–	–	12	2	7	15
Österr. Lehrer	17	15	20	17	18	14
Schweizer Lehrer	10	4	11	5	9	8

Die Frage war insofern ungeschickt formuliert, als sie auch als allgemeiner Appell an die Hilfsbereitschaft verstanden werden kann, unabhängig von der Angemessenheit der Zielsetzung (Lehrziel), auf die hier abgehoben werden sollte. Es ist daher verständlich, daß sie von den meisten Lehrern bejaht wird. Einzelne signifikante Unterschiede, wie z. B. daß die deutschen Lehrer eher beim Ablegen der Austriazismen als der Helvetismen helfen würden (p < 0,002), sind nicht leicht sinnvoll interpretierbar. Andere Unterschiede, die zum Teil in eine vom Bisherigen etwas abweichende Richtung weisen, wie daß ausgerechnet die Schweizer Lehrer eher beim Ablegen fremder als der eigenen nationalen Varianten behilflich wären, sind statistisch nicht signifikant. Alles in allem sind die Befunde in Tabelle 26 ziemlich diffus, fallen aber nicht auffällig aus dem bisherigen Bild heraus.

Die Hauptzüge des durch diese Untersuchung entstandenen Eindrucks lassen sich abschließend folgendermaßen zusammenfassen: Die Mehrzahl der Lehrer bewertet fremdnationale Varianten negativer als eigennationale. Teutonismen werden aber insgesamt positiver beurteilt als andere nationale Varianten – ein wegen unserer ungeschickten Auswahl von Teutonismen allerdings nur schwach belegter Befund (vgl. Kap. F.3: zweite Hälfte). Manche österreichische und Schweizer Lehrer beurteilen sogar gewisse eigene nationale Varianten negativ. Ob dies auch bei den deutschen Lehrern der Fall ist, läßt sich unseren Ergebnissen nicht entnehmen, erscheint aber weniger wahrscheinlich. Vor allem manche Schweizer Lehrer sind gegenüber gewissen Teutonismen toleranter als gegenüber gewissen eigenen nationalen Varianten.

Die Lehrerkorrekturen zeigen gewisse Parallelen mit der Kenntnis nationaler Varianten (Kap. F.1). Die fremdnationalen Varianten sind weniger bekannt und werden häufiger korrigiert als die eigennationalen Varianten. Am ausgeprägtesten ist diese Tendenz bei den spezifischen nationalen Varianten: Die spezifischen fremdnationalen Varianten sind noch weniger bekannt und werden noch häufiger korrigiert als die unspezifischen. Auch im Verhältnis zwischen Austriazismen und Helvetismen auf der einen und Teutonismen auf der anderen Seite zeichnet sich eine Entsprechung zu den Kenntnissen der verschiedenen nationalen Varianten ab. So wie die Helvetismen und Austriazismen außerhalb ihrer eigenen Zentren weniger bekannt sind als die Teutonismen, so werden sie auch häufiger korrigiert. Zum Teil werden sie nicht einmal in ihren eigenen Zentren akzeptiert, sondern „verbessert". Sowohl die Befunde bezüglich der Kenntnisse als auch die bezüglich der Lehrerkorrekturen nationaler Varianten verweisen damit auf eine Asymmetrie zu Gunsten des deutschen und zu Ungunsten der beiden anderen nationalen Zentren der deutschen Sprache. Mit etwas anderer Akzentuierung könnte man auch von Indizien für eine größere Autonomie des Zentrums Deutschland und einer teilweisen Heteronomie der Zentren Österreich und Schweiz sprechen (vgl. auch Kap. F.7).

3 Die nationalen Varianten im Fluktuationsbereich zwischen Standard und Nonstandard

Zweifellos gibt es Spezifika der nationalen Varietäten, deren standardsprachlicher Status unstrittig ist. Dazu gehören beispielsweise die ss-Schreibung in der Schweiz (anstelle von <ß>), der institutionelle, amtlich festgelegte Wortschatz (Beispiel: dt. *Abitur,* österr. *Matura,* schweiz. *Matur*) oder manche österreichischen Speisebezeichnungen (*Marille, Karfiol* usw.). Beträchtliche Teile der nationalen Varietäten sind jedoch hinsichtlich ihres standardsprachlichen Status strittig. Bei manchen nationalen Zentren handelt es sich dabei vielleicht sogar – nach Maßgabe der meisten in der bisherigen Forschung vorgenommenen Abgrenzungen – um den größeren Teil ihrer nationalen Varianten. Eine allgemeingültige Antwort auf die Größe des strittigen Teils erscheint freilich kaum möglich, da die nationalen Varietäten, die ja als Standardvarietäten definiert sind, in ihrem Umfang recht unterschiedlich festgelegt werden können, je nachdem, wieviele der nach ihrem standardsprachlichen Status strittigen Formen man einbezieht.

Es lassen sich leicht einschlägige Beispiele des Dissenses hinsichtlich des standardsprachlichen Status bestimmter nationaler Varianten beobachten. Sie treten fast ständig auf, sowohl innerhalb derjenigen sozialen Gruppen einer Nation, die die Standardsprachlichkeit von Sprachformen festlegen, als auch zwischen ihnen (vgl. Kap. A.4.2). Ein Beispiel solchen Dissenses innerhalb der Gruppe der Sprachnormautoritäten sind die festgestellten Lehrerkorrekturen der nationalen Varianten in Schulaufsätzen (vgl. Kap. F.2). Sie haben erbracht, daß die Auffassungen der Lehrer, insbesondere derjenigen in Österreich und der Schweiz, ob bestimmte nationale Varianten im Schulaufsatz akzeptabel sind oder nicht, weit divergieren. Die Befunde dieser kleinen Untersuchung belegen zugleich einen Dissens zwischen den Sprachkodifizierern bzw. dem von ihnen geschaffenen Sprachkodex und den Sprachnormautoritäten. Manche der Formen, die von beträchtlichen Teilen der Lehrer eines nationalen Zentrums beanstandet wurden, sind nämlich in den für das betreffende Zentrum gültigen Sprachkodizes allgemein als standardsprachlich ausgewiesen (z.B. *aper* für Österreich und die Schweiz (gemeindt. *schneefrei*), *Eiskasten* für Österreich (gemeindt. *Kühlschrank*) oder *Falle* für die Schweiz (dt. *Klinke,* österr. *Schnalle*). Diese von einigen Sprachnormautoritäten beanstandeten Formen kann man nur dann uneingeschränkt als standardsprachlich bewerten, wenn man den Sprachkodex zum absoluten Maßstab macht.

Auch innerhalb der Gruppe der Modellsprecher und -schreiber herrscht ein entsprechender Dissens. Er zeigt sich beispielsweise daran, daß manche Rundfunksprecher die nationalen Aussprachevarianten verwenden, während andere stattdessen die gemeindeutschen Varianten der „Standardlautung" (Aussprache-Duden 1990) oder der „reinen Hochlautung" (*Siebs* 1969) wählen, und zwar in denselben Textsorten (vgl. dazu für Österreich Pollak 1992: 87-94, für die Schweiz: „Chophan in Alschier stimmberechticht?" *Neue Zürcher Zeitung* 15.11.1991; Stutz 1988; Kap. C.5). Unter den Autoren der nationalen Zentren gibt es ebenfalls solche, die nationale Varianten zugunsten gemeindeutscher Entsprechungen meiden, gegenüber solchen, die nationale Varianten ausdrücklich pflegen (vgl. Innerhofer 1993; Scheichl 1991; Kap. F.4).

Der analoge Dissens innerhalb der Gruppe der Sprachexperten läßt sich ebenso leicht beobachten. Er ist besonders deutlich zutage getreten in der Diskussion um die 35. Auflage des *Österreichischen Wörterbuchs* (1979). Gegensätzliche Positionen vertreten dazu beispielsweise Peter Wiesinger (1980a; 1988b) und Ingo Reiffenstein (1983) auf der einen Seite gegenüber Rudolf Muhr (1983), Wolfgang Pollak (1992) und Michael Clyne (1985; 1988) auf der andern. Erstere würden sicher nur einer kleineren Anzahl österreichspezifischer Varianten die Standardsprachlichkeit zuerkennen als letztere (Kap. B.1: gegen Ende). Von vielen Einzelbeobachtungen über Dissens unter Sprachexperten sei nur das Beispiel meiner Anfrage am Institut für Germanistik an der Universität Wien berichtet, bei der ich Herbert Tatzreiter bat, meinen Beispieltext für österreichisches Standarddeutsch zu prüfen (vgl. Kap. A.1.1). Tatzreiter beriet meine Anfrage mit seinem Fachkollegen Hermann Scheuringer. Das Ergebnis der Beratung war, daß Tatzreiter eine Reihe von Varianten als österreichisches Standarddeutsch anerkannte, die Scheuringer ablehnte. Die von Tatzreiter anerkannten Varianten stehen nachfolgend linksseitig, rechts daneben steht der Kommentar Scheuringers.

Nachtmahl: „ist mir standardspr. fremd";
geröstete Erdäpfel: „ist für mich nicht standardspr.";
allfällig: „ist in dieser Position unmöglich; nur: *etwaige*";
Pölstern: „empfinde ich nicht als Standard" (Brief und Textkorrekturen von Tatzreiter 11. 5.1993).

Ein weiteres Beispiel des Dissenses unter Sprachexperten ist die Uneinigkeit im *Verein Hochdeutsch in der Schweiz* bezüglich einer schweizerhochdeutschen Aussprache im schweizerdeutschen Rundfunk (briefliche Mitteilung Hansmax Schaubs am 18.4.1994). Offenbar zögen manche Mitglieder dieses Vereins eine gemeindeutsche Aussprache für die Schweizer Sprechmedien einer schweizerhochdeutschen vor, während der Vereinsaktuar sich just für letztere stark macht (vgl. Kap. C.5).

Was die Sprachkodifizierer bzw. den Sprachkodex angeht, so sind Divergenzen zwischen Binnen- und Außenkodex nicht sonderlich erstaunlich. Man findet z.B. leicht Diskrepanzen bei der Markierung von Austriazismen zwischen dem *Österreichischen Wörterbuch* (1990) und dem Rechtschreib-Duden (1991). Ein Vergleich der Eintragungen nur unter dem Buchstaben A fördert schon die in Tabelle 27 dargestellten klaren Diskrepanzen zutage. Dabei sind nur eindeutige Unterschiede bezüglich des standardsprachlichen Status, nicht die zahlreichen feiner nuancierten Differenzen aufgenommen. Bei Wörtern mit Verwechslungsmöglichkeiten ist die hier gemeinte österreichische Variante durch eine Bedeutungsangabe identifiziert.

Bemerkenswert sind auch die Diskrepanzen in der Bewertung zwischen Kodifizierern aus demselben nationalen Zentrum. Beispiele unterschiedlicher Markierung nicht nur regionaler, sondern auch nationaler Varianten finden sich in verschiedenen kritischen Analysen der Markierungspraxis der in Deutschland hergestellten Wörterbücher (Niebaum 1984; 1989; Eichhoff 1988; Püschel 1988). Noch auffälliger sind die Bewertungsunterschiede zwischen Kodifizierern desselben Zentrums, von denen die einen für den Binnenkodex und die andern für den Außenkodex arbeiten. Sie zeigen sich für Österreich bei einem Vergleich von Ebner (1980) mit dem *Österreichischen Wörterbuch* (1985! – um die zeitliche Diskrepanz möglichst gering zu halten). Allein bei den Eintragungen unter dem Buchstaben A divergieren diese beiden Wörterbücher in 36 Fällen bezüglich der Standardsprachlichkeit und in 8 weiteren Fällen bezüglich der Aktualität der Wörter (veraltet – nicht veraltet). Mithin divergieren sie bei nicht weniger als 44 Stichwörtern in der Einschätzung der Zugehörigkeit zur aktuellen nationalen Varietät. Dies ist eine Divergenz bei immerhin 11,8% von Ebners Stichwörtern (n = 374 unter A), deren Anzahl in grober Annäherung sowohl der Anzahl der verglichenen Wörter entspricht (da fast alle Ebner-Stichwörter im *Österreichischen Wörterbuch* enthalten sind) als auch der Anzahl der involvierten Austriazismen. Immerhin jeder neunte Austriazismus wird also nach seinem standardsprachlichen Status unterschiedlich bewertet. – Ein entsprechender Vergleich von Meyer (1989) und Bigler u. a. (1987) ergibt zwar nur wenige ausdrückliche Divergenzen. Jedoch ist ein Grund dafür allein schon die kleine Zahl gemeinsamer Stichwörter. Das Wörterbuch von Bigler u. a., das auf den Schulgebrauch abzielt, enthält nur sehr wenige der Meyerschen Stichwörter, unter dem Buchstaben A nur 25 von 292 (bei Zählung nur der Hauptstichwörter), also weniger als 10%. Vielleicht kann dieser Tatbestand schon als entsprechende Diskrepanz in der Bewertung gedeutet werden, kommt darin doch im Grunde eine gewisse Geringschätzung der schweizerischen Sprachbesonderheiten durch Bigler u. a. zum Ausdruck – obwohl dieses Wörterbuch sich als eine besser auf die Schweiz abgestimmte Alternative zum *Schweizer Schülerduden 1* (1980; vielleicht auch *2*, 1976) versteht.

Tab. 27: Beispiele unterschiedlicher Standardmarkierungen im *Österreichischen Wörterbuch* (1990) und im Rechtschreib-Duden (1991)

Variante	*Österreichisches Wörterbuch* (1990)	Rechtschreib-Duden (1991)
abbeuteln	ugs.	unmarkiert
abbrocken	ugs.	unmarkiert
das Abszeß	unmarkiert	ugs.
allweil	unmarkiert	ugs.
anbandeln	sal.	unmarkiert
Animo	sal.	unmarkiert
anstehen ‚angewiesen sein‘	ugs.	unmarkiert
aufpicken	unmarkiert	ugs.
Aufsitzer	ugs.	unmarkiert
sich ausgehen ‚reichen, passen‘	ugs.	unmarkiert

Wenn es schon Dissens innerhalb der einzelnen sozialen Gruppen einer Nation gibt, die eine Standardvarietät festlegen, dann – wie man sich denken kann – erst recht zwischen ihnen. Da ich vier solcher Gruppen unterscheide (Kodifizierer, Experten, Normautoritäten und Modelle), sind zwischen ihnen sechs paarweise Kombinationen möglich ((4 × 3)/2 – bei Äquivalenz verschiedener Reihenfolgen der Kombinationen; vgl. Kap. A.4.2). Vermutlich ließen sich für alle sechs Kombinationen Beispiele des Dissenses bezüglich der Standardsprachlichkeit nationaler Varianten finden; jedoch könnte der Versuch erschöpfender Darstellung leicht langweilig werden.

Mögen daher Beispiele des Dissenses zwischen den Sprachkodifizierern bzw. ihrem Produkt, dem Sprachkodex, und den übrigen sprachstandardsetzenden Gruppen genügen. Beispiele des Dissenses von Sprachexperten mit dem Sprachkodex sind besonders leicht zu finden. Ein einschlägiger Fall in Österreich ist die ausführliche Kritik Peter Wiesingers (1980a) an der 35. Auflage des *Österreichischen Wörterbuchs* (1979), worin er die Standardsprachlichkeit zahlreicher dort unmarkiert aufgenommener Wörter in Frage stellt. Diese Kritik verweist darüber hinaus auf einen Dissens zwischen Sprachnormautoritäten und Sprachkodifizierern. Wiesinger stützt sich nämlich in seiner Argumentation auf eine Befragung von Germanistikstudierenden, also großenteils zukünftigen Deutschlehrern/innen, deren Antworten von den Entscheidungen der Kodifizierer des österreichischen Deutsch in vielen Punkten beträchtlich abweichen.

Ein weniger spektakuläres Beispiel, diesmal aus der Schweiz, liefert die schon zuvor (Kap. F.2) erwähnte briefliche Mitteilung von Walter Haas an mich (13. 5. 1993) über das maskuline Genus bei *Radio* (für das Gerät): „In den Mundarten heisst es ausschliesslich *der Radio,* das ist wahr; aber nach nunmehr 60 Jahren Bemühungen der Lehrerschaft schreiben die meisten Schweizer *das Radio. Der Radio* ist zweifellos nicht (mehr) Schweizer Standarddeutsch." Diese Einschätzung des Germanistikprofessors steht jedoch im Widerspruch zum Schweizer Sprachkodex, und zwar sowohl zum Binnen- als auch zum Außenkodex, denn Bigler u.a. (1987: 165) und Rechtschreib-Duden (1991: 582) lassen gleichermaßen für die Schweiz auch *der Radio* zu (für das Gerät), neben *das Radio.* Zugleich verweist die Mitteilung von Haas – der über die Schweizer Deutschlehrer sicher gute Kenntnisse hat – auf die Existenz eines Dissenses zwischen Schweizer Sprachnormexperten und Schweizer Sprachkodex. Dieser Dissens ist, wie bereits zu Beginn dieses Kapitels bemerkt, sowohl für Österreich als auch die Schweiz schon in unserer Untersuchung des Korrekturverhaltens von Lehrern bezüglich nationaler Varianten zutage getreten (Kap. F.2). Über ein konkretes Beispiel aus der Schweiz in den 50er Jahren berichtet Rudolf Schläpfer (1979: 160). In einer Aufnahmeprüfung „für den progymnasialen Typus Sekundarstufe I" ging es darum, den Dialektsatz „De Güggel hockt uf em Dach vom Schopf" ins „Hochdeutsche" zu übersetzen. Einer der Schüler behielt in dieser Übersetzung die Varianten *Güggel, hockt* und *Schopf* bei, wofür ihm jedoch drei Fehler angerechnet wurden. Der Vater des Schülers – ein Strafgerichtspräsident freilich (mündliche Mitteilung R. Schläpfer) – zog vor Gericht, da er entdeckt hatte, daß alle drei Varianten „im Duden aufgeführt" waren, und behielt recht gegen die Lehrer. Die drei Fehler mußten annuliert werden. Die Schweizer Sprachnormautoritäten waren also gegen den Sprachkodex unterlegen.

Einer der tieferliegenden Gründe für den vielfältigen Dissens ist sicher der, daß die Anzahl der spezifischen und zugleich im ganzen Gebiet der betreffenden Nation geltenden nationalen Varianten (vgl. Kap. A.5: (5), (6)) für alle drei nationalen Vollzentren des Deutschen verhältnismäßig klein ist. In dieser Situation zwingen Bemühungen, die nationalen Varianten zu erfassen oder die nationalen Varietäten zu erweitern, geradezu zur Einbeziehung von Grenzfällen des Standards. Ein Beispiel dafür bieten die beiden Duden-Bände *Wie sagt man in Österreich?* (Ebner 1980) und *Wie sagt man in der Schweiz?* (Meyer 1989). Beide enthalten zahlreiche Varianten, die sogar nach den eigenen Maßstäben der Verfasser als „mdal." (mundartlich) oder „ugs." (umgangssprachlich) markiert sind. Selbst im Rechtschreib-Duden (1991), der – wie man vergröbernd sagen kann – die „Vorarbeiten" von Ebner (1980) und Meyer (1989) in Richtung des Standards gefiltert hat, liegt der Anteil der als Nonstandard („ugs.", selten auch „mdal.") markierten Varianten unter den Austriazismen und Helvetismen noch bei rund 10%. Vermutlich ist einer der Gründe dafür das Bestreben, die Zahl der betreffenden nationalen Varianten zu erhöhen bzw. in ausreichender Zahl vorzuweisen – neben dem Bemühen um möglichst umfassende Auskunft zu Varianten, die z.B. in der Belletristik vorkommen. Dieses Bestreben könnte durchaus auch der Dudenverlag haben, insbesondere um seinen Anspruch auf Darstellung der gesamten deutschen Sprache zu rechtfertigen (vgl. Kap. D.4).

Ein anderer, tieferliegender Grund für Dissens bezüglich der Standardsprachlichkeit nationaler Varianten scheint mir darin zu liegen, daß die Idee nationaler Varianten grundsätzlich nicht ohne weiteres verträglich ist mit der Idee von Standardvarianten. Einer der Hauptzwecke der Standardisierung einer Sprache besteht nämlich in der überregionalen Vereinheitlichung. Dies zeigt sich z.B. daran, daß in wissenschaftlichen Darstellungen der Prozeß der Standardisierung einer Sprache gerade in denjenigen Bereichen häufig als nicht abgeschlossen bewertet wird, in denen keine Einheitlichkeit für das Gesamtgebiet der Sprache erreicht ist (vgl. z.B. Besch 1983a). Schon der Gedanke verschiedener Standard„varietäten" statt einer einzigen Standard„sprache" (die freilich auch nur eine Varietät wäre!) paßt nicht recht in diese Modellvorstellung. Diese Vorstellung beinhaltet eine Art Entelechie mit dem Ziel einer Standard„sprache" im Sinne einer „Einheitssprache".

Von solchen Vorstellungen aus sind diejenigen nationalen Varianten, die nur in einer Teilregion der Nation gelten (vgl. Kap. A.5: (5)), besonders starken Zweifeln hinsichtlich ihres standardsprachlichen Status ausgesetzt. Der Anteil solcher Varianten ist jedoch bei manchen nationalen Varietäten des Deutschen ausgesprochen hoch. Dies gilt für die österreichische und in vermutlich noch höherem Maße für die deutsche nationale Varietät. Im Falle der österreichischen nationalen Varietät handelt es sich dabei häufig um Varianten mit einer nur ostösterreichischen Verwendungsregion, deren Geltungsregion (nach Maßgabe des *Österreichischen Wörterbuchs*) jedoch gesamtösterreichisch ist (vgl. Kap. B.6: gegen Ende; auch Scheuringer 1994: 37-40). Im Falle der deutschen nationalen Varietät ist darüber hinaus der Anteil von Varianten mit zudem nur regional begrenzter *Geltung* besonders hoch. Die mit Abstand größte Gruppe unter ihnen bilden die norddeutschen Varianten (vgl. Kap. D.3, vor allem D.3.4). Sie sind zugleich die auffälligsten Schibboleths, an denen Österreicher und Schweizer die Deutschen erkennen.

Im Hinblick auf ein Gesamtbild von der nationalen Varietät Deutschlands ist es interessant zu wissen, wie norddeutsche Varianten in Norddeutschland selber bewertet werden. Darüber sollte eine kleine Untersuchung zu den im Rechtschreib-Duden (1991) mit „nordd." (norddeutsch) markierten Wörtern Aufschluß liefern. Aus der Gesamtheit der solchermaßen markierten Wörter wurde eine Zufallsauswahl getroffen, insgesamt 50. Ausgewählt wurde jedes siebte Wort (bis zur angegebenen Anzahl), wobei die als „veraltend" oder „veraltet" markierten sowie die homonymen Wörter (homonym mit gemeindeutschen Wörtern), die verwechselt werden konnten, durch benachbarte ersetzt wurden (*Schiemann* und *Scholtisei* (jeweils veraltet) durch *Schiet* bzw. *Schof; Krug* (homonym) durch

Kruke; Schnake (veraltet und homonym) durch *schnacken*). Diese Auswahl enthielt ganz überwiegend Wörter, die keine weitere Markierung aufwiesen als „nordd.", was gut zu unserer Definition von nationalen Varianten als Standardvarianten paßt (keine Markierung als Nonstandard). Ausnahmen sind nur: *banseln* (eine Nebenform von *bansen*) und *Brasse*, die zusätzlich als „mitteld.", *Kabbelei* und *Schmadder*, die nur „bes.[onders]" als „nordd.", sowie *Lolli* und *Schubbejack*, die zusätzlich zu „nordd." als „ugs." (umgangssprachlich) markiert sind.

Diese Wörter wurden in Form eines Fragebogens einer regional breit gestreuten Gruppe norddeutscher Informanten/innen zur Beurteilung vorgelegt. Dabei handelt es sich ausschließlich um Personen aus der „Bildungsschicht" – so die Anleitung an die Verteiler der Fragebögen –, die im Endeffekt vor allem Hochschullehrer, Lehrer und sonstige höhere Beamte und Angestellte umfaßten. Diese Informanten dürften – in bezug auf unsere für die Setzung der Standardvarietät relevanten Personengruppen – am ehesten die Normautoritäten repräsentieren (vgl. Kap. A.4.2). Alle Informanten mußten außerdem in Norddeutschland aufgewachsen sein und auch den größten Teil ihres Lebens dort verbracht haben. Bei der Verteilung wurde auf Streuung der jetzigen Wohngebiete über die ganze Ost-West-Erstreckung in Norddeutschland geachtet. Im einzelnen verteilen sich die Antworten wie folgt auf die größeren norddeutschen Städte oder deren nähere Umgebung – die beim Gewinnen von Informanten sowie beim Austeilen und Einsammeln der Fragebögen dankenswerterweise behilflichen Kollegen/innen sind in Klammern beigefügt, jeweils hinter der Anzahl der Fragebögen: Rostock (5, Renate Herrmann-Winter), Kiel (11, Ulf Bichel), Hamburg (8, Jürgen Biehl), Hannover (6, Marlis Hellinger) und Bremen (8, Jürgen Biehl) (Summe = 38).

Tabelle 28 ist zugleich eine Abbildung des Fragebogens. Allerdings fehlten im Fragebogen die Angaben der Wortbedeutungen, die jetzt in Kurzform beigefügt sind (in einfachen Anführungszeichen). Wo jetzt Zahlen stehen, brauchten die Informanten nur die wenigen Angaben einzutragen (Kopf des Fragebogens) bzw. die zutreffenden Antworten anzukreuzen (bei jedem Wort sechsmal eine der beiden Alternativen „Ja/Nein"). Das Alter der Informanten streut ziemlich gleichmäßig zwischen den Extremen von 22 bis 70 Jahren (vgl. Geburtsjahr). Die Frauen sind leicht überrepräsentiert. Die Herkunftsorte (≠ Erhebungsorte!) verteilen sich nach der geographischen Distanz und Anordnung ebenfalls verhältnismäßig gleichmäßig auf den Westen (Hamburg, Hannover, Bremen: 52%) und Osten Norddeutschlands (Kiel, Rostock: 47%). Dialektgeographisch überwiegt allerdings der Westen (Nordniederdeutsch und Ostfälisch gegenüber Mecklenburgisch-Vorpommersch, nach Wiesinger 1983c: Karte 47.4), was für unsere Fragestellung jedoch nicht wesentlich ist. – Die folgenden Zahlen sind – sofern nicht ausdrücklich anders erläutert – Prozentwerte der Antworten. Kleinere Abweichungen der Summen von 100% sind durch Rundungsfehler bedingt. In der eigentlichen Tabelle zu den einzelnen Wörtern stehen jeweils die Prozentwerte der Ja-Antworten vor dem Schrägstrich, die der Nein-Antworten dahinter und die der fehlenden Antworten in Klammern.

Wie man sieht, ist fast keines der Wörter in ganz Norddeutschland (in allen Herkunftsorten) gebräuchlich. Darauf deutet der Befund hin, daß kaum eines allen Informanten zu Ohren gekommen und allen in seiner Bedeutung bekannt ist. Ausnahmen sind die Wörter *Harke, Kabbelei, Laken, Lolli, Modder* und *Schiet*. Für diese Wörter, und nur für sie, werden die betreffenden Fragen von allen Informanten bejaht, wobei 100% Ja-Antworten bei der einen Frage stets

Tab. 28: Bewertung „nordd.[eutscher]" Duden-Wörter durch Norddeutsche, Prozentwerte: Ja/Nein (Keine Antwort)

„Ihr Geburtsjahr:" von 1924 bis 1972   „Ihr Geschlecht:" 55% w, 45% m

„Wo in Norddeutschland sind Sie hauptsächlich aufgewachsen (nächstliegende größere Stadt)?" Rostock: 13%, Kiel: 34%, Hamburg: 16%, Hannover: 16%, Bremen: 21%.

„Dieser Ort gilt für die folgenden Fragen als Ihr ‚Herkunftsort'."

Erhebungsort = Herkunftsort: 45%, Erhebungsort ≠ Herkunftsort: 55%.

„Bitte beantworten Sie zu jedem der folgenden Wörter alle 6 Fragen durch deutliches Unterstreichen der zutreffenden Antwort."

	Ich habe das Wort schon gehört	Seine Bedeutung ist mir bekannt	Es ist in meinem Herkunftsort gebräuchlich	Es ist auch schriftlich gebräuchlich	Seine Verwendung wäre in Berichten einer Regionalzeitung möglich/akzeptabel	Seine Verwendung wäre im Schulaufsatz möglich/akzeptabel (im beschreibenden Text, nicht als Zitat)
	Ja/Nein	Ja/Nein	Ja/Nein	Ja/Nein	Ja/Nein	Ja/Nein
außen vor lassen ‚unberücksicht. lassen'	100/–(–)	97/–(3)	92/8(–)	68/29(3)	82/18(–)	58/42(–)
banseln (auch mitteld.) ‚aufschichten'	8/92(–)	5/92(3)	5/90(5)	5/82(13)	5/76(18)	5/74(21)
belemmern ‚belästigen'	90/11(–)	90/11(–)	82/18(–)	18/82(–)	13/84(3)	13/84(3)
Bodden ‚Strandsee, Bucht'	82/18(–)	82/18(–)	50/50(–)	61/34(5)	61/32(8)	63/29(8)
Brasse (auch mitteld.) ‚Brachse'	84/16(–)	79/21(–)	71/21(8)	74/21(5)	74/21(5)	71/21(8)
Butze ‚Verschlag'	82/18(–)	79/21(–)	68/29(3)	37/55(8)	26/66(8)	26/66(8)

Drell ‚Drillich'	24/76 (–)	21/76 (3)	21/71 (8)	18/68 (13)	18/63 (18)	18/66 (16)
Dust ‚Dunst, Staub'	18/82 (–)	11/84 (5)	5/82 (13)	8/74 (18)	8/68 (24)	8/71 (21)
Ewer ‚Küstenschiffstyp'	66/34 (–)	63/37 (–)	53/47 (–)	50/50 (–)	50/47 (3)	50/47 (3)
Foße ‚mindere Spielkarte'	13/87 (–)	13/82 (5)	11/76 (13)	8/76 (16)	8/74 (18)	8/74 (18)
glupschen ‚starren'	92/5 (3)	92/5 (3)	82/16 (3)	24/74 (3)	21/74 (5)	18/76 (5)
grieseln ‚schaudern'	47/53 (–)	47/50 (3)	42/53 (5)	32/58 (11)	29/58 (13)	24/63 (13)
Harke ‚Rechen'	100/– (–)	100/– (–)	100/– (–)	97/3 (–)	97/3 (–)	97/3 (–)
Höft ‚Haupt, Landspitze'	61/37 (3)	50/45 (5)	42/50 (8)	40/50 (11)	40/47 (13)	37/50 (13)
Kabbelei (bes. nordd.) ‚Zankerei'	100/– (–)	100/– (–)	97/3 (–)	68/29 (3)	53/40 (8)	40/55 (5)
Kamp ‚Stück Land'	84/11 (5)	76/16 (8)	74/18 (8)	76/13 (11)	71/16 (13)	61/26 (13)
kieken ‚sehen'	97/3 (–)	97/3 (–)	82/18 (–)	42/55 (3)	37/58 (3)	21/74 (3)
Kliff ‚Steilabfall an Küste'	87/11 (3)	84/13 (3)	66/32 (3)	74/24 (3)	76/18 (5)	76/18 (5)
Kluntje ‚Stück Kandiszucker'	82/18 (–)	76/24 (–)	55/42 (3)	58/40 (3)	61/34 (5)	58/37 (5)

Fortsetzung Tab. 28: Bewertung „nordd.[eutscher]" Duden-Wörter durch Norddeutsche, Prozentwerte: Ja/Nein (Keine Antwort)

	Ich habe das Wort schon gehört	Seine Bedeutung ist mir bekannt	Es ist in meinem Herkunftsort gebräuchlich	Es ist auch schriftlich gebräuchlich	Seine Verwendung wäre in Berichten einer Regionalzeitung möglich/akzeptabel	Seine Verwendung wäre im Schulaufsatz möglich/akzeptabel (im beschreibenden Text, nicht als Zitat)
	Ja/Nein	Ja/Nein	Ja/Nein	Ja/Nein	Ja/Nein	Ja/Nein
Knubbe 'Knorren'	37/63 (–)	29/68 (3)	21/71 (8)	16/71 (13)	16/68 (16)	13/71 (16)
Kötel 'Kotklümpchen'	71/29 (–)	68/29 (3)	63/32 (5)	21/74 (5)	24/68 (8)	21/71 (8)
Kribbe 'Buhne'	21/79 (–)	21/79 (–)	16/74 (11)	13/71 (16)	13/66 (21)	13/66 (21)
Kruke 'großer Krug'	74/26 (–)	71/29 (–)	66/32 (3)	53/42 (5)	53/40 (8)	50/42 (8)
Kumm 'Schüssel, Trog'	37/63 (–)	34/66 (–)	32/61 (8)	18/71 (11)	16/68 (16)	11/74 (16)
Laken 'Bettuch'	100/– (–)	100/– (–)	97/3 (–)	97/3 (–)	97/3 (–)	97/3 (–)
Lolli (ugs.) 'Lutscher'	100/– (–)	100/– (–)	97/3 (–)	82/18 (–)	79/21 (–)	74/26 (–)
Malesche 'Malaise, Ungemach'	95/5 (–)	90/11 (–)	82/18 (–)	42/58 (–)	48/53 (3)	40/58 (3)

Modder 'Morast, Schlamm'	42/55 (3)	50/47 (3)	53/47 (–)	100/– (–)	100/– (–)	100/– (–)
nölen 'langsam reden'	26/68 (5)	26/68 (3)	37/61 (3)	84/13 (3)	95/5 (–)	95/5 (–)
palen 'auslösen (aus Hülsen)'	26/61 (13)	29/55 (16)	34/55 (11)	40/53 (8)	45/50 (5)	47/47 (5)
Pesel 'bäuerl. Wohnraum'	29/61 (11)	29/61 (11)	32/61 (8)	26/68 (5)	42/58 (–)	50/50 (–)
pleddern 'heftig regnen'	13/71 (16)	11/74 (16)	11/76 (13)	29/61 (11)	34/61 (5)	37/63 (–)
Plörre 'fades Getränk'	21/74 (5)	29/66 (5)	34/63 (3)	84/13 (3)	92/8 (–)	92/8 (–)
pütscherig 'kleinlich, pedantisch'	16 / 82 (3)	21 / 76 (3)	26 / 74 (–)	71 / 29 (–)	87 / 13 (–)	90 / 11 (–)
Quese 'Blase, Schwiele'	16/74 (11)	24/66 (11)	29/63 (8)	50/45 (5)	50/50 (–)	50/50 (–)
Rundstück 'Brötchen'	63/26 (11)	71/18 (11)	66/26 (8)	63/32 (5)	87/11 (3)	90/11 (–)
Schiet 'Scheiße'	18/76 (5)	26/68 (5)	37/61 (3)	95/3 (3)	100/– (–)	100/– (–)
Schlackerschnee 'Naßschnee'	8/71 (21)	16/63 (21)	16/66 (18)	24/66 (11)	32/66 (3)	32/68 (–)
Schmadder (bes. nordd.) 'Naßschmutz'	11/74 (16)	13/71 (16)	21/68 (11)	45/45 (11)	53/47 (–)	58/42 (–)
schnacken 'plaudern'	34/63 (3)	53/45 (3)	53/47 (–)	92/8 (–)	97/3 (–)	97/3 (–)
Schof 'Strohbündel'	5/74 (21)	5/74 (21)	5/79 (16)	8/79 (13)	13/84 (3)	16/84 (–)

Fortsetzung Tab. 28: Bewertung „nordd.[eutscher]" Duden-Wörter durch Norddeutsche, Prozentwerte: Ja/Nein (Keine Antwort)

	Ich habe das Wort schon gehört	Seine Bedeutung ist mir bekannt	Es ist in meinem Herkunftsort gebräuchlich	Es ist auch schriftlich gebräuchlich	Seine Verwendung wäre in Berichten einer Regionalzeitung möglich/akzeptabel	Seine Verwendung wäre im Schulaufsatz möglich/akzeptabel (im beschreibenden Text, nicht als Zitat)
	Ja/Nein	Ja/Nein	Ja/Nein	Ja/Nein	Ja/Nein	Ja/Nein
Schubbejack (ugs.) ‚Schubiack, Lump'	29/71 (–)	24/74 (3)	13/82 (5)	5/82 (13)	8/76 (16)	3/82 (16)
Segge ‚Riedgras'	29/71 (–)	29/66 (5)	24/66 (11)	24/61 (16)	24/55 (21)	21/58 (21)
Sohr ‚Sodbrennen'	16/82 (3)	13/82 (5)	13/71 (16)	8/71 (21)	5/68 (26)	5/68 (26)
Spier ‚Spitze (von Gras)'	50/50 (–)	40/58 (3)	37/53 (11)	29/55 (16)	32/50 (18)	26/55 (18)
Steven ‚Schiffsgrenzbalken'	84/16 (–)	82/18 (–)	66/34 (–)	66/34 (–)	68/29 (3)	68/29 (3)
Stubben ‚Baumstumpf'	68/32 (–)	68/32 (–)	61/37 (3)	55/40 (5)	53/40 (8)	45/47 (8)
Tippel ‚Punkt'	40/58 (3)	40/58 (3)	29/61 (11)	18/68 (13)	18/66 (16)	13/71 (16)
Tralje ‚Gitterstab'	26/74 (–)	21/76 (3)	18/76 (5)	18/71 (11)	21/63 (16)	16/68 (16)
Twenter ‚zweijähr. Rind/Pferd'	13/87 (–)	5/92 (3)	8/79 (13)	8/74 (18)	11/66 (24)	8/68 (24)

mit 100% Ja-Antworten bei der andern Frage kongruieren (Spalten 1 und 2). Allerdings wird nur für *Harke* und *Modder* von allen Informanten auch die Gebräuchlichkeit in den Herkunftsorten bestätigt (Spalte 3). Daß die Wörter jedoch nur in Norddeutschland, nicht auch in Süddeutschland gebräuchlich sind, die Markierung im Rechtschreib-Duden insofern also im wesentlichen korrekt ist, läßt sich aufgrund der zusätzlichen Auskunft von 5 dazu befragten süddeutschen Informanten sowie meiner eigenen, im wesentlichen süddeutschen Sprachkompetenz mit ziemlicher Zuverlässigkeit behaupten.

Wie die Antworten auf die in den Spalten 3 bis 6 wiedergegebenen Fragen zeigen, ist ferner keines der Wörter problemlos schriftlich verwendbar. Vielmehr handelt es sich durchgängig um Wörter, bei deren Bewertung die Sprachnormautoritäten – die am ehesten durch unsere Informanten repräsentiert werden – unterschiedlicher Auffassung sind. Die schriftliche Verwendung dieser Wörter birgt daher grundsätzlich die Gefahr der Sanktionierung oder Korrektur. Entsprechend äußert sich auch Ulf Bichel als germanistischer Linguist (Sprachexperte) und – wie er schreibt – „seit [s]einer Geburt standorttreuer Kieler" in einem Kommentar zu der Wortliste: „[I]n fast allen Beispielen sind Einschränkungen der Gebrauchsmöglichkeiten zu machen. Es zeigt sich, daß die Duden-Redaktion die Bezeichnung ‚norddeutsch' nicht nur als Information, sondern weithin als eine Art Warnzeichen dafür benutzt, daß der Gebrauch des Wortes ein Risiko sein kann, wenn man nicht genau weiß, wer es wem gegenüber in welchem Zusammenhang zu gebrauchen pflegt." (Brief vom 13.7.1994) Keines der Wörter wird von allen Informanten abgelehnt oder von allen akzeptiert, wobei die Akzeptanz- bzw. Ablehnungsgrade zwischen den Wörtern stark divergieren.

Schriftliche Gebräuchlichkeit (unspezifiziert): von 97% Akzeptanz und 3% Ablehnung (*Harke, Laken*) bis zu nur 5% Akzeptanz (*banseln, Schof, Schubbejack*) und 82% Ablehnung (*banseln, belemmern, Schubbejack*).

Verwendbarkeit für Berichte in Regionalzeitungen: von 97% Akzeptanz und 3% Ablehnung (*Harke, Laken*) bis zu nur 5% Akzeptanz (*banseln, Schof, Sohr*) und 84% Ablehnung (*belemmern*).

Verwendbarkeit im Schulaufsatz: von 97% Akzeptanz und 3% Ablehnung (*Harke, Laken*) bis zu nur 3% Akzeptanz (*Schubbejack*) und 84% Ablehnung (*belemmern*).

Die Markierung mit „ugs." (umgangssprachlich) ist offenbar ein höchst ungenauer Anhaltspunkt für die schriftliche Verwendbarkeit. Für die beiden dementsprechend markierten Fälle, *Lolli* und *Schubbejack*, divergieren die Werte stark (74% bis 82% Akzeptanz und 18% bis 26% Ablehnung gegenüber 3% bis 8% Akzeptanz und 76% bis 82% Ablehnung).

Die Fragen in den Spalten 3 bis 6 sollten denkbare Divergenzen im Grad der Standardsprachlichkeit bei verschiedenen schriftlichen Textsorten ans Licht bringen. Schon die teilweise Wiederkehr derselben Wörter bei den Extremwerten legt die Vermutung nahe, daß die hier vorliegenden Arten von schriftlichem Gebrauch (unspezifiziert, Bericht in Regionalzeitung, Schulaufsatz) eher durchgängig denselben als deutlich unterschiedlichen Bewertungen unterliegen. In die gleiche Richtung weist auch die durchgängige Ähnlichkeit der Prozentwerte. Die Vermutung wird schließlich bestätigt durch das Ergebnis von Signifikanztests und Korrelationsrechnungen, die durchgängig einen hoch signifikanten Zusammenhang bzw. hohe positive Koeffizienten erbrachten. Nur in den folgenden Fällen war das Signifikanzniveau des Zusammenhangs geringer als 0,001 (also $p > 0,001$), jedoch in allen Fällen p < 0,01, außer einem einzigen (p < 0,05). Der Korrelationskoeffizient ist jeweils in Klammern beigefügt (Kendall, der stets übereinstimmte mit Spearman – bei Behandlung der Dichotomie „Ja = 1/Nein = 2" als Rangvariable).

Schriftlich gebräuchlich (unspezifiziert) – Verwendbarkeit für Berichte in Regionalzeitungen: *außen vor lassen* (0,4407), *Kabbelei* (0,4747), *Kamp* (0,5471), *nölen* (0,5230).

Schriftlich gebräuchlich (unspezifiziert) – Verwendbarkeit im Schulaufsatz: *außen vor lassen* (0,4264), *Kabbelei* (0,3983), *Kamp* (0,3612) (p < 0,05).

Verwendbarkeit für Berichte in Regionalzeitungen – Verwendbarkeit im Schulaufsatz: *Kabbelei* (0,5167), *schnacken* (0,4513), *Schubbejack* (0,5584).

Wie ein zusätzlicher Blick auf Tabelle 28 zeigt, meinen viele Informanten, daß *außen vor lassen* in Berichten von Regionalzeitungen möglich ist, deutlich weniger aber im Schulaufsatz. Dieselbe Tendenz zeigt sich bei *Kabbelei, Kamp, schnacken* und schwach auch bei *Schubbejack*. Bei *Kabbelei, Kamp* wird zudem die unspezifizierte schriftliche Gebräuchlichkeit höher veranschlagt als die Verwendbarkeit in Berichten von Regionalzeitungen.

Trotz des hohen Übereinstimmungsgrades bezüglich der drei Arten schriftlicher Verwendung oder Verwendbarkeit zeigen die Befunde grosso modo eine leichte Tendenz zur beschränkteren Verwendbarkeit oder strengeren Bewertung in der folgender Richtung (in Klammern jeweils die gewogenen Mittel über die Antworten bei allen 50 Wörtern von Tabelle 28):
Schriftlich gebräuchlich (unspezifiziert) (Ja 37,76%/Nein 54,56% (keine Antwort 7,68%) ≈
Verwendbarkeit für Berichte in Regionalzeitungen (Ja 36,38%/Nein 52,98% (Keine Antwort 10,64%)) ≠
Verwendbarkeit im Schulaufsatz (Ja 32,08%/Nein 57,26% (Keine Antwort 10,66%)) (geringste Toleranz).

Unspezifizierte schriftliche Gebräuchlichkeit und Verwendbarkeit für Berichte in Regionalzeitungen halten sich in etwa die Waage, indem ersteres sowohl von mehr Informanten bejaht als auch von mehr verneint wird als letzteres. Die Verwendbarkeit im Schulaufsatz (im beschreibenden Text) ist demgegenüber – immer nach Einschätzung der Informanten! – stärker eingeschränkt (sowohl nach Maßgabe der Ja- als auch der Nein-Antworten). Im Schulaufsatz sind also die Maßstäbe für Korrektheit strenger als in den beiden anderen vorgegebenen Textsorten – was nicht sonderlich überraschend ist.

Von besonderem Interesse ist, welche Varianten wenigstens in Norddeutschland im Schulaufsatz verwendbar sind. Die Antworten unserer Informanten dürften gerade im Hinblick darauf aussagekräftig sein, da sie – wie gesagt – die Sprachnormautoritäten, vor allem die Lehrer, von allen standardsetzenden Gruppen am besten repräsentieren. Tabelle 29 enthält diejenigen Varianten, bei denen höchstens ein Informant pro Herkunftsort (nächstgelegene größere Stadt) die Verwendbarkeit im Schulaufsatz (beschreibender Text) ausdrücklich verneint hat. Liegt eine (nur 1!) solche Verneinung vor, so ist die Variante eingeklammert; ist die Variante nicht eingeklammert, so bedeutet das, daß kein einziger Informant der betreffenden Stadt ihre Verwendbarkeit im Schulaufsatz ausdrücklich verneint hat (0 Verneinungen auf die betreffende Frage in Spalte 6 – vgl. Tabelle 28).

Zunächst wird deutlicher als zuvor erkennbar, daß die Verwendbarkeit der untersuchten Varianten im Schulaufsatz auch in Norddeutschland stark einge-

Tab. 29: Im Schulaufsatz akzeptable „nordd.[eutsche]" Duden-Wörter

	Rostock	Kiel	Hamburg	Hannover	Bremen
			außen vor lassen		
	Bodden		Bodden		
		(Brasse)	(Brasse)		
			(Ewer)		
	Harke		Harke	Harke	(Harke)
			(Höft)		
	(Kamp)	(Kamp)			
	(Kliff)	Kliff	Kliff		
			(Kluntje)		
	Laken	Laken	Laken	(Laken)	Laken
			(Lolli)		
			(Rundstück)		
		(Steven)	(Steven)		
			(Stubben)		
Anzahl der akzeptalen Wörter	5 (10%)	5 (10%)	13 (26%)	2 (4%)	2 (4%)
Anzahl der inakzeptalen Wörter	45 (90%)	45 (90%)	37 (74%)	48 /96%)	48 (96%)

schränkt ist. Dies ist eine wichtige Modifizierung der Befunde von Kapitel F.2. Vielleicht beschränkt sich die dort ermittelte Akzeptanz der Teutonismen weitgehend auf diejenigen, die in ganz Deutschland gelten (vgl. Kap. A.5 (4)). Von unseren im *Duden* als „nordd." markierten Varianten ist jedenfalls keine einzige ohne Risiko der Beanstandung verwendbar, nicht einmal überall in Norddeutschland, selbst nicht Wörter wie *Harke* oder *Laken,* die freilich immerhin weithin akzeptabel sind. Bei der Beurteilung der Befunde ist zu beachten, daß für die Inakzeptabilität hier ein ziemlich starkes Kriterium gewählt wurde: die ausdrückliche Verneinung der Verwendbarkeit durch die Informanten. Die restlichen Urteile sind keineswegs stets Bejahungen, sondern zu nicht unbeträchtlichen Teilen auch fehlende Antworten, die zumeist durch Unsicherheit motiviert sein dürften. Dies läßt sich daraus schließen, daß nicht selten Fragezeichen beigefügt wurden. Wiederum erweist sich die Duden-Markierung mit „ugs." (umgangssprachlich) als zweifelhafter Leitfaden für die Verwendbarkeit im Aufsatz: Das Gros der – nach dem Urteil unserer Informanten inakzeptablen Varianten – ist im Rechtschreib-Duden (1991) nicht dementsprechend markiert, während gerade das mit „ugs." markierte *Lolli* zu den (noch einigermaßen) akzeptablen Formen zählt.

Im Hinblick auf die Kapitelüberschrift läßt sich der Befund dahingehend zusammenfassen, daß allem Anschein nach ein großer, vielleicht sogar der größte Teil der besonders markanten lexikalischen Teutonismen, die zu den auffälligsten

Schibboleths der Deutschen zählen, im eigenen Zentrum nur Grenzfall sprachlichen Standards ist. Zwar sind die betreffenden Formen durchaus kodifiziert. Sie werden aber nicht einmal in der ihnen vom Sprachkodex zugewiesenen Region als vollwertiges Standarddeutsch akzeptiert.

Es wäre zu wünschen, daß dieser Befund durch umfassendere Untersuchungen zu einem repräsentativeren und allgemeineren Bild erweitert wird. Dabei wäre vor allem zu prüfen, inwieweit die nur in einem Teil ihres Zentrums gültigen nationalen Varianten generell in ihrer Standardsprachlichkeit eingeschränkt sind. Spezieller wäre zu untersuchen, inwieweit dies zutrifft:

– für Deutschland allgemein,
– für die anderen nationalen Zentren des Deutschen, und
– ob es sich womöglich sogar um eine generelle Gesetzmäßigkeit handelt, die sich auch für die nationalen Zentren anderer plurinationaler Sprachen bestätigen läßt.

In der Tat ist die allgemeine Hypothese keineswegs abwegig, daß nationale Varianten (in der Regel) in ihrem ganzen Zentrum gelten müssen, um uneingeschränkt standardsprachlich zu sein. Sollte sie sich bewahrheiten, so wäre dies ein zusätzlicher Grund – neben der Repräsentativität für das ganze Zentrum – diese nationalen Varianten bei Beschreibungen von nationalen Varietäten zu bevorzugen und möglichst vollständig zu erfassen (vgl. Kap. A.5).

In einem kurzen Exkurs sollen nun noch diejenigen Varianten aus Tabelle 28 genannt werden, für die nach Auskunft unserer Informanten nicht nur die Akzeptabilität, sondern sogar die Gebräuchlichkeit innerhalb Norddeutschlands stark eingeschränkt ist (Tabelle 30). Als solche können diejenigen Wörter gelten, die von keinem einzigen Informanten als in seinem Herkunftsort (bzw. der nächstgelegenen größeren Stadt) gebräuchlich bewertet wurden (0 Bejahungen auf die betreffende Frage in Spalte 4 – vgl. Tabelle 28).

Wie der Vergleich mit Tabelle 29 zeigt, sind die in ihrer Gebräuchlichkeit stärker eingeschränkten Wörter tendenziell auch im Schulaufsatz weniger akzeptabel. Einzige deutliche Ausnahme ist *Kliff;* bei den beiden weiteren Wörtern (*Höft, Steven*), die ebenfalls in Tabelle 29 erscheinen, ist die Akzeptabilität schon eingeschränkt (Einklammerung). 16 der 19 Wörter, die Tabelle 30 als gebietweise nicht gebräuchlich ausweist (84%) finden sich schließlich überhaupt nicht unter den im Schulaufsatz akzeptablen Wörtern (Tab. 29). Dieser Befund verstärkt noch die dem soeben formulierten Forschungsvorschlag zugrundeliegende Vermutung, daß regionale Begrenztheit und Einschränkung des standardsprachlichen Status von Sprachformen zumeist Hand in Hand gehen – wobei ursächlich eher eine Wechselbeziehung als eine einseitige Determination zu vermuten ist. – Es wäre natürlich interessant, unsere Gebräuchlichkeitsbefunde noch mit spezifisch sprachgeographischen Arbeiten zu vergleichen, vor allem dem *Deutschen Wortatlas* (1951–73) und dem *Wortatlas der deutschen Umgangssprachen* (Eichhoff 1977/78/93/in Vorbereitung), jedoch würde dies zu weit über das eigentliche Thema dieses Buches hinausführen.

Tab. 30: Nicht-Gebräuchlichkeit „nordd.[eutscher]" Duden-Wörter

Rostock	Kiel	Hamburg	Hannover	Bremen
banseln		banseln	banseln	banseln
		Drell		Drell
Dust		Dust	Dust	Dust
Foße			Foße	Foße
			Höft	
			Kliff	
Knubbe		Knubbe	Knubbe	Knubbe
				Kribbe
				palen
				Pesel
				Schmadder
		Schof	Schof	Schof
	Schubbejack		Schubbejack	
				Segge
		Sohr		Sohr
				Spier
	Steven			
				Tralje
		Twenter		Twenter

4 Medien- und Verlagsbeziehungen zwischen den Sprachzentren und ihre Auswirkungen auf die Wahl nationaler Varianten

Unter den sprachlichen Kontakten zwischen den nationalen Zentren des Deutschen spielen die indirekten, über die Massenmedien verlaufenden eine wichtige Rolle, schon rein quantitativ. Dabei gelangen freilich die Texte nicht immer sprachlich ungefiltert von einem nationalen Zentrum ins andere. Walter Haas (1988: 1371) hat darauf hingewiesen, daß die Berichte aus den anderen deutschsprachigen Ländern von den Schweizer Nachrichtenagenturen auch sprachlich bearbeitet werden. Um über Vorgänge dieser Art Näheres zu erfahren, habe ich mich brieflich an die Hauptagenturen der drei nationalen Vollzentren des Deutschen gewandt: die Austrian Press Agentur (APA) (Wien), die Deutsche Presse-Agentur (dpa) (Hamburg) und die Schweizerische Depeschenagentur (sda) (Bern), und sie um Beantwortung einer Reihe von einschlägigen Fragen gebeten.

Alle drei Agenturen haben bestätigt, daß die Berichte aus den anderen nationalen Zentren des Deutschen bearbeitet und auch sprachlich angepaßt werden. Die Frage war jeweils differenziert hinsichtlich der beiden anderen Agenturen. Sie lautete z.B. bei der APA hinsichtlich der dpa folgendermaßen: „Wenn sie Berichte von der Deutschen Presseagentur erhalten, werden diese bei Ihnen sprachlich dahingehend bearbeitet, daß österreichische Ausdrücke für deutsche Ausdrücke eingesetzt werden? Ja/Nein". Entsprechend in den anderen Fällen (APA – sda, dpa – APA, dpa – sda, sda – dpa, sda – APA). Bezüglich der Schweiz wurde „schweizerische Ausdrücke" erläutert durch den Klammerzusatz „(Schweizerhochdeutsch)". Alle drei Agenturen beantworteten auch eine Zusatzfrage dahingehend, daß *jeder* Bericht aus den Agenturen der beiden anderen Zentren entsprechend sprachlich bearbeitet wird. Nach einer der verschiedenen Auskünfte von dpa übernimmt diese von vornherein von den beiden anderen Agenturen „die Meldungen [nur] *inhaltlich,* so daß sich die Frage der Übernahme schweizerischer oder österreichischer Ausdrücke von selbst erledigt" (Mitteilung der Hamburger Zentrale, 8.11.1994). Nach den Auskünften des Wiener und des Genfer dpa-Büros (jeweils 14.11.1994) spielen die nationalen Varianten bei der Bearbeitung der Berichte aber doch eine Rolle.

Die Fragen, woran sich die jeweilige Agentur bei „diesen sprachlichen Änderungen orientiert", wurden folgendermaßen beantwortet:

APA: an Meyer (1989) – bei Berichten aus der Schweiz. Sonst wurde kein Nachschlagewerk genannt, also bemerkenswerterweise auch nicht das *Österreichische Wörterbuch* oder Ebner (1980). Stattdessen wurde betont, ansonsten orientiere man sich „an der eigenen Sprachkenntnis", bei Berichten aus Deutschland sogar „ausschließlich" daran.

dpa: nur „an der eigenen Sprachkenntnis der Mitarbeiter."

sda: am Rechtschreib-Duden und an Meyer (1989 = „Duden: Wie sagt man in der Schweiz"); ansonsten nur an den „Sprachkenntnissen der Mitarbeiter".

Demnach verwendet die APA ein Nachschlagewerk für die Herkunftsvarietät, allerdings nur für die Schweiz. Die sda gebraucht dagegen eher Nachschlagewerke für die Zielvarietät (Schweiz); freilich gibt der Rechtschreib-Duden auch Auskunft über die Herkunftsvarietäten (vgl. Kap. D.4). Die Orientierung nur auf die Zielvarietät wäre auch unverträglich mit der Aussage aller drei Agenturen, daß Berichte vor der Versendung an andere Agenturen nie eigens bearbeitet werden. Die dpa verwendet überhaupt kein sprachliches Nachschlagewerk, zumindest kein speziell auf nationale Varietäten des Deutschen bezogenes.

Alle drei Agenturen legten – meiner Bitte entsprechend – Beispiele bearbeiteter Berichte bei (Originale und Neufassungen). Die Neufassungen waren vor allem inhaltlich deutlich modifiziert und offenbar auf die (vermuteten) Interessen der eigenen Rezipienten zugeschnitten; einzelne Passagen waren gekürzt, andere erweitert. Was die nationalen Varianten angeht, so war allgemein die ß- bzw. ss-Schreibung angepaßt. Ansonsten fanden sich in den Berichten nur recht wenige unzweifelhafte Fälle von nationalen Varianten, so daß man fast den Eindruck gewinnt, als würden sie von den versendenden Agenturen gemieden. Allerdings wurde die dementsprechende Frage von allen Agenturen verneint. (Die Frage lautete z. B. bei der APA bezüglich der dpa: „Bearbeiten Sie Berichte, die Sie an die an die Deutsche Presseagentur weiterleiten, zuvor sprachlich, indem Sie für österreichische Ausdrücke deutsche einsetzen? Ja/Nein" Entsprechend bei jeder der drei Agenturen für die jeweils beiden anderen Agenturen.) Bearbeitet werden demnach nur empfangene, nicht versendete Berichte. In einem bei APA von sda bezogenen Bericht waren die Helvetismen eliminiert: *Identitätspapiere* war ersetzt durch *Ausweise*. Die Phrase „Anregungen, wie die Verfahren weiter zu beschleunigen und die *Pendenzen* [unerledigten Verfahren] abzubauen sind" war gänzlich umgeformt. Die Formulierung „Vollzug einer *Wegweisung* [Ausweisung]" war ersatzlos gestrichen. Dasselbe war geschehen mit dem Teilsatz: „dass das *total-revidierte* Asylgesetz *dannzumal* [zu jenem zukünftigen Zeitpunkt] bereits in Kraft sein werde." In einem von dpa bearbeiteten Bericht von sda war *AHV* [Alters- und Hinterbliebenenversicherung] durch *Rente* ersetzt und das Wort *Pöstler* ‚Postbeamter' eliminiert. Die Phrase „die Schwiegertochter nahm vom Pöstler die AHV-Zahlung entgegen und quittierte diese mit ihrer Unterschrift" war umgeformt in „die Schwiegertochter unterschrieb die Empfangsbestätigung für die Zahlungen". Ansonsten läßt dpa „Fachausdrücke" oft auch stehen und setzt „eine ‚Übersetzung' in Klammern dahinter", z. B. „Landeshauptmann (Ministerpräsident)" oder „Nationalrat (Bundesparlament)" (Mitteilung vom 14. 11. 1994). Allerdings erlaubt die kleine Zahl mir vorliegender Berichte keine Generalisierungen; vielleicht regen die Beobachtungen jedoch zukünftige repräsentativere Untersuchungen an.

Die dpa legte auch zwei nach der Art von Sprachglossen gestaltete Berichte bei, die Mitarbeiter in früheren Jahren über das schweizerische Deutsch verfaßt hatten („Nach der Vernehmlassung schubladisiert – Das Schwyzerdütsch hat seine Tücken" von Arno Mayer, 16. 7. 1987, und „Nützt es nüt, so schadts ou nüt" von Hanns-Jochen Kaffsack, 21. 7. 1988). Beide Berichte bringen sowohl zahlreiche Beispiele aus dem Schwyzertütschen (Dialekt) als auch dem Schweizerhochdeutschen (Standardvarietät), ohne beide begrifflich oder terminologisch auseinanderzuhalten. Immerhin sind die Beispiele aus dem Schweizerhochdeutschen ein Beleg dafür, daß auch dieses den Journalisten aus Deutschland auffällt und womöglich bei Gelegenheit zu schaffen macht. Wie es scheint, gibt es keine entsprechenden dpa-Glossen über das österreichische Deutsch, dessen Besonderheiten den deutschen Journalisten also offenbar weniger markant erscheinen. An wen die beiden dpa-Berichte versandt und wie sie von den Empfängern verwertet wurden, entzieht sich meiner Kenntnis.

So weit es sich aufgrund dieser kleinen Befragung beurteilen läßt, ist der Umgang der nationalen Nachrichtenagenturen miteinander sprachlich einigermaßen ausgewogen und symmetrisch. Ansonsten scheint jedoch bei den Medienkontakten zwischen den nationalen Zentren des Deutschen das Zentrum Deutschland eine gewisse Dominanz auszuüben (vgl. zu Österreich Wiesinger 1988c: 226–237), oder zumindest wird dies in den anderen Zentren so empfunden, vor allem von der patriotischen Intelligenz. Die Dominanz Deutschlands zeigt sich nicht nur in der großen Zahl der von dort in die anderen Zentren importierten Texte und Sendungen, sondern auch in deren sprachlicher Form. Zum Teil sind sogar die Besitzverhältnisse entsprechend asymmetrisch. In Österreich sind – anders als in der Schweiz – auch die Zeitungsverlage teilweise in deutscher Hand (vgl. Fabris 1990; Hausjell 1990). Deshalb ist es nicht verwunderlich, daß man die deutsche Dominanz in Österreich besonders stark empfindet, oder zumindest häufiger thematisiert als in der Schweiz. Ein weiterer Grund für das stärkere Gefühl des Dominiertwerdens in Österreich mag sein, daß man sich dort seiner nationalen Identität noch nicht so sicher ist. Im Fernsehen fallen in Österreich – wie freilich auch in der Schweiz – die zahlreichen in Deutschland hergestellten oder synchronisierten Filme auf. In einem Interview mit einem Vertreter des österreichischen Fernsehens blieb z.B. die folgende Behauptung des Interviewers unwidersprochen: „Im übrigen hat auch der ORF in seinen Kaufprogrammen, die durchwegs in der Bundesrepublik synchronisiert wurden, für die Verbreitung unösterreichischen Idioms gesorgt (...)" („Der ORF ist die Botschaft." *Wiener Zeitung, EXTRA* 4.6.1993: 3. Zusendung durch Hermann Scheuringer)

Schon ganz oberflächliche Zahlen verweisen auf eine gewisse Dominanz Deutschlands beim Zusammenspiel im Fernsehen. So sind z.B. die Anteile deutscher Anstalten an dem gemeinsamen Satellitenprogramm 3sat höher als die österreichischen und Schweizer Anteile. Seit 1.12.1993 ist daran auch die ARD beteiligt. Der Programmanteil der deutschen Anstalten beläuft sich auf 40% (ARD und ZDF je 20%), derjenige der österreichischen (ORF) und der Schweizer Anstalt (SRG) dagegen nur auf jeweils 30%.

Eine Sprachanalyse der Programme von 3sat, bei der ich von André Wissenberg unterstützt wurde, hat einen noch deutlich höheren Anteil des deutschen Deutsch erbracht. Untersucht wurden sämtliche Sendungen in der nach dem Zufallsprinzip ausgewählten (ausgelosten) Woche vom 22. bis 29. Mai 1994. Alle Sendungen mit österreichischem und mit schweizerischem Standarddeutsch (einschließlich Schwyzertütsch) wurden als Vorkommnisse der österreichischen bzw. schweizerischen nationalen Varietät gezählt, auch wenn sie zusätzlich deutsches Deutsch enthielten. Nur die Sendungen in ausschließlich deutschem Deutsch wurden als Vorkommnisse der deutschen nationalen Varietät gewertet. Trotz dieser Zählweise zugunsten der österreichischen und schweizerischen nationalen Varietät ergab sich insgesamt folgendes Ungleichgewicht:

deutsches Deutsch	15,1,
österreichisches Deutsch	1,4,
schweizerisches Deutsch	0,7.

Das Zahlenverhältnis war also 21,6:2:1. Die Zahlen repräsentieren die Mittelwerte (arithmetischen Mittel) der Sendungen pro Tag in den betreffenden nationalen Varietäten, wobei nur die Anzahl der Sendungen, nicht ihre Länge berücksichtigt wurde. Die nationalen Varietäten wurden aufgrund des Höreindrucks identifiziert, in erster Linie also nach lautlichen Kriterien.

Die tatsächlichen Einwirkungen aus Deutschland gehen jedoch tiefer, als solche oberflächlichen Zahlen vermuten lassen. So werden insbesondere in Österreich auch Filme in der nationalen Varietät Deutschlands synchronisiert. Peter Wiesinger (1988c: 226) berichtet über das Beispiel der amerikanischen Kinderserie *Biene Maya*, die in Wien mit Hilfe von Berliner Kindern synchronisiert wurde, weil man fürchtete, eine Synchronisation mit Hilfe von Wiener Kindern ließe sich nicht so leicht an bundesdeutsche Anstalten verkaufen. Zwar reflektiert solches Verhalten unmittelbar nur die österreichischen Vorstellungen von der Einstellung der Deutschen zum österreichischen Deutsch; es ist jedoch anzunehmen, daß diese Vorstellungen auf entsprechenden Erfahrungen beruhen.

Zu bundesdeutschen Einflüssen auf Verlage und Autoren der anderen nationalen Zentren der deutschen Sprache gibt es schon seit längerem besorgte Stimmen. Wiederum sind sie aus Österreich deutlicher zu vernehmen als aus der Schweiz. Auf den Bundestagungen der *Österreichischen Gemeinschaft*, die laut Satzung unter anderem „für die unbedingte Selbständigkeit und Neutralität Österreichs als Staat und Nation" und die „Pflege der österreichischen Kultur und Tradition" eintritt, wurde das Thema schon des öfteren behandelt. Auch 1993 lautete ein Vortragsthema: „Droht ein Identifikationsverlust der österreichischen Literatur und der Verlage?" (*Die österreichische Nation* 1993 (2): 12. Zusendung durch Wolfgang Pollak).

Was damit gemeint ist, wird deutlicher bei Ernst Pacolt (1971: 18), der darauf hinweist, „daß österreichische Autoren oft ‚übersetzt' werden", und dazu folgendes ausführt: „Vicki Baum, eine Österreicherin, schreibt in ihren Memoiren, daß sie von einem hochangesehenen deutschen Verleger, dem sie empfohlen worden war, ein Schreiben erhielt, in dem er ihr mitteilte, »er würde die Sache gern herausbringen, wenn – nun wenn sie jemand anders (!) ins Deutsche übersetzen würde. – ‚Was soll das heißen – ins Deutsche übersetzen?' fragte ich, die ich mich an der makellosen Prosa Goethes, Lessings und Heines geschult hatte. Dann dämmerte mir, daß auf mir ein Fluch lag …« Ein bekannter österreichischer Romancier und Dramatiker, der mehrfach ausgezeichnet wurde, u.a. mit dem Österreichischen Staatspreis, gab mir [Pacolt! U.A.] gegenüber unumwunden zu, daß er aus merkantilen, vor allem aber aus arbeitstechnischen Gründen in seinen Büchern österreichisches Deutsch vermeide, weil es ihm von seinem deutschen Verleger herausgestrichen würde."

Sigurd P. Scheichl (1990: v.a. 408–410) hat gezeigt, daß in Texten österreichischer Autorinnen und Autoren bisweilen scheinbar unmotiviert Teutonismen auftreten, teilweise sogar in ausgesprochen österreichischen Milieuschilderungen, so z.B. bei Hermann Broch das Wort *Klöße* (statt *Knödel*). Sogar bei Christine Nöstlinger, die sich sonst dafür engagiert, daß „jeder reden und schreiben darf, wie ihm der Schnabel gewachsen ist" („Vorbemerkungen" zu Pollak 1992: XI), erscheinen so unösterreichische Wörter wie *Brötchen* (statt *Semmel*), es *klingelt* (statt es *läutet*), *Tasse* (statt *Schale*), das freilich neuerdings um sich greift, und dergleichen mehr. Scheichl erklärt dieses Phänomen, das die bisherige Literaturwissenschaft kaum beachtet hat, folgermaßen: „Solche Veränderungen mögen die Autorinnen und Autoren aus Österreich zum Teil aus eigenem vornehmen, im Hinblick auf ein erhofftes größeres Publikum, zum Teil dürften sie ihnen von Lektorinnen und Lektoren deutscher Verlagshäuser aufgedrängt worden sein." Und er ermahnt die Literaturwissenschaftler, „die erzwungene Desinfektion der Texte gegen Austriazismen (...) bei Analysen von Werken österreichischer Autorinnen und Autoren mit zu bedenken, selbst wenn man verändernde Eingriffe nur selten wird nachweisen können." In der Tat nennt Scheichl als Zeugen solcher sprachlichen Eingriffsversuche seitens deutscher Verlage auch nur den Autor Anton Wildgans, der sich indes „gegen die Korrekturwünsche seines Leipziger Verlags erfolgreich zu verteidigen gewußt" habe.

Der österreichische Autor Franz Innerhofer (1993) berichtet in einem Interview mit Rudolf Muhr über seine Erfahrungen mit österreichischen Verlagen, die seiner Einschätzung nach ihre Produktion weitgehend auf den größeren Markt in Deutschland ausrichten, wodurch „die bekannteren österreichischen Autoren früher oder später zu deutschen Autoren gemacht" werden (S. 24). Dies geschehe sogar in den österreichischen Verlagen, und zwar teils durch deutsche oder gar norddeutsche Lektoren und teils durch die Orientierung am *Duden* statt am *Österreichischen Wörterbuch* bei sprachlichen Korrekturen. Innerhofer nennt auch einzelne Beispiele aus eigenen Werken: „Wörter wie ‚Kaminkehrer/Kaminfeger' gegen ‚Rauchfangkehrer', die diskutiert wurden." (S. 21) Jedoch geht aus seinen Aussagen nicht klar hervor, ob und in welcher Hinsicht er tatsächlich zu einer unösterreichischen Ausdruckweise genötigt wurde.

Eindeutiger äußert sich zu dieser Frage Georg Schmid (1990: 34): „Als ich vor etlichen Jahren ein paar Romane publizierte, tat ich das in deutschen Verlagen (Luchterhand und Rowohlt). Da gab es anfangs bei den Lektoren auch gewisse Probleme hinsichtlich der ‚Austriazismen' (ob sie wirklich nötig seien, ob sie deutsche Leser/innen verstünden, weswegen sie überhaupt gebraucht worden seien etc.). Es wäre mir als falscher Kompromiß erschienen, auf meine Sprache, meine Ausdrucksweise, meine linguistische Identität zu verzichten, weil sie mir nicht nur formales Mittel zu sein schien, sondern für mein Gefühl auch Substanz tranportierte. Es scheint, dass ich diese Auffassung vermitteln konnte. Das Problem löste sich in nichts auf, indem mein ‚Österreichisch' einfach auf tolerante Weise akzeptiert wurde; ich hatte kein Jota zu ändern." – Im Gegensatz dazu wurde Hermann Obermüller in seinem Erstlingsroman *Ein verlorener Sohn* (Köln: Kiepenheuer & Witsch 1982) das Wort *Tuchent* gegen seinen Willen durch *Bettdecke* ersetzt, was nach Auffassung des Autors zum vorliegenden bäuerlichen Milieu schlecht paßt (Mitteilung durch Jakob Ebner).

Um speziell über die Dominanz der deutschen Verlage etwas repräsentativere Informationen zu erhalten, habe ich zwei kleinere Untersuchungen durchgeführt, bei denen mich Delphine Akoun technisch unterstützt hat (Bibliographieren, Zählarbeit).

In der ersten Untersuchung sollte Aufschluß darüber gewonnen werden, in welchem Ausmaß österreichische und Schweizer Autoren/innen in deutschen Verlagen publizieren. Dazu wurden sämtliche Publikationen der nachfolgend genannten Autoren nachgeprüft. Die Autoren wurden nach den Quellenangaben der Wörterbücher von Ebner (1980: 223–227) bzw. von Meyer (1989: 343–356) ausgewählt, und zwar jeweils nach einem Zufallsverfahren aus der Gruppe der Gegenwartsautoren (im weiteren Sinn). Da Meyer mehr Autoren nennt als Ebner, ist die Anzahl der einbezogenen Schweizer Autoren größer als die der österreichischen Autoren. Von den ausgewählten Autoren wurden für sämtliche im *Kritischen Lexikon zur deutschsprachigen Gegenwartsliteratur* (Arnold 1978 ff.,

Stand Februar 1993) verzeichneten monographischen Veröffentlichungen die Erscheinungsorte ermittelt. Dementsprechend wurde die Zuordung der Verlage zu den einzelnen Staaten bzw. nationalen Zentren der deutschen Sprache festgelegt (Verlagsorte), was bei manchen Veröffentlichungen zu Mehrfachzuordungen führte.

Die einbezogenen österreichischen Autoren/innen waren: Thomas Bernhard, Barbara Frischmuth, Gertrud Fussenegger, Reinhard P. Gruber, Peter Handke, Bernhard Hüttenegger, Elfriede Jellinek, Gert F. Jonke, Gerhard Roth und Gernot Wolfgruber. Bei ihnen verteilten sich die Verlagsorte wie folgt (Tab. 31).

Tab. 31: Verteilung der Verlagsorte von Veröffentlichungen österreichischer Autoren

Deutschland	Deutschland/ Österreich	Österreich	Deutschland/ Schweiz	Deutschland/ USA
155	61	48	1	1

Die einbezogenen Schweizer Autoren/innen waren: Jörg Amann, Peter Bichsel, Silvio Blatter, Hermann Burger, Walter M. Diggelmann, Friedrich Dürrenmatt, Max Frisch, Christoph Geiser, Franz Hohler, Hugo Loetscher, Helen Meier, Herbert Meier, E. Y. Meyer, Adolf Muschg, Werner Schmidli, Margret Schriber, Jörg Steiner, Walter Vogt und Heinrich Wiesner. Bei ihnen verteilten sich die Verlagsorte folgendermaßen (Tab. 32).

Tab. 32: Verteilung der Verlagsorte von Veröffentlichungen Schweizer Autoren

Schweiz	Deutschland	Deutschland/ Schweiz	Deutschland/ Österreich/ Schweiz	Österreich
161	136	76	6	2

Der Anteil der in Deutschland erschienenen Veröffentlichungen ist in der Tat in beiden Fällen groß. Es scheint wenige Autoren wie weiland Grillparzer zu geben, der – wie berichtet wird – sogar „die vorteilhaftesten Angebote deutscher Verleger ausschlug, weil es ihn ,verdroß, daß ein österreichischer Dichter eine fremde, wenn auch deutsche Protektion nötig haben sollte'" (Torberg 1981: 146). Die Daten rechtfertigen bis zu einem gewissen Grad auch, daß man sich die Gegenprobe, ob nicht deutsche Autoren/innen ebensoviel in Österreich oder der Schweiz publizieren, ersparen kann. Die Schweizer Autoren veröffentlichen offensichtlich kaum in Österreich und die österreichischen Autoren kaum in der Schweiz. Warum sollten also ausgerechnet die deutschen Autoren in Österreich oder der Schweiz veröffentlichen? Die Schweizer Autoren scheinen immerhin noch mehr im eigenen Land zu veröffentlichen als die österreichischen. Möglicherweise enthält aber unsere Stichprobe in dieser Hinsicht eine gewisse Verzerrung. Unter der größeren Zahl einbezogener Autoren bei Meyer mögen sich verhältnismäßig mehr mit regionaler oder lokaler Orientierung befinden als bei Ebner. Andererseits paßt der Befund der etwas größeren Deutschlandorientiertheit der österreichischen Autoren zum sonstigen Bild der größeren Mediendominanz Deutschlands in Österreich.

In einer zweiten Untersuchung habe ich versucht, wenigstens gewisse Anhaltspunkte dafür zu gewinnen, ob deutsche Verlage ihre österreichischen oder Schweizer Autoren/innen sprachlich reglementieren, insbesondere, ob sie die Verwendung von Austriazismen oder Helvetismen behindern. Zu diesem Zweck wurde ein Fragebogen an sämtliche deutschen Verlage versandt, die in der zuvor berichteten Untersuchung mit mindestens drei Veröffentlichungen vertreten waren. 11 von insgesamt 19 angeschriebenen Verlagen antworteten (Rücklauf 58%). Alle Antworten waren von den zuständigen Lektoren/innen persönlich unterzeichnet. Wegen mehrerer ausdrücklicher Bitten um Anonymität, können die Verlage hier nicht einzeln genannt werden. Möge der Hinweis genügen, daß es sich durchweg um große, bekannte Verlage handelt.

Nur 7 der Verlage füllten allerdings den Fragebogen aus; 4 antworteten mit einem allgemeinen Schreiben. Von diesen 4 Verlagen schließt keiner das Eingreifen in die Ausdrucksweise von Autoren grundsätzlich aus, auch nicht das Hinwirken auf die Ersetzung von Austriazismen oder Helvetismen durch gemeindeutsche Varianten oder Teutonismen, vor allem wenn Verständnisschwierigkeiten erwartet werden. Die Verlage möchten das Problem jedoch im größeren Zusammenhang sehen. Stellvertretend für die anderen seien Auszüge aus zwei der Antwortschreiben zitiert:

Das erste Beispiel: „Auf das Abfrage-Schema, das Sie Ihrem Brief beigelegt haben, möchte ich mich denn doch nicht einlassen, weil dort deutliche Antworten erwartet werden auf so isoliert eigentlich gar nicht bestehende Fragen. – Wenn in einem Lektorat ein Gespräch mit einem Autor über einen Text stattfindet, dann können Unterhaltungen über eine spezielle Wortwahl nie vom Charakter des Textes gelöst werden, schon gar nicht nach sozusagen landsmannschaftlichen Gesichtspunkten. Wie wollen Sie jemandem, der in Süddeutschland aufgewachsen ist, norddeutsche Ausdrücke überstülpen? Wie will man in einem komplizierten literarischen Text – ich denke eben an Elfriede Jellinek – ein Einheits-Deutsch vorschreiben? – Andererseits: in einem Unterhaltungsroman, der auf ein allgemeines Publikum zielt, werden Wörter, die nur regional geläufig sind, sicherlich fehl am Platz sein."

Das zweite Beispiel: „Wir korrigieren dort nicht, wo es um literarische Spezifika geht, also weder bei Franz Hohler noch bei Christine Nöstlinger oder Ernst Jandl. Bei Friederike Mayröcker habe ich allerdings – mit Einwilligung der Autorin das typische ‚sz' [sic!] in das deutsche ‚ß' umgewandelt, da die andere Schreibweise für Kinder mit neun oder zehn Jahren zu große Leseschwierigkeiten bedeutet hätte. – Wir korrigieren bei Übersetzungen österreichischer Übersetzer aus anderen Sprachen. So habe ich z.B. in einem Buch mal den Satz ‚Im Jänner fuhren sie wieder hinaus aufs Meer' zu ‚Im Januar …' abgewandelt, zumal die Handlung des Buches nicht in Österreich, sondern in Australien spielte. – Es wäre denkbar, im Bereich der Unterhaltungsliteratur an die Sprachgewohnheiten des größeren deutschen Marktes österreichische oder schweizerische Linguismen anzupassen, wenn dadurch nicht die Eigenart des Stoffes und die Poesie der literarischen Arbeit verletzt wird. – In jedem ausgewiesenen literarischen Text verbietet sich für uns als Verlag der Spracheingriff. – Als Beispiel, wie ernst dies gemeint ist: Im Frühjahr 1993 erscheint bei uns das Buch ‚Der Riese und die Erdbeerkonfitüre' von Franz Hohler. Im Deutschen spricht man im allgemeinen von Marmelade, der Begriff Konfitüre ist eher eine Etikettenbezeichnung. Aber wir wären nie darauf verfallen, den Titel an deutsche Sprachgewohnheiten anzugleichen, weil wir es mit einem Schweizer Autor zu tun haben, dessen literarische Besonderheit gerade im schweizerischen Sprachgebrauch liegt. "

Interessant ist auch die Antwort einer österreichischen Filiale eines der angeschriebenen Verlage: „Es ist kein Geheimnis, daß Austriacismen (und vermutlich ebenso Schweizer Deutsch) nördlich der Weißwurstgrenze ein massives Verkaufshindernis darstellen. Dies ließe sich durch Verkaufszahlen leicht belegen. – Andererseits sind wir natürlich bemüht, Besonderheiten der österreichischen Sprache durchaus zu pflegen, woraus – wie Sie sich vorstellen können – ein ungeheures Dilemma entsteht. Es wäre nicht sinnvoll, den Rauchfangkehrer durch den Schornsteinfeger, den Fleischer durch den Metzger [Hier wird die nationale Verteilung nicht ganz richtig gesehen! U. A.] und die Semmel durch das Brötchen zu ersetzen. Wir trachten daher, regionalspezifische Ausdrücke entweder zu umgehen (was natürlich nicht immer möglich und sinnvoll ist) bzw. typisch österreichische Wörter in einem Glossar zu erklären (...) – Österreichische Ausdrücke, von denen wir meinen, daß sie allgemein verstanden werden, wenn sie auch in Deutschland nicht gebräuchlich sind, lassen wir schon mal ohne Kommentar stehen. Und eine ‚Zwiderwurzn‘ durch ‚mürrischer Mensch‘ zu ersetzen oder gänzlich zu umgehen, täte uns besonders weh. Wir versuchen also eine Gratwanderung zwischen Pflege der landsmannschaftlichen Besonderheiten und Bewahren der Verkaufschancen auf dem deutschen Markt, der für uns natürlich auch sehr wichtig ist. – All das passiert immer in Absprache mit unseren Autoren, und niemals wird ein Autor gezwungen, sich einem sprachlichen Nivellement unterzuordnen (im Notfall gibt es immer noch das Glossar). Auch wurde meines Wissens noch kein Manuskript abgelehnt, weil es ‚zu österreichisch‘ geschrieben war. "

Es folgen nun die Antworten auf die Fragen des Fragebogens. Sie waren zumeist vorgegeben und brauchten nur angekreuzt zu werden. Bei der Frageformulierung wurde absichtlich das Adjektiv *gemeindeutsch* anstelle von deutsch verwendet, um die Implikation der Dominanz durch Deutschland nicht allzu deutlich hervortreten zu lassen. Inwieweit die Lektoren darunter – aufgrund eines binnendeutschen Weltbildes (vgl. Kap. A.3.2.1) – auch Teutonismen subsumieren, muß hier offen bleiben. Die Tendenz dazu ist zumindest für diejenigen Fälle anzunehmen, wo es gar keine gemeindeutschen Varianten gibt (vgl. die schon zuvor genannte und jetzt erneut auftretende Ersetzung von *Jänner* durch *Januar*).

(1) „Wenn österreichische oder Schweizer Autoren/innen in deutschen Verlagen veröffentlichen, so ziehen sie von sich aus oft die gemeindeutschen Ausdrücke den typisch österreichischen oder Schweizer Ausdrücken vor. "
Ja: 2   Möglicherweise: 5   Nein: –   Weiß nicht: –
(2) „Es ist vorgekommen, daß wir österreichische oder Schweizer Autoren/innen dazu angeregt haben, landesspezifische Ausdrücke durch allgemeiner verständliche, gemeindeutsche zu ersetzen. "
Ja: 4   Möglicherweise: -   Nein: 3   Weiß nicht: –
(3) Die hieran anschließenden drei weiteren Fragen nach betroffenen   (a) Autoren/innen,   (b) Texten und   (c) Textgattungen wurden unklar beantwortet. Typisch ist eine Antwort, die alle drei Fragen (a) bis (c) mit einer Klammer verbindet und zusammen beantwortet: „Quer Beet, aber sehr selten. "
(4) Auch die folgenden beiden Fragen nach Beispielen   (a) „unerwünschter" (schon mal korrigierter) bzw.   (b) „erwünschter" (als Korrektur eingesetz-

ter) Ausdrücke wurden nur von 2 Verlagen beantwortet. Einmal wird als unerwünscht *Häfen* genannt [übrigens in der vorliegenden Bedeutung ein ostösterreichisches Wort, das bei Ebner, 1980: 87, als „ugs., salopp" markiert ist]; an dessen Stelle war *Gefängnis* erwünscht. Die andere Antwort lautete: „Es ist vorgekommen, daß eine österr. Autorin den Ausdruck *weiters* benützt hat, wo ich *außerdem/zudem* vorgezogen hätte. Das österr. Jänner allerdings würde ich immer durch *Januar* ersetzen."

(5) „Ein Vorgang der in Frage (2) angesprochenen Art ist bei uns zwar noch nicht vorgekommen, er wäre aber mit unserer Verlagspolitik vereinbar."

Ja: 1   Möglicherweise: 1   Nein: 1   Weiß nicht: 4

(6) „Gegenüber Autoren/innen mit spezifisch österreichischer oder Schweizer Ausdrucksweise verfahren wir wie folgt (Bitte jede Frage einzeln beantworten):"

(a) „Wir ermutigen sie zu einer solchen Ausdrucksweise."

Stets: –   Zumeist: –   Manchmal: 2   Nie: 3   Weiß nicht: 2

Eine weitere Antwort lautete: „Kommt darauf an."

(b) „Wir raten davon ab."

Stets: –   Zumeist: 2   Manchmal: –   Nie: 1   Weiß nicht: 4

(c) „Wir nehmen keinerlei Einfluß."

Stets: 1   Zumeist: 1   Manchmal: 1   Nie: 1   Weiß nicht: 3

(7) Den Bitten um eine kurze Begründung für das in Frage 6 angegebene Verhalten, die sich auf jede der drei Teilfragen einzeln bezogen, wurde nur sporadisch entsprochen, und nur in solchen Fällen, in denen kein Eingreifen des Verlags angegeben worden war: „Jeder soll schreiben, wie ihm das Maul/Feder gewachsen ist", „Allein der Autor ist für sein Werk und dessen Form verantwortlich". Eine der Antworten wies darauf hin, daß dies Randprobleme für den Verlag seien.

(8) „Es gibt sprachliche Einflußnahmen von der in Frage 2 angesprochenen Art in anderen deutschen Verlagen."

Ja: 2   Möglicherweise: 2   Nein: –   Weiß nicht: 3

(9) Nähere Angaben zu Verlagen oder betroffenen Autoren, die im Falle der Antworten „Ja" oder „Möglicherweise" erbeten waren, wurden nicht gemacht.

(10) „Welche Bedeutsamkeit hat die landesspezifische Ausdrucksweise österreichischer oder Schweizer Autoren für die Annahme ihrer Werke zur Publikation in *Ihrem Hause?*"

Große: –   Mittlere: –   Geringe: –   Überhaupt keine: 7   Weiß nicht: –

(11) „Welche Bedeutsamkeit hat die landesspezifische Ausdrucksweise österreichischer oder Schweizer Autoren für die Annahme ihrer Werke zur Publikation in anderen deutschen Verlagen?"

Große: –   Mittlere: –   Geringe: 1   Überhaupt keine: 1   Weiß nicht: 5

Zunächst einmal wird ganz deutlich, daß die Verlagslektoren zur Gruppe der Sprachnormautoritäten gehören und die Autoren ihnen gegenüber zur Gruppe der Sprachnormsubjekte. Lektoren können offenbar vom Autor gewählte Wörter durch Wörter der eigenen Wahl „ersetzen" (Beispiel unter (4): *Jänner* durch *Januar*), und manche tun dies auch, wenn es ihnen im Interesse ihres Verlags zweckmäßig erscheint. Aus den Befunden läßt sich aber auch entnehmen, daß die

Interessensabwägungen diffizil sind; insbesondere scheint man renommierte Autoren mit solchen Korrekturen möglichst zu verschonen. Daß die Autoren gegenüber den Lektoren Sprachnormsubjekte sind, steht nicht im Widerspruch zu ihrem Status als Sprachmodelle (Produzenten von Modelltexten), den sie gegenüber ihren Lesern oder sogar gegenüber der ganzen Sprachgemeinschaft haben. Dies ist ein Beispiel des schon mehrfach angesprochenen komplexen Zusammenspiels der sprachstandardsetzenden Instanzen (vgl. Kap. A.4.2).

Ansonsten laufen die Antworten darauf hinaus, daß Austriazismen oder Helvetismen immerhin ein möglicher Aspekt des Umgangs mit einem Werk bei deutschen Verlagen ist, dessen Gewicht jedoch in aller Regel nicht hoch zu veranschlagen sein dürfte. Je nach Textsorte spielt er eine größere oder so gut wie überhaupt keine Rolle. Dies variiert offenbar von Verlag zu Verlag. Ganz gewiß kommt es auch darauf an, um welche Helvetismen oder Austriazismen es sich im Einzelfall handelt. Der genannte Faktor kann durch andere Faktoren vollkommen aufgewogen werden, insbesondere durch das Prestige eines/r Autors/in oder die ansonsten bestechende Qualität des Textes. Austriazismen bzw. Helvetismen können sogar erwünscht sein, wenn sie zu den Markenzeichen eines/r Autors/in gehören oder wenn sich der Text inhaltlich auf Österreich oder die Schweiz bezieht. Vor allem bei weniger renommierten Autoren, bei bestimmten Textsorten oder auch bei bestimmten Verlagen kann der Faktor jedoch zum Hindernis werden. Beispiele für Textsorten, wo Austriazismen bzw. Helvetismen unerwünscht sein können, sind Kinderbücher, Übersetzungen aus Fremdsprachen oder Texte, die nicht von Österreich bzw. von der Schweiz handeln.

Österreichisches oder schweizerisches Standarddeutsch wird für besonders unpassend gehalten in Geschichten, die im nichtdeutschsprachigen Ausland spielen. Daraus kann man schließen, daß das österreichische und das schweizerische Deutsch, auch das Standarddeutsch, als regional markiert gilt, das deutsche Standarddeutsch dagegen als regional unmarkiert. Österreichisches und schweizerisches Standarddeutsch paßt daher nur zu einem österreichischen bzw. Schweizer Kontext, wo es dem deutschen Standarddeutsch unter Umständen sogar vorzuziehen ist; deutsches Standarddeutsch ist dagegen universell anwendbar, also auch in Geschichten, die in Australien, Amerika usw. spielen. Diese Asymmetrie ist eine bislang wenig beachtete Spielart des „binnendeutschen Weltbildes" (vgl. Kap. A.3.2.1 und F.7). Sie kommt auch deutlich zum Ausdruck in einer Diskussion zwischen Verlagslektoren aus allen drei nationalen Vollzentren bei einem Übersetzungsseminar (Übersetzungsgemeinschaft 1991), wo nur einer der fünf Diskutanten, nämlich Ludwig Hartinger (Wieser Verlag, Klagenfurt), die Spezifik nationaler Varianten deutlich sieht, wenn er etwa darauf besteht: „Das Österreichische ist kein Regionalismus der deutschen Sprache." (S. 77, vgl. auch 87, 89 f.) Die übrigen Diskussionsteilnehmer stellen die Austriazismen und Helvetismen auf dieselbe Stufe wie Regionalismen, indem sie etwa „den Ostfriesen" und „den Österreicher" sprachlich parallelisieren (S. 85) oder „Helvetismen" „in der Diogenes-Neuübersetzung von Raymond Chandler" „gar nicht gut" finden (S. 89). Bei einer wirklichen Gleichrangigkeit der nationalen Varietäten, wie sie einer symmetrisch plurizentrischen Sicht des Deutschen entspricht, wären ja auch in Übersetzungen, aus welcher Sprache auch immer, Austriazismen und Helvetismen gleichberechtigt mit Teutonismen, nur vielleicht nicht mit gemeindeutschen Ausdrücken. Es wäre eine umfassendere Untersuchung wert, inwieweit Verlage (Lektoren), speziell auch österreichische oder Schweizer Verlage, oder sonstige beteiligte Instanzen das österreichische bzw. das schweizerische Standarddeutsch tatsächlich für regional markiert und das deutsche Deutsch für unmarkiert halten und dementsprechend auf Autoren einwirken.

Nicht auszuschließen ist auch, daß manche Autoren in vorauseilendem Gehorsam durch den Verzicht auf eigene nationale Sprachvarianten von sich aus Schwierigkeiten mit den Verlagen zu vermeiden suchen, wie Scheichl (1990) vermutet. Da zahlreiche österreichische und Schweizer Autoren bei deutschen Verlagen veröffentlichen, aber viel weniger deutsche Autoren bei Schweizer oder österreichischen Verlagen, hätte ein solches Verhalten die Wirkung sprachlicher Kontrolle oder Dominanz Deutschlands über die beiden anderen nationalen Zentren des Deutschen.

Die wie auch immer bedingte sprachliche sowie kulturelle und zum Teil auch wirtschaftliche Dominanz Deutschlands wird in den anderen Zentren immer wieder beklagt und offenbar auch schmerzlich empfunden. Daher reagiert man dort bisweilen sehr empfindlich, und zwar auf ganz unterschiedlichen Ebenen. Eines von vielen möglichen Beispielen dafür ist die Bewertung, welche die Selbstdarstellung der Dudenredaktion durch ihren Leiter, Günther Drosdowski, seitens eines sprachpatriotisch denkenden österreichischen Sprachwissenschaftlers erfährt. Er empfindet sie als „autoritär-dogmatischen Werbediskurs" mit „triumphalistisch-autoritärer Diktion" (Pollak 1992: 131 f.).

Die Empfindlichkeit und Ablehnung kann so weit zu gehen, daß man sich, wie es scheint, bisweilen sogar ins eigene Fleisch schneidet, um seine Selbstachtung zu wahren. Zumindest wirken so auf die deutsche Seite, aber auch auf manche österreichischen Beobachter, die wiederholt festgestellten Absetzbewegungen Österreichs von einer mit Deutschland gemeinsamen Politik zur Förderung der deutschen Sprache im Ausland. Österreichische Politiker sind dafür bekannt, daß sie in Kontakten mit der Europäischen Gemeinschaft bzw. Europäischen Union (EG/EU) eher englisch oder französisch sprechen als deutsch, obwohl Deutsch dort als Amtssprache einen juristisch ebenbürtigen Status hat. Dieses Verhalten ist von der Regierung Deutschlands wiederholt kritisiert worden, da diese sich seit Jahren bemüht, die bislang untergeordnete Rolle von Deutsch als Arbeitssprache in den Organen der EU zu stärken (vgl. z.B. die Zeitungsartikel: „Deutsch: Eine Sprache stößt an ihre Grenzen." *Die Presse* 4. 12. 1989 und „‚Unfreundliche Österreicher': Vranitzky und Mock sabotieren Einsatz Kohls für deutsche Sprache." *Die Presse* 11.2.1993). In eine ähnliche Richtung geht der Rückzug der Kulturabteilung des Österreichischen Außenamtes von einem gemeinsamen Publikationsprojekt zu Kultur- und Sprachwerbezwecken im Ausland, dem *Wandkalender 1993* (Zusendung durch Hubert Eichheim, Goethe-Institut). Dieser Kalender durfte monatelang von den Österreichischen Kulturinstituten, für die er – nach Absprache – vom Goethe-Institut zusammen mit der Kulturabteilung des Österreichischen Außenamtes eigens angefertigt worden war, nicht ausgeliefert werden. Grund: Man hatte zunächst vergessen, das Österreichische Außenamt als Mitgestalter zu nennen, was durch einen sofort hinzugefügten Aufkleber nicht wiedergutzumachen war. Außerdem hatten sich ausgerechnet bei den Austriazismen ein paar Druckfehler eingeschlichen (*Kukurus* statt *Kukuruz* ‚Mais', nur einmal bei ansonsten wiederholt richtiger Schreibung, *Mullatschag* statt *Mulatschag* ‚ausgelassenes Fest'). Dies erschien der österreichischen Seite trotz der ansonsten ausführlichen und aufgeschlossenen Darstellung der österreichischen Sprachbesonderheiten untragbar (vgl. „Deutsch-österreichisches Kultur-Gwirkst. Warum ein Goethe-Institut-Kalender in Wiener Depots verstaubt." *Die Presse* 25.3.1993; Zusendung durch Hans Goebl. Vgl. auch Scheuringer 1994).

5 Die nationalen Varietäten im Spannungsfeld zwischen nationalen und demokratischen Bestrebungen

Es gibt gute Gründe für die sprachpolitische oder -soziologische und die sprachdidaktische Zielsetzung, daß alle Mitglieder einer Gesellschaft oder Nation die
geltende Standardvarietät gut beherrschen sollten. Über diese Zielsetzung wurde
in der früheren BRD in der Zeit der 70er Jahre unter der Überschrift „Lernziel
Hochsprache" viel diskutiert (vgl. z.B. Ammon/Eckhardt/Helmers 1981, v.a. die
Beiträge von Ammon, Eckhardt, Broweleit, Helmers, Schmitz, Ziegler). Wenn
man den ideologischen Wildwuchs und die polemischen Spitzen etwas beschnei-
det, so reduziert sich die Argumentation der Befürworter dieses Lernziels oder
besser: „Lehrziels", auf folgendes. Die „Hochsprache", mit der nichts anderes
gemeint ist als die Standardvarietät der jeweiligen Gesellschaft, ist für die erfolg-
reiche Ausübung bestimmter Tätigkeiten unverzichtbar, und zwar insbesondere
für Tätigkeiten, die in gesellschaftlichen Leitungspositionen eine Rolle spielen.
Wenn also nicht schon aus rein sprachlichen Gründen ein Teil der Gesellschaft
von solchen Positionen ausgeschlossen sein soll, so müssen alle Gesellschaftsmitglieder die Standardvarietät erlernen. Dabei ist keineswegs an irgendeine über-
spitzte, kodifizierte Norm gedacht, sondern an den Gebrauchsstandard (vgl. Kap.
A.4.2). Im Grunde wies auch die Auffassung der Gegner des „Lernziels Hochsprache" in diese Richtung. Ein Gutteil der von beiden Seiten mit großer Verve
geführten Diskussion war Spiegelfechterei aufgrund terminologischer Mißverständnisse. Zum Teil lagen die Verständnisschwierigkeiten aber auch daran, daß
die pädagogische und die sprachplanerische Ebene der Argumentation nicht sorgfältig auseinandergehalten wurden.

Beide Seiten waren sich im Grunde darin einig, daß die gesamte Bevölkerung die geltende Standardvarietät beherrschen sollte. Die Anhänger des „Lernziels Hochsprache" akzentuierten nur besonders stark und vielleicht einseitig die
Lehr- und Lernanstrengungen auf dem Weg zu diesem Ziel. Die Gegner wollten
demgegenüber die „Hochsprache" aufweichen, sie dem tatsächlich Sprachgebrauch der „breiten Massen" der Bevölkerung annähern und damit für sie leichter erlernbar machen. Erstere hatten also nur die Didaktik im Blick, während
letztere im Grunde ein sprachplanerisches oder sprachpolitisches Ziel verfolgten,
das sie aber ebenfalls in didaktischen Kontexten präsentierten und anpeilten. Es
empfiehlt sich, die didaktische Ebene auf der einen Seite und die sprachplanerische und sprachpolitische Ebene auf der anderen Seite sorgfältiger auseinanderzuhalten.

Wie mir scheint, kann man verhältnismäßig leicht weitgehenden Konsens
erreichen über die didaktische Zielsetzung, daß alle Mitglieder einer Nation die
geltende Standardvarietät beherrschen sollten, weil sie andernfalls in ihren gesellschaftlichen Handlungsmöglichkeiten allein schon aus sprachlichen Gründen eingeschränkt sind. Dies ist sogar der Fall bei Nationen wie der Schweiz bzw. deren
deutschsprachigem Teil, wo die Standardvarietät (Schweizerhochdeutsch) auf verhältnismäßig wenige Situationen zurückgedrängt ist (vgl. Kap. C.4); wer die Stan-

dardvarietät nicht beherrscht, ist eben in diesen Situationen, die insbesondere in gesellschaftlichen Leitungspositionen (z. B. denen von Spitzenpolitikern, Industriemanagern, Hochschullehrern) fast unvermeidlich sind, nicht voll handlungsfähig.

Von jenem Konsens aus stellt sich dann die weitere, ganz andersartige Frage, welche Sprachformen als Standardvarietät gelten sollen. Für die Antwort können unterschiedliche gesellschafts- oder sprachpolitische Zielsetzungen ausschlaggebend sein. Zum Beispiel kann das Ziel einer Einheitsvarietät für die ganze Sprachgemeinschaft (über die nationalen Grenzen hinaus) vor Augen schweben. Im Hinblick darauf wäre es konsequent, die nationalen Varianten abzubauen, durch allgemeinsprachliche zu ersetzen und nur diese uneingeschränkt als Standard anzuerkennen. Diese Zielsetzung hat sicher zu früheren Zeiten auch innerhalb der deutschen Sprachgemeinschaft eine wichtige Rolle gespielt, insbesondere in der Zeit vor dem Ersten Weltkrieg, z. B. in den Bestrebungen des *Allgemeinen deutschen Sprachvereins,* aber auch des *Deutschschweizerischen Sprachvereins.* Heute wird sie jedoch kaum mehr ernsthaft vertreten, zumindest nicht von einflußreichen Gruppen und nicht in der Öffentlichkeit.

Aktueller scheinen zwei andere sprachplanerische und -politische Ziele zu sein, die leicht in Konflikt geraten können. Das eine dieser Ziele besteht darin, die sprachlichen Eigenheiten der Nation zu stärken, und das andere, die Standardvarietät bzw. ihre Beherrschung für die breiten Bevölkerungsschichten möglichst leicht erreichbar zu machen. Man kann in prägnanterer Ausdrucksweise von einer „nationalen" (sprachnationalen) bzw. einer „demokratischen" (sprachdemokratischen) Zielsetzung sprechen.

Beide Zielsetzungen stehen übrigens in einer langen, respektablen Tradition. Sie lassen sich schon ausmachen beim Übergang vom Lateinischen als Bildungssprache zu den „Volkssprachen" in der Renaissance, der Phase des Übergangs vom Mittelalter zur Neuzeit. Auch dabei spielten sowohl nationale Bestrebungen eine Rolle als auch das Bemühen, die Sprache der Öffentlichkeit oder der Bildung allen Bevölkerungsschichten leichter zugänglich zu machen. Was damals für das Verhältnis zweier Sprachen (Latein und jeweilige „Volkssprache") galt, bezieht sich heute – in modifizierter Form – auf Varietäten innerhalb derselben Sprache. Die gewissermaßen verfeinerte Sicht, von verschiedenen Sprachen auf verschiedene Varietäten, ist sicher mitbedingt durch die Sprachbarrierenforschung, nicht zuletzt durch die Forschungen zum Thema „Dialekt als Sprachbarriere", die gezeigt haben, daß auch bloße Varietätsunterschiede (innerhalb derselben Sprache) durchaus ernstzunehmende Kommunikations- und Lernhemmnisse bilden können (vgl. z. B. Ammon 1973; Mattheier 1980).

Bis zu einem gewissen Grad sind beide Zielsetzungen, „nationale" und „demokratische", miteinander vereinbar und standen im Zuge der Herausbildung der plurizentrischen Struktur des Deutschen auch bisweilen im Einklang. Die Betonung der sprachlichen Eigenarten der verschiedenen deutschsprachigen Nationen beinhaltet ja zugleich ein Zugeständnis an die regionale Vielfalt des Deutschen in der tatsächlichen Sprachverwendung, insbesondere derjenigen der breiten Bevölkerungsmehrheit. Nach Nationen differenzierte Standardvarietäten können daher besser an das tatsächliche Sprachverhalten der Bevölkerung angepaßt werden als eine für die gesamte Sprachgemeinschaft einheitliche, nationsübergreifende Standardvarietät. Diese Sicht der Dinge liegt z. B. der Argumentation Karl Luicks (1904: 64) zugunsten österreichischer Besonderheiten der

deutschen Standardlautung zugrunde: „[E]ben weil [bei einer österreichspezifischen Standardlautung! U.A] keine starke Abweichung vom Bestehenden verlangt wird, ist Aussicht vorhanden, daß das Ziel bei der Mehrheit erreicht wird.
" Ähnliche Überlegungen dürften auch Julius Leumann (1905: III) bezüglich der
Schweiz zu der Äußerung bewogen haben: Bei allem Verzicht „auf viele mundartliche Eigentümlichkeiten (...) wird niemand von uns verlangt, daß wir deutsch
reden wie ein Berliner oder Hannoveraner."

In Leumanns Hinweis auf die Dialekte („mundartliche Eigentümlichkeiten") klingt allerdings schon an, daß die nationale Spezifik der Standardvarietät nur eine partielle Annäherung an den tatsächlichen Sprachgebrauch ermöglicht. Die nationale Zielsetzung wird nämlich am besten verwirklicht durch
Sprachvarianten, die einerseits spezifisch sind für die Nation und andererseits in
der ganzen Nation, bzw. in Fällen wie der Schweiz in der ganzen Sprachgemeinschaft innerhalb der betreffenden Nation, gelten (vgl. Kap. A.5: (5) und (6)). Im
Hinblick darauf muß die Geltungsregion von Varianten, die nicht in der ganzen
Nation verwendet werden, entweder auf das Gesamtgebiet der Nation ausgedehnt werden, oder sie müssen durch andere Varianten ersetzt werden, deren
Geltungsregion schon nationsweit ist oder ihrerseits dahin ausgeweitet wird.
Außerdem müssen national unspezifische Varianten, deren Verwendungs- oder
Geltungsregion in andere Nationen hineinreicht, nationsspezifischen Varianten
weichen. In beiden Fällen entstehen neue Divergenzen zwischen dem tatsächlichen Sprachgebrauch und der nationalen Varietät. Bei radikal sprachdemokra-
tischer Zielsetzung, bei der sich die Standardvarietät möglichst eng an den
Sprachgebrauch der Bevölkerungsmehrheit anschmiegt, müßten dagegen vorhandene national unspezifische Varianten ebenso erhalten bleiben wie solche, die
nur in einer Teilregion der Nation verwendet werden.

Abbildung 19 illustriert die Problematik unter Bezugnahme auf die beiden
Begriffe ‚Verwendungsregion‘ (Region der Verwendung einer Sprachform durch
die Bevölkerungsmehrheit) und ‚Geltungsregion‘ (Region, in der die betreffende
Sprachform als standardsprachlich gilt). Dabei sind die beiden entgegengesetzten
sprachpolitischen Positionen durch die aus ihnen folgenden Geltungsregionen
nationaler Varianten unterschieden. Das gleichartige Muster (Punktierung, links-
gerichtete Schraffur, rechtsgerichtete Schraffur) repräsentiert jeweils dieselbe
Sprachform, und zwar repäsentiert es bei schwacher Ausprägung die Verwendungsregion und bei intensiver Ausprägung die Geltungsregion.

Die „demokratische" Position zielt darauf ab, daß die Geltungsregionen mit
den Verwendungsregionen koinzidieren (ungeachtet der nationalen Grenzen),
und die „nationale" Position zielt darauf ab, daß die Geltungsregionen mit den
nationalen Grenzen übereinstimmen (ungeachtet der Verwendungsregionen).

Beispiele für beide Positionen oder Zielsetzungen bietet vor allem Österreich, weshalb es in der schematisierten Abbildung 19 (der 3 Zentren des Deutschen) auch zur Veranschaulichung dient. Die nationalen Bestrebungen treten in
Österreich einerseits zutage in den Abwehrbemühungen gegenüber dem Variantenimport aus Deutschland, vor allem durch die Sternchenmarkierung von Wörtern im *Österreichischen Wörterbuch* (Beispiel *Sahne; vgl. Kap. B.4). Durch sie
sollen österreichische nationale Varianten erhalten und vor der Verdrängung
durch gemeindeutsche Varianten bewahrt werden. Andererseits zeigen sich die
nationalen Bestrebungen in Österreich in der Ausdehnung der Geltungregion
solcher Varianten, die nur in einer Teilregion Österreichs verwendet werden, auf

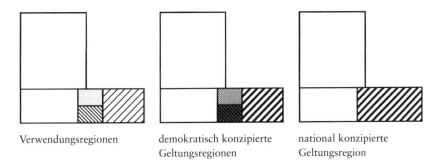

Verwendungsregionen   demokratisch konzipierte   national konzipierte
                             Geltungsregionen   Geltungsregion

Abb. 19: Demokratisch konzipierte und national konzipierte Geltungsregionen von Standardvarianten, bezogen auf Verwendungsregionen und nationale Grenzen

ganz Österreich. Zumeist handelt es sich dabei um Varianten mit der Verwendungsregion Ostösterreich, entsprechend der in den meisten Sprachen bei der
Standardisierung zu verzeichnenden Dominanz der Hauptstadtregion. Sie sind in
das *Österreichische Wörterbuch* nicht selten ohne regionale Markierung aufge-
genommen, womit dieses ihnen in ganz Österreich Geltung verleiht. Aus regionalen (teilnationalen) werden dadurch gesamtnationale Varianten (Beispiel
Obers; weitere Beispiele in Scheuringer 1994: 37–40; vgl. auch Kap B.6: gegen
Ende). Im *Österreichischen Wörterbuch* tritt aber auch die sprachdemokratische
Zielsetzung zutage, und zwar geschieht dies dadurch, daß Wörter mit regional
begrenzter Verwendung aufgenommen und auch entsprechend regional markiert
werden. Ihre Geltungsregion bleibt dann beschränkt auf ihre teilnationale Verwendung (Beispiel *Beisel/Beisl,* das als „W" [wienerisch] markiert ist).

Es wäre eine interessante Forschungsaufgabe, zu untersuchen, welche Tendenzen in den verschiedenen Entwicklungsphasen des *Österreichischen Wörterbuchs* (v.a. 1951ff., 1979ff., 1985ff.) jeweils überwogen haben, und zu prüfen,
ob und wie sich die Befunde auf österreichische und internationale Entwicklungen in Gesellschaft und Politik beziehen lassen (vgl. zur Anregung Clyne
1988; 1990). Entsprechende Untersuchungen sind – wie es scheint – auch in der
Schweiz möglich, und natürlich auch in nationalen Zentren anderer Sprachen
(Beispiel Australien als Zentrum des Englischen).

In nationalen Zentren wie Deutschland, mit völlig unterentwickeltem Bewußtsein von einer eigenen nationalen Varietät und offenbar gänzlich fehlenden
Bestrebungen zu ihrer Festigung, scheint dem hier thematisierten Gegensatz ein
anderer zu entsprechen. Rein sprachgebietsbezogen läßt er sich als Gegensatz
zwischen regionaler und allgemeinsprachlicher Geltung formulieren. Politisch
entspricht dem – in zugespitzter Fassung – oft, wenngleich nicht unbedingt, der
Gegensatz zwischen sprachdemokratischen und sprachimperialen Bestrebungen.
Dabei kann das „binnendeutsche Weltbild" (vgl. Kap. A.3.2.1) als Niederschlag
letzterer verstanden werden.

6 Die nationalen Varietäten im Muttersprach- und im Fremdsprachunterricht

Es dürfte heutzutage in allen nationalen Vollzentren des Deutschen Usus sein, die Lehrmaterialien in der eigenen nationalen Varietät zu verfassen. Dafür sorgen sicher schon die jeweiligen Genehmigungsverfahren der Kultusministerien. Inwiefern dennoch gelegentlich bei der Übernahme von Lehrmaterialien aus einem anderen Zentrum die Adaption – wenigstens teilweise – unterbleibt, wäre durch eine Spezialuntersuchung zu klären. Diese könnte auch interessante Aufschlüsse über das Bewußtsein von und die Einstellungen zu den nationalen Varietäten bei den für die Schulen maßgeblichen Behörden zutage fördern.

Im Deutschunterricht ist die deutsche Sprache nicht nur Unterrichtssprache („Medium"/Kommunikationsmittel), sondern zudem Lehrgegenstand. Auch hier ist, wie man annehmen darf, die Ausrichtung der Lehrmaterialen auf die eigene nationale Varietät heute die Regel, wenigstens in den nationalen Vollzentren des Deutschen. In Deutschland geschieht dies, ohne daß man sich dessen bewußt zu werden braucht. In Österreich sorgt dafür die Regel, daß die Lehrmaterialien für Deutsch mit dem *Österreichischen Wörterbuch* kompatibel sein müssen. In der Schweiz sind die Verhältnisse schwieriger zu überschauen. Jedoch ist auch für sie zu vermuten, daß die Kantone sich bei der Genehmigung von Lehrmaterialien entweder am Schweizer Binnenkodex (vgl. Kap. C.2) orientieren oder aber an den Helvetismen in den Duden-Bänden, vor allem im Rechtschreib-Duden. All diese Vermutungen bedürfen freilich noch der empirischen Überprüfung, die im Rahmen der vorliegenden Arbeit nicht möglich war.

Wie unsere kleine Untersuchung des Korrekturverhaltens der Lehrer gezeigt hat (Kap. F.2), fehlt es auf dieser entscheidenden Ebene an einer einheitlichen Linie. Vor allem Schweizer Lehrer, seltener auch österreichische, „verbessern" zum Teil die eigenen nationalen Varianten, und zwar vor allem zugunsten gemeindeutscher Alternativen. Dieses Verhalten entspringt wohl kaum einer Protesthaltung gegen die eigene nationale Varietät, sondern dürfte in aller Regel einfach durch Unkenntnis bedingt sein. Das Thema der nationalen Varietäten hat – soweit ich sehe – bisher in der Ausbildung von Deutschlehrern allenthalben nur eine sehr geringe Rolle gespielt. Dies ist angesichts seiner Vernachlässigung durch die Fachwissenschaft und der kontroversen Standpunkte unter den Fachvertretern nicht sonderlich verwunderlich.

Das Thema kommt auch kaum zur Sprache in Lehrmaterialien für den muttersprachlichen Oberstufenunterricht. Eine der wenigen Ausnahmen ist das „Lehrwerk für den Deutschunterricht an Schweizer Mittelschulen": *Brennpunkt Sprache* (Diebold u.a. 1988; vgl. Bd. 2: 175–179, Lehrerband: 146 f.). Aber auch dort finden sich Unsicherheiten bezüglich der nationalen Varietäten. So ist z.B. die Sprachkarte „Der Dachboden" mit der Anmerkung versehen: „Die standardsprachliche Bedeutung von ‚Estrich' ist ‚fugenloser Fussboden' (...)" – ohne jeglichen Hinweis darauf, daß die Bedeutung ‚Dachboden' schweizerhochdeutsch ist

(Bd. 2: 168). Dennoch sind pionierhafte Lehrwerke dieser Art wichtige Vorreiter auf einem Weg, den vermutlich in Zukunft mehr Oberstufen-Lehrmaterialien im Lernbereich „Reflexion über Sprache/Sprachbetrachtung" beschreiten werden (vgl. auch Roche 1985).

Theoretiker des Unterrichts von Deutsch als Fremdsprache sind häufiger als Theoretiker des Muttersprachunterrichts auf die nationalen Varietäten aufmerksam geworden. Dies ist nicht überraschend. Während der Muttersprachunterricht in der Regel von vornherein seinen Ort in einem der nationalen Zentren des Deutschen hat und sich daher unwillkürlich zunächst einmal an der vorliegenden nationalen Varietät orientiert, vielleicht ohne die anderen nationalen Zentren des Deutschen überhaupt bewußt wahrzunehmen, treten diese dem von außen kommenden Lehrer oder Lerner von Deutsch als Fremdsprache von Anfang an in der Mehrzahl entgegen. Dabei liegt dann die Frage nach sprachlicher Übereinstimmung oder Sprachunterschieden nahe. Unter den Erforschern der nationalen Varietäten des Deutschen ist der Anteil von Hochschullehrern aus nicht-deutschsprachigen Ländern, die mit Deutsch als Fremdsprache befaßt waren, auffällig hoch, vor allem unter den Pionieren der Forschung. Um die vielleicht wichtigsten zu nennen, sei nur erinnert an Elise Riesel, Anatoli I. Domaschnew, Gustav Korlén, Lars-Olof Nyhlén, Michael Clyne und Zdeněk Valta. Letzterer, der schon in den fünfziger Jahren anfing, sich mit den Austriazismen zu befassen, weist im Vorwort seiner Dissertation darauf hin, daß dies aus „den konkreten Bedürfnissen des Tages" heraus geschehen ist, bei „der Bearbeitung von neuen Lehrbüchern für den Unterricht des Deutschen als Fremdsprache an tschechoslowakischen Schulen" (Valta 1974: 1). Entsprechende Hinweise finden sich zumeist auch in den Untersuchungen der anderen genannten Fachvertreter zu den nationalen Varietäten.

Allerdings darf von diesem naheliegenden praxisbezogenen Interesse nicht ohne weiteres darauf geschlossen werden, daß die nationalen Varietäten des Deutschen immer in den Lehrmaterialien für Deutsch als Fremdsprache berücksichtigt werden. Hiergegen sprächen teilweise schon lehrmethodische Erwägungen. So könnten vor allem Anfänger durch die nationalen Varianten verwirrt werden – es sei denn, man beschränkt sich auf ganz wenige Beispiele. In der Tat dürfte sich die breitere Berücksichtigung der nationalen Variation eher für den Unterricht bei fortgeschrittenen Lernern eignen. Die Lehrmaterialien für Anfänger beschränkt man mit Rücksicht auf Lernschwierigkeiten besser weitgehend auf nur eine der nationalen Varietäten. Dies mag bisweilen tatsächlich der Grund dafür sein, warum zwar darauf hingewiesen wird, daß Deutsch Amtssprache mehrerer Länder ist, womöglich sogar mittels einer Übersichtskarte, die nationalen Varietäten aber dennoch keinerlei Berücksichtigung finden, auch wo es sich thematisch oder vom behandelten Wortschatz her anböte (vgl. z.B. Di Donato 1991: 18, 165 f.; Sevin/Sevin/Bean 1991: i–iii, 23–30). Zumeist steht dann das deutsche Deutsch im Vordergrund, was wegen seiner größeren Anzahl von Muttersprachlern zweckmäßig sein mag.

Freilich ist die Entscheidung für nur eine, und dann speziell die deutschländische nationale Varietät nicht immer so rational gesteuert, falls sie überhaupt explizit gemacht wird. Nicht selten folgt man dabei einfach den ausgetretenen Pfaden. Vor allem ist – bei Festlegung auf eine einzige der nationalen Varietäten – das deutsche Deutsch keineswegs die allein mögliche rationale Entscheidung. Denn die numerische Stärke der Muttersprachler ist nicht das einzige vernünftige

Auswahlkriterium. So mag z. B. aufgrund der Nachbarschaft und tradioneller Kontakte für viele Mittel-, Ost- und Südosteuropäer das österreichische Deutsch von Anfang an die zweckmäßigere Wahl sein, trotz der geringeren numerischen Stärke. Am österreichischen Standarddeutsch orientierte Lehrmaterialien für Deutsch als Fremdsprache sind auch längst kein bloßes Postulat mehr. Bei ihrer Propagierung, ebenso wie bei der Ausarbeitung, waren Rudolf Muhr sowie Heide und Robert Saxer wichtige Schrittmacher (vgl. Muhr 1987 b; c; e; 1988; 1992/93; 1993 b und diverse dortige Beiträge; Saxer/Saxer/Scheiber 1986; 1988).

Auch die Wahl des Schweizerhochdeutschen für Lerner von Deutsch als Fremdsprache läßt sich in manchen Fällen gut begründen, z. B. wenn die Schweiz von vornherein als das Hauptkontaktland feststeht. Es ist dann freilich angebracht, auch das Schwyzertütsche einzubeziehen und darin wenigstens eine gewisse Verstehensfähigkeit zu vermitteln (vgl. Kap. C.4), wozu auch schon Überlegungen und Materialien vorliegen (vgl. Müller/Wertenschlag 1985; von Flüe-Fleck/Hove 1994). Lehrmaterialien vor allem für Deutsch als Zweitsprache, die auf das Schweizerhochdeutsche ausgerichtet sind, wurden entwickelt unter der Leitung von Claudio Nodari (Nodari/Neugebauer/Ambühl-Christen 1994).

Außer den auf Österreich und die Schweiz hin orientierten Ansätzen gibt es auch Anregungen zu Lehrmaterialien, die nicht nur auf eine einzige nationale Varietät hin ausgerichtet sind, sondern die nationale Variation des Deutschen breiter berücksichtigen. Thematisch umfassendere Überlegungen dazu, die zusätzlich noch die subnationale Variation einbeziehen, alles unter dem Oberbegriff „regionale Varianten", hat Ehnert angestellt, wobei er auf „acht lehrbare Standards" kommt (Ehnert 1993: 283). Jedoch ist auch unser engeres Thema schon mit Blick auf den Unterricht von Deutsch als Fremdsprache erörtert worden (vgl. die Arbeiten der zu Anfang des Kapitels genannten nicht-deutschsprachigen Forscher oder auch von Huth 1979). Spezielle Lehrmaterialien dazu stehen dennoch nicht ohne weiteres zur Verfügung.

Elisabeth Lattaro, die am Goethe-Institut in München für die Analyse „regionaler" Lehrwerke zuständig ist, hat auf meine Bitte hin die in der früheren BRD, DDR und der heutigen Bundesrepublik Deutschland bis zum Jahre 1994 hergestellten Lehrwerke für Deutsch als Fremdsprache daraufhin durchgeschaut, ob die nationalen Varietäten darin berücksichtigt sind. Sie hat darunter kein einziges gefunden, das diese systematisch berücksichtigt oder explizit behandelt. Elisabeth Lattaro war auch so freundlich, mir diejenigen Materialien leihweise zur Verfügung zu stellen, die dem Thema am nächsten kommen. Manche von ihnen gelangen in der Tat in Berührungsnähe, vor allem in den landeskundlichen Abschnitten, ohne aber das Thema wirklich zu erfassen (z. B. Neuner u. a. 1980, Bd. 2: 134 f.; 1987, 1 B: 92 f.; Mebus u. a. 1987, Bd. 1: 65–68). Nur auf das Schwyzertütsche wird bisweilen hingewiesen, z. B. bei Häussermann u. a. (1978, Bd. 1: 121) – ein Werk, das in allen drei nationalen Vollzentren des Deutschen zugleich verlegt wurde und sich daher geradezu in unserer Thematik bewegt. Recht nahe kommen den nationalen Varietäten die Ausführungen von Ursula Esser und Bettina Muesch (1994: 24–27) in einem Themenheft zur Landeskunde. Auch sie jedoch beschränken sich letztlich bezüglich der Schweiz auf die Omnipräsenz des Dialekts, ohne Erwähnung des Schweizerhochdeutschen. Und zu Österreich führen sie aus: Die „geschriebene deutsche Sprache unterscheidet sich prinzipiell nicht von der in Deutschland geschriebenen", sondern nur „die deutsche gesprochene Hochsprache", wofür sie als Grund angeben, daß „im mündlichen Gebrauch (...) in Österreich eine exakte Grenzziehung zwischen Hoch- und Umgangssprache schwer[falle]". Damit werden die österreichischen Besonderheiten in die Nähe des Nonstandards gerückt. Auch fehlen überzeugende Beispiele von Austriazismen.

Im Lehrbuch *Themenheft neu* werden zwar einzelne Austriazismen richtig genannt (z. B. *Semmel*). Sie werden aber in einer Liste auf dieselbe Ebene gestellt mit Dialektwörtern aus unterschiedlichen Teilen des deutschen Sprachgebiets. Daß es sich um Standardvarianten handelt, wird damit geradezu verschleiert. Die Thematik der nationalen Varietäten wird zudem dadurch verfehlt, daß aus der Schweiz in dieser Liste nur Dialektismen genannt sind (Aufderstraße u. a. 1994, Bd. 1: 123).

In einigen Lehrmaterialien für Deutsch als Fremdsprache, die in nichtdeutschsprachigen Ländern entwickelt wurden und gebraucht werden, finden sich eher weitergehende Ansätze zur Berücksichtigung der plurinationalen Variation des Deutschen, wie es scheint, vor allem in den ehemaligen sozialistischen Ländern Mittel- und Osteuropas (Hinweise und Zusendung ebenfalls durch Elisabeth Lattero, Goethe-Institut). Allerdings läßt auch dort die Behandlung an Klarheit und Ausgewogenheit zu wünschen übrig. Ein in Kiew erschienenes Lehrbuch (Kuntzsch/Riswanowa/Timčenko 1993) liefert zwar einige korrekte Hinweise auf nationale Varianten, z. B. auf die Schreibweise mit <ss> statt <ß> in der Schweiz (S. 285) sowie auf einzelne Austriazismen. Letztere sind jedoch, wie in den zuvor beschriebenen Materialien, mit Dialektwörtern in ein und derselben Liste verbunden und daher nicht als standardsprachlich identifizierbar (S. 312). Es fehlt also die klare Unterscheidung zwischen nationalen Varietäten und Dialekten. Das in Prag erschienene Lehrbuch *Němčina* von Vladimira Simková und Alexander Kupkovič (1986: 128) liefert eine ausführliche und korrekte Liste von Austriazismen. Allerdings werden diese dann als „österreichische Wörter" den „hochsprachlichen" Wörtern gegenübergestellt, wodurch ihre Standardsprachlichkeit eingeschränkt erscheint (S. 130). Auch in den außerhalb des deutschen Sprachgebiets hergestellten Lehrmaterialien werden also – soweit ich sehe – die nationalen Varietäten nicht unverkürzt und ausgewogen berücksichtigt. Vielleicht würde indes eine gründlichere Recherche Beispiele konsequenterer Berücksichtigung ans Licht bringen.

Bemerkenswert ist jedoch vor allem der Befund, daß die verbreitetsten, in den deutschsprachigen Nationen selber hergestellten Materialien die Plurinationalität des Deutschen ignorieren. Damit ist die nationale Einseitigkeit des gelehrten und gelernten Deutsch praktisch vorprogrammiert. Aufgrund der unterschiedlichen Größe und Ressourcen der deutschsprachigen Nationen dürfte dies letztlich auf ein starkes Übergewicht des deutschen Deutsch im Unterricht von Deutsch als Fremdsprache hinauslaufen. Möglicherweise läßt sich ein solches Übergewicht sogar rational rechtfertigen, z. B. – wie schon erwähnt – mit der Zahlenstärke der Muttersprachler. Nach den gegebenen Umständen wird dieses Übergewicht jedoch unreflektiert induziert. Die Lehrer und Lerner, die mit den betreffenden Materialien arbeiten, erfahren von dieser Entscheidung nichts. Sie haben schon deshalb auch keine Möglichkeit der Wahl zwischen den verschiedenen nationalen Varietäten.

7 Überblick über verbreitete Asymmetrien zwischen den nationalen Sprachzentren

In den bisherigen Ausführungen ist wiederholt zutage getreten, daß die verschiedenen nationalen Zentren der deutschen Sprache nicht in jeder Hinsicht gleichrangig sind, auch nicht die drei Vollzentren: Deutschland, Österreich und deutschsprachige Schweiz. Außersprachliche Unterschiede fallen schon bei oberflächlicher Betrachtung auf: Deutschland hat ungefähr 10 mal so viele Einwohner wie Österreich und 19mal so viele wie die deutschsprachige Schweiz, und das Bruttosozialprodukt Deutschlands war 1991 9,6mal so groß wie dasjenige Österreichs und 10,6mal so groß wie das der deutschsprachigen Schweiz – bei Zugrundelegung von 63,6% des Schweizer Bruttosozialprodukts entsprechend dem deutschsprachigen Anteil an der Wohnbevölkerung (nach den Zahlen des *Fischer Weltalmanach 1994*).

Sind auch die sprachlichen Beziehungen zwischen den drei Vollzentren der deutschen Sprache gekennzeichnet von Ungleichheit? Entsprechen also den außersprachlichen Unterschieden auch sprachsoziologische und sprachpolitische? In den vorausgehenden Kapiteln finden sich zahlreiche Hinweise, die diesen Eindruck vermitteln. Sie sollen hier zusammenfassend und im Überblick dargestellt werden.

Der folgende Überblick umfaßt auch Aspekte des *Bewußtseins* der Bewohner der verschiedenen Zentren von den Sprachbeziehungen, nicht nur Aspekte der tatsächlichen Beziehungen. Es scheint so, daß im vorliegenden Fall Bewußtsein und Wirklichkeit in wesentlichen – wenngleich sicher nicht in allen – Punkten kongruieren. Allerdings mag dieser Eindruck zum Teil auch durch die zu undifferenzierte Betrachtungsweise entstehen, die durch Mangel an detaillierten Informationen bedingt ist. Insbesondere fehlen Daten über eventuelle Bewußtseinsunterschiede zwischen verschiedenen Bevölkerungsgruppen innerhalb der einzelnen Zentren. Stattdessen muß meistenteils pauschal von *den* Österreichern, *den* Schweizern usw. bzw. deren Bewußtsein gesprochen werden. Es ist jedoch anzunehmen, daß verschiedene Teile der Bevölkerungen die sprachlichen Beziehungen zwischen den nationalen Zentren zum Teil unterschiedlich sehen und bewerten. Die nach Bevölkerungsgruppen differenzierte empirische Untersuchung der Vorstellungen und Bewertungen der sprachlichen Beziehungen zwischen den verschiedenen Zentren der deutschen Sprache wäre eine interessante Forschungsaufgabe.

Die folgende Liste scheint mir die auffälligsten auf die deutsche Sprache bezogenen bewußtseinsmäßigen und tatsächlichen Asymmetrien zwischen den drei Vollzentren zu enthalten.

(1) *Die verbreitete Vorstellung von der sprachlichen Dominanz des deutschen Zentrums*

Vor allem unter Sprachexperten (Sprachwissenschaftlern) ist die Vorstellung verbreitet, daß die sprachlichen Beziehungen zwischen den drei nationalen Vollzentren des Deutschen nicht von gleichrangiger Partnerschaft gekennzeichnet sind.

Man stößt nicht selten auf die Meinung, daß das Zentrum Deutschland die beiden anderen Zentren: Österreich und deutschsprachige Schweiz, mehr oder weniger sprachlich dominiert. Entsprechende Vorstellungen bestanden vormals in bezug auf die BRD.

Dabei wird bzw. wurde freilich kaum je behauptet, die sprachliche Dominanz sei Absicht oder geschehe planmäßig. Dies ist letztlich nicht einmal der Fall in Formulierungen wie der folgenden, die ansonsten an Schärfe nichts zu wünschen übrig läßt: „Österreich ist in vielfacher Hinsicht dem ‚linguistischen Imperialismus‘ der BRD ausgesetzt (...)" (Muhr 1987a: 2) Immerhin geht aus dieser Formulierung deutlich genug hervor, daß die diagnostizierte sprachliche Dominanz unwillkommen ist. Daneben gibt es zahlreiche weniger drastische Formulierungen, die diese Dominanz nicht leugnen, aber als letztlich unvermeidlich und nicht alarmierend bewerten.

Bemerkenswert ist, daß sprachliche Dominanz oder „linguistischer Imperialismus" immer nur in der genannten Richtung gesehen werden. Daß es die umgekehrte sprachliche Dominanzrichtung gebe, also von seiten Österreichs oder der deutschsprachigen Schweiz gegenüber Deutschland bzw. der einstigen BRD (oder auch DDR), ist dagegen nie behauptet worden. Man kann also festhalten: Zumindest unter Sprachwissenschaftlern ist die Vorstellung verbreitet, daß die Sprachbeziehungen zwischen Deutschland einerseits und sowohl Österreich als auch deutschsprachiger Schweiz andererseits asymmetrisch sind und daß Deutschland die beiden anderen Zentren sprachlich dominiert (z. B. in Clyne 1984; 1985; von Polenz 1988; Muhr 1989; Pollak 1992).

Diese Vorstellung hat übrigens eine lange Tradition. Berühmten Ausdruck findet sie beispielsweise schon im Protest des Schweizer Literaturkritikers Johann J. Bodmer, der sich im Jahre 1746 gegen die Sprachnormansprüche des Leipziger Literaturpapstes Johann C. Gottsched auflehnt (vgl. Baur 1983: 117f; Sonderegger 1985: 1908; Kap. C.1). Ähnlichen, wenngleich weniger weithin gehörten Protest artikulierte ungefähr zur gleichen Zeit der Wiener Sprachwissenschaftler Johann S. V. Popowitsch (vgl. Nyhlén 1961: 19–47; Kap. B.1). Man darf freilich nicht übersehen, daß das damalige Sachsen, gegenüber dem diese Dominanzgefühle bestanden, nicht einfach gleichzusetzen ist mit Deutschland, von dem oben die Rede war. Jedoch ist zumindest die geographische Richtung von der Schweiz und auch von Österreich aus in beiden Fällen annähernd dieselbe.

Es ist bezeichnend, daß die sprachliche Dominanz Deutschlands über die beiden anderen Zentren hauptsächlich von Schweizern oder Österreichern empfunden und artikuliert wurde und kaum je, oder allenfalls viel später und als Reaktion darauf, auch von Deutschen (Beispiel: von Polenz 1988; 1990). Wie schon gesagt, wird die Dominanzbeziehung gelegentlich sehr kritisch gesehen. Man kann sich dann des Eindrucks kaum erwehren, daß es sich um eine Spielart des Protestes von Unterdrückten oder auch der nationalen Verteidigung handelt (z. B. Gstrein 1957–1972; Kap. B.1, F.4). Ob allerdings außer den sprachlich besonders interessierten Intellektuellen, die solchen Protest artikulieren, auch andere Teile oder womöglich die große Mehrheit der Bevölkerung diese sprachliche Dominanz empfinden und ablehnen, ist bislang ungeklärt.

(2) *Die Meinung, die Austriazismen und Helvetismen seien weniger korrektes Deutsch, und ihre geringere Bekanntheit außerhalb der eignen Zentren*

Eine schwierige Ausgangslage für die Kritik der Verhältnisse bietet die sowohl bei manchen Sprachwissenschaftlern anzutreffende als auch unter Laien

verbreitete Vorstellung, das deutsche Deutsch sei richtiger oder besser als das
österreichische oder schweizerische. In zugespitzter Form läuft diese Vorstellung
auf die Auffassung hinaus, daß die Helvetismen und Austriazismen gar kein Standarddeutsch, sondern substandardsprachliche Regionalformen seien. Walter Haas
(1982 b: 123) spricht von der „Helvetismen-Furcht" vor allem der gebildeten
Schweizer, die „mit einiger Regelmäßigkeit den mundartferneren norddeutschen
Ausdruck für den einzig richtigen" halten. Auch manche Lehrer teilen diese Bewertung, wie Korrekturen von Schulaufsätzen belegen (vgl. Kap. F.2). Ob sie
unter Deutschen häufiger anzutreffen ist als unter Österreichern und deutschsprachigen Schweizern oder umgekehrt, wäre eine interessante Frage für die empirische Forschung. Vor einigen Jahrzehnten war der Gedanke von der Nonstandard-
sprachlichkeit der Austriazismen und Helvetismen offenbar auch noch unter
Sprachwissenschaftlern gängig (vgl. Kap. A.3.2.1).

Ein Relikt dieser Vorstellung bildet der heute noch geläufige Terminus *Binnendeutsch* für das deutsche Deutsch (vgl. zur Kritik Clyne 1984: 4f.), der dem
deutschen Deutsch – zumindest implizit – eine zentrale Position im Gesamtgefüge
der deutschen Sprache zuschreibt. Der Terminus für den Gegenbegriff müßte im
Grunde *Außendeutsch* (oder *Rand-/Peripheriedeutsch*) lauten; dieser Terminus ist
jedoch nicht gebräuchlich – vermutlich, weil er zu offenkundig diskriminierend
wäre. Immerhin hat Hugo Moser (1959a: 518), der – wie es scheint – den Terminus *Binnendeutsch* in der vorliegenden Bedeutung eingeführt hat, im Gegensatz dazu von der „Literatursprache der ‚Außengebiete'" gesprochen, wobei er
seine Scheu vor diesem Ausdruck durch Anführungszeichen zu erkennen gibt.

Wichtig ist dabei, daß der Ausdruck *Binnendeutsch* keineswegs nur geographisch verstanden werden kann – er entspricht den geographischen Verhältnissen ja sowieso nicht genau –, sondern eher als Verortung in der „Landschaft" der
deutschen Sprachnormen, und zwar im Sinne einer zentralen, maßgeblichen Position des deutschen Deutsch. Diese zusätzliche Bedeutung der Ausdrucksweise bei
Moser (1959a: 512), der vom „‚binnendeutschen' Kerngebiet" spricht, wird zumindest durch die viel gründlichere Darstellung des „Binnendeutschen" in seiner
betreffenden Abhandlung nahegelegt, wo die Darstellung der „Literatursprache
der ‚Außengebiete'" nur als Anhang erscheint. Der Terminus *Binnendeutsch* löst
übrigens den traditionell ähnlich bewerteten Terminus *Reichsdeutsch* ab, der
nach dem Zweiten Weltkrieg unmöglich wird. Die Ablösung des einen Terminus
durch den andern vollzieht Moser (1959a: 512) durch geographische Gleichsetzung, wonach unter dem „‚binnendeutschen' Kerngebiet (...) das Gebiet des
Deutschen Reichs in den Grenzen von 1937 verstanden sei". Jedoch darf aus
dieser zunächst einmal geographischen Gleichsetzung, die natürlich später wegen
der unterschiedlichen Gebietsgrößen zu modifizieren war, nicht gefolgert werden,
daß der Begriff ‚Binnendeutsch' primär geographisch gemeint ist.

Auch die Vorstellung größerer Korrektheit des deutschen Deutsch hat eine
lange Tradition. Einen der ersten Belege liefern die abschätzigen Bemerkungen
Martin Luthers über das Deutsch des rivalisierenden Schweizer Reformators
Huldrych Zwingli. Aus ihnen spricht deutlich genug die egozentrische Annahme,
daß das eigene Deutsch korrekt und das Deutsch des Schweizer Kontrahenten
defizitär sei. Luther schimpft über Zwinglis „filzicht, zötticht deüdsch (...),
welchs [zu verstehen! U.A.] mir warlich schweer ist", und „einer möcht schwit-
zen, ehe ers verstehet" (zit. nach Sonдеregger 1965: 24). Wiederum darf man
nicht übersehen, daß zu Luthers Zeit Deutschland in seiner modernen Form noch

nicht existierte; auch die spätere Schweiz gab es erst in Ansätzen; die geographische Zuordnung von Luthers und Zwinglis Deutsch gleicht jedoch weitgehend derjenigen des heutigen deutschen und schweizerischen Deutsch. Es besteht auch kein Grund zu der Annahme, daß Luther – nach den Maßstäben der damaligen Zeit – „deutsches" *Standarddeutsch* sprach, Zwingli dagegen „schweizerischen" *Dialekt*. Vielmehr ist anzunehmen, daß sich die Bewertung Luthers, wie auch entsprechende Bewertungen zu späterer Zeit, durchaus auf das der jeweiligen Zeit entsprechende, der Schrift angenäherte, „gepflegte" Sprechen bezog, also Standarddeutsch bzw. seine Vorstufen (vgl. Besch 1983a). Bemerkenswert ist ja gerade, daß auch das schweizerische und österreichische Standarddeutsch (keineswegs nur der Dialekt) im Vergleich zum deutschen Standarddeutsch als weniger korrekt bewertet wurden und werden. – Verwandt mit der Vorstellung von der geringeren Korrektheit der Austriazismen und Helvetismen ist ihre geringere Bekanntheit außerhalb der eigenen Zentren als im Fall der Teutonismen (vgl. Kap. F.1).

(3) *Das Stereotyp von den deutschen Schnellschwätzern*

Nicht immer deutlich zu unterscheiden vom Gedanken des besseren oder korrekteren Deutsch ist die nach wie vor weit verbreitete Vorstellung, daß die Deutschen fließender, schneller und mit größerer Unbekümmertheit sprechen als die Österreicher und vor allem als die Schweizer. Dabei wird zwar sicher stillschweigend in erster Linie an das Sprechen des Standarddeutschen gedacht; zum Teil scheint damit aber auch eine so allgemeine Charaktereigenschaft gemeint zu sein, daß sie sogar beim Sprechen einer Fremdsprache zutage treten müßte.

Insbesondere von seiten der Schweizer, aber – in schwächerem Maße – auch der Österreicher, besteht die Vorstellung, es sei typisch für Deutsche, „immer mit der Schnauze vorneweg zu sein" (Boesch 1966/67: 227). Die Sprechweise der Deutschen gilt nicht nur als schneller, sondern überdies als „zackiger", aber auch „monotoner" (Schäuffele 1970: 13). Dabei wird nicht immer spezifiziert, daß es sich hier in erster Linie um das Stereotyp nur des Preußen oder zumindest des Norddeutschen handelt (vgl. auch Kap. B.7 und C.6), das so ähnlich durchaus auch in Süddeutschland kursiert. Stattdessen repräsentieren die Preußen oder Norddeutschen oft die Deutschen insgesamt. Dieser Blickwinkel liegt von seiten der Österreicher und Schweizer nahe, zumal sich die Norddeutschen von ihnen sprachlich am deutlichsten unterscheiden.

Das Pendant des Bildes vom „großschnauzigen", zungengewandten (Nord) Deutschen ist das des kleinlauten, auf den Mund gefallenen Schweizers, aber auch Österreichers, der Schwierigkeiten mit der zügigen Bewegung seiner Sprechwerkzeuge hat. Aus der Sicht der Schweizer ist z. B. „[u]nser r (besonders das berndeutsche) (...) schwerfälliger als ‚drüben'. Das spüren wir (oder es wird uns hohnlächelnd von deutschen Kollegen gesagt) (...)" „Ein preußischer Sprecher benötigt für das Doppel-t im Wort ‚bitter' zum Beispiel 8/100 Sekunden, ein Zürcher dagegen fast 20/100 Sekunden." Es erscheint daher nicht verwunderlich, daß es den „Schweizern nur mit größter Anstrengung gelingt, einen Text, der im deutschen Radio oder Fernsehen mit 10 Minuten gestoppt wurde, in maximal 11 Minuten unterzubringen." (Schäuffele 1970: 15 bzw.13) Daher kommt es auch, daß in „der unmittelbaren Begegnung [mit Deutschen, sich] der bedächtigere, im mündlichen Gebrauch der Hochsprache ungelenke Schweizer leicht von vornherein unterlegen fühlt (...), um sich nachher als ‚überfahren' vorzukommen", und daß das, was ihm bei den Deutschen „auf die Nerven geht", „ihm selber zu seinem Leidwesen oft abgeht: die Selbstsicherheit (...)" (Boesch 1966/67: 227f.)

Der hier verwendete bestimmte Artikel (*der* Schweizer) signalisiert, daß es sich um verallgemeinerte, stereotypische Vorstellungen handelt, die nicht unbesehen als adäquate Beschreibungen der Wirklichkeit betrachtet werden dürfen. Inwieweit sie einen wahren Kern enthalten, inwieweit also die Sprechweise und das Selbstbewußtsein der Bewohner der betreffenden Sprachzentren im Durchschnitt tatsächlich diese Unterschiede aufweisen, ist bislang nur sehr unzureichend empirisch untersucht. Es handelt sich in den meisten Fällen solcher Charakterisierungen um bloße Impressionen, nicht nur bei Laien, sondern auch bei Sprachwissenschaftlern.

(4) *Die größere Funktionsbreite des deutschen Standarddeutsch*

Es ist nicht auszuschließen, daß das Stereotyp vom deutschen, vor allem vom norddeutschen Schnellschwätzer durchaus ein Körnchen Wahrheit enthält, vielleicht sogar ein gerüttelt Maß. Manches spricht nämlich dafür, daß viele Deutsche oder die Deutschen im Durchschnitt tatsächlich ein ungestörteres, problemloseres Verhältnis zur Standardvarietät haben als die Schweizer oder vielleicht auch die Österreicher – wobei natürlich jeweils die eigene deutsche, schweizerische oder österreichische Standardvarietät gemeint ist. Daß die Deutschen ihre Standardvarietät gewandter und flüssiger zu handhaben verstehen, erscheint vor allem im Vergleich mit den Schweizern nicht ganz abwegig, denn diese haben infolge ihrer spezifischen Art von Diglossie weniger Gelegenheit, ihre Standardvarietät zu gebrauchen (vgl. Kap. C.4). Aufgrund der Funktionseinschränkung der Standardvarietät ist diese in den nicht-öffentlichen Alltagsdomänen nicht anwendbar und kann demzufolge auch nicht täglich geübt werden. Wegen der größeren Ausgeprägtheit des Dialekts und der sozialen und funktionalen Variation seiner Verwendung im Dialekt-Standard-Kontinuum steht vermutlich auch vielen Österreichern ihre Standardvarietät ferner als speziell der Mehrheit der Norddeutschen (Region des Dialektschwundes). Die Österreicher gleichen in dieser Hinsicht weitgehend den Süddeutschen (vgl. Kap. B.5, D.5).

(5) *Die zusätzliche Überschätzung der Funktionsbreite des deutschen Standarddeutsch*

Im Falle der Schweizer Diglossie und letztlich auch im Falle des österreichischen und süddeutschen Dialekt-Standard-Kontinuums handelt es sich um eine Funktionseinschränkung der Standardvarietät gewissermaßen nach unten hin (Nichtanwendbarkeit in informellen, privaten Situationen bzw. für untere Sozialschichten). Diese Funktionseinschränkung besteht tatsächlich. Hinzukommt die Vorstellung einer größeren Funktionseinschränkung der schweizerischen und der österreichischen Standardvarietät gewissermaßen nach oben hin. Sie wird durch die Sprachkodizes selber nahegelegt und ist gerade unter Kennern der Verhältnisse verbreitet. Diese Vorstellung ist verwandt mit der oben unter (2) dargestellten Bewertung der Austriazismen und Helvetismen als weniger korrektes Deutsch, bildet jedoch einen so speziellen Komplex, daß sie gesonderte Erwähnung verdient.

Wie schon zuvor dargestellt (Kap. C.3.3), wird sogar im schweizerischen Binnenkodex die Geltung der spezifisch schweizerischen Standardaussprache in den künstlerischen Domänen und Textsorten verneint: im Kunstgesang, der Gedichtrezitation und bestimmten Genres des klassischen Theaters, vor allem der klassischen Tragödie. Auch die österreichischen Aussprachebesonderheiten sind in diesen Domänen und Textsorten in ihrer Gültigkeit teilweise ausdrücklich eingeschränkt (vgl. Kap. B.3.3). Es sei erinnert an die entsprechenden Formulierungen in der *Wegleitung* für die *Aussprache des Hochdeutschen in der Schweiz* (Boesch 1957a) sowie im *Österreichischen Beiblatt* zum *Siebs* und im *Siebs* selber. In der *Wegleitung* folgt die Funktionseinschränkung aus dem Hinweis: „Beim Schauspieler ist es uns peinlich, den Schweizer herauszuhören (...)" (Boesch 1957a: 14) Im *Österreichischen Beiblatt* zum *Siebs* heißt es zu den österreichischen Aussprachebesonderheiten: „Die Richtlinien finden keine Anwendung auf die Hochsprache der Bühne und des künstlerischen Vortrags in Österreich." (1961: 1; ähnlich *Siebs* 1969: 7) Zwar findet sich im *Österreichischen Wörterbuch* (z.B. 37. Auflage 1990: 126f.) keine derartige Domäneneinschränkung, jedoch auch kein Widerspruch gegen die betreffenden Passagen des *Siebs*.

Die österreichischen Theater, zumindest ein Gutteil von ihnen, orientieren sich tatsächlich am *Siebs* (1969), und zwar an dessen „reiner Hochlautung", oder am Aussprache-Duden (1990), der gewisse österreichische Aussprachebesonderheiten allenfalls ohne entsprechende Markierung enthält. Auch die sprachlichen Vortragskünstler und Theaterschauspieler in der Schweiz und in Österreich bemühen sich kaum um Befolgung der schweizerischen bzw. österreichischen Aussprachebesonderheiten, eher schon der jeweiligen „Höchstnorm" des *Siebs* oder des Aussprache-Dudens, denn die betreffenden Varianten gelten an einer Schweizer oder an einer österreichischen Bühne nicht als normwidrig. Allerdings wären diese auf punktuelle Daten gestützten Annahmen wieder durch gezielte empirische Untersuchungen zu prüfen.

Unter Bezug auf diese Funktionseinschränkung der österreichischen und schweizerischen Aussprachebesonderheiten besteht nun die Vorstellung, für die deutschen Aussprachebesonderheiten gebe es keine entsprechende Funktionseinschränkung nach oben hin. Diese Vorstellung ist gekoppelt mit der Meinung, die „reine Hochlautung" des *Siebs* oder die „Standardlautung" des Aussprache-Dudens seien spezifisch deutschländische Aussprachen. Beide Auffassungen erweisen sich jedoch bei genauer Betrachtung als falsch (vgl. Kap. D.3.3) – wenngleich sie, wie man sich denken kann, nicht einfach aus der Luft gegriffen sind. Daß sie sich so zäh festsetzen konnten und im Grunde in den Sprachkodizes selber angelegt sind, ist ein Indiz für die Ungleichheit zwischen den nationalen Zentren der deutschen Sprache.

Zur Klarstellung der Falschheit dieser Vorstellungen sei nocheinmal das Folgende in Erinnerung gerufen. Die „reine Hochlautung" des *Siebs* und die „Standardlautung" des Aussprache-Dudens sind keine für Deutschland spezifischen, sondern gemeindeutsche Aussprachen. Die tatsächlichen Aussprachespezifika des deutschen Deutsch, im wesentlichen die Merkmale des norddeutschen Gebrauchsstandards, werden von beiden genannten Aussprachekodizes nicht als Standard akzeptiert. Nach den geltenden Aussprachekodizes gibt es im Grunde überhaupt keine Aussprachebesonderheiten des deutschen Standarddeutsch. Dies ist nicht überraschend beim „Standarddeutsch" des Aussprache-Dudens, das sowieso keine regionale oder nationale Variation vorsieht. Es ist aber bemerkenswert auf der Ebene der „gemäßigten Hochlautung" des *Siebs*. Die Fragwürdigkeit der Regelung setzt diese jedoch nicht außer Kraft und macht keineswegs gemeindeutsche Aussprachevarianten zu deutschen Spezifika. Vielmehr können gemeindeutsche Aussprachevarianten grundsätzlich, aus logischen

Gründen, keine Spezifika des Sprachzentrums Deutschland sein. Offenbar ist aber der Eindruck von der Dominanz des deutschen Sprachzentrums so stark, daß diese Vorstellung trotz ihrer Unlogik sich in vielen Köpfen festgesetzt hat – auch ich selber habe diese irrige Auffassung früher in einer Veröffentlichung vertreten (Ammon 1991 b: 87 f.).

(6) *Der größere Umfang des deutschen Sprachkodexes*

Sehr unterschiedlich sind auch Umfang und Investitionsaufwand für die Binnenkodizes der drei nationalen Vollzentren der deutschen Sprache (vgl. Kap. B.2, C.2, D.2). In der Schweiz und in Österreich sind die Binnenkodizes vergleichsweise schmal und linguistisch unvollständig. Sie enthalten nur einen verhältnismäßig kleinen Teil der jeweiligen standardsprachlichen Normen oder beschreiben sie oft nur andeutungsweise, so daß beträchtliche Teile von ihnen nur Gebrauchsstandard, nicht kodifizierter Standard sind, zumindest nicht binnenkodifiziert. Solche unvollständigen Kodizes sind für anspruchsvolle Sprachbenutzer unzureichend. Es fehlen vor allem gesonderte Aussprachewörterbücher und Grammatiken, große Bedeutungswörterbücher, Stilwörterbücher und Spezialkodexteile (Bildwörterbücher, Zusammenstellungen von Sprachschwierigkeiten, Sammlungen von Redewendungen, Fremdwörterbücher und fachsprachliche Wörterbücher).

Außerdem sind für Österreich und die Schweiz die Angaben zur Grammatik und Stilistik ihrer nationalen Varietäten jeweils in verhältnismäßig kleinen Wörterbüchern mit enthalten, die unter Umständen, wie im Falle Österreichs, auch noch die Angaben zur Aussprache umfassen (*Österreichisches Wörterbuch* 1990; Bigler u.a. 1987; *Schweizer Schülerduden 1* und *2* 1980, 1976). In der Schweiz kommen für die Aussprache noch die schmale *Wegleitung* hinzu, die inzwischen als einigermaßen veraltet gilt (Boesch 1957a) sowie neuerdings die zwei Bände von Hofmüller-Schenck (1995). Diverse kleinere Empfehlungen für begrenzte Adressatenkreise, teils Ergänzungen und teils Modernisierungen bestehender Kodexteile, schließen die Lücken nur unvollkommen, abgesehen davon, daß bisweilen unklar bleibt, inwieweit ihr normativer Status über den einer unverbindlichen privaten Empfehlung hinausreicht (Beispiele für die Schweiz: Schäuffele 1970; Burri u.a. 1993, letzteres verbindlich für Radio DRS).

Diesen schmalen Binnenkodizes der Schweiz und Österreichs steht im Falle Deutschlands ein außerordentlich breit gefächerter, materialreicher Binnenkodex gegenüber, der unter anderem monographische Darstellungen für die verschiedenen sprachlichen Ebenen umfaßt (Graphie, Phonie, Grammatik, Lexik und Phraseologie) und sich auf pragmatische Fragen (Stil) und besondere Schwierigkeitsbereiche ausdehnt (Fremdwörter, ausgewählte Sprachschwierigkeiten). Seine wohl wichtigsten Bestandteile sind folgende: das orthographische Wörterbuch (Rechtschreib-Duden 1991), zwei Aussprachewörterbücher (*Siebs* 1969; Aussprache-Duden 1990), mehrere Grammatiken, von denen *Duden. Die Grammatik* (1984) die für praktische Zwecke des Nachschlagens wichtigste Rolle spielt, ein acht- und ein sechsbändiges und mehrere kleinere, aber dennoch verhältnismäßig umfangreiche Bedeutungswörterbücher (achtbändig: *Duden. Das Große Wörterbuch der deutschen Sprache* 1993–95; sechsbändig: *Brockhaus[-]Wahrig* 1980-84; einbändig: z.B. *Wahrig* 1991; *Duden. Deutsches Universalwörterbuch* 1989), Stilwörterbücher (z.B. *Duden. Stilwörterbuch* 1988), etymologische oder etymologisierende Wörterbücher (z.B. Kluge 1989; Paul 1992) und anderes (vor allem die weiteren Dudenbände). Hinzu kommen die ebenfalls recht umfangreichen Kodexteile aus der ehemaligen DDR, die zum Teil weiterhin Verwendung finden und brauchbar sind. Am wichtigsten davon sind wohl das sechsbändige *Wörterbuch der deutschen Gegenwartssprache* (1980) und das *Große Wörterbuch der deutschen Aussprache* (1982).

(7) *Das höhere Prestige des Sprachkodexes Deutschlands im Vergleich zu den Sprachkodizes Österreichs und der Schweiz*

Die Sprachkodizes der drei nationalen Vollzentren der deutschen Sprache haben ein recht ungleiches Ansehen, und zwar in allen Zentren, und werden auch unterschiedlich verwendet. Es liegt nahe, daß auch Österreicher und Schweizer bei etwas schwierigeren oder ausgefalleneren Sprachfragen auf Kodexteile Deutschlands zurückgreifen, ja zurückgreifen müssen, weil sie im Kodex des eigenen Landes keine Auskunft finden. Angesichts dieser Umstände ist es nicht verwunderlich, daß die österreichischen und Schweizer Kodizes sogar im eigenen Zentrum nur ein verhältnismäßig geringes Ansehen genießen, und zwar – wie es scheint – besonders bei sprachlich gut geschulten Personen. Bei ihnen steht der Sprachkodex des eigenen Landes zumeist in geringerem Ansehen als derjenige Deutschlands. Der umgekehrte Fall, also daß der österreichische oder der Schweizer Sprachkodex bei Deutschen in höherem Ansehen steht als der eigene Sprachkodex, ist dagegen kaum denkbar – ausgenommen vielleicht das Ansehen des *Österreichischen Wörterbuchs* in Teilen Bayerns.

Das unterschiedliche Ansehen trägt vermutlich dazu bei, daß die Verwendung deutscher Kodexteile in Österreich und der Schweiz über das durch die Lückenhaftigkeit des eigenen Kodexes notwendige Maß noch hinausgeht. Daß der Rechtschreib-Duden in der Schweiz außerhalb der Schulen weit mehr verwendet wird als der eigene Binnenkodex (Bigler u.a. 1987; *Schweizer Schülerduden* 1980), ist wegen seiner uneingeschränkten Gültigkeit in der Schweiz und wegen der Adressatenbeschränkung des eigenen Binnenkodexes auf die Schulen kaum überraschend. Weniger selbstverständlich ist dagegen, daß – nach allem was ich in Erfahrung bringen konnte – auch in Österreich der Rechtschreib-Duden als außerschulisches Nachschlagewerk dem *Österreichischen Wörterbuch* in ähnlich starkem Maße vorgezogen wird (vgl. z.B. Innerhofer 1993). Es ist zu vermuten, daß die Zurücksetzung des *Österreichischen Wörterbuchs* nicht in vollem Umfang durch Qualitätsmängel bedingt ist, sondern zusätzlich durch Prestigeunterschiede zwischen den beiden Nachschlagewerken. Allerdings ist diese Annahme nicht durch empirische Untersuchungen abgesichert, sondern nur durch informelle Erkundungen. So haben österreichische Kollegen/innen in Gesprächen mit mir immer wieder Negativbewertungen des *Österreichischen Wörterbuchs* und Positivbewertungen des Rechtschreib-Dudens und anderer Bestandteile des Sprachkodexes Deutschlands geäußert, die – wie mir scheint – nicht in vollem Umfang durch sachliche Qualitätsvergleiche begründet werden konnten.

(8) *Die reine Binnenkodifizierung des deutschen Standarddeutsch gegenüber der partiellen Außenkodifizierung des österreichischen und des schweizerischen Standarddeutsch*

Bezeichnend für den unterschiedlichen Umfang der in den drei Hauptzentren der deutschen Sprache hergestellten Kodizes ist unter anderem, daß in Deutschland Spezialdarstellungen des österreichischen und des schweizerischen Standarddeutsch, vor allem des Wortschatzes, erschienen sind, sogar in Monographieform (Ebner 1969 [1980]; Meyer 1989), während es den umgekehrten Fall, also Spezialdarstellungen des deutschen Standarddeutsch, die in Österreich oder in der Schweiz erschienen wären, nicht gibt. Dieser Sachverhalt verrät jedoch noch eine weitere bedeutsame Ungleichheit zwischen den drei nationalen Zentren, nämlich unterschiedliche Grade der Einwirkung der kodifizierenden Institutionen auf die jeweils anderen Zentren. Die Institutionen und Aktivitäten zur Sprachkodifizierung in Deutschland haben eine weit stärkere Wirkung auch auf Österreich und die deutschsprachige Schweiz, als dies umgekehrt der Fall ist.

Die in Deutschland erschienenen Darstellungen der Besonderheiten des österreichischen und schweizerischen Standarddeutsch enthalten sogar manche Information über die betreffende nationale Varietät, die man im jeweiligen Binnenkodex selber vergeblich sucht. Dies gilt ebenso für einige keineswegs auf die Austriazismen oder Helvetismen spezialisierten Teile des deutschen Binnenkodexes, z.B. den Rechtschreib-Duden (1991) (vgl. Pollak 1992: 142; auch Kap. D.4). Sowohl im Rechtschreib-Duden (1991) als auch in Ebner (1980) oder Meyer (1989) finden sich sogar mehr Austriazismen bzw. Helvetismen als im jeweiligen landeseigenen Kodex (*Österreichisches Wörterbuch* 1990; Bigler u.a. 1987; *Schweizer Schülerduden 1* und *2* 1980, 1976). Sie wirken zum Teil sogar auf die betreffenden Binnenkodizes ein, z.B. Ebner auf das *Österreichische Wörterbuch* (Pollak 1992: 10). Es ist daher auch nicht auszuschließen, daß diese in Deutschland erschienenen Veröffentlichungen letztlich sogar die nationalen Varietäten Österreichs oder der Schweiz selber beeinflussen, insbesondere deren Abgrenzung gegenüber dem Nonstandard. Dies ist sowohl möglich durch Beeinflussung der Kodifikation als auch über die Rezeption seitens österreichischer oder Schweizer Normautoritäten, z.B. Lehrer.

Der Dudenverlag hat außerdem eigene Ausschüsse für Österreich und die Schweiz, die ihm regelmäßig zuarbeiten. Sie werden geleitet von Jakob Ebner (Linz, Österreich) bzw. Kurt Meyer (Aarau, Schweiz).

(9) *Die größere Normtoleranz des Sprachkodexes Deutschlands und der deutschen Sprachnormautoritäten*

Diese These steht empirisch auf sehr schwachen Füßen, soll aber dennoch ausgesprochen werden, und sei es, um Widerspruch hervorzurufen und widerlegt zu werden. Der Sprachkodex Deutschlands zeigt teilweise eine größere Normtoleranz bezüglich der Austriazismen und Helvetismen als die jeweiligen Binnenkodizes selber. Dies gilt insbesondere für die Dudenbände, die des öfteren Formen der anderen Zentren unmarkiert enthalten, die in den jeweiligen Binnenkodizes als Nonstandard markiert sind. So finden sich allein unter dem Buchstaben A die folgenden Austriazismen unmarkiert im Rechtschreib-Duden (1991), die im *Österreichischen Wörterbuch* (1990) als in ihrer Standardsprachlichkeit eingeschränkt markiert sind (jeweilige Markierung in runden Klammern beigefügt): *abbrocken* (ugs.), *anbandeln* (sal.), *angeloben* (sal.), *Animo* (sal.), *anstehen* (ugs.), *Aufsitzer* (ugs.). Außerdem sind im *Österreichischen Wörterbuch* (1990) die folgenden Wörter im Vergleich zum Rechtschreib-Duden (1991) stärker als Nonstandard markiert (Dudenmarkierung in eckigen Klammern): *abgebrannt* (ugs. sal) [ugs.], *Achziger* (ugs. scherzh.) [ugs.], *Amtskappel* (ugs. abw.) [ugs.], *Antrag* (mda.) [ugs.], *ausschoppen* (mda.) [ugs.]. Diesen 11 Fällen, die im *Österreichischen Wörterbuch* (1990) stärker als Nonstandard markiert sind, stehen nur drei umgekehrte Fälle gegenüber, die im Rechtschreib-Duden (1991) stärker als Nonstandard markiert sind, nämlich *Abszeß, allweil, aufpicken* (alle ugs., unmarkiert im *Österreichischen Wörterbuch*). Ein umfassenderer Vergleich wäre lohnend, um die Hypothese der geringeren Toleranz der Binnenkodizes der kleineren Zentren gründlicher zu prüfen.

Auch bezüglich der Teutonismen ist der deutsche Binnenkodex teilweise erstaunlich normtolerant. So werden z. B. zahlreiche norddeutsche Ausdrücke ohne weitere Einschränkungen ihres standardsprachlichen Status geführt, die von vielen Normautoritäten als Nonstandard bewertet werden (vgl. Kap. F.3). Dies war wohl ähnlich in der 35. Auflage des *Österreichischen Wörterbuchs* (1979); jedoch wurde dieser Zustand aufgrund massiver Kritik in der 36. Auflage (1985) wieder rückgängig gemacht.

Der größeren Normtoleranz des Sprachkodexes Deutschlands entspricht auch die andersgerichtete Sprachnormenkritik, vor allem durch die Sprachexperten in Deutschland. Sie geht seit spätestens den 60er Jahren fast ausschließlich in Richtung auf größere Toleranz gegenüber dem Nonstandard und hat zweifellos in diesem Sinne auch auf die Kodifizierer eingewirkt. In Österreich und zum Teil auch in der Schweiz wurde dagegen verschiedentlich die zu große dementsprechende Toleranz der Kodifizierer kritisiert. Ein besonders markantes Beispiel ist die Kritik an der 35. Auflage des *Österreichischen Wörterbuchs* (1979), wie sie unter anderem von Peter Wiesinger (1980 a) oder Ingo Reiffenstein (1983) vorgetragen wurde.

Die größere Normtoleranz des Sprachkodexes Deutschlands, und auch der deutschen Normautoritäten und Sprachexperten, schafft der Entfaltung des deutschen Standarddeutsch mehr Spielraum. Bei der Entwicklung der Standardvarietät kann vermutlich unbefangener aus dem reichen Reservoir des Nonstandards geschöpft werden. Inwieweit dieser Spielraum beim Sprachgebrauch tatsächlich genutzt wird, ist wieder eine andere Frage.

(10) *Die rein soziale Kritik an den eigenen Sprachnormen in Deutschland gegenüber der nationalen Kritik in Österreich und der Schweiz*

Verwandt mit dem Vorausgehenden ist ein weiterer Unterschied in der Sprachnormenkritik zwischen Deutschland und den beiden anderen nationalen Vollzentren der deutschen Sprache. In Deutschland ist die Kritik an den geltenden Sprachnormen – spätestens wiederum seit den 60er Jahren – ganz überwiegend sozial motiviert. Hauptanliegen der Kritiker ist, daß die Normen zu elitär und damit für sozial benachteiligte Gruppen fremd oder zu schwierig sind (vgl. z. B. Jäger 1971; Gloy 1975: v. a. 73–77). Die Gegner dieser Kritik warnen demgegenüber vor einem sprachlichen Niveauverlust und sind unter Umständen besorgt um die der Standardvarietät verbleibende Ausdrucksfähigkeit. Zwar gibt es solche Argumente auch in den Auseinandersetzungen um die Sprachnormen in Österreich und der Schweiz. Daneben spielen dort jedoch Argumente eine beträchtliche Rolle, die in Deutschland praktisch nie geäußert wurden, zumindest nicht im Hinblick auf die eigene Standardvarietät: Auf der einen Seite die Warnung vor dem Verlust der einheitlichen deutschen Sprache oder sogar der Zugehörigkeit zur deutschen Sprachgemeinschaft (z. B. Ziak 1980; Fröhler 1982; in Ansätzen auch Wiesinger 1980: 396) und auf der anderen Seite die Warnung vor dem Verlust der nationalen Sprachbesonderheiten (Austriazismen bzw. Helvetismen) und als Folge davon womöglich sogar die Gefährdung der nationalen Autonomie insgesamt (Muhr 1982: 311; 1983: 137; 1987a: 2; Pollak 1992; zugespitzt Hrauda 1948 passim).

Daß dagegen in Deutschland vor dem Verlust der Teutonismen und als Folge davon womöglich der nationalen Selbständigkeit gewarnt werden könnte, ist unvorstellbar. Es herrscht ja gar kein Bewußtsein von der Existenz der Teutonismen (vgl. Kap. D.6 sowie den hier anschließenden Punkt (11)). Aus deutscher Sicht erscheint es auch geradezu undenkbar, Deutschland könne von einem der anderen deutschsprachigen Zentren sprachlich oder kulturell vereinnahmt oder dominiert werden.

Dieser Gedanke ist dagegen von seiten der beiden anderen Zentren nicht so abwegig. Im Gegenteil. Man fühlt sich schon seit langem sprachlich dominiert, und teilweise nicht nur sprachlich. Bekanntlich hat Österreich in der NS-Zeit sogar den Verlust der staatlichen Unabhängigkeit erfahren, und auch die Schweiz sah sich zeitweilig gefährdet. Aufgrund solcher Erfahrungen haben die österreichischen und schweizerischen Sprachbesonderheiten die Funktion von Nationalsymbolen, die die nationale Autonomie gegenüber dem deutschen Nachbarn verbürgen (Kap. B.6, D.5). Für die Schweiz spielt in dieser Hinsicht allerdings der Dialekt eine größere Rolle, als es die Helvetismen im Schweizerhochdeutschen tun (vgl. Kap. C.4).

(11) *Das mangelnde Bewußtsein von den Teutonismen und ihre fehlende Darstellung*

Im selben Zusammenhang ist auch die mangelnde Beachtung der Teutonismen zu sehen, deren Existenz bislang praktisch gar nicht zur Kenntnis genommen wurde. In keinem der nationalen Zentren der deutschen Sprache gibt es eine gesonderte Darstellung von ihnen. Im Grunde wäre eine solche Darstellung sogar von österreichischer oder Schweizer Seite zu erwarten, um über die Formen des anderen Zentrums zu informieren. Daß sie nicht vorliegt, mag teilweise ähnliche Gründe haben wie die Schmalheit des eigenen Binnenkodexes. Bemerkenswert ist aber dennoch, daß eine solche Darstellung – soweit ich sehe – noch nicht einmal als Desiderat thematisiert wurde. In Österreich und in der Schweiz wird nur im eigenen Binnenkodex auf sprachliche Eindringlinge aus Deutschland hingewiesen, die man abzuwehren sucht (vgl. Kap. B.4).

Daß es in Deutschland keine gesonderte Darstellung der Teutonismen gibt, hat sicher andere Gründe. Einer davon dürfte adressatenbedingt sein: Für Deutsche besteht kaum ein kommunikationspraktischer Bedarf an der Identifizierung und gesonderten Kenntnis der Teutonismen, oder zumindest muß es so scheinen. Ein Wörterbuch der Teutonismen hätte also weitgehend nur den verhältnismäßig kleinen Absatzmarkt von Österreich und der deutschsprachigen Schweiz. Ein anderer Grund ist aber wohl im vorherrschenden „binnendeutschen Weltbild" zu suchen, in dem deutsche Besonderheiten der deutschen Sprache deshalb nicht vorkommen, weil alle Standardformen Deutschlands für gemeindeutsch gehalten werden. Als dritter, eng damit verwandter Grund läßt sich schließlich vermuten, daß Deutschland sich nie in seiner sprachlichen oder auch sonstigen Eigenständigkeit durch andere nationale Zentren der deutschen Sprache bedroht gefühlt hat. Aus einem solchen Gefühl der Bedrohung heraus hätte – wie vor allem das Beispiel Österreichs zeigt – die Motivation erwachsen können, eigene Sprachbesonderheiten als Nationalsymbole zu identifizieren und zu kultivieren.

(12) *Der stärkere Variantenimport aus Deutschland als aus der Schweiz und aus Österreich*

Eine letzte bemerkenswerte Asymmetrie zwischen den drei Zentren besteht darin, daß Österreich und vermutlich auch die Schweiz mehr „Sprachgut" aus Deutschland importieren als umgekehrt. Ein solcher Import ist vor allem in

Österreich des öfteren beobachtet worden. Ihm trägt auch das *Österreichische Wörterbuch* in Neuauflagen Rechnung. Noch „nicht heimische" Wörter oder solche, die „erst seit kurzem hier in Gebrauch gekommen sind" werden mit einem „*" markiert (36. Aufl. 1985: 9). Bei inzwischen eingebürgerten Wörtern entfällt diese Markierung in der Neuauflage. Das folgende Zitat verdeutlicht sowohl das Vorgehen der Wörterbuchmacher als auch das Eindringen des Wortschatzes aus Deutschland: „Das Wort *Tomate* z. B., das gegenüber dem altheimischen *Paradeiser* früher mit * versehen war, scheint nunmehr ohne diese Kennzeichnung auf, da *Tomate* weitgehend eingedrungen ist. Auch das früher in Österreich gänzlich unbekannte Wort *Müll* hat sich nun soweit eingebürgert, daß die Kennzeichnung mit * entfällt. Bestehen bleibt das Zeichen * jedoch z. B. bei *Knast* und *Quark*, Wörtern, die in Österreich zwar verständlich, aber keineswegs üblich sind; eingesetzt wurde * bei dem erst neu aufgenommenen Wort *Blumenkohl*." (*Österreichisches Wörterbuch* 1985: 9)

Die Sprachvariantenimporte aus Deutschland nach Österreich hat Peter Wiesinger (1988c) in den Wiener Markthallen genauer untersucht und viele Beispiele dafür gefunden. Zum Teil dringen die Teutonismen zusammen mit Warenlieferungen ein, zum Teil passen sich die österreichischen Exporteure von sich aus sprachlich an den größeren deutschen Markt an. Nicht selten werden die Teutonismen zunächst durch Wortkomposita „eingeschmuggelt", wo sie offenbar – gedeckt durch die übrigen Bestandteile des Wortes – weniger auffallen und eher akzeptiert werden. Nachdem das Kompositum gängig geworden ist, tritt der Teutonismus dann mit der Zeit auch ungedeckt, als Simplex, auf. Ein Beispiel ist wiederum das Wort *Tomate,* das über Komposita wie *Tomatensaft* oder *Tomatenmark* (statt *Paradeisersaft* bzw. *-mark*) Zugang nach Österreich gefunden zu haben scheint.

Neben Marktmechanismen im engeren Sinn tragen die Massenmedien und der Tourismus zum Sprachimport aus Deutschland nach Österreich und zum Teil auch in die Schweiz bei. Sogar durch das Nachschlagen in deutschen Kodexteilen dürften gelegentlich Teutonismen übernommen werden.

Zwar überwiegt der Variantenimport aus Deutschland nach Österreich denjenigen von dort nach Deutschland. Auch in die Schweiz wird vermutlich mehr „Sprachgut" aus Deutschland importiert als umgekehrt, wobei es hier – wie es scheint – noch mehr als beim Verhältnis Österreichs zu Deutschland an aussagekräftigen empirischen Untersuchungen mangelt. Jedoch sollte nicht übersehen werden, daß es auch Variantenexporte gibt. Beispiele sind österreichische oder schweizerische Benennungen von Speisen, die zusammen mit ihren schmackhaften Grundlagen nach Deutschland gelangen – und natürlich auch von Österreich in die Schweiz und umgekehrt. So kann man beispielsweise heutzutage in ganz Deutschland *Germknödel* ‚Hefeklöße (zumeist mit Mohnfüllung)' als Fertiggericht kaufen, sie werden z. B. von der deutschen Lebensmittelfirma Oetker vertrieben; und *Fondue, Birchermüesli* oder – teutonisiert – *Müsli* und *(Zürcher) Geschnetzeltes* sind in Deutschland und Österreich schon seit langem eingebürgert. Allerdings handelt es sich bei all diesen Beispielen um Verbindungen mit Sachspezifika, die ich für die vorliegende Untersuchung von den nationalen Sprachvarianten ausgenommen habe (Kap. A.4.1). Beispiele reinen Variantenimports sind, wie es scheint, seltener. Darin zeigt sich dann doch die Asymmetrie zwischen den Zentren. Als Beispiel eines rein sprachlichen Imports aus Österreich sei der in Deutschland inzwischen allgemein gängige Partikel *eh* ‚ohnehin' genannt.

Möge dieser Überblick über die asymmetrischen Beziehungen zwischen den drei nationalen Vollzentren der deutschen Sprache hier genügen. So sehr ihre empirische Erforschung im einzelnen noch zu wünschen übrig läßt, an der Existenz der Asymmetrie als solcher besteht kaum ein ernstzunehmender Zweifel. Allerdings wird man davon ausgehen dürfen, daß diese Asymmetrie von seiten des heutigen Deutschlands nicht geplant und großenteils auch nicht gewünscht ist. Darauf hat Peter von Polenz (1990: 21) mit Eindringlichkeit hingewiesen. Auch zu früheren Zeiten wurde diese Asymmetrie von deutscher Seite nicht durch gezielte Sprachpolitik angestrebt – wenn man absieht von der kurzen Episode der teilweise auch sprachlichen Gleichschaltung Österreichs nach dem nationalsozialistischen „Anschluß"; jedenfalls gibt es meines Wissens keine dementsprechenden Belege. Die festzustellende Asymmetrie ist vielmehr die Auswirkung ungleicher Größe und Wirtschaftskraft der drei Zentren. Daß sie dennoch bei vielen Österreichern und Schweizern Ressentiments hervorruft und daher ein ernsthaftes Problem darstellt, wird im vorliegenden Buch an verschiedenen Stellen verdeutlicht (z. B. Kap. B.7, C.6).

Die Begriffe ‚plurizentrische' oder ‚plurinationale Sprache' legen keine Dominanzbeziehungen zwischen den verschiedenen Zentren einer Sprache nahe. Sie wurden im Gegenteil nicht zuletzt zu dem Zweck eingeführt und gebraucht, um die grundsätzliche sprachliche Gleichrangigkeit der verschiedenen nationalen Varietäten einer Sprache zu betonen (vgl. diesbezüglich z. B. Clyne 1984: 1–5; Pollak 1994a: passim). Diese grundsätzliche Gleichrangigkeit hat ihre Grundlage in der staatlichen Souveränität und im Nationalbewußtsein der sprachlichen Zentren. Vermutlich hat der Begriff ‚plurizentrische Sprache', bzw. haben die auf ihn bezogenen Publikationen und Diskussionen zumindest ein wenig zur Bewußtmachung dieser grundsätzlichen Gleichrangigkeit beigetragen und das Selbstbewußtsein mancher Zentren gestärkt, und wird es der Begriff ‚plurinationale Sprache' in Zukunft tun. Gelegentlich mag allerdings die in diesen Begriffen vorausgesetzte Gleichrangigkeit die faktisch fortbestehenden Ungleichheiten von der Art, wie sie hier unter den Punkten (1) bis (12) skizziert wurden, auch verschleiern. In einem solchen Fall liefe die Verwendung der Begriffe dem Bestreben nach mehr Parität zwischen den Zentren einer Sprache geradezu zuwider. Verschleierte Verhältnisse sind nämlich schwieriger zu verändern als unverdeckte, sichtbare.

In plurizentrischen Sprachen besteht offenbar generell die Tendenz, daß die wirtschaftlich gewichtigeren Zentren die weniger gewichtigen auch sprachlich und kulturell dominieren. Hierauf ist bei der Beschreibung ganz unterschiedlicher plurizentrischer Sprachen immer wieder hingewiesen worden. Solche Dominanzbeziehungen bestehen oder haben bestanden, wenngleich in unterschiedlicher Stärke und mit unterschiedlichen Auswirkungen, z. B. von seiten Großbritanniens gegenüber Australien, Frankreichs gegenüber dem französischsprachigen Kanada (Quebec) oder Spaniens gegenüber verschiedenen mittel- und südamerikanischen Staaten (vgl. Clyne 1985: 270f.; Leitner 1992; Lüdi 1992; Thomson 1992; auch mehrere der Beiträge in *Terminologie et traduction* 1, 1994 (Luxemburg)).

Es liegt nahe, daß sich solche Dominanzbeziehungen auch ändern können. Wenn der skizzierte Kausalzusammenhang zwischen Wirtschaftskraft und sprachlicher (oder kultureller) Dominanz tatsächlich besteht, dann muß sich eine sprachliche Dominanzbeziehung sogar umkehren, wenn die wirtschaftlichen Gewichte der Zentren ein umgekehrtes Größenverhältnis entwickeln. Dies läßt sich tatsächlich, zumindest in Ansätzen, am Beispiel Portugals feststellen, das früher Brasilien sprachlich dominiert hat, wo sich aber in letzter Zeit eine eher umgekehrte Dominanzrichtung zeigt (vgl. Baxter 1992). Ein noch deutlicherer Fall ist Großbritannien, dessen einstmals sprachlich dominante Stellung gegenüber den USA sich im Verlauf des 20. Jahrhunderts unübersehbar ins Gegenteil verkehrt hat. Allerdings hat eine einmal etablierte Dominanz stets eine gewisse Trägheit. Insbesondere ändern sich die Einstellungen der Bevölkerungen nicht simultan mit wirtschaftlichen Gewichtsverschiebungen zwischen den Zentren. Eine einmal etablierte sprachliche Dominanz kehrt sich nur langsam in ihr Gegenteil um.

Methodisch folgt jedoch aus der Wandelbarkeit der Dominanzbeziehungen, daß empirische Belege für sie genaugenommen mit einem Zeitindex versehen werden müssen. Ein Beleg für eine Dominanzbeziehung aus früherer Zeit ist nicht ohne weiteres auch für die Gegenwart gültig. Dieser im Grunde triviale Hinweis sollte auch im Hinblick auf die nationalen Zentren der deutschen Sprache beachtet werden, deren Verhältnis zueinander sich nach und nach ebenfalls wandelt, wenngleich sicher in absehbarer Zeit nicht umkehrt.

Einige Parallelen zwischen dem Verhältnis Australiens zu Großbritannien und dem Verhältnis Österreichs zu Deutschland sind von Clyne (1985: 270f.) herausgearbeitet worden. Mir scheint, daß hinsichtlich aller zwölf oben angeführten Aspekte Parallelen gefunden werden könnten. Ich vermute sogar, daß solche Parallelen bei den meisten, wenn nicht sogar allen nach Wirtschaftskraft stark divergierenden Zentren der plurinationalen Sprachen bestehen. Daher möchte ich diese zwölf Aspekte der Asymmetrie abschließend noch einmal in Form allgemeiner Hypothesen auflisten, in der Hoffnung, daß sie von der zukünftigen Forschung am Beispiel anderer plurinationaler Sprachen auf ihre Haltbarkeit hin überprüft werden. Bei dieser Überprüfung sollte auch näherer Aufschluß darüber gewonnen werden, welches Ausmaß wirtschaftlicher Diskrepanz gegeben sein muß, damit solche Asymmetrien entstehen, welche anderen als wirtschaftliche Faktoren dabei eine ursächliche Rolle spielen (z.B. numerische Stärke der Bevölkerungen, kulturelle Leistungen) und unter welchen Bedingungen sich ein asymmetrisches Verhältnis umkehrt. Dabei verdient auch die Frage Beachtung, ob die Divergenz der Wirtschaftskraft zwischen nationalen Zentren plurizentrischer Sprachen leichter zu wirtschaftlicher Dominanz führt als zwischen Nationen mit verschiedenen Sprachen. Dies ist denkbar, weil bei gemeinsamer Sprache leichter intensive Wirtschaftsbeziehungen zwischen zwei Nationen entstehen, was bei Partnern ungleichen Gewichts zur Dominanz des einen über den anderen führen kann.

Die folgenden sprachlichen oder sprachbezogenen Asymmetrien zwischen wirtschaftlich stärkeren und schwächeren Zentren einer plurinationalen Sprache finden sich vermutlich in allen oder den meisten Fällen dieses Sprachtyps (vgl. auch Clyne 1992b: Vorwort; 1993a; 1993b: 32; die Beiträge in Clyne 1992b):

(i)   Die wirtschaftlich schwächeren Zentren fühlen sich von den wirtschaftlich stärkeren Zentren sprachlich dominiert. Zumindest weisen einzelne Sprachwissenschaftler/innen auf diese sprachliche Dominanz hin.

(ii)   In allen Zentren sind die Menschen überwiegend der Meinung, die nationalen Varianten der wirtschaftlich schwächeren Zentren seien weniger korrekt (unter Umständen nur Nonstandard, Dialekt) als die nationalen

Varianten der wirtschaftlich stärkeren Zentren. Die nationalen Varianten der wirtschaftlich stärkeren Zentren sind in den wirtschaftlich schwächeren Zentren auch besser bekannt als umgekehrt.

(iii) Die Bewohner der wirtschaftlich schwächeren Zentren werden überwiegend für verbal weniger gewandt und für sprachlich gehemmter gehalten als die Bewohner der wirtschaftlich stärkeren Zentren. Dieser Meinung begegnet man in allen Zentren.

(iv) Die nationale Varietät (Standardvarianten) der wirtschaftlich schwächeren Zentren ist – im Vergleich zur nationalen Varietät der wirtschaftlich stärkeren Zentren – im eigenen Zentrum funktional stärker eingeschränkt.

(v) Es besteht die Meinung, die Standardaussprache der wirtschaftlich stärkeren Zentren sei – im Gegensatz zur Standardaussprache der wirtschaftlich schwächeren Zentren – identisch mit der Aussprachenorm für die anspruchsvollsten sprechkünstlerischen Darstellungen (klassische Vokalmusik, Rezitation von Sprachkunstwerken, klassisches Theater). Dieser Meinung begegnet man in allen Zentren.

(vi) Die Sprachkodizes (Binnenkodizes) der wirtschaftlich stärkeren Zentren sind umfangreicher und linguistisch vollständiger als die Sprachkodizes der wirtschaftlich schwächeren Zentren.

(vii) Die Sprachkodizes der wirtschaftlich stärkeren Zentren haben das größere Prestige, und zwar auch in den wirtschaftlich schwächeren Zentren. Sie werden daher in den wirtschaftlich schwächeren Zentren in noch größerem Maße als Nachschlagewerk herangezogen, als es allein aufgrund von Umfangs- und Qualitätsunterschieden erforderlich wäre.

(viii) Die wirtschaftlich stärkeren Zentren verfügen über reine Binnenkodifizierungen ihrer nationalen Varietäten, während die nationalen Varietäten der wirtschaftlich schwächeren Zentren teilweise außenkodifiziert sind.

(ix) In den wirtschaftlich stärkeren Zentrern zeigen sowohl der Sprachkodex als auch die Sprachnormautoritäten eine größere Sprachnormtoleranz als in den wirtschaftlich schwächeren Zentren.

(x) Die Sprachnormkritik richtet sich in den wirtschaftlich stärkeren Zentren mehr auf soziale und stilistische Aspekte und in den wirtschaftlich schwächeren Zentren mehr auf nationale Aspekte der geltenden Standardvarianten.

(xi) Die nationalen Varianten (Sprachspezifika) der wirtschaftlich stärkeren Zentren werden – verglichen mit den nationalen Varianten der wirtschaftlich schwächeren Zentren – kaum thematisiert und bleiben als solche weitgehend unbewußt, insbesondere innerhalb des betreffenden Zentrums selber (Binnenweltbild).

(xii) Aus den wirtschaftlich stärkeren Zentren werden mehr Sprachformen in die wirtschaftlich schwächeren Zentren exportiert als umgekehrt.

Diese – bislang weitgehend hypothetischen – Gemeinsamkeiten der deutschen mit anderen plurinationalen Sprachen sollten nicht den falschen Eindruck erwecken, als habe die deutsche Sprache keine Spezifika, gerade auch als plurinationale Sprache. Heinrich Löffler (1986a: 18) hat darauf hingewiesen, daß – im Unterschied zu manchen anderen plurinationalen Sprachen – „die deutschsprachigen Länder (...) nahe beisammen liegen". Vielleicht gerade deshalb – so könnte man meinen – tun sich zwischen diesen Zentren Abgründe des Mißtrauens und der Antipathie auf, von seiten der kleineren gegenüber dem größeren Zentrum. Ob dies ein Spezifikum der deutschen Sprache bzw. Sprachgemeinschaft ist und welche weiteren Spezifika sie eventuell sonst vorzuweisen hat, läßt sich nur durch den umfassenden Vergleich aller plurinationalen Sprachen ermitteln.

8 Nationale Varietäten als Mittelweg zwischen Sprachvereinheitlichung und Sprachspaltung

Gesellschaften mit linguistisch verwandten (ähnlichen) Varietäten als Muttersprache können bei der Herausbildung von Nationen sprachlich recht unterschiedliche Wege gehen. Sie müssen sich dabei insbesondere entscheiden für eine von zwei Möglichkeiten: der Zusammengehörigkeit mit den Sprechern der anderen Varietäten über die nationalen Grenzen hinweg zu einer größeren Sprachgemeinschaft oder der sprachlichen Trennung von ihnen entlang der nationalen Grenzen. Die Ausbildung eigener nationaler Varietäten bildet eine Art Mittelweg zwischen zwei extremeren Möglichkeiten bei dieser Entscheidung – wobei „extrem" hier rein formal und ganz ohne Wertung gemeint ist. Das eine Extrem ist der gänzliche Verzicht auf nationale Sprachsonderheiten, die hinsichtlich der Standardvarietät einheitliche, oder besser: die nicht nach Nationen differenzierte Sprachgemeinschaft (ohne Sprachzentren), das andere Extrem ist die Sprachspaltung. Im Hinblick auf einzelne der beteiligten Nationen kann man auch von *Sprachabspaltung* sprechen.

Die Grobtypologie sprachlicher Entwicklung verwandter Varietäten bei der Herausbildung von Nationen umfaßt also folgende mögliche Ergebnisse:

(1) keinerlei nationale Sprachbesonderheiten,
(2) eigene nationale Varietäten,
(3) die Sprachspaltung (vgl. Kloss 1978; Steger 1985).

Bei differenzierterer Sicht sind feinere Abstufungen möglich. Dabei treten dann auch Abgrenzungsprobleme zwischen den verschiedenen Typen deutlicher zutage. Sie tauchen z. B. auf bei dem Versuch, die verschiedenen nationalen Voll- und Halbzentren der deutschen Sprache einer solchen Typologie zuzuordnen.

Luxemburg bildet ein Beispiel für Sprachabspaltung, das übrigens einzige einigermaßen eindeutige Beispiel unter den nationalen Zentren der deutschen Sprache. Entscheidend für die Sprachabspaltung ist dabei, daß Luxemburg auf der spezifischen Grundlage seiner Dialekte eine Standardvarietät des Letzeburgischen ausgebildet hat, die diese Dialekte überdacht. Sie unterscheidet sich von allen Standardvarietäten der deutschen Sprache stark genug (höchstens „mittlere" linguistische Ähnlichkeit), um eine eigene Sprache zu konstituieren (vgl. Kap. A.1.1). Diese neuentwickelte Sprache Letzeburgisch bildet die „Muttersprache" der Bevölkerung, zu der diese sich auch mit überwältigender Mehrheit bekennt.

Das noch weiterhin in der Nation verwendete Deutsch ist infolge dieser Entwicklung nicht nur zu einer anderen Sprache geworden, sondern wird von der Luxemburger Bevölkerung auch ganz überwiegend als „Fremdsprache" bewertet. Aufgrund der höchstens mittleren linguistischen Ähnlichkeit zwischen dem Standardletzeburgischen und irgendeiner Standardvarietät des Deutschen ist zwischen Sprechern beider Varietäten – solchen, die jeweils die andere Varietät nicht beherrschen – allenfalls eine mühsame und unvollkommene Kommunikation möglich. Eben dies ist eine außerordentlich wichtige Konsequenz der Sprachabspaltung: Die sprachliche Kommunikationsmöglichkeit zwischen den Sprechern der verschiedenen Varietäten (Varietäten der nunmehr verschiedenen Sprachen) wird maßgeblich eingeschränkt oder gar ganz unterbunden. Die sprachliche Kommunikationsmöglichkeit besteht zwischen der deutschen und der letzeburgischen Sprachgemeinschaft hauptsächlich nur dadurch fort, daß die meisten Angehörigen der letzeburgischen Sprachgemeinschaft Deutsch weiterhin als Fremdsprache lernen und auch anwenden. Die sprachliche Kommunikationsmöglichkeit ist natürlich grundsätzlich über jede Fremdsprache herstellbar.

Trotz der Sprachabspaltung stellt Luxemburg noch ein Zentrum (Halbzentrum) der deutschen Sprache dar, wenn auch einen Grenz- und Sonderfall davon, und zwar deshalb, weil sich für das Deutsche – trotz seines Fremdsprache-Status – Ansätze spezifischer Standardvarianten entwickelt haben. Dies war möglich aufgrund der fortdauernden Verwendung von Deutsch als Amtssprache sowie für andere Funktionen, vor allem in Presse und Literatur (vgl. Kap. E.2). Insofern handelt es sich auch um einen Sonderfall von Fremdsprache, bei dem man fast von *Zweitsprache* sprechen möchte – wenn dieser Terminus nicht ebenfalls schon in anderer Bedeutung festgelegt wäre und daher Anlaß zu Mißverständnissen böte.

Ein Stückweit in die Richtung Luxemburgs ist auch die deutschsprachige Schweiz gegangen (vgl. Kap. C.4). Sie hat sich zwar nicht von der deutschen Sprache bzw. Sprachgemeinschaft abgespalten, denn sie hat auf der Grundlage ihrer spezifischen Dialekte keine eigene Standardvarietät entwickelt. Allerdings hat sie diese Dialekte in höherem Maße „ausgebaut", als dies irgendwo sonst im deutschen Sprachgebiet geschehen ist. Die schwyzertütschen Dialekte werden in vielen öffentlichen Domänen und in verhältnismäßig großem Umfang auch schriftlich verwendet, während man im übrigen deutschen Sprachgebiet für diese Funktionen ganz überwiegend die jeweilige Standardvarietät gebraucht. Hinzu kommt, daß alle Bevölkerungsschichten in der Schweiz dialektloyal sind und das Schwyzertütsche insbesondere in den privaten Domänen uneingeschränkt in seiner ausgeprägten Form sprechen.

Aufgrund des Dialektausbaus und der allgemeinen Dialektloyalität besteht generell eine verhältnismäßig distanzierte Beziehung zur Standardvarietät, auch zum eigenen Schweizerhochdeutsch. Sie findet ihren Ausdruck in der nicht seltenen Auffassung, die Standardvarietät sei eine „Fremdsprache". Allerdings ist im Unterschied zu Luxemburg in einflußreichen Gruppen die Auffassung noch fest verankert, daß das Schweizerhochdeutsche Bestandteil der eigenen Sprache, also keine Fremdsprache ist. Vor allem in denjenigen sozialen Gruppen, die den Standard für eine Sprache setzen (vgl. Kap. A.4.2), scheint dies die Mehrheitsauffassung zu sein. Dementsprechend wird die eigene nationale Varietät auch durchaus gepflegt, insbesondere dadurch, daß die Modellsprecher und -schreiber sie regelmäßig verwenden (vgl Kap. C.5).

Den klarsten Fall einer eigenen nationalen Varietät bildet Österreich. Es hat sich für den sprachlichen Ausdruck seiner nationalen Eigenart ganz auf seine nationale Varietät konzentriert (vgl. Kap. B.6). Die Dialekte spielen speziell dafür keine Rolle und sind auch nicht besonders ausgebaut. Sogar in internationalen Verhandlungen bringt Österreich, sofern es um Sprachfragen geht, seine nationale Varietät ins Spiel. Ein Beispiel sind die Beitrittsverhandlungen mit der Europäischen Union, in denen Österreich darauf bestanden hat, daß auch in der offiziellen EU-Kommunikation Austriazismen zu verwenden sind (vgl. z.B. BMGSK, Abteilung I D 16, Dr. Lutz/4880 „Verhandlungserfolg bei ‚Austriazismen‘“, Zusendung durch Wolfgang Pollak, oder – geprägt von deutschem Unverständnis – „Europhäaken ohne Genußverzicht“ *Frankfurter Allgemeine Zeitung* 11.6.1994). Im Gegensatz zu Luxemburg, und bis zu einem gewissen Grad auch zur Schweiz, wahrt Österreich mit dieser Lösung einerseits seine Kommunikationsmöglichkeiten mit dem übrigen deutschen Sprachgebiet fast uneingeschränkt und bringt doch andererseits seine nationale Selbständigkeit sprachlich deutlich zum Ausdruck.

Auch die Bundesrepublik Deutschland verfügt über sprachliche Besonderheiten des Deutschen und damit über eine eigene nationale Varietät. Im Gegensatz zu Österreich ist sie sich dessen jedoch gar nicht bewußt (vgl Kap. D.6). Stattdessen ist in Deutschland die Vorstellung weit verbreitet, sogar unter Sprachexperten, daß – etwas vereinfacht ausgedrückt – das deutsche Standarddeutsch das allgemeingültige oder doch zumindest das eigentliche Standarddeutsch sei. Symptomatisch dafür ist seine nach wie vor verbreitete Bezeichnung als „Binnendeutsch“, gegenüber dem alles andere Deutsch – zumindest implizit – nur „Außendeutsch“ zu sein scheint. Die Pflege von Besonderheiten des deutschen Deutsch findet unter diesen Umständen nicht statt.

Das „binnendeutsche Weltbild“ (vgl. auch Kap. A.3.2.1) ist insofern nicht ganz realitätsfremd, als das deutsche Deutsch die übrigen nationalen Varietäten der deutschen Sprache tatsächlich dominiert. Es wird auch von nicht wenigen Angehörigen der anderen nationalen Zentren des Deutschen als allgemeingültig oder zumindest als korrekter bewertet als die eigenen nationalen Varianten (vgl. Kap. F.2, F.7). Außerdem besteht die ständige Tendenz, daß deutsches Deutsch in die anderen nationalen Zentren des Deutschen diffundiert und dortige nationale Varianten verdrängt. Bundesdeutsche Spracheinflüsse dieser Art scheinen in Österreich stärker zu sein als in der Schweiz (vgl. Wiesinger 1988c). Die Abwehrbemühungen österreichischer Sprachpatrioten, z.B. durch die Warnmarkierung bundesdeutscher Fremdvarianten im *Österreichischen Wörterbuch* als „Sternchen-Wörter“ (vgl. Kap. B.4), sind offenbar nur begrenzt erfolgreich.

Aus anderen Gründen als das Zentrum Deutschland sind sich die Halbzentren des Deutschen ihrer nationalen Sprachbesonderheiten nur wenig bewußt. Sie haben aufgrund ihrer verhältnismäßig geringen numerischen und ökonomischen Stärke kaum die Möglichkeit, nationale Sprachbesonderheiten des Deutschen zu kultivieren. Zusammen mit dem Sprachkodex und den Modelltexten (einschließlich sprachlicher Lehrmaterialien) übernehmen sie die Standardvarietät des Deutschen größtenteils von den anderen nationalen Zentren, und zwar – etwas vereinfacht gesehen: Luxemburg und Ostbelgien aus Deutschland, Liechtenstein aus Österreich und der Schweiz, Südtirol aus Österreich und Deutschland. Daß die Standardvarietät Deutschlands teilweise sogar auf diejenigen nationalen Zentren einwirkt, die nicht an Deutschland angrenzen, verrät die insgesamt dominante Stellung des numerisch und ökonomisch stärksten nationalen Zentrums der deutschen Sprache.

Abbildung 20 illustriert die vier hiermit umrissenen Möglichkeiten der Entwicklung verwandter Sprachvarietäten an der schematischen Darstellung der drei nationalen Vollzentren des Deutschen. Links und rechts außen stehen die beiden zu Anfang des Kapitels genannten extremen Möglichkeiten. Der zweite Fall (gleichrangige nationale Varietäten) bildet gewissermaßen die plurinationale

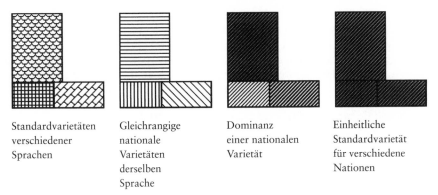

| Standardvarietäten verschiedener Sprachen | Gleichrangige nationale Varietäten derselben Sprache | Dominanz einer nationalen Varietät | Einheitliche Standardvarietät für verschiedene Nationen |

Abb. 20: Vier Entwicklungsmöglichkeiten verwandter Sprachvarietäten bei der Ausbildung von Nationen

Idealvorstellung (ausgewogene oder symmetrische Plurinationalität). Die dritte Version entspricht am ehesten der Wirklichkeit der deutschen Sprache (asymmetrische Plurinationalität).

Zwischen den Standardvarietäten verschiedener Sprachen bestehen beträchtliche linguistische Unterschiede (höchstens „mittlere" Ähnlichkeit). Sie sind bildhaft dargestellt durch die Verschiedenheit der Muster (Abb. 20: links stehender Fall). Zwischen Standardvarietäten derselben Sprache besteht dagegen – in unserer Terminologie – „große" Ähnlichkeit, was in Abbildung 20 durch den gleichen Typ des Musters (jeweils Parallellinien) veranschaulicht ist (die drei rechts stehenden Fälle). Die verschiedene Richtung der Parallelen entspricht der Gleichrangigkeit oder Autonomie der nationalen Varietäten (zweiter Fall von links). Bei Varietäten mit Dominanzbeziehung setzt sich die Struktur der dominierenden Varietät in den dominierten Varietäten fort (gleiche Linienrichtung) (zweiter Fall von rechts). Im Falle der deutschen Sprache dominiert die nationale Varietät Deutschlands die anderen nationalen Varietäten (intensive Schraffur der dominanten Varietät, abgeschwächte Fortsetzung in den dominierten Varietäten). Die Dominanzbeziehung besteht vermutlich alles in allem in stärkerem Maße gegenüber der nationalen Varietät Österreichs als gegenüber der nationalen Varietät der Schweiz (stärkere bzw. schwächere Fortsetzung der Struktur der dominanten Varietät). Der Fall rechts in Abbildung 20 ist unmittelbar verständlich (gleiches Muster, gleiche Standardvarietät). Er ist gleichbedeutend damit, daß es – wenigstens im hier abgebildeten Rahmen – überhaupt keine nationalen Varietäten gibt, jedenfalls nicht in dem mit diesem Terminus gewöhnlich gemeinten Sinn.

Um Mißverständnisse zu vermeiden, erscheint allerdings der Hinweis angebracht, daß Abbildung 20 die Verhältnisse stark vereinfacht, ja sogar eine gravierende Unstimmigkeit enthält. Sie besteht darin, daß sich durch bloße linguistische Ähnlichkeits- oder Distanzmessungen Dominanzbeziehungen grundsätzlich nicht erfassen lassen. Dies folgt schon daraus, daß linguistische Ähnlichkeit eine strikt symmetrische Relation ist. Besteht von Varietät A zu Varietät B der Ähnlichkeitsgrad g, so besteht derselbe Ähnlichkeitsgrad g stets auch umgekehrt von B zu A. Dominanzbeziehungen sind dagegen grundsätzlich asymmetrisch. Wenn A gegenüber B dominant ist, dann niemals umgekehrt auch B gegenüber A.

Während es sich bei der Ähnlichkeit um eine rein linguistische Beziehung handelt, ist dies bei der Dominanz nicht der Fall. Vielmehr handelt es sich dabei um eine soziolinguistische Beziehung mit verschiedenen möglichen Ausprägungen. Sie kommt zum Beispiel zum Ausdruck in der Höherbewertung der dominanten Varietät, insbesondere in ihrer Bewertung als korrekter, oder im größeren Umfang der Entlehnungen aus der dominanten in die dominierte Varietät. Das Ergebnis solcher Entlehnungen ist dann allerdings die größere Ähnlichkeit zwischen dominanter und dominierter Varietät, die in Abbildung 20 dargestellt ist.

9 Region und Nation als varietätsprägende Kräfte

Daß Nationen Sprachvarietäten prägen, braucht hier nicht mehr im einzelnen begründet zu werden. Es ist Thema des ganzen Buches. Die nationalen Varietäten sind die in den einzelnen Nationen oder wie im Falle der Schweiz: den Sprachgemeinschaften in den Nationen, geltenden Standardvarietäten. Dementsprechend wird der Geltungsbereich innerhalb der Nationen festgelegt durch die Institutionen oder sozialen Kräfte, die eine Standardvarietät bestimmen (vgl. Kap. A.4.2). Eine besonders wichtige Rolle spielt dabei die Kodifizierung und die Durchsetzung der kodifizierten Varianten in Institutionen wie den allgemeinbildenden Schulen oder den staatlichen Ämtern (Beispiel: *Österreichisches Wörterbuch*).

Die nationalen Varietäten wurden jedoch nicht aus gewissermaßen ungeformter Sprachmasse geschaffen. Vielmehr sind sie aus bereits vorhandenen Varietäten gebildet, die zumeist eine andere regionale Gliederung zeigten als die heutigen Nationen. Die Regionen der Nationen wurden einer bereits vorhandenen regionalen Gliederung der Varietäten erst später übergestülpt. Die markanteste regionale Gliederung der Varietäten, die schon vor der Herausbildung der Nationen bestand, ist die dialektale (vgl. Kap. A.1.3). Die Dialektgrenzen wurden durch die sie schneidenden nationalen Grenzen weder aufgehoben noch in bedeutsamem Umfang verschoben. Eher haben die nationalen Grenzen zu sprachpragmatischen Differenzen geführt, wie zu dem auffälligen Gegensatz zwischen Schweizer Diglossie und süddeutschem bzw. österreichischem Dialekt-Standard-Kontinuum (vgl. Kap. B.5, C.4, D.5) oder dem subtileren Unterschied zwischen feiner differenzierten Dialektniveaus auf österreichischer und weniger fein abgestuften auf bayerischer Seite (Scheuringer 1990).

In manchen Fällen dürfte die Dialektgleichheit diesseits und jenseits einer nationalen Grenze sogar selber als varietätsprägende Kraft fortgewirkt haben, indem sie die sprachliche Kommunikation über die Grenze hinweg erleichtert und damit zur Stabilisierung der grenzüberschreitenden Dialekteinheit beigetragen hat. Fortdauernde grenzüberschreitende Kontakte sind allerdings nicht nur durch die Gleichartigkeit des Dialekts bedingt; vielmehr steht diese Gleichartigkeit nicht selten im Zusammenhang mit zusätzlichen althergebrachten kulturellen oder auch wirtschaftlichen Verbindungen.

In jüngster Zeit haben grenzüberschreitende Regionen eine gewisse Wiederbelebung erfahren. Diese könnte sich in Zukunft im Zuge der europäischen Integration weiter verstärken. Zwar werden im sich vereinigenden Europa die nationalen Grenzen wohl nicht verschwinden, und damit vermutlich auch nicht ihre sprachlichen Reflexe in Form der nationalen Varietäten; die nationalen Grenzen werden aber vermutlich einen Teil ihrer trennenden Kraft einbüßen, vor allem bei einer Entwicklung, die Abstriche macht von der Autonomie der „Vaterländer", die ja nach der Vorstellung der meisten Beteiligten im zukünftigen Europa erhalten bleiben sollen. Vermehrte grenzüberschreitende Kontakte sind schon heute das Ergebnis des europäischen Einigungsprozesses; ihnen kann sich in Zukunft

Österreich als Mitglied der Europäischen Union noch weniger entziehen als die Schweiz. Darüber hinaus sind aber im europäischen Rahmen neue grenzüberschreitende regionale Einheiten entstanden, die „Euroregionen", von denen zumindest manche in einer gewissen Abhängigkeit von den herkömmlichen Dialektregionen gebildet zu sein scheinen, wenn dies sicher auch nicht bewußt so geplant war.

Bei den Euroregionen handelt es sich zumeist um eingetragene Vereine mit Partnerbüros diesseits und jenseits der nationalen Grenzen, die regionalpolitisch grenzüberschreitend tätig sind (vgl. Gellert-Novak 1994: 123 f.). Die für den Kontakt zwischen den drei Vollzentren der deutschen Sprache wichtigsten von ihnen sind wohl die folgenden:

- die „Regio" im Ländereck Frankreich-Deutschland-Schweiz, die seit 1963 in Basel das Büro Regio Basiliensis und seit 1985 in Freiburg das Büro der Freiburger Regio-Gesellschaft unterhält;
- die seit 1972 bestehende Arbeitsgemeinschaft Alpenländer (Arge Alp) mit Büros in Innsbruck und München, die aber auch Regionen aus der Schweiz umfaßt;
- die Internationale Alpenschutzkommission, in der seit 1979 Österreich, die Schweiz, aber auch Liechtenstein und Italien sowie andere Staaten zusammenwirken;
- die Rheintalische Grenzgemeinschaft, die seit 1984 besteht und zu der Gebiete Österreichs, der Schweiz und Liechtensteins gehören;
- die Arbeitsgemeinschaft Alpen-Adria (Arge Alpen-Adria), die seit 1978 besteht und Regionen aus der Bundesrepublik Deutschland, Österreich, Italien und anderen Ländern umfaßt;
- schließlich die Arbeitsgemeinschaft Donauländer (Arge Donau) in der Regionen aus der Bundesrepublik, Österreichs und anderen Staaten verbunden sind.

In den mündlichen Kontakten, zumindest in den weniger formellen, dürften die über die nationalen Grenzen hinweg bestehenden dialektalen Übereinstimmungen immer wieder durchschlagen und damit auch stabilisiert werden. In den schriftlichen und förmlichen Kontakten dagegen spielen die nationalen Varietäten vermutlich ohnehin eine geringere Rolle, als man meinen könnte, da dafür mit Rücksicht auf beteiligte nicht-deutschsprachige Länder nicht selten Englisch als Kontaktsprache gewählt wird.

Ein Reflex der den nationalen Gebietseinteilungen vorgängigen Dialektregionen sind die unspezifischen nationalen Varianten (vgl. Kap. A.5: (6)). Von ihnen finden sich zahlreiche Beispiele in unseren Beschreibungen der nationalen Varietäten (Kap. D.3, C.3, D.3). Da unsere Beschreibung nur beispielhaft ist und nicht auf Vollständigkeit abzielt, liefert der dortige Anteil von unspezifischen nationalen Varianten an der Gesamtheit der nationalen Varianten keine zuverlässigen Aufschlüsse über ihr tatsächliches Zahlenverhältnis. Geeigneter für eine wenigstens grobe Abschätzung sind die auf Vollständigkeit abhebenden Sammlungen von Austriazismen bei Ebner (1980) und von Helvetismen bei Meyer (1989) – eine entsprechende Sammlung von Teutonismen gibt es bislang nicht. Wenn man sich aus Gründen der Arbeitskapazität auf die Auswertung jeweils der unter dem Buchstaben A aufgelisteten Stichwörter beschränkt, so kommt man für Ebner zu folgendem Resultat: Von insgesamt 374 Austriazismen sind 50 (13,4%) als unspezifische Austriazismen markiert: 38 mit „auch/und süddt.", 8 mit „auch

süddt. und schweiz.", 3 mit „auch schweiz." und 1 mit „auch bayr.". Bei Meyer
sind von 292 Stichwörtern unter A (Hauptstichwörter) insgesamt 42 (14,4%) als
unspezifische Helvetismen markiert: 20 als „auch österr.", 9 als „auch südd.,
österr." und 13 in unterschiedlicher Weise („bes. südd.", „auch bdt. landsch.",
„auch vorarlb.", „auch bayr." und sogar „auch elsäss."), wobei drei dieser Markierungen im Sinne von ‚außerhalb der Schweiz dialektal' zu verstehen sein dürften (z.B. „auch bair.-österr."). Diese Zahlen verraten in grober Annäherung das
Ausmaß, in welchem speziell die grenzüberschreitenden Regionalvarietäten die
benachbarten deutschsprachigen Nationen sprachlich verbinden.

Zur äußeren Auflockerung der nationalen Varietäten kommt die innere
hinzu. Nicht nur verbinden die Regionalvarietäten die nationalen Varietäten über
die Grenzen hinweg, sondern sie zerstückeln sie auch nach innen hin, teilen also
die gesamte Nation bzw. die Sprachgemeinschaft in der Nation auf in kleinere
Regionen. Solche Unterteilungen sind besonders auffällig in Deutschland, aber
auch in Österreich (vgl. Kap. D.5, D.6 bzw. B.6: gegen Ende). In Österreich sind
die dialektalen Unterschiede zwischen Ost und West und außerdem gegenüber
Vorarlberg besonders ausgeprägt; hinzu kommen noch gewisse Nord-Süd-Unterschiede. In Deutschland zeigen sich die auffälligsten Divergenzen zwischen Norden und Süden, und zwar mit fließendem Grenzverlauf, wobei der bairischen
Dialektregion in Bayern eine zusätzliche Sonderrolle zufällt (vgl. Zehetner im
Druck; R. Wolff 1980). Hinzu kommen West-Ost-Unterschiede, und zwar auch
noch anderer Art als die durch die Teilung Deutschlands bedingten (vgl. Kap. D.8).
Norbert Wolf (1994: 74) hält deshalb sogar die Kennzeichnung des Deutschen als
„pluriareale Sprache" für treffender als die Kennzeichnung als „plurizentrisch" –
und sicher auch als „plurinational". Hinweise auf die Vielfalt der regionalen
Unterteilungen liefern unter anderem Wilfried Seibicke (1983) und Ludwig Wolff
(1960). Allerdings ist Vorsicht geboten wegen des bisweilen zweifelhaften
standardsprachlichen Status der präsentierten Sprachformen. Dies gilt in noch
höherem Maße in bezug auf Jürgen Eichhoff (1977/78/93/in Vorbereitung), dessen Kartenmaterial ansonsten besonders anschauliche Anhaltspunkte für die
regionale Aufteilung des Deutschen liefert.

Unter den von Jakob Ebner (1980) und Kurt Meyer (1989) verzeichneten
unspezifischen Austriazismen bzw. Helvetismen fällt der hohe Anteil von auch in
Süddeutschland geltenden Varianten auf. Diesen steht die große Zahl der innerhalb der nationalen Varietät Deutschlands auf Norddeutschland eingeschränkten
Varianten gegenüber (vgl. Kap. F. 3: gegen Ende). Ihre Zahl beläuft sich allein im
Rechtschreib-Duden (1991) auf 385. Schon diese Daten verweisen auf eine
varietätenmäßige Zweiteilung des deutschen Sprachgebiets, die mit den nationalen Grenzen nicht einmal annähernd übereinstimmt. Unter sprachwissenschaftlichen Fachleuten ist die Auffassung weit verbreitet, daß es im Grunde einen
Südstandard („Südnorm") und einen Nordstandard („Nordnorm") im deutschen
Sprachgebiet gibt (dankenswerte Hinweise durch Jakob Ebner und Ludwig
Zehetner). Die Grenze zwischen beiden Standards wird wohl am angemessensten
als Saum gesehen, der sich ungefähr über die mitteldeutsche Region ausdehnt
(vgl. Kap. A.1.3: Karte 2). Der Geltungsbereich des Nordstandards erstreckt sich
also über die niederdeutsche Region, reicht aber für manche Sprachformen auch
über die mitteldeutsche hin; umgekehrt umfaßt der Geltungsbereich der Südnorm
die gesamte oberdeutsche Region, reicht aber bei manchen Sprachformen auch
über die mitteldeutsche hinweg.

Diese grobe Zweiteilung des deutschen Sprachgebiets entspricht also wiederum in Grundzügen dessen dialektaler Einteilung. Vor der Nennung weiterer sprachlicher Indizien für sie sei darauf hingewiesen, daß vielfach auch bemerkenswerte Nord-Süd-Unterschiede in kultureller und sogar in politischer Hinsicht gesehen werden. Eine der bekanntesten dementsprechenden Grenzlinien bildet der „Weißwurstäquator", der irgendwo nördlich des Mains zu denken ist, ohne daß er genau fixiert werden könnte. Es handelt sich dabei um einen „volkstümlichen" Reflex durchaus vorhandener kultureller Unterschiede. In ungefährer Entsprechung dazu beginnt für manche Norddeutsche südlich des Mains der „nördliche Balkan", und in der Vorstellung mancher Süddeutscher gehören noch immer alle Gebiete nördlich des Mains zu Preußen. Letzteres entspricht in grober Annäherung durchaus den politischen Verhältnissen vor der Gründung des Deutschen Reichs, als ganz Norddeutschland zu dem von Preußen beherrschten Norddeutschen Bund gehörte (1866–1871).

In der Tat ist nicht nur der sprachliche, sondern auch der außersprachliche, insbesondere der kulturelle Nord-Süd-Gegensatz keine Neuentwicklung, sondern althergebracht. Er ist nur durch die Schaffung des Deutschen Reichs, unter Ausschluß Österreichs, gegenüber den nationalen Unterschieden innerhalb des deutschen Sprachgebiets stärker in den Hintergrund getreten. Vor der Entstehung des Deutschen Reichs unter Vorherrschaft Preußens war der Nord-Süd-Gegensatz im Bewußtsein breiter Bevölkerungsschichten stärker präsent als heute. Auch die politischen Vorstellungen von den zukünftigen deutschsprachigen Nationen bewegten sich zum Teil um diesen Gegensatz. Eines von verschiedenen Beispielen ist ein von König Wilhelm I. von Württemberg im September 1820 in Umlauf gebrachtes Manifest, das *Manuskript aus Süddeutschland,* das damals als politische Zukunftsvision für die Vielfalt der deutschsprachigen Staaten durchaus ernst genommen wurde. Seine Kernsätze lauten: „Die bestehenden Staaten in *einen* zu verschmelzen, ist unmöglich. Süd- und Norddeutschland sind durch die Natur, durch Nationalcharakter, Handelsinteresse, durch die Verhältnisse zu ihren Nachbarn auffallend verschieden." Hierin liege die Erklärung, „warum von jeher der Geist und die Politik der Regierungen in beiden Teilen von Deutschland so verschieden waren und sein mußten, und warum es zur Zeit so unverständig als unmöglich sein würde, wenn man beide Teile in ein großes Ganzes zusammenwerfen wollte." (zit. nach Herre 1967: 99) Bei nüchterner Betrachtung der Geschichte ist es nicht ganz abwegig, in der tatsächlich erreichten heutigen nationalen Aufteilung des deutschen Sprachgebiets eher das Ergebnis zufälliger Machtverhältnisse als die Verfestigung einer schon zuvor angelegten kulturellen, sprachlichen und bewußtseinsmäßigen Gliederung zu sehen.

Doch zurück zur Sprache und zu den versprochenen weiteren Indizien für die Globalaufteilung in einen Nord- und einen Südstandard des Deutschen. Schon der kodifizierte Standard ist teilweise in diesem Sinne zweigeteilt. Wenn wir uns in bezug auf den Wortschatz der Einfachheit halber am Rechtschreib-Duden (1991) orientieren, so ist die Hauptmasse der regional markierten Wörter einerseits als „nordd.[eutsch]" gekennzeichnet (n = 385) und andererseits als „südd.[eutsch]" in Verbindung mit „öster.[reichisch]", „schweiz.[erisch]" oder beidem. Die lediglich als süddeutsch (und nicht zugleich als österreichisch oder schweizerisch) markierten Wörter, deren Geltungsbereich also auf die nationalen Grenzen Deutschlands beschränkt ist, sind dagegen weit seltener. Ihre Zahl im Rechtschreib-Duden (1991) beläuft sich auf nur 146. Jedoch sind sogar von dieser kleinen Menge noch 34 entweder im *Österreichischen Wörterbuch* (1990) oder in Bigler u. a. (1987) oder im *Schweizer Schülerduden* (1976; 1980) unmarkiert enthalten, aufgrund dessen sie wohl doch als Bestandteil auch der österreichischen oder schweizerischen nationalen Varietät zu bewerten sind. Nur die kleine Zahl von insgesamt 112 süddeutschen Wörtern des Rechtschreib-Dudens (1991) folgt also mit ihrem Geltungsbereich den nationalen Grenzen Deutschlands. Die große Masse der „süddeutschen" Duden-Wörter erstreckt sich dagegen über den Süden Deutschlands hinaus auf Österreich und/oder die deutschsprachige Schweiz. Dies wurde auch deutlich bei einer Vergleichsauszählung am Rechtschreib-Duden (1991). Dabei dienten die Wörter unter den Buchstaben A, E, J, O, T und Y als Stichprobe (jeder fünfte Buchstabe). Die Zahl der nur mit „südd." markierten Wörter unter diesen Buchstaben beträgt 16, die mit ‚südd. und x' markierten dagegen 56 (x = „öster." oder „schweiz." oder „öster., schweiz."). Die Zahl der über Süddeutschland hinaus geltenden Varianten ist also 4mal so groß wie die der auf Süddeutschland beschränkten, was in etwa auch den Proportionen im Rechtschreib-Duden (1991) insgesamt entsprechen dürfte. Diese über Süddeutschland hinaus geltenden Varianten bilden eine Komponente des die nationalen Grenzen überschreitenden Südstandards der deutschen Sprache, der dem auf Norddeutschland beschränkten Nordstandard gegenübersteht.

Auch was die Lautung betrifft, konzediert sogar die kodifizierte Norm speziell des *Siebs* (1969) gewisse Gemeinsamkeiten des gesamten südlichen deutschen Sprachgebiets, neben den nationalen Besonderheiten für Österreich und die deutschsprachige Schweiz. Schon die zahlreichen Übereinstimmungen in den Aussprachebesonderheiten Österreichs und der Schweiz verweisen auf einen die nationalen Grenzen überschreitenden Standard im Süden. Bei einzelnen Regelungen für die „gemäßigte Hochlautung" wird außerdem Süddeutschland ausdrücklich mit Österreich und der Schweiz zu einem einheitlichen Gebiet zusammengefaßt, vor allem bei der stimmlosen Aussprache von <b>, <d>, <g> vor Vokal oder der [ɪk]-Aussprache des Suffixes und Wortelements -<ig>. Darüber hinaus wird folgendes erwogen, allerdings ohne daß eine dementsprechende Entscheidung getroffen wird: „Man kann sich auch bei manchen Einzelabweichungen *süddeutscher* Aussprache (die häufig mit dem Verfahren Österreichs und der Schweiz übereinstimmen) fragen, ob man sie nicht in die Variationsbreite der gemäßigten Hochlautung einbeziehen will." Als Beispiele werden acht Gruppen von Wörtern genannt. (*Siebs* 1969: 110, 114, 145)

Mit letzterem wird schon angedeutet, daß die Gemeinsamkeiten des Gebrauchsstandards in diesem größeren südlichen Gebiet bzw. die Unterschiede gegenüber Norddeutschland noch umfassender sind als die in der Siebsschen Kodifizierung zugestandenen. Dies hat vor allem die empirische Untersuchung Werner Königs (1989) gezeigt, der die Aussprache von Universitätsstudenten und -studentinnen aus verschiedenen Regionen der früheren BRD analysiert hat, also von Personen, die zumindest zum Teil als zukünftige Modellsprecher oder Sprachnormautoritäten eingestuft werden dürfen. Tabelle 33 gibt einen Überblick über die von König gefundenen Unterschiede zwischen nord- und süddeutschen Probanden, also – näherungsweise – dem Gebrauchsstandard Nord- und Süddeutschlands. Dabei sind zu Zwecken der Abkürzung Fälle, bei denen dies leicht möglich war, zusammengefaßt, indem die Alternativen für dieselbe Regel in geschweiften Klammern beigefügt sind. Die Kontexteinschränkung jeder Ausspracheregel steht hinter Schrägstrich und ist unterstrichen. „#" bedeutet Wortgrenze. Einzelne Regeln sind hier geringfügig simplifiziert. – Da König das internationale phonetische Alphabet meidet, mag die Bedeutung der Lautzeichen nicht immer ganz klar sein; für Zweifelsfälle sei auf den Originaltext verwiesen, auf den sich auch die in Tabelle 33, rechte Spalte, beigefügten Seitenzahlen beziehen (König 1989, Bd.2).

Tab. 33: Unterschiede des Aussprache-Gebrauchsstandards zwischen Nord- und Süddeutschland (nach König 1989)

Merkmal	Süddeutsch	Norddeutsch	Seitenzahlen
e {o}	geschlossen	offen	100, 117
e: {ä:}/<u>r</u>	offen	überoffen	104, 109
au {ei}	hell	dunkel	140-144
a {ä, o, ö}	kurz/lang	lang/kurz: andere Inzidenzen	148 f., 157, 165
an-	lang	kurz	174
e {o, ö, ü}/<u>r</u> + Kons.	kurz	lang	210, 212–214
-<u>a:</u>/r#	r	keine Realisierung	231
s/<u>Vok.</u>	stimmlos	stimmhaft	241 f.
pf-	pf	f	259
<u>Vok</u> {l, r}/b-	stimmlos	stimmhaft	295
<u>Vok</u>/g#	plosiv	frikativ	303

Schon in der vorliegenden Fassung betreffen die in Tabelle 33, linke Spalte, nach König formulierten Regeln so viele Wörter, daß sie beträchtliche Unterschiede zwischen den mündlichen Äußerungen nord- und süddeutscher Sprecher bewirken. Sie ließen sich jedoch vermutlich noch umfassender formulieren mit noch tiefgreifenderen Auswirkungen auf die Aussprache. Zwar ist die Untersuchung Königs, wie gesagt, auf das Gebiet der früheren BRD beschränkt, aus dem seine Probanden stammen; jedoch ist anzunehmen, daß viele seiner für Süddeutschland festgestellten Aussprachebesonderheiten auch in Österreich und der Schweiz bzw. seiner norddeutschen Aussprachebesonderheiten in den nördlichen Gebieten der ehemaligen DDR zu beobachten wären. Die Überprüfung dieser Hypothese ist ein Forschungsdesiderat.

Es wäre außerdem eine interessante Aufgabe, quantifizierend herauszuarbeiten, welche Aufteilung des gesamten deutschen Sprachgebiets die deutsche Sprache auf der Ebene des Standards stärker differenziert: die nord-südliche oder die in Nationen (vgl. Wolf 1994: 74). Unabhängig davon sollte untersucht werden, welche dieser beiden Aufteilungen von verschiedenen Bevölkerungsgruppen stärker wahrgenommen wird. Dabei braucht die Wahrnehmung keineswegs den tatsächlichen Unterschieden zu entsprechen, sondern kann unter Umständen in Abhängigkeit von vorgefaßten Meinungen und zugrundeliegenden Einstellungen beträchtlich davon abweichen.

Mögen diese Überlegungen unter anderem dazu beitragen, daß die Bedeutsamkeit der nationalen Varietäten für die areale Gliederung der deutschen Sprache nicht überschätzt wird. Allerdings sollte man ihre dementsprechende Bedeutung auch nicht zu gering veranschlagen, wozu die bisherige Forschung überwiegend geneigt hat. Besondere Relevanz kommt den nationalen Varietäten aus politischen Gründen zu. Sie verdienen vor allem mehr Aufmerksamkeit im Hinblick auf ein verständnisvolleres Nebeneinander der verschiedenen deutschsprachigen Nationen. Hierzu könnte nicht zuletzt auch ihre gründlichere Erforschung beitragen, deren in meinen Augen wichtigsten Desiderate im letzten Kapitel skizziert werden sollen.

10 Forschungsdesiderate

In den vorangehenden Ausführungen wurde an zahlreichen Stellen auf Forschungsdesiderate hingewiesen. Vielfach konnten aufkommende Fragen mangels gesicherter Forschungsergebnisse nicht oder nicht zufriedenstellend beantwortet werden. Die meisten eigenen Untersuchungen, über die berichtet wurde, beinhalten alleine schon wegen ihrer unzureichenden statistischen Repräsentativität die Aufgabe, sie in größerem Format zu wiederholen und ihre – notgedrungen vorläufigen – Befunde zu überprüfen. In diesem letzten Kapitel sollen nun die in meinen Augen wichtigsten Fragestellungen und Aufgaben, die sich im Zusammenhang mit unserem Thema stellen, noch einmal im Überblick präsentiert werden. Dabei soll der Blick nicht nur auf die deutsche Sprache und Sprachgemeinschaft gerichtet sein. Vielmehr geht es auch allgemeiner darum, der einzelsprach- und einzelsprachgemeinschafts-übergreifenden Sprachzentrums- oder Nationalvarietätsforschung theoretische und empirische Perspektiven zu geben.

Zu den elementaren Aufgaben dieser allgemeinen Forschungsrichtung gehört die Weiterentwicklung ihrer grundlegenden Begriffe, und zwar sowohl im Hinblick auf eine stringentere Theoriebildung als auch auf die Eröffnung fruchtbarer Fragestellungen für die empirische Forschung. Die Verbesserung der grundlegenden Terminologie (Begriffsbezeichnungen), vor allem die Überprüfung ihrer Zweckmäßigkeit, ist eine damit eng zusammenhängende Aufgabe. Man beachte die Unterscheidung von Begriffen und Termini, wenn auch beide gewöhnlich Hand in Hand entwickelt werden.

Auf der soziologischen Seite ist der zentrale Begriff ‚Nation' weiterhin problematisch. Ist die in Kapitel A.2.2 dafür vorschlagene Festlegung – in Absetzung von den Begriffen ‚Staat' und ‚Sprachgemeinschaft' (oder auch ‚Kulturgemeinschaft') – wirklich sachangemessen, und steht sie in ausreichendem Einklang mit dem bisherigen Gebrauch dieser Begriffe oder auch ihrer bisherigen Explikationen (semantische Gültigkeit, auch „materiale Adäquatheit" des Explikats)? Sind unsere gegen die Begriffe und Termini ‚Kultur-' oder ‚Sprachnation' vorgebrachten Einwände stichhaltig, und ist unser völliger Verzicht auf sie gerechtfertigt?

Auf der linguistischen Seite sind die Begriffe ‚Variante' und ‚Varietät (einer Sprache)' grundlegend für die Nationalvarietäts- oder Sprachzentrumsforschung. Sie wurden für die vorliegende Untersuchung – um der Begrenzung des Gegenstandes und Aufgabenbereichs willen – eng gefaßt, enger vielleicht, als es der Sache auf Dauer angemessen ist. So wurden beispielsweise als lexikalische Varianten nur Synonyme zugelassen, keine Paraphrasen – als müßten lexikalische Varianten immer ein-eindeutig aufeinander passen. Zudem wurde dabei der Begriff ‚Synonymie (von Wörtern)' allenfalls in Ansätzen problematisiert (Kap. A.4.1: z.B. Abb. 2), jedoch in keiner Weise expliziert. Schließlich wurden die Bezeichnungen von Sachspezifika der eine Varietät tragenden sozialen Gruppe und ihrer Lebenswelt ganz aus der sprachlichen Variation ausgeschlossen, weil sich für sie offenbar keine sprachlichen (linguistischen) Variablen bilden lassen. All diese Entscheidungen bedürfen der Überprüfung mit dem Ziel, Varietäten linguistisch fundierter sowie – wenn möglich – umfassender und der sprachlichen Wirklichkeit angemessener zu konzipieren.

Vor allem aber bedarf die im Zentrum unserer Thematik stehende soziolinguistische Begriffsgruppe: ‚nationale Variante‘ und ‚nationale Varietät (einer Sprache)‘, ‚nationales Zentrum (einer Sprache)‘, ‚plurinationale Sprache‘ sowie ‚plurizentrische Sprache‘, der erneuten sorgfältigen Analyse, wie auch der Prüfung der Terminologie. Sind z.B. die vorausgesetzten Begriffsbeziehungen zwischen ‚Nation‘, ‚Sprachzentrum‘ (Oberbegriffe) und ‚nationalem Sprachzentrum‘ (Unterbegriff: Nation mit eigener Standardvarietät) der Sache voll angemessen? Auch wenn die positive Beantwortung dieser Frage der zukünftigen Überprüfung standhalten sollte, bedürfen die Begriffe weiterer Klärung und Präzisierung.

Insbesondere bleiben die Begriffe ‚Standardvarietät‘ und ‚Standardvariante‘ auch weiterhin eine wissenschaftliche Herausforderung, und zwar sowohl was die Begriffsexplikation und Theorie als auch, was die empirische Forschung angeht. Es steht im Einklang mit großen Teilen der einschlägigen Forschung, daß diese Begriffe einen Bestandteil des Definiens der Begriffe ‚nationale Varietät‘ bzw. ‚nationale Variante‘ bilden (notwendiges Merkmal; vgl. Kap. A.4.1). Die im vorliegenden Buch wesentlich auf der Grundlage normtheoretischer Überlegungen entwickelten Annahmen über die Mechanismen der Setzung von Standardvarianten bzw. Standardvarietäten (Kap. A.4.2) sollten nicht zuletzt weitere Möglichkeiten für die empirische Forschung bieten. Jedoch ist das entwickelte Modell des Zusammenspiels von Sprachkodex, Modellsprechern/-schreibern, Sprachexperten (Sprachwissenschaftler) und Sprachnormautoritäten (Abb. 4) nichts weiter als ein vorläufiger Ansatz. Dieses Modell ist daher zumindest auf Erweiterungsmöglichkeiten hin zu prüfen. Spielen bei der Setzung einer Standardvarietät nicht noch andere, hier nicht einbezogene Instanzen eine maßgebliche Rolle? Außerdem wird sich die Fruchtbarkeit des Modells für Erklärungen von Sprachstandardisierungsvorgängen oder seine Zweckmäßigkeit für deren empirische Erforschung erst erweisen müssen.

Immerhin erscheint das vorgeschlagene Modell zumindest insoweit brauchbar, als sich in bezug auf seine vier Instanzen und deren Aktivitäten und Wirkungen eine Menge von Forschungsaufgaben erkennen läßt, deren Lösung auch Licht auf die nationalen Varietäten und Sprachzentren zu werfen verspricht. Diese Forschung sollte unter anderem versuchen, die folgenden Fragen zu beantworten.

- Woran orientieren sich die Kodifizierer bei der Aufnahme von Sprachformen in den Sprachkodex, und woran orientieren sie sich bei den verschiedenen Markierungen bzw. der Nichtmarkierung aufgenommener Formen?
- Welche Publikationen (Sprachbeschreibungen) sind Bestandteile des Sprachkodexes einer Nation, also verbindliche Nachschlagewerke des richtigen Sprachgebrauchs? Was verleiht ihnen diesen Status? Welche Verbindlichkeit haben sie (Geltungsbereiche und Grade der Verbindlichkeit), und worauf beruht diese Verbindlichkeit im einzelnen?
- Welche Personen – außer Lehrern und Amtsvorgesetzten – sind (von Amts wegen) Sprachnormautoritäten? Welche Sprachkorrekturen führen sie durch? Woran orientieren sie sich dabei? Zu welchen Sprachkorrekturen gegenüber welchen Sprachnormsubjekten sind sie berechtigt oder sogar verpflichtet, und welche sind ihnen nicht erlaubt? Welche Sprachnormautoritäten sind ihnen übergeordnet, womöglich im Sinne einer durchgehenden Hierarchie?

– Welche Personen gehören zu den Sprachexperten – im Gegensatz zu den Kodifizierern und Sprachnormautoritäten? Welche Sprachrichtigkeitsurteile oder
die Sprachrichtigkeit betreffenden Urteile geben sie ab, und worauf stützen sie
sich dabei?

– Welche schriftlichen oder mündlichen Texte gelten als sprachlich vorbildlich,
und welche Personen produzieren diese Texte?

– Wie wirken diese verschiedenen Instanzen der Setzung von Sprachnormen aufeinander ein?

– Schließlich, was genau sind die Bedingungen dafür, daß Sprachnormen – einigermaßen im Einklang mit dem gängigen Gebrauch dieser Termini – als „standardsprachlich", „Standardvarianten" oder dergleichen bezeichnet werden
können? Lassen sich in bezug auf die vier Instanzen des Modells tatsächlich
wichtige Schichten des sprachlichen Standards unterscheiden? Beispiel: „kodifizierter Standard" (im Sprachkodex als Standard ausgewiesen) – „Gebrauchsstandard" (tritt zwar regelmäßig in Modelltexten auf, ist aber nicht
kodifiziert).

Offenkundig breitet sich hier ein weites Feld empirischer Forschungs-
möglichkeiten aus, das bislang nur unzureichend exploriert ist. Wenn es in
zweckmäßige Teile zerlegt und aufgearbeitet werden könnte, entstünden vermutlich tragfähige Fundamente für die Nationalvarietätenforschung. Insbesondere
würde dann klarer als bisher, durch welche sozialen Mechanismen die nationalen
Varietäten in ihren Nationen verankert sind.

Weitere Fundamente lassen sich errichten, wenn man von der Frage ausgeht, nach welchen Richtungen nationale Varianten von allen anderen Varianten
einer Sprache abzugrenzen sind. Als erster Ansatz zur Beantwortung wurden im
vorliegenden Buch zunächst verschiedene Abgrenzungsrichtungen des Standards
vom Nonstandard unterschieden: die soziale und die stilistische Richtung (Kap.
A.4.3). Beide sind zwar – aufgrund der Definition nationaler Varianten als Standardvarianten – unverzichtbar, aber für nationale Varianten noch nicht ausreichend spezifisch. Man kann sich mit diesen beiden Abgrenzungsrichtungen sogar
befassen, ohne die nationalen Varianten (oder Varietäten) überhaupt wahrzunehmen. Dagegen sind nationale Varianten (oder Varietäten) untrennbar verknüpft
mit der dritten im vorliegenden Buch erörterten Abgrenzungsrichtung, nämlich
gegen die Varianten anderer Nationen (Kap. A.4.4: v.a. Abb. 5). Diese Unterscheidung, nämlich zwischen eigen- und fremdnationalen Varianten (oder wie
immer man sie nennen möchte), ist für nationale Varianten spezifisch und den
nationalen Varietäten inhärent; sie wären ohne diesen Unterschied nicht existent.

Der Versuch der Abgrenzung der nationalen Sprachvarianten von allen
anderen Sprachvarianten führt weiter zur Frage ihrer internen typologischen
Differenzierung. Sie kann ausgehen vom Idealtyp nationaler Varianten. Diese
sind (1) zweifelsfrei standardsprachlich (von allen normsetzenden Instanzen als
Standard anerkannt), (2) spezifisch für ihre Nation („gelten" nur in ihrer Nation
= sind nur in ihr, nirgends sonst standardsprachlich) und (3) gelten in der ganzen
Nation bzw. der ganzen Sprachgemeinschaft in der Nation, nicht nur in einem
Teil davon. Von diesem Idealtyp lassen sich dann diejenigen nationalen Varianten
unterscheiden, die diese Bedingungen nur teilweise erfüllen, die also z.B. nicht
kodifiziert sind (Gebrauchsstandard), die zusätzlich auch in anderen Nationen
oder nur in einem Teil ihrer Nation bzw. der betreffenden Sprachgemeinschaft

ihrer Nation gelten (unspezifische bzw. nationale Varianten einer Teilregion ihres Zentrums). Die nähere Betrachtung solcher Abweichungen vom Idealtyp führt hin zur Abgrenzungsfrage: Wie weit läßt sich der Begriff der nationalen Variante eigentlich dehnen, bzw. unter welchen Bedingungen handelt es sich nicht mehr um nationale Varianten, sondern einerseits um gesamtsprachliche (gemeindeutsche) oder andererseits um Nonstandardvarianten? Die im vorliegenden Buch vorgeschlagene Typologie nationaler Varianten (Kap. A.5) sollte überprüft und verbessert werden. Für manche Fragestellungen mag es zweckmäßig sein, einzelne Dimensionen dieser Typologie (Standard – Nonstandard, Nationsspezifik – Gesamtsprachlichkeit und andere) weiter zu differenzieren. Für die praktische Anwendung derartiger Typologien ist jedoch oft die Reduktion auf verhältnismäßig wenige, für den jeweiligen Zweck besonders relevante Typen erforderlich.

Eine solche überschaubare und natürlich zugleich konsistente Typologie ist als Grundlage für systematische Beschreibungen oder auch Kodifizierungen nationaler Varianten unverzichtbar. Im vorliegenden Buch wird diese Beschreibung so stringent wie möglich – über entsprechende Operationalisierungen – auf die zuvor entwickelte Typologie bezogen (Kap. B.3, C.3, D.3, speziell B.3.1, C.3.1, D.3.1).

Ein schwieriger Fragenkomplex, der in der vorliegenden Untersuchung allein schon aus Gründen der Arbeitskapazität unberücksichtigt bleiben mußte, ist der Bereich der Fachsprachen. Es ist fraglich, ob seine Nichteinbeziehung auch sachlich gerechtfertigt ist. In der Nationalvarietätenforschung ist es fast schon ein Gemeinplatz, daß speziell die Fachsprachen der staatlichen Institutionen (Verwaltung, Regierung, Militär usw.) zur Entstehung nationaler Sprachbesonderheiten, also nationaler Varianten beigetragen haben. Gleichzeitig jedoch sind diese Fachsprachen in der bisherigen Nationalvarietätenforschung im Grunde nur insoweit berücksichtigt worden, als sie zugleich Bestandteil der Gemeinsprache sind (eine Formulierung, der offenkundig keine disjunkten Begriffe von ‚Fach-‘ und ‚Gemeinsprache‘ zugrundeliegen). So wurde auch im vorliegenden Buch verfahren, und zwar ohne die heikle Frage der Abgrenzung von Gemeinsprache und eigentlicher Fachsprache (in einem von der Gemeinsprache disjunkten Sinn) überhaupt ernsthaft zu stellen. Eine brauchbare Antwort auf diese Frage ist ein Desiderat der zukünftigen Forschung. Darüber hinaus erscheint jedoch auch die empirische Untersuchung all derjenigen Fachsprachen oder fachlichen Varietäten bedeutsam, bei denen nationalspezifische Ausprägungen zu erwarten sind. Dies sind insbesondere diejenigen, die mit der typischen Organisation von Nationen in Form von Staaten zusammenhängen. Dabei geht es zum einen um die Feststellung nationaler Besonderheiten dieser Fachsprachen und zum andern um die Untersuchung ihrer Einwirkung auf die Gemeinsprache. Im Bezug auf fachsprachliche nationale Besonderheiten wäre dann auch der Begriff ‚nationale Variante‘ zu spezifizieren, entweder im Sinne der Einbeziehung dieser Besonderheiten oder im Sinne ihrer Ausgrenzung und ihrer Behandlung als eine andere, besondere Kategorie.

Eine weitere naheliegende Aufgabe ist die typologisch konsistente und möglichst vollständige Beschreibung der nationalen Variation der deutschen Sprache. Für die österreichischen und die schweizerischen nationalen Varianten (Austriazismen bzw. Helvetismen) liegen dazu schon bedeutsame Beiträge vor, insbesondere die von Rizzo-Baur (1962) und Ebner (1980) bzw. Kaiser (1969/70), Meyer (1989) und neuerdings – bezüglich der Aussprache – Hofmüller-Schenck (1995).

Auch zu manchen nationalen Halbzentren des Deutschen gibt es schon Teil-beschreibungen (vgl. Kap. E). Dagegen sind die nationalen Varianten gerade des größten nationalen Zentrums der deutschen Sprache, nämlich Deutschlands, bislang wissenschaftlich kaum untersucht. Im Hinblick auf sie erscheint vor allem ein Teutonismen-Wörterbuch (vielleicht unter dem Titel *Wie sagt man in Deutsch-land?*) als dringendes Desiderat (vgl. Ammon 1994).

Allerdings wäre zusätzlich zu einem Teutonismen-Wörterbuch, eventuell auch als Alternative dazu, ein übergreifendes Wörterbuch aller nationalen Varianten des Deutschen wünschenswert, unter Einschluß auch der nationalen Halbzentren. Ein solches Wörterbuch aller nationalen Varianten einer Sprache und nur dieser scheint es bislang für keine einzige Sprache zu geben. Hier bestünde also die Möglichkeit von Pionierarbeit, die sogar anderen Sprach-gemeinschaften Impulse geben könnte.

Die Beschreibung der nationalen Varietäten des Deutschen bleibt im vor-liegenden Buch auf Beispiele – wenn auch in verhältnismäßig großer Zahl – beschränkt. Demgegenüber versprechen rigorose Versuche, die Besonderheiten nationaler Varietäten möglichst erschöpfend zu beschreiben, wichtige neue Ein-sichten. Durch sie würde zunächst einmal deutlicher als bisher, welchen Anteil die verschiedenen Sprachebenen (Zeichenebenen und grammatischen Ränge) an der Ausprägung der nationalen Varietäten haben. Ist der Anteil des Wortschatzes (der Lexik) tatsächlich so überwältigend, daß ihm gegenüber alle anderen Sprach-ebenen in den Hintergrund treten? Im Falle der Bestätigung würden sich die nationalen Varietäten als linguistisch nicht sehr tief in den Nationen verankert erweisen, da der Wortschatz zu den beweglichsten und am leichtesten wandel-baren Bestandteilen von Sprachen zählt, was freilich seine große nationale Sym-bolkraft nicht ausschließt. Versuche, die pragmatischen nationalen Besonder-heiten konsequenter zu erfassen, könnten dazu beitragen, die Festlegung von nationalen Varianten auf Standardvarianten zu problematisieren oder auch zu präzisieren. Ein solcher Versuch wäre unter Umständen sogar erhellend im Hin-blick auf die Begriffe ‚Sprachstandard' und ‚Standardvariante', die in bezug auf Phänome der Pragmatik (z.B. sprachliche Höflichkeit) weitgehend ungeklärt sind.

Im Hinblick auf die Typologie nationaler Varianten wäre es auch eine loh-nende Forschungsaufgabe, die den bisherigen Beschreibungen und Kodifizierun-gen nationaler Varianten – ausgesprochen oder unausgesprochen – zugrunde-liegenden Typenbildungen (nationaler Varianten) herauszupräparieren. Germa-nisten würden sich dabei naheliegenderweise zunächst einmal den Beschreibungen und Kodifizierungen der nationalen Varianten des Deutschen zuwenden; es wäre jedoch sicher der Mühe wert, den Blick darüber hinaus auf andere Sprachen aus-zuweiten. Vielleicht ließen bei solchen Analysen zum einen typologische Inkon-sistenzen aufdecken, deren Behebung der Verbesserung künftiger Beschreibun-gen dienlich wäre. Ein Beispiel aus dem Deutschen ist die Nichtberücksichtigung der zwei notwendigen Vergleichsrichtungen bei drei Vollzentren (vgl. Kap. A.5: Abb. 7) in manchen Beschreibungen oder Kodifizierungen nationaler Varietäten, die sich stattdessen nur auf eines der beiden anderen Zentren (zumeist Deutsch-land) beziehen. Eventuell würde die Offenlegung der den vorliegenden Beschrei-bungen zugrundeliegenen Typenbildungen zum anderen weitere bedeutsame Dimensionen oder Kriterien der Typologisierung ans Licht fördern, die bislang übersehen wurden.

Bei der Anwendung von Typologien nationaler Varianten, welcher auch immer, zur Beschreibung nationaler Varietäten tritt unweigerlich der Stand der einschlägigen empirischen Forschung zutage. Darin besteht nicht zuletzt der heuristische Nutzen solcher Typologien. In der Regel dürften beträchtliche Forschungslücken sichtbar werden, was bei einem so verhältnismäßig jungen oder zumindest unentwickelten Forschungsgebiet nicht überraschend ist. Als Beispiele seien nur genannt: der vielfach nur ganz ungenau bekannte regionale Geltungsbereich mancher Varianten des Gebrauchsstandards (nicht kodifiziert) im jeweiligen Zentrum oder die unzureichende Kenntnis der Geltung von Varianten oder ihrer Entsprechungen in den jeweils anderen nationalen Zentren. Ohne solche Kenntnisse ist die korrekte typologische Zuordnung von Varianten ein Lotteriespiel. Auch im vorliegenden Buch sind aufgrund von empirischen Kenntnislücken die typologischen Kennzeichnungen vieler nationaler Varianten, zum Teil sogar ihr dementsprechender Status überhaupt, in hohem Maße hypothetisch.

Auch einige typologische Differenzierungen, die über diejenigen des vorliegenden Buches hinausgehenden, verdienen die zukünftige Aufmerksamkeit der Forschung. Eine davon ist die Unterscheidung zwischen nationalen Varianten, die als Nationalsymbole fungieren, und solchen, bei denen dies nicht der Fall ist. Erstere, die Nationalsymbole, könnten z.B. so definiert werden, daß sie als Erkennungsmarken nationaler Zugehörigkeit fungieren, während dies bei letzteren nicht der Fall ist. Die Nationalsymbole könnten weiter differenziert werden in nationale Schibboleths, an denen andere die nationale Zugehörigkeit von Sprecher oder Schreiber erkennen, und demonstrativ verwendete nationale Varianten (auch „Demonstrationszentrismen"), die bewußt zur Kennzeichnung der eigenen nationalen Zugehörigkeit eingesetzt werden. Ein gewissermaßen negativer Sonderfall letzterer sind diejenigen nationalen Varianten, die beim Bemühen um nationale Kennzeichnung bewußt gemieden werden. Diese Differenzierungen eröffnen vielfältige empirische Forschungsperspektiven. Bisher fehlt es anscheinend gänzlich an Untersuchungen zu dem Fragenkomplex, welche nationalen Varianten von welchen Personen in welchen Situationen verwendet bzw. gemieden werden. Insbesondere wäre die dementsprechende Variantenwahl österreichischer, Schweizer und deutscher Politiker oder anderer prominenter Personengruppen sowie von Modellsprechern/-schreibern untersuchenswert. Auch das Wissen dieser Personengruppen über die nationalen Varianten sowie ihre Einstellungen dazu sollten erfaßt werden.

Die damit verwandte, aber doch andersartige Frage, an welchen nationalen Varianten die Angehörigen einer Nation erkannt werden, scheint bislang ebenfalls kaum untersucht zu sein. Hierbei sollten in bezug auf die wahrnehmenden Personen sorgfältig verschiedene Gruppen unterschieden werden. Zumindest wären dabei nationale, regionale (z.B. norddeutsch – süddeutsch) und soziale (schichtenspezifische) Differenzierungen angebracht. Es ist zu erwarten, daß der Begriff des nationalen Schibboleths relativ ist zu unterschiedlichen Hörern oder Lesern. So mag ein bestimmtes Wort zwar nach Auffassung von Gruppe A ein nationales Schibboleth sein, nicht jedoch nach Auffassung von Gruppe B.

Mit solchen Fragen verwandt, aber doch anders gelagert ist der Komplex des Nationalvarietäts-Purismus, der gleichfalls empirisch untersucht werden sollte. Eine seiner Erscheinungsformen sind z.B. die Sternchenwörter im *Österreichischen Wörterbuch* (vgl. Kap. B.4). Es wäre wissenschaftlich ganz und gar unangemessen, an varietäts-puristische Aktivitäten von vornherein mit bestimm-

ten Wertungen heranzugehen, wie es manche Richtungen der Sprachpurismusforschung nahelegen könnten. In der Regel handelt es sich dabei ja um Reaktionen auf – freilich nicht unbedingt beabsichtigte – Varietätsdominanz, und zwar
gewöhnlich von seiten desjenigen nationalen Zentrums der betreffenden Sprache,
gegen das sich die puristischen Bestrebungen richten. Solche Bestrebungen sollten
daher zunächst einmal sorgfältig empirisch untersucht werden, einschließlich
ihrer Ursachen oder Anlässe, also eventueller Varietätsdominanzen. Von Interesse
sind dabei nicht nur die Formen, in denen sich diese Bemühungen äußern (z. B.
Markierung fremdnationaler Wörter im Sprachkodex, Aufrufe, Kritik an unbot-
mäßiger Variantenwahl usw.), die möglichst vollständig erfaßt werden sollten.
Bedeutsam sind vielmehr auch die sie tragenden oder auch ablehnenden sozialen
Gruppen sowie – soweit eruierbar – die bei ihnen zugrundeliegenden Motive und
Interessen. Auch die Erfolgsanalyse varietäts-puristischer Bemühungen gehört zu
ihrer umfassenden Untersuchung.

Im Zusammenhang mit dem Varietäts-Purismus stellt sich die allgemeinere
Frage, welche Personengruppen einer Nation die hauptsächlichen Träger der
nationalen Varietät sind, welche sich womöglich für sie engagieren und auch,
welche sie – vielleicht zugunsten einheitssprachlicher Zielvorstellungen – ablehnen bzw. welche ihr gleichgültig gegenüberstehen.

Lohnend wäre auch der Vergleich nationaler Sprachvarianten mit allen
anderen nationalen Besonderheiten. Dadurch ließe sich vielleicht ihr Stellenwert
für die Konstituierung von Nationen besser abschätzen. Ein solcher Vergleich
wäre freilich nur sinnvoll im Rahmen einer allgemeinen Theorie (oder allgemeiner Theorien) nationaler Eigenarten und Symbole und ihrer gesellschaftlichen
und bewußtseinsmäßigen Funktionen. In diesem Zusammenhang sollte auch der
vielbeschworene Begriff ‚nationale Identität' gründlicher geklärt werden, als es im
vorliegenden Buch möglich war (Kap. B.6). Der hierfür nötige Analyserahmen
reicht allerdings weit über linguistische Fragestellungen hinaus, und entsprechende Analysen könnten sehr komplex werden. Dennoch führt letztlich kein
Weg daran vorbei, wenn die wirkliche Bedeutsamkeit der nationalen Sprachvarianten für die Eigenart oder womöglich sogar den Erhalt einer Nation beurteilt werden soll. Vor allem können andernfalls weder sehr hohe noch sehr
niedrige Veranschlagungen der Bedeutsamkeit nationaler Varianten für die Existenz einer Nation bewertet werden. Man braucht vielfach nicht lange zu suchen,
um auf diesbezüglich ganz gegenteilige Einschätzungen zu stoßen, die nicht selten
mit scharfer Polemik vorgetragen werden.

Die Untersuchung des Varietäts-Purismus führt auch hin zu der Frage, wie
die nationalen Zentren einer Sprache sprachlich aufeinander einwirken, speziell,
von welchen dieser Zentren welche Varianten in welche anderen Zentren diffun-
dieren. Hierzu gibt es schon einige aufschlußreiche Untersuchungen, vor allem
zur Diffusion des deutschen Deutsch nach Österreich (z. B. Wiesinger 1988 c).
Analoge oder womöglich breiter angelegte Untersuchungen sollten auch in den
anderen nationalen Zentren der deutschen Sprache durchgeführt werden. Außerdem sollte die Ursachenforschung in diesem Bereich vertieft werden.

Im Zusammenhang mit dieser Ursachenforschung ist auch die gründliche
Erforschung nationaler Stereotypen ein Desiderat, der tatsächlichen Hetero- und
Autostereotypen ebenso wie der jeweils vermuteten Hetero- und Autostereotypen
(z. B. das Bild der Österreicher von den Deutschen, das Bild der Deutschen von
sich selbst, die Vermutungen der Deutschen bezüglich des Bildes des Österreicher

von ihnen und die Vermutungen der Österreicher bezüglich des Bildes der Deutschen von sich selbst) (vgl. Kap. B.7, C.6, D.7). Auch die Nationalspitznamen gehören zu diesem Fragenkomplex. In seinem Zentrum stehen jedoch die betreffenden Vorstellungen von und Einstellungen zu den nationalen Varietäten. Eng benachbart sind die ebenfalls bedeutsamen Vorstellungen von und Einstellungen zu der Sprechweise der Angehörigen der verschiedenen nationalen Zentren. Wichtig wäre in diesem Zusammenhang auch die genaue Prüfung, inwieweit es sich bei solchen Vorstellungen um feste, durch gegenteilige Erfahrungen kaum veränderliche Vorurteile handelt oder nicht. Außerdem wären wieder sozial differenzierende Untersuchungen wünschenwert, um festzustellen, in welchen sozialen Gruppen der jeweiligen nationalen Zentren vor allem solche Vorstellung kursieren und bei welchen sie weniger ausgeprägt sind.

Ausgesprochen zukunftsorientiert wären Untersuchungen, welche die Rolle der nationalen Varianten in größeren, sprachgemeinschaftsübergreifenden Kommunikationszusammenhängen abzuschätzen suchen, z. B. im Rahmen der Europäischen Union. Auf ihrer Grundlage ließe sich vielleicht ermessen, ob die verschiedentlich geäußerte Furcht, daß in diesem Rahmen zumindest die feineren nationalen Sprachbesonderheiten zum Untergang verdammt sind, realistisch ist.

Eine genaue Prüfung verdienen weiterhin die eventuellen praktischen Probleme, die aus der nationalen Sprachvariation entspringen. Mit gewissen Verständnisschwierigkeiten zwischen den Bewohnern der nationalen Zentren wird weithin gerechnet, ohne daß sie bislang empirisch untersucht wurden; hier sollen Nachschlagewerke wie Ebner (1980) und Meyer (1989) Abhilfe schaffen. Gewisse Eingewöhnungsschwierigkeiten könnte es auch bei der regionalen Mobilität zwischen den nationalen Zentren geben, z. B. beim Schulwechsel von Kindern. Außerdem ist der Austausch sprachgebundener Materialien unter Umständen erschwert, z. B. von Presseberichten und Literatur (Kap. F.4). Teilweise gibt es darüber hinaus überraschende Probleme. Ein Beispiel ist der Austausch von Rechtschreibtests. Dazu wurde z. B. in Österreich berichtet: „Der verwendete Test kommt aus Deutschland, zwei Wörter – ‚Quarktasche' und ‚Torwart' – waren Erschwernisse für die Wiener Kinder." (*Die Presse* 5.4.1994) Ein gründlicher Gesamtüberblick über alle praktischen Schwierigkeiten, die aus der nationalen Sprachvariation entspringen, wäre sicher hilfreich für ihre ausgewogene Bewertung, auch im Hinblick auf die zukünftige Varietätsplanung und -politik.

Von beträchtlicher politischer Bedeutsamkeit wäre auch die weitergehende Untersuchung von Asymmetrien in den plurinationalen Sprachen, wenn diesen auch im vorliegenden Buch schon recht viel Raum gewidmet ist. Vielleicht könnten die Fragestellungen ausgehen von einem hypothetischen Idealmodell vollkommener Symmetrie (oder auch sprachlicher Egalität) zwischen den nationalen Zentren einer Sprache, gegenüber dem dann die Abweichungen in der Wirklichkeit sichtbar würden. Es wäre sicher angebracht, möglichst alle vorkommenden Abweichungen von diesem Idealmodell zu erfassen. Allerdings sollte auch versucht werden, Bedingungsfaktoren zu identifizieren. Im Hinblick darauf wäre sicher ein Vergleich zwischen den verschiedenen plurinationalen Sprachen aufschlußreich. Insbesondere wäre zu fragen, inwieweit Unterschiede der Wirtschaftskraft und numerischen Stärke (Sprecherzahl) solche Asymmetrien bedingen. Auch historische Ursachen, vor allem die Existenz früherer wirtschaftlicher und kultureller Mittelpunkte oder Regionen, die einst als sprachlich vorbildlich galten, sind in solche Erklärungsversuche einzubeziehen. Ebenso würde dazu die

520 F 10 Forschungsdesiderate

Untersuchung der Bedingungen gehören, unter denen vorhandene Asymmetrien aufgehoben oder verschoben werden.

Überhaupt wären in allen hier unterschiedenen Untersuchungsrichtungen Vergleiche der deutschen mit anderen plurinationalen Sprachen aufschlußreich, um einerseits allgemeine Gesetzmäßigkeiten zu erfassen, denen alle plurinationalen Sprachen unterliegen, und andererseits die Spezifik bestimmter plurinationaler Sprachen, z. B. des Deutschen, klarer zu sehen.

Alle zur Untersuchung vorgeschlagenen Fragestellungen sollten überdies auch historisch vertieft werden. Bei vielen von ihnen liegt dies geradezu auf der Hand, und das vorliegende Buch liefert vielfach Ansätze dazu. Für keines der nationalen Zentren des Deutschen liegt eine gründliche Geschichte seiner nationalen Varianten bzw. Varietät vor. Was es gibt, sind kurze Überblicksskizzen und punktuelle Detailanalysen. Insbesondere fehlen gründliche historische Gesamtdarstellungen:

- der Verwendung nationaler Varianten in schriftlichen und mündlichen Modelltexten, vor allem in der Sachliteratur, aber auch in der Belletristik sowie – im mündlichen Bereich – z. B. in Filmen;
- der Aufnahme und der Markierung von nationalen Varianten in den Sprachkodizes;
- der Äußerungen, vor allem auch der Werturteile, von Sprachexperten über die nationalen Varianten oder Varietäten, einschließlich der Stellungnahmen in der Fachliteratur;
- des Korrekturverhaltens von Sprachnormautoritäten, vor allem von Lehrern, bezüglich nationaler Varianten, soweit Quellen zur Verfügung stehen;
- nationalvarietäts-puristischer Bestrebungen;
- nationaler Stereotypen (Auto- und Heterostereotypen) und Nationalspitznamen, vor allem Einstellungen zur eigenen und zu fremden nationalen Varianten;
- der Diffusionsprozesse von Varianten zwischen den nationalen Zentren.

Erst ein historischer Gesamtüberblick über alle nationalen Zentren, die Voll- und die Halbzentren der deutschen Sprache ergäbe ein umfassendes Gesamtbild von ihrer Plurinationalität.

Bibliographie

Abd-el-Jawad (1992) Is Arabic a Pluricentric Language? In Clyne, M. (ed.) *Pluricentric Languages. Differing Norms in Different Nations.* Berlin/New York: Mouton de Gruyter, 261–304.

Adlassnig, Hans/Tschirk, Roman (1987) *Powidl und Kaiserschmarren. Wörterbuch der österreichischen Küche.* Wien/München: Amalthea.

Ahlzweig, Klaus (1994) *Muttersprache – Vaterland. Die deutsche Nation und ihre Sprache.* Opladen: Westdeutscher Verlag.

Ammon, Ulrich [1972] (1973) *Dialekt, soziale Ungleichheit und Schule.* Weinheim/Basel: Beltz.

Ammon, Ulrich (1983) Soziale Bewertung des Dialektsprechers. Vor- und Nachteile in Schule, Beruf und Gesellschaft. In Besch, W. u. a. (eds.) *Dialektologie*, Bd. 2. Berlin/New York: de Gruyter, 1499–1509.

Ammon, Ulrich (1986) Explikation der Begriffe ‚Standardvarietät' und ‚Standardsprache' auf normtheoretischer Grundlage. In Holtus, G./Radtke, E. (eds.) *Sprachlicher Substandard.* Tübingen: Niemeyer, 1-63.

Ammon, Ulrich (1987 a) Language – Variety/Standard Variety – Dialect. In Ammon, U./Dittmar, N./Mattheier, K.J. (eds.) Sociolinguistics/Soziolinguistik, Bd.1. Berlin/New York: de Gruyter, 316–335.

Ammon, Ulrich (1987 b) Zu den Begriffen ‚standardsprachliches Sprachzeichen' ‚Standardvarietät' und ‚Standardsprache'. *Zeitschrift für Phonetik, Sprachwissenschaft und Kommunikationsforschung* 40: 305–316.

Ammon, Ulrich (1988) Intentional Dialect Use in the Federal Republic of Germany. *The Canberra Linguist* 17(1) (July/October): 28–42.

Ammon, Ulrich (1989) Towards a Descriptive Framework for the Status/Function (Social Position) of a Language within a Country. In Ammon, U. (ed.) *Status and Function of Languages and Language Varieties.* Berlin/New York: de Gruyter, 21–106.

Ammon, Ulrich (1991 a) *Die internationale Stellung der deutschen Sprache.* Berlin/New York: de Gruyter.

Ammon, Ulrich (1991 b) The Differentiation of the German Language into National Varieties of the Federal Republic of Germany (F.R.G.). The German Democratic Republic (G.D.R.), Austria and Switzerland. *History of European Ideas* 13 (1/2): 75–88.

Ammon, Ulrich (1991 c) Die Plurizentrizität der deutschen Sprache. In Ekmann, B. u.a. (eds.) *Deutsch – Eine Sprache? Wie viele Kulturen?* (Text & Kontext, Sonderreihe, 30) Kopenhagen/München: W. Fink, 14–34.

Ammon, Ulrich (1992) Varietäten des Deutschen. In Ágel, V./Hessky, R. (eds.) *Offene Fragen – offene Antworten in der Sprachgermanistik.* Tübingen: Niemeyer, 203–223.

Ammon, Ulrich (1993) [Rez. von] Wolfgang Pollak *Was halten die Österreicher von ihrem Deutsch?* ... Wien 1992. Zeitschrift für Germanistik, N.F. 3: 692–695.

Ammon, Ulrich (1994) Über ein fehlendes Wörterbuch „Wie sagt man in Deutschland?" und über den übersehenen Wörterbuchtyp ‚Nationale Varianten einer Sprache'. *Deutsche Sprache* 22 (1): 51–65.

Ammon, Ulrich/Eckhardt, Juliane/Helmers, Hermann (eds.) (1981) *Perspektiven des Deutschunterrichts.* Weinheim/Basel: Beltz.

Bibliographie

Amstutz, Hans (im Druck) *Das Verhältnis zwischen deutscher und französischer Schweiz in den Jahren 1930 bis 1945* (Reihe Sprachlandschaft, 15). Aarau/Frankfurt a.M./Salzburg: Sauerländer.

Anderson, Benedict (1983) *Imagined Communities. Reflections on the Origin and Spread of Nationalism.* London: Verso. *Die Erfindung der Nation. Zur Karriere eines erfolgreichen Konzepts.* (Reihe Campus, 1018) Frankfurt/New York: Campus.

Anderson, Sven Gunnar (1983) Deutsche Standardsprache – drei oder vier Varianten? *Muttersprache* 93: 259–283.

Angst, W./Eichenberger, W. (1964) *Wörterbüchlein für die 4.–6. Klasse.* 3., unveränd. Aufl. Zürich: Lehrmittelverlag des Kantons Zürich.

Annamalai, Elayaperumal (1992) Multiple Centres of Language Development – the Case of Tamil. In Clyne, M. (ed.) *Pluricentric Languages. Differing Norms in Different Nations.* Berlin/NewYork: Mouton de Gruyter, 93–100.

Arakin, Vladimir D. (1937) K voprosu ob anglijskom jazyke v Amerike [Zur Frage der englischen Sprache in Amerika]. *Inostrannyj jazyk v škole* [Moskau] 1: 59–66; 2: 89–94.

Arbeitsgruppe „Deutsch als Fremdsprache" am Institut für Germanistik der Universität Graz (ed.) [1987] (1990) *Gemeinsame Zeichen – Verständigung zwischen Menschen.* 2. verb. Aufl. (Grazer Arbeiten zu Deutsch als Fremdsprache und Deutsch in Österreich, 1). Graz: Universitätsdruck.

Arndt, Ernst M. [1813] (o.J.) Des Deutschen Vaterland. In Leffson, A. (ed.) *Arndts Werke.* Berlin usw.: Deutsches Verlagshaus Bong, 126 f.

Arnold, Heinz L. (ed.) (1978 ff.) *Kritisches Lexikon zur deutschsprachigen Gegenwartsliteratur.* München: edition text + kritik.

Aufderstraße, Hartmut u.a. (1994) *Themen neu. Lehrwerk für Deutsch als Fremdsprache.* Ismaning: Hueber.

Aufschnaiter, Werner von (1982) Sprachkontaktbedingte Besonderheiten der deutschen Gesetzes- und Amtssprache in Südtirol. *Germanistische Mitteilungen* 16: 83–88.

Augst, Gerhard (1987) Zum Wortbestand der amtlichen Rechtschreibwörterbücher: Duden – Leipzig, Duden – Mannheim, Österreichisches Wörterbuch. In Augst, H. (ed.) *Wörter[:] Schätze, Fugen und Fächer des Wissens. Festgabe für Theodor Lewandowski zum 60. Geburtstag.* Tübingen: Narr, 85–114.

Augst, Gerhard/Strunk, Hiltraud (1988) Wie der Rechtschreibduden quasi amtlich wurde. Zur Genese und zur Kritik des „Stillhaltebeschlusses" der Kultusministerkonferenz vom 18./19. November 1955. *Muttersprache* 98: 329–344.

Augst, Gerhard/Sauer, Wolfgang W. (1993) Der Duden – Konsequenzen aus der Wende? In Welke, K./Sauer, W./Glück, H. (eds.) *Die deutsche Sprache nach der Wende. Germanistische Linguistik* 110/111: 71–92.

Aussprache-Duden → *Duden. Aussprachewörterbuch.*

Axen, Hermann (1973) *Zur Entwicklung der sozialistischen Nation in der DDR.* Berlin/Ost: Dietz.

Bach, Adolf [1934] (1950) *Deutsche Mundartforschung. Ihre Wege, Ergebnisse und Aufgaben.* 2. Aufl. Heidelberg: Winter.

Baer, Emil (1936) *Alemannisch. Die Rettung der Eidgenössischen Seele.* Zürich/Leipzig/Stuttgart: Rascher.

Bakos, Eva (1988) *Wien: mit Ausflügen in die Umgebung.* Köln: DuMont.

Balhorn, Heiko u.a. (1992) *Grundwortschatz.* Für Österreich bearb. von Heinz Kirchberger. Hohenems: vpm.

Ballek, Beatrix (1980) Zur Syntax in den österreichischen Tageszeitungen „Die Presse" und „Kurier". In Wiesinger, P. (ed.) *Sprache und Name in Österreich – Festschrift für Walter Steinhauer zum 95. Geburtstag.* Wien: Braumüller, 121–138.

Banzer, Roman (1993) *Die Mundart des Fürstentums Liechtenstein. Sprachformengebrauch, Lautwandel und Lautvariation.* Phil. Diss. Universität Freiburg/Schweiz.

Bänziger, Andreas (1970) *Kasusabweichungen in der Gegenwartssprache. Eine Untersuchung anhand von Beispielen der schweizerischen Presse.* Phil Diss. Universität Freiburg/ Schweiz.

Barbour, Stephen (1992) The Role of Language in European Nationalism. A Comparative Study with Particular Reference to the German-Speaking Area. In Lippi-Green, R. (ed.) *Recent Developments in German Linguistics.* Amsterdam: Benjamins, 1–9.

Bartsch, Elmar/Pabst-Weinschek, Maria (1984) Vorstellungen vom Sprechausdruck bei deutschen und österreichischen Teilnehmern an Rhetorikseminaren. In Berger, L. (ed.) *Sprechausdruck.* Frankfurt a. M.: Scriptor, 163–174.

Bartsch, Kurt/Goltschnigg, Dietmar/Melzer, Gerhard (eds.) (1982) *Für und wider eine österreichische Literatur.* Königstein/Ts.: Athenäum.

Bartsch, Renate (1985) *Sprachnormen: Theorie und Praxis.* Tübingen: Niemeyer.

Basil, Otto/Eisenreich, Herbert/Ivask, Üvar (1962) *Das große Erbe. Aufsätze zur österreichischen Literatur.* Graz/Wien: Stiasny.

Basler, Otto (bearb.) (1935) *Der Große Duden. Grammatik der deutschen Gegenwartssprache. Eine Anleitung zum Verständnis des Aufbaus unserer Muttersprache.* Leipzig: Bibliographisches Institut.

Bauer, Dirk (1990) Zwei deutsche Staaten – zwei deutsche Sprachen? Überlegungen zur Entwicklung der germanistischen Forschung und zum Verhältnis von Sprachwissenschaft und Politik. *Deutsche Sprache* 18 (3): 218–240.

Bauer, G. F. (1981) „Le Schwyzertütsch": écran ou lien? In Redard, F./ Jeanneret, R./Métral, J.-P. (eds.) *Le Schwyzertütsch – 5e langue nationale?* (Bulletin CILA, 33). Neuchâtel: Institut de linguistique, Université, 94–105.

Bauer, Roland (1994) Deutsch als Amtssprache in Südtirol. In Osterheld, W. (ed.) *Terminologie et tradition.* Luxembourg: Office des publications officielles des Communautés européennes, 63–84.

Baumann, Adolf (1983) Hochdeutsch – unsere Chance. *Tagesanzeiger* 16. April.

Baumgartner, Heinrich (1932) Unsere Aussprache des Schriftdeutschen. *Schulpraxis. Monatsschrift des Bernischen Lehrervereins* 22 (6): 113–126.

Baur, Arthur [1939] (1941) *Praktische Sprachlehre des Schweizerdeutschen.* 2. verb. Aufl. Niederhasli (Zürich): Rigi.

Baur, Arthur (1983) *Was ist eigentlich Schweizerdeutsch?* Winterthur: Gemsberg.

Baur, Arthur (1985) *Schwyzertüütsch. „Grüezi mitenand." Praktische Sprachlehre des Schweizerdeutschen mit Schlüssel zu den Übersetzungsübungen.* Winterthur: Gemsberg-Verlag.

Baur, Arthur (1988) Was ist Schweizerdeutsch? Sprache oder Dialekt? *Schweizerdeutsch* III/IV: [8 f.].

Baur, Arthur (1990) *Schweizerdeutsch – woher und wohin?* Zürich: Rohr.

Baur-Sallenbach, H. (1946) Wie kam es zur Schweizerdeutschschule? *Heimatschutz* (Sonderheft „Heimatschutz und Muttersprache") 41: 19 f.

Bausinger, Hermann (1972) *Deutsch für Deutsche. Dialekte, Sprachbarrieren, Sondersprachen* (Bücher des Wissens, 6145). Frankfurt a. M.: Fischer.

Baxter, Alan N. (1992) Portuguese as a Pluricentric Language. In Clyne, M. *Pluricentric Languages. Differing Norms in Different Nations.* Berlin/New York: Mouton de Gruyter, 11–44.

Beersmans, F[rans] (1987) Variatie en norm in het Duitse taalgebied. In de Rooij, J. (ed.) *Variatie en Norm in de Standaardtaal.* Amsterdam: P.J. Meertens Institut, 43–55.

Behaghel, Otto (1915) Deutsches Deutsch und Österreichisches Deutsch. In *Österreichische Rundschau* 15.2.1915: 12 f.; *Frankfurter Zeitung* 23.2.1915.

Behaghel, Otto (1927) Deutsches Deutsch und Österreichisches Deutsch. In Behaghel, O. *Von deutscher Sprache. Aufsätze, Vorträge und Plaudereien.* Lahr i.B.: Schauenburg, 303–305.

Die Benennung der Fleischstücke und ihre Verwendung (1975) Verband Schweizer Metzgermeister (ed.). Bearb. von Schweiz. Fachschule für das Metzgereigewerbe. Zürich.

Bertschi, Dölf (1990) Verändern anonyme Mächte unsere Sprachen? *Die Weltwoche* 11 vom 15.3: 59 f.

Besch, Werner (1972) Sprachnorm-Kompetenz des Bundestages? Das Beispiel der Handwerkernamen. In Ennen, E./Wiegelmann, G. (eds.) *Studien zur Volkskultur, Sprache und Landesgeschichte (Festschrift für Matthias Zender).* Bonn: Röhrscheid, 993–1015.

Besch, Werner (1983a) Dialekt, Schreibdialekt, Schriftsprache, Standardsprache. Exemplarische Skizze ihrer historischen Ausprägung im Deutschen. In Besch, W. u.a (eds.) *Dialektologie. Ein Handbuch zur deutschen und allgemeinen Dialektforschung,* Bd. 2. Berlin/New York: de Gruyter, 1399–1411.

Besch, Werner (1983b) Entstehung und Ausprägung der binnensprachlichen Diglossie im Deutschen. In Besch, W. u.a. (eds.) *Dialektologie. Ein Handbuch zur deutschen und allgemeinen Dialektforschung,* Bd. 2. Berlin/New York: de Gruyter, 961–990.

Besch, Werner (1986) Zur Kennzeichnung sprachlandschaftlicher Wortvarianten im Duden-Wörterbuch und im Brockhaus Wahrig. In Cox, H. L./Vanacker, V. F./Verhofstadt, E. (eds.) *wortes anst – verbi gratia donatum natalicium gilbert a. r. de smet.* Löwen/Amersfoort: Acco, 47–64.

Besch, Werner (1990) Schrifteinheit – Sprechvielfalt. Zur Diskussion um die nationalen Varianten der deutschen Standardsprache. *German Life and Letters* 43 (Special Number for R. E. Keller): 91–102.

Bichel, Ulf (1973) *Problem und Begriff der Umgangssprache in der germanistischen Forschung.* Tübingen: Niemeyer.

Bickel, Hans/Schläpfer, Robert (eds.) Mehrsprachigkeit – eine Herausforderung. Aarau/Frankfurt a.M./Salzburg: Sauerländer.

Bigler, Ingrid u.a. (bearb.) (1987) *Unser Wortschatz. Schweizer Wörterbuch der deutschen Sprache.* Zürich: Sabe.

Bigler-Marschall, Ingrid (1981) „Österreichisches Wörterbuch". *Sprachspiegel* 37: 118.

Bister, Helga/Willemyns, Roland (1988) Perifere woordenschat in woordenboeken van het Duitse, Franse en Nederlandse taalgebied. *Nieuwe Taalgids* 81: 417–429.

Blesi, Pankraz (1988) „Ist das überhaupt Deutsch?" – Eine Übung zur Verwendung von Wörtern und Wendungen beim Schreiben. In Sieber, P./Sitta, H. (eds.) *Mundart und Hochdeutsch im Unterricht. Orientierungshilfen für Lehrer* (Studienbücher Sprachlandschaft, 1). Aarau/Frankfurt a.M./Salzburg: Sauerländer, 53–74.

Blocher, Eduard (1910) Die schweizerische Nation III. Sind wir Deutsche? *Wissen und Leben.* (Schweizerische Halbmonatsschrift, V) 3 (1): 436–454.

Blocher, Eduard (1919) *Hochdeutsch als unsre Muttersprache* (Volksbücher des Deutschschweizerischen Sprachvereins, 8.). Basel: Finckh.

Blüml, Karl L. (1980) Zur Neuausgabe des „Österreichischen Wörterbuchs". *Erziehung und Unterricht* 4: 207–210.

Blümner, Hugo (1892) *Zum schweizerischen Schriftdeutsch. Glossen eines Laien zu Wustmanns Schrift. „Allerhand Sprachdummheiten".* Zürich: Albert Müller.

Bodi, Leslie (1977) *Tauwetter in Wien. Zur Prosa der österreichischen Aufklärung 1781–1795.* Frankfurt a. M.: Fischer.

Bodi, Leslie (1980) Österreichische Literatur – Deutsche Literatur. Zur Frage von Literatur und nationaler Identität. *Akten des VI. Internationalen Germanisten-Kongresses.* Basel: 486–492.

Böckh, Richard (1866) Die statistische Bedeutung der Volkssprache als Kennzeichen der Nationalität. *Zeitschrift für Völkerpsychologie und Sprachwissenschaft* 4: 259–402.

Boesch, Bruno (1956) Die Aussprache des Hochdeutschen in der Schweiz. Eine Wegleitung. *Schweizerische Lehrerzeitung* 101: 1281–1288.

Boesch, Bruno (ed.) (1957a) *Die Aussprache des Hochdeutschen in der Schweiz. Eine Wegleitung.* Zürich: Schweizer Spiegel Verlag.

Boesch, Bruno (1957b) Die mehrsprachige Schweiz. *Wirkendes Wort* 8: 65–76.

Boesch, Bruno (1966/67) Sprachpflege in der Schweiz. In Moser, H. (ed.) *Sprachnorm, Sprachpflege, Sprachkritik.* Düsseldorf: Schwann, 220–235.

Boesch, Bruno (ed.) [1980 ?] *Die Aussprache des Hochdeutschen in der Schweiz. Eine Wegleitung.* 2. überarb. Aufl. Unveröff. Ms.

Böhler, Michael (1990) Der Lektürekanon in der deutschsprachigen Schweiz. Eine Problemskizze. In Kochan, D. C. (ed.) *Literaturdidaktik – Lektürekanon – Literaturunterricht* (Amsterdamer Beiträge zur neueren Germanistik, 30). Amsterdam/Atlanta, GA: Rodopi, 9–63.

Böhler, Michael (1991a) Schweizer Literatur im Kontext deutscher Kultur unter dem Gesichtspunkt einer „Ästhetik der Differenz". In Ekmann, B. u. a. (eds.) *Deutsch – eine Sprache? Wie viele Kulturen?* (Text & Kontext, Sonderreihe, 30). München: W. Fink, 73–100.

Böhler, Michael (1991b) Das Verhältnis der Deutschschweizer Autoren zur Schriftsprache. In Petzold, K. (ed.) *Geschichte der deutschsprachigen Schweizer Literatur im 20. Jahrhundert.* Berlin: Volk und Wissen, 309–318.

Böhm, Wolfgang/Lahodynski, Otmar (1992) Aus Marillen-Marmelade wird Aprikosen-Konfitüre. *Die Presse* 27.8.1992.

Born, Joachim/Dickgießer, Sylvia (1989) *Deutschsprachige Minderheiten. Ein Überblick über den Stand der Forschung für 27 Länder.* Mannheim: Institut für deutsche Sprache.

Borneman, Ernest (1984) *Sex im Volksmund. Der obszöne Wortschatz der Deutschen.* Herrsching: Pawlak.

Bosshart, J[akob] (1891) Zur Aussprache des Deutschen. *Schweizerische Lehrerzeitung* 36 (8–10): 64f., 72–74, 82f.

Bradley, David (1992) Chinese as a Pluricentric Language. In Clyne, M. (ed.) *Pluricentric Languages. Differing Norms in Different Nations.* Berlin/New York: Mouton de Gruyter, 305–324.

Brandl, Leopold (bearb.) (1930) *Willomitzer-Tschinkel [:] Deutsche Sprachlehre für Mittelschulen.* 23. Aufl. Wien: Manz.

Braun, Peter (1981) Untersuchung zu deutsch-deutschen Wörterbüchern. *Muttersprache* 91: 157–168.

Braune, Wilhelm (1905) *Über die Einigung der deutschen Aussprache.* Halle: Niemeyer.

Brenner, Emil [1949] (1951) (1963) *Deutsches Wörterbuch.* Neu bearb. von Artur Schwarz, 3. Aufl. Wels: Leitner.

Bretschneider, Rudolf (1990) Österreicher und Deutsche/Wechselseitige Einschätzung (Bis Frühjahr 1990). In Rathkolb, O. u.a. (eds.) *Österreich und Deutschlands Größe.* Salzburg: Müller, 127–132.

Brockhaus Wahrig. Deutsches Wörterbuch (1980–1984), 6 Bde. Wahrig, G./Krämer, H./ Zimmermann, H. (eds.). Wiesbaden/Stuttgart: Brockhaus/Deutsche Verlags-Gesellschaft.

Brozović, Dalibor (1992) Serbo-Croatian as a Pluricentric Language. In Clyne, M. (ed.) *Pluricentric Languages. Differing Norms in Different Nations.* Berlin/New York: Mouton de Gruyter, 347–380.

Bruckmüller, Ernst (1984) *Nation Österreich. Sozialhistorische Aspekte ihrer Entwicklung.* Wien/Köln/Graz: Böhlau.

Bruckmüller, Ernst (1994) *Österreichbewußtsein im Wandel. Identität und Selbstverständnis in den 90er Jahren* (Schriftenreihe des Zentrums für angewandte Politikforschung, 4). Wien/ Köln/Graz: Signum.

Brunot, Ferdinand (1967) *Histoire de la langue française des origines à nos jours, Bd. 9: La Révolution et l'Empire.* Paris: Armand Colin.

Burger, Harald/Buhofer, Annelies/Sialm, Ambros (1982) *Handbuch der Phraseologie.* Berlin/ New York: de Gruyter.

Bürkle, Michael (1993a) Zur Aussprache des österreichischen Standards. Österreich-Typisches in der Nebensilbe. In Muhr, R. (ed.) *Internationale Arbeiten zum österreichischen Deutsch und seinen nachbarsprachlichen Bezügen* (Materialien und Handbücher zum österreichischen Deutsch und zu Deutsch als Fremdsprache, 1). Wien: Hölder-Pichler-Tempsky, 53–66.

Bürkle, Michael (1993b) Sprechen Sie Österreichisch? Österreichisches Deutsch aus phonetischer Sicht. *ÖDaF-Mitteilungen* 1: 9–19.

Bürkle, Michael (im Druck) *Zur Aussprache der unbetonten Silben im österreichischen Standarddeutsch* (Schriften zur deutschen Sprache in Österreich). Wien/Köln/Graz: Böhlau.

Bürkle, Michael/Rusch, Paul (1994) Einige Thesen zur Ausspracheschulung aus „großdeutscher" Sicht. In Breitung, H. (ed.) *Phonetik, Intonation, Kommunikation.* München: Goethe-Institut, 41–48.

Burri, Ruth M./Geiger, Werner/Schilling, Roswita/Slembeck, Edith (1993) *Deutsch sprechen am Schweizer Radio DRS.* Bern: Schweizer Radio DRS.

Brüngger, Alice (1984) *Grundkurs Sprechausbildung.* Zürich: Ausbildung Radio und Fernsehen DRS.

Busse, Dietrich (1994a) Hailig Reich, Teutsch Nacion, Tutsche Lande. Zur Geschichte kollektiver Selbstbezeichnungen in frühneuhochdeutschen Urkundentexten. In Busse, D./Hermanns, F./Teubert, W. (eds.) *Begriffsgeschichte und Diskursgeschichte. Methodenfragen und Forschungsergebnisse der historischen Semantik.* Opladen: Westdeutscher Verlag, 268–298.

Busse, Dietrich (1994b) „Deutsche Nation". Zur Geschichte eines Leitbegriffs im Deutschland vor und nach der Wiedervereinigung. In Reiher, R./Lätzer, R. (eds.) *Sprache im Konflikt.* Berlin/New York: de Gruyter.

Camartin, Iso (1982) Die Beziehungen zwischen den schweizerischen Sprachregionen. In Schläpfer, R. (ed.) *Die viersprachige Schweiz.* Zürich/Köln: Benziger, 301–351.

Casad, Eugene H. (1974) *Dialect Intelligibility Testing* (Publication Number 38). Norman, Oklahoma: Summer Institute of Linguistics.

Casad, Eugene H. (ed.) (1992) *Windows on Bilingualism.* Dallas, TX: Summer Institute of Linguistics.

Castelli, I[gnatius] F.(1847) *Wörterbuch der Mundart in Oesterreich unter der Enns.* Wien: Tendler.

Chambers, J.K./Trudgill, Peter (1980) *Dialectology.* Cambridge usw.: Cambridge University Press.

Chambers, W.W. (1946) Language and Nationality in German Pre-Romantic and Romantic Thought. *Modern Language Review* 41: 382–392.

Christoph, Horst u.a. (1994) „Wer Preußenfleisch mag ..." Königgrätz 1866, Cordoba 1978, Frankfurt, Graz und Kalrsruhe 1994: Warum die Österreicher die Deutschen mit grenzenlosem Ehrgeiz verfolgen. *Profil* 18 (21. März): 74–77, 79 (Artikel zum Titelthema: „Haut die Piefkes").

Clyne, Michael G. (1982) Österreichisches Standarddeutsch und andere Nationalvarianten: Zur Frage Sprache und Nationalidentität. In Bodi, L./Thomson, P. (eds.) *Das Problem Österreich. Interdisziplinäre Konferenz über Geschichte, Kultur und Gesellschaft Österreichs im 20. Jahrhundert*. Melbourne: Monash University, Department of German, 54–67.

Clyne, Michael (1984) *Language and Society in the German-Speaking Countries*. Cambridge: Cambridge University Press.

Clyne, Michael (1985) Reactions to the 1979 Austrian Dictionary – Conservatism or Cultural Cringe? In *The Cultivated Australian. Festschrift in Honour of Arthur Delbridge*. Hamburg: Buske, 263–271.

Clyne, Michael (1987) The Interaction of National Identity, Class and Pluriglossia in a Pluricentric Language. In Laycock, D. C./Winter, W. (eds.) *A World of Language. Papers Presented to Professor S.A. Wurm on his 65th Birthday* (Pacific Linguistics). Canberra: The Australian National University, 127–139.

Clyne, Michael (1988) A *Tendenzwende* in the Codification of Austrian German. Multilingua 7(3): 335–341.

Clyne, Michael (1989) Pluricentricity: National Variety. In Ammon, U. (ed.) *Status and Function of Languages and Language Varieties*. Berlin/New York: de Gruyter, 357–371.

Clyne, Michael (1990) Die österreichische Nationalvarietät des Deutschen im wandelnden internationalen Kontext. *Grazer Arbeiten zu Deutsch als Fremdsprache und Deutsch in Österreich* 1: 4–8.

Clyne, Michael (1992a) German as a Pluricentric Language. In Clyne, M. (ed.) *Pluricentric Languages. Differing Norms in Different Nations*. Berlin/New York: Mouton de Gruyter, 117–147.

Clyne, Michael (ed.) (1992b) *Pluricentric Languages. Differing Norms in Different Nations*. Berlin/New York: Mouton de Gruyter.

Clyne, Michael (1993a) Die österreichische Nationalvarietät des Deutschen im wandelnden internationalen Kontext. In Muhr, R. (ed.) *Internationale Arbeiten zum österreichischen Deutsch und seinen nachbarsprachlichen Bezügen* (Materialien und Handbücher zum österreichischen Deutsch und zu Deutsch als Fremdsprache, 1). Wien: Hölder-Pichler-Tempsky, 1–6.

Clyne, Michael (1993b) Homogene und heterogene Strömungen: Eindrücke aus dem fernen Süden von der deutschen Sprache und dem neuen Europa. In Born, J./Schickel, G. (eds.) *Deutsch als Verkehrssprache in Europa* (Institut für deutsche Sprache, Jahrbuch 1992). Berlin/New York: de Gruyter, 26–37.

Clyne, Michael (1993c) Who Owns the German Language? In Flood, J. L. (ed.) *Das unsichtbare Band der Sprache. Studies in Memory of Leslie Seiffert*. Stuttgart: Heinz, 357–372.

Clyne, Michael (1994) Ende oder Umfunktionalisierung der Di- bzw. Triglossie? Luxemburg und die deutsche Schweiz als Beispiele. In Kohnen, J./Solms, H.-J./Wegera, K.-P. (eds.) *Brücken schlagen ... „Weit draußen auf eigenen Füßen". Festschrift für Fernand Hoffmann*. Frankfurt a.M. usw.: Lang, 261–272.

Coulmas, Florian (1985) *Sprache und Staat. Studien zu Sprachplanung und Sprachpolitik* (Sammlung Göschen, 2510). Berlin/New York: de Gruyter.

Coulmas, Florian (ed.) (1988) *With Forked Tongues. What are National Languages Good for?* [Ann Arbor, Mich.:] Karoma.

Cowe, S. Peter (1992) Amen tel hay kay: Armenian as a Pluricentric Language. In Clyne, M. (ed.) *Pluricentric Languages. Differing Norms in Different Nations.* Berlin/New York: Mouton de Gruyter, 325–346.

Dahl-Blumenberg, Michael (1987) Zum Podiumsgespräch ‚Nationale Varianten der deutschen Hochsprache' auf dem IDV-Kongress in Bern, August 1986. Mit einer Analyse der Auffassungen sprachwissenschaftlicher Darstellungen des Themas aus der Sicht der Bundesrepublik Deutschland und der DDR. *Deutsche Sprache* 15: 358–366.

Dahrendorf, Ralf [1958] (1967) Homo Sociologicus: Versuch zur Geschichte, Bedeutung und Kritik der Kategorie der sozialen Rolle. In Dahrendorf, R. *Pfade aus Utopia.* München: Piper, 128–194.

Dann, Otto (1993) *Nation und Nationalismus in Deutschland, 1770–1990* (Beck'sche Reihe, 494). München: Beck.

Daube, Anna (1940) *Der Aufstieg der Muttersprache im deutschen Denken des 15. und 16. Jahrhunderts* (Deutsche Forschungen, 34). Frankfurt a. M.: Diesterweg.

Debrunner, A (1945) „Warum frägst du so dumm?" Ein grammatisches Gespräch in drei Akten. *Sprachspiegel* 1: 98–107, 122–128, 137–141.

Debus, Friedhelm/Hellmann, Manfred W./Schlosser, Horst D. (eds.) (1985) *Sprachliche Normen und Normierungsfolgen in der DDR* (Germanistische Linguistik, 82/83). Hildesheim: Olms.

Demandt, Alexander (ed.) [1990] (1991) *Deutschlands Grenzen in der Geschichte.* 2. verb. Aufl. München: Beck.

Deprez, Kas (1985) Brabant: een taaleigen centrum? In van de Craen, P./Willemyns, R. (eds.) *Standaardtaal en dialect op school, thuis en elders.* Brüssel, 131–157.

Deutsch, Karl W. (1942) The Trend of European Nationalism – The Language Aspect. *American Political Science Review* 36: 533–541.

Deutsche Wörter, die uns ungewohnt sind (1957) *Sprachspiegel* 12 (2): 142–144.

Deutsche Rechtschreibung. Vorschläge zu ihrer Neuregelung (1992) Internationaler Arbeitskreis für Orthographie (ed.) Tübingen: Narr.

Deutscher Sprachatlas, 23 Lieferungen (1927–1956) Wenker, Georg (begründ.), Wrede, Ferdinand (beginn.), Mitzka, Walther/Martin, Bernhard (fortsetz.). Marburg: Elwert.

Deutscher Wortatlas, 20 Bde. (1951–1973) Mitzka, Walther (begründ.), Schmitt, Ludwig E./Hildebrandt, Reiner (fortsetz.). Gießen: Schmitz.

Deutschschweizerischer Sprachverein (ed.) (1938) *Schweizerdeutsch und Hochdeutsch – jedes an seinem Ort.* Zürich: Bollmann.

Di Donato, Robert (1991) *Na klar! An Introductory German Course.* New York: McGraw-Hill.

Diebold, Markus u. a. (1988) *Brennpunkt Sprache. Ein Arbeitsbuch für Schweizer Mittelschulen.* Zürich: sabe.

Diederichs, August (1881) Über die Aussprache von sp/st, g und ng, ein Wort zur Verständigung zwischen Nord und Süd. *Zeitschrift für Orthographie, Orthoepie und Sprachphysiologie* 2: 1–7, 25–29, 41–44, 57–59, 73–75, 89–93, 113–118.

Dieth, Eugen [1938] (1986) *Schwyzertütschi Dialektschrift. Dieth-Schreibung.* Schmid-Cadalbert (bearb.) 2. Aufl. (lebendige Mundart, 1) [Zürich: Orell Füssli]. Aarau/Frankfurt a.M./ Salzburg: Sauerländer.

Domaschnew, Anatoli. I. (1963) Neskol'ko slov k pritschinam diskussii v Avstrii „Sprechen wir deutsch oder österreichisch" i o probleme „Österreichische Sprachpflege" [Zu den Gründen der Diskussion in Österreich „Sprechen wir deutsch oder österreichisch" und über das Problem „österreichische Sprachpflege"]. Utschojnye zapiski GGPIIJA *(Gor'kover Staatl. Pädag. Fremdsprachenhochschule)* 25.[Gorki]: 133–142.

Domaschnew, Anatoli I. (1967) *Otscherk sovremennogo nemeckogo jazyka v Avstrii [Abriß der modernen deutschen Sprache in Österreich].* Moskva: Vysschaja schkola.

Domaschnew, Anatoli I. (1969) O nekotorych tschertach nacional'nogo varianta literaturnogo jazyka [Über einige Grundzüge einer nationalen Variante der Literatursprache]. *Voprosy jazykoznanija* 2: 38–45.

Domaschnew, Anatoli I. (1978) O granicach literaturnogo i nacional'nogo jazyka. *Voprosy jazykoznanija* 2: 3–16.

Domaschnew, Anatoli I. (1988) K istorii sozdanija koncepcii nacional'nogo varianta jazyka [Zur Geschichte der Entwicklung einer Konzeption der nationalen Sprachvariante]. *Voprosy jazykoznanija* 5: 96–106.

Domaschnew, Anatoli I. (1989) Noch einmal über die nationalen Sprachvarianten im Deutschen. *Zeitschrift für germanistische Linguistik* 17: 342–355.

Domaschnew, Anatoli I. (1990) Koncepcija nacional'nogo varianta jazyka v trudach akademika G. V. Stepanova. [Die Konzeption der nationalen Sprachvariante in den Werken von Akademie-Mitglied G. V. Stepanov]. In Lichatschew D. S. (ed.) *Res Philologica. Filologič eskije issledovanija* (Philologische Studien). Moskau/Leningrad: Nauka (Wissenschaft), 4–17.

Domaschnew, Anatoli I. (1991a) Die Entwicklung der Theorie der nationalen Variante der Literatursprache in der sowjetischen Sprachwissenschaft. In Bahner, W./Schildt, J./Viehweger, D. (eds.) *Proceedings of the Fourteenth International Congress of Linguistics Berlin/GDR, August 10 – August 15, 1987*. Berlin: Akademie-Verlag, 1342–1347.

Domaschnew, Anatoli I. (1991b) Ade, DDR-Deutsch! Zum Abschluß einer sprachlichen Entwicklung. *Muttersprache* 101: 1–12.

Domaschnew, Anatoli I. (1993) Zum Problem der terminologischen Interpretation des Deutschen in Österreich. In Muhr, R. (ed.) *Internationale Arbeiten zum österreichischen Deutsch und seinen nachbarsprachlichen Bezügen* (Materialien und Handbücher zum österreichischen Deutsch und zu Deutsch als Fremdsprache, 1). Wien: Hölder-Pichler-Tempsky, 7–20.

Dominian, Leon (1917) *The Frontiers of Language and Nationality in Europe*. New York: Holt.

Donnenberg, Josef (1990) Kanon? Zeichen setzen! Kanon-Problem und Kanon-Revision in Österreich. An Beispielen. In Kochan, D. C. (ed.) *Literaturdidaktik – Lektürekanon – Literaturunterricht*. (Amsterdamer Beiträge zur neueren Germanistik, 30). Amsterdam/Atlanta, GA: Rodopi, 137–162.

Dostal, Karl A. (1982) *Wort und Bild. Wörterbuch für Volksschüler*. Wien: Ueberreuter.

Dotter, Franz (1978) Lautdauer der bundes- (nord- und mittel-)deutschen und österreichischen Variante des Hochdeutschen. *Klagenfurter Beiträge zur Sprachwissenschaft* 4 (1/2): 21–31.

Dressler, Wolfgang/Leodolter, Ruth/Chromec, Eva (1976) Phonologische Schnellsprechregeln in der Wiener Umgangssprache. In Viereck, W. (ed.) *Sprachliches Handeln – Soziales Handeln*. München: Fink, 71–92.

Dressler, Wolfgang/Wodak, Ruth (1982) Sociophonological Methods in the Study of Sociolinguistic Variation in Viennese German. *Language in Society* 11: 339–370.

Dressler, Wolfgang/Wodak, Ruth (1983) Soziolinguistische Überlegungen zum Österreichischen Wörterbuch. In Dardano, M. (ed.) *Parallela*. Tübingen: Narr, 247–260.

Droz, J[acques] (1950) Concept français et concept allemand de l'idée de nationalité. In *Europa und der Nationalismus. Bericht über das III internationale Historiker-Treffen in Speyer, 17 bis Oktober 1949*. Baden-Baden: 111–133.

Drosdowski, Günther (1980) *Der Duden – Geschichte und Aufgabe eines ungewöhnlichen Buches*. Mannheim/Wien/Zürich: Dudenverlag.

Dua, Hans R. (1992) Hindu-Urdu as a Pluricentric Language. In Clyne, M. (ed.) *Pluricentric Languages. Differing Norms in Different Nations*. Berlin/New York: Mouton de Gruyter, 381–400.

Duden. Aussprachewörterbuch. [1962] (1990) *Wörterbuch der deutschen Standardsprache*. Mangold, M. (bearb.). 3. Aufl. Mannheim/Wien/Zürich: Dudenverlag.

Duden. Deutsches Universalwörterbuch. [1983] (1989) Drosdowski, G. u.a. (bearb. und ed.). 2. neu bearb. Aufl. Mannheim/Wien/Zürich: Dudenverlag.

Duden. Deutsches Universalwörterbuch (1994) (PC-Bibliothek). Mannheim/Leipzig/Wien/Zürich: Dudenverlag.

Duden. Grammatik der deutschen Gegenwartssprache. [1935] (1984) Drosdowski, G. (ed.) 4., neu bearb. Aufl. Mannheim/Wien/Zürich: Dudenverlag.

Duden. Das große Wörterbuch der deutschen Sprache [1976-1981] (1993-95) Drosdowski, G. u.a. (bearb. und ed.) 8 Bde. Mannheim/Wien/Zürich: Dudenverlag.

Duden. Informationen zur neuen deutschen Rechtschreibung (1994) Sitta, H./Augst, G. (Verf.). Mannheim usw.: Dudenverlag.

Duden. Rechtschreibung der deutschen Sprache [1880] (1991) Drosdowski, G. u.a. (eds.). 20. erw. Aufl. Mannheim usw.: Dudenverlag.

Duden 1991 (1991) *Die Reden anläßlich der Vorstellung des „wiedervereinigten" Wörterbuches zur deutschen Rechtschreibung in Leipzig.* Mannheim usw.: Dudenverlag.

Duden. Redewendungen und sprichwörtliche Redensarten (1992) (Duden, 11). Mannheim usw.: Dudenverlag.

Duden. Stilwörterbuch der deutschen Sprache [1973] (1988) 7. neu bearb. Aufl. Mannheim/Wien/Zürich. Dudenverlag.

Duden, Konrad [1880] (1902) *Orthographisches Wörterbuch der deutschen Sprache. Nach den für Deutschland, Österreich und die Schweiz gültigen amtlichen Regeln.* 7. Aufl. Leipzig: Bibliographisches Institut.

Duden, Konrad (bearb.) [1903] (1907) *Rechtschreibung der Buchdruckereien deutscher Sprache. Auf Anregung und unter Mitwirkung des Deutschen Buchdruckvereins, des Reichsverbandes österreichischer Buchdruckereibesitzer und des Vereins Schweizerischer Buchdruckereibesitzer herausgegeben.* 2., verbess. Aufl. Leipzig/Wien: Bibliographisches Institut.

Duden, Konrad [1880] (1915) *Duden. Rechtschreibung der deutschen Sprache und der Fremdwörter.* 9. Aufl. Leipzig: Bibliographisches Institut.

Duke, P. M. u.a. (1984) Psychosocial Correlates of Short Stature. *Pediatric Research* 18 (6): 96A.

Dürrenmatt, Peter (1963) *Schweizer Geschichte.* Zürich: Schweizer Verlagshaus.

Düwell, Kurt (1976) *Deutschlands auswärtige Kulturpolitik 1918–1932. Grundlinien und Dokumente.* Köln/Wien: Böhlau.

Ebner, Jakob [1969] (1980) *Wie sagt man in Österreich? Wörterbuch der österreichischen Besonderheiten.* 2. neubearb. Aufl. (Duden-Taschenbücher, 8) Mannheim/Wien/Zürich: Dudenverlag.

Ebner, Jakob (1987) Österreichisches Deutsch. *Informationen zur Deutschdidaktik* 11 (1/2): 149–162.

Ebner, Jakob (1988) Wörter und Wendungen des österreichischen Deutsch. In Wiesinger, P. (ed.) *Das österreichische Deutsch* (Schriften zur deutschen Sprache in Österreich, 12). Wien/Köln/Graz: Böhlau, 99–187.

Ebner, Jakob (1989a) Österreichisches Deutsch – ein Thema für die Didaktik. *Informationen zur Deutschdidaktik* 13 (2): 88–98.

Ebner, Jakob (1989b) Dialekt und Deutschunterricht in Oberösterreich. In Lachinger, J./Scheuringer, H./Tatzreiter, H. (eds.) *Sprache und Dialekt in Oberösterreich* (Schriften zur Sprache und Literatur in Oberösterreich, Folge 1) Linz: Adalbert-Stifter-Institut, 166–179.

Ebner, Jakob (1992) Deutsch in Österreich. *Der Deutschunterricht* 44 (6): 44–55.

Eder, Alois (1975) Eh-Pragmatik. *Wiener Linguistische Gazette* 9: 39–57.

Egger, Kurt (1977) Zweisprachigkeit in Südtirol. *Probleme zweier Volksgruppen an der Sprachgrenze* (Schriften des Südtiroler Kulturinstituts, 5). Bozen: Athesia.

Egger, Kurt (1993) Die Vielfalt der sprachlichen Ausdrucksmittel in der Umgangssprache von Schülern in Bozen/Südtirol. In In Mattheier, K.J. u.a. (eds.) *Vielfalt des Deutschen. Festschrift für Werner Besch.* Frankfurt a.M.: Lang, 653–663.

Egli, H.-R. (1981) Mundart und Hochdeutsch an bernischen Primarschulen. In Redard, F./ Jeanneret, R./Métral, J.-P. (eds.) *Le Schwyzertütsch – 5e langue nationale?* (Bulletin CILA, 33) Neuchâtel: Institut de linguistique, Université, 94–105.

Ehnert, Rolf (1993) Regionale Varianten des deutschen Sprachraums im Fremdsprachenunterricht. in Földes, C. (ed.) *Germanistik und Deutschlehrerausbildung. Festschrift zum hundertsten Jahrestag der Gründung des Lehstuhls für deutsche Sprache und Literatur an der päd. Hochschule Szeged.* Szeged: Päd. Hochschule „Gyula Juhasc", 277–288.

Eichhoff, Jürgen (1977/1978/1993/in Vorbereitung) *Wortatlas der deutschen Umgangssprachen.* 4 Bde. Bern/München usw.: Francke/Saur.

Eichhoff, Jürgen (1988) Zur Wertung landschaftlicher Bezeichnungsvarianten in der deutschen Standardsprache. In Munske, H. H. u.a. (eds.) *Deutscher Wortschatz. Lexikologische Studien.* Berlin/New York: de Gruyter, 511–524.

Eidgenössisches Department des Innern (ed.) (1989) *Zustand und Zukunft der viersprachigen Schweiz. Abklärungen, Vorschläge und Empfehlungen einer Arbeitsgruppe des Eidgenössischen Departments des Innern.* Mit Materialienband. Bern: Schweizerische Bundeskanzlei.

Einstellungen zu Österreich. Mehrthemenumfrage bei 1.990 repräsentativ ausgewählten Befragten in der Bundesrepublik Deutschland einschließlich West-Berlin. Wien: Dr. Fessel + GFK Institut für Marktforschung.

Eisenberg, Peter [1986] (1994) *Grundriß der deutschen Grammatik.* 3. Aufl. Stuttgart: Metzler.

Eisenreich, Herbert (1961) Das schöpferische Mißtrauen oder ist Österreichs Literatur eine österreichische Literatur? In Basil, O./Eisenreich, H./Ivar, I. (eds.) *Das große Erbe. Aufsätze zur österreichischen Literatur.* Graz/Wien: Stiasny, 94–126.

Eismann, Wolfgang (1991) Zur Frage der lexikographischen Berücksichtigung von nichtbinnendeutschen Phraseologismen in deutsch-slavischen phraseologischen Wörterbüchern. In Palm, C. (ed.) *„Europhras 90". Akten der internationalen Tagung zur germanistischen Phroaeologieforschung Aske/Schweden 12.-15. Juni 1990* (Acta Universitatis Upsaliensia. Studia Germanistica Upsaliensia, 32). Uppsala: Almquist & Wiksell, 43–61.

Emmerich, Wolfgang (1968) *Germanistische Volkstumsideologie. Genese und Kritik der Volksforschung im Dritten Reich* (Volksleben, 20). Tübingen: Vereinigung für Volkskunde.

Engel, Eduard (1917) *Sprich Deutsch! Ein Buch zur Entwicklung.* Leipzig: Hesse & Becker.

Engel, Eduard (1918) *Entwelschung. Verdeutschungswörterbuch für Amt, Schule, Haus, Leben.* Leipzig: Hesse & Becker.

Engel, Ulrich (1988) *Deutsche Grammatik.* Heidelberg: Groos.

Erbe, Karl (1893) *Leichtfaßliche Regeln für die Aussprache des Deutschen, mit zahlreichen Einzeluntersuchungen über die deutsche Rechtschreibung. Nebst einem ausführlichen Wörterbuche.* Stuttgart: Paul Neff.

Erdmann, Karl-D. (1985) Drei Staaten – zwei Nationen – ein Volk? Überlegungen zu einer deutschen Geschichte seit der Teilung. *Geschichte in Wissenschaft und Unterricht* 36: 671–683.

Erdmann, Karl-D. (1987) Die Spur Österreichs in der deutschen Geschichte. *Geschichte in Wissenschaft und Unterricht* 38: 597–626.

Esser, Ursula/Muesch, Bettina (1994) *Die deutsche Sprache. Entwicklungen und Tendenzen* (Themenhefte zurLandeskunde). Ismaning: Hueber.

Fabris, Hans H. (1990) Medienkolonie – na und? In Scherb, M./Morawetz, I. (eds.) *In deutscher Hand? Österreich und sein großer Nachbar.* Wien: Verlag für Gesellschaftskritik, 113–129.

Falk, Alfred (1965) Besonderheiten des deutschen Wortschatzes in der Schweiz. *Muttersprache* 75: 289–306.

Fasold, Ralph (1984) *The Sociolinguistics of Society.* Oxford: Blackwell.

Fenske, Hannelore (1973) *Schweizerische und österreichische Besonderheiten in deutschen Wörterbüchern* (Institut für deutsche Sprache, Forschungsberichte, 10) Tübingen: Narr.

Ferguson, Charles (1959) *Diglossia.* Word 15: 325–40.

Fernandez, Mauro (1993) *Diglossia. A Comprehensive Bibliography 1960–1990.* Amsterdam/Philadelphia: Benjamins.

Feudel, Günter (1978) Die Spezifik der Sprachentwicklung in der DDR und die Frage der „Einheit" der deutschen Sprache. In *Proceedings of the 12th International Congress of Linguistics, Vienna 1977.* Innsbruck, 271–274.

Fichte, Johann G. [1808] (1919) *Reden an die deutsche Nation.* Leipzig: Meiner.

Finck, Adrien (ed.) (1977) *Nachrichten aus dem Elsaß. Deutschsprachige Literatur in Frankreich* (Auslandsdeutsche Literatur der Gegenwart, 3). Hildesheim: Olms.

Der Fischer Weltalmanach 1994 (1993). Frankfurt a.M.: Fischer Taschenbuch Verlag.

Fishman, Joshua A. (1972) *Language and Nationalism. Two Integrative Essays.* Rowley, Mass.: Newbury House.

Fishman, Joshua A. (1968) Nationality-Nationalism and Nation-Nationism. In Fishman, J. A./Ferguson, C.A./Das Gupta, J. (eds.) *Language Problems of Developing Nations.* New York usw.: Wiley, 39–51.

Fleischer, Wolfgang (1983) *Die deutsche Sprache in der DDR. Grundsätzliche Überlegungen zur Sprachsituation.* Leipzig: Bibliographisches Institut.

Fleischer, Wolfgang (1984) Zum Begriff ‚nationale Variante einer Sprache' in der sowjetischen Soziolinguistik. *Linguistische Arbeitsberichte der Karl-Marx.-Universität, Leipzig, Sektion Theoretische und angewandte Sprachwissenschaft* 43: 63–73.

Fleischer, Wolfgang und Autorenkollektiv [1987] (1988) *Wortschatz der deutschen Sprache in der DDR. Fragen seines Aufbaus und seiner Verwendungsweise.* Leipzig: Bibliographisches Institut.

Flüe-Fleck, Hans P. von/Hove, Ingrid (1994) Schweizerdeutsch: ein Thema im Unterricht Deutsch als Fremdsprache? In Breitung, H. (ed.) *Phonetik, Intonation, Kommunikation.* München: Goethe-Institut, 49–68.

Forer, Rosa/Moser, Hans (1988) Beobachtungen zum westösterreichischen Sonderwortschatz. In Wiesinger, P. (ed.) *Das österreichische Deutsch.* Wien/Köln/Graz: Böhlau, 189–209.

Foß, Rudolf (1896) Schweizer Schriftdeutsch. *Zeitschrift des allgemeinen deutschen Sprachvereins* 11: 1–5.

Foster, Charles (ed.) (1980) *Nations Without a State. Ethnic Minorities in Western Europe.* New York: Praeger.

Földes, Csaba (1992) Zu den österreichischen Besonderheiten der deutschen Phraseologie. In Földes, C. (ed.) *Deutsche Phraseologie in Sprachsystem und Sprachverwendung.* Wien: Edition Praesens, 9–24.

Frank, Emil (1957) *Deutsche Aussprache. Ein Übungsbuch.* Bern: Francke.

Frein-Plischke, Marie-Luise (1987) *Wortschatz Bundesrepublik – DDR. Semantische Untersuchungen anhand von Personalkollektiva* (Sprache der Gegenwart, 72). Düsseldorf: Schwann.

Freitag, Franz (1949) Die österreichische Umgangssprache. *Die Furche* 1: 8.

Fröhler, Horst (1981) *Thesen über die schwerwiegenden Mängel des österreichischen Wörterbuchs.* Wien: Privatdruck.

Fröhler, Horst (1982) Zum neuen Österreichischen Wörterbuch – Acht Thesen über seine Mängel und über deren Beseitigung. *Österreich in Geschichte und Literatur* 26: 152–183.

Frühe, Eugen (1913) *Untersuchungen über den Wortschatz schweizerischer Schriftsteller des 18. und 19. Jahrhunderts.* Freiburg i.B: Rebholz.

Fuchs, Stefan M. (1992) Der Verein Schweizerdeutsch heute. In MUETTERSPROCH-Gsellschaft (ed.) *Alemannisch dunkt üs guet.* Freiburg i.Br.: Verein für alemannische Sprache, 6–8.

Führer, Karl [1913] (1968) *Büchlers Rechtschreibbüchlein für Schweizer Schulen.* Meier, H. (bearb.). 2 Hefte: 3.–5. und 5.–9. Schuljahr. Bern: Büchler.

Führer, Karl [1921] (1967) *Schweizer Rechtschreibbuch für Schule und Praxis. Nach Dudens „Rechtschreibung der Deutschen Sprache" mit besonderer Berücksichtigung des Schweizerischen Wortgutes.* Wabern: Büchler.

Fürstentum Liechtenstein, Amt für Volkswirtschaft (ed.) (1993) 1993. *Statistisches Jahrbuch.* Vaduz.

Fussy, Herbert (1980) Zur Geschichte einer „Österreichischen Orthographie". *Erziehung und Unterricht* 2: 90–95.

Fussy, Herbert (1990a) Wohin steuert das Österreichische Wörterbuch? *Grazer Arbeiten zu Deutsch als Fremdsprache und Deutsch in Österreich* 1: 17–25.

Fussy, Herbert (1990b) Das österreichische Wörterbuch 1990. Die wichtigsten Ergebnisse der 37. Auflage. *Erziehung und Unterricht* 140: 561–563.

Gajek, Bernhard (1963) Die deutsche Hochsprache in der Schweiz und in Österreich. *Zeitschrift für deutsche Wortforschung* 19: 164–170.

Gangler, J. F. (1847) *Lexicon der Luxemburger Umgangssprache (wie sie in und um Luxemburg gesprochen wird).* Luxemburg: Hoffmann.

Gartner, Theodor (1897) Zur Verständigung über die Aussprache des Deutschen. *Zeitschrift des. Allgemeinen Deutschen Sprachvereins* 12: 186–189.

Gartner, Theodor (1910) Oesterreichisches Schriftdeutsch. *Innsbrucker Nachrichten* 57 (33), 11. Februar: 1–5.

Gassner, Eberhard [1949] (oJ.) *Rechtschreibfibel für jung und alt.* 22., durchgeseh. Aufl. Wien: Österreichischer Bundesverlag.

Gassner, Susanne/Simonitsch, Wolfgang (1987) *Kleines Österreich-Lexikon. Wissenswertes über Land und Leute.* München: Beck.

Geerts, Guido (1992) Is Dutch a Pluricentric Language? In Clyne, M. (ed.) *Pluricentric Languages. Differing Norms in Different Nations.* Berlin/New York: Mouton de Gruyter, 71–92.

Gelhaus, Hermann unter Mitarb. von Frey, Roger/Heyne, Otfried (1972) *Vorstudien zu einer kontrastiven Beschreibung der schweizerdeutschen Schriftsprache der Gegenwart. Die Rektion der Präpositionen „trotz", „während" und „wegen".* (Europäische Hochschulschriften I, 58). Bern/Frankfurt a.M.: Lang.

Gellert-Novak, Anne (1994) Die Rolle der englischen Sprache in Euroregionen. *Sociolinguistica* 8: 123–135.

Gielen, Viktor (1992) *Das Eupener Land im Wandel der Zeit.* Eupen: Grenz-Echo.

Glovacki-Bernardi, Zrinjka (1993) Österreichische und süddeutsche Elemente in der Agramer Mundart. In Muhr, Rudolf (ed.) *Internationale Arbeiten zum österreichischen Deutsch und seinen nachbarsprachlichen Bezügen.* Wien: Hölder-Pichler-Tempsky, 76–78.

Gloy, Klaus (1975) *Sprachnormen I. Linguistische und soziologische Analysen.* Stuttgart-Bad Cannstatt: Fromann/Holzboog.

Glück, Helmut/Sauer, Wolfgang W. (1990) *Gegenwartsdeutsch* (Sammlung Metzler, 252). Stuttgart: Metzler.

Glück, Helmut/Sauer, Wolfgang W. (1992) Man spricht Deutsch. German spoken. On parle allemand. Die deutsche Spracheinheit, von außen gesehen durch die inländische Brille. *Der Deutschunterricht* 44 (6): 16–27.

Goossens, Jan (1977) *Deutsche Dialektologie* (Sammlung Göschen, 2205). Berlin/New York: de Gruyter.

534   Bibliographie

Gottsched, Johann C. [1748] [1762] (1977) *Vollständigere und Neuerläuterte Deutsche Sprachkunst* (Gottsched, Johann Christoph, Ausgewählte Werke, Mitchel, P., ed., Bd. 8 (1)). Berlin/New York: de Gruyter.

Görlach, Manfred (1990) The Dictionary of Transplanted Varieties of Languages: English. In F. J. Hausmann u. a. (eds.) Wörterbücher/Dictionaries/Dictionaires, Bd. 2. Berlin/New York: de Gruyter, 1475–1499.

Görlich, Ernst J. (1946) *Einführung in die Geschichte der österreichischen Literatur.* Wien: Manz.

Götze, Alfred (1918a) Aus dem deutschen Wortschatz schweizerischer Zeitungen. *Neue Jahrbücher für das klassische Altertum, Geschichte und deutsche Literatur* 21: 409–425.

Götze, Alfred (1918b) Das Fremdwort in schweizerdeutschen Zeitungen. *Zeitschrift des Allgemeinen Deutschen Sprachvereins* 33: 131–134.

Grebe, Paul (1964) Nachwort. In [1902]. *Regeln für die deutsche Rechtschreibung nebst Wörterverzeichnis.* Im Auftrag des Königlich Preußischen Ministeriums (ed.). Berlin: Weidmann. Faksimiledruck. Mannheim: Bibliographisches Institut, 1–4.

Greverus, Ina-Maria (1981) Ethnizität und Identitätsmanagement. *Schweizerische Zeitschrift für Soziologie* 7: 223–232.

Greyerz, Otto von (1892) *Die neuere Sprachentwicklung in der deutschen Schweiz.* Zürich: Müller.

Greyerz, Otto von (1900) *Deutsche Sprachschule für Berner.* Bern: Schmid & Francke.

Greyerz, Otto von (1933) *Sprache – Dichtung – Heimat. Studien, Aufsätze und Vorträge über Sprache und Schrifttum der deutschen Schweiz und der östlichen deutschen Alpenländer.* Bern: Francke.

Greyerz, Otto von [1922] (1946) *Deutsche Sprachschule für Schweizer Mittelschulen.* 8. Aufl. Bern: Francke.

Grimm, Jacob [1848] (1868) *Geschichte der deutschen Sprache.* 3. Aufl. Leipzig: Hirzel.

Grimm, Jacob [1864-1890] (1966) *Kleinere Schriften,* Bd 8. Hildesheim: Olms.

Grimm, Jacob/Grimm, Wilhelm (1854) *Deutsches Wörterbuch,* Bd. 1. Leipzig: Hirzel.

Der Große Duden. [1957] (1986) *Wörterbuch und Leitfaden der deutschen Rechtschreibung.* 2. durchgesh. Aufl. der 18. Neubearb. Leipzig: Bibliographisches Institut.

Großes Wörterbuch der deutschen Aussprache (1982) Krech, Eva-Maria u.a. (eds.) Leipzig: Bibliographisches Institut.

Gruber, Alfred (ed.) (1989) *Nachrichten aus Südtirol. Deutschsprachige Literatur in Italien* (Auslandsdeutsche Literatur der Gegenwart, 4). Hildesheim/New York: Olms.

Grundzüge einer deutschen Grammatik (1981) Autorenkollektiv. Berlin: Akademie-Verlag.

Gstrein [Langbein], Ferdinand (1957–1972) Die Sprache des Österreichers. *Österreichische Nation,* Jg. 9–24.

Gstrein [Langbein], Ferdinand (1964) Das unzulängliche Feigenblatt. *Österreichische Nation.* April: 62.

Gubler, Georg (1961) *So ist's richtig! Merkblätter für Rechtschreibung im deutschen, französischen, italienischen, englischen Satz. Schweizerische und fremdsprachige Eigenheiten.* 4., erweit. Aufl. Herrliberg ZH: Selbstverlag.

Haarmann, Harald (1993) *Die Sprachenwelt Europas. Geschichte und Zukunft der Sprachnationen zwischen Atlantik und Ural.* Frankfurt/New York: Campus.

Haas, Walter (1978) Wider den ‚Nationaldialekt‘. *Zeitschrift für Dialektologie und Linguistik* 45: 62–67.

Haas, Walter (1981) *Entre dialecte et langue – l'example du Schwyzertütsch.* In Redard, F./Jeanneret, R./Métral, J.-P. (eds.) *Le Schwyzertütsch – 5e langue nationale?* (Bulletin CILA, 33) Neuchâtel: Institut de linguistique, Université, 22–41.

Haas, Walter (1982a) Sprachgeschichtliche Grundlagen. In Schläpfer, R. (ed.) *Die viersprachige Schweiz*. Zürich/Köln: Benziger, 21–70.

Haas, Walter (1982b) Die deutschsprachige Schweiz. In Schläpfer, R. (ed.) *Die viersprachige Schweiz*. Zürich/Köln: Benziger, 71–160.

Haas, Walter (1986) Der beredte Deutschschweizer oder die Hollandisierung des Hinterwäldlers. Über die Kritik an der Deutschschweizer Sprachsituation. In Löffler, H. (ed.) *Das Deutsch der Schweizer: Zur Sprach- und Literatursituation der Schweiz*. Aarau/Frankfurt a.M./Salzburg: Sauerländer, 41–59.

Haas, Walter (1988) Schweiz. In Ammon, U./Dittmar, N./Mattheier, K. J. (eds.) *Sociolinguistics/Soziolinguistik*, Bd. 2. Berlin/New York: de Gruyter, 1365–1383.

Handwerksordnung (1994) Anlage A: Verzeichnis der Gewerbe, die als Handwerk betrieben werden können. In Luber, F. *Deutsche Sozialgesetze*. o.O.: R. S. Schulz, 46–46a.

Handwörterbuch der deutschen Gegenwartssprache (1984) 2 Bde. Kempcke, G. mit Autorenkollektiv. Berlin/Ost: Akademie-Verlag.

Hartl, Edwin (1980) Wer braucht ein „Österreichisches Wörterbuch"? Trotz Kompromissen: Ergebnis brauchbar. *Die Presse* (Wien) 5./6. Jänner.

Haubrichs, Wolfgang (1973) „die tiutsche und die andern zungen": Von der Vielfalt und Entwicklung eines Sprach- und Volksbegriffs. In Janota, J. (ed.) *Kultureller Wandel und die Germanistik in der BRD* (Vorträge des Augsburger Germanistentags 1991). Tübingen: Niemeyer, 21–41.

Haugen, Einar (1959) Planning a Standard Language in Modern Norway. *Anthropological Linguistics* 1 (3): 8–18.

Häussermann, Ulrich u.a. (1978) *Sprachkurs Deutsch. Unterrichtswerk für Erwachsene*. Frankfurt a.M./Wien/Aarau: Diesterweg/Österreichischer Bundesverlag/Sauerländer.

Hausjell, Fritz (1990) Mittagspause im Ausverkauf? Zum Verhältnis der Printmedien Österreichs zu BRD und DDR. In Rathkolb, O. u.a. (eds.) (1990) *Österreich und Deutschlands Größe*. Salzburg: Müller, 181–191.

Hausmann, Franz J. (1989) Wörterbuchtypologie. In F. J. Hausmann u.a. (eds.) Wörterbücher/Dictionaries/Dictionaires, Bd. 1. Berlin/New York: de Gruyter, 968–981.

Hausmann, Franz J. (1990) Les dictionaires du français hors de France. In F. J. Hausmann u.a. (eds.) Wörterbücher/Dictionaries/Dictionaires, Bd. 2. Berlin/New York: de Gruyter, 1500–1505.

Havránek, B[ohuslav] (1938) Zum Problem der Norm in der heutigen Sprachwissenschaft und Sprachkultur. In *Actes du quatrième Congres International de Linguistics*. Kopenhagen: 151–156.

Havránek, Bohuslav [1937] (1971) Die Theorie der Schriftsprache. In Beneš, E./Vachek, J. (eds.) *Stilistik und Soziolinguistik*. Berlin/München: List, 19–37.

Häusermann, Jürg/Käppeli, Heiner (1986) *Rhetorik für Radio und Fernsehen* (Schriften zur Medienpraxis, 1). Aarau/Frankfurt a.M.: Sauerländer.

Heckmann, Friedrich (1992) *Ethnische Minderheiten, Volk und Nation. Soziologie inter-ethnischer Beziehungen*. Stuttgart: Enke.

Heer, Friedrich (1981) *Der Kampf um die österreichische Identität*. Wien/Köln/Graz: Böhlaus Nachfolger.

Heimatschutz 1905 ff. (Schweizerische Vereinigung für Heimatschutz, ed. Olten: Otto Walter).

Heinen, F.-J./Kremer, E. (1986) Liste der regionalen und umgangssprachlichen Abweichungen im deutschsprachigen Gebiet Belgiens. 2. Aufl. [Eupen:] Ministerium der Nationalen Erziehung, Pädagogische Arbeitsgruppe Sekundarschulwesen.

Heiss, Gernot (1990) „Ein Reich von Künstlern und Kellnern". In Rathkolb, O. u.a. (eds.) *Österreich und Deutschlands Größe*. Salzburg: Müller, 118–126.

Helbig, Gerhard/Buscha, Joachim [1972] (1991) *Deutsche Grammatik. Ein Handbuch für den Ausländerunterricht.* 13. Aufl. Leipzig: Enzyklopädie.

Held, Gudrun (1981) Die Abtönungspartikel „halt" in der österreichischen Komödiensprache. Versuch einer kontrastiven Mikroanalyse. In *Europäische Mehrsprachigkeit. Festschrift zum 70. Geb[urtstag] von M. Wandruszka.* Tübingen: Niemeyer, 249–264.

Hellmann, Manfred W. (ed.) (1973) *Zum öffentlichen Sprachgebrauch in der Bundesrepublik Deutschland und in der DDR* (Sprache der Gegenwart, 58). Düsseldorf: Schwann.

Hellmann, Manfred W. (1978) Sprache zwischen Ost und West – Überlegungen zur Wortschatzdifferenzierung zwischen BRD und DDR und ihren Folgen. In Kühlwein, W./Radden, G. (eds.) *Sprache und Kultur: Studien zur Diglossie, Gastarbeiterproblematik und kultureller Integration.* Tübingen: Narr, 15–54.

Hellmann, Manfred W. (1980) Deutsche Sprache in der Bundesrepublik Deutschland und in der Deutschen Demokratischen Republik. In Althaus, H.B./Henne, H./Wiegand, H.E. (eds.) *Lexikon der Germanistischen Linguistik.* 2. erweit. Aufl. Tübingen: Niemeyer, 519–527.

Hellmann, Manfred W. (1984) *Ost-West-Wortschatzvergleiche. Maschinell gestützte Untersuchungen zum Vokabular von Zeitungstexten aus der BRD und der DDR.* Tübingen: Narr.

Hellmann, Manfred W. (1989a) ‚Binnendeutsch' und ‚Hauptvariante Bundesrepublik'. *Zeitschrift für germanistische Linguistik* 17: 84–93.

Hellmann, Manfred W. (1989b) Die doppelte Wende – Zur Verbindung von Sprache, Sprachwissenschaft und zeitgebundener politischer Bewertung am Beispiel deutsch-deutscher Sprachdifferenzierung. In Klein, Josef (ed.) *Politische Semantik.* Opladen: Westdeutscher Verlag, 297–326.

Hellmann, Manfred W. (1989c) Zwei Gesellschaften – Zwei Sprachkulturen? Acht Thesen zur öffentlichen Sprache in der Bundesrepublik Deutschland und in der Deutschen Demokratischen Republik. *Forum für interdisziplinäre Forschung* 2: 27–38.

Hellmann, Manfred W. (1990) DDR-Sprachgebrauch nach der Wende – eine erste Bestandsaufnahme. *Muttersprache* 100: 266–286.

Hellmann, Manfred (1992) *Wörter und Wortgebrauch in Ost und West* (Forschungsberichte des Instituts für deutsche Sprache, 69). Tübingen: Narr.

Herder, Johann G. (1877–1913) *Sämtliche Werke.* Suphan, B./Redlich, C./Steig, R. (eds.). Berlin: Weidmann, 33 Bde.

Hermann, Ursula u.a. (1993) *Deutsche Rechtschreibung. Rechtschreibung, Fremdwörter, Grammatik.* Gütersloh: Bertelsmann Lexikon Verlag.

Herre, Franz (1967) *Nation ohne Staat. Die Entstehung der deutschen Frage.* Köln/Berlin: Kiepenheuer & Witsch.

Hertzogin zu Troppau und Jägerndorf, Eleonora M.R. (1708a) *Granat-Apffel des Christlichen Samariters Oder: Auß Christlicher Lieb des Nächsten eröffnete Gehaimbnuß viler vortrefflicher/sonders/bewährten Mitteln und Wunder-heilsamen Artzneyen (...)* Wienn: Anna Francisca Voigtin.

[Hertzogin zu Troppau und Jägerndorf, Eleonora M.R.] (1708b) *Ein gantz neues und nutzbahres Koch-Buch/ in welchem zu finden/ wie man verschiedene herrliche und wohlschmäckende Speisen von gesottenen, gebratten und gebachenen, als allerhand Pastetten, Dorten, Krapffen/ ec. sehr künstlich und wohl zurichten [...] von einer Hoch-Adeligen Persohn zusammengetragen.* Wienn: Anna Francisca Voigtin.

Heuer, Walter [1960] (1970) *Richtiges Deutsch. Eine Sprachschule für jedermann.* 10., verbess. Aufl. Zürich: Buchverlag der Neuen Zürcher Zeitung.

Heuer, Walter (1972) *Deutsch unter der Lupe.* Zürich: Buchverlag der Neuen Zürcher Zeitung.

Hildebrandt, Reiner (1983) Typologie der arealen lexikalischen Gliederung deutscher Dialekte aufgrund des Deutschen Wortatlasses. In Besch, W. u.a. (eds.) *Dialektologie. Ein Handbuch zur deutschen und allgemeinen Dialektforschung*, Bd. 2. Berlin/New York: de Gruyter, 1331–1367.

Hinweise zum neuen Österreichischen Wörterbuch [35. Aufl. 1979]. Wien: Österreichischer Bundesverlag Jugend & Volk.

Hirschbold, Karl (1976) *Besseres Deutsch von A bis Z. Ein Nachschlagewerk für Österreicher.* Wien: Österreichischer Bundesverlag.

Hirschbold, Karl (1980) Hirschbolds Pirschgang im Sprachrevier. Peter Schludrians Freud und Leid. *Die Presse* (Wien), 8./9. März.

Höfer, F./Kronfeld, M. (1889) *Die Volksnamen der niederösterreichischen Pflanzen.* Wien: Verlag des Vereines für Landeskunde in Niederösterreich.

Hoffmann, Fernand (1979) *Sprachen in Luxemburg. Sprachwissenschaftliche und literaturhistorische Beschreibung einer Triglossie-Situation* (Deutsche Sprache in Europa und Übersee, 6). Wiesbaden: Steiner.

Hoffmann, Fernand (1981) *Zwischenland: Dialektologische, mundartphilologische und mundartliterarische Grenzgänge.* Hildesheim/New York: Olms.

Hoffmann, Fernand (1987) Pragmatik und Soziologie des Lëtzebuergeschen. Ein Versuch kommunikativer Sprachwissenschaft. In Goudailler, J.-P. (ed.) *Aspekte des Lëtzebuergeschen.* Hamburg: Buske, 91–196.

Hoffmann, Fernand (1988) Lëtzebuergsch: Mundart und Nationalsprache. Sprachpolitische und sprachensoziologische Überlegungen zum luxemburgischen Triglossie-Problem und zum Sprachgesetz von 1984. In Brücher, W./Franke, P.R. (eds.) *Probleme von Grenzregionen: Das Beispiel SAAR-LOR-LUX-Raum.* Saarbrücken: Philosophische Fakultät der Universität des Saarlandes, 49–65.

Hofmüller-Schenck, Agnes [1983] *Stellungnahme zu der von B. Boesch vorbereiteten Neuausgabe der „Aussprache des Hochdeutschen in der Schweiz".* Unveröff. Ms.

Hofmüller-Schenck, Agnes (1995) *Die Standardaussprache des Deutschen in der Schweiz. Erster Teil: Beschreibung, zweiter Teil: Übungen* (Reihe Studienbücher Sprachlandschaft, 5) Aarau/Frankfurt a.M./Salzburg: Sauerländer.

Hofstätter, Peter R. (1960) *Das Denken in Stereotypen.* Göttingen: Vandenhoeck & Ruprecht.

Hogg, Michael A./Joyce, Nicholas/Abrams, Dominic (1984) Diglossia in Switzerland? A Social Identity Analysis of Speaker Evaluations. *Journal of Language and Social Psychology* 3: 185–196.

Holtei, Karl von (1861) *Die Eselsfresser.* 3 Bde. Breslau: Trewendt.

Holtei, Karl von (1992) Die Wiener in Berlin. In Hein, J./Koning, H.J. (eds.) Karl von Holtei. *Ausgewählte Werke*, Bd. 1. Würzburg: Bergstadtverlag Korn, 70–102.

Holzer, Jerzy (1991) Der widerliche Schwabe, der brutale Preuße. In Trautmann, G. (ed.) *Die häßlichen Deutschen.* Darmstadt: Wissenschaftliche Buchgesellschaft, 83–88.

Hölz, Norbert (1973) Wie rein erhält sich die Sprache der Südtiroler? *Südtirol in Wort und Bild* 17 (3): 5–7.

Holzner, Johann (1990) Kanon-Diskussion und Kanon-Destruktion in Österreich. In Kochan, D.C. (ed.) *Literaturdidaktik – Lektürekanon – Literaturunterricht.* (Amsterdamer Beiträge zur neueren Germanistik, 30) Amsterdam/Atlanta, GA: Rodopi, 113–135.

Homans, George C. [1951] (1957) *The Human Group.* London: Routledge & Kegan Paul.

Hoor, Ernst (1982) Wandlungen der österreichischen Staatsidee. Vom Heiligen Römischen Reich zur Österreichischen Nation. In Wagner, G. (ed.) *Österreich. von der Staatsidee zum Nationalbewußtsein.* Wien, 433–459.

Hornung, Maria (1966/67) Sprachpflege in Österreich. In Moser, H. (ed.) *Sprachnorm, Sprachpflege, Sprachkritik.* Düsseldorf: Schwann, 215–219.

Hornung, Maria (1973) Besonderheiten der deutschen Hochsprache in Österreich. *Österreich in Geschichte und Literatur* 17 (1): 15–24.

Hornung, Maria (1978) Eine Vorbemerkung zur Neuausgabe des „Österreichischen Wörterbuches". *Wiener Sprachblätter* 28: 169f.

Hornung, Maria (1980a) Der Wortschatz Wiens, seine Vielschichtigkeit, seine Grenzen. In Wiesinger, P. (ed.) *Sprache und Name in Österreich. Festschrift für Walter Steinhauser zum 95. Geburtstag.* Wien: Braumüller, 185–196.

Hornung, Maria (1980b) Sinnvolle Sprachpflege bleibt unentbehrlich. Kritik am „Österreichischen Wörterbuch". *Die Presse: Spectrum* (9./10. Februar): 2.

Hornung, Maria (1986) Die Sprache des Österreichers. Vortrag im Österreichischen Rundfunk vom 21.5.1986 (Reihe Spectrum Austriae).

Hornung, Maria (1987) Das österreichische Deutsch in Vergangenheit und Gegenwart. In Dyhr, M./Olsen, J. (eds.) *Festschrift für Karl Hyldgaard-Jensen* (Kopenhagener Beiträge zur Germanistischen Linguistik, Sonderband 3). Kopenhagen, 106–115.

Hornung, Maria (1988) Die richtige Aussprache von Namen in Österreich. In Wiesinger, P. (ed.) *Das österreichische Deutsch.* Wien/Köln/Graz: Böhlau, 55–70.

Hornung, Maria/Pacolt, Ernst/Benedict, Erich (1980) Zankapfel „Österreichisches Wörterbuch". Eine Antwort auf „Die Leiden des jungen Wörterbuchs". *Profil* 21 (19. Mai): 62f.

Hove, Ingrid (1993) *Zur Aussprache der Standardsprache in der deutschen Schweiz.* Unveröff. Lizentiatsarbeit Philos. Fakultät der Univ. Freiburg/Schweiz.

Hrauda, Carl F. (1948) *Die Sprache des Österreichers.* Salzburg: Österreichischer Kulturverlag.

Hügel, Franz S. (1873) *Der Wiener Dialekt. Lexikon der Wiener Volkssprache.* (Idioticon Viennense) Wien: Hartleberis.

Hugelmann, Karl G. (1931) Die deutsche Nation und der deutsche Nationalstaat im Mittelalter. *Historisches Jahrbuch* 51: 1–29, 445–484.

Hugentobler, J[akob] (1920) *Zur schweizerdeutschen Amtssprache* (Abhandlungen hg. von der Gesellschaft für deutsche Sprache und Literatur in Zürich, 12). Zürich: Rascher.

Humboldt, Wilhelm von [1823] (1963a) Über den Nationalcharakter der Sprachen (Bruchstück). Flitner, A./Geil, K. (eds.) *Werke in fünf Bänden,* Bd. 3. Darmstatt: Wissenschaftliche Buchgesellschaft, 64–68.

Humboldt, Wilhelm von [1830–1835] (1963b) Ueber die Verschiedenheit des menschlichen Sprachbaues und ihren Einfluß auf die geistige Entwickung des Menschengeschlechts. Flitner, A./Geil, K. (eds.). *Werke in fünf Bänden,* Bd. 3. Darmstadt: Wissenschaftliche Buchgesellschaft, 368–754.

Hüppi, Hans-Martin (1970) *Sprecherziehung. Anweisungen und Übungen für Deutschschweizer* (Schriften des deutschschweizerischen Sprachvereins, 5). Frauenfeld: Huber.

Huth, Hella (1979) Bemerkungen zu einigen vorwiegend durch die unterschiedliche historische Entwicklung bedingten Spezifika in der Lexik der drei deutschsprachigen Staaten DDR, BRD, Österreich und dem deutschsprachigen Teil der Schweiz. *Deutsch als Fremdsprache* 16 (3): 129–138.

Hutterer, Claus J. (1978) Der Standarddialekt von Graz in Vergangenheit und Gegenwart. In Steinbock, W. (ed.) *850 Jahre Graz.* Graz, 323–354.

Iivonen, Antti K. (1983) Zur Frage der regionalen Variation der hochdeutschen Vokale. Evidenz aus den hochdeutschen und schweizerhochdeutschen betonten Monophthongen. *Neuphilologische Mitteilungen* 84: 45–52.

Iivonen, Antti K. (1984) Die hochdeutschen und schweizerhochdeutschen betonten Monophthonge. In Broecke, M. P. R. van den/Cohen, A. (eds.) *Proceedings of the Tenth International Congress of Phonetic Sciences*, Utrecht 1983. Dordrecht: Foris, 191–196.

Iivonen, Antti K. (1987a) Monophthonge des gehobenen Wienerdeutsch. *Folia Linguistica* (Acta Societatis Linguisticae Europaeae, 21/2-4). The Hague: Mouton, 293–336.

Iivonen, Antti [K.] (1987b) Zur regionalen Variation der betonten Vokale im gehobenen Deutsch. Kontrastive Evidenz unter besonderer Berücksichtigung des Ostmitteldeutschen und Wienerdeutschen. In Kahlas-Tarkka, L. (ed.) *Neophilologica Fennica. Neuphilologischer Verein 100 Jahre.* Helsinki: Société Néophilologique, 87–119.

Iivonen, Antti K. (1994) Zur gehobenen regionalen phonetischen Realisierung des Deutschen. In Viereck, W. (ed.) *Verhandlungen des Internationalen Dialektologenkongresses Bamberg 1990*, Bd. 3 (ZDL-Beiheft, 76). Stuttgart: Steiner, 311–330.

Imhof, Isabella (1993) *Schwiizertüütsch. Das Deutsch der Eidgenossen* (Kauderwelsch, 71). Bielefeld: P. Rump.

Innerhofer, Franz (1993) Österreichische Schriftsteller, österreichisches Deutsch und deutsche Verlagslektoren. In Muhr, Rudolf (ed.) *Internationale Arbeiten zum österreichischen Deutsch und seinen nachbarsprachlichen Bezügen*. Wien: Hölder-Pichler-Tempsky, 21–25.

Inside Austria Teil 16 12.12.88–10.1.1989. Wien: Dr. Fessel + GFK Institut für Marktforschung.

Ising, Erika (1987) Nationalsprache/Nationalitätensprache. In Ammon, U./Dittmar, N./Mattheier, K. J. (eds.) *Sociolinguistics/Soziolinguistik*, Bd. 1. Berlin/New York: de Gruyter, 335–344.

Jäger, Siegfried (1971) Zum Problem der sprachlichen Norm und seiner Relevanz für die Schule. *Muttersprache* 81: 162–175.

Jahresberichte des Deutschschweizerischen Sprachvereins (1905–1911). Basel/Bern. Fortsetzung durch *Jährliche Rundschau des Deutschschweizerischen Sprachvereins.*

Jährliche Rundschau des Deutschschweizerischen Sprachvereins (1912–1944). Bern, später Zürich. Fortsetzung durch *Sprachspiegel.*

John, Michael (1990) „Wenn ich einen Deutschen sehe, werde ich zum lebendigen Rasenmäher." Deutsche und Österreicher im Fußballsport. In Rathkolb, O. u.a. (eds.) *Österreich und Deutschlands Größe.* Salzburg: Müller, 143–153.

Joseph, John E. (1987) *Eloquence and Power. The Rise of Language Standards and Standard Languages.* London: Pinter.

Jung, Walter u.a. [1966] (1988) *Grammatik der deutschen Sprache.* Neuausgabe bearb. von Günter Starke. 9. Aufl. Leipzig: Bibliographisches Institut.

Junker, Beat/Fenner, Martin (1990) *Bürger, Staat und Politik in der Schweiz.* 6. Aufl. Basel: Lehrmittelverlag des Kantons Basel-Stadt.

Kahl, Kurt (1966) Das häßliche Deutsch des Österreichers. *Wort in der Zeit* 5: 27–31.

Kaiser, Stephan (1969/70) Band I: *Die Besonderheiten der deutschen Schriftsprache in der Schweiz. Wortgut und Wortgebrauch.* Band II: *Wortbildung und Satzbildung* (Duden-Beiträge, 30a/b). Mannheim/Wien/Zürich: Dudenverlag.

Kaiser, Stephan (1971) Schweizer Hochdeutsch. Zu neuen wissenschaftlichen Arbeiten. *Sprachspiegel* 27: 172–177.

Kahn, Robert A. [engl. 1950] (1964) *Das Nationalitätenproblem der Habsburgermonarchie. Geschichte und Ideengehalt der nationalen Bestrebungen vom Vormärz bis zur Auflösung des Reiches im Jahre 1918.* 2. erw. Aufl. Graz/Köln: Böhlaus Nachfolger.

Kappe, Fritz/Maiworm, Heinrich/Menzel, Wolfgang (1977) *Unser Wortschatz.* Braunschweig: Westermann.

Kasper, Christine (1992) *German as the national language of Austria. An inquiry into the problems of a pluricentric language.* Masters thesis Katholieke Universiteit Leuven, Faculteit Letteren en Wisjbegeerte. Leuven: manus.

Keller, Rudolf E. (1982) Diglossia in German-Speaking Switzerland. In Haas, W. (ed.) *Standard Languages, Spoken and Written*. Manchester: Manchester University Press, 70–93.

Kelp, Helmut (1982–1984) Lexikalische Besonderheiten unserer deutschen Schriftsprache. 50 Zeitungsartikel in *Neuer Weg* (Rumänien) 6.2.1982–8.12.1984.

Killinger, Robert (1975) *Arbeitsbuch Deutsch*. Wien/Graz: Hölder-Pichler-Tempsky etc.

Kim, Chin-W. (1992) Korean as a Pluricentric Language. In Clyne, M. (ed.) *Pluricentric Languages. Differing Norms in Different Nations*. Berlin/New York: Mouton de Gruyter, 239–260.

Kinne, Michael (ed.) (1977) *Texte Ost – Texte West. Arbeitsmaterialien zur Sprache der Gegenwart in beiden deutschen Staaten*. Frankfurt a.M./Berlin/München: Diesterweg.

Kinne, Michael/Strube-Edelmann, Birgit (1980) *Kleines Wörterbuch des DDR-spezifischen Wortschatzes*. Düsseldorf: Schwann.

Kirchhoff, Alfred (1905) *Zur Verständigung über die Begriffe Nation und Nationalität*. Halle: Buchhandlung des Waisenhauses.

Kirkness, Alan (1984) Das Phänomen des Purismus in der Geschichte des Deutschen. In Besch, W./Rischmann, O./Sonderegger, S. (eds.) *Sprachgeschichte*, Bd. 1. Berlin/New York: de Gruyter, 290–299.

Klein, Wolfgang (1974) *Variation in der Sprache. Ein Verfahren zu ihrer Beschreibung*. Kronberg, Ts.: Scriptor.

Kleindel, Walter (1978) *Österreich. Daten zur Geschichte und Kultur*. Wien/Heidelberg: Ueberreuter.

Kleines Österreichisches Wörterbuch [1988] (1992) Freund, Josef/Jarolim, Franz/Pacolt, Ernst (bearb.). 2. Aufl. Wien: Österreichischer Bundesverlag.

Kleines Wörterbuch (1968) Krassnig, Albert/Pacolt, Ernst/Höller, E. (bearb.) Wien: Verlag Jugend und Volk.

Kleines Wörterbuch für Volksschulen (1937) Wien/Leipzig: Deutscher Verlag für Jugend und Volk.

Kloss, Heinz (1934) [Rez. von] Schmidt-Rohr, Georg (1934) Mutter Sprache. Vom Amt der Sprache bei der Volkwerdung [...] *Der Auslandsdeutsche* 17: 127–131.

Kloss, Heinz (1960) Empirische Betrachtungen über Wechselbeziehungen zwischen Nation und Sprache. *Ostdeutsche Wissenschaften* 8: 80–91.

Kloss, Heinz (1967) ‚Abstand Languages‘ and ‚Ausbau Languages‘. *Anthropological Linguistics* 9 (7): 29–41.

Kloss, Heinz (1968) Notes Concerning a Language – Nation Typology. In Fishman, J.A./Ferguson, C./Das Gupta, J. (eds.) *Language Problems of Developing Nations*. New York usw.: Wiley, 69–86.

Kloss, Heinz (1969) Völker, Sprachen, Mundarten. *Europa Ethnica* 26: 146–155.

Kloss, Heinz (1976) Abstandsprachen und Ausbausprachen. In Göschel, J./Nail, N./van der Elst, G. (eds.) *Zur Theorie des Dialekts*. Wiesbaden: Steiner, 301–322.

Kloss, Heinz (1977) Über einige Terminologie-Probleme der interlingualen Soziolinguistik. *Deutsche Sprache* 3: 224–237.

Kloss, Heinz [1952] (1978) *Die Entwicklung neuer germanischer Kultursprachen seit 1800*. 2. erw. Aufl. Düsseldorf: Schwann.

Kloss, Heinz (1987) Nation. In Ammon, U./Dittmar, N./Mattheier, K. J. (eds.) *Sociolinguistics/Soziolinguistik*, Bd. 1. Berlin/New York: de Gruyter, 102–108.

Kluge, Friedrich (1989) *Etymologisches Wörterbuch*. Sebold, E. (bearb.) 22. Aufl. Berlin/New York: de Gruyter.

Knapp, Horst (1991) Schizophrenes Nationalbewußtsein. *Der Standard* 19. August: 24.

Knecht, Pierre (1994) La francophonie en Suisse. Du séparatisme politique à l'antiseparatisme linguistique. *Terminologie et Traduction* 1 [Luxemburg: Communautés européennes]: 243–251.

Kohnemann, Michel (ed.) (1986) *Nachrichten aus Ostbelgien. Deutsche Dichtung in Belgien* (Auslandsdeutsche Literatur der Gegenwart, 9). Hildesheim/New York: Olms.

Koja, Friedrich (1991) Die österreichische Nation – ein Konstrukt? *Der Standard* 25./26./27. Oktober: 35.

Kolde, Gottfried (1986) Des Schweizers Deutsch – das Deutsch des Schweizers. Reflexe und Reaktionen bei anderssprachigen Eidgenossen. In Löffler, H. (ed.) *Das Deutsch der Schweizer: Zur Sprach- und Literatursituation der Schweiz.* Aarau/Frankfurt a.M./Salzburg: Sauerländer, 131–149.

Koller, Erwin (1986) Zur Syntagmatik von Lokalpartikeln und Toponymika im österreichischen Sprachgebrauch. *Zeitschrift für Dialektologie und Linguistik* 53: 19–31.

Koller, Werner (1992) Deutsche in der Deutschschweiz. Aarau/Frankfurt a.M./Salzburg: Sauerländer.

König, Werner (1989) *Atlas zur Aussprache des Schriftdeutschen in der Bundesrepublik Deutschland.* Bd. 1: Text; Bd. 2: Tabellen und Karten. Ismaning: Hueber.

Kopp, W. L. (1967) *German Literature in the United States 1945–1960.* Chapel Hill: The University of North Carolina Press.

Koppelmann, H[einrich] L. (1956) *Nation, Sprache und Nationalismus.* Leiden: Sijthoff.

Korlén, Gustav (1967) Führt die Teilung Deutschlands zur Sprachspaltung? In Moser, Hugo (ed.) *Satz und Wort im heutigen Deutsch.* Düsseldorf: Schwann, 36–54 (Auch in (1969) Der Deutschunterricht 21(5): 5–23).

Korlén, Gustav (1983) Deutsch in der Deutschen Demokratischen Republik. Bemerkungen zum DDR-Wortschatz. In Reiffenstein, I. u. a. (eds.) *Tendenzen, Formen und Strukturen der deutschen Standardsprache nach 1945.* Marburg: Elwert, 61–68.

Kotanko, Christoph (1983) Wer braucht die Piefkes? Österreich im Ausverkauf. *Wochenpresse* 28 (12.Juli): 22–25 + Lesermeinungen Wochenpresse 30 (26. Juli): 6 f.

Kramer, Johannes (1981) *Deutsch und Italienisch in Südtirol.* Heidelberg: Winter.

Krassnigg, Albert (1951/52) Zum neuen Österreichischen Wörterbuch. *Elternhaus und Schule* 16 (6) (Wien): 81–83.

Kranzmayer, Eberhard (1955/56) Hochsprache und Mundarten in österreichischen Landschaften. *Wirkendes Wort* 6: 262–269.

Kreissler, Felix (1984) *Der Österreicher und seine Nation. Ein Lernprozeß mit Hindernissen.* Wien/Köln/Graz: Böhlau.

Kremer, Edie (1994) Deutsch als dritte Landessprache in Belgien. *Terminologie et Traduction* 1 [Luxemburg: Communautés européennes]: 85–103.

Kretschmer, Paul [1918] (1969) *Wortgeographie der hochdeutschen Umgangssprache.* 2. erg. Aufl. Göttingen: Vandenhoeck & Ruprecht.

Kreuzer, Ursula/Pawlowski, Klaus [1971] (1975) *Deutsche Hochlautung. Praktische Aussprachelehre.* Stuttgart: Klett.

Kuballa, Wolfgang/Meyer, Arno [1980] (1984) *Richtig reisen: Wien.* Köln: DuMont.

Kuhn, Hans (1965) *Language and Nation.* Canberra: The Australien National University.

Kühn, Peter (1978) *Deutsche Wörterbücher.* Eine systematische Bibliographie (Reihe Germanistische Linguistik, 15). Tübingen: Niemeyer.

Kühn, Peter (1980) Deutsche Sprache in der Schweiz. In Althaus, H. P./Henne, H./Wiegand, H.E. (eds.) *Lexikon der Germanistischen Linguistik.* 2., neu bearb. Aufl. Tübingen: Niemeyer, 531–536.

Kuntzsch, L./Riswanowa, E./Timčenko, E. (1993) *Deutsch – Land und Leute. Ein Lehrbuch für ukrainische Deutschlerner.* Kiew.

Kurka, Eduard (1980) Die deutsche Aussprachenorm im 19. Jahrhundert – Entwicklungstendenzen und Probleme ihrer Kodifizierung von 1898. In: *Studium zur deutschen Sprachgeschichte. Existenzformen der Sprache* (Linguistische Studien, Reihe A, Arbeitsberichte 66/II), 1–67.

Lambert, Wallace E. (1960) Evaluation Reactions to Spoken Languages. *Journal of Abnormal and Social Psychology* 66: 44–51.

Lambert, Wallace E. (1967) A Social Psychology of Bilingualism. *Journal of Social Issues* 23: 91–109.

Lang, Paul (1949) *Sprechen, Lesen und Vortragen* (Theorie und 50 gestufte Übungen) (Sammlung deutschsprachiger Übungshefte für die Mittelschule und den Selbstunterricht, 4). Aarau: Sauerländer.

Lang, Ulrike (1992) *Mordshetz und Pahöl. Austriazismen als Stilmittel bei Karl Kraus* (Innsbrucker Beiträge zur Kulturwissenschaft. Germanistische Reihe, 48). Innsbruck: Institut für Germanistik der Universität.

Lanthaler, Franz (1990) Dialekt und Zweisprachigkeit in Südtirol. In Lanthaler, F. (ed.) *Mehr als eine Sprache. Zu einer Sprachstrategie in Südtirol.* Meran: ALPHA & BETA, 57–83.

Leinmüller, Elke (1994) *Untersuchungen zum Österreichischen Wörterbuch im Vergleich mit dem Duden.* Unveröff. philos. Magisterarbeit Universität Wien.

Leist, H[ans] W. (1906) *Sprachübungen zur Erlernung einer dialektfreien Aussprache. Zum Gebrauche an schweiz. Volks- und Fortbildungsschulen, sowie zur Erzielung einer reinen Gesangssprache.* Bern: Grunau.

Leitner, Gerhard (1992) English as a Pluricentric Language. In Clyne, M. (ed.) *Pluricentric Languages. Differing Norms in Different Nations.* Berlin/New York: Mouton de Gruyter, 179–238.

Lerchner, Gotthard (1974) Zur Spezifik der Gebrauchsweise der deutschen Sprache in der DDR und ihrer gesellschaftlichen Determination. *Deutsch als Fremdsprache* 11: 259–265.

Leumann, Julius (1905) *Die Aussprache des Deutschen. Mit besonderer Berücksichtigung dialektischer Eigentümlichkeiten der deutschen Schweiz.* Frauenfeld: Huber.

Levinson, Stephen C. (1983) *Pragmatics.* Cambridge: Cambridge University Press.

Lewi, Hermann (1875) *Das österreichische Hochdeutsch. Versuch einer Darstellung seiner hervorstechendsten Fehler und fehlerhaften Eigenthümlichkeiten.* Wien: Bermann und Altmann.

Lieb, Hans-Heinrich (1993) *Linguistic Variables. Towards a Unified Theory of Linguistic Variation.* Philadelphia, PA: Benjamins.

Prinz von und zu Liechtenstein, Eduard [1945] (1985) *Liechtensteins Weg von Österreich zur Schweiz. Eine Rückschau auf meine Arbeit in der Nachkriegszeit 1918–1921.* Schaan: Domé.

Liedtke, Rüdiger (ed.) (1988) Österreich: Menschen, Landschaften. Berlin: Elefanten.

Linsmayer, Charles (ed.) (1990) *Umgang mit der Schweiz. Nichtschweizer über die Schweiz und ihre Erfahrungen mit ihr.* Frankfurt: Suhrkamp.

Lipold, Günter (1988) Die österreichische Variante der deutschen Standardaussprache. In Wiesinger, P. (ed.) *Das österreichische Deutsch.* Wien/Köln/Graz: Böhlau, 31–54.

Löffler, Heinrich [1985] (1994) *Germanistische Soziolinguistik.* 2. überarb. Aufl. (Grundlagen der Germanistik, 28) Berlin: Schmidt.

Löffler, Heinrich (1986a) Des Schweizers Deutsch – das Deutsch der Schweizer. Bemerkungen zum Thema des Kolloquiums. In Löffler, H. (ed.) *Das Deutsch der Schweizer.* Aarau/Frankfurt a. M./Salzburg: Sauerländer, 15–23.

Löffler, Heinrich (ed.) (1986b) *Das Deutsch der Schweizer: Zur Sprach- und Literatursituation der Schweiz.* Aarau/Frankfurt a. M./Salzburg: Sauerländer.

Loosli, C. A. (1938) *Schweizerdeutsch. Glossar zur Schweizerischen Sprach-Bewegung.* Basel: Birkhäuser.

Lorenz, Willy [1963] Nekrolog auf eine Ribisel. *Beiträge zur Gegenwartssprache und staatsbürgerlichen Erziehung* 3: 27 f.

Loetscher, Hugo (1986) Das Deutsch des Schweizers. *Neue Zürcher Zeitung* 11./12. Januar: 70 f.

Löttscher, A. (1982) *Schweizerdeutsch – Geschichte, Dialekte, Gebrauch.* Frauenfeld/Stuttgart: Huber.

Ludwig, Klaus-Dieter (1991), *Markierungen im allgemeinen einsprachigen Wörterbuch des Deutschen. Ein Beitrag zur Metalexikographie* (Lexicographica. Series Major, 38). Tübingen: Niemeyer.

Luick, Karl [1904] [1923] (1932) *Deutsche Lautlehre. Mit besonderer Berücksichtigung der Sprechweise Wiens und der österreichischen Alpenländer.* Leipzig/Wien: Deuticke.

Luick, Karl (1912) Zum österreichischen Deutsch. *Germanisch-Romanische Monatsschrift* 4: 606 f.

Lüdi, Georges (1992) French as a Pluricentric Language. In Clyne, M. (ed.) *Pluricentric Languages. Differing Norms in Different Nations.* Berlin/New York: Mouton de Gruyter, 149–178.

Lützeler, Paul M. (1982) Die österreichische Gegenwartsliteratur im Spannungsfeld zwischen Deutschsprachigkeit und nationaler Autonomie. In Bartsch, K./Goldschnigg, D./Melzer, G. (eds.) *Für und wider eine österreichische Literatur.* Königstein/Ts.: Athenäum, 100–115.

Luxemburger Wörterbuch (1950–1978). 4 Bde. und 1 Nachtrag. Luxemburg: Institut Grand-Ducal.

Maeder, Hannes (1948) Kurze Charakteristik des „Schweizerhochdeutschen". *Moderna Språk* 42: 2–15.

Magenau, Doris (1962) *Die Besonderheiten der deutschen Schriftsprache im Elsaß und in Lothringen* (Duden-Beiträge, 7). Mannheim: Dudenverlag.

Magenau, Doris (1964) *Die Besonderheiten der deutschen Schriftsprache in Luxemburg und in den deutschsprachigen Teilen Belgiens* (Duden-Beiträge, 15). Mannheim/Wien/Zürich: Dudenverlag.

Mally, Anton K. (1974) „Piefke". Herkunft und Rolle eines österreichischen Spitznamens für den Preußen, den Nord- und den Reichsdeutschen. *Muttersprache* 84: 257–286.

Mally, Anton K. (1975) Der Ausdruck „Piefke". *Wiener Sprachblätter* (5/6): 205 f.

Mally, Anton K. (1984) „Piefke". Nachträge. Muttersprache 94: 313-327.

Mally, Anton K. (1986) Nochmals der Reichsdeutschenspitzname „Piefke". *Wiener Sprachblätter* (3): 87 f.

Malygin, Victor (1987) Gebrauchsbesonderheiten einiger Präpositionen in der österreichischen nationalen Variante der deutschen Gegenwartssprache [in Russisch, Resümee in Deutsch]. *Linguistica* (Universitas Tartuensis, Tartu): 90–98.

Malygin, Victor (1990) *Österreichisches phraseologisches Wörterbuch (mit allgemeindeutschen und russischen Äquivalenten).* Mschr. Diss. Universität Leningrad.

Mangold, Max (1989) Deutsche Aussprache in Schweizer Wörterbüchern. In Slembek, E. (ed.) *Von Lauten und Leuten: Festschrift für Peter Martens zum 70. Geburtstag.* Frankfurt a. M.: Scriptor, 113–117.

Mann, Golo [1958] (1973) *Deutsche Geschichte des 19. und 20. Jahrhunderts.* [Frankfurt a. M.]: S. Fischer.

Marte, Johann (1992) Ein deutscher Sprachimperialismus? Meist ist alles „nur gut gemeint". *Salzburger Nachrichten* 2. 9.

Martin, Graham D.C. (1984) Slavonic Influences on High German in Austria and the German Democratic Republic. In Russ, C.V.J. (ed.) *Foreign Influences on German*. Dundee: Lochee, 58-87.

Martin, Graham D.C. (1986) Pecurilarities of Austrian High German as Reflected in Works by Austrian Literary Authors. *Forum for Modern Language Studies* 22: 323–341.

Martin, Graham [D.C.] (1990) National Linguistic Peculiarities in German-Language Dictionaries for Use in Schools: Austriacisms in the Österreichischer Schülerduden and Helveticisms in the *Schweizer Schülerduden*. German Life and Letters 44: 71–89.

Marzalu, Barbara (1979) *Der Deutschlandbegriff der DDR. Dargestellt vornehmlich an der Sprache des „Neuen Deutschland"* (Sprache der Gegenwart, 48). Düsseldorf: Schwann.

Masser, Achim (1982) Italienisches Wortgut im Südtiroler Deutsch – droht eine Überfremdung? In Moser, H. (ed.) *Zur Situation des Deutschen in Südtirol* (Innsbrucker Beiträge zur Kulturwissenschaft, Germanistische Reihe, 13). Innsbruck: Germanistisches Institut, 63–74.

Materialien zum Bericht zur Lage der Nation (1974) Bundesministerium für innerdeutsche Beziehungen (ed.). Berlin.

Mattheier, Klaus (1980) *Pragmatik und Soziologie der Dialekte* (UTB, 994). Heidelberg: Quelle & Meyer.

Mattheier, Klaus (1987) Variabilität zwischen Dialekt und Standardsprache. *Zeitschrift für Germanistik* 8: 544–558.

Mattheier, Klaus (1990) Dialekt und Standardsprache. Über das Varietätensystem des Deutschen in der Bundesrepublik. *International Journal of the Sociology of Language* 83: 59–61.

Mayr, Cornelius (1987) *Wörterbuch für österreichische Grundschulen*. Wien: Westermann.

Mayr, Max (1924) *Das Wienerische*. Wien: Wiener Drucke.

Mebus, Gudula u.a. (1987) *Sprachbrücke. Deutsch als Fremdsprache*. Stuttgart: Klett.

Mehl, Erwin (1979a) „Der Schandfleck": Die Analphabetenschreibung „Schleuße". *Wiener Sprachblätter* 29 (4): 118–120.

Mehl, Erwin (1979b) Mißglückte Neuausgabe des Österreichischen Wörterbuches. Ein Hilferuf der „Muttersprache" an die österreichische Akademie der Wissenschaften. *Wiener Sprachblätter* 29 (5): 147f.

Meinecke, Friedrich [1907] [1911] (1969) *Weltbürgertum und Nationalstaat* (Friedrich Meinecke Werke, 5). 9. Aufl. München: Oldenbourg.

Mein Bildwörterbuch. Ein Arbeitsbuch für Schule und Haus (1957) Pacolt, Ernst unter Mitarb. von Krassnig, Albert/Simonic, Anton (bearb.). Graz/Wien/Köln: Styria.

Mein erstes Wörterbuch, für die zweite bis vierte Schulstufe (1963) Pacolt, Ernst unter Mitarb. von Krassnigg, Albert/Höller, Ernst (bearb.). Wien/Graz: Hölder-Pichler-Tempsky.

Meinhold, Gottfried (1973) *Deutsche Standardaussprache. Lautschwächungen und Formstufen*. Jena: Friedrich-Schiller-Universität.

Meinhold, Gottfried/Stock, Eberhard (1980) *Phonologie der deutschen Gegenwartssprache*. Leipzig: Bibliographisches Institut.

Mentrup, Wolfgang (1980) Deutsche Sprache in Österreich. In Althaus, H. P./Henne, H./ Wiegand, H. E. (eds.) *Lexikon der Germanistischen Linguistik*. 2., neubearb. Aufl. Tübingen: Niemeyer, 527–531.

Meraner, Rudolf (1994) Schulbücher für die Südtiroler Schule. *erziehung: heute* 9.

Merkt, G. (1981) Pour une intégration des dialectes alémanique dans l'enseignment de la langue allemande en Suisse romande. In Redard, F./Jeanneret, R./Métral, J.-P. (eds.) *Le Schwyzertütsch – Se langue nationale?* (Bulletin CILA, 33). Neuchâtel: Institut de linguistique, Université, 73–87.

Metzler, Karin (1988) Das Verhalten Vorarlbergs gegenüber Wortgut aus Ostösterreich, dargestellt an Beispielen aus dem Bezeichnungsfeld „Essen, Trinken, Mahlzeiten". In Wiesinger, P. (ed.) *Das österreichische Deutsch.* Wien/Köln/Graz: Böhlau, 211–223.

Metzler-Schwarzmann, Karin (1986) Der Einfluß des Innerösterreichischen auf die Vorarlberger Umgangssprache. *Vorarlberger Oberland* (2/3): 46–57.

Meyer, Kurt (1964) Unser Anteil an der deutschen Schriftsprache. In *Sprache, Sprachgeschichte, Sprachpflege in der deutschen Schweiz. Sechzig Jahre Deutschschweizerischer Sprachverein.* Zürich: Deutschschweizerischer Sprachverein, 41–60.

Meyer, Kurt (1965) Unsere Sprache und wir. *Sprachspiegel* 21: 33–36.

Meyer, Kurt (1971) Schweizer Hochdeutsch. Zu neuen wissenschaftlichen Arbeiten [Rezension von Stephan Kaiser „Die Besonderheiten der deutschen Schriftsprache in der Schweiz" 1969/70]. *Sprachspiegel* 27: 172–177.

Meyer, Kurt (1989) *Wie sagt man in der Schweiz? Wörterbuch der schweizerischen Besonderheiten.* (Duden-Taschenbücher, 22) Mannheim/Wien/Zürich: Dudenverlag.

Meyer, Kurt (1994) Das Deutsch der Schweizer. *Terminologie et Traduction* 1 [Luxemburg: Communautés européennes]: 9–39.

Ministère d'Etat (ed.) (1989) *Regime des langues et orthographie Luxembourgeoise.* Luxembourg: Service Central de Legislation.

Milroy, James/Milroy, Lesley (1985) *Authority in Language. Investigating Language Prescription and Standardisation.* London/Boston/Henley: Routledge and Kegan Paul.

Mirow, Jürgen (1990) *Geschichte des deutschen Volkes. Von den Anfängen bis zur Gegenwart.* Gernsbach: Katz.

Mitteilungen des Deutschschweizerischen Sprachvereins (1917-1944, Fortsetzung durch *Sprachspiegel*).

Mitterer, Felix (1991) *Die Piefke-Saga. Komödie einer vergeblichen Zuneigung.* Drehbuch. Mit 96 Fotos aus dem Fernsehfilm. Innsbruck: Haymon.

Möcker, Hermann (1978/1980/1982) „Österreichisches" Deutsch – „Deutschländisches" Deutsch. Buchbesprechung von: „Duden: Das große Wörterbuch der deutschen Sprache in sechs Bänden." *Österreich in Geschichte und Literatur* 22: 255–258; 24: 468–471; 26: 184–189.

Möcker, Hermann (1980a) Rez. von J. Ebner „Wie sagt man in Österreich". *Österreich in Geschichte und Literatur* 24: 471f.

Möcker, Hermann (1980b) Fahren sie schon Rad oder fahren Sie noch rad? Grammatische und orthographische Beobachtungen am neuen Österreichischen Wörterbuch [35. Aufl.]. *Österreich in Geschichte und Literatur* 24: 416–445.

Möcker, Hermann (1980c) Rez. von Duden. Das große Wörterbuch der deutschen Sprache. *Österreich in Geschichte und Literatur* 24: 468–471.

Mölzer, Andreas (1988) Ist es ein Verbrechen, sich ein „deutscher Österreicher" zu nennen? *Die Aula* 9: 13.

Moos, Ludwig (ed.) (1987) *Anders reisen – Wien.* Hamburg: Rowohlt.

Moosmüller, Sylvia (1987) *Soziophonologische Variation im gegenwärtigen Wiener Deutsch. Eine empirische Untersuchung.* Wiesbaden/Stuttgart: Steiner.

Moosmüller, Sylvia (1988) Soziophonologische Variation bei österreichischen Politikern. *Zeitschrift für Germanistik* 4: 429–439.

Moosmüller, Sylvia (1990) Einschätzung von Sprachvarietäten in Österreich. *International Journal of the Sociology of Language* 83: 105–120.

Moosmüller, Sylvia (1991) *Hochsprache und Dialekt in Österreich. Soziophonologische Untersuchungen zu ihrer Abgrenzung in Wien, Graz, Salzburg und Innsbruck.* Wien/Köln/Weimar: Böhlau.

Moosmüller, Sylvia/Dressler, Wolfgang U. (1988) Hochlautung und soziophonologische Variation in Österreich. *Jahrbuch für internationale Germanistik* 20 (1): 82–90.

Mörikofer, Johann C. (1838) *Die Schweizerische Mundart im Verhältniß zur hochdeutschen Schriftsprache, aus dem Gesichtspunkte der Landesbeschaffenheit, der Sprache, des Unterrichtes, der Nationalität und der Literatur.* Frauenfeld: Beyel.

Moser, Hans (1982) Methodische Überlegungen zur Untersuchung des gesprochenen Deutsch in Südtirol. In Moser, H. (ed.) *Zur Situation des Deutschen in Südtirol* (Innsbrucker Beiträge zur Kulturwissenschaft, Germanistische Reihe, 13). Innsbruck: Institut für Germanistik, 75–90.

Moser, Hans (1989) Österreichische Aussprachenormen – Eine Gefahr für die sprachliche Einheit des Deutschen? *Jahrbuch für Internationale Germanistik* 21 (1): 8–25.

Moser, Hans (1990) Deutsche Standardsprache – Anspruch und Wirklichkeit. In *Tagungsbericht der IX. Internationalen Deutschlehrertagung.* Wien. 31.7.–4.8.1989. Wien: Internationaler Deutschlehrerverband, 17–30.

Moser, Hans/Putzer, Oskar (1980) Zum umgangssprachlichen Wortschatz in Südtirol: Italienische Interferenzen in der Sprache der Städte. In Wiesinger, P. (ed.) *Sprache und Name in Österreich. Festschrift für Walter Steinhauser zum 95. Geburtstag.* Wien: Braumüller, 139–172.

Moser, Hugo (1959a) Neuere und neueste Zeit. In Maurer, F./Stroh, F. (eds.) *Deutsche Wortgeschichte,* Bd. 2. 2., neubearb. Aufl. Berlin: de Gruyter, 445–560.

Moser, Hugo (1959b) Eigentümlichkeiten des Satzbaus in den Außengebieten der deutschen Hochsprache (außerhalb der Reichsgrenzen von 1937). In Gipper, H. (ed.) *Sprache – Schlüssel zur Welt. Festschrift für Leo Weisgerber.* Düsseldorf: Schwann, 195–220.

Moser, Hugo (1961) *Sprachliche Folgen der politischen Teilung Deutschlands* (Wirkendes Wort, 3. Beiheft). Düsseldorf: Schwann.

Moser, Hugo (1982a) Regionale Varianten der deutschen Standardsprache. *Wirkendes Wort* 32: 327–339.

Moser, Hugo (ed.) (1982b) *Zur Situation des Deutschen in Südtirol* (Innsbrucker Beiträge zur Kulturwissenschaft, Germanistische Reihe, 13). Innsbruck: Germanistisches Institut.

Moser, Hugo (1985) Die Entwicklung der deutschen Sprache seit 1945. In Besch, W./Reichmann, O./Sonderegger, S. (eds.) *Sprachgeschichte,* Bd. 2. Berlin: de Gruyter, 1678–1707.

Moulton, William G. (1962) What Standard for Diglossia? The Case of German Switzerland. *Georgetown University Monograph Series on Language and Linguistics* 15: 133–144.

Muhr, Rudolf (1982) Österreichisch. Anmerkungen zur linguistischen Schizophrenie einer Nation. *Klagenfurter Beiträge zur Sprachwissenschaft* 8: 306–319.

Muhr, Rudolf (1983) Über das Für und Wider der Kritik am Österreichischen Wörterbuch. *Informationen zur Deutschdidaktik* 4: 134–139.

Muhr, Rudolf (1987a) Deutsch in Österreich – Österreichisch: Zur Begriffsbestimmung und Normfestlegung der deutschen Standardsprache in Österreich. *Grazer Arbeiten zu Deutsch als Fremdsprache und Deutsch in Österreich* 1: 1–23.

Muhr, Rudolf (1987b) Die Unterschiede zwischen dem Österreichischen und dem Binnendeutschen (mit Schwerpunkt auf der BRD). – Ein kurzer Überblick. *Grazer Arbeiten zu Deutsch als Fremdsprache und Deutsch in Österreich* 1: 24–28.

Muhr, Rudolf (1987c) Können Sie Österreichisch? Ein Sprachquiz zum Schmunzeln und zum Kennenlernen der wichtigsten Merkmale des Deutschen in Österreich. *Grazer Arbeiten zu Deutsch als Fremdsprache und Deutsch in Österreich* 1: 37–41.

Muhr, Rudolf (1987d) Materialien zu den Unterschieden im Modalpartikelgebrauch zwischen Österreich und der BRD. *Grazer Arbeiten zu Deutsch als Fremdsprache und Deutsch in Österreich* 1: 41–49.

Muhr, Rudolf (1987e) Innersprachliche Regionalisierung von DaF-Lehrwerken am Beispiel der Lehrbuchüberarbeitung Österreich-BRD. In Ehlers, S./Karcher, G.L. (eds.) *Regionale Aspekte des Grundstudiums Germanistik* (Studium DaF-Sprachdidaktik, 6). München: Iudicium, 75–91.

Muhr, Rudolf (1987f) Regionale Unterschiede im Gebrauch von Beziehungsindikatoren zwischen der Bundesrepublik Deutschland und Österreich und ihre Auswirkungen auf den Unterricht in Deutsch als Fremdsprache – dargestellt am Beispiel der Modalpartikel. In Götze, L. (ed.) *Deutsch als Fremdsprache – Situation eines Faches* (Schriften zur Deutsch-Didaktik). Bonn-Bad Godesberg: Dürr, 144–156.

Muhr, Rudolf (1988) Regionale Unterschiede in der deutschen Standardsprache und ihre Auswirkungen auf den Unterricht in Deutsch als Fremdsprache: Die Unterschiede zwischen BRD-Deutsch und österreichischem Deutsch. In Schröder, H./Sövensen, C. (eds.) *Deutsch als Fremdsprache und Österreich*. Yväskylä/Finnland: Universitätsdruck, 35–68.

Muhr, Rudolf (1989a) Deutsch und Österreich(isch): Gespaltene Sprache – Gespaltenes Bewußtsein – Gespaltene Identität. *Informationen zur Deutschdidaktik* 13 (2): 74–98.

Muhr, Rudolf (1989b) Bericht über das Projekt „Gesprochene und geschriebene Gegenwartssprache in Österreich". In Schwob, Anton u.a. (eds.) *Historische Edition und Computer. Möglichkeiten und Probleme interdisziplinärer Textverarbeitung und Textbearbeitung*. Graz: Leykam, 347-250.

Muhr, Rudolf (1991) Sprachnormen in Österreich und anderswo. Zur sprachlichen Identität der Österreicher und zur Bestimmung von Standardsprachen in plurizentrischen Sprachen. *Znanstvena Revija* 1: 69–78.

Muhr, Rudolf (1992/1993) Österreichisch – Bundesdeutsch – Schweizerisch. Zur Didaktik des Deutschen als plurizentrische Sprache. In Muhr, R. (ed.) *Internationale Arbeiten zum österreichischen Deutsch und seinen nachbarsprachlichen Bezügen* (Materialien und Handbücher zum österreichischen Deutsch und zu Deutsch als Fremdsprache, 1). Wien: Hölder-Pichler-Tempsky, 108–123.

Muhr, Rudolf (1993a) Pragmatische Unterschiede in der deutschsprachigen Interaktion Österreichisch – Bundesdeutsch. In Muhr, R. (ed.) *Internationale Arbeiten zum österreichischen Deutsch und seinen nachbarsprachlichen Bezügen* (Materialien und Handbücher zum österreichischen Deutsch und zu Deutsch als Fremdsprache Band 1). Wien: Hölder-Pichler-Tempsky, 26–38.

Muhr, Rudolf (ed.) (1993b) *Internationale Arbeiten zum österreichischen Deutsch und seinen nachbarsprachlichen Bezügen* (Materialien und Handbücher zum österreichischen Deutsch und zu Deutsch als Fremdsprache, 1). Wien: Hölder-Pichler-Tempsky.

Muhr, Rudolf (1993c) Bibliographie neuerer Arbeiten zum österreichischen Deutsch. In Muhr, R. (ed.) *Internationale Arbeiten zum österreichischen Deutsch und seinen nachbarsprachlichen Bezügen* (Materialien und Handbücher zum österreichischen Deutsch und zu Deutsch als Fremdsprache, 1). Wien: Hölder-Pichler-Tempsky, 124–132.

Muhr, Rudolf (ed.) (1993d) *Reader: Österreichisches Deutsch kennenlernen*. Graz: Universitätsdruck.

Müller, Gunter (1980) Hochsprachliche lexikalische Norm und umgangssprachlicher Wortschatz im nördlichen Teil Deutschlands. *Niederdeutsches Wort* 20: 111–130.

Müller, J[ohann] H. F. (1802) *Abschied von der k. k. Hof- und National-Schaubühne. Mit einer kurzen Biographie seines Lebens und einer gedrängten Geschichte des hiesigen Hoftheaters*. Wien: Wallishausser.

Müller, Martin/Wertenschlag, Lukas (1985) *Los emol. Schweizerdeutsch verstehen*. Zürich usw.: Langenscheidt.

Müller, Wolfgang (1966) Die Sprachkartei als Grundlage für die sprachwissenschaftliche und sprachpflegerische Arbeit. *Wissenschaftliche Redaktion* 2: 13–26.

Müller-Marzohl, Alfons (1961/62) Das schweizerische Wortgut im Jubiläums-Duden. *Sprachspiegel* 17: 97–115, 129–132, 162–170; 18: 16–18.

Müller-Marzohl, Alfons (1963) „Die Besonderheiten der deutschen Schriftsprache im Ausland" und wir. Zwei Neuerscheinungen kritisch betrachtet. *Sprachspiegel* 19: 65–74.

Müller-Marzohl, Alfons (1992) Der Guttural im Bundesparlament. Eine Anfrage an Deutschlehrer. *Sprachspiegel* 48: 13–16.

Mundart. Forum des Vereins Schweizerdeutsch (1993 f.).

Mundartpflege. 25 Jahre Bund Schwyzertütsch (1963) Sonderdruck *Heimatschutz* 58 (3).

Munsa, Franz (1975) Deutsche Hochsprache und österreichische Mundart. *Muttersprache* 85: 334–341.

Munske, Horst H. u.a. (eds.) (1988) *Deutscher Wortschatz. Lexikologische Studien. Festschrift für Ludwig Erich Schmitt.* Berlin/New York: de Gruyter.

Muschg, Adolf (1980) Gibt es eine schweizerische Nationalliteratur? *Deutsche Akademie für Sprache und Dichtung, Jahrbuch* 1980: 59–68.

Muschg, Adolf (1989) „Was ist des Deutschen Vaterland?"– aus nächster Ferne nachgefragt. *Allmende* 23: 4–17.

Nadler, Josef (1938/39/41) *Literaturgeschichte des Deutschen Volkes. Dichtung und Schrifttum der deutschen Stämme und Landschaften.* 4 Bde. Berlin: Propyläen.

Nadler, Josef (1951) *Literaturgeschichte Österreichs.* 2., erw. Aufl. Salzburg: Müller.

Nagy, Anna (1990) Nationale Varianten der deutschen Hochsprache und die Behandlung im Deutschunterricht des Auslandes. *Grazer Arbeiten zu Deutsch als Fremdsprache und Deutsch in Österreich* 1: 9–16.

Nagy, Anna (1993) Nationale Varianten der deutschen Standardsprache und die Behandlung im Deutschunterricht des Auslandes. In Muhr, R. (ed.) *Internationale Arbeiten zum österreichischen Deutsch und seinen nachbarsprachlichen Bezügen* (Materialien und Handbücher zum österreichischen Deutsch und zu Deutsch als Fremdsprache, 1). Wien: Hölder-Pichler-Tempsky, 67–75.

Nassehi, Armin/Weber, Georg (1990) Identität, Ethnizität und Gesellschaft. In McArthur, M. *Zum Identitätswandel der Siebenbürger Sachsen. Eine kulturanthropologische Studie.* Köln/Wien: Böhlau, 249–338.

Nelde, Peter H. (1974) Normabweichungen im Zeitungsdeutsch Ostbelgiens. *Deutsche Sprache* 3: 233–251.

Nelde, Peter (1977) Untersuchungen zur Standardsprache Ostbelgiens. *Germanistische Mitteilungen* 19: 100–105.

Nelde, P[eter] H. (1979) Lexikalisch-semantische Besonderheiten einer deutschsprachigen Minderheit. In Arndt, E. u.a. (eds.) *Moderner Sprachunterricht – Lehrerbildung und Fortbildung. Bericht über die V. Deutschlehrertagung in Dresden vom 1.–5. August 1977.* Leipzig: Enzyklopedie, 75–80.

Nelde, Peter H. (1982) Normabweichungen und Interferenzen im Bildungs- und Schulwesen einer deutschen Minderheit. *Zielsprache Deutsch* 2: 29–33.

Nelde, Peter H. (ed.) (1987) *Wortatlas der deutschen Umgangssprachen in Belgien.* Bern/Stuttgart: Francke.

Nenning, Günther (1990) *Die Nation kommt wieder. Würde, Schrecken und Geltung eines europäischen Begriffs.* Zürich: Edition Interfrom.

Neumann, Robert (1974) *Deutschland, deine Österreicher; Österreich, deine Deutschen.* (rororo, 1695). Reinbek bei Hamburg: Rowohlt.

Neuner, Gerd u. a. (1980) (1987) *Deutsch aktiv. Ein Lehrwerk für Erwachsene.* Berlin usw.: Langenscheidt.

Newton, Gerald (1987) The German Language in Luxembourg. In Russ, C./Volkmar, C. (eds.) *Sprache und Gesellschaft in deutschsprachigen Ländern.* München: Goethe-Institut, 153–179.

Nicolai, Friedrich (1785) *Beschreibung einer Reise durch Deutschland und die Schweiz, im Jahre 1781. Nebst Bemerkungen über Gelehrsamkeit, Industrie, Religion und Sitten,* Bd. 5. Berlin/Stettin.

Niebaum, Hermann (1984) Die lexikalische Behandlung des landschaftsgebundenen Wortschatzes in den Wörterbüchern der deutschen Gegenwartssprache. *Germanistische Linguistik* 1-3: 309–360.

Niebaum, Hermann (1989) Diatopische Markierungen im allgemeinen einsprachigen Wörterbuch. In Hausmann, F. J. u. a. (eds.) *Wörterbücher/Dictionaries/Dictionnaires,* Bd. 1. Berlin/New York: de Gruyter, 662–668.

Nodari, Claudio/Neugebauer, Claudia/Ambühl-Christen, Elisabeth (1994) *Deutsch für fremdsprachige Jugendliche.* Zürich: Lehrmittelverlag.

Nonn, Ulrich (1982) Heiliges Römisches Reich Deutscher Nation. Zum Nationen-Begriff im 15. Jahrhundert. *Zeitschrift für Historische Forschung* 9: 129–142.

Nyhlén, Lars-Olof (1961) *Die Sonderstellung der deutschen Schriftsprache in Österreich. Eine Uebersicht über ihre Entwicklung und heutige Lage.* Unveröff. Lizentiatsarbeit Universität Stockholm.

Nyhlén, Lars-Olof (1974) Wie sagt man in Österreich? *Moderna Språk* 68: 275–281.

Oechsli, Wilhelm (1910) Die schweizerische Nation VII. Noch eine Antwort an Herrn Blocher. *Wissen und Leben* (Schweizerische Halbmonatsschrift, V) 3 (1): 668–677.

Olszański, Marek (1987) Das schweizerische Sprachgut im Werk Friedrich Dürrenmatts. Unveröff. phil Diss. Universität Basel.

Omar, Asmah H. (1992) Malay as a Pluricentric Language. In Clyne, M. (ed.) *Pluricentric Languages. Differing Norms in Different Nations.* Berlin/New York: Mouton de Gruyter, 401–420.

Oplatka-Steinlin, Helen (1971) *Untersuchungen zur neuhochdeutschen Gesetzessprache. Befehlsintensität und Satzstruktur im Schweizerischen Zivilgesetzbuch und im Deutschen Bürgerlichen Gesetzbuch* (Rechtshistorische Arbeiten, 7). Zürich: Juris.

Orthner, Wilhelm (1936) Die schriftsprachliche Sonderstellung der deutschen Schweiz, dargelegt an Beispielen aus der Tagespresse. Beilage zum *Jahresbericht der Bundes-Realschule in Linz a. d. Donau über das 85. Schuljahr 1935–1936: 1–30.*

Ortmann, Rudolf (1921) *Vom gesprochenen Deutsch und vom geschriebenen.* Wien/Leipzig: Deutscher Verlag für Jugend und Volk.

Oschlies, Wolfgang (1988) „Hat der Dispatcher die Broiler abgecheckt?" Anglizismen im sprachlichen Alltag der DDR. *Muttersprache* 98: 205–213.

Oschlies, Wolf (1989) *Würgende und wirkende Wörter: Deutschsprechen in der DDR.* Berlin: Holzapfel.

ÖSTERREICHBEWUSSTSEIN 14.2.–14.3.1990. Wien: Dr. Fessel + GFK Institut für Marktforschung.

ÖSTERREICHBEWUSSTSEIN Institutionenvertrauen Großbauprojekte 23.8.–14.9.1993. Wien: Dr. Fessel + GFK Institut für Marktforschung.

Der Österreicher und seine Sprache [1963] *Beiträge zur Gegenwartsgeschichte und staatsbürgerlichen Erziehung* 3 [Wien].

Die österreichische Nation (Wien 1949 ff.).

Österreichischer Rundfunk, Berufsaus- und -fortbildung (ed.) (1987) *Sprache und Sprechen in Hörfunk und Fernsehen. Ein Lernbehelf des Österreichischen Rundfunks.* Wien: Österreichischer Rundfunk.

Österreichischer Schülerduden. Rechtschreibung und Wortkunde. (1981) Ebner, Jakob (bearb.). Wien: Bibliographisches Institut.

Österreichisches Beiblatt (1961) zu Theodor Siebs „*Deutsche Hochsprache – Bühnenaussprache".* de Boor, H./Dieks, P. (eds.) 18. Aufl. Berlin: de Gruyter. Abgedr. in Korlén, G./Malmberg, B. (1960) Tysk Fonetik. Lund: Gleerups, 156–164.

Österreichisches Deutsch (1989) *Österreich 1* (ORF) 6.11.: 9.05–9.30, 7.11.: 9.05–9.30, 8.11.: 9.05–9.30, 9.11.: 9.05–9.30.

Österreichisches Volks-Fremdwörterbuch (1947). Wien: Stern.

Österreichisches Wörterbuch [1951] (1990) Ed. im Auftrag des Bundesministeriums für Unterricht, Kunst und Sport. 37., überarb. Aufl. Wien: Jugend und Volk.

Österreichisches Wörterbuch 37. Auflage. Lehrerheft (1990). Wien: Österreichischer Bundesverlag/Jugend und Volk.

Österreichlexikon, 2 Bde. (1966) Bamberger, R./Maier-Bruck, F. (eds.) Wien/München: Österreichischer Bundesverlag/Verlag für Jugend und Volk.

Pacolt, Ernst (1971) *Sprachkunde – Sprachlehre.* (Pädagogik der Gegenwart, 304). Wien/München: Jugend und Volk.

Pacolt, Ernst (1992) Das österreichische Deutsch. In „*Ein-Sichten"/„Vor-Bilder".* *Überlegungen, Materialien zur Identität Österreichs.* Schulheft 66: 95-113.

Padel, Gerd H. (ed.) (1985) *Des Schweizers Deutsch.* Bern/Stuttgart: Hallwag.

Panizzolo, Paolo (1982) *Die schweizerische Variante des Hochdeutschen* (Deutsche Dialektgeographie, 108). Marburg: Elwert.

Paradeiser mit Obers. (1962) *Der Spiegel* 25: 62 f.

Patocka, Franz (1988) Zur Aussprache des Phonems /ä:/ im Österreichischen Rundfunk. *Deutsche Sprache* 16: 226–239.

Paul, Hermann [1897] (1992) *Deutsches Wörterbuch.* Henne, H./Objartel, G. (bearb.). 9., neu bearb. Aufl. Tübingen: Niemeyer.

Pedretti, Bruno (1992) Die Beziehungen zwischen den einzelnen Sprachregionen der Schweiz. In Bickel, H./Schläpfer, R. (eds.) Mehrsprachigkeit – eine Herausforderung. Aarau/Frankfurt a. M./Salzburg: Sauerländer, 89–135.

Pelinka, Anton (1990) *Zur österreichischen Identität. Zwischen deutscher Vereinigung und Mitteleuropa.* Wien: Ueberreuter.

Peltzer, Karl/von Normann, Reinhard (1993) *Das treffende Wort. Wörterbuch sinnverwandter Ausdrücke.* 23., überarb. Aufl. Thun: Otto.

Penzl, Herbert (1987) Das Elend der Hochsprache in Österreich. *Wiener Journal* (Wien) 1.

Penzl, Herbert (1988) Einleitendes zum Rahmenthema ‚Hochsprache/Umgangssprache/Mundart im Deutschen nach 1945'. *Jahrbuch für internationale Germanistik* 1: 8–17.

Pernstich, Karin (1982) Deutsch-italienische Interferenzen in der Südtiroler Presse. In Moser, H. (ed.) *Zur Situation des Deutschen in Südtirol* (Innsbrucker Beiträge zur Kulturwissenschaft, Germanistische Reihe, 13). Innsbruck: Germanistisches Institut, 91–127.

Pernstich, Karin (1984) *Der italienische Einfluß auf die deutsche Schriftsprache in Südtirol, dargestellt an der Südtiroler Presse* (Schriften zur deutschen Sprache in Österreich, 11). Wien: Braumüller.

Petersen, Carl u.a. (eds.) (1933) *Handwörterbuch des Grenz- und Auslandsdeutschtums.* 2 Bde. Breslau: Hirt.

Pevny, Wilhelm/Turrini, Peter (1980) *Alpensaga. Eine sechsteilige Fernsehserie aus dem bäuerlichen Leben.* Salzburg/Wien: Residenz.

Pezold, Klaus und Autorenkollektiv (1991) *Geschichte der deutschsprachigen Schweizer Literatur im 20. Jahrhundert.* Berlin: Volk und Wissen.

Planta, Robert von (1931) Vom Daseinskampf des Schweizerdeutschen. *Neue Zürcher Zeitung* 17., 18., 19. Juni.

Polenz, Peter von (1983) Deutsch in der Bundesrepublik Deutschland. In Reiffenstein, I. u.a. (eds.) *Tendenzen, Formen und Strukturen der deutschen Standardsprache nach 1945.* Marburg: Elwert, 41–60.

Polenz, Peter von (1987) Nationale Varianten der deutschen Hochsprache. *Zeitschrift für Germanistische Linguistik* 15: 101–103.

Polenz, Peter von (1988) „Binnendeutsch" oder Plurizentrische Sprachkultur? Ein Plädoyer für Normalisierung in der Frage der „nationalen" Varietäten. *Zeitschrift für Germanistische Linguistik* 16: 198–218.

Polenz, Peter von (1990) Nationale Varietäten der deutschen Sprache. *International Journal of the Sociology of Language* 83: 5–38.

Polenz, Peter von (1991) *Deutsche Sprachgeschichte vom Spätmittelalter bis zur Gegenwart. I. Einführung, Grundbegriffe, Deutsch in der frühbürgerlichen Zeit* (Sammlung Göschen, 2237). Berlin/New York: de Gruyter.

Pollak, Wolfgang (1992) *Was halten die Österreicher von ihrem Deutsch? Eine sprachpolitische und soziosemiotische Analyse der sprachlichen Identität der Österreicher.* Wien: Institut für Sozio-Semiotische Studien.

Pollak, Wolfgang (1994 a) *Österreich und Europa. Sprachkulturelle und nationale Identität.* Wien: Institut für Sozio-Semiotische Studien.

Pollak, Wolfgang (1994 b) Gespräch über „österreichische Identität und österreichische Sprache". Moderator: Peter Huemer. (Radioreihe „Von Tag zu Tag"). *Österreich 1* (ORF) 18.3.1994: 16.05–16.45.

Popowitsch, Joh.[ann] S.V. (1754) *Die nothwendigsten Anfangsgründe der Teutschen Sprachkunst zum Gebrauche der Österreichischen Schulen.* Wien: Brüder Grundt.

[Popowitsch, Johann S.V.] (1780) *Versuch einer Vereinigung der Mundarten von Teutschland als eine Einleitung zu einem vollständigen Teutschen Wörterbuche (...) aus den hinterlassenen Schriften des berühmten Herrn Professors Joh. Siegm. Val. Popowitsch.* Wien: Joseph Edler von Kurzböck.

Pree, Franz (1989) Dialekt in den österreichischen Lehrplänen und an den österreichischen Schulen. In Lachinger, J./Scheuringer, H./Tatzreiter, H. (eds.) *Sprache und Dialekt in Oberösterreich.* (Schriften zur Sprache und Literatur in Oberösterreich, Folge 1) Linz: Adalbert-Stifter-Institut, 104-117.

Püschel, Ulrich (1988) Zu Status und Funktion arealer Kennzeichnungen in allgemeinen einsprachigen Wörterbüchern. In Munske, H.H. u.a. (eds.) *Deutscher Wortschatz. Lexikologische Studien.* Berlin/New York: de Gruyter, 490–510.

Putzer, Oskar (1982) Italienische Interferenzen in der gesprochenen Sprache Südtirols – Faktoren der Variation. In Moser, H. (ed.) *Zur Situation des Deutschen in Südtirol* (Innsbrucker Beiträge zur Kulturwissenschaft, 13). Innsbruck: Universität, 141–162.

Quasthoff, Uta (1973) *Soziales Vorurteil und Kommunikation – Eine sprachwissenschaftliche Analyse des Stereotyps* (FAT, 2025). Frankfurt a.M.: Athenäum.

Rainer, Jörg (1986) Statistische Untersuchung zur sprachlichen Integration von Vorarlberger Studierenden in Tirol. *Vorarlberger Oberland* (2/3): 58–66.

Ramseier, Markus (1988) *Mundart und Standardsprache am Radio der deutschen und rätoromanischen Schweiz – Sprachformgebrauch, Sprach- und Sprechstil im Vergleich* (Reihe Sprachlandschaft, 6). Aarau/Frankfurt a.M./Salzburg: Sauerländer.

Rathkolb, Oliver/Schmid, Georg/Heiß, Gernot (eds.) (1990) *Österreich und Deutschlands Größe. Ein schlampiges Verhältnis.* Salzburg: Müller

Rechtschreib-Duden → *Duden. Rechtschreibung.*

Redard, F./Jeanneret, R./Métral, J.-P. (eds.) *Le Schwyzertütsch – 5e langue nationale? Actes du colloque de la Commission interuniversitaire suisse de linguistique appliquée. Neuchâtel 24.–26.9.1980* (Bulletin CILA, 33). Neuchâtel: Institut de linguistique, Université.

Regeln für die deutsche Rechtschreibung nebst Wörterverzeichnis [1902] (1941) Wien: Österreichischer Bundesverlag.

Regeln für die deutsche Rechtschreibung nebst Wörterverzeichnis [1902] (1964) Ed. im Auftr. des Königlich Preußischen Ministeriums der geistlichen, Unterrichts- und Medizinalangelegenheiten. Neue Bearb. Berlin: Weidmann. Faksimiledruck. Mannheim: Bibliographisches Institut.

Regeln für die deutsche Rechtschreibung und Wörterverzeichnis (1944) Reichsministerium für Wissenschaft, Erziehung und Volksbildung (ed.) Berlin: Deutscher Schulverlag.

Regeln und Wörterverzeichnis für die Aussprache und Rechtschreibung. Große Ausgabe [1926] (1941) Wien/Berlin/Leipzig: Deutscher Verlag für Jugend und Volk.

Reichert, Achilles u.a. (bearb.) (1983) *Schweizer Wörterbuch für Primarschulen. Mit Arbeitshilfen und Übungen zur Sprachbildung und Rechtschreibung.* Zürich: Sabe.

Reichmann, Oskar (1978) Deutsche Nationalsprache. Eine kritische Einführung. *Germanistische Linguistik* 2: 389–423.

Reiffenstein, Ingo (1975) Hochsprachliche Norm und Sprachnormen. *Grazer Linguistische Studien* 1: 126–134.

Reiffenstein, Ingo (1976) Primäre und Sekundäre Unterschiede zwischen Hochsprache und Mundart. Überlegungen zum Mundartenabbau. In Pohl, D. (ed.) *Opuscula slavica et linguistica.* Klagenfurt: Universität, 337–347.

Reiffenstein, Ingo (1977) Sprachebenen und Sprachwandel im österreichischen Deutsch der Gegenwart. In Kolb, H./Lauffer, H. (eds.) *Sprachliche Interferenz. Festschrift für Werner Betz.* Tübingen: Niemeyer, 159–174.

Reiffenstein, Ingo (1982) Hochsprachliche Norm und regionale Varianten der Hochsprache: Deutsch in Österreich. In Moser, H. (ed.) *Zur Situation des Deutschen in Südtirol* (Innsbrucker Beiträge zur Kulturwissenschaft, Germanistische Reihe, 13). Innsbruck: Germanistisches Institut, 9–18.

Reiffenstein, Ingo (1983) Deutsch in Österreich. In Reiffenstein, I. u.a. (eds.) *Tendenzen, Formen und Strukturen der deutschen Standardsprache nach 1945.* Marburg: Elwert, 15–27.

Reiffenstein, Ingo (1987) „Worin besteht das Österreichische?" Zur Sprache der Romane Gernot Wolfgrubers. In Beutner, E. u.a. (eds.) *Dialog der Epochen. Festschrift für Walter Weiss.* Wien: Österreichischer Bundesverlag, 264–272.

Reuter, Mikael(1992) Swedish as a pluricentric language. In Clyne, M. (ed.) *Pluricentric Languages. Differing Norms in Different Nations.* Berlin/New York: Mouton de Gruyter, 101–116.

Richter, Konrad (1920) *Verdeutschungen der im Schulbetriebe und in der Schulverwaltung am häufigsten vorkommenden Fremdwörter (Zum Gebrauch für alle Arten Schulen und Schulämter). Ein Beitrag zur Entwelschung der Schulsprache.* Wien: Österreichischer Schulbücherverlag.

Richtlinien für die Pflege der Hochsprache in den Schulen des Kantons Zürich (Volksschule und Mittelschulen) (1987). Fassung gemäss Beschluss des Erziehungsrats vom 24. November 1987.

Rie, Robert (1961) Amerika und die österreichische Literatur. *Wort in der Zeit* 7 (April): 42–45.

Riedmann, Gerhard (1972) *Die Besonderheiten der deutschen Sprache in Südtirol* (Duden-Beiträge, 39). Mannheim/Wien/Zürich: Dudenverlag.

Riedmann, Gerhard (1979) Bemerkungen zur deutschen Gegenwartssprache in Südtirol. In P.S. Ureland (ed.) *Standardsprache und Dialekt in mehrsprachigen Gebieten Europas.* Tübingen: Niemeyer, 149–181.

Rieger, Burkhard (1984) Unscharfe Wortbedeutungen. Ein quantitatives Verfahren zur lexikalischen Analyse des verwendeten Vokabulars im Rahmen eines Strukturmodells unscharfer (fuzzy) Semantik. In Hellmann, M. W. (ed.) *Ost-West-Wortschatzvergleiche* (Forschungsberichte des Instituts für deutsche Sprache, 48). Tübingen: Narr, 293–339.

Riesel, Elise (1953) K voprosu o nacional'nom jazyke v Avstrii [Zur Frage der Nationalsprache in Österreich]. *Utschojnye zapiski Moskovskogo gosud. pedag. instituta inostrannych jazykov [I. Mosk. Staatl. Pädag. Fremdsprachenhochschule]* [Charkow] 5: 157–171.

Riesel, Elise (1962) Nacional'nye varianty sovremennongo nemeckogo jazyka [Nationale Varianten der deutschen Gegenwartssprache]. *Inostrannye jazyki v schkole [Fremdsprachen in der Schule]* 6: 103–110.

Riesel, Elise (1964a) *Der Stil der deutschen Alltagsrede.* Moskau: [Izdatelstwo „Wysschaja schkola"].

Riesel, Elise (1964b) Die Sprache des Österreichers. *Tagebuch* (1) [Wien] [Hinweis A. Domaschnew; konnte nicht besorgt werden].

Ris, Roland (1978) Sozialpsychologie der Dialekte und ihrer Sprecher. In Ammon, U./Knoop, U./Radtke, I. (eds.) *Grundlagen einer dialektorientierten Sprachdidaktik* (Pragmalinguistik, 12). Weinheim/Basel: Beltz, 93-115.

Ris, Roland (1979) Dialekte und Einheitssprache in der Schweiz. *International Journal of the Sociology of Language* 21: 41–61.

Ris, Roland (1980) Probleme aus der pragmatischen Sprachgeschichte der deutschen Schweiz. In Sitta, H. (ed.) *Ansätze zu einer pragmatischen Sprachgeschichte. Zürcher Kolloquium 1978* (Reihe Germanistische Linguistik, 21). Tübingen: Niemeyer, 103–28.

Ris, Roland (1987) Die Sprachsituation in der Schweiz. In *Tagungsbericht VII. Internationale Deutschlehrertagung Bern 4.–8. August 1986.* Bern: Staatlicher Lehrmittelverlag, 23–34.

Ris, Roland (1990) Diglossie und Bilinguismus in der deutschen Schweiz: Verirrung oder Chance? In Vouga, J.-P./Hodel, M. E. (1990) *La Suisse face à ses langues.* (Neue Helvetische Gesellschaft, Jahrbuch 1990/91). Aarau/Frankfurt a. Main/ Salzburg: Sauerländer, 40–49.

Rizzo-Baur, Hildegard (1962) *Die Besonderheiten der deutschen Schriftsprache in Österreich und in Südtirol* (Duden-Beiträge, 5). Mannheim: Dudenverlag.

Rizzo-Baur, Hildegard [1963] Die Besonderheiten der deutschen Schriftsprache in Österreich. *Beiträge zur Gegenwartsgeschichte und staatsbürgerlichen Erziehung* 3 [Wien]: 9–13.

Roberts, Julian V./Hermann, C. Peter (1986) The Psychology of Height: An Empirical Review. In Hermann, C. P./Zanna, M. P./Higgins, E. T. (eds.) *Physical Appearance, Stigma, and Social Behavior. The Ontario Symposium,* Vol. 3. Hillsdale, N.J.: Erlbaum, 113–140.

Roche, Reinhard (1985) Austriazismen als „Lehrgegenstände"? *Der Deutschunterricht* 38 (1): 69–83.

Roessler, Paul (1994) *Entwicklungstendenzen der österreichischen Rechtssprache seit dem ausgehenden 18. Jahrhundert. Eine syntaktische, stilistische und lexikalische Untersuchung von Studiengesetzen und -verordnungen.* Frankfurt a. M. usw.: Lang.

Rohrer, Carl (1973) *Der Konjunktiv im gesprochenen Schweizer Hochdeutschen. Analyse von Radiogesprächen* (Studia Linguistica Alemannica, 3). Frauenfeld/Stuttgart: Huber.

Rogerson, Melissa J. (1991) *How well do the last 3 editions of the Österreichisches Wörterbuch reflect the nature of the Austrian variety of German?* Unveröff. Honours thesis Monash University, Clayton, Australien.

Rosensträter, Heinrich (1985) *Deutschsprachige Belgier. Geschichte und Gegenwart der deutschen Sprachgrpupe in Belgien,* 3 Bde. Aachen: Selbstverlag.

Rotzler, K[arl] E. (1949) *Dudens Schreib- und Sprachdummheiten. Der „Große Duden" unter der schweizerischen Lupe.* Bern: Francke.

Rožnovskij, Stanislav V. (1983) Über das Phänomen der österreichischen Nationalliteratur. *Sprachkunst* 14: 3–13.

Ruhm, Franz (1960) *Perlen der Wiener Küche*. Berlin/Darmstadt/Wien: Deutsche Buch-Gemeinschaft.

Rundle, Stanley (1944) *Language as a Social and Political Factor in Europe*. London: Faber and Faber.

Rupp, Heinz (1983a) Deutsch in der Schweiz. In Reiffenstein, I. u.a. (eds.) *Tendenzen, Formen und Strukturen der deutschen Standardsprache nach 1945*. Marburg: Elwert, 29–39.

Rupp, Heinz (1983b) Tendenzen, Formen und Strukturen der deutschen Standardsprache in der Schweiz. In Nerius, D. (ed.) *Entwicklungstendenzen der deutschen Sprache seit dem 18. Jahrhundert* (Linguistische Studien, Reihe A, Arbeitsberichte 111). Berlin: Akademie der Wissenschaften der DDR, 214–275.

Rusch, Paul (1989) Die deutsche Sprache in Österreich. *Jahrbuch Deutsch als Fremdsprache 1988* 14: 35–57.

Russ, Charles V.J. (1987) Language and Society in German Switzerland Multilingualism, Diglossia and Variation. In Russ, C./Volkmar, C. (eds.) *Sprache und Gesellschaft in deutschsprachigen Ländern*. München: Goethe-Institut, 94–121.

Russ, Charles V.J. (1992) Variation im Deutschen. Die Perspektive der Auslandsgermanistik. *Der Deutschunterricht* 44 (6): 5–15.

Rutishauser, Hans/Winkler, Walter [1957] [1965] (1982) *Keine Angst vor Wort und Satz. Der vergnügliche Sprachführer für jedes Büro*. Zürich: Verlag des Schweizerischen Kaufmännischen Vereins.

Salzburgs Speisekarte für nördliche Gäste. Dampfnudeln für deutsche Ohren und Gaumen zubereitet.(1978) *Die Presse* (Wien) 22.12.:9.

Samuel, R.H./Hajdu, J.G. (1969) *The German Speaking Countries of Central Europe. Maps with Commentaries*. Sydney usw.: Angus and Robertson.

Sanders, Daniel (1910) Wülfing, J.E. (neu bearb.) *Handwörterbuch der deutschen Sprache*. Leipzig: Wigand.

Sarkowski, Heinz (1977) *Das Bibliographische Institut. Verlagsgeschichte und Bibliographie (1826–1976)*. Mannheim/Wien/Zürich: Bibliographisches Institut.

Sauer, Wolfgang W. (1988) *Der „Duden". Geschichte und Aktualität eines „Volkswörterbuchs"*. Stuttgart: Metzler.

Saxalber Tetter, Annemarie (ed.) [1985] (1994) *Dialekt ~ Hochsprache als Unterrichtsthema. Anregungen für die Deutschlehrer/innen der Mittel- und Oberschule*. 2., überarb. Aufl. Bozen: Südtiroler Kulturinstitut/Pädagogisches Institut.

Saxer, Heide/Saxer, Robert/Scheiber, Gabriele (1986/88) *Deutsch in Österreich* (Deutsch, 1 und 2). Klagenfurt: Universität für Bildungswissenschaften.

Schäuffele, Fritz (1970) *Deutsche, dütsch und andere schwere Sprachen. Ein Vademecum für Microphonbenützer der Deutschschweiz*. Bern: Francke.

Scheichl, Sigurd P. (1990) Von den Klößen, vom lutherischen -e und vom Stiefel. Beobachtungen zur Sprache des Österreichers in der Literatur. *Wirkendes Wort 40* (3): 408–421.

Scheichl, Sigurd P. (1991) Der literarische Kanon in Österreich – ein österreichischer literarischer Kanon. In Ekmann, B. u.a. (eds.) *Deutsch – eine Sprache? Wie viele Kulturen?* (Text & Kontext, Sonderreihe, 30). Kopenhagen/München: Fink, 101–126.

Schenker, Walter (1969) *Die Sprache Max Frischs in der Spannung zwischen Mundart und Schriftsprache*. Berlin: de Gruyter.

Schenker, Walter (1972) Das Verhältnis des Deutschschweizers zum Hochdeutschen. *Schweizer Monatshefte 51* (12): 886–893.

Scherb, Margit (1990) Wir und die westeuropäische Hegemonialmacht. Die Beziehungen zwischen Österreich und der Bundesrepublik Deutschland in den Bereichen Währung, Außenhandel und Direktinvestitionen. In Scherb, M./Morawetz, I. (eds.) (1990) *In deutscher Hand? Österreich und sein großer Nachbar.* Wien: Verlag für Gesellschaftskritik, 27–60.

Scherb, Margit/Morawetz, Inge (eds.) (1990) *In deutscher Hand? Österreich und sein großer Nachbar.* Wien: Verlag für Gesellschaftskritik.

Scheurer, Helmut (ed.) (1993) *Dichter und ihre Nation* (suhrkamp taschenbuch, 2117). Frankfurt a. M.: Suhrkamp.

Scheuringer, Hermann (1987) Anpassung oder Abgrenzung? Bayern und Österreich und der schwierige Umgang mit der deutschen Standardsprache. *Deutsche Sprache* 15: 110–121.

Scheuringer, Hermann (1988) Powidltaschkerl oder Die kakanische Sicht aufs Österreichische. *Jahrbuch für internationale Germanistik* 1988 (1): 63–71.

Scheuringer, Hermann (1989) Zum Verhältnis Bayerns und Österreichs zur deutschen Standardsprache. In Eroms, H.-W. (ed.) *Probleme regionaler Sprachen* (Bayreuther Beiträge zur Dialektologie, 4). Hamburg: Buske, 37–52.

Scheuringer, Hermann (1990) *Sprachentwicklung in Bayern und Österreich.* Hamburg: Buske.

Scheuringer, Hermann (1991) Die Stellung der Staatssprache Deutsch in der Schweiz und in Österreich. In Mattheier, K. J. (ed.) *Ein Europa – Viele Sprachen* (forum Angewandte Linguistik, 22). Frankfurt a. M. usw.: Lang, 57–60.

Scheuringer, Hermann (1992) Deutsches Volk und deutsche Sprache. Zum Verhältnis von Deutsch-Sprechen und Deutsch-Sein in der Schweiz und in Österreich nach 1945. *Muttersprache* 102: 218–229 (auch in Österreich in Geschichte und Literatur 36 (3): 162–173).

Scheuringer, Hermann (1994) Wie heißt das auf österreichisch? Deutsch in Österreich und ein Wandkalender des Goethe-Instituts. *Strani jezici* 23 (1): 35–44.

Scheuringer, Hermann (im Druck a) Österreichische Auslandskulturpolitik in der Zwickmühle zwischen deutscher Sprache und österreichischem Staat. *Germanistische Mitteilungen.*

Scheuringer (im Druck b) „Jänner" und „Januar" – ein Beitrag zur jüngeren Wortgeschichte.

Schikola, Hans (1954) *Schriftdeutsch und Wienerisch.* Wien: Österreichischer Bundesverlag.

Schieder, Theodor (1992) *Nationalismus und Nationalstaat. Studien zum nationalen Problem im modernen Europa.* Göttingen: Vandenhoeck & Ruprecht.

Schiffman, Harold F. (1991) Swiss-German Diglossia. *Southwest Journal of Linguistics* 10 (1): 173–188.

Schilling, Rudolf (1970) *Romanische Elemente im Schweizerhochdeutschen.* (Duden Beiträge, 38). Mannheim/Wien/Zürich: Dudenverlag.

Schindler, Frank (1974) *Beiträge zur deutschen Hochlautung.* Hamburg: Buske.

Schirmunski, V[ictor] M. (1962) *Deutsche Mundartkunde. Vergleichende Laut- und Formenlehre der deutschen Mundarten.* Berlin: Akademie-Verlag.

Schläpfer, Robert (1979) Schweizerhochdeutsch und Binnendeutsch. Zur Problematik der Abgrenzung und Berücksichtigung schweizerischen und binnendeutschen Sprachgebrauchs in einem Wörterbuch für Schweizer Schüler. In Löffler, H./Pestalozzi, K./Stern, M. (eds.) *Standard und Dialekt. Studien zur gesprochenen und geschriebenen Gegenwartssprache.* Bern/München: Francke, 151–163.

Schläpfer, Robert (ed.) (1982) *Die viersprachige Schweiz.* Zürich/Köln: Benziger.

Schläpfer, Robert (1983) Schweizerhochdeutsch in einem hochdeutschen Wörterbuch für die deutsche Schweiz. In Haas, W./Näf, A. (eds.) *Wortschatzprobleme im Alemannischen.* Freiburg (Schweiz): Universitätsverlag, 45–57.

Schläpfer, Robert (1992) Mundart und Standardsprache. In Bickel, H./Schläpfer, R. (eds.) *Mehrsprachigkeit – eine Herausforderung.* Aarau/Frankfurt a. M./Salzburg: Sauerländer, 281–296.

Schläpfer, Robert (1994) Das Spannungsfeld zwischen Standard und Dialekt in der deutschen Schweiz. In Burger, H./Buhofer, A.B. (eds.) *Spracherwerb im Spannungsfeld von Dialekt und Hochsprache.* Bern usw.: Lang, 15–28.

Schläpfer, Robert/Gutzwiller, Jürg/Schmid, Beat (1991) *Das Spannungsfeld zwischen Mundart und Standardsprache in der deutschen Schweiz. Spracheinstellungen junger Deutsch- und Welschschweizer.* Aarau/Frankfurt a.M.: Sauerländer.

Schlosser, Horst D. (1981) Die Verwechslung der Nationalsprache mit einer lexikalischen Teilmenge. *Muttersprache* 91: 145–156.

Schlosser, Horst D. (1985) Zur Theorie eines neuen „Gefüges sprachlicher Existenzformen" in der DDR. In Gerber, M. u.a. (eds.) *Studies in GDR Culture and Society 5. Selected Papers from the Tenth New Hampshire Symposium on the German Democratic Republic.* Lanham/New York/London: University Press of America, 323–337.

Schlosser, Horst D. (1989) Die Sprachentwicklung in der DDR im Vergleich zur Bundesrepublik Deutschland. In Hättich, M./Pfitzner, P.D. (eds.) *Nationalsprachen und die Europäische Gemeinschaft. Probleme am Beispiel der deutschen, französischen und englischen Sprache.* München: Olzog, 36–52.

Schlosser, Horst D. (1990) *Die deutsche Sprache in der DDR zwischen Stalinismus und Demokratie. Historische, politische und kommunikative Bedingungen.* Köln: Verlag Wissenschaft und Politik.

Schmid, Georg (1990) ... sagen die Deutschen. Annäherung an eine Geschichte des Sprachimperialismus. In Rathkolb, O. u.a. (eds.) *Österreich und Deutschlands Größe.* Salzburg: Müller, 23–34.

Schmid, Hansmartin (1992) *Ein Unterschied wie zwischen Schmidt und Schmied. Deutsche und Deutschs-Schweizer – verwandt und doch verschieden.* Chur: Bischofberger.

Schmidt, Günter D. (1978) Bald zweierlei Deutsch in den Schulen des Auslands? Zur Anerkennung der Vier-Varianten-These in der Sowjetunion. *Muttersprache* 88: 287–290.

Schmidt-Rohr, Georg (1932) Die Sprache als Bildnerin der Völker. Eine Wesens- und Lebenskunde der Volkstümer. Jena: Diederichs.

Schmidt-Rohr, Georg (1933) *Mutter Sprache. Vom Amt der Sprache bei der Volkwerdung.* 2. überarb. Aufl. von Schmidt-Rohr 1932. Jena: Diederichs.

Schreiber, Alfred (1972) *Terminologie des schweizerischen Zivilrechts. Deutsch-Französisch-Italienisch-Englisch.* 4. Aufl. Wädenswil: Stutz.

Schubert, Arne (1969) Zur Behandlung des Schweizerischen in der deutschen Lexikographie der 60er Jahre. *Sprachspiegel* 25 (6): 164–172.

Schuhmacher, A. (1980) *Zur Bedeutung der Körperhöhe in der menschlichen Gesellschaft.* Unveröff. Diss. Fachbereich Biologie, Universität Hamburg.

Schülerduden. Rechtschreibung und Wortkunde (1992) Scholze-Stubenrecht, Werner u.a. (bearb.). 4. Aufl. Mannheim/Wien/Zürich: Dudenverlag.

Schuppenhauer, Claus/Werlen, Iwar (1983) Stand und Tendenzen in der Domänenverteilung zwischen Dialekt und deutscher Standardsprache. In Besch, W. u.a. (eds.) *Dialektologie. Ein Handbuch zur deutschen und allgemeinen Dialektforschung,* Bd. 2. Berlin/New York: de Gruyter, 1411–1427.

Schuster, Mauriz/Schikola, Hans (1984) *Sprachlehre der Wiener Mundart.* Wien: Österreichischer Bundesverlag.

Schwander, Marcel (1991) *Schweiz* (Beck'sche Reihe, 840). München: Beck.

Schwarzenbach, Rudolf (1969) *Die Stellung der Mundart in der deutschsprachigen Schweiz. Studien zum Sprachgebrauch der Gegenwart* (Beiträge zur schweizerdeutschen Mundartforschung, 17). Frauenfeld: Huber.

Schwarzenbach, Rudolf (1986) Wie soll der Deutschschweizer Hochdeutsch sprechen? In von Polenz, P./Erben, J./Goossens, J. (eds.) *Sprachnormen: lösbare und unlösbare Probleme* ... (Akten des Internationalen Germanisten-Kongresses Göttingen 1985, Kontroversen – alte und neue. Band, 4). Tübingen: Niemeyer, 101–104.

Schweitser, Aleksander D. (1963) *Očerk sovremennogo anlijskogo jazyka v SŠA* [Abriß der englischen Gegenwartssprache in den USA]. Moskau: Vysšhaja škola.

Schweitser, Aleksander D. (1971) *Literaturnyj anglijskij jazyk v SŠA i Anglii* [Englische Literatursprache in den USA und England]. Moskau: Vysšhaja škola.

Schweitser, Aleksander. D. (1986) *Contemporary Sociolinguistics*. Amsterdam: Benjamins.

Schweitser, Aleksander D./Nikolski, L.B. (1986) *Introduction to Sociolinguistics*. Amsterdam: Benjamins.

Schweizerdeutsch. Vierteljahresdruck des Bundes Schwyzertütsch (1981-1992).

Schweizer-Hochdeutsch (1927) *Mitteilungen des Deutschschweizerischen Sprachvereins* 11 (7/8): [2f.].

Schweizer Schülerduden. Rechtschreibung und Sprachkunde für das 4. bis 8. Schuljahr. [1969] (1978) 9. Aufl. Wabern: Büchler.

Schweizer Schülerduden 1. Rechtschreibung und Sprachlehre (1980). Neu bearb. Aufl. Wabern: Büchler.

Schweizer Schülerduden 2. Bedeutung und Gebrauch der Wörter (1976). Wabern: Büchler.

Schweizerisches Hochdeutsch und deutsches Hochdeutsch (1955/56) *Sprachspiegel* 11: 172f., 12: 12f., (3): 83–85, (4): 81–85, 153–155, 178f. [Paginierungsfehler Nr. 3 und 4!]

Schweizerisches Idiotikon. Wörterbuch der schweizerdeutschen Sprache (1881ff.) Staub, F. u.a. (bearb.). Frauenfeld: Huber.

Seibicke, Wilfried [1972] (1983) *Wie sagt man anderswo? Alsterwasser oder Radlermaß? Fleischer, Metzger oder Schlachter? Landschaftliche Unterschiede im deutschen Sprachgebrauch.* (Duden Taschenbücher, 15). Mannheim/Wien/Zürich: Dudenverlag.

Seidelmann, Erich (1976) Deutsche Hochsprache und regionale Umgangssprache in phonologischer Sicht. In Debus, F./Hartig, J. (eds.) *Festschrift für Gerhard Cordes zum 65. Geburtstag*, Bd. 2: Sprachwissenschaft. Neumünster: Wachholtz, 354–388.

Seiler, Otto (1913) *Lautwissenschaft und Deutsche Aussprache in der Schule.* Frauenfeld: Huber.

Seiler, Otto (1914) Die Aussprache-Bewegung in der deutschen Schweiz. *Schweizerische Lehrerzeitung* 59 (6): 55f., (7): 64–66, (8): 75–77, (9): 85–87, (10): 93f.

Senn, Alfred (1935) Verhältnis von Mundart und Schriftsprache in der deutschen Schweiz. *The Journal of English and German Philology* 34: 42–58.

Sevin, Dieter/Sevin, Ingrid/Bean, Katrin D. (1991) *Wie geht's? An Introductory German Course.* 4th. ed. Fort Worth usw.: Holt Rinehardt and Winston.

Sialm-Bossard, Victor (1990) Der Lektürekanon am Liechtensteinischen Gymnasium: 1937–1987. In Kochan, D. C. (ed.) *Literaturdidaktik – Lektürekanon – Literaturunterricht* (Amsterdamer Beiträge zur neueren Germanistik, 30). Amsterdam/Atlanta, GA: Rodopi, 77–112.

Sieber, Peter (1992) Hochdeutsch in der deutschen Schweiz. *Der Deutschunterricht* 44 (6): 28–42.

Sieber, Peter/Sitta, Horst (1984) Schweizerdeutsch zwischen Dialekt und Sprache. *Kwartalnik Neofiloginczny* 31 (1): 3–40.

Sieber Peter/Sitta, Horst (1986) *Mundart und Standardsprache als Problem der Schule* (Reihe Sprachlandschaft, 3). Aarau/Frankfurt a.M./Salzburg: Sauerländer.

Sieber, Peter/Sitta, Horst (1987) Deutsch in der Schweiz. *Zeitschrift für Germanistik* 8: 389–401.

Sieber, Peter/Sitta, Horst (eds.) (1988) *Mundart und Hochdeutsch im Unterricht. Orientierungshilfen für Lehrer* (Studienbücher Sprachlandschaft, 1). Aarau/Frankfurt a.M./Salzburg: Sauerländer.

Siebs, Theodor (1898) *Deutsche Bühnenaussprache.* Berlin/Köln/Leipzig: Albert Ahn.

Siebs (1969). *Deutsche Aussprache. Reine und gemäßigte Hochlautung mit Aussprachewörter-buch.* de Boor, H. u. a. (eds.). 19., umgearb. Aufl. Berlin: de Gruyter.

Siegrist, Christoph (1967) *Albrecht von Haller.* Stuttgart: Metzler.

Šimková Vladimira/Kupkovič, Alexander (1986) *Němčina,* Bd. 4. Praha: Státni Pedagogické Nakladatelství.

Simon, Gerd (1979a) Materialien über den „Widerstand" in der deutschen Sprachwissenschaft des Dritten Reichs. In Simon, G. (ed.) *Sprachwissenschaft und politisches Engagement.* Weinheim/Basel: Beltz, 153-206.

Simon, Gerd (ed.) (1979b) *Sprachwissenschaft und politisches Engagement. Zur Problem- und Sozialgeschichte einiger sprachtheoretischer, sprachdidaktischer und sprachpflegerischer Ansätze in der Germanistik des 19. und 20. Jahrhunderts.* Weinheim/Basel: Beltz.

Simon, H[ans] J. (1977) Italienisch-Österreichisches und Französisch-Deutsches. *Klagenfurter Beiträge zur Sprachwissenschaft* 3 (1/2): 69–79.

Singer, Samuel (1928) *Schweizerdeutsch* (Die Schweiz im deutschen Geistesleben, 58). Frauen-feld/Leipzig: Huber.

Sluga, Maria T. (1989) *Die Diskussion um das Österreichische Wörterbuch.* Unveröff. Diplom-arbeit Univ. Wien.

Smirnickij, Aleksandr I. (1955) *Drevneanglijskij jazyk* [Altenglische Sprache]. Moskau: Izda-tel'stvo na inostrannych jazykach.

Sonderegger, Stefan (1962) *Die schweizerdeutsche Mundartforschung 1800–1959. Bibliographi-sches Handbuch mit Inhaltsangaben* (Beiträge zur schweizerdeutschen Mundartforschung, 12). Frauenfeld: Huber.

Sonderegger, Stefan (1964) Ein Jahrtausend Geschichte der deutschen Sprache in der deutschen Schweiz. In *Sprache, Sprachgeschichte, Sprachpflege in der deutschen Schweiz. Sechzig Jahre Deutschschweizerischer Sprachverein.* Zürich: Deutschschweizerischer Sprachverein, 7–29.

Sonderegger, Stefan (1982) Zur geschichtlichen Entwicklung eines schweizerischen Sprach-bewußtseins in der frühen Neuzeit. In Moser H. (ed.) *Zur Situation des Deutschen in Südtirol* (Innsbrucker Beiträge zur Kulturwissenschaft, Germanistische Reihe, 13). Innsbruck: Germanistisches Institut, 51–61.

Sonderegger, Stefan (1985) Die Entstehung des Verhältnisses von Standardsprache und Mund-arten in der deutschen Schweiz. In: Besch, W./Reichmann, O./Sonderegger, S. (eds.) *Sprach-geschichte,* Bd. 2. Berlin/New York: de Gruyter, 1873–1939.

Spášilová, Libuše (1993) Die österreichische Sprachvariante und der Deutschunterricht an tsche-chischen Schulen. In Muhr, R. (ed.) *Internationale Arbeiten zum österreichischen Deutsch und seinen nachbarsprachlichen Bezügen (*Materialien und Handbücher zum österreichi-schen Deutsch und zu Deutsch als Fremdsprache, 1). Wien: Hölder-Pichler-Tempsky, 99–107.

Spinner, Kaspar H. (1990) Kanonbildung in der Schweiz am Beispiel der Schriftwerke deutscher Sprache. In Kochan, D. C. (ed.) *Literaturdidaktik – Lektürekanon – Literaturunterricht* (Amsterdamer Beiträge zur neueren Germanistik, 30). Amsterdam/Atlanta, GA: Rodopi, 65–75.

Der Sprach-Brockhaus (1935) *Deutsches Bildwörterbuch für jedermann.* Leipzig: Brockhaus.

Sprachlich-technisches Vademecum der „Neuen Zürcher Zeitung" (1990) 4. Aufl. Zürich: Ver-lag der Neuen Zürcher Zeitung.

Sprache, Sprachgeschichte, Sprachpflege in der deutschen Schweiz. Sechzig Jahre Deutschschwei-zerischer Sprachverein. (1964) Zürich: Deutschschweizerischer Sprachverein.

Sprachspiegel. (Zeitschrift des Deutschschweizerischen Sprachvereins, seit 1945, Fortsetzung von *Mitteilungen des Deutschschweizerischen Sprachvereins*. Bern, später Zürich, später Altdorf.

Stäuble, Eduard (1985) „Der Worte sind genug gewechselt!" In Padel, H. (ed.) *Des Schweizers Deutsch*. Bern/Stuttgart: Hallwag, 41–46.

Steger, Hugo (1985) Über das Ganze und die Teile. Zur Situation der deutschen Sprache am Ende des 20. Jahrhunderts. Für Johannes Erben zum 60. Geburtstag. In Ritter, A. (ed.) *Kolloquium zur Sprache und Sprachpflege der deutschen Bevölkerungsgruppen im Ausland*. Flensburg:Institut für Regionale Forschung und Kommunikation, 19–48.

Steger, Hugo (1986) Deutsche Sprache und Literatur in der Schweiz: Innensicht und Außenwirkung. Resümee einer Tagung. In Löffler, H. (ed.) *Das Deutsch der Schweizer*. Aarau/Frankfurt a. M./Salzburg: Sauerländer, 175–192.

Steiger, August (1924) *Was können wir für unser Schweizerdeutsch tun?* (Volksbücher des Deutschschweizerischen Sprachvereins, 11). Basel: Finckh.

Steiger, August (1927) Schweizer-Hochdeutsch. *Mitteilungen des Deutschschweizerischen Sprachvereins*.

Steiger, August (1941) Schweizerisches Wortgut im Duden. *Jährliche Rundschau des Deutschschweizerischen Sprachvereins: 62–88*.

[Steiger, August] (1944) Vierzig Jahre Sprachverein. Zur Feier des vierzigjährigen Bestandes des Deutschschweizerischen Sprachvereins. *Rundschau des Deutschschweizerischen Sprachvereins: 15–63*.

Steinhauser, Walter [1977] (1978) *Slawisches im Wienerischen*. 2., verb. Aufl. Wien: Verlag des Verbandes der wissenschaftlichen Gesellschaften Österreichs.

Stelzig, H[elmut] (1962) Grundfragen für das Aussprachewörterbuch der allgemeinen deutschen Hochlautung. In *Proceedings of the IV. International Congress of Phonetic Society, Helsinki 1961*. Den Haag: Mouton, 765–770.

Stepanov, Georg V. (1957) Problemy izučenija ispanskogo v jazykač Latinskoj Amerike [Probleme der Erforschung der spanischen Sprache in Lateinamerika]. *Vosprosy jazykoznanija* 4: 16–25.

Stepanov, Georg V. (1960) O nacional'nom jazyke v stranach Latinskoj Ameriki (Über die Nationalsprache in den Ländern Lateinamerikas). In *Voprosy formirovanija i razvitija nacional'nych jazykov [Fragen der Bildung und Entwicklung der Nationalsprachen]*. (Trudy Instituta Jazykoznanija AN SSSR, 10 [Werke des Instituts für Sprachwissenschaft der AdW. der UdSSR, Band 10]. Moskau: Verlag AdW. der UdSSR, 143–157.

Stepanov, Georg V. (1963) *Ispanskij jazyk v stranach Latinskoj Ameriki* [Die spanische Sprache in den Ländern Lateinamerikas]. Moskau: Izdatel'stvo literatury na inostrannych jazykach.

Stepanov, Georg V. (1969) Sozial'no-geografičeskaja differenciacija ispanskogo jazyka na urovne nacional'nych variantov [Sozio-geographische Differenzierung der spanischen Sprache auf der Ebene der Nationalvarianten]. *Voprosy social'noj lingvistiki [Fragen der Soziolinguistik]*. Leningrad: Nauka, 284–308.

Stepanov, Georg V. (1979) *K probleme jazykovogo var'irovanija: Ispanskij jazyk Ispanii i Ameriki* [Zum Problem der Sprachvariation. Die spanische Sprache in Spanien und in Amerika]. Moskau: Nauka.

Stern, J.P. (1981) Some Observations on Austrian Language Consciousness. In Murdoch, B.O./Ward, M. D. (eds.) *Studies in Modern Austrian Literature*. Glasgow: Glasgow University Printing Dept., 104–122.

Stewart, William A. (1968) A Sociolinguistic Typology for Describing National Multilingualism. In Fishman, J.A. (ed.) *Readings in the Sociology of Language*. The Hague/Paris: Mouton, 531–545.

Stickelberger, H.[einrich] (1900) Zu den sprachlichen Eigentümlichkeiten bei C. F. Meyer. *Zeitschrift für den deutschen Unterricht* 14: 780–783.

Stickelberger, Heinrich (1905) *Schweizerdeutsch und Schriftdeutsch.* (Sonderabzug aus dem 1. Jahresbericht des Deutschschweizerischen Sprachvereins). Bern.

Stickelberger, Heinrich [1911] (1912) *Die Aussprache des Hochdeutschen.* 2. Aufl. Zürich: Schultheß.

Stickelberger, Heinrich (1914) *Schweizerhochdeutsch und Reines Hochdeutsch. Ein Ratgeber in Zweifelsfällen bei Handhabung der neuhochdeutschen Schriftsprache.* Zürich: Schultheß.

Stickelberger, Heinrich (1938) *Schweizerdeutsch und Hochdeutsch, eine Sammlung von Stimmen.* Zürich: Deutschschweizerischer Sprachverein.

[Stieböck, Leopold] (1890) *Der Wiener Dialect und seine hochdeutsche Stiefschwester. Ein Beitrag zur hochdeutschen Lautlehre vom Standpunkte des Wiener Dialects.* Wien: Manz.

Stiekler, Heinrich (ed.) (1976) *Nachrichten aus Rumänien. Rumäniendeutsche Literatur* (Auslandsdeutsche Literatur der Gegenwart, 2). Hildesheim: Olms.

Stirnemann, Knut (1980) *Zur Syntax des gesprochenen Schweizer Hochdeutschen. Eine Untersuchung zur Sprache des Deutschunterrichtes an der Luzerner Kantonsschule* (Studia Linguistica Alemannica, 7). Frauenfeld/Stuttgart: Huber.

Stourzh, Gerald (1990) *Vom Reich zur Republik. Studien zum Österreichbewußtsein im 20. Jahrhundert.* Wien: Edition Atelier.

Strasser, Hermann (2. März 1990) *Österreich ist seine Sprache. Eine linguistische Laudatio auf Jörg Schuler.* Unveröff. Ms. Universität-GH-Duisburg.

Stubkjær, Flemming T. (1988) Bemerkungen zur Aussprache des Deutschen in Österreich. In Schröder, H./Christer, S. (eds.) *Deutsch als Fremdsprache und Österreich. Beiträge der „Nordischen Tagung" 1.–4. Juni 1986 in Jyväskylä/Finnland* (Reports from the Language Centre for Finnish Universities, 32). Jyväskylä: Universitätsverlag, 68–100.

Stubkjær, Flemming T. (1993) Zur Reihenfolge der Verbformen des Schlußfeldes im österreichischen Deutsch. In Muhr, R. (ed.) *Internationale Arbeiten zum österreichischen Deutsch und seinen nachbarsprachlichen Bezügen* (Materialien und Handbücher zum österreichischen Deutsch und zu Deutsch als Fremdsprache, 1). Wien: Hölder-Pichler-Tempsky, 39–52.

Studer, Eduard (1963) Zur schweizerischen Orthographiekonferenz. *Neue Zürcher Zeitung* 26. Oktober: 4.

Stummer, Josef V. (1952) *Machst Du wirklich keine Fehler mehr? Ein praktischer Hinweis auf die Sünden wider die deutsche Sprache, die „in den besten Familien" begangen werden.* Wels: Leitner.

Sturmhoefel, Konr[ad] (1904) *Deutsches Nationalgefühl und Einheitsstreben im XIX. Jahrhundert. 3 Vorträge* (Hochschulvorträge für Jedermann, 36–38). Leipzig: Seele.

Stutz, Franz (1988) Kritik am Hochdeutsch vieler Radio- und Fernsehsprecher. *Sprachspiegel* 44 (3): 83.

Suter, Ida (1932) *Die Mundart bei Gottfried Keller.* (Phil. Diss. Universität Zürich). Zürich: Rascher.

Szöke, Brunhilde (1992) Die Sprachsituation der Deutschen in Rumänien. *Siebenbürger Semesterblätter* 6 (2): 180–190.

Szöke, Brunhilde (im Druck) Hat das Rumäniendeutsche eine eigene Standardvarietät entwickelt?

Takahashi, Hideaki (1994) *Orthoepische Austriazismen: Analyse der Kodizes* (LAUD). Duisburg: Linguistic Agency University of Duisburg.

Tappolet, E[rnst] (1901) *Über den Stand der Mundarten in der deutschen und französischen Schweiz* (Mitteilungen der Gesellschaft für deutsche Sprache in Zürich , 6). Zürich: Zürcher & Furrer.

Tatzreiter, Herbert (1988) Besonderheiten der Morphologie in der deutschen Sprache in Österreich. In Wiesinger, P. (ed.) *Das österreichische Deutsch.* Wien/Köln/Graz: Böhlau, 71–98.

Thomke, Hellmut [1978] (1979) Mundart und Hochsprache in unseren Schulen. *Sprachspiegel* 35: 142–152.

Thomke, Hellmut (1982a) *Stellungnahme zur Schrift Bruno Boesch (Hrsg.) „Die Aussprache des Hochdeutschen in der Schweiz". – Zürich 1957.* Unveröff. Ms.

Thomke, Hellmut (19822b) Mundart oder Hochsprache als Unterrichtssprache an den höheren Schulen der deutschen Schweiz? *Gymnasium Helveticum* 36 (4): 235–243.

Thomke, Hellmut (Gesprächsleitung) (1986) Nationale Varianten der deutschen Hochsprache. Teilnehmer Wolfdietrich Hartung, Peter von Polenz, Ingo Reiffenstein, Iwar Werlen. In *Tagungsbericht VIII. Internationale Deutschlehrertagung Bern 4.–8. August 1986.* Bern: Staatlicher Lehrmittelverlag, 55–74.

Thompson, R. W. (1992) Spanish as a Pluricentric Language. In Clyne, M. (ed.) *Pluricentric Languages. Differing Norms in Different Nations.* Berlin/New York: Mouton de Gruyter, 45-70.

T[oberer], A. (1935/36) Der Duden und wir. *Typographische Monatsblätter* 3: 267 f., 321–323, 4: 255 f.

Tomic, Olga M. (1992) Macedonian as an Ausbau Language. In Clyne, M. (ed.) *Pluricentric Languages. Differing Norms in Different Nations.* Berlin/New York: Mouton de Gruyter, 437-454.

Torberg, Friedrich (1981) *Apropos. Nachgelassenes – Kritisches – Bleibendes* (Gesammelte Werke in Einzelausgaben, 11). 2. Aufl. München/Wien: Langen Müller.

Torberg, Friedrich (1982) *Kaffeehaus war überall. Briefwechsel mit Käuzen und Originalen.* München: Langen Müller.

Torberg, Friedrich (1985) *Auch Nichtraucher müssen sterben* (Gesammelte Werke in Einzelausgaben, 16). München/Wien: Langen Müller.

Torberg, Friedrich (1988) *Auch Nichtraucher müssen sterben. Essays – Feuilletons – Notizen – Glossen* (Ullstein-Buch, 20864). Frankfurt a. M./Berlin: Ullstein.

Townson, Michael (1992) *Mother-Tongue and Fatherland. Language and Politics in German.* Manchester/New York: Manchester University Press.

Trautmann, Günter (ed.) (1991) *Die häßlichen Deutschen? Deutschland im Spiegel der westlichen und östlichen Nachbarn.* Darmstadt: Wissenschaftliche Buchgesellschaft.

Trudgill, Peter/Hannah, Jean (1982) *International English. A Guide to Varieties of Standard English.* London: Edward Arnold.

Trümpy, Hans (1955) *Schweizerdeutsche Sprache und Literatur im 17. und 18. Jahrhundert* (Schriften der Schweizerischen Gesellschaft für Volkskunde, 36). Basel: Krebs.

Tschäni, Hans (1974) *Profil der Schweiz.* 4., neubearb. Aufl. Aarau: Sauerländer.

Tschulik, Werner (1949) *Die Österreichische Dichtung im Rahmen der Weltliteratur.* Wien: Hölder-Pichler-Tempsky.

Übersetzungsgemeinschaft (1991) (ed.) Podiumsdiskussion am siebenten Übersetzerseminar „Vom Schmäh zur Schnauze und retour". Umgangssprache: Boshaft, heiter, Flüche usw. Zell an der Pram, 12.–14.4.1991. *Ü wie Übersetzen. Zeitschrift der österreichischen Übersetzergemeinschaft* 6: 75–115.

Valta, Zdeněk (1974) *Die österreichischen Prägungen im Wortbestand der deutschen Gegenwartssprache.* Maschschr. phil. Diss. Prag.

Verdoodt, Albert (1968) Zweisprachige Nachbarn. *Die deutschen Hochsprach- und Mundartgruppen in Ost-Belgien, dem Elsaß, Ost-Lothringen und Luxemburg* (Ethnos, 6). Wien/Stuttgart: Braunmüller.

Verein 'Mittelschule' (ed.) (1879) *Regeln der Deutschen Rechtschreibung.* Wien: Hölder.

Vernaleken, Theodor (1900) *Deutsche Sprachrichtigkeiten und Spracherkenntnisse. Zweifelhafte Fälle, unsichere Begriffe, deutsche Personennamen und brauchbare Fremdwörter.* Wien: Pichlers Witwe & Sohn.

Viëtor, Wilhelm (1885) *Die Aussprache der im Wörterverzeichnis für die deutsche Rechtschreibung zum Gebrauch in den preußischen Schulen enthaltenen Wörter.* Heilbronn: Henninger.

Vogel, Traugott (1944) *Vaterland und Muttersprache. Ein Wort zum Preise der Mundart.* Zürich: Artemis.

Vögeli, Viktor (1958) Wegleitung für die Aussprache des Hochdeutschen in der Schweiz. *Schweizerische Lehrerzeitung* 103 (4): 103–105.

Vorarlbergisches Wörterbuch mit Einschluß des Fürstentums Liechtenstein (1960) 2 Bde. Jutz, L. (bearb.). Wien: Holzhausens Nachfolger.

Vouga, Jean-Pierre/Hodel, Max. E. (1990) *La Suisse face à ses langues. Die Schweiz im Spiegel ihrer Sprachen. La Svizzera e le sue lingue* (Neue Helvetische Gesellschaft, Jahrbuch 1990/91). Aarau/Frankfurt a. Main/ Salzburg: Sauerländer.

Wahrig, Gerhard [1966] [1977] (1994) *Deutsches Wörterbuch. Mit einem „Lexikon der deutschen Spachlehre".* Benecke, G. (bearb.) Neuausg. Gütersloh.: Bertelsmann-Lexikon-Verlag.

Walla, Fred (1992) Vatersprache Deutsch: Überlegungen zur Sprache des Österreichers. *Österreich in Geschichte und Literatur* 36 (3): 173–181.

Wandkalender 1993. Goethe-Institut, München/Bundesministerium für Unterricht und Kunst, Wien (eds.). München: Goethe-Institut.

Wandruszka, Mario (1990) *Die europäische Sprachengemeinschaft. Deutsch – Französisch – Englisch – Italienisch – Spanisch im Vergleich.* Tübingen: Francke.

Wartburg, Walther von (1940/41) Entstehung und Wesen der mehrsprachigen Schweiz. *Schweizer Monatshefte* 20: 8–17.

Watts, Richard J. (1988) Language, Dialect and National Identity in Switzerland. *Multilingua* 7: 313–334.

Weber, Daniel E. (1984) *Sprach- und Mundartpflege in der deutschsprachigen Schweiz. Sprachnorm und Sprachdidaktik im zweisprachformigen Staat* (Studia Linguistica Alemannica, 9). Frauenfeld/Stuttgart: Huber.

Wegner, Wehrmann (1926) *Durch Sprachdeutschheit zur Deutschvolkheit.* Langensalza: Beyer.

Wehle, Peter (1980) *Sprechen Sie Wienerisch?* Wien/Heidelberg: Ueberreuter.

Weigel, Hans [1967] (1968) *O du mein Österreich* (dtv, 488). München: Deutscher Taschenbuch Verlag.

Weigel, Hans (1980) Die Leiden des jungen Wörterbuchs. Eine Bürgerinitiative zur Enthausmeisterung des Wörterbuchs. *Profil* 9 (25. Februar): 58 f.

Weinzierl, E. (1989) Österreichische Nation und österreichisches Nationalbewußtsein. In Zeitgeschichte 17: 44–62.

Weiss, Andreas (1980) Spracheinstellung und Sprachgebrauch. Zur Funktion und Position von Dialekt in Österreich. In Wiesinger, P. (ed.) *Sprache und Name in Österreich. Festschrift für Walter Steinhauser zum 95. Geburtstag.* Wien: Braumüller, 1–18.

Weiss, Andreas (1988) Bewertung und Wahl von Sprachvarietäten in Österreich. Analysen zur Validität von Sprachgebrauchseinschätzungen. In Stein, P. K. u.a. (eds.) *Festschrift für Ingo Reiffenstein zum 60. Geburtstag* (Göppinger Arbeiten zur Germanistik, 478). Göppingen: Kimmerle, 259–286.

Weithase, Irmgard (1961) *Zur Geschichte der gesprochenen deutschen Sprache.* 2 Bde. Tübingen: Niemeyer.

Weitschacher, Hans-Jürgen (1981) Hilfe, die Roten kommen! Keineswegs vollständige Überlegungen zur Neuauflage des Österreichischen Wörterbuches. In Kristoferitsch, W. (ed.) *Fest-*

schrift 75 Jahre Bundesgymnasium Graz Pestalozzi. Graz: [Selbstverlag des Bundesgymnasiums], 41–45.

Welke, Klaus/Sauer, Wolfgang W./Glück, Helmut (eds.) (1992) *Die deutsche Sprache nach der Wende* (Germanistische Linguistik, 110/111). Hildesheim/Zürich/New York: Olms.

Werlen, Erika (1993) Dialekt als Norm – Hochdeutsch als Abweichung. In Klotz, P./Sieber, P. (eds.) *Vielerlei Deutsch. Umgang mit Sprachvarietäten in der Schule.* Stuttgart usw.: Klett, 94–109.

Werlen, Erika/Ernst, Karl (1993) Zwischen Muttersprache und Fremdsprache: Hochdeutscherwerb in der deutschsprachigen Schweiz. Empirische Zugänge zum schulischen Aspekt. *Bulletin* CILA 58: 201–212.

Werminghoff, Albert (1908) Exkurs: Der Begriff „Deutsche Nation" in Urkunden des 15. Jahrhunderts. *Historische Vierteljahresschrift* 11: 184–192.

Wessely, Ignaz E./Schmidt, Walther [1847] (1925) *Deutscher Wortschatz. Handwörterbuch der deutschen Sprache auf grammatisch-stilistisch-orthographischer Grundlage.* Schmidt, W./Kraetsch, E. (eds.) Berlin: Henschel.

Wiener Erlaß gegen die Fremdwortseuche (1938) *Muttersprache* 53 (10): Sp. 351.

Wiegand, Herbert E. (1990) Die deutsche Lexikographie der Gegenwart. In Hausmann, F. J. u.a. (eds.) *Wörterbücher/Dictionaries/Dictionaires,* Bd. 2. Berlin/New York: de Gruyter, 2100–2246.

Wiesinger, Peter (1980a) Zum Wortschatz im „Österreichischen Wörterbuch". *Österreich in Geschichte und Literatur* 24: 367–397.

Wiesinger, Peter (ed.) (1980b) *Sprache und Name in Österreich. Festschrift für Walter Steinhäuser zum 95. Geburtstag* (Schriften zur Deutschen Sprache in Österreich, 6). Wien: Braumüller.

Wiesinger, Peter (1983a) Zur Entwicklung der deutschen Schriftsprache in Österreich unter dem Einfluss Gottscheds in der 2. Hälfte des 18. Jahrhunderts. In Nerius, D. (ed.) *Entwicklungstendenzen der deutsche Sprache seit dem 18. Jahrhundert* (Linguistische Studien, Reihe A, Arbeitsberichte 111). Berlin: VEB Kongreß- und Werbedruck Oberlangwitz, 227–248.

Wiesinger, Peter (1983b) Sprachschichten und Sprachgebrauch in Österreich. *Zeitschrift für Germanistik* 4: 184–195.

Wiesinger, Peter (1983c) Die Einteilung der deutschen Dialekte. In Besch, W. u. a. (eds.) *Dialektologie,* Bd. 2. Berlin/New York: de Gruyter, 807–899.

Wiesinger, Peter (1985) Die Entwicklung des Verhältnisses von Mundart und Standardsprache in Österreich. In Besch, W. u.a. (eds.) *Sprachgeschichte,* Bd.2. Berlin/New York: de Gruyter, 1939–1949.

Wiesinger, Peter (1986) Das Schweizerdeutsche aus österreichischer Sicht. In Löffler, H. (ed.) *Das Deutsch der Schweizer: Zur Sprach- und Literatursituation der Schweiz* (Sprachlandschaft, 4.). Aarau/Frankfurt a. M./Salzburg: Sauerländer, 101–115.

Wiesinger, Peter (1987) Sprachnorm und Sprachgebrauch. Dargestellt an den österreichischen Handwerkernamen. In Dyhr, M./Olsen, J. (eds.) *Festschrift für Karl Hyldgaard-Jensen.* Kopenhagen: Reitzel, 319–334.

Wiesinger, Peter (ed.) (1988a) *Das österreichische Deutsch* (Schriften zur deutschen Sprache in Österreich, 12). Wien/Köln/Graz: Böhlau.

Wiesinger, Peter (1988b) Die deutsche Sprache in Österreich. Eine Einführung. In Wiesinger, P. (ed.) *Das österreichische Deutsch.* Wien/Köln/Graz: Böhlau, 9–30.

Wiesinger, Peter (1988c) Zur Frage aktueller bundesdeutscher Spracheinflüsse in Österreich. In Wiesinger, P. (ed.) *Das österreichische Deutsch.* Wien/Köln/Graz: Böhlau, 225–245.

Wiesinger, Peter (1988d) Die sprachsoziologischen Verhältnisse in Österreich. Vorläufige Ergebnisse einer Umfrage. *Jahrbuch für internationale Germanistik* 20 (1): 71–81.

Wiesinger, Peter (1988e) Das österreichische Amtsdeutsch. Eine Studie zu Syntax, Stil und Lexik der österreichischen Rechts- und Verwaltungssprache der Gegenwart. In Stein, P.K. u.a. (eds.) *Festschrift für Ingo Reiffenstein zum 60. Geburtstag* (Göppinger Arbeiten zur Germanistik, 478). Göppingen: Kimmerle, 183–214.

Wiesinger, Peter (1990a) Österreich als Sprachgrenz- und Sprachkontaktraum. In Kremer, L./ Niebaum, H. (eds.) *Grenzdialekte. Studien zur Entwicklung kontinentalwestgermanischer Dialektkontinua* (Germanistische Linguistik 101/102/103). Hildesheim/Zürich/New York: Olms, 501–542.

Wiesinger, Peter (1990b) Standardsprache und Mundarten in Österreich. In Stickel, Gerhard (ed.) Deutsche Gegenwartssprache. *Tendenzen und Perspektiven* (Jahrbuch des Instituts für deutsche Sprache 1989). Berlin/New York: de Gruyter, 218–232.

Wiesinger, Peter (1992) [Rez. von] Sylvia Moosmüller[:] Hochsprache und Dialekt in Österreich ... 1991 ... *Zeitschrift für Germanistik*, N.F. 2: 736–739.

Wiesinger, Peter (1994a) Die Aussprache des Schriftdeutschen in Österreich in der zweiten Hälfte des 18. und am Beginn des 19. Jahrhunderts. In Mattheier, K.J. u.a. (eds.) *Vielfalt des Deutschen. Festschrift für Werner Besch*. Frankfurt a.M.: Lang, 383–413.

Wiesinger, Peter (1994b) Das österreichische Deutsch, eine Varietät der deutschen Sprache. *Terminologie et Traduction* 1 [Luxemburg: Communautés européennes]: 41-62.

Wiesmann, Louis (1983a) Droht uns der Verlust der deutschen Hochsprache? *Sprachspiegel* 39 (2): 40–43.

Wiesmann, Louis (1983b) Plädoyer für das Hochdeutsche. Unsere Kultur- und Schriftsprache ist ernsthaft bedroht. *Tagesanzeiger* 16. April.

Willemyns, Roland (1984) A common legal framework for language unity in the Dutch language area: The treaty of linguistic union. *Multilingua* 3/4: 215: 223.

Winkler, Christian [1934] (1942) *Sprechtechnik für Deutschschweizer*. 2. Aufl. Bern: Francke.

Winkler, Walter (1988) *Wege zu besserem Deutsch. Eine Sprach- und Stillehre für kaufmännische Schulen und den Selbstunterricht*. 15. Aufl. Zürich: Verlag des Schweizerischen Kaufmännischen Verbandes.

Winteler, J[ost] (1876) Zur aussprache des schriftdeutschen in deutsch-schweizerischen schulen. *Schweizerische Lererzeitung* [sic!] 21 (15–20): 123f., 141–143, 151–153, 159f., 169f.

Wissler, H. (1905) Schweizerisches Schriftdeutsch oder reines Schriftdeutsch? *Schweizerische Lehrerzeitung* 50 (36/37): 333–335, 343–346.

Wittgenstein, Ludwig [1926] (1977) *Wörterbuch für Volksschulen*. Wien. Hölder-Pichler-Tempsky.

Wodak-Leodolter, Ruth/Dressler, Wolfgang (1978) Phonological Variation in Colloquial Viennese. *Michigan Germanic Studies* 4 (1): 30–66.

Wolf, Norbert R. (1994) Österreichisches zum österreichischen Deutsch. Aus Anlaß des Erscheinens von Wolfgang Pollak: Was halten die Österreicher von ihrem Deutsch? (...) *Zeitschrift für Dialektologie und Linguistik* 61: 66–76.

Wolff, Ludwig (1960) Landschaftliche Unterschiede in der deutschen Hoch- und Umgangssprache. *Muttersprache* 70: 105–116.

Wolff, Roland A. (1980) *Wie sagt man in Bayern? Eine Wortgeographie für Ansässige, Zugereiste und Touristen* (Beck'sche Schwarze Reihe, 211). München: Beck.

Wollmann, Franz (1948) Die Sprache des Österreichers. *Erziehung und Unterricht* (Wien): 345–366.

Wollmann, Franz (1952) Wie verhält sich unsere Sprache bei der Aufnahme fremden Sprachguts? *Muttersprache* 63: 300–307.

Wörterbuch der bairischen Mundarten in Österreich (1963ff.). Dollmayr, V./Kranzmayer, E. (bearb.) (Bayerisch-Österreichisches Wörterbuch: I. Österreich) Wien/Graz/Köln: Böhlaus Nachf.

Wörterbuch der deutschen Aussprache (1964) Krech, E.-M. u.a. (eds.) Leipzig: Bibliographisches Institut.

Wörterbuch der deutschen Gegenwartssprache. [1961–77] (1980–82) Klappenbach, R./Steinitz, W. (eds.). Berlin/Ost: Akademie-Verlag.

Wörterbuch der deutschen Sprache. Mit besonderer Berücksichtigung der österreichischen Schreib- und Sprechweise (1990). 37. überarb. Aufl. Wien: ÖBV Pädagogischer Verlag/J. & V. Schulbuchverlag [= Südtiroler Version des Österreichischen Wörterbuchs].

von Wright, Georg H. (1963) *Norm and Action. A Logical Enquiry.* London: Routledge and Kegan Paul.

Wurzel, Wolfgang U. (1985) *Konrad Duden.* Leipzig: Bibliographisches Institut.

Wyler, Alfred (1984) *Dialekt und Hochsprache in der deutschsprachigen Schweiz.* Zürich: Pro Helvetia.

Zäch, Alfred (1951) Der Deutschschweizer und die hochdeutsche Sprache. *Die Schweiz, nationales Jahrbuch* 22: 142–147.

Zehetner, Ludwig (in Vorbereitung) *Lexikon der deutschen Sprache in Altbayern. Wörterbuch der regionalen Besonderheiten der Hoch- und Schriftsprache sowie der dialektnahen Verkehrssprache in Oberbayern, Niederbayern, der Oberpfalz und angrenzenden Gebieten.*

Zeitschrift des allgemeinen deutschen Sprachvereins (1886–1924). Braunschweig. (Fortsetzung durch *Muttersprache*).

Zeman, Herbert (ed.) (1986) *Die österreichische Literatur. Ihr Profil von den Anfängen im Mittelalter bis ins 18. Jahrhundert (1050–1750),* Teil 1. Graz: Akademische Druck- und Verlagsanstalt.

Zeman, Jaromír (1988) Zu Stellungsvarianten des Verbs im Österreichischen: „daß nur ich es hören habe können." *Brünner Beiträge zur Germanistik und Nordistik* 6: 71–82.

Žepić, Stanko (1993) Deutsche Sprache in kroatischen und serbischen Grammatiken des 18. Jahrhunderts. Phonetik I. Historischer Überblick. In Muhr, R. (ed.) *Internationale Arbeiten zum österreichischen Deutsch und seinen nachbarsprachlichen Bezügen* (Materialien und Handbücher zum österreichischen Deutsch und zu Deutsch als Fremdsprache, 1). Wien: Hölder-Pichler-Tempsky, 79–93.

Ziak, Karl (1980) [Rezension von] Österreichisches Wörterbuch (...) 35., völlig neu bearbeitete und erw. Aufl. (...) 1979 (...) *Erwachsenenbildung in Österreich* (Wien) 7/8: 528.

Ziegler, Armin (1957) Siebs und „Schweizer-Siebs". Siebs? Wer oder Was ist das? *Sprachspiegel* 13: 114–118.

Zimmer, Rudolf (1977) Dialekt, Nationaldialekt und Standardsprache. *Zeitschrift für Dialektologie und Linguistik* 44: 145–157.

Zimmer (Rudolf) (1978) Wieder: Nationaldialekt. *Zeitschrift für Dialektologie und Linguistik* 45: 204f.

Zinsli, Paul (1956) Hochsprache und Mundarten in der deutschen Schweiz. *Der Deutschunterricht* 8 (2): 61–72.

Zinsli, Paul (1958) Der Deutschschweizer und die Hochsprache. Der kleine Bund (wöchentliche Literatur- und Kunstbeilage des Bund, Bern) 109 (419, 19. September; 430, 26. September) [3 Seiten].

Zollinger, Jakob (1920) *Der Übergang Zürichs zur neuhochdeutschen Schriftsprache unter Führung der Zürcher Bibel.* Freiburg i.B.: Wagner.

Zöllner, Erich (1984) *Österreichs Geschichte. Von den Anfängen bis zur Gegenwart.* 7. Aufl. Wien: Verlag für Geschichte und Politik.

Zöllner, Erich (1988) *Der Österreichbegriff: Formen und Wandlungen in der Geschichte.* München: Oldenbourg/Wien: Verlag für Geschichte und Politik.

Sachregister

Die Einträge enthalten größtenteils Stichwörter, also im Text selbst vorkommende Ausdrücke (Wörter und Fügungen), zum kleineren Teil aber auch Schlagwörter, die den Inhalt von Textabschnitten zusammenfassen. Registerinterne Verweise sollen die Handhabung erleichtern. Durchgängig vorkommende Termini, wie z.B. *deutsche Sprache, plurizentrische Sprache*, sind entweder gar nicht aufgenommen oder nur mit Verweisen auf zentrale Passagen, in denen sie erläutert oder definiert werden. Namensangaben sind auf nicht mehr lebende Personen beschränkt.

absolute nationale Variante 104
Abstandsprache 297
Adelung, Johann C. 320
Afrikaans 11
Ähnlichkeit, linguistische 2 ff. → Distanz, linguistische
Ähnlichkeitsgrade 4 ff.
Ähnlichkeitsmessung 4 ff.
Alemannisch 17, 197, 230, 239, 283 f., 288
Alleinvertretungsanspruch für die deutsche Sprache 91
allgemeindeutsch 111 → gemeindeutsch
Allgemeiner deutscher Sprachverein 237, 322
Alsatismus 421 → Elsaß
Altbaiern 92
Amtssprache 11 ff., 162 ff.
Amtssprache, staatliche 11 ff., 72
Amtssprachen Luxemburgs 12, 398
Amtssprachen der Schweiz 12, 230
Amtssprachnation 98
Amtssprachregion 12 f.
Amtssprachregion des Deutschen 11 ff.
Anglizismen 168, 272
Anschluß Österreichs 125, 219
Arndt, Ernst M. 22 f.
Assimilationsdruck 291
Asymmetrie der Kodizes 490 ff.
Asymmetrien in plurinationalen Sprachen 519
Asymmetrien zwischen Sprachzentren 484 ff.
Asymmetrien zwischen Sprachzentren: allgemeine Hypothesen 497 f.
Asymmetrien zwischen Sprachzentren: Ursachen 496 f.
Asymmetrische Plurinationalität 484 ff., 503
atomistische Linguistik 62, 64
Aufklärung 118
Ausbau (einer Sprache) 87, 294, 297
Ausbaudialekt 294, 297, 501

Ausbausprache 46, 297
Ausdrucksvariante 114
Ausdrucksvariante, nationale 115
Außendeutsch 43, 486
Außengebiet (einer Sprache) 42
Außenkodex 77, 246
Außenkodifizierung 137, 141, 491
Aussprache 248
Aussprache-Austriazismen 51 f., 150 ff. → Orthophonie
Aussprache-Duden 87, 139 f., 327, 334 f., 388
Aussprache-Helvetismen 55 ff., 231 ff., 255 ff. → Orthophonie
Aussprache-Teutonismus 334 ff. → Orthophonie
Aussprachevarianten, nationale 51 f., 55 ff.
austauschbare nationale Variante 104 f.
Austriaken 227
Austriazismen 50 ff., 99, 142 ff.
Austriazismen – Nationalsymbolik 201 ff.
Austriazismen als Fehler 439 ff., 485 f.
Austriazismen 50 ff., 142 ff.
Austriazismen, grammatische 174 ff.
Austriazismen im Duden 359, 363 f.
Austriazismen, lexikalische 154 ff.
Austriazismen, orthographische 148 ff.
Austriazismen, orthophonische 150 ff.
Austriazismen, phraseologische 172 f.
Austriazismen, pragmatische 176 ff.
Austriazismen-Wörterbuch 135, 154 f.
Austriazismen: Herkunft 178 ff
Austriazismen: Typologie 142 ff.
Austriazismen: Wortbildung 173 f.
Austriazismus: Definition 99, 142 ff.
Austro-Helvetismus 425
Austro-Teutonismus 425
Autonomie einer nationalen Varietät 112

Autoren – nationale Varianten 467 ff.
Autostereotyp 215 f.

Bairisch 16, 197
Bavarismus 92
Bayern 92, 122, 132
Bedeutungsvariante 114
Bekräftigung einer Sprachnorm 80
Belgien: nationale Varianten 414
Belgismus 413
Berliner Rechtschreibkonferenz 122
Berufsbayer 92
Beschreibung der nationalen Varietäten 516
Beschreibungsmethode nationaler Varianten
    101 ff.
Bibliographisches Institut 235, 321
Binnendeutsch 43, 71, 182, 317, 486
binnendeutsches Weltbild 42, 108, 502
Binnengebiet (einer Sprache) 42
Binnenkodex 77, 96, 137, 232, 242, 246,
    329, 490
Binnenkodex für österreichisches Standard-
    deutsch 137 ff.
Binnenkodex für Schweizerhochdeutsch
    246 ff.
Binnenkodifizierung 137, 141, 246, 491
Bodmer, Johann J. 230
BRD-Deutsch 319, 385 ff.
BRD-Sprachkodex 388
Buchstabe ß 254
Bühnenaussprache 234, 321
Bund Schwyzertütsch 239 ff., 296
bundesdeutsch 319

DDR-Deutsch 319, 385 ff.
DDR-Sprachkodex 388
Definitionsquelle 146
Deitsche 226 → Tüütsche
Deklinabilia 155 ff., 260 ff., 339 ff.
demokratische Bestrebungen – nationale
    Varianten 476 ff.
Demonstrationsaustriazismus 100, 154
Demonstrationshelvetismus 100
Demonstrationszentrismus 99, 204
Deutsch als Amtssprache 11 ff.
Deutsch als Fremdsprache – nationale
    Varietäten 480 ff.
Deutsche Akademie 29, 324
Deutschen-Stereotypen → Stereotypen von
    den Deutschen
Deutscher Bund 119, 318
Deutsches Reich 121, 318
Deutsches Standarddeutsch 9
Deutschenhasser 219
Deutschland 317-319

Deutschland: Entwicklung zu einem nationalen
    Zentrum 317 ff.
Deutschländer 313 ff., 319
deutschländisch 319 f.
Deutschlandlied 23, 324 f.
Deutschösterreich 125
Deutschösterreicher 25, 33
Deutschschweizer 25, 33
Deutschschweizerischer Sprachverein (DSSV)
    55, 232, 235 ff.
Deutschsprachige 11 ff.
Deutschsprachige Gemeinschaft in Belgien
    12, 412 ff.
deutschsprachige Länder 1 ff., 14
deutschsprachige Minderheiten 13 f., 417
Dialectus francus 295
Dialekt 7, 66, 84 ff., 197 ff., 283 ff., 368 ff.
Dialekt – Situation 199 f., 372
Dialekt – Sozialschicht 199 f., 371 ff.
Dialektausbau 501
Dialektausbreitung 291
Dialektdivergenz 294
Dialekt in der Schweiz 14 ff., 283 ff.
Dialekt in Deutschland 14 ff., 368 ff.
Dialekt in Österreich 14 ff., 197 ff.
Dialektgrenze, pragmatische 69, 298
Dialektloyalität 291 ff., 501
Dialektpflege 239 ff., 369
Dialekt-Purismus 289
Dialektregionen des Deutschen 14 ff.
Dialektregionen, soziolinguistisch 198, 284,
    368 f., 372
Dialektschwund 236, 368 f.
Dialektschwundregion 372
Dialektstabilität in der Schweiz 294 f.
Dialekt-Standard-Kontinuum 198, 289,
    369 ff.
Dialektvielfalt der Schweiz 288 f.
Dialektwelle 293
Diasystem 200
Diglossie 69, 240, 283 ff., 393
Diglossie, mediale 291, 293 f.
Diglossie-Region 198, 284
Dissens standardsetzender Instanzen 448 ff.
Distanz, linguistische 287 → Ähnlichkeit,
    linguistische
Domänen 290, 293
Domäneneinschränkung der nationalen
    Varietäten 293 f., 488
Dominanz Deutschlands 323, 484 ff.
Dominanz deutscher Medien 219, 466 f.
DRS (Radio der deutschen und rätoromani-
    schen Schweiz) 243, 249, 303 ff.
Duden: Alleinvertretungsanspruch 194 ff.,
    358 ff

Duden-Aussprachewörterbuch → Aussprache-
    Duden
Dudenausschüsse 360
Dudenbände 90 f., 140, 250, 326 ff., 358 ff.
Dudenbände: nationale Befangenheit 365 f.
Duden-Grammatik 140, 250, 328
Dudenverlag 127, 360 ff.

eigennationale Variante 88 ff., 428 f., 440 f.
Einheitssprache 452
Einstellungstest 214, 302
Elsaß 28, 417 ff.
endonormativ 96, 299
Englisch 44, 46, 90, 496
Entlehnung 168, 272, 294, 323
Episoden zur Plurizentrizität 36 f.
Ethnie 18, 23
Ethnopaulismus 226
Ethnozentrizität 90
Europäische Union – nationale Varianten
    205, 209, 501
Europäische Union: Sprachwahl 474
Euroregionen 506
Existenzform (einer Sprache) 1ff., 43
exonormativ 97, 298 ff.

Fachsprache 39, 116, 162 ff., 264, 343, 394,
    515
fachsprachlich 111
Fernsehen – nationale Varietäten 466 f.
Fichte, Johann G. 21
Forschungsdesiderate 512 ff.
Forschungsgeschichte nationaler Varietäten
    35 ff.
Frankfurter Paulskirche 22, 119 f.
Französisch 496
fremdnationale Variante 88 ff., 428 f., 440 f.
Fremdsprache 20
Fremdsprachenunterricht – nationale
    Varietäten 480 ff.
Fremdwort 90 f., 168, 272, 294
Frequenzvariante 68, 116
Fritzchen (als Nationalspitzname) 226
Funktionsbreite der nationalen Varietäten
    488 ff.

gebrauchsbezogen 67
gebrauchsbezogene Definition nationaler
    Variante 67 ff
Gebrauchsnorm 88
Gebrauchsstandard 88, 103, 151, 514
Geltung einer Norm 75 ff.
Geltung einer Sprachform 68 ff.
geltungsbezogene Definition nationaler
    Variante 68 ff.

Geltungsregion 212, 478
Geltungsregion: demokratisch konzipiert 479
Geltungsregion: national konzipiert 479
Geltungsvariante 68
gemeindeutsch 104, 111
Gemeinsprache 36, 39, 116, 515
gemeinsprachlich 111
Germanismus 99
Germanizismus 99
Gesamtnationszentrum 95
gesamtsprachlich 110
Geschichtsschreibung nationaler Zentren:
    Methode 117 f.
geschlossenes deutsches Sprachgebiet 14
Gesellschaft für deutsche Sprache 127, 322
Goethe-Institut 29, 324
Gottsched, Johann C. 118, 230, 320
Gradualismus 289
Grammatikaustriazismen 174 ff.
Grammatikhelvetismen 279 ff.
Grammatikteutonismen 354 ff.
Griechisch 97
Grimm, Jacob 23 ff.
großdeutsch 24, 120
Gruppe, soziale 311
Gstrein, Dr. 131 → Langbein, Otto
Gültigkeit einer Norm 75 → Geltung einer
    Norm

H-Varietät 285
Habsburger Monarchie 120 ff.
Halbzentren des Deutschen 391 ff.
Halbzentrum einer Sprache 96, 391
Heiliges Römisches Reich (deutscher Nation)
    317
Helvetismen 54 ff., 99, 251 ff.
Helvetismen als Fehler 439 ff., 485 f.
Helvetismen als Nationalsymbole 301 ff.
Helvetismen, grammatische 279 f.
Helvetismen im Duden 58, 364
Helvetismen: Herkunft 281 ff.
Helvetismen, lexikalische 259 ff.
Helvetismen, orthographische 254 f.
Helvetismen, orthophonische 255 ff.
Helvetismen, phraseologische 276 f.
Helvetismen, pragmatische 280 f.
Helvetismus: Definition 99, 251 ff.
Helvetismen: Wortbildung 277 ff.
Helveto-Teutonismen 425
Herder, Johann G. 20 f.
Heterostereotyp 215 f.
Hierarchie von Normautoritäten 76
Hindi-Urdu 46
hochdeutsche Umgangssprache 36 ff.
Hochlautung, gemäßigte 150 f., 358

Hochlautung, reine 150 f., 358
Hollandisierung (der Schweiz) 55, 240
Hurdestanisch 127 → „Unterrichtssprache"

Idealnorm 88
Idealstandard 88
Identifizierung nationaler Varianten 93 ff.
Identität 91
Identität, nationale 201 ff., 301 ff.
Identität, sprachliche 201, 205 f., 240
Identitätsmanagement 206
Idiome → Phraseologismen
Indeklinabilia 155, 170 f., 274 f., 351
Indikator einer nationalen Varietät 67, 204
Institut für deutsche Sprache 324

Jargon 86
Jiddisch 11

Kakanien 227
Kamerad Schnürschuh (als Nationalspitzname)
  226, 383
Kenntnis nationaler Varianten 423 ff.
Kern einer nationalen Varietät 113
kleindeutsch 24, 120
ko-offiziell 12
Kodex einer (Standard)Varietät 74 ff.
Kodex eines Staates 74 ff.
Kodex zu Spezialfragen 141, 250, 329
Kodex: Grammatik 140, 250, 328
Kodex: Lexik 140, 250, 328 f.
Kodex: Orthographie 139, 246-248, 326 f.
Kodex: Orthophonie 139, 248-250, 327 f.
Kodexkern 78
Kodifizierer 78, 88, 449 ff.
kodifiziert 74 ff.
kodifizierte nationale Varianten 103
kodifizierter Standard 88, 103, 514
Kodifizierung des deutschen Standarddeutsch
  320 ff., 326 ff.
Kodifizierung des österreichischen Standard-
  deutsch 121 ff., 137 ff.
Kodifizierung des Schweizerhochdeutschen
  235 ff., 246 ff.
Kollokation 155
kolloquialer Stil 83
kolloquialer Standard 85 ff.
Konflikte der standardsetzenden Instanzen
  80 ff., 132 ff., 448 ff.
Konnotation 155
Konsonanten 152 f., 256 f., 337
Konstante, sprachliche 66
Kontaktstatus 312
Kontrastierung nationaler Varianten 101
Kookkurrenzregel 65, 199, 370

Kräftefeld einer Standardvarietät 79 ff.
Kreolistik 63
Kulturgemeinschaft 32, 68
Kulturnation 21, 25 ff., 30 ff., 68

L-Varietät 285
Langbein, Otto 128, 131 → Dr. Gstrein
Lehrerbewertung nationaler Varianten 436 ff.
Lehrerkorrektur eigennationaler Varianten
  440 ff.
Lehrerkorrektur fremdnationaler Varianten
  440 ff.
Lehrerkorrektur nationaler Varianten 436 ff.
Lernziel Hochsprache 476 f.
Letzeburgisch 10, 72, 398
Liechtenstein 391 ff.
Liechtenstein: nationale Varianten 394 ff.
Liechtensteinismus 392
Lingua franca 295
linguistische Variable 61 ff.
linguistischer Imperialismus 485
linguistischer Kodex 74
Literatursprache 43
Lothringen 28, 418 ff.
Luciburgismus 399
Luther, Martin 320
Luxemburg 28, 398 ff.
Luxemburg: nationale Varianten 401 ff.

Markierung 74 f., 83 ff., 90 ff., 181 ff.
Marmeladebruder (als Nationalspitzname)
  226
Marmeladinger (als Nationalspitzname) 226
marxistische Sprachwissenschaft 43 ff.
matched-guise-Technik 214
Medien 219
Medienbeziehungen zwischen den Sprach-
  zentren 464 ff.
Mediolekt 66
Mitteldeutsch 16, 284, 368
Modellschreiber 79 ff.
Modellsprecher 79 ff., 88, 513
Modelltexte 79 ff.
Modelltexte, schweizerische 245
Modernisierung 87
Modernisierung einer Varietät 297
monocentric standard language 45
monokephal 97
monozentrisch 97
monozentrische Standardisierung 46
multimodal 97
multinationaler Staat 34
multizentrisch 47
mundartlich (als Markierung) 84 f.
Muttersprache 20, 240

Muttersprachnation 98
Muttersprachregion 13
Muttersprachunterricht – nationale Varietäten
    480 ff.

Nachbarsprache 1 ff.
Nation 18 ff., 32 f., 385, 512
Nation als varietätsprägende Kraft 505 ff.
Nation ohne gemeinsamen Staat 34
Nationaldialekt 236, 283 ff.
nationale Amtssprache 12 f.
nationale Bestrebungen – nationale Varianten
    476 ff.
nationale Geltung 76
nationale Gemeinschaft 44
nationale (Sprach)Variante 42 ff.
nationale Variante auch nach Bekanntheit
    103
nationale Variante: Definition 108 f.
nationale Variante der Gesamtregion 106
nationale Variante der Literatursprache 44
nationale Variante einer Teilregion 106
nationale Variante nur nach Geltung 103
nationale Variante, spezifische 71, 106
nationale Variante, unspezifische 71, 106 ff.
nationale Varianten als Fehler 50 f., 123,
    436 ff.
nationale Varianten: Darstellungsform 114 f.,
    146 ff.
nationale Varianten zwischen Standard und
    Nonstandard 448 ff.
nationale (Sprach)Varietät 42 ff., 48, 61 ff.
nationale Varietät Deutschlands 49, 330 ff.
nationale Varietät der Schweiz 54 ff., 251 ff.
nationale Varietät Österreichs 50 ff., 142 ff.
nationale Varietäten: empirische Forschung
    49 ff.
nationales (Sprach)Zentrum 40, 42 ff., 95 ff.
Nationalität 23
Nationalitätssprache 43
Nationalrolle 206
Nationalsozialismus 28 f., 125 f., 324
Nationalspitzname 222 ff., 313 ff., 519
Nationalsprache 43, 72, 206, 295
Nationalsprache Luxemburgs 398
Nationalsprachen der Schweiz 230
Nationalstaat 19 ff., 30
Nationalstaat, multilingualer 30 ff.
Nationalstaat, unilingualer 30 ff.
Nationalstereotyp 214 ff., 308 ff.
Nationalsymbol 201 ff., 236, 301 ff.,
    375 ff.
Nationalvariante 70 → nationale Variante
Nationalvarietät 71 → nationale Varietät
Nationalvarietäts-Purismus 181 ff.

Nationalzentrum 95 → nationales Zentrum
Nazi-Vorwurf (in Österreich/der Schweiz)
    219, 310, 315
nicht austauschbare nationale Variante 104 f.
nichtkodifizierte nationale Variante 103
Niederdeutsch 14 f., 284, 357, 368, 373
Niederländisch 7, 10
Nonstandard 82 ff., 88 f.
Nonstandardvariante 82 ff.
Nonstandardvarietät 3 f., 69, 74
Nord-Süd-Gegensatz 508 ff.
norddeutsch 94, 452 ff., 507 ff.
norddeutsche Umgangsvarietät 373 f., 452 ff.
norddeutsche Varianten: Bewertung 452 ff.
norddeutsche Varianten: Gebräuchlichkeit
    454 ff.
norddeutsche Varianten: Lehrerbewertung
    454 ff.
norddeutsche Varianten: Schriftlichkeit 454 ff.
Nordnorm 507 ff.
Normalstil 86
Normautorität 75, 86
normbezogene Definition nationaler Varianten
    67 ff.
Normebene 85
Norminhalt 81
Normsubjekt 75
Normtoleranz 492
Norwegisch 97

Oberdeutsch 16, 284, 368
obszöner Wortschatz 69 f.
Onomasiologie 62
onomasiologische Variable 62, 114
operationale Definition nationaler Varianten
    142 ff.
Operationalisierung 73, 142, 515
ORF (Österreichischer Rundfunk) 139 f.,
    201, 224, 466
ortho- 114
Orthoepie 87 → Orthophonie
Orthogrammatik 114, 140, 174 ff., 279 f.,
    354 f.
Orthographie 114,139, 148 ff., 254 f., 333 f.
Ortholexik 114, 140, 154 ff., 259 ff., 338 ff.
Orthophonie 87, 114, 139, 150 ff., 255 ff.,
    234 ff.
Orthopragmatik 114, 176 ff., 280 f., 355 f.
Ostbelgien 12, 412 ff.
Österreich 28, 40, 50 ff., 117 ff.
Österreich: Entwicklung zu einem nationalen
    Zentrum 117 ff.
Österreicher-Stereotypen → Stereotypen von
    den Österreichern
Österreicherwitze 309

Österreichisch 129
Österreichische Gemeinschaft 127, 131
österreichische gesellschaft für sprache und
    schreibung 127
Österreichischer Bundesverlag 127, 137
Österreichischer Dudenausschuß 360
Österreichischer Schülerduden 128, 138,
    362
Österreichisches Beiblatt zum Siebs 132, 139
Österreichisches Standarddeutsch 9
Österreichisches Wörterbuch 53, 90 f., 128
    ff., 132 ff., 137, 150 f., 181 ff., 211 ff.,
    358 f., 361, 406, 449, 479
Österreichisches Wörterbuch: Kritik an der
    35. Auflage 133 ff.
Österreichisches Wörterbuch: Mängel 133 ff.
Ostösterreichische Dominanz 211 ff.

Phäaken-Stereotyp 227, 381
Phraseologismen 156, 172 f., 276 f., 352 f.
Piefke (als Nationalspitzname) 222 ff.
Piefke-Saga 224 ff.
Piefkien 222
Piefkinesisch 222
Pluriareale Sprache 507
plurinational 49, 95 ff.
plurinationale Sprache 49, 95 ff.
plurinationale Variable 98
plurioffiziell 98
plurizentrisch 97 ff.
plurizentrische Sprache 6, 12, 95 ff.
Plurizentrizität 97 ff.
polycentric standard language 45
polydialektaler Dialog 294
polyglotter Dialog 294
polykephal 97
polyzentrisch 97
polyzentrische Hochsprache 47
polyzentrische Standardisierung 46
Popowitsch, Johann S. V. 118
Portugiesisch 46
Pragmatik 176 ff.
Presseagenturen: nationale Varianten 464 ff.
Prestige 285
Preußen 120 ff., 122, 318
Preußenstereotyp 222, 314
preußische Varianten 50
Pseudo-Rösti-Typ gemeindeutscher Ausdrücke
    112
Purismus 183 ff., 322 f.

Rasse – Nation 26 f.
Rassenation 26 f.
Rätoromanisch 12, 230
Realnorm 88

Realstandard 88
Rechtschreib-Austriazismen 148 ff.
Rechtschreib-Duden 58 f., 121 ff., 192 f.,
    231, 234, 239, 247, 320 ff., 326, 358 ff.,
    449
Rechtschreib-Helvetismen 59, 254 ff.
Rechtschreib-Teutonismen 333 f.
Region als varietätsprägende Kraft 505 ff.
Region des Dialektschwunds 198, 284
Region des Dialekt-Standard-Kontinuums
    198, 284
Regionaldominanz 201 ff.
regionale Amtssprache 12 f.
Regionalstandard 84 f., 92
Reichsdeutsch 43, 183, 319, 226, 486
Reichsdeutsche 227, 315, 319
Reichsgründung 28, 317 ff.
Reichshochdeutsch 59, 319
Republik Österreich 125 ff.
Rösti-Typ gemeindeutscher Ausdrücke 111
Röstigraben 111
Rumänien 417 ff.
Rumänien: nationale Varianten 419 ff.
Rumäniendeutsch 418 ff.
Rumänisch 46, 418
Rundfunk-Aussprache 243, 249 f., 303 ff.,
    327

Sachspezifika 160, 165, 262, 268, 272, 341,
    389, 420
Sachspezifikum (einer Nation) 39, 66, 71,
    111
Scheindialektisierte Abstandsprache 369
Schibboleth 154, 371, 452
Schibboleth, nationales 111, 204, 375 ff.,
    517
Schnellschwätzer (Stereotyp) 314, 487
Schreibung von Fremdwörtern 121 f.
Schwab (als Nationalspitzname) 313 ff.
Schwäbele 314
Schwäbisch 10
Schweiz 40, 54 ff.
Schweiz: Entwicklung zu einem nationalen
    Zentrum 229 ff.
Schweizerdeutsch → Schwyzertütsch
Schweizer Dudenausschuß 360
Schweizer Schülerduden 244, 247, 362
Schweizer Zeitungsdeutsch 57 f.
Schweizer-Stereotypen → Stereotypen von den
    Schweizern
Schweizerhochdeutsch 8, 10, 54 ff., 233, 236
Schweizerische Siebs-Kommission 242 f., 248
Schweizerischer Dudenausschuß 239
Schweizerischer Verein für die deutsche
    Sprache (SVDS) 239

Schweizerisches Idiotikon 231, 236
Schwob → Schwab
Schwyzer Schproch-Bewegig 239 f., 296
Schwyzertütsch 230, 283 ff, 287
Schwyzertütsch als eigenständige Sprache 241, 295 ff.
Schwyzertütsch: Lehre 482
sehr unspezifische nationale Variante 108 ff.
semantische nationale Variante 116
Semasiologie 62
semasiologische Variable 62, 115, 171 f., 275 f., 351
Serbokroatisch 46
Setzen einer Sprachnorm 80
Siebs 87, 139, 150 f., 234, 248, 321, 327, 334 f., 358
situationsabhängige nationale Variante 104
situationsunabhängige nationale Variante 104
Situolekt 66
solo-offiziell 12
soziales Kräftefeld einer Standardvarietät 73 ff.
Sozialschichtsymbolik des Dialekts 368 ff.
Sozialsymbol 371
Soziolekt 66
Soziolinguistik, deutsche 43 ff.
Soziolinguistik nordamerikanische 43 ff.
Spanisch 44, 496
Spezifik einer nationalen Varietät 112
spezifische nationale Varianten 65, 106 ff.
Spielart (einer Sprache) 47
Sprach-Purismus 184 f.
Sprachabspaltung 500 ff.
Sprachatlanten des Deutschen 40 ff., 462
Sprachbarrieren 210, 477
Sprachbevölkerung 32
Sprachdemokratie 201 ff.
Sprache der Nation 43 → Nationalsprache
Sprache der Nationalität 43 → Nationalitätssprache
Sprache des Österreichers 131
Sprache Österreichs 129
Sprache-Status des Schwyzertütschen 241, 295 ff.
Sprachenpolitik 19
Sprachexperte 78 ff., 88, 513
Sprachgemeinschaft 18 ff., 32 ff., 68, 320, 512
Sprachgesellschaft 320
Sprachgesetzgebung 19
Sprachimperialismus 381
Sprachkodex 3, 74 ff., 83 , 513
Sprachkodex der Schweiz 246 ff.
Sprachkodex Deutschlands 326 ff.
Sprachkodex Österreichs 137 ff.

sprachliche Variable 61 ff.
Sprachnation 20 ff., 30 ff., 68, 99, 120
Sprachnormautorität 88, 513
Sprachpatriot 141
Sprachpflege 92
Sprachpolitik 92
Sprachpurismus 90, 183 ff., 322 f.
Sprachschicht 85, 198
Sprachspaltung 500 ff.
Sprachverbreitungspolitik 29
Sprachvereine 237 ff., 322 ff.
Sprachvereinheitlichung 500 ff.
Sprachvolk 20 f., 23 f., 26 f.
Sprachwitze 373, 381
Sprachzentren: empirische Forschung 49 ff.
Sprachzentrum 12, 38, 61 ff., 95 ff.
Sprachzentrumsforschung 35 ff.
Sprachzentrumsforschung: Geschichte 35 ff.
Staat eines Nationsteils 34
Staat, sprachumfassender 19
Staat, unilingualer 19
staatliche Geltung 76
staatliches Zentrum 95
Staatsnation 25, 34
staatsspezifische Varietät 48, 72
staatsspezifisches Sprachzentrum 95
Staatsvarietät 385 ff.
Staatszentrum 95
Stabilität der Dialekte 235
städtisches Zentrum 46
Standard 82 ff.
Standard, kodifizierter 151
Standarddeutsch als Fremdsprache (in der Schweiz) 240, 298 ff.
Standarddeutsch Deutschlands 9
Standardisierung der deutschen Sprache 320
Standardisierung einer Varietät 297
Standardisierung 87, 210
Standardlautung 150 f.
Standardletzeburgisch 10
Standardmarkierungen nationaler Varianten 450
standardsprachlich 73 ff., 514
Standardsprachlichkeit nationaler Varianten 69 ff., 448 ff.
Standardvariante 73 ff., 82 ff.
Standardvarietät 3 f., 69, 73 ff., 82 ff.
Standardvarietäts-Purismus 289
Stereotyp: Begriff 214 ff.
Stereotypen der Deutschen 378
Stereotypen der Österreicher 214 ff.
Stereotypen der Schweizer 308 ff.
Stereotypen von den Deutschen 214 ff., 308 ff.

Stereotypen von den Österreichern 308 f.,
  378 ff.
Stereotypen von den Schweizern 214 ff.,
  381 ff.
Stereotypen, nationale 214 ff., 308 ff., 378 ff.,
  518
Sternchen-Wort 71, 76, 130, 181 ff.
Sternchen-Wort-Status 191 f.
Sternchen-Wörter in der Schweiz 194 ff.
Stilebene 85
stilistische nationale Variante 104
Strahlungszentrum 46
strukturalistisch 62, 64
subnationales Sprachzentrum 92, 95
substaatliches Sprachzentrum 95
Suchquelle 146
süddeutsch 331 f., 507 ff.
Süddeutschland 508 ff.
Südnorm 507 ff.
Südtirol 29, 132, 405 ff.
Südtirol: nationale Varianten 406 ff.
Südtirolismus 406
Symmetrische Plurinationalität 503
Sympathie (für Nationen) 309, 378

Taalunie 95
Teilnationszentrum 95
Teilung Deutschlands 324, 376
Teutonismen 99, 330 ff., 452 ff.
Teutonismen-Sammlung 375 ff., 516
Teutonismen-Wörterbuch 375, 516
Teutonismen: fehlendes Bewußtsein 375 ff.,
  494
Teutonismen, grammatische 354 f.
Teutonismen: Herkunft 356 f.
Teutonismen: nationale Schibboleths 375 ff.
Teutonismen, orthographische 333 f.
Teutonismen, orthophonische 334 ff.
Teutonismen, phraseologische 352 f.
Teutonismen, pragmatische 355 f.
Teutonismen: Wortbildung 353 f.
Teutonismus 99, 330 ff., 375
Textsorte – nationale Varianten 473
Textsorte – sprachliche Variation 66
Titelhuberei 379
Tourismus 209, 219, 224 f., 312, 377
Transferenz 294
transnationales Sprachzentrum 95
Transsylvanismus 419 ff.
Tütschländer → Deutschländer
Tüütsche 315 → Deitsche
Typologie nationaler Varianten 101 ff., 516

Überdachung 2 ff.
Umgangssprache 36 ff., 40 ff., 82 ff., 373

Umgangssprache der Gebildeten 37
Umgangssprache, hochdeutsche 35 ff.
Umgangsvarietät 7, 373 f.
unimodal 97
unioffiziell 98
unizentrisch 97
Unizentrizität 97
unspezifische nationale Varianten 106 ff.
„Unterrichtssprache" statt „Deutschunterricht" (in Österreich) 126 f.

Variante 45, 61 ff.
Variante, eigennationale 428
Variante, fremdnationale 428
Variantenexport 494
Variantenimport 494
Variantenkombination 65 ff. → Kookkur-
  renzregel
Varietät (einer Sprache) 1 ff., 45, 61 ff.
Varietätenspektren der Sozialschichten 372
Varietäts-Purismus 184 f., 518
Varietätsimperialismus 381
Verein Hochdeutsch in der Schweiz (VHS)
  241, 303 ff.
Verein Schweizerdeutsch 241, 296
Verein zur Pflege der deutschen Hochsprache
  241
Verlage – nationale Varianten 467 ff.
Verlagsbeziehungen zwischen den Sprach-
  zentren 464 ff.
Verstehen eigennationaler Varianten 428 ff.
Verstehen fremdnationaler Varianten 428 ff.
Verstehens-Befragung 425 f.
Verwendungsregion 212, 478
Vokale 151 f., 255 f., 336 f.
Volk 18, 20, 23
Volkssprache 210 f., 477
Vollsprache 96
Vollzentrum 96, 391
Vorarlberg 211, 391

Westösterreich 211, 213
Wiener Burgtheater 139
Wiener Dialekt 379
Wittgenstein, Ludwig 125
Wortakzent 154 f., 257, 338
Wortatlas 40 ff.
Wortaustriazismen → Austriazismen,
  lexikalische
Wortbildung 156, 173
Worthelvetismen → Helvetismen, lexikalische
Wortteutonismen → Teutonismen, lexikalische
Wörter als Nationalschibboleths 387
Wörter als Nationalsymbole 387
Wörter gleichen Ausdrucks 171 f., 275 f., 351

Wörterbuch der deutschen Aussprache 334 f.,
388

Zeitungsartikel (über nationale Varianten)
51, 124, 304
Zentrismus 99
Zentrismus, nationaler 99
Zentrismus, sächlicher 110
Zentrismus, sprachlicher 100
Zentrismus, staatspezifischer 99
Zentrum der deutschen Sprache 40 ff.

Zentrum einer Sprache 38, 61 ff.
Zentrum, sprachliches in der Dialektologie
46
Zentrum, städtisches 38
Zentrumsansätze 417 ff.
zentrumsintern variable nationale Variante
104
zentrumsinterne invariable nationale Variante
104
Zugehörigkeitsgefühl 311
Zuordnung: Varietäten – Sprache 1 ff.

Ulrich Ammon
Die internationale Stellung
der deutschen Sprache
XX, 633 Seiten. Mit zahlreichen Abbildungen, zahlreichen Tabellen und 2 Karten. 1991.
Ganzleinen. ISBN 3-11-013179-X

Sociolinguistics / Soziolinguistik
An International Handbook of the Science of
Language and Society / Ein internationales Handbuch
zur Wissenschaft von Sprache und Gesellschaft

Herausgegeben von
Ulrich Ammon / Norbert Dittmar / Klaus J. Mattheier

1. Halbband: XXXIV, 854 Seiten. 1987. Ganzleinen. ISBN 3-11-009694-3
(Handbücher zur Sprach- und Kommunikationswissenschaft, 3.2)

2. Halbband: XX, 1058 Seiten. 124 Abb. 1988. Ganzleinen. ISBN 3-11-011645-6
(Handbücher zur Sprach- und Kommunikationswissenschaft, 3.2)

Status and Function of Languages
and Language Varieties
Edited by Ulrich Ammon

X, 665 Seiten. 1989. Ganzleinen. ISBN 3-11-011299-X
(Grundlagen der Kommunikation und Kognition / Foundations of Communication and Cognition)

Status Change of Languages
Edited by Ulrich Ammon and Marlies Hellinger

IX, 547 Seiten. 1992. Ganzleinen. ISBN 3-11-012668-0
(Grundlagen der Kommunikation und Kognition / Foundations of Communication and Cognition)

Walter de Gruyter · Berlin · New York